Java 9
Das Übungsbuch

Elisabeth Jung

Java 9
Das Übungsbuch

Über 200 Aufgaben mit
vollständigen Lösungen

mitp

Bibliografische Information der Deutschen Nationalbibliothek
Die Deutsche Nationalbibliothek verzeichnet diese Publikation in der Deutschen National-
bibliografie; detaillierte bibliografische Daten sind im Internet über <http://dnb.d-nb.de>
abrufbar.

Bei der Herstellung des Werkes haben wir uns zukunftsbewusst für umweltverträgliche und
wiederverwertbare Materialien entschieden.
Der Inhalt ist auf elementar chlorfreiem Papier gedruckt.

ISBN 978-3-95845-647-1
1. Auflage 2017

www.mitp.de
E-Mail: mitp-verlag@sigloch.de
Telefon: +49 7953 / 7189 - 079
Telefax: +49 7953 / 7189 - 082

Lektorat: Sabine Schulz
Sprachkorrektorat: Petra Heubach-Erdmann
Fachkorrektorat: Uwe Rozanski
Coverbild: © Mak @ fotolia.com
Satz: III-satz, Husby, www.drei-satz.de
Druck: Westermann Druck Zwickau GmbH

Inhaltsverzeichnis

Einleitung

Das Java 9 Übungsbuch ist aus der Erkenntnis entstanden, dass zu umfangreiche Beispiele mit komplizierten Algorithmen beim Lernen von Java am Anfang keine echte Hilfe bieten. Darum liegt der Schwerpunkt des Buches nicht auf der Umsetzung von komplizierten Vorgängen, sondern auf der Art und Weise, wie man die nicht immer für den Leser verständlich formulierten Erläuterungen zu Java-Klassen und -Interfaces aus der Dokumentation mit einfachen Beispielen erklären und gleichzeitig die zugrunde liegenden Konzepte damit erörtern kann.

Das Java 9 Übungsbuch wendet sich in erster Linie an Lehrer, Schüler und Studenten als Begleitliteratur zum Lernen der Programmiersprache Java, ist aber auch zum Selbststudium für alle Interessenten an dem Erlernen der Programmiersprache geeignet.

Durch die Einfachheit und Vollständigkeit der Aufgabenlösungen sowie die unterschiedlichen Lösungsmöglichkeiten erhält der Leser ein fundiertes Verständnis für die Aufgabenstellungen und deren Lösungen.

Durch das Lösen von Aufgaben soll der in Referenz- und Lehrbüchern von Java angebotene Stoff vertieft werden, und die dabei erzielten Ergebnisse können anhand der Lösungsvorschläge überprüft werden. Die Beispiele im Buch sind eher selten von zu komplexer Natur, sodass der eigentliche Zweck nicht in den Hintergrund tritt, und alle beschriebenen Themen können tiefgehend und präzise damit eingeübt werden.

Vorkenntnisse

Es ist Voraussetzung, dass der Leser zusätzlich mit einem Lehrbuch zu Java arbeitet bzw. bereits damit gearbeitet hat. Die grundlegenden Erläuterungen zu Java in diesem Buch können lediglich als Wiederholung des bereits vorhandenen Wissens dienen, reichen aber nicht aus, um die Sprache Java erst neu zu lernen.

Als weitere Voraussetzung gelten Grundlagen im Bereich der Programmierung und im Umgang mit dem Betriebssystem. Ein paralleler Zugriff auf die Java-Online-Dokumentation kann Hilfe zu den Java-Standard-Klassen bieten.

Aufbau des Buches

Jedes Kapitel beginnt mit einer kurzen und knappen Wiederholung des Stoffes, der in den Übungsaufgaben dieses Kapitels verwendet wird. Danach folgen alle Aufgabenstellungen der Übungen. Am Ende des Kapitels folgen gesammelt alle Lösungen der Übungsaufgaben mit Kommentaren, Erläuterungen und Hinweisen.

Alle Kapitel enthalten Wiederholungsaufgaben, in denen versucht wird, die bis zur angelangten Stelle definierten Begriffe zusammenzutragen.

Die Aufgaben haben unterschiedliche Schwierigkeitsgrade. Dieser wird im Aufgabenkopf durch 1 bis 3 Sternchen gekennzeichnet:

1 Sternchen für besonders einfache Aufgaben, die auch von Anfängern leicht bewältigt werden können;

2 Sternchen für etwas kompliziertere Aufgaben, die einen durchschnittlichen Aufwand benötigen;

3 Sternchen für Aufgaben, die sich an geübte Programmierer richten und einen wesentlich höheren Aufwand oder die Kenntnis von speziellen Details erfordern.

Die Programme aus früheren Übungen werden teilweise in späteren Übungen gebraucht und es wird auch immer wieder auf theoretische Zusammenhänge zurückgekommen oder hingewiesen.

Die Lösungsvorschläge verfügen über umfangreiche Kommentare, sodass ein Verständnis für die durchgeführte Aufgabe auch daraus abgeleitet werden kann und dies jede einzelne Aufgabe im Gesamtkontext unabhängig erscheinen lässt.

In den Kapiteln 1, 2 und 3 liegt das Hauptmerkmal auf den Eigenheiten der objektorientierten Programmierung mit Java. Durch eine Vielzahl von Beispielen wird gezeigt, was die Java-Standard-Klassen an Funktionalitäten bieten und wie diese sinnvoll in die Definition von eigenen Klassen eingebettet werden können.

Die Kapitel 4 bis 6 erproben umfangreiche Kenntnisse über die Java-GUI-Programmierung mit AWT und Swing.

Die darauf folgenden Spezialkapitel über Innere Klassen, Generics und Exceptions bringen parallel zu den Aufgaben, die einer umfangreichen Darstellung von neu eingeführten Begriffen und Definitionen dienen, auch weiterführende Aufgaben-beispiele zu den bisherigen Kapiteln.

Weil der Schwerpunkt des Buches nicht auf der Umsetzung von aufwendigen Algo-rithmen liegen soll, werden einfache Beispiele mit Zahlen, Buchstaben, Wörtern, Büchern, Wochentagen, geometrischen Figuren etc. und teilweise auch mit ganz abstrakten Klassennamen wie Klasse1, Klasse2, KlasseA, KlasseB etc. verwendet. In den Beispielen zur graphischen Programmierung werden nicht alle Komponenten behandelt – dies machen ja vorrangig Referenzbücher – sondern die Beispiele die-nen dazu, die Basiskonzepte von Swing-Architekturen in sich ergänzend zu beschreiben und können ganz einfach auch für andere Swing-Komponenten umge-setzt werden.

Das Kapitel 10 wurde um Erweiterungen zu den Themen Java-Typen, Generizität und Reflection ergänzt, um eine bessere Abgrenzung von Begriffen und Interpreta-tionen, die sich im Laufe der Jahre etabliert haben, zu erreichen. Neue Aufgaben, die der Erklärung von Typinferenz, Subtyping von parametrisierten und Wildcardpara-metrisierten Typen, Heap-Pollution und Wildcard-Capture dienen sollen, sind hin-zugekommen. Andere wiederum demonstrieren die Benutzung der Interfaces des Reflection-API in der Abfrage von generischen und nichtgenerischen Informatio-nen zu Klassenstrukturen.

Mit der im März 2014 freigegebenen Java-Version 8.0 eröffnen sich ganz neue Betrachtungsweisen und Programmiertechniken in der Entwicklung von Applika-tionen mit Java, die in Kapitel 11 präsentiert werden.

Eine der wichtigsten Neuerungen in Java 8 sind neue Sprachmittel, die sogenannten Lambda-Ausdrücke, eine Art anonyme Methoden, die auf funktionalen Interfaces basieren. Diese besitzen jedoch eine viel kompaktere Syntax als Methoden. Das resultiert daraus, dass in ihrer Benutzung auf Namen, Modifikatoren, Rückgabetyp, throws-Klausel und in vielen Fällen auch auf Parameter verzichtet werden kann. Mit ihnen kann Funktionalität ausgeführt, gespeichert und übergeben werden, wie dies bisher nur von Instanzen in Java bekannt war.

Damit verbundene Themen wie die Gegenüberstellung zu anonymen Klassen, Syn-tax und Semantik, Behandlung von Exceptions, Scoping und Variable Capture, Methoden- und Konstruktor-Referenzen werden in den ersten Unterkapiteln des 11. Kapitels dieses Buches beschrieben und an Hand von vielen Beispielen erläutert.

Des Weiteren finden Sie hier die Beschreibung aller neuen funktionalen Interfaces und deren Methoden. Mit Java 8 wurden sogenannte Default-Methoden eingeführt. Diese werden in der Literatur auch als »virtual extension«- bzw. »defender«-Metho-den bezeichnet und Schnittstellen, die über derartige Methoden verfügen, als erwei-terte Schnittstellen. Damit können Interfaces zusätzlich zu abstrakten Methoden konkrete Methoden in Form von Standard-Implementierungen definieren und in Java wird die Mehrfachvererbung von Funktionalität ermöglicht. Neben Default-Methoden können Interfaces in Java 8 auch statische Methoden enthalten. Anders als die statischen Methoden von Klassen werden diese jedoch nicht von abgeleiteten Typen geerbt.

Die nachfolgenden Unterkapitel beschäftigen sich im Detail mit der Definition und Nutzung von Streams. Ein Stream besteht aus einer Folge von Werten (in der Literatur wird auch von Sequenzen von Elementen gesprochen), die nur teilweise von mehreren in einer Pipeline dazwischenliegenden Operationen ausgewertet und durch eine abschließende Operation bereitgestellt werden. Diese Operationen werden in Java als Methodenaufrufe formuliert, die Funktionalität in Form von Lambdas und Methoden-Referenzen entgegennehmen können und diese auf alle Elemente der Folge anwenden.

Aufbauend auf Lambda-Ausdrücken ermöglichen diese eine ganz neue Arbeitsweise mit Arrays, Collections und Maps. Sie bringen vielversprechende Optimierungen mit sich, wie z.B. die Memoisation, eine Technik, um Programme zu beschleunigen, indem Rückgabewerte von Funktionen zwischengespeichert statt neu berechnet werden. Dazu gehören auch neue Parallelisierungstechniken, die auf den mit Java 7 eingeführten Fork/Join-Mechanismen basieren, interne Iterationen anstelle von den bisher bekannten externen benutzen und in Bibliotheken direkt integriert wurden. Als Beispiel im Umgang mit parallelen Streams wird im letzten Unterkapitel auf die Neuerungen aus der Klasse ConcurrentHashMap eingegangen.

Anstatt zu spezifizieren, »wie ein Ergebnis zu berechnen ist«, indem eine Datenstruktur von Anfang bis Ende durchlaufen wird und für jedes Element, das eventuell einer bestimmten Bedingung genügt, ein Wert berechnet und z.B. einer Summe hinzugefügt wird, braucht man mit Java 8 nur zu formulieren, »was zu erledigen ist«, wie z.B. das Berechnen der Summe oder eines maximalen/minimalen Werts von Elementen, die die erwünschte Bedingung erfüllen. Damit wird die Logik des Durchlaufens einer Datenstruktur von der Funktionalität, die auf jedem ihrer -Elemente durchgeführt wird, getrennt.

Mit einer Vielzahl von Aufgaben basierend auf Lambdas, Streams und Kollektoren (in denen Stream-Elemente angesammelt und reduziert werden können) werden die neuen Techniken aus Java 8 angewandt und alle neuen Begriffe erklärt.

In Kapitel 12 werden die Neuerungen zu Java 9 präsentiert. Aus der großen Anzahl von JEPs (JDK Enhancements Proposals), die in die neue Version eingeflossen sind, werden einige wichtige Bereiche, die die Themen aus diesem Buch ergänzen, und erste Schritte in der Modularisierung näher erläutert und wie immer anhand von Aufgaben eingeübt.

Die ersten Unterkapitel beschäftigen sich mit den neuen Factory-Methoden aus Collections, den Erweiterungen des Stream-Interface und der Optional-Klasse sowie mit den neuen Kollektoren von Java 9.

Java 9 bringt mehrere Updates in der Process-API mit sich, die dazu dienen sollen, auf einfachere Art und Weise als bisher Informationen über laufende Prozesse zu ermitteln, vor allem für den JVM-Prozess und selbst gestartete Prozesse. Auf diese wird im Unterkapitel 12.7 Bezug genommen.

Das Unterkapitel 12.8 widmet sich der Unterstützung von Reactive Streams. Im Reactive-Programming-Model existieren ein Publisher und ein Subscriber. Der Publisher veröffentlicht einen Stream von Daten, an den der Subscriber asynchron angeschlossen ist. Die Verbindung, die zwischen einem Publisher und einem Subscriber aufgebaut wird, wird mit einer Subscription beschrieben. Wie die Beispiele aus diesem Unterkapitel zeigen, kann über den dazwischen geschalteten Vermittler gesteuert werden, dass die Subscriber Daten anfordern und die Publisher möglichst so viele Daten senden, wie von den Subscribern nicht-blockierend verarbeitet werden können.

Die mit Sicherheit wichtigste und umfangreichste Änderung, die Java 9 mit sich bringt, ist das neue Java-Modulsystem. Mit dem neuen Modulsystem wurde Java selbst modular gemacht und es können eigene Applikationen und Bibliotheken modularisiert werden.

Im Unterkapitel 12.9 werden im Detail beschrieben:

- Das Erzeugen von Modulen und deren Abhängigkeiten
- Das Packaging von Modul-Code
- Die Implementierung von Services
- Die Modularisierung der Java-Plattform

Mit einer Vielzahl von Aufgaben können die neuen Strukturen eingeübt werden.

In Ergänzung dazu werden in den Unterkapiteln 12.10 und 12.11 das Platform-Logging und Multi-Resolution-Images mittels modulbasierter Applikationen präsentiert.

Im JDK 9 ist mit dieser Version auch ein neuer Kommandointerpreter, die Java-Shell (JShell) zu finden. Sie ist ein einfaches Tool, mit dem kleine Java-Programme und einzelne Anweisungen, sogenannte Snippets, interaktiv getestet werden können.

Die JShell kann im Gegensatz zu JavaScript nicht als Skript-Sprache in Java integriert werden. Stattdessen verfügt diese über eine eigene API. Ein Beispiel dazu finden Sie ebenfalls in diesem Unterkapitel.

Weitere Änderungen aus dem JDK 9 wie:

- der Diamond-Operator für innere anonyme Klassen,
- private Methoden in Interfaces,
- Ergänzungen für `try-with-resources`-Blocks

sind Thema des Unterkapitels 12.13 und im letzten Unterkapitel 12.14 werden Java-Internals wie Compact-Strings und die neue Versionierung von Java angesprochen.

Alle in diesem Buch enthaltenen Beispiele von Java-Applikationen sind und bleiben auch ohne Modularisierung unter den nachfolgenden Java-Versionen ablaufbar und dienen in erster Linie dazu, die Java-Programmiersprache kennenzulernen. Sollen diese modularisiert werden, kann man sich nach den in der Datei Java9Migration.pdf präsentierten Empfehlungen richten, die zusätzlich zu dem gesamten Source-Code aus diesem Buch auf der Webseite des Verlags zum Download angeboten wird.

An dieser Stelle möchte ich auf das dem Buch zugrunde liegende Konzept hinweisen, dass parallel zu einfachen Aufgaben, die zu allen eingeführten Definitionen und Begriffen gebracht werden, auch Aufgaben von einem höheren Schwierigkeitsgrad präsentiert werden. Dabei werden anhand von inhaltlichen Zusammenhängen zwischen den Beispielen viele Basiskonzepte von Java erläutert.

Das Buch soll möglichst parallel zu einer Vielzahl von Java-Lehrbüchern eingesetzt werden können und einen Beitrag dazu leisten, die große Fülle von Informationen, die auf uns über die API-Dokumentation zukommt, besser einzuordnen und korrekt anwenden zu können.

Im Inhaltsverzeichnis werden alle Aufgaben mit einer Aufgabennummer und einer Kurzbeschreibung aufgelistet. Das Stichwortverzeichnis enthält alle wichtigen Begriffe sowie unter dem Oberbegriff »Klassen-« bzw. »Schnittstellendefinitionen« die Namen aller Beispiel-Klassen und -Interfaces.

Benötigte Software

Für die Durchführung der Übungen in den Kapiteln 1 bis 9 können Sie das Java Development Kit (JDK) der Java Standard Edition (SE) Version 5.x oder 6.x verwenden. Für die Übungen von Kapiteln 10 brauchen Sie die Version 7.0 oder höher, für die von Kapitel 11 die Version 8.0 oder höher und für die von Kapitel 12 die neue Version 9.

Das aktuelle Java Development Kit der Java Standard Edition können Sie sich kostenlos von der Java-Homepage von Oracle http://www.oracle.com/technetwork/ herunterladen. Das JDK umfasst sowohl die Software zur Programmerstellung als auch das JRE (Java Runtime Environment) für die Programmausführung.

Graphische Entwicklungsoberflächen (wie z.B. Eclipse) sind keine Voraussetzung und auch nicht Bestandteil dieses Buches. Die Programme lassen sich grundsätzlich mit einem Texteditor wie z.B. Notepad++ oder auch Wordpad eingeben und über die Kommandozeile durch den Aufruf der Programme `javac`, `jar` und `java` übersetzen, paketieren und starten. Die vollständigen Programmaufrufe sind bei jeder Aufgabe angegeben.

Sollte Ihnen beim Erlernen der Programmiersprache selbst eine Entwicklungsumgebung nicht zu aufwändig oder unübersichtlich erscheinen, steht Ihnen nichts im Wege, die zu den Aufgaben zugehörigen Programm- und Klassendateien zum Testen oder auch Ergänzen in eine solche einzubetten.

Website

Die Website zum Buch mit der Adresse `http://www.mitp.de/647` beinhaltet den plattformunabhängigen Quellcode der Lösungsvorschläge und die für Windows 7 kompilierte ausführbare Version als Download-Archiv. Diese Archivdatei enthält alle Java-Quellcodes, übersetzten Klassen und Bilddateien in einer Verzeichnisstruktur, die mit der im Buch beschriebenen übereinstimmt.

Ich wünsche Ihnen viel Erfolg beim Programmieren mit Java.

Elisabeth Jung

Autorin

Frau Elisabeth Jung ist freie Autorin und wohnhaft in Frankfurt am Main.

Nach dem Studium der Mathematik an der Universität Temeschburg in Rumänien hat Elisabeth Jung Grundlagen der Informatik und Fortran unterrichtet. Im Jahr 1982 hat sie bereits eine Aufgabensammlung für Fortran an der gleichen Universität veröffentlicht.

Zwischen den Jahren 1984 und 2001 hat Elisabeth Jung bei der Firma Siemens in Frankfurt in einer Vielzahl von Projektarbeiten umfangreiche Erfahrungen gesammelt in den Bereichen Programmiersprachen (Assembler, Fortran, Pascal, C, C++, Java), Datenbanken (Text-Retrieval, relationale Systeme, Client-Server-Architekturen) und der Entwicklung und dem Test von Hardwarenaher Systemsoftware.

Seit 2001 beschäftigt sie sich mit ihren bevorzugten Themen, der Mathematik und den objektorientierten Programmiersprachen, insbesondere Java. Ihr Buch ist aus der Erfahrung im Unterricht und dem Erlernen von Programmiersprachen entstanden, bei dem insbesondere das eigene Programmieren und die praktische Anwendung des Gelernten eine große Rolle spielt.

Kapitel 1

Klassendefinition und Objektinstanziierung

1.1 Klassen und Objekte

Klassen und Objekte bilden die Basis in der objektorientierten Programmierung. Eine Klasse ist eine Ansammlung von Attributen, die Eigenschaften definieren und Felder genannt werden, sowie von Funktionen, die deren Zustände und Verhaltensweisen festlegen und als Methoden bezeichnet werden. Felder und Methoden werden auch als Member einer Klasse bezeichnet.

Klassen werden mit dem Schlüsselwort `class` eingeleitet und definieren eine logische Abstraktion, die eine Basisstruktur für Objekte vorgibt. Sie sind als eine Erweiterung der primitiven Datentypen zu sehen. Während Klassen Modelle definieren, sind Objekte konkrete Exemplare, auch Instanzen der Klasse genannt.

Eine Schnittstelle (Interface) ist eine reine Spezifikation, die definiert, wie eine Klasse sich zu verhalten hat. Sie wird mit dem Schlüsselwort `interface` eingeleitet und kann keine Implementationen von Feldern und Methoden enthalten, mit Ausnahme von Konstantendefinitionen.

Ein Objekt von einer Klasse wird in Java mit dem `new`-Operator und einem Konstruktor erzeugt. Damit werden auch seine Felder initialisiert und der erforderliche Speicherplatz für das Objekt reserviert. Ein Objekt wird über eine Referenz angesprochen. Eine Referenz entspricht in Java in etwa einem Zeiger in anderen Programmiersprachen und ist einem Verweis auf das Objekt gleichzustellen, womit dieses identifiziert werden kann.

Mit Referenztypen werden Datentypen bezeichnet, welche im Gegensatz zu den primitiven Datentypen vom Entwickler selbst definiert werden. Diese können vom Typ einer Klasse, einer Schnittstelle oder eines Arrays sein. Ein Arraytyp identifiziert ein Objekt, das mehrere Werte von ein und demselben Typ speichern kann.

Die mit dem Modifikator `static` deklarierten Felder und Methoden in einer Klasse werden als Klassenfelder bzw. Klassenmethoden bezeichnet. Alle anderen Felder und Methoden einer Klasse werden auch Instanzfelder bzw. Instanzmethoden genannt.

Die Klassen bilden in Java eine Klassenhierarchie. Jede Klasse hat eine Oberklasse, deren Felder und Methoden sie erbt. Die Oberklasse aller Klassen in Java ist die Klasse `java.lang.Object` (s. Kapitel 2, Abgeleitete Klassen und Vererbung und Kapitel 3, Abstrakte Klassen und Interfaces).

Beim Definieren von Klassen ist zu beachten, dass eine Klasse eine in sich funktionierende Einheit darstellt, die alle benötigten Felder und Methoden definiert.

Konstruktoren

Für die Initialisierungen eines Objektes der Klasse werden sogenannte Konstruktoren genutzt. Diese sind eine spezielle Art von Methoden. Sie haben den gleichen Namen wie die Klasse, zu der sie gehören, und verfügen über keinen Rückgabewert. Weil der new-Operator schon eine Referenz auf das erzeugte Objekt zurückgibt, ist eine zusätzliche Rückgabe von Werten in Konstruktoren nicht mehr erforderlich. Jede Klasse besitzt einen impliziten Konstruktor, der auch als Standard-Konstruktor bezeichnet wird. Dieser hat eine leere Parameterliste und übernimmt das Initialisieren der Instanzfelder mit den Defaultwerten der jeweiligen Datentypen. Eine Klasse kann mehrere explizite Konstruktoren definieren, die sich durch ihre Parameterlisten unterscheiden. Der parameterlose Konstruktor wird nur dann vom Compiler generiert, wenn die Klasse keinen expliziten Konstruktor definiert. Ist dies jedoch der Fall und die Klasse möchte auch den parameterlosen Konstruktor benutzen, so muss dieser ebenfalls explizit definiert werden.

Klassenfelder und Klassenmethoden

Klassenfelder gehören nicht zu einzelnen Objekten, sondern zu der Klasse, in der sie definiert wurden. Alle durchgeführten Änderungen ihrer Werte werden von der Klasse und allen ihren Objekten gesehen. Jedes Klassenfeld ist nur einmal vorhanden. Darum sollten Klassenfelder benutzt werden, um Informationen, die von allen Objekten der Klasse benötigt werden, zu speichern. Diese Felder können direkt über den Klassennamen angesprochen werden und stehen zur Verfügung, bevor irgendein Objekt der Klasse erzeugt wurde.

Klassenmethoden werden ebenfalls über den Klassennamen angesprochen.

Innerhalb der eigenen Klasse können alle Klassenfelder und Klassenmethoden auch ohne Klassennamen angesprochen werden, sollten aber, um den Richtlinien der objektorientierten Programmierung zu genügen, immer mit diesem verwendet werden.

Instanzfelder und Instanzmethoden

Instanzfelder sind mehrfach vorhanden, da für jedes Objekt eine Kopie von allen Instanzfeldern einer Klasse erstellt wird. Die Instanzen einer Klasse unterscheiden sich voneinander durch die Werte ihrer Instanzfelder. Innerhalb einer Klasse kann der Zugriff darauf direkt über ihren Namen erfolgen oder in der Form `this.name` bzw. `objekt.name` (wobei `objekt` eine Referenz auf ein Objekt der Klasse ist).

Das Schlüsselwort `this` bezeichnet die Referenz auf das Objekt, an dem die Methode bzw. der Konstruktor aufgerufen wird, auch das »aktuelle Objekt« bzw. das »aufrufende Objekt« genannt. Konstruktoren können nur mit dem Schlüsselwort new aufgerufen werden, sowie innerhalb eines anderen Konstruktors über das Schlüsselwort this, gefolgt von der Parameterliste.

Java-Programme

Die Java-Programmtechnologie basiert auf der Zusammenarbeit von einem Compiler und einem Interpreter. Die Programme werden zuerst kompiliert, was einer syntaktischen Prüfung und der Erstellung von Bytecode entspricht. Es entsteht dadurch noch kein ausführbares Programm, sondern ein plattformunabhängiger Code, welcher an einen Interpreter, die virtuelle Java-Maschine (JVM), übergeben wird. Die JVM ist ein plattformspezifisches Programm, welches Bytecode lesen, interpretieren und ausführen kann.

Ein Java-Programm manipuliert Werte, die durch Typ und Name gekennzeichnet werden. Über die Festlegung von Name und Typ wird eine Variable definiert. Man spricht von Variablen in Zusammenhang mit einem Programm und von Feldern in Zusammenhang mit einer Klassendefinition. Variablen können auf mehrere Arten und Weisen klassifiziert werden. Eine Aufteilung wäre in Variablen von einem primitiven Datentyp bzw. einem Referenztyp und eine zweite in Variablen, die einen Wert oder mehrere Werte (Arrayvariablen) aufnehmen können. Außerdem spricht man von Klassenvariablen, wenn die Felder einer Klasse gemeint sind, Instanzvariablen, wenn die Felder einer Instanz gemeint sind, und Arrayelementen, wenn die einzelnen Elemente eines Array gemeint sind. Von Parametervariablen wird in Methodendeklarationen gesprochen und von lokalen Variablen, wenn diese innerhalb von einem Methodenrumpf oder Anweisungsblock definiert wurden.

Eine Variable ist im Grunde genommen ein symbolischer Name für eine Speicheradresse. Während für primitive Variablen der Typ des Wertes, der an dieser Adresse gespeichert wird, gleich dem Typ des Namens der Variable ist, wird im Falle einer Referenzvariablen nicht der Wert von einem bestimmten Objekt an dieser Adresse gespeichert, sondern die Angabe, wo das Programm den Wert (das Objekt) von diesem Typ finden kann.

Im Gegensatz zu lokalen Variablen, die keinen Standardwert haben und deswegen nicht verwendet werden können, bevor sie nicht explizit initialisiert wurden, werden alle Felder in einer Klassendefinition automatisch mit Defaultwerten initialisiert (mit 0, 0.0, false, primitive Typen und mit null, Referenztypen).

Die Definition einer Referenzvariablen besteht aus dem Namen der Klasse bzw. eines Interfaces gefolgt vom Namen der Variablen. Eine so definierte Referenzvariable kann eine Referenz auf ein beliebiges Objekt der Klasse oder einer Unterklasse oder den Defaultwert null aufnehmen. Weil Arrays als Objekte implementiert werden, müssen Arrays mit einem Array-Initialisierer oder mit dem new-Operator erzeugt werden.

Bevor ein Programm Objekte von einer Klasse bilden kann, wird diese mit dem Java-Klassenlader (Klasse java.lang.ClassLoader) geladen und mit dem Java Bytecode-Verifier geprüft.

Nach der Art der Ausführung existieren mehrere Arten von Java-Programmen:

- Ein Java-Applet ist ein Java-Programm, das im Kontext eines Webbrowsers mit bestimmten Sicherheitseinschränkungen abläuft. Es wird mittels einer HTML-Seite gestartet und kann im Browser oder mit Hilfe des Appletviewer ausgeführt werden.

- Ein Servlet ist ein Java-Programm, das im Kontext eines Webservers abläuft.

- Eine Java-Applikation ist ein eigenständiges Programm, das direkt von der JVM gestartet wird.

Jede Java-Applikation benötigt eine `main()`-Methode, welche einen Eingangspunkt für die Ausführung des Programms durch die JVM definiert. Diese Methode muss für alle Klassen der JVM zugänglich sein und deshalb mit dem Modifikator `public` definiert werden. Sie muss auch mit dem Modifikator `static` als Klassenmethode deklariert werden, da ein Aufruf dieser Methode möglich sein muss, ohne dass eine Instanz der Klasse erzeugt wurde. Von hier aus werden alle anderen Programmabläufe gesteuert.

Auf die Definition der Parameterliste der `main()`-Methode wird in nachfolgenden Programmbeispielen hingewiesen.

Gleich in den ersten Beispielen werden für Bildschirmausgaben die Methoden `System.out.print(…)` und `System.out.println(…)` der Klasse `java.io.PrintStream` verwendet. Mit der Methode `System.out.print(…)` wird in der gleichen Bildschirmzeile weiter geschrieben, in welcher eine vorangehende Ausgabe erfolgte. Die Methode `System.out.println()` ohne Parameter schließt eine vorher ausgegebene Bildschirmzeile ab und bewirkt, dass danach in eine neue Zeile geschrieben wird. Ein Aufruf der Methode `System.out.println(…)` mit Parameter ist äquivalent mit dem Aufruf von `System.out.print(…)` gefolgt von einem Aufruf von `System.out.println()` ohne Parameter, d.h. dieser Aufruf führt immer zu einem Zeilenende. Auch auf die Definition von diesen Methoden kommen wir in der Beschreibung der Java-Standard-Klasse `java.lang.System` noch mal zurück.

Ein Programm wird als Quelltext in einer oder mehreren `.java`-Dateien und als übersetztes Programm in einer oder mehreren `.class`-Dateien abgelegt.

Aufgabe 1.1

Definition einer Klasse

Definieren Sie eine Klasse `KlassenDefinition`, welche die `main()`-Methode als einzige Klassenmethode implementiert. Aus dieser soll die Bildschirmanzeige »Dies ist eine einfache Klassendefinition« erfolgen.

Hinweise für die Programmierung:

Ein Erzeugen von Instanzen der Klasse ist nicht erforderlich.

Achten Sie auf den richtigen Abschluss der Ausgabezeile.

Java-Dateien: `KlassenDefinition.java`
Programmaufruf: `java KlassenDefinition`

Aufgabe 1.2

Objekt (Instanz) einer Klasse erzeugen

Definieren Sie eine Klasse `ObjektInstanziierung`, die in einem parameterlosen Konstruktor die Bildschirmanzeige »Instanz einer Java-Klasse« vornimmt und in ihrer `main()`-Methode eine Instanz der Klasse erzeugt.

Java-Dateien: `ObjektInstanziierung.java`
Programmaufruf: `java ObjektInstanziierung`

1.2 Die Member einer Klasse: Felder und Methoden

Aufruf von Instanz- und Klassenmethoden

Aufruf von Instanzmethoden:

- aus der gleichen Klasse
  - aus einer Instanzmethode – direkt über den Methodennamen und die Parameterliste.
  - aus einer Klassenmethode – es muss ein Objekt der Klasse instanziiert werden und die Instanzmethode wird an diesem Objekt aufgerufen.
- aus einer anderen Klasse
  - es muss ein Objekt der Klasse instanziiert werden und die Instanzmethode wird an diesem Objekt aufgerufen.

Aufruf von Klassenmethoden:

- aus der gleichen Klasse
  - direkt über den Methodennamen und die Parameterliste.
- aus einer anderen Klasse
  - über den Klassennamen, gefolgt von einem Punkt und dem Methodennamen und der Parameterliste.

Zugriff auf Instanz- und Klassenfelder

Zugriff auf Instanzfelder:

- aus der gleichen Klasse
  - aus einer Instanzmethode – direkt über den Feldnamen.

■ aus einer Klassenmethode – es muss ein Objekt der Klasse instanziiert werden und auf das Feld wird über die Objektreferenz gefolgt von einem Punkt und dem Feldnamen zugegriffen.

- aus einer anderen Klasse

  ■ es muss ein Objekt der Klasse instanziiert werden und auf das Feld wird über die Objektreferenz zugegriffen.

Zugriff auf Klassenfelder:

- aus der gleichen Klasse

  ■ direkt über den Feldnamen.

- aus einer anderen Klasse

  ■ über den Klassennamen, gefolgt von einem Punkt und dem Feldnamen.

Aufgabe 1.3
Zugriff auf Felder

Eine Klasse `FeldZugriffe` soll den Unterschied zwischen Klassen- und Instanzfeldern demonstrieren.

Sie definiert ein Klassenfeld `zaehlerAlsKlassenfeld` und ein Instanzfeld `zaehlerAlsInstanzfeld`. Die Werte von beiden Feldern werden im parameterlosen Konstruktor der Klasse inkrementiert (um eins erhöht). Definieren Sie eine Klassenmethode `anzeigeKlsMeth()` und eine Instanzmethode, `anzeigeInstMeth()`, welche jeweils beide Feldwerte am Bildschirm ausgeben.

Zum Testen dieser Klassendefinition wird die Klasse `FeldZugriffeTest` erstellt, die in ihrer `main()`-Methode eine Instanz der Klasse `FeldZugriffe` erzeugt, an welcher die Instanzmethode der Klasse aufgerufen wird. Ihre Klassenmethode wird über den Klassennamen aufgerufen.

Java-Dateien: `FeldZugriffe.java`, `FeldZugriffeTest.java`
Programmaufruf: `java FeldZugriffeTest`

Aufgabe 1.4
Aufruf von Methoden

Definieren Sie eine Klasse `MethodenAufrufe1`, welche die Instanzmethoden `instMethode1()` und `instMethode2()` und die Klassenmethoden `klsMethode1()` und `klsMethode2()` implementiert und eine zweite Klasse `MethodenAufrufe2` mit der Instanzmethode `instMethode()` und der Klassenmethode `klsMethode()`. Die Methode `instMethode1()` gibt am Bildschirm die Zeichenkette: "1. Instanzmethode der Klasse MethodenAufrufe1" aus und ruft die Methoden `instMethode2()` und `klsMethode1()` auf. Die Methode `instMethode2()` gibt die Zeichenkette: "2. Instanzmethode der Klasse MethodenAufrufe1« aus und die Methode `klsMethode1()` die Zeichenkette: "1. Klassenmethode der Klasse MethodenAufrufe1«. Die Methode `klsMethode2()`, gibt am Bildschirm die Zeichenkette: "2. Klassenmethode der Klasse MethodenAufrufe1" aus und ruft die Methoden `instMethode2()` und `klsMethode1()` auf.

Die Methoden der Klasse `MethodenAufrufe2` rufen beide die Methoden `instMethode1()` und `klsMethode2()` der Klasse `MethodenAufrufe1` auf.

Zum Testen des Aufrufes von Instanz- und Klassenmethoden aus Methoden der gleichen Klasse oder einer anderen Klasse wird die Klasse `MethodenAufrufeTest` erstellt, die in ihrer `main()`-Methode eine Instanz der Klasse `MethodenAufrufe2` erzeugt und deren Methoden aufruft.

Java-Dateien: `MethodenAufrufe1.java`, `MethodenAufrufe2.java`, `MethodenAufrufeTest.java`
Programmaufruf: `java MethodenAufrufeTest`

1.3 Das Überladen von Methoden

Eine Klasse kann mehrere Methoden mit gleichem Namen besitzen, wenn diese eine verschiedene Anzahl von Parametern bzw. Parameter von unterschiedlichen Typen im Methodenkopf definieren. Dabei ist ohne Bedeutung, ob es sich um Klassen- oder Instanzmethoden handelt.

Parallel zur Parameterliste unterscheidet sich auch die Aufrufsyntax der Methode. Diese Vorgehensweise ist unter dem Namen »Überladen von Methoden« bekannt.

Aufgabe 1.5
Eine Methode überladen

Definieren Sie eine Klasse `QuadratDefinition`, die ein Instanzfeld a vom Typ `int` besitzt, welches die Seitenlänge eines Quadrates angibt. Im Konstruktor der Klasse wird ein `int`-Wert zum Initialisieren des Instanzfeldes übergeben.

Implementieren Sie zwei Methoden für die Berechnung des Flächeninhaltes eines Quadrates mit der Formel f = a*a. Definieren Sie eine parameterlose Instanzmethode `flaeche()` und eine Klassenmethode, die die Instanzmethode überlädt und eine Referenz vom Typ der eigenen Klasse übergeben bekommt.

Die Klasse `QuadratDefinitionTest` erzeugt eine Instanz der Klasse `QuadratDefinition`, berechnet auf zwei Arten deren Flächeninhalt über den Aufruf der Methoden der Klasse und zeigt die errechneten Ergebnisse am Bildschirm an.

Java-Dateien: `QuadratDefinition.java`, `QuadratDefinitionTest.java`
Programmaufruf: `java QuadratDefinitionTest`

1.4 Die Datenkapselung, ein Prinzip der objektorientierten Programmierung

Den Feldern und Methoden einer Klasse können über Modifikatoren verschiedene Sichtbarkeitsebenen zugeordnet werden.

Der Modifikator `public` sagt aus, dass der Zugriff auf Member einer Klasse von überall aus erfolgen kann, von wo aus auch die Klasse erreichbar ist.

Sind die Felder oder Methoden mit `private` definiert, können sie nur innerhalb der eigenen Klasse direkt angesprochen werden. Felder sollten immer als `private` definiert werden, wenn die Zuweisung von unzulässigen Werten verhindert werden soll. Dies ist der Fall, wenn sie von einer eigenen Methode der Klasse, die diesen Wert auch ändern kann, verwendet werden.

Definiert die Klasse keine Einschränkungen diesbezüglich oder einen zugelassenen Wertebereich für Felder, innerhalb von welchem auch andere Klassen Werte setzen können, sollte sie über Zugriffsmethoden (»accessor-methods«) verfügen, welche die Werte dieser Felder zurückgeben und setzen können. Dies entspricht auch dem sogenannten Prinzip der Datenkapselung: Auf die Felder einer Klasse soll nur mit Hilfe von Methoden der Klasse zugegriffen werden können.

Aufgabe 1.6

Zugriffsmethoden

Definieren Sie eine Klasse `Punkt` mit zwei Instanzfeldern vom Typ `double`, welche die Koordinaten x und y eines Punktes im zweidimensionalen kartesischen Koordinatensystem beschreiben. Sie sollen von außerhalb der Klasse nur über die von Ihnen definierten Zugriffsmethoden `setX()`, `setY()`, `getX()` und `getY()` zugänglich sein und werden im Konstruktor der Klasse übergeben. Fügen Sie der Klasse eine zusätzliche Instanzmethode `anzeige()` für eine Punktanzeige am Bildschirm in der Form (x, y), hinzu.

Definieren Sie zum Testen der Klasse `Punkt` eine zweite Klasse `PunktTest`, die in ihrer `main()`-Methode eine Instanz der Klasse `Punkt` erzeugt und an dieser die Methoden der Klasse aufruft.

Java-Dateien: `Punkt.java`, `PunktTest.java`
Programmaufruf: `java PunktTest`

1.5 Das »aktuelle Objekt« und die »this-Referenz«

In jedem Konstruktor und in jeder Instanzmethode kann das aktuelle (aufrufende) Objekt der Klasse in Form einer `this`-Referenz angesprochen werden. Ein Konstruktoraufruf aus einem anderen Konstruktor, erfolgt über `this(parameterliste)` und muss der zuerst erreichte übersetzte Programmcode in diesem Konstruktor sein. Aus anderen Methoden kann ein Konstruktor nicht über `this` aufgerufen werden sondern nur über `new`.

Aufgabe 1.7

Konstruktordefinitionen

Erstellen Sie eine Java-Klasse mit dem Namen Vektor, die drei Instanzfelder x, y und z definiert, welche die Komponenten eines Vektors bezeichnen. Die Klasse definiert drei Konstruktoren:

- den parameterlosen Konstruktor,

- einen Konstruktor, der drei Argumente vom Typ int mit den gleichen Namen wie die der Instanzfelder übergeben bekommt

- und den sogenannten Copy-Konstruktor, der als Parameter eine Referenz vom Typ der eigenen Klasse besitzt.

Der parameterlose Konstruktor soll über den Aufruf des zweiten Konstruktors alle Instanzfelder der Klasse auf 0 setzen.

Die Klasse soll über eine Methode für die Bildschirmanzeige eines Vektor-Objektes in der Form (x, y, z) verfügen.

Definieren Sie zwei weitere Methoden, die sich überladen, zum Erzeugen eines neuen Vektor-Objektes, das als Summe der aktuellen Instanz und einer übergebenen berechnet wird und deren Rückgabewert die aktuelle Instanz ist. Die erste Methode soll drei Parameter vom Typ int haben, die zweite Methode einen Parameter vom Typ Vektor.

Soll das ursprüngliche Objekt nicht verloren gehen, kann eine Kopie davon erzeugt werden. Eine dritte Methode, im Lösungsvorschlag der Aufgabe, berechnet die gleiche Summe, ohne dass die Instanz, an welcher die Methode aufgerufen wird, abgeändert wird. Bei gleicher Parameterliste muss die Methode über einen neuen Namen verfügen.

Zum Testen der Klasse Vektor soll eine zweite Klasse VektorTest erstellt werden, die in ihrer main()-Methode Instanzen der Klasse mit Hilfe ihrer Konstruktoren erzeugt und ihre Methoden aufruft.

Java-Dateien: Vektor.java, VektorTest.java
Programmaufruf: java VektorTest

1.6 Die Wert- und Referenzübergabe in Methodenaufrufen

In Java-Methoden werden alle Argumente, ob es Werte von primitiven Typen oder Referenzen sind, als Kopie per Wert übergeben. Der Mechanismus der Wertübergabe wird auch »call by value« bzw. »copy per value« genannt. Wenn ein Argument übergeben wird, wird dessen Wert an eine Speicheradresse in den Stack der Methodenaufrufe (»method call stack«) kopiert. Egal ob dieses Argument eine Variable von einem primitiven oder Referenztyp ist, wird der Inhalt der Kopie als Parameterwert übergeben, nur diese kann innerhalb der Methode abgeändert werden und nicht der Wert selbst. D. h., eine Parametervariable wird als lokale Variable betrachtet, die zum Zeitpunkt des Methodenaufrufs mit dem entsprechenden Argument initialisiert wird und nach dem Beenden der Methode nicht mehr existiert.

Eine Argumentübergabe per Referenz, auch »call by reference« genannt, wie sie in anderen Programmiersprachen verwendet wird, gibt es in Java nicht. Für die Übergabe von Objekten werden zwar Referenzen vom Typ der Objekte als Parameter für Methoden definiert, doch werden diese, wie vorher beschrieben, kopiert. Aus diesem Grund ist in der Java-Literatur oft zu lesen: »In Java werden Objekte per Referenz und Referenzen per Wert übergeben«.

Aufgabe 1.8
Wertübergabe in Methoden (»call by value«)

Die Klasse `MethodenParameter`, definiert drei Klassenmethoden mit den Signaturen `methode1(int x, int[] y)`, `methode2(Punkt x, Punkt[] y)` und `methode3(Punkt x)`, wobei `Punkt` eine Referenz vom Typ der Klasse aus der Aufgabe 1.6 bezeichnet.

Rufen Sie aus der `main()`-Methode der Klasse alle drei Methoden auf und zeigen Sie die Werte der von Ihnen übergebenen primitiven Array- und Referenz-Typen vor und nach den Methodenaufrufen am Bildschirm an.

Hinweise für die Programmierung:

Um festzustellen, wie die Übergabe in Methodenaufrufen erfolgt, sollen durch Zuweisungen und den Aufruf von Zugriffsmethoden der Klasse `Punkt` ein Teil der im Methodenaufruf übergebenen Werte verändert werden.

Java-Dateien: `MethodenParameter.java`
Programmaufruf: `java MethodenParameter`

1.7 Globale und lokale Referenzen

Alle bisherigen Programme haben Referenzvariablen als lokale Referenzen in Methoden oder als deren Parametervariablen definiert. Instanz- und Klassenfelder von einem Referenztyp werden auch als globale Referenzen bezeichnet.

Aufgabe 1.9
Der Umgang mit Referenzen

Definieren Sie eine Klasse `GlobaleReferenzen`, welche an Stelle der lokalen Variablen aus den Methoden der Klasse `MethodenParameter` globale Programmvariablen definiert, und die Methoden selbst ohne Parametervariablen.

Hinweise für die Programmierung:

Referenzparameter von Methoden können im Prinzip durch globale Referenzen der Klasse ersetzt werden, nur sind die darauf durchgeführten Änderungen innerhalb von Methoden auch nach Außen sichtbar. Dabei macht es keinen Unterschied, ob die globalen Referenzen als Klassen- bzw. Instanzfelder definiert wurden.

Java-Dateien: GlobaleReferenzen.java
Programmaufruf: java GlobaleReferenzen

Aufgabe 1.10

Wiederholungsaufgabe

Definieren Sie eine Klasse GanzeZahlen, die ein Instanzfeld z vom Typ int besitzt, und einen Konstruktor, der einen int-Wert zu dessen Initialisierung übergeben bekommt.

Definieren Sie die Zugriffsmethoden getZahl() und setZahl() zum Lesen und Setzen des Attributwertes der Klasse und vier weitere Instanzmethoden negativ(), gleich(), kleiner() und anzeige() zum Setzen eines negativen Vorzeichens, zur »Gleich-Abfrage«, zur »Kleiner-Abfrage« und ·zur Anzeige von GanzeZahlen- Objekten.

Der »größte gemeinsame Teiler« und das »kleinste gemeinsame Vielfache« von GanzeZahlen-Instanzen sollen mit Hilfe von zwei Klassenmethoden ggTeiler() und kgVielfaches() berechnet werden. Implementieren Sie zwei Klassenmethoden add() und divid() für das Ermitteln von Summe und Quotient und zwei Instanzmethoden subtr() und multipl() für das Ermitteln der Differenz und des Produktes von GanzeZahlen-Objekten.

Definieren Sie eine weitere Klasse RationaleZahlen, die zwei globale Referenzen vom Typ der Klasse GanzeZahlen besitzt, welche den Zähler und Nenner einer rationalen Zahl beschreiben. Die Klasse definiert die Zugriffsmethoden setZaehler(), setNenner(), getZaehler() und getNenner() und in Analogie zu den Methoden der Klasse GanzeZahlen Methoden für die Anzeige und Durchführung von Operationen mit RationeleZahlen-Instanzen, aus welchen die gleichnamigen Methoden der Klasse GanzeZahlen aufgerufen werden. Für das Kürzen der Werte von Zähler und Nenner soll eine Instanzmethode kuerzen() implementiert werden.

Die Klasse ZahlenTest definiert zwei globale Referenzen z1 und z2 vom Typ der Klasse GanzeZahlen als Instanzfelder und zwei Klassenfelder GANZEZAHLEN und RATIONALEZAHLEN mit konstanten Werten vom Typ int für die Beschreibung von Objektzuständen. Eine Konstantendefinition erfolgt in Java mit dem Schlüsselwort final. Das dritte Instanzfeld zahlenTyp bekommt im Konstruktor der Klasse einen dieser konstanten Werte zugewiesen und dient als Parameter in einer switch-Anweisung, der Auswahl von Methodenaufrufen zur Instanziierung von Objekten von Typ GanzeZahlen bzw. RationaleZahlen. Implementieren Sie für diese Klasse zwei Methoden defGanzeZahlen() und defRationaleZahlen(), welche Operationen mit diesen Instanzen durchführen.

Methodenaufrufe können in Java über den »Punkt-Operator« gekettet werden. Rufen Sie für die Ausgabe der Ergebnisse am Bildschirm die Methode anzeige() gekettet an die Methodenaufrufe add(), subtr(), multpl() und divid() auf.

Hinweise für die Programmierung:

Die Methoden einer Klasse können sowohl auf Feldwerte, als auch auf Objekte der eigenen Klasse operieren. Die Entscheidung, ob Methoden als Instanz- oder Klassenmethoden definiert werden, ist dem Programmierer überlassen. Methoden, welche keine Eigenschaften des Objekts der Klasse benutzen, sollten als Klassenmethoden definiert werden, Methoden, die nur ein Objekt der Klasse benutzen, als Instanzmethoden. Für Methoden, die mehrere Objekte einer Klasse manipulieren, können beide Definitionsarten in Betracht gezogen werden.

Beachten Sie bei einer Übergabe von Referenzen, dass Veränderungen, die innerhalb von Methoden an einem übergebenen Objekt durchgeführt werden, auch außerhalb der Methode sichtbar bleiben und dass Zuweisungen von Objektreferenzen nicht wie Zuweisungen von primitiven Datentypen zum Erzeugen eines neuen Objektes, als Kopie eines schon vorhandenen führen. Wird einer Referenzvariablen eine Objektreferenz zugewiesen, so zeigt die Variable auf dieses Objekt, ohne dass ein neues erstellt wird.

Java-Dateien: GanzeZahlen.java, RationaleZahlen.java, ZahlenTest.java
Programmaufruf: java ZahlenTest

1.8 Selbstreferenzierende Klassen und Felder (»self-referential classes and fields«)

Selbstreferenzierende Klassen sind Klassen, die mindestens ein Feld als globale Referenz vom Typ der eigenen Klasse definieren. Als selbstreferenzierende Felder werden Felder vom Typ der eigenen Klasse bezeichnet. Diese werden auch Links genannt, weil sie es ermöglichen, Objekte von der gleichen Klasse zu verbinden, indem ihre Referenzen jedem anderen selbstreferenzierenden Feld zugewiesen werden können.

Aufgabe 1.11

Der Einsatz von selbstreferenzierenden Feldern

Das Vorwärts- und Rückwärtsblättern in einem Buch soll mit Hilfe von Instanzen einer selbstreferenzierenden Klasse mit dem Namen Buch illustriert werden. Dafür definiert die Klasse Buch ein Instanzfeld seite vom Typ int, ein selbstreferenzierendes Instanzfeld naechsteSeite, über welches Objekte der Klasse verknüpft werden können, und Zugriffsmethoden für das Setzen und Lesen deren Werte. Im

Konstruktoraufruf der Klasse wird ein `int`-Wert übergeben und für das Instanzfeld `naechsteSeite` eine `null`-Referenz gesetzt.

Die Klasse `Buch` definiert zwei Klassenmethoden `rueckwaertsBlaettern()` und `vorwaertsBlaettern()`, die zwei Argumente vom Typ `int` für die Angabe der Seitennummern, zwischen welchen geblättert werden soll, besitzen.

Definieren Sie eine Klasse `BuchTest`, die die Methoden der Klasse `Buch` mit verschiedenen Angaben von Seitenbereichen aufruft.

Hinweise für die Programmierung:

In den Methoden wird der Referenz auf ein Objekt der Klasse die Referenz auf das gerade vorher konstruierte Objekt der Klasse zugeordnet. Damit verbindet das selbstreferenzierende Feld alle Objekte der Klasse in der Methode `rueckwaerts-Blaettern()` vom ersten zum letzten und in der Methode `vorwaertsBlaettern()` vom letzten zum ersten. Beim Verknüpfen der Felder bekommt das als erstes erzeugte Objekt in der Methode `rueckwaertsBlaettern()` und das als letztes erzeugte in der Methode `vorwaertsBlaettern()` eine `null`-Referenz zugeordnet, weil diese keinen Vorgänger bzw. Nachfolger besitzen.

Für die Anzeige der durchgeblätterten Seiten am Bildschirm kann in einer `while`-Schleife mit der Methode `getNaechsteSeite()` nacheinander auf die verknüpften Instanzen der Klasse zugegriffen werden.

Java-Dateien: `Buch.java`, `BuchTest.java`
Programmaufruf: `java BuchTest`

1.9   Java-Pakete

Die erstellten Java-Klassen können in Pakete zusammengefasst werden, die als eigene Klassenbibliotheken dienen. Jedes Paket definiert eine eigene Umgebung für die Namensvergabe von Klassen, um Konflikte zu unterbinden, die bei einer Vergabe von gleichen Namen auftreten könnten.

Ein Programm wird in ein Paket oder dessen Subpakete über eine `package paket-name1[.paketname2...]`-Anweisung integriert, die am Anfang des Sourcecodes stehen muss. Paketnamen sind im Grunde genommen Bezeichnungen von Dateiverzeichnissen, in welche die Java-Dateien hinterlegt werden.

Immer wenn ein Klassenname in einem Programm auftritt, muss der Compiler das Paket identifizieren können, in welchem sich diese Klasse befindet. Dazu dient die Anweisung: `import paketname.klassenname;` von Java.

Die Namen von Klassen und deren Pakete werden vom Compiler in die schon vorher erwähnte Klassendatei, die mit dem Suffix `.class` gespeichert wird, eingetragen. Diese Datei ist eine Unterstützung für den JVM-Klassenlader beim Auffinden der Klasse. Eine zusätzliche Hilfe ist auch die Umgebungsvariable `CLASSPATH`, die eine Liste von Dateiverzeichnissen und Namen von Archivdateien für die Suche zur Verfügung stellen kann. Archivdateien sind Dateien, die selbst andere Dateien beinhalten und werden in Java mit dem Suffix .jar abgeschlossen. Unter Windows wird die CLASSPATH-Variable über das Betriebssystemkommando: set classpath = c:\pfadname1;pfadname2;archivname1;... gesetzt und mit set classpath = .; gelöscht.

Ist die Umgebungsvariable nicht gesetzt, so sucht der Klassenlader nach einer Klasse im aktuellen Verzeichnis oder in einem Verzeichnis, das den ersten Paketnamen in einer angegebenen import-Anweisung trägt, danach in einem Verzeichnis, das den zweiten Paketnamen trägt etc. Ist eine Umgebungsvariable gesetzt, werden ihre Einträge von links nach rechts nach einem Verzeichnis oder einer Archivdatei, welche entweder die Datei oder den ersten Paketnamen enthalten, durchsucht.

Beide Arten der Suche werden so lange fortgesetzt, bis eine Klasse gefunden und geladen wird, ansonsten wird die Fehlermeldung:»no class definition found«, ausgegeben.

Alle bis jetzt verwendeten Klassen wurden ohne Modifikator definiert. Eine Klasse ohne public ist nicht uneingeschränkt öffentlich, es können nur Klassen aus dem gleichen Paket Instanzen davon erzeugen. Eine Klasse hat nur zwei Zugriffsebenen: standard (ohne Modifikator) und public. Eine mit public definierte Klasse ist für alle anderen Klassen zugänglich und muss immer in einer Java-Datei mit gleichem Namen gespeichert werden.

Aufgabe 1.12

Die package-Anweisung

Für ein Dateiverzeichneis kapitel1, wird ein Unterverzeichnis paket1 definiert. Erstellen Sie eine Klasse PackageTest, die in ihrer main()-Methode, die Zeichenkette "Test der package-Anweisung" am Bildschirm ausgibt und speichern Sie diese, als die Java-Datei PackageTest.java, im Verzeichnis paket1 ab. Wie muss die package-Anweisung in dieser Klassendefinition lauten, so dass das Programm im Verzeichnis kapitel1 übersetzt und ausgeführt werden kann?

Hinweise zu den Programmaufrufen:

Ist das Verzeichnis paket1 nicht mit der CLASSPATH-Umgebungsvariable gesetzt, so muss es beim Übersetzen als Dateiverzeichnisname angegeben werden: javac paket1\PackageTest.java. Wird im Sourcecode, die Anweisung package paket1; angegeben, kann für die Programmausführung der Paketname dem Klassennamen vorangestellt werden: java paket1.PackageTest.

Java-Dateien: kapitel1\paket1\PackageTest.java
Programmaufrufe im Verzeichnis kapitel1: javac paket1\PackageTest.java
und java paket1.PackageTest oder java paket1/PackageTest

Aufgabe 1.13

Die import-Anweisung

Im Verzeichnis `paket1` wird ein weiteres Unterverzeichnis `paket2` hinterlegt. Definieren Sie eine Klasse `Klasse`, welche die Anweisung `package paket2;` definiert und in ihrer `main()`-Methode die Zeichenkette "Definition einer Klasse im Verzeichnis paket2" am Bildschirm ausgibt. Die Klasse muss als `public` definiert werden, weil sie aus einem externen Paket angesprochen werden soll. Speichern Sie diese Klasse als Java-Datei im Verzeichnis `paket2` ab.

Definieren Sie eine weitere Klasse `KlassenTest`, die als Java-Datei im Verzeichnis `paket1` gespeichert ist und eine Instanz der Klasse `Klasse` erzeugt.

Das mit der Klasse `KlassenTest` erstellte Java-Programm soll im Verzeichnis `paket1` übersetzt und ausgeführt werden. Die Verwendung des Klassennamens `Klasse` kann entweder über eine `import`-Anweisung erfolgen oder es muss immer der Präfix `paket2.` angegeben werden.

Java-Dateien: `kapitel1\paket1\KlassenTest.java`,
`kapitel1\paket1\paket2\Klasse.java`

Programmaufrufe im Verzeichnis `kapitel1\paket1`: `javac KlassenTest.java` und `java KlassenTest`

1.10 Die Modifikatoren für Felder und Methoden in Zusammenhang mit der Definition von Paketen

Auf ein Member einer Klasse, das ohne Modifikator definiert wurde, kann von außerhalb eines Paketes nicht zugegriffen werden. Nur mit `public` deklarierte Member sind uneingeschränkt öffentlich. Ein mit `protected` definiertes Member ist außerhalb eines Paketes nur für abgeleitete Klassen einer Klasse sichtbar. Weitere Ergänzungen zu diesen Aussagen können im Kapitel 2, Abgeleitete Klassen und Vererbung, gelesen werden.

Aufgabe 1.14

Pakete und die Sichtbarkeit von Membern einer Klasse

Die Klassen aus diesen Programmbeispielen sollen als Test der `import`-Anweisung für Pakete, welche Subpakete beinhalten, dienen. Definieren Sie zu diesem Zweck eine Klasse `PackageTest1`, deren Programmdatei im Verzeichnis `kapitel1` abgelegt ist und Instanzen von zwei weiteren Klassen, `Klasse1` und `Klasse2` erzeugt, welche in den Unterverzeichnissen `paket1` und `paket2` von `kapitel1` in Programmdateien mit gleichem Namen abgelegt werden.

Die Klasse `Klasse1` definiert drei Klassenfelder vom Typ `int`: `privatesFeld`, `geschuetztesFeld`, `oeffentlichesFeld` mit den Modifakatoren `private`, `pro-`

tected, public und ein weiteres Klassenfeld feld ohne Modifikator. Sie soll die Zeichenkette »Instanz der Klasse1« am Bildschirm anzeigen und den Paketnamen über die Anweisung: package paket1; angeben. Die Klasse Klasse2 soll die Zeichenkette »Instanz der Klasse2« am Bildschirm anzeigen und die Anweisung: package paket2; fuer die Angabe des Paketnamens definieren.

In der Klasse PackageTest1 sollen beide Paketnamen über eine import-Anweisung bekannt gegeben werden und soweit möglich die Werte der in Klasse1 definierten Felder am Bildschirm angezeigt werden.

Das Java-Programm PackageTest1.java soll im Verzeichnis kapitel1 übersetzt und ausgeführt werden.

Java-Dateien: kapitel1\PackageTest1.java, kapitel1\paket1\Klasse1. java, kapitel1\paket1\paket2\Klasse2.java
Programmaufrufe im Verzeichnis kapitel1: javac PackageTest1.java und java PackageTest1

1.11 Standard-Klassen von Java

Von großer Bedeutung in der Programmierung mit Java sind seine Standard-Klassen, welche die Java-API bilden. Die Standard-Klassen von Java sind in Pakete gebündelt, wie z.B. java.lang, java.io, java.util, etc. Das Java-Paket java.lang beinhaltet die Klassen, welche die Basis der Java-Programmiersprache bilden, wie Object, System, Process, ProcessBuilder, Runtime, Math, Class, etc. Diese Klassen werden automatisch vom Compiler importiert, dafür ist keine import-Anweisung nötig.

Zur Identifikation einer Klasse muss bei allen Paketen außer java.lang der Paketname dem Klassennamen vorangestellt werden, wie z.B. mit import java.lang.String. Sollen alle Klassen eines Paketes importiert werden, geschieht dies über einen Stern statt dem Klassennamen, wie z.B. import java.util.*.

Die Klasse System

Die Klasse System kann nicht instanziiert werden, da sie keinen Konstruktor besitzt. Sie besitzt aber eine Vielzahl von nützlichen Klassenfeldern und -methoden. Dazu zählen Felder, welche den Zugriff auf die Standardein- und Standardausgabe erlauben und andere, die Systemeigenschaften und Umgebungsvariablen definieren.

Diese Klasse definiert als Klassenfelder die globalen Referenzen in, out und err, die auf die Objekte vom Typ der Klassen InputStream und PrintStream aus dem Paket java.io verweisen, welche Ein- und Ausgaben zu den Standardgeräten (in der Regel die Konsole) leiten. Das Objekt, auf welches die Referenz err der Klasse PrintStream zeigt, wird für die Ausgabe von Fehlermeldungen definiert. Alle drei Instanzen werden beim Programmaufruf erzeugt, mit den Standardgeräten verbunden und stehen jederzeit dem Programmierer zur Verfügung.

Die Instanz, auf welche die Referenz out zeigt, wird auch mit den Methoden System.out.print(…) und System.out.println(…) der Klasse PrintStream genutzt, um Bildschirmausgaben zu realisieren.

Eine Liste mit allen Systemeigenschaften kann mit der Methode getProperties(), und die Liste der im System gesetzten Umgebungsvariablen mit der Methode getenv() der Klasse System abgerufen werden.

Die Klasse File

Die Verwaltung von Dateien und deren Verzeichnissen wird in Java von der Klasse File aus dem Paket java.io übernommen. Ein File-Objekt ist eine abstrakte Repräsentation einer Datei oder eines Verzeichnisses. Die Klasse File stellt Methoden zur Verfügung, mit denen Informationen über Dateien und Verzeichnisse geholt werden können.

Die Klassen Runtime, ProcessBuilder und Process

Beim Ausführen eines Programms mit Hilfe des java-Kommandos wird eine JVM gestartet und vom Betriebssystem dazu ein eigener Prozess erzeugt. Es können auch mehrere JVMs gestartet werden, die entsprechenden Prozesse laufen dann parallel, wobei jeder Prozess seinen eigenen Adressraum besitzt.

Eine Instanz der Klasse Runtime repräsentiert die Laufzeitumgebung einer Java-Anwendung und kann über den Aufruf der Methode getRuntime() der Klasse ermittelt werden. Über dieses Objekt kann die aktuell laufende JVM mit der Methode exit() beendet werden. Dies ist auch über die gleichnamige Methode der Klasse System möglich und wird über deren Aufruf System.exit() eingeleitet.

Über den Aufruf der Methode exec(name) der Klasse – wobei name ein String ist, der den Namen einer .exe-Datei enthält, und der Rückgabewert vom Typ Process ist – kann eine andere Anwendung gestartet werden.

Die Klasse ProcessBuilder wurde mit Java 5.0 eingeführt und kann alternativ zur Klasse Runtime zum Starten eines Prozesses des Betriebssystems genutzt werden.

Ein Objekt der Klasse Process kann durch einen der Methodenaufrufe Runtime.exec() bzw. ProcessBuilder.start() erzeugt werden und repräsentiert einen Prozess des Betriebssystems.

Die Klassen Exception und Error

Exceptions sind Ausnahmesituationen, die zur Laufzeit eines Programms auftreten und seinen Ablauf unterbrechen können. Diese können behandelt werden, sodass ein Programmabbruch dabei vermieden werden kann. Errors sind schwerwiegende Fehler, eine weitere Ausführung des Programms ist bei deren Auftreten meistens nicht mehr gerechtfertigt.

Exceptions werden über das Schlüsselwort throw (werfen) ausgelöst und können von einem catch-Block (fangen) aufgefangen werden, in welchem deren Verarbeitung erfolgen kann. Dazu werden die Anweisungen, die Exceptions auslösen, zu einem `try`-Block zusammengefasst und diesem wird ein catch-Block nachgestellt. Exceptions kann man zur Behandlung auch weitergeben, indem sie mit dem Schlüsselwort `throws` im Methodendefinitionskopf durch Komma getrennt aufgelistet werden. Wird eine Exception auch von der `main()`-Methode mit `throws` weiter geworfen, so wird diese nicht mehr von der Applikation behandelt und die Applikation wird mit einer entsprechenden Fehlermeldung beendet.

Diese Klassen und ihre Unterklassen befinden sich auch im Paket `java.lang` und werden im Kapitel 9, Exceptions und Errors, ausführlicher behandelt.

Die Klasse Math

Diese Klasse definiert viele mathematische Funktionen und Operationen in Form von Klassenfeldern und Klassenmethoden. Sie ist mit dem Modifikator `final` deklariert, so dass keine Unterklassen von dieser Klasse erzeugt werden können. Der Zugriff auf Felder und Methoden der Klasse erfolgt über ihren Namen, mit dem Klassennamen `Math` als Präfix.

Aufgabe 1.15
Aufruf von Methoden der Klasse Math

Mathematisch gesehen sind zwei Dreiecke kongruent (deckungsgleich), wenn sie in drei Seiten (sss) oder zwei Seiten und dem von diesen Seiten eingeschlossenen Winkel (sws) oder zwei Seiten und dem Gegenwinkel der längeren Seite (ssw) oder einer Seite und den beiden anliegenden Winkeln (wsw) übereinstimmen. So reicht die Angabe einer dieser Gruppen mit drei Größen, um die anderen Seiten und Winkel eines Dreiecks zu bestimmen. Dazu können die Relationen, die in einem beliebigen Dreieck zwischen seinen Seiten a, b, c und Winkeln A, B, C bestehen: $a^2 = b^2+c^2-2*b*c*cosA$ (Rotationen von Werten sind möglich) und a/sinA=b/sinB= c/sinC genutzt werden. Für das Berechnen von fehlenden Winkelmaßen kann zusätzlich die Relation A+B+C = 180° genutzt werden.

Definieren Sie eine Klasse `KongruenteDreiecke`, die über drei Instanzfelder x, y und z vom Typ `double` Werte für die Spezifikation von Seitenlängen und Winkelmaßen für ein Dreieck aufnehmen kann. Für das Bilden von Instanzen der Klasse wird ein Konstruktor mit drei Argumenten vom Typ `double` definiert, der eine Unterscheidung zwischen Seiten und Winkeln bei deren Übergabe nicht erforderlich macht.

Die Klasse `KongruenteDreiecke` implementiert vier Instanzmethoden: `sss()`, `sws()`, `ssw()` und `wsw()`, zum Erzeugen eines neuen `KongruenteDreiecke`-Objektes aus dem aktuellen, indem im Konstruktor der Klasse die von der Methode errechneten fehlenden Komponenten übergeben werden. Die Methode `sss()` soll also aus den drei Seiten die drei Winkel berechen, die Methode `sws()` aus den zwei Seiten und einem Winkel die dritte Seite und die beiden anderen Winkel, usw.

Diese Methoden rufen die Methoden: cos(), sin(), acos() und asin() der Klasse Math für die Berechnung der Werte auf.

Definieren Sie zwei weitere Methoden winkelRadian() und winkelGrad() für die Umsetzung der Winkelmaße von Grad in Radiant und Radiant in Grad. Diese haben eine Objektinstanziierung nicht nötig und sollten deshalb als Klassenmethoden definiert werden. Oder Sie verwenden an deren Stelle die Methoden der Klasse Math: toRadians() und toDegrees(). Verwenden Sie beim Rechnen die in der Klasse Math definierte Konstante Math.PI oder Sie definieren wie im Lösungsvorschlag für die Aufgabe ein eigenes Klassenfeld mit dem gleichen Wert.

Definieren Sie eine Klasse KongruenteDreieckeTest, die Instanzen dieser Klasse bildet und ihre Methoden aufruft. Der Zugriff auf die neu errechneten Komponenten von Instanzen der Klasse KongruenteDreiecke soll zwecks Bildschirmausgabe über die von der Klasse definierten Zugriffsmethoden erfolgen. Beim Erzeugen von Objekten der Klasse KongruenteDreiecke soll die gleiche Referenzvariable sowohl auf das über den Konstruktor der Klasse erzeugte Objekt als auch auf den Rückgabewert der an diesem Objekt aufgerufenen Methode zeigen.

Java-Dateien: KongruenteDreiecke.java, KongruenteDreieckeTest.java
Programmaufruf: java KongruenteDreieckeTest

Aufgabe 1.16
Wiederholungsaufgabe

Erstellen Sie eine Klasse Strecke, die zwei globale Referenzen P und Q vom Typ der Klasse Punkt aus der Aufgabe 1.5 definiert. Im Konstruktor der Klasse werden auch Referenzen auf Objekte der Klasse Punkt übergeben. Definieren Sie analog zur Klasse Punkt die Zugriffsmethoden setP(), setQ(), getP() und getQ() für die Instanzfelder der Klasse. Zur Berechnung der Distanz zwischen zwei Punkten definiert die Klasse eine Methode distanz() und zur Anzeige der Gleichung der Geraden, die durch beide Punkte geht, eine Methode geradenGleichung(). Die Punktkoordinaten sollen mit Hilfe der Zugriffsmethoden der Klasse Punkt ermittelt werden.

Definieren Sie eine Klasse Kreis, die als Instanzfeld eine globale Referenz PQ vom Typ der Klasse Strecke besitzt. Implementieren Sie für diese Klasse zwei Methoden flaeche() und umfang() zum Berechnen des Flächeninhaltes und der Länge des Kreises mit einem Radius gleich der Länge der Strecke PQ und eine weitere Methode kreisGleichung(), welche die Gleichung des Kreises mit dem Mittelpunkt in P und dem Radius PQ ausgibt. Rufen Sie in diesen die Methode round() der Klasse Math auf, um die errechneten Ergebnisse zu runden. Die Klasse Kreis soll ein zusätzliches Klassenfeld mit dem Namen PI definieren, das den Wert der Konstanten Math.PI aus der Java-Standard-Klasse Math zugewiesen bekommt, und die Zugriffsmethoden setPQ() und getPQ() für das Instanzfeld der Klasse.

Zum Testen der neuen Klassendefinitionen soll eine Klasse PunktStreckeKreis-Test definiert werden, welche in ihrer main()-Methode Instanzen der Klassen Punkt, Strecke und Kreis erzeugt und an diesen die Methoden der Klassen aufruft.

Java-Dateien: Punkt.java, Strecke.java, Kreis.java, PunktStreckeKreis-Test.java

Programmaufruf: java PunktStreckeKreisTest

1.12   Die Wrapper-Klassen von Java und das Auto(un)boxing

Sowohl primitive Datentypen als auch Referenztypen legen die Eigenschaften ihrer Werte innerhalb von Klassen in Form von Felddefinitionen fest. Für die Manipulation der Werte stehen für primitive Datentypen Operatoren zur Verfügung, während Klassen Methoden benutzen. Operatoren sind von der Programmiersprache her vordefiniert und können in Java vom Programmierer nicht überladen werden. Methoden bringen den Vorteil mit sich, dass diese ein Überladen erlauben, ohne dass eine bestimmte Anzahl davon vorgegeben wird (s. die Aufgaben 1.5 und 1.22).

Weil höhere Datenstrukturen nur Objekte aufnehmen können, wurden Hüllenklassen, auch Wrapper-Klassen genannt, für alle primitiven Datentypen definiert: Boolean, Byte, Integer, Float, Double, Long, Short, Character. Während die primitiven Datentypen Bestandteil der Java-Programmiersprache sind, gehören die Wrapper-Klassen zur Java-API. Eine Hüllenklasse definiert ein Instanzfeld vom entsprechenden Datentyp und Methoden, mit welchen dieses manipuliert werden kann. Dies sind z.B. Konvertierungsmethoden wie toBinaryString(), toHexString() oder Methoden für die Rückgabe des primitiven Wertes des Wrapper-Objektes, wie intValue(), floatValue(), etc. Alle Hüllenklassen definieren einen Konstruktor, der ein Argument vom Typ des primitiven Datentypes besitzt, und einen Konstruktor mit einem Argument vom Typ der Klasse String.

Wrapper-Klassen definieren auch eine Reihe von nützlichen Konstanten wie z.B. MIN_VALUE oder MAX_VALUE, die den kleinsten bzw. größten Wert des entsprechenden arithmetischen Datentyps bezeichnen. Sie definieren jedoch keine Methoden für arithmetische oder logische Operationen zwischen Objekten einer Klasse oder zur Änderung des innerhalb einer Klasse gespeicherten Wertes.

Diese Klassen sind als final deklariert, d.h. sie sind nicht erweiterbar und werden alle von der abstrakten Klasse Number abgeleitet, deren Methoden sie implementieren (s. Kapitel 2, Abgeleitete Klassen und Vererbung und Kapitel 3, Abstrakte Klassen und Interfaces).

Mit der Version 5.0 von Java erübrigt sich weitgehend das manuelle Umwandeln von primitiven Datentypen in Objekttypen und umgekehrt, da diese Version eine automatische Konvertierung (Auto(un)boxing) für diese Art von Datentypen implementiert und deren Übergabe in Konstruktoren und Methoden damit wesentlich vereinfacht.

Damit wurde ein weiterer wesentlicher Beitrag zur Typsicherheit von Daten gewährleistet, wie auch mit den in Java 5.0 eingeführten generischen Datentypen, welche im Kapitel 8, Generics beschrieben werden.

Autoboxing ist der Vorgang, durch welchen ein primitiver Datentyp wie `int`, `boolean`, etc. automatisch in seinen entsprechenden Wrapper-Typ `Integer`, `Boolean`, etc. eingehüllt (boxed) wird, das Erzeugen eines neuen Objektes wird automatisch von Java übernommen.

Mit Auto-unboxing wird der Vorgang bezeichnet, durch welchen der Wert eines Wrapper-Objektes extrahiert wird, ohne dass Methoden wie `intValue()`, `booleanValue()` etc. der entsprechenden Wrapper-Klassen explizit aufgerufen werden müssen.

Aufgabe 1.17
Die Felder und Methoden von Wrapper-Klassen

Definieren Sie in einer Klasse mit dem Namen `WrapperKlassen` globale Referenzen vom Typ aller Hüllenklassen von Java. Übergeben Sie im Konstruktor dieser Klasse die korrespondierenden primitiven Werte und erzeugen Sie mit Hilfe der Konstruktoren von Hüllenklassen je eine Instanz für jede dieser Klassen. Rufen Sie nach Belieben die verschiedensten Methoden, wie `byteValue()`, `intValue()`, `toOctalString()`, `getNumericValue()`, `digit()`, etc., dieser Klassen auf.

Zum Bilden von Instanzen der Klasse und Aufruf ihrer Methoden soll eine Klasse `WrapperKlassenTest` erstellt werden.

Java-Dateien: `WrapperKlassen.java`, `WrapperKlassenTest.java`
Programmaufruf: `java WrapperKlassenTest`

Aufgabe 1.18
Das Auto(un)boxing

Die Klasse mit dem Namen `WrapperKlassenmitAutoBoxing` definiert die gleichen Instanzfelder wie die Klasse `WrapperKlassen` aus der Aufgabe 1.17 und einen Konstruktor mit den gleichen Argumenten. Prüfen Sie, ob einfache Zuweisungen von primitiven Werten für das Bilden der Instanzen von Hüllenklassen ausreichend sind und ob im Methodenaufruf von `System.out.println()` ein Unboxing bei der Angabe dieser Instanzen durchgeführt wird. Definieren Sie eine Methode mit der Signatur: `public boolean konvert(Boolean b)` und zeigen Sie, dass diese mit einem primitiven Wert vom Typ `boolean` aufgerufen werden kann.

Erstellen Sie anhand des Lösungsvorschlags ein eigenes Beispiel mit Umwandlungen zwischen primitiven Typen und Typen von Wrapper-Klassen im gleichen Ausdruck und nutzen Sie die erweiterte Schreibweise von `if`-Anweisungen für einen Vergleich von Wrapper Instanzen mit dem »==-Operator«.

Wie auch in der Aufgabe 1.17, soll zum Testen eine weitere Klasse, `WrapperKlas-senmitAutoBoxingTest`, erstellt werden.

Hinweise für die Programmierung:

Ein Vergleich mit »==« bleibt weiterhin ein Vergleich von Referenzen und dabei wird kein Unboxing auf primitive Datentypen durchgeführt, sodass ein solcher Vergleich zwischen zwei Wrapper-Objekten trotz gleichem numerischem Wert im Allgemeinen das Ergebnis `false` liefert, wobei es aber Ausnahmen von dieser Regel gibt, je nachdem, wie das Autoboxing intern funktioniert, also ob dabei ein neues Objekt erzeugt wurde (z.B. bei nicht ganzzahligen oder bei großen ganzzahligen Zahlenwerten) oder ein altes Objekt wieder verwendet wurde (z.B. bei kleinen ganzzahligen Zahlenwerten, Zeichen oder logischen Größen).

Java-Dateien: `WrapperKlassenmitAutoBoxing.java`,
`WrapperKlassenmitAutoBoxingTest.java`
Programmaufruf: `java WrapperKlassenmitAutoBoxingTest`

1.13 Arrays (Reihungen) und die Klassen Array und Arrays

Ein Array ist ein Objekt, das mehrere Werte von ein und demselben Typ speichern kann. Diese Werte werden auch Elemente oder Komponenten des Array genannt. Arrays können sowohl Werte von primitiven als auch von Referenztypen aufnehmen. Die aufeinander folgenden Elemente werden in zusammenhängende Speicherbereiche hinterlegt und ein Array hat immer eine feste Länge. Einem Arrayelement wird ein Index zugeordnet, über welchen es direkt angesprochen werden kann. Der Index des ersten Elementes hat in Java den Wert 0.

Mit Referenz vom Typ eines Array ist die Referenz auf ein Array-Objekt gemeint. Dieses Array-Objekt enthält alle Elemente des Arrays. Der Typ kann ein primitiver, Klassen- oder Interface-Typ sein.

Ein Array kann in Java mit Hilfe eines Array-Initialisierers erzeugt werden. So definiert `int [] iArray = {1, 5, 3};` ein Array vom Typ `int` und `char cArray = {'A', 'B'};` ein Array vom Typ `char`. Die Elemente der so definierten Arrays werden mit den angegebenen Werten initialisiert.

Eine zweite Möglichkeit besteht darin, den new-Operator zu benutzen, `int [] iAr-ray = new int [3];` definiert ein Array von 3 Werten vom Typ `int`, `char cArray = new char [2];` ein Array von 2 Werten vom Typ `char` und `Punkt pArray = new Punkt [2];` ein Array von 2 Objekten vom Typ der Klasse `Punkt`.

Mit diesen Definitionen wird Speicher für die angegebene Anzahl von Elementen allokiert und alle Bits von Elementen werden auf 0 gesetzt. Der new-Operator gibt eine Referenz auf das Array-Objekt zurück.

Im Unterschied zu Arrays von primitiven Typen wird für Arrays von Referenztypen erstmal nur das Array-Objekt erzeugt und nicht auch Objekte von den einzelnen Elementen. Diese müssen im Nachhinein, einzeln mit dem Konstruktor erzeugt werden: `Punkt[0] = new Punkt(1,1);` und `Punkt[1] = new Punkt(2,2);`.

Beide Definitionsarten können auch kombniert werden. So definiert private static int [] iArray = new int []{'1', '5', '3'};, ein Array vom Typ private static int und char [] cArray = new char [] {'A', 'B'};, ein Array vom Typ char.

Die Anzahl der Elemente eines Array wird auch Dimension genannt. Java unterstützt auch mehrdimensionale Arrays. Ein zweidimensionales Array wird als Array von eindimensionalen Arrays gebildet und ist somit eine Anreihung von mehreren eindimensionalen Arrays.

Die Java-Standard-Klasse Array ist eine Utility-Klasse, die nur Klassenmethoden enthält, daher wird kein Objekt vom Typ dieser Klasse instanziiert. Sie definiert Methoden, welche zur Manipulation von beliebigen Array-Objekten genutzt werden können, und eine Methode newInstance(), die ein Objekt vom Typ der Klasse Object zurückgibt, auf welches alle anderen Methoden der Klasse angewandt werden können. Diese Klasse befindet sich im Paket java.lang.reflect.

Die Java-Standard-Klasse Arrays ist im Paket java.util enthalten und definiert nützliche Funktionen zum Vergleichen, Sortieren und Füllen von Arrays. Mit der Version Java 5.0 wird mit der Methode toString() dieser Klasse eine String-Repräsentation für eindimensionale Arrays geliefert.

Aufgabe 1.19

Der Umgang mit Array-Objekten

Definieren Sie eine Klasse ArrayTest1, die ein- und zweidimensionale Arrays von primitiven Typen und Referenztypen deklariert und initialisiert. Wird ein Array-Objekt mit dem new-Operator erzeugt, muss dies über die Angabe einer festen Größe erfolgen. Denken Sie sich sowohl für Deklarationen als auch beim Initialisieren von Arrayelementen alternative Lösungen aus und vergleichen Sie Ihre Ergebnisse mit denen aus der Lösung für diese Aufgabe. Benutzen Sie für die Ausgabe am Bildschirm von eindimensionalen Arrays die Methode toString() der Klasse Arrays und definieren Sie eine Klassenmethode anzeige(), welche eine Referenz von einem zweidimensionalen Array übergeben bekommt und dessen Elemente am Bildschirm anzeigt.

Primitive Datentypen können als Objekte der Klasse Class von Java über Standard-Namen wie int.class, long.class, etc. angesprochen werden. Benutzen Sie die Methode newInstance() der Klasse Array, um ein Array-Objekt dynamisch zu erzeugen und deren Methoden setInt() und getInt(), um die Elemente des so erzeugten Arrays zu manipulieren. Zeigen Sie am Beispiel der Klasse Vektor aus der Aufgabe 1.7, dass Elemente von Referenz-Arrays immer einzeln instanziiert werden müssen und rufen Sie für deren Anzeige am Bildschirm die Methode anzeige() der Klasse Vektor auf. Achten Sie auf die Java-Klassen bzw. Pakete, welche von der Klasse ArrayTest1 importiert werden müssen.

Java-Dateien: ArrayTest1.java
Programmaufruf: java ArrayTest1

1.14 Zeichenketten und die Klasse String

Objekte, die von der Java-Standard-Klasse String instanziiert werden, repräsentieren eine Folge von char-Werten. Um das Arbeiten mit der Klasse zu vereinfachen, wurde in Java eine abgekürzte Form definiert, mit welcher Objekte der Klasse ohne einen new-Operator gebildet werden können, und zwar durch die einfache Zuweisung einer Zeichenkette (Folge von char-Werten zwischen Anführungszeichen, auch Literal genannt): String s = "Java";. Das zugewiesene Literal wird vom Compiler in einen sogenannten Konstantenpool eingetragen, eine Liste, die alle anderen Literale und Konstanten aus der Klassendefinition enthält. Der Stringvariablen wird eine Referenz auf dieses Literal zugewiesen. Dies hat als Konsequenz, dass bei einer Objektinstanziierung in der Form: String s = new String("Java"); zwei String-Objekte entstehen, das Literal und eine Kopie davon.

Aufgabe 1.20

Der Umgang mit String-Objekten

Die Java-Standard-Klasse String definiert mehrere Konstruktoren. Erzeugen Sie in einer eigenen Klasse StringTest mehrere String-Objekte, indem Sie einer String-Referenz ein Literal direkt zuweisen oder im Konstruktor der Klasse String ein Literal, ein char-Array oder ein anderes String-Objekt übergeben. Rufen Sie an diesen Objekten die Methoden concat() und substring() der Klasse String auf, um einen String zu erweitern oder einen Teilstring davon zu bilden. Mit den Methoden parseInt(), parseDouble() und parseShort() von Wrapper-Klassen, sollen Strings in die angegebenen primitiven Typen umgewandelt und diese Werte am Bildschirm angezeigt werden.

Die Klasse StringTest definiert eine Methode zum Vergleichen von String-Instanzen und ein String-Array, dessen Elemente über den Aufruf dieser Methode initialisiert werden.

In der main()-Methode jeder Java-Klasse wird ein String–Array übergeben, das beim Start der Java-Applikation mit den Kommandozeilen-Parametern, die der Benutzer angibt, initialisiert wird. Rufen Sie dieses Java-Programm mit einer Angabe von Argumentwerten auf und zeigen Sie die Werte der Kommandozeilenparameter am Bildschirm an.

Java-Dateien: StringTest.java
Programmaufruf: java StringTest <Kommandozeilen Parameter>

1.15 Mit der Version 5.0 eingeführte Spracherneuerungen für Arrays und Methoden

Die for-each-Schleife für Arrays

Die for-Schleife kann genutzt werden, um eine Reihe von Daten zu durchlaufen, indem sie einen Index definiert und inkrementiert. Mit Java 5.0 wurde mit der

Anweisung: for (<Typ> <iterationsVariable>: <iterationsObjekt>; eine von einem Index unabhängige, bequemere for-Schleife in die Sprache eingeführt, die auch für Arrays eingesetzt werden kann.

Damit wird jedes Element der über iterationsObjekt angegebenen Menge erreicht, und die iterationsVariable entspricht dem Typ dieser Elemente. Dass multidimensionale Arrays in Java Arrays von Arrays sind, ist von Bedeutung für die Iterationen von multidimensionalen Arrays, weil jede Iteration eines Array das nächste Array liefert. So müssen in for-each-Schleifen im Falle eines n-dimensionalen Arrays die Iterationsvariablen Referenzen vom Typ eines (n-1)-dimensionalen Array sein und diese wiederum Iterationsvariablen besitzen, die Referenzen vom Typ eines (n-2)-dimensionalen Array sind, etc. Mit for-each- Schleifen kann man ein Array nur sequentiell vom Anfang zum Ende durchgehen, sodass sich nicht alle Arten von Algorithmen, wie z.B. ein gezielter Zugriff auf ein Arrayelement, dafür anbieten.

Java-Methoden kennen einen einzigen Rückgabewert. Sollen jedoch mehrere Werte zurückgegeben werden, müssen diese in ein einzelnes Objekt zusammengefasst werden, und das kann auch ein Array sein.

Aufgabe 1.21

Einfache und erweiterte for-Schleifen

Zur Illustration der vorangehenden Bemerkungen soll eine Klasse ArrayTest2 erstellt werden, die aus der main()-Methode ihre zwei anderen Klassenmethoden anzeige() und rueckgabe() aufruft. Ein Erzeugen von Instanzen der Klasse ist dafür nicht erforderlich. In der Methode anzeige() werden drei lokale Referenzen vom Typ eines eindimensionalen, eines zweidimensionalen und eines dreidimensionalen int-Array: array1, array2 und array3 definiert. Jedes Arrayelement soll mit der Summe seiner Indexwerte initialisiert werden. Da diese Wertezuweisungen vom Index der Elemente abhängig sind, muss dazu die alte Form der for-Schleife genutzt werden. Die Anzeige der Elemente am Bildschirm soll jedoch mit Hilfe von for-each-Schleifen erfolgen.

Die Methode rueckgabe() bekommt drei char-Werte übergeben, initialisiert damit die Elemente eines Arrays vom gleichen Typ und gibt dieses an die aufrufende Methode zurück, welche dieses in einer weiteren for-each-Schleife am Bildschirm anzeigt. Sie soll auch demonstrieren, wie Arrays definiert werden, damit Werte, die von Methoden zurückgegeben werden sollen, als ein Rückgabewert zusammengefasst werden können.

Java-Dateien: ArrayTest2.java
Programmaufruf: java ArrayTest2

Arrays als variable Argumentenlisten in Methoden

Mit Java 5.0 können Methoden mit einer variablen Anzahl von Argumenten definiert werden, diese werden auch varargs-Methoden genannt. Ein Parameter, der eine variable Anzahl von Werten aufnehmen kann wird mit dem »...–Operator« definiert, dem der Typ des Parameters vorausgeht. Intern wird ein variables Argument als ein Array vom angegebenen Typ mit unbekannter Länge deklariert. So kann dieses mit einer erweiterten for-Schleife durchlaufen werden und auf die tatsächliche Anzahl der Argumente mit dem Schlüsselwort length, welches die Dimension eines Arrays definiert, zugegriffen werden.

Aufgabe 1.22

Methoden mit variablen Argumentenlisten

Definieren Sie eine Klasse MethodenmitVararg, die eine Methode mit dem Namen varArg() mit einer variablen Anzahl von char-Parametern besitzt. Überladen Sie diese Methode, indem Sie den Typ der Argumentenliste abändern bzw. über zwei int-Werte erweitern. Der Aufruf dieser Methode soll mit einer unterschiedlichen Anzahl von Argumenten aus der main()-Methode der Klasse erfolgen.

Java-Dateien: MethodenmitVararg.java
Programmaufruf: java MethodenmitVararg

1.16 Das Initialisieren von Klassen- und Instanzfeldern

Klassenfelder werden in Java über Klassen-Feld- bzw. Klassen-Block-Initialisierer initialisiert. Ein Klassen-Feld-Initialisierer besteht aus einer Zuweisung des Wertes, den das Klassenfeld aufnehmen soll. Wird dieser nicht explizit angegeben, so werden alle Bits des Feldes gleich 0 gesetzt, was einer Initialisierung mit den Default-Werten: 0, 0.0, false und null entspricht.

Ein Klassen-Block-Initialisierer besteht aus dem Schlüsselwort static gefolgt von einem in {} eingeschlossenen Initialisierungscode.

Zusätzlich zum Instanz-Feld-Initialisierer unterstützt Java auch sogenannte Instanz-Block-Initialisierer, welche aus einem in {} eingeschlossenen Initialisierungscode bestehen.

Die Konstruktoren einer Klasse führen alle Instanzfeldinitialisierungen durch, auch wenn diese außerhalb des Konstruktors im Programm definiert sind. Der Compiler fügt gleich am Anfang der Übersetzung den gesamten Initialisierungscode für Instanzfelder in den Konstruktor der Klasse ein.

An dieser Stelle sei noch mal darauf hingewiesen, dass Felddeklarationen (mit oder ohne explizite Initialisierung) kein Bestandteil von Methoden sind und deshalb innerhalb von Methoden nicht als Anweisung ausgeführt werden können, wie dies der Fall für lokale Variablen ist.

Selbstreferenzierende Felder können nur dann in ihrer Deklaration initialisiert werden, wenn sie als Klassenfelder definiert wurden. Wenn nämlich ein selbstreferenzierendes Instanzfeld in der Deklaration oder in einem Konstruktor auf ein entsprechendes Objekt gesetzt würde, ergäbe das eine Endlosschleife: Das Objekt würde für dieses Feld ein Objekt derselben Klasse erzeugen, das dann wieder ein solches Objekt erzeugen würde, das dann wieder usw.

Aufgabe 1.23

Das Initialisieren von Instanzfeldern

Definieren Sie eine Klasse `InitialisierungInstanzfelder`, welche die Initialisierung für ihre Felder `einlong`, `eindouble` und `einString` in Instanz-Feld-Initialisierern vornimmt, für das `char`-Array `einArray` in einem Instanz-Block-Initialisierer und für die Felder `einPunkt` und `einint` im Konstruktor der Klasse. Die Felder `einshort`, `einfloat` und `einboolean` sollen über Default-Zuweisungen initialisiert werden.

Definieren Sie eine Methode `setselfReferentialFeld()`, die die Initialisierung eines selbreferenzierenden Instanzfeldes `selfReferentialFeld` übernimmt, weil diese Art von Feldern nicht über eine direkte Zuweisung mit dem new-Operator in ihrer Deklaration initialisiert werden können.

Um die Instanzfelder zu initialisieren, wird in der `main()`-Methode ein Objekt der Klasse erzeugt.

Die gleiche Methode soll alle Feldwerte am Bildschirm anzeigen. Kann die Anzeige der Werte des `char`-Array über den Methodenaufruf `Arrays.toString(einArray)` erfolgen?

Java-Dateien: `InitialisierungInstanzfelder.java`
Programmaufruf: java `InitialisierungInstanzfelder`

Aufgabe 1.24

Das Initialisieren von Klassenfeldern

Eine Klasse `InitialisierungKlassenfelder` definiert Klassenfelder mit den gleichen Namen wie die Instanzfelder aus der Aufgabe 1.23. Die Klassenfelder sollen in Analogie zur Klasse `InitialisierungInstanzfelder` mit Hilfe von Klassen-Feld-Initialisierern, Klassen-Block-Initialisierern und über Defaultwerte initialisiert werden. Im Unterschied zu selbstreferenzierenden Instanzfeldern können selbstreferenzierende Klassenfelder in ihrer Deklaration mit Hilfe des new-Operators initialisiert werden.

Java-Dateien: `InitialisierungKlassenfelder.java`
Programmaufruf: java `InitialisierungKlassenfelder`

1.17 Private Konstruktoren

Private Konstruktoren werden mit dem Modifikator `private` definiert und erlauben nicht, dass Objekte dieser Klasse innerhalb von anderen Klassen erzeugt werden. Die Klasse selbst kann ein oder mehrere Objekte erzeugen und diese allen anderen Klassen über einen Methodenaufruf oder über konstante Klassenfelder zur Verfügung stellen.

Aufgabe 1.25

Ein Objekt mit Hilfe eines privaten Konstruktoren erzeugen

Die Klasse `PrivaterKonstruktor` definiert einen privaten Konstruktor, der das aktuelle Datum und die gerade gemessene Uhrzeit am Bildschirm anzeigen soll. Diese Daten können über die Methoden der Java-Standard-Klasse `GregorianCalendar` ermittelt werden.

Definieren Sie dazu ein selbreferenzierendes Klassenfeld mit dem Namen `datumunduhrzeit` und eine Methode `getInstanz()`, welche ein Objekt der Klasse erzeugt und anderen Klassen zur Verfügung stellt.

Definieren Sie eine Klasse `PrivaterKonstruktorTest`, die in ihrer `main()`-Methode die Methode `getInstanz()` aufruft und sich so das erzeugte Objekt vom Typ der Klasse `PrivaterKonstruktor` holt.

Java-Dateien: `PrivaterKonstruktor.java`, `PrivaterKonstruktorTest.java`
Programmaufruf: `java PrivaterKonstruktorTest`

Aufgabe 1.26

Mehrere konstante Werte (Objekte) mit Hilfe eines privaten Konstruktoren erzeugen

Mit Hilfe einer Klasse `WochenTage` soll ein zweiter sinnvoller Einsatz von Klassen mit privaten Konstruktoren gezeigt werden. Im privaten Konstruktor dieser Klasse wird ein `int`-Wert übergeben, über welchen das öffentliche Instanzfeld `tag` der Klasse mit einem String, der den Namen des entsprechenden Wochentages angibt, initialisiert wird. Die Klasse definiert mit dem Modifikator `static final` sieben globale Referenzen mit dem Namen der Wochentage, die auf Objekte der eigenen Klasse zeigen, und im Konstruktor die Werte 1 bis 7 zugewiesen bekommen. Diese werden als `public` definiert, damit sie auch für andere Klassen uneingeschränkt zugänglich sind.

Eine zweite Klasse `WochenTageTest` definiert einen Konstruktor mit einem Parameter vom Typ der Klasse `WochenTage` und erzeugt in ihrer `main()`-Methode sieben Instanzen der eigenen Klasse, welche als Argument im Konstruktor Objekte der Klasse `WochenTage` übergeben bekommen.

Java-Dateien: `WochenTage.java`, `WochenTageTest.java`
Programmaufruf: `java WochenTageTest`

1.18 Lösungen

Lösung 1.1

Die Klasse KlassenDefinition

```
class KlassenDefinition {
  public static void main(String args[]) {
// Ausgabe einer Zeichenkette
    System.out.println("Definition einer einfachen "+
    "Java-Klasse");
  }
}
```

Programmausgaben

```
Definition einer einfachen Java-Klasse
```

Lösung 1.2

Die Klasse ObjektInstanziierung

```
class ObjektInstanziierung {
// Konstruktordefinition
  public ObjektInstanziierung() {
    System.out.println("Instanz einer Java-Klasse erzeugen");
  }
  public static void main(String args[]) {
    ObjektInstanziierung instanz = new ObjektInstanziierung();
  }
}
```

Programmausgaben

```
Instanz einer Java-Klasse erzeugen
```

Lösung 1.3

Die Klasse FeldZugriffe

```
class FeldZugriffe {
// Instanzfeld
  int zaehlerAlsInstanzfeld;
// Klassenfeld
  static int zaehlerAlsKlassenfeld;
// Konstruktordefinition
    FeldZugriffe() {
      zaehlerAlsKlassenfeld++;
      zaehlerAlsInstanzfeld++;
    }
```

```
// Instanzmethoden, haben direkten Zugriff auf Instanz- und
// Klassenfelder
   public void anzeigeInstMeth() {
      System.out.print("Zaehler als Instanzfeld: "
         + zaehlerAlsInstanzfeld);
// Zeilenumbruch ausgeben
      System.out.println();
      System.out.print("Zaehler als Klassenfeld: "
         + FeldZugriffe.zaehlerAlsKlassenfeld);
// Innerhalb der Klasse kann auf den Klassennamen verzichtet
// werden
      System.out.print("*"+zaehlerAlsKlassenfeld);
      System.out.println();
   }
// Klassenmethoden haben direkten Zugriff auf Klassenfelder,
// darin können nur die Instanzfelder eines erzeugten Objektes
// der Klasse angesprochen werden
   public static void anzeigeKlsMeth() {
      System.out.print("Zaehler als Klassenfeld: "
         + zaehlerAlsKlassenfeld);
      System.out.print("*"+FeldZugriffe.zaehlerAlsKlassenfeld);
// Zeilenumbruch
      System.out.println();
   // System.out.println(zaehlerAlsInstanzfeld); // Fehler
// Instanz vom Typ der Klasse erzeugen
      FeldZugriffe t = new FeldZugriffe();
      System.out.print("Zaehler als Instanzfeld: "
         + t.zaehlerAlsInstanzfeld);
      System.out.print("*"+t.zaehlerAlsKlassenfeld);
   }
}
Die Klasse FeldZugriffeTest
class FeldZugriffeTest {
   public static void main(String args[]) {
      FeldZugriffe t = new FeldZugriffe();
      t.anzeigeInstMeth();
      FeldZugriffe.anzeigeKlsMeth();
   }
}
```

Programmausgaben

```
Zaehler als Instanzfeld: 1
Zaehler als Klassenfeld: 1*1
Zaehler als Klassenfeld: 1*1
Zaehler als Instanzfeld: 1*2
```

Hinweise zu den Programmausgaben

Es ist zu erkennen, dass das Instanzfeld für jedes erzeugte Objekt neu initialisiert wird, das Klassenfeld jedoch für alle erzeugten Instanzen der Klasse zählt.

Lösung 1.4

Die Klasse MethodenAufrufe1

```
class MethodenAufrufe1 {
// Instanzmethoden
  public void instMethode1() {
      System.out.println("1. Instanzmethode der Klasse "
        + "MethodenAufrufe1");
// Aufruf einer Instanzmethode aus einer Instanzmethode der
// gleichen Klasse
      instMethode2();
// Aufruf einer Klassenmethode aus einer Instanzmethode der
// gleichen Klasse
      MethodenAufrufe1.klsMethode1();
  }
  public void instMethode2() {
      System.out.println("2. Instanzmethode der Klasse "
        + "MethodenAufrufe1");
  }
// Klassenmethoden
  public static void klsMethode1() {
      System.out.println("1. Klassenmethode der Klasse "
        + "MethodenAufrufe1");
  }
  public static void klsMethode2() {
      System.out.println("2. Klassenmethode der Klasse "
        + "MethodenAufrufe1");
// Aufruf einer Instanzmethode aus einer Klassenmethode der
// gleichen Klasse
      MethodenAufrufe1 instanz = new MethodenAufrufe1();
      instanz.instMethode2();
// Aufruf einer Klassenmethode aus einer Klassenmethode der
// gleichen Klasse
      MethodenAufrufe1.klsMethode1();
  }
}
```

Die Klasse MethodenAufrufe2

```
class MethodenAufrufe2 {
  // Instanzmethode
  public void instMethode() {
    System.out.println("Instanzmethode der Klasse "
```

```
                + "MethodenAufrufe2");
// Aufruf einer Instanzmethode aus einer Instanzmethode einer
// anderen Klasse
        MethodenAufrufe1 instanz1 = new MethodenAufrufe1();
        instanz1.instMethode1();
// Aufruf einer Klassenmethode aus einer Instanzmethode einer
// anderen Klasse
        MethodenAufrufe1.klsMethode2();
    }
// Klassenmethode
    public static void klsMethode() {
        System.out.println("Klassenmethode der Klasse "
          + "MethodenAufrufe2");
// Aufruf einer Instanzmethode aus einer Klassenmethode einer
// anderen Klasse
        MethodenAufrufe1 instanz2 = new MethodenAufrufe1();
        instanz2.instMethode1();
// Aufruf einer Klassenmethode aus einer Klassenmethode einer
// anderen Klasse
        MethodenAufrufe1.klsMethode2();
    }
}
```

Die Klasse MethodenAufrufeTest

```
class MethodenAufrufeTest {
    public static void main(String args[]) {
        MethodenAufrufe2.klsMethode();
        MethodenAufrufe2 instanz = new MethodenAufrufe2();
        instanz.instMethode();
    }
}
```

Programmausgaben

```
Klassenmethode der Klasse MethodenAufrufe2
1. Instanzmethode der Klasse MethodenAufrufe1
2. Instanzmethode der Klasse MethodenAufrufe1
1. Klassenmethode der Klasse MethodenAufrufe1
2. Klassenmethode der Klasse MethodenAufrufe1
2. Instanzmethode der Klasse MethodenAufrufe1
1. Klassenmethode der Klasse MethodenAufrufe1
Instanzmethode der Klasse MethodenAufrufe2
1. Instanzmethode der Klasse MethodenAufrufe1
2. Instanzmethode der Klasse MethodenAufrufe1
1. Klassenmethode der Klasse MethodenAufrufe1
2. Klassenmethode der Klasse MethodenAufrufe1
```

2. Instanzmethode der Klasse MethodenAufrufe1
1. Klassenmethode der Klasse MethodenAufrufe1

Lösung 1.5

Die Klasse QuadratDefinition

```java
class QuadratDefinition {
  int a;
// Konstruktordefinition
  QuadratDefinition(int x) {
    a = x;
  }
// Instanzmethode zum Berechnen des Flächeninhaltes
  public int flaeche() {
    int f = a*a;
    return f;
  }
// Gleichnamige Klassenmethode zum Berechnen des Flächeninhaltes
  public static int flaeche(QuadratDefinition q) {
    int f = q.a*q.a;
    return f;
  }
}
```

Die Klasse QuadratDefinitionTest

```java
class QuadratDefinitionTest {
  public static void main(String args[]) {
    System.out.println("Instanz der Klasse erzeugen");
    QuadratDefinition quadrat = new QuadratDefinition(4);
    System.out.println("Aufruf der Instanzmethode");
    int finst = quadrat.flaeche();
    System.out.println("Flaeche: "+finst);
    System.out.println("Aufruf der Klassenmethode");
    int fkls2 = QuadratDefinition.flaeche(quadrat);
    System.out.println("Flaeche: "+fkls2);
  }
}
```

Programmausgaben

```
Instanz der Klasse erzeugen
Aufruf der Instanzmethode
Flaeche: 16
Aufruf der Klassenmethode
Flaeche: 16
```

Lösung 1.6

Die Klasse Punkt

```java
class Punkt {
  private double x;
  private double y;
// Konstruktordefinition
  Punkt(double a, double b) {
    x = a;
    y = b;
  }
// Zugriffsmethoden
  public void setX(double X) {
    x = X;
    System.out.println("x-Wert gesetzt");
  }
  public void setY(double Y) {
    y = Y;
    System.out.println("y-Wert gesetzt");
  }
  public double getX() {
    return x;
  }
  public double getY() {
    return y;
  }
// Instanzmethode für eine Punktanzeige
  public void anzeige() {
    System.out.println("("+ x +","+ y +")");
  }
}
```

Die Klasse PunktTest

```java
class PunktTest {
  public static void main(String args[]) {
// Erzeugen einer Punkt-Instanz
    Punkt p = new Punkt(1.5, -4.5);
// Anzeige der Punkt-Instanz
    p.anzeige();
// Setzen und Lesen von Punktkoordinaten
    p.setX(-4.0);
    p.setY(4.0);
    System.out.println("x = "+p.getX());
    System.out.println("y = "+p.getY());
  }
}
```

Programmausgaben

```
(1.5, -4.5)
x-Wert gesetzt
y-Wert gesetzt
x = -4.0
y = 4.0
```

Lösung 1.7

Die Klasse Vektor

```java
public class Vektor {
  private int x;
  private int y;
  private int z;
// Konstruktordefinitionen
  public Vektor() {
    this(0,0,0);
  }
// Besitzen Methoden- oder Konstruktorenparameter die gleichen
// Namen wie Instanzfelder, müssen die Instanzfelder über this
// angesprochen werden
  public Vektor(int x, int y, int z) {
    this.x = x;
    this.y = y;
    this.z = z;
  }
// Ein mit dem Copy-Konstruktor erzeugtes Objekt hat die
// gleichen Feldwerte wie das übergebene
  public Vektor(Vektor v) {
    x = v.x;
    y = v.y;
    z = v.z;
  }
// Methodendefinitionen
  public Vektor neu(int a, int b, int c) {
    this.x = this.x+a;
    this.y = this.y+b;
    this.z = this.z+c;
    return this;
  }
  public Vektor neu(Vektor v) {
    x = x+v.x;
    y = y+v.y;
    z = z+v.z;
    return this;
  }
```

```
  public Vektor neu1(int a, int b, int c) {
     Vektor vektor = new Vektor(this);
     vektor.x = x+a;
     vektor.y = y+b;
     vektor.z = z+c;
     return vektor;
  }
  public void anzeige() {
     System.out.print("("+ x +","+ y +","+ z +") ");
  }
}
```

Die Klasse VektorTest

```
class VektorTest {
  public static void main(String args[]) {
// Erzeugen von Vektor-Objekten mit den unterschiedlichen
// Konstruktoren
     Vektor v1 = new Vektor();
     v1.anzeige();
     Vektor v2 = new Vektor(1,1,1);
     v2.anzeige();
     Vektor v3 = new Vektor(v2);
     v3.anzeige();
// Erzeugen eines neuen Vektor-Objektes durch Veränderung des
// aufrufenden Objektes
     Vektor vneu = v1.neu(3,3,3);
     v1.anzeige();
     vneu.anzeige();
// oder
     v1 = new Vektor();
     Vektor vcopy = v1.neu(new Vektor(3,3,3));
     v1.anzeige();
     vcopy.anzeige();
// Erzeugen eines neuen Vektor-Objektes durch Beibehalten des
// aufrufenden Objektes
     v1 = new Vektor();
     Vektor vneu1 = v1.neu1(3,3,3);
     v1.anzeige();
     vneu1.anzeige();
  }
}
```

Programmausgaben

(0,0,0) (1,1,1) (1,1,1) (3,3,3) (3,3,3) (3,3,3) (3,3,3) (0,0,0) (3,3,3)

Lösung 1.8

Die Klasse MethodenParameter

```java
class MethodenParameter {
// Methodendefinitionen
  public static void methode1(int x, int[] y) {
    x = 0;
    y[1] = 0;
  }
  public static void methode2(Punkt x, Punkt[] y) {
    x.setX(0.0);
    x.setY(0.0);
    y[1].setX(0.0);
    y[1].setY(0.0);
  }
  public static void methode3(Punkt x) {
    x = new Punkt(-1.0,-1.0);
  }
  public static void main(String args[]) {
// Lokale primitive und Referenz-Variablen
    int i = 1;
    int[] iarray = {1,2,3};
    Punkt p = new Punkt(4.0, 3.0);
    Punkt[] parray = {new Punkt(1.0, 1.0), new Punkt(2.0,2.0)};
    System.out.println("int-Variable  vor dem Aufruf von "
      + "methode1(): "+i);
    System.out.print("int-Array vor dem Aufruf von "
      + "methode1(): ");
    for(int j=0; j<iarray.length; j++) {
      System.out.print(iarray[j]+" ");
    }
    System.out.println();
    methode1(i,iarray);
    System.out.println("int-Variable  nach dem Aufruf von "
      + "methode1(): "+i);
    System.out.print("int-Array nach dem Aufruf von "
      + "methode1(): ");
    for(int j=0; j<iarray.length; j++) {
      System.out.print(iarray[j]+" ");
    }
    System.out.println();
    System.out.print("Die Referenzvariable vom Typ Punkt zeigt"
      + " vor dem Aufruf von methode2() auf das Objekt: ");
// Die Methode anzeige() der Klasse Punkt wird aufgerufen
    p.anzeige();
    System.out.println("Punkt-Array vor dem Aufruf von "
      + "methode2(): ");
```

```
        for(int j=0; j<parray.length; j++) {
          parray[j].anzeige();
        }
        methode2(p, parray);
        System.out.print("Die Referenzvariable vom Typ Punkt zeigt"
          + " nach dem Aufruf von methode2() auf das gleiche Objekt"
            + " mit abgeaenderten Werten: ");
        p.anzeige();
        System.out.println("Punkt-Array nach dem Aufruf von "
          + "methode2(): ");
        for(int j=0; j<parray.length; j++) {
          parray[j].anzeige();
        }
        System.out.print("Die Referenzvariable vom Typ Punkt zeigt"
          +" vor dem Aufruf von methode3() auf das Objekt: ");
        p.anzeige();
        methode3(p);
        System.out.print("Die Referenzvariable vom Typ Punkt zeigt"
          + " nach dem Aufruf von methode3() auf das gleiche "
            + "Objekt: ");
        p.anzeige();
    }
}
```

Programmausgaben

```
int-Variable vor dem Aufruf von methode1(): 1
int-Array vor dem Aufruf von methode1(): 1 2 3
int-Variable  nach dem Aufruf von methode1(): 1
int-Array nach dem Aufruf von methode1(): 1 0 3
Die Referenzvariable vom Typ Punkt zeigt vor dem Aufruf von methode2() auf
das Objekt: (4.0,3.0)
Punkt-Array vor dem Aufruf von methode2():
(1.0,1.0)
(2.0,2.0)
x-Wert gesetzt
y-Wert gesetzt
x-Wert gesetzt
y-Wert gesetzt
Die Referenzvariable vom Typ Punkt zeigt nach dem Aufruf von methode2()
auf das gleiche Objekt mit abgeaenderten Werten: (0.0,0.0)
Punkt-Array nach dem Aufruf von methode2():
(1.0,1.0)
(0.0,0.0)
Die Referenzvariable vom Typ Punkt zeigt vor dem Aufruf von methode3() auf
das Objekt: (0.0,0.0)
Die Referenzvariable vom Typ Punkt zeigt nach dem Aufruf von methode3()
auf das gleiche Objekt: (0.0,0.0)
```

Hinweise zum Lösungsvorschlag

Nach dem Aufruf von methode1() bleibt der Wert der übegebenen int-Variablen i gleich 1 und die Referenz p vom Typ Punkt zeigt nach dem Aufruf von methode3() weiter auf den Punkt (0.0,0.0) wie vor dem Aufruf der Methode, auch wenn diese innerhalb der Methoden abgeändert wurden.

Veränderungen, die innerhalb von Methoden an einem Parameterobjekt durchgeführt werden, bleiben jedoch auch außerhalb der Methode sichtbar, wie dies der Aufruf von methode2() zeigt.

Referenzen vom Typ Array können innerhalb von Methoden nicht abgeändert werden, weil sie wie alle Referenzen per Wert übergeben werden. D. h., der Parameter y bekommt die in iarray bzw. parray gespeicherte Array-Referenz übergeben und nicht eine Referenz auf diese. Weil aber der Methodenparameter y eine Referenz auf ein Array enthält, das durch iarray bzw.parray referenziert wird, können die Arrayelemente abgeändert werden.

Lösung 1.9

Die Klasse GlobaleReferenzen

```
class GlobaleReferenzen {
// Globale primitive und Referenz-Variablen
    private static int i = 1;
    private int[] iarray = {1,2,3};
    private Punkt p = new Punkt(4.0, 3.0);
    private static Punkt[] parray = {
      new Punkt(1.0, 1.0), new Punkt(2.0,2.0)};
// Methodendefinitionen
    public void methode1() {
        i = 0;
        iarray[1] = 0;
    }
// Das Objekt, auf welches die Referenz zeigt, wird abgeändert
    public void methode2() {
        p.setX(0.0);
        p.setY(0.0);
        parray[1].setX(0.0);
        parray[1].setY(0.0);
    }
// Die Referenz wird abgeändert
    public void methode3() {
        p = new Punkt(-1.0,-1.0);
    }
    public static void main(String args[]) {
// Objekt der Klasse erzeugen
        GlobaleReferenzen instanz = new GlobaleReferenzen();
```

```
      System.out.println("int-Variable vor dem Aufruf von "
        + "methode1(): "+i);
      System.out.print("int-Array vor dem Aufruf von "
        + "methode1(): ");
      for(int j=0; j<instanz.iarray.length; j++) {
        System.out.print(instanz.iarray[j]+" ");
      }
      System.out.println();
      instanz.methode1();
      System.out.println("int-Variable nach dem Aufruf von "
        + "methode1(): "+i);
      System.out.print("int-Array nach dem Aufruf von "
        + "methode1(): ");
      for(int j=0; j<instanz.iarray.length; j++) {
        System.out.print(instanz.iarray[j]+" ");
      }
      System.out.println();
      System.out.print("Die Referenzvariable vom Typ Punkt zeigt"
        + " vor dem Aufruf von methode2() auf das Objekt: ");
// Die Methode anzeige() der Klasse Punkt wird aufgerufen
      instanz.p.anzeige();
      System.out.println("Punkt-Array vor dem Aufruf von "
        + "methode2(): ");
      for(int j=0; j<parray.length; j++) {
        parray[j].anzeige();
      }
      instanz.methode2();
      System.out.print("Die Referenzvariable vom Typ Punkt zeigt"
        +" nach dem Aufruf von methode2() auf das gleiche Objekt"
          + " mit abgeaenderten Werten: ");
      instanz.p.anzeige();
      System.out.println("Punkt-Array nach dem Aufruf von "
        + "methode2(): ");
      for(int j=0; j<parray.length; j++) {
        parray[j].anzeige();
      }
      System.out.print("Die Referenzvariable vom Typ Punkt zeigt"
        + " vor dem Aufruf von methode3() auf das Objekt: ");
      instanz.p.anzeige();
      instanz.methode3();
      System.out.print("Die Referenzvariable vom Typ Punkt zeigt"
        + " nach dem Aufruf von methode3() auf ein neues "
          + "Objekt: ");
      instanz.p.anzeige();
  }
}
```

Programmausgaben

```
int-Variable vor dem Aufruf von methode1(): 1
int-Array vor dem Aufruf von methode1(): 1 2 3
int-Variable  nach dem Aufruf von methode1(): 0
int-Array nach dem Aufruf von methode1(): 1 0 3
Die Referenzvariable vom Typ Punkt zeigt vor dem Aufruf von methode2() auf
das Objekt: (4.0,3.0)
Punkt-Array vor dem Aufruf von methode2():
(1.0,1.0)
(2.0,2.0)
x-Wert gesetzt
y-Wert gesetzt
x-Wert gesetzt
y-Wert gesetzt
Die Referenzvariable vom Typ Punkt zeigt nach dem Aufruf von methode2()
auf das gleiche Objekt mit abgeaenderten Werten: (0.0,0.0)
Punkt-Array nach dem Aufruf von methode2():
(1.0,1.0)
(0.0,0.0)
Die Referenzvariable vom Typ Punkt zeigt vor dem Aufruf von methode3() auf
das Objekt: (0.0,0.0)
Die Referenzvariable vom Typ Punkt zeigt nach dem Aufruf von methode3()
auf ein neues Objekt:
(-1.0,-1.0)
```

Hinweise zu den Programmausgaben

Auch wenn Felddeklarationen kein Bestandteil von Methoden sind, können Werte-zuweisungen für Felder auch innerhalb von Methoden erfolgen. So zeigt die in methode3() abgeänderte globale Referenzvariable vom Typ Punkt nach dem Aufruf der Methode auf ein anderes Objekt als vor dem Aufruf der Methode, d.h. ihr Wert hat sich geändert. Darum sollten Felder, deren Werte von einer eigenen Methode der Klasse abgeändert werden können, immer als private deklariert werden, um nur über Zugriffsmethoden erreichbar zu sein.

Lösung 1.10

Die Klasse GanzeZahlen

```
class GanzeZahlen {
   private int z;
// Konstruktordefinition
   public GanzeZahlen(int z) {
      this.z = z;
   }
   public int getZahl() {
      return this.z;
   }
```

```
public void setZahl(int a) {
   this.z = a;
}
public GanzeZahlen negativ() {
   this.z = -this.z;
   return this;
}
public boolean gleich(GanzeZahlen a) {
   if(this.z == a.z)
      return true;
   return false;
}
public boolean kleiner(GanzeZahlen a) {
   if(this.z < a.z)
      return true;
   return false;
}
public static GanzeZahlen ggTeiler(GanzeZahlen a,
                                   GanzeZahlen b) {
// Mit den nachfolgenen Zuweisungen würde das Vorzeichen der
// Objekte, deren Referenz beim Methodenaufruf übergeben wird,
// abgeändert
   //   GanzeZahlen r = a;
   //   GanzeZahlen s = b;
// Um die ursprünglichen Objekte nicht zu verändern, werden
// Kopien von diesen erzeugt
   GanzeZahlen r = new GanzeZahlen(a.z);
   GanzeZahlen s = new GanzeZahlen(b.z);
   if(r.getZahl()<0)
      r.negativ();
   if(s.getZahl()<0)
      s.negativ();
   if(r.gleich(new GanzeZahlen(0)))
      return s;
   else if(s.gleich(new GanzeZahlen(0)))
      return r;
   else {
      while(!r.gleich(s)) {
         if(r.kleiner(s))
            s = s.subtr(r);
         else
            r = r.subtr(s);
      }
   }
   return r;
}
public static GanzeZahlen kgVielfaches(GanzeZahlen a,
                                       GanzeZahlen b) {
```

```
   GanzeZahlen r = new GanzeZahlen(a.z);
   GanzeZahlen s = new GanzeZahlen(b.z);
   if(r.getZahl() < 0)
      r.negativ();
   if(s.getZahl() < 0)
      s.negativ();
   GanzeZahlen t = ggTeiler(r,s);
   GanzeZahlen v = r.multipl(s);
   GanzeZahlen u = divid(v,t);
   return u;
 }
 public void anzeige() {
   System.out.println("Ganze Zahl: "+this.z);
 }
 public static GanzeZahlen add(GanzeZahlen a, GanzeZahlen b) {
   return new GanzeZahlen(a.z+b.z);
 }
 public GanzeZahlen subtr(GanzeZahlen a) {
   return new GanzeZahlen(this.z - a.z);
 }
 public static GanzeZahlen divid(GanzeZahlen a, GanzeZahlen b){
   return new GanzeZahlen(a.z/b.z);
 }
 public GanzeZahlen multipl(GanzeZahlen a) {
   return new GanzeZahlen(z*a.z);
 }
}
```

Die Klasse RationaleZahlen

```
class RationaleZahlen {
// Globale Referenzen vom Typ der Klasse GanzeZahlen
   private GanzeZahlen x, y;
// Konstruktordefinition
   public RationaleZahlen(GanzeZahlen zaehler,
                       GanzeZahlen nenner) {
     this.x = zaehler;
     this.y = nenner;
   }
   public GanzeZahlen getZaehler() {
     return x;
   }
   public GanzeZahlen getNenner() {
     return y;
   }
   public void setZaehler(GanzeZahlen a) {
     x = a;
   }
```

```java
public void setNenner(GanzeZahlen b) {
  y = b;
}
public void anzeige() {
    System.out.println("Rationale Zahl: "+ x.getZahl() +
    "/" + y.getZahl());
}
// Da beim Kürzen der Erhalt des ursprünglichen Objektes nicht
// erforderlich ist, werden die Änderungen im aktuellen Objekt
// durchgeführt und dieses wird auch zurückgegeben
public RationaleZahlen kuerzen() {
// Lokale Referenz vom Typ der Klasse GanzeZahlen
    GanzeZahlen t = GanzeZahlen.ggTeiler(x, y);
    x = GanzeZahlen.divid(x,t);
    y = GanzeZahlen.divid(y,t);
    return this;
}
public static RationaleZahlen add(RationaleZahlen a,
                                  RationaleZahlen b) {
    GanzeZahlen gNenner = GanzeZahlen.kgVielfaches(a.y, b.y);
    return new RationaleZahlen (GanzeZahlen.add(
    GanzeZahlen.divid(gNenner,a.y).multipl(a.x),
       GanzeZahlen.divid(gNenner,b.y).multipl(b.x)),gNenner);
}
public RationaleZahlen subtr(RationaleZahlen a) {
  GanzeZahlen gNenner = GanzeZahlen.kgVielfaches(this.y, a.y);
  return new RationaleZahlen(((GanzeZahlen.divid(
  gNenner,this.y)). multipl(this.x)). subtr((
    GanzeZahlen.divid(gNenner,a.y)).multipl(a.x)), gNenner);
}
public static RationaleZahlen divid(RationaleZahlen a,
                                    RationaleZahlen b) {
    return new RationaleZahlen((a.x).multipl(b.y),
    (a.y).multipl(b.x));
}
public RationaleZahlen multipl(RationaleZahlen a) {
    return new RationaleZahlen(x.multipl(a.x), y.multipl(a.y));
}
}
```

Die Klasse ZahlenTest

```java
class ZahlenTest {
// Konstantendefinitionen zur Beschreibung von Objektzuständen
  static final int GANZEZAHLEN = 1;
  static final int RATIONALEZAHLEN = 2;
// Der Typ der Zahlen wird zur Vereinfachung von deren Auswahl
// als int-Wert definiert
  int zahlenTyp;
```

```java
// Globale Referenzen vom Typ der Klasse GanzeZahlen
  GanzeZahlen z1;
  GanzeZahlen z2;
// Konstruktordefinition
  ZahlenTest(int zahlenTyp,int z1, int z2) {
    this.z1 = new GanzeZahlen(z1);
    this.z2 = new GanzeZahlen(z2);
    this.zahlenTyp = zahlenTyp;
    switch(zahlenTyp) {
      case GANZEZAHLEN:
        defGanzeZahlen();
        break;
      case RATIONALEZAHLEN:
        defRationaleZahlen();
         break;
    }
  }
  public void defGanzeZahlen() {
    z1.anzeige();
    z2.anzeige();
    GanzeZahlen t = GanzeZahlen.ggTeiler(z1, z2);
    System.out.print("Groesste gemeinsame Teiler: ");
    t.anzeige();
    GanzeZahlen v = GanzeZahlen.kgVielfaches(z1, z2);
    System.out.print("Kleinste gemeinsame Vielfache: ");
    v.anzeige();
    System.out.print("Ergebnis der Addition: ");
    GanzeZahlen.add(z1, z2).anzeige();
    System.out.print("Ergebnis der Subtraktion: ");
// Ketten von Methoden
    z1.subtr(z2).anzeige();
    System.out.print("Ergebnis der Division: ");
    GanzeZahlen.divid(z1, z2).anzeige();
    System.out.print("Ergebnis der Multiplikation: ");
    z1.multipl(z2).anzeige();
  }
  public void defRationaleZahlen() {
    RationaleZahlen r1 = new RationaleZahlen(
      new GanzeZahlen(-1), new GanzeZahlen(-5));
    r1.anzeige();
    RationaleZahlen r2 = new RationaleZahlen(z1,z2);
    r2.anzeige();
    System.out.print("Kuerzung von rationalen Zahlen: ");
    r1.kuerzen().anzeige();
    r2.kuerzen().anzeige();
    System.out.print("Ergebnis der Addition: ");
    RationaleZahlen.add(r1, r2).anzeige();
    System.out.print("Ergebnis der Subtraktion: ");
```

```
// Ketten von Methoden
    r1.subtr(r2).anzeige();
    System.out.print("Ergebnis der Division: ");
    RationaleZahlen.divid(r1, r2).anzeige();
    System.out.print("Ergebnis der Multiplikation: ");
    r1.multipl(r2).anzeige();
  }
// Objekte der Klasse erzeugen
  public static void main(String args[]) {
    ZahlenTest test1 = new ZahlenTest(1, 6, -9);
    ZahlenTest test2 = new ZahlenTest(2, 6, -9);
  }
}
```

Programmausgaben

```
Ganze Zahl: 6
Ganze Zahl: -9
Groesste gemeinsame Teiler: Ganze Zahl: 3
Kleinste gemeinsame Vielfache: Ganze Zahl: 18
Ergebnis der Addition: Ganze Zahl: -3
Ergebnis der Subtraktion: Ganze Zahl: 15
Ergebnis der Division: Ganze Zahl: 0
Ergebnis der Multiplikation: Ganze Zahl: -54
Rationale Zahl: -1/-5
Rationale Zahl: 6/-9
Kuerzung von rationalen Zahlen: Rationale Zahl: -1/-5
Rationale Zahl: 2/-3
Ergebnis der Addition: Rationale Zahl: -7/15
Ergebnis der Subtraktion: Rationale Zahl: 13/15
Ergebnis der Division: Rationale Zahl: 3/-10
Ergebnis der Multiplikation: Rationale Zahl: -2/15
```

Lösung 1.11

Die Klasse Buch

```
class Buch {
   private int seite;
// Eine globale Referenz vom Typ der eigenen Klasse definiert
// ein selbstreferenzierendes Feld
   private Buch naechsteSeite;
// Konstruktordefinition
   Buch(int seite) {
     setSeite(seite);
     setNaechsteSeite(null);
   }
```

```
// Zugriffsmethoden
  public void setSeite(int seite) {
    this.seite = seite;
  }
  public int getSeite() {
    return seite;
  }
  public void setNaechsteSeite(Buch naechsteSeite) {
    this.naechsteSeite = naechsteSeite;
  }
  public Buch getNaechsteSeite() {
    return naechsteSeite;
  }
// Links über selbreferenzierende Felder erzeugen
  public static void rueckwaertsBlaettern(int von, int bis) {
// Lokale Referenz vom Typ der eigenen Klasse
    Buch vorigeSeite = null;
    for(int i=von; i<=bis; i++) {
// Eine neue Instanz der Klasse, mit einem Verweis auf die vorher
// konstruierte, wird erzeugt
      Buch aktuelleSeite = new Buch(i);
      aktuelleSeite.setNaechsteSeite(vorigeSeite);
// Bei einer Zuweisung von Referenzvariablen, wird kein neues
// Objekt erzeugt, die Referenzvariable vorigeSeite zeigt auf das
// gleiche Objekt wie die Referenzvariable aktuelleSeite
      vorigeSeite = aktuelleSeite;
    }
    Buch aktuelleSeite = vorigeSeite;
    while(aktuelleSeite != null){
    System.out.print("Seite "+ aktuelleSeite.getSeite() + " ");
      aktuelleSeite = aktuelleSeite.getNaechsteSeite();
    }
    System.out.println();
  }
  public static void vorwaertsBlaettern(int von, int bis) {
// Lokale Referenz vom Typ der eigenen Klasse
    Buch vorigeSeite = new Buch(bis);
    for(int i=bis-1; i>=von; i--) {
// Eine neue Instanz der Klasse, mit einem Verweis auf die vorher
// konstruierte, wird erzeugt
      Buch aktuelleSeite = new Buch(i);
      aktuelleSeite.setNaechsteSeite(vorigeSeite);
// Zuweisung von Referenzvariablen
      vorigeSeite = aktuelleSeite;
    }
    Buch aktuelleSeite = vorigeSeite;
    while(aktuelleSeite != null) {
```

```
        System.out.print("Seite "+ aktuelleSeite.getSeite() + " ");
          aktuelleSeite = aktuelleSeite.getNaechsteSeite();
      }
      System.out.println();
    }
}
```

Die Klasse BuchTest

```
class BuchTest {
  public static void main(String args[]) {
    Buch.vorwaertsBlaettern(1,4);
    Buch.rueckwaertsBlaettern(1,4);
    Buch.vorwaertsBlaettern(10,13);
    Buch.rueckwaertsBlaettern(10,13);
    Buch.vorwaertsBlaettern(100,102);
    Buch.rueckwaertsBlaettern(100,102);
  }
}
```

Programmausgaben

```
Seite 1 Seite 2 Seite 3 Seite 4
Seite 4 Seite 3 Seite 2 Seite 1
Seite 10 Seite 11 Seite 12 Seite 13
Seite 13 Seite 12 Seite 11 Seite 10
Seite 100 Seite 101 Seite 102
Seite 102 Seite 101 Seite 100
```

Lösung 1.12

Die Klasse PackageTest

```
package paket1;
class PackageTest {
  public static void main(String args[]) {
    System.out.println("Test der package-Anweisung");
  }
}
```

Programmausgaben

```
Test der package-Anweisung
```

Lösung 1.13

Die Klasse Klasse

```
package paket2;
public class Klasse {
```

```
  public Klasse() {
    System.out.println(
      "Definition einer Klasse im Verzeichnis paket2");
  }
}
```

Die Klasse KlassenTest

```
// import paket2.Klasse;
class KlassenTest {
  public static void main(String args[]) {
    paket2.Klasse kls = new paket2.Klasse();
// Wird die import-Anweisung genutzt, kann auf den Klassennamen
// direkt zugegriffen werden
  //   Klasse kls = new Klasse();
  }
}
```

Programmausgaben

```
Definition einer Klasse im Verzeichnis paket2
```

Lösung 1.14

Die Klasse Klasse1

```
package paket1;
// Die Klasse muss als public definiert werden, weil sie aus
// einem externen Paket angesprochen wird
public class Klasse1 {
  private static int privatesFeld = 1;
  protected static int geschuetztesFeld = 2;
  public static int oeffentlichesFeld = 3;
  static int feld = 4;
// Konstruktordefinition
  public Klasse1() {
    System.out.println("Instanz der Klasse1");
  }
}
```

Die Klasse Klasse2

```
package paket1.paket2;
public class Klasse2 {
// Konstruktordefinition
  public Klasse2() {
    System.out.println("Instanz der Klasse2");
  }
}
```

Die Klasse PackageTest1

```
import paket1.Klasse1;
//import paket2.Klasse2; // Fehler
import paket1.paket2.Klasse2;
class PackageTest1 {
   public static void main(String args[]) {
      Klasse1 kls1 = new Klasse1();
      Klasse2 kls2 = new Klasse2();
// Compilerfehler:
// Das Feld aus paket1.Klasse1 verfügt über privaten Zugriff
   //    System.out.println(Klasse1.privatesFeld);
// Das Feld aus paket1.Klasse1 verfügt über geschuetzten Zugriff
   //    System.out.println(Klasse1.geschuetztesFeld);
// Das Feld feld aus paket1.Klasse1 besitzt keinen Modifikator
// und darauf kann nicht von außerhalb des Paketes zugegriffen
// werden
   //    System.out.println(Klasse1.feld);
// Zugriff erlaubt, weil uneingeschränkt öffentlich durch die
// Definition mit public
      System.out.println(inst1.oeffentlichesFeld);
   }
}
```

Programmausgaben

```
Instanz der Klasse1
Instanz der Klasse2
3
```

Lösung 1.15

Die Klasse KongruenteDreiecke

```
public class KongruenteDreiecke {
   private double x;
   private double y;
   private double z;
   private static final double PI = 3.14159;
 // Konstruktordefinition
   public KongruenteDreiecke(double x, double y, double z) {
      this.x = x;
      this.y = y;
      this.z = z;
   }
// Zugriffsmethoden
   public double getX() {
      return x;
   }
```

```java
public double getY() {
  return y;
}
public double getZ() {
  return z;
}
public double setX(double a) {
  this.x = a;
}
public double setY(double b) {
  this.y = b;
}
public double setZ(double c) {
  this.z = c;
}
public static double winkelRadian (double winkelGrad) {
  return winkelGrad*PI/180;
}
public static double winkelGrad (double winkelRadian) {
  return winkelRadian*180/PI;
}
public KongruenteDreiecke sss() {
  double w1 = Math.round(winkelGrad(Math.acos((x*x-y*y-z*z)/
    (-2*y*z))));
  double w2 = Math.round(winkelGrad(Math.acos((y*y-x*x-z*z)/
    (-2*x*z))));
  double w3 = Math.round(winkelGrad(Math.acos((z*z-x*x-y*y)/
    (-2*x*y))));
  return new KongruenteDreiecke(w1,w2,w3);
}
public KongruenteDreiecke sws() {
  double s = Math.round(Math.sqrt(x*x+z*z-2*x*z*Math.cos(
    winkelRadian(y))));
  double w1 = Math.round(winkelGrad(Math.acos((x*x-z*z-s*s)/
    (-2*z*s))));
  double w2 = Math.round(winkelGrad(Math.acos((z*z-x*x-s*s)/
    (-2*x*s))));
  return new KongruenteDreiecke(w1,s,w2);
}
public KongruenteDreiecke wsw() {
  double w = 180-x-z;
  double s1 = Math.round(y*Math.sin(winkelRadian(x))/
    Math.sin(winkelRadian(w)));
  double s2 = Math.round(y*Math.sin(winkelRadian(z))/
    Math.sin(winkelRadian(w)));
  return new KongruenteDreiecke(s1,w,s2);
}
```

```java
public KongruenteDreiecke ssw() {
    double w1 = Math.round(winkelGrad(Math.asin(
        x*Math.sin(winkelRadian(z))/y)));
    double w2 = 180-z-w1;
    double s = Math.round(y*Math.sin(winkelRadian(w2))/
        Math.sin(winkelRadian(z)));
    return new KongruenteDreiecke(w1,w2,s);
}
}
```

Die Klasse KongruenteDreieckeTest

```java
public class KongruenteDreieckeTest {
    public static void main(String args[]) {
        KongruenteDreiecke d1 = new KongruenteDreiecke(4,4,4);
        d1 = d1.sss();
        System.out.println("w*w*w = "+ d1.getX()+"*"+d1.getY()+
            "*"+d1.getZ());
        KongruenteDreiecke d2 = new KongruenteDreiecke(4,60,4);
        d2 = d2.sws();
        System.out.println("w*s*w = "+ d2.getX()+"*"+d2.getY()+
            "*"+d2.getZ());
        KongruenteDreiecke d3 = new KongruenteDreiecke(60,4,60);
        d3 = d3.wsw();
        System.out.println("s*w*s = "+ d3.getX()+"*"+d3.getY()+
            "*"+d3.getZ());
        KongruenteDreiecke d4 = new KongruenteDreiecke(4,4,60);
        d4 = d4.ssw();
        System.out.println("w*w*s = "+ d4.getX()+"*"+d4.getY()+
            "*"+d4.getZ());
    }
}
```

Programmausgaben

```
w*w*w = 60.0*60.0*60.0
w*s*w = 60.0*4.0*60.0
s*w*s = 4.0*60.0*4.0
w*w*s = 60.0*60.0*4.0
```

Lösung 1.16

Die Klasse Strecke

```java
public class Strecke {
    private Punkt P;
    private Punkt Q;
// Konstruktordefinition
```

```
  public Strecke(Punkt P, Punkt Q) {
     this.P = P;
     this.Q = Q;
  }
// Zugriffsmethoden
  public void setzeP(Punkt A) {
     P = A;
  }
  public void setzeQ(Punkt B) {
     Q = B;
  }
  public Punkt getP() {
     return P;
  }
  public Punkt getQ() {
     return Q;
  }
  public double distanz() {
     double xP = P.getX();
     double yP = P.getY();
     double xQ = Q.getX();
     double yQ = Q.getY();
     return Math.round(Math.sqrt(Math.pow(xQ-xP,2)+
       Math.pow(yQ-yP,2)));
  }
  public void geradenGleichung() {
     double xP = P.getX();
     double yP = P.getY();
     double xQ = Q.getX();
     double yQ = Q.getY();
     System.out.println("(y - "+yP+") = (("+yQ+" - "+yP+
       ")/("+xQ+" - "+xP+"))*(x - "+xP+")");
  }
}
```

Die Klasse Kreis

```
public class Kreis {
   private static final double PI = Math.PI;
   private Strecke PQ;
// Konstruktordefinition
   public Kreis(Strecke PQ) {
      this.PQ = PQ;
   }
   public double flaeche() {
      return Math.round (PI*PQ.distanz()*PQ.distanz());
   }
   public double umfang() {
```

```
      return Math.round(2*PI*PQ.distanz());
   }
   public void kreisGleichung() {
      Punkt P = PQ.getP();
      double xP = P.getX();
      double yP = P.getY();
      System.out.println("(x - " +xP+")**2 + "+ "(y - " +yP+
        ")**2 "+"- "+PQ.distanz()*PQ.distanz()+" = 0");
   }
}
```

Die Klasse PunktStreckeKtreisTest

```
public class PunktStreckeKreisTest {
   public static void main(String args[]) {
// Erzeugen und Anzeigen von zwei Punkt-Objekten
      Punkt P = new Punkt(4.0, 3.0);
      Punkt Q = new Punkt(1.0, 2.0);
      System.out.print("Punkt P: ");
      P.anzeige();
      System.out.print("PunktQ : ");
      Q.anzeige();
// Berechnung der Länge der Strecke PQ und Anzeige der
// Geradengleichung durch diese Punkte
      Strecke PQ = new Strecke(P,Q);
      System.out.println("Laenge der Strecke PQ = " +
        PQ.distanz());
      System.out.print("Geradengleichung: ");
      PQ.geradenGleichung();
// Berechnung von Flaeche und Umfang des Kreises und Anzeige der
// Kreisgleichung
      Kreis k = new Kreis(PQ);
      System.out.println("Flaeche des Kreises mit dem " +
        "Mittelpunkt P" + " und PQ als Radius = " + k.flaeche());
      System.out.println("Umfang des Kreises mit dem " +
        "Mittelpunkt P" + " und PQ als Radius = " + k.umfang());
      System.out.print("Kreisgleichung: ");
      k.kreisGleichung();
   }
}
```

Programmausgaben

```
PunktP: (4.0,3.0)
PunktQ: (1.0,2.0)
Laenge der Strecke PQ = 3.0
Geradengleichung: (y - 3.0) = ((2.0 - 3.0)/(1.0 - 4.0))*(x - 4.0)
Fläche des Kreises mit dem Mittlpunkt P und PQ als Radius = 28.0
```

Umfang des Kreises mit mit dem Mittlpunkt P und PQ als Radius = 19.0
Kreisgleichung: (x - 4.0)**2 + (y - 3.0)**2 - 9.0 = 0

Lösung 1.17

Die Klasse WrapperKlassen

```java
public class WrapperKlassen {
// Globale Referenzen vom Typ der Hüllenklassen
    private Byte einByte;
    private Character einCharacter;
    private Integer einInteger;
    private Short einShort;
    private Long einLong;
    private Float einFloat;
    private Double einDouble;
    private Boolean einBoolean;
// Konstruktordefinition
    WrapperKlassen(byte by, int i, char c, short s, long l,
                float f, double d, boolean bo) {
// Objekte der Hüllenklassen erzeugen
        einByte = new Byte(by);
        einCharacter = new Character(c);
        einInteger = new Integer(i);
        einShort = new Short(s);
        einLong = new Long(l);
        einFloat = new Float(f);
        einDouble = new Double(d);
        einBoolean = new Boolean(bo);
    }
// Umwandlungen in Zahlensysteme mit einer anderen Basis,
// am Beispiel von int-Werten
    public void konvert(int i) {
        System.out.println("Der Binaerwert von " + i + " = "+
                Integer.toBinaryString(i));
        System.out.println("Der Octalwert von " + i + " = "+
                Integer.toOctalString(i));
        System.out.println("Der Hexadecimalwert von " + i + " = "+
                Integer.toHexString(i));
    }
// Beispiele von Typumwandlungen mit Methoden von Wrapper-Klassen
    public int charToUnicodeint(char c) {
// Der Unicode-Wert des Zeichens wird der Variablen i
// zugewiesen
        int i = Character.getNumericValue(c);
        return i;
    }
    public char intTochar(int i) {
```

```
        char c = Character.forDigit(i,10);
        return c;
    }
    public int charToint(char c) {
        int i = Character.digit(c,10);
        return i;
    }
// Liefern des Basistyp-Wertes eines Wrapper-Objektes
    public void objectTonumber() {
        System.out.print(" "+einByte.byteValue());
        System.out.print(" "+einInteger.intValue());
        System.out.print(" "+einLong.longValue());
        System.out.print(" "+einShort.shortValue());
        System.out.print(" "+einFloat.floatValue();
        System.out.print(" "+einDouble.doubleValue());
        System.out.print(" "+einCharacter.charValue());
        System.out.print(" "+einBoolean.booleanValue());
        System.out.println();
    }
// Wrapper-Klassen exportieren auch eine Menge von nützlichen
// Konstanten, wie z. B. Wertebereiche für primitive Datentypen
    public void werteBereiche() {
        System.out.println("Der Datentyp byte nimmt Werte von "+
            Byte.MIN_VALUE+ " bis "+Byte.MAX_VALUE);
        System.out.println("Der Datentyp int nimmt Werte von "+
            Integer.MIN_VALUE+ " bis "+Integer.MAX_VALUE);
    }
// Einen Beitrag zum sicheren Rechnen mit Wrapper-Klassen liefern
// deren unendliche Werte
    public void unendlicheWerte() {
        double d1 = Double.MAX_VALUE;
        double dMax = 2*d1;
        double dMin = -1.0/0.0;
        double d = 0.0/0.0;
        System.out.println(dMax+" * "+dMin+" * "+d);
    }
}
```

Die Klasse WrapperKlassenTest

```
public class WrapperKlassenTest {
    public static void main(String args[]) {
        WrapperKlassen wrapper = new WrapperKlassen((byte)1, 2,'3',
            (short)4,(long)5,(float)1.0,2.0,true);
        System.out.print("Basistypwerte der Wrapper-Objekte: ");
        wrapper.objectTonumber();
        System.out.println(
          "Umwandlungen in Zahlensysteme mit einer anderen Basis:");
```

```
    wrapper.konvert(100);
    System.out.print("Typumwandlungen: ");
    System.out.print(" "+wrapper.charToUnicodeint('3'));
    System.out.print(" "+wrapper.charToint('3'));
    System.out.print(" "+wrapper.intTochar(3));
    System.out.println();
    wrapper.werteBereiche();
    wrapper.unendlicheWerte();
  }
}
```

Programmausgaben

```
Basistypwerte der Wrapper-Objekte: 1 2 5 4 1.0 2.0 3 true
Umwandlungen in Zahlensysteme mit einer anderen Basis:
Der Binaerwert von 100 = 1100100
Der Oktalwert von 100 = 144
Der Hexadecimalwert von 100 = 64
Typumwandlungen:  3 3 3
Der Datentyp byte nimmt Werte von - 128 bis 127
Der Datentyp int nimmt Werte von -2147483648 bis 2147483647
Infinity * -Infinity * NaN
```

Hinweise zum Lösungsvorschlag

Die als Lösung hinzugefügte Klasse ruft die Methoden von Hüllenklassen zu Typumwandlungen, Wechseln der Basis von Zahlensystemen und Ausgaben der Wertebereiche von primitiven Datentypen auf. Typumwandlungen beziehen sich auf das Verändern des Datentyps eines bestimmten Wertes. Java verhindert implizite Typumwandlungen, wenn eine fehlende Kompatibilität bei Zuweisungen zu einem Verlust von Daten führen könnte. Dann kann nur eine explizite Typumwandlung erfolgen oder man kann auf die entsprechenden Methoden der Wrapper-Klassen zurückgreifen. Beim Rechnen mit Bruchtypen (float, double) gibt es im Gegensatz zu den Ganzzahlentypen (short, long, byte) drei spezielle Werte »keine Zahl« (not a number, abgekürzt NaN), »plus unendlich« (POSITIVE_INFI-NITY) und »minus unendlich« (NEGATIVE_INFINITY).

Lösung 1.18

Die Klasse WrapperKlassenmitAutoBoxing

```java
public class WrapperKlassenmitAutoBoxing {
// Globale Referenzen vom Typ der Hüllenklassen
    private Byte einByte;
    private Character einCharacter;
    private Integer einInteger;
    private Short einShort;
    private Long einLong;
    private Float einFloat;
```

```
   private Double einDouble;
   Boolean einBoolean;
// Konstruktordefinition
   WrapperKlassenmitAutoBoxing(byte by, int i, char c, short s,
                   long l, float f, double d, boolean bo) {
// Instanzen von Hüllenklassen erzeugen
      einByte = by;
      einCharacter = c;
      einInteger = i;
      einShort = s;
      einLong = l;
      einFloat = f;
      einDouble = d;
      einBoolean = bo;
      }
// Lieferung des Basistyp-Wertes eines Wrapper-Objektes über
// Unboxing
   public void objectTonumber() {
      System.out.print(" "+einByte);
      System.out.print(" "+einInteger);
      System.out.print(" "+einLong);
      System.out.print(" "+einShort);
      System.out.print(" "+einFloat);
      System.out.print(" "+einDouble);
      System.out.print(" "+einCharacter);
      System.out.print(" "+einBoolean);
      System.out.println();
   }
// Das Autoboxing macht möglich, das der Methodenaufruf über
// konvert(boolean) erfolgen kann
   public boolean konvert(Boolean b) {
// Unboxing vom Wrapper-Typ Boolean zum primitiven Typen boolean
      return b;
   }
// Beispiele von Typumwandlungen in einem Ausdruck
   public void rechnen(float zahl1, double zahl2) {
// Die Werte von primitiven Detentypen werden eingehüllt,
      Float zahlFloat = zahl1;
      Double zahlDouble = zahl2;
// zum Rechnen entkapselt und als Ergebnis wieder eingehüllt
      Double ergebnis = zahlFloat*zahlDouble+zahlFloat/
      zahlDouble;
      System.out.println("Wert vor Inkrementieren: "+
      ergebnis);
// Das Wrapper-Objekt ergebnis wird entkapselt, der gewonnene
// Wert inkrementiert und wieder eingehüllt
      ergebnis++;
```

```
      System.out.println("Wert nach Inkrementieren: "+ergebnis);
      System.out.print(
        "Ausdruck vom Typ Integer in einer for-Schleife ");
      for(Integer i=0; i<=2; i++)
        System.out.print(i+" ");
      System.out.println();
    }
// Unboxing in Kontrollanweisungen
    public void vergleichen(Integer zahl1Integer,
                      Integer zahl2Integer) {
// Unboxing von Wrapper-Objekten
      int zahl1 = zahl1Integer;
      int zahl2 = zahl2Integer;
// Vergleich von Referenzen
      if(zahl1Integer == zahl2Integer){
        System.out.print("Gleiche Referenzen");
// Vergleich von primitiven Datentypen
        if(zahl1 == zahl2)
          System.out.println(" und gleiche Werte");
        else
          System.out.println(" und verschiedene Werte");
      }
      else {
        System.out.print("Verschiedene Referenzen");
        if(zahl1 == zahl2)
          System.out.println(" und gleiche Werte");
        else
          System.out.println(" und verschiedene Werte");
      }
    }
}
```

Die Klasse WrapperKlassenmitAutoBoxingTest

```
public class WrapperKlassenmitAutoBoxingTest {
  public static void main(String args[]) {
// Objekt der Klasse erzeugen
    WrapperKlassenmitAutoBoxing wrapper =
      new WrapperKlassenmitAutoBoxing
        ((byte)1, 2,'3',(short)4,(long)5,(float)1.0,2.0,true);
    System.out.print("Basistypwerte der Wrapper-Objekte:");
// und ihre Methoden aufrufen
    wrapper.objectTonumber();
    System.out.print("Auto(un)boxing in Methoden-aufrufen und "
      + "-rueckgaben: ");
    System.out.println(wrapper.konvert(true));
    System.out.println("Typumwandlungen in einem Ausdruck:");
    wrapper.rechnen(1, 2.0);
```

```
    System.out.println("Unboxing in Kontrollanweisungen:");
    wrapper.vergleichen(1, 2);
    wrapper.vergleichen(new Integer(1), new Integer(1));
    Integer zahl1 = new Integer(1);
    Integer zahl2 = zahl1;
    wrapper.vergleichen(zahl1,zahl2);
  }
}
```

Programmausgaben

```
Basistypwerte der Wrapper-Objekte: 1 2 5 4 1.0 2.0 3 true
Auto(un)boxing in Methoden-aufrufen und -rueckgaben: true
Typumwandlungen in einem Ausdruck:
Wert vor Inkrementieren: 2.5
Wert nach Inkrementieren: 3.5
Ausdruck vom Typ Integer in einer for-Schleife: 0 1 2
Unboxing in Kontrollanweisungen:
Verschiedene Referenzen und verschiedene Werte
Verschiedene Referenzen und gleiche Werte
Gleiche Referenzen und gleiche Werte
```

Lösung 1.19

Die Klasse ArrayTest1

```
import java.lang.reflect.Array;
import java.util.Arrays;
public class ArrayTest1 {
// Ein Array-Objekt muss mit dem new-Operator über die Angabe
// einer festen Grösse erzeugt werden
   private static int[]a = new int[3];
   private static int[][] x = new int [2][3];
// Alternative Deklarationen
   // private int a[] = new int[3];
   // private static [][] int x = new int [2][3];
   // private static int [] x [] = new int [2][3];
// Klassenmethode für die Anzeige eines zweidimensionalen Arrays
   public static void anzeige(int[][] x) {
      for(int i=0; i<2; i++) {
         for(int j=0; j<3; j++)
            System.out.print(x[i][j]+" ");
// Zeilenumbruch ausgeben
         System.out.println();
      }
      System.out.println();
   }
   public static void main(String args[]) {
// Eindimensionale Arrays initialisieren
```

```java
// Arrayelemente können auch einzeln initialisiert werden
    int []y = new int[3];
    for(int i=0; i<3; i++)
        y[i]= 1;
// Eine kompakte Initialisierung für Arrayelemente wird vom
// Compiler in eine Initialisierung von einzelnen Elementen
// umgeformt und erst zur Laufzeit durchgeführt
    int[] z = {2,2,2};
// Initialisierungen mit einem konstanten Wert über die Methode
// fill() der Klasse Arrays
    Arrays.fill(a,7);
    System.out.println(
        "Eindimensionales Array von primitiven Datentypen");
// Mit der Methode toString() der Klasse Arrays das Array
// anzeigen
    System.out.println(Arrays.toString(a));
// Methoden der Klasse Array aufrufen
    Array.setInt(a, 0, 6);
    Array.setInt(a, 1, 6);
    Array.setInt(a, 2, 6);
    Integer integer = (Integer)Array.get(a, 0);
// Den Wert des Wrapper-Objektes ermitteln
    int n = integer.intValue();
    System.out.println(a[0] + " " + a[1] +" " +a[2]+"**"+n);
// Zweidimensionale Arrays über eindimensionale Arrays erzeugen
    System.out.println("Zweidimensionale Arrays sind Arrays"
        +" von eindimensionalen Arrays");
    for(int i=0; i<2; i++) {
        x[i] = new int [] {9, 9, 9};
// Mit der Methode toString() der Klasse Arrays die
// eindimsionalen Arrays anzeigen
        System.out.print(Arrays.toString(x[i]));
        System.out.println();
    }
    System.out.println("Zweidimensionale Arrays von primitiven"
        + " Datentypen");
// Das so erzeugte zweidimensionale Array ausgeben
    anzeige(x);
// Inititialisierungen von zweidimensionalen Arrays
    x = new int[][]{{1, 1, 1},{2,2,2}};
    anzeige(x);
    x = new int[][]{y, z};
    anzeige(x);
// Dynamisches Erzeugen eines Array mit der Methode
// newInstance() der Klasse Array
    int c[] = {2};
    Object array = Array.newInstance(int.class,c);
```

```
      Array.setInt(array, 0, 4);
      Array.setInt(array, 1, 4);
      System.out.println("Eindimensionales Array von primitiven"
        + " Datentypen");
      System.out.println(Array.getInt(array,0) + " "+
        Array.getInt(array,1));
// Elemente von Referenzarrays müssen immer einzeln instanziert
// werden
      Vektor [] v = new Vektor[2];
      Vektor [][] w = new Vektor[2][2];
      System.out.println("Eindimensionales Array vom Typ der "
        + "Klasse Vektor");
      for(int i=0; i<2; i++) {
        v[i] = new Vektor(1,2,3);
      }
// An den Vektor-Objekten wird die Methode anzeige() der Vektor-
// Klasse aufgerufen
      v[0].anzeige();
      v[1].anzeige();
// Zeilenumbruch definieren
      System.out.println();
      System.out.println("Zweidimensionales Array vom Typ der "
        + "Klasse Vektor");
      for(int i=0; i<2; i++) {
        w[i][0] = new Vektor(1,2,3);
        w[i][1] = new Vektor(4,5,6);
      }
      for(int i=0; i<2; i++) {
        w[i][0].anzeige();
        w[i][1].anzeige();
      }
   }
}
```

Programmausgaben

```
Eindimensionales Array von primitiven Datentypen
[7 7 7]
6 6 6**6
Zweidimensionale Arrays sind Arrays von eindimensionalen Arrays
[9 9 9]
[9 9 9]
Zweidimensionale Arrays von primitiven Datentypen
9 9 9
9 9 9

1 1 1
2 2 2
```

```
1 1 1
2 2 2
Eindimensionales Array von primitiven Datentypen
4 4
Eindimensionales Array vom Typ der Klasse Vektor
(1, 2, 3) (1, 2, 3)
Zweidimensionales Array vom Typ der Klasse Vektor
(1, 2, 3) (4, 5, 6) (1, 2, 3) (4, 5, 6)
```

Lösung 1.20

Die Klasse StringTest

```java
import java.util.Arrays;
public class StringTest {
  public static void main(String args[]) {
    String s1, s2, s3;
// Zuweisung eines Literals
    s1 = "Java";
// Den Defaultwert für eine Referenzvariable zuweisen
    s2 = null;
// String-Objekt erzeugen
    s3 = new String("Java");
// String anfügen
    s1 = s1.concat(" lernen");
// String-Objekt erzeugen
    s2 = new String(s1);
// Teilstring bilden
    s3 = s2.substring(2,8);
// Die Methode valueOf()der Klasse String aufrufen
    String s4 = String.valueOf(s1);
    String s5 = String.valueOf(s2);
// Addieren von String-Objekten
    String s6 = s4 + s5;
    System.out.println(s1+" * "+s2+" * "+s3+" "+s4+" * "+s5+
    " * "+s6);
// Vergleichen von String-Objekten
    System.out.println(vergleichen(s4,s5));
// Konvertieren von Strings in numerische Werte
    System.out.print(Integer.parseInt("123"));
    System.out.print(" "+Double.parseDouble("12.3"));
    System.out.print(" "+Short.parseShort("123"));
    System.out.println();
// Konvertieren von numerischen Werten in Strings
    System.out.print String.valueOf (123+1));
    System.out.print(" "+ String.valueOf (12.3+0.1));
    System.out.print(" "+ String.valueOf (123>0));
```

```java
        System.out.println();
// Umwandlungen von char-Arrays in String-Objekte
    char[] buchstaben = {'J','A','V','A'};
// Den Konstruktor der Klasse String aufrufen
    String s = new String(buchstaben);
    char []zahlen = {'0','1','2','3','4','5','6','7','8','9'};
// Mit dem zweiten und dritten Element des char-Arrays einen
// String erzeugen
    String zwoelf = String.copyValueOf(zahlen,1,2);
// und diesen in ein neues char-Array umsetzen
    char[] zahl1 = zwoelf.toCharArray();
    System.out.println(zwoelf);
    System.out.println(Arrays.toString(zahl1));
    String tausendzweihundertvierunddreisig = String.
      copyValueOf(zahlen,1,4);
    char[] zahl2 = tausendzweihundertvierunddreisig.
      toCharArray();
    System.out.println(tausendzweihundertvierunddreisig);
    System.out.println(Arrays.toString(zahl2));
// Definition eines String-Array
    String[] sArray = new String[3];
// Initialisieren der Arrayelemente
    sArray[0] = StringTest.vergleichen("Java", "JAVA");
    sArray[1] = StringTest.vergleichen("JAVA", "JAVA");
    sArray[2] = StringTest.vergleichen("JAVA", "Java");
    System.out.println(sArray[0]+" und "+sArray[1]+" und "
      +sArray[2]);
// String-Array am Beispiel der Kommandozeilenparameter
    for(int i=0; i<args.length; i++) {
       System.out.println("Parameter "+(i+1)+": " +args[i]);
    }
  }
// Klassenmethode zum Vergleichen von String-Objekten
  public static String vergleichen(String s1, String s2) {
    if(s1.compareTo(s2) > 0)
       return s1+" > "+s2;
    else if(s1.compareTo(s2) < 0)
       return s1+" < "+s2;
    else
       return s1+" = "+s2;
  }
}
```

Programmausgaben

```
Java lernen * Java lernen * va ler * Java lernen * Java lernen * Java
lernenJava lernen
Java lernen = Java lernen
123 12.3 123
```

```
124 12.4 true
12
[1, 2]
1234
[1, 2, 3, 4]
Java > JAVA und JAVA = JAVA und JAVA < Java
```

Der Aufruf der Applikation über: java StringTest Java lernen, führt zur zusätzlichen Ausgabe:

```
Parameter 1: Java
Parameter 2: lernen
```

Lösung 1.21

Die Klasse ArrayTest2

```java
public class ArrayTest2 {
// Methodendefinitionen
   public static void anzeige() {
      int[] array1 = new int[2];
      int[][] array2 = new int[2][2];
      int[][][] array3 = new int[2][2][2];
// Initialisieren der Arrayelemente
      for(int i=0; i<2; i++) {
         array1[i] = i;
         for(int j=0; j<2; j++) {
            array2[i][j] = i+j;
            for(int k=0; k<2; k++) {
               array3[i][j][k] = i+j+k;
            }
         }
      }
// Anzeige der Arrayelemente
      for(int x : array1) {
         System.out.print(x+" ");
      }
      System.out.println();
      System.out.println();
      for(int x[] : array2) {
         for(int y : x) {
            System.out.print(y+" ");
         }
         System.out.println();
      }
      System.out.println();
      for(int x[][] : array3) {
         for(int y[] : x) {
            for(int z : y) {
```

```
                System.out.print(z+" ");
            }
        System.out.println();
        }
    }
}
// Array als Rückgabewert in Mehtoden
    public static char[] rueckgabe(char a0, char a1, char a2) {
        char[] a = {a0, a1,a2};
        return a;
    }
    public static void main(String args[]) {
        System.out.println("char-Array");
// Die Methode rueckgabe() liefert ein char-Array zurück, und
// dessen Elemente werden in einer for-each-Schleife ausgegeben
        for(char x : rueckgabe('a','b','c'))
            System.out.print(x+" ");
        System.out.println();
        System.out.println("int-Arrays");
        anzeige();
    }
}
```

Programmausgaben

```
char-Array
a b c
int-Arrays
0 1

0 1
1 2

0 1
1 2
1 2
2 3
```

Lösung 1.22

Die Klasse MethodenmitVararg

```
public class MethodenmitVararg {
// Methode mit einer variablen Anzahl von Argumenten
    public static void varArg(char ... c) {
        System.out.println("Anzahl der variablen Argumente: "
            + c.length);
```

```
      System.out.print("Werte der variablen Argumente: ");
      for(char x : c)
         System.out.print(x+" ");
      System.out.println();
   }
// Überladen der Methode, indem der Typ der Parameter
// abgeändert wird
   public static void varArg(boolean ... c) {
      System.out.println("Anzahl der variablen Argumente: "
         + c.length);
      System.out.print("Werte der variablen Argumente: ");
      for(boolean x : c)
         System.out.print(x+" ");
      System.out.println();
   }
// Überladen der Methode, indem die Parameterliste erweitert wird
   public static void varArg(int i1, int i2, boolean ... c) {
      System.out.println("Anzahl der variablen Argumente: "
         + c.length);
      System.out.print("Werte der variablen Argumente: ");
      for(boolean x : c)
         System.out.print(x+" ");
      System.out.println();
      System.out.println("Werte der klassischen Argumente: "
         + i1 + " " + i2);
   }
   public static void main(String args[]) {
// Methodenaufrufe mit unterschiedlicher Anzahl von Argumenten
      varArg('a');
      varArg('a','b','c');
      varArg(false);
      varArg(true, true);
      varArg(1,2,false,true);
      varArg(1,2,true);
   }
}
```

Programmausgaben

```
Anzahl der variablen Argumente: 1
Werte der variablen Argumente: a

...
Anzahl der variablen Argumente: 2
Werte der variablen Argumente: false true
Werte der klassischen Argumente: 1 2

...
```

Lösung 1.23

Die Klasse InitialisierungInstanzfelder

```java
// import java.util.Arrays;
public class InitialisierungInstanzfelder {
// Instanzfeld Initialisierer
  private byte einbyte;
  private char einchar = 'A';
  private int einint ;
  private short einshort;
  private long einlong = 1;
  private float einfloat;
  private double eindouble = 0.1;
  private boolean einboolean;
  private String einString ="Java 6.0";
  private Punkt einPunkt;
  private char [] einArray = new char[26];
// Instanzblock Initialisierer
  {
    for(int i = 0; i<26; i++) {
// buchstabe ist eine lokale Variable und kein Feld der Klasse
      char buchstabe = (char)('A'+ i);
      einArray[i] = buchstabe;
    }
  }
// Selbstreferenzierendes Instanzfeld
  InitialisierungInstanzfelder selfReferentialFeld;
// Konstruktordefinition
  InitialisierungInstanzfelder(String s) {
    einPunkt = new Punkt(1,1);
    einint = 50;
    System.out.println(s);
  }
// Methode zur InitIialisierung des selbstreferenzierenden
// Instanzfeldes
  public InitialisierungInstanzfelder setselfReferentialFeld() {
    return selfReferentialFeld =
      new InitialisierungInstanzfelder(
        "Initialisierung von Instanzfelder");
  }
  public static void main(String args[]) {
// Objekt der Klasse erzeugen
    InitialisierungInstanzfelder instanz =
      new InitialisierungInstanzfelder(
        "Initialisierung von Instanzfelder");
```

```java
// Initialisierung des selbstreferenzierenden Feldes
    System.out.println(instanz.setselfReferentialFeld());
// Anzeige der Werte von primitiven Typen
    System.out.println("einbyte: "+instanz.einbyte);
    System.out.println("einint: "+instanz.einint);
    System.out.println("einshort: "+instanz.einshort);
    System.out.println("einfloat: "+instanz.einfloat);
    System.out.println("einboolean: "+instanz.einboolean);
    System.out.println("einchar: "+instanz.einchar);
    System.out.println("einlong: "+instanz.einlong);
    System.out.println("eindouble: "+instanz.eindouble);
// Anzeige der Werte von Referenztypen
    System.out.println("einString: "+instanz.einString);
    System.out.print("einPunkt: ");
// Die Methode der Klasse Punkt, an einer Instanz der Klasse
// aufrufen
    instanz.einPunkt.anzeige();
// Die Anzeige der Elemente von einArray kann nicht über den
// Methodenaufruf Arrays.toString(einArray) erfolgen, weil auf
// ein Instanzfeld, nicht aus einem statischen Kontext, direkt
// zugegriffen werden kann
  // System.out.println(Arrays.toString(einArray)); // Fehler
    System.out.print("[ ");
    for (int i = 0; i<26; i++) {
        System.out.print(instanz.einArray[i]+" ");
    }
    System.out.println("]");
  }
}
```

Programmausgaben

```
Initialisierung von Instanzfelder
Initialisierung von Instanzfelder
InitialisierungInstanzfelder…
einbyte: 0
einint: 50
einshort:  0
einfloat: 0.0
einboolean: false
einchar: A
einlong: 1
eindouble:  0.1
einString: Java 6.0
inPunkt: (1.0,1.0)
[ A B C D E F G H I J K L M N O P Q R S T U V W X Y Z ]
```

Lösung 1.24

Die Klasse InitialisierungKlassenfelder

```java
import java.util.Arrays;
public class InitialisierungKlassenfelder {
// Klassenfeld Initialisierer
  private static byte einbyte;
  private static char einchar = 'A';
  private static int einint ;
  private static short einshort;
  private static long einlong = 1;
  private static float einfloat;
  private static double eindouble = 0.1;
  private static boolean einboolean;
  private static String einString = "Java 6.0";
  private static Punkt einPunkt;
  private static char [] einArray = new char[26];
// Klassenblock Initialisierer
  static {
    for(int i = 0; i<26; i++) {
// buchstabe ist eine lokale Variable und kein Feld der Klasse
      char buchstabe = (char)('A'+ i);
      einArray[i] = buchstabe;
    }
  }
// Selbstreferenzierendes Klassenfeld
  static InitialisierungKlassenfelder selfReferentialFeld =
    new InitialisierungKlassenfelder(
      "Initialisierung von Klassenfelder");
// Konstruktordefinition
  InitialisierungKlassenfelder(String s) {
    einPunkt = new Punkt(1,1);
    einint = 1;
    System.out.println(s);
  }
  public static void main(String args[]) {
// Anzeige der Werte von primitiven Typen
    System.out.println(selfReferentialFeld);
    System.out.println("einbyte: "+einbyte);
    System.out.println("einint: "+einint);
    System.out.println("einshort: "+einshort);
    System.out.println("einfloat: "+einfloat);
    System.out.println("einboolean: "+einboolean);
    System.out.println("einchar: "+einchar);
    System.out.println("einlong: "+einlong);
    System.out.println("eindouble: "+eindouble);
// Anzeige der Werte von Referenztypen
    System.out.println("einString: "+einString);
    System.out.print("einPunkt: ");
// Methode der Klasse Punkt an einer Instanz der Klasse aufrufen
```

```
    einPunkt.anzeige();
// Anzeige der Werte von Arraytypen mit der Methode der Klasse
// Arrays
    System.out.println(Arrays.toString(einArray));
  }
}
```

Programmausgaben

```
Initialisierung von Klassenfelder
InitialisierungKlassenfelder…
einbyte: 0
einint: 1
einshort:  0
einfloat: 0.0
einboolean: false
einchar: A
einlong: 1
eindouble:  0.1
einString: Java 6.0
einPunkt: (1.0,1.0)
[A, B, C, D, E, F, G, H, I, J, K, L, M, N, O, P, Q, R, S, T, U, V, W, X, Y, Z]
```

Lösung 1.25

Die Klasse PrivaterKonstruktor

```
import java.util.*;
public class PrivaterKonstruktor {
// Selbstreferenzierendes Klassenfeld
  private static PrivaterKonstruktor datumunduhrzeit;
// Privater Konstruktor der Klasse
  private PrivaterKonstruktor() {
// Instanz der Klasse GregorianCalendar erzeugen und deren
// Methoden aufrufen
    GregorianCalendar calendar = new GregorianCalendar();
    System.out.println("Datum: "+calendar.get(Calendar.DATE)+
      "."+(calendar.get(Calendar.MONTH)+1)+"."+
        calendar.get(Calendar.YEAR));
    System.out.println("Uhrzeit: "+calendar.get(
      Calendar.HOUR_OF_DAY)+"."+calendar.get(Calendar.MINUTE)+
        "."+calendar.get(Calendar.SECOND));
  }
// Klassenmethode, welche ein Objekt der Klasse erzeugt
  public static PrivaterKonstruktor getInstanz() {
    if(datumunduhrzeit == null)
      datumunduhrzeit = new PrivaterKonstruktor();
    return datumunduhrzeit;
  }
}
```

Die Klasse PrivaterKonstruktorTest

```java
public class PrivaterKonstruktorTest {
  public static void main(String args[]) {
    PrivaterKonstruktor datum=PrivaterKonstruktor.getInstanz();
  }
}
```

Programmausgaben

```
Datum: 29.6.2007
Uhrzeit: 18.11.36
```

Lösung 1.26

Die Klasse WochenTage

```java
public class WochenTage {
// Selbstreferenzierende Klassenfelder können in ihrer
// Deklaration initialisiert werden
  public final static WochenTage MONTAG = new WochenTage(1);
  public final static WochenTage DIENSTAG = new WochenTage(2);
  public final static WochenTage MITWOCH = new WochenTage(3);
  public final static WochenTage DONNERSTAG = new WochenTage(4);
  public final static WochenTage FREITAG = new WochenTage(5);
  public final static WochenTage SAMSTAG = new WochenTage(6);
  public final static WochenTage SONNTAG = new WochenTage(7);
  public String tag;
// Privater Konstruktor der Klasse
  private WochenTage(int i) {
    if(i == 1)
      tag = "Der 1.Wochentag ist der Montag";
    else if(i == 2)
      tag = "Der 2.Wochentag ist der Dienstag";
    else if(i == 3)
      tag = "Der 3.Wochentag ist der Mitwoch";
    else if(i == 4)
      tag = "Der 4.Wochentag ist der Donnerstag";
    else if(i == 5)
      tag = "Der 5.Wochentag ist der Freitag";
    else if(i == 6)
      tag = "Der 6.Wochentag ist der Samstag";
    else if(i == 7)
      tag = "Der 7.Wochentag ist der Sonntag";
  }
}
```

Die Klasse WochenTageTest

```
public class WochenTageTest {
  private WochenTage wt;
  private static WochenTageTest woche;
// Konstruktordefinition
  WochenTageTest(WochenTage wtage) {
    wt = wtage;
    System.out.println(wt.tag);
  }
  public static void main(String args[]) {
    woche = new WochenTageTest(WochenTage.MONTAG);
    woche = new WochenTageTest(WochenTage.DIENSTAG);
    woche = new WochenTageTest(WochenTage.MITWOCH);
    woche = new WochenTageTest(WochenTage.DONNERSTAG);
    woche = new WochenTageTest(WochenTage.FREITAG);
    woche = new WochenTageTest(WochenTage.SAMSTAG);
    woche = new WochenTageTest(WochenTage.SONNTAG);
  }
}
```

Programmausgaben

```
Der 1.Wochentag ist der Montag
Der 2.Wochentag ist der Dienstag
Der 3.Wochentag ist der Mitwoch
Der 4.Wochentag ist der Donnerstag
Der 5.Wochentag ist der Freitag
Der 6.Wochentag ist der Samstag
Der 7.Wochentag ist der Sonntag
```

Kapitel 2

Abgeleitete Klassen und Vererbung

2.1 Abgeleitete Klassen

Eine abgeleitete Klasse (Unterklasse oder Subklasse) erweitert eine schon vorhandene Klasse (Oberklasse oder Superklasse) und erbt deren Felder und Methoden. In Java haben alle Klassen eine Oberklasse und können auch nicht mehr als eine Oberklasse besitzen. Wird diese nicht mit der extends-Klausel festgelegt, so ist es die Klasse java.lang.Object. Die Klasse Object ist die einzige Klasse, die über keine weitere Oberklasse verfügt.

Auf die Felder und Methoden einer Oberklasse kann aus deren Unterklassen so zugegriffen werden, als würden diese darin definiert sein. Diese Eigenschaft wird in der objektorientierten Programmierung auch Vererbung genannt.

2.2 Die Konstruktoren von abgeleiteten Klassen

Konstruktoren werden von Unterklassen nicht direkt geerbt, der Konstruktor einer abgeleiteten Klasse muss für das Initialisieren der geerbten Felder einen Konstruktor der Oberklasse aufrufen. Des Weiteren muss dieser die in der eigenen Klasse definierten Felder initialisieren.

Der Aufruf eines beliebigen Konstruktors der Oberklasse erfolgt mit super(argumentenliste) und muss als erste Anweisung im Konstruktor der Unterklasse stehen. Fehlt dieser Aufruf und wird auch nicht über die this-Referenz ein anderer Konstruktor der Klasse aufgerufen, so fügt Java implizit über super() einen Aufruf des parameterlosen Konstruktoren der Oberklasse ein. Achten Sie stets darauf, dass dies zu einem Compilerfehler führen kann, wenn die Oberklasse solch einen Konstruktor nicht besitzt.

Wenn in der Unterklasse kein Konstruktor explizit definiert ist, wird automatisch ein Standard-Konstruktor erzeugt, dessen Inhalt nur der Aufruf von super() ist.

2.3 Abgeleitete Klassen und die Sichtbarkeit von Feldern und Methoden

Wenn eine Klasse mit dem Modifikator final deklariert ist, kann sie nicht erweitert werden. Eine mit final definierte Methode kann nicht überschrieben werden und mit final deklarierte Variablen werden zu Konstanten. Mit anderen Worten, alles was als final definiert wurde, ist nicht mehr änderbar.

Wie schon im Kapitel 1 beschrieben, wird die Sichtbarkeit von Membern einer Klasse, innerhalb einer Klasse und eines Paketes, mit Hilfe der Modifikatoren public, private und protected bestimmt.

Besitzt ein Member einer Klasse keine explizite Zugriffsangabe, so ist es nur innerhalb des Paketes, in welchem sich die Klasse befindet, sichtbar. D.h, die Standardzugriffsangabe in Java ist so gewählt, dass sie für andere Pakete wie private ist, aber innerhalb des Paketes wie public.

Die Felder einer Oberklasse können auch mit protected definiert werden, damit sind sie allen abgeleiteten Klassen, auch denen aus anderen Paketen, direkt zugänglich und sind dennoch geschützt vor dem Zugriff der übrigen Klassen, die außerhalb des Paketes liegen.

Die nachfolgende Tabelle soll eine Übersicht von Sichtbarkeitsebenen bereitstellen.

Sichtbarkeit	private	Standard (ohne Modifikator)	protected	public
Innerhalb der Klasse	ja	ja	ja	ja
In Unterklassen innerhalb des Paketes	nein	ja	ja	ja
In anderen Klassen innerhalb des Paketes	nein	ja	ja	ja
In Unterklassen in anderen Paketen	nein	nein	ja	ja
In anderen Klassen in anderen Paketen	nein	nein	nein	ja

Aufgabe 2.1

Test von Sichtbarkeitsebenen

Der Test von Feldmodifikatoren wird in diesem Kapitel neu aufgenommen, um im Zusammenhang mit abgeleiteten Klassen vertieft zu werden. Legen Sie dafür ein Dateiverzeichnis kapitel2 mit dem Unterverzeichnis paket1 an, das ein weiteres Unterverzeichnis paket2 besitzt.

Die Klasse Klasse1 definiert drei Klassenfelder vom Typ int: privatesFeld, geschuetztesFeld, oeffentlichesFeld mit den Modifakatoren private, protected, public und ein weiteres Klassenfeld standardFeld ohne Modifikator. Definieren Sie eine Methode anzeige(), welche die Werte dieser Felder am Bildschirm ausgibt und im parameterlosen Konstruktor der Klasse den Text, »Instanz der Klasse1«. Speichern Sie die Datei Klasse1.java im Verzeichnis paket1 ab.

Leiten Sie eine Klasse mit dem Namen Klasse2 von Klasse1 ab und die Klasse mit dem Namen Klasse3 von Klasse2 und speichern Sie beide als Java-Dateien im Verzeichnis paket2 ab.

Wird die import-Anweisung für die Paketidentifikation genutzt, so kann der Zugriff auf den Klassennamen Klasse1 ohne die Angabe des Paketnamens erfolgen. Testen Sie, auf welche der von Klasse1 geerbten Felder zwecks Bildschirmausgabe direkt über ihren Namen aus diesen beiden Klassen zugegriffen werden kann. Zur Identifikation ihrer Instanzen geben beide Klassen einen Text am Bildschirm aus.

Die Klasse Klasse3 definiert eine main()-Methode, in welcher die Methode anzeige() von Klasse1 aufgerufen wird. Vergewissern Sie sich, dass diese Methode durch die Definition mit protected geschützt ist und deswegen nicht aus anderen Klassen aufgerufen werden kann, sondern nur an Objekten von Klassen, welche die Methode definieren oder von dieser Klasse abgeleitet sind.

Eine weitere Klasse Klasse4 ist nicht von der Klasse1 abgeleitet und befindet sich im gleichen Paket paket2 wie Klasse2 und Klasse3. Zeigen Sie, dass aus dieser Klasse nur der Zugriff auf das mit dem Modifikator public definierte Feld der Klasse Klasse1 erlaubt ist.

Definieren Sie in allen Klassen die erforderlichen package-Anweisungen für die Bekanntgabe des Pakets, zu dem die Klasse gehört. Mit welchem Modifikator müssen Klassendeklarationen erfolgen, um aus einem externen Paket angesprochen werden zu können?

Java-Dateien:

kapitel2\paket1\Klasse1.java, kapitel2\paket1\paket2\Klasse2.java, kapitel2\paket1\paket2\Klasse3.java, kapitel2\paket1\paket2\Klasse4.java

Programmaufrufe im Verzeichnis kapitel2:

javac paket1\paket2\Klasse3.java, java paket1/paket2/Klasse3 oder java paket1.paket2.Klasse3

2.4 Das Verdecken von Klassenmethoden und das statische Binden von Methoden

Eine Klassenmethode der Unterklasse kann mit dem gleichen Namen und gleicher Parameterliste wie eine Klassenmethode der Oberklasse deklariert werden und somit deren Namen verdecken.

Das »statische Binden« von Methoden bezieht sich auf den Aufruf von gleichnamigen Klassenmethoden an einem Objekt der Unterklasse, das einer Referenz vom Typ der Oberklasse vorher zugewiesen wurde. An dem Objekt der Unterklasse wird nun auch die Methode der Oberklasse aufgerufen. Darum sollten Klassenmethoden immer über den Klassennamen aufgerufen werden.

Sei KlasseB eine von KlasseA abgeleitete Klasse und m() eine Klassenmethode von KlasseA, welche von der Unterklasse verdeckt wird. Dann kann der Aufruf der Methode der Oberklasse mit super.m() auch aus einer Instanzmethode der Unterklasse erfolgen.

Aufgabe 2.2
Der Aufruf von verdeckten Klassenmethoden

Die Klasse mit dem Namen KlasseA, definiert ein Klassenfeld zaehlerSupkls vom Typ int, das zum Zählen von Instanzen dieser Klasse angewandt wird. Sie definiert ebenfalls einen parameterlosen Konstruktor, in welchem das Klassenfeld hochgezählt wird, und eine Klassenmethode anzeigeZaehler(), die die Anzahl von gebildeten Instanzen der Klasse an eine aufrufende Methode zurückgibt.

Definieren Sie eine zweite Klasse mit dem Namen KlasseB, die von KlasseA abgeleitet ist und auch ein Klassenfeld vom Typ int, zum Zählen von Instanzen der eigenen Klasse nutzt. Analog zur KlasseA wird der Wert des Klassenfeldes im Konstruktor der Klasse inkrementiert. Eine Klassenmethode mit dem gleichen Namen wie der Name der Oberklasse verdeckt deren Klassenmethode und gibt die Anzahl von gebildeten Instanzen der Unterklasse an eine aufrufende Methode zurück.

Der Konstruktor der Unterklasse ruft, auch wenn hier nicht explizit über super() angegeben, den Konstruktor der Oberklasse auf, was über das Erzeugen von Instanzen nachvollzogen werden kann.

Um die Vorgehensweise beim Aufruf von verdeckten Klassenmethoden zu verstehen, soll eine Klasse InstanzZaehlerTest erstellt werden, die Array-Objekte vom Typ KlasseA und KlasseB erzeugt und an deren Elementen die Methoden der Klassen aufruft. Dabei erfolgt noch kein statisches Binden von Klassenmethoden. Zeigt jedoch eine Referenzvariable vom Typ der KlasseA auf ein Objekt der KlasseB, wie nach dem Ausführen der Anweisung: KlasseA a = new KlasseB();, so wird an dieser die Methode anzeige() der Oberklasse aufgerufen und damit ein statisches Binden von Klassenmethoden vollzogen.

Java-Dateien: KlasseA.java, KlasseB.java, InstanzZaehlerTest.java
Programmaufruf: java InstanzZaehlerTest

2.5   Das Überschreiben von Instanzmethoden und das dynamische Binden von Methoden

Per Definition wird festgelegt, dass eine Instanzmethode der Unterklasse, die den gleichen Namen und die gleiche Parameterliste wie eine Instanzmethode ihrer Oberklasse besitzt, diese überschreibt.

Wenn eine überschriebene Instanzmethode an einem Objekt der Unterklasse aufgerufen wird, dann wird nicht die Methodendefinition aus der Oberklasse verwendet, sondern die aus der Unterklasse.

Sei KlasseB eine von KlasseA abgeleitete Klasse und m() eine Instanzmethode von KlasseA, die in der KlasseB überschrieben wird. Wenn objektB ein Objekt der Klasse KlasseB ist, dann wäre die Schreibweise ((KlasseA)objektB).m();, nicht zugelassen bzw. hätte nicht die beabsichtigte Wirkung. Dies bedeutet, dass die überschriebene Methode der Oberklasse nicht an einem Objekt der Unterklasse aufgerufen werden kann. Innerhalb der Unterklasse KlasseB kann sie jedoch direkt, wie auch im Fall von Klassenmethoden, über super.m() aufgerufen werden. Dieser Aufruf wird oft innerhalb der in der Unterklasse überschriebenen Methode verwendet, wenn diese als Ergänzung der Methode der Oberklasse definiert werden soll.

Wird einer Referenz vom Typ der Oberklasse KlasseA eine Unterklassenreferenz vom Typ KlasseB zugewiesen und daran die Methode m() aufgerufen, so wird die Methode der Unterklasse ausgeführt. Dies wird als »dynamisches Binden« von Methoden bezeichnet.

Dabei ist wichtig noch mal zu betonen, dass ein statisches Binden von Methoden sich immer auf Klassenmethoden bezieht, im Gegensatz zu einem dynamischen Binden, welches nur im Falle von Instanzmethoden zustande kommen kann.

Aufgabe 2.3
Das dynamische Binden von Methoden

Definieren Sie in Analogie zu den Klassen aus der Aufgabe 2.2 eine Klasse KlasseC und die davon abgeleitete Klasse KlasseD. In der Oberklasse KlasseC gibt es eine Klassenmethode k() und eine Instanzmethode m(), die jeweils einen Text mit System.out.println() ausgeben.
In der Unterklasse KlasseD gibt es auch eine Klassenmethode k(), die einen anderen Text ausgibt, und eine Instanzmethode m(), die zunächst super.m() aufruft und dann eine zusätzliche Textzeile ausgibt.
In der in der Unterklasse definierten main()-Methode werden drei Objekte angelegt: Klasse C c1 = new KlasseC(), KlasseC c2 = new KlasseD() und KlasseD d1 = new KlasseD().

Zunächst sollen die beiden Klassenmethoden, über den Klassennamen Klassec.k() und KlasseD.k(), aufgerufen werden. Dann werden Instanzen der Klassen gebildet und an jedem der drei Objekte die Methoden k() und m() aufgerufen.

Java-Dateien: KlasseC.java, KlasseD.java
Programmaufruf: java KlasseD

2.6   Vererbung und Komposition

Die Vererbung ermöglicht dem Programmierer eine Betrachtung von Objektebenen. So kann angenommen werden, dass die Objekte der Klasse Object die höchste Ebene definieren und jedes Objekt einer Unterklasse eine darunter liegende Ebene ihrer Oberklasse repräsentiert. Die Vererbung definiert eine »ist-ein-Beziehung« zwischen den Objekten von abgeleiteten Klassen.

Betrachtet man die unterschiedlichen Objekte, deren Referenzen Feldwerte einer Klasse repräsentieren, entsteht dabei auch eine Betrachtung von Objektebenen, jedoch anderer Art. Diese wird in der Java-Literatur auch als Komposition oder Anreihung bezeichnet. Zwischen den Objekten einer Klasse und den Werten, auf welche ihre Referenzfelder zeigen (Objekte von anderen Klassen), besteht eine »hat-ein-Beziehung«.

Einer Entscheidung zwischen dem Einsatz von abgeleiteten Klassen (Vererbung) und globalen Referenzen (Komposition) in der Programmierung sollte die Art der Beziehung zwischen den Objekten zugrunde liegen. Eine Wiederholung von Anweisungsblöcken in Klassendefinitionen kann ein Hinweis darauf sein, dass die Komposition genutzt wird, obwohl die Vererbung angebrachter wäre. So zeigen die nachfolgenden Beispiele, dass im Falle eines Kreises die Betrachtung: »ein Kreis ist ein Punkt und ein Radius« realitätsnäher ist, als die Betrachtung: »ein Kreis hat ein Punkt und ein Radius«, was in diesem Fall für eine Lösung mit Hilfe einer abgeleiteten Klasse spricht.

Aufgabe 2.4

Die Komposition

Definieren Sie eine Klasse `KreishatPunkt` mit einem Instanzfeld vom Typ `double`, das den Radius eines Kreises bezeichnet, und einer globalen Referenz vom Typ der Klasse `Punkt` (Aufgabe 1.6), welche die Mittelpunktkoordinaten des Kreises aufnimmt. Wir sprechen in diesem Zusammenhang von einer Komposition von Objekten.

Eine Methode mit den Namen `toString` soll die gleichnamige Methode der Klasse `Object` überschreiben und die Methode `anzeige()` der Klasse `Punkt` aufrufen, zwecks Anzeige der Mittelpunktkoordinaten des Kreises und der Kreisgleichung.

Definieren Sie eine Klasse `KreishatPunktTest`, die Instanzen der Klasse `Punkt` und `KreishatPunkt` erzeugt und deren Methoden aufruft. Rufen Sie auch die Zugriffsmethoden für die Instanzfelder der Klasse auf und zeigen Sie die Werte dieser Felder am Bildschirm an.

Java-Dateien: `Punkt.java`, `KreishatPunkt.java`, `KreishatPunktTest.java`
Programmaufruf: `java KreishatPunktTest`

Aufgabe 2.5

Die Vererbung

Erstellen Sie eine Klasse `PunktNeu`, die ihre Felder mit dem Modifikator `protected` definiert, um den von dieser Klasse abgeleiteten Klassen Zugriff darauf zu gewährleisten. Definieren Sie an Stelle der Methode `anzeige()` der Klasse `Punkt` eine Methode `toString()` für diese Klasse, welche die gleichnamige Methode der Klasse `Object` überschreibt.

Die Klasse KreisistPunkt besitzt nur ein Instanzfeld r, welches den Radius eines Kreises bezeichnet. Sie ist von der Klasse PunktNeu abgeleitet, deren Instanzfelder die Koordinaten des Mittelpunktes für einen Kreis definieren. Im Konstruktor der Klasse werden drei double-Werte übergeben und mit zwei davon wird der Konstruktor der Oberklasse aufgerufen, um die von der Klasse PunktNeu geerbten Felder x und y zu initialisieren. Die Methode toString() überschreibt die Methode mit dem gleichen Namen der Klasse PunktNeu und ruft diese über super.toString() auf.

Definieren Sie analog zur Klasse KreishatPunktTest, eine Klasse KreisistPunktTest. Rufen Sie die Zugriffsmethoden für die eigenen und die geerbten Felder der Klasse KreisistPunkt auf.

Java-Dateien: PunktNeu.java, KreisistPunkt.java, KreisistPunktTest.java
Programmaufruf: java KreisistPunktTest

2.7 Kovariante Rückgabetypen in Methoden

Ab der Version 5.0 von Java erlauben kovariante Rückgabetypen, dass eine in einer Unterklasse überschriebene Methode der Oberklasse, bei identischer Parameterliste, einen anderen Rückgabetyp besitzt.

Es gibt jedoch eine Einschränkung, der Rückgabetyp muss ein Subtyp des Rückgabetyps der Methode der Oberklasse sein. Wenn Methoden kovariante Rückgabetypen besitzen, generiert der Compiler zu jeder überschriebenen Methode eine Brückenmethode. Die Brückenmethode definiert den gleichen Rückgabetyp wie die Methode der Oberklasse.

Brückenmethoden sind nur auf Bytecode-Ebene sichtbar und können durch den Aufruf eines Decompilers von Java, wie z.B. javap, mit der Angabe des Namens der Klassendatei (.class-Datei) angezeigt werden.

Aufgabe 2.6

Die Benutzung von kovarianten Rückgabetypen

Definieren Sie eine Klasse Objekte, die ein geschütztes Instanzfeld vom Typ der Klasse Object besitzt und im Konstruktor eine Referenz vom gleichen Typ übergeben bekommt. Sie definiert die Zugriffsmethoden setObject() mit einem void-Rückgabetyp und getObject(), die eine Referenz vom Typ Object zurückgibt. Erweitern Sie diese Klasse um zwei weitere Klassen, Zahlen und Worte, welche die Zugriffsmethode getObject() der Oberklasse überschreiben. Der Rückgabetyp der überschriebenen Methoden Integer bzw. String ist ein Subtyp des Rückgabewertes vom Typ Object der Methode der Oberklasse. Beide Klasse erben das Instanzfeld und die Zugriffsmethode setObject() ihrer Oberklasse.

Mit Hilfe der Klasse KovarianteRueckgabeTypen soll die Funktionalität der überschriebenen Methoden, bestätigt werden. Erzeugen Sie in ihrer main()-Methode

Instanzen von allen drei Klassen und rufen Sie an diesen die Methode `getObject()` auf.

Java-Dateien: `Objekte.java`, `Zahlen.java`, `Worte.java`, `KovarianteRueckgabeTypen.java`
Programmaufruf: `java KovarianteRueckgabeTypen`

Über die Decompiler-Aufrufe: `javap Zahlen` und `javap Worte` werden die vom Compiler erstellten Brückenmethoden angezeigt.

2.8   Verdeckte Felder

Ein Feld einer Unterklasse verdeckt ein Feld der Oberklasse, wenn es mit dem gleichen Namen definiert wurde. Ist x ein Instanzfeld der Klassen `KlasseA` und `KlasseB`, wobei `KlasseB` von `KlasseA` abgeleitet ist, so kann innerhalb der Klasse `KlasseB` mit x bzw. `this.x` auf das Feld von `KlasseB` und mit `super.x` bzw. `((KlasseA)this).x` auf das Feld von `KlasseA` zugegriffen werden.

Bezeichnet b eine Instanz der `KlasseB`, so kann auf das Feld x von `KlasseB` mit `b.x` und auf das Feld x von `KlasseA` mit `((KlasseA)b).x` zugegriffen werden.

Auf verdeckte Klassenfelder kann auch mit dem Präfix `super.` zugegriffen werden. Dies ist generell nicht nötig, da diese über den Klassennamen angesprochen werden können und sich dadurch automatisch unterscheiden.

Aufgabe 2.7
Wiederholungsaufgabe

Zur Demonstration der Definition von verdeckten Feldern und dem Zugriff auf diese und auch zur Wiederholung der Definition von überschriebenen Methoden sollen die Klassen `Quadrat`, `Rechteck`, `Parallelogramm` und `Drachen` wie nachfolgend beschrieben definiert werden.

Die Klasse `Quadrat` definiert ein Instanzfeld, das die Seitenlänge eines Quadrates angibt. Dieses wird als `protected` definiert, um aus abgeleiteten Klassen direkt zugänglich zu sein. Die Klasse definiert drei Instanzmethoden zur Berechnung von Diagonale, Fläche und Umfang eines Quadrates. Eine Instanzmethode zur Anzeige der Diagonalen trägt den Namen `toString()` und überschreibt die gleichnamige Methode der Klasse `Object`.

Von der Klasse `Quadrat` wird die Klasse `Rechteck` abgeleitet und diese besitzt ein Instanzfeld mit dem gleichen Namen und Modifikator wie das Feld der Oberklasse. In diesem Feld wird die Länge der zweiten Seite für das Rechteck gespeichert. Ihre Instanzmethoden zum Berechnen von Diagonale, Flächeninhalt und Umfang überschreiben die Instanzmethoden der Oberklasse `Quadrat`. Der Zugriff auf das verdeckte Feld der Oberklasse soll mit `super.a` erfolgen.

Die Klasse `Parallelogramm` wird von der Klasse `Rechteck` abgeleitet und besitzt ein Instanzfeld vom Typ `double` namens `alpha`, welches den Wert von einem der ungleichen Winkel des Parallelogramms angibt. Die Instanzmethoden zum Berechnen von Diagonalen, Flächeninhalt und Umfang überschreiben die Instanzmethoden der Oberklasse `Rechteck`. Für den Zugriff auf die verdeckten Felder der Klassen `Quadrat` und `Rechteck` sollen die Schreibweisen `((Quadrat)this).a` und `((Rechteck)this).a` benutzt werden.

Der Umfang eines Parallelogramms wird mit der gleichen Formel wie der Umfang eines Rechtecks berechnet, so dass die Methode `umfang()` die gleiche Implementierung wie in der Oberklasse hätte und deswegen deren Methode von hier aus mit der `super`-Syntax auch direkt aufgerufen werden kann.

Von der Klasse `Parallelogramm` wird eine weitere Klasse `Drachen` abgeleitet und diese besitzt auch ein Instanzfeld vom Typ `double alpha`, das den Wert des zweiten Winkels vom ungleichen Winkelpaar eines Drachen angibt und das Feld mit gleichem Namen aus der Klasse `Parallelogramm` verdeckt. Die Felder, welche die Seitenlängen und den ersten Winkel vom ungleichen Winkelpaar definieren, werden von den Oberklassen geerbt und über den Aufruf von deren Konstruktoren initialisiert. Die Instanzmethoden zum Berechnen der Diagonalen und des Flächeninhaltes überschreiben die Instanzmethoden der Oberklasse `Parallelogramm`, die wiederum die Instanzmethoden der Klassen `Rechteck` bzw. `Quadrat` überschreiben. Der Zugriff auf die verdeckten Felder kann mit: `((Quadrat)this).a`, `((Rechteck)this).a` und `((Parallelogram)this).alpha` erfolgen.

Im Unterschied zur Klasse `Rechteck` überschreibt die Klasse `Drachen` die Methode `umfang()` ihrer Oberklasse nicht, sodass deren Aufruf an einem Objekt der Klasse sich auf die Methode der Oberklasse bezieht.

Mit Hilfe der Klasse `ViereckeTest` sollen an Instanzen von diesen Klassen deren Methoden aufgerufen werden.

Hinweise für die Programmierung:

Die Diagonalen eines Quadrates mit der Seite a können mit der Formel $d = (2a^2)^{(1/2)}$ ermittelt werden. Die Berechnung von Flächeninhalt und Umfang kann über $f = a^2$ und $u = 4a$ erfolgen.

Ein Rechteck mit den Seiten a und b hat einen Flächeninhalt von $f = ab$, einen Umfang $u = 2a+2b$ und seine Diagonalen können mit der Formel $d = (a^2+b^2)^{(1/2)}$ berechnet werden.

Für ein Parallelogramm mit den Seiten a und b und den Winkeln alpha und beta können zur Berechnung der Diagonalen die Formeln $d_1 = a^2+b^2-2ab\cos(alpha)$ und $d_2 = a^2+b^2-2ab\cos(beta)$ benutzt werden. Der Umfang lässt sich auf die gleiche Art und Weise wie bei einem Rechteck berechnen und der Flächeninhalt als die Summe der Flächeninhalte von zwei Dreiecken, in welche dieses von einer der Diagonalen aufgeteilt wird. Benutzen Sie für die Berechnung des Flächeninhaltes eines Dreiecks die Formel $f = (p(p-a_1)(p-a_2)(p-a_3))^{(1/2)}$, wobei a_1, a_2 und a_3 die Seiten des Dreiecks bezeichnen und $p = (a_1 + a_2 + a_3)/2$.

Für einen Drachen mit den Seiten a und b und den Winkeln alpha und beta können zur Berechnung der Diagonalen die Formeln $d_1 = a^2+b^2-2ab\cos(alpha)$ und

$d_2 = a^2 + a^2 - 2a^2\cos(\text{beta})$ eingesetzt werden. Sein Umfang lässt sich auf die gleiche Art und Weise wie bei einem Parallelogramm berechnen und die Fläche mit Hilfe der Diagonalen, $f = (d_1 + d_2)/2$.

Java-Dateien: Quadrat.java, Rechteck.java, Parallelogramm.java, Drachen.java, ViereckeTest.java
Programmaufruf: java ViereckeTest

2.9 Vergrößernde und verkleinernde Konvertierung (»up- und down-casting«)

Nehmen wir wiederum an, dass eine Klasse KlasseB von einer anderen Klasse KlasseA abgeleitet wurde. Dann ist jedes KlasseB-Objekt auch ein zulässiges KlasseA-Objekt, welches seine zusätzlichen Erweiterungen vergisst.

Eine vergrößernde Konvertierung (»up-casting«) hat die Bedeutung, dass für ein Objekt der KlasseB, gebildet mit: KlasseB b = new B();, die Zuweisung KlasseA a = b; ohne Casting immer möglich ist.

Das Objekt a, auf welches die Referenz vom Typ der KlassenA zeigt, ist aber auch weiter ein gültiges KlasseB-Objekt, sodass auch eine verkleinernde Konvertierung, in diesem Fall mit Casting: KlasseB b1 = (KlasseB)a; erfolgen kann. D.h., eine verkleinernde Konvertierung (»down-casting«) kann nur durchgeführt werden, wenn vorher der Objektreferenz vom Typ der Oberklasse eine Referenz auf ein Objekt der Unterklasse zugewiesen wurde.

Aufgabe 2.8

Up- und Down-Casts

Für k ganze Zahlen aus einer Menge von n ganzen Zahlen können Anordnungen in Form von Permutationen, Variationen und Kombinationen erzeugt werden. Definieren Sie eine Klasse Permutationen als Oberklasse und leiten Sie davon zwei weitere Klassen, Variationen und Kombinationen ab.

Jedes Permutationen-Objekt besitzt als Instanzfeld die int-Variable n, die die Gesamtanzahl von Zeichen, aus welchen Anordnungen gebildet werden sollen, angibt. Das Instanzfeld der Klasse soll aus den abgeleiteten Klassen direkt ansprechbar sein, aber aus externen Klassen nur über Zugriffsmethoden. Definieren Sie eine Methode anordnen() zum Berechnen der Anzahl von Permutationen von n Zeichen.

Jedes Variationen- und Kombinationen-Objekt besitzt als Instanzfeld die int-Variable k, welche die Anzahl der Zeichen in den zu bildenden Anordnungen angibt und das Instanzfeld der Oberklasse erbt. Auch dieses Feld soll aus externen Klassen nur über Zugriffsmethoden zugänglich sein. Die Konstruktoren der Klassen rufen den Konstruktor der Oberklasse auf, der sowohl die Gesamtanzahl n der

Zeichen initialisiert als auch die Anzahl k der aus der Gesamtanzahl ausgewählten Zeichen. Auch diese Klassen definieren je eine Methode anordnen() zum Berechnen der Anzahl von Variationen bzw. Kombinationen, welche die Instanzmethode der Oberklasse überschreibt und aufruft.

Definieren Sie eine vierte Klasse, KombinationenausVariationen, die von der Klasse Variationen abgeleitet ist und keine zusätzlichen Instanzfelder definiert. Sie soll eine andere Möglichkeit der Definition der Ableitung der Klassen aus diesem Beispiel aufzeigen. Ihre Instanzmethode anordnen() überschreibt die Instanzmethode der Klasse Variationen, die die Instanzmethode ihrer Oberklasse Permutationen überschreibt.

Definieren Sie zum Testen dieser Klassen eine Klasse AnordnenTest, die Objekte der Klassen Permutationen, Variationen, Kombinationen und Kombinationenaus Variationen erzeugt, und rufen Sie an diesen die Methode anordnen() der Oberklasse und ihrer Unterklassen auf.

Hinweise für die Programmierung:

Permutationen sind n-stellige Anordnungen von n Zeichen, in welchen jedes Zeichen höchstens einmal vorkommt. Ihre Anzahl kann wie folgt berechnet werden: $P_n = 1.2.3... (n-1)n = n!$.

Variationen sind k-stellige Anordnungen von n Zeichen, jedes Zeichen kommt höchstens einmal vor und die Reihenfolge in den Anordnungen ist wesentlich. Ihre Anzahl wird mit der Formel:

$$V_n^k = n(n-1)...(n-k+1) = n! / (n-k)!$$ berechnet.

Kombinationen sind k-stellige Anordnungen von n Zeichen, jedes Zeichen kommt höchstens einmal vor und die Reihenfolge in den Anordnungen ist unwesentlich. Ihre Anzahl kann mit der Formel:

$$C_n^k = V_n^k / P_n = n!/k!(n-k)!$$ berechnet werden.

Java-Dateien: Permutationen.java, Variationen.java, Kombinationen.java, KombinationenausVariationen, AnordnenTest.java
Programmaufruf: java AnordnenTest

Aufgabe 2.9

Der Unterschied zwischen »ist-ein-« und »hat-ein- Beziehungen«

Wie schon in vorangehenden Beispielen gesehen, definieren abgeleitete Klassen eine »ist-ein-Beziehung« zwischen ihren Objekten. Gleichzeitig wurde darauf hingewiesen, dass zwischen den Objekten einer Klasse und den Objektwerten ihrer Referenzfelder eine »hat-ein-Beziehung« besteht. Definieren Sie, um den Unterschied zwischen derartigen Beziehungen noch einmal zu verdeutlichen, für die Klassen aus dem Beispiel 2.8, eine »hat-ein-Beziehung« mit Hilfe der Klassen VariationenhabenPermutationen und KombinationenhabenPermutationen.

Diese Klassen definieren globale Referenzen vom Typ der Klasse `Permutationen`, die über ihre Konstruktoren initialisiert werden, und eine Instanzmethode `anordnen()` zum Berechnen von Variationen bzw. Kombinationen mit Hilfe von Permutationen.

Zum Testen der Klasse soll analog zur Aufgabe 2.8 eine Klasse `AndersAnordnen-Test` definiert werden.

Java-Dateien: `Permutationen.java`, `VariationenhabenPermutationen.java`, `KombinationenhabenPermutationen.java`, `AndersAnordnenTest.java`
Programmaufruf: `java AndersAnordnenTest`

2.10 Der Polymorphismus, ein Prinzip der objektorientierten Programmierung

Der Polymorphismus, ein weiteres Prinzip der objektorientierten Programmierung, bezeichnet die Fähigkeit von Objekten, auf gleiche Anweisungen unterschiedlich zu reagieren.

In der Java-Literatur werden mehrere Arten von Polymorphismus definiert:

Der »implizite Polymorphismus« bezieht sich auf implizite Konvertierungen von Datentypen, die durch ihre Definitionsart erzwungen werden. So wird bei einer Operation mit den primitiven Datentypen `int` und `double` eine Konvertierung des `int`-Wertes in einen `double`-Wert vorgenommen. Ein Beispiel für Referenztypen wäre der Aufruf einer Methode, die mit einem Parameter vom Typ einer Oberklasse definiert ist, mit einer Referenz vom Typ einer deren Unterklassen. Der Compiler setzt dann automatisch die Unterklassenreferenz in eine Oberklassenreferenz um.

Von einem »überladenen Polymorphismus« wird gesprochen, wenn der gleiche Operator oder Methodenname für unterschiedliche Operationen oder Funktionalitäten eingesetzt werden kann. Das Überladen von Methoden ist ein Beispiel dafür.

Der »parametrisierte Polymorphismus« bezieht sich auf Klassendefinitionen, die den gleichen Feldnamen und Methodensignaturen erlauben, unterschiedliche Typen beim Instanziieren von Objekten einer Klasse zuzuordnen. Diese Art von Polymorphismus wurde in Java 5.0 mit der Definition von generischen (parametrisierten) Klassen und Interfaces eingeführt.

Der »Subtyp-Polymorphismus« sagt aus, dass ein Typ ein Subtyp von einem anderen Typ sein kann. Dies bezieht sich im Falle von Methoden auf das dynamische Binden von Instanzmethoden und für Felder auf die verkleinernde Konvertierung.

In der Aufgabe 2.10 wird der Subtyp-Polymorphismus für Methoden und Felder beispielhaft demonstriert. Sowohl der implizite wie auch der überladene Polymorphismus sind uns bei Zuweisungen von primitiven Datentypen und in Methodendefinitionen schon begegnet, und eine Vielzahl von Beispielen zum parametrisierten Polymorphismus sind im Kapitel 8, Generics, zu finden.

Aufgabe 2.10

Der »Subtyp-Polymorphismus« im Kontext einer Klassenhierarchie

Während der Subtyp-Polymorphismus für Felder ein Casting erzwingt, erwartet der Subtyp-Polymorphismus für Methoden keine explizite Konvertierung, da ein Objekt vom Typ einer Unterklasse ein gültiges Objekt vom Typ der Oberklasse bleibt. Begründen Sie diese Aussagen mit Hilfe der Definition einer Java-Klasse Blumen, von welcher drei andere Klassen Rose, Tulpe und Nelke abgeleitet werden, die über den Aufruf des Konstruktors der Oberklasse eine bestimmte Art von Blumen definieren.

Die Instanzfelder blume und farbe der Klasse Blumen definieren die Art und Farbe einer Blume und können verschiedene vorgegebene Werte, die als konstante Klassenfelder definiert sind, aufnehmen. All diese Felder werden von den Unterklassen geerbt.

Die Oberklasse definiert zwei Methoden, die Methode identifizieren(), welche von ihren Unterklassen überschrieben wird, und die Methode farbe(), die alle Unterklassen erben.

Die Unterklassen rufen in ihrer überschriebenen Methode identifizieren() die Methode der Oberklasse auf und melden sich beim Benutzer über eine Textausgabe am Bildschirm mit den Namen der Klasse. Sie definieren zusätzlich eine für die entsprechende Blumenart typische Methode: wurzeln(), zwiebeln() oder stauden().

Eine weitere Klasse BlumenTest definiert ein Array-Objekt vom Typ der Klasse Blumen und ruft an seinen Elementen die Methoden von Oberklasse und Unterklassen auf.

Hinweise für die Programmierung:

Dadurch, dass die Klassen Rose, Tulpe und Nelke von der Klasse Blumen abgeleitet sind, können Referenzen auf Objekte dieser Klassen einer Referenzvariablen vom Typ der Oberklasse ohne explizite Konvertierung zugewiesen werden (»up-casting«)

An den so erzeugten Objekten kann ohne Konvertierung jedoch nur die Methode einer Unterklasse aufgerufen werden, die eine Methode der Oberklasse überschreibt, und ebenfalls jede beliebige Methode der Oberklasse. Darum sei an dieser Stelle noch mal darauf hingewiesen, dass der Objekttyp, auf den verwiesen wird, festlegt, welche Version einer überschriebenen Methode aufgerufen wird und nicht der Typ der Referenzvariablen.

Werden an diesen Instanzen Methoden der Unterklassen aufgerufen, die keine Methode der Oberklasse überschreiben, so muss eine verkleinernde Konvertierung (»down-casting«) erfolgen.

Über den Aufruf der Methode farbe() an Referenzen vom Typ der Oberklasse, welche auf Instanzen von Unterklassen zeigen, wird das entsprechende Typfeld für die Unterklasse eingesetzt.

Java-Dateien: Blumen.java, Rose.java, Tulpe.java, Nelke.java und BlumenTest.java
Programmaufruf: java BlumenTest

2.11   Lösungen

Lösung 2.1

Die Klasse Klasse1

```java
package paket1;
public class Klasse1 {
    private static int privatesFeld = 1;
    protected static int geschuetztesFeld = 2;
    public static int oeffentlichesFeld = 3;
    static int standardFeld = 4;
// Konstruktordefinition
    public Klasse1() {
        System.out.println("Instanz der Klasse1");
    }
    protected void anzeige() {
        System.out.print(privatesFeld+" ");
        System.out.print(geschuetztesFeld+" ");
        System.out.print(standardFeld+" ");
        System.out.println(oeffentlichesFeld);
    }
}
```

Die Klasse Klasse2

```java
package paket1.paket2;
import paket1.Klasse1;
public class Klasse2 extends Klasse1 {
// Konstruktordefinition
    public Klasse2() {
        System.out.println("Instanz der Klasse2");
// Das Feld aus Klasse1 verfügt über privaten Zugriff
    // System.out.println(Klasse1.privatesFeld); // Fehler
// Auf ein Standard-Feld kann nicht von außerhalb des Paketes
// zugegriffen werden
    // System.out.println(Klasse1.standardFeld); // Fehler
// Zugriff erlaubt, weil uneingeschränkt öffentlich durch die
// Definition mit public
        System.out.println("Zugriff aus Klasse2 auf ein "
            + "oeffentliches Feld der Klasse1: "
```

```
      + Klasse1.oeffentlichesFeld);
// Das Feld aus Klasse1 verfügt über geschützten Zugriff, kann
// aber aus einer Unterklasse, die in einem anderen Paket liegt,
// angesprochen werden
      System.out.println("Zugriff aus Klasse2 auf ein "
         + "geschuetztes Feld der Klasse1: "
            + Klasse1.geschuetztesFeld);
   }
}
```

Die Klasse Klasse3

```
package paket1.paket2;
import paket1.Klasse1;
public class Klasse3 extends Klasse2 {
// Konstruktordefinition
   public Klasse3() {
      System.out.println("Instanz der Klasse3");
// Das Feld aus Klasse1 verfügt über privaten Zugriff
   // System.out.println(Klasse1.privatesFeld); // Fehler
// Auf ein Standard-Feld, kann nicht von außerhalb des Paketes
// zugegriffen werden
   // System.out.println(Klasse1.standardFeld); // Fehler
// Zugriff erlaubt, weil uneingeschränkt öffentlich durch die
// Definition mit public
      System.out.println("Zugriff aus Klasse3 auf ein "
         + "oeffentliches Feld der Klasse1: "
            + Klasse1.oeffentlichesFeld);
// Das Feld aus Klasse1 verfügt über geschützten Zugriff, kann
// aber aus einer Unterklasse, die in einem anderen Paket liegt,
// angesprochen werden
      System.out.println("Zugriff aus Klasse3 auf ein "
         + "geschuetztes Feld der Klasse1: "
            + Klasse1.geschuetztesFeld);
   }
   public static void main(String args[]) {
      Klasse1 kls1 = new Klasse1();
// Für Unterklassen wird auch der Konstruktor der Oberklasse
// aufgerufen
      Klasse2 kls2 = new Klasse2();
      Klasse3 kls3 = new Klasse3();
      Klasse4 kls4 = new Klasse4();
// Die Methode anzeige() aus paket1.Klasse1 ist geschützt
   // kls1.anzeige(); // Fehler
   // kls2.anzeige(); // Fehler
      kls3.anzeige();
   // kls4.anzeige(); // Fehler
// Zugriff auf das geschützte Feld
```

```
    System.out.println(kls1.geschuetztesFeld +" "+
      kls2.geschuetztesFeld+" "+kls3.geschuetztesFeld);
  // System.out.println(kls4.geschuetztesFeld); // Fehler
  }
}
```

Die Klasse Klasse4

```
package paket1.paket2;
import paket1.Klasse1;
public class Klasse4 {
// Konstruktordefinition
  public Klasse4() {
      System.out.println("Instanz der Klasse4");
// Das Feld aus Klasse1 verfügt über privaten Zugriff
    // System.out.println(Klasse1.privatesFeld);
// Auf ein Standard-Feld kann nicht von außerhalb des Paketes
// zugegriffen werden
    // System.out.println(Klasse1.standardFeld); // Fehler
// Zugriff erlaubt, weil uneingeschränkt öffentlich durch die
// Definition mit public
      System.out.println("Zugriff aus Klasse4 auf ein "
        + "oeffentliches Feld der Klasse1: "
          + Klasse1.oeffentlichesFeld);
// Zugriff auf das geschützte Feld
    // System.out.println("Zugriff aus Klasse4 auf ein "
    //   + "geschuetztes Feld der Klasse1: "
    //     + Klasse1.geschuetztesFeld); // Fehler
    }
}
```

Programmausgaben

```
Instanz der Klasse1
Instanz der Klasse1
Instanz der Klasse2
Zugriff aus Klasse2 auf ein oeffentliches Feld der Klasse1: 3
Zugriff aus Klasse2 auf ein geschuetztes Feld der Klasse1: 2
Instanz der Klasse1
Instanz der Klasse2
Zugriff aus Klasse2 auf ein oeffentliches Feld der Klasse1: 3
Zugriff aus Klasse2 auf ein geschuetztes Feld der Klasse1: 2
Instanz der Klasse3
Zugriff aus Klasse3 auf ein oeffentliches Feld der Klasse1: 3
Zugriff aus Klasse3 auf ein geschuetztes Feld der Klasse1: 2
Instanz der Klasse4
Zugriff aus Klasse4 auf ein oeffentliches Feld der Klasse1: 3
1 2 4 3
2 2 2
```

Hinweise zum Lösungsvorschlag

Die Methode anzeige() aus paket1.Klasse1 ist geschützt und kann nur aus der Klasse Klasse3, also in der eigenen Klasse, aufgerufen werden. Sie kann nicht in einer Klasse aus einem anderen Paket aufgerufen werden, auch nicht in Klassen, welche diese Methode definieren oder von dieser Klasse abgeleitet sind.

Das Feld geschuetztesFeld aus der Klasse1 kann aus einer anderen Klasse, Klasse4, die in einem anderen Paket liegt und keine Unterklasse von Klasse1 ist, nicht angesprochen werden.

Lösung 2.2

Die Klasse KlasseA

```java
public class KlasseA {
   protected static int zaehlerSupkls;
// Konstruktordefinition
   KlasseA() {
      zaehlerSupkls++;
   }
// Klassenmethode, welche die Anzahl von erzeugten Instanzen der
// Klasse berechnet
   protected static int anzeigeZaehler() {
      System.out.println(
        "Die Methode der Oberklasse wurde aufgerufen");
      return zaehlerSupkls;
   }
}
```

Die Klasse KlasseB

```java
public class KlasseB extends KlasseA {
   protected static int zaehlerSubkls;
// Konstruktordefinition
   KlasseB() {
      zaehlerSubkls++;
   }
// Klassenmethode, welche die Anzahl von erzeugten Instanzen
// der Klasse berechnet
   protected static int anzeigeZaehler() {
      System.out.println(
        "Die Methode der Unterklasse wurde aufgerufen");
      return zaehlerSubkls;
// Ein Auruf mit super. ist in Klassenmethoden nicht erlaubt
   // super.anzeigeZaehler();  // Fehler
   }
// Instanzmethode, zur Demonstration der Aufrufsyntax für
// verdeckte Klassenmethoden
```

```
  protected void aufrufMethoden() {
// Aufruf der Klassenmethode am aktuellen Objekt
    System.out.println("Es wurde die "+anzeigeZaehler()+
      ". Instanz der Unterklasse erzeugt");
// Aufruf der Klassenmethode der Oberklasse am aktuellen Objekt
    System.out.println("Es wurde die "+super.anzeigeZaehler()+
      ". Instanz der Oberklasse erzeugt");
  }
}
```

Die Klasse InstanzZaehlerTest

```
public class InstanzZaehlerTest {
  public static void main(String args[]) {
// Array mit Objekten von KlasseA und KlasseB erzeugen
    KlasseA[] klsA = new KlasseA[2];
    KlasseB[] klsB = new KlasseB[2];
// Erzeugen von Objekten der Oberklasse KlasseA
    for(int i = 0;i<2; i++) {
      klsA[i] = new KlasseA();
    }
// Aufruf der Klassenmethode der Oberklasse,über den Klassennamen
  System.out.println("Es wurden "+ KlasseA.anzeigeZaehler()+
    " Instanzen der Oberklasse erzeugt");
// Erzeugen von Objekten der Unterklasse KlasseB
    for(int i = 0; i<2; i++) {
      klsB[i] = new KlasseB();
// die Instanzmethode der KlasseB an diesen aufrufen
      klsB[i].aufrufMethoden();
    }
// Ausgabe der Anzahl von vorher erzeugten Instanzen über den
// Aufruf der Klassenmethoden aus Ober- und Unterklasse
    System.out.println("Es wurden "+ KlasseA.anzeigeZaehler()+
      " Instanzen der Oberklasse " +   "und "+ KlasseB.
      anzeigeZaehler()+" Instanzen der Unterklasse erzeugt");
// Aufruf der Klassenmethoden an Objekten der beiden Klassen
    for(int i = 0; i<2; i++) {
      System.out.println("Aktuelle Anzahl von Instanzen der "
        +"Oberklasse: "+klsA[i].anzeigeZaehler()+
          " * und der Unterklasse: "+klsB[i].anzeigeZaehler());
    }
// Statisches Binden von Klassenmethoden
    KlasseA a = new KlasseB();
      System.out.println("Neue Anzahl von Instanzen der "
        +"Oberklasse: "+a.anzeigeZaehler());
  }
}
```

Programmausgaben

```
Die Methode der Oberklasse wurde aufgerufen
Es wurden 2 Instanzen der Oberklasse erzeugt
Die Methode der Unterklasse wurde aufgerufen
Es wurde die  1. Instanz der Unterklasse erzeugt
Die Methode der Oberklasse wurde aufgerufen
Es wurde die  3. Instanz der Oberklasse erzeugt
…
Es wurden 4 Instanzen der Oberklasse und  2 Instanzen der Unterklasse erzeugt
…
Aktuelle Anzahl Instanzen der Oberklasse: 4 * und der Unterklasse: 2
…
Die Methode der Oberklasse wurde aufgerufen
Neue Anzahl von Instanzen der Oberklasse: 5
```

Hinweise zum Lösungsvorschlag

Eine Definition von Feldern und Methoden einer Klasse mit protected bietet keinen zusätzlichen Schutz innerhalb des gleichen Paketes.

Lösung 2.3

Die Klasse KlasseC

```
public class KlasseC {
// Konstruktordefinition
  KlasseC() {
  }
// Klassenmethode, die einen Text ausgibt
  protected static void k() {
    System.out.println(
      "Die Klassenmethode der Oberklasse wurde aufgerufen");
  }
// Instanzmethode, die einen Text ausgibt
  protected void m() {
    System.out.println(
      "Die Instanzmethode der Oberklasse wurde aufgerufen");
  }
}
```

Die Klasse KlasseD

```
public class KlasseD extends KlasseC {
// Konstruktordefinition
  KlasseD() {
  }
// Klassenmethode, die einen Text ausgibt
  protected static void k() {
```

```
      System.out.println(
        "Die Klassenmethode der Unterklasse wurde aufgerufen");
    }
// Instanzmethode, die die Methode der Oberklasse aufruft und
// einen Text ausgibt
    protected void m() {
      super.m();
      System.out.println(
        "Die Instanzmethode der Unterklasse wurde aufgerufen");
    }
    public static void main(String args[]) {
// Instanzen der Klassen erzeugen
      KlasseC c1 = new KlasseC();
      KlasseC c2 = new KlasseD();
      KlasseD d1 = new KlasseD();
// Die Klassenmethoden über den Klassennamen aufrufen
      KlasseC.k();
      KlasseD.k();
// Die von den jeweiligen Klassen definierten Methoden an
// Instanzen der Klassen aufrufen
      c1.k();
      d1.k();
      c1.m();
      d1.m();
      System.out.println("Statisches Binden von "
        + "Klassenmethoden:");
      c2.k();
      System.out.println("Dynamisches Binden von "
        + "Instanzmethoden:");
      c2.m();
    }
  }
```

Programmausgaben

```
Die Klassenmethode der Oberklasse wurde aufgerufen
Die Klassenmethode der Unterklasse wurde aufgerufen
Die Klassenmethode der Oberklasse wurde aufgerufen
Die Klassenmethode der Unterklasse wurde aufgerufen
Die Instanzmethode der Oberklasse wurde aufgerufen
Die Instanzmethode der Oberklasse wurde aufgerufen
Die Instanzmethode der Unterklasse wurde aufgerufen
Statisches Binden von Klassenmethoden:
Die Klassemethode der Oberklasse wurde aufgerufen
Dynamisches Binden von Instanzmethoden:
Die Instanzmethode der Oberklasse wurde aufgerufen
Die Instanzmethode der Unterklasse wurde aufgerufen
```

Hinweise zu den Programmausgaben

Sowohl das statische Binden von Klassenmethoden als auch das dynamische Binden von Instanzmethoden erfolgt nur bei einem Aufruf der Methoden k() und m() an einer Referenz der Oberklasse, die auf ein Objekt der Unterklasse verweist. Im ersten Fall wird die Methode der Oberklasse, und im zweiten Fall, die der Unterklasse aufgerufen. Der im zweiten Fall damit verbundene Aufruf der Methode der Oberklasse ergibt sich dadurch, dass diese über super.m() aus der Methode der Unterklasse aufgerufen wird.

Lösung 2.4

Die Klasse Punkt

```java
public class Punkt {
   private double x;
   private double y;
// Konstruktordefinition
   Punkt(double a, double b) {
     x = a;
     y = b;
   }
// Zugriffsmethoden
   public void setX(double X) {
     x = X;
     System.out.println("x-Wert gesetzt");
   }
   public void setY(double Y) {
     y = Y;
     System.out.println("y-Wert gesetzt");
   }
   public double getX() {
     return x;
   }
   public double getY() {
     return y;
   }
// Instanzmethode für eine Punktanzeige
   public void anzeige() {
     System.out.println("("+ x +","+ y +")");
   }
}
```

Die Klasse KreishatPunkt

```java
public class KreishatPunkt {
   private double r;
   private Punkt p;
```

```
// Konstruktordefinition
  public KreishatPunkt(Punkt P, double R) {
     p = P;
     r = R;
  }
// Zugriffsmethoden
  public void setR(double R) {
     r = R;
     System.out.println("Wert fuer Radius gesetzt.");
  }
  public double getR() {
     return r;
  }
  public void setP(Punkt P) {
     p = P;
     System.out.println("Wert fuer Mittelpunkt gesetzt.");
  }
  public Punkt getP() {
     return p;
  }
// Überschreiben der toString()-Methode der Klasse Object
  public String toString() {
// Aufruf der Methode anzeige() der Klasse Punkt
     p.anzeige();
        return "Kreisgleichung: (x - " +p.getX()+")**2 + "+
        "(y - " +p.getY()+")**2 "+" - "+r*r+" = 0";
  }
}
```

Die Klasse KreishatPunktTest

```
public class KreishatPunktTest {
  public static void main(String args[]) {
     Punkt P = new Punkt(-1.0, -1.0);
     P.anzeige();
     KreishatPunkt K =new KreishatPunkt(new Punkt(1.0,1.0),3.0);
     System.out.println(K.toString());
     System.out.println("Die Koordinaten des Mittelpunktes: "+
        K.getP().getX()+ " * "+K.getP().getY()+
        " Der Radius: "+K.getR());
  }
}
```

Programmausgaben

```
(-1.0,-1.0)
(1.0,1.0)
Kreisgleichung: (x - 1.0)**2 + (y - 1.0)**2 - 9.0 = 0
Die Koordinaten des Mittelpunktes: 1.0 * 1.0 Der Radius: 3.0
```

Hinweise zum Lösungsvorschlag

Die Klasse stellt Zugriffsmethoden für alle ihre Instanzfelder bereit. Werden an Stelle von Anreihungen abgeleitete Klassen eingesetzt, wie in der Klasse Kreisist-Punkt, so werden die Zugriffsmethoden der Klasse Punkt geerbt und eine Datenredundanz dadurch vermieden.

Lösung 2.5

Die Klasse PunktNeu

```java
public class PunktNeu {
    protected double x;
    protected double y;
// Konstruktordefinition
    PunktNeu(double a, double b) {
        x = a;
        y = b;
    }
// Zugriffsmethoden
    public void setX(double X) {
        x = X;
    }
    public void setY(double Y) {
        y = Y;
    }
    public double getX() {
        return x;
    }
    public double getY() {
        return y;
    }
// Instanzmethode für eine Punktanzeige
    public String toString() {
        return "("+ x +","+ y +")";
    }
}
```

Die Klasse KreisistPunkt

```java
public class KreisistPunkt extends PunktNeu {
    private double r;
// Konstruktordefinition
    public KreisistPunkt(double X, double Y, double R) {
// Der Konstruktor der Oberklasse wird aufgerufen
        super(X,Y);
        r = R;
    }
// Zugriffsmethoden
```

```java
    public void setR(double R) {
        r = R;
    }
    public double getR() {
        return r;
    }
// Überschreiben der toString()-Methode der Klasse PunktNeu
    public String toString() {
        System.out.println(super.toString());
        return "Kreisgleichung: (x - " +x+")**2 + "+"(y - " +y+
        ")**2 "+" - "+r*r+" = 0";
    }
}
```

Die Klasse KreisistPunktTest

```java
public class KreisistPunktTest {
    public static void main(String args[]){
        PunktNeu P = new PunktNeu(-1.0, -1.0);
        System.out.println(P.toString());
        KreisistPunkt K = new KreisistPunkt(1.0, 1.0, 3.0);
        System.out.println(K.toString());
        System.out.println("Die Koordinaten des Mittelpunktes: "+
        K.getX()+ " * "+K.getY()+ " Der Radius: "+K.getR());
        PunktNeu Q = new KreisistPunkt(2.0, 1.0, 3.0);
        System.out.println(Q.toString());
    }
}
```

Programmausgaben

```
(-1.0,-1.0)
(1.0,1.0)
Kreisgleichung: (x - 1.0)**2 + (y - 1.0)**2 - 9.0 = 0
Die Koordinaten des Mittelpunktes: 1.0 * 1.0 Der Radius: 3.0
(2.0,1.0)
Kreisgleichung: (x - 2.0)**2 + (y - 1.0)**2 - 9.0 = 0
```

Hinweise zum Lösungsvorschlag

Mit der Ausführung der Anweisung PunktNeu Q = new KreisistPunkt(2.0, 1.0, 3.0); zeigt eine Referenz vom Typ PunktNeu auf eine Instanz der Unterklasse. Durch das dynamische Binden von Instanzmethoden wird die Methode der Unterklasse aufgerufen.

Lösung 2.6

Die Klasse Objekte

```java
public class Objekte {
    protected Object object;
```

```
// Konstruktordefinition
  Objekte(Object o) {
    object = o;
  }
// Zugriffsmethoden
  public void setObject(Object o) {
    object = o;
  }
  public Object getObject() {
    System.out.print(
      "Die Methode Object getObject() wurde aufgerufen: ");
    return object;
  }
}
```

Die Klasse Zahlen

```
public class Zahlen extends Objekte {
// Konstruktordefinition
  Zahlen(Integer o) {
    super(o);
  }
// Zugriffsmethode mit geändertem Rückgabewert
  public Integer getObject() {
    System.out.print(
      "Die Methode Integer getObject() wurde aufgerufen: ");
    return (Integer)object;
  }
}
```

Die Klasse Worte

```
public class Worte extends Objekte {
// Konstruktordefinition
  Worte(String o) {
    super(o);
  }
// Zugriffsmethode mit geändertem Rückgabewert
  public String getObject() {
    System.out.print(
      "Die Methode String getObject() wurde aufgerufen: ");
    return (String)object;
  }
}
```

Die Klasse KovarianteRueckgabeTypen

```
public class KovarianteRueckgabeTypen {
  public static void main(String args[]) {
```

```
// Objekte der Klassen erzeugen
    PunktNeu punkt = new PunktNeu(1,1);
  // Punkt punkt = new Punkt(1,1);
    Objekte objekt = new Objekte(punkt);
    Worte wort = new Worte("ZAHL");
    Zahlen zahl = new Zahlen(2222);
// und die Methode getObject() an diesen aufrufen
  // System.out.println(objekt.getObject().anzeige()); // Fehler
    System.out.println(objekt.getObject().toString());
    System.out.println(wort.getObject());
    System.out.println(zahl.getObject());
  }
}
```

Programmausgaben

```
Die Methode Object getObject() der Klasse Objekte wurde aufgerufen:
(1.0,1.0)
Die Methode String getObject() der Klasse Worte wurde aufgerufen: ZAHL
Die Methode Integer getObject() der Klasse Zahlen wurde aufgerufen: 2222
```

Ausgabe von javap Zahlen

```
class Zahlen extends Objekte {
  Zahlen(java.lang.Integer)
  public java.lang.Integer getObject();
  public java.lang.Object getObject();
}
```

Ausgabe von javap Worte

```
class Worte extends Objekte {
  Worte(java.lang.String)
  public java.lang.String getObject();
  public java.lang.Object getObject();
}
```

Hinweise zum Lösungsvorschlag

Im Konstruktor der Klasse Objekte kann z.B. eine Referenz vom Typ der Klasse PunktNeu übergeben werden. Für die Anzeige der Punktkoordinaten wurde die Methode getObject() der Klasse Objekte mit der Methode toString() der Klasse PunktNeu, gekettet. Für den Compiler ist es die Methode toString() der Klasse Object, die an einer Instanz vom Typ dieser Klasse, welche die Methode getObject() zurückgeliefert, aufgerufen wird. Erst während der Laufzeit wird erkannt, dass ein PunktNeu-Objekt zurückgegeben wurde. Weil ein dynamisches Binden der Methode erfolgt, wird die Methode toString() der Unterklasse PunktNeu von Object aufgerufen. Im Konstruktor der Klasse Objekte kann auch eine Referenz vom Typ der Klasse Punkt übergeben werden. Warum kann die

Methode anzeige() der Klasse Punkt nicht mit der Methode getObject() der Klasse Objekte gekettet werden?

Lösung 2.7

Die Klasse Quadrat

```
public class Quadrat {
  protected double a;
// Konstruktordefinition
  public Quadrat(double x) {
    a = x;
  }
// Zugriffsmethoden
  public double getSeite1() {
    return a;
  }
  public void setSeite1(double x) {
    a = x;
  }
// Instanzmethoden zum Berechnen von Diagonalen, Flächeninhalt
// und Umfang
  public double[] diagonale() {
    double[] d = new double [2];
    d[0] = Math.sqrt(2*a*a);
    d[1] = Math.sqrt(2*a*a);
    return d;
  }
  public double flaeche() {
    double f = a*a;
    return f;
  }
  public double umfang() {
    double u = 4*a;
    return u;
  }
// Instanzmethode zur Anzeige der Diagonalen
  public void toString(double[] d) {
    System.out.println("1. Diagonale= "+d[0]+
      " * 2. Diagonale= "+d[1]);
  }
}
```

Die Klasse Rechteck

```
public class Rechteck extends Quadrat {
  protected double a;
// Konstruktordefinition
```

```java
    public Rechteck(double x, double y) {
// Der Konstruktor initialisiert die Variable a und nützt
// für das Initialisieren des geerbten Feldes den
// Konstruktor der Oberklasse
        super(x);
        a = y;
    }
// Zugriffsmethoden zum Setzen und Lesen der zweiten Seite eines
// Rechtecks, für die erste Seite können die Methoden der Klasse
// Quadrat genutzt werden, da diese geerbt werden
    public double getSeite2() {
        return a;
    }
    public void setSeite2(double y) {
        a = y;
    }
// Instanzmethoden zum Berechnen von Diagonalen, Flächeninhalt
// und Umfang
    public double[] diagonale() {
        double[] d = new double [2];
        d[0] = Math.sqrt(super.a*super.a+a*a);
        d[1] = Math.sqrt(super.a*super.a+a*a);
        return d;
    }
    public double flaeche() {
        double f = super.a*a;
        return f;
    }
    public double umfang() {
        double u = 2*(a+super.a);
        return u;
    }
}
```

Die Klasse Parallelogramm

```java
public class Parallelogramm extends Rechteck {
    protected double alpha;
// Konstruktordefinition
    public Parallelogramm(double x, double y, double z) {
        super(x,y);
        alpha = z;
    }
// Zugriffsmethoden
    public double getWinkel1() {
        return alpha;
    }
```

```
  public void setWinkel1(double z ) {
     alpha = z;
  }
// Instanzmethoden zum Berechnen von Diagonalen, Flächeninhalt
// und Umfang
  public double[] diagonale() {
     double[] d = new double[2];
     double beta = 180-alpha;
     d[0] = Math.sqrt(((Quadrat)this).a*((Quadrat)this).a+
       ((Rechteck)this).a*((Rechteck)this).a-2*((Quadrat)this).
         a*((Rechteck)this).a*Math.cos(Math.toRadians(alpha)));
     d[1] = Math.sqrt(((Quadrat)this).a*((Quadrat)this).a+
       ((Rechteck)this).a*((Rechteck)this).a-2*((Quadrat)this).
         a*((Rechteck)this).a*Math.cos(Math.toRadians(beta)));
     return d;
  }
  public double flaeche() {
     double[] d = new double[2];
     d = this.diagonale();
     double p = 0.5*(((Quadrat)this).a+((Rechteck)this).a+d[0]);
     double f = 2*Math.sqrt(p*(p-((Quadrat)this).a)*
       (p-((Rechteck)this).a)*(p-d[0]));
     return f;
  }
  public double umfang() {
     double u = super.umfang();
// double u = ((Rechteck)this).(super.umfang()); // Fehler
     return u;
  }
}
```

Die Klasse Drachen

```
public class Drachen extends Parallelogramm {
   private double alpha;
// Konstruktordefinition
   public Drachen(double x, double y, double z, double v) {
      super(x,y,z);
      alpha = v;
   }
// Zugriffsmethoden zum Setzen und Lesen des Instanzfeldes
   public double getWinkel2() {
      return alpha;
   }
   public void setWinkel2(double z ) {
      alpha = z;
   }
```

```
// Instanzmethoden zum Berechnen von Diagonalen und Flächeninhalt
   public double[] diagonale() {
      double[] d = new double[2];
// Die lokale Variable mit dem Namen alpha wird mit Werten der
// verdeckten Feldvariablen alpha initialisiert
      double alpha = (0.5)*(360-(this.alpha+
         ((Parallelogramm)this).alpha));
      d[0] = Math.sqrt(((Quadrat)this).a*((Quadrat)this).a+
         ((Quadrat)this).a*((Quadrat)this).a-2*((Quadrat)this).
            a*((Quadrat)this).a*Math.cos(Math.toRadians(alpha)));
      d[1] = Math.sqrt(((Quadrat)this).a*((Quadrat)this).a+
         ((Rechteck)this).a*((Rechteck)this).a-2*((Quadrat)this).
            a*((Rechteck)this).a*Math.cos(Math.toRadians(alpha)));
      return d;
   }
   public double flaeche() {
      double[] d = new double[2];
      d = diagonale();
      double f = (0.5)*d[0]*d[1];
      return f;
   }
// Die Methode umfang() wird hier nicht überschrieben
}
```

Die Klasse ViereckeTest

```
public class ViereckeTest {
   public static void main(String args[]) {
// Erzeugen von Objekten der Klasse Quadrat und ihrer
// Unterklassen, Aufruf von überschriebenen Methoden
      Quadrat q = new Quadrat(4);
      System.out.println("Quadrat: Flaeche = "+q.flaeche()
         +" * Umfang = "+q.umfang());
      q.toString(q.diagonale());
      Rechteck r = new Rechteck(4,3);
      System.out.println("Rechteck: Flaeche = "+r.flaeche()
         +" * Umfang = "+r.umfang());
      r.toString(r.diagonale());
      Parallelogramm p = new Parallelogramm(4,4,60);
      System.out.println("Parallelogramm: Flaeche = "+p.flaeche()
         +" * Umfang = "+p.umfang());
      p.toString(p.diagonale());
      Drachen d = new Drachen(4,3,60,40);
      System.out.println("Drachen: Flaeche = "+d.flaeche()
         +" * Umfang = "+d.umfang());
      d.toString(d.diagonale());
// Aufruf der Zugriffsmethoden, am Beispiel der Klasse Drachen
      System.out.println("1. Seite = "+d.getSeite1()
```

```
        +" * 2. Seite = "+d.getSeite2()+" * 1. Winkel = "
        +d.getWinkel1()+" * 2. Winkel = "+d.getWinkel2());
    }
}
```

Programmausgaben

```
Quadrat: Flaeche = 16.0 * Umfang = 16.0
1.Diagonale = 5.656854249492381 * 2.Diagonale = 5.656854249492381
Rechteck: Flaeche = 12.0 * Umfang = 14.0
1.Diagonale = 5.0 * 2.Diagonale = 5.0
Parallelogramm: Flaeche = 13.856406460551021* Umfang = 16.0
1.Diagonale = 3.9999999999999996 * 2.Diagonale = 6.928203230275509
Drachen: Flaeche = 23.05000038917783 * Umfang = 14.0
1.Diagonale = 7.2504622962931995 * 2.Diagonale = 6.358215365373915
1.Seite = 4.0 * 2.Seite = 3.0 * 1.Winkel = 60.0 * 2.Winkel = 40.0
```

Hinweise zum Lösungsvorschlag

Da die Methode umfang() der Klasse Parallelogramm keine Ergänzung zur Methode ihrer Oberklasse enthält, ist eine Implementierung nicht notwendig, die Methode der Oberklasse wird geerbt und kann an einem Objekt der Unterklasse aufgerufen werden, wie das in der Klasse Drachen beispielhaft demonstriert wird. Was nicht geht ist, dass die Methode in der Unterklasse überschrieben wird und dann an einem Objekt der Unterklasse, welches mit Casting in ein Objekt der Oberklasse umgewandelt wurde, die Methode der Oberklasse aufgerufen wird. Damit sei noch mal darauf hingewiesen, dass überschriebene Methoden anders behandelt werden als verdeckte Felder.

Lösung 2.8

Die Klasse Permutationen

```java
public class Permutationen {
    protected int n;
// Konstruktordefinition
    public Permutationen(int n) {
        this.n = n;
    }
// Zugriffsmethoden
    public int getN() {
        return n;
    }
    public void setN(int n) {
        this.n = n;
    }
// Instanzmethode zum Berechnen der Anzahl von Permutationen
    protected int anordnen() {
        int nFakultaet = 1;
```

```
   if(n != 0) {
      for(int i=1;i<=n; i++) {
         nFakultaet = nFakultaet*i;
      }
   }
   return nFakultaet;
}
}
```

Die Klasse Variationen

```
public class Variationen extends Permutationen {
   protected int k;
// Konstruktordefinition
   public Variationen(int n, int k) {
// Der Konstruktor der abgeleiteten Klasse ruft den Konstruktor
// der Oberklasse auf
      super(n);
      this.k = k;
   }
// Zugriffsmethoden
   public int getK() {
      return k;
   }
   public void setK(int k) {
      this.k = k;
   }
// Instanzmethode zum Berechnen der Anzahl von Variationen
   public int anordnen() {
// Eine lokale Referenz vom Typ der Klasse Permutationen
// definieren
      Permutationen p1 = new Permutationen(n-k);
// Die Methode der Oberklasse wird an einem Variationen-Objekt,
// dem aktuellen Objekt mit dem Präfix super. aufgerufen
      int a1 = super.anordnen();
// und hier direkt über den Methodennamen an einem
// Permutationen-Objekt
      int a2 = p1.anordnen();
      return a1/a2;
   }
}
```

Die Klasse Kombinationen

```
public class Kombinationen extends Permutationen {
   protected int k;
// Konstruktordefinition
   public Kombinationen(int n, int k) {
```

```
// Der Konstruktor der abgeleiteten Klasse ruft den Konstruktor
// der Oberklasse auf
    super(n);
    this.k = k;
  }
// Zugriffsmethoden
  public int getK() {
    return k;
  }
  public void setK(int k) {
    this.k = k;
  }
// Instanzmethode zum Berechnen der Anzahl von Kombinationen
  public int anordnen() {
// Lokale Referenzen vom Typ der Klasse Permutationen definieren
    Permutationen p1 = new Permutationen(n-k );
    Permutationen p2 = new Permutationen(k);
// Die Methode der Oberklasse wird an einem Kombinationen-Objekt,
// dem aktuellen Objekt, mit dem Präfix super. aufgerufen
    int a1 = super.anordnen();
// und hier direkt über den Methodennamen an
// einem Permutationen-Objekt
    int a2 = p1.anordnen()*p2.anordnen();
    return a1/a2;
  }
}
```

Die Klasse KombinationenausVariationen

```
public class KombinationenausVariationen extends Variationen {
// Konstruktordefinition
  public KombinationenausVariationen(int n,int k) {
// Der Konstruktor der abgeleiteten Klasse ruft den Konstruktor
// der Oberklasse auf
    super(n,k);
  }
// Instanzmethode zum Berechnen von Kombinationen
  public int anordnen() {
// Lokale Referenzen vom Typ der Klassen Variationen und
// Permutationen definieren
    Variationen v = new Variationen(n,k );
    Permutationen p = new Permutationen(k);
// Die Methode der Klasse Permutationen kann weder am aktuellen
// Objekt noch an einer Instanz der Klasse Variationen
// aufgerufen werden
  // int a1 = super.super.anordnen(); // Fehler
  // int a1 = v.(super.anordnen());   // Fehler
// Die Methode der Oberklasse Variationen wird an einem
```

```
// KombinationenausVariationen-Objekt, dem aktuellen Objekt,
// mit dem Präfix super. aufgerufen
    int a2 = super.anordnen();
// und hier direkt über den Methodennamen an Permutationen-
// oder Variationen-Objekten
    int a1 = p.anordnen();          // korrekt
  // int a2 = v.anordnen();         // korrekt
    return a2/a1;
  }
}
```

Die Klasse AnordnenTest

```
public class AnordnenTest {
  public static void main(String args[]) {
// Erzeugen eines Permutationen-Objektes
    Permutationen p = new Permutationen(4);
// Aufruf der Methode der Oberklasse
    int perm = p.anordnen();
// und deren Zugriffsmethode an dieser Instanz
    System.out.println("Mit " +p.getN()+ " verschiedenen Zei"
      +"chen koennen "+perm+" Permutationen gebildet werden");
// Vergrößernde Konvertierung, für die nachfolgende Zuweisung
// ist kein Casting nötig
    Permutationen p1 = new Variationen(4,2);
// An dem so erzeugten Objekt die Methode der Unterklasse
// Variationen aufrufen (dynamisches Binden von Methoden)
    int var1 = p1.anordnen();
// Da der Wert, auf welchen die Referenzvariable p1 zeigt, ein
// gültiges Variationen-Objekt bleibt, kann eine verkleinernde
// Konvertierung erfolgen, welche ein Casting erforderlich macht
    Variationen v1 = (Variationen)p1;
// Auch nachfolgend wird die Methode der Unterklasse aufgerufen
    int var = v1.anordnen();
// Aufruf der Zugriffsmethoden am Variationen-Objekt
    System.out.println("Mit "+v1.getN()+" verschiedenen "
      +"Zeichen koennen "+var+" "+v1.getK()+
        "-stellige Variationen gebildet werden");
// Erzeugen eines Kombinationen-Objektes
    Kombinationen k = new Kombinationen(5,3);
// Die Methode der Unterklasse wird aufgerufen
    int komb = k.anordnen();
// Aufruf der Zugriffsmethoden am Kombinationen-Objekt
    System.out.println("Mit "+k.getN()+" verschiedenen "
      +"Zeichen koennen "+komb+" "+k.getK()+
        "-stellige Kombinationen gebildet werden");
// Erzeugen eines KombinationenausVariationen-Objektes
    KombinationenausVariationen kv =
```

```
        new KombinationenausVariationen(5,3);
// Die Methode der Unterklasse wird aufgerufen
        int kombvar = kv.anordnen();
// Aufruf der Zugriffsmethoden an der
// KombinationenausVariationen-Instanz
        System.out.println("Mit "+kv.getN()+" verschiedenen "
          +"Zeichen koennen "+kombvar+" "+kv.getK()+
            "-stellige Kombinationen gebildet werden");
    }
}
```

Programmausgaben

```
Mit 4 verschiedenen Zeichen koennen 24 Permutationen gebildet werden
Mit 4 verschiedenen Zeichen koennen 12 2-stellige Variationen gebildet werden
Mit 5 verschiedenen Zeichen koennen 10 3-stellige Kombinationen gebildet werden
Mit 5 verschiedenen Zeichen koennen 10 3-stellige Kombinationen gebildet werden
```

Hinweise zum Lösungsvorschlag

Die Lösung zur Aufgabe bringt Beispiele zu Up- und Down-Casts. Aus den durchgeführten Konvertierungen ist zu erkennen, dass immer wenn einer Referenz vom Typ der Oberklasse die Referenz eines Objektes vom Typ der Unterklasse zugewiesen wird, an diesem die Methode der Unterklasse aufgerufen wird, auch wenn es explizit zu einem Objekt der Oberklasse gecastet ist, was auf das dynamische Binden von Methoden zurückzuführen ist.

Wie schon vermerkt, kann eine überschriebene Methode der Oberklasse nicht an einem mit dem Typ dieser Klasse gecasteten Objekt der Unterklasse aufgerufen werden, da diese Schreibweise nicht zugelassen ist. Sie kann direkt über super.m() aus einer Instanzmethode der Unterklasse aufgerufen werden. Dieser Aufruf wird hier innerhalb der überschriebenen Methoden der Unterklassen verwendet, weil diese die Methode der Oberklasse erweitern. Der Aufruf einer Methode der Oberklasse von einer Oberklasse über super.super. ist ebenfalls nicht zugelassen.

Lösung 2.9

Die Klasse VariationenhabenPermutationen

```
public class VariationenhabenPermutationen {
    Permutationen p1,p2;
// Konstruktordefinition
    public VariationenhabenPermutationen(Permutationen p1,
                                Permutationen p2) {
        this.p1 = p1;
        this.p2 = p2;
    }
// Zugriffsmethoden
```

```
   public Permutationen getP1() {
     return this.p1;
   }
   public void setP1(Permutationen p1) {
     this.p1 = p1;
   }
   public Permutationen getP2() {
     return this.p2;
   }
   public void setP2(Permutationen p2) {
     this.p2 = p2;
   }
//Instanzmethode zum Berechnen von Variationen
   public int anordnen() {
     return  p1.anordnen()/p2.anordnen();
   }
}
```

Die Klasse KombinationenhabenPermutationen

```
public class KombinationenhabenPermutationen {
   Permutationen p1,p2,p3;
// Konstruktordefinition
   public KombinationenhabenPermutationen(Permutationen p1,
                      Permutationen p2,Permutationen p3) {
     this.p1 = p1;
     this.p2 = p2;
     this.p3 = p3;
   }
// Zugriffsmethoden
   public Permutationen getP1() {
     return this.p1;
   }
   public void setP1(Permutationen p1) {
     this.p1 = p1;
   }
   public Permutationen getP2() {
     return this.p2;
   }
   public void setP2(Permutationen p2) {
     this.p2 = p2;
   }
   public Permutationen getP3() {
     return this.p3;
   }
   public void setP3(Permutationen p3) {
     this.p3 = p3;
```

```
    }
//Instanzmethode zum Berechnen der Anzahl von Kombinationen
  public int anordnen() {
    return  p1.anordnen()/(p2.anordnen()*p3.anordnen());
  }
}
```

Die Klasse AndersAnordnenTest

```
public class AndersAnordnenTest {
  public static void main(String args[]) {
// Erzeugen eines Permutationen-Objektes
    Permutationen p = new Permutationen(4);
// und die Methode der Klasse aufrufen
    int perm = p.anordnen();
// Anzeige der Anzahl von Permutationen
  System.out.println("Mit "+p.getN()+" verschiedenen Zeichen "
    +"koennen "+perm+" Permutationen gebildet werden");
// Erzeugen eines VariationenhabenPermutationen-Objektes mit der
// Übergabe von Referenzen auf Permutationen-Objekte
  VariationenhabenPermutationen v =
    new VariationenhabenPermutationen(
      new Permutationen(4), new Permutationen(2));
  int var = v.anordnen();
// Anzeige der Anzahl von Variationen
  System.out.println("Mit "+v.getP1().getN()+" verschiedenen "
    +"Zeichen koennen "+var+" "+ v.getP2().getN()+
      "-stellige Variationen gebildet werden");
// Erzeugen eines KombinationenhabenPermutationen-Objektes mit
// der Übergabe von Referenzen auf Permutationen-Objekte
  KombinationenhabenPermutationen k = new
    KombinationenhabenPermutationen(new Permutationen(5),
      new Permutationen(2), new Permutationen(3));
  int komb = k.anordnen();
// Anzeige der Anzahl von Kombinationen
  System.out.println("Mit "+k.getP1().getN()+" verschiedenen "
    +"Zeichen koennen "+komb+" "+k.getP3().getN()+
      "-stellige Kombinationen gebildet werden");
  }
}
```

Programmausgaben

Mit 4 verschiedenen Zeichen koennen 24 Permutationen gebildet werden
Mit 4 verschiedenen Zeichen koennen 12 2-stellige Variationen gebildet werden
Mit 5 verschiedenen Zeichen koennen 10 3-stellige Kombinationen gebildet werden

Lösung 2.10

Die Klasse Blumen

```java
public class Blumen {
   protected final static int ROSE = 0;
   protected final static int TULPE = 1;
   protected final static int NELKE = 2;
   protected final static String ROT = "rot";
   protected final static String GELB = "gelb";
   protected final static String BLAU = "blau";
   protected String farbe;
   protected int blume;
// Konstruktordefinition
   Blumen(int blume, String farbe) {
      this.blume = blume;
      this.farbe = farbe;
   }
// Methodendefinitionen
   public void identifizieren() {
      System.out.print("Diese Blume ist eine ");
   }
   public void farbe() {
      System.out.print(", von der Farbe " + farbe);
   }
}
```

Die Klasse Rose

```java
public class Rose extends Blumen {
// Konstruktordefinition
    Rose() {
      super(0, ROT);
   }
// Die Methode der Oberklasse wird überschrieben und aufgerufen
   public void identifizieren() {
      super.identifizieren();
      System.out.print("Rose");
   }
   public void wurzeln() {
      System.out.println(" und hat Wurzeln");
   }
}
```

Die Klasse Tulpe

```java
public class Tulpe extends Blumen {
// Konstruktordefinition
   Tulpe() {
```

```
      super(1, GELB);
   }
// Die Methode der Oberklasse wird überschrieben und aufgerufen
   public void identifizieren() {
      super.identifizieren();
      System.out.print("Tulpe");
   }
   public void zwiebeln() {
      System.out.println(" und hat Zwiebeln");
   }
}
```

Die Klasse Nelke

```
public class Nelke extends Blumen {
// Konstruktordefinition
   Nelke() {
      super(2,BLAU);
   }
// Die Methode der Oberklasse wird überschrieben und aufgerufen
   public void identifizieren() {
      super.identifizieren();
      System.out.print("Nelke");
   }
   public void stauden() {
      System.out.println(" und ist eine Staude");
   }
}
```

Die Klasse BlumenTest

```
public class BlumenTest {
   public static void main(String args[]) {
// Die vergrössernde Konvertierung wird implizit durchgeführt
      Blumen[] blumen = new Blumen[]{new Rose(), new Tulpe(),
         new Nelke()};
      for(int i = 0; i<3; i++) {
// Die Methode der Unterklasse wird aufgerufen
         (blumen[i]).identifizieren();
// Die Methode der Oberklasse wird aufgerufen
         (blumen[i]).farbe();
// Eine verkleinernde Konvertierung muss explizit durchgeführt
// werden
         switch (blumen[i].blume) {
            case Blumen.ROSE:
               ((Rose)blumen[i]).wurzeln();
               break;
            case Blumen.TULPE:
```

```
            ((Tulpe)blumen[i]).zwiebeln();
             break;
         case Blumen.NELKE:
             ((Nelke)blumen[i]).stauden();
      }
    }
  }
}
```

Programmausgaben

```
Diese Blume ist eine Rose, von der Farbe rot und hat Wurzeln
Diese Blume ist eine Tulpe, von der Farbe gelb und hat Zwiebeln
Diese Blume ist eine Nelke, von der Farbe blau und ist eine Staude
```

Kapitel 3

Abstrakte Klassen und Interfaces

3.1 Abstrakte Klassen

Abstrakte Klassen werden in Java mit dem Schlüsselwort `abstract` definiert und davon können keine Instanzen gebildet werden. Eine abstrakte Klasse kann abstrakte Methoden enthalten, dies sind Methoden ohne Implementierungen (mit einem Semikolon statt dem Methodenrumpf). Generell ist eine abstrakte Klasse dazu da, um die gemeinsamen Eigenschaften und Funktionalitäten von mehreren Klassen in Form von Feld- und Methodendefinitionen zu sammeln und als deren Oberklasse eingesetzt zu werden. Eine Unterklasse, die von einer abstrakten Klasse abgeleitet ist, kann nur dann instanziiert werden, wenn sie alle ihre abstrakten Methoden durch Überschreiben implementiert. Ansonsten muss sie auch als `abstract` deklariert werden. Nicht abstrakte Methoden einer abstrakten Oberklasse werden geerbt und können eventuell überschrieben werden.

Methoden, die mit `static`, `private` oder `final` deklariert wurden, können nicht gleichzeitig als `abstract` definiert werden. D.h., in abstrakten Klassen müssen Klassenmethoden implementiert werden und es können nur Instanzmethoden als `abstract` definiert werden.

3.2 Abstrakte Java-Standard-Klassen und eigene Definitionen von abstrakten Klassen

Die abstrakte Klasse `Number` wird in Java, wie schon im 1. Kapitel erwähnt, als Oberklasse für die Hüllenklassen `Byte`, `Double`, `Float`, `Integer`, `Long`, `Short`, aber auch für `BigDecimal`, `BigInteger` und die mit der Version 5.0 eingeführten Klassen `AtomicInteger` und `AtomicLong` definiert. Die abgeleiteten Klassen implementieren alle Methoden der abstrakten Klasse. Somit können diese instanziiert werden und auf ihre Instanzen können auch Referenzen vom Typ der Oberklasse zeigen.

Aufgabe 3.1
Die abstrakte Klasse Number und ihre Unterklassen

Definieren Sie eine Klasse `TypUmwandlungen` mit einer Klassenmethode `add()`, die als Parameter zwei Referenzen vom Typ der abstrakten Klasse `Number` und als

Rückgabetyp eine Arrayreferenz vom Typ der gleichen Klasse besitzt. Ermitteln Sie mit Hilfe von Methoden der abstrakten Klasse `Number` (wie `intValue()`, `floatValue()` und `doubleValue()`) für alle in der `add()`-Methode übergebenen Instanzen die von diesen Methoden über ihrem Namen spezifizierten Werte und addieren Sie diese in mehreren Varianten aufeinander. Die unterschiedlichen Ergebnistypen sollen in einer Arrayreferenz gespeichert werden, weil Java nur einen Rückgabewert in Methoden zulässt.

Rufen Sie in der `main()`-Methode der Klasse ihre `add()`-Methode auf, indem Sie Referenzen auf Instanzen von Unterklassen der Klasse `Number` übergeben. Welche Art von Polymorphismus wird hier angewandt?

Die Klasse `BigDecimal` gibt dem Benutzer die Möglichkeit, mehrere Arten von Rundungen für Zahlenwerte vorzunehmen. Testen Sie diese, indem Sie auf die verschiedenen Rundungs-Modi wie `ROUND_DOWN`, `ROUND_FLOOR`, und `ROUND_CEILING`, als Felder der Klasse definiert, zurückgreifen.

Hinweise für die Programmierung:

Die Klasse `BigDecimal` befindet sich in einem Paket mit dem Namen `java.math`, das importiert werden muss.

Die Typumwandlungen zwischen primitiven Typen und Referenztypen von Wrapper-Klassen können über das Nutzen von Auto(un)Boxing durchgeführt werden.

Java-Dateien: `TypUmwandlungen.java`
Programmaufruf: `java TypUmwandlungen`

Aufgabe 3.2

Definition einer eigenen abstrakten Klasse

Erstellen Sie eine abstrakte Klasse `GeometrischeKoerper`, die zwei Instanzfelder r und h für den Radius und die räumliche Höhe eines geometrischen Körpers definiert. Die Klasse soll zwei abstrakte Methoden zum Berechnen von Volumen und Oberfläche der geometrischen Körper definieren.

Die Klassen `Kugel` und `Kegel` werden von der abstrakten Klasse `GeometrischeKoerper` abgeleitet, erben deren Felder und implementieren ihre Methoden.

Die Klasse `GeometrischeKoerperTest` erzeugt Instanzen der Unterklassen, ruft deren Methoden auf und zeigt die Ergebnisse am Bildschirm an.

Hinweise für die Programmierung:

Das Volumen und die Oberfläche von einer Kugel mit dem Radius r können mit $v = 4*Math.Pi*r^3$ bzw. $o = 4*Math.Pi*r^2$ b berechnet werden, wobei `Math.PI` eine Konstante der Klasse `Math` bezeichnet. Für einen Kegel mit dem Radius r und einer Höhe h können die Formeln: $v = (1/3.)*Math.PI*r^2*h$ und $o = Math.PI*r*(r+h)$ angewandt werden.

Java-Dateien: GeometrischeKoerper.java, Kugel.java, Kegel.java,
GeometrischeKoerperTest.java
Programmaufruf: java GeometrischeKoerperTest

3.3 Die Referenzen vom Typ einer abstrakten Klassen

Abstrakte Klassen definieren, wie alle Klassen in Java, einen neuen Datentyp, so
dass in Programmen Referenzvariablen von diesem Typ deklariert werden können.
Diese Variablen können auf beliebige Objekte von konkreten Klassen, die von dieser abstrakten Klasse abgeleitet wurden, zeigen, ohne dass ein Casting notwendig
ist. Es geht auch hier um die vergrößernde Konvertierung

An den so erzeugten Objekten können alle Methoden der abstrakten Klasse aufgerufen werden, auch wenn sie nicht in der Unterklasse implementiert sind. Es wird
immer anhand des zugewiesenen Objektes die entsprechende Methode der Unterklasse dynamisch ermittelt und somit ein weiteres Beispiel von einem Subtyp-Polymorphismus für Methoden geliefert.

In Analogie zur Aufgabe 2.10 demonstrieren beide nachfolgenden Aufgaben den
Subtyp-Polymorphismus anhand von einfachen abstrakten Klassendefinitionen.

Aufgabe 3.3

**Der Subtyp-Polymorphismus für Methoden im Kontext einer
Klassenhierarchie mit abstrakten Klassendefinitionen**

Die abstrakte Klasse Person definiert eine abstrakte Methode arbeiten(), welche
das Tätigkeitsfeld von Personen allgemein beschreibt.

Die Klassen Lehrer und Schueler erweitern diese Klasse und überschreiben ihre
Methode, indem sie über eine Bildschirmausgabe das jeweilige Arbeitsfeld von Per-
sonengruppen konkretisieren.

Die Klasse PersonTest ruft die überschriebenen Methoden an Objekten von
Unterklassen auf.

Java-Dateien: Person.java, Lehrer.java, Schueler.java, PersonTest.java
Programmaufruf: java PersonTest

Aufgabe 3.4

**Der Subtyp-Polymorphismus für Felder im Kontext einer
Klassenhierarchie mit abstrakten Klassendefinitionen**

Im Unterschied zur Klasse Person aus der Aufgabe 3.3 soll die abstrakte Klasse
PersonTyp den Subtyp-Polymorphismus anhand eines Instanzfeldes, das den Typ
einer Person definiert und verschiedene vorgegebene konstante Werte aufnehmen
kann, veranschaulichen. Die Klassenfelder LEHRER und SCHUELER vom Typ int

werden als `final` deklariert und bekommen die nicht mehr änderbaren Werte 0 und 1 zugewiesen.

Die Klassen `TypLehrer` und `TypSchueler` werden von der abstrakten Klasse abgeleitet und definieren über den Konstruktor ihrer Oberklasse einen bestimmten Typ von einer `Person`, den Typ LEHRER oder den Typ SCHUELER. Die Unterklassen definieren die Methoden `lehren()` und `lernen()`, welche die Tätigkeit eines Lehrers bzw. eines Schülers beschreiben.

Dadurch, dass die Klassen `TypLehrer` und `TypSchueler` von der abstrakten Klasse `PersonTyp` abgeleitet sind, können Referenzen auf Objekte dieser Klassen einer Referenz vom Typ der abstrakten Klasse zugewiesen werden. Definieren Sie eine Klasse `PersonTypTest`, die über das Instanzfeld der abstrakten Klasse `Person` entscheidet, in welche Unterklassenreferenz die `PersonenTyp`-Referenz konvertiert wird und deren Methode aufruft.

Java-Dateien: `PersonTyp.java`, `TypLehrer.java`, `TypSchueler.java`, `PersonTypTest.java`
Programmaufruf: `java PersonTypTest`

3.4 Interfaces (Schnittstellen)

Wie Java-Klassen definieren auch Interfaces einen Referenztyp. In der Definition einer Schnittstelle werden die Schlüsselwörter `class` und `abstract` durch `interface` ersetzt.

Im Unterschied zu Klassen ist ein Interface eine reine Spezifikation. Interfaces geben Methoden vor, ohne diese zu implementieren, und können parallel dazu nur Konstanten, die als `static` und `final` deklariert werden, enthalten. Dadurch, dass alle Methoden eines Interface implizit `abstract` und `public` sind, kann ein Interface weder Konstruktoren noch Klassenmethoden definieren.

Wie auch im Fall von abstrakten Klassen können keine Objekte vom Typ eines Interface erzeugt werden. Es können Referenzen vom Typ eines Interface definiert werden und diese können auf beliebige Objekte von konkreten Klassen zeigen, die entweder die Schnittstelle implementieren oder von einer abstrakten Klasse, die diese Schnittstelle implementiert, abgeleitet wurden. An den so erzeugten Objekten können alle Methoden der Schnittstelle aufgerufen werden.

Aufgabe 3.5

Die Definition eines Interface

Schnittstellen geben durch die von ihnen definierten Methoden vor, wie sich Instanzen von Klassen zu verhalten haben.

Definieren Sie ein Interface `Services`, das die Methoden `numberOf()`, `isElem()` und `addElem()` zum Manipulieren von Elementen einer Menge vorgibt.

Eine Klasse `Menge` implementiert das Interface, sie wird nicht als `abstract` definiert und muss somit alle Methoden des Interface implementieren. Definieren Sie zwei weitere Methoden in dieser Klasse, `vereinigung()` und `durchschnitt()`, die die Operationen mit gleichem Namen für zwei vorgegebene Mengen durchführen. Die Elemente der Mengen sollen in Array-Objekte vom Typ `int` abgelegt werden, für die im Konstruktor der Klasse über die Angabe der Anzahl von Mengenelementen Speicher allokiert wird. Die Klasse definiert zwei Instanzfelder `dimension` und `anzahl` zur Speicherung der Gesamtanzahl von Mengenelementen und zum Durchzählen von diesen bei der Durchführung von Operationen.

Für die Anzeige von Mengenelementen wird die Methode `toString()` der Klasse `Object` überschrieben und die gleichnamige Methode der Klasse `Integer` aufgerufen.

In der Klasse `MengeTest` werden zwei Instanzen der Klasse `Menge` erzeugt und diesen konkrete Elemente mit Hilfe der Methode `addElem()` hinzugefügt. Bilden Sie deren Vereinigung und ihren Durchschnitt.

Hinweise für die Programmierung:

Die Vereinigung von zwei Mengen enthält alle Elemente, die in der ersten oder in der zweiten Menge oder in beiden Mengen enthalten sind, wobei gleiche Elemente nur einmal aufgenommen werden. Ist C die Vereinigung der Mengen A und B, dann gilt: dim(C) <= dim(A)+dim(B).

Der Durchschnitt von zwei Mengen beinhaltet nur die gemeinsamen Elemente die sowohl in der ersten als auch in der zweiten Menge enthalten sind. Ist C der Durchschnitt der Mengen A und B, dann gilt: dim(C) <= min(dim(A),dim(B)).

Die Methode `addElem()` prüft, ob ein Element schon in der Menge enthalten ist, bevor dieses hinzugefügt wird.

Java-Dateien: `Services.java`, `Menge.java`, `MengeTest.java`
Programmaufruf: `java MengeTest`

3.5 Die Entscheidung zwischen abstrakten Klassen und Interfaces

Wie schon vermerkt, sind sowohl abstrakte Klassen als auch Interfaces abstrakte Datentypen – mit vielen ähnlichen, aber auch unterschiedlichen Merkmalen. Eine Entscheidung zwischen dem Einsatz des einen oder anderen wird dadurch erschwert.

Klassen sollten dann als `abstract` deklariert werden, wenn sie mehrere gemeinsame Merkmale von Unterklassen sammeln können, um Redundanzen in der Programmierung zu eliminieren. Interfaces sind eher als eine Ansammlung von Diensten zu sehen, die einer Klasse, welche diese implementiert, zur Verfügung gestellt werden.

Es kommt häufig vor, dass beide Datentypen eingesetzt werden. In so einem Fall sollten zuerst die Interfaces definiert werden. Nachfolgende Überlegungen sollten zur Definition einer abstrakten Klasse führen, die diese Interfaces implementiert und gegebenenfalls bestimmte Methoden mit gleicher Funktionalität für davon abgeleitete Klassen auch implementiert.

Eine wichtige Gemeinsamkeit von abstrakten Klassen und Interfaces ist, wie schon erwähnt, dass keine Objekte durch Instanziierung mit dem **new**-Operator von diesen Datentypen erzeugt werden können. Die abstrakten Klassen und Interfaces können aber als Typ für Referenzen verwendet werden, denen dann Referenzen auf Objekte der konkreten Klassen, die von der abstrakten Klasse abgeleitet wurden bzw. das Interface implementieren, zugewiesen werden.

Mit einer Referenz vom Typ einer der konkreten Klassen kann auf alle so geerbten Methoden und Felder zugegriffen werden. Mit der Interfacereferenz bzw. der Referenz vom Typ der abstrakten Klasse können nur Felder und Methoden, die im Interface bzw. in der abstrakten Klasse definiert sind, angesprochen werden.

Aufgabe 3.6

Paralleler Einsatz von Interfaces und abstrakten Klassen

Das Interface `FlaechenInhalt` definiert Methoden zum Berechnen der Höhe und Fläche eines Dreiecks und beinhaltet eine Konstantendefinition, um den Wert der mathematischen Konstante PI vorzubelegen.

Die abstrakte Klasse `DreieckArten` definiert drei Instanzfelder a, b und c, deren Werte die Seitenlängen eines Dreiecks angeben. Abstrakte Klassen können abstrakte Instanzmethoden definieren und sowohl Instanz- wie auch Klassenmethoden implementieren. Die Klasse implementiert die Schnittstelle `FlaechenInhalt` und deren Methode `flaeche()`, weil diese für alle Unterklassen die gleiche Implementierung hat. Die zweite Methode der Schnittstelle, `hoehe()`, wird von den Unterklassen selbst implementiert.

Implementieren Sie eine weitere Klassenmethode `winkel()` zum Berechnen eines Winkelmaßes in Radiant und stellen Sie dem Benutzer zwei weitere Instanzmethoden zum Berechnen der Winkel und des Umfanges eines Dreiecks zur Verfügung, wobei die Methode `berechneWinkel()` als abstrakte Methode definiert wird und die Methode `umfang()` von der abstrakten Klasse implementiert werden soll.

Die Klassen `GleichseitigesDreieck` und `GleichschenkligesDreieck` werden von der abstrakten Klasse `DreieckArten` abgeleitet. Die abstrakten Methoden der Oberklasse `hoehe()` (vom Interface `FlaechenInhalt` geerbt) und `berechneWinkel()` müssen implementiert werden, wenn Instanzen von diesen Klassen gebildet werden sollen, ansonsten müssen auch diese Klassen als abstrakt definiert werden.

In der Klasse `DreieckArtenTest` werden sowohl Objekte vom Typ der abstrakten Klasse oder des Interfaces durch Zuweisung von Objektreferenzen vom Typ der

Klassen GleichseitigesDreieck und GleichschenkligesDreieck erzeugt, die von der abstrakten Klasse abgeleitet wurden, wie auch Objekte vom Typ der Unterklassen. Berechnen Sie über Methodenaufrufe deren Höhe und Flächeninhalt und zeigen Sie die Ergebnisse am Bildschirm an.

Hinweise für die Programmierung:

Das Winkelmaß des Winkels A von einem beliebigen Dreieck mit den Seiten a, b und c und den gegenüberliegenden Winkeln A, B und C kann mit der Methode acos() der Java-Standard-Klasse Math wie folgt berechnet werden:

w = Math.acos((a*a-b*b-c*c)/(-2*a*b)))*180/PI

und sein Umfang mit u = a+b+c. Die Höhe eines gleichseitigen bzw. gleichschenkligen Dreiecks kann mit

h = (a/2)*Math.sqrt(3.0) bzw. h = Math.sqrt(a*a-(c/2)*2)

ermittelt werden, wobei sqrt den Namen einer Methode der Klasse Math bezeichnet. Setzen Sie für das Runden von Ergebnissen die Methode mit dem Namen round von dieser Klasse ein.

Java-Dateien: FlaechenInhalt.java, GleichseitigesDreieck, GleichschenkligesDreieck, DreieckArten.java, DreieckArtenTest.java
Programmaufruf: java DreieckArtenTest

3.6 Oberinterfaces

Ein Interface kann im Unterschied zu Klassen aus mehreren Interfaces abgeleitet werden und kann zusätzlich zu Methodendeklarationen, wie schon erwähnt, nur Konstantendefinitionen beinhalten. Auf diese beiden Eigenschaften wird mit Hilfe der Interfaces und Klassen aus dem nachfolgenden Beispiel näher eingegangen.

Aufgabe 3.7

Das Ableiten von Interfaces

Ein Interface Farben wird von zwei anderen Interfaces FarbenHell und FarbenDunkel abgeleitet.

Alle drei Interfaces definieren int-Konstanten, hinter welchen sich Namen von Farben verbergen. Das Interface Farben definiert zusätzlich eine Methode defFarben() mit einem Parameter vom Typ int.

Definieren Sie eine Klasse FarbenAuswahl, die das Interface Farben implementiert.

Für die Zuordnung der Farbennummern zu den Farbennamen soll ein statisches String-Array definiert werden. Bei der Initialisierung im static-Block werden verschiedene Möglichkeiten gezeigt, wie man die in den Interfaces definierten Konstanten ansprechen kann. In der implementierten Methode defFarben() wird die, über das im Methodenaufruf übergebene Argument, ausgewählte Farbe am Bildschirm angezeigt.

Der Zugriff auf die in den Interfaces definierten Konstanten kann mit und ohne den Namen der Interfaces erfolgen, da diese geerbt werden. Die Klasse `Farben-Test` erzeugt ein Objekt der Klasse `FarbenAuswahl` und ruft in einer `for`-Schleife deren Methode für die konstanten Werte von 1 bis 6 auf.

Hinweise zur Programmierung:

Ein Interface kann nur Konstanten, die als `static` und `final` deklariert werden, beinhalten. Fehlen die Modifikatoren, werden diese implizit gesetzt.

Java-Dateien: `FarbenHell.java`, `FarbenDunkel.java`, `Farben.java`, `FarbenAuswahl.java`, `FarbenTest.java`
Programmaufruf: `FarbenTest`

3.7 Implementieren von mehreren Interfaces für eine Klasse

Eine Klasse in Java kann immer nur eine Oberklasse besitzen, aber beliebig viele Interfaces implementieren. Die Instanzen der Klasse können sowohl vom Datentyp der Oberklasse als auch der Interfaces definiert werden. Implementieren mehrere Klassen die gleiche Schnittstelle, ist dies immer ein Beweis dafür, dass die Instanzen dieser Klassen in ihrem Verhalten Gemeinsamkeiten aufweisen.

Aufgabe 3.8
Wiederholungsaufgabe

Die abstrakte Klasse `RegelmaessigeGeometrischeKoerper` definiert die gemeinsamen wichtigsten Merkmale der geometrischen Körper vom Typ Tetraeder, Hexaeder (Würfel), Oktaeder, Dodekaeder und Ikosaeder: ein Attribut, das die Kantenlänge beschreibt, und zwei Methoden für das Berechnen von Volumen und Oberfläche.

Regelmäßige geometrische Körper verhalten sich auch ähnlich, alle können eine Kugel eingeschrieben oder umschrieben bekommen, deren Radius aus der Kantenlänge berechnet werden kann. Definieren Sie zwei Schnittstellen `UmKugelRadius` und `InKugelRadius`, die Methoden zum Ermitteln des Radius vorgeben. So kann die Arbeit mit dieser Vielzahl von ähnlichen Objekten vereinfacht werden.

Definieren Sie als Erweiterung der abstrakten Klasse die Klassen `Tetraeder`, `Wuerfel`, `Oktaeder`, `Dodekaeder` und `Ikosaeder`, welche diese Schnittstellen implementieren. Alle implementieren sowohl die Methoden der abstrakten Klasse, als auch die der beiden Schnittstellen. Eine Referenz auf ein beliebiges Objekt dieser Klassen kann einer Referenz vom Typ der Oberklasse zugewiesen werden, ohne dass ein Casting notwendig ist. Wird an einem so definierten `RegelmaessigeGeometrischeKoerper`-Objekt eine der Methoden `volumen()` oder `oberflaeche()` aufgerufen, erfolgt ein dynamisches Ermitteln der Methoden, die vom entsprechenden konkreten Objekt implementiert wurden.

Erstellen Sie die Klasse `RegelmaessigeGeometrischeKoerperTest`, in der Objektreferenzen der konkreten Klassen einer Referenzvariablen vom Typ der abstrakten Klasse und Referenzvariablen vom Typ der Interfaces UmKugelRadius und InKugelRadius zugewiesen werden. Testen Sie den Aufruf aller Methoden für Instanzen, auf die diese Referenzen zeigen.

Java-Dateien: UmKugelRadius.java, InKugelRadius.java, Tetraeder.java, Wuerfel.java, Oktaeder.java, Dodekaeder.java, Ikosaeder.java, RegelmaessigeGeometrischeKoerper.java, RegelmaessigeGeometrischeKoerper-Test.java
Programmaufruf: java RegelmaessigeGeometrischeKoerperTest

3.8 Die Vererbung an Beispielen von Java-Standard-Klassen und Standard-Interfaces

Die Klasse Object

Object ist die Basisklasse von Java. Alle anderen Java-Klassen erben direkt oder über andere Unterklassen die Methoden dieser Klasse und können diese überschreiben.

Dazu gehören die Methode finalize(), die vom Garbage Collector beim Beseitigen von nicht mehr referenzierten Objekten aufgerufen wird, und die Methode toString(), die eine String-Darstellung des aufrufenden Objektes returniert.

In den Aufgaben aus diesem Kapitel werden auch zwei andere Methoden der Klasse Object des Öfteren überschrieben und aufgerufen: clone() erzeugt eine Kopie des aufrufenden Objektes und equals(Object object) vergleicht das aufrufende Objekt mit dem Objekt, das als Parameter übergeben wird.

Die Klasse Class

Mit der Methode getClass() der Klasse Object wird eine Referenz auf das Klassenobjekt, das von der JVM erzeugt wird, zurückgegeben, das den Typ des Objekts beschreibt, also die Klasse, mit deren Konstruktor das Objekt instanziiert wurde. Weil diese Methode nicht auch für primitive Datentypen aufgerufen werden kann, benutzt Java in diesem Fall eine abgekürzte Form, um das Objekt vom Typ Class, das zu diesem Typ erzeugt wird, zurückzugeben. Dem Typnamen wird das Suffix .class angefügt: int.class, double.class, etc (siehe dazu auch die Aufgabe 1.19).

Mit den Methoden der Klasse Class können für jedes beliebige Objekt der Klassenname, ihre Felder und Methoden, etc. ermittelt werden. Die Klasse wurde ab der Version 5.0 von Java als generische Klasse mit einem Typparameter Class<E> implementiert. Darum erfolgt im Kapitel 8 eine etwas nähere Betrachtung von den Feldern und Methoden dieser Klasse.

Die Interfaces Cloneable und Comparable

Cloneable ist ein Marker-Interface. D.h., das Interface ist leer und soll nur zeigen, dass eine Klasse eine bestimmte Operation, das Klonen von Objekten, durchführen kann. Eine Klasse, die dieses Interface implementiert, kann die Methode clone()

der Klasse `Object` nutzen, um eine Kopie von einer Instanz der eigenen Klasse zu erstellen. Durch das Klonen werden nur die Felder der Objekte und keine Methoden kopiert. Die Methode `clone()` wirft eine Ausnahme vom Typ der Klasse `Clone-NotSupportedException`, wenn die Klasse des Objektes, an dem sie aufgerufen wird, nicht das Interface `Cloneable` implementiert.

Das Interface `Comparable` definiert die Methode `compareTo()`. Jede Klasse, die dieses Interface implementiert, ermöglicht es, ihre Objekte in einer bestimmten Reihenfolge zu sortieren. Diese Reihenfolge bezieht sich auf die für diese Klasse typische (natürliche) Reihenfolge und ihre Methode `compareTo()` bezieht sich auf den klassentypischen Vergleich. Eine Implementierung der Methode liefert einen Wert der kleiner, gleich oder größer Null ist, wenn das übergebene Objekt kleiner, gleich oder größer als das aktuelle ist, im Sinne der für diese Klasse bestehenden Ordnungsrelation. Dieses Interface wird ab der Version 5.0 von Java als generisches Interface `Comparable<E>` implementiert.

Da Generics erst im Kapitel 8 behandelt werden, sei an dieser Stelle nur darauf hingewiesen, dass der in spitzen Klammern angegebene Typparameter beim Weglassen durch `Object` ersetzt wird, was der früheren Definition ohne Generics entspricht und für die Beispiele aus diesem Kapitel keine weitere Bedeutung mit sich bringt.

3.9   Das Klonen von Objekten

Die Methode `clone()` der Klasse `Object` ist als `protected` definiert, damit nicht ohne weiteres Instanzen von beliebigen Klassen geklont werden können. Sollen in einer Klasse Instanzen von anderen Klassen geklont werden, muss diese Methode überschrieben werden. Befindet sich diese Klasse in einem anderen Paket, sollte die Methode mit dem Modifikator `public` überschrieben werden, um auch für andere Klassen zugänglich zu sein.

Aufgabe 3.9

Das Klonen von Instanzen der eigenen Klasse

Die Klasse `Objekt1` implementiert die Schnittstelle `Cloneable`, um Objekte der eigenen Klasse zu klonen. Sie ruft die Methode `clone()` der Klasse `Object` auf, die eine Referenz auf eine Kopie des Objektes, an dem sie aufgerufen wird, zurückgibt. Da dies eine Referenz vom Typ der Klasse `Object` ist, muss sie in eine Referenz vom Typ der eigenen Klasse konvertiert werden. Zeigen Sie über einen Vergleich mit dem »==-Operator«, dass die Referenzen auf die geklonten Objekte verschieden sind und durch das Klonen das Feld des Objektes kopiert wurde.

Java-Dateien: `Objekt1.java`

Programmaufruf: `java Objekt1`

Aufgabe 3.10

Das Klonen von Instanzen anderer Klassen

Die Klasse Buchstabe definiert einen Konstruktor mit einem Parameter vom Typ char, in welchem beim Instanziieren von Objekten der Klasse ein Buchstabe des Alphabets übergeben werden soll. Sie implementiert das Interfaces Cloneable, damit die Objekte der Klasse geklont werden können.

Eine Instanz dieser Klasse soll in der Klasse KlonenTest geklont werden. So muss die Klasse Buchstabe zusätzlich die Methode clone() von Object überschreiben, weil diese als protected definiert ist. Vergleichen Sie die Referenzen von geklonten Objekten.

Java-Dateien: Buchstabe.java, KlonenTest.java
Programmaufruf: java KlonenTest

Aufgabe 3.11

Das Klonen von Arrays

Definieren Sie in der main()-Methode einer Klasse ArraysKlonen eindimensionale Array-Objekte vom Typ der Klassen Integer, String und Punkt.

Zeigen Sie, dass Array-Objekte von jedem beliebigen Referenztyp in einer Klasse erzeugt und geklont werden können, ohne dass diese Klasse die Methode clone() von Object überschreibt. Vergleichen Sie die Referenzen von Array-Objekten und von ihren Elementen.

Java-Dateien: ArraysKlonen.java
Programmaufruf: java ArraysKlonen

Aufgabe 3.12

Das Überschreiben der clone()-Methode in Java 5.0

Ab der Version 5.0 von Java kann die Methode clone() der Klasse Object überschrieben werden, indem sie einen Subtyp von Object bzw. den Typ der Klasse verwendet, deren Instanzen geklont werden sollen. Damit erübrigt sich das Casting beim Aufruf der überschriebenen clone()-Methode.

Definieren Sie analog zur Klasse Objekt1 aus der Aufgabe 3.9 eine Klasse Objekt2, die im Unterschied zu dieser die Methode clone() der Klasse Object überschreibt und einen Wert von einem Subtyp von Object, den Typ der eigenen Klasse, zurückgibt. Ein Vergleich der Referenzen auf geklonte Objekte soll in diesem Beispiel mit der Methode equals() der Klasse Object durchgeführt werden.

Erzeugen Sie in der `main()`-Methode dieser Klasse eine Instanz der Klasse `Objekt1` und rufen Sie an dieser die `clone()`-Methode der Klasse `Object` auf. Welche Fehlermeldung wird vom Compiler ausgegeben?

Java-Dateien: `Objekt2.java`
Programmaufruf: `java Objekt2`

3.10   Die Gleichheit von Objekten

Gleiche Objekte sind Objekte, deren Felder die gleichen Werte aufweisen, obwohl sie an unterschiedlichen Speicheradressen stehen und somit zweimal vorhanden sind. Es stellt sich gewissermaßen die Frage, ob über Klonen immer gleiche Objekte erzeugt werden.

Der »==-Operator« kann nur genutzt werden, um primitive Datentypen auf Gleichheit zu prüfen. Mit ihm kann weder festgestellt werden, ob zwei Objekte gleich oder ungleich sind. Dieser Operator sowie die Methode `equals()` der Klasse `Object` vergleichen, wie schon in den vorangehenden Aufgaben festgestellt wurde, die Referenzen von Objekten. Um die eigentlichen Objekte zu vergleichen, muss die Methode `equals()` der Klasse `Object` überschrieben werden.

Der `instanceOf`-Operator bietet die Möglichkeit, Typinformationen für ein Objekt während der Laufzeit zu ermitteln. Dieser kann wie folgt angewandt werden: `objekt instanceOf typ;`, wobei `objekt` die Referenz auf die Instanz einer Klasse bezeichnet und `typ` einen Referenztyp. Ist `objekt` vom angegebenen `typ` oder kann in diesen umgewandelt werden, so liefert der `instanceOf`-Operator den Wert `true` zurück.

Das Ermitteln des Typs eines Objektes während der Laufzeit kann im Zusammenhang mit Castings von Bedeutung sein. Da eine Referenz vom Typ einer Oberklasse auf Objekte von Unterklassen zeigen kann, ist zum Zeitpunkt des Compilierens nicht immer zu erkennen, ob ein Casting in Verbindung mit einer Oberklassenreferenz gültig ist oder nicht.

Aufgabe 3.13
Die Gleichheit von geklonten Objekten

Eine Klasse `Objekt` implementiert die Standard-Interfaces `Cloneable` und `Comparable`. Wie jede Java-Klasse, ist auch diese von der Java-Standard-Klasse `Object` abgeleitet und erbt ihre Methoden. Die Klasse definiert das gleiche Instanzfeld `zahl` wie die Klassen `Objekt1` und `Objekt2` aus den Aufgaben 3.9 und 3.12. Nun sollen geklonte Instanzen dieser Klasse auf Gleichheit geprüft werden.

Soll die Methode `equals()` der Klasse `Object` die Gleichheit von Objekten feststellen, so muss diese überschrieben werden. Die in der Klasse `Objekt` überschriebene Methode gibt den `boolean` Wert `true` zurück, falls die Objekt-Referenz `object` auf ein Objekt zeigt, dass dem aufrufenden Objekt gleich ist, was laut Definition der Gleichheit von Objekten bedeutet, dass die Feldwerte der Objekte gleich sein müssen.

Implementieren Sie die Methode compareTo() des Interface Comparable so, dass auch diese die Gleichheit von Objekten im Sinne der Definition feststellt. Vergleichen Sie geklonte Instanzen der Klasse und ihre Referenzen.

Java-Dateien: Objekt.java
Programmaufruf: java Objekt

3.11 Das oberflächliche und das tiefe Klonen (»shallow und deep cloning«)

In den vorangegangen Beispielen wurde gezeigt, dass die Feldwerte von geklonten Objekten dupliziert werden. Sind welche davon Referenzen, die auf andere Objekte verweisen, so werden diese Referenzen kopiert, ohne dass die Objekte, auf die sie zeigen, selbst dupliziert werden. Diese Vorgehensweise wird in der Java-Literatur auch als oberflächliches Klonen bezeichnet (»shallow cloning«).

Tiefes Klonen (»deep cloning«) bedeutet, dass auch die Feldwerte dieser anderen Objekte und nicht nur ihre Referenzen kopiert werden. Ein tiefes Klonen kann nur durch das Überschreiben der Methode clone() in einer Klasse erreicht werden, indem diese Methode für das Klonen der anderen Objekte jeweils deren clone()-Methode aufruft.

Aufgabe 3.14
Das Klonen und der Copy-Konstruktor

Wenn eine Klasse nur Felder von primitiven Datentypen enthält, reicht ein oberflächliches Klonen für das Duplizieren ihrer Instanzen.

Eine Klasse VektorKopieren definiert analog zu der Klasse Vektor aus der Aufgabe 1.17 zwei Konstruktoren, in welchen drei int-Werte bzw. eine Referenz vom Typ der eigenen Klasse (Copy-Konstruktor) übergeben werden können. Sie definiert auch die gleichen Methoden neu() und neu1() zum Erzeugen einer neuen Instanz der Klasse, indem auf die Feldwerte der aktuellen Instanz die im Methodenaufruf übergebenen Werte addiert werden.

Überschreiben Sie in der Klasse VektorKopieren die Methode clone() der Klasse Object, damit deren Aufruf aus einer anderen Klasse VektorKopieren-Test erfolgen kann. Diese Klasse soll Instanzen vom Typ VektorKopieren mit Hilfe von Konstruktoren der Klasse und über den Aufruf ihrer Methoden neu() und neu1() erzeugen.

Soll das aktuelle Objekt bei einem Methodenaufruf nicht verlorengehen, kann eine Kopie davon erzeugt werden. Rufen Sie im Gegensatz zur Klasse Vektor an Stelle des Copy-Konstruktors in der Methode neu1() die Methode clone() auf.

Java-Dateien: `VektorKopieren.java`, `VektorKopierenTest`
Programmaufruf: `java VektorKopierenTest`

Aufagbe 3.15

Tiefes Klonen am Beispiel von Array-Objekten

Mit der Klasse `MengenDuplizieren` soll ein tiefes Klonen am Beispiel von Array-Objekten demonstriert werden. Wie in der Aufgabe 3.14 soll auch hier das Duplizieren von Instanzen auf zwei Arten durchgeführt werden: über das Klonen und über einen Copy-Konstruktor. Definieren Sie zwei Instanzfelder für diese Klasse: n, ein Feld vom primitiven Datentyp `int`, und array, eine globale Referenz vom Typ eines `int`-Array, sowie zwei Konstruktoren.

Im ersten Konstruktor wird ein `int`-Wert n, welcher die Dimension des Array-Objektes angibt, übergeben und die Arrayelemente werden mit Werten von 0 bis n initialisiert. Der zweite Konstruktor ist der Copy-Konstruktor, der ein neues Array-Objekt erzeugt, dessen Elemente gleich den Elementen der Instanz sind, auf die die im Konstruktoraufruf übergebene Referenz m zeigt.

Für ein tiefes Klonen von Instanzen dieser Klasse muss das Array-Objekt auch dupliziert werden, denn ein Arraytyp ist schließlich ein Referenztyp. Darum überschreibt die Klasse die `clone()`-Methode, die wiederum, wie schon mit der Aufgabe 3.11 festgestellt, für das Klonen von Objekten vom Typ Array die Methode `clone()` der Klasse `Object` direkt aufrufen kann.

Definieren Sie eine Klasse `MengenDuplizierenTest`, die eine Instanz vom Typ `MengenDuplizieren` erzeugt und diese mit Hilfe der `clone()`-Methode und des Copy-Konstruktors dupliziert.

Überzeugen Sie sich davon, dass ein tiefes Klonen stattgefunden hat, indem Sie die Elemente der Array-Objekte von kopierten Instanzen am Bildschirm ausgeben.

Java-Dateien: `MengenDuplizieren.java`, `MengenDuplizierenTest`
Programmaufruf: `java MengenDuplizierenTest`

Aufgabe 3.16

Oberflächliches und tiefes Klonen für Referenztypen

Um den Unterschied zwischen einem tiefen und oberflächlichen Klonen für Referenztypen zu zeigen, sollen zwei Klassen `Zahl` und `Wort` erstellt werden. Die Klasse `Zahl` implementiert das Interface `Cloneable` und überschreibt die Methode `clone()` der Klasse `Object`. Die Klasse `Wort` implementiert das Interface `Cloneable` nicht.

Eine weitere Klasse `KopievonReferenzTypen` definiert globale Referenzen vom Typ der Klassen `Zahl` und `Wort` und soll eine Instanz der eigenen Klasse klonen.

Dafür muss auch diese die `clone()`-Methode überschreiben. Sie ruft die gleichnamigen Methoden der Klassen `Object` und `Zahl` auf.

Zeigen Sie anhand der Klasse `Zahl`, dass Instanzen von Klassen, die das Interface `Cloneable` nicht implementieren, nicht geklont werden können, auch wenn diese die `clone()`-Methode überschreiben.

Java-Dateien: `Zahl.java`, `Wort.java`, `KopievonReferenzTypen.java`
Programmaufruf: `java KopievonReferenzTypen`

3.12 Der Garbage Collector und das Beseitigen von Objekten

In Java werden die meisten Objekte mit Hilfe des **new**-Operators erzeugt. Damit wird für jedes einzelne Objekt Speicher aus einem speziellen Speicherbereich der JVM, auch Heap genannt, allokiert. Im Heap werden die Werte der Instanzfelder des Objektes sowie Zeiger auf die Werte der Klassenfelder und Bytecode-Anweisungen für alle Methoden des Objektes hinterlegt.

Java besitzt Konstruktoren für das Erzeugen von Objekten, aber keine expliziten Destruktoren für deren Beseitigung. Dazu wird der Garbage Collector einer JVM genutzt: Jedes Objekt ist für eine Zerstörung freigegeben, wenn es nicht mehr referenziert wird.

Mit dem Garbage Collector wird auch das Fragmentieren des Heap bekämpft. Er läuft im Hintergrund ab, kann jedoch auch direkt aufgerufen werden, über die Klassenmethode `System.gc()`. Bevor die Beseitigung eines Objektes vorgenommen wird, ruft er die Methode `finalize()` der Klasse `Object` auf. Eine Klasse kann diese Methode überschreiben, um darin Aufräumungsaufgaben in Zusammenhang mit benutzten Ressourcen durchzuführen.

Aufgabe 3.17

Das Zerstören von Instanzen

Zum Zählen von erzeugten Instanzen wird im Konstruktor der Klasse mit dem Namen `Destruktor` ein `int`-Wert übergeben und dieser über eine Meldung am Bildschirm nach außen getragen. Die Klasse überschreibt die Methode `finalize()` der Klasse `Object`, die der Garbage Collector aufruft, bevor er mit der Zerstörung eines Objektes beginnt.

Zum Testen der Klasse `Destruktor` soll eine Klasse `DestruktorTest` definiert werden.

Hinweise zur Programmausführung:

Zu einem bestimmten Zeitpunkt der Programmausführung wird ein einziges `Destruktor`-Objekt über eine lokale Variable `destruktor` referenziert und alle anderen, die vorher konstruiert wurden, sind für das Beseitigen freigegeben. Dafür kommt automatisch der Garbage Collector zum Einsatz, was dadurch zu erkennen ist, dass die Methode `finalize()` der Klasse für diese Objekte aufgerufen wird.

Wie die Bildschirmausgabe zeigt, sind meistens nach der Beendigung des Programms nicht alle erzeugten Objekte zerstört worden. Der von denen belegte Speicherplatz wird beim Programmende automatisch vom Betriebssystem freigegeben.

Java-Dateien: `Destruktor.java`, `DestruktorTest.java`
Programmaufruf: `java DestruktorTest`

3.13 Lösungen

Lösung 3.1

Die Klasse TypUmwandlungen

```
import java.math.*;
import java.util.Arrays;
public class TypUmwandlungen {
// Definition von Klassenmethoden
   public static Number[] add(Number zahl1, Number zahl2) {
      Number[] zahlen = new Number[5];
      zahlen[0] = zahl1.intValue()+zahl2.intValue();
      zahlen[1] = zahl1.floatValue()+zahl2.floatValue();
      zahlen[2] = zahl1.doubleValue()+zahl2.doubleValue();
      zahlen[3] = zahl1.intValue()+zahl2.floatValue();
      zahlen[4] = zahl1.floatValue()+zahl2.doubleValue();
      return zahlen;
   }
   public static void main(String[] args) {
// Im Methodenaufruf von add() werden Referenzen auf Objekte von
// Unterklassen des Parametertyps übergeben (ein Beispiel
// für den "impliziten Polymorphismus")
      Number[] zahlen1 = add(new Integer(1), new Integer(2));
      System.out.println("Ergebnisse der Addition:"+
        Arrays.asList(zahlen1));
      Number[] zahlen2 = add(new Float(-0.56f), new Float(2E-2));
      System.out.println("Ergebnisse der Addition:"+
        Arrays.asList(zahlen2));
      Number[] zahlen3 =add(new Double(-0.56d), new Double(2E-2));
      System.out.println("Ergebnisse der Addition:"+
        Arrays.asList(zahlen3));
// Die Klasse BigDecimal gibt dem Benutzer die Möglichkeit,
// Rundungen für Zahlen vorzunehmen
      Number[] zahlen4 = add((new BigDecimal(-0.56d)).ROUND_DOWN,
        (new BigDecimal(2E-2)).ROUND_DOWN);
      System.out.println("Ergebnisse der Addition:"+
        Arrays.asList(zahlen4));
```

```
Number[] zahlen5 =add((new BigDecimal(-0.56d)).ROUND_FLOOR,
   (new BigDecimal(2E-2)).ROUND_FLOOR);
System.out.println("Ergebnisse der Addition:"+
   Arrays.asList(zahlen5));
Number[] zahlen6 = add((new BigDecimal(-0.56d)).
   ROUND_CEILING,(new BigDecimal(2E-2)).ROUND_CEILING);
System.out.println("Ergebnisse der Addition:"
   + Arrays.asList(zahlen6));
   }
}
```

Programmausgaben

```
Ergebnisse der Addition: [3, 3.0, 3.0, 3.0, 3.0]
Ergebnisse der Addition: [3, -0.54, -0.5400000028312206, 0.02, -
0.5400000028312206]
...
Ergebnisse der Addition: [4, 4.0, 4.0, 4.0, 4.0]
```

Lösung 3.2

Die Klasse GeometrischeKoerper

```java
public abstract class GeometrischeKoerper {
   protected double r;
   protected double h;
// Konstruktordefinition
   public GeometrischeKoerper(double r, double h) {
      this.r = r;
      this.h = h;
   }
// Abstrakte Methoden zum Berechnen von Volumen und Oberfläche
   public abstract double volumen();
   public abstract double oberflaeche();
}
```

Die Klasse Kugel

```java
public class Kugel extends GeometrischeKoerper {
// Konstruktordefinition
   public Kugel(double r) {
// Weil die Kugel keine Höhe besitzt, ruft ihr Konstruktor
// den Konstruktor der Oberklasse mit h = r auf
      super(r,r);
   }
// Implementierung der abstrakten Methoden
   public double volumen() {
      return Math.round(4*Math.PI*r*r*r);
   }
}
```

```java
    public double oberflaeche() {
        return Math.round(4*Math.PI*r*r);
    }
}
```

Die Klasse Kegel

```java
public class Kegel extends GeometrischeKoerper {
// Konstruktordefinition
    public Kegel(double r, double h) {
// Der Konstruktor der Klasse ruft den Konstruktor der
// abstrakten Oberklasse auf
        super(r,h);
    }
// Implementierung der abstrakten Methoden
    public double volumen() {
        return Math.round(Math.PI*r*r*h/3.);
    }
    public double oberflaeche() {
        return Math.round(Math.PI*r*(r+h));
    }
}
```

Die Klasse GeometrischeKoerperTest

```java
public class GeometrischeKoerperTest {
    public static void main(String args[]) {
// Es können keine Objekte von abstrakten Klassen erzeugt werden;
// der Aufruf von Methoden erfolgt an Objekten der Unterklassen
        Kugel kugel = new Kugel(3);
        System.out.println("Kugel: Volumen = "+kugel.volumen()+
          " Oberflaeche = "+kugel.oberflaeche());
        Kegel kegel = new Kegel(3,4);
        System.out.println("Kegel: Volumen = "+kegel.volumen()+
          " Oberflaeche = "+kegel.oberflaeche());
    }
}
```

Programmausgaben

```
Kugel: Volumen = 339.0 Oberflaeche = 113.0
Kegel: Volumen = 38.0 Oberflaeche = 66.0
```

Lösung 3.3

Die Klasse Person

```java
public abstract class Person {
// Abstrakte Methoden besitzen keinen Rumpf
```

```
   public abstract void arbeiten();
}
```

Die Klasse Lehrer

```
public class Lehrer extends Person {
   public void arbeiten() {
      System.out.println("Der Lehrer lehrt");
   }
}
```

Die Klasse Schueler

```
public class Schueler extends Person {
   public void arbeiten() {
      System.out.println("Der Schueler lernt");
   }
}
```

Die Klasse PersonTest

```
public class PersonTest {
   public static void main(String args[]) {
      Lehrer lehrer = new Lehrer();
      lehrer.arbeiten();
      Schueler schueler = new Schueler();
      schueler.arbeiten();
   }
}
```

Programmausgaben

```
Der Lehrer lehrt
Der Schueler lernt
```

Lösung 3.4

Die Klasse PersonTyp

```
public abstract class PersonTyp {
   protected final static int LEHRER = 0;
   protected final static int SCHUELER = 1;
   protected int personTyp;
// Konstruktordefinition
   PersonTyp(int typ) {
      personTyp = typ;
   }
}
```

Die Klasse TypLehrer

```java
public class TypLehrer extends PersonTyp {
// Konstruktordefinition
  TypLehrer() {
    super(0);
  }
// Instanzmethode
  public void lehren() {
    System.out.println("Der Lehrer lehrt");
  }
}
```

Die Klasse TypSchueler

```java
public class TypSchueler extends PersonTyp {
// Konstruktordefinition
  TypSchueler() {
    super(1);
  }
// Instanzmethode
  public void lernen() {
    System.out.println("Der Schueler lernt");
  }
}
```

Die Klasse PersonTypTest

```java
public class PersonTypTest {
  public static void main(String args[]) {
    PersonTyp[] personen = new PersonTyp[]{new TypLehrer(),
     new TypSchueler()};
    for(int i=0; i<2; i++) {
      switch(personen[i].personTyp) {
        case PersonTyp.LEHRER:
// Eine verkleinernde Konvertierung muss explizit durchgeführt
// werden
        // personen[i].lehren(); // Fehler
          ((TypLehrer)personen[i]).lehren();
          break;
        case PersonTyp.SCHUELER:
          ((TypSchueler)personen[i]).lernen();
      }
    }
  }
}
```

Programmausgaben

```
Der Lehrer lehrt
Der Schueler lernt
```

Lösung 3.5

Das Interface Services

```java
public interface Services {
  public int numberOfElem();
  public int isElem(int value);
  public boolean addElem(int value);
}
```

Die Klasse Menge

```java
public class Menge implements Services {
// Array für das Speichern der Elemente einer Menge
  private int[] element;
// Dimension des Array
  private int dimension;
// Zaehler für Mengenelemente
  private int anzahl;
// Konstruktordefinition
  Menge(int dimension) {
    this.dimension = dimension;
    element = new int[dimension];
    anzahl = 0;
  }
// Die Methoden der Schnittstelle implementieren
  public int numberOfElem() {
    return anzahl;
  }
  public int isElem(int value) {
    int index = 0;
    for(int i=0; i<dimension; i++) {
      if(element[i] == value) {
        index = i;
        break;
      }
      else {
        index = -1;
      }
    }
    return index;
  }
  public boolean addElem(int value) {
    if((this.isElem(value))!= -1) {
```

```
            return false;
        }
        else {
            element[anzahl] = value;
            anzahl++;
            return true;,2
        }
    }
// Die Methode der Klasse Object wird überschrieben
    public String toString() {
        String s = "{";
        for(int i = 0; i<this.numberOfElem()-1; i++)
            s = s.concat((new Integer(element[i])).toString())+",";
        s = s.concat((new Integer(element[numberOfElem()-1])).
            toString())+"}";
        return s;
    }
// Instanzmethoden für Operationen mit Mengen
    public Menge vereinigung(Menge m) {
        Menge menge = new Menge(this.numberOfElem() +
            m.numberOfElem());
// Die Elemente der 1.Menge hinzufügen
        for(int i=0; i<this.numberOfElem(); i++)
            menge.addElem(this.element[i]);
// Die Elemente der 2.Menge hinzufügen
        for(int i = 0; i<m.numberOfElem(); i++)
            menge.addElem(m.element[i]);
        return menge;
    }
    public Menge durchschnitt(Menge m) {
        Menge menge = new Menge(this.numberOfElem());
// Ist ein Elemment aus der 1. Menge auch in der 2. enthalten,
// wird dieses der ersten Menge hinzugefügt
        for(int i=0; i<this.numberOfElem(); i++) {
            if(m.isElem(this.element[i])!= -1){
                menge.addElem(this.element[i]);
            }
        }
        return menge;
    }
}
```

Die Klasse MengeTest

```
public class MengeTest {
    public static void main(String args[]) {
        Menge m1 = new Menge(6);
```

```
    for(int i=1; i<7; i++)
        m1.addElem(i);
    System.out.println(m1.toString());
    Menge m2 = new Menge(5);
    for(int i=3; i<8; i++)
        m2.addElem(i);
    System.out.println(m2.toString());
    Menge m3 = m1.vereinigung(m2);
    System.out.println(m3.toString());
    Menge m4 = m1.durchschnitt(m2);
    System.out.println(m4.toString());
    }
}
```

Programmausgaben

```
{1,2,3,4,5,6}
{3,4,5,6,7}
{1,2,3,4,5,6,7}
{3,4,5,6}
```

Lösung 3.6

Das Interface FlaechenInhalt

```
public interface FlaechenInhalt {
// Konstantendefinition
    static final double PI = Math.PI;
// Methoden zum Berechnen der Hoehe und des Flaecheninhaltes
// eines Dreiecks
    double hoehe();
    double flaeche(double h);
}
```

Die Klasse DreieckArten

```
public abstract class DreieckArten implements FlaechenInhalt {
    protected double a;
    protected double b;
    protected double c;
// Konstruktordefinition
    public DreieckArten(double x, double y, double z) {
        a = x;
        b = y;
        c = z;
    }
    public static double winkel(double x, double y, double z) {
        return (Math.acos((x*x-y*y-z*z)/(-2*y*z)))*180/Math.PI;
```

```
      }
  public abstract double[] berechneWinkel();
  public double umfang() {
    return a+b+c;
  }
  public double flaeche(double h) {
    return Math.round((1/2.0)*c*h);
  }
}
```

Die Klasse GleichseitigesDreieck

```
public class GleichseitigesDreieck extends DreieckArten {
// Konstruktordefinition
  public GleichseitigesDreieck(double x) {
// Der Konstruktor der Klasse ruft den Konstruktor der
// abstrakten Oberklasse auf
    super(x, x, x);
  }
// Die Instanzmethoden zum Berechnen von Winkeln und Höhe werden
// implementiert
  public double[] berechneWinkel() {
    double w[] = new double[3];
    w[0] = Math.round(winkel(a,a,a));
    w[1] = w[0];
    w[2] = w[0];
    return w;
  }
  public double hoehe() {
    return Math.round((a/2)*Math.sqrt(3.0));
  }
}
```

Die Klasse GleichschenkligesDreieck

```
public class GleichschenkligesDreieck extends DreieckArten {
// Konstruktordefinition
  public GleichschenkligesDreieck(double x, double y) {
// Der Konstruktor der Klasse ruft den Konstruktor der
// abstrakten Oberklasse auf
    super(x, y, x);
  }
// Die Instanzmethoden zum Berechnen von Winkeln und Höhe werden
// implementiert
  public double[] berechneWinkel() {
    double w[] = new double[3];
    w[0] = Math.round(winkel(a,b,b));
    w[1] = Math.round(winkel(b,a,b));
```

```
      w[2] = w[1];
      return w;
   }
   public double hoehe() {
      return Math.round(Math.sqrt(a*a-(c/2)*2));
   }
}
```

Die Klasse DreieckArtenTest

```
public class DreieckArtenTest {
   public static void main(String args[]) {
      String[] name = {"Gleichseitiges Dreieck: ",
         "Gleichschenkliges Dreieck: "};
// Zuweisen von Objektreferenzen der konkreten Klassen an eine
// Referenzvariable vom Typ der abstrakten Klasse
      DreieckArten[] dr = new DreieckArten[] {
         new GleichseitigesDreieck(4),
         new GleichschenkligesDreieck(5,3)};
      for(int i=0; i<2; i++) {
         System.out.println(name[i]+ "Hoehe = "+dr[i].hoehe()+
         " * Flaecheninhalt = "+dr[i].flaeche(dr[i].hoehe())+
         " * Umfang = "+dr[i].umfang());
         double[] winkel = dr[i].berechneWinkel();
         System.out.println("1. Winkel = "+winkel[0]+" * 2. "+
         "Winkel = "+ winkel[1]+" * 3. Winkel = "+winkel[2]);
      }
// Zuweisen von Objektreferenzen der konkreten Klassen an eine
// Variable vom Typ des Interfaces
      FlaechenInhalt[] f = new FlaechenInhalt[] {
         new GleichseitigesDreieck(4),
         new GleichschenkligesDreieck(5,3)};
      for(int i=0; i<2; i++) {
         System.out.println(name[i]+ "Hoehe = "+f[i].hoehe()+
         " * Flaecheninhalt = "+f[i].flaeche(f[i].hoehe()));
      }
// Aufruf der Methoden der Schnittstelle und der abstrakten
// Klasse an Instanzen einer Unterklasse
      GleichseitigesDreieck gsd = new GleichseitigesDreieck(4);
      System.out.println( name[0]+ "Hoehe = "+gsd.hoehe()+
      " * Flaecheninhalt = "+gsd.flaeche(gsd.hoehe())+
      " * Umfang = "+gsd.umfang());
      double[] wgsd = gsd.berechneWinkel();
      System.out.println("1. Winkel = "+wgsd[0]+
      " * 2. Winkel = "+wgsd[1]+" * 3. Winkel = "+wgsd[2]);
   }
}
```

Programmausgaben

```
GleichseitigesDreieck: Hoehe =  3.0 * Flaecheninhalt = 6.0  * Umfang = 12.0
1. Winkel = 60.0 * 2. Winkel = 60.0 *  3. Winkel  = 60.0
GleichschenkligesDreieck: Hoehe =  4.0 * Flaecheninhalt = 10.0  * Umfang = 13.0
1. Winkel = 113.0 * 2. Winkel = 34.0 *  3. Winkel  = 34.0
GleichseitigesDreieck: Hoehe =  3.0 * Flaecheninhalt = 6.0
GleichschenkligesDreieck: Hoehe =  4.0 * Flaecheninhalt = 10.0
GleichseitigesDreieck: Hoehe =  3.0 * Flaecheninhalt = 6.0  * Umfang = 12.0
1. Winkel = 60.0 * 2. Winkel = 60.0 *  3. Winkel  = 60.0
```

Hinweise zum Lösungsvorschlag

Die Konstruktoren der Klassen definieren Parameter vom Typ double. Beim Instanziieren von Objekten werden jedoch int-Werte übergeben, die automatisch vom Compiler in double-Werte konvertiert werden. Somit ist dies ein Beispiel für den impliziten Polymorphismus.

Die Methoden der Schnittstelle Flächeninhalt können auch an DreieckArten-Objekten aufgerufen werden, denn sie werden geerbt. Ob sie von dieser Klasse auch implementiert wurden, spielt dabei keine Rolle.

An FlaechenInhalt-Objekten können die Methoden der abstrakten Klasse nicht aufgerufen werden, sondern nur die Methoden des Interfaces.

Die von der abstrakten Klasse abgeleiteten konkreten Klassen erben alle Methoden, sowohl die der Schnittstelle als auch die der abstrakten Klasse.

Lösung 3.7

Das Interface FarbenHell

```
interface FarbenHell {
    int WEISS = 3;
    int ROSA = 4;
}
```

Das Interface FarbenDunkel

```
interface FarbenDunkel {
    int SCHWARZ = 5;
    int BRAUN = 6;
}
```

Das Interface Farben

```
interface Farben extends FarbenHell, FarbenDunkel {
    int BLAU = 1;
    int ROT = 2;
    public void defFarbe(int i);
}
```

Die Klasse FarbenAuswahl

```
public class FarbenAuswahl implements Farben {
    private static final String[] farbe = new String[7];
    static {
        farbe[Farben.BLAU] = "blau";
        farbe[ROT] = "rot";
        farbe[Farben.WEISS] = "weiss";
        farbe[FarbenHell.ROSA] = "rosa";
        farbe[FarbenDunkel.SCHWARZ] = "schwarz";
        farbe[BRAUN] = "braun";
    }
    public void defFarbe(int i) {
        System.out.println("Die ausgewaehlte Farbe ist: "
            + farbe[i]);
    }
}
```

Die Klasse FarbenTest

```
public class FarbenTest {
    public static void main(String args[]) {
        FarbenAuswahl farbe = new FarbenAuswahl();
        for(int i=1; i<=6; i++)
            farbe.defFarbe(i);
    }
}
```

Programmausgaben

```
Die ausgewaehlte Farbe ist: blau
Die ausgewaehlte Farbe ist: rot
...
Die ausgewaehlte Farbe ist: braun
```

Lösung 3.8

Das Interface UmKugelRadius

```
public interface UmKugelRadius {
    double umkugel();
}
```

Das Interface InKugelRadius

```
public interface InKugelRadius {
    double inkugel();
}
```

Die Klasse RegelmaessigeGeometrischeKoerper

```java
public abstract class RegelmaessigeGeometrischeKoerper
                implements UmKugelRadius, InKugelRadius {
  protected double a;
// Konstruktordefinition
  public RegelmaessigeGeometrischeKoerper(double x) {
    a = x;
  }
// Abstrakte Methoden zum Berechnen von Volumen und Oberfläche
  public abstract double volumen();
  public abstract double oberflaeche();
}
```

Die Klasse Tetraeder

```java
public class Tetraeder extends RegelmaessigeGeometrischeKoerper {
// Konstruktordefinition
  public Tetraeder(double a) {
    super(a);
  }
  public double volumen() {
    return Math.round(Math.pow(a,3)/12*Math.sqrt(2.0));
  }
  public double oberflaeche() {
    return Math.round(Math.pow(a,2)*Math.sqrt(3.0));
  }
  public double umkugel() {
    return Math.round(a/4*Math.sqrt(6.0));
  }
  public double inkugel() {
    return Math.round(a/12*Math.sqrt(6.0));
  }
}
```

Die Klasse Wuerfel

```java
public class Wuerfel extends RegelmaessigeGeometrischeKoerper {
// Konstruktordefinition
  public Wuerfel(double a) {
    super(a);
  }
  public double volumen() {
    return Math.round(Math.pow(a,3));
  }
  public double oberflaeche() {
    return Math.round(6*Math.pow(a,2));
  }
  public double umkugel() {
```

```
      return Math.round(a/2*Math.sqrt(3.0));
   }
   public double inkugel() {
      return Math.round(a/2);
   }
}
```

Die Klasse Oktaeder

```
public class Oktaeder extends RegelmaessigeGeometrischeKoerper {
// Konstruktordefinition
   public Oktaeder(double a) {
      super(a);
   }
   public double volumen() {
      return Math.round(Math.pow(a,3)/3*Math.sqrt(2.0));
   }
   public double oberflaeche() {
      return Math.round(2*Math.pow(a,2)*Math.sqrt(3.0));
   }
   public double umkugel() {
      return Math.round(a/2*Math.sqrt(2.0));
   }
   public double inkugel() {
      return Math.round(a/6*Math.sqrt(6.0));
   }
}
```

Die Klasse Ikosaeder

```
public class Ikosaeder extends RegelmaessigeGeometrischeKoerper {
// Konstruktordefinition
   public Ikosaeder(double a) {
      super(a);
   }
   public double volumen() {
      return Math.round(5*Math.pow(a,3)/12*(3+Math.sqrt(5.0)));
   }
   public double oberflaeche() {
      return Math.round(5*Math.pow(a,2)*Math.sqrt(3.0));
   }
   public double umkugel() {
      return Math.round(a/4*Math.sqrt(2*(5+Math.sqrt(5.0))));
   }
   public double inkugel() {
      return Math.round(a/12*Math.sqrt(3.0)*(3+Math.sqrt(5.0)));
   }
}
```

Die Klasse Dodekaeder

```
public class Dodekaeder extends RegelmaessigeGeometrischeKoerper {
// Konstruktordefinition
  public Dodekaeder(double a) {
    super(a);
  }
  public double volumen() {
    return Math.round(Math.pow(a,3)/4*(15+7*Math.sqrt(5.0)));
  }
  public double oberflaeche() {
    return Math.round(3*Math.pow(a,2)*Math.sqrt(
    (5*(5+2*Math.sqrt(5.0)))));
  }
  public double umkugel() {
    return Math.round(a/4*Math.sqrt(3.0)*(1+Math.sqrt(5.0)));
  }
  public double inkugel() {
    return Math.round(a/4*Math.sqrt(10+22/5.0*Math.sqrt(5.0)));
  }
}
```

Die Klasse RegelmaessigeGeometrischeKoerperTest

```
public class RegelmaessigeGeometrischeKoerperTest {
  public static void main(String args[]) {
    String[] name = {"Tetraeder: ", "Wuerfel: ", "Ikosaeder: ",
    "Oktaeder: ", "Dodekaeder: "};
// Zuweisen von Objektreferenzen der konkreten Klassen an eine
// Referenzvariable vom Typ der abstrakten Klasse
    RegelmaessigeGeometrischeKoerper[] rgk =
    new RegelmaessigeGeometrischeKoerper[]{new Tetraeder(4),
      new Wuerfel(4), new Ikosaeder(4), new Oktaeder(4),
      new Dodekaeder(4)};
    for(int i=0; i<5; i++) {
      System.out.println(name[i]+ "Oberflaeche = "+rgk[i].
      oberflaeche()+" * Volumen = "+rgk[i].volumen());
// Die Methoden der Schnittstellen können auch an
// RegelmaessigeGeometrischeKoerper-Instanzen aufgerufen werden
      System.out.println("Umkugelradius = "+rgk[i].umkugel()+
      " * Inkugelradius = "+rgk[i].inkugel());
    }
// Zuweisen von Objektreferenzen der konkreten Klassen an eine
// Referenz vom Typ des Interface UmKugelRadius
    UmKugelRadius[] ukr = new UmKugelRadius[] {
      new Tetraeder(4), new Wuerfel(4), new Ikosaeder(4),
      new Oktaeder(4), new Dodekaeder(4)};
// Die Methoden der anderen Schnittstelle und der abstrakten
// Klasse können nicht an UmKugelRadius-Objekten aufgerufen
```

```
// werden
    for(int i=0; i<5; i++)
        System.out.println(name[i]+"Umkugelradius = "
        + ukr[i].umkugel());
// Zuweisen von Objektreferenzen der konkreten Klassen an eine
// Referenz vom Typ des Interface InKugelRadius
    InKugelRadius[] ikr = new InKugelRadius[] {
        new Tetraeder(4), new Wuerfel(4), new Ikosaeder(4),
        new Oktaeder(4), new Dodekaeder(4)};
// Die Methoden der anderen Schnittstellen und der abstrakten
// Klasse können nicht an InKugelRadius-Objekten aufgerufen
// werden
    for(int i=0; i<5; i++)
        System.out.println(name[i]+"Inkugelradius = "
        + ikr[i].inkugel());
    }
}
```

Programmausgaben

```
Tetraeder: Oberflaeche = 28.0 * Volumen = 8.0
Umkugelradius =  2.0 * Inkugelradius =   1.0
Wuerfel: Oberflaeche = 96.0 * Volumen = 64.0
Umkugelradius =  3.0 * Inkugelradius = 2.0
...
```

Lösung 3.9

Die Klasse Objekt1

```
public class Objekt1 implements Cloneable {
    private int zahl;
// Konstruktordefinition
    public Objekt1(int n) {
        zahl = n;
    }
    public static void main(String args[])
                    throws CloneNotSupportedException {
// Erzeugen und Klonen eines Objektes der eigenen Klasse
    Objekt1 kopie1 = new Objekt1(4);
    Objekt1 kopie2 = (Objekt1)kopie1.clone();
// Vergleich der Referenzen von geklonten Objekten
    System.out.println("Vergleich der Referenzen auf geklonte "
        + "Objekte : " + (kopie1 == kopie2));
// Durch das Klonen wird das Feld des Objektes kopiert
    System.out.println(kopie1.zahl);
    System.out.println(kopie2.zahl);
    }
}
```

Programmausgaben

```
Vergleich der Referenzen auf geklonte Objekte : false
4
4
```

Lösung 3.10

Die Klasse Buchstabe

```java
public class Buchstabe implements Cloneable  {
    private char buchstabe;
// Konstruktordefinition
    public Buchstabe(char c) {
        buchstabe = c;
    }
// Überschreiben der Methode der Klasse Object
    protected Object clone() throws CloneNotSupportedException {
        return super.clone();
    }
}
```

Die Klasse KlonenTest

```java
public class KlonenTest {
    public static void main(String args[])
                    throws CloneNotSupportedException {
// Erzeugen und Klonen von Objekten der Klasse Buchstabe
        Buchstabe b1 = new Buchstabe('A');
        Buchstabe b2 = (Buchstabe)b1.clone();
// Vergleich der Referenzen auf geklonte Objekte
        System.out.println("Vergleich der Referenzen auf geklonte "
        + "Objekte : "+ (b1 == b2));
    }
}
```

Programmausgaben

```
Vergleich der Referenzen auf geklonte Objekte : false
```

Lösung 3.11

Die Klasse ArraysKlonen

```java
public class ArraysKlonen {
    public static void main(String args[]) {
// Definition der Array-Objekte
        String [] zahlen1 = new String[]{"123", "345", "678"};
        Integer [] zahlen2 = new Integer[]{123, 345, 678};
        Punkt [] punkte = new Punkt[] {new Punkt(1,1),
        new Punkt(2,2), new Punkt(3,3)};
```

```
// Aufruf der clone()-Methode auf die Array-Objekte
   String[] kopie1 = (String[])zahlen1.clone();
   Integer[] kopie2 = (Integer[])zahlen2.clone();
   Punkt[] kopie3 = (Punkt[])punkte.clone();
   System.out.println("Vergleich der Referenzen auf die Array"
   +"-Objekte: "+(kopie1 == zahlen1)+" * "+
   (kopie2 == zahlen2)+" * "+(kopie3 == punkte));
   for(int i= 0; i<3; i++) {
     System.out.println("Vergleich der Referenzen der "
     +"Elemente auf Position "+i+" : "+(kopie1[i] ==
     zahlen1[i])+" * "+(kopie2[i] == zahlen2[i])+
     " * "+(kopie3[i] == punkte[i]));
   }
 }
}
```

Programmausgaben

```
Vergleich der Referenzen auf die Array-Objekte : false * false * false
Vergleich der Referenzen der Elemente auf Position 0 : true * true * true
Vergleich der Referenzen der Elemente auf Position 1 : true * true * true
Vergleich der Referenzen der Elemente auf Position 2 : true * true * true
```

Hinweise zum Lösungsvorschlag

Weil Arrays Objekte sind, kann die Methode clone() an jedem beliebigen Array aufgerufen werden, ohne dass die Klasse, von welchem Typ die Arrays sind, die Cloneable-Schnittstelle implementiert. Auf eine so erzeugte Kopie eines Arrays zeigt eine andere Referenz als auf das ursprüngliche Array-Objekt, aber deren Elementreferenzen bleiben gleich.

Lösung 3.12

Die Klasse Objekt2

```
public class Objekt2 implements Cloneable {
   private int zahl;
// Konstruktordefinition
   public Objekt2(int n) {
      zahl = n;
   }
// Überschreiben der Methode der Klasse Object
// mit Rückgabewert Objekt2 (ab Java 5.0)
   public Objekt2 clone() throws CloneNotSupportedException {
         return (Objekt2)super.clone();
   }
   public static void main(String args[])
                    throws CloneNotSupportedException {
// Erzeugen eines Objektes vom Typ einer anderen Klasse
```

```
    Objekt1 zahl1 = new Objekt1(2);
// und aufrufen der clone() Methode der Klasse Object an dieser
// Instanz
  // Objekt1 kopie1 = (Objekt1)zahl1.clone(); // Fehler
// Erzeugen eines Objektes der eigenen Klasse und Aufruf der
// clone()-Methode
    Objekt2 zahl2 = new Objekt2(4);
// Ein Casting ist nicht mehr erforderlich
    Objekt2 kopie2 = zahl2.clone();
// Vergleich der Referenzen auf geklonte Objekte
    System.out.println("Vergleich der Referenzen auf geklonte "
      + "Objekte : " + zahl2.equals(kopie2));
  }
}
```

Programmausgaben

```
Vergleich der Referenzen auf geklonte Objekte : false
```

Hinweis zum Lösungsvorschlag

Wird die Anweisung `Objekt1 kopie1 = (Objekt1)zahl1.clone();` nicht auskommentiert, bringt der Compiler die erwartete Fehlermeldung: »clone() has protected access in java.lang.Object«, da die Klasse `Objekt1` die `clone()`- Methode der
Klasse `Object` nicht überschreibt und deshalb ihre Instanzen innerhalb von anderen Klassen nicht geklont werden dürfen.

Lösung 3.13
Die Klasse Objekt

```
public class Objekt implements Cloneable, Comparable {
    private int zahl;
// Konstruktordefinition
    public Objekt(int n) {
        zahl = n;
    }
// Überschreiben der Methode equals() der Klasse Object
    public boolean equals(Object object) {
        if(!(object instanceof Objekt))
            return false;
// Aufruf der Methode der Oberklasse
        System.out.println("Vergleich der Referenzen auf geklonte "
          + "Objekte : " + super.equals(object));
        Objekt kopie = (Objekt)object;
        return (zahl == kopie.zahl);
    }
// Implementieren der Methode des Interface Comparable
    public int compareTo(Object object) {
```

```
       Objekt kopie = (Objekt)object;
       return kopie.zahl - this.zahl;
    }
    public static void main(String args[])
                    throws CloneNotSupportedException {
// Objekt der Klasse erzeugen
       Objekt kopie1 = new Objekt(1234);
// Aufruf der Methode clone() der Klasse Object; die Referenz vom
// Typ Object wird in eine Referenz vom Typ des kopierten
// Objektes konvertiert
       Objekt kopie2 = (Objekt)kopie1.clone();
// Vergleich der Referenzen auf geklonte Objekte
       System.out.println("Vergleich der Referenzen auf geklonte "
         + "Objekte : " + (kopie1 == kopie2));
// Vergleich von geklonten Objekten
       System.out.println("Vergleich von geklonten Objekten : "
              + kopie1.equals(kopie2));
       System.out.println("Vergleich von geklonten Objekten : "
              + (kopie1.compareTo(kopie2) == 0));
    }
}
```

Programmausgaben

```
Vergleich der Referenzen auf geklonte Objekte : false
Vergleich der Referenzen auf geklonte Objekte : false
Vergleich von geklonten Objekten : true
Vergleich von geklonten Objekten : true
```

Hinweise zum Lösungsvorschlag

Weil die Klasse das Interface Cloneable implementiert, kann sie die Methode clone() der Klasse Object aufrufen, um eine Kopie von einer Instanz der eigenen Klasse zu erstellen. Die Datenelemente des ursprünglichen Objektes werden damit dupliziert und eine Referenz auf eine Kopie des so erzeugten Objektes wird zurückgegeben. Die Kopie und das ursprüngliche Objekt sind »gleich«, weil ihre Felder die gleichen Werte aufweisen.

Die Methodensignaturen der Klasse definieren Parameter vom Typ der Klasse Object und werden mit einer Referenz vom Typ der Unterklasse Objekt aufgerufen, was ein weiteres Beispiel für den impliziten Polymorphismus darstellt.

Lösung 3.14

Die Klasse VektorKopieren

```
public class VektorKopieren implements Cloneable {
    private int x;
    private int y;
```

```
    private int z;
// Die Klasse definiert zwei Konstruktoren
  public VektorKopieren(int x, int y, int z) {
    this.x = x;
    this.y = y;
    this.z = z;
  }
// Der Copy-Konstruktor erhält als Argument eine Referenz vom
// Typ der eigenen Klasse
  public VektorKopieren(VektorKopieren v) {
    this.x = v.x;
    this.y = v.y;
    this.z = v.z;
  }
// Beim Überschreiben von Methoden sind kovariante Rückgabetypen
// zugelassen
  public VektorKopieren clone()
                        throws CloneNotSupportedException {
    VektorKopieren kopie = (VektorKopieren)super.clone();
    return kopie;
  }
// Instanzmethoden zum Erzeugen eines neuen
// VektorKopieren-Objektes aus dem aktuellen
  public VektorKopieren neu(int a, int b, int c) {
    this.x = this.x+a;
    this.y = this.y+b;
    this.z = this.z+c;
    return this;
  }
  public VektorKopieren neu1(int a, int b, int c)
                        throws CloneNotSupportedException {
// Der Aufruf der clone()-Methode kann hier, ohne das die Klasse
// diese Methode überschreibt, erfolgen
    VektorKopieren vektor = (VektorKopieren)this.clone();
    vektor.x = this.x+a;
    vektor.y = this.y+b;
    vektor.z = this.z+c;
    return vektor;
  }
// Instanzmethode zur Anzeige eines VektorKopieren-Objektes
  public void anzeige() {
    System.out.print( "("+ x +","+ y +","+z+") ");
  }
}
```

Die Klasse VektorKopierenTest

```
public class VektorKopierenTest {
  public static void main(String args[])
                        throws CloneNotSupportedException {
```

```
// Erzeugen eines neuen VektorKopieren-Objektes mit den
// Konstruktoren der Klasse
    VektorKopieren v1 = new VektorKopieren(1,1,1);
    v1.anzeige();
    VektorKopieren v2 = new VektorKopieren(v1);
    v2.anzeige();
// Erzeugen eines neuen VektorKopieren-Objektes durch Veränderung
// des aufrufenden Objektes
    VektorKopieren vneu = v1.neu(3,3,3);
    v1.anzeige();
    vneu.anzeige();
// Erzeugen eines neuen VektorKopieren-Objektes durch Beibehalten
// des aufrufenden Objektes
    v1 = new VektorKopieren(1,1,1);
    VektorKopieren vneu1 = v1.neu1(3,3,3);
    v1.anzeige();
    vneu1.anzeige();
// Für das Klonen von Instanzen der Klasse VektorKopieren
// ist das Überschreiben der clone()-Methode erforderlich
    VektorKopieren v3 = (VektorKopieren)v1.clone();
    v1.anzeige();
    v3.anzeige();
  }
}
```

Programmausgaben

(1,1,1) (1,1,1) (4,4,4) (4,4,4) (1,1,1) (4,4,4) (1,1,1) (1,1,1)

Hinweise zum Lösungsvorschlag

Die Klasse nimmt das Duplizieren von ihren Instanzen auf zwei Arten vor: über Klonen und mit Hilfe des Copy-Konstruktors. Auch ein mit dem Copy-Konstruktor erzeugtes Objekt hat die gleichen Attributwerte wie das übergebene Objekt. Das Duplizieren von Instanzen einer Klasse mit dem Copy-Konstruktor ist langsamer, weil dafür der new-Operator genutzt wird.

Da die Klasse VektorKopieren nur Instanzfelder vom primitiven Datentyp int enthält, ist ein oberflächliches Klonen von Instanzen dieser Klasse gleich einem tiefen Klonen.

Lösung 3.15
Die Klasse MengenDuplizieren

```
public class MengenDuplizieren implements Cloneable {
  private int n;
  private int[] array;
// Konstruktordefinition
```

```
  MengenDuplizieren(int n) {
     this.n = n;
     array = new int[n];
// Initialisieren der Arrayelemente
     for(int i=0; i<n; i++)
        array[i] = i;
  }
// Duplizieren von Objekten mit dem Copy-Konstruktor
  MengenDuplizieren(MengenDuplizieren m) {
// Die Zuweisung von Referenzen und das Kopieren der
// Arrayelemente reichen nicht aus, um gleiche Array-Objekte zu
// erzeugen
/*   this.array = m.array;
     for(int i=0; i<n; i++)
        this.array[i] = m.array[i];  */
// Es muss ein neues Array-Objekt erzeugt werden, dessen Elemente
// gleich den Elementen der Instanz sind, auf welche m zeigt.
     n = m.numberOfElem();
     this.array = new int[n];
     for(int i=0; i<n; i++)
        this.array[i] = m.array[i];
  }
  public Object clone() throws CloneNotSupportedException {
     MengenDuplizieren kopie = (MengenDuplizieren)super.clone();
// Für ein tiefes Klonen muss das Array-Objekt auch dupliziert
// werden
     kopie.array = (int[])array.clone();
     return kopie;
  }
// Für die Anzeige von Mengen wird die Methode toString() der
// Klasse Object überschrieben
  public String toString() {
     String s = "{";
     for(int i=0; i<this.numberOfElem()-1; i++)
// und die Methode toString() der Klasse Integer aufgerufen
        s = s.concat((new Integer(array[i])).toString())+",";
     s = s.concat((new Integer(array[numberOfElem()-1])).
        toString())+"}";
     return s;
  }
// Instanzenmethoden zum Ermitteln der Anzahl von Arrayelementen
// (Dimension des Array)
  public int numberOfElem() {
     return array.length;
  }
}
```

Die Klasse MengenDuplizierenTest

```
public class MengenDuplizierenTest {
  public static void main(String args[])
                   throws CloneNotSupportedException {
// Erzeugen und Kopieren von Objekten der Klasse
// MengenDuplizieren
    MengenDuplizieren m1 = new MengenDuplizieren(9);
    System.out.println(m1.toString());
    MengenDuplizieren m2 = new MengenDuplizieren(m1);
    System.out.println(m2.toString());
    MengenDuplizieren m3 = (MengenDuplizieren)m1.clone();
    System.out.println(m3.toString());
  }
}
```

Programmausgaben

```
{0,1,2,3,4,5,6,7,8}
...
```

Hinweise zum Lösungsvorschlag

Im Aufruf der überschriebenen clone()-Methode der Klasse MengenDuplizieren aus der main()-Methode der Klasse MengenDuplizierenTest ist kein Casting erforderlich, weil diese Methode einen kovarianten Rückgabetyp vom Typ der eigenen Klasse definiert.

Lösung 3.16

Die Klasse Zahl

```
public class Zahl implements Cloneable {
  public String zahl = "1234";
// Überschreiben von Methoden der Klasse Object
  public String toString() {
    return "Zahl: " + zahl;
  }
// Beim Überschreiben von Methoden ist ein kovarianter
// Rückgabetyp zugelassen
  public Zahl clone() throws CloneNotSupportedException {
    Zahl kopie = (Zahl)super.clone();
    return kopie;
  }
}
```

Die Klasse Wort

```
public class Wort {
  public String wort = "JAVA";
```

```java
// Überschreiben der Methode der Klasse Object
  public String toString() {
    return "Wort: " + wort;
  }
}
```

Die Klasse KopievonReferenzTypen

```java
public class KopievonReferenzTypen implements Cloneable {
  private Zahl z = new Zahl();
  private Wort w = new Wort();
// Die Methode clone() ruft die Methode der Oberklasse Object
// auf und die der Klasse Zahl (und ggf. der Klasse Wort)
  public  KopievonReferenzTypen clone()
                       throws CloneNotSupportedException {
    KopievonReferenzTypen kopie =
    (KopievonReferenzTypen)super.clone();
    kopie.z = z.clone();
    return kopie;
  }
// Durch das Klonen einer Instanz vom Typ der Klasse
// KopievonReferenzTypen wird ein tiefes Klonen der Instanz vom
// Typ der Klasse Zahl durchgeführt
  public static void main(String args[])
                       throws CloneNotSupportedException {
    KopievonReferenzTypen k1 = new KopievonReferenzTypen();
    KopievonReferenzTypen k2 = k1.clone();
// Das Feld z referenziert in verschiedenen Objektreferenzen
// vom Typ Zahl verschiedene Objekte
    System.out.println("Ein Vergleich der Referenzen von Typ "
      +"Zahl ergibt "+(k1.z == k2.z));
// Das Feld w referenziert in jeder Objektreferenz vom Typ Wort
// das gleiche Objekt, wenn dieses nicht geklont wurde
    System.out.println("Ein Vergleich der Referenzen vom Typ "
      +"Wort ergibt "+(k1.w == k2.w));
    System.out.println("Ein Vergleich der Referenzen von Typ "
      +"KopievonReferenzTypen ergibt "+(k1 == k2));
// Ausgabe von Feldwerten
    System.out.println("Ein Vergleich der Feldwerte von Zahl-"
      +"Instanzen ergibt fuer "+k1.z.toString()+" und "
      +k2.z.toString()+" "+(k1.z.zahl == k2.z.zahl));
    System.out.println("Ein Vergleich der Feldwerte vom Wort-"
      +"Instanzen ergibt fuer "+k1.w.toString()+" und "
      +k2.w.toString()+" "+(k1.w.wort == k2.w.wort));
  }
}
```

Programmausgaben

```
Ein Vergleich der Referenzen von Typ Zahl ergibt false
Ein Vergleich der Referenzen von Typ Wort ergibt true
Ein Vergleich der Referenzen von Typ KopievonReferenzTypen ergibt false
Ein Vergleich der Feldwerte von Zahl-Instanzen ergibt fuer Zahl: 1234 und
Zahl: 1234 true
Ein Vergleich der Feldwerte von Wort-Instanzen ergibt fuer Wort: JAVA und
Wort: JAVA true
```

Hinweise zum Lösungsvorschlag

Beim Versuch, die Objekte der Klasse Zahl zu klonen, erfolgt eine Programmunterbrechung mit der Meldung »ClonenotSupportedException«, wenn diese das Interface Cloneable nicht implementiert.

Lösung 3.17

Die Klasse Destruktor

```
public class Destruktor {
    private int zaehler;
// Konstruktordefinition
    Destruktor(int i) {
        zaehler = i;
        System.out.println("Der "+zaehler+"-te Konstruktoraufruf");
    }
// Die Methode der Klasse Object wird überschrieben
    public void finalize() {
        System.out.println("Der "+zaehler+"-te Destruktoraufruf");
    }
}
```

Die Klasse DestruktorTest

```
public class DestruktorTest {
    public static void main(String args[]) {
        for(int i=0; i<10000; i++) {
            Destruktor destruktor = new Destruktor(i);
        }
    }
}
```

Programmausgaben

```
Der 1-te Konstruktoraufruf
Der 2-te Konstruktoraufruf
etc.
Der 1-te Destruktoraufruf
Der 2-te Destruktoraufruf
```

```
etc.
Der 1000-te Konstruktoraufruf
etc.
```

Kapitel 4

Einführung in die graphische Programmierung

4.1 Das AWT (Abstract Windowing Toolkit) und Swing

In Java kann der Programmierer auf zwei Bibliotheken zurückgreifen, die bei der Erstellung von graphischen Oberflächen verwendet werden können.

Das AWT (Abstract Windowing Toolkit) wurde mit der Version 1.0 von Java zur Verfügung gestellt und in der Folgeversion des JDK 1.1 überarbeitet. Es benutzt für die Erstellung von Komponenten die Graphical-User-Interface-(GUI-)Elemente des jeweiligen Betriebssystems und führt dazu, dass eine Java-Anwendung mit AWT-Komponenten das typische Erscheinungsbild des zugrunde liegenden Betriebssystems hat. Da AWT-Komponenten auf jeder Plattform verfügbar sein sollen, mussten deren gemeinsamen Merkmale für die Bereitstellung ihrer Funktionalitäten ermittelt und zusammengefasst werden. Die Interfaces aus dem Paket java.awt. peer definieren die von AWT-Komponenten benötigten Betriebssystem-spezifischen Funktionen.

Swing, das als Teil der Java Foundation Classes (JVC) von Java 1.2 erstmal geliefert wurde, ist komplett in Java implementiert und zeichnet selbst seine graphischen Komponenten. Es ist dadurch plattformunabhängiger aber auch um einiges langsamer. Es gehört seit Java 1.3 zum JDK.

Die Klassen von AWT- und Swing-Komponenten sind alle von der Klasse java.awt.Component abgeleitet, worin auch die Bezeichnung als Komponente an Stelle von Objekt oder Instanz der Klasse, die wir im Nachfolgenden weitgehend benutzen werden, ihren Ursprung hat.

Komponenten und Container

Ein Container ist eine Komponente, die andere Komponenten enthalten kann. In diesem Zusammenhang wird von Vaterkomponenten bzw. Vorfahren (Aszendenten) und Kindkomponenten bzw. Nachfahren (Deszendenten) gesprochen.

Für die Definition der Anordnung von enthaltenen Komponenten benutzen Container einen Layout-Manager. Fast alle AWT- und Swing-Container definieren im Voraus eine bestimmte Anordnung für die in ihnen enthaltenen Komponenten, sie besitzen einen voreingestellten Layout-Manager. Wird diesem der Wert null zugewiesen, können Komponenten durch Angabe exakter Größe und Position angeordnet werden. Dafür werden Methoden der Klasse Component, wie setBounds(), setSize() oder setLocation() bzw. getBounds(), getX() oder getY(), angewandt.

Die setBounds()-Methode wird nicht von Layout-Managern überschrieben. Weil Layout-Manager die Größenangaben für Komponenten wieder zurücksetzen, scheint es des Öfteren in Programmen, dass der Aufruf dieser Methode ignoriert wird.

Die Koordinatenwerte, die von der getBounds()-Methode zurückgegeben werden, repräsentieren die Lage einer Komponente innerhalb ihrer Vaterkomponente und ihre Größe. Die Werte für die Lage können mit den Methoden getX() und getY() ermittelt werden. Die Position einer Komponente innerhalb eines Containers kann auch mit der Methode setLocation() gesetzt werden, die aber wiederum, wie auch setBounds(), ohne Wirkung bleiben kann, je nachdem welcher Layout-Manager genutzt wird.

Über so genannte Insets wird die Breite der Ränder (Border) eines Containers beschrieben. Die Klasse java.awt.Insets speichert vier Werte: die Breite des oberen, linken, rechten und unteren Rand eines Containers. Ist ein Border für eine Komponente definiert, gibt die Methode getInsets() der AWT-Klasse Container-Werte in Pixel für die Breite vom oberen, unteren, linken und rechten Rand der Komponente zurück.

AWT-Komponenten sind vorwiegend schwergewichtige Komponenten, die auch als HW-Komponenten (wie »heavyweight«) bezeichnet werden. Sie besitzen ein eigenes Fenster und werden vom Betriebssystem gezeichnet.

Swing-Komponenten sind leichtgewichtige Komponenten, auch LW-Komponenten (wie »lightweight«) genannt. Sie benutzen zum Zeichnen das native Fenster von ihrem am nahesten liegenden schwergewichtigen Vorfahren und sind meistens komplett in Java implementiert.

Man spricht von »Z-Order« wenn die Tiefe gemeint ist, d.h. die Ebene, in welcher eine Komponente liegt. Alle HW-Komponenten besitzen eine eigene »Z-Order«-Ebene. Ab Java 5.0 kann mit der Methode setComponentZOrder(Component c, int index) der Klasse Container eine Komponente mit dem angegebenen Z-Order-Index in einem Container hinterlegt werden. Der Z-Order-Index wird auch genutzt, um die Reihenfolge zu bestimmen, in welcher Komponenten gezeichnet werden. Die Komponente mit dem höchsten Z-Order-Index wird als erste gezeichnet und die mit dem niedrigsten als letzte.

Eine Garantie für den Gebrauch dieser Methode gibt es laut Java-Spezifikation nur für LW-Komponenten.

AWT-Container werden als Instanzen der Klassen Container, Dialog, Frame, Panel, ScrollPane und Window erzeugt. Window, Frame und Dialog erzeugen ein eigenes Fenster. Panel und ScrollPane stellen jeweils einen Teil eines Fensters dar.

Dadurch, dass Swing-Komponenten von der Klasse `JComponent` abgeleitet werden, die eine Erweiterung von `Container` ist, sind alle Swing-Komponenten Container. In der Praxis werden jedoch nur die nachfolgenden Komponenten üblicherweise als Container benutzt: `Box`, `JDesktopPane`, `JDialog`, `JFrame`, `JInternalFrame`, `JLayeredPane`, `JPanel`, `JRootPane`, `JScrollPane`, `JSplitPane`, `JTabbedPane`, `JViewport` und `JWindow`. Swing-Komponenten bieten gegenüber ihren vergleichbaren AWT-Komponenten eine Reihe von Vorteilen. Sie besitzen eine Vielfalt von Konfigurationsmöglichkeiten, können mit Border und Icons ausgestattet werden und auf diese kann gezeichnet werden.

Einen weiteren Vorteil von Swing bringt die Model-View-Controller-(MVC-)Architektur mit sich, nach der diese Komponenten aufgebaut sind. Die klassische MVC-Architektur umfasst drei Aspekte:

- Die Daten und Zustände, die von einer Komponente dargestellt werden sollen, werden unabhängig von ihrer graphischen Darstellung in einem Modell (Model) gespeichert.

- Unter der Ansicht (View) versteht man die Visualisierung der Daten in den GUI-Komponenten. Ein Modell kann mehrere Viewer besitzen.

- Ein dritter Aspekt, die Steuerung (Controller), ist für die Ereignisbehandlung zuständig.

Swing-Komponenten sind nach einer etwas vereinfachten Version der MVC-Architektur aufgebaut, der Controller und der Viewer bilden eine Einheit. Diese Einheit wird durch ein User-Interface-Delegationsobjekt, auch als UI-Delegates benannt, repräsentiert. UI-Delegates sind Instanzen von User-Interface-Delegationsklassen, welche die sichtbare Komponente und die Ereignisbehandlung enthalten.

Sowohl Swing- wie auch AWT-Komponenten dienen dem Aufbau von graphischen Oberflächen. Diese besitzen mehrere Eigenschaften, die sie entweder selbst definieren oder erben können. Eigenschaften gehören, anders als Felder und Methoden, nicht zum formalen Teil einer Klasse und sind lediglich Namenskonvention. Besitzt eine Komponente z.B. zwei Zugriffsmethoden, deren Namen mit »get« und »set« beginnen, so ist damit eine Eigenschaft definiert. Ist der Wert einer Eigenschaft vom Typ `boolean`, so kann der Name der Zugriffsmethode auch mit »is« beginnen.

Für Komponenten von graphischen Benutzeroberflächen ist es sinnvoll, Konstruktoren ohne Parameter bereitzustellen. Wenn diese jedoch Eigenschaften definieren, denen ein Wert zugewiesen werden soll, ist ein zweiter Konstruktor durchaus berechtigt, der Werte für diese Eigenschaften entgegennehmen kann.

Für Komponenten kann eine minimale, eine maximale und eine bevorzugte Größe angegeben werden. Idealerweise sollte eine benutzerdefinierte Komponente die von `Component` definierten Methoden `set[get]PreferredSize()`, `set[get]MinimumSize()` und `set[get]MaximumSize()` überschreiben, wenn ihre Größe von den Standardgrößen abweichen soll. Nur werden die von diesen Methoden gesetzten Werte wie auch im Falle der `setBounds()`-Methode von Layout-Managern des

Öfteren zurückgesetzt oder neu vergeben. Bei den im AWT und Swing vorgesehenen fertig definierten Komponenten wie Labels, Buttons etc. geben diese Methoden bereits die richtige Größe in Abhängigkeit von der Beschriftung an und sollen deshalb nicht überschrieben werden.

Mit set[get]MaximumSize() wird vorgegeben, wie groß eine Komponente werden darf, wenn der umgebende Container größer wird und mit set[get]MinimumSize() eine Größe definiert, unterhalb welcher sie nicht mehr angemessen dargestellt werden kann. Mit set[get]PreferredSize() wird die bevorzugte Größe einer Komponente definiert.

LW-Komponenten unterstützen sowohl unter AWT wie auch unter Swing eine so genannte Transparenz-Eigenschaft. Wenn eine LW-Komponente alle oder ein Teil ihrer Bits unbemalt lässt, wird die darunter liegende Komponente sichtbar und wir sprechen in diesem Fall von durchsichtigen Komponenten.

Die Transparenz-Eigenschaft kann in Swing mit der Methode setOpaque() gesetzt werden und wird in diesem Zusammenhang auch **opaque**-Eigenschaft genannt, wobei opaque undurchsichtig bedeutet, also das Gegenteil von transparent. Der Defaultwert für diese Eigenschaft wird für Swing-Komponenten in der Regel über ihr aktuelles UI-Delegationsobjekt gesetzt und ist true für die meisten Komponenten. Wird beim Zeichnen von Komponenten deren **opaque**-Eigenschaft auf true gesetzt, und nicht der komplette Bereich innerhalb ihrer Grenzen definiert, kann in den Teilen, die unberücksichtigt geblieben sind, Bildschirmmüll angezeigt werden.

Swing-Komponenten besitzen eine zusätzliche Eigenschaft: das Überlappen von Komponenten. Wird eine Swing-Komponente gemalt, so ist es möglich, dass eine andere LW-Komponente diese partiell überlappt. Diese Eigenschaft wird über die Methode isOptimizedDrawingEnabled() gesetzt und alle Swing-Komponenten mit Ausnahme von JLayeredPane, JDesktopPane und JViewport geben true für diese Eigenschaft zurück.

Wird ein HW-Container einem anderen HW-Container hinzugefügt, so überdeckt dieser all seine LW-Komponenten. Darum sollten HW-Komponenten nicht innerhalb von LW-Containern platziert werden, die eine Überlappung ihrer Kinder unterstützen. LW-Komponenten, die sich im Inneren von HW-Komponenten befinden, können mit Swing in geschachtelte Ebenen angeordnet werden und unterstützen dabei ein Überlappen ihrer Kinder.

Beim Erstellen von graphischen Oberflächen gehen Programme ähnliche Wege. Die anzuzeigenden Komponenten werden über ihren Konstruktor erstellt und über die Felder ihrer zugehörigen Klassen mit Hilfe von Zugriffsmethoden konfiguriert. Diese werden einem Container, der einen Layout-Manager definiert, hinzugefügt und das Programm übernimmt die Behandlung der von den Komponenten generierten Ereignisse.

Alle Klassen und Interfaces des AWT sind im package java.awt und alle Swing-Komponenten im Package javax.swing und deren Unterpackages zusammengefasst.

4.2   Fenster unter graphischen Oberflächen

Die Klassen [J]Window und die davon abgeleiteten Klassen [J]Frame und
[J]Dialog, sowie die Klassen [J]Panel stellen Container bereit, in welchen sowohl Standard-Komponenten wie auch benutzerdefinierte Graphiken angeordnet
und angezeigt werden können. Um eine graphische Benutzeroberfläche zu erstellen, muss eine dieser Klassen erweitert werden und davon ein Objekt erzeugt werden. Objekte vom Typ [J]Frame und [J]Dialog besitzen einen Rahmen und eine
Titelleiste.

Unter AWT kann ein Fenster nur dann geschlossen werden, wenn eine Ereignisbehandlung implementiert ist. Dadurch, dass Ereignisse (Events) erst gegen Ende
dieses Kapitels behandelt werden, müssen AWT-Fenster in den ersten Übungsbei-
spielen aus diesem Kapitel über die Kommandozeile (mit der Tastenkombination
Strg+C z.B.) oder mit dem Taskmanager geschlossen werden. Swing bietet dafür
die in der Klasse JFrame definierte Methode setDefaultCloseOperation() mit
dem Argument JFrame.EXIT_ON_CLOSE an.

Unter AWT hat ein Dialogfenster immer einen Besitzer, dies ist ein Fenster, das
den Dialog erzeugt und nach dem Schließen des Dialogs wieder die Steuerung
erhält. In Swing ist der JFrame-Parameter für Dialog-Komponenten optional.

4.3   Die Klassen Graphics und Graphics2D

Eine wichtige Rolle in der Graphikprogrammierung spielen die AWT-Klasse Graphics und ihre Unterklasse Graphics2D, die in der 2D-API von Java moderne
zweidimensionale Graphikfunktionen liefert. Diese Klassen dienen einem mehrfachen Zweck:

- Sie definieren in erster Linie einen graphischen Kontext für das Zeichnen, der
  einen Zeichenbereich auf dem Bildschirm oder auf dem Papier eines Druckers
  darstellt.

- Sie definieren Methoden zum Zeichnen von Linien, Schreiben von Texten, Anzeigen von Bildern und Ausfüllen von Flächen.

- Sie definieren eigene Felder mit vorbelegten Werten, auf welche mit Hilfe der
  Methoden dieser Klassen zugegriffen werden kann.

- Die zentrale Klasse beim Erstellen von graphischen Oberflächen bleibt jedoch
  nach wie vor die Klasse Component, weil mit Java nicht direkt auf den Bildschirm oder das Papier eines Druckers gemalt werden kann. Die Graphics-In-
  stanz stellt zwar eine Oberfläche für das Zeichnen zur Verfügung, nur kann
  man sich während eines Zeichenvorgangs immer nur innerhalb von Kompo-
  nentengrenzen bewegen.

4.4 Methoden zum Zeichnen

Für das Zeichnen von Graphiken können zwei Möglichkeiten genutzt werden:

■ Eine paint()-Methode der jeweiligen Komponente wird überschrieben, wozu eine neue Klasse vom Typ der Komponente abgeleitet werden muss. Zum Aufruf von paint()-Methoden führt ein vom System ausgelöstes Ereignis, wenn der Bildschirm neu gezeichnet wird oder wenn die Größe von Komponenten abgeändert wird. Der Aufruf der Methode repaint() bewirkt das erneute Zeichnen von Seiten der Applikation durch einen Aufruf der paint()-Methode.

■ Das Programm liefert mit Hilfe der Methode getGraphics() den Graphikkontext einer Komponente als ein Graphics-Objekt und ruft an diesem die Methoden der Graphics-Klasse auf. Im Unterschied zur ersten Möglichkeit muss in diesem Fall keine neue Klasse vom Typ der Komponente abgeleitet werden. Weil nach einer Überlagerung der Graphik diese nicht wieder neu gezeichnet wird, ist es im Allgemeinen günstiger, die paint()-Methode zu überschreiben.

Wird eine paint()-Methode aufgerufen, ist das Graphics-Objekt mit den für diese Komponente wichtigsten Eingenschaften für das Zeichnen prekonfiguriert:

■ der color-Parameter ist gleichgesetzt mit der foreground-Eigenschaft der Komponente,

■ der font-Parameter mit ihrer font-Eigenschaft,

■ der translation-Parameter ist so gesetzt, dass die Punktkoordinaten (0,0) die höchste linke Ecke der Komponente repräsentieren und

■ der clip-rectangle-Parameter ist dem Bereich der Komponente gleichgesetzt, der neu gezeichnet werden soll.

In der Java-Literatur wird zwischen einem »vom System ausgelösten Zeichnen« und einem »von einer Applikation ausgelösten Zeichnen« unterschieden. Dabei verhalten sich AWT- und Swing-Komponenten in beiden Fällen noch mal verschieden.

Wird das Zeichnen vom System ausgelöst, so veranlasst das AWT, dass die paint()-Methode der Komponente aufgerufen wird. Im zweiten Fall ruft das Programm die repaint()-Methode für die Komponente auf, die über eine asynchrone Aufforderung dem AWT mitteilt, dass die Komponente geändert werden soll und veranlasst, dass die update()-Methode der Komponente aufgerufen wird. Wenn die Komponente die update()-Methode nicht überschreibt, wird die Standardimplementierung von update() aufgerufen, die im Falle von HW-Komponenten deren Hintergrund löscht und danach paint() aufruft und im Falle von LW-Komponenten direkt auf paint() ausgerichtet ist.

Das Überschreiben der update()-Methode ermöglicht dem Programm, ein schon vorher durchgeführtes Zeichnen zu ergänzen, was auch unter dem Namen »incremental painting« (weiterführendes Zeichnen) bekannt ist.

Die `paint()`-Methode von Swing unterscheidet sich von der AWT `paint()`-Methode, dadurch, dass sie ihre Arbeit an drei andere Methoden `paintComponent()`, `paintChildren()` und `paintBorder()` delegiert. Dies erlaubt dem Programmierer, nur den Teil des Zeichenvorganges zu überschreiben, der erweitert werden soll.

Ein wesentlicher Unterschied zwischen AWT- und Swing-Komponenten besteht in diesem Zusammenhang auch darin, dass unter Swing eine Pufferung des Bildschirminhaltes zur Optimierung des Zeichenvorganges standardmäßig vorgenommen wird, während der AWT-Benutzer sich selbst darum kümmern muss.

Anderseits können Zeichenvorgänge für Swing-Komponenten »look and feel«-spezifisch gestaltet werden, d.h. sich dem Erscheinungsbild der Anwendung anpassen. Dafür müssen diese in den vorher erwähnten UI-Delegationsklassen von Komponenten durchgeführt werden.

Die `paintComponent()`-Methode prüft, ob die Referenz vom Typ der UI-Delegationsklasse der Komponente verschieden von `null` ist und ruft über `super.paintComponent()` deren `update()`-Methode auf, die den Hintergrund der Komponente malt, falls diese undurchsichtig ist (d.h. ihre `opaque`-Eigenschaft ist gleich `true` gesetzt). Aus der `update()`-Methode wird dann die `paint()`-Methode der UI-Delegationsklasse aufgerufen. Swing-Komponenten selbst rufen nie direkt die `update()`-Methode auf. Ein Aufruf der `update()`-Methode der UI-Delegationsklasse erfolgt auch, wenn die `paint()`-Methode überschrieben wird und daraus `super.paint()` aufgerufen wird oder wenn keine der `paint()`-Methoden überschrieben wird.

Die Methode `paintBorder()` kann überschrieben werden, um einen vom Standard abweichenden Rand für eine Komponente zu zeichnen.

Die Methode `paintChildren()` nutzt die `clip-rectangle`- und `optimizedDrawingEnabled`-Eigenschaften, um herauszufinden, für welche Deszendenten von Komponenten die `paint()`-Methode rekursiv aufzurufen ist.

Viele der nachfolgenden Beispiele zeigen im Detail, wie derartige Zusammenhänge funktionieren.

Die Sichtbarkeit `protected` für die Methoden `paintComponent()`, `paintChildren()` und `paintBorder()` sollte in der Programmierung beibehalten bleiben, weil diese Methoden nicht von außerhalb einer Klasse aufgerufen werden und eine Erweiterung der Sichtbarkeit auf `public` von daher unnötig wäre.

Die Vorgehensweise beim Zeichnen ist auch wieder unterschiedlich, was AWT- und Swing-Komponenten anbelangt.

Unter Swing wird empfohlen, eine Komponente, deren Klasse von `JPanel` abgeleitet ist, zu bilden und diese, nachdem ihr alle vom Programm aus definierten Komponenten hinzugefügt wurden, in ein Fenster zu setzen, ein Weg der durchaus auch für AWT-Komponenten genutzt werden kann. Genauso bleibt auch unter Swing die sehr häufig unter AWT genutzte Möglichkeit bestehen, eine Unterklasse von JFrame (unter AWT Frame) zu bilden und die paint()-Methode zu über-schreiben. Zum Beachten für den Programmierer bleibt, dass bei einem Zeichnen in ein Swing-Fenster das Programm nicht auch die paintComponent()-Methode überschreiben kann, weil Swing-Fenster keine Erweiterungen der Klasse JCompo-nent sind, die diese Methode definiert.

Farben werden in Java nach dem RGB-Modell erstellt, d.h. aus den Grundfarben rot, grün und blau gemischt. Ein Objekt der AWT-Klasse Color entspricht einer Farbe des RGB-Modells. Zur Definition von Farben kann eine Kombination von drei Zahlen vom Typ int oder float genutzt werden. Für die am häufigsten ver-wendeten Farben definiert die Klasse Color Konstanten (z.B. Color.red = new Color(255,0,0);).

Eine gewünschte Schrift für die Anzeige von Texten kann über ein Font-Objekt erzeugt werden. Im Konstruktor dieser Klasse werden die Schriftart (Arial, Cou-rier,...), der Schriftstil (fett, kursiv,...) und die Schriftgröße (in Points als int-Zahl) übergeben. Die AWT-Klasse FontMetrics repräsentiert die metrischen Daten eines Font-Objektes. Der Konstruktor dieser Klasse ist geschützt und ein Objekt der Klasse kann nur über die Methode getFontMetrics() von Component, Graphics oder Toolkit ermittelt werden. Die font-ascent- bzw. font-descent-Eigenschaft der Klasse definiert die größte Ober- bzw. Unterlänge der Zeichen die-ser Schrift.

Der Aufbau eines Fensters kann im Konstruktor einer von [J]Frame abgeleiteten Klasse erfolgen oder nachdem ein Objekt der Klasse erzeugt wurde. Für die Defini-tion der Größe des Fensters, seiner Hintergrundfarbe, der Anzeigeposition etc. können Methoden der Klasse Component bzw. JComponent genutzt werden: set-Size() definiert die Größe des Fensters, setBounds() die Anzeigeposition und Größe, setBackground() die Hintergrundfarbe get/setPrefferedSize() wie-derum die Größe des Fensters.

Wird für Subkomponenten, die dem Fenster hinzugefügt werden, die bevorzugte Größe mit get/setPreferredSize() gesetzt, so wird diese in der Emittlung der Fenstergröße berücksichtigt. Der Aufruf der pack()-Methode für das Fenster führt dazu, dass das Fenster eine Größe aufnimmt, die von der preferredSize-Eigen-schaft und dem Layout seiner Subkomponenten vorgegeben wird. Wird die Fens-tergröße mit setBounds() definiert, so verhindert der Aufruf der pack()-Methode die Anzeige des Fensters. In beiden Fällen muss wegen der Sichtbarkeit, die Methode setVisible(true) aufgerufen werden.

Mit den Methoden getDefaultToolkit() und getScreenSize() der Klasse Toolkit kann die Bildschirmgröße ermittelt werden und diese Werte können mit in die Fensterpositionierung einbezogen werden. Die abstrakte Klasse java.awt.Tool-kit definiert system- und bildschirmabhängige Implementierungen, die von Pro-grammen genutzt werden können. Für jede Plattform gibt es eine Implementierung von dieser Klasse, diese ist unter Windows die Klasse WToolkit, die unter anderem dem AWT die Peer-Objekte, die einer betriebssystemspezifischen Darstellung von graphischen Komponenten dienen, liefert.

Aufgabe 4.1

Eine einfache AWT-Komponente vom Typ Frame

Definieren Sie eine von Frame abgeleitete Klasse, Framemitpaint, welche die Methode paint() der Oberklasse überschreibt und ein Oval mit Hilfe der Methode fillOval() der Klasse Graphics im Fenster zeichnet. Setzen Sie mit Hilfe der Methode setColor() der Klasse Graphics die Farbe für das Füllen von Umrissen und mit der Methode setBackground() eine Hintergrundfarbe für das Fenster. Die Klasse muss das Paket java.awt importieren, weil sie Klassendefinitionen aus diesem Paket benutzt.

Java-Dateien: Framemitpaint.java
Programmaufruf: java Framemitpaint

Aufgabe 4.2

Eine Einfache Swing-Komponente vom Typ JFrame

Definieren Sie eine Klasse JFramemitpaint, welche die Klasse JFrame erweitert und einen Kreis auf ein als Instanz der Klasse erzeugtes Fenster zeichnet. Die Klasse definiert zwei Instanzfelder x und y, die die Koordinaten des Punktes, von dem aus der Kreis gezeichnet wird, bestimmen sollen und in ihrer Deklaration initialisiert werden. Sie überschreibt, wie auch die Klasse Framemitpaint, die paint()-Methode ihrer Oberklasse.

Um ein Fenster symmetrisch zu den Bildschirmseiten zu platzieren, kann mit Hilfe der Methoden getDefaultToolkit() und getScreenSize() der Klasse Toolkit die Bildschirmgröße ermittelt werden. Setzen Sie die Fenstergröße mit Hilfe der Methode setPreferredSize(new Dimension(100,100)), die mit Java 5.0 auch für die Klasse Component implementiert wurde.

Über den Aufruf des Konstruktors der Oberklasse kann eine Überschrift für das Fenster gesetzt werden. Die Methoden setBounds() und setDefaultCloseOperation() werden am aktuellen Objekt aufgerufen, um die Größe und Position des Fensters zu definieren und das Fenster über die Fensterleiste schließen zu können.

Hinweise für die Programmierung:

Die Klasse java.awt.Dimension definiert die Höhe und Breite einer Komponente mit Hilfe von int-Werten.

In Zusammenhang mit get/setPreferredSize() muss immer die von der Klasse Window geerbte Methode pack() aufgerufen werden.

Java-Dateien: JFramemitpaint.java
Programmaufruf: java JFramemitpaint

Aufgabe 4.3

Ein JWindow-Fenster

Eine Instanz der Klasse JWindow besitzt weder einen Rand noch eine Titelleiste. Schreiben Sie einen Text in der Schriftart »TimesRoman«, mit einer Größe von 26 Pixeln, in ein JWindow-Fenster. Bestimmen Sie mit Hilfe der Methoden getAscent() und getDescent() der Klasse FontMetrics die Distanz von der Schriftbasis bis zum höchsten bzw. tiefsten Charakter der Schrift und zeichnen Sie oberhalb und unterhalb der Schrift je eine Linie.

Die von JWindow abgeleitete Klasse JWindowmitpaint überschreibt dazu die von der Klasse Container geerbte paint()-Methode. Rufen Sie für das Setzen der Größe und Position des Fensters die von der Klasse Component geerbte setBounds()-Methode auf.

Java-Dateien: JWindowmitpaint.java
Programmaufruf: java JWindowmitpaint

Aufgabe 4.4

Ein JDialog-Fenster

Mit der Klasse JDialogmitpaint soll eine weitere Container-Klasse von Swing JDialog und eine weitere Methode der Graphics-Klasse, drawImage(), zum Einsatz kommen. Überschreiben Sie die paint()-Methode in dieser Klasse, um damit ein Bild zu zeichnen.

Weil die Klasse Image eine abstrakte Klasse ist, können keine Objekte vom Typ dieser Klasse instanziiert werden. Bilden Sie ein Image-Objekt, indem Sie an einer Instanz der Klasse ImageIcon die Methode getImage() der Klasse aufrufen. Im Konstruktor der Klasse ImageIcon wird der Name der Bilddatei javalogo.gif übergeben.

Java-Dateien: JDialogmitpaint.java
Programmaufruf: java JDialogmitpaint

Aufgabe 4.5

Das Neuzeichnen einer Swing-Komponente ohne Benutzung des Clip-Rectangles

Es soll eine benutzerdefinierte Komponente vom Typ der Klasse JComponent gebildet werden, die eine eigene Graphik malt. Die dazu definierte Klasse JComponentmitpaintundohneclipBounds soll gleichzeitig auf eine einfache Art und Weise das Neuzeichnen einer LW-Komponente, nachdem ihre Größe am Bildschirm abgeändert wurde, veranschaulichen.

Auf einen hellgrauen Hintergrund werden durch das Überschreiben der Methode paintComponent() zwei Kreise in den Farben rot und grau gemalt. Die Klasse JComponentmitpaintundohneclipBounds definiert zwei Zähler zaehlerKreis1 und zaehlerKreis2 als Instanzfelder der Klasse, die bei jedem Aufruf der paint-Component()-Methode hochgesetzt und am Bildschirm angezeigt werden. Überschreiben Sie die von der Klasse JComponent geerbte Methode getPreferred-Size(), um die erwünschte Größe der Komponente zu setzen. Diese wird über den Aufruf der Methode pack() in der Ermittlung der Fenstergröße berücksichtigt.

Erzeugen Sie in der main()-Methode der Klasse eine JFrame-Komponente mit dem Titel: »Clipping Region« und fügen Sie dieser eine Instanz der Klasse JComponentmitpaintundohneclipBounds hinzu.

Java-Dateien: JComponentmitpaintundohneclipBounds.java
Programmaufruf: java JComponentmitpaintundohneclipBounds

Aufgabe 4.6

Das Neuzeichnen einer Swing-Komponente mit Benutzung des Clip-Rectangles

Eine für das Graphics-Objekt vordefinierte Eigenschaft ist die clip-rectangle-Eigenschaft. Definieren Sie in Analogie zur Klasse JComponentmitpaintundohneclipBounds aus der Aufgabe 4.5 eine Klasse JComponentmitpaintundclipBounds, die für das Neuzeichnen einer Komponente, nachdem die Größe des Fensters abgeändert wurde, das Clip-Rectangle nutzt.

Hinweise für die Programmierung:

Ein Programm kann beim Implementieren seiner paint()-Methode immer davon ausgehen, dass nur der Bereich, der vom clip-rectangle-Parameter des Graphics-Objektes definiert ist, ungültig wurde und komplett neu gezeichnet werden muss. Die betroffenen Regionen können mit der Methode getClipBounds() der Graphics-Klasse ermittelt werden und nur deren Inhalte sollen in diesem Beispiel neu gezeichnet werden.

Java-Dateien: JComponentmitpaintundclipBounds.java
Programmaufruf: java JComponentmitpaintundclipBounds

Aufgabe 4.7

Das Parametrisieren der paint()-Methode

Erstellen Sie eine von Dialog abgeleitete Klasse DialogmitFrameOwner, die ein Dialog-Fenster mit einem Frame als Eigentümer definiert. Die Klasse überschreibt die paint()-Methode, die ein Bild und ein Text am Bildschirm zeichnet und über die Felder der Klasse parametrisiert werden soll.

Definieren Sie zu diesem Zweck eine zweite Klasse `Dialogmitrepaint`, die für unterschiedliche Objektzustände der Klasse `DialogmitFrameOwner` über `repaint()` deren `paint()`-Methode aufruft.

Das Fenster, das Eigentümer von `Dialogmitrepaint`-Objekten ist, wird nicht angezeigt.

Hinweise für die Programmierung:

Beim Programmaufruf wird die mit Hilfe der Datei `T1.gif` erzeugte `ImageIcon`-Instanz gezeichnet und der Text »Bild(1)« in das Dialogfenster geschrieben. Weitere Instanzen der Klasse `DialogmitFrameOwner` werden mit den Dateien `T2.gif`, `T3.gif` und `T4.gif` und den Literals »Bild(2)«, »Bild(3)« und »Bild(4)« gebildet.

Die benötigten Beschreibungen und die Namen der `.gif`-Dateien werden in zwei Array-Objekten vom Typ `String` hinterlegt, die als lokale Referenzvariablen in der `main()`-Methode der Klasse `Dialogmitrepaint` definiert sind. Parallel zu diesen werden in einem weiteren Array-Objekt vom Typ der Klasse `ImageIcon` Instanzen dieser Klasse hinterlegt. Die Elemente eines Array-Objektes vom Typ der Klasse `DialogmitFrameOwner` speichern die über eine `for`-Schleife konstruierten Objektzustände für diese Klasse.

Java-Dateien: `DialogmitFrameOwner.java`, `Dialogmitrepaint.java`
Programmaufruf: `java Dialogmitrepaint`

Aufgabe 4.8

Die Instanzen der Klasse Color

Zur Definition einer Farbe können im Konstruktoraufruf der Klasse `jawa.awt.Color` drei `int`-Werte übergeben werden, die je einem Ton der Grundfarben rot, grün und blau entsprechen, und zwar im Wertebereich von 0 bis 255.

Definieren Sie eine Klasse `DefinitionvonFarben`, die die Klasse `JFrame` erweitert und in ihrer `paint()`-Methode konzentrische Kreise in unterschiedlichen Farben malt. Die zur Definition von Farben genutzten `int`-Werte werden über drei geschachtelte `for`-Schleifen generiert. Der Wert des Radius der Kreise wird bei jedem Durchlauf einer `for`-Schleife um 5 erhöht. Die Werte von lokalen Variablen aus der Definition von `for`-Schleifen sollen um 100 erhöht werden und dürfen den Wert 255 nicht überschreiten.

Java-Dateien: `DefinitionvonFarben.java`
Programmaufruf: `java DefinitionvonFarben`

4.5 Die Transparenz-Eigenschaft und der Hintergrund von Komponenten

LW-Komponenten besitzen standardmäßig keinen Hintergrund. Für Swing-Komponenten kann dieser mit der Methode `setOpaque()` eingestellt werden.

Für das Setzen des Hintergrundes von benutzerdefinierten Swing-Komponenten, die die `paintComponent()`-Methode der Oberklasse nicht überschreiben, reicht der Aufruf der Methode `setOpaque(true)`, da in diesem Fall automatisch die `update()`-Methode des UI-Delegationsobjektes aufgerufen wird, die den Hintergrund der Komponente in der von der `background`-Eigenschaft definierten Farbe malt.

Standard- und benutzerdefinierte UI-Delegationskomponenten werden schwerpunktmäßig im Kapitel 6 behandelt. Hier sei nochmals darauf hingewiesen, dass ein Aufruf von Methoden der UI-Delegationsklassen von deren zugeordneten Komponentenklassen durch das Überschreiben der `paintComponent()`-Methode, ohne daraus mit `super.paintComponent()` die Methode der Oberklasse aufzurufen, vermieden werden kann. Derartige Komponenten ändern ihr Aussehen nicht, falls das Erscheinungsbild einer Anwendung abgeändert wird (siehe Kapitel 6).

4.6   Layout-Manager

Layout-Manager übernehmen, wie schon angesprochen, das Anordnen von Komponenten innerhalb von Containern. Die Layout-Manager-Klassen implementieren die Schnittstelle `java.awt.LayoutManager` oder deren Unterinterface `LayoutManager2`.

Es gibt mehrere Arten von Layout-Managern. Ein `LayoutManager`-Objekt wird über einen `new`-Operator instanziiert. Dieses Objekt wird dann an die `setLayout()`-Methode des entsprechenden Containers übergeben und die diversen Methoden des Layout-Managers werden aufgerufen. Wenn sich die Größe des Containers ändert, erneuert der Layout-Manager die Anordnung der Komponenten entsprechend.

Der Layout-Manager `FlowLayout` ordnet die Komponenten in Zeilen von links nach rechts und diese von oben nach unten an und ändert die bevorzugte Größe der Komponenten nicht. Er ist der Standard-Layout-Manager für `JPanel`. Es kann angegeben werden, ob die Zeilen zentriert, links- oder rechtsbündig ausgerichtet werden sollen und wie viel Platz oben, unten, links und rechts von den Komponenten frei bleiben soll. Falls der Container nicht groß genug ist, um alle Komponenten anzuzeigen, werden die zu großen Komponenten nur teilweise bzw. die überzähligen Komponenten gar nicht angezeigt.

Der `GridLayout`-Layout-Manager ordnet die Komponenten von links nach rechts und von oben nach unten in ein gleichmäßiges Raster von Zeilen und Spalten an. Die Anzahl der Zeilen und Spalten, sowie deren Abstände, können vordefiniert werden. Er berücksichtigt nicht die bevorzugte Größe von Komponenten. Der vorhandene Platz wird gleichmäßig aufgeteilt, so dass alle Komponenten die gleiche Größe in ihrer Darstellung bekommen, was eine vom Benutzer definierte Größeneinstellung rückgängig macht.

Der `BorderLayout`-Layout-Manager unterteilt einen Container in fünf Bereiche, die mit Hilfe der Konstantendefinitionen von `BorderLayout.NORTH`, `BorderLay-`

out.SOUTH, BorderLayout.WEST, BorderLayout.EAST und BorderLayout.CEN-TER zugeordnet werden können. Soll eine Komponente dem Container hinzugefügt werden, muss über den Namen dieser Konstanten angegeben werden, wohin sie gesetzt werden soll. Er ist der Standard-Layout-Manager für JFrame und JDialog. Die bevorzugte Größe der Komponenten wird nach den folgenden Regeln berücksichtigt: Komponenten im North- und South-Bereich werden so breit wie der Container und behalten ihre bevorzugte Höhe. Komponenten im West- und East-Bereich werden so hoch wie der Container und behalten ihre bevorzugte Breite. Einer Center-Komponente wird der in der Mitte des Containers verbliebene Platz zugeteilt. Zwischen den Komponenten kann ein bestimmter Leerraum vorgegeben werden.

Der Layout-Manager BoxLayout ordnet seine Komponenten in einer waagerechten Zeile BoxLayout.X_AXIS oder in einer senkrechten Spalte BoxLayout.Y_AXIS an. Anstatt diesen Layout-Manager direkt zu benutzen, kann eine Instanz der Klasse javax.swing.Box eingesetzt werden, die das BoxLayout verwendet. Zu den Box-Objekten kann man mit createHorizontalGlue(), createHorizontalStrut() und createHorizontalStrut()) einen dehnbaren oder festen Leerraum hinzufügen. Das BoxLayout ist das wichtigste Layout unter Swing.

Der Layout-Manager GridBagLayout ordnet seine Komponenten entsprechend einer Reihe von Einschränkungen (»constraints«) an. Diese werden in Objekten der Klasse GridBagConstraints abgelegt. Auch dieser Layout-Manager teilt, ähnlich wie Layout-Manager GridLayout, den Container in ein Raster mit Zeilen und Spalten auf, nur kann das Raster hier eine beliebige Größe haben und seine Zeilen und Spalten beliebige Höhen und Breiten. Die Komponenten werden an den angegebenen Positionen im Raster angeordnet.

Anstatt eines Layout-Managers ein selbst codiertes Layout zu benutzen, bedeutet, die Komponenten in einem Container nach Belieben anzuordnen. Weil alle AWT- und Swing-Komponenten Standard-Layout-Manager besitzen, müssen deren Referenzen dazu auf null gesetzt werden. Mit der Methode setBounds() der Klasse Component kann dann für jede einzelne Komponente die Größe und Position angegeben werden. Alternativ können auch die Methoden setSize() und setLocation() genutzt werden.

Um einen benutzerdefinierten Layout-Manager zu entwickeln, können eigene Klassen definiert werden, die die Schnittstellen LayoutManager bzw. LayoutManager2 implementieren. Dabei werden die Methoden der Schnittstelle implementiert, die der Container nachher selbstständig aufruft. Die wichtigste der Methoden ist layoutContainer(), die allen im Container enthaltenen Komponenten eine Position und Größe zuordnen muss.

Mit Hilfe von Methoden der Klasse javax.swing.BorderFactory können für bestimmte Container standard- und benutzerdefinierte Typen von Border (Rändern) gesetzt werden.

Aufgabe 4.9

Die vordefinierten Layout-Manager für Standard-Klassen

In einer Klasse AnzeigevonLayoutManager sollen, um einen globalen Überblick zu erreichen, Namen von AWT- und Swing-Komponenten und deren Standard-Layout-Manager am Bildschirm angezeigt werden.

Die Methode anzeige() der Klasse definiert als Parameter eine Referenz vom Typ der Container-Klasse. Das im Methodenaufruf angegebene Argument kann durch den impliziten Polymorphismus eine Referenz vom Typ einer beliebigen Klasse sein, die die Klasse Container erweitert.

Java-Dateien: AnzeigevonLayoutManager.java
Programmaufruf: java AnzeigevonLayoutManager

Aufgabe 4.10

Die Layout-Manager von AWT-Komponenten

LayoutManager ist das Interface, das alle Layout-Manager-Klassen implementieren. Darum kann eine Referenzvariable vom Typ LayoutManager auf Objekte aller dieser Klassen zeigen.

Die Klasse FrameMaske erweitert die Frame-Klasse und definiert einen Container, auf dem die verschiedenen Layout-Manager zum Einsatz kommen, um Komponenten vom Typ Label zu platzieren. Sie definiert als Klassenfeld eine globale Referenz vom Typ des Interface LayoutManager, die in der main()-Methode der Klasse anhand des im Programmaufruf übergebenen Argumentes die Referenz auf eine Instanz der entsprechenden Layout-Manager-Klasse zugewiesen bekommt.

In der gleichen Methode wird ein Objekt der eigenen Klasse erzeugt, dessen Referenz neben der LayoutManager-Referenz im Konstruktor einer Klasse GrundMaskefuerAWT übergeben wird. An dem so erzeugten Objekt wird die Methode anzeige() der Klasse GrundMaskefuerAWT aufgerufen.

Die Klasse GrundMaskefuerAWT definiert einen Maskenprototyp für die Anzeige von AWT-Komponenten mit unterschiedlichen Layout-Manager-Typen in einem Fenster. Sie erzeugt sieben Instanzen vom Typ einer Klasse AWTLabel und fügt diese unter Berücksichtung der Layoutdefinition der in ihrem Konstruktor übergebenen Frame-Komponente hinzu.

Die Klasse GrundMaskefuerAWT implementiert das Interface LabelFarben, das Array-Objekte vom Typ Color und String für Farben- und Textdefinitionen bereitstellt.

Die Klasse AWTLabel wird von der Klasse Label abgeleitet und bekommt im Konstruktor Referenzen vom Typ der Klassen Color und String übergeben, mit welchen der Konstruktor ihrer Oberklasse aufgerufen wird, um Labels mit unterschiedlicher Farbe und Schrift zu erstellen.

Hinweise für die Programmierung:

Eine Instanz vom Typ der Klasse Label ist eine HW-Komponente, sodass diese standardmäßig einen Hintergrund besitzt.

Java-Dateien: FrameMaske.java, GrundMaskefuerAWT.java, LabelFarben.java, AWTLabel.java

Programmaufruf: java FrameMaske [FlowLayout] [GridLayout] [BorderLayout]

Aufgabe 4.11

Die Layout-Manager von Swing-Komponenten

Die Klassen JFrameMaske und GrundMaskefuerSwing definieren das Pendant zu den Klassen aus der Aufgabe 4.10 für Swing-Komponenten. Führen Sie die nötigen Änderungen in den Klassendefinitionen durch, so dass eine Anzeige von Swing-Komponenten, mit unterschiedlichen Layout-Manager-Definitionen, ermöglicht wird.

Die Klasse SwingLabel wird von der Klasse JLabel abgeleitet und definiert zwei globale Referenzen vom Typ der Klassen Color und String, deren Werte im Konstruktor der Klasse übergeben werden und in der paintComponent()-Methode zum Zeichnen eines Rechtecks und Schreiben eines Textes auf die Komponenten der Klasse genutzt werden. Vergewissern Sie sich, dass eine mit getPreferredSize() gesetzte bevorzugte Größe für die Komponenten dieser Klasse von einem Layout-Manager vom Typ FlowLayout nicht zurückgesetzt wird. Warum wird ein Aufruf der Methoden setOpaque(true) und setBackground(Color.pink) im Konstruktor der Klasse von den erzeugten Instanzen ignoriert?

Implementieren Sie eine zweite Version für die Klasse SwingLabel, die analog zur Klasse AWTLabel aus der Aufgabe 4.10 die Farbe und den Text im Konstruktoraufruf an die Oberklasse JLabel weitergibt. Warum wird hiermit der Hintergrund von Komponenten der Klasse angezeigt?

Java-Dateien: JFrameMaske.java, GrundMaskefuerSwing.java, LabelFarben.java, SwingLabel.java, SwingLabelV1.java

Programmaufruf: java JFrameMaske [FlowLayout] [GridLayout] [BorderLayout]

Aufgabe 4.12

Das BoxLayout

Eine BoxLayout-Instanz bekommt im Konstruktoraufruf ihrer Klasse einen Verweis auf den Container, für den das Layout definiert wird, übergeben.

Definieren Sie eine Klasse JFramemitBoxLayout, die von JPanel abgeleitet ist und ein BoxLayout definiert, das seine Komponenten waagerecht, also parallel zur x-Koordinatenachse anreiht. Setzen Sie für die JPanel-Komponente einen Border mit der Überschrift »Labels einem Container mit BoxLayout hinzufügen« und implementieren Sie das Interface LabelFarben für diese Klasse.

Einer Instanz dieser Klasse werden drei Labels vom Typ der Klasse SwingLabel (unter SwingLabelV1.java gespeichert) hinzugefügt.

Ein Objekt der Klasse Box soll seine Kindkomponenten, drei weitere Objekte der Klasse SwingLabel, senkrecht, also an der y-Achse, anordnen und soll dem Panel hinzugefügt werden.

In der main()-Methode der Klasse JFramemitBoxLayout wird ein Objekt der eigenen Klasse erzeugt und einer JFrame-Komponente hinzugefügt.

Hinweise für die Programmierung:

Wird die Klasse direkt von JFrame abgeleitet, bringt das Laufzeitsystem die Fehlermeldung: "BoxLayout can't be shared".

Ein Objekt vom Typ der Klasse Box bekommt automatisch einen Layout-Manager vom Typ BoxLayout zugewiesen und kann, wie ein Container, Komponenten aufnehmen.

Java-Dateien: SwingLabel, LabelFarben.java, JFramemitBoxLayout.java
Programmaufruf: java JFramemitBoxLayout

Aufgabe 4.13
Das GridBagLayout

Der Layout-Manager GridBagLayout erspart dem Programmierer komplizierte Layoutdefinitionen, die ansonsten mit Hilfe einer Vielzahl von Panels durchgeführt werden müssten. Damit kann die Position und Ausrichtung einer Komponente relativ zu den anderen Komponenten mittels der Klasse GridBagConstraints definiert werden. Die erforderlichen Parameterwerte können entweder über den Konstruktor der Klasse GridBagConstraints gesetzt werden oder über deren Instanzfelder.

Definieren Sie eine von JFrame abgeleitete Klasse JFramemitGridBagLayout, die ein GridBagLayout definiert und die gleichen Komponenten vom Typ der Klasse SwingLabel wie in der vorigen Aufgabe hinzugefügt bekommt. Die Einschränkungen, die jede einzelne JLabel-Komponente in ihrer Positionierung einzuhalten hat, sollen mit Hilfe von Feldern der Klasse GridBagLayoutConstraints in einer Methode mit dem Namen addJLabel() gesetzt werden. Bilden Sie in der main()-Methode eine Instanz vom Typ der eigenen Klasse und rufen Sie an dieser die Methode addJLabel() auf.

Wählen Sie die Werte für die GridBagLayoutConstraints-Parameter so, dass Sie das gleiche Bild wie in den Programmausgaben bei der Lösung für diese Aufgabe erhalten.

Java-Dateien: SwingLabel.java, LabelFarben.java, JFramemitGridBagLayout.java

Programmaufruf: java JFramemitGridBagLayout

Aufgabe 4.14

Das null-Layout

Eine Klasse JFramemitNullLayout, von JFrame abgeleitet, soll das von ihrer Oberklasse vordefinierte Layout auf null zurücksetzen, um ihre Komponenten selbst positionieren zu können. Mit setLayout(null) wird kein Layout definiert bzw. ein vordefiniertes zurückgesetzt. Zum Positionieren von Komponenten kann in diesem Fall die Methode setBounds() genutzt werden, welche die Position relativ zum Container und die Größe von Komponenten festlegt.

Definieren Sie eine Methode mit der Signatur: createJLabel (String text, Color farbe, int x, int y, int breite, int höhe), die über ihre Argumente die Werte für Farbe, Schrift, Position und Größe von JLabel-Komponenten übergeben bekommt und diese für die einzelnen Komponenten setzt.

Die JLabel-Komponenten werden in einem parameterlosen Konstruktor der Klasse JFramemitNullLayout, mit Hilfe einer for-Schleife, welche die Werte ihrer Instanzfelder x und y für jeden Durchlauf um 50 und 20 erhöht, an unterschiedliche Positionen innerhalb des Fensters platziert.

Java-Dateien: LabelFarben.java, JFramemitNullLayout.java

Programmaufruf: java JFramemitNullLayout

4.7   Das Überlappen von Komponenten

Damit auf eine LW-Komponente gemalt werden kann, braucht diese eine HW-Komponente irgendwo in ihrer Einbettungshierarchie, um einen Platz zum Zeichnen zu haben.

Damit alle LW-Kindkomponenten einer AWT-HW-Komponente gemalt werden, muss diese in ihrer paint()-Methode, nachdem sie ihre eigenen Inhalte gemalt hat, die Methode der Oberklasse mit super.paint() aufrufen. Der Aufruf der Methode der Oberklasse kann im Falle von AWT- HW-Kindkomponenten unterbleiben.

Der Aufruf der Zeichenmethode der Oberklasse für Swing-Komponenten hat, wie in Zusammenhang mit der Transparenz-Eigenschaft festgestellt, eine andere Bedeutung als unter AWT. Durchsichtige Komponenten können sich überlappen, ohne eine dahinter liegende Komponente zu verdecken, und ein Aufruf von super.paintComponent() ist in diesem Zusammenhang nicht erforderlich. Überschreibt eine Swing-Container-Klasse die Methode paintChildren() an Stelle von paintComponent(), muss jedoch super.paintChildren() aufgerufen werden, damit ihre Kindkomponenten angezeigt werden.

Aufgabe 4.15

Das Verhalten von AWT-LW- und -HW-Komponenten

Erstellen Sie mit `AWTPaintKreis` zwei Versionen für eine Klassendefinition von benutzerdefinierten Komponenten, die einen Kreis zeichnen. Die Klasse soll nacheinander von den Klassen `Label` bzw. `Component` abgeleitet werden, um den Unterschied zwischen AWT-HW- und AWT-LW-Komponenten zu demonstrieren. Über die Parameterliste des Konstruktors der Klasse wird die `foreground`-, `background`- und `bounds`-Eigenschaft für ihre Komponenten gesetzt. Ihre `paint()`-Methode zeichnet in die linke Ecke der Komponente einen Kreis, dessen Durchmesser an die Größe der Komponente angepasst wird.

Eine zweite Klasse `FramemitPaintKreis` definiert einen Fenstertyp als Subtyp der `Frame`-Klasse und fügt diesem einen größeren und vier kleinere Kreise hinzu. Ermitteln Sie sinnvolle Werte für den Ausgangspunkt und Durchmesser beim Zeichnen von Kreisen anhand der vorher eingestellten Fenstergröße und achten Sie auf die Reihenfolge, in der die Komponenten dem Fenster hinzugefügt werden müssen.

Java-Dateien: `FramemitPaintKreis.java`, `AWTPaintKreis.java`
Programmaufruf: `java FramemitPaintKreis`

Aufgabe 4.16

AWT-Container mit LW- und HW-Kindkomponenten

Definieren Sie eine Klasse `AWTContainer`, welche die Klasse `Container` erweitert und in ihrer `paint()`-Methode ein Muster malt. Fügen Sie die gleichen Komponenten vom Typ der Klasse `AWTPaintKreis` wie in der Aufgabe 4.15 zu einer Instanz dieser Klasse hinzu und stellen Sie diesen Container in einem Fenster dar. Analog zur Aufgabe 4.15 soll dafür eine Klasse `FramemitContainerundPaintKreis` erstellt werden.

Die Klasse `AWTContainer` definiert eine globale Referenz vom Typ Array, deren Elemente Instanzen der Klasse `Color` referenzieren. Die im Konstruktor übergebenen Werte für Farben werden genutzt, um alternativ, vom Index eines Arrayelementes abhängig, eine Farbe für das Zeichnen von Quadraten zu setzen, die sich mit einer Seitenlänge von 5 Pixel in ein Muster einfügen. Im Konstruktoraufruf der Klasse werden im Lösungsvorschlag der Aufgabe die Farben weiß und schwarz übergeben. Testen Sie das Programm auch mit anderen Farben.

Hinweise für die Programmierung:

Die Klasse `AWTContainer` muss in ihrer `paint()`-Methode die Methode der Oberklasse über `super.paint()` aufrufen damit ihre LW-Kindkomponenten angezeigt werden. Der Bereich zwischen den LW-Komponenten ist transparent und dies lässt alles, was sich dahinter befindet, durchscheinen. Wird die Klasse `AWTPaintKreis` von der Klasse `Label` oder einer anderen AWT-HW-Komponentenklasse wie `Panel` oder `Button` abgeleitet, so ist dieser Aufruf nicht erforderlich.

Java-Dateien: `AWTPaintKreis.java`, `AWTContainer.java`, `FramemitContainerundPaintKreis.java`
Programmaufruf: `java FramemitContainerundPaintKreis`

Aufgabe 4.17
Z-Order-Index für AWT-LW-Komponenten

Mit diesem Beispiel soll eine weitere mit der Version 5.0 von Java zusätzlich geschaffene Möglichkeit für LW-Komponenten aufgezeigt werden: Diesen können innerhalb eines Containers Ebenen zugeordnet werden, um die Reihenfolge, in der die Komponenten gemalt werden, zu bestimmen.

Definieren Sie eine Klasse `FramemitZOrder`, die vier Instanzen vom Typ der Klasse `AWTPaintKreis` (von `Component` abgeleitet, aus der Aufgabe 4.15) erzeugt und einen Container vom Typ der Klasse `AWTContainer` aus der Aufgabe 4.16 hinzufügt. Legen Sie mit Hilfe der Methode `setComponentZOrder()` der Klasse Container die Reihenfolge fest, in der diese Komponenten gemalt werden sollen, und wechseln Sie die Tiefe von Ebenen zwischen mehreren unterschiedlichen Zuordnungen ab.

Java-Dateien: `AWTPaintKreis.java`, `AWTContainer.java` `FramemitZOrder.java`
Programmaufruf: `java FramemitZOrder`

Aufgabe 4.18
Das Verhalten von Swing-Komponenten

Analog zur Aufgabe 4.15 sollen die Klassen `JFramemitPaintKreis` und `PaintKreis` erstellt werden, um das Verhalten von Swing-Komponenten zu testen. So wird die Klasse `PaintKreis` von `JLabel` bzw. `JComponent` abgeleitet und die Klasse `JFramemitPaintKreis` erzeugt ein Fenster vom Typ `JFrame`.

Damit der Hintergrund für die `JLabel`-Komponenten gemalt wird, muss sowohl `super.paintComponent()` wie auch `setOpaque(true)` aufgerufen werden.

Für Komponenten, deren Klasse `JComponent` erweitert, kann kein Hintergrund gesetzt werden.

Java-Dateien: `PaintKreis.java`, `JFramemitPaintKreis.java`
Programmaufruf: `java JFramemitPaintKreis`

Aufgabe 4.19

Swing-Container und der Z-Order-Index für Swing-Komponenten

In Analogie zu den Klassen aus den Aufgaben 4.16 und 4.17 werden für einen Test mit Swing-Komponenten die Klassen `KreisContainer` und `JFramemitContainerundPaintKreis` definiert.

Die Klasse `KreisContainer` definiert einen Swing-Container vom Typ der Klasse `JPanel` für die Aufnahme von `JLabel`- bzw. `JComponent`-Objekten.

Erzeugen Sie mehrere Instanzen vom Typ `PaintKreis` und bewegen Sie diese in einem als Instanz der Klasse `KreisContainer` erzeugten Container in über den Z-Order-Index spezifizierte Ebenen. Ändern Sie die Reihenfolge der Zuordnungen und sehen Sie sich jedes Mal das erzielte Ergebnis am Bidschirm an.

Java-Dateien: `PaintKreis.java`, `KreisContainer.java`,
`JFramemitContainerundPaintKreis.java`
Programmaufruf: `java JFramemitContainerundPaintKreis`

4.8 Das System als Auslöser für Zeichenoperationen

Wie in der Einführung zu diesem Kapitel schon vermerkt wurde, gibt es sowohl unter AWT als auch unter Swing zwei Auslöser für Zeichenoperationen: das System und die Applikationen selbst. Im ersten Fall fordert das System die Komponente auf, sich neu zu zeichnen, wenn diese erstmals am Bildschirm angezeigt oder ihre Größe geändert wird oder wenn das Fenster am Bildschirm verschoben wird oder wenn es durch ein anderes Fenster verdeckt wurde und nun wieder sichtbar wird.

Mit den vorangegangenen Beispielen lässt sich nachvollziehen, dass beim Überlappen von Komponenten mit einer `Container`-Klasse, für welche das Standard `null`-Layout gesetzt ist, die Methode `setBounds()` in den Fenster-Container- und Komponenten-Klassen aufgerufen werden muss, damit die `paintComponent()`-Methode für eine Instanz der Komponentenklassen überhaupt aufgerufen wird. Bei einem Resizing der Fenstergröße passt sich in diesem Fall die Größe der Komponenten nicht an.

Wird ein Layout-Manager in der `Container`-Klasse definiert, reicht dafür der Aufruf von `getPreferredSize()` in der erweiterten Komponentenklasse und der der `pack()`-Methode in der Fensterklasse. Bei einem Resizing der Fenstergröße passt sich in diesem Fall die Größe der Komponenten, abhängig von der Layoutdefinition, bei jeder Größenänderung des Fensters an die neue Größe des Fensters an.

Aufgabe 4.20

Resizing von AWT-Komponenten

Definieren Sie eine Klasse KreisComponent, die eine der Klassen Component oder Canvas erweitert und mit der paint()-Methode konzentrische Kreise auf die Zeichenoberfläche malt.

Eine zweite Klasse ContainerfuerComponent erweitert die Klasse Container und zeichnet in ihrer paint()-Methode übereinanderliegende Rechtecke in den gleichen Farben wie die Kreise der Klasse KreisKomponent.

AWT-Komponenten sind keine Container und besitzen somit kein eigenes Layout. Die von der Klasse Component geerbte Methode getPreferredSize() soll in den erweiterten Komponentenklassen überschrieben werden, um die Größe der Komponenten zu bestimmen. In der von der gleichen Klasse überschriebenen paint()-Methode soll die Größe der Komponente dynamisch ermittelt werden, um die Graphik bei einer Änderung der Fenstergröße anzupassen. Ob sich bei einer Größenveränderung des Fensters die Größe der Komponente an die Größe des Containers anpasst, ist von dessen Layout-Manager abhängig.

Die Größenangaben für Instanzen der Container-Klasse sollen auch dynamisch ermittelt werden. Testen Sie das Verhalten der in einem Container hinzugefügten Komponenten beim Wechseln der Fenstergröße für unterschiedliche Layoutdefinitionen.

Mit der Klasse AWTPaintComponent soll das Resizing von AWT-Komponenten getestet werden. Sie definiert ein Fenster vom Typ Frame, fügt zu einer Container-Komponente eine KreisComponent-Instanz hinzu und den Container zum Fenster.

Java-Dateien: KreisComponent.java, ContainerfuerComponent.java, AWTPaintComponent.java
Programmaufruf: java AWTPaintComponent

Aufgabe 4.21

Resizing von Swing-Komponenten

In Analogie zu den Klassen aus der Aufgabe 4.20 werden für den Test eines Resizing von Swing-Komponenten die Klassen SwingComponent, SwingContainer und SwingPaintComponent definiert.

Leiten Sie die Klasse SwingComponent alternativ von JLabel und JComponent ab und testen Sie das Aussehen von Instanzen dieser Klassen beim Vergrößern des Fensters in beiden Fällen.

Die Klasse SwingContainer wird von der Klasse JPanel abgeleitet, malt in einer paintChildren()-Methode ein eigenes Muster mit Rechtecken in den Farben schwarz, weiß und grau und ruft zur Anzeige ihrer Kindkomponenten die Methode der Oberklasse mit `super.paintChildren()` auf.

Tauschen Sie die Länge der Breite und der Höhe der Rechtecke untereinander aus, um das Muster der Klasse `SwingComponent` in den gleichen Farben zu zeichnen und setzen Sie eine Hintergrundfarbe für die Komponenten dieser Klasse, wenn sie von `JLabel` abgeleitet wird. Der dazu erforderliche Aufruf der Methode der Oberklasse mit `super.paintComponent()` muss erfolgen, bevor die Klasse ihre eigenen Inhalte malt, ansonsten werden diese überschrieben.

Java-Dateien: `SwingComponent.java`, `SwingContainer.java`, `SwingPaintComponent.java`
Programmaufruf: `java SwingPaintComponent`

4.9 Eventbehandlung

Nachrichten, die in Form von Tastatureingaben, Mausklicks und Mausbewegungen vom Benutzer an die Komponenten einer graphischen Oberfläche weitergegeben werden sowie das Schließen von Fenstern oder das Ändern ihrer Größe werden als Ereignisse (Events) bezeichnet.

Die Komponenten einer graphischen Oberfläche können auch über Ihre Reaktionen auf Anforderungen von Benutzern und Programmen selbst Ereignisse auslösen.

In Java sind Events Objekte, die als Instanzen von einer Unterklasse der abstrakten Klasse `AWTEvent` gebildet werden. Diese Klasse ist von der Klasse `java.util.EventObject` abgeleitet.

Mit Event-Listenern werden Instanzen vom Typ des Interface `EventListener` und seiner Unterinterfaces bezeichnet, die von Klassen implementiert werden, deren Objekte informiert werden sollen, wenn ein bestimmtes Ereignis auftritt. Das Interface `java.util.EventListener` ist ein Marker-Interface, das von allen anderen Listenern implementiert werden muss, und jeder Listener ist für eine bestimmte Art von Events zuständig.

Event-Adapter-Klassen sind Implementierungen von Event-Listener-Interfaces. Man kann das Implementieren von allen Methoden, die ein Event-Listener definiert, umgehen, indem man eine Unterklasse von einer Adapter-Klasse ableitet und nur die Methoden, die gebraucht werden, überschreibt.

Es gibt zwei Arten von Events:

Fenster-Events (»Low-Lewel-Events«, Ereignisse niedrigerer Ebene), die als unmittelbare Folge von Benutzereingaben auftreten (MouseEvent, KeyEvent, FocusEvent, WindowEvent, ComponentEvent, HierarchyEvent, InputMethodEvent) und Komponenten-Events (Ereignisse höherer Ebene, auch semantische Ereignisse genannt), die direkt von AWT- und Swing-Komponenten erzeugt werden (wie z.B. ActionEvent, ChangeEvent, ItemEvent).

Beide Arten von Events können die Event-Listener-API von Java benutzen, d.h., Komponenten, die Event-Objekte erzeugen, speichern eine Liste von Listenern und stellen Methoden zur Verfügung, um neue Listener aufzunehmen und alte zu entfernen. Diese Listener müssen für alle Komponenten, die benachrichtigt werden sollen, registriert werden.

Mit der Definition von »Inneren Klassen« (Kapitel 7) wurde die Möglichkeit geschaffen, kompakte Schreibweisen für die Implementierung von Event-Listenern und Event-Adaptern zu nutzen, was nicht als zusätzliche Methode in der Eventbehandlung zu sehen ist, aber eine große Hilfe für die Programmierung bereitstellt und durch die Beispiele aus diesem Kapitel später bestätigt wird.

4.10 Events auf niedriger Ebene

Für alle bisher erstellten Programme wurde keine explizite Ereignisbehandlung durchgeführt. Darum konnten die Fenster unter AWT nicht über ihre Fensterleiste geschlossen werden.

Fensterklassen lösen Events auf niedriger Ebene aus und leiten Event-Objekte vom Typ `WindowEvent` weiter. Eine `WindowListener`-Instanz wird mit der Methode `addWindowListener(WindowListener listener)` der Klasse `Window` für das Empfangen von Objekten vom Typ `WindowEvent`, die durch Operationen mit Fenstern ausgelöst werden, für das aktuelle Objekt dieser Klassen registriert.

Aufgabe 4.22
Das Interface WindowListener und die Klasse WindowEvent

Definieren Sie eine Klasse `FramemitWindowListener`, die das Interface `WindowListener` implementiert, das unter anderem Methoden zum Schließen von Fenstern definiert. Auch wenn nur eine Methode von den Instanzen der Klasse aufgerufen wird, muss die Klasse alle Methoden des `WindowListener` implementieren. So ist die Klasse nicht nur Auslöser, sondern auch Empfänger für Events vom Typ `WindowListener`.

Beim Schließen des Fensters soll die Methode `exit()` der Java-Standard-Klasse `System` aufgerufen werden, die auch gleichzeitig die Applikation beendet.

Java-Dateien: `FramemitWindowListener.java`
Programmaufruf: `java FramemitWindowListener`

Aufgabe 4.23
Die Klasse WindowAdapter

Eine zweite Methode, die in der Ereignisbehandlung eingesetzt werden kann, besteht darin, eine `WindowAdapter`-Klasse zu erweitern.

In Java kann eine Klasse nicht gleichzeitig von zwei anderen Klassen abgeleitet werden. Definieren Sie eine von `Frame` abgeleitete Klasse `FramemitWindowAdapter` und eine zweite Klasse `UnterklassevonWindowAdapter`, welche von der Klasse `WindowAdapter` abgeleitet wird, die von Instanzen der ersten Klasse gesendete `WindowEvent`-Objekte empfängt und darauf reagiert.

Überschreiben Sie die Methode `windowClosing()` von `WindowAdapter`, um ein von Ihnen erzeugtes Fenster vom Typ der Klasse `FramemitWindowAdapter` zu schließen.

Java-Dateien: `FramemitWindowAdapter.java`, `UnterklassevonWindowAdapter.java`
Programmaufruf: `java FramemitWindowAdapter`

4.11 Events auf höherer Ebene

Ein Beispiel für ein Event auf höherer Ebene (Komponenten-Event) ist das `Action-Event`, das durch das Betätigen eines Buttons ausgelöst wird. Dieses Ereignis wird in Form eines `ActionEvent`-Objektes an einen Zuhörer gesendet, der den `ActionListener` implementiert und diesen mit der Methode `addActionListener()` für Objekte, die Aktionen auslösen, registriert.

Das `ActionListener`-Interface definiert nur eine Methode `actionPerformed(ActionEvent e)` und wird deshalb von keiner Adapter-Klasse implementiert.

Aufgabe 4.24
Das Interface ActionListener und die Klasse ActionEvent

Eine Klasse `FramemitActionListener` wird von `Frame` abgeleitet und implementiert die Schnittstelle `ActionListener`. Die Klasse erzeugt eine Instanz vom Typ der Klasse `Button`, für die der `ActionListener` registriert wird. Das Standard-Fenster-Layout ist das BorderLayout. Fügen Sie dem Fenster im südlichen Bereich die Instanz vom Typ `Button` hinzu, die in ihrem Konstruktoraufruf den String: »Fenster mit einem Button schließen" übergeben bekommt.

Java-Dateien: `FramemitActionListener.java`
Programmaufruf: `java FramemitActionListener`

Aufgabe 4.25
Das Interface KeyListener und die Klasse KeyEvent

Definieren Sie eine Klasse `JFramemitKeyListener`, die, wie der Klassenname schon aussagt, von der Klasse `JFrame` abgeleitet wird und das Interface `KeyListener` implementiert. Die Klasse definiert zwei globale Referenzen vom Typ der Klasse `JTextField` und zwei weitere vom Typ der Klasse `JLabel`. Eines der Textfelder, auf welche die `JTextField`-Referenzen zeigen, dient der Eingabe von Zeichen und das andere der Ausgabe der Tastennamen und den Tasten zugeordneten Werten. Die JLabel-Komponenten definieren die Beschriftungen »Eingabe« und »Ausgabe« für die Textfelder.

Teilen Sie das Fenster durch das Setzen einer Layoutdefinition vom Typ GridLayout in vier Zeilen mit je einer Spalte auf und fügen Sie dem Fenster diese Komponenten hinzu. Nur das erste Textfeld registriert den von der Klasse implementierten KeyListener. Implementieren Sie die Methode keyPressed() des Interface so, dass Name und Kodierung für das von Ihnen im ersten Textfeld eingegebene Zeichen bzw. für die von Ihnen betätigte Taste im zweiten Textfeld angezeigt werden.

Hinweise für die Programmierung:

Ein Event vom Typ KeyEvent wird beim Betätigen einer Taste ausgelöst und von einem EventListener vom Typ KeyListener empfangen. Die Schnittstelle KeyListener definiert drei Methoden: keyPressed() wird beim Drücken einer Taste ausgeführt, keyReleased() wird beim Loslassen einer Taste ausgeführt und keyTyped() wird ausgeführt, wenn eine Taste gedrückt und wieder losgelassen wurde.

Über die Methoden: getKeyChar(), getKeyCode(), getKeyText(), getModifiers() und getKeyModifiersText() der Klasse KeyEvent kann festgestellt werden, welche Taste, bzw. Kombination von Tasten, betätigt wurde.

Java-Dateien: JFramemitKeyListener.java
Programmaufruf: java JFramemitKeyListener

4.12 Das Delegationsmodell in der Eventbehandlung

Das Delegieren der Ereignisse von einer Ereignisquelle an einen Ereignisempfänger mit Hilfe von Event-Listenern, die für Komponenten, die auf diese Ereignisse reagieren sollen, registriert werden können, wird auch als Delegationsmodell bezeichnet. Die Ereignisquelle erzeugt, wie in den vorangegangenen Beispielen demonstriert wurde, ein Event-Objekt von einem bestimmten Eventtyp und dieses wird an die Methoden eines Listeners übergeben.

Weil diese Vorgehensweise eine Trennung des Codes für die Graphische Darstellung vom Verarbeitungsteil einer Anwendung ermöglicht, kann die Ereignisbehandlung in einer separaten Klasse definiert werden.

Aufgabe 4.26
Die Ereignisbehandlung in einer separaten Klasse definieren

Die Instanzen der Klasse FramemitListenerKlasse sollen Ereignisse vom Typ WindowEvent empfangen und eine Button-Komponente, welche zu diesen als Kindkomponente hinzugefügt wird, soll auf Ereignisse vom Typ ActionEvent reagieren. Aus diesem Grund muss die Klasse die entsprechenden Event-Listener implementieren und für ihre eigenen Instanzen bzw. Instanzen vom Typ der Klasse Button registrieren.

Trennen Sie die Ereignisbehandlung von der graphischen Darstellung von Komponenten, indem Sie eine zweite Klasse mit dem Namen ListenerKlasse definieren, die beide Listener, den WindowListener und den ActionListener, implementiert. So kann die Klasse FramemitListenerKlasse eine Instanz vom Typ ListenerKlasse erzeugen, die beim Registrieren der Listener für Komponenten der eigenen Klasse und der Button-Komponente übergeben wird.

Hinweise für die Programmierung:

Im Gegesatz zur Aufgabe 4.22, wo die Klasse eine Unterklasse der Klasse Frame war und das Interface WindowListener implementieren musste, können Sie die Klasse ListenerKlasse als Unterklasse der Klasse WindowAdapter definieren und müssen darin nicht alle Methoden des Interface WindowListener überschreiben, sondern nur die eine Methode, deren Rumpf nicht leer sein soll.

Java-Dateien: FramemitListenerKlasse.java, ListenerKlasse.java
Programmaufruf: java FramemitListenerKlasse

4.13 Lösungen

Lösung 4.1

Die Klasse Framemitpaint

```java
import java.awt.*;
public class Framemitpaint extends Frame {
// Konstruktordefinition
    public Framemitpaint() {
// Eine Überschrift für das Fenster definieren
        super("Oval zeichnen und füllen");
// Größe und Position des Fensters bestimmen
        setBounds(0,0,100,100);
// Die Hintergrundfarbe für das Fenster setzen
        setBackground(Color.cyan);
    }
// Die paint()-Methode überschreiben
    public void paint(Graphics g) {
// Die Farbe für das Zeichnen setzen
        g.setColor(Color.red);
        g.fillOval(30,50,60,40);
    }
// Objekt der Klasse erzeugen
    public static void main(String[] args) {
```

```
    Framemitpaint frame = new Framemitpaint();
    frame.setVisible(true);
  }
}
```

Programmausgaben

Hinweise zum Lösungsvorschlag

Die Methode setVisible() wird an einer Instanz der Klasse aufgerufen und stellt sicher, dass diese am Bildschirm angezeigt wird. Diese kann aber auch, mit dem gleichen Ziel, im Konstruktor der Klasse am aktuellen Objekt aufgerufen werden.

Lösung 4.2

Die Klasse JFramemitpaint

```
import java.awt.*;
import javax.swing.*;
public class JFramemitpaint extends JFrame {
  private int x = 35;
  private int y = 35;
// Konstruktordefinition
  public JFramemitpaint() {
    super("Kreis zeichnen und füllen");
    setPreferredSize(new Dimension(100,100));
    Dimension d = Toolkit.getDefaultToolkit().getScreenSize();
    setLocation((d.width-getSize().width)/2,
      (d.height-getSize().height)/2);
    setDefaultCloseOperation(JFrame.EXIT_ON_CLOSE);
    setVisible(true);
    pack();
  }
// Die paint()-Methode überschreiben
  public void paint(Graphics g) {
// Einen Hintergrund für des Fenster setzen
    super.paint(g);
// Die Farbe für das Zeichnen setzen
    g.setColor(Color.red);
    g.fillOval(x,y,50,50);
  }
// Objekt der Klasse erzeugen
  public static void main(String[] args) {
```

```
    JFramemitpaint frame = new JFramemitpaint();
  }
}
```

Programmausgaben

Hinweise zum Lösungsvorschlag

Wird die paint()-Methode für Komponenten vom Typ JFrame überschrieben, um eine Graphik zu zeichnen, muss daraus die Methode der Oberklasse mit super.paint() aufgerufen werden, damit die Fenster das richtige Aussehen erhalten.

Lösung 4.3
Die Klasse JWindowmitpaint

```
import java.awt.*;
import javax.swing.*;
public class JWindowmitpaint extends JWindow {
// Die Schrift für die Textanzeige definieren
  private Font f = new Font("TimesRoman", Font.BOLD, 26);
// Konstruktordefinition
  public JWindowmitpaint() {
    setBounds(300,300,150,100);
  }
  public void paint(Graphics g) {
// Ein Rechteck als Hintergrund für das Fenster malen
    g.setColor(Color.cyan);
    g.fillRect(0,0,150,100);
    g.setColor(Color.red);
    g.setFont(f);
// Die metrischen Daten des Font-Objektes mit Hilfe eines
// Objektes der Klasse FontMetrics ermitteln
    FontMetrics fm = g.getFontMetrics();
    int ascent = fm.getAscent();
    int descent = fm.getDescent();
    g.drawString("Java 6.0",10,50);
// Oberhalb und unterhalb des Textes werden zwei Linien
// gezeichnet
    g.drawLine(0,50-ascent,150,50-ascent);
    g.drawLine(0,50+descent,150,50+descent);
  }
```

```
// Objekt der Klasse erzeugen und sichtbar machen
   public static void main(String[] args) {
      JWindowmitpaint window = new JWindowmitpaint();
      window.setVisible(true);
   }
}
```

Programmausgaben

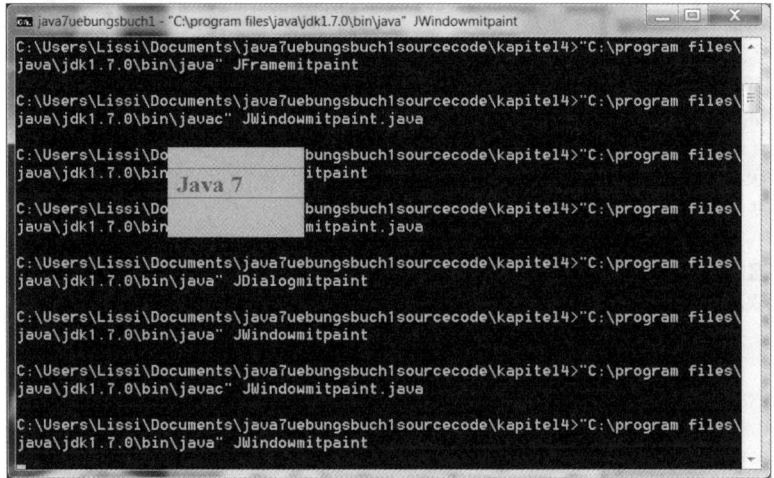

Lösung 4.4

Die Klasse JDialogmitpaint

```
import javax.swing.*;
public class JDialogmitpaint extends JDialog {
   private ImageIcon icon = new ImageIcon("javalogo.gif");
   private Image   bild = icon.getImage();
// Konstruktordefinition
   private public JDialogmitpaint() {
      setBounds(10,10,100,150);
   }
// Die paint()-Methode der Klasse JDialog überschreiben
   public void paint(Graphics g) {
// Die Methode der Oberklasse aufrufen
      super.paint(g);
// Das Bild wird auf dem Bildschirm an den Pixelkoordinaten
// (10,50) ausgegeben
      g.drawImage(bild,10,50,this);
   }
// Objekt der Klasse erzeugen und sichtbar machen
   public static void main(String[] args) {
```

```
        JDialogmitpaint dialog = new JDialogmitpaint();
        dialog.setVisible(true);
    }
}
```

Programmausgaben

Hinweise zum Lösungsvorschlag

Wird die `paint()`-Methode für Komponenten vom Typ `JDialog` überschrieben, um eine Graphik zu zeichnen, muss daraus die Methode der Oberklasse mit `super.paint()` aufgerufen werden, damit die Fenster das richtige Aussehen erhalten.

Lösung 4.5

Die Klasse JComponentmitpaintundohneclipBounds

```
import java.awt.*;
import javax.swing.*;
public class JComponentmitpaintundohneclipBounds
                                      extends JComponent {
    private int zaehlerKreis1 = 0;
    private int zaehlerKreis2 = 0;
// Überschreiben der paintComponent()-Methode
    protected void paintComponent(Graphics g) {
        zaehlerKreis1++;
        zaehlerKreis2++;
        g.setColor(Color.lightGray);
        g.fillRect(0,0,150,150);
        g.setColor(Color.red);
        g.fillOval(0,0,50,50);
        g.setColor(Color.gray);
        g.fillOval(50,50,50,50);
// Ausgabe der Zählerwerte
        System.out.println("Kreis1: " + zaehlerKreis1
            + " *Kreis2: " + zaehlerKreis2);
    }
// Die bevorzugte Größe der Komponente definieren
    public Dimension getPreferredSize() {
        return new Dimension(150,150);
    }
```

```
// Objekt der Klasse erzeugen und einem Fenster hinzufügen
   public static void main(String args[]) {
      JComponentmitpaintundohneclipBounds component =
         new JComponentmitpaintundohneclipBounds();
      JFrame frame = new JFrame();
      frame.setTitle("Clipping Region");
      frame.add(component);
      frame.pack();
      frame.setDefaultCloseOperation(JFrame.EXIT_ON_CLOSE);
      frame.setVisible(true);
   }
}
```

Programmausgaben

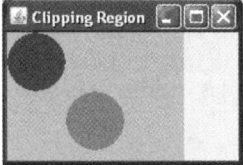

```
Kreis1: 1 *Kreis2: 1
Kreis1: 2 *Kreis2: 2
Kreis1: 20 *Kreis2: 20
...
```

Hinweise zu den Programmausgaben

Ändern Sie die Größe des am Bildschirm angezeigten Fensters, um festzustellen, wie oft der Wert der Zähler dabei abgeändert wird.

Lösung 4.6

Die Klasse JComponentmitpaintundclipBounds

```
import java.awt.*;
import javax.swing.*;
public class JComponentmitpaintundclipBounds extends JComponent {
   private int zaehlerKreis1 = 0;
   private int zaehlerKreis2 = 0;
// Überschreiben der paintComponent()-Methode
   protected void paintComponent(Graphics g) {
// Lesen der Grenzen der neu aufzubauenden Regionen
      Rectangle r = g.getClipBounds();
      int clipBoundsx = r.x;
      int clipBoundsy = r.y;
      int clipBoundsw = r.width;
```

```
        int clipBoundsh = r.height;
// Nur die betroffene Region wird neu gemalt
    g.setColor(Color.lightGray);
    g.fillRect(clipBoundsx, clipBoundsy, clipBoundsw,
    clipBoundsh);
// Den ersten Kreis neu malen, falls die mit clipBounds()
// ermittelten Koordinaten sich in dessen Region befinden
    if(clipBoundsx<=50 && clipBoundsy<=50) {
        g.setColor(Color.red);
        g.fillOval(0,0,50,50);
        zaehlerKreis1++;
    }
// Den zweiten Kreis neu malen, falls dieser betroffen ist
    if(clipBoundsx+clipBoundsw>=50 && clipBoundsx<=100
    && clipBoundsy+clipBoundsh>=50 && clipBoundsy<=100) {
        g.setColor(Color.gray);
        g.fillOval(50,50,50,50);
        zaehlerKreis2++;
    }
// Ausgabe der Zähler
    System.out.println("Kreis1: " + zaehlerKreis1 +" *Kreis2: "
    + zaehlerKreis2);
    }
// Die bevorzugte Größe der Komponente definieren
    public Dimension getPreferredSize() {
    return new Dimension(150,150);
    }
// Objekt der Klasse erzeugen und einem Fenster hinzufügen
    public static void main(String args[]) {
    JComponentmitpaintundclipBounds component =
    new JComponentmitpaintundclipBounds();
    JFrame frame = new JFrame();
    frame.setTitle("Clipping Region");
    frame.add(component);
    frame.pack();
    frame.setDefaultCloseOperation(JFrame.EXIT_ON_CLOSE);
    frame.setVisible(true);
    }
}
```

Programmausgaben

```
Kreis1: 1 *Kreis2: 1
Kreis1: 1 *Kreis2: 2
...
Kreis1: 41 *Kreis2: 25
...
Kreis1: 64 *Kreis2: 42
...
```

Hinweise zu den Programmausgaben

Ändern Sie die Größe des am Bildschirm angezeigten Fensters, um festzustellen, wie oft die Zähler jetzt ihren Wert ändern.

Lösung 4.7

Die Klasse DialogmitFrameOwner

```java
import java.awt.*;
import javax.swing.*;
public class DialogmitFrameOwner extends Dialog {
    private ImageIcon icon = new ImageIcon("T1.gif");
    public Image bild = icon.getImage();
    public String title = "";
// Konstruktordefinition
    public DialogmitFrameOwner(int x, int y, Frame f) {
        super(f);
        setBounds(x,y,150,150);
        setBackground(Color.cyan);
        setVisible(true);
    }
// Das Bild wird auf der Komponente vom Typ Dialog an den
// Pixelkoordinaten (55,50) und der Text an (20,100) ausgegeben
    public void paint(Graphics g) {
        g.drawImage(bild,55,50,this);
        g.drawString(title,20,100);
    }
}
```

Die Klasse Dialogmitrepaint

```java
import java.awt.*;
import javax.swing.*;
public class Dialogmitrepaint {
    public static void main(String[] args) {
        String[] titleStrings = {"Bild (1)", "Bild (2)", "Bild(3)",
            "Bild (4)"};
        String[] iconStrings = {"T1.gif", "T2.gif", "T3.gif",
```

```
      "T4.gif"};
    ImageIcon[] icon = new ImageIcon[4];
    Frame f = new Frame();
    DialogmitFrameOwner dialog[] = new DialogmitFrameOwner[4];
    int x = 10;
    int y = 10;
// Objektzustände über Feldwerte der Klasse DialogmitFrameOwner
// setzen und repaint() aufrufen
    for(int i=0; i<iconStrings.length; i++) {
        dialog[i] = new DialogmitFrameOwner(x, y, f);
        icon[i] = new ImageIcon(iconStrings[i]);
        dialog[i].bild = icon[i].getImage();
        dialog[i].title = titleStrings[i];
        dialog[i].repaint();
        x = x+150;
    }
  }
}
```

Programmausgaben

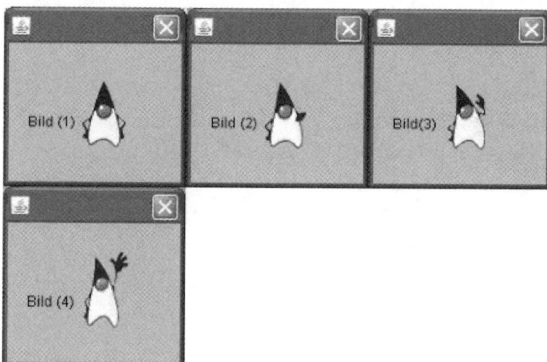

Lösung 4.8

Die Klasse DefinitionvonFarben

```
import java.awt.*;
import javax.swing.*;
public class DefinitionvonFarben extends JFrame {
    private int x = 60;
    private int y = 70;
    private int r = 0;
// Konstruktordefinition
```

```java
public DefinitionvonFarben(int radius) {
    super("Eigene Farben definieren");
    r = radius;
    setBounds(30,30,100,120);
    setDefaultCloseOperation(JFrame.EXIT_ON_CLOSE);
    setVisible(true);
}
public void paint(Graphics g) {
// Das normale Aussehen des JFrame setzen
    super.paint(g);
// Die Kreise in den verschiedenen Farben malen
    for(int i=0; i<255; i=i+100) {
        for(int j=0; j<255; j=j+100) {
            for(int k=0; k<255; k=k+100) {
                Color farbe = new Color(i,j,k);
                g.setColor(farbe);
                r = r + 5;
                g.drawOval(x-r,y-r,2*r,2*r);
            }
        }
    }
}
// Objekt der Klasse erzeugen
public static void main(String[] args) {
    DefinitionvonFarben kreise = new DefinitionvonFarben(0);
}
}
```

Programmausgaben

Hinweise zu den Programmausgaben

Dieses Bild wurde mit einem veränderten Programm erzeugt, bei dem die Schrittgröße für den Index der for-Schleife 200 statt 100 beträgt, damit Sie die Farbunterschiede deutlicher sehen können. Gleichzeitig wurde darin die Fenstergröße auf 100x120 abgeändert und die Initialisierung der Koordinaten für das Zeichnen der Kreise mit x = 60 und y = 70 vorgenommen.

Lösung 4.9

Die Klasse AnzeigevonLayoutManager

```java
import java.awt.*;
import javax.swing.*;
public class AnzeigevonLayoutManager {
// Klassenmethode für die Anzeige des Klassennamens
// und des Standard-Layout-Managers eines Containers
    public static void anzeige(Container c) {
        System.out.println(c.getClass().getName() + "**"
            + c.getLayout());
    }
    public static void main(String[] args) {
// Aufruf der Klassenmethode anzeige() für verschiedene Container.
// Alle Swing-Komponenten sind Container.
        anzeige(new JLabel());
        anzeige(new JButton());
        anzeige(new Panel());
        anzeige(new Container());
        anzeige(new JPanel());
        anzeige(new JFrame());
        anzeige(new Frame());
        anzeige(new Dialog(new Frame()));
        anzeige(new Window(new Frame()));
        anzeige((new JFrame()).getContentPane());
        anzeige(new JRadioButton());
        anzeige(new JTextField());
        anzeige(new JTextArea());
        anzeige(new JEditorPane());
        anzeige(new JViewport());
        anzeige(new JScrollPane());
        anzeige(new Box(BoxLayout.X_AXIS));
        anzeige(new JInternalFrame());
        anzeige(new JDesktopPane());
        anzeige(new JSplitPane());
        anzeige(new JTabbedPane());
        anzeige(new JSlider());
        anzeige(new JDialog());
        anzeige(new JRootPane());
        anzeige(new JRootPane().getLayeredPane());
        anzeige(new JRootPane().getContentPane());
        anzeige(new JMenuBar());
    }
}
```

Programmausgaben

```
java7uebungsbuch1

C:\Users\Lissi\Documents\java7uebungsbuch1sourcecode\kapitel4>"C:\program files\
java\jdk1.7.0\bin\javac" AnzeigevonLayoutManager.java

C:\Users\Lissi\Documents\java7uebungsbuch1sourcecode\kapitel4>"C:\program files\
java\jdk1.7.0\bin\java" AnzeigevonLayoutManager
javax.swing.JLabel××null
javax.swing.JButton××null
java.awt.Panel××java.awt.FlowLayout[hgap=5,vgap=5,align=center]
java.awt.Container××null
javax.swing.JPanel××java.awt.FlowLayout[hgap=5,vgap=5,align=center]
javax.swing.JFrame××java.awt.BorderLayout[hgap=0,vgap=0]
java.awt.Frame××java.awt.BorderLayout[hgap=0,vgap=0]
java.awt.Dialog××java.awt.BorderLayout[hgap=0,vgap=0]
java.awt.Window××java.awt.BorderLayout[hgap=0,vgap=0]
javax.swing.JPanel××javax.swing.JRootPane$1[hgap=0,vgap=0]
java.applet.Applet××java.awt.FlowLayout[hgap=5,vgap=5,align=center]
javax.swing.JRadioButton××null
javax.swing.JTextField××javax.swing.plaf.basic.BasicTextUI$UpdateHandler@41683cc
5
javax.swing.JTextArea××javax.swing.plaf.basic.BasicTextUI$UpdateHandler@13f948e
javax.swing.JEditorPane××javax.swing.plaf.basic.BasicTextUI$UpdateHandler@2b4695
0c
javax.swing.JViewport××javax.swing.ViewportLayout@646229b3
javax.swing.JScrollPane××javax.swing.ScrollPaneLayout$UIResource@65fbadc2
javax.swing.Box××javax.swing.BoxLayout@86b5f7b
javax.swing.JInternalFrame××javax.swing.plaf.basic.BasicInternalFrameUI$Handler@
3134ba6b
javax.swing.JDesktopPane××null
javax.swing.JSplitPane××javax.swing.plaf.basic.BasicSplitPaneUI$BasicHorizontalL
ayoutManager@229220cb
javax.swing.JTabbedPane××javax.swing.plaf.metal.MetalTabbedPaneUI$TabbedPaneLayo
ut@4a7cdff0
javax.swing.JSlider××null
javax.swing.JApplet××java.awt.BorderLayout[hgap=0,vgap=0]
javax.swing.JDialog××java.awt.BorderLayout[hgap=0,vgap=0]
javax.swing.JRootPane××javax.swing.JRootPane$RootLayout@3ab62081
javax.swing.JLayeredPane××null
javax.swing.JPanel××javax.swing.JRootPane$1[hgap=0,vgap=0]
javax.swing.JMenuBar××javax.swing.plaf.basic.DefaultMenuLayout@35ec28b7

C:\Users\Lissi\Documents\java7uebungsbuch1sourcecode\kapitel4>
```

Hinweise zum Lösungsvorschlag

Die Klasse JComponent ist wie auch Component eine abstrakte Klasse. Von ihr können keine Instanzen gebildet werden.

Die main()-Methode kann um weitere Aufrufe der Methode anzeige() erweitert werden.

Lösung 4.10

Das Interface LabelFarben

```java
import java.awt.*;
interface LabelFarben {
   final static String[] textLabel = {"Gelb", "Pink",
     "Lila", "Rot", "Grün", "Grau"};
   final static Color[] farbeLabel = {Color.yellow,
```

```
        Color.pink, Color.magenta, Color.red, Color.green,
          Color.gray};
}
```

Die Klasse FrameMaske

```
import java.awt.*;
public class FrameMaske extends Frame {
// Globale Referenz vom Typ des Interface LayoutManager
    private static LayoutManager layout;
// Konstruktordefinition
    public FrameMaske(String title) {
        super(title);
        setBounds(10,50,200,100);
    }
    public static void main(String[] args) {
// Lokale Referenz vom Typ der Klasse GrundMaskefuerAWT
        GrundMaskefuerAWT maske;
// Ein im Programmaufruf angegebenes Argument definiert den Namen
// des Layout-Managers als String
        FrameMaske frame = new FrameMaske(args[0]);
        if(args[0].equals("FlowLayout")) {
            layout = new FlowLayout();
        }
        else if(args[0].equals("GridLayout")) {
            layout = new GridLayout(2,3);
        }
        else if(args[0].equals("BorderLayout")) {
            layout = new BorderLayout();
        }
        maske = new GrundMaskefuerAWT (frame,layout);
        maske.anzeige();
    }
}
```

Die Klasse GrundMaskefuerAWT

```
import java.awt.*;
public class GrundMaskefuerAWT implements LabelFarben {
// Globale Referenzen und Konstantendefinitionen
    private FrameMaske frame;
    private LayoutManager layout;
// Konstruktordefinition
    GrundMaskefuerAWT(FrameMaske f, LayoutManager layout) {
        frame = f; this.layout = layout;
    }
// Methode zum Starten des Prototypen
    public void anzeige() {
```

```
        frame.setLayout(layout);
// Die Klasse AWTLabel erweitert die Klasse Label
    AWTLabel[] label = new AWTLabel[6];
    for(int i=0; i<textLabel.length; i++) {
       label[i] = new AWTLabel(textLabel[i], farbeLabel[i]);
    }
    if(layout.getClass().getName().
      equals("java.awt.BorderLayout")) {
      frame.add(label[0],BorderLayout.NORTH);
      frame.add(label[1],BorderLayout.WEST);
      frame.add(label[2],BorderLayout.CENTER);
      frame.add(label[3],BorderLayout.CENTER);
      frame.add(label[4],BorderLayout.EAST);
      frame.add(label[5],BorderLayout.SOUTH);
    }
    else {
      for(int i=0; i<textLabel.length; i++) {
         frame.add(label[i]);
      }
    }
    frame.setVisible(true);
  }
}
```

Die Klasse AWTLabel

```
import java.awt.*;
public class AWTLabel extends Label {
// Konstruktordefinition
  public AWTLabel(String text, Color farbe) {
     super(text);
// Den Text innerhalb des Labels zentrieren
     setAlignment(Label.CENTER);
// Die Hintergrundfarbe festlegen
     setBackground(farbe);
// Die Schriftfarbe festlegen
     setForeground(Color.black);
  }
}
```

Programmausgaben

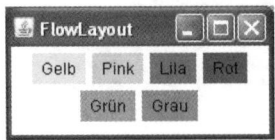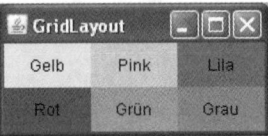

Lösung 4.11

Die Klasse JFrameMaske

```
import javax.swing.*;
import java.awt.*;
public class JFrameMaske extends JFrame {
// Globale Referenz vom Typ des Interface LayoutManager
   private static LayoutManager layout;
// Konstruktordefinition
   public JFrameMaske(String title){
      super(title);
      setBounds(10,50,200,100);
   }
   public static void main(String[] args) {
// Lokale Referenz vom Typ der Klasse GrundMaskefuerSwing
      GrundMaskefuerSwing maske;
// Ein im Programmaufruf angegebenes Argument definiert den
// Namen des Layout-Managers als String
      JFrameMaske frame = new JFrameMaske(args[0]);
      if(args[0].equals("FlowLayout")) {
         layout = new FlowLayout();
      }
      else if(args[0].equals("GridLayout")) {
         layout = new GridLayout(2,3);
      }
      else if(args[0].equals("BorderLayout")) {
         layout = new BorderLayout();
      }
      maske = new GrundMaskefuerSwing(frame, layout);
      maske.anzeige();
   }
}
```

Die Klasse GrundMaskefuerSwing

```
import java.awt.*;
import javax.swing.*;
public class GrundMaskefuerSwing implements LabelFarben {
// Das Interface LabelFarben enthält die Konstantendefinitionen
// textLabel und farbeLabel.
// Globale Referenzen
   private JFrameMaske frame;
   private LayoutManager layout;
// Konstruktordefinition
   GrundMaskefuerSwing(JFrameMaske f, LayoutManager layout) {
      frame = f;
      this.layout = layout;
   }
```

```
// Methode zum Starten des Prototypen
  public void anzeige() {
    frame.setLayout(layout);
    frame.setDefaultCloseOperation(JFrame.EXIT_ON_CLOSE);
// Die Klasse SwingLabel erweitert die Klasse JLabel
    SwingLabel[] label = new SwingLabel[6];
    for(int i = 0; i < textLabel.length; i++) {
      label[i] = new SwingLabel(textLabel[i], farbeLabel[i]);
    }
    if(layout.getClass().getName().
      equals("java.awt.BorderLayout")) {
      frame.add(label[0],BorderLayout.NORTH);
      frame.add(label[1],BorderLayout.WEST);
      frame.add(label[2],BorderLayout.CENTER);
      frame.add(label[3],BorderLayout.CENTER);
      frame.add(label[4],BorderLayout.EAST);
      frame.add(label[5],BorderLayout.SOUTH);
    }
    else {
      for(int i = 0; i<textLabel.length; i++) {
        frame.add(label[i]);
      }
    }
    frame.setVisible(true);
  }
}
```

Die Klasse SwingLabel (Version 1)

```
import javax.swing.*;
import java.awt.*;
public class SwingLabel extends Jlabel {
  private String text;
  private Color farbe;
// Konstruktordefinition
  public SwingLabel(String text, Color farbe) {
    this.farbe = farbe;
    this.text = text;
// Werden die auskommentierten Anweisungen ausgeführt,
// wird der Hintergrund auf rosa gesetzt.
// Ohne diese Anweisungen ist der Label transparent,
// d.h. es erscheint der Hintergrund des Containers.
  // setOpaque(true);
  // setBackground(Color.pink);
    setForeground(Color.black);
    setBorder(BorderFactory.createLineBorder(Color.black));
  }
```

```
// Graphische Definition der Komponente
  public void paintComponent(Graphics g) {
  //super.paintComponent(g);
    g.setColor(farbe);
    g.fillRect(5,5,30,30);
    g.setColor(getForeground());
    g.drawString(text,7,25);
  }
// Bevorzugte Größe der Komponente
  public Dimension getPreferredSize() {
    return new Dimension(40,40);
  }
}
```

Die Klasse SwingLabel (Version 2))

```
import javax.swing.*;
import java.awt.*;
public class SwingLabel extends JLabel{
// Konstruktordefinition
  public SwingLabel(String text, Color farbe) {
    super(text);
// Den Text in der Mitte des Labels positionieren
    setHorizontalAlignment(JLabel.CENTER);
// Die Hintergrundfarbe der Komponente festlegen
    setOpaque(true);
    setBackground(farbe);
// Die Schriftfarbe festlegen
    setForeground(Color.black);
// Einen Rand festlegen
    setBorder(BorderFactory.createLineBorder(Color.black));
  }
}
```

Programmausgaben mit der Version 2 von SwingLabel

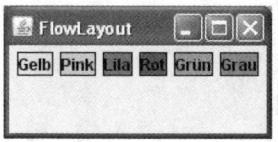 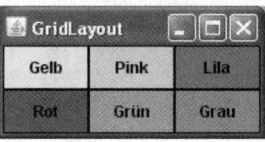 

Hinweise zum Lösungsvorschlag

Weil die paintComponent()-Methode aus der ersten Version von SwingLabel nicht die Methode der Oberklasse aufruft, wird nicht in das Standard UI-Delegationsobjekt der Klasse verzweigt und der Aufruf der Methoden setOpaque() und setBackground() bleibt unberücksichtigt.

Die zweite Version der Klasse überschreibt nicht die paintComponent()-Methode, sodass automatisch in ihren Standard-UI-Delegate, den UI-Delegate ihrer Oberklasse JLabel, verzweigt wird. Zum Testen der 1. Version muss der Name der Java-Datei SwingLabelV1.java in SwingLabel.java abgeändert werden.

Lösung 4.12

Die Klasse JFramemitBoxLayout

```java
import java.awt.*;
import javax.swing.*;
public class JFramemitBoxLayout extends JPanel
                                implements LabelFarben {
//Konstruktordefinition
  public JFramemitBoxLayout () {
    setBorder(BorderFactory.createTitledBorder(
      "Container mit BoxLayout"));
    setLayout(new BoxLayout(this, BoxLayout.X_AXIS));
// Drei Labels dem Panel hinzufügen
    for(int i=0; i<3; i++) {
      SwingLabel label = new SwingLabel(textLabel[i],
        farbeLabel[i]);
      add(label);
    }
// Ein Box-Objekt erzeugen
    Box b = new Box(BoxLayout.Y_AXIS);
    for(int i=3; i<=5; i++) {
// Drei Labels zur Box-Instanz hinzufügen
      SwingLabel label = new SwingLabel(textLabel[i],
        farbeLabel[i]);
      b.add(label);
    }
// Die Box-Instanz zum Panel hinzufügen
    add(b);
  }
// Objekt der Klasse erzeugen und einem Fenster hinzufügen
  public static void main(String[] args) {
    JFrame frame = new JFrame("BoxLayout");
    JFramemitBoxLayout panel = new JFramemitBoxLayout();
    panel.setPreferredSize(new Dimension(150,80));
    frame.add(panel);
    frame.setDefaultCloseOperation(JFrame.EXIT_ON_CLOSE);
    frame.pack();
    frame.setVisible(true);
  }
}
```

Programmausgaben

Hinweise zum Lösungsvorschlag

Im Lösungsvorschlag wird die zweite Version der Klasse SwingLabel aus der Aufgabe 4.11 genutzt.

Lösung 4.13

Die Klasse JFramemitGridBagLayout

```
import java.awt.*;
import javax.swing.*;
public class JFramemitGridBagLayout extends JFrame
                            implements LabelFarben {
  private static SwingLabel[] label = new SwingLabel[6];
// Konstruktordefinition
  public JFramemitGridBagLayout() {
    super("GridBagLayout");
    setBounds(10,50,150,150);
    for(int i=0; i<textLabel.length; i++) {
      label[i] = new SwingLabel(textLabel[i],
        farbeLabel[i]);
    }
    setDefaultCloseOperation(JFrame.EXIT_ON_CLOSE);
  }
// Die Constraints für Komponenten definieren
  public void addJLabel(GridBagLayout gbLayout, JLabel l,
    int fill, int gridX, int gridY, int gridWidth,
     int gridHeight, double weightX, double weightY) {
    GridBagConstraints gbConstraints =
      new GridBagConstraints();
// fill bestimmt ob vergrößert werden kann
    gbConstraints.fill = fill;
// gridx und gridy geben die Position links vom bzw.
// über dem Anzeigebereich an
    gbConstraints.gridx = gridX;
    gbConstraints.gridy = gridY;
// gridwidth und gridheight für die Breite einer Spalte bzw.
// die Höhe einer Zeile in Pixeln
    gbConstraints.gridwidth = gridWidth;
    gbConstraints.gridheight = gridHeight;
```

```
// weightx und weighty geben an, wie der freie Platz
// horizontal und vertikal verteilt wird
    gbConstraints.weightx = weightX;
    gbConstraints.weighty = weightY;
// Die Constraints für jede einzelne Komponente setzen
    gbLayout.setConstraints(1, gbConstraints);
// Die Komponente zum Container hinzufügen
    add(1);
  }
// Ein Objekt der Klasse erzeugen und zu diesem die JLabel-
// Komponenten hinzufügen
  public static void main(String[] args) {
    JFramemitGridBagLayout frame =
      new JFramemitGridBagLayout();
    GridBagLayout gbLayout = new GridBagLayout();
    frame.setLayout(gbLayout);
    frame.addJLabel(gbLayout,label[0],GridBagConstraints.BOTH,
      0,0,3,1,1.0,1.0);
    frame.addJLabel(gbLayout,label[1],GridBagConstraints.BOTH,
      0,1,2,2,1.0,1.0);
    frame.addJLabel(gbLayout,label[2],GridBagConstraints.BOTH,
      2,1,1,1,1.0,0);
    frame.addJLabel(gbLayout,label[3],GridBagConstraints.BOTH,
      2,2,1,1,0,0);
    frame.addJLabel(gbLayout,label[4],GridBagConstraints.BOTH,
      0,4,3,1,0,0);
    frame.addJLabel(gbLayout,label[5],GridBagConstraints.BOTH,
      0,5,3,1,0,0);
    frame.setVisible(true);
  }
}
```

Programmausgaben

Hinweise zum Lösungsvorschlag

Im Lösungsvorschlag wird die zweite Version der Klasse SwingLabel aus der Aufgabe 4.11 genutzt.

Lösung 4.14

Die Klasse JFramemitNullLayout

```java
import java.awt.*;
import javax.swing.*;
public class JFramemitNullLayout extends JFrame
                                implements LabelFarben {
    private static JLabel[] label = new JLabel[6];
    private int x = 0;
    private int y = 0;
// Konstruktordefinition
    public JFramemitNullLayout() {
        super("JFrame mit Null-Layout");
        setBounds(30,15,300,150);
// Layout auf null setzen
        setLayout(null);
// Labels an bestimmten Positionen und mit beseimmter Größe
// hinzufügen
        for(int i=0; i<textLabel.length; i++) {
            label[i] = createJLabel(textLabel[i], farbeLabel[i],
                x, y, 50, 20);
            add(label[i]);
            x = x+50;
            y = y+20;
        }
        setDefaultCloseOperation(JFrame.EXIT_ON_CLOSE);
        setVisible(true);
    }
    public JLabel createJLabel(String text, Color farbe, int x,
                            int y, int breite, int höhe) {
// Eine JLabel-Komponente erzeugen
        JLabel label = new JLabel(text);
// Ihren Text in der Mitte positionieren
        label.setHorizontalAlignment(JLabel.CENTER);
// Die Komponente undurchsichtig setzen
        label.setOpaque(true);
// Position und Größe der Komponente bestimmen
        label.setBounds(x,y,breite,höhe);
// Farbe und Rand der Komponente bestimmen
        label.setBackground(farbe);
        label.setForeground(Color.black);
        label.setBorder(BorderFactory.createLineBorder(
            Color.black));
        return label;
    }
// Objekt der Klasse erzeugen
    public static void main(String[] args) {
```

```
        JFramemitNullLayout frame = new JFramemitNullLayout();
    }
}
```

Programmausgaben

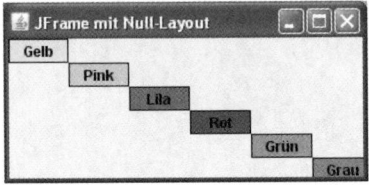

Lösung 4.15

Die Klasse AWTPaintKreis

```
import java.awt.*;
public class AWTPaintKreis extends Label { // Component {
// Konstruktordefinition
   public AWTPaintKreis(int x, int y, int d1, int d2, Color c) {
      setBounds(x,y,d1,d2);
      setForeground(c);
      setBackground(Color.lightGray);
   }
// Einen Kreis in der über die foreground-Eigenschaft
// gesetzten Farbe malen
   public void paint(Graphics g) {
      g.fillOval(0, 0, getSize().width-1, getSize().height-1);
   }
}
Die Klasse FramemitPaintKreis
import java.awt.*;
public class FramemitPaintKreis {
   public static void main(String[] args) {
      Frame f = new Frame("Kreise malen");
      f.setBounds(0,0,100,100);
      Dimension size = f.getSize();
// Durchmesser des Fensters
      int d = Math.min(size.width, size.height);
// Durchmesser der kleinen Kreise
      int d1 = d/5;
// Ausgangspunkt für die Positionierung der Komponenten im Fenster
      int x = (size.width - d)/2+12;
      int y = (size.height - d)/2+30;
// Layout-Manager ausschalten
      f.setLayout(null);
```

```
// Die kleinen Kreise zum Fenster hinzufügen
    f.add(new AWTPaintKreis(x+d/3-(d1/2), y+d/3-(d1/2),
      d1, d1, Color.white));
    f.add(new AWTPaintKreis(x+(2*(d/3))-(d1/2), y+d/3-(d1/2),
      d1, d1, Color.white));
    f.add(new AWTPaintKreis(x+d/3-(d1/2), y+2*(d/3)-(d1/2),
      d1, d1, Color.white));
    f.add(new AWTPaintKreis(x+(2*(d/3))-(d1/2), y+2*(d/3)
      -(d1/2), d1, d1, Color.white));
// Den großen Kreis zum Fenster hinzufügen
    f.add(new AWTPaintKreis(x, y, d, d, Color.gray));
// Die Fenstergröße der Größe der Komponenten anpassen
    f.setSize(new Dimension(100,135));
    f.setVisible(true);
  }
}
```

Programmausgaben

Die Klasse AWTPaintKreis wurde von der Klasse Component bzw. Label abgeleitet.

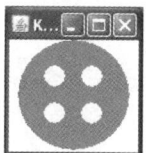 

Hinweise zum Lösungsvorschlag

Eine von Component abgeleitete Klasse definiert eine LW-Komponente. Sie besitzt keinen Hintergrund und benutzt kein eigenes Fenster zum Malen.

Label-Komponenten hingegen sind HW-Komponenten, deren Hintergrund standardmäßig gezeichnet wird.

Lösung 4.16
Die Klasse AWTContainer

```
import java.awt.*;
public class AWTContainer extends Container {
  private Color[] color;
// Konstruktordefinition
  public AWTContainer(Color[] color) {
    setBounds(0,0,250,250);
// Das null-Layout ist das Standard-Layout für die Container-
// Klasse
  // setLayout(null);
```

```
      this.color = color;
  }
  public void paint(Graphics g) {
     int laenge = 5;
     for(int y=0; y+laenge<=getSize().height; y+=laenge) {
        for(int x=0; x+laenge<=getSize().width; x+=laenge) {
           g.setColor(color[x % color.length]);
           g.fillRect(x, y, laenge, laenge);
        }
// Die Reihenfolge der Farben wechseln
        Color[] c = new Color[color.length];
        for(int i=0; i<color.length; i++)
           c[i] = color[color.length-(1+i)];
        color = c;
     }
// Die Methode der Oberklasse muss nur, wenn die AWTPaintKreis-
// Klasse von Component abgeleitet wird, aufgerufen werden
     super.paint(g);
  }
}
```

Die Klasse FramemitContainerundPaintKreis

```
import java.awt.*;
public class FramemitContainerundPaintKreis {
   private final static Color color[] = {Color.black,
     Color.white, Color.black, Color.white};
   public static void main(String[] args) {
     Frame f = new Frame("Kreise malen");
     f.setBounds(0,0,100,100);
     Dimension size = f.getSize();
// Durchmesser des Fensters
     int d = Math.min(size.width, size.height);
// Durchmesser der kleinen Kreise
     int d1 = d/5;
// Positionierung von Komponenten
     int x = (size.width - d)/2 + 12;
     int y = (size.height - d)/2 + 38;
     AWTContainer c = new AWTContainer(color);
     f.setLayout(null);
// Die kleinen Kreise dem Container hinzufügen
     c.add(new AWTPaintKreis(x+d/3-(d1/2), y+d/3-(d1/2),
        d1, d1, Color.white));
     c.add(new AWTPaintKreis(x+(2*(d/3))-(d1/2), y+d/3-(d1/2),
        d1, d1, Color.white));
     c.add(new AWTPaintKreis(x+d/3-(d1/2), y+2*(d/3)-(d1/2),
        d1, d1, Color.white));
     c.add(new AWTPaintKreis(x+(2*(d/3))-(d1/2), y+2*(d/3)
```

```
      -(d1/2), d1, d1, Color.white));
// Den grossen Kreis dem Container hinzufügen
      c.add(new AWTPaintKreis(x, y, d, d, Color.gray));
// Den Container dem Fenster hinzufügen
      f.add(c);
// Die Fenstergröße der Größe von Komponenten anpassen
      f.setSize(new Dimension(100,150));
      f.setVisible(true);
   }
}
```

Programmausgaben

Die Klasse AWTPaintKreis wurde von der Klasse Component bzw. Label abgeleitet.

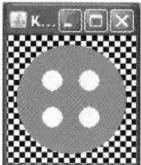 

Lösung 4.17
Die Klasse FramemitZOrder

```
import java.awt.*;
public class FramemitZOrder {
   private final static Color color[] = {Color.black,
   Color.white};
   public static void main(String[] args) {
      Frame f = new Frame("Kreise malen");
      f.setBounds(0,0,100,100);
      Dimension size = f.getSize();
// Durchmesser des Fensters
      int d = Math.min(size.width, size.height);
// Position für die Komponenten
      int x = (size.width - d)/2+12;
      int y = (size.height - d)/2+38;
// AWTContainer-Objekt erzeugen
      AWTContainer c = new AWTContainer(color);
      f.setLayout(null);
// Objekte der Klasse AWTPaintKreis (vom Typ Component) erzeugen
      AWTPaintKreis k1 = new AWTPaintKreis(x-6, y-6, d+15, d+15,
         Color.white);
      AWTPaintKreis k2 = new AWTPaintKreis(x-4, y-4, d+10, d+10,
         Color.pink);
      AWTPaintKreis k3 = new AWTPaintKreis(x, y, d, d,
         Color.red);
```

```
      AWTPaintKreis k4 = new AWTPaintKreis(x+5, y+5, d-10, d-10,
        Color.gray);
// und dem Container hinzufügen
      c.add(k1);
      c.add(k2);
      c.add(k3);
      c.add(k4);
// Die AWTPaintKreis-Objekte, im Container, in die über den
// Z-Order-Index spezifizierte Ebene bewegen
      c.setComponentZOrder(k1,3);
      c.setComponentZOrder(k2,2);
      c.setComponentZOrder(k3,1);
      c.setComponentZOrder(k4,0);
// Den Container dem Fenster hinzufügen
      f.add(c);
      f.setSize(new Dimension(100,150));
      f.setVisible(true);
    }
  }
```

Programmausgaben

Zugeteilte Z-Order-Indexe: 3,2,1,0 und 1,2,3,0

Lösung 4.18

Die Klasse PaintKreis

```
import java.awt.*;
import javax.swing.*;
public class PaintKreis extends JComponent { // JLabel {
// Konstruktordefinition
  public PaintKreis(int x, int y, int d1, int d2, Color c) {
    setBounds(x,y,d1,d2);
    setForeground(c);
    setBackground(Color.lightGray);
    setOpaque(true);
  }
// Die Komponente in der über die forground-Eigenschaft
// gesetzten Farbe malen
  protected void paintComponent(Graphics g) {
```

```
      super.paintComponent(g);
      g.fillOval(0, 0, getSize().width-1, getSize().height-1);
   }
}
```

Die Klasse JFramemitPaintKreis

```
import java.awt.*;
import javax.swing.*;
public class JFramemitPaintKreis {
   public static void main(String[] args) {
      JFrame f = new JFrame("Kreise malen");
      f.setBounds(0,0,100,100);
      Dimension size = f.getSize();
// Durchmesser des Fensters
      int d = Math.min(size.width, size.height);
// Durchmesser für die Komponenten
      int d1 = d/5;
// Positionierung der Komponenten
      int x = (size.width - d)/2+8;
      int y = (size.height - d)/2;
      f.setLayout(null);
// Die PaintKreis-Objekte zum Fenster hinzufügen
      f.add(new PaintKreis(x+d/3-(d1/2), y+d/3-(d1/2),
         d1, d1, Color.white));
      f.add(new PaintKreis(x+(2*(d/3))-(d1/2), y+d/3-(d1/2),
         d1, d1, Color.white));
      f.add(new PaintKreis(x+d/3-(d1/2), y+2*(d/3)-(d1/2),
         d1, d1, Color.white));
      f.add(new PaintKreis(x+(2*(d/3))-(d1/2), y+2*(d/3)-(d1/2),
         d1, d1, Color.white));
      f.add(new PaintKreis(x, y, d, d, Color.gray));
      f.setDefaultCloseOperation(JFrame.EXIT_ON_CLOSE);
      f.setSize(new Dimension(100,135));
      f.setVisible(true);
   }
}
```

Programmausgaben

Die Klasse PaintKreis wurde von der Klasse JComponent bzw. JLabel abgeleitet.

Lösung 4.19

Die Klasse PaintKreis

```java
import java.awt.*;
import javax.swing.*;
public class PaintKreis extends JComponent { //JLabel {
// Konstruktordefinition
    public PaintKreis(int x, int y, int d1, int d2, Color c) {
        setBounds(x,y,d1,d2);
        setForeground(c);
        setBackground(Color.lightGray);
    // setOpaque(true);
    }
// Die Komponente in der über die forground-Eigenschaft
// gesetzten Farbe malen
    protected void paintComponent(Graphics g) {
        super.paintComponent(g);
        g.fillOval(0, 0, getSize().width-1, getSize().height-1);
    }
}
```

Die Klasse KreisContainer

```java
import java.awt.*;
import javax.swing.*;
public class KreisContainer extends JPanel {
    private Color[] color;
// Konstruktordefinition
    public KreisContainer(Color[] color) {
        setBounds(0,0,300,300);
// Das Standard-Layout des Containers ausschalten
        setLayout(null);
        this.color = color;
    }
    protected void paintComponent(Graphics g) {
// Mit gleicher Auswirkung kann auch die Methode paintChildren()
// überschrieben werden
// protected void paintChildren(Graphics g) {
        int laenge = 5;
        for(int y=0; y+laenge<=getSize().height; y+=laenge) {
            for(int x=0; x+laenge<=getSize().width; x+=laenge) {
                g.setColor(color[x % color.length]);
                g.fillRect(x, y, laenge, laenge);
            }
// Die Reihenfolge der Farben wechseln
        Color[] c = new Color[color.length];
```

```
        for(int i=0; i<color.length; i++)
            c[i] = color[color.length-(1+i)];
        color = c;
    }
// Der Aufruf der Methode der Oberklasse ist erforderlich
    // super.paintChildren(g);
    }
}
```

Die Klasse JFramemitContainerundPaintKreis

```
import java.awt.*;
import javax.swing.*;
public class JFramemitContainerundPaintKreis {
    private final static Color color[] = {Color.black,
        Color.white};
    public static void main(String[] args) {
        JFrame f = new JFrame("Kreise malen");
        f.setBounds(0,0,100,100);
        Dimension size = f.getSize();
// Durchmesser des Fensters
        int d = Math.min(size.width, size.height);
// Durchmesser der Komponenten
        int d1 = d/6;
        int d2 = d/4;
        int x = (size.width - d)/2;
        int y = (size.height - d)/2;
// KreisContainer-Objekt erzeugen
        KreisContainer c = new KreisContainer(color);
        f.setLayout(null);
// Objekte der Klasse PaintKreis erzeugen
        PaintKreis k1 = new PaintKreis(x+d/3-(d1/2), y+d/3-(d1/2),
            d1, d1, Color.white);
        PaintKreis k2 = new PaintKreis(x+(2*(d/3))-(d1/2),
            y+d/3-(d1/2), d1, d1, Color.white);
        PaintKreis k3 = new PaintKreis(x+d/3-(d1/2), y+2*(d/3)
            -(d1/2), d1, d1, Color.white);
        PaintKreis k4 = new PaintKreis(x+(2*(d/3))-(d1/2),
            y+2*(d/3)-(d1/2), d1, d1, Color.white);
        PaintKreis k5 = new PaintKreis(x+(d-2)/3-(d2/2),
            y+(d-2)/3-(d2/2), d2, d2, Color.pink);
        PaintKreis k6 = new PaintKreis(x+(2*((d-2)/3))-(d2/2),
            y+(d-2)/3-(d2/2), d2, d2, Color.pink);
        PaintKreis k7 = new PaintKreis(x+(d-2)/3-(d2/2),
            y+2*((d-2)/3)-(d2/2), d2, d2, Color.pink);
        PaintKreis k8 = new PaintKreis(x+(2*((d-2)/3))-(d2/2),
```

```
        y+2*((d-2)/3)-(d2/2), d2, d2, Color.pink);
    PaintKreis k9 = new PaintKreis(x-2, x-2, d+5, d+5,
      Color.red);
    PaintKreis k10 = new PaintKreis(x, y, d, d, Color.gray);
// und zum Container hinzufügen
    c.add(k1);
    c.add(k2);
    c.add(k3);
    c.add(k4);
    c.add(k5);
    c.add(k6);
    c.add(k7);
    c.add(k8);
    c.add(k9);
    c.add(k10);
// Die PaintKreis-Objekte im Container in eine über den
// Z-Order-Index spezifizierte Ebene bewegen
    c.setComponentZOrder(k1,1);
    c.setComponentZOrder(k2,3);
    c.setComponentZOrder(k3,8);
    c.setComponentZOrder(k4,4);
    c.setComponentZOrder(k5,2);
    c.setComponentZOrder(k6,0);
    c.setComponentZOrder(k7,9);
    c.setComponentZOrder(k8,7);
    c.setComponentZOrder(k9,6);
    c.setComponentZOrder(k10,5);
// Den Container zum Fenster hinzufügen
    f.add(c);
    f.setDefaultCloseOperation(JFrame.EXIT_ON_CLOSE);
    f.setSize(new Dimension(100,135));
    f.setVisible(true);
  }
}
```

Programmausgaben

Die Klasse PaintKreis wurde von der Klasse JComponent abgeleitet.

Zugeteilte Z-Order-Indexe: 1,3,8,4,2,0,9,7,6,5 und 1,3,0,4,2,8,9,7,6,5

Hinweise zum Lösungsvorschlag

Erfolgt die Zuordnung der Ebenen wie in der Klassendefinition von JFramemit-ContainerundPaintKreis, werden die Komponenten k3, k7 und k8 vor k9 und k10 gemalt und deswegen von diesen verdeckt. Die Komponente k2 wird vor k6 gemalt und deshalb von dieser verdeckt. Wenn Sie die Zuordnungen zwischen Komponenten und Ebenen verändern, erreichen Sie eine andere Komponentendarstellung.

Lösung 4.20

Die Klasse KreisComponent

```java
import java.awt.*;
public class KreisComponent extends Canvas { // Component {
// Konstruktordefinition
    public KreisComponent() {
        setBackground(Color.green);
    }
    public Dimension getPreferredSize() {
        return new Dimension(100,100);
    }
// Die Methode paint() wird aufgerufen, wenn eine
// Komponente zum erstemmal gemalt wird oder wenn sich
// ihre Sichtbarkeit oder Größe ändert
    public void paint(Graphics g) {
// Dynamisch ermittelte Größenwerte für die Komponente
        Dimension size = getSize();
        int d = Math.min(size.width, size.height);
// Konzentrische Kreise zeichnen
        int x = 0;
        int y = 0;
        int i = 0;
        while(x<size.width && y<size.height) {
            g.setColor(i%2==0 ? Color.white : Color.black);
            g.fillOval(x, y, size.width-(2*x), size.height-(2*y));
            x+=2;
            y+=2;
            i++;
        }
    }
}
```

Die Klasse ContainerfuerComponent

```java
import java.awt.*;
public class ContainerfuerComponent extends Container {
// Konstruktordefinition
    public ContainerfuerComponent() {
```

```
// Das Default-Container-Layout von null, auf BorderLayout oder
// FlowLayout abändern
  // setLayout(new BorderLayout());
    setLayout(new FlowLayout());
  }
  public void paint(Graphics g) {
// Dynamisch ermittelte Größenwerte für die Komponente
    Dimension size = getSize();
    int d = Math.min(size.width, size.height);
// Übereinanderliegende Rechtecke zeichnen
    int x = 0;
    int y = 0;
    int i = 0;
    while(x<size.width && y<size.height) {
        g.setColor(i%2==0 ? Color.white : Color.black);
        g.fillRect(x, y, size.width-(2*x), size.height-(2*y));
        x+=2;
        y+=2;
        i++;
    }
// Für leichtgewichtige Kindkomponenten
    super.paint(g);
  }
}
```

Die Klasse AWTPaintComponent

```
import java.awt.*;
public class AWTPaintComponent {
  public static void main(String[] args) {
// Ein Objekt der Klasse ContainerfuerComponent
// in einem Fenster sichtbar machen
    Frame f = new Frame("AWT-Komponenten");
    Container c = new ContainerfuerComponent();
    c.add(new KreisComponent());
    f.add(c, BorderLayout.CENTER);
    f.pack();
    f.setVisible(true);
  }
}
```

Programmausgaben

- Die Komponentenklasse ist von Component abgeleitet und in der erweiterten Container-Klasse ist das BorderLayout gesetzt

- Die Komponentenklasse ist von Canvas abgeleitet und in der erweiterten Container-Klasse ist das FlowLayout gesetzt

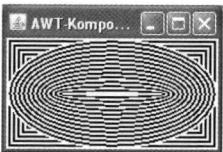

Hinweise zum Lösungsvorschlag

Der Farbenwechsel in den Klassen KreisComponent und ContainerfuerComponent erfolgt mit Hilfe des Fragezeichen-Operators: ?. Ist der logische Wert der
gesetzten Bedingung true, wird die erste nach dem ? angegebene Anweisung ausgeführt, ansonsten die zweite. Damit wird eine verkürzte Schreibweise von if-else-
Anweisungen ermöglicht.

Hinweise zu den Programmausgaben

Wird die Klasse KreisComponent von der Klasse Canvas abgeleitet, besitzen ihre
Komponenten einen Hintergrund, der Teile des Musters der Container-Komponente überdeckt.

Lösung 4.21

Die Klasse SwingComponent

```java
import java.awt.*;
import javax.swing.*;
public class SwingComponent extends JLabel { // JComponent {
  private final static Color farbe[] = {Color.black,
    Color.white, Color.gray};
// Konstruktordefinition
  public SwingComponent() {
    setOpaque(true);
    setBackground(Color.green);
  }
// Die gewünschte Größe der Komponente definieren
  public Dimension getPreferredSize() {
    return new Dimension(150,150);
  }
// Die Methode paintComponent() wird aufgerufen, wenn eine
// Komponente zum erstemmal gemalt wird oder wenn sich
// ihre Sichtbarkeit oder Größe ändert
  protected void paintComponent(Graphics g) {
// Den Hintergrund von Komponenten setzen
    super.paintComponent(g);
    Dimension size = getSize();
    int d = Math.min(size.width, size.height);
    int breite = 10;
```

```
    int y = 40;
    for(int x=40; x+breite<=size.width-40; x+=breite) {
        g.setColor(farbe[x % farbe.length]);
        g.fillRect(x, y, breite, size.height-8*breite );
    }
// Hiermit werden die gemalten Inhalte vom Hintergrund
// der Komponente überschrieben
    //    super.paintComponent(g);
    }
}
```

Die Klasse SwingContainer

```
import javax.swing.*;
import java.awt.*;
public class SwingContainer extends JPanel {
    private final static Color colors[] = {Color.black,
        Color.white, Color.gray};
// Konstruktordefinition
    public SwingContainer() {
        setLayout(new BorderLayout());
    // setLayout(new FlowLayout());
    }
    protected void paintChildren(Graphics g) {
        Dimension size = getSize();
        int d = Math.min(size.width, size.height);
        int laenge = 10;
        int x = 0;
        for(int y=0; y+laenge<=size.height; y+=laenge) {
            g.setColor(colors[y % colors.length]);
            g.fillRect(0, y, size.width, laenge);
        }
        super.paintChildren(g);
    }
}
```

Die Klasse SwingPaintComponent

```
import java.awt.*;
import javax.swing.*;
public class SwingPaintComponent {
// Ein Objekt der Klasse SwingContainer
// in einem Fenster sichtbar machen
    public static void main(String[] args) {
        JFrame f = new JFrame("Swing-Komponenten");
        f.setDefaultCloseOperation(JFrame.EXIT_ON_CLOSE);
        Container c = new SwingContainer();
```

```
        c.add(new SwingComponent());
        f.add(c, BorderLayout.CENTER);
        f.pack();
        f.setVisible(true);
    }
}
```

Programmausgaben

- Die Komponentenklasse ist von **JComponent** abgeleitet und in der erweiterten JPanel-Klasse ist das FlowLayout gesetzt

- Die Komponentenklasse ist von **JLabel** abgeleitet und in der erweiterten JPanel-Klasse ist das BorderLayout gesetzt

Lösung 4.22

Die Klasse FramemitWindowListener

```java
import java.awt.*;
import java.awt.event.*;
public class FramemitWindowListener extends Frame
                              implements WindowListener {
// Konstruktordefinition
    public FramemitWindowListener() {
        super("Fenster schließen");
// Eine Instanz der eigenen Klasse als WindowListener
// registrieren
        this.addWindowListener(this);
        this.setBounds(10,10,100,75);
        this.setBackground(Color.cyan);
        this.setVisible(true);
    }
// Alle Methoden des WindowListener müssen implementiert werden,
// die nicht benutzten Methoden mit leerem Rumpf
// Der Benutzer will das Fenster schließen
    public void windowClosing(WindowEvent e) {
        System.exit(0);
    }
```

```
// Das Fenster wurde geschlossen
  public void windowClosed(WindowEvent e) {}
// Das Fenster wurde zum Icon verkleinert
  public void windowIconified(WindowEvent e) {}
// Das Fenster wurde wieder hergestellt
  public void windowDeiconified(WindowEvent e) {}
// Das Fenster wurde aktiviert
  public void windowActivated(WindowEvent e) {}
// Das Fenster wurde deaktiviert
  public void windowDeactivated(WindowEvent e) {}
// Das Fenster wurde geöffnet
  public void windowOpened(WindowEvent e) {}
// Objekt der Klasse erzeugen
  public static void main(String[] args) {
// Fenster erzeugen und initialisieren
    FramemitWindowListener frame =
      new FramemitWindowListener();
  }
}
```

Programmausgaben

Hinweise zum Lösungsvorschlag

Dadurch, dass die Klasse FramemitWindowListener die Schnittstelle WindowListener implementiert, können Referenzen vom Typ WindowListener auf Instanzen der Klasse zeigen und dafür steht das this als Parameterwert im Methodenaufruf von addWindowListener(this).

Lösung 4.23

Die Klasse FramemitWindowAdapter

```
import java.awt.*;
public class FramemitWindowAdapter extends Frame {
// Konstruktordefinition
  public FramemitWindowAdapter() {
    super("Fenster schließen");
// Den WindowListener als Objekt der Klasse
// UnterklassevonWindowAdapter für die Instanzen der Klasse
// registrieren
    this.addWindowListener(new UnterklassevonWindowAdapter());
    this.setBounds(10,10,100,75);
```

```
      this.setBackground(Color.cyan);
      this.setVisible(true);
   }
// Objekt der Klasse erzeugen
   public static void main(String[] args) {
      FramemitWindowAdapter frame = new FramemitWindowAdapter();
   }
}
Die Klasse UnterklassevonWindowAdapter
import java.awt.event.*;
public class UnterklassevonWindowAdapter extends WindowAdapter {
   public void windowClosing(WindowEvent e){
      System.exit(0);
   }
}
```

Programmausgaben

Lösung 4.24

Die Klasse FramemitActionListener

```
import java.awt.*;
import java.awt.event.*;
public class FramemitActionListener extends Frame
                                implements ActionListener {
   private Button b;
// Konstruktordefinition
   public FramemitActionListener() {
      super("Fenster mit einem Button schließen");
      b = new Button("Fenster schließen");
      b.setBackground(Color.green);
      add(b, BorderLayout.SOUTH);
// Event-Handling für den Button aktivieren
      b.addActionListener(this);
      setBounds(10,10,100,75);
      setBackground(Color.cyan);
      setVisible(true);
   }
// Diese Methode wird aufgerufen, wenn der Button angeklickt wird
   public void actionPerformed(ActionEvent e){
      System.exit(0);
   }
```

```
// Objekt der Klasse erzeugen
  public static void main(String[] args) {
     FramemitActionListener frame =
        new FramemitActionListener();
  }
}
```

Programmausgaben

Lösung 4.25

Die Klasse JFramemitKeyListener

```
import java.awt.*;
import java.awt.event.*;
import javax.swing.*;
public class JFramemitKeyListener extends JFrame
                                    implements KeyListener {
  private JLabel l1 = new JLabel("Eingabe");
  private JTextField t1 = new JTextField();
  private JLabel l2 = new JLabel("Ausgabe");
  private JTextField t2 = new JTextField();
// Konstruktordefinition
  public JFramemitKeyListener() {
     super("Fenster mit Tastatureingaben");
     setBounds(20,20,700,100);
// Die Komponenten zum Fenster hinzufügen
     setLayout(new GridLayout(4,1));
     add(l1);
     add(t1);
     add(l2);
     add(t2);
     setDefaultCloseOperation(JFrame.EXIT_ON_CLOSE);
// Das Textfeld t1 registriert den von der Klasse
// implementierten KeyListener
     t1.addKeyListener(this);
  }
// Die Methoden des KeyListener implementieren
  public void keyPressed(KeyEvent e) {
     String string = "Zeichen <" + e.getKeyChar() + " >";
     String += "mit der Codierung <" + e.getKeyCode() +
       " > eingegeben.";
     String += " Taste <" + KeyEvent.getKeyText(e.getKeyCode());
     String += "> mit den Modifikatoren <" + KeyEvent.
```

```
        getKeyModifiersText(e.getModifiers()) + " > gedrückt";
      t2.setText(string);
   }
   public void keyReleased(KeyEvent e) {}
   public void keyTyped(KeyEvent e) {}
// Objekt der Klasse erzeugen
   public static void main(String[] args) {
      JFramemitKeyListener frame = new JFramemitKeyListener();
      frame.setVisible(true);
   }
}
```

Programmausgaben

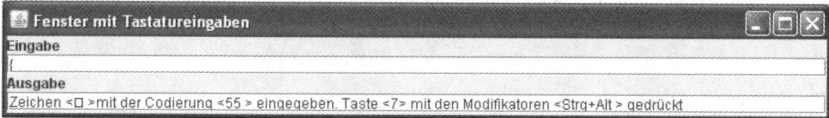

Lösung 4.26

Die Klasse ListenerKlasse

```
import java.awt.*;
import java.awt.event.*;
public class ListenerKlasse extends WindowAdapter
                            implements ActionListener {
// Methode der Klasse WindowAdapter überschreiben
   public void windowClosing(WindowEvent e) {
      System.exit(0);
   }
// Methode des Interfaces ActionListener implementieren
   public void actionPerformed(ActionEvent e) {
      System.exit(0);
   }
}
```

Die Klasse FramemitListenerKlasse

```
import java.awt.*;
import java.awt.event.*;
public class FramemitListenerKlasse extends Frame {
   private Button b;
// Eine Globale Referenz vom Typ ListenerKlasse zeigt auf
// eine Instanz dieser Klasse
   private ListenerKlasse listener = new ListenerKlasse();
// Konstruktordefinition
   public FramemitListenerKlasse(){
      super("Fenster schließen");
```

```
        b = new Button("Fenster schließen");
        this.add(b, BorderLayout.SOUTH);
        this.setBounds(10,10,100,75);
        this.setBackground(Color.cyan);
        this.setVisible(true);
// Die von der Klasse ListenerKlasse implementierten Listener
// registrieren
        addWindowListener(listener);
        b.addActionListener(listener);
    }
// Objekt der Klasse erzeugen
    public static void main(String[] args) {
        FramemitListenerKlasse frame =
            new FramemitListenerKlasse();
    }
}
```

Programmausgaben

Kapitel 5

Erweiterte graphische Programmierung

5.1 Der RootPane-Container

Alle Swing-Komponenten sind von der Klasse `Container` abgeleitet, aber nicht alle Swing-Komponenten sind von `JComponent` abgeleitet. Die Ausnahme bilden `JFrame`, `JWindow` und `JDialog`, welche von den AWT-Klassen, `Frame`, `Window` und `Dialog` abgeleitet sind. So können diese nicht die Swing-spezifischen Funktionen von `JComponent` erben. Diese Container erstellen bei ihrer Instanziierung automatisch ein Objekt der Klasse `JRootPane`, die von `JComponent` abgeleitet ist und wiederum die Swing-Eigenschaften zur Verfügung stellt.

Der `JRootPane`-Container ist die einzige Kindkomponente von `JWindow`-, `JFrame`-, `JDialog`- und `JInternalFrame`-Komponenten und wird mit deren Methode `getRootPane()` geliefert.

Ein `JRootPane`-Container besteht aus zwei Objekten, der GlassPane und der LayeredPane. Die GlassPane ist unsichtbar, so dass man nur die LayeredPane sieht, die ihrerseits auch aus zwei Objekten besteht, einer optionalen MenuBar und einer ContentPane. Die LayeredPane ist als Vaterkomponente für alle Kindkomponenten der RootPane zu sehen.

Die Klasse `JRootPane` definiert die Instanzfelder: `layerdPane`, `glassPane`, `menuBar` und `contentPane`, welche Referenzen vom Typ der Klassen `JLayeredPane`, `Component`, `JMenuBar` und `Container` bezeichnen, mit dem Modifikator `protected`, sodass diese über einen geschützten Zugriff verfügen und darauf nur aus davon abgeleiteten Klassen zugegriffen werden kann.

Das Interface `RootPaneContainer`, das alle Fensterklassen von Swing und die `JRootPane`-Klasse implementieren, gibt Methoden vor, mit denen alle RootPane-Container erreicht werden können.

Es ist üblich, dass alle Komponenten einer `JFrame`-Komponente der ContentPane des Fensters hinzugefügt werden. Damit lässt sich die Arbeit mit einer `JFrame`-Komponente ähnlich wie mit einer Frame-Komponente gestalten.

Laut Empfehlung der Java-Spezifikation sollte vermieden werden, einen Layout-Manager für die RootPane zu definieren. Diese verfügt über einen eigenen Layout-Manager `RootLayout`, der speziell für das Managen der LayeredPane, Content-Pane, GlassPane und der MenuBar zuständig ist. Wird dieser durch einen anderen

Layout-Manager ersetzt, so muss dieser fähig sein, das Positionieren dieser Komponenten zu managen.

Wird eine GlassPane definiert und sichtbar gemacht, so wird eine auf ihr platzierte Komponente über der ContentPane angezeigt. Sie ermöglicht Events abzufangen, die wichtig für das Zeichnen und Bewegen von Komponenten sind und so nach außen getragen werden können.

Die LayeredPane dient dazu, Komponenten in unterschiedliche Ebenen anzuordnen, so dass Teile der Komponenten überdeckt werden können. Sie besitzt keinen Layout-Manager, so dass die Komponenten über die setBounds()-Methode positioniert werden müssen.

Wie schon im Kapitel 4 angesprochen wird die Ebene, in welcher sich eine Komponente befindet, als deren Tiefe bezeichnet. In einer so definierten Ebene kann eine beliebige Anzahl von Komponenten hinterlegt werden, die sich überlappen können. Das Hinzufügen von Komponenten innerhalb einer dieser Ebenen wird über ihre Position bestimmt, die als int-Wert definiert wird.

Die Ebene selbst wird durch ein Integer-Objekt festgellegt. Die Klasse JLayeredPane definiert sechs solche konstante Integer-Objekte: FRAME_CONTENT_LAYER (-30000), DEFAULT_LAYER(0), PALETTE_LAYER(100), MODAL_LAYER(200), POPUP _LAYER(300), DRAG_LAYER(400). Die MenuBar und die ContentPane werden der LayeredPane mit einer Tiefe gleich dem Wert der Konstante FRAME_CONTENT_LAYER hinzugefügt. Komponenten aus Ebenen mit einem höheren Wert überlappen alle Komponenten aus Ebenen mit einem niedrigeren Wert. Innerhalb einer Ebene erscheinen Komponenten mit einer höheren Position unterhalb von denen mit einer niedrigeren Position.

Jeder Komponente innerhalb einer LayeredPane wird noch ein dritter wichtiger Wert, der so genannte Index, zugeordnet. Dabei werden die vorher angesprochenen Ebenen ignoriert und die Komponenten von Position »0« in der höchsten Ebene bis zur Position »n-1« in der niedrigsten durchnummeriert, wobei »n« die Anzahl aller Komponenten bezeichnet. Dieser Index entspricht dem Z-Order-Index einer Komponente, womit auch die Reihenfolge, in welcher die Komponenten gezeichnet werden, festgelegt wird.

Mit der Methode setComponentZOrder() der Klasse Container wurde schon in den Klassen aus den Aufgaben 4.17 und 4.19 gearbeitet und für die Demonstration der hier angesprochenen Zuordnungen wird in den Aufgaben aus diesem Kapitel die Methode getComponentZOrder() der gleichen Klasse aufgerufen. Diese Methode gibt den Wert des Z-Order-Index für die Komponenten innerhalb eines Containers zurück bzw. -1, falls die Referenz auf eine Komponente gleich null oder diese nicht im Container enthalten ist.

Es gibt keine Methoden, mit welchen der Index einer Komponente geändert werden kann, jedoch kann auf eine beliebige Komponente über ihren Index zugegriffen werden. Die Ebene, in welcher sich eine bestimmte Komponente befindet, und ihre Position können mit der Methode setLayer() der Klasse JLayeredPane abgeändert werden. Das Hinzufügen von Komponenten zu einer LayeredPane kann auf drei Arten erfolgen. Erstens mit der Methode add(Component komponente), welche die Komponente in die Ebene, die durch das Integer-Objekt mit dem Wert 0 definiert ist, das DEFAULT_LAYER hinterlegt. Zweitens, mit der Methode add(Component komponente, new Integer(i)), welche die Komponente in die Ebene, die durch das Integer-Objekt mit dem Wert »i« definiert ist, hinterlegt und drittens, mit der Methode add(Component komponente, new Integer(i)), int position), womit die Komponente in die Ebene »i« an der Position »position« hinerlegt wird.

Der ContentPane können die Komponenten direkt über die Methode add() hinzugefügt werden und sie kann über die Methode getContentPane() ermittelt werden. In Java 5.0 wurde die Methode add() so implementiert, dass sie automatisch die Komponenten auf die ContentPane legt. Dies war in den bisherigen Beispielen immer der Fall und wurde bis dahin nur nicht erwähnt.

Die Klasse JInternalFrame definiert eine Schablone für interne Fenster. Sie implementiert ebenfalls das Interface RootPaneContainer, sodass interne Fenster den gleichen Schichtenaufbau wie JFrame-Instanzen besitzen.

Aufgabe 5.1
Die LayeredPane einer Fensterkomponente

Die von JFrame abgeleitete Klasse JFramemitgetLayeredPane ermittelt die LayeredPane eines Fensters mit der Methode getJLayeredPane(). Setzen Sie mit der Methode setMenuBar() parallel zur LayeredPane die MenuBar-Komponente für die RootPane des Fensters.

Die MenuBar wird als Objekt der Klasse JMenuBar erzeugt und zu ihr werden drei JMenu-Komponenten eines Array-Objektes, mit den Namen »Menue1«, »Menue2« und »Menue3«, in selbst definierten Farben hinzugefügt.

Drei JButton-Objekte werden über ein Array vom Typ JButton definiert und deren Elemente sollen geschachtelt in drei verschiedene Ebenen der LayeredPane hinterlegt werden. Die Schachtelungstiefe soll dem Index des Arrayelementes entsprechen. Die JButton-Komponenten verfügen über eine Länge und Breite von 60 Pixeln und werden mit Hilfe einer for-Schleife, ausgehend von den Pixelkoordinatenwerten (20,20) mit einem Offset von 30 Pixeln in der LayeredPane abgelegt. Die Punktkoordinaten sollen diesmal als Instanz der Java-Standard-Klasse Point zur Verfügung gestellt werden.

Rufen Sie an der JLayeredPane-Instanz die von der Klasse Container geerbte Methode getComponentZOrder() auf, um die Werte des Z-Order-Index für die Kindkomponenten der LayeredPane am Bildschirm anzuzeigen.

Hinweise für die Programmierung:

Die opaque-Eigenschaft für JButton-Komponenten ist standardmäßig auf true gesetzt.

Die Methode setBounds() wird genutzt, um Kindkomponenten in Container, die keinen Layout-Manager besitzen, wie auch die JLayeredPane zu platzieren.

Die am oberen Rand platzierte Menüleiste (MenuBar) für Container vom Typ JFrame, JDialog, JRootPane und JInternalFrame wird mit der Methode set-MenuBar() gesetzt. All diese Klassen implementieren die Schnittstelle RootPane-Container, die eine Implementierung von setMenuBar() erzwingt.

Java-Dateien: JFramemitgetLayeredPane.java
Programmaufruf: java JFramemitgetLayeredPane

Aufgabe 5.2
Eine beliebige Instanz der Klasse JLayeredPane

Wird ein Objekt der Klasse JLayeredPane mit dem new-Operator erzeugt, kann dieses mit getContentPane().add(layeredPane) dem Fenster hinzugefügt werden. Dies ist aber nicht die Standard-LayeredPane des Fensters, welche mit getLayeredPane() ermittelt wird, sondern ein beliebiges Objekt der Klasse. Damit kann erreicht werden, Komponenten innerhalb der ContentPane geschachtelt zu hinterlegen, ohne dass diese von deren Layout-Manager neu angeordnet werden.

Erzeugen Sie die gleichen JButton-Komponenten wie in der Aufgabe 5.1 und platzieren Sie diese, wie gehabt, in einem Objekt vom Typ der Klasse JLayeredPane, das diesmal mit dem new-Operator erstellt und mit einem Border vom Typ der Java-Standard-Klasse TitledBorder versehen wird. Die so erzeugte JLayeredPane-Instanz soll der ContentPane einer Fensterkomponente vom Typ der Klasse JFrame-mitnewLayeredPane hinzugefügt werden.

Fügen Sie der Fensterkomponente auf die gleiche Art und Weise wie in der Aufgabe 5.1 auch eine MenuBar hinzu.

Was ändert sich in der Komponentenanzeige, wenn die so erzeugte JLayered-Pane-Komponente dem Fenster mit der Methode setLayeredPane() hinzugefügt wird? Zeigen Sie in beiden Fällen den Z-Order-Index der Komponenten am Bildschirm an.

Java-Dateien: JFramemitnewLayeredPane.java
Programmaufruf: java JFramemitnewLayeredPane

Aufgabe 5.3
Das Positionieren von Komponenten in und innerhalb von Ebenen

Definieren Sie eine Klasse JFramemitLayeredPane von JFrame abgeleitet, die zur LayeredPane des Fensters mehrere JButton-Objekte in unterschiedliche Ebenen an verschiedene Positionen hinzufügt. Wählen Sie auch andere Integer- und int-Werte für die Positionierungen, zusätzlich zu denen aus dem Lösungsvorschlag der Aufgabe. Zeigen Sie jedes Mal den Z-Order-Index der Komponenten am Bildschirm an.

Die JButton-Instanzen werden in einem Array-Objekt mit acht Elementen hinterlegt. Beim Drücken der Buttons werden die Layer, in welchen sich die Buttons befinden, geändert. Um auf die Betätigung von Buttons zu reagieren, implementiert die Klasse das Interface ActionListener und dessen Methode actionPerformed().

Java-Dateien: JFramemitLayeredPane.java
Programmaufruf: java JFramemitLayeredPane

Aufgabe 5.4
Eine GlassPane, die Ereignisse empfängt

Mit dieser Aufgabe soll eine Klasse JFramemitLayeredPaneundGlassPane, von JFrame abgeleitet, erstellt werden, die auf einem vorgegebenen Hintergrund Häuser in Form von JButton-Komponenten darstellt und das Fallen von Regentropfen simuliert.

Die Hintergrundkomponente soll als JLabel-Objekt erzeugt werden, das im Konstruktor eine Referenz vom Typ ImageIcon übergeben bekommt, und zur Layered-Pane einer Fensterkomponente mit einer Schachtelungstiefe von -30000 hinzugefügt werden.

Drei JButton-Objekte werden über ein Array vom Typ JButton definiert und in einer transparenten JPanel-Komponente abgelegt, die zur ContentPane des Fensters hinzugefügt wird. Diese sollen ihre Standardgröße beibehalten, die Beschriftungen »Haus1«, »Haus2«, »Haus3« tragen und in unterschiedlichen Grüntönen angezeigt werden.

Erzeugen Sie eine GlassPane als Instanz der Klasse JLabel mit der Beschriftung »Eine GlassPane, aus der es regnen kann« und registrieren Sie für diese den MouseListener. Beim Anklicken mit der Maus sollen Regentropfen in Form von blauen Ovalen auf die GlassPane gezeichnet werden. Der Durchmesser der zu zeichnenden Ovale soll über einen Zufallsgenerator mit Hilfe der random()-Methode der Java-Standard-Klasse Math generiert werden.

Hinweise für die Programmierung:

Die GlassPane kann, wie auch die ContentPane, eine beliebige Komponente sein. Diese liegt über allen anderen Komponenten, auf sie kann gezeichnet werden und sie kann Ereignisse empfangen. Dazu muss sie sichtbar gemacht werden und die entsprechenden Listener registrieren.

Java-Dateien: JFramemitLayeredPaneundGlassPane.java
Programmaufruf: java JFramemitLayeredPaneundGlassPane

Aufgabe 5.5

Eine benutzerdefinierte GlassPane-Komponente

Die Klasse UserGlassPane wird von der Klasse JComponent abgeleitet und überschreibt deren paintComponent()-Methode, um ein Bild mit der Methode drawImage() der Graphics-Klasse zu zeichnen. In die linke Ecke des Bildes soll ein Text mit der Methode drawString() geschrieben werden.

Eine zweite Klasse JPanelmitLayeredPaneundGlassPane wird von der Klasse JPanel abgeleitet und besitzt einen Konstruktor, der eine Referenz vom Typ der Klasse JLayeredPane als Parameter definiert. Zu einer im Konstruktor übergebenen JLayeredPane-Instanz werden drei JButton-Komponenten in geschachtelten Ebenen auf gleiche Art und Weise wie in der Aufgabe 5.1 hinzugefügt. Zu dieser Instanz soll auch eine JMenuBar-Komponente mit einer Schachtelungstiefe von -30000 hinzugefügt werden.

In der main()-Methode der Klasse wird eine JFrame-Komponente erzeugt, deren LayeredPane ermittelt und ihre Referenz im Konstruktor der eigenen Klasse übergeben.

Das so erzeugte Objekt vom Typ der eigenen Klasse wird als ContentPane für das Fenster gesetzt.

Zeigen Sie, dass die vorher hinzugefügte JMenuBar-Komponente nicht die MenuBar der RootPane für das Fenster ersetzt, sondern parallel zu dieser existiert, indem Sie eine zweite JMenuBar-Komponente mit der Methode setJMenuBar() zum Fenster hinzufügen.

Setzen Sie eine benutzerdefinierte Komponente vom Typ der Klasse UserGlassPane als GlassPane für das Fenster.

Java-Dateien: UserGlassPane.java,
JPanelmitgetLayeredPaneundGlassPane.java
Programmaufruf: java JPanelmitgetLayeredPaneundGlassPane

5.2   Interne Fenster

Die Java-Standard-Klasse JInternalFrame befindet sich im Paket javax.swing und ist von JComponent abgeleitet. Sie definiert eine leichtgewichtige Swing-Komponente, die ein schwergewichtiges Fenster mit Titelleiste und anderen Bestandteilen simuliert.

Da ein internes Fenster über kein natives Fenster verfügt, muss es für seine Anzeige zu einer Container-Komponente hinzugefügt werden. Dieser Container kann ein JLayeredPane-Objekt sein, ist aber in der Regel ein Objekt der Klasse JDesktopPane, einer von JLayeredPane abgeleiteten Klasse, die speziell für das Managen der Kindkomponenten eines InternalFrame erzeugt wurde.

Aufgabe 5.6
Die Instanzen der Klasse JInternalFrame

Definieren Sie eine Klasse JFramemitJInternalFrame, von JFrame abgeleitet, die drei Instanzen der Klasse JInternalFrame erzeugt, diese sichtbar macht und an unterschiedlichen Positionen der LayeredPane zu einer Fensterkomponente hinzufügt.

Java-Dateien: JFramemitJInternalFrame.java
Programmaufruf: java JFramemitJInternalFrame

Aufgabe 5.7
Die Verschachtelung von internen Fenstern

Die Klasse JFramemitInternenFenster wird von JFrame abgeleitet und implementiert das Interface MouseMotionListener.

Erstellen Sie zwei interne Fenster und benutzen Sie dafür den Konstruktor der Klasse JInternalFrame, über dessen Definition auch eine Titelleiste für die Anzeige von Systemschaltflächen und die Fähigkeit, die Größe der Fenster zu ändern, erzeugt wird. Nutzen Sie für die Anzeige der internen Fenster ein Objekt der Klasse JDesktopPane. Dieses kann der ContentPane eines Fensters hinzugefügt werden oder diese ersetzen. Fügen Sie zu den internen Fenstern je eine Komponente vom Typ der Klasse SwingLabel aus der Aufgabe 4.12 hinzu.

Durch die Bewegung einer JLabel-Komponente, die im Konstruktor ein mit Hilfe der Bilddatei rabbit.gif erzeugtes Icon übergeben bekommt zwischen den internen Fenstern bei jeder Mausbewegung, soll auf die Verschachtelung der Fenster hingewiesen werden.

Java-Dateien: SwingLabel.java, JFramemitInternenFenster.java
Programmaufruf: java JFramemitInternenFenster

5.3 Die Applikation als Auslöser für Zeichenoperationen

Zeichenoperationen können sowohl unter AWT als auch unter Swing nicht nur vom System, sondern auch von einer Applikation ausgelöst werden. In diesem Fall entscheidet die Komponente selbst, dass ihr Inhalt geändert werden muss, weil ihr interner Zustand sich geändert hat. So kann ein gedrückter Button eine andere Farbe als beim Loslassen anzeigen und ein Text, eine Figur oder ein Bild auf eine Komponente an einer mit der Maus angeklickten Stelle neu gezeichnet werden.

Wie im Kapitel 4 schon beschrieben, ruft ein Programm bei einem durch eine Applikation ausgelöstem Zeichnen die `repaint()`-Methode für die Komponente auf. Diese veranlasst im Falle von AWT-Komponenten, dass die `update()`-Methode der Komponente aufgerufen wird, deren Standardimplementation für HW-Komponenten den Hintergrund der Komponente löscht und danach `paint()` aufruft, während für LW-Komponenten nur `paint()` aufgerufen wird.

In Swing wird der Aufruf der `repaint()`-Methode anders als unter AWT bearbeitet, obwohl das Endergebnis für den Applikationsprogrammierer das gleiche ist: eine `paint()`-Methode wird aufgerufen. Die `update()`-Methode wird für Swing-Komponenten nie direkt, auch nicht über `repaint()`, aufgerufen. Die Zusammenhänge zwischen diesen Aufrufen werden dem Programmierer im Kapitel 6 durch viele Beispiele näher gebracht.

Aufgabe 5.8
Aufruf der repaint()-Methode für AWT-Komponenten

Die Instanzen der Klasse `Framemitrepaint` reagieren auf das Anklicken mit der Maus, indem sie die Methode `mousePressed()` des Interface `MouseListener` aufrufen, das von dieser Klasse implementiert wird. An einer auf dem Fenster angeklickten Stelle wird der Text »Java 6.0« mit der `paint()`-Methode geschrieben. Diese wird vom System beim Sichtbarmachen des Fensters aufgerufen und von der Applikation über die `repaint()`-Methode bei jedem Anklicken mit der Maus.

Hinweise für die Programmierung:

Wird die Standardimplementierung der `update()`-Methode genutzt, wird jedes Mal der Hintergrund der Komponente gelöscht und der Text erneut an die angeklickte Stelle geschrieben. Sollen alle geschriebenen Texte im Fenster enthalten bleiben, muss die `update()`-Methode so überschrieben werden, dass diese nur deren `paint()`-Methode auruft, ohne den Hintergrund der Komponente zu löschen.

Java-Dateien: `Framemitrepaint.java`
Programmaufruf: `java Framemitrepaint`

Aufgabe 5.9
Aufruf der repaint()-Methode für Swing-Komponenten

Aufbauend auf die Aufgabe 5.8 soll die Klasse `JFramemitrepaint`, von `JFrame` abgeleitet, welche einen Text zeichnet, erstellt werden. Sie braucht die `update()`-Methode nicht zu überschreiben, da diese unter Swing von `repaint()` nicht aufgerufen wird.

Java-Dateien: `JFramemitrepaint.java`
Programmaufruf: `java JFramemitrepaint`

Aufgabe 5.10

Die getGraphics()-Methode

Das gleiche Ergebnis wie in der Aufgabe 5.9 soll mit einer weiteren von JFrame abgeleiteten Klasse JFramemitgetGraphics mit Hilfe der Methode getGraphics() erreicht werden.

Dazu wird in der Klasse JFramemitgetGraphics der Graphikkontext für das aktuelle Objekt ermittelt und der MouseListener für dieses registriert. Sie implementiert die Methoden des MouseListener, um den Text »Java 6.0« an der angeklickten Fensterposition auszugeben.

Java-Dateien: JFramemitgetGraphics.java
Programmaufruf: java JFramemitgetGraphics

Aufgabe 5.11

Die Methoden paint(), getGraphics() und repaint() gleichzeitig nutzen

Erstellen Sie eine Klasse JFramemitpaintundgetGraphics, von JFrame abgeleitet, die eine Zeichenoberfläche mit Hilfe einer Canvas-Instanz definiert und die paint()-Methode ihrer Oberklasse überschreibt.

Auf das Fenster soll mit paint() gemalt werden und auf den Canvas mit Hilfe der getGraphics()-Methode. Schreiben Sie in der Farbe rot den Text »Java 6.0« auf den nicht vom Canvas bedeckten Teil des Fensters. Beim Anklicken des Canvas mit der Maus soll auf diesem der gleiche Text in der Farbe blau geschrieben werden.

Die Definition einer zusätzlichen Klasse MouseAdapterfuergetGraphics, von MouseAdapter abgeleitet, erspart dem Programmierer die Implementation der nicht benutzten Methoden des MouseListener. Sie bekommt im Konstruktor eine Referenz vom Typ der Klasse Graphics übergeben, die auf den Graphikkontext des Canvas zeigt.

Nicht die Instanzen der Klasse, sondern nur die von der Klasse Canvas definierte Zeichenoberfläche muss auf Mausklicks reagieren. Darum wird der MouseListener nur für diese als Instanz der Klasse MouseAdapterfuergetGraphics implementiert und registriert.

Java-Dateien: MouseAdapterfuergetGraphics.java,
JFramemitpaintundgetGraphics.java
Programmaufruf: java JFramemitpaintundgetGraphics

Aufgabe 5.12

Weiterführendes Zeichnen (»incremental painting«)

Mit dieser Aufgabe soll ein weiterführendes Zeichnen, auch »incremental painting« genannt, von schwergewichtigen AWT-Komponenten demonstriert werden.

Zu einem Fenster vom Typ der Klasse `FramemitUpdate` werden zwei Komponenten vom Typ der Klassen `ComponentmitPaint` und `ComponentmitUpdate` hinzugefügt, die verschiedene Zeichentechniken nutzen, und es soll gezeigt werden, wie das Überschreiben der `update()`-Methode für ein weiterführendes Zeichnen genutzt werden kann.

Mit Hilfe der Klasse `ComponentmitPaint`, von Canvas abgeleitet, und ihrer Unterklasse `ComponentmitUpdate` soll wie auch in der Aufgabe 5.8 ein Text an jede mit der Maus angeklickte Stelle einer Komponente dieser Klassen geschrieben werden und alle Texte sollen auch nach einem Überdecken der Komponenten mit einem anderen Fenster erhalten bleiben. Damit die Texte an die gleiche Stelle wie gehabt erneut geschrieben werden können, müssen die durch Anklicken ermittelten Koordinatenwerte gespeichert werden. Definieren Sie dafür globale Arrayreferenzen vom Typ der Java-Standard-Klasse `Point`, welche über die Konstruktoren der Klassen initialisiert werden.

Beim Anklicken eines Canvas mit der Maus soll das ermittelte Koordinatenpaar von der Klasse `ComponentmitPaint` im übergebenen Array-Objekt gespeichert werden und die `repaint()`-Methode aufgerufen werden. Da diese standardmäßig die `update()`-Methode der Oberklasse aufruft, falls diese nicht überschrieben wurde, wird jedes Mal der Hintergrund von Komponenten neu gezeichnet und danach die `paint()`-Methode dieser Klasse aufgerufen.

Überschreiben Sie die `paint()`-Methode in dieser Klasse so, dass alle Arrayelemente durchlaufen werden und für jedes von diesen eine weitere von Ihnen definierte Methode `paintString()` der Klasse aufgerufen wird. An diese Methode sollen das `Graphics`-Objekt und der Index des jeweiligen Arrayelementes übergeben werden. Die Methode `paintString()` schreibt den Text »Java« gefolgt vom übergebenen Indexwert an das mit diesem Index gespeicherte Koordinatenpaar.

Die von `ComponentmitPaint` abgeleitete Klasse `ComponentmitUpdate` führt ein »incremental painting« durch. Sie überschreibt die Methode `update()` der Klasse Canvas. Ohne den Hintergrund einer Komponente zu löschen, wird nur der Text an das zuletzt gespeicherte Koordinatenpaar aus dem übergebenen `Point`-Array über den Aufruf ihrer geerbten Methode `paintString()` geschrieben.

Die Klasse `FramemitUpdate` implementiert das `WindowListener`-Interface, um das Schließen des Fensters zu gewährleisten. Definieren Sie in ihrer `main()`-Methode zwei Array-Objekte vom Typ der Java-Standard-Klasse `Point` mit je 100 Elementen, die über den parameterlosen Konstruktor der Klasse initialisiert werden. Übergeben Sie diese Array-Objekte über ihre Referenzen im Konstruktor der Klassen `ComponentmitPaint` und `ComponentmitUpdate`, um Instanzen von beiden Klassen zu erzeugen.

Java-Dateien: `ComponentmitPaint.java`, `ComponentmitUpdate.java`, `FramemitUpdate.java`
Programmaufruf: `java FramemitUpdate`

5.4   Das Interface Shape

Die Klasse java.awt.Graphics2D ist von der Klasse java.awt.Graphics abgeleitet und stellt weitere Mechanismen für Textanzeigen, für die Benutzung von Farben und Schrift beim Zeichnen, Koordinatentransformationen und andere geometrische Funktionen zur Verfügung.

Mit dem Interface java.awt.Shape definiert die Java-2D-API viele Graphik-Grundtypen und Attribute. Das Paket java.awt.geom enthält mehrere nützliche Implementierungen von Shape.

Aufgabe 5.13

Die Methode draw() der Klasse Graphics2D

Zur Erinnerung sei erwähnt, dass von abstrakten Klassen und Interfaces keine Objekte instanziiert werden können. Es können aber Variablen von diesem Typ definiert werden, um Objekte von konkreten Klassen, die von diesen Klassen abgeleitet sind und die Schnittstellen implementieren, aufzunehmen.

So kann eine Referenzvariable vom Typ des Interface Shape, das von der abstrakten Klasse RectangleShape implementiert wird, von welcher wiederum die Klasse Rectangle2D abgeleitet ist, auf ein Objekt der Klasse Rectangle2D.Float zeigen, die von der abstrakten Klasse Rectangle2D abgeleitet ist.

Definieren Sie innerhalb der Klasse JFramemitVektor2D globale Arrayreferenzen vom Typ dieser Klassen und weisen Sie diese Referenzen vom Typ Shape zu.

Rufen Sie an Instanzen vom Typ Shape die Methoden des Interface und von Klassen, die dieses Interface implementieren, auf. So z.B. die Methode getBounds(), welche 2D-Rechtecke in einfache Rechtecke umwandelt, und die translate()-Methode zum Verschieben von diesen.

Die Methode draw(Shape s) der Klasse Graphics2D kann für das Zeichnen von Objekten aller im Paket java.awt.geom enthaltenen Klassen genutzt werden, die das Interface Shape implementieren. Rufen Sie diese in der paint()-Methode der Klasse auf, um die Rechtecke in unterschiedlichen Farben zu zeichnen.

Hinweise für die Programmierung:

In der paint()-Methode kann kein Graphics2D-Objekt übergeben werden, aber ein Graphics-Objekt kann problemlos zu einem Graphics2D-Objekt gecastet werden.

Java-Dateien: JFramemitVektor2D.java
Programmaufruf: java JFramemitVektor2D

Aufgabe 5.14

Wiederholungsaufgabe

Die Klasse `JFramemitMatrix2D` generiert die Eckpunktkoordinaten von `Rectangle2D.Float`-Objekten als Elemente von zwei Arrays vom Typ double: x und y so, dass die Rechtecke durch ihre Anzeige am Bildschirm als Matrix dargestellt werden. Speichern Sie die Rechtecke in einem zweidimensionalen Shape-Array mit dem Namen shapes ab und rufen Sie in der `paint()`-Methode der Klasse für deren Darstellung am Bildschirm die Methoden `draw()` und `fill()` der Klasse `Graphics2D` auf.

Java-Dateien: `JFramemitMatrix2D.java`
Programmaufruf: `java JFramemitMatrix2D`

Aufgabe 5.15

Wiederholungsaufgabe

Die Klasse `JFramemitMatrix2DAnders` speichert die gleichen Rechtecke wie in der Aufgabe 5.14 mit Hilfe eines eindimensionalen Shape-Arrays. Fügen Sie diese Rechtecke zu einer Matrix zusammen, die als zweifarbiges Raster aufgebaut werden soll. Ist der zugehörige Arrayindex eines Rechtecks eine gerade Zahl, soll dieses in der Farbe pink gezeichnet werden, ansonsten in rot.

Java-Dateien: `JFramemitMatrix2DAnders.java`
Programmaufruf: `java JFramemitMatrix2DAnders`

5.5 Praxisnahe Zeichenvorgänge und Eventbehandlungen

In der Kombination von Standard-Komponenten und eigenen Graphiken spielt das Erstellen von benutzerdefinierten Komponenten eine wichtige Rolle. Beide Typen von Komponenten können problemlos in ein vordefiniertes Layout integriert werden, ohne dass es zu Überschreibungen kommt.

Aufgabe 5.16

Wiederholungsaufgabe

Definieren Sie eine Klasse `MalenmitderMaus`, die das Interface `ActionListener` implementiert und dem Benutzer ermöglicht, eine Auswahl von Farbe und Schrift für das Schreiben eines Textes auf ein `JLabel`-Komponente bzw. das Malen mit der Maus auf eine Komponente vom Typ `Canvas` über zwei `JToolBar`-Komponenten zu treffen.

Mit der von `Component` geerbten Methode `add()` können einer `JToolBar`-Komponente `JButton`-Komponenten hinzugefügt werden und alle Reaktionen auf deren Betätigung in einer gemeinsamen `actionPerformed()`-Methode abgefangen werden.

Die Klasse erzeugt zwei benutzerdefinierte Komponenten vom Typ `Canvasmit-MouseEvent` und `LabelmitMouseEvent`, die als Schreib- und Maloberfläche dienen sollen. Die Optionen für Schrift- und Farbauswahl werden über nicht änderbare Array-Objekte vom Typ der Klassen `Color` und `String` definiert. Die Klasse `LabelmitMouseEvent` implementiert die Schnittstelle `MouseListener` so, dass in der Methode `mousePressed()` die Anzeige des Labels erneuert wird, und ruft in ihrer `paintComponent()`-Methode die Methode der Oberklasse auf. Dadurch wird die Methode `update()` ihrer UI-Delegationsklasse `JLabelUI` aufgerufen, welche den Hintergrund der Komponente malt.

Die Klasse `CanvasmitMouseEvent` wird als Erweiterung der Klasse `Canvas` definiert. Die Klasse `Canvas` zeichnet nicht selbst und bearbeitet keine Events. Sie kann aber so erweitert werden, dass sie jede Art von Zeichnung und Bild anzeigen und Events bearbeiten kann. Dazu wird in ihrer Unterklasse `CanvasmitMouse-Event` der Graphikkontext für das aufrufende Objekt mit Hilfe der `getGraphics()`-Methode ermittelt und die Schnittstelle `MouseMotionListener` implementiert.

Wählen Sie beliebige Farben, Schriftarten und Layoutdefinitionen für die Gestaltung der graphischen Oberfläche ihrer Applikation und definieren Sie für diese eine Statuszeile zur Anzeige der vom Benutzer ausgewählten Farbe und Schrift.

Für die Bereitstellung von Farben und Schriftarten soll ein Interface mit dem Namen `FarbeundSchrift` definiert werden.

Java-Dateien: `FarbenundSchrift.java`, `CanvasmitMouseEvent.java`, `LabelmitMouseEvent.java`, `MalenmitderMaus.java`
Programmaufruf: `java MalenmitderMaus`

5.6 Benutzerdefinierte Event-Objekte und Event-Listener

Eine Klasse, welche Event-Listener benachrichtigen soll, wenn in ihren Instanzen Änderungen durchgeführt werden, muss Felder vom Typ der entsprechenden Listener definieren und jedes Mal, wenn eine Änderung stattfindet, ein Event-Objekt erzeugen und dieses an alle von dieser Klasse aus definierten Listener weitergeben. Diese Klasse muss `add()`- und `remove()`-Methoden definieren, die anderen Klassen, die benachrichtigt werden sollen, erlauben, die Listener für ihre Komponenten zu registrieren und abzumelden. Gleichzeitig müssen Klassen, die über durchgeführte Änderungen informiert werden sollen, die entsprechenden Event-Listener und ihre Methoden implementieren.

Referenzen vom Typ `EventListener` werden meistens als Variablen vom Typ einer Collection angelegt, damit die Klasse, welche sie definiert, über eine beliebige Anzahl davon verfügen kann, diese zur Collection hinzufügen und daraus wieder entfernen kann.

Weil die Klassen, die parametrisierte Interfaces vom Typ Collection implementieren, erst im Kapitel 8 behandelt werden, arbeiten die hier definierten Klassen immer nur mit einem Event-Listener und im Kapitel 8 werden dafür zusätzliche Beispiele gebracht.

Das nachfolgende Beispiel fast drei unterschiedliche Standard-EventObject- und EventListener-Typen für drei verschiedene Komponenten in einen neuen Event-Object-Typ und EventListener-Typ zusammen, um zu demonstrieren, wie erweiterte EventObject- und EventListener-Klassen, die von den Java-Standard-Klassen abgeleitet sind, definiert werden .

Beim Erzeugen von Event-Objekten wird im Konstruktor der Oberklasse mit super(Object source) der Name der Komponente, die dieses Event ezeugt, angegeben.

Aufgabe 5.17

Das Eweitern der Klasse EventObject und des Interface EventListener

Die Klasse KomponentenEvent definiert den neuen EventObject-Typ KomponentenEvent als Unterklasse von EventObject. Im Konstruktor der Klasse werden die Komponente und deren Name als Referenzen vom Typ Component und String übergeben. Sie definiert zwei Zugriffsmethoden für das Lesen der Werte ihrer Instanzfelder.

Das Interface KomponentenListener erweitert das EventListener-Interface und definiert eine Methode, über welche eine Komponente, die diesen Event-Listener registriert, beim Eintreten eines Events vom Typ KomponentenEvent benachrichtigt wird.

Die Klasse UserTextField soll als Schablone für eine benutzerdefinierte JText-Field-Komponente dienen. Sie lauscht auf die internen Events vom Typ TextListener der Klasse JTextField, die bei einer Textänderung innerhalb eines Textfeldes generiert werden, und setzt diese in den benutzerdefinierten Eventtyp KomponentenEvent um. Die so erzeugten Event-Objekte werden ihrerseits vom benutzerdefinierten Event-Listener KomponentenListener empfangen, der beim Erzeugen eines Objektes vom Typ KomponentenEvent über seine Methode komponentenAuswahl() benachrichtigt wird. Dafür definiert diese Klasse eine globale Referenz vom Typ des Listeners und eine Methode addKomponentenListener() für das Registrieren von diesem.

Analog zu dieser Klasse sollen die Klassen UserButton, von JButton abgeleitet, und UserRadioButton, von JRadioButton abgeleitet, definiert werden, die die Java-Standard-EventListener vom Typ ActionListener und ItemListener implementieren und interne Events vom Typ ActionEvent und ItemEvent umsetzen.

Das KomponentenListener-Interface wird von einer Klasse JFramefuerUser-EventundListener, von JFrame abgeleitet, implementiert, die Objekte der Klassen UserButton, UserRadioButton und UserTextField zum Testen instanziiert und den KomponentenListener für diese registriert.

Erzeugen Sie in der Klasse JFramefuerUserEventundListener eine Instanz von Typ JPanel zur Aufnahme dieser Komponenten und eine Instanz vom Typ JLabel zum Anzeigen einer Statusmeldung, die den Benutzer über die getroffene Komponentenauswahl informiert.

Java-Dateien: KomponentenListener.java, KomponentenEvent.java, User-Button.java, UserTextField.java, UserRadioButton.java, JFramefuer-UserEventundListener.java
Programmaufruf: java JFramefuerUserEventundListener

5.7 Lösungen

Lösung 5.1

Die Klasse JFramemitgetLayeredPane

```
import java.awt.*;
import javax.swing.*;
public class JFramemitgetLayeredPane extends JFrame {
   private Point orig = new Point(20,20);
   private int offset = 25;
   private JButton []b = new JButton[3];
   private JMenuBar mb = new JMenuBar();
   private JMenu []m = new JMenu[3];
// Konstruktordefinition
   public JFramemitgetLayeredPane() {
      super("Die LayeredPane einer JFrame-Komponente" );
      setSize(200,150);
      setDefaultCloseOperation(JFrame.EXIT_ON_CLOSE);
      JLayeredPane layeredPane = this.getLayeredPane();
      for(int i=0; i<3; i++) {
         Color farbe = new Color(i*50,255,i*75);
         b[i] = new JButton(""+(i+1));
         m[i] = new JMenu("Menue"+(i+1));
         b[i].setBackground(farbe);
// Die Menüs undurchsichtig machen und eine Hintergrundfarbe
// für diese setzen
         m[i].setOpaque(true);
         m[i].setBackground(farbe);
         b[i].setBounds(orig.x,orig.y,50,50);
         mb.add(m[i]);
// Die Buttons werden geschachtelt in drei verschiedene Ebenen
// abgelegt
         layeredPane.add(b[i], new Integer(i));
         orig.x = orig.x+offset;
```

```
            orig.y = orig.y+offset;
      }
      setJMenuBar(mb);
// Den zugeordneten Z-Order-Index, der die Reihenfolge bestimmt,
// in welcher die Komponenten gemalt werden,
// am Bildschirm anzeigen
      System.out.print("Der Z-Order-Index fuer Komponenten: ");
      for(int i=0; i<3; i++)
         System.out.print(layeredPane.getComponentZOrder(
           b[i])+" ");
      System.out.print(layeredPane.getComponentZOrder(
        getContentPane())+" ");
      System.out.println(layeredPane.getComponentZOrder(
        getJMenuBar()));
      setVisible(true);
   }
// Objekt der Klasse erzeugen
   public static void main(String[] args) {
      JFramemitgetLayeredPane frame =
        new JFramemitgetLayeredPane();
   }
}
```

Programmausgaben

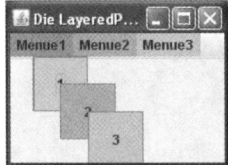

```
Der Z-Order-Index fuer Komponenten: 2 1 0 3 4
```

Lösung 5.2

Die Klasse JFramemitnewLayeredPane

```java
import java.awt.*;
import javax.swing.*;
public class JFramemitnewLayeredPane extends JFrame {
   private Point orig = new Point(20,20);
   private int offset = 25;
   private JButton []b = new JButton[3];
   private JMenuBar mb = new JMenuBar();
   private JMenu []m = new JMenu[3];
// Konstruktordefinition
   public JFramemitnewLayeredPane() {
```

```java
    super("JLayeredPane-Instanzen");
    setSize(175,175);
    setDefaultCloseOperation(JFrame.EXIT_ON_CLOSE);
    JLayeredPane layeredPane = new JLayeredPane();
    layeredPane.setBorder(BorderFactory.createTitledBorder(
      "Eine JLayeredPane-Instanz zur ContentPane hinzufügen"));
    for(int i=0; i<3; i++) {
      Color farbe = new Color(i*60,255,i*75);
      b[i] = new JButton(""+(i+1));
      m[i] = new JMenu("Menue"+(i+1));
      b[i].setBackground(farbe);
      m[i].setOpaque(true);
      m[i].setBackground(farbe);
      b[i].setBounds(orig.x, orig.y, 50, 50);
      mb.add(m[i]);
      layeredPane.add(b[i], new Integer(i));
      orig.x = orig.x+offset;
      orig.y = orig.y+offset;
    }
// JLayeredPane-Objekt zur ContentPane hinzufügen
    getContentPane().add(layeredPane);
// Ein JLayeredPane-Objekt kann auch als Standard-LayeredPane
// für das Fenster gesetzt werden
  // setLayeredPane(layeredPane);
// Der nachfolgende Aufruf ist äquivalent mit
// getRootPane().setJMenuBar(mb);
    setJMenuBar(mb);
// Den zugeordneten Z-Order-Index, der die Reihenfolge bestimmt,
// in welcher die Komponenten gemalt werden, am Bildschirm
// anzeigen
    System.out.print("Der Z-Order-Index fuer Komponenten: ");
    for(int i=0; i<3; i++)
      System.out.print(layeredPane.getComponentZOrder(
        b[i]) + " ");
    System.out.print(layeredPane.getComponentZOrder(
      getContentPane())+" ");
    System.out.println(layeredPane.getComponentZOrder(
      getJMenuBar()));
  }
// Objekt der Klasse erzeugen
  public static void main(String[] args) {
    JFramemitnewLayeredPane frame =
      new JFramemitnewLayeredPane();
    frame.setVisible(true);
  }
}
```

Programmausgaben

■ Die JLayeredPane-Instanz wurde der ContentPane hinzugefügt

```
Der Z-Order-Index fuer Komponenten: 2 1 0 -1 -1
```

■ Die JLayeredPane-Instanz wurde als Standard-LayeredPane für das Fenster gesetzt

```
Der Z-Order-Index fuer Komponenten: 2 1 0 -1 3
```

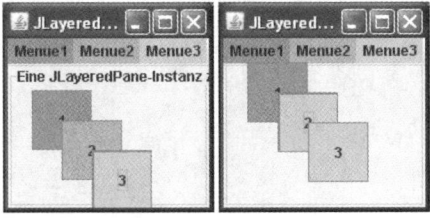

Lösung 5.3

Die Klasse JFramemitLayeredPane

```java
import java.awt.*;
import java.awt.event.*;
import javax.swing.*;
public class JFramemitLayeredPane extends JFrame
                        implements ActionListener {
// Die LayeredPane des Fensters ermitteln
  private JLayeredPane layeredPane = getLayeredPane();
  private JButton [] b = new JButton[8];
// Konstruktordefinition
  public JFramemitLayeredPane() {
    super("Die Ebenen der LayeredPane");
    setSize(175,175);
    setDefaultCloseOperation(EXIT_ON_CLOSE);
    for(int i=0; i<8; i++) {
      b[i] = new JButton("B"+(i+1));
      b[i].setBackground(new Color(i*30,i+200,i+50));
      b[i].setBounds(i*25, i*25, 50, 50);
// Den ActionListener für die Buttons registrieren
      b[i].addActionListener(this);
    }
// Die ContentPane und B7 transparent machen; ansonsten ist B5
// nicht sichtbar, da dieser Button in der gleichen Ebene mit
// der ContenPane liegt (-30000)
    // ((JPanel)getContentPane()).setOpaque(false);
    // b[6].setOpaque(false);
```

```
// Die Buttons in den unterschiedlichen Ebenen an
// unterschiedliche Positionen platzieren
    layeredPane.add(b[1], new Integer(4), -1);
    layeredPane.add(b[2], new Integer(1));
    layeredPane.add(b[3], JLayeredPane.DRAG_LAYER);
    layeredPane.add(b[0], new Integer(4), 2);
    layeredPane.add(b[4], JLayeredPane.FRAME_CONTENT_LAYER);
    getContentPane().add(b[5], BorderLayout.NORTH);
    getContentPane().add(b[6], BorderLayout.CENTER);
    getContentPane().add(b[7], BorderLayout.SOUTH);
// Den zugeordneten Z-Order-Index am Bildschirm anzeigen
    System.out.print("Der Z-Order-Index fuer Komponenten: ");
    for(int i=0; i<8; i++)
       System.out.print(layeredPane.getComponentZOrder(
         b[i]) + " ");
    System.out.println(layeredPane.getComponentZOrder(
      getContentPane()));
  }
// Setzen einer neuen Tiefe für bestimmte Buttons
  public void actionPerformed(ActionEvent e) {
    if(e.getActionCommand().equals("B1")){
       layeredPane.setLayer(b[2], new Integer(100), 0);
       layeredPane.setLayer(b[0], new Integer(5), 0);
       layeredPane.setLayer(b[3], new Integer(400), 0);
    }
    else{
       layeredPane.setLayer(b[1], new Integer(10), 0);
       layeredPane.setLayer(b[4], new Integer(500), 0);
    }
// Den zugeordneten Z-Order-Index erneut anzeigen
    System.out.print("Der Z-Order-Index fuer Komponenten: ");
    for(int i=0; i<8; i++)
       System.out.print(layeredPane.getComponentZOrder(
         b[i]) + " ");
    System.out.println(layeredPane.getComponentZOrder(
      getContentPane()));
  }
// Objekt der Klasse erzeugen
  public static void main(String[] args) {
    JFramemitLayeredPane frame = new JFramemitLayeredPane();
    frame.setVisible(true);
  }
}
```

Programmausgaben

```
Die ContentPane und B7 mit der opaque-Eigenschaft true
Der Z-Order-Index fuer Komponenten: 2 1 3 0 5 -1 -1 -1 4
Der Z-Order-Index fuer Komponenten: 4 3 2 1 0 -1 -1 -1 5
```

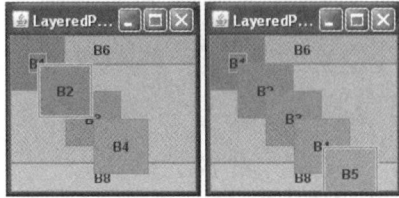

Hinweise zum Lösungsvorschlag

Die Komponente mit der Beschriftung B5 wird nicht angezeigt, da sie in der gleichen Ebene wie die ContentPane hinterlegt wurde und damit von der Komponente mit der Beschriftung B7 überdeckt wird. Wird für diese die **opaque**–Eigenschaft auf **false** gesetzt, ist auch B5 zu sehen.

Für Komponenten, die zur ContentPane hinzugefügt wurden, entscheidet deren Layout-Manager, wie sie angeordnet werden. Die **setBounds()**-Methode wird von diesem ignoriert.

Lösung 5.4

Die Klasse JFramemitLayeredPaneundGlassPane

```
import java.awt.*;
import java.awt.event.*;
import javax.swing.*;
public class JFramemitLayeredPaneundGlassPane extends JFrame
                               implements MouseListener {
  private Component glass;
  private JButton[] b = new JButton [3];
  private ImageIcon icon = new ImageIcon("sample1.jpg");
  private JLabel hintergrund = new JLabel(icon);
// Konstruktordefinition
  public JFramemitLayeredPaneundGlassPane() {
     super("Fenster mit LayeredPane und GlassPane");
     setBounds(20,20,256,200);
// Buttons als Ersatz für Häuser zu einem Panel hinzufügen und
// dieses transparent machen
     for(int i=0; i<3; i++) {
        b[i] = new JButton("Haus" + (i+1));
        b[i].setBackground(new Color(i*40, 255, i));
     }
     setDefaultCloseOperation(JFrame.EXIT_ON_CLOSE);
     JPanel content = new JPanel();
     content.setOpaque(false);
     for(int i=0; i<3; i++) {
        content.add(b[i]);
```

```
    }
// Das Panel zur ContentPane hinzufügen und diese transparent
// machen, damit der Hintergrund, der als Objekt der Klasse JLabel
// in gleicher Ebene hinterlegt wird, zu sehen ist
    getContentPane().add(content, BorderLayout.SOUTH);
    ((JPanel)getContentPane()).setOpaque(false);
// Zur LayeredPane des Fensters das Label mit Icon
// als Hintergrund hinzufügen
    getLayeredPane().add(hintergrund, new Integer(-30000));
    hintergrund.setBounds(0, 0, icon.getIconWidth(),
       icon.getIconHeight());
// Die GlassPane definieren
    glass = new JLabel("Eine GlassPane, aus der es regnen
       kann");
    setGlassPane(glass);
    glass.setVisible(true);
// den MouseListener für die GlassPane registrieren
    glass.addMouseListener(this);
  }
// Die Methoden des MouseListener implementieren und auf die
// GlassPane zeichnen
  public void mousePressed(MouseEvent e) {
// Den Graphikkontext der GlassPane ermitteln
    Graphics g = glass.getGraphics();
// Die Koordinaten des Mausklicks mit den Methoden der Klasse
// MouseEvent lesen
    int x = e.getX();
    int y = e.getY();
// Die Ovale werden auf dem Bildschirm an den Koordinaten (x,y)
// gezeichnet
    g.setColor(Color.blue);
    g.fillOval(x, y, (int)Math.round(Math.random()*10),
       (int)Math.round(Math.random()*30));
  }
  public void mouseClicked(MouseEvent e) {};
  public void mouseReleased(MouseEvent e) {};
  public void mouseEntered(MouseEvent e) {};
  public void mouseExited(MouseEvent e) {};
// Objekt der Klasse erzeugen
  public static void main(String[] args) {
    JFramemitLayeredPaneundGlassPane frame =
      new JFramemitLayeredPaneundGlassPane();
    frame.setVisible(true);
  }
}
```

Programmausgaben

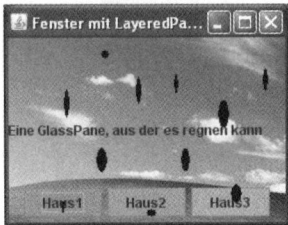

Hinweise zum Lösungsvorschlag

Dadurch, dass für die GlassPane der MouseListener registriert ist, wird diese Art von Events von der Komponente abgefangen und ein Anklicken der darunterliegenden Buttons ist nicht möglich.

Erzeugen Sie durch Anklicken mit der Maus Regentropfen auf dem angezeigten Hintergrund.

Lösung 5.5

Die Klasse UserGlassPane

```
import java.awt.*;
import javax.swing.*;
public class UserGlassPane extends JComponent {
   protected void paintComponent(Graphics g) {
// Ein Bild wird auf dem Bildschirm an den Pixelkoordinaten
// (10,50) ausgegeben
      g.drawImage(bild,30,15,this);
// Die Farbe für die Schrift setzen
      g.setColor(Color.red);
      g.drawString("VRONI",35,35);
   }
}
```

Die Klasse JPanelmitLayeredPaneundGlassPane

```
import java.awt.*;
import javax.swing.*;
public class JPanelmitLayeredPaneundGlassPane extends JPanel {
   private JLayeredPane layeredPane;
   private JButton[] b = new JButton [3];
   private JMenuBar mb = new JMenuBar();
   private static JMenuBar mb1 = new JMenuBar();
   private JMenu [] m = new JMenu[3];
   private static JMenu m1 = new JMenu("Goethe Strasse");
```

```
// Konstruktordefinition
  public JPanelmitLayeredPaneundGlassPane (
                           JLayeredPane layeredPane) {
    super(new GridLayout(1,1));
// Die Instanzfelder der Klasse initialisieren
    this.layeredPane = layeredPane;
    mb1.setBounds(0,0,200, 10);
    mb.setBounds(0,20,200,20);
// JMenu- und JButton-Objekte erzeugen
    for(int i=0; i<3; i++) {
       b[i] = new JButton("H" + (i+1));
       m[i] = new JMenu("Haus" + (i+1));
       mb.add(m[i]);
    }
// Die MenuBar mb zur LayeredPane mit der Schachtelungstiefe
// -30000 hinzufügen
    layeredPane.add(mb, JLayeredPane.FRAME_CONTENT_LAYER);
// Die Buttons der LayeredPane in geschachtelte Ebenen hinzufügen
// Anstatt der eigenen Klasse Punkt wird hier die Standard-
// Klasse-Point von Java eingesetzt
    Point orig = new Point(10,100);
    int offset = 35;
    for(int i=0; i<3; i++) {
       b[i].setBounds(orig.x+i*offset, orig.y, 50, 50);
       layeredPane.add(b[i], new Integer(i));
    }
  }
// Ein Fenster erzeugen und als ContentPane ein Objekt der
// eigenen Klasse setzen
  public static void main(String[] args) {
    JFrame frame = new JFrame(
      "Fenster mit LayeredPane und GlassPane");
    frame.setDefaultCloseOperation(JFrame.EXIT_ON_CLOSE);
    frame.setSize(new Dimension(175,175));
    JPanelmitLayeredPaneundGlassPane contentPane =
      new JPanelmitLayeredPaneundGlassPane(
        frame.getLayeredPane());
    frame.setContentPane(contentPane);
// Die MenuBar mb1 als die MenuBar der RootPane setzen
    mb1.add(m1);
    frame.setJMenuBar(mb1);
// Eine benutzerdefinierte GlassPane für das Fenster setzen
// und diese sichtbar machen
    UserGlassPane glassPane = new UserGlassPane();
    frame.setGlassPane(glassPane);
    glassPane.setVisible(true);
// Fenster anzeigen
```

```
        frame.setVisible(true);
    }
}
```

Programmausgaben

Hinweise zum Lösungsvorschlag

Die JButton-Komponenten wurden mit den Beschriftungen »H1«, «H2« und »H3« und die JMenu-Komponenten für die erste MenuBar mit den Beschriftungen »Haus1«, »Haus2« und »Haus3« als Elemente der Array-Objekte b und mb erzeugt. Die zweite MenuBar mb1 besitzt eine einzige JMenu-Komponente mit der Beschriftung «Goethe Straße».

In diesem Beispiel fängt die GlassPane Komponente keine Events ab, sodass die darunterliegenden Komponenten weiter mit der Maus angeklickt werden können.

Lösung 5.6

Die Klasse JFramemitJInternalFrame

```
import java.awt.*;
import javax.swing.*;
public class JFramemitJInternalFrame extends JFrame {
// Konstruktordefinition
    public JFramemitJInternalFrame() {
        super("Interne Fenster");
        setSize(175,180);
// Drei interne Fenster zur LayeredPane hinzufügen
        JInternalFrame[] frames = new JInternalFrame[3];
        for(int i=0; i<3; i++) {
            frames[i] = new JInternalFrame("Fenster" + i);
            frames[i].setBounds(10+i*20,10+i*20,100,100);
            frames[i].setVisible(true);
            getLayeredPane().add(frames[i]);
        }
        setDefaultCloseOperation(JFrame.EXIT_ON_CLOSE);
        setVisible(true);
    }
// Objekt der Klasse erzeugen
    public static void main(String[] args) {
```

```
    JFramemitJInternalFrame f = new JFramemitJInternalFrame();
  }
}
```

Programmausgaben

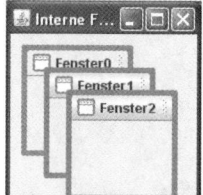

Lösung 5.7

Die Klasse JFramemitInternenFenster

```java
import java.awt.event.*;
import java.awt.*;
import javax.swing.*;
public class JFramemitInternenFenster extends JFrame
                        implements MouseMotionListener {
// Globale Referenzen
  private JDesktopPane desktopPane;
  private JLabel iconLabel;
  private static int zähler = 0;
// Ein nicht änderbares ImageIcon-Objekt erzeugen
  private final ImageIcon icon = new ImageIcon("rabbit.gif");
// Konstanten für die Positionierung der internen Fenster und
// des Labels definieren
  private final static int x = 100;
  private final static int y = 100;
// Konstruktordefinition
  public JFramemitInternenFenster() {
    super("Interne Fenster");
    setBounds(50,50,225,225);
// Für die Anzeige von internen Fenstern kann ein Objekt der
// Klasse JDektopPane genutzt werden
    desktopPane = new JDesktopPane();
// Eine JLabel-Instanz mit einem Icon erzeugen
    iconLabel = new JLabel(icon);
    iconLabel.setBounds(35, 65, icon.getIconWidth(),
      icon.getIconHeight());
    for(int i = 0; i < 2; i++) {
// Interne Fenster erzeugen und diesen eine SwingLabel-Komponente
// hinzufügen
      JInternalFrame internalFrame = new JInternalFrame(
```

```
                "Internes Fenster" + (i+1), true, true, true, true);
        internalFrame.setSize(100,100);
        internalFrame.setLocation(x*i, y*i);
        JLabel label = new SwingLabel("Ebene"+(i*2),Color.green);
        internalFrame.getContentPane().add(label);
        internalFrame.setVisible(true);
// Interne Fenster zur JDesktopPane-Komponente hinzufügen
        desktopPane.add(internalFrame, new Integer(i*2));
    }
// Das Label mit Icon in einer Ebene, die zwischen den internen
// Fenstern liegt, zur DesktopPane hinzufügen
    desktopPane.add(iconLabel, new Integer(1), 0);
// Den MouseMotionListener für die DesktopPane registrieren
    desktopPane.addMouseMotionListener(this);
// Die DesktopPane zur ContentPane hinzufügen
    setContentPane(desktopPane);
    }
// Methoden des Interface MouseMotionListener implementieren
    public void mouseMoved(MouseEvent e) {
        iconLabel.setLocation(e.getX()-x, e.getY()-y);
    }
    public void mouseDragged(MouseEvent e) {
// gleiche Aktion wie bei nicht gedrückter Maustaste
        mouseMoved(e);
    }
// Objekt der Klasse erzeugen
    public static void main(String[] args) {
        JFramemitInternenFenster frame =
          new JFramemitInternenFenster();
        frame.setDefaultCloseOperation(JFrame.EXIT_ON_CLOSE);
        frame.setVisible(true);
    }
}
```

Programmausgaben

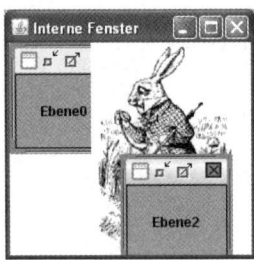

Lösung 5.8

Die Klasse Framemitrepaint

```java
import java.awt.*;
import java.awt.event.*;
import javax.swing.*;
public class Framemitrepaint extends Frame
                            implements MouseListener {
  private Font f = new Font("TimesRoman", Font.BOLD, 16);
// Die Koordinaten (x,y) für den Programmaufruf initialisieren
  private int x = 100 ;
  private int y = 50;
// Konstruktordefinition
  public Framemitrepaint() {
    super("Fenster anklicken");
    setBounds(10,10,200,100);
    setVisible(true);
// Den MouseListener für das Fenster registrieren
    addMouseListener(this);
  }
  public void paint(Graphics g) {
    g.setFont(f);
    g.setColor(Color.red);
// Der Text wird auf dem Bildschirm an den Pixelkoordinaten
// (x,y) ausgegeben
    g.drawString("Java 6.0", x, y);
  }
// Die Methoden des Interface implementieren
  public void mousePressed(MouseEvent e) {
// Die Koordinaten des Mausklicks lesen;
    x = e.getX();
    y = e.getY();
// ein neuer Text wird ausgehend von dem Punkt mit diesen
// Koordinaten geschrieben
    repaint();
  }
  public void mouseClicked(MouseEvent e){};
  public void mouseReleased(MouseEvent e){};
  public void mouseEntered(MouseEvent e){};
  public void mouseExited(MouseEvent e){};
// die update()-Methode überschreiben
  public void update(Graphics g) {
// nur Aufruf von paint(), ohne den Hintergrund zu löschen
    paint(g);
  }
// Objekt der Klasse erzeugen
  public static void main(String[] args) {
```

```
        Framemitrepaint frame = new Framemitrepaint();
    }
}
```

Programmausgaben

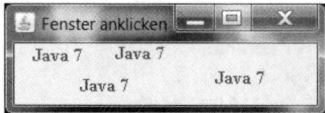

Lösung 5.9

Die Klasse JFramemitrepaint

```java
import java.awt.*;
import java.awt.event.*;
import javax.swing.*;
public class JFramemitrepaint extends JFrame
                              implements MouseListener {
  private Font f = new Font("TimesRoman", Font.BOLD, 16);
// Die Koordinaten (x,y) für den Programmaufruf initialisieren
  private int x = 100 ;
  private int y = 50;
// Konstruktordefinition
  public JFramemitrepaint() {
     super("Fenster anklicken");
     setBounds(10,10,200,100);
     setVisible(true);
     setDefaultCloseOperation(JFrame.EXIT_ON_CLOSE);
// Den MouseListener für das Fenster registrieren
     addMouseListener(this);
  }
  public void paint(Graphics g) {
     g.setFont(f);
     g.setColor(Color.red);
// Der Text wird auf dem Bildschirm an den Pixelkoordinaten
// (x,y) ausgegeben
     g.drawString("Java 7", x, y);
  }
// Die Methoden des Interface implementieren
  public void mousePressed(MouseEvent e) {
// Die Koordinaten des Mausklicks lesen;
     x = e.getX();
     y = e.getY();
// ein neuer Text wird ausgehend von dem Punkt mit diesen
// Koordinaten geschrieben
     repaint();
```

```
    }
    public void mouseClicked(MouseEvent e) {};
    public void mouseReleased(MouseEvent e) {};
    public void mouseEntered(MouseEvent e) {};
    public void mouseExited(MouseEvent e) {};
// Objekt der Klasse erzeugen
    public static void main(String[] args) {
        JFramemitrepaint frame =
            new JFramemitrepaint();
    }
}
```

Programmausgaben

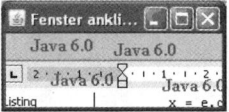

Hinweise zum Lösungsvorschlag

Soll ein Hintergrund für eine Komponente vom Typ einer Klasse gesetzt werden, welche JFrame erweitert und deren die paint()-Methode überschreibt, muss die Methode der Oberklasse mit super.paint() aufgerufen werden. Damit wird eine vorher gezeichnete Graphik überdeckt. Sollen alle geschriebenen Texte im Fenster enthalten bleiben, wie in der Aufgabe 5.8, muss das Fenster durchsichtig bleiben.

Lösung 5.10

Die Klasse JFramemitgetGraphics

```
import java.awt.*;
import java.awt.event.*;
import javax.swing.*;
public class JFramemitgetGraphics extends JFrame
                                implements MouseListener {
    private Font f = new Font("TimesRoman", Font.BOLD, 16);
    Graphics g;
// Konstruktordefinition
    public JFramemitgetGraphicsundMouseListener() {
        super("Fenster anklicken");
        setBounds(10,50,200,100);
        setVisible(true);
        addMouseListener(this);
// Den Graphikkontext für das Fenster ermitteln
        g = this.getGraphics();
        g.setFont(f);
        g.setColor(Color.red);
```

```
    setDefaultCloseOperation(JFrame.EXIT_ON_CLOSE);
  }
// Die Methoden des MouseListener implementieren
  public void mousePressed(MouseEvent e) {
// Die Koordinaten des Mausklicks lesen
    int x = e.getX();
    int y = e.getY();
// Der Text wird auf dem Bildschirm an den Pixelkoordinaten
// (x,y) ausgegeben
    g.drawString("Java6.0", x, y);
  }
  public void mouseClicked(MouseEvent e) {};
  public void mouseReleased(MouseEvent e) {};
  public void mouseEntered(MouseEvent e) {};
  public void mouseExited(MouseEvent e) {};
// Objekt der Klasse erzeugen
  public static void main(String[] args) {
    JFramemitgetGraphics frame =
      new JFramemitgetGraphics();
  }
}
```

Programmausgaben

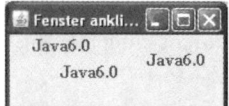

Lösung 5.11

Die Klasse MouseAdapterfuergetGraphics

```
import java.awt.*;
import java.awt.event.*;
public class MouseAdapterfuergetGraphics
                                extends MouseAdapter {
// Globale Referenz vom Typ der Klasse Graphics
  private Graphics g;
// Konstruktordefinition
  public MouseAdapterfuergetGraphics(Graphics g) {
    this.g = g;
  }
// Die benötigte Methode der Klasse MouseAdapter überschreiben
  public void mousePressed(MouseEvent e) {
// Die Koordinaten des Mausklicks lesen
    int x = e.getX();
    int y = e.getY();
```

```
// Der Text wird auf dem Bildschirm an den Pixelkoordinaten
// (x,y) ausgegeben
    g.drawString("Java6.0",x,y);
  }
}
```

Die Klasse JFramemitpaintundgetGraphics

```java
import java.awt.*;
import javax.swing.*;
public class JFramemitpaintundgetGraphics extends JFrame  {
// Globale Referenzen vom Typ der Klassen Canvas und Font
  private Canvas c;
  private Font f = new Font("TimesRoman", Font.BOLD, 16);
// Konstruktordefinition
  public JFramemitpaintundgetGraphics() {
    super("Malen mit paint() und getGraphics()");
    setBounds(10,20,200,100);
    setVisible(true);
    setDefaultCloseOperation(JFrame.EXIT_ON_CLOSE);
    c = new Canvas();
    c.setSize(new Dimension(100,100));
    c.setBackground(Color.pink);
    getContentPane().add(c, BorderLayout.WEST);
// Mit der getGraphics()-Methode den Graphikkontext für den
// Canvas ermitteln, Farbe und Schrift für das Zeichnen setzen
    Graphics g = c.getGraphics();
    g.setColor(Color.blue);
    g.setFont(f);
// Den MouseListener für den Canvas registrieren
    c.addMouseListener(
      new MouseAdapterfuergetGraphics(g));
  }
// Auf das Fenster wird mit paint() gezeichnet
  public void paint(Graphics g) {
    g.setColor(Color.white);
    g.fillRect(100,0,150,100);
// Die Farbe und Schrift für das Zeichnen setzen
    g.setColor(Color.red);
    g.setFont(f);
    g.drawString("Java6.0",120,70);
  }
// Objekt der Klasse erzeugen
  public static void main(String[] args) {
    JFramemitpaintundgetGraphics frame =
      new JFramemitpaintundgetGraphics();
  }
}
```

Programmausgaben

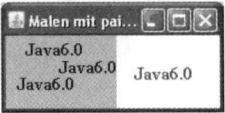

Lösung 5.12

Die Klasse ComponentmitPaint

```java
import java.awt.*;
import java.awt.event.*;
public class ComponentmitPaint extends Canvas
                                implements MouseListener {
  protected Point[] array = new Point[100];
  protected int letztElem;
  protected int anzahlElem;
// Konstruktordefinition
  public ComponentmitPaint(Point[] array) {
    this.array = array;
    setBackground(Color.lightGray);
    setSize(80,80);
    addMouseListener(this);
  }
// Die Methoden des MouseListener implementieren
  public void mousePressed(MouseEvent e) {
// Die Koordinaten des angeklickten Punktes werden gelesen und
// in das erste freie Element des Arrays mit dem Namen array
// abgelegt, danach wird repaint() aufgerufen
    if(anzahlElem < 99) {
      array[anzahlElem]= e.getPoint();
      anzahlElem++;
      repaint();
    }
  }
  public void mouseClicked(MouseEvent e) {};
  public void mouseReleased(MouseEvent e) {};
  public void mouseEntered(MouseEvent e) {};
  public void mouseExited(MouseEvent e) {}
// Der Text wird an die im "i"-ten Arrayelement gespeicherten
// Punktkoordinaten geschrieben
  public void paintString(Graphics g, int i) {
    g.setColor(Color.black);
    g.drawString("Java " + i, array[i].x, array[i].y);
    letztElem++;
  }
// Für alle im Array-Objekt gespeicherten Werte wird die
```

```
// Methode paintString() aufgerufen
  public void paint(Graphics g) {
     letztElem = 0;
     for(int i=0 ; i<anzahlElem; i++) {
        paintString(g, i);
     }
  }
}
```

Die Klasse ComponentmitUpdate

```
import java.awt.*;
public class ComponentmitUpdate extends ComponentmitPaint {
// Konstruktordefinition
  public ComponentmitUpdate(Point[] array) {
     super(array);
  }
// Die Methode update() der Klasse Canvas wird überschrieben
  public void update(Graphics g) {
// Nur für die zuletzt im Point-Array gespeicherten
// Koordinatenwerte wird die Methode paintString() aufgerufen
     paintString(g, letztElem);
  }
}
```

Die Klasse FramemitUpdate

```
import java.awt.*;
import java.awt.event.*;
public class FramemitUpdate extends Frame
                               implements WindowListener {
// Konstruktordefinition
  public FramemitUpdate() {
     super("Incremental painting");
     setLayout(new FlowLayout());
     setPreferredSize(new Dimension(200,125));
// Den WindowListener für das aktuelle Objekt registrieren
     this.addWindowListener(this);
  }
// Die Methoden von WindowListener implementieren
  public void windowClosing(WindowEvent e) {
     System.exit(0);
  }
  public void windowClosed(WindowEvent e) {}
  public void windowIconified(WindowEvent e) {}
  public void windowDeiconified(WindowEvent e) {}
  public void windowActivated(WindowEvent e) {}
  public void windowDeactivated(WindowEvent e) {}
```

```
   public void windowOpened(WindowEvent e) {}
// Objekt der Klasse erzeugen
   public static void main( String args[] ) {
      Point []point1 = new Point[100];
      Point []point2 = new Point[100];
      for(int i=0; i<99; i++) {
         point1[i] = new Point();
         point2[i] = new Point();
      }
      FramemitUpdate frame = new FramemitUpdate();
// Zum Fenster zwei Komponenten, die verschiedene
// Zeichentechniken nutzen, hinzufügen
      frame.add(new ComponentmitPaint(point1));
      frame.add(new ComponentmitUpdate(point2));
      frame.pack();
      frame.setVisible(true);
   }
}
```

Programmausgaben

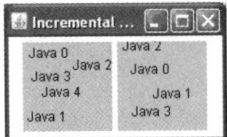

Hinweise zum Lösungsvorschlag

Wird die update()-Methode in der Klasse ComponentmitPaint durch eine Methode überschrieben, die den Hintergrund nicht neu zeichnet, sondern direkt paint() aufruft, so bleiben weiter alle vorher geschriebenen Texte auf der Komponente sichtbar.

Immer wenn zur Wiedergabe einer Komponente aufwendige Zeichenoperationen erforderlich sind, spart ein weiterführendes Zeichnen Aufwand und Zeit.

Lösung 5.13

Die Klasse JFramemitVektor2D

```
import java.awt.*;
import javax.swing.*;
import java.awt.geom.*;
public class JFramemitVektor2D extends JFrame {
   private Shape[] shapes = new Shape[10];
   private Rectangle2D.Float[] rectangle2D = new
      Rectangle2D.Float[10];
   private float x = 10;
```

```
   private float y = 50;
   private Rectangle r1[] = new Rectangle[10];
   private Rectangle r2[] = new Rectangle[10];
// Konstruktordefinition
   public JFramemitVektor2D() {
      super("2D-Graphiken");
      setBounds(20,20,200,150);
      setDefaultCloseOperation(JFrame.EXIT_ON_CLOSE);
      for(int i=0; i<10; i++) {
// Rectangle2D.Float-Instanzen einer Referenz vom Typ des
// Interface Shape zuweisen
         shapes[i] = new Rectangle2D.Float(x,y,10,10);
// Rectangle2D.Float-Instanzen einer Referenz vom gleichen Typ
// zuweisen
         rectangle2D[i] = new Rectangle2D.Float(x,y+20,10,10);
// Rectangle-Instanzen mit der Methode getBounds() erzeugen
         r1[i] = shapes[i].getBounds();
// Die Rectangle-Instanzen mit der Methode translate()
// verschieben
         r1[i].translate((int)x, (int)y+10);
         r2[i] = rectangle2D[i].getBounds();
         r2[i].translate((int)x, (int)y+10);
         x = x+10;
      }
      setVisible(true);
   }
   public void paint(Graphics g1) {
      super.paint(g1);
      Font f = new Font("TimesRoman", Font.BOLD, 16);
      g1.setFont(f);
      g1.drawString("2D-Vektoren",30,45);
      Graphics2D g = (Graphics2D)g1;
// Die Rechtecke aneinender reihen
      for(int i=0; i<10; i++) {
         g.setColor(Color.yellow);
         g.fill(shapes[i]);
         g.setColor(Color.black);
// Den Rand der Rechtecke mit einer 2-Pixel Breite zeichnen
         g.setStroke(new BasicStroke(2.0f));
         g.draw(shapes[i]);
         g.setColor(Color.green);
         g.fill(rectangle2D[i]);
         g.setColor(Color.black);
         g.draw(rectangle2D[i]);
         g.setColor(Color.yellow);
         g.fill(r1[i]);
         g.setColor(Color.black);
```

```
        g.draw(r1[i]);
        g.setColor(Color.green);
        g.fill(r2[i]);
        g.setColor(Color.black);
        g.draw(r2[i]);
    }
  }
// Objekt der Klasse erzeugen
  public static void main(String[] args) {
      JFramemitVektor2D frame = new JFramemitVektor2D();
  }
}
```

Programmausgaben

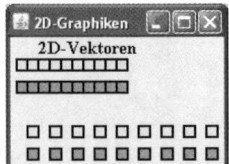

Lösung 5.14

Die Klasse JFramemitMatrix2D

```
import javax.swing.*;
import java.awt.*;
import java.awt.geom.*;
public class JFramemitMatrix2D extends JFrame {
   Shape[][] shapes = new Shape[10][10];
   float[] x = new float[11];
   float[] y = new float[11];
// Konstruktordefinition
   public JFramemitMatrix2D() {
       super("2D-Graphiken");
       setBounds(15,20,150,175);
       setDefaultCloseOperation(JFrame.EXIT_ON_CLOSE);
// Instanzfelder initialisieren
       x[0] = 20;
       y[0] = 55;
       for(int j=0; j<10; j++) {
         for(int i=0; i<10; i++) {
            shapes[i][j] =new Rectangle2D.Float(x[i],y[j],10,10);
            x[i+1] = x[i]+10;
         }
         y[j+1] = y[j]+10;
       }
```

```
        setVisible(true);
    }
    public void paint(Graphics g1) {
        super.paint(g1);
        Font f = new Font("TimesRoman", Font.BOLD, 16);
        g1.setFont(f);
        g1.drawString("2D-Matrix",30,45);
        Graphics2D g = (Graphics2D)g1;
        for(int j=0; j<10; j++) {
            for(int i=0; i<10; i++) {
                g.setColor(Color.pink);
                g.fill(shapes[i][j]);
                g.setColor(Color.black);
                g.draw(shapes[i][j]);
            }
        }
    }
// Objekt der Klasse erzeugen
    public static void main(String[] args) {
        JFramemitMatrix2D frame = new JFramemitMatrix2D();
    }
}
```

Programmausgaben

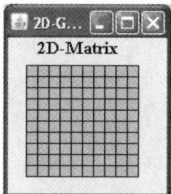

Lösung 5.15
Die Klasse JFramemitMatrix2DAnders

```
import java.awt.*;
import javax.swing.*;
import java.awt.geom.*;
public class JFramemitMatrix2DAnders extends JFrame {
    private Shape[] shapes = new Shape[101];
    private float[] x = new float[11];
    private float[] y = new float[11];
    private int k;
// Konstruktordefinition
    public JFramemitMatrix2DAnders() {
        super("2D-Graphiken");
```

```java
    setBounds(15,20,150,175);
    setDefaultCloseOperation(JFrame.EXIT_ON_CLOSE);
// Instanzfelder initialisieren
    x[0] = 20;
    y[0] = 55;
    for(int j=0; j<10; j++) {
       for(int i=0; i<10; i++) {
          k = j*10+i;
          shapes[k] = new Rectangle2D.Float(x[i],y[j],10,10);
          x[i+1] = x[i]+10;
       }
       y[j+1] = y[j]+10;
    }
    setVisible(true);
  }
  public void paint(Graphics g) {
    super.paint(g);
    Font f = new Font("TimesRoman", Font.BOLD, 16);
    g.setFont(f);
    g.drawString("2D-Matrix",30,45);
    Graphics2D g1 = (Graphics2D)g;
// Den Rand der Rechtecke mit einer 2-Pixel Breite zeichnen
    g1.setStroke(new BasicStroke(2.0f));
    for(int i=0; i<=k; i++) {
       int j = i%2;
       if(j == 0) {
// Die Rechtecke zeichnen
          g1.setColor(Color.pink);
          g1.fill(shapes[i]);
          g1.setColor(Color.black);
          g1.draw(shapes[i]);
       }
       else {
          g1.setColor(Color.red);
          g1.fill(shapes[i]);
          g1.setColor(Color.black);
          g1.draw(shapes[i]);
       }
    }
  }
// Objekt der Klasse erzeugen
  public static void main(String[] args) {
    JFramemitMatrix2DAnders frame = new
      JFramemitMatrix2DAnders();
  }
}
```

Programmausgaben

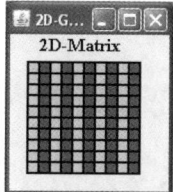

Lösung 5.16

Das Interface FarbeundSchrift

```
import java.awt.*;
interface FarbeundSchrift {
// Optionen für eine Schriftauswahl
    public final static String[] nameSchrift = {"TimesRoman",
      "Arial", "Times New Roman", "MS Sans Sherif",
        "Arial Narrow", "Andy"};
// Optionen für eine Farbauswahl
    public final static String[] nameFarbe = {"Gelb ", "Lila",
      "Cyan", "Hellgrau", "Grün", "Grau"};
    public final static Color[] farbe = {Color.yellow,
      Color.magenta, Color.cyan, Color.lightGray,
        Color.green, Color.gray};
}
```

Die Klasse CanvasmitMouseEvent

```
import java.awt.event.*;
import javax.swing.*;
public class CanvasmitMouseEvent extends Canvas
                        implements MouseMotionListener {
    private Color c;
    private Font f;
// Konstruktordefinition
    public CanvasmitMouseEvent() {
        c = Color.red;
        f = new Font("Arial", Font.BOLD, 16);
        addMouseMotionListener(this);
    }
// Zugriffsmethoden
    public void defFarbe(Color c) {
        this.c = c;
    }
    public void defSchrift(Font f) {
        this.f = f;
```

```
    }
// Die Methoden des MouseMotionListener implementieren
  public void mouseDragged(MouseEvent e) {
// Den Graphikkontext der Canvas für das Malen mit der Maus
// ermitteln
     Graphics g = getGraphics();
     g.setFont(f);
     g.setColor(c);
     g.drawString("Die Farbe ist: "+c.toString(), 0, 0);
// Die Koordinaten des Mausklicks mit den Methoden der Klasse
// MouseEvent lesen und ein Rechteck an dieser Stelle malen
     int x = e.getX();
     int y = e.getY();
     g.fillRect(x,y,3,3);
  }
  public void mouseMoved(MouseEvent e) {};
}
```

Die Klasse LabelmitMouseEvent

```
import java.awt.*;
import java.awt.event.*;
import javax.swing.*;
public class LabelmitMouseEvent extends JLabel implements
                                      MouseListener {
  private Color c;
  private Font f;
// Koordinatenwerte für den Aufruf von paintComponent()
// beim Programmstart setzen
  private int x = 100;
  private int y = 100;
// Konstruktordefinition
  public LabelmitMouseEvent() {
     c = Color.red;
     f = new Font("Arial", Font.BOLD, 16);
// Den MouseListener registrieren
     addMouseListener(this);
  }
// Zugriffsmethoden
  public void defFarbe(Color c) {
     this.c = c;
  }
  public void defSchrift(Font f) {
     this.f = f;
  }
// Den Text schreiben
  protected void paintComponent(Graphics g) {
     super.paintComponent(g);
```

```
      g.setFont(f);
      g.setColor(c);
      g.drawString("Java 6.0",x,y);
   }
// Die Methoden des Interface implementieren
   public void mousePressed(MouseEvent e) {
// Die Koordinaten des Mausklicks lesen;
      x = e.getX();
      y = e.getY();
// ein neuer Text wird ausgehend von dem Punkt mit diesen
// Koordinaten geschrieben
      repaint();
   }
   public void mouseClicked(MouseEvent e) {};
   public void mouseReleased(MouseEvent e) {};
   public void mouseEntered(MouseEvent e) {};
   public void mouseExited(MouseEvent e) {};
}
```

Die Klasse MalenmitderMaus

```
import java.awt.*;
import java.awt.event.*;
import javax.swing.*;
public class MalenmitderMaus extends JFrame
                implements FarbeundSchrift, ActionListener {
   private Font[] schrift = new Font[6];
   private JLabel status;
   private LabelmitMouseEvent schreibflaeche =
     new LabelmitMouseEvent();
   private CanvasmitMouseEvent malflaeche =
     new CanvasmitMouseEvent();
   private JButton[] bColor = new JButton[6];
   private JButton[] bFont = new JButton[6];
// Konstruktordefinition
   public MalenmitderMaus() {
      super("Malen und Schreiben auf eine Zeichenfläche");
      setBounds(40,40,300,250);
      setDefaultCloseOperation(JFrame.EXIT_ON_CLOSE);
// Layout-Definitionen
      JPanel contentPane = new JPanel();
      JPanel contentPane1 = new JPanel();
      JPanel contentPane2 = new JPanel();
      contentPane.setLayout(new BorderLayout());
      contentPane1.setLayout(new GridLayout(1,3));
      contentPane2.setLayout(new GridLayout(2,1));
      contentPane1.add(new JLabel("Schrift"));
      contentPane1.add(new JLabel("Farbe"));
```

```
      contentPane1.add(new JLabel("Malen mit der Maus"));
      contentPane.add(contentPane1, BorderLayout.NORTH);
      malflaeche.setBackground(Color.pink);
      malflaeche.setSize(100,100);
      schreibflaeche.setBackground(Color.pink);
      schreibflaeche.setSize(100,100);
      contentPane2.add(malflaeche);
      schreibflaeche.setBorder(BorderFactory.createTitledBorder(
        "Schreibfläche anklicken"));
// Anzeigen der Hintergrundfarbe für die JLabel-Komponente
      schreibflaeche.setOpaque(true);
      contentPane2.add(schreibflaeche);
      contentPane.add(contentPane2, BorderLayout.EAST);
// Eine Statuszeile zur Prüfung der Funktionalität von JToolBar-
// Komponenten wird mit Hilfe einer JLabel-Komponente
// eingerichtet
      status = new JLabel(" ");
      contentPane.add(status, BorderLayout.SOUTH);
// JButton-Objekte zur Benutzung in Toolbars erzeugen
      for(int i=0; i<6; i++) {
        bColor[i] = new JButton(nameFarbe[i]);
        bColor[i].addActionListener(this);
        bColor[i].setBackground(farbe[i]);
      }
      for(int i=0; i<6; i++) {
        schrift[i] = new Font(nameSchrift[i], Font.BOLD, 24);
        bFont[i] = new JButton(nameSchrift[i]);
        bFont[i].setBackground(Color.pink);
        bFont[i].addActionListener(this);
      }
// JToolbar-Objekte erzeugen und ihnen die JButton-Objekte
// zuordnen
      JToolBar toolbar1 = new JToolBar("Schrift");
      for(int i=0; i<6; i++)
        toolbar1.add(bFont[i]);
      toolbar1.setOrientation(SwingConstants.VERTICAL);
      contentPane.add(toolbar1, BorderLayout.WEST);
      JToolBar toolbar2 = new JToolBar("Farbe");
      for(int i=0; i<6; i++)
        toolbar2.add(bColor[i]);
      toolbar2.setOrientation(SwingConstants.VERTICAL);
      contentPane.add(toolbar2, BorderLayout.CENTER);
      setContentPane(contentPane);
      setVisible(true);
  }
// Die Methode des Interface implementieren
  public void actionPerformed(ActionEvent ae) {
```

```
// Welcher Button wurde gedrueckt??
    String sBefehl = ae.getActionCommand();
    for(int i=0; i<6; i++) {
        if(sBefehl.equals(nameSchrift[i])) {
            status.setText("Schrift geändert: " +
            schrift[i].getName());
// Schrift setzen
            schreibflaeche.defSchrift(schrift[i]);
        }
    }
    for(int i=0; i<6; i++) {
        if(sBefehl.equals(nameFarbe[i])) {
            status.setText("Farbe geändert: "+ nameFarbe[i]);
// Farbe setzen
            malflaeche.defFarbe(farbe[i]);
            schreibflaeche.defFarbe(farbe[i]);
        }
    }
    }
// Objekt der Klasse erzeugen
    public static void main(String[] args) {
        MalenmitderMaus frame = new MalenmitderMaus();
    }
}
```

Programmausgaben

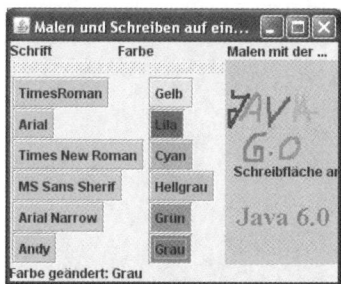

Lösung 5.17

Die Klasse KomponentenEvent

```
import java.awt.*;
import java.util.*;
public class KomponentenEvent extends java.util.EventObject {
// Globale Referenzen
    private String name;
    private Component component;
```

```
// Konstruktordefinition
   public KomponentenEvent(Component komponente, String name) {
// Im Konstruktor der Oberklasse wird der Name der Komponente,
// die das Event erzeugt, angegeben
     super(komponente);
     this.name = name;
     component = komponente;
   }
// Zugriffsmethoden der Klasse
   public Component getComponent() {
     return component;
   }
   public String getName() {
     return name;
   }
}
```

Das Interface KomponentenListener

```
import java.util.*;
public interface KomponentenListener extends EventListener {
   public void komponentenAuswahl(KomponentenEvent e);
}
```

Die Klasse UserTextField

```
import java.awt.*;
import java.awt.event.*;
import javax.swing.*;
public class UserTextField extends TextField
                                  implements TextListener {
// Globale Referenzen
   private String name;
   private KomponentenListener listener;
// Konstruktordefinition
   public UserTextField(String name) {
     super(name);
     this.name = name;
     addTextListener(this);
   }
// Die Methode von TextListener implementieren
   public void textValueChanged(TextEvent e) {
// KomponentenEvent-Objekt erzeugen und den von der Klasse
// registrierten KomponentenListener benachrichtigen
     KomponentenEvent ke = new KomponentenEvent(
       (Component)this,name);
     listener.komponentenAuswahl(ke);
   }
```

```
// Methode für das Registrieren von KomponentenListener
   public void addKomponentenListener(KomponentenListener l) {
      listener = l;
   }
}
```

Die Klasse UserButton

```
import java.awt.*;
import java.awt.event.*;
import javax.swing.*;
public class UserButton extends JButton
                                implements ActionListener {
// Globale Referenzen
   private String name;
   private KomponentenListener listener;
// Konstruktordefinition
   public UserButton(String name) {
      super(name);
      this.name = name;
      addActionListener(this);
   }
// Die Methode von ActionListener implementieren
   public void actionPerformed(ActionEvent e) {
      KomponentenEvent ke = new KomponentenEvent(
        (Component)this,name);
      listener.komponentenAuswahl(ke);
   }
// Methode für das Registrieren von KomponentenListener
   public void addKomponentenListener(KomponentenListener l) {
      listener = l;
   }
}
```

Die Klasse UserRadioButton

```
import java.awt.*;
import java.awt.event.*;
import javax.swing.*;
public class UserRadioButton extends JRadioButton
                                implements ItemListener {
// Globale Referenzen
   private String name;
   private KomponentenListener listener;
// Konstruktordefinition
   public UserRadioButton(String name) {
      super(name);
      this.name = name;
```

```
      addItemListener(this);
   }
// Die Methode von ItemListener implementieren
   public void itemStateChanged(ItemEvent e) {
      KomponentenEvent ke = new KomponentenEvent(
        (Component)this,name);
      listener.komponentenAuswahl(ke);
   }
// Methode für das Registrieren von KomponentenListener
   public void addKomponentenListener(KomponentenListener l) {
      listener = l;
   }
}
```

Die Klasse JFramefuerUserEventundListener

```
import java.awt.*;
import javax.swing.*;
public class JFramefuerUserEventundListener extends JFrame
                          implements KomponentenListener {
   private UserButton button = new UserButton("Anklicken");
   private UserRadioButton radiobutton =
     new UserRadioButton("Wert wählen");
   private UserTextField textfield =
     new UserTextField("Wert ändern");
// Ein Panel zur Aufnahme der Komponenten erzeugen
   private JPanel cPanel = new JPanel();
// Eine Statusmeldung wird in einer Komponente vom Typ JLabel
// angezeigt
   private JLabel status = new JLabel(" ");
// Konstruktordefinition
   public JFramefuerUserEventundListener() {
      super("Benutzerdefinierte EventObject- und EventListener- "
        + "Komponenten");
      setBounds(20,20,300,130);
      setDefaultCloseOperation(JFrame.EXIT_ON_CLOSE);
      button.setBackground(Color.pink);
      radiobutton.setBackground(Color.green);
      textfield.setBackground(Color.lightGray);
      cPanel.add(button);
      cPanel.add(radiobutton);
      cPanel.add(textfield);
// Den KomponentenListener für alle Komponenten registrieren
      button.addKomponentenListener(this);
      radiobutton.addKomponentenListener(this);
      textfield.addKomponentenListener(this);
// Das Panel und die Statuszeile zum Fenster hinzufügen
      Container contentPane = getContentPane();
```

```
        contentPane.add(new Label(
        "Angegebenes Ereignis durchführen:"), BorderLayout.NORTH);
        contentPane.add(cPanel, BorderLayout.CENTER);
        contentPane.add(status, BorderLayout.SOUTH);
        setVisible(true);
    }
// Die Methode von KomponentenListener implementieren
    public void komponentenAuswahl(KomponentenEvent e) {
        int index = e.getComponent().toString().indexOf('[');
        String name=e.getComponent().toString().substring(0,index);
        status.setText("Ereignis von Komponente: " + name + ": " +
        e.getName() + " empfangen");
    }
// Objekt der Klasse erzeugen
    public static void main(String[] args) {
        JFramefuerUserEventundListener frame =
        new JFramefuerUserEventundListener();
    }
}
```

Programmausgaben

Kapitel 6

Das Erscheinungsbild einer Anwendung mit graphischer Oberfläche

6.1 Die Architektur Model View Controller (MVC) von Swing-Komponenten

Im Zusammenhang mit dem Erscheinungsbild einer Anwendung mit graphischer Oberfläche sei noch mal auf die drei Teile der klassischen MVC-Architektur hingewiesen:

■ Das *Model* (Modell) beschreibt die Daten, Informationen oder Zustände, die von einer Komponente angezeigt werden sollen.

■ Der *Viewer* (Ansicht) ist für die Visualisierung des Komponentenmodells zuständig und definiert somit ein »*look*« (Blick) auf die Komponente.

■ Der *Controller* (Steuerung) steuert die Reaktionen der Komponente auf Mausbewegungen und Tastatureingaben und definiert das »*feel*« (Gefühl) der Komponente.

Eine der wichtigsten Eigenschaften der MVC-Architektur von Swing-Komponenten ist deren Fähigkeit, das »look and feel« von Komponenten zu definieren, ohne das Modell zu ändern. Das »look and feel« kann seit Java 2.1 bei der Erstellung von Komponenten festgelegt und während der Laufzeit geändert werden.

Wie schon im Kapitel 4 vermerkt, vereinigen Swing-Komponenten den Viewer und Controller in einem Objekt ihrer UI-Delegationsklasse, dem UI-Delegate (User-Interface-Delegate).

6.2 Benutzerdefinierte Modelle, die Standard-Model-Interfaces implementieren

Damit eine Komponente über die Datenänderungen eines Modells informiert wird, muss diese sich beim Modell registrieren. So melden sich Komponenten vom Typ der Klassen `JTextField`, `JTextArea` und `JEditorPane` bei einem Modell vom Typ der Klasse `PlainDocument` an, die das Interface `Document` implementiert. Diese drei Klassen werden von der abstrakten Klasse `JTextComponent` abgeleitet, welche die Modelle vom Typ `PlainDocument` lesen und setzen kann.

`JButton`-, `JToggleButton`- und `JMenuItem`-Komponenten sind bei einem Modell vom Typ der Klasse `DefaultButtonModel` registriert, die das Interface `ButtonModel` implementiert. Diese drei Klassen werden von der abstrakten Klasse `AbstractButton` abgeleitet, welche deren Modelle lesen und setzen kann.

Werden in einer Komponente, die das gleiche Modell wie eine andere zugewiesen bekommen hat, die Daten geändert, aktualisiert das Modell die Daten und informiert beide Komponenten von der Änderung, sodass eine Aktualisierung der View vorgenommen werden kann. Das Modell einer Komponente kann über die Methoden `getDocument()` und `setDocument()` der Klasse `JTextComponent` für Textfelder bzw. `getModel()` und `setModel()` der Klassen `AbstractButton`, `JList` etc. für alle anderen Komponenten ermittelt und gesetzt werden.

Nicht alle Swing-Komponenten besitzen Modelle, so z. B. die als Container verwendeten Klassen wie `JLayeredPane`, `JDesktopPane` und `JInternalFrame`. Es gibt aber auch Komponenten, für welche mehrere Modelle definiert wurden (siehe die nachfolgenden Beispiele mit der Klasse `JTree`), und ein Modell kann mehrere Viewer besitzen.

Benutzerdefinierte Modelle können als eigenständige Klassen definiert werden, welche die entsprechenden Interfaces für ein Modell implementieren. Zweitens können Erweiterungen von Standard-Modellklassen auch als Vorlage für benutzerdefinierte Modelle dienen, indem diese die Methoden der Standard-Modellklassen überschreiben.

■ Die erste Möglichkeit der Definition von eigenen Modellklassen aus den nachfolgenden Beispielen unterliegt dem gleichen Prinzip. Es wird zuerst eine einfache Klasse erstellt, die nur Methoden für die Definition der Datenstruktur enthält, und diese wird in einem zweiten Schritt mit der Fähigkeit der Bearbeitung von Ereignissen erweitert. Damit erzeugte konkrete Modelle werden mit Hilfe einer Viewer-Komponente (am Beispiel der Klassen `JComboBox` und `JTree`) zum Einsatz gebracht.

■ Als zweite Möglichkeit werden Erweiterungen von Standard-Modellklassen vorgenommen.

Aufgabe 6.1

Die AWT-Klasse List und ein DefaultComboBox-Modell

Die Klasse `JFramemitDefaultComboBoxModel` soll zwei Viewer-Komponenten vom Typ der Klassen `java.awt.List` und `javax.swing.JComboBox` erstellen. Erzeugen Sie ein `String`-Array mit den Einträgen: »j«, »a«, »v« und »a« und ein Modell vom Typ der Klasse `DefaultComboBoxModel`, das die Daten aus diesem Array speichert.

Die `DefaultComboBoxModel`-Instanz soll im Konstruktoraufruf der `JComboBox`-Komponente übergeben werden.

Im Konstruktoraufruf der List-Komponente können keine Einträge für eine Liste mit übergeben werden. Die Listenelemente müssen einzeln über die add()-Methode der Klasse hinzugefügt werden. Wählen Sie in diesem Fall die Strings: »J«, »A«, »V« und »A«.

Erzeugen Sie eine weitere Komponente vom Typ JButton und Registrieren Sie für das Event-Handling den ActionListener für diese Komponente.

In der überschriebenen Methode actionPerformed() sollen die Einträge der Liste bei jeder Betätigung des Buttons mit: »?« erweitert werden und die der ComboBox mit: »!«.

Hinweise für die Programmierung:

Die Gegenüberstellung von AWT- und Swing-Komponenten soll auf die Unterschiede der Komponenten und die Rolle, welche die Modellklasse für Swing-Komponenten spielt, hinweisen.

Bei einer Betätigung des Buttons werden die neuen Daten beiden Komponenten hinzugefügt, der ComboBox über ihr Modell mit dessen Methode addElement() und der Liste mit Hilfe ihrer add()-Methode.

Java-Dateien: JFramemitDefaultComboBoxModel.java
Programmaufruf: JFramemitDefaultComboBoxModel

Aufgabe 6.2
Benutzerdefiniertes ComboBox-Modell ohne Eventbehandlung

Die Klasse UserComboBoxModelohneEventBehandlung definiert ein Modell für eine JComboBox-Komponente, welches die Schnittstelle ComboBoxModel implementiert und im Konstruktor eine Referenz vom Typ der AWT-Klasse List übergeben bekommt.

Ohne Vollständigkeitsansprüchen zu genügen, soll diese Klasse demonstrieren, wie eine eigene Modellklasse definiert werden kann. Sie definiert der Einfachheit halber keine Methoden, um den ListDataListener zu benachrichtigen, wenn Änderungen im Datenmodell vollzogen werden, jedoch eine Referenzvariable vom Typ der Klasse EventListenerList, weil die Methoden der Schnittstelle ListModel zum Registrieren und Deregistrieren von ListDataListener-Objekte implementiert werden müssen, auch wenn die Klasse selbst den ListDataListener bei Änderungen nicht benachrichtigt.

Die Klasse EventListenerList ist nur von Object abgeleitet und ermöglicht, dass alle Listener (von beliebigen Typen) in einer einzigen Instanz dieser Klasse hinterlegt werden können.

Die erste Gruppe der zu implementierenden Methoden sind die Methoden der Schnittstelle ListModel zum Ermitteln der Größe und Abfragen der Datenstruktur des Modells, die Methoden der Schnittstelle ComboBoxModel zum Selektieren und

Deselektieren von Einträgen und die Methoden der Schnittstelle `ListModel` zum Registrieren und Deregistrieren von `ListDataListener`-Objekten.

Eine zweite Art von Methoden dient der Manipulation der Modelldaten mit Hilfe der Methoden der Klasse `List`. Dabei soll keine Benachrichtigung des `ListData-Listener` über die durchgeführten Operationen erfolgen.

Überschreiben Sie die Methode `toString()` der Klasse `Object`, indem Sie darin die Methode `getItems()` der Klasse `List` aufrufen, die ein Array mit allen Einträgen einer Liste returniert. Sie wird dann für die Ausgabe von Modelldaten in einer `System.out.println()`-Methode automatisch aufgerufen.

Definieren Sie eine zweite Klasse `UserComboBoxModelohneEventBehandlung-Test`, die ein Modell vom Typ der Klasse `UserComboBoxModelohneEventBehandlung` erzeugt und in diesem die einzelnen Zeichen des Literals: »JAVA6.o!« hinzufügt oder löscht. Zeigen Sie die Daten des Modells am Bildschirm an.

Hinweise für die Programmierung:

Die Instanzen der Klasse `java.awt.List` können, wie in der Aufgabe 6.1 gesehen, als Viewer-Komponente zur Darstellung von AWT-GUIs verwendet werden.

In dieser Übung wird jedoch ein Objekt vom Typ `java.awt.List` als Modellobjekt verwendet, das nur der Speicherung von Strings dienen soll, und nicht zu deren Darstellung.

In Kapitel 8 werden dafür andere Typen wie `java.util.List<E>` verwendet, die speziell für die Datenspeicherung in Java definiert wurden.

Das Interface `ComboBoxModel`, welches das Interface `ListModel` erweitert, gibt Methoden vor, die Komponenten wie `JComboBox` benutzen, um die Werte einzelner Elemente zu lesen und zu setzen.

Die Java-Standard-Klasse `DefaultComboBoxModel`, die ein Modell für JComboBox-Komponenten definiert, implementiert zusätzlich zu dem Interface `ComboBoxModel` das Interface `MutableComboBoxModel` und definiert zusätzlich zu einem parameterlosen Konstruktor zwei Konstruktoren, die Referenzen vom Typ `Object[]` und vom Typ der generischen Klasse `Vector<E>` übergeben bekommen.

Mit der Methode `getListeners()` der Klasse `EventListenerList` können alle Listener vom Typ einer bestimmten `EventListener`-Klasse, hier der Klasse `DataList-Listener`, ermittelt und in einem Array vom Typ dieser Klasse hinterlegt werden.

Trotz des hohen Schwierigkeitsgrades der Aufgabe wird diese gleich am Anfang des Kapitels gebracht, weil das damit parallel erreichte Verständnis der Arbeitsweise von Java-Standard-Modellklassen bei einer Definition von eigenen Modellklassen von Vorteil sein kann.

Java-Dateien: `UserComboBoxModelohneEventBehandlung.java`,
`UserComboBoxModelohneEventBehandlungTest.java`
Programmaufruf: `java UserComboBoxModelohneEventBehandlungTest`

Aufgabe 6.3

Benutzerdefiniertes ComboBox-Modell mit Eventbehandlung

Aufbauend auf die Klasse `UserComboBoxModelohneEventBehandlung` soll die Klasse `UserComboBoxModel` erstellt werden, die das darin definierte Modell ergänzt, indem sie Methoden definiert, über welche der `ListDataListener` benachrichtigt wird, wenn Änderungen im Modell durchgeführt wurden.

Ein Modell vom Typ `UserComboBoxModel` erzeugt ein `ListDataEvent`-Objekt, wenn das zugrunde liegende `List`-Objekt geändert wird. Die zuständigen Methoden geben das Event-Objekt an alle von der Klasse definierten Listener weiter und werden aus allen Methoden, welche der Manipulation der Daten des Modells dienen, aufgerufen. Diese Methoden sollen nach den Methoden des Interface `List-DataListener`, die sie aufrufen, benannt werden. Diese wiederum tragen den Namen der von der Klasse `ListDataEvent` definierten Eventtypen: INTERVAL_ADDED, INTERVAL_REMOVED und CONTENTS_CHANGED.

Die Klasse `UserComboBoxModelTest` erzeugt eine `UserComboBoxModel`-Instanz und registriert für diese den ListDataListener, damit sie selbst benachrichtigt wird, wenn Änderungen im Modell durchgeführt wurden, um diese über Bildschirmausgaben zu protokollieren.

Java-Dateien: `UserComboBoxModel.java`, `UserComboBoxModelTest.java`
Programmaufruf: `java UserComboBoxModelTest`

Aufgabe 6.4

Benutzung des ComboBox-Modells für eine Viewer-Komponente vom Typ JComboBox

Die Klasse `JFramemitUserComboBoxModel` erzeugt zwei Viewer-Komponenten vom Typ der Klasse `JComboBox`. Die erste bekommt im Konstruktor eine Referenz vom Typ `String[]` übergeben und die zweite ein benutzerdefiniertes `ComboBox-Model` vom Typ der Klasse `UserComboBoxModel`. Wenn die Methode `setModel()` aufgerufen wird, registriert sich eine `JCombobox`-Komponente selbst als Listener, sodass sie sich selbst abändern kann, wenn ihr Modell geändert wird. Die Klasse demonstriert, wie auch in der Aufgabe 6.1 schon gezeigt wurde, dass in der Modellklasse durchgeführte Änderungen automatisch in die Viewer-Komponente übernommen werden.

Java-Dateien: `UserComboBoxModel.java`, `JFramemitUserComboBoxModel.java`
Programmaufruf: `java JFramemitUserComboBoxModel`

Aufgabe 6.5

Die Vorlage für ein benutzerdefiniertes Modell als Erweiterung der Klasse PlainDocument definieren

Definieren Sie eine Vorlage für ein benutzerdefiniertes Modell mit Hilfe einer Klasse GrossBuchstaben, welche die Klasse PlainDocument erweitert und deren Methode insertString() überschreibt. Rufen Sie aus dieser Methode die gleichnamige Methode der Oberklasse auf, indem Sie im zweiten Methodenargument einen mit Hilfe der Methode toUpperCase(), die in der Klasse String definiert ist, konvertierten String übergeben.

Die Klasse IconButton ändert das Erscheinungsbild eines Buttons, indem sie die paintComponent()- und paintBorder()-Methoden der Oberklasse JButton überschreibt und runde Konturen und Flächen für ihre Komponenten zeichnet. Dafür muss die in eckiger Form vordefinierte Oberfläche des Buttons zurückgesetzt werden, dies kann durch das Setzen der contentAreaFilled-Eigenschaft der Komponente auf false erreicht werden. Dadurch wird auch die **opaque**-Eigenschaft der Komponente auf false gesetzt. Mit der Methode getModel() der abstrakten Klasse AbstractButton wird das Modell für den Button in einer Referenz vom Typ des Interface ButtonModel geliefert. Rufen Sie an diesem die Methode isArmed() der Klasse DefaultButtonModel auf, die das Interface implementiert, um einen neuen Icon bei der Betätigung dieses benutzerdefinierten Buttons zu zeichnen.

Die Klasse JFramemitUserModell definiert als Instanzfelder zwei Arrays vom Typ der Klassen IconButton und JTextField mit je drei Elementen und zwei weiteren Instanzfeldern vom Typ JEditorPane und JTextArea. Registrieren Sie für die JButton-Komponenten den von der Klasse implementierten ActionListener und setzen Sie für das erste Textfeld, mit Hilfe der Methode setDocument() ein neues Modell vom Typ der Klasse GrossBuchstaben. Ermitteln Sie die Modelle der beiden ersten JButton- und JTextField-Komponenten mit Hilfe der Methoden getModel() und getDocument() und setzen Sie diese auch für die zweiten Komponenten vom gleichen Typ.

Fügen Sie die Komponenten in der Reihenfolge TextArea, EditorPane, Buttons und Textfelder zum Fenster hinzu.

Wird ein Button betätigt, soll eine Nachricht in die dritte JTextField- und in die JEditorPane-Komponente geschrieben werden.

Hinweise für die Programmierung:

Das Label und das Focus-Rectangle für eine JButton-Komponente werden in deren UI-Delegationsklasse gemalt, und damit deren Methoden aufgerufen werden, muss mit super.paintComponent() die Methode der Oberklasse aufgerufen werden.

Java-Dateien: GrossBuchstaben.java, IconButton.java,
JFramemitUserModell.java
Programmaufruf: java JFramemitUserModell

6.3 Standard-Modelle am Beipiel der Klasse JTree

Eine Baumstruktur kann in Java als Instanz der Klasse JTree definiert werden.
Ihre Daten werden in Instanzen vom Typ der Klasse DefaultTreeModel abgelegt,
die das Interface TreeModel implementiert. Die Elemente einer Baumstruktur
werden Knoten genannt. Das oberste Element heißt Wurzel und alle Knoten, die
keine Kindkomponenten besitzen, werden auch als Blätter bezeichnet. Für die Auswahl von Knoten wird ein weiteres Modell vom Typ DefaultTreeSelectionModel
verwendet, welches das Interface TreeSelectionModel implementiert.

Die Klasse JTree befindet sich im Package javax.swing und alle anderen dazugehörigen Klassen im package javax.swing.tree.

Aufgabe 6.6
Die Klassen JTree und DefaultMutableTreeNode

Definieren Sie eine von JFrame abgeleitete Klasse JFramemitJTree zum Erzeugen einer einfachen Baumstruktur mit einer 3-stufigen Gliederung in Form von
ganzen Zahlen: 1,11,12,111 etc. Die Wurzel, Knoten und Blätter der Baumstruktur
sollen als Instanzen der Klasse DefaultMutableTreeNode erzeugt werden, in
deren Konstruktor eine String-Referenz übergeben werden kann. Einem Wurzel-
knoten werden die untergeordneten Knoten über die add()-Methode der Klasse
beigefügt.

Zum Anzeigen in einem Fenster der Klasse soll die JTree-Komponente einer
JScrollPane-Komponente hinzugefügt werden.

Java-Dateien: JFramemitJTree.java
Programmaufruf: java JFramemitJTree

Aufgabe 6.7
Die Klassen DefaultTreeModel und DefaultTreeSelectionModel

Definieren Sie eine Klasse JFramemitDefaultTreeModel von JTree abgeleitet,
welche erlaubt, die Daten der Baumstruktur aus der Aufgabe 6.6 durch das Hinzufügen und Entfernen von Knoten beliebig zu erweitern. Diese Daten werden in
einem Objekt der Klasse DefaultTreeModel gehalten, die das Interface TreeModel implementiert. Benutzen Sie für die Auswahl von Knoten ein Modell vom Typ
DefaultTreeSelectionModel, welches das Interface TreeSelectionModel implementiert.

Bei allen Änderungen, die im Modell der Baumstruktur durchgeführt werden, sollen Meldungen im Fenster und auf der Konsole angezeigt werden. Dafür werden für das Modell und die Komponente zwei Listener registriert: der TreeModelListener und der TreeSelectionListener. Diese sollen benachrichtigt werden, wenn eine Änderung in den Daten des Modells vorgenommen wird oder eine Knotenauswahl in der `JTree`-Komponente getroffen wurde.

Erzeugen Sie eine Viewer-Komponente vom Typ der Klasse `JTree` und rufen Sie an dieser die Methode `setModel()` der Klasse auf. Dabei registriert sich die `JTree`-Komponente selbst als Listener, um auf die im Modell durchgeführten Änderungen reagieren zu können.

Hinweise für die Programmierung:

Es kann immer nur auf ausgewählte Knoten zugegriffen werden, sei es mit Hilfe des Pfadnamens (vom Typ der Klasse `TreePath`) oder des Reihenindex. Ein Pfadname kann wiederum nur mit Hilfe eines Array-Objektes (z.B. vom Typ des Interface `TreeNode`) definiert werden und muss deswegen mit Hilfe der Baumstruktur aufgebaut werden. Informationen über einen Knoten, dessen Position in der Baumstruktur, seine Kind- und Vaterkomponenten können mit Methoden der Klasse `DefaultMutableTreeNode` bezogen werden, die die Interfaces `TreeNode` und `MutableTreeNode` implementiert.

Änderungen können nicht nur über das Modell mit den Methoden der Klasse `DefaultTreeModel`, sondern auch mit den Methoden der Klasse `DefaultMutableTreeNode` erfolgen. Damit Änderungen mit einer Methode der Klasse `DefaultMutableTreeNode` wie z.B. `insert()` in der `JTree`-Komponente sofort sichtbar werden, muss der TreeModelListener über die Methode `fireTreeNodesInserted()` benachrichtigt werden. Diese Methode ist jedoch als **protected** in der Klasse `DefaultTreeModel` definiert und kann deswegen aus einer nicht abgeleiteten Klasse nicht direkt aufgerufen werden.

Java-Dateien: `JFramemitDefaultTreeModel.java`
Programmaufruf: `java JFramemitDefaultTreeModel`

Aufgabe 6.8
Benutzerdefiniertes Tree-Modell mit Eventbehandlung

Definieren Sie analog zur Klasse `JFramemitDefaultTreeModel` eine Klasse `JFramemitUserDefaultTreeModel`, in der das Hinzufügen und Entfernen von Knoten über die Methoden `insert()` und `remove()` der Klasse `DefaultMutableTreeNode` durchgeführt wird. Damit diese Änderungen in der `JTree`-Komponente sofort sichtbar werden, muss der `TreeModelListener` über die `fireTreeNodesxx-` Methoden benachrichtigt werden.

Weil diese Methoden als **protected** in der Klasse `DefaultTreeModel` definiert sind, wird diese Klasse erweitert und die davon abgeleitete Klasse `UserDefault-`

`TreeModel` überschreibt ihre `fireTreeNodexx()`-Methoden. Sie definiert Listener und Methoden für deren Registrieren und Deregistrieren.

Java-Dateien: `UserDefaultTreeModel.java`,
`JFramemitUserDefaultTreeModel.java`
Programmaufruf: `java JFramemitUserDefaultTreeModel`

6.4 Die UI-Delegationsklassen und ihre Instanzen, der UI-Delegate

Jede UI-Delegationsklasse von Swing-Komponenten ist von der abstrakten Klasse `ComponentUI` abgeleitet, deren Methoden als Parameter eine Referenzvariable vom Typ der Klasse `JComponent` für die Spezifikation einer Komponente definieren. UI-Delegationsklassen beschreiben die Art und Weise, wie der UI-Delegate und die Komponente, die diesen benutzt, kommunizieren werden. Sie übernehmen die Darstellung von Komponenten und deren Interaktion mit dem Benutzer.

- Die `createUI()`-Methode gibt eine unveränderbare Instanz des UI-Delegates zurück, die Komponenten vom gleichen Typ gemeinsam nutzen können. Auf diese Weise existiert nur eine Instanz der UI-Delegationsklasse und sie wird aktiv, als Viewer und Controller, für alle Instanzen, welche diesen UI-Delegate setzen.

- Die `installUI()`-Methode installiert den UI-Delegate für eine Komponente, sie registriert Listener für die Komponente oder ihre Modelle und informiert den UI-Delegate über Zustandsänderungen, die eine Änderung der View erfordern.

- Die `uninstallUI()`-Methode entfernt den UI-Delegate und die registrierten Listener.

- Die `update()`-Methode zeichnet den Hintergrund der Komponente, falls deren `opaque`-Eigenschaft `true` ist, und ruft die `paint()`-Methode auf.

- Die `paint()`-Methode holt sich alle brauchbaren Informationen von einer Komponente, um ihre Modelle korrekt wiederzugeben.

- Die `getPreferredSize()`-Methode gibt die bevorzugte Größe für die Komponente zurück, welcher der UI-Delegate zugeordnet wurde.

- Die `getMaximumSize()`-Methode gibt die maximale Größe für die Komponente zurück, welcher der UI-Delegate zugeordnet wurde.

- Die `getMinimumSize()`-Methode gibt die minimale Größe für die Komponente zurück, welcher der UI-Delegate zugeordnet wurde.

Die Zuordnung des UI-Delegates einer Komponente kann über die Methode `setUI()` der Klasse `JComponent` erfolgen, die von manchen Komponentenklassen überschrieben wird. Oberklassen von Komponentenklassen wie `AbstractButton`, `JTextComponent` etc. oder die Klassen selbst definieren eine Methode `getUI()`, die den UI-Delegate der Komponente zurückgibt.

In den Beispielen zur Illustration der Transparenz-Eigenschaft aus den vorigen Kapiteln wurde auf die Rolle von UI-Delegationsobjekten beim Setzen der Hintergrundfarbe von Komponenten hingewiesen.

Bevor UI-Delegationsklassen für benutzerdefinierte Komponenten erstellt werden, wird in den Aufgaben 6.9 bis 6.12 ein Überblick über die Standard-UI-Delegationsklassen von Swing-Komponenten am Beispiel von benutzerdefinierten `JButton`-Komponenten gegeben. Dabei wird zusätzlich zur Transparenz-Eigenschaft das Setzen von anderen Eigenschaften über die UI-Delegates vorgenommen, wie z. B. das Focus-Rectangle oder die Beschriftung eines Buttons.

6.5   Java-Standard-User-Interface-Delegationsklassen

Wird für eine benutzerdefinierte Komponente keine eigene UI-Delegationsklasse definiert, so wird dieser der UI-Delegate ihrer Oberklasse zugeordnet. Eine Verzweigung in den UI-Delegate kann verhindert werden, indem eine benutzerdefinierte Komponente die Methode `paintComponent()` überschreibt und nicht die Methode der Oberklasse daraus aufruft.

Aufgabe 6.9
Der Standard-UI-Delegate

Eine Klasse `JPanelmitpaint` wird von `JPanel` abgeleitet und besitzt je zwei `JButton`- und `JLabel`-Komponenten. Sie zeichnet mit Hilfe der Methode `paintComponent()` eine eigene Graphik: ein Oval in der Farbe rot.

Erstellen Sie ein Fenster vom Typ der Klasse `JFrame` und fügen Sie zu diesem ein Objekt dieser Klasse hinzu.

Ermitteln Sie den Typ des UI-Delegationsobjektes, welches eine `JButton`- bzw. `JLabel`-Komponente trägt, und die Anzahl ihrer Kindkomponenten. Zeigen Sie die Ergebnisse am Bildschirm an.

Java-Dateien: `JPanelmitpaint.java`
Programmaufruf: `java JPanelmitpaint`

Aufgabe 6.10
Das Setzen der bevorzugten Größe für Komponenten

Eine Unterklasse von `JButton`, `JButtonmitZeichnung` überschreibt die von `JComponent` geerbte Methode `paintComponent()` ihrer Oberklasse, um zwei Kreise an die Pixelkoordinaten (40,10) und (40,100) zu zeichnen. Damit der Hintergrund von Komponenten vom Typ der Klasse und ihre Beschriftung gezeichnet werden, muss die Methode der Oberklasse mit super.paintComponent() gleich nach dem Methodendefinitionsteil aufgerufen werden, d.h. bevor die Klasse selbst etwas zeichnet.

Erzeugen Sie in der main()-Methode eine Instanz der eigenen Klasse und fügen Sie diese zu einer JFrame-Komponente hinzu. Ihre bevorzugte Größe wird mit setPreferredSize() in der Komponentenklasse gesetzt und diese wird bei der Ermittlung der Fenstergröße berücksichtigt.

Java-Dateien: JButtonmitZeichnung.java
Programmaufruf: java JButtonmitZeichnung

Aufgabe 6.11

Das Setzen einer minimalen Größe für Komponenten in Abhängigkeit von der Größe eines zu zeichnenden Bildes

Eine Klasse JButtonmitIcon soll einen Button definieren, der in seiner paintComponent()-Methode ein Icon mit einem Bild zeichnet. Damit nur dieses als Oberfläche erscheint, muss seine vordefinierte rechteckige Oberfläche zurückgesetzt werden. Da in diesem Fall kein Hintergrund für Komponenten gemalt werden soll, ist unwesentlich, an welcher Stelle die Methode der Oberklasse aufgerufen wird. Das vom UI-Delegate gemalte Focus-Rectangle, welches den Namen des Buttons umrandet, soll in die untere linke Ecke der Komponente gesetzt werden und das von der Komponentenklasse selbst gezeichnete Bild in die obere rechte Ecke.

Überschreiben Sie die von JComponent geerbten Methoden getMinimumSize() und getPreferredSize() der Oberklasse, um die Größe von Komponenten in Abhängigkeit von den Größen des zu zeichnenden Bildes zu setzen.

Java-Dateien: JButtonmitIcon.java
Programmaufruf: java JButtonmitIcon

Aufgabe 6.12

Das Setzen einer minimalen Größe für Komponenten in Abhängigkeit von der Größe der beim Zeichnen verwendeten Schrift

Erstellen Sie analog zur Klasse JButtonmitIcon aus der Aufgabe 6.11 eine Klasse JButtonmitUeberschrift, welche die contentAreaFilled-Eigenschaft gleich false setzt, um runde Konturen und eine runde Fläche für ihre Komponenten an Stelle der eckigen zu malen. Überschreiben Sie dazu die Methoden paintBorder() und paintComponent() der Klassen AbstractButton und JComponent, welche die Klasse JButton erbt und selbst nicht überschreibt.

Mit der Methode getFocus() der abstrakten Klasse AbstractButton soll ermittelt werden, ob die Komponente den Focus besitzt und in diesem Fall ihre Farbe gleich einem verdunkelten Ton ihrer Hintergrundfarbe gesetzt werden. Gleichzeitig sollen die Komponenten der Klasse mit einer Beschriftung versehen werden, die im Konstruktor der Klasse als Referenz vom Typ `String` übergeben und an die Merkmale einer vorgegebenen Schrift angepasst wird.

Die bevorzugte Größe soll in der Komponentenklasse in Abhängigkeit von der Größe der verwendeten Schrift gesetzt werden und die minimale Größe gleich der bevorzugten Größe.

Java-Dateien: `JButtonmitUeberschrift.java`
Programmaufruf: java `JButtonmitUeberschrift`

6.6　Benutzerdefinierte User-Interface-Delegaten

Wird ein Oberflächendelegationsobjekt für eine benutzerdefinierte Swing-Komponente verwendet, sollten die Methoden für das Setzen der minimalen, maximalen und bevorzugten Größe in der Delegationsklasse implementiert werden, da diese Werte passend zum »look and feel« returnieren.

Die Priorität für das Setzen von Komponentengrößen ist vordefiniert. Überschreibt die Komponentenklasse die Methode `getPreferredSize()`, gibt diese die bevorzugte Größe der Komponente zurück, falls sie verschieden von `null` ist. Gibt die gleiche Methode des zugehörigen Objektes vom Typ der UI-Delegationsklasse einen Wert verschieden von `null` zurück, wird dieser auch von einer nicht überschriebenen Methode der Komponente zurückgegeben. Überschreibt keine der beiden Klassen die Methode, ist der Wert abhängig vom Layout-Manager der Komponentenklasse.

Aufgabe 6.13

Ein benutzerdefinierter UI-Delegate und das Setzen der bevorzugten Größe von Komponenten

Die Klassen `UserButtonUI`, `UserButtonUI1` und `UserButtonUI2` erweitern die Klassen `BasicButtonUI` und `MetalButtonUI` und überschreiben deren Methoden, um neue Eigenschaften von `JButton`-Instanzen zu setzen oder vorhandene rückgängig zu machen. Sie sollen als erste Beispiele von eigenen UI-Delegationsklassen dienen, die für eine Wiedergabe von `JButton`-Objekten zuständig sind.

Die Klasse `UserButtonUI` wird von `BasicButtonUI` abgeleitet und überschreibt die Methode `paintButtonPressed()` der Oberklasse so, dass die Farbe einer `JButton`-Komponente beim Anklicken auf Grün gesetzt wird. Sie überschreibt auch die `getPreferredSize()`-Methode der Oberklasse und diese soll die bevorzugte Größe für die dazugehörige Komponente liefern. D.h., diese darf nicht für die Komponente selbst mit `get/setPreferredSize()` neu gesetzt werden und die Komponentenklasse darf auch nicht diese Methoden überschreiben.

Die Klasse `UserButtonUI1` wird von `MetalButtonUI` abgeleitet und definiert eine UI-Delegationsklasse, die nicht das Rechteck malt, das standardmäßig erscheint, wenn ein Button den Focus bekommt. Sie setzt keine bevorzugte Größe für ihre Komponenten, sodass dafür die von der Klasse `JComponent` geerbten Methoden aufgerufen werden.

Die Klasse `UserButtonUI2` überschreibt die Methode `paint(Graphics g, JComponent c)` ihrer Oberklasse so, dass beim Anklicken die Oberfläche eines Buttons mit einem Farbverlauf gefüllt wird. Sie wird von der Klasse `MetalButtonUI` abgeleitet, um deren Funktionalität zu erweitern. Die Klasse `MetalButtonUI` ist von der Klasse `BasicButtonUI` abgeleitet und erweitert wiederum deren Funktionalität. Die Klasse `UserButtonUI2` überschreibt die Methode `getPreferredSize()` der Oberklasse.

Der Farbverlauf soll als Instanz der Klasse `GradientPaint` erstellt werden. Definieren Sie dafür vier Farben mit unterschiedlicher Transparenz über ihre R,G,B-Werte und einen Transparenzwert. Die Farbe rot soll mit den Transparenzwerten 0 und 124 erzeugt werden und zwei weitere Farben mit den R,G,B-Werten der Standardfarbe Magenta und den Transparenzwerten 0 und 124.

Die Klasse `JFramemitUserButtonUI` setzt mit Hilfe der von der Klasse `AbstractButton` geerbten Methode `setUI()` für drei Standard-`JButton`-Komponenten mit den Beschriftungen »Button1«, »Button2« und »Button3« ein benutzerdefiniertes UI-Delegationsobjekt vom Typ der vorher beschriebenen Klassen. Am Beispiel der `JButton`-Komponente mit der Beschriftung »Button3« soll gezeigt werden, dass das Setzen der bevorzugten Größe in der Komponentenklasse Vorrang gegenüber dem Aufruf der Methode `getPreferredSize()` im zugehörigen Delegationsobjekt der Klasse `UserButtonUI2` hat.

Java-Dateien: `UserButtonUI.java`, `UserButtonUI1.java`, `UserButtonUI2.java`, `JFramemitUserButtonUI.java`
Programmaufruf: `java JFramemitUserButtonUI`

Aufgabe 6.14

Ein benutzerdefinierter UI-Delegate für eine benutzerdefinierte Komponente

Die Java-Standard-Klasse `AbstractBorder` definiert einen durchsichtigen Rand mit der Breite Null für Swing-Komponenten. Sie implementiert das Java-Standard-Interface `Border`. Einen eigenen Rand für eine Komponente kann man erstellen, indem man diese Klasse durch eine andere Klasse erweitert und ihre `paintBorder()`- und `getInsets()`-Methoden überschreibt. Definieren Sie eine derartige Klasse mit dem Namen `CustomBorder`, die einen Rand für eine `JButton`-Komponente in einer vom Status des Buttons abhängigen Farbe malt.

Die Klasse `JButtonmitCustomButtonUI` implementiert eine benutzerdefinierte `JButton`-Komponente, die in ihrer `paintComponent()`-Methode ein Muster zeichnet. Der benutzerdefinierten Komponente soll ein benutzerdefiniertes UI-Delegationsobjekt vom Typ einer UI-Delegationsklasse mit dem Namen `CustomButtonUI` zugeordnet werden. Ergänzen Sie in der UI-Delegationsklasse das Muster der Komponente und setzen Sie für diese einen benutzerdefinierten Rand vom Typ der Klasse `CustomBorder`.

Erstellen Sie in der `main()`-Methode der Klasse `JButtonmitCustomButtonUI` eine `JFrame`-Komponente und fügen Sie dieser eine Instanz vom Typ der Klasse `JButtonmitCustomButtonUI` hinzu.

Wie schon erwähnt, sollten alle Zeichenoperationen im UI-Delegate implementiert werden, damit eine Wiedergabe von Komponenten »look and feel«-spezifisch gestaltet werden kann. Dies wird aber nicht erzwungen und ist auch nicht für alle Standard-Swing-Komponenten der Fall.

Java-Dateien: `CustomBorder.java`, `CustomButtonUI.java`, `JButtonmitCustomButtonUI.java`
Programmaufruf: `java JButtonmitCustomButtonUI`

Aufgabe 6.15

Wiederholungsaufgabe

Definieren Sie eine von `JTextArea` abgeleitete Klasse `CustomArea`, welche die Methode `paintChildren()` überschreibt und eine damit gezeichnete Überschrift über den in einer Komponente der Klasse gesetzten Text anzeigt.

Die Klasse `CustomCaret` wird von der Klasse `DefaultCaret` abgeleitet, um einen benutzerdefinierten Cursor mit einer Breite von 5 Pixeln an einer in der TextArea mit der Maus angeklickten Stelle immer wieder neu zu zeichnen. Sie überschreibt zu diesem Zweck die Methoden `paint()` und `mouseClicked()` der Klasse `DefaultCaret`.

Ordnen Sie dieser Klasse eine UI-Delegationsklasse `CustomAreaUI` zu, welche die Klasse `BasicTextAreaUI` erweitert. Sie überschreibt die Methode `installDefaults()` von ihrer Oberklasse und ermittelt mit der von ihrer Oberklasse geerbten Methode `getComponent()` die ihrem aktuellen Objekt zugeordnete Komponente. Für die so ermittelte Komponente soll ein Cursor vom Typ der Klasse `CustomCaret` installiert werden und neben der Farbe für den Cursor auch die Farbe und Schrift für das Schreiben des Textes der Komponente gesetzt werden.

Eine weitere Klasse `KomponentenUeberlappen` wird von `JViewport` abgeleitet. Sie überschreibt die von der Klasse `JComponent` geerbte Methode `paintChildren()` ihrer Oberklasse, um die Art und Weise festzulegen, wie sich ein von ihr selbst gezeichnetes Bild und ihre Kindkomponenten überlappen sollen. Erzeugen Sie in der `main()`-Methode der Klasse eine Komponente vom eigenen Typ und fügen Sie diese mit Hilfe einer Standard-`JScrollPane`-Komponente zu einem Fenster vom Typ der Klasse `JFrame` hinzu. Dem ViewPort werden benutzerdefinierte Komponenten vom Typ der mit der Aufgabe 6.11 definierten Klasse `JBut-`

tonmitIcon und mit dieser Aufgabe definierten Klasse CustomArea, hinzugefügt. Der CustomArea-Komponente wird ein benutzerdefinierter UI-Delegate als Instanz der in dieser Aufgabe definierten Klasse CustomAreaUI zugeordnet und für die JButton-Komponente soll in den Standard-UI-Delegate der Klasse Button–UI verzweigt werden.

Hinweise für die Programmierung:

Mit einem JViewport-Container kann man eine größere Region betrachten, als man ohne diesen sehen würde. Er kann in eine JScrollPane-Komponente eingefügt werden, aber auch als eine eigenständige Komponente gehandhabt werden, deren Scrolling-Funktionalität dann selbst zu kontrollieren ist. Es ist nicht empfehlenswert, diese Funktionalität selbst zu übernehmen, aber die Möglichkeit besteht. JScrollPane- und JViewport-Container können genutzt werden, um innerhalb von Swing-Komponenten Texte zu scrollen.

Java-Dateien: CustomCaret.java, CustomArea.java, CustomAreaUI.java, JButtonmitIcon.java, KomponentenUeberlappen.java
Programmaufrufe: java KomponentenUeberlappen

6.7 Die Klassen LookAndFeel, UIDefaults, UIManager und das Interface UIResource

Die UI-Delegationsklassen von Swing sind in mehrere getrennte Pakete aufgeteilt. Jedes dieser Pakete wird als LookAndFeel- bzw. Pluggable LookAndFeel (PLAF)-Implementation bezeichnet und beinhaltet zusätzlich eine von der abstrakten Klasse LookAndFeel abgeleitete Klasse. Die von LookAndFeel abgeleiteten Klassen werden genutzt, um das Erscheinungsbild einer Anwendung, ihr sogenanntes »look and feel«, zu bestimmen. Die Menge aller aktuell installierten LookAndFeel-Klassen wird von der Java-Standard-Klasse UIManager bereitgestellt, welche auch die Standard-Eigenschaften für eine »look and feel«-spezifische Anzeige von Komponenten verwaltet. Die Java-Standard-Klasse UIDefaults definiert »look and feel«-spezifische Eigenschaftswerte als Standards für alle Swing-Komponenten, welche in Applikationen mit Hilfe von get()- und put()-Methoden der Klasse UIManager gelesen und abgeändert werden können.

Die Eigenschaftswerte für Komponentenanzeigen werden entweder über das leere Java-Standard-Interface UIResource markiert oder in den von der ComponentUI-Klasse abgeleiteten UI-Delegationsklassen für Komponenten definiert.

Die Klasse UIDefaults wird von der generischen Klassse Hashtable abgeleitet. Im Kapitel 8 wird mit zusätzlichen Beispielen näher darauf eingegangen.

Die UIManager-Klasse gibt vor, wie das aktuelle LookAndFeel und die dazu gehörigen Standardwerte für Eigenschaften von Komponenten definiert sind. Sie verwaltet drei Ebenen von Defaultwerten: Benutzer-Defaults, LookAndFeel-Defaults und System-Defaults. Die get()-Methoden der Klasse können alle Defaultwerte zurückliefern im Gegensatz zu den put()-Methoden, die nur auf Benutzer-

Defaults zugreifen können. Gleichzeitig beeinflusst die Methode `setLookAnd-Feel()` der Klasse keine Benutzer-Defaults, sondern nur die LookAndFeel-Defaults.

Die Methode `getDefaults()` der Klasse `UIManager` liefert eine `UIDefaults`-Instanz mit allen Standardwerten für das gerade gültige LookAndFeel zurück.

Die `put()`-Methode der Klasse `UIManager` kann an Stelle der `setUI()`-Methode einer Komponentenklasse aufgerufen werden, um einer Swing-Komponente ihr zugehöriges Delegationsobjekt zuzuordnen. Weil damit der Eintrag in der UI-Defaults-Tabelle überschrieben wird, gilt diese Zuordnung für alle Komponenten der Klasse.

Auch durch das Überschreiben der Methode `initComponentDefaults()` der LookAndFeel-Klasse kann die UIDefaults-Tabelle um Einträge erweitert werden oder bestehende Einträge können überschrieben werden. Die Methode `init-ClassDefaults()` der gleichen Klasse wird überschrieben, um den Namen von UI-Delegationsklassen den Swing-Komponentenklassen zuzuordnen, und macht somit deren Zuordnen für einzelne Komponenten über die `setUI()` Methode von Komponentenklassen überflüssig.

An dieser Stelle sei noch einmal darauf hingewiesen, dass für ein erfolgreiches LookAndFeel erweiterte Komponentenklassen keine Wiedergabe-Funktionen wie `paint()` und `update()` implementieren und somit die Kontrolle der Zeichenfunktion den UI-Delegationsklassen überlassen sollten, damit alle Wiedergaben »look and feel«-spezifisch sind. Gleichzeitig ist es sinnvoller, den Hintergrund der Komponente in der `update()`-Methode des UI-Delegaten zu malen, wenn die `opaque`-Eigenschaft der Komponente gleich `true` gesetzt ist, und nicht mit den `paint()`-Methoden der Klasse `JComponent`.

Das Java-Standard-Interface `UIResource` ist ein Marker-Interface, das von vielen Swing-Klassen, u.a. `ColorUIResource` und `FontUIResource` implementiert wird und selbst keine Methoden definiert. Wie schon im Kapitel 3 vermerkt, dient diese Art von Interfaces nur der Markierung von Klassen, um anzugeben, dass Sie die entsprechende Eigenschaft besitzen. So dient das Interface `UIResource` dazu, die von einer UI-Delegationsklasse bzw. einer erweiterten `LookAndFeel`-Klasse definierten Eigenschaftswerte für Komponenten von den Eigenschaftswerten zu unterscheiden, die explizit vom Programm gesetzt werden.

Aufgabe 6.16

Lesen von Werten der UIDefaults-Tabelle

Lesen Sie in einer von `JFrame` abgeleiteten Klasse mit dem Namen `JFramemitUI-DefaultsLesen` mit Hilfe der Methode `getColor()` der `UIManager`-Klasse die Einträge für die `color`-Eigenschaft, mit welcher der Hintergrund und der Vordergrund einer `JButton`-Komponente in der UIDefaults-Tabelle definiert sind. Die

Variablen der Klasse vom Typ der gelesenen Werte sollen mit Hilfe eines `static`-Blocks deklariert und initialisiert werden (siehe Unterkapitel 1.16).

Die Methode `getRGBColorComponents()` der Klasse `Color` gibt ein `float`-Array zurück, das die RGB-Komponenten des `Color`-Objektes, an welchem die Methode aufgerufen wird, beinhaltet. Rufen Sie diese Methode an den mit `getColor()` ermittelten `Color`-Instanzen auf und benutzen Sie die zurückgegebenen Werte, um damit unterschiedliche `background`- und `foreground`-Eigenschaften für ein zweidimensionales Array von `JButton`-Komponenten zu setzen, ohne dass die Standard-Eigenschaften aus der UIDefaults-Tabelle überschrieben werden.

Fügen Sie die einzelnen Komponenten des `JButton`-Arrays nach dem Setzen der Farbe zu einer Fensterkomponente vom Typ der Klasse hinzu.

Java-Dateien: `JFramemitUIDefaultsLesen.java`
Programmaufruf: `java JFramemitUIDefaultsLesen`

Aufgabe 6.17
Setzen von Werten der UIDefaults-Tabelle

Mit Hilfe der `put()`-Methode der `UIManager`-Klasse können die benutzerspezifischen Einträge der UIDefaults-Tabelle abgeändert werden. Definieren Sie eine Klasse `JFramemitUIDefaultsSetzen`, von `JFrame` abgeleitet, welche neue Werte für alle Komponenten vom Typ der Klasse `JButton` für deren `foreground`-, `background`- und `focus`-Eigenschaft setzt. Rufen Sie dafür die Methode `put()` an der UIDefaults-Instanz auf, die von der Methode `getDefaults()` der Klasse `UIManager` geliefert wird. Definieren Sie ein eindimensionales Array von `JButton`-Komponenten und fügen Sie diese, nach dem Durchführen der Änderungen in der UIDefaults-Tabelle, zu einer Fensterkomponente vom Typ der Klasse hinzu.

Java-Dateien: `JFramemitUIDefaultsSetzen.java`
Programmaufruf: `java JFramemitUIDefaultsSetzen`

Aufgabe 6.18
Setzen des UI-Delegationsobjektes mit der Methode put() der UIManager-Klasse

Definieren Sie eine Klasse `BenutzerBorder`, die von der abstrakten Klasse `AbstractBorder` abgeleitet wird und im Konstruktor die Breite des oberen, linken, rechten und unteren Randes für ihre Kompponenten als `int`-Werte übergeben bekommt. Erzeugen Sie mit diesen Werten ein `Insets`-Objekt und überschreiben Sie die Methode `paintBorder()` der Oberklasse, um einen benutzerdefinierten Rand zu zeichnen, der aus Rechtecken besteht, die sich in der oberen rechten und unteren linken Ecke der Komponente überschneiden. Nutzen Sie für die Beschreibung von Länge und Breite der Rechtecke die Felder `top`, `bottom`, `left` und `right` der Klasse `Insets`, über welche wegen uneingeschränktem Zugriff verfügt werden kann.

Die UI-Delegationsklasse `BenutzerButtonUI` wird von der Klasse `MetalButton-UI` abgeleitet und setzt einen benutzerdefinierten Rand vom Typ der Klasse `BenutzerBorder` für `JButton`-Komponenten.

In der von `JFrame` abgeleiteten Klasse `JFramemitBenutzerButtonUI` wird den `JButton`-Komponenten ein benutzerdefinierter UI-Delegate zugeordnet, indem der zugehörige Eintrag für diese Komponenten aus der UIDefaults-Tabelle mit Hilfe der `put()`-Methode der Klasse `UIManager` überschrieben wird. Erzeugen Sie im Konstruktor der Klasse eine Instanz vom Typ `JButton` und fügen Sie diese zum aktuellen Objekt der Klasse hinzu. Setzen Sie an Stelle des Standard-Layout-Managers `BorderLayout` einen Layout-Manager vom Typ `FlowLayout` für die Content-Pane des Fensters.

Hinweise für die Programmierung:

Weil bei einer Zuordnung der UI-Delegationsklasse mit der Methode `put()` kein Objekt von dieser Klasse gebildet wird, wird diese beim Compilieren der Klasse `JFramemitBenutzerButtonUI` ignoriert und muss einzeln übersetzt werden.

Java-Dateien: `BenutzerBorder.java`, `BenutzerButtonUI.java`, `JFramemit-BenutzerButtonUI.java`
Programmaufrufe: `javac BenutzerButtonUI.java`, `javac JFramemitBenutzer-ButtonUI.java` und `java JFramemitBenutzerButtonUI`

6.8   Standard-LookAndFeel-Komponenten

Swing-Komponenten unterstützen auswechselbare LookandFeels. Um ein neues LookandFeel zu setzen, wird die Methode `setLookAndFeel()` der Klasse `UIManager` aufgerufen. Dieser wird als Argument der Klassennamen eines von Java definierten oder eines benutzerdefinierten LookAndFeels übergeben:

- Ocean, der neue Standard in der Version 5.0, der eine Überarbeitung des `MetalLookAndFeel` älterer Versionen ist

- Motif

- Windows

- Synth (benutzerdefiniertes LookAndFeel)

- Nimbus (Java 7)

Die Methode `setLookAndFeel()` der `UIManager`-Klasse kann mehrere Exceptions auslösen, die abgefangen oder weitergereicht werden müssen.

Alle verfügbaren LookAndFeels können mit der Methode `getInstalledLookAnd-Feels()` der Klasse `UIManager` gelesen werden, das plattformunabhängige Java-LookAndFeel mit `getCrossPlatformLookAndFeelClassName()` und das LookAnd-Feel des Systems, unter dem die Java-Applikation ausgeführt wird, mit `getSystem-LookAndFeelClassName()`.

Aufgabe 6.19

LookAndFeel-spezifische Wiedergabe von Komponenten

Die Klasse IconButton aus der Aufgabe 6.5 ändert das Erscheinungsbild eines Buttons, indem sie runde Konturen und runde Oberflächen für ihre Komponenten zeichnet. Die so erzeugten Buttons reagieren nach wie vor auf ihrer gesamten eckigen Oberfläche auf Mausbewegungen. Leiten Sie eine Klasse MyButton von JButton ab, die einen runden Button malt und die Methode contains() der Klasse JComponent überschreibt, um nur auf das Anklicken innerhalb des runden Bereiches des Buttons zu reagieren.

Bilden Sie immer wenn eine Komponente der Klasse zum ersten mal erzeugt wird oder ihre Größe ändert, eine Arc2D.Float-Instanz mit den neuen Dimensionen und weisen Sie deren Referenz einer von Ihnen definierten globalen Shape-Referenz mit dem Namen button zu.

Definieren Sie eine eigene UI-Delegationsklasse für die Klasse MyButton mit dem Namen MyButtonUI, die dazu beiträgt, dass bei einer Wiedergabe von Komponenten deren Beschriftung und Rand ihre Farbe bei unterschiedlichen Aktionen mit der Maus wechseln und gleichzeitig unterschiedliche Typen von Standard-Border anzeigt werden.

In ihrer installUI()-Methode können die Instanzfelder der Klasse mit Eigenschaften initialisiert werden, die für einen Standard-Button in der UIDefaults-Tabelle definiert sind, um vom Programm aus LookAndFeel-spezifisch gesetzt zu werden. Gleichzeitig können hier Mouse- und Key-Listener registriert werden, um eine gewünschte Funktionalität für Komponenten zu erreichen. Lesen Sie mit Hilfe der getColor()-Methode der UIManager-Klasse die Einträge für die Eigenschaften Button.darkShadow und Button.Shadow aus der UIDefaults-Tabelle und setzen Sie diese bei einem Anklicken mit der Maus als foreground-Eigenschaft für Komponenten. Über eine Ausgabe am Bildschirm kann festgestellt werden, dass diese Werte sich dem ausgewählten LookAndFeel anpassen. Zeichnen Sie in der paint()-Methode dieser Klasse ein grünes Oval auf die Oberfläche der Komponente und setzen Sie darüber deren Beschriftung, die ursprünglich von diesem Oval verdeckt wird, aber mit der Methode getText() der Klasse AbstractButton zurück gewonnen werden kann.

Die Klasse JFramemitMyButtonUI erweitert die Klasse JFrame und fügt zu ihrer aktuellen Instanz eine Standard-JButton-Komponente hinzu, deren UI-Delegationsklasse standardmäßig MetalButtonUI ist, und eine benutzerdefinierte MyButton-Komponente, die ein eigenes UI-Delegationsobjekt vom Typ der Klasse MyButtonUI zugeordnet bekommt. Durch das Setzen von unterschiedlichen LookAndFeels soll demonstriert werden, dass die aus der UIDefaults-Tabelle eingelesenen Werte für das Setzen der foreground-Eigenschaft der benutzerdefinierten JButton-Komponente »look and feel«-spezifisch sind.

Die Methode setLookAndFeel() kann mehrere Exceptions auslösen, auf welche der Programmierer, um einen Programmabbruch zu verhindern, reagieren muss.

Java-Dateien: `MyButton.java`, `MyButtonUI.java`, `JFramemitMyButtonUI.java`
Programmaufruf: `java JFramemitMyButtonUI`

Aufgabe 6.20

Wechseln zwischen allen installierten LookandFeel-Komponenten

In den Aufgaben 6.5, 6.11 und 6.16 wurden Instanzen der Java-Standard-Klasse `ImageIcon` erzeugt, die die Schnittstelle `Icon` implementiert, um Icons mit Hilfe von Bildern zu zeichnen. Definieren Sie zwei eigene Klassen `FontIcon` und `ColorIcon`, welche die Schnittstelle `Icon` implementieren und benutzerdefinierte `Icon`-Komponenten zeichnen.

Die Klasse `FontIcon` soll die Schnittstelle `Icon` implementieren, um mit der im Konstruktor übergebenen Schrift und mit dem parallel dazu übergebenen String ein mit der Größe 96x16 definiertes Icon zu beschriften.

Die Klasse `ColorIcon` soll die Schnittstelle `Icon` implementieren, um mit der im Konstruktor übergebenen Farbe ein Rechteck in der Größe 56x16 und in der angegebenen Farbe als Icon zu zeichnen.

Eine weitere Klasse `JFramemitLookAndFeelAuswahl` wird von `JFrame` abgeleitet und soll beim Erzeugen einer Instanz der Klasse alle zu ihr hinzugefügten Komponenten mit jedem installierten LookAndFeel anzeigen. Die Klasse liest alle verfügbaren LookAndFeels, beschriftet eine Gruppe von RadioButtons mit deren Namen und setzt bei einer bestimmten RadioButton-Auswahl das entsprechende LookAndFeel für alle Komponenten.

Fügen Sie einem so erzeugten Fenster benutzerdefinierte Komponenten vom Typ der Klassen `FontIcon` und `ColorIcon` sowie beliebige Java-Standard-Komponenten Ihrer Wahl hinzu.

Java-Dateien: `FontIcon.java`, `ColorIcon`, `JFramemitLookAndFeelAuswahl.java`
Programmaufruf: `java JFramemitLookAndFeelAuswahl`

6.9 Das Erweitern der LookandFeel-Klasse

Benutzerdefinierte `LookAndFeel`-Komponenten können als Instanzen von erweiterten Java-Standard-`LookAndFeel`-Klassen erzeugt werden.

Aufgabe 6.21

Benutzerdefinierte LookAndFeel-Komponenten

Definieren Sie mit der Klasse `MyStdButtonUI` eine von `MetalButtonUI` abgeleitete UI-Delegationsklasse, die für `JButton`-Komponenten rund um deren Beschriftung ein Oval in der über den Eintrag »Button.shadow« der UIDefaults-Tabelle definierten Farbe zeichnet und über eine benutzerdefinierte LookAndFeel-Komponente allen JButton-Komponenten an Stelle der Klasse ButtonUI zugeordnet wird.

Für das Setzen eines benutzerdefinierten LookAndFeels wird eine von der Java-Standard-Klasse BasicLookAndFeel abgeleitete Klasse MyLookAndFeel definiert. Prüfen Sie anhand der Methode initClassDefaults() der Klasse Basic-LookAndFeel und der Methode put() der Klasse UIDefaults die verschiedenen Arten, auf welche UI-Delegationsklassen zu ihren Komponentenklassen zugeordnet werden können, und ordnen Sie allen JButton-Komponenten an Stelle von ButtonUI die UI-Delegationsklasse MyStdButtonUI zu. Überschreiben Sie die Methode initComponentDefaults() der Klasse LookAndFeel, um neue Komponenteneigenschaften zu definieren. Farben und Schriftarten sind als Objekte von Klassen zu definieren, die das Interface UIResource implementieren. Ändern Sie die von Standard-UI-Delegationsklassen definierten Voreinstellungen für Resourcen in der UIDefaults-Tabelle, indem Sie mit Hilfe der Methode putDefaults() der UIDefaults-Klasse für JSlider- und JButton-Objekte einen neuen Rand und neue Farben für die foreground- und background-Eigenschaften setzen. Setzen Sie für JButton-Komponenten einen Rand vom Typ der in der Aufgabe 6.13 definierten Klasse CustomBorder und für JSlider-Komponenten einen Rand vom Typ der Java-Standard-Klasse BorderUIResource.LineBorderUIResource.

Definieren Sie eine Klasse JFramemitLookAndFeelundStdButtonUI, welche die Klasse JPanel erweitert. Sie liest den Namen des Java-Standard-LookAndFeel und bietet die Möglichkeit, über eine ButtonGroup von JRadioButton-Komponenten zwischen dem Standard-LookandFeel und dem benutzerdefinierten LookAndFeel vom Typ MyLookAndFeel zu wechseln. Sie definiert für ihre Instanzen eine weitere Kindkomponente vom Typ JButton. Erzeugen Sie in der main()-Methode der Klasse eine JFrame-Komponente und fügen Sie zu ihr Komponenten vom Typ der eigenen Klasse und der Klassen JSlider und JComboBox hinzu.

Java-Dateien: CustomBorder.java, MyStdButtonUI.java, MyLookAndFeel.java, JFramemitLookAndFeelundStdButtonUI.java
Programmaufrufe: javac MyStdButtonUI.java, javac MyLookAndFeel.java, javac JFramemitLookAndFeelundStdButtonUI.java, java JFramemitLookandFeelundStdButtonUI

Aufgabe 6.22

Das Zusammenspiel zwischen den drei MVC-Komponenten Model, Viewer und Controller

Um das Zusammenspiel zwischen den drei MVC-Komponenten Model, Viewer und Controller unter Java noch einmal zu demonstrieren, werden die Klassen: CustomField, CustomFieldUI und CustomFieldLookAndFeel erstellt, die eine benutzerdefinierte JTextField-Komponente, einen benutzerdefinierten UI-Delegate und ein benutzerdefiniertes LookAndFeel definieren. Eine weitere Klasse

JFramemitLookAndFeelundTextFieldUI definiert zwei Standard-Textfelder und zwei vom Typ der Klasse CustomField und setzt für je eines davon ein benutzerdefiniertes Modell vom Typ der in der Aufgabe 6.5 definierten Klasse GrossBuchstaben.

Für benutzerdefinierte Textfelder soll in deren UI-Delegationsklasse CustomFieldUI ein benutzerdefinierter Cursor vom Typ der in der Aufgabe 6.15 definierten Klasse CustomCaret gesetzt werden.

Die Klasse CustomField soll ein viereckig abgerundetes Textfeld durch das Überschreiben der Methoden paintComponent() und paintBorder() zeichnen und das UI-Delegationsobjekt daran hindern, den Hintergrund ihrer Komponenten zu malen.

Die Objekte der UI-Delegationsklasse werden über die Methode setUI() einem Standard- und einem benutzerdefinierten Textfeld zugewiesen.

Die erweiterte LookAndFeel-Klasse CustomFieldLookAndFeel definiert neue Einträge für Komponenteneigenschaften in der UIDefaults-Tabelle, welche in der UI-Delegationsklasse abgefragt werden.

Hinweise für die Programmierung:

Die Methode paint() kann in der Klasse CustomFieldUI nicht überschrieben werden, da sie in der Oberklasse BasicTextFieldUI als final definiert ist und somit nicht änderbar ist.

Java-Dateien: CustomField.java, GrossBuchstaben.java, CustomFieldUI. java, CustomFieldLookAndFeel.java, CustomCaret.java, JFramemitLookandFeelundTextFieldUI.java
Programmaufrufe: javac CustomFieldUI.java, javac CustomFieldLookAndFeel.java, javac JFramemitLookAndFeelundTextFieldUI.java, java JFramemitLookAndFeelundTextFieldUI

6.10 Lösungen

Lösung 6.1

Die Klasse JFramemitDefaultComboBoxModel

```
import java.awt.*;
import java.awt.event.*;
import javax.swing.*;
public class JFramemitDefaultComboBoxModel extends JFrame
                          implements ActionListener {
  private JButton button1 = new JButton("Anfuegen");
  private String [] data = {"j", "a", "v", "a"};
// Ein Modell vom Typ DefaultComboBoxModel, welches die Daten aus
// dem Array data speichert, erzeugen
```

```java
    private DefaultComboBoxModel<String> defaultModel = new
            DefaultComboBoxModel<String>(data);
// Die Modell-Instanz im Konstruktoraufruf der Viewer-Komponente
// vom Typ JComboBox als Referenz übergeben
    private JComboBox<String>comboBox = new JComboBox<String>(defaultModel);
// Eine AWT-Komponente vom Typ List erzeugen
    private List liste = new List();
// Konstruktordefinition
    public JFramemitDefaultComboBoxModel() {
        super("AWT-List- und JComboBox-Komponenten");
        setBounds(20,20,200,175);
// Die Einträge für die Liste müssen einzeln über die add()-
// Methode der Klasse vorgenommen werden
        liste.add("J");
        liste.add("A");
        liste.add("V");
        liste.add("A");
        JPanel c = (JPanel)getContentPane();
        c.setLayout(new FlowLayout());
        setDefaultCloseOperation(JFrame.EXIT_ON_CLOSE);
        button1.addActionListener(this);
// Die Komponenten zum Fenster hinzufügen
        c.add(comboBox);
        c.add(liste);
        c.add(button1);
    }
// Die Methoden des ActionListener registrieren
    public void actionPerformed(ActionEvent e) {
// Bei einer Betätigung des Buttons werden neue Daten beiden
// Komponenten hinzugefügt
// Der ComboBox über ihr Modell
        defaultModel.addElement("!");
// und der Liste mit Hilfe ihrer add()-Methode
        liste.add("?");
    }
// Objekt der Klasse erzeugen
    public static void main (String args[]) {
        JFramemitDefaultComboBoxModel frame =
          new JFramemitDefaultComboBoxModel();
        frame.setVisible(true);


    }
}
```

Programmausgaben

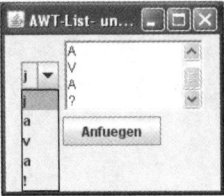

Lösung 6.2

Die Klasse UserComboBoxModelohneEventBehandlung

```java
import javax.swing.*;
import javax.swing.event.*;
import java.awt.List;
public class UserComboBoxModelohneEventBehandlung
                            implements ComboBoxModel {
  private List list;
  private EventListenerList listenerList =
    new EventListenerList();
  private Object objekt;
// Konstruktordefinition
  public UserComboBoxModelohneEventBehandlung(List list) {
    this.list = list;
  }
// Die Methoden der Schnittstelle ListModel implementieren
  public int getSize() {
    return list.getItemCount();
  }
// Das Element der List-Instanz mit dem spezifizierten Index
// wird zurückgegeben
  public Object getElementAt(int index) {
    return list.getItem(index);
  }
// Die Methoden der Schnittstelle ComboBoxModel zum Selektieren
// und Deselektieren von Einträgen implementieren
  public Object getSelectedItem() {
    return objekt;
  }
  public void setSelectedItem(Object objekt) {
    this.objekt = objekt;
  }
// Die Methoden der Schnittstelle ListModel zum Registrieren und
// Deregistrieren von ListDataListener-Instanzen implementieren
  public ListDataListener [] getListDataListeners() {
    return
```

```
       listenerList.getListeners(ListDataListener.class);
   }
   public void addListDataListener(ListDataListener l) {
      listenerList.add(ListDataListener.class,l);
   }
   public void removeListDataListener(ListDataListener l) {
      listenerList.remove(ListDataListener.class,l);
   }
// Methoden zur Manipulation der Modelldaten mit Hilfe von
// Methoden der Klasse List definieren
   public void add(String str) {
      list.add(str);
   }
   public void addElement(String str, int index) {
      list.add(str,index);
   }
   public void remove(String str) {
      list.remove(str);
   }
   public String toString() {
      return (java.util.Arrays.asList(
      list.getItems()).toString());
   }
}
```

Die Klasse UserComboBoxModelohneEventBehandlungTest

```
import java.awt.*;
public class UserComboBoxModelohneEventBehandlungTest {
   public static void main(String args[]) {
// Objekt der Klasse UserComboBoxModelohneEventBehandlung
// erzeugen
      UserComboBoxModelohneEventBehandlung userModel =
         new UserComboBoxModelohneEventBehandlung(new List());
// Im Modell Daten hinzufügen und löschen
      userModel.add("J");
      userModel.add("A");
      userModel.add("V");
      userModel.add("A");
      userModel.add("!");
// Die Methode toString()der Klasse
// UserComboBoxModelohneEventBehandlung wird für die Ausgabe der
// Modelldaten automatisch aufgerufen
      System.out.println(userModel);
      userModel.addElement("6.0",4);
      System.out.println(userModel);
      userModel.remove("6.0");
      System.out.println(userModel);
```

```
    }
}
```

Programmausgaben

```
[J, A, V, A, !]
[J, A, V, A, 6.0, !]
[J, A, V, A, !]
```

Lösung 6.3

Die Klasse UserComboBoxModel

```java
import java.awt.List;
import javax.swing.*;
import javax.swing.event.*;
public class UserComboBoxModel implements ComboBoxModel<Object> {
   private List list;
   private EventListenerList listenerList =
     new EventListenerList();
   private Object objekt;
// Konstruktordefinition
   public UserComboBoxModel(List list) {
      this.list = list;
   }
// Die Methoden der Schnittstelle ListModel implementieren
   public int getSize() {
      return list.getItemCount();
   }
// Das Element der List-Instanz mit dem spezifizierten Index wird
// zurückgegeben
   public Object getElementAt(int index) {
      return list.getItem(index);
   }
// Die Methoden der Schnittstelle ComboBoxModel zum Selektieren
// und Deselektieren von Einträgen implementieren
   public Object getSelectedItem() {
      return objekt;
   }
   public void setSelectedItem(Object objekt) {
      this.objekt = objekt;
   }
// Die Methoden der Schnittstelle ListModel zum Registrieren und
// Deregistrieren von ListDataListener-Objekte implementieren
   public ListDataListener [] getListDataListeners() {
      return listenerList.
        getListeners(ListDataListener.class);
   }
   public void addListDataListener(ListDataListener l) {
```

```
      listenerList.add(ListDataListener.class,l);
   }
   public void removeListDataListener(ListDataListener l) {
      listenerList.remove(ListDataListener.class,l);
   }
   public String toString() {
      return (java.util.Arrays.asList(list.getItems()).
      toString());
   }
// Eine zweite Art von Methoden dient der Manipulation von
// Modelldaten und der Benachrichtigung des ListDataListener
// über die durchgeführten Operationen
   public void add(String str) {
      int index = list.getItemCount();
      list.add(str);
      fireIntervalAdded(this, index, index);
   }
   public void addElement(String str, int index) {
      list.add(str,index);
      fireContentsChanged(this, index, index);
   }
   public void remove(String str) {
      int index = list.getItemCount();
      fireIntervalRemoved(this, index, index);
      list.remove(str);
   }
// Die Methoden, über welche die ListDataListener-Instanzen
// benachrichtigt werden sollen, definieren
   public void fireIntervalAdded(Object source, int index1,
                                 int index2) {
      ListDataEvent event = new ListDataEvent(
        source, ListDataEvent.INTERVAL_ADDED, index1, index2);
      ListDataListener[] listeners = getListDataListeners();
      for(int i=listeners.length-1; i>=0; i--) {
         listeners[i].intervalAdded(event);
      }
   }
   public void fireContentsChanged(Object source, int index1,
                                   int index2) {
      ListDataEvent event = new ListDataEvent(
        source, ListDataEvent.INTERVAL_ADDED, index1, index2);
      ListDataListener[] listeners = getListDataListeners();
      for(int i=listeners.length-1; i>=0; i--) {
         listeners[i].contentsChanged(event);
      }
   }
   public void fireIntervalRemoved(Object source, int index1,
```

```
                            int index2) {
      ListDataEvent event = new ListDataEvent(
        source, ListDataEvent.INTERVAL_ADDED, index1, index2);
      ListDataListener[] listeners = getListDataListeners();
      for(int i=listeners.length-1; i>=0; i--) {
        listeners[i].intervalRemoved(event);
      }
    }
  }
```

Die Klasse UserComboBoxModelTest

```
import java.awt.List;
import javax.swing.event.*;
public class UserComboBoxModelTest implements ListDataListener {
  static UserComboBoxModel userModel;
// Konstruktordefinition
  public UserComboBoxModelTest() {
    userModel = new UserComboBoxModel(new List());
// Den ListDataListener für das benutzerdefinierte Modell
// registrieren
    userModel.addListDataListener(this);
  }
// Die Methoden des Interface ListDataListener implementieren
  public void intervalAdded(ListDataEvent e) {
    System.out.println("Hinzufuegen: " + e);
  }
  public void intervalRemoved(ListDataEvent e) {
    System.out.println("Loeschen: " + e);
  }
  public void contentsChanged(ListDataEvent e) {
    System.out.println("Aendern: " + e);
  }
  public static void main(String args[]) {
// Objekt der Klasse erzeugen
    UserComboBoxModelTest testuserModel =
      new UserComboBoxModelTest();
// Im Modell Daten hinzufügen und löschen
    userModel.add("J");
    userModel.add("A");
    userModel.add("V");
    userModel.add("A");
    userModel.add("!");
// Die Methode toString() der Klasse UserComboBoxModel
// wird für die Ausgabe der Modelldaten automatisch aufgerufen
    System.out.println(userModel);
```

```
    userModel.addElement("6.0",4);
    System.out.println(userModel);
    userModel.remove("!");
    System.out.println(userModel);
  }
}
```

Programmausgaben

```
Hinzufuegen: javax.swing.event.ListDataEvent[type = 1, index0 = 0, index1 = 0]
…
[J, A, V, A, !]
Aendern: javax.swing.event.ListDataEvent[type = 1, index0 = 4, index1 = 4]
[J, A, V, A, 6.0, !]
Löschen: javax.swing.event.ListDataEvent[type = 1, index0 = 6, index1 = 6]
[J, A, V, A, 6.0]
```

Lösung 6.4

Die Klasse JFramemitUserComboBoxModel

```java
import java.awt.*;
import java.awt.event.*;
import javax.swing.*;
import javax.swing.event.*;
public class JFramemitUserComboBoxModel extends JFrame
              implements ListDataListener, ActionListener {
  private JButton button1 = new JButton("Anfuegen");
  private String [] data = {"j", "a", "v", "a"};
  private JComboBox<Object> comboBox1 = new JComboBox<Object>(data);
  private JComboBox<Object> comboBox = new JComboBox<Object>();
  private UserComboBoxModel userModel;
// Konstruktordefinition
  public JFramemitUserComboBoxModel() {
    super("Model-Klassen und Model-Interfaces");
    setBounds(20,20,100,100);
    JPanel c = (JPanel)getContentPane();
    c.setLayout(new FlowLayout());
    setDefaultCloseOperation(JFrame.EXIT_ON_CLOSE);
// Im Konstruktor der Klasse UserComboBoxModel wird eine
// Referenz vom Typ der AWT-Klasse List übergeben
    userModel = new UserComboBoxModel(new List());
// Den ListDataListener für das benutzerdefinierte Modell
// registrieren
    userModel.addListDataListener(this);
// Im Modell Daten hinzufügen und loeschen
    userModel.add("J");
```

```
      userModel.add("A");
      userModel.add("V");
      userModel.add("A");
      userModel.add("!");
      System.out.println(userModel);
      userModel.addElement("6.0",4);
      System.out.println(userModel);
// Den ListDataListner deregistrieren, die nachfolgenden
// Änderungen im Modell werden nicht mehr gemeldet
      userModel.removeListDataListener(this);
      userModel.remove("!");
      System.out.println(userModel);
// Das Modell userModel für die JComboBox-Komponente setzen
      userModel.setSelectedItem("6.0");
      comboBox.setModel(userModel);
      button1.addActionListener(this);
// Die Komponenten zum Fenster hinzufügen
      c.add(comboBox1);
      c.add(comboBox);
      c.add(button1);
   }
// Die Methoden der Event-Listener registrieren
   public void actionPerformed(ActionEvent e) {
// Bei einer Betätigung des Buttons werden neue Daten im Modell
// eingetragen
      userModel.add("!");
      userModel.setSelectedItem("!");
      System.out.println(userModel);
   }
   public void intervalAdded(ListDataEvent e) {
      System.out.println("Hinzufuegen: " + e);
   }
   public void intervalRemoved(ListDataEvent e) {
      System.out.println("Loeschen: " + e);
   }
   public void contentsChanged(ListDataEvent e) {
      System.out.println("Aendern: " + e);
   }
// Objekt der Klasse erzeugen
   public static void main (String args[]) {
      JFramemitUserComboBoxModel frame =
        new JFramemitUserComboBoxModel();
      frame.setVisible(true);
   }
}
```

Programmausgaben

```
Hinzufuegen: javax.swing.event.ListDataEvent[type = 1, index0 = 0, index1 = 0]
…
[J, A, V, A, !]
Aendern: javax.swing.event.ListDataEvent[type = 1, index0 = 4, index1 = 4]
[J, A, V, A, 6.0, !]
[J, A, V, A, 6.0]
[J, A, V, A, 6.0, !]
…
```

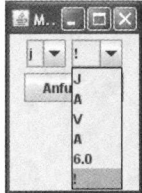

Lösung 6.5

Die Klasse GrossBuchstaben

```java
import javax.swing.text.*;
public class GrossBuchstaben extends PlainDocument {
// Die Methode insertString() überschreiben
   public void insertString(int offs, String str, AttributeSet a)
                            throws BadLocationException {
      if(str == null)
         return;
      super.insertString(offs, new String(str.toUpperCase()), a);
   }
}
```

Die Klasse IconButton

```java
import java.awt.*;
import javax.swing.*;
public class IconButton extends JButton {
   private ImageIcon icon1 = new ImageIcon("HEARTS.GIF");
   private Image    bild1 = icon1.getImage();
   private ImageIcon icon2 = new ImageIcon("CLUBS.GIF");
   private Image    bild2 = icon2.getImage();
// Konstruktordefinition
   public IconButton(String s) {
      super(s);
      setContentAreaFilled(false);
   }
```

```
// Ein Bild auf den Button zeichnen
  protected void paintComponent(Graphics g) {
     if(getModel().isArmed()){
       g.drawImage(bild1, getSize().width-50,
         getSize().height/6, this);
     }
     else {
       g.drawImage(bild2, getSize().width-50,
         getSize().height/6, this);
     }
// Label und Focus-Rectangle für die Komponente zeichnen
       super.paintComponent(g);
     }
// Runde Konturen um das Bild malen
  protected void paintBorder(Graphics g) {
     g.setColor(getForeground());
     g.drawOval(getSize().width-50,getSize().height/6,20,20);
  }
}
```

Die Klasse JFramemitUserModell

```
import java.awt.*;
import java.awt.event.*;
import javax.swing.*;
import javax.swing.text.*;
public class JFramemitUserModell extends JFrame
                                 implements ActionListener {
  private IconButton[] b = new IconButton[3];
  private JTextField[] t = new JTextField[3];
  private JTextArea tArea = new JTextArea();
  private JEditorPane ePane = new JEditorPane();
// Konstruktordefinition
  public JFramemitUserModell() {
     super("Model-Klassen und Model-Interfaces");
     setBounds(20,20,200,225);
     getContentPane().setLayout(new GridLayout(8,1));
     setDefaultCloseOperation(JFrame.EXIT_ON_CLOSE);
     for(int i=0; i<3; i++) {
       b[i] = new IconButton("Button"+(i+1));
       b[i].addActionListener(this);
       t[i] = new JTextField();
     }
// Setzen eines Modells vom Typ der Moddellklasse GrossBuchstaben
// für die erste JTextField- und die JEditorPane-Komponente
     t[0].setDocument(new GrossBuchstaben());
```

```
      ePane.setDocument(new GrossBuchstaben());
      getContentPane().add(tArea);
      getContentPane().add(ePane);
// Das Modell von "Button1" wird ermittelt und "Button2"
// zugewiesen; so wird bei der Betätigung eines der Buttons auch
// der andere automatisch gedrückt
      ButtonModel model = b[0].getModel();
      b[1].setModel(model);
      for(int i=0; i<3; i++) {
         getContentPane().add(b[i], null);
      }
// Das Modell vom 1.Textfeld wird ermittelt und dem 2.Textfeld
// zugewiesen; damit werden auch seine Inhalte in
// Grossbuchstaben geschrieben
      Document modell = t[0].getDocument();
      t[1].setDocument(modell);
      t[1].setBackground(Color.pink);
      tArea.setBackground(Color.pink);
// Die Komponenten zum Fenster hinzufügen
      getContentPane().add(tArea);
      getContentPane().add(ePane);
      for(int i=0; i<3; i++) {
         getContentPane().add(b[i], null);
      }
      for(int i=0; i<3; i++) {
         getContentPane().add(t[i], null);
      }
      for(int i=0; i<3; i++) {
         getContentPane().add(t[i], null);
      }
   }
// Eine Nachricht in die 3. JTextField- und in die JEditorPane-
// Komponente schreiben
   public void actionPerformed(ActionEvent e) {
      if(e.getActionCommand().equals("Button1"))
         t[2].setText(e.getActionCommand()+ " betätigt");
      else
         ePane.setText(e.getActionCommand()+ " betätigt");
   }
// Objekt der Klasse erzeugen
   public static void main(String[] args) {
      JFramemitUserModell frame = new JFramemitUserModell();
      frame.setVisible(true);
   }
}
```

Programmausgaben

Hinweise zum Lösungsvorschlag

Die von der Modellklasse definierten Zustände für eine Komponente, wie z.B. welche Werte das Drücken und Loslassen eines Buttons belegen oder die Art und Struktur der Daten in einem Textfeld, werden beim Setzen eines Modelltyps übernommen und nicht eine im nachhinein abgeänderte Farbe, da diese nicht den Zustand der Komponenten beschreibt, sondern zu deren Visualisierung beiträgt.

Lösung 6.6

Die Klasse JFramemitJTree

```java
import javax.swing.tree.*;
import javax.swing.*;
public class JFramemitJTree extends JFrame {
    private JTree tree;
    private DefaultMutableTreeNode gliederung, stufe1, stufe2,
        stufe3;
// Konstruktordefinition
    public JFramemitJTree() {
        super("Definition einer Baumstruktur");
        setBounds(20,20,200,200);
        setDefaultCloseOperation(JFrame.EXIT_ON_CLOSE);
// Wurzel, Knoten und Blätter der Baumstruktur definieren
        gliederung = new DefaultMutableTreeNode("Gliederung");
        for(int i=0; i<2; i++) {
            stufe1 = new DefaultMutableTreeNode(" " + (i+1));
            gliederung.add(stufe1);
            for(int j=0; j<2; j++) {
                stufe2 = new DefaultMutableTreeNode(" "
                    + (i+1) + (j+1));
                stufe1.add(stufe2);
                for(int k=0; k<3; k++) {
                    stufe3 = new DefaultMutableTreeNode(" "
                        + (i+1) + (j+1) + (k+1));
```

```
            stufe2.add(stufe3);
          }
        }
      }
// Baumstruktur erzeugen und zu einer ScrollPane hinzufügen
    tree = new JTree(gliederung);
    JScrollPane jsPane = new JScrollPane(tree);
    getContentPane().add(jsPane);
    setVisible(true);
  }
// Objekt der Klasse erzeugen
  public static void main(String[] args) {
    JFramemitJTree frame = new JFramemitJTree();
  }
}
```

Programmausgaben

Lösung 6.7

Die Klasse JFramemitDefaultTreeModel

```
import java.awt.*;
import java.awt.event.*;
import javax.swing.tree.*;
import javax.swing.*;
import javax.swing.event.*;
public class JFramemitDefaultTreeModel extends JFrame implements
     ActionListener, TreeModelListener, TreeSelectionListener {
  private JTree tree = new JTree();
  private DefaultTreeModel modell;
  private MutableTreeNode gliederung, stufe1;
  private DefaultMutableTreeNode stufe;
  private JButton[] b = new JButton[2];
  private JPanel p = new JPanel();
  private String [] sButton = {"Hinzufuegen", "Entfernen"};
  private JLabel message = new JLabel("");
// Konstruktordefinition
  public JFramemitDefaultTreeModel() {
```

```
      super("Hinzufügen und Entfernen von Knoten einer "
        + "Baumstruktur");
      setBounds(20,20,250,200);
      setDefaultCloseOperation(JFrame.EXIT_ON_CLOSE);
      Container cPanel = getContentPane();
      cPanel.setLayout(new BorderLayout());
      for(int i=0; i<2; i++) {
        b[i] = new JButton(sButton[i]);
        p.add(b[i]);
        b[i].addActionListener(this);
      }
// Die Wurzel für eine Baumstruktur definieren
      gliederung = new DefaultMutableTreeNode("Gliederung");
// Ein TreeModel, in welchem jeder Knoten Kindkomponenten
// besitzen kann, erzeugen
      modell = new DefaultTreeModel(gliederung);
// Den ersten Knoten erzeugen und zum Modell hinzufügen
      stufe1 = new DefaultMutableTreeNode (" 1");
      modell.insertNodeInto(stufe1, gliederung,
        gliederung.getChildCount());
// Das Modell für die JTree-Komponente setzen und diese zu einer
// JScrollPane-Komponente hinzufügen
      tree.setModel(modell);
      JScrollPane jsPane = new JScrollPane(tree);
// TreeListener für das Modell und
// TreeSelectionListener für die Komponente registrieren
      modell.addTreeModelListener(this);
      tree.addTreeSelectionListener(this);
// Komponenten zum Fenster hinzufügen
      cPanel.add(jsPane, BorderLayout.CENTER);
      cPanel.add(p, BorderLayout.SOUTH);
      cPanel.add(message, BorderLayout.NORTH);
      setVisible(true);
    }
// Die Methoden des TreeModelListener implementieren
    public void treeNodesInserted(TreeModelEvent e) {
      message.setText("Ein neuer Knoten wurde hinzugefügt");
    }
    public void treeNodesChanged(TreeModelEvent e) {};
    public void treeNodesRemoved(TreeModelEvent e) {
      message.setText("Ein Knoten wurde gelöscht");
    }
    public void treeStructureChanged(TreeModelEvent e) {};
// Die Methode des TreeSelectionListener implementieren
    public void valueChanged(TreeSelectionEvent e) {
      System.out.println("Ein Knoten wurde selektiert");
    }
```

```
// Die Methode des ActionListener implementieren
   public void actionPerformed(ActionEvent e) {
// Den ausgewählten Pfad mit der Methode des Interface
// TreeSelectionModel lesen
      TreePath treePath = tree.getSelectionPath();
      if(treePath != null) {
// Ermitteln des selektierten Knoten
      stufe = (DefaultMutableTreeNode)treePath.
         getLastPathComponent();
// Der Button "Hinzufuegen" wurde gedrückt
         if(e.getActionCommand().equals("Hinzufuegen")) {
// Den Namen der ausgewählten und hinzuzufügenden Komponente
// ermitteln
            int n = 0;
            String name = stufe.toString();
// Ist der Knoten kein Blatt, besitzt er Kindkomponenten und
// kann eine weitere Komponente hinzugefügt bekommen
            if(!stufe.isLeaf()) {
               name = stufe.getLastChild().toString();
               String s = name.substring(name.length()-1);
               name = name.substring(0,(name.length()-1));
               n = Integer.parseInt(s.trim());
            }
// ist er ein Blatt, bekommt er eine erste Komponente
// hinzugefügt
            DefaultMutableTreeNode neueStufe =
               new DefaultMutableTreeNode(name+(n+1));
// Änderungen über das Modell mit einer Methode der Klasse
// DefaultTreeModel durchführen
            modell.insertNodeInto(neueStufe, stufe,
               stufe.getChildCount());
// Über die Methoden der Klasse DefaultMutableTreeNode
// durchgeführte Änderungen werden in der JTree-Komponente
// nicht angezeigt
            // stufe.insert(neueStufe, stufe.getChildCount());
// Aktualisieren der Anzeige
            tree.scrollPathToVisible(new TreePath(neueStufe.
               getPath()));
         }
// Der Button "Entfernen" wurde gedrückt
         else {
            if(stufe != gliederung) {
// Pfad der Vaterkomponente für die Anzeige sichern
               TreeNode vorigeStufe =
                  stufe.getPreviousNode();
               TreeNode[] pfadName =
                  modell.getPathToRoot(vorigeStufe);
```

```
// Knoten Entfernen
            modell.removeNodeFromParent(stufe);
// Aktualisieren der Anzeige
            tree.setSelectionPath(new
                TreePath(pfadName));
        }
      }
    }
  }
// Objekt der Klasse erzeugen
  public static void main(String[] args) {
    JFramemitDefaultTreeModel frame =
      new JFramemitDefaultTreeModel();
  }
}
```

Programmausgaben

```
Ein Knoten wurde selektiert
...
```

Lösung 6.8

Die Klasse UserDefaultTreeModel

```
import javax.swing.*;
import javax.swing.tree.*;
import javax.swing.event.*;
public class UserDefaultTreeModel extends DefaultTreeModel {
// Definition der Listener für das benutzerdefinierte Modell
  private EventListenerList listenerList =
    new EventListenerList();
// Konstruktordefinition
  public UserDefaultTreeModel(TreeNode treeNode) {
    super(treeNode);
  }
// Methode zum Ermitteln der in einer Liste vom Typ
// ListenerList abgelegten Listener
  public TreeModelListener [] getTreeModelListeners() {
```

```
      return
        listenerList.getListeners(TreeModelListener.class);
    }
// Die Methoden der Oberklasse überschreiben
    public void fireTreeNodesInserted(Object source,
        Object[] path, int[] childIndices, Object[] children) {
      TreeModelEvent event = new TreeModelEvent(source, path,
        childIndices, children);
      TreeModelListener[] listeners = getTreeModelListeners();
      for(int i=listeners.length-1; i>=0; --i) {
        listeners[i].treeNodesInserted(event);
      }
    }
    public void fireTreeNodesRemoved(Object source, Object[] path,
                      int[] childIndices, Object[] children) {
      TreeModelEvent event = new TreeModelEvent(source, path,
        childIndices, children);
      TreeModelListener[] listeners = getTreeModelListeners();
      for(int i=listeners.length-1; i>=0; --i)
        listeners[i].treeNodesRemoved(event);
    }
    public void addTreeModelListener(TreeModelListener l) {
      listenerList.add(TreeModelListener.class,l);
    }
    public void removeTreeModelListener(TreeModelListener l) {
      listenerList.remove(TreeModelListener.class,l);
    }
}
```

Die Klasse JFramemitUserDefaultTreeModel

```
import java.awt.*;
import java.awt.event.*;
import javax.swing.tree.*;
import javax.swing.*;
import javax.swing.event.*;
public class JFramemitUserDefaultTreeModel extends JFrame
                implements ActionListener, TreeModelListener,
                  TreeSelectionListener {
  private JTree tree;
  private UserDefaultTreeModel modell;
  private MutableTreeNode gliederung, stufe1;
  private DefaultMutableTreeNode stufe;
  private JButton[] b = new JButton[2];
  private JPanel p = new JPanel();
  private String [] sButton = {"Hinzufuegen", "Entfernen"};
  private JLabel message = new JLabel("");
```

```java
// Konstruktordefinition
  public JFramemitUserDefaultTreeModel () {
    super("Hinzufügen und Entfernen von Knoten einer "
      + "Baumstruktur");
    setBounds(20,20,250,200);
    setDefaultCloseOperation(JFrame.EXIT_ON_CLOSE);
    Container cPanel = getContentPane();
    cPanel.setLayout(new BorderLayout());
    for(int i=0; i<2; i++) {
      b[i] = new JButton(sButton[i]);
      p.add(b[i]);
      b[i].addActionListener(this);
    }
// Die Wurzel für eine Baumstruktur definieren
    gliederung = new DefaultMutableTreeNode("Gliederung");
// Ein TreeModel, in welchem jeder Knoten Kindkomponenten
// besitzen kann, erzeugen
    modell = new UserDefaultTreeModel(gliederung);
// Den ersten Knoten erzeugen und zum Modell hinzufügen
    stufe1 = new DefaultMutableTreeNode (" 1");
    modell.insertNodeInto(stufe1,gliederung,
    gliederung.getChildCount());
// Mit Hilfe des Modells eine JTree-Komponente erzeugen und
// diese zu einer JScrollPane-Komponente hinzufügen
    tree = new JTree(modell);
    JScrollPane jsPane = new JScrollPane(tree);
// Den TreeListener für das Modell und
// den TreeSelectionListener für die Komponente registrieren
    modell.addTreeModelListener(this);
    tree.addTreeSelectionListener(this);
// Die Komponenten zum Fenster hinzufügen
    cPanel.add(jsPane, BorderLayout.CENTER);
    cPanel.add(p, BorderLayout.SOUTH);
    cPanel.add(message, BorderLayout.NORTH);
    setVisible(true);
  }
// Die Methoden des TreeModelListener implementieren
  public void treeNodesInserted(TreeModelEvent e) {
    message.setText("Ein neuer Knoten wurde hinzugefügt");
  }
  public void treeNodesChanged(TreeModelEvent e) {};
  public void treeNodesRemoved(TreeModelEvent e) {
    message.setText("Ein Knoten wurde gelöscht");

  }
```

```java
    public void treeStructureChanged(TreeModelEvent e) {};
// Die Methode des TreeSelectionListener implementieren
    public void valueChanged(TreeSelectionEvent e) {
        System.out.println("Ein Knoten wurde selektiert");
    }
// Die Methode des ActionListener implementieren
    public void actionPerformed(ActionEvent e) {
// Den ausgewählten Pfad mit der Methode des Interface
// TreeSelectionModel lesen
        TreePath treePath = tree.getSelectionPath();
        if(treePath != null) {
// Ermitteln des selektierten Knoten
            stufe = (DefaultMutableTreeNode)treePath.
              getLastPathComponent();
// Der Button "Hinzufuegen" wurde gedrückt
            if(e.getActionCommand().equals("Hinzufuegen")) {
// Den Namen der ausgewählten und hinzuzufügenden Komponente
// ermitteln
                int n = 0;
                String name = stufe.toString();
// Ist der Knoten kein Blatt, besitzt er Kindkomponenten und
// kann eine weitere Komponente hinzugefügt bekommen
                if(!stufe.isLeaf()) {
                    name = stufe.getLastChild().toString();
                    String s = name.substring(name.length()-1);
                    name = name.substring(0,(name.length()-1));
                    n = Integer.parseInt(s.trim());
                }
// ist er ein Blatt, bekommt er eine erste Komponente hinzugefügt
                DefaultMutableTreeNode neueStufe =
                    new DefaultMutableTreeNode(name+(n+1));
// Das Hinzufügen von Knoten über die Methode insert() der Klasse
// DefaultMutableTreeNode durchführen
                stufe.insert(neueStufe, stufe.getChildCount());
// Die Listener des Modells benachrichtigen
                modell.fireTreeNodesInserted(modell,
                    modell.getPathToRoot(stufe), new int [] {
                      stufe.getChildCount()-1},
                        new DefaultMutableTreeNode[] {neueStufe});
// Aktualisieren der Anzeige
                tree.scrollPathToVisible(new
                    TreePath(neueStufe.getPath()));
            }
// Der Button "Entfernen" wurde gedrückt
            else {
```

```
            if(stufe != gliederung) {
// Pfad der Vaterkomponente für die Anzeige sichern
            DefaultMutableTreeNode vorigeStufe =
              (DefaultMutableTreeNode)stufe.getParent();
            TreeNode[] pfadName =
              modell.getPathToRoot(vorigeStufe);
// Index des Knoten festhalten
            int index = vorigeStufe.getIndex(stufe);
// Das Entfernen von Knoten über die Methode remove() der Klasse
// DefaultMutableTreeNode durchführen
            vorigeStufe.remove(stufe);
// Die Listener des Modells benachrichtigen
            modell.fireTreeNodesRemoved(modell,
              modell.getPathToRoot(vorigeStufe),
                new int [] {index},
                  new DefaultMutableTreeNode[] {stufe});
// Aktualisieren der Anzeige
            tree.setSelectionPath(new
                TreePath(pfadName));
        }
      }
    }
  }
// Objekt der Klasse erzeugen
  public static void main(String[] args) {
    JFramemitUserDefaultTreeModel frame =
      new JFramemitUserDefaultTreeModel();
  }
}
```

Programmausgaben

Ein Knoten wurde selektiert

...

Lösung 6.9

Die Klasse JPanelmitpaint

```java
import java.awt.*;
import javax.swing.*;
import javax.swing.plaf.ComponentUI;
public class JPanelmitpaint extends JPanel {
  private static JButton b1 = new JButton();
  private static JLabel l1 = new JLabel("Button1");
  private static JButton b2 = new JButton();
  private static JLabel l2 = new JLabel("Button2");
// Konstruktordefinition
  public JPanelmitpaint() {
    setBackground(Color.green);
    b1.setBackground(Color.yellow);
    b1.add(l1);
    b2.setBackground(Color.cyan);
    b2.add(l2);
    add(b1);
    add(b2);
  }
  protected void paintComponent(Graphics g) {
// Die Oberklasse soll zuerst ihre Inhalte malen, damit der
// Hintergrund für eine Instanz der Klasse vor der Anzeige der
// JButton-Komponenten gesetzt wird
    super.paintComponent(g);
    g.setColor(Color.red);
    g.fillOval(50,40,100,50);
  }
// Ein Fenster erstellen und zu diesem ein Objekt der Klasse
// hinzufügen
  public static void main(String[] args) {
    JFrame frame = new JFrame("Der Standard-UI-Delegate");
    frame.setBounds(10,10,200,130);
    frame.setDefaultCloseOperation(JFrame.EXIT_ON_CLOSE);
    JPanelmitpaint panel = new JPanelmitpaint();
// Das zugewiesene UI-Delegationsobjekt, welches die Komponenten
// trägt, und die Anzahl ihrer Kindkomponenten ermitteln; deren
// Namen anzeigen
    ComponentUI pnlUI = panel.getUI();
    System.out.println(pnlUI.toString() +
      "Anzahl der Kindkomponenten:" +
        pnlUI.getAccessibleChildrenCount(panel));
    ComponentUI btnUI = b1.getUI();
    System.out.println(btnUI.toString() +
      " Anzahl der Kindkomponenten:" +
        btnUI.getAccessibleChildrenCount(b1));
```

```
        frame.add(panel);
        frame.setVisible(true);
    }
}
```

Programmausgaben

```
javax.swing.plaf.basic.BasicPanelUI@… Anzahl der Kindkomponenten:2
javax.swing.plaf.metal.MetalButtonUI@… Anzahl der Kindkomponenten:1
```

Lösung 6.10

Die Klasse JButtonmitZeichnung

```
import java.awt.*;
import javax.swing.*;
public class JButtonmitZeichnung extends JButton {
// Konstruktordefinition
    public JButtonmitZeichnung() {
        super("Button mit Zeichnung");
// Die Farbe für den Hintergrund der Komponente setzen
        setBackground(Color.green);
// Die bevorzugte Größe setzen
        setPreferredSize(new Dimension(175,150));
    }
    protected void paintComponent(Graphics g) {
// Die Oberklasse soll ihre Inhalte zeichnen
        super.paintComponent(g);
// Die Farbe für das Zeichnen setzen
        g.setColor(Color.red);
// Zwei Kreise auf die Komponente zeichnen
        g.fillOval(40,10,40,40);
        g.fillOval(40,100,40,40);
// Wird die Methode der Oberklasse an dieser Stelle aufgerufen,
// erscheint die Beschriftung der JButton-Komponenten, aber
// nicht die selbst gezeichnete Graphik, weil diese mit der
// Hintergrundfarbe überschrieben wird
    // super.paintComponent(g);
    }
    public static void main(String[] args) {
// Fenster erzeugen und zu diesem eine Instanz der Klasse
// hinzufügen
```

```
        JFrame frame = new JFrame("Der Standard-UI-Delegate");
        JButtonmitZeichnung button = new JButtonmitZeichnung();
        frame.add(button);
        frame.pack();
        frame.setDefaultCloseOperation(JFrame.EXIT_ON_CLOSE);
        frame.setVisible(true);
    }
}
```

Programmausgaben

Lösung 6.11

Die Klasse JButtonmitIcon

```
import java.awt.*;
import javax.swing.*;
public class JButtonmitIcon extends JButton {
   private ImageIcon icon = new ImageIcon("Vron.JPG");
   private Image bild = icon.getImage();
// Konstruktordefinition
   public JButtonmitIcon(String s) {
      super(s);
// Das Focus-Rectangle in die untere linke Ecke zeichnen
      setHorizontalAlignment(JButton.SOUTH_EAST);
      setContentAreaFilled(false);
   }
// Die Methoden zum Setzen der Größe von Komponenten
// überschreiben
   public Dimension getPreferredSize() {
      if(icon != null) {
         Insets insets = getInsets();
         return new Dimension(icon.getIconWidth() + insets.left
           + insets.right+225, icon.getIconHeight() + insets.top
           + insets.bottom+225);
      }
      else {
         return new Dimension(100,100);
      }
   }
```

```
public Dimension getMinimumSize() {
    if(icon != null) {
// Der Button soll nur bis auf die Größe des Icons reduziert
// werden können
        return new Dimension(icon.getIconWidth(),
            icon.getIconHeight());
    }
    else {
        return new Dimension(0,0);
    }
}
protected void paintComponent(Graphics g) {
// Das Icon zeichnen
    g.drawImage(bild,0,0,this);
    super.paintComponent(g);
}
public static void main(String[] args) {
// Ein Fenster erzeugen und die neue Fensterleiste entsprechend
// dem aktuellen "look and feel" setzen
    JFrame.setDefaultLookAndFeelDecorated(true);
    JFrame frame = new JFrame("Der Standard-UI-Delegate");
    frame.getContentPane().setLayout(new FlowLayout());
    frame.getContentPane().add(new JButtonmitIcon("Vroni"));
    frame.setDefaultCloseOperation(JFrame.EXIT_ON_CLOSE);
    frame.pack();
    frame.setVisible(true);
}
}
```

Programmausgaben

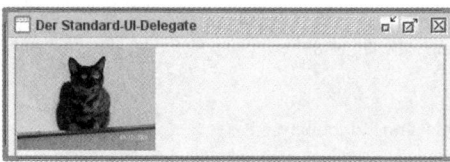

Hinweise zum Lösungsvorschlag

Weil dieser Button nur das Icon als Oberfläche besitzen soll, muss wie in der Aufgabe 6.5 die contentAreaFilled-Eigenschaft auf false gesetzt werden.

Die Klasse JButtonmitIcon definiert eine Image-Instanz mit Hilfe der Datei Vron.jpg.

Lösung 6.12

Die Klasse JButtonmitUeberschrift

```java
import java.awt.*;
import javax.swing.*;
public class JButtonmitUeberschrift extends JButton {
  private String label;
  private Font lucidaHand = new Font("Lucida HandWriting",
    Font.PLAIN, 16);
// Konstruktordefinition
  public JButtonmitUeberschrift(String label) {
    this.label = label;
    setBackground(Color.pink);
    setContentAreaFilled(false);
    setFont(lucidaHand);
  }
  protected void paintComponent(Graphics g) {
// Die Methode getFocus() aufrufen, um unterschiedliche Farben
// für das Zeichnen zu setzen
    if(((AbstractButton)this).hasFocus()) {
      g.setColor(getBackground().darker());
    }
    else {
      g.setColor(getBackground());
    }
    g.fillOval(0, 0, getSize().width-1, getSize().height-1);
// Schriftmerkmale ermitteln
    FontMetrics fm = getFontMetrics(getFont());
// Die Schriftfarbe auf die Vordergrundfarbe setzen,
// die ungleich der Hintergrundfarbe sein muss.
    g.setColor(getForeground());
    g.drawString(label,getSize().width/2 - fm.stringWidth(
      label)/2, getSize().height /2 + fm.getMaxDescent());
  }
// Die bevorzugte Größe für den Button in Abhängigkeit von der
// Größe der verwendeten Schrift bestimmen
  public Dimension getPreferredSize() {
    Font f = getFont();
    if(f != null) {
      FontMetrics fm = getFontMetrics(getFont());
      int size = Math.max(fm.stringWidth(label)
        + 50,fm.getHeight()+50);
      return new Dimension(size,size);
    }
    else {
      return new Dimension(100,100);
    }
```

```
    }
// Eine minimale Größe für den Button setzen
  public Dimension getMinimumSize() {
    return getPreferredSize();
  }
// Runde Konturen für die Komponente malen
  protected void paintBorder(Graphics g) {
      g.setColor(getBackground().darker().darker());
      g.drawOval(0, 0, getSize().width-1, getSize().height-1);
  }
  public static void main(String[] args) {
// Ein Fenster erzeugen und die neue Fensterleiste entsprechend
// dem aktuellen "look and feel" setzen
      JFrame.setDefaultLookAndFeelDecorated(true);
      JFrame frame = new JFrame("Der Standard-UI-Delegate wird "
        + "nicht aufgerufen");
// Bleibt das Standard-BorderLayout für die JFrame-Komponente
// gesetzt, passt sich die Größe der Komponente der Fenstergröße
// bei Veränderungen an, nicht aber beim FlowLayout
      // frame.getContentPane().setLayout(new FlowLayout());
      frame.getContentPane().add(new JButtonmitUeberschrift(
        "Java 6.0"));
      frame.setDefaultCloseOperation(JFrame.EXIT_ON_CLOSE);
      frame.pack();
      frame.setVisible(true);
  }
}
```

Programmausgaben

Hinweise zum Lösungsvorschlag

Die Klasse `JButtonmitUeberschrift` definiert eine Font-Instanz mit der Schriftart »Lucida HandWriting« und einer Schriftgröße von 36 Pixel.

Die Methode `paintComponent()` wird überschrieben, ohne dass diese die Methode der Oberklasse aufruft, d.h. es wird nicht in den UI-Delegate verzweigt. Aus diesem Grund reagiert eine `ButtonmitUeberschrift`-Komponente nicht auf Mausbewegungen, diese Funktionen werden von der UI-Delegationsklasse bereitgestellt.

Lösung 6.13

Die Klasse UserButtonUI

```java
import java.awt.*;
import javax.swing.*;
import javax.swing.plaf.basic.BasicButtonUI;
import javax.swing.plaf.ComponentUI;
public class UserButtonUI extends BasicButtonUI {
// Ein selbstreferenzierndes Klassenfeld zeigt auf eine
// gemeinsame, nicht änderbare Instanz der Klasse, die von der
// createUI()-Methode returniert wird
   private final static UserButtonUI userButtonUI =
     new UserButtonUI();
// Klassenmethode für die Referenz auf die Instanz der Klasse
   public static ComponentUI createUI(JComponent c) {
      return userButtonUI;
   }
// Den Button grün färben
   protected void paintButtonPressed(Graphics g,
                             AbstractButton b) {
      g.setColor(Color.green);
      g.fillRect(0, 0, b.getSize().width, b.getSize().height);
   }
// Bevorzugte Größe des Buttons
   public Dimension getPreferredSize(JComponent c) {
      return new Dimension(150,50);
   }
}
```

Die Klasse UserButtonUI1

```java
import java.awt.*;
import javax.swing.*;
import javax.swing.plaf.metal.MetalButtonUI;
import javax.swing.plaf.ComponentUI;
public class UserButtonUI1 extends MetalButtonUI {
// Ein selbstreferenzierndes Klassenfeld zeigt auf eine
// gemeinsame, nicht änderbare Instanz der Klasse, die von der
// createUI()-Methode returniert wird
   private final static UserButtonUI1 userButtonUI1 =
     new UserButtonUI1();
// Klassenmethode für die Referenz auf die Instanz der Klasse
   public static ComponentUI createUI(JComponent c) {
      return userButtonUI1;
   }
// Die Methode der Klasse MetalButtonUI, welche das Focus-
```

```
// Rectangle malt, wird mit einer leeren Methode überschrieben
   protected void paintFocus(Graphics g, AbstractButton b,
   Rectangle viewRect, Rectangle textRect, Rectangle iconRect){}
}
```

Die Klasse UserButtonUI2

```
import java.awt.*;
import javax.swing.*;
import javax.swing.plaf.metal.MetalButtonUI;
import javax.swing.plaf.ComponentUI;
public class UserButtonUI2 extends MetalButtonUI {
// Ein selbstreferenzierndes Klassenfeld zeigt auf eine
// gemeinsame, nicht änderbare Instanz der Klasse, die von der
// createUI()-Methode returniert wird
   private final static UserButtonUI2 userButtonUI2 =
     new UserButtonUI2();
   private Color farbe1, farbe2, farbe3, farbe4;
   private Color grundFarbe;
// Konstruktordefinition
   public UserButtonUI2() {
// Vier Farben für einen Farbverlauf definieren
// Die Farbe rot
     farbe1 = new Color(255,0,0,0);
// Die gleiche Farbe mit dem Transparenz-Wert = 124
     farbe2 = new Color(255,0,0,124);
// Zwei weitere Farben
     grundFarbe = Color.MAGENTA;
     farbe3 = new Color(grundFarbe.getRed(),
       grundFarbe.getGreen(), grundFarbe.getBlue(),0);
     farbe4 = new Color(grundFarbe.getRed(),
       grundFarbe.getGreen(), grundFarbe.getBlue(),124);
   }
// Klassenmethode für die Referenz auf die Instanz der Klasse
   public static ComponentUI createUI(JComponent c) {
     return userButtonUI2;
   }
// Einen Farbverlauf mit einem GradientPaint-Objekt erzeugen
   public void paint(Graphics g, JComponent c) {
     super.paint(g, c);
     Graphics2D g2D = (Graphics2D)g;
     GradientPaint gradient1 = new GradientPaint(0.0F,
       (float)c.getHeight()/(float)2,farbe1,0.0F,0.0F,farbe2);
     Rectangle r1 = new Rectangle(0,0,c.getWidth(),
       c.getHeight()/2);
     g2D.setPaint(gradient1);
     g2D.fill(r1);
     GradientPaint gradient2= new GradientPaint(0.0F,(float)c.
```

```
      getHeight()/(float)2,farbe3,0.0F,c.getHeight(),farbe4);
   Rectangle r2 = new Rectangle(0,c.getHeight()/2,
   c.getWidth(),c.getHeight());
   g2D.setPaint(gradient2);
   g2D.fill(r2);
}
// Bevorzugte Größe des Buttons
   public Dimension getPreferredSize(JComponent c) {
      return new Dimension(300,150);
   }
}
```

Die Klasse JFramemitUserButtonUI

```java
import java.awt.*;
import javax.swing.*;
public class JFramemitUserButtonUI extends JFrame {
// Konstruktordefinition
   JFramemitUserButtonUI() {
      super("Benutzerdefinierter UI-Delegate");
      JButton b = new JButton("Button1");
      b.setUI(new UserButtonUI());
      JButton btn = new JButton("Button2");
      btn.setUI(new UserButtonUI1());
      JButton bt = new JButton("Button3");
      bt.setPreferredSize(new Dimension(100,50));
      bt.setUI(new UserButtonUI2());
      getContentPane().setLayout(new FlowLayout());
      getContentPane().add(b);
      getContentPane().add(btn);
      getContentPane().add(bt);
   }
// Objekt der Klasse erzeugen und sichtbar machen
   public static void main(String[] args) {
      JFrame frame = new JFramemitUserButtonUI();
      frame.setDefaultCloseOperation(JFrame.EXIT_ON_CLOSE);
      frame.pack();
      frame.setVisible(true);
   }
}
```

Programmausgabe

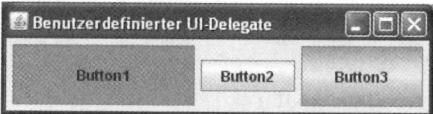

Lösung 6.14

Die Klasse CustomBorder

```java
import javax.swing.border.*;
public class CustomBorder extends AbstractBorder {
// Selbstreferenzierendes Klassenfeld
  private static Border buttonBorder = new CustomBorder();
// Zugriffsmethode
  public static Border getButtonBorder() {
    return buttonBorder;
  }
// Einen neuen Rand in einer vom Button-Status abhängigen Farbe
// und der von der Methode getInsets() vorgegebenen Breite malen
  public void paintBorder(Component c, Graphics g, int x, int y,
                        int width, int height) {
    AbstractButton b = (AbstractButton)c;
    ButtonModel bm = b.getModel();
    Insets in = getBorderInsets(c);
    if(bm.isPressed()) {
      g.setColor(c.getForeground());
    }
    else if (b.hasFocus()) {
      g.setColor(SystemColor.green);
    }
    else {
      g.setColor(SystemColor.red);
    }
    g.fillRect(x, y, width, in.left);
    g.fillRect(x, y+height-in.right, width, in.left);
    g.fillRect(x+width-in.right, y, in.left, height);
    g.fillRect(x, y, in.left, height);
  }
// Definition der Breite des oberen, linken, rechten und
// unteren Randes der Kompponente
  public Insets getBorderInsets (Component c) {
    return new Insets(3, 3, 3, 3);
  }
}
```

Die Klasse CustomButtonUI

```java
import java.awt.*;
import javax.swing.*;
import javax.swing.border.*;
import javax.swing.plaf.ComponentUI;
import javax.swing.plaf.metal.*;
public class CustomButtonUI extends MetalButtonUI {
```

```
// Eine gemeinsame, unveränderbare Instanz der Klasse
// CustomBorder erzeugen
  private final static Border customBorder =
    CustomBorder.getButtonBorder();
  private Border standardborder;
// Eine gemeinsame, unveränderbare Instanz der eigenen Klasse
// erzeugen
  private final static CustomButtonUI buttonUI =
    new CustomButtonUI();
// Die Methoden der Klasse MetalButtonUI überschreiben
  public static ComponentUI createUI(JComponent c) {
    return buttonUI;
  }
  public void installUI(JComponent c) {
    super.installUI(c);
// Den Standard-Border der übegebenen Komponente speichern
    standardborder = c.getBorder();
// Einen benutzerdefinierten Border für die Komponente setzen
    c.setBorder(customBorder);
  }
  public void uninstallUI(JComponent c) {
// Den Standard-Border für die Komponente zurücksetzen
    if(c.getBorder() == customBorder)
      c.setBorder(standardborder);
    super.uninstallUI (c);
  }
// Das Muster auf dem Button ergänzen
  public void paint(Graphics g, JComponent c) {
    Graphics2D g1 = (Graphics2D)g;
    Rectangle r1 = new Rectangle(0, c.getHeight()/4,
      c.getWidth(), c.getHeight()/4);
    g1.setColor(Color.MAGENTA);
    g1.fill(r1);
    Rectangle r2 = new Rectangle(0, c.getHeight()/2,
      c.getWidth(), c.getHeight()/4);
    g1.setColor(Color.GRAY);
    g1.fill(r2);
  }
}
```

Die Klasse JButtonmitCustomButtonUI

```
import java.awt.*;
import javax.swing.*;
public class JButtonmitCustomButtonUI extends JButton {
// Konstruktordefinition
  public JButtonmitCustomButtonUI() {
    setPreferredSize(new Dimension(100,100));
```

```
// Weil die Komponente standardmässig opaque ist, wird ihr
// Hintergrund gemalt
    setBackground(Color.lightGray);
    setUI(new CustomButtonUI());
  }
  protected void paintComponent(Graphics g) {
// Die paint()-Methode der UI-Delegationsklasse über die Methode
// der Oberklasse aufrufen
    super.paintComponent(g);
// Danach die eigenen Inhalte malen
    Graphics2D g1 = (Graphics2D)g;
    Rectangle r1 = new Rectangle(getWidth()/4, 0,
      getWidth()/4, getHeight());
    g1.setColor(Color.magenta);
    g1.fill(r1);
    Rectangle r2 = new Rectangle(getWidth()/2, 0,
      getWidth()/4, getHeight());
    g1.setColor(Color.gray);
    g1.fill(r2);
// Erfolgt der Aufruf der Methode der Oberklasse an dieser
// Stelle, wird das von der Komponente gemalte Muster von ihrem
// Hintergrund überdeckt
    //   super.paintComponent(g);
  }
// Objekt der Klasse erzeugen und in einem Fenster sichtbar
// machen
  public static void main(String[] args) {
    JButton button = new JButtonmitCustomButtonUI();
    JFrame frame = new JFrame();
    frame.getContentPane().add(button);
    frame.getContentPane().setLayout(new FlowLayout());
    frame.setDefaultCloseOperation(JFrame.EXIT_ON_CLOSE);
    frame.setSize(150,150);
    frame.setVisible(true);
  }
}
```

Programmausgaben

Lösung 6.15

Die Klasse CustomArea

```java
import java.awt.*;
import javax.swing.*;
public class CustomArea extends JTextArea {
    private static Font f = new Font("Arial", Font.PLAIN, 24);
// Konstruktordefinition
    public CustomArea() {
// Das UI-Delegationsobjekt daran hindern, den Hintergrund
// der TextArea zu malen
        setOpaque(false);
    }
    protected void paintChildren(Graphics g) {
// Eine Überschrift über die TextArea an Position (40,40) zeichnen
        g.setColor(Color.red);
        g.setFont(f);
        g.drawString("TextArea",60,40);
    }
}
```

Die Klasse CustomAreaUI

```java
import java.awt.*;
import javax.swing.*;
import javax.swing.plaf.ComponentUI;
import javax.swing.plaf.basic.*;
public class CustomAreaUI extends BasicTextAreaUI {
// Eine unveränderbare Instanz der Klasse erzeugen
    private final static CustomAreaUI AreaUI =
        new CustomAreaUI();
// Werte für Farbe und Schrift als Objekte der Klassen Color
// und Font vom Programm aus für die Komponente setzen
    private static Color defaultColor = Color.green;
    private static Font defaultFont = new Font(
        "Lucida HandWriting", Font.PLAIN, 14);
// Den Cursor setzen
    private CustomCaret caret = new CustomCaret();
// Die Methoden von BasicTextAreaUI überschreiben
    public static ComponentUI createUI(JComponent c) {
        return AreaUI;
    }
// Das Setzen von Eigenschaften für die Komponente erfolgt
// in dieser Klasse in der Methode installDefaults()
    public void installUI(JComponent c) {
        super.installUI(c);
    }
```

```java
  public void uninstallUI(JComponent c) {
    super.uninstallUI(c);
  }
// Mit getComponent() wird die Komponente, welche dem aktuellen
// Objekt dieser UI-Delegationsklasse zugeordnet wird, geholt
  public void installDefaults() {
    getComponent().setCaret(caret);
    getComponent().setCaretColor(Color.red);
    getComponent().setFont(defaultFont);
    getComponent().setForeground(defaultColor);
  }
}
```

Die Klasse CustomCaret

```java
import java.awt.*;
import java.awt.event.*;
import javax.swing.*;
import javax.swing.text.*;
import javax.swing.plaf.*;
public class CustomCaret extends DefaultCaret {
  private int caretWidth = 5;
// Eine benutzerdefinierte Wiedergabe für die Komponente
// definieren
  public void paint(Graphics g) {
    try {
// Das User-Interface-Objekt der Komponente, welcher der
// Cursor zugeordnet wird, ermitteln
      TextUI textUI = getComponent().getUI();
// Zwischen dem Model- und View-Koordinatensystem wechseln.
// Die Methode modelToView() der Klasse TextUI wirft eine
// Exception, die mit einem try/catch-Block abgefangen wird
      Rectangle r = textUI.modelToView(getComponent(),
      getComponent().getCaretPosition());
      g.setColor(getComponent().getCaretColor());
      g.fillRect(r.x, r.y, caretWidth, r.height - 1);
    }
    catch (Exception e) {
      System.out.println("Der Cursor wurde nicht gezeichnet");
    }
  }
  public void mouseClicked(MouseEvent e) {
    JComponent c = (JComponent)e.getComponent();
    c.repaint();
  }
}
```

Die Klasse KomponentenUeberlappen

```java
import java.awt.*;
import javax.swing.*;
public class KomponentenUeberlappen extends JViewport {
    private ImageIcon icon = new ImageIcon("Vron.JPG");
    private Image bild = icon.getImage();
    protected void paintChildren(Graphics g) {
// Die Oberklasse soll als erstes ihre Kindkomponenten
// zeichnen; dann wird das von dieser Klasse gezeichnete Icon
// über alle hinzugefügten Kindkomponenten gesetzt
        super.paintChildren(g);
        g.drawImage(bild, 40, 60, this);
    }
    public static void main(String[] args) {
// Neue Fensterleiste setzen
        JFrame.setDefaultLookAndFeelDecorated(true);
        JFrame frame = new JFrame();
        frame.setDefaultCloseOperation(JFrame.EXIT_ON_CLOSE);
// Benutzerdefinierte Komponente vom Typ der Klasse CustomArea
// erzeugen und für diese einen Text setzen
        CustomArea textArea = new CustomArea();
        textArea.setText("ViewPort und ScrollPane\neeeeeeee\ndddddd"
            +"dddddddd\nssssssss\naaaaaaaaa\nggggggggg\nwwwwwwww\nnmmmm"
            +"m\nggggggggg\nzzzzzzzzz\nhhhhhh\nwwwwwwwwwwwww\nmmmmmm"
            +"mmmmm\nggggggggggggggggg\nzzzzzzzzzzz\nhhhhhh");
// Der JTextArea-Komponente einen benutzerdefinierten UI-Delegate
// zuordnen; für die JButton-Komponente wird in den Standard-
// UI-Delegate der Klasse ButtonUI verzweigt
        textArea.setUI(new CustomAreaUI());
// Eine JViewport-Komponente vom Typ der Klasse erzeugen und
// zu einer ScrollPane hinzugefügen
        KomponentenUeberlappen vp = new KomponentenUeberlappen();
// Benutzerdefinierte Komponente vom Typ der Klasse
// JButtonmitIcon erzeugen
        JButtonmitIcon myButton = new JButtonmitIcon("Vroni");
// Die TextArea zum Button hinzufügen und diesen als "View"
// (LW-Kindkomponente) im Viewport setzen
        myButton.add(textArea);
        myButton.setSize(350,350);
        vp.setView(myButton);
// JScrollPane-Komponente erzeugen und festlegen, dass ihre
// Scrollbalken immer gesetzt werden sollen
        JScrollPane sp = new JScrollPane();
        sp.setBounds(10,10,200,200);
        sp.setVerticalScrollBarPolicy(
```

```
        ScrollPaneConstants.VERTICAL_SCROLLBAR_ALWAYS);
        sp.setHorizontalScrollBarPolicy(
          ScrollPaneConstants.HORIZONTAL_SCROLLBAR_ALWAYS);
        sp.setViewport(vp);
// Die JScrollPane zu einem Fenster hinzufügen und sichtbar
// machen
        frame.getContentPane().setBackground(Color.lightGray);
        frame.getContentPane().setLayout(null);
        frame.getContentPane().add(sp);
        frame.setSize(250,250);
        frame.setVisible(true);
    }
}
```

Programmausgaben

Hinweise zum Lösungsvorschlag

Ein äquivalentes Vorgehen zum Überschreiben der paintChildren()-Methode wäre, die Methode paintComponent() zu überschreiben und super.paintComponent() aufzurufen, bevor die Klasse ihre Inhalte zeichnet.

Die Werte für Farbe und Schrift werden als Objekte der Klassen Color und Font vom Programm aus für die Komponenten gesetzt

Lösung 6.16

Die Klasse JFramemitUIDefaultsLesen

```
import java.awt.*;
import javax.swing.*;
public class JFramemitUIDefaultsLesen extends JFrame {
   private JButton [][]button = new JButton[3][3];
   private JPanel panel = new JPanel();
   private static Color buttonForeground, buttonBackground;
   private static float[] foregroundKomponenten,
```

```
    backgroundKomponenten;
  private float[] colorForegroundKomponenten = new float[3];
  private float[] colorBackgroundKomponenten = new float[3];
// statische Initialisierung
  static {
    UIDefaults ui = UIManager.getDefaults();
    buttonForeground = ui.getColor("Button.foreground");
    buttonBackground = ui.getColor("Button.background");
    foregroundKomponenten =
      buttonForeground.getRGBColorComponents(null);
    backgroundKomponenten =
      buttonBackground.getRGBColorComponents(null);
  }
// Konstruktordefinition
  public JFramemitUIDefaultsLesen() {
    super("UIDefaults Lesen");
    setDefaultCloseOperation(JFrame.EXIT_ON_CLOSE);
    for(int i=0; i<3; i++) {
      for(int j=0; j<3; j++) {
// forground- und background-Eigenschaften generieren
        colorForegroundKomponenten[i] =
        foregroundKomponenten[i]*(Math.round(Math.random()));
        colorBackgroundKomponenten[j] =
        backgroundKomponenten[j]*(Math.round(Math.random()));
        button[i][j] = new JButton("Button"+(i+j));
        button[i][j].setForeground(new Color(
        colorForegroundKomponenten[0],
        colorForegroundKomponenten[1],
        colorForegroundKomponenten[2]));
// und für JButton-Komponenten setzen
        button[i][j].setBackground(new Color(
          colorBackgroundKomponenten[0],
            colorBackgroundKomponenten[1],
              colorBackgroundKomponenten[2]));
        panel.add(button[i][j]);
      }
    }
    getContentPane().add(panel);
    pack();
    setVisible(true);
  }
// Objekt der Klasse erzeugen
  public static void main (String[] args) {
    JFramemitUIDefaultsLesen frame =
      new JFramemitUIDefaultsLesen();
  }
}
```

Programmausgaben

Lösung 6.17

Die Klasse JFramemitUIDefaultsSetzen

```java
import java.awt.*;
import javax.swing.*;
public class JFramemitUIDefaultsSetzen extends JFrame {
    private JButton []button = new JButton[3];
    private JPanel panel = new JPanel();
// Konstruktordefinition
    public JFramemitUIDefaultsSetzen() {
        super("UIDefaults Setzen");
        setDefaultCloseOperation(JFrame.EXIT_ON_CLOSE);
        UIManager.getDefaults().put("Button.background",
          Color.pink);
        UIManager.getDefaults().put("Button.foreground",
          Color.white);
        UIManager.getDefaults().put("Button.focus", Color.red);
        for(int i=0; i<3; i++) {
            button[i] = new JButton("Button"+i);
            panel.add(button[i]);
        }
        getContentPane().add (panel);
        pack();
        setVisible(true);
    }
// Objekt der Klasse erzeugen
    public static void main (String[] args) {
        JFramemitUIDefaultsSetzen frame =
          new JFramemitUIDefaultsSetzen();
    }
}
```

Programmausgaben

Lösung 6.18

Die Klasse BenutzerBorder

```java
import java.awt.*;
import javax.swing.*;
import javax.swing.border.*;
public class BenutzerBorder extends AbstractBorder {
  private Insets in;
// Konstruktordefinition
  public BenutzerBorder(int oben, int unten, int rechts,
                        int links) {
    in = new Insets(oben, unten, rechts, links);
  }
// Die Methode der Klasse AbstractBorder wird überschrieben
  public void paintBorder(Component comp, Graphics g, int x,
                          int y, int width, int height) {
    g.setColor(Color.red);
    g.fillRect(x+in.top, y+in.bottom, width-in.right, in.right);
    g.fillRect(x+in.top, y+in.bottom, in.left, height-in.left);
    g.translate(x-in.top, y-in.bottom);
    g.fillRect(width-in.right, in.left, in.right,
      height-in.left);
    g.fillRect(in.right, height-in.left, width-in.right,
      in.left);
    g.translate(-x-in.top, -y-in.bottom);
  }
}
```

Die Klasse BenutzerButtonUI

```java
import java.awt.*;
import javax.swing.*;
import javax.swing.plaf.*;
import javax.swing.plaf.metal.*;
public class BenutzerButtonUI extends MetalButtonUI {
// Eine unveränderbare Instanz der Klasse erzeugen
  private final static BenutzerButtonUI benutzerButtonUI =
    new BenutzerButtonUI();
// Die Methoden der Klasse MetalButtonUI werden überschrieben
  public static ComponentUI createUI(JComponent c) {
    return benutzerButtonUI;
  }
  public void installUI(JComponent c) {
    super.installUI(c);
// Einen benutzerdefinierten Rand, vom Typ der Klasse
// BenutzerBorder, für die Komponente setzen
    c.setBorder(new BenutzerBorder(4,4,4,4));
    c.setBackground(Color.pink);
```

```
        }
    public void uninstallUI(JComponent c) {
        super.uninstallUI(c);
    }
    public Dimension getPreferredSize(JComponent c) {
        return new Dimension(100,50);
    }
}
```

Die Klasse JFramemitBenutzerButtonUI

```java
import javax.swing.*;
import java.awt.*;
public class JFramemitBenutzerButtonUI extends JFrame {
// Konstruktordefinition
    public JFramemitBenutzerButtonUI() {
        setDefaultCloseOperation(JFrame.EXIT_ON_CLOSE);
        JButton b = new JButton("Button");
        getContentPane().setLayout(new FlowLayout());
        add(b);
    }
// Den UI-Delegate setzen, ein Objekt der Klasse erzeugen und in // einem
Fenster sichtbar machen
    public static void main(String[] args) {
        UIManager.put("ButtonUI","BenutzerButtonUI");
        JFrame frame = new JFramemitBenutzerButtonUI();
        frame.pack();
        frame.setVisible(true);
    }
}
```

Programmausgaben

Lösung 6.19

Die Klasse MyButton

```java
import java.awt.*;
import java.awt.geom.*;
import javax.swing.*;
import javax.swing.plaf.*;
public class MyButton extends JButton {
    private Shape button;
// Konstruktordefinition
```

```
   public MyButton(String sString) {
      super(sString);
// Den UI-Delegate zuweisen
      setUI(new MyButtonUI());
// Verhindert das Malen einer viereckigen Oberfläche
      setContentAreaFilled(false);
   }
   protected void paintComponent(Graphics g) {
// Die Klasse malt zuerst ihre eigenen Inhalte
      g.setColor(Color.lightGray);
      g.fillOval(0, 0, getSize().width-1, getSize().height-1);
// und ruft dann die Methode der Oberklasse auf, damit in ihren
// UI-Delegate verzweigt wird, um die als String-Referenz
// übergebene Beschriftung und das Focus-Rectangle zu zeichnen
      super.paintComponent(g);
   }
// Diese Definition der bevorzugten Größe für Komponenten
// hat Priorität gegenüber der Definition aus der
// UI-Delegationsklasse
   public Dimension getPreferredSize() {
      return new Dimension(75,75);
   }
// Diese Methode, die den Bereich innerhalb der Komponente
// festlegt, muss überschrieben werden, weil der Bereich
// in diesem Fall nicht rechteckig, sondern rund ist.
   public boolean contains (int x, int y) {
// Eine Arc2D.Float Instanz mit den neuen Dimensionen erzeugen
      if (button == null || !button.getBounds().
        equals(getBounds())) {
         button = new Arc2D.Float(0, 0,getWidth()- 1,
           getHeight()- 1,0, 360, Arc2D.Float.OPEN);
      }
// und true, nur für die darin enthaltene Punkte, returnieren
         return button.contains(x, y);
      }
// Diese Methode muss überschrieben werden, um einen runden Rand
// zu malen
   protected void paintBorder(Graphics g) {
      g.setColor(getForeground());
      g.drawOval(0, 0, getSize().width-1,getSize().height-1);
   }
}
```

Die Klasse MyButtonUI

```
import java.awt.*;
import java.awt.event.*;
import javax.swing.*;
```

```java
import javax.swing.border.*;
import javax.swing.plaf.*;
import javax.swing.plaf.basic.BasicButtonUI;
import javax.swing.plaf.basic.BasicBorders;
public class MyButtonUI extends BasicButtonUI
                            implements MouseListener {
// Eine unveränderbare Instanz der Klasse erzeugen
   private final static MyButtonUI myButtonUI = new MyButtonUI();
// Klassenfelder für neue Bordertypen definieren und
// initialisieren
   private final static Border compoundBorder1 = new
     CompoundBorder(BorderFactory.createEmptyBorder(20,20,20,20),
       BorderFactory.createEmptyBorder(10,10,10,10));
   private final static Border compoundBorder2 = new
     CompoundBorder(BorderFactory.createEmptyBorder(10,10,10,10),
       BorderFactory.createEmptyBorder(5,5,5,5));
// Instanzfelder für Farben definieren
   private Color foregroundPressed = null;
   private Color foregroundClicked = null;
// Die Methoden der Klasse BasicButtonUI werden überschrieben
   public static ComponentUI createUI(JComponent c) {
      return myButtonUI;
   }
   public void installUI(JComponent c) {
      super.installUI(c);
// Instanzfelder initialisieren und Event-Listener registrieren
      foregroundPressed =UIManager.getColor("Button.darkShadow");
      foregroundClicked =UIManager.getColor("Button.shadow");
      c.addMouseListener(this);
   }
   public void uninstallUI(JComponent c) {
      super.uninstallUI(c);
// Event-Listener entfernen
      c.removeMouseListener(this);
   }
   public Dimension getPreferredSize(JComponent c) {
      return new Dimension(100,100);
   }
// Benutzerdefinierte Wiedergabe für die Komponente definieren
   public void paint(Graphics g, JComponent c) {
      Dimension size = c.getSize();
      FontMetrics fm = g.getFontMetrics();
      Insets insets = c.getInsets();
      g.setColor(Color.green);
      g.fillOval(5, 5, size.width - 10, size.height - 10);
      g.setColor(c.getForeground());
      g.drawString(((JButton)c).getText(), insets.left - 5,
```

```
        insets.top + fm.getAscent() + 10);
  }
// Die Methoden des MouseListener implementieren
  public void mousePressed(MouseEvent e) {
     JComponent c = (JComponent)e.getComponent();
     c.setBorder(compoundBorder1);
     c.setForeground(foregroundPressed);
     System.out.println("mousePressed: " + foregroundPressed);
     c.repaint();
  }
  public void mouseClicked(MouseEvent e) {
     JComponent c = (JComponent)e.getComponent();
     c.setBorder(compoundBorder2);
     c.setForeground(foregroundClicked);
     System.out.println("mouseClicked: " + foregroundClicked);
     c.repaint();
  }
  public void mouseReleased( MouseEvent e) {}
  public void mouseEntered( MouseEvent e) {}
  public void mouseExited( MouseEvent e) {}
}
```

Die Klasse JFramemitMyButtonUI

```
import java.awt.*;
import javax.swing.*;
public class JFramemitMyButtonUI extends JFrame {
// Konstruktordefinition
  public JFramemitMyButtonUI() {
     setTitle("Benutzedefinierter UI-Delegate");
// Es kann immer nur ein LookAndFeel das "aktuelle LookAndFeel"
// sein
     try {
        UIManager.setLookAndFeel(
          "javax.swing.plaf.metal.MetalLookAndFeel");
        // UIManager.setLookAndFeel(
        //   "com.sun.java.swing.plaf.motif.MotifLookAndFeel");
        // UIManager.setLookAndFeel(
        //   "com.sun.java.swing.plaf.windows.WindowsLookAndFeel");
        // UIManager.setLookAndFeel(
        //   "javax.swing.plaf.synth.SynthLookAndFeel");
// Jede JFrame-Komponente soll ihr LookAndFeel ändern
        SwingUtilities.updateComponentTreeUI(this);
     }
     catch(Exception ex) {
        System.out.println(ex);
     }
     getContentPane().setBackground(Color.gray);
```

```
        JButton jButton = new JButton("STD Button");
        MyButton myButton = new MyButton("My Button");
        getContentPane().setLayout(new FlowLayout());
        add(jButton);
        add(myButton);
    }
// Objekt der Klasse erzeugen
    public static void main(String args[]) {
        JFramemitMyButtonUI f = new JFramemitMyButtonUI();
        f.setDefaultCloseOperation(JFrame.EXIT_ON_CLOSE);
        f.setVisible(true);
        f.pack();
    }
}
```

Programmausgaben

■ Mit dem MetalLookAndFeel und Setzen der bevorzugten Größe in der Komponentenklasse

```
mousePressed: javax.swing.plaf ColorUIResource[r=122,g=138,b=153]
mouseClicked: javax.swing.plaf ColorUIResource[r=184,g=207,b=229]
```

■ Mit dem MotifLookAndFeel und Setzen der bevorzugten Größe in der UI-Delegationsklasse

```
mousePressed: javax.swing.plaf ColorUIResource[r=0,g=0,b=0]
mouseClicked: javax.swing.plaf ColorUIResource[r=99,g=101,b=111]
```

Hinweise zum Lösungsvorschlag

In der Lösung der Aufgabe wird noch einmal gezeigt, dass das Setzen der bevorzugten Größe für Komponenten von der Komponentenklasse Vorrang gegenüber dem Aufruf der Methoden im UI-Delegationsobjekt hat.

Wechseln Sie zwischen den auskommentierten und nicht auskommentierten Statements zum Sezten des LookandFeels und der bevorzugten Größe für Komponenten und zeigen Sie die unterschiedlichen Komponentendarstellungen am Bildschirm an.

Lösung 6.20

Die Klasse ColorIcon

```java
import java.awt.*;
import javax.swing.*;
public class ColorIcon implements Icon {
   private Color color;
// Konstruktor der Klasse
   public ColorIcon(Color color) {
      this.color = color;
   }
// Die Methoden der Icon-Schnittstelle implementieren
// Die Größe des Icon definieren
   public int getIconHeight() {
      return 16;
   }
   public int getIconWidth() {
      return 56;
   }
// Das Icon zeichnen
   public void paintIcon(Component c, Graphics g, int x, int y) {
// Die Referenz vom Typ Component zeigt auf die Komponente,
// auf welche das Icon gemalt werden soll
      g.setColor(color);
      g.fillRect(x, y, 56, 16);
   }
}
```

Die Klasse FontIcon

```java
import java.awt.*;
import javax.swing.*;
public class FontIcon implements Icon {
   private Font font;
   private String string;
// Konstruktor der Klasse
   public FontIcon(Font font, String string) {
      this.font = font;
      this.string = string;
   }
// Die Größe des Icon definieren
   public int getIconHeight() {
      return 16;
   }
```

```java
    public int getIconWidth() {
        return 96;
    }
// Das Icon zeichnen; die paintIcon()-Methode wird nicht nur am
// Anfang beim Erzeugen der Komponente aufgerufen, sondern bei
// jeder Mausbewegung entlang der Komponente
    public void paintIcon(Component c, Graphics g, int x, int y) {
        g.setFont(font);
        g.setColor(Color.red);
// (x,y) ist der Eckpunkt der Komponente, auf welche das Icon
// gemalt werden soll
        g.drawString(string, x, y+10);
    }
}
```

Die Klasse JFramemitLookAndFeelAuswahl

```java
import java.awt.*;
import java.awt.event.*;
import javax.swing.*;
import javax.swing.tree.*;
public class JFramemitLookAndFeelAuswahl extends JFrame
                                implements ActionListener {
// Ein Array mit Elementen vom Typ JRadioButton für die Auswahl
// des LookAndFeel einrichten, und diese zu einer ButtonGroup-
// Komponente zusammenfassen, die ein Ausschließen von Buttons
// beim Anklicken ermöglicht.
    private ButtonGroup rbg = new ButtonGroup();
    private JRadioButton[] rb = new JRadioButton[4];
// Komponenten für die Anzeige erstellen
    private JButton[] b = new JButton[2];
    private JPanel p = new JPanel();
    private JPanel p1 = new JPanel();
    private Font f = new Font("Times Roman",Font.BOLD,14);
    private ColorIcon[] cIcon = new ColorIcon[2];
    private FontIcon [] fIcon = new FontIcon[4];
    private JTree tree;
    private DefaultMutableTreeNode gliederung, stufe1, stufe2,
      stufe3;
    private Canvas c;
// Konstruktordefinition
    public JFramemitLookAndFeelAuswahl() {
        super("LookAndFeel Auswahl");
        setBounds(15,15,300,200);
        setDefaultCloseOperation(JFrame.EXIT_ON_CLOSE);
        Container cPanel = getContentPane();
        p.setLayout(new GridLayout(1,2));
        p1.setLayout(new GridLayout(4,1));
// Wurzel, Knoten und Blätter einer Baumstruktur definieren
```

```
     gliederung = new DefaultMutableTreeNode("Gliederung");
     for(int i=0; i<2; i++) {
        stufe1 = new DefaultMutableTreeNode(" " + (i+1));
        gliederung.add(stufe1);
        for(int j=0; j<2; j++) {
           stufe2 = new DefaultMutableTreeNode(" "
            + (i+1)+(j+1));
           stufe1.add(stufe2);
           for(int k=0; k<3; k++) {
              stufe3 = new DefaultMutableTreeNode(" "
               + (i+1)+(j+1)+(k+1));
              stufe2.add(stufe3);
           }
        }
     }
// JTree-Komponente erzeugen und zu einer JScrollPane-Komponente
// hinzufügen
     tree = new JTree(gliederung);
     JScrollPane jsPane = new JScrollPane(tree);
     cPanel.add(jsPane, BorderLayout.CENTER);
// Verfügbare LookAndFeels lesen
     UIManager.LookAndFeelInfo[] plafs =
       UIManager.getInstalledLookAndFeels();
// RadioButtoneinträge mit dem Namen der PLAF's erstellen
     for(int i=0; i<plafs.length; i++) {
        String plafName = plafs[i].getName();
        fIcon[i] = new FontIcon(f, plafName);
        rb[i] = new JRadioButton(""+(i+1), fIcon[i], false);
        rbg.add(rb[i]);
        rb[i].addActionListener(this);
        p1.add(rb[i]);
     }
// Die Buttons und RadioButtons zum Fenster hinzufügen
     cPanel.add(p1, BorderLayout.WEST);
     for(int i=0; i<2; i++) {
        cIcon[i] = new ColorIcon(new Color(i*253,i+200,i+153));
        b[i] = new JButton(cIcon[i]);
        p.add(b[i]);
     }
     cPanel.add(p, BorderLayout.SOUTH);
     setVisible(true);
  }
// Das asgewählte LookAndFeel setzen
  public void actionPerformed(ActionEvent e) {
     try {
        String sBefehl = e.getActionCommand();
        char[] zahl = sBefehl.toCharArray();
        switch(zahl[0]) {
```

```java
            case '1':
              UIManager.setLookAndFeel(
                "javax.swing.plaf.metal.MetalLookAndFeel");
              break;
            case '2':
              UIManager.setLookAndFeel(
                "javax.swing.plaf.nimbus.NimbusLookAndFeel");
              break;
            case '3':
              UIManager.setLookAndFeel(
                "com.sun.java.swing.plaf.motif."
                  + "MotifLookAndFeel");
              break;
            case '4':
              UIManager.setLookAndFeel(
                "com.sun.java.swing.plaf.windows."
                  + "WindowsLookAndFeel");
              break;
            case '5':
              UIManager.setLookAndFeel(
                "javax.swing.plaf.synth.SynthLookAndFeel");
        }
// Jede im Fenster angezeigte Komponente soll ihr LookAndFeel
// abändern
        SwingUtilities.updateComponentTreeUI(this);
    }
    catch(Exception ex) {
        System.out.println(ex);
    }
  }
// Objekt der Klasse erzeugen
  public static void main(String[] args) {
    JFramemitLookAndFeelAuswahl frame =
      new JFramemitLookAndFeelAuswahl();

  }
}
```

Programmausgaben

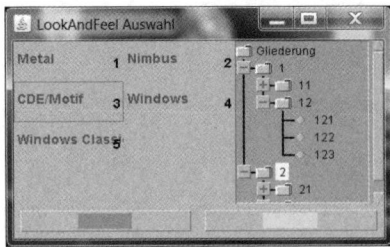

Lösung 6.21

Die Klasse MyStdButtonUI

```java
import java.awt.*;
import javax.swing.*;
import javax.swing.border.*;
import javax.swing.plaf.ComponentUI;
import javax.swing.plaf.metal.*;
public class MyStdButtonUI extends MetalButtonUI {
// Eine unveränderbare Instanz der Klasse erzeugen
   private final static MyStdButtonUI myButtonUI =
      new MyStdButtonUI();
// Die Methoden der Klasse MetalButtonUI überschreiben
   public static ComponentUI createUI(JComponent c) {
      return myButtonUI;
   }
   public void installUI(JComponent c) {
      super.installUI(c);
   }
   public void uninstallUI(JComponent c) {
      super.uninstallUI(c);
   }
   protected void paintButtonPressed(Graphics g,
                             AbstractButton b) {
      Dimension size = b.getSize();
      Insets insets = b.getBorder().getBorderInsets(b);
      g.setColor(UIManager.getColor("Button.shadow"));
      g.drawOval(insets.left, insets.top, size.width-insets.left-
         insets.right, size.height-insets.top-insets.bottom);
   }
}
```

Die Klasse MyLookAndFeel

```java
import javax.swing.plaf.basic.*;
import javax.swing.plaf.*;
import javax.swing.*;
import javax.swing.border.*;
import java.awt.*;
public class MyLookAndFeel extends BasicLookAndFeel {
// Die nachfolgenden abstrakten Methoden der Klasse LookAndFeel
// müssen überschrieben werden, weil die Klasse nicht als
// abstrakt deklariert wird
// Gibt den Namen für das LookAndFeel zurück
   public String getName() {
      return "My";
   }
// Gibt eine Klassen-Id zurück
```

```java
   public String getID() {
      return "My Look and Feel";
   }
// Gibt eine Beschreibung für das LookAndFeel zurück
   public String getDescription() {
      return "Ein benutzerdefiniertes Look and Feel";
   }
// Dieses LookAndFeel ist nicht das native-LookAndFeel
   public boolean isNativeLookAndFeel() {
      return false;
   }
// Dieses LookAndFeel wird standardmäßig unterstützt
   public boolean isSupportedLookAndFeel() {
      return true;
   }
// Initialisieren von Klassen-Eigenschaften: den Namen der
// UI-Delegationsklasse für JButton- und JSlider-Komponeten
// zuweisen
   protected void initClassDefaults(UIDefaults table) {
      super.initClassDefaults(table);
      Object[] uiDefaults = {
// Die UIDefaults-Tabelle kann hiermit um einen Eintrag
// erweitert werden
//    "ButtonUI", "MyStdButtonUI",    // korrekt
// Dieser Eintrag ist nicht erforderlich, weil er dem
// Standard-Eintrag entspricht
         "SliderUI", "javax.swing.plaf.basic.BasicSliderUI",
      };
      table.putDefaults(uiDefaults);
// Für JButton-Komponenten nutzen wir eine andere Art, die
// Defaults hinzuzufügen; die Methode forName() der Klasse
// Class wirft mehrere Exceptions die abgefangen werden müssen
      try {
         String className ="MyStdButtonUI";
         Class<?> buttonClass = Class.forName(className);
         table.put("ButtonUI", className);
         table.put(className, buttonClass);
      }
      catch(Exception e) {
         e.printStackTrace();
      }
   }
// Initialisieren von Komponenten-Eigenschaften
   protected void initComponentDefaults(UIDefaults table) {
      super.initComponentDefaults(table);
// Neue Farben und Schriftarten als Objekte von Klassen, welche
// das Interface UIResource implementieren, definieren
```

```
        ColorUIResource pink = new ColorUIResource(Color.pink);
        ColorUIResource white = new ColorUIResource(Color.white);
// Setzen eines benutzerdefinierten Borders für einen Buttons mit
// einer Instanz der Klasse CustomBorder
        Object buttonBorder = new BorderUIResource(
            new CustomBorder());
// Für ein JSlider-Objekt einen neuen Rand definieren
        Object sliderBorder = new
        BorderUIResource.LineBorderUIResource(Color.red, 2);
// Die neuen Eigenschaftswerte für Komponenten in die
// UIDefaults-Tabelle einfügen
        Object[] defaults = {
            "Button.border", buttonBorder,
            "Button.background", pink,
            "Button.foreground", white,
            "Button.focus", white,
            "Button.pressed", white,
            "Slider.foreground", white,
            "Slider.background", pink,
            "Slider.border", sliderBorder
        };
        table.putDefaults(defaults);
    }
}
```

Die Klasse JFramemitLookAndFeelundStdButtonUI

```
import java.awt.*;
import java.awt.event.*;
import javax.swing.*;
import javax.swing.border.*;
import javax.swing.plaf.ComponentUI;
import javax.swing.plaf.metal.*;
public class JFramemitLookAndFeelundStdButtonUI
                    extends JPanel implements ActionListener {
// Den Namen des Standard-LookAndFeel ermitteln
    private static String stdLookandFeel =
        UIManager.getCrossPlatformLookAndFeelClassName();
    private JButton b = new JButton("Button");
    private ButtonGroup buttonGroup = new ButtonGroup();
    private JRadioButton stdButton =
        new JRadioButton("Std-LookAndFeel");
    private JRadioButton myButton =
        new JRadioButton("My-LookAndFeel");
// Konstruktordefinition
    public JFramemitLookAndFeelundStdButtonUI() {
        stdButton.setSelected(true);
        stdButton.addActionListener(this);
```

```java
        buttonGroup.add(stdButton);
        myButton.addActionListener(this);
        buttonGroup.add(myButton);
        add(stdButton);
        add(myButton);
        add(b);
    }
// Methode von ActionListener implementieren
    public void actionPerformed(ActionEvent e) {
        String lnfName = null;
        if(e.getActionCommand().equals("My-LookAndFeel")) {
            lnfName = "MyLookAndFeel";
        }
        else {
            lnfName = stdLookandFeel;
        }
// Die von der Methode setLookAndFeel() geworfenen Exceptions
// mit einem try/catch-Block abfangen
        try {
            UIManager.setLookAndFeel(lnfName);
// Die Vaterkomponente der aktuellen Instanz ermitteln (es ist
// eine JFrame-Komponente)
            Container c = getTopLevelAncestor();
// und anzeigen
            System.out.println(JFramemitLookAndFeelundStdButtonUI.
                this.getTopLevelAncestor());
// Das entsprechende LookAndFeel für alle ihre Kindkomponenten
// setzen
            SwingUtilities.updateComponentTreeUI(c);
        }
        catch(Exception ex) {
            System.out.println("LookAndFeel: " + lnfName + "kann "
                + "nicht geladen werden");
        }
    }
// Objekt der Klasse erzeugen und in einem Fenster sichtbar machen
    public static void main(String args[]) {
        JFrame f = new JFrame("Standard und benutzerdefiniertes "
            + "LookAndFeel");
        JFramemitLooknddFeelundStdButtonUI p =
            new JFramemitLookAndFeelundStdButtonUI();
        f.getContentPane().add (p, BorderLayout.CENTER);
// Ein JSlider-Objekt und ein JComboBox-Objekt zum Fenster
// hinzufügen
        JSlider slider = new JSlider();
        JComboBox<String> combo = new JComboBox<String>();
// Den Schieber des JSlider-Objektes auf Position 25 setzen
```

```
    slider.setValue(25);
    f.getContentPane().add(combo, BorderLayout.SOUTH);
    f.getContentPane().add(slider, BorderLayout.NORTH);
    f.setDefaultCloseOperation(JFrame.EXIT_ON_CLOSE);
    f.setSize (275,150);
    f.setVisible(true);
  }
}
```

Programmausgaben

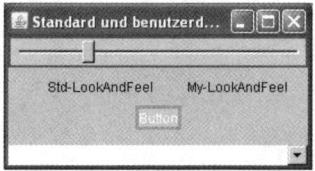

```
javax.swing.JFrame…
```

Hinweise zum Lösungsvorschlag

Damit ein Wechsel zwischen den LookAndFeel-Arten in der Wiedergabe all dieser Komponenten berücksichtigt werden kann, wird die Vaterkomponente der aktuellen Instanz der Klasse mit der Methode getTopLevelAncestor() ermittelt.

Lösung 6.22

Die Klasse CustomField

```
import java.awt.*;
import javax.swing.*;
public class CustomField extends JTextField {
// Konstruktordefinition
  public CustomField(int n) {
// Ein Textfeld mit n Spalten erzeugen
    super(n);
// Das UI-Delegationsobjekt daran hindern, den Hintergrund des
// Texfeldes zu malen
    setOpaque(false);
  }
// Eine abgerundete viereckige Fläche für das Textfeld zeichnen
  protected void paintComponent(Graphics g) {
    int width = getWidth();
    int height = getHeight();
    g.setColor(Color.gray);
    g.fillRoundRect(0, 0, width, height, height, height);
    super.paintComponent(g);
```

```
      }
// Einen abgerundeten viereckigen Rand um das Textfeld zeichnen
   protected void paintBorder(Graphics g) {
      g.setColor(getForeground());
      g.drawRoundRect(0, 0, getWidth()-1, getHeight()-1,
         getHeight()-1, getHeight()-1);
   }
}
```

Die Klasse CustomFieldUI

```
import java.awt.*;
import javax.swing.*;
import javax.swing.border.*;
import javax.swing.text.*;
import javax.swing.plaf.ComponentUI;
import javax.swing.plaf.*;
import javax.swing.plaf.basic.*;
public class CustomFieldUI extends BasicTextFieldUI {
// Eine unveränderbare Instanz der Klasse erzeugen
   private final static CustomFieldUI fieldUI =
      new CustomFieldUI();
// Eine unveränderbare Instanz der Klasse CompoundBorder erzeugen
   private final static Border compoundBorder =
      new CompoundBorder(BorderFactory.createEmptyBorder(5,5,5,5),
         BorderFactory.createLineBorder(Color.gray));
// Werte für Farbe und Schrift als Objekte der Klassen Color und
// Font vom Programm aus setzen
   private static Color defaultColor = UIManager.getColor(
      "Field.foreground");
   private static Font defaultFont = UIManager.getFont(
      "Field.font");
// Die Methoden der Klasse BasicTextFieldUI überschreiben
   public static ComponentUI createUI(JComponent c) {
       return fieldUI;
   }
// Das Setzen von Eigenschaften für Komponenten erfolgt in der
// Methode installDefaults()
   public void installUI(JComponent c) {
      super.installUI(c);
   }
   public void uninstallUI(JComponent c) {
      super.uninstallUI(c);
   }
// Mit getComponent() wird die Komponente, welche einer Instanz
// der UI-Delegationsklasse zugeordnet wird, geholt
   public void installDefaults() {
      getComponent().setCaret(new CustomCaret());
```

```
    getComponent().setCaretColor(Color.pink);
    getComponent().setFont(defaultFont);
    getComponent().setBorder(compoundBorder);
    getComponent().setForeground(defaultColor);
  }
}
```

Die Klasse CustomFieldLookAndFeel

```java
import java.awt.*;
import javax.swing.*;
import javax.swing.plaf.*;
import javax.swing.plaf.basic.*;
public class CustomFieldLookAndFeel extends BasicLookAndFeel {
// Werte für Schrift und Farben als Objekte der Klassen
// FontUIResource und ColorUIResource definieren, um zu
// unterstreichen, dass diese von der LookAndFeel-Komponente
// gesetzt werden
  private FontUIResource lucidaHand = new FontUIResource(
    "Lucida HandWriting", Font.PLAIN, 12);
  private ColorUIResource red = new ColorUIResource(Color.red);
// Die abstrakten Methoden der Klasse LookAndFeel implementieren
// Gibt eine Klassen-Id zurück
  public String getID() {
    return "CustomField";
  }
// Gibt den Namen für das LookAndFeel zurück
  public String getName() {
    return "CustomField-LookAndFeel";
  }
// Gibt eine Beschreibung für das LookAndFeel zurück
  public String getDescription() {
    return "Ein benutzerdefiniertes LookAndFeel";
  }
// Dieses LookAndFeel ist nicht das native-LookAndFeel
  public boolean isNativeLookAndFeel() {
    return false;
  }
// Dieses LookAndFeel wird standardmäßig unterstützt
  public boolean isSupportedLookAndFeel() {
    return true;
  }
// Externe Defaultwerte für Farben und Schrift von Komponenten
// zur UIDefaults-Tabelle hinzufügen
  protected void initComponentDefaults(UIDefaults table) {
    super.initComponentDefaults(table);
    Object[] defaults = {"Field.foreground", getForeground(),
      "Field.font", getFont()};
```

```
        table.putDefaults(defaults);
    }
// Eigene Methoden zum Setzen von Schrift und Farbe definieren
    public FontUIResource getFont() {
        return lucidaHand;
    }
    public ColorUIResource getForeground() {
        return red;
    }
}
```

Die Klasse JFramemitLookAndFeelundTextFieldUI

```
import java.awt.*;
import javax.swing.*;
import javax.swing.text.*;
public class JFramemitLookAndFeelundTextFieldUI extends JFrame {
    private CustomField text1 = new CustomField(10);
    private CustomField text2 = new CustomField(10);
    private JTextField text3 = new JTextField(10);
    private JTextField text4 = new JTextField(10);
// Konstruktordefinition
    public JFramemitLookAndFeelundTextFieldUI() {
        super("Die MVC-Architektur von Swing");
// Das UI-Delegationsobjekt daran hindern, den Hintergrund der
// Standard-Texfelder zu malen
        text3.setOpaque(false);
        text4.setOpaque(false);
// Ein benutzerdefiniertes Modell für das erste Textfeld setzen
        text1.setDocument(new GrossBuchstaben());
        text1.setText("Feld1");
        text2.setText("Feld2");
        text3.setText("Feld3");
        text4.setText("Feld4");
// Das Modell des ersten Textfeldes ermitteln und dem vierten
// Textfeld zuweisen
        Document modell = text1.getDocument();
        text4.setDocument(modell);
        getContentPane().setBackground(Color.lightGray);
        getContentPane().add(text1);
        getContentPane().add(text2);
        getContentPane().add(text3);
        getContentPane().add(text4);
        getContentPane().setLayout(new FlowLayout());
// Ein benutzerdefiniertes LookAndFeel für die Anzeige der
// Textfelder setzen und die von der Methode setLookAndFeel()
// geworfenen Exceptions mit einem try/catch-Block abfangen
        try {
```

```
        UIManager.setLookAndFeel("CustomFieldLookAndFeel");
            SwingUtilities.updateComponentTreeUI (this);
    }
    catch(Exception ex) {
      System.out.println(" Das LookAndFeel kann nicht "
        + "geladen werden"+ex);
    }
    text1.setUI(new CustomFieldUI());
    text4.setUI(new CustomFieldUI());
    setDefaultCloseOperation(JFrame.EXIT_ON_CLOSE);
    setSize(200, 200);
    setVisible(true);
  }
// Objekt der Klasse erzeugen
  public static void main (String args[]) {
    JFramemitLookAndFeelundTextFieldUI frame =
      new JFramemitLookAndFeelundTextFieldUI();
  }
}
```

Programmausgaben

Kapitel 7

Innere Klassen

7.1 Die Definition von inneren Klassen und deren Instanzen

Member-Klassen

Im Kapitel 1 haben wir die Felder und Methoden einer Klasse als Member bezeichnet. Eine **Member-Klasse** wird auch als Member einer Klasse definiert, und zwar als ein nicht static Member. Damit gehört eine Member-Klasse zu einer Instanz der umgebenden Klasse und verhält sich wie deren Instanzfelder und Instanzmethoden. Eine Member-Klasse kann weder andere Klassen noch static Felder oder Methoden enthalten. Sie kann auf alle Member der umgebenden Klasse zugreifen, auch auf solche, die als `private` definiert sind. Member-Klassen sind von außerhalb der Klasse über eine Instanz der umgebenden Klasse erreichbar.

Static-Member-Klassen

Eine Static-Member-Klasse wird als static Member einer Klasse definiert. Sie gehört zu keiner Instanz der umgebenden Klasse und verhält sich wie deren Klassenfelder und Klassenmethoden. Eine Static-Member-Klasse hat Zugriff auf alle mit static definierten Felder und Methoden der umgebenden Klasse, einschließlich anderer Static-Member-Klassen und Interfaces, auch solcher, die als `private` deklariert sind. Sie hat keinen Zugriff auf die Instanzfelder der umgebenden Klasse, kann aber selbst sowohl Instanz- wie auch Klassenfelder definieren.

Lokale Klassen

Eine lokale Klasse wird in einem Java-Code-Block definiert, meistens innerhalb des Konstruktors einer Klasse oder von anderen Methoden. Es besteht aber auch die Möglichkeit, lokale Klassen innerhalb von Klassen- bzw. Instanz-Feld-Initialisierern zu definieren. Eine lokale Klasse ist nur innerhalb des Blocks gültig, in dem sie definiert wird.

Anonyme Klassen

Anonyme Klassen sind lokale Klassen ohne Namen. Dementsprechend besitzen sie alle anderen Merkmale von lokalen Klassen. Damit können innere Klassen an genau der Stelle im Programm definiert werden, wo sie gebraucht werden. Sie werden häufig bei der Implementierung von Interfaces genutzt.

Static-Member-Interface

Interfaces können nur als static Member in einer Klasse definiert werden und nicht als nicht-static Member oder lokale Klassen.

Die Nutzung von inneren Klassen leistet einen wesentlichen Beitrag in der Gestaltung von übersichtlichen Klassendefinitionen. Die Syntax, über welche innere Klassen innerhalb und außerhalb des Codes der umgebenden Klasse definiert und instanziiert werden, kann verschieden sein und wird dem Programmierer mit den nachfolgenden Beispielen näher gebracht.

Aufgabe 7.1

Instanziieren von Member-Klassen innerhalb der umgebenden Klasse

Es ist nicht zu empfehlen, zu Java-Standard-Komponenten selbst gezeichnete Graphiken in ein Fenster aufzunehmen. Diese sollten als benutzerdefinierte Komponenten in eigenen Klassen definiert und zum Fenster hinzugefügt werden. Eine elegantere Lösung ist deren Bereitstellung als innere Klassen.

Definieren Sie eine Member-Klasse `KreiseMalen` für eine von `JFrame` abgeleitete Klasse `JFramemitKreiseMalenMemberKlasse`. Die Klasse `KreiseMalen` wird von der Klasse `JComponent` abgeleitet und definiert eine Zeichenoberfläche, die zu einem Fenster vom Typ der umgebenden Klasse hinzugefügt wird. Sie definiert vier Instanzfelder `x`, `y`, `r1` und `r2` vom Typ `int`, welche den Mittelpunkt und Radius von zwei konzentrischen Kreisen angeben, und überschreibt die Methode `paintComponent()` der Oberklasse, um diese Kreise zu zeichnen.

Die Klasse `JFramemitKreiseMalenMemberKlasse` soll die Syntax demonstrieren, über welche Objekte von Member-Klassen innerhalb des Codes der umgebenden Klasse instanziiert werden können. Wird der `new`-Operator mit einer Referenz auf die umgebende Instanz als `this.new` benutzt, um die umgebende Instanz explizit anzugeben, so darf der Name der umgebenden Klasse nicht auch im Namen der inneren Klasse angegeben werden, weil die umgebende Instanz implizit den Namen der umgebenden Klasse festlegt. Wird der `new`-Operator ohne den Präfix `this` eingesetzt, so wird die neue Instanz automatisch mit dem aktuellen Objekt verknüpft. Der Name der umgebenden Klasse kann, aber muss nicht in diesem Fall angegeben werden. Benutzen Sie die beschriebenen Möglichkeiten beim Erzeugen von Instanzen der Member-Klasse und fügen Sie diese Instanzen zur ContentPane des Fensters hinzu.

Java-Dateien: `JFramemitKreiseMalenMemberKlasse.java`
Programmaufruf: `JFramemitKreiseMalenMemberKlasse`

Aufgabe 7.2

Instanziieren von Member-Klassen außerhalb der umgebenden Klasse

Die Klasse MemberKlassen soll demonstrieren, dass Instanzen von Member-Klassen nur innerhalb von Instanzen der umgebenden Klasse existieren und deswegen auch nur damit kreiert werden können. Im Konstruktor der Klasse werden Referenzen vom Typ der Klassen Font und Color übergeben.

Die Klasse MemberKlassen definiert die Klassen FontIcon und ColorIcon aus der Aufgabe 6.20 als Member-Klassen. Die Member-Klasse FontIcon implementiert die Schnittstelle Icon, um mit dem Namen der im Konstruktor angegebenen Schrift ein Icon mit der Größe 16x96 zu zeichnen. Die Member-Klasse ColorIcon implementiert die gleiche Schnittstelle, um mit der im Konstruktor angegebenen Farbe ein Icon mit der Grösse 16x16 zu zeichnen. Definieren Sie zwei Methoden createFontIcon() und createColorIcon(), die Instanzen vom Typ der Member-Klassen zurückgeben, für den Fall dass der Zugriff auf diese von außerhalb der umgebenden Klasse erfolgt. Member-Klassen spielen die gleiche Rolle wie Instanzfelder und diese sollten im Sinne der Datenkapselung über Methoden der Klasse erreichbar sein. Definieren Sie eine von JFrame abgeleitete Klasse JFramefuerMemberKlassen, die vier JButton-Komponenten mit jeweils zwei Icons vom Typ der Klassen FontIcon und ButtonIcon erstellt. In dieser Klasse soll die Syntax, über welche Objekte von inneren Klassen außerhalb des Codes der umgebenden Klasse instanziiert werden können, erläutert werden. Zeigen Sie, dass dafür im Vorhinein eine Instanz der umgebenden Klasse erzeugt werden muss. Ist eine Instanz der umgebenden Klasse vorhanden, so können mit dieser auf verschiedene Arten Instanzen der Member-Klassen kreiert werden.

Java-Dateien: MemberKlassen.java, JFramefuerMemberKlassen.java
Programmaufruf: JFramefuerMemberKlassen

Aufgabe 7.3

Instanziieren von Static-Member-Klassen innerhalb der umgebenden Klasse

Definieren Sie eine Klasse JFramemitKreiseMalenStaticMemberKlasse in welcher im Unterschied zur Klasse JFramemitKreiseMalenMemberKlasse die gleiche innere Klasse als static definiert wird. Deren Name soll in KreiseMalenStatic abgeändert werden, um auszuschließen, dass die falsche .class-Datei beim Programmablauf eingebunden wird (angenommen die Java-Dateien befinden sich im gleichen Verzeichnis). Für diese innere Klasse gibt es keine this-Referenz auf eine Instanz der umgebenden Klasse, die beim Aufruf des new-Operators angegeben werden kann. Zeigen Sie, dass eine Instanz der inneren Klasse mit oder ohne Angabe des Namens der umgebenden Klasse gebildet werden kann.

Java-Dateien: `JFramemitKreiseMalenStaticMemberKlasse.java`
Programmaufruf: `java JFramemitKreiseMalenStaticMemberKlasse`

Aufgabe 7.4

Instanziieren von Static-Member-Klassen außerhalb der umgebenden Klasse

In Analogie zu den Klassen aus der Aufgabe 7.2 werden die Klassen `MemberKlassenStatic` und `JFramefuerMemberKlassenStatic` definiert, um zu zeigen, dass Instanzen von Static-Member-Klassen auch außerhalb der Klasse, in welcher sie definiert wurden, nicht nur mit Hilfe von Instanzen der umgebenden Klasse erzeugt werden können, sondern mit Hilfe des Klassennamens der umgebenden Klasse. Gleichzeitig soll die Syntax, über welche Static-Member-Klassen außerhalb des Codes der umgebenden Klasse instanziiert werden können, verdeutlicht werden. Die Klasse `MemberKlassenStatic` definiert die Klassen `FontIcon` und `ColorIcon` als Static-Member-Klassen.

Java-Dateien: `MemberKlassenStatic.java`, `JFramefuerMemberKlassenStatic.java`
Programmaufruf: `java JFramefuerMemberKlassenStatic`

Aufgabe 7.5

Lokale Klassen

Definieren Sie eine lokale Klasse mit dem Namen `KreiseMalenLokal` innerhalb der Konstruktordefinition einer von `JFrame` abgeleiteten Klasse `JFramemitKreiseMalenLokaleKlasse`. Sie soll die gleichen Kreise wie die Klassen aus den Aufgaben 7.1 und 7.3 zeichnen.

Hinweise für die Programmierung:

Eine lokale Klasse ist wie eine lokale Variable nur innerhalb des umgebenden Blocks gültig, in dem sie definiert ist, hier im Konstruktor der Klasse. Lokale Klassen gehören wie auch Member-Klassen zu einer umgebenden Instanz und können alle Member dieser Klasse erreichen, auch solche, die als `private` definiert sind. Zusätzlich zu den Feldern, die in der umgebenden Klasse definiert sind, können sie auf lokale Variablen und Methodenparameter zugreifen, die in der umgebenden Methodendefinition liegen und als `final` deklariert sind.

Damit die Instanzen von lokalen Klassen über die Ausführung der Methode, in welcher sie definiert wurden, hinaus existieren, muss eine lokale Klasse Kopien von allen verwendeten lokalen Variablen erstellen, die den gleichen Wert wie diese haben. Um dies zu gewährleisten, werden die lokalen Variablen als `final` deklariert. Das gleiche gilt für Methodenparameter, die in einer lokalen Klasse angesprochen werden.

Definieren Sie eine zweite Version der von JFrame abgeleiteten Klasse mit dem Namen JFramemitKreiseMalenLokaleKlasseundFinal, welche einen parameterlosen Konstruktor besitzt, die Mittelpunktkoordinaten der Kreise als Instanzfelder der Klasse vom Typ int definiert und deren Radius als lokale Variablen im Konstruktor. Die innere lokale Klasse hat direkten Zugriff auf die Instanzfelder der Klasse, auf die Werte von lokalen Variablen jedoch nur dann, wenn diese mit final deklariert werden.

Java-Dateien: JFramemitKreiseMalenLokaleKlasse.java, JFramemitKreiseMalenLokaleKlasseundFinal.java
Programmaufrufe: java JFramemitKreiseMalenLokaleKlasse, java JFramemitKreiseMalenLokaleKlasseundFinal

Aufgabe 7.6

Anonyme Klassen

Definieren Sie analog zur Klasse JFramemitKreiseMalenLokaleKlasseundFinal eine Klasse JFramemitKreiseMalenAnonymeKlasse, die an Stelle der lokalen Klasse KreiseMalenLokal eine anonyme Klasse definiert.

Hinweise für die Programmierung:

Die Syntax zum Definieren einer anonymen Klasse und zum direkt darauf folgenden Erzeugen einer Instanz von dieser Klasse benutzt auch das Schlüsselwort new. Wenn auf das Schlüsselwort new der Name einer Klasse folgt, wie in diesem Beispiel, dann ist die anonyme Klasse von dieser abgeleitet. Wird danach der Name eines Interface angegeben, so implementiert die anonyme Klasse das Interface und ist von Object abgeleitet. Da diese Klassen keinen Namen haben, können sie keinen Konstruktor definieren. Es können jedoch Argumente nach dem Namen der Oberklasse in den runden Klammern angegeben werden, die implizit an die Oberklasse hochgereicht werden. Weil der Konstruktor von JComponent keine Argumente erwartet, bleiben hier die runden Klammern leer.

Java-Dateien: JFramemitKreiseMalenAnonymeKlasse.java
Programmaufruf: java JFramemitKreiseMalenAnonymeKlasse

Aufgabe 7.7

Member-Interfaces

Die Klasse JFramemitKreiseMalenMemberInterface wird von JFrame abgeleitet und überschreibt die Methode paint() der Oberklasse, um drei Kreise mit unterschiedlichen Positionierungen am Bildschirm anzuzeigen: rechts oben, in der Mitte und links unten. Die Klasse definiert und implementiert ein Static-Member-Interface KreisePositionieren, das die Methoden zum Positionieren der Kreise vorgibt.

Wird ein Interface als innere Klasse definiert, so darf dieses nicht zusätzlich über die implements-Klausel in der Klassendefinition angegeben werden.

Member-Interfaces werden implizit als static definiert, so dass die Angabe des Modifikators wahlfrei bleibt.

Java-Dateien: JFramemitKreiseMalenMemberInterface.java
Programmaufruf: java JFramemitKreiseMalenMemberInterface

Aufgabe 7.8
Member-Interface mittels einer anonymen Klasse implementieren

Definieren Sie eine Klasse JFramemitRectangle2DMemberInterface, welche das Static-Member-Interface FigurenMalen mittels einer anonymen Klasse implementiert. Die Klasse definiert eine globale Referenz vom Typ des Interface Shape, der im Konstruktor der Klasse eine Rectangle2D.Float-Referenz zugewiesen wird.

Das Interface FigurenMalen definiert eine Methode drawShape(), die eine Zeichenoberfläche und eine Rectangle2D.Float-Instanz als Referenzen vom Typ Graphics2D und Shape übergeben bekommt. Diese Methode ruft die Methode draw() der Klasse Graphics2D auf, um die übergebene geometrische Figur zu malen. Der Aufruf der Methode drawShape() erfolgt aus der paint()-Methode, die von dieser Klasse überschrieben wird.

Java-Dateien: JFramemitRectangle2DMemberInterface.java
Programmaufruf: java JFramemitRectangle2DMemberInterface

Aufgabe 7.9
Member-Interface von einer anderen Klasse implementieren

Die Klasse GeomFigMemberInterface definiert als neuen Datentyp eine Art Behälter, welcher die geometrischen Standardfiguren aufnehmen kann. Sie definiert ein Instanzfeld shape vom Typ des Interface Shape, in welchem je nach Wert des im Konstruktor initialisierten zweiten Instanzfeldes figurenTyp Referenzen von Instanzen der Klassen Rectangle, Rectangle2D.Float, Ellipse2D.Float oder Polygon gespeichert werden.

Die Methode zum Zeichnen einer solchen Figur soll in einem Static-Member-Interface FigMalen definiert werden und von einer anderen Klasse JFramefuerGeomFigMemberInterface, die das Zeichnen der Figuren übernimmt, implementiert werden. Der Variablen interfaceGFM vom Typ des Interface GeomFigMemberInterface.FigMalen wird die Referenz eines Objektes der anonymen Klasse zugewiesen, welche das Interface implementiert und von der Klasse Object abgeleitet ist.

Java-Dateien: GeomFigMemberinterface.java,
JFramefuerGeomFigMemberInterface.java
Programmaufruf: java JFramefuerGeomFigMemberInterface

Aufgabe 7.10
Member-Interfaces und Member-Klassen

Definieren Sie eine von JFrame abgeleitete Klasse JFramemitKreiseMalenMemberInterfaceundMemberKlasse, welche die gleichen Kreise wie in den Aufgaben 7.1 und 7.3 zeichnet und zusätzlich zu einer von JComponent abgeleiteten Member-Klasse KreiseMemberKlasse ein Static-Member-Interface KreiseMalen definiert. Das Interface, welches in seiner Methode drawKreise() das Zeichnen der Kreise übernimmt, wird von der umgebenden Klasse mittels einer anonymen Klasse implementiert.

Java-Dateien: JFramemitKreiseMalenMemberInterfaceundMemberKlasse.java
Programmaufruf: java JFramemitKreiseMalenMemberInterfaceundMemberKlasse

7.2 Innere Klassen am Beispiel von Event-Listener und Event-Adapter

Die Benutzung von inneren Klassen beim Implementieren von Event-Listenern und Event-Adaptern definiert keine zusätzliche Methode in der Eventbehandlung, lässt aber den Code der betroffenen Klassen wesentlich aufgeräumter aussehen. Zur Bestätigung dieser Aussage werden die Beispiele aus den Aufgaben 4.23 und 4.24 noch einmal neu aufgenommen.

Aufgabe 7.11
Den WindowAdapter als Member-Klasse definieren

Erstellen Sie analog zur Klasse FramemitWindowAdapter aus der Aufgabe 4.23 eine Klasse FramemitWindowAdapterundMemberKlasse, welche die Klasse UnterklassevonWindowAdapter aus der gleichen Aufgabe als Member-Klasse definiert.

Java-Dateien: FramemitWindowAdapterundMemberKlasse.java
Programmaufruf: java FramemitWindowAdapterundMemberKlasse

Aufgabe 7.12

Den WindowAdapter mittels einer anonymen Klasse implementieren

Erstellen Sie analog zur Klasse FramemitWindowAdapterundMemberKlasse aus der Aufgabe 7.11 eine Klasse FramemitWindowAdapterundAnonymeKlasse, die an Stelle der Member-Klasse eine anonyme Klasse verwendet.

Java-Dateien: FramemitWindowAdapterundAnonymeKlasse.java
Programmaufruf: java FramemitWindowAdapterundAnonymeKlasse

Aufgabe 7.13

Den ActionListener mittels einer anonymen Klasse implementieren

Definieren Sie analog zur Klasse JFramemitActionListener aus der Aufgabe 4.24 eine Klasse JFramemitActionListenerundAnonymeKlasse, die den ActionListener für die JButton-Komponente als Instanz einer anonymen Klasse erzeugt und registriert.

Java-Dateien: JFramemitActionListenerundAnonymeKlasse.java
Programmaufruf: java JFramemitActionListenerundAnonymeKlasse

Aufgabe 7.14

Benutzdefinierte Event-Objekte und Event-Listener für JButton- und JTextField-Komponenten

Die von JPanel abgeleitete Klasse KomponentenmitZahlen soll einen neuen Typ für Komponenten definieren, der Standard-Komponenten vom Typ JButton und JTextField aufnehmen kann. Im Konstruktor der Klasse werden die Art und der Name von Komponenten als Referenzen von Typ String und String[][] übergeben und die Methoden defJButton() und defJTextField() aufgerufen. Diese Methoden erstellen je ein Array-Objekt mit Elementen vom Typ JButton und JTextField. Der in Form einer Zahl übergebene Name wird als Beschriftung bzw. Textinhalt den so erzeugten Komponenten zugeordnet. Der so eingeführte neue Komponententyp rechtfertigt die dazugehörige Definition eines eigenen EventObject- und EventListener-Typs. Definieren Sie analog zu den externen Klassen KomponentenEvent und KomponentenListener aus der Aufgabe 5.17 innere Klassen mit dem gleichen Namen.

In der Klasse KomponentenmitZahlen wird auf die internen Events, die bei der Betätigung eines Buttons bzw. bei der Auswahl eines Textfeldes mit Hilfe der Return-Taste generiert werden, gelauscht und diese werden mit Hilfe der Methode erzeugeEvent() der Klasse KomponentenEvent in ein benutzerdefiniertes Event vom Typ dieser Klasse umgesetzt. Die so erzeugten Event-Objekte werden ihrerseits von Instanzen, welche den benutzerdefinierten Event-Listener vom Typ KomponentenListener registrieren, empfangen.

Definieren Sie eine Klasse `JFramefuerKomponentenmitZahlen`, die zwei Objekte vom Typ der Klasse `KomponentenmitZahlen` instanziiert und für diese den Komponentenlistener registriert, um auf eine Button-Betätigung bzw. Textfeld-Auswahl reagieren zu können.

Bei der Betätigung eines Buttons bzw. der Return-Taste in einem Textfeld soll eine Meldung mit dem Namen der ausgewählten Komponente und ihrem Typ am Bildschirm angezeigt werden.

Java-Dateien: `KomponentenmitZahlen.java`, `JFramefuerKomponentenmitZahlen.java`
Programmaufruf: `java JFramefuerKomponentenmitZahlen`

Aufgabe 7.15

Benutzdefinierte Event-Objekte und Event-Listener für JRadioButton-Komponenten

Definieren Sie eine Klasse `RadioButtonEventundListener`, welche die Klasse `JRadioButton` erweitert und ebenfalls, wie auch die Klasse `KomponentenmitZahlen` aus der Aufgabe 7.14, einen neuen Eventtyp `RadioButtonEvent` und einen neuen Listenertyp `RadioButtonListener` als innere Klassen definiert. Diesmal sollen die drei internen Eventarten ActionEvent, ChangeEvent und ItemEvent, die eine `JRadioButton`-Komponente auslöst, in den neuen Eventtyp umgesetzt werden und der für ein Objekt der Klasse registrierte `RadioButtonListener` benachrichtigt werden.

Die von JFrame abgeleitete Klasse `JFramefuerRadioButtonEventundListener` erzeugt ein Objekt der Klasse `RadioButtonEventundListener` und implementiert den als Static-Member-Interface definierten `RadioButtonListener`, um auf die benutzerdefinierten Events vom Typ `RadioButtonEvent`, welche von diesem Objekt ausgelöst werden, reagieren zu können. Beim Selektieren bzw. Deselektieren des RadioButtons oder einer Mausbewegung zum und weg vom RadioButton soll eine Meldung mit Angabe des umgesetzten internen Eventtyps in einer Statuszeile der Fensterkomponente ausgegeben werden.

Java-Dateien: `RadioButtonEventundListener.java`,
`JFramefuerRadioButtonEventundListener.java`
Programmaufruf: `java JFramefuerRadioButtonEventundListener`

Aufgabe 7.16

Benutzdefinierte Event-Objekte und Event-Listener für JLabel-Komponenten

Benutzerdefinierte `JLabel`-Komponenten sollen als Instanzen einer Klasse `User-Komponente` erzeugt werden, welche Events vom Typ EventBlau und EventRot generiert. Die Klasse implementiert den MouseListener mittels der `MouseAdapter`-

Klasse und ermittelt den Graphikkontext für ihre Komponenten mit Hilfe der Methode getGraphics() als lokale Referenz vom Typ der Klasse Graphics.

Ist eine der beim Anklicken einer Komponente vom Typ UserKomponente mit der Maus ermittelten Punktkoordinaten durch zwei teilbar, soll ein Ereignis vom Typ EventBlau erzeugt und der Text »Java 6.0« in der Farbe blau und mit der Schrift "Lucida HandWriting" an den Pixel-Koordinaten (x,y) am Bildschirm ausgegeben werden. Ansonsten wird ein Ereignis vom Typ EventRot erzeugt und der gleiche Text in der Farbe rot und mit der Schrift "Arial" auf dem Bildschirm an den Pixelkoordinaten (x,y) ausgegeben. Die entsprechenden Event-Listener vom Typ EventListenerBlau und EventListenerRot werden über diese Aktionen von ihren Methoden eventBlau() und eventRot() informiert. Definieren Sie in der Klasse UserKomponente die Methoden addListenerBlau() und addListenerRot() für das Registrieren der zugehörigen Event-Listener.

Die neuen EventObject- und zugehörigen EventListener-Arten sollen als Static-Member-Klassen und Static-Member-Interfaces in einer zweiten Klasse User-EventundListener definiert werden.

Eine dritte Klasse JFramefuerUserKomponente erzeugt eine Instanz der Klasse UserKomponente und registriert für diese Event-Listener vom Typ EventListenerBlau und EventListenerRot. Die Event-Listener sollen über eine implements-Klausel im Klassenkopf angegeben werden. Erstellen Sie zusätzlich eine JPanel-Komponente zur Aufnahme von Kindkomponenten für eine Fensterkomponente und ein Array-Objekt vom Typ JLabel, um damit zwei Statuszeilen für Meldungen zu generieren.

Java-Dateien: UserKomponente.java, UserEventundListener.java, JFramefuerUserKomponente.java
Programmaufruf: JFramefuerUserKomponente

7.3 Weitere Beispiele mit inneren Klassendefinitionen

Die von den Klassen Dialog und JDialog abgeleiteten Klassen dienen in erster Linie für die Anzeige von Fehlermeldungen, Warnungen und Informationen für den Benutzer, welche von diesem bestätigt werden müssen. Darum werden ihre Instanzen modal (den Hintergund sperrend) angezeigt, d.h. sie müssen als erste innerhalb der Anwendung geschlossen werden. In Swing besteht eine zusätzliche Möglichkeit, Dialoge mit den Methoden der Klasse JOptionPane anzuzeigen. Gleichzeitig gibt es zwei vordefinierte Dialoge, der Dialog zur Auswahl und Speichern einer Datei wird mit der Klasse JFileChooser definiert, und ein Farbauswahldialog wird mit der Klasse JColorChooser definiert.

Aufgabe 7.17

Die Methoden der Klasse JOptionPane aus einer anonymen Klasse aufrufen

Erstellen Sie eine Klasse `JFramemitDialogFenster`, die ein Instanzfeld b vom Typ `JButton[]` definiert. Weitere `JButton`-Komponenten, auf welche die Referenzvariablen b[i] (i = 0,6) zeigen, werden in einer for-Schleife mit von deren Index i abhängigen Beschriftungen: »Dialog«+(i+1) und Hintergrundfarben erzeugt. Für jede einzelne `JButton`-Komponente wird der ActionListener mittels einer anonymen Klasse implementiert und registriert, um bei der Betätigung des Buttons abhängig von dem Indexwert der for-Schleife eine Anzeige von Dialog-Fenstern mit den Methoden der Klasse JOptionPane vorzunehmen. Zeigen Sie in den Dialog-Fenstern Meldungen vom Typ INFORMATION_MESSAGE, ERROR_MESSAGE, WARNING_ MESSAGE, QUESTION_MESSAGE und PLAIN_MESSAGE an.

Hinweise für die Programmierung:

Achten Sie darauf, dass der Wert der lokalen Variablen der for-Schleife einer als final deklarierten Variablen zugewiesen werden muss, damit diese innerhalb des Definitionsbereiches der anonymen Klasse Gültigkeit hat.

Java-Dateien: JFramemitDialogFenster.java
Programmaufruf: java JFramemitDialogFenster

Aufgabe 7.18

Einen Farbauswahldialog und die main()-Methode innerhalb von inneren Klassen definieren

Definieren Sie eine von JFrame abgeleitete Klasse InnereKlassemitmainMethode, die zwei innere Klassendefinitionen beinhaltet. Die innere Klasse SelectColorAction wird von der Klasse AbstractAction abgeleitet. Überschreiben Sie die Methode actionPerformed() des Interface ActionListener und rufen Sie darin die Methode showDialog() der Klasse JColorChooser auf, um ein Dialog-Fenster für eine Farbauswahl zu eröffnen.

Übergeben Sie im Aufruf der Methode add() der Klasse JToolBar eine Instanz der Klasse SelectColorAction als Referenz vom Typ des Interfaces Action, um ein JButton-Objekt zu erzeugen und dieses zu einer JToolBar-Komponente hinzuzufügen. Benutzen Sie den von Swing vordefinierten Dialog für eine Farbauswahl, um neue Farben für das Malen mit der Maus auf einer Zeichenoberfläche vom Typ Canvas, die von der Klasse InnereKlassemitmainMethode bereitgestellt wird, zu setzen. Für das Malen mit der Maus implementiert die Klasse den MouseMotionListener. In der überschriebenen Methode mouseDragged() werden die vom Mauszeiger beschriebenen Koordinaten gelesen und an deren Stelle kleine Quadrate mit einer Seitenlänge von 3 Pixel gezeichnet. Eine Statusmeldung zur

Prüfung der Funktionalität der JColorChooser-Instanz für die Farbauswahl soll mit Hilfe einer JLabel-Komponente im Fenster angezeigt werden.

Eine zweite innere Klasse Test definiert die main()-Methode, um den Programmaufruf über eine innere Klasse zu demonstrieren.

Hinweise für die Programmierung:

Action ist ein Interface, das von ActionListener abgeleitet ist. Dieses Interface wird von der abstrakten Klasse AbstractAction implementiert, von welcher konkrete Klassen abgeleitet werden können, die die Methoden der abstrakten Klasse und des Interface implementieren. Jedes Action-Objekt kann als ActionListener genutzt werden, um ein von einer Komponente generiertes ActionEvent zu beantworten, und fügt diesem die Fähigkeit hinzu, beliebige Eigenschaften mit einem Action-Objekt zu verknüpfen. Darüber hinaus definiert das Action-Interface Standard-Eigenschaftsnamen, um einen Namen oder ein Icon für die vom Listener durchgeführte Aktion anzugeben.

Hinweis für den Programmaufruf:

Da sich die main()-Methode in einer inneren Klasse befindet, muss beim Programmaufruf der vollständige Name dieser inneren Klasse angegeben werden, der aus dem Namen der umgebenden Klasse, einem Dollarzeichen und dem Namen der inneren Klasse besteht.

Java-Dateien: InnereKlassemitmainMethode.java
Programmaufruf: java InnereKlassemitmainMethode$Test

Aufgabe 7.19

Wiederholungsaufgabe

Erstellen Sie eine Klasse BuchalsLayeredPane, welche die Klasse JPanel erweitert und im Konstruktor eine Komponente als Referenz vom Typ JLayeredPane übergeben bekommt. Für diese Komponente soll der von der Klasse implementierte MouseMotionListener registriert werden.

Definieren Sie in dieser Klasse eine innere Klasse UserLabel, von JLabel abgeleitet, die im Konstruktor Referenzen vom Typ der Java-Standard-Klassen String, Color, Point und Dimension übergeben bekommt. Durch den Aufruf der Methoden setBackground() und setBounds() werden der Hintergrund, die Position und die Größe für die Komponenten dieser Klasse auf die in ihrem Konstruktor übergebenen Werte gesetzt. Über den Aufruf des Konstruktors ihrer Oberklasse wird eine Beschriftung für die Komponenten definiert.

Fügen Sie fünf Instanzen dieser Klasse in geschachtelter Form zu der im Konstruktor der umgebenden Klasse übergebenen LayeredPane-Komponente hinzu, um die Seiten eines Buches darzustellen. Eine weitere Instanz der Klasse soll als Lesezeichen dienen. Zu diesem Zweck wird diese mit den Methoden moveToFront() und moveToBack() der Klasse JLayeredPane vor oder hinter eine ausgewählte Buchseite positioniert.

Erzeugen Sie zwei JMenuBar-Komponenten und fügen Sie zu diesen JMenu- und JMenuItem-Komponenten für die Auswahl von Buchseiten und der Position des Lesezeichens hinzu. Zum ersten MenuBar wird eine JMenu-Komponente mit der Beschriftung »Lesezeichen setzen« hinzugefügt und zum zweiten zwei JMenu-Komponenten mit den Beschriftungen »Buchseiten« und »Lesezeichen«.

Definieren Sie für das Menü »Buchseiten« die Einträge: Seite1 bis Seite5 als Komponenten vom Typ JMenuItem und für das Menü »Lesezeichen« die Einträge: Lesezeichen vor die Seite setzen und Lesezeichen hinter die Seite setzen und registrieren Sie für diese den ActionListener, der mittels einer anonymen Klasse implementiert werden soll.

Die zweite MenuBar und das Lesezeichen sollen zur LayeredPane in der Ebene mit dem Index o hinzugefügt werden.

Definieren Sie eine Methode starteGUI() zwecks Darstellung all dieser Komponenten in einem Fenster und übergeben Sie die LayeredPane der Fensterkomponente vom Typ JFrame im Konstruktor der Klasse BuchalsLayeredPane, um eine Instanz dieser Klasse zu erzeugen.

Die erste MenuBar wird mit Hilfe der Methode setMenuBar() zur RootPane des Fensters hinzugefügt.

Rufen Sie die Methode starteGUI() in der main()-Methode einer inneren Klasse Test auf.

Java-Dateien: BuchalsLayeredPane.java
Programmaufruf: BuchalsLayeredPane$Test

7.4   Lösungen:

Lösung 7.1

Die Klasse JFramemitKreiseMalenMemberKlasse

```
import java.awt.*;
import javax.swing.*;
public class JFramemitKreiseMalenMemberKlasse extends JFrame {
// Konstruktor der umgebenden Klasse
   public JFramemitKreiseMalenMemberKlasse() {
      super("Member-Klasse");
      setBounds(10,10,100,100);
      setDefaultCloseOperation(JFrame.EXIT_ON_CLOSE);
      Container cPanel = getContentPane();
// Eine innere Instanz wird automatisch mit dem aktuellen Objekt
// der umgebenden Klasse verknüpft
```

```
        KreiseMalen km = new
          JFramemitKreiseMalenMemberKlasse.KreiseMalen(55,35,30,20);
// Korrekt ist auch der Aufruf ohne den Namen der umgebenden
// Klasse
    // KreiseMalen km = new KreiseMalen(55,35,30,20);
// Wird die umgebende Instanz explizit angegeben, darf der
// Klassennamen der umgebenden Klasse nicht angegeben werden
    // KreiseMalen km = this.new KreiseMalen(55,35,30,20);
        cPanel.add(km);
        setVisible(true);
    }
// Innere Klasse (Member-Klasse)
    public class KreiseMalen extends JComponent {
        int x;
        int y;
        int r1;
        int r2;
// Konstruktor der Member-Klasse mit Mittelpunkt und zwei Radien
        KreiseMalen(int x, int y, int r1, int r2) {
            this.x = x;
            this.y = y;
            this.r1 = r1;
            this.r2 = r2;
        }
// Zwei Kreise malen
        protected void paintComponent(Graphics g) {
            g.setColor(Color.gray);
            g.fillOval(x-r1,y-r1,2*r1,2*r1);
            g.setColor(Color.pink);
            g.fillOval(x-r2,y-r2,2*r2,2*r2);
        }
    }
// Objekt der äußeren Klasse erzeugen
    public static void main(String[] args) {
        JFramemitKreiseMalenMemberKlasse frame =
          new JFramemitKreiseMalenMemberKlasse();
    }
}
```

Programmausgaben

Lösung 7.2

Die Klasse MemberKlassen

```java
import java.awt.*;
import javax.swing.*;
public class MemberKlassen {
   private Font f = new Font("Times Roman",Font.BOLD,14);
   private Color c = Color.pink;
// Alle nachfolgenden Objektinstanziierungen von Member-Klassen
// sind korrekt
   // MemberKlassen.FontIcon fontIcon = new
   //    MemberKlassen.FontIcon(f);
   // MemberKlassen.ColorIcon colorIcon = new
   //    MemberKlassen.ColorIcon(c);
// oder
   // FontIcon fontIcon = this.new FontIcon(f);
   // ColorIcon colorIcon = this.new ColorIcon(c);
// oder
   public FontIcon fontIcon = new FontIcon(f);
   public ColorIcon colorIcon = new ColorIcon(c);
// Konstruktor der umgebenden Klasse
   public MemberKlassen(Font f, Color c) {
      this.f = f;
      this.c = c;
   }
// Instanzmethoden, die Objekte vom Typ der Member-Klassen
// erzeugen und zurückgeben
   public FontIcon createFontIcon() {
      return new FontIcon(f);
   }
   public ColorIcon createColorIcon() {
      return new ColorIcon(c);
   }
// Innere Klasse (Member-Klasse)
   public class FontIcon implements Icon {
      Font font;
// Konstruktor der inneren Klasse
      public FontIcon(Font font) {
         this.font = font;
      }
// Die Größe des Icon definieren
      public int getIconHeight() {
         return 16;
      }
      public int getIconWidth() {
```

```
        return 96;
    }
// Das Icon malen
    public void paintIcon(Component c, Graphics g, int x,
                          int y) {
        g.setFont(font);
        g.setColor(Color.red);
// (x,y) ist der Eckpunkt der Komponente, auf welche das Icon
// gemalt werden soll
        g.drawString(font.getName(), x, y+10);
    }
  }
// Eine weitere Member-Klasse
  public class ColorIcon implements Icon {
    Color color;
// Konstruktor der Member-Klasse
    public ColorIcon(Color color) {
        this.color = color;
    }
// Die Grösse des Icon definieren
    public int getIconHeight() {
        return 16;
    }
    public int getIconWidth() {
        return 16;
    }
// Das Icon malen
    public void paintIcon(Component c, Graphics g, int x,
                          int y) {
// c steht für die Komponente, auf welche das Icon gemalt wird
        g.setColor(color);
        g.fillRect(x, y, 16, 16);
    }
  }
}
```

Die Klasse JFramefuerMemberKlassen

```
import java.awt.*;
import javax.swing.*;
public class JFramefuerMemberKlassen extends JFrame {
   private JButton fontButton1, fontButton2;
   private JButton colorButton1, colorButton2;
   private Font font = new Font("Andy", Font.BOLD, 14);
   private Color color = Color.green;
// Konstruktordefinition
```

```
  public JFramefuerMemberKlassen() {
    super("Member-Klassen");
    setBounds(10,10,300,100);
    setDefaultCloseOperation(JFrame.EXIT_ON_CLOSE);
// Instanz der umgebenden Klasse
    MemberKlassen mb = new MemberKlassen(font,color);
    Container cPanel = getContentPane();
    cPanel.setLayout(new FlowLayout());
// Eine Instanz der Member-Klasse kann nicht ohne eine Instanz
// der umgebenden Klasse erzeugt werden
  // MemberKlassen.FontIcon fontIcon = new
  //   MemberKlassen.FontIcon(font); // Fehler
  // MemberKlassen.ColorIcon colorIcon = new
  //   MemberKlassen.ColorIcon(color); // Fehler
// Ist eine Instanz der umgebenden Klasse vorhanden, so können
// mit dieser auf verschiedene Arten Instanzen der Member-Klassen
// kreiert werden
    colorButton1 = new JButton(mb.colorIcon);
    fontButton1 = new JButton(mb.fontIcon);
// oder
  // colorButton1 = new JButton(mb.new ColorIcon(color));
  // fontButton1 = new JButton(mb.new FontIcon(font));
// oder über den Methodenaufruf
    fontButton2 = new JButton(mb.createFontIcon());
    colorButton2 = new JButton(mb.createColorIcon());
// Im Konstruktoraufruf darf der Name der umgebenden Klasse
// nicht explizit angegeben werden
  // FontIcon mbfi = mb.new MemberKlassen.FontIcon(font);
// Die Referenz auf das erzeugte Objekt muss wiederum diesen
// Namen vorangestellt bekommen
  // MemberKlassen.FontIcon mbfi = mb.new FontIcon(font);
// Damit kann ein JButton-Objekt erzeugt werden
  // fontButton1 = new JButton(mbfi);
// Die Buttons zum Panel hinzufügen
    cPanel.add(fontButton1);
    cPanel.add(fontButton2);
    cPanel.add(colorButton1);
    cPanel.add(colorButton2);
    setVisible(true);
  }
// Objekt der äußeren Klasse erzeugen
  public static void main(String[] args) {
    JFramefuerMemberKlassen frame = new
      JFramefuerMemberKlassen();
  }
}
```

Programmausgaben

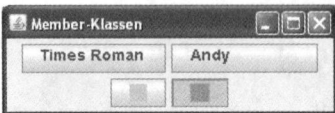

Lösung 7.3

Die Klasse JFramemitKreiseMalenStaticMemberKlasse

```java
import java.awt.*;
import javax.swing.*;
public class JFramemitKreiseMalenStaticMemberKlasse
                                    extends JFrame {
// Konstruktor der umgebenden Klasse
  public JFramemitKreiseMalenStaticMemberKlasse() {
     super("Static-Member-Klasse");
     setBounds(10,10,100,100);
     setDefaultCloseOperation(JFrame.EXIT_ON_CLOSE);
//Eine Instanz der inneren Klasse bilden mit
     KreiseMalenStatic km = new
        KreiseMalenStatic(55,35,30,20);
// oder
  // JFramemitKreiseMalenStaticMemberKlasse.KreiseMalenStatic
  // km = new JFramemitKreiseMalenStaticMemberKlasse.
  //    KreiseMalenStatic(55,35,30,20);
// Fehlerhafte Zuweisungen
  // KreiseMalenStatic km = this.new
  //    JFramemitKreiseMalenStaticMemberKlasse.
  //      KreiseMalenStatic(55,35,30,20);
  // KreiseMalenStatic km = this.new
  //    KreiseMalenStatic(55,35,30,20);
     getContentPane().add(km);
     setVisible(true);
  }
// Static-Member-Klasse
  public static class KreiseMalenStatic extends JComponent {
     int x;
     int y;
     int r1;
     int r2;
// Konstruktor der inneren Klasse
     KreiseMalenStatic(int x, int y, int r1, int r2) {
        this.x = x;
        this.y = y;
        this.r1 = r1;
        this.r2 = r2;
```

```
    }
// Zwei Kreise zeichnen
    protected void paintComponent(Graphics g) {
        g.setColor(Color.gray);
        g.fillOval(x-r1,y-r1,2*r1,2*r1);
        g.setColor(Color.pink);
        g.fillOval(x-r2,y-r2,2*r2,2*r2);
    }
}
// Objekt der äußeren Klasse erzeugen
    public static void main(String[] args) {
        JFramemitKreiseMalenStaticMemberKlasse frame = new
        JFramemitKreiseMalenStaticMemberKlasse();
    }
}
```

Programmausgaben

Lösung 7.4

Die Klasse MemberKlassenStatic

```
import java.awt.*;
import javax.swing.*;
public class MemberKlassenStatic {
    private Font f = new Font("Times Roman",Font.BOLD,14);
    private Color c = Color.pink;
// Die nachfolgenden 4 Objektinstanziierungen von Member-Klassen
// sind korrekt
    public MemberKlassenStatic.FontIconStatic FontIconStatic =
        new MemberKlassenStatic.FontIconStatic(f);
    public MemberKlassenStatic.ColorIconStatic ColorIconStatic =
        new MemberKlassenStatic.ColorIconStatic(c);
// oder
    // FontIconStatic FontIconStatic = new FontIconStatic(f);
    // ColorIconStatic ColorIconStatic = new ColorIconStatic(c);
// Die nachfolgenden 4 wären Fehler
    // FontIconStatic FontIconStatic = this.new FontIconStatic(f);
    // ColorIconStatic ColorIconStatic =
    //    this.new ColorIconStatic(c);
    // MemberKlassenStatic.FontIconStatic FontIconStatic =
    //    this.new MemberKlassenStatic.FontIconStatic(f);
    // MemberKlassenStatic.ColorIconStatic ColorIconStatic =
```

```
//    this.new MemberKlassenStatic.ColorIconStatic(c);
// Konstruktor der umgebenden Klasse
  public MemberKlassenStatic(Font f, Color c) {
    this.f = f;
    this.c = c;
  }
// Instanzmethoden, die Objekte vom Typ der Member-Klassen
// erzeugen und zurückgeben
  public FontIconStatic createFontIconStatic() {
    return new FontIconStatic(f);
  }
  public ColorIconStatic createColorIconStatic() {
    return new ColorIconStatic(c);
  }
// Static-Member-Klasse
  public static class FontIconStatic implements Icon {
    Font font;
// Konstruktor der inneren Klasse
    public FontIconStatic(Font font) {
      this.font = font;
    }
// Größe des Icons
    public int getIconHeight() {
      return 16;
    }
    public int getIconWidth() {
      return 96;
    }
// Das Icon malen
    public void paintIcon(Component c, Graphics g, int x,
                          int y) {
      g.setFont(font);
      g.setColor(Color.red);
      g.drawString(font.getName(),x, y+10);
    }
  }
// Eine weitere Static-Member-Klasse
  public static class ColorIconStatic implements Icon {
    Color color;
// Konstruktor der inneren Klasse
    public ColorIconStatic(Color color) {
      this.color = color;
    }
// Größe des Icons
    public int getIconHeight() {
      return 16;
    }
```

```
    public int getIconWidth() {
        return 16;
    }
// Das Icon malen
    public void paintIcon(Component c, Graphics g, int x,
                          int y) {
        g.setColor(color);
        g.fillRect(x, y, 16, 16);
    }
  }
}
```

Die Klasse JFramefuerMemberKlassenStatic

```
import java.awt.*;
import javax.swing.*;
public class JFramefuerMemberKlassenStatic extends JFrame {
    private JButton fontButton1,fontButton2;
    private JButton colorButton1, colorButton2;
    private Font font = new Font("Andy", Font.BOLD, 14);
    private Color color = Color.green;
// Konstruktordefinition
    public JFramefuerMemberKlassenStatic() {
        super("Static-Member-Klasse");
        setBounds(10,10,200,100);
        setDefaultCloseOperation(JFrame.EXIT_ON_CLOSE);
        MemberKlassenStatic mb = new
          MemberKlassenStatic(font,color);
        Container cPanel = (Container)new JPanel();
// Eine Instanz der Static-Member-Klasse kann ohne eine Instanz
// der umgebenden Klasse erzeugt werden
        MemberKlassenStatic.FontIconStatic fontIcon = new
          MemberKlassenStatic.FontIconStatic(font);
        MemberKlassenStatic.ColorIconStatic colorIcon = new
          MemberKlassenStatic.ColorIconStatic(color);
// Ist eine Instanz der umgebenden Klasse vorhanden, so können
// auch mit dieser auf verschiedene Arten Instanzen der Static-
// Member-Klassen erzeugt werden
        colorButton1 = new JButton(mb.ColorIconStatic);
        fontButton1 = new JButton(mb.FontIconStatic);
        fontButton2 = new JButton(fontIcon);
        colorButton2 = new JButton(colorIcon);
// oder
    // colorButton1 = new JButton(mb.new ColorIconStatic(color));
    // fontButton1 = new JButton(mb.new FontIconStatic(font));
// oder
    // MemberKlassenStatic.FontIconStatic mbfi =
    //   mb.new FontIconStatic(font);
```

```
   // fontButton1 = new JButton(mbfi);
// oder
   // fontButton2 = new JButton(mb.createFontIconStatic());
   // colorButton2 = new JButton(mb.createColorIconStatic());
// Im Konstruktoraufruf darf der Name der umgebenden Klasse nicht
// explizit angegeben werden, aber die Referenz auf das Objekt
// muss wiederum diesen Namen vorangestellt bekommen
   // FontIconStatic mbfi = mb.new MemberKlassenStatic.
   //    FontIconStatic(font); // Fehler
      cPanel.add(fontButton1);
      cPanel.add(colorButton1);
      cPanel.add(colorButton2);
      cPanel.add(fontButton2);
      setContentPane(cPanel);
      setVisible(true);
   }
// Objekt der äußeren Klasse erzeugen
   public static void main(String[] args) {
      JFramefuerMemberKlassenStatic frame = new
         JFramefuerMemberKlassenStatic();
   }
}
```

Programmausgaben

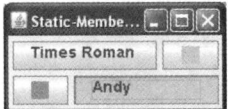

Lösung 7.5

Die Klasse JFramemitKreiseMalenLokaleKlasse

```
import java.awt.*;
import javax.swing.*;
public class JFramemitKreiseMalenLokaleKlasse extends JFrame {
// Konstruktordefinition
   public JFramemitKreiseMalenLokaleKlasse() {
      super("Lokale Klasse");
      setBounds(10,10,100,100);
      setDefaultCloseOperation(JFrame.EXIT_ON_CLOSE);
// Eine lokale Klasse wird innerhalb einer Methode definiert,
// hier ist es der Konstruktor der umgebenden Klasse
      class KreiseMalenLokal extends JComponent {
         int x;
         int y;
         int r1;
```

```
        int r2;
// Konstruktor der lokalen Klasse
        KreiseMalenLokal(int x, int y, int r1, int r2) {
            this.x = x;
            this.y = y;
            this.r1 = r1;
            this.r2 = r2;
        }
// Methode der lokalen Klasse
        protected void paintComponent(Graphics g) {
            g.setColor(Color.gray);
            g.fillOval(x-r1,y-r1,2*r1,2*r1);
            g.setColor(Color.pink);
            g.fillOval(x-r2,y-r2,2*r2,2*r2);
        }
    }
// Eine Instanz der lokalen Klasse erzeugen
    KreiseMalenLokal km = new KreiseMalenLokal(55, 35, 30, 20);
    getContentPane().add(km);
    setVisible(true);
    }
// Objekt der äußeren Klasse erzeugen
    public static void main(String[] args) {
    JFramemitKreiseMalenLokaleKlasse frame = new
        JFramemitKreiseMalenLokaleKlasse();
    }
}
```

Die Klasse JFramemitKreiseMalenLokaleKlasseundFinal

```
import java.awt.*;
import javax.swing.*;
public class JFramemitKreiseMalenLokaleKlasseundFinal
                                extends JFrame {
  private int x = 55;
  private int y = 35;
// Konstruktor der umgebenden Klasse
  public JFramemitKreiseMalenLokaleKlasseundFinal() {
    super("Lokale Klasse");
    final int r1 = 30;
    final int r2 = 20;
    setBounds(10,10,100,100);
    setDefaultCloseOperation(JFrame.EXIT_ON_CLOSE);
// Eine lokale Klasse wird innerhalb einer Methode definiert;
// hier ist es der Konstruktor der umgebenden Klasse
    class KreiseMalenLokal extends JComponent {
// Methode der lokalen Klasse
        protected void paintComponent(Graphics g) {
```

```
            g.setColor(Color.gray);
            g.fillOval(x-r1,y-r1,2*r1,2*r1);
            g.setColor(Color.pink);
            g.fillOval(x-r2,y-r2,2*r2,2*r2);
        }
    }
//Eine Instanz der lokalen Klasse erzeugen
    KreiseMalenLokal km = new KreiseMalenLokal();
    getContentPane().add(km);
    setVisible(true);
    }
// Objekt der äußeren Klasse erzeugen
    public static void main(String[] args) {
        JFramemitKreiseMalenLokaleKlasseundFinal frame = new
          JFramemitKreiseMalenLokaleKlasseundFinal();
    }
}
```

Programmausgaben

Lösung 7.6

Die Klasse JFramemitKreiseMalenAnonymeKlasse

```java
import java.awt.*;
import javax.swing.*;
public class JFramemitKreiseMalenAnonymeKlasse extends JFrame {
    int x = 55;;
    int y = 35;
// Konstruktordefinition
    public JFramemitKreiseMalenAnonymeKlasse() {
        super("Anonyme Klasse");
        setBounds(10,10,100,100);
        final int r1 = 30;
        final int r2 = 20;
        setDefaultCloseOperation(JFrame.EXIT_ON_CLOSE);
// Definition der anonymen Klasse innerhalb der
// Parameterliste der add()-Methode
        getContentPane().add(new JComponent() {
            Color farbe = Color.gray;
            protected void paintComponent(Graphics g) {
                g.setColor(farbe);
                g.fillOval(x-r1,y-r1,2*r1,2*r1);
```

```
        g.setColor(Color.pink);
        g.fillOval(x-r2,y-r2,2*r2,2*r2);
      }
    }); // Ende der anonymen Klasse und der add-Anweisung
    setVisible(true);
  }
// Objekt der äußeren Klasse erzeugen
  public static void main(String[] args) {
    JFramemitKreiseMalenAnonymeKlasse frame = new
      JFramemitKreiseMalenAnonymeKlasse();
  }
}
```

Programmausgaben

Lösung 7.7

Die Klasse JFramemitKreiseMalenMemberInterface

```
import java.awt.*;
import javax.swing.*;
public class JFramemitKreiseMalenMemberInterface extends JFrame {
  private int x;
  private int y;
  private int r = 25;
// Konstruktordefinition
  public JFramemitKreiseMalenMemberInterface() {
    super("Static-Member-Interface");
    setBounds(100,100,100,100);
    setDefaultCloseOperation(JFrame.EXIT_ON_CLOSE);
// Die aktuellen Koordinaten des oberen rechten Eckes der
// Komponente mit den von der Klasse Component geerbten
// Methoden lesen
    y = getX();
    x = getY();
    setVisible(true);
  }
  public void paint(Graphics g) {
    super.paint(g);
    g.setColor(Color.pink);
    rechtsOben(g);
    linksUnten(g);
    idMitte(g);
```

```
    }
// Ein Static-Member-Interface als inneres Interface definieren
    public static interface KreisePositionieren {
        public void rechtsOben(Graphics g);
        public void linksUnten(Graphics g);
        public void idMitte(Graphics g);
    }
// Die Methoden des Interface in der äußeren Klasse
// implementieren
    public void rechtsOben(Graphics g) {
        g.fillOval(r,r,r,r);
    }
    public void linksUnten(Graphics g) {
        g.fillOval(x-r,y-r,r,r);
    }
    public void idMitte(Graphics g) {
        g.fillOval((x/2),(y/2),r,r);
    }
// Objekt der äußeren Klasse erzeugen
    public static void main(String[] args) {
     JFramemitKreiseMalenMemberInterface frame = new
        JFramemitKreiseMalenMemberInterface();
    }
}
```

Programmausgaben

Lösung 7.8

Die Klasse JFramemitRectangle2DMemberInterface

```
import java.awt.*;
import java.awt.geom.*;
import javax.swing.*;
public class JFramemitRectangle2DMemberInterface extends JFrame {
    private Shape shapes;
// Konstruktordefinition
    JFramemitRectangle2DMemberInterface() {
        super("Static-Member-Interface");
        setBounds(10,10,100,100);
        setDefaultCloseOperation(JFrame.EXIT_ON_CLOSE);
        shapes = new Rectangle2D.Float(40,40,50,50);
        setVisible(true);
    }
```

```
// Das Static-Member-Interface mittels einer
// anonymen Klasse implementieren
  JFramemitRectangle2DMemberInterface.FigurenMalen
    interfaceShape = new JFramemitRectangle2DMemberInterface.
    FigurenMalen() {
    public void drawShape(Graphics2D g, Shape figur) {
      g.setColor(Color.green);
      g.fill(figur);
      g.setColor(Color.black);
      g.setStroke(new BasicStroke(2.0f));
      g.draw(figur);
    }
  }; // Ende der anonymen Klasse und der Zuweisung
// Rechteck malen
  public void paint(Graphics g) {
    super.paint(g);
    interfaceShape.drawShape((Graphics2D)g,shapes);
  }
// Das Static-Member-Interface definieren
  public static interface FigurenMalen {
    public void drawShape(Graphics2D g, Shape figur);
  }
// Objekt der äußeren Klasse erzeugen
  public static void main(String[] args) {
    JFramemitRectangle2DMemberInterface frame = new
      JFramemitRectangle2DMemberInterface();
  }
}
```

Programmausgaben

Lösung 7.9

Die Klasse GeomFigMemberInterface

```
import java.awt.*;
import java.awt.geom.*;
import javax.swing.*;
public class GeomFigMemberInterface {
  public Shape shape;
  private int figurenTyp;
// Konstanten definieren, die den Typ der geometrischen
// Figuren wiedergeben
```

```
   private static final int RECTANGLE = 0;
   private static final int RECTANGLE2D = 1;
   private static final int ELLIPSE2D = 2;
   private static final int POLYGON = 3;
// Konstruktordefinition
   GeomFigMemberInterface(int figurenTyp) {
      this.figurenTyp = figurenTyp;
      switch(figurenTyp) {
         case RECTANGLE: {
            shape = new Rectangle(30,30,50,50);
            break;
         }
         case RECTANGLE2D: {
            shape = new Rectangle2D.Float(130,130,50,50);
            break;
         }
         case ELLIPSE2D: {
            shape = new Ellipse2D.Float(80,80,50,50);
            break;
         }
         case POLYGON: {
            shape = new Polygon(new int[] {100,60,20},
              new int[] {150,175,90},3);
            break;
         }
      }
   }
// Static-Member-Interface
   public static interface FigMalen {
      public void drawFig(Graphics2D g,
        GeomFigMemberInterface figur);
   }
}
```

Die Klasse JFramefuerGeomFigMemberInterface

```
import java.awt.*;
import java.awt.geom.*;
import javax.swing.*;
public class JFramefuerGeomFigMemberInterface extends JFrame {
   GeomFigMemberInterface.FigMalen interfaceGFM;
// Konstruktordefinition
   public JFramefuerGeomFigMemberInterface() {
      super("Static-Member-Interface");
      setBounds(200,200,200,200);
      setDefaultCloseOperation(JFrame.EXIT_ON_CLOSE);
// Das Interface FigMalen mittels einer anonymen Klasse
// implementieren
```

```
    interfaceGFM = new GeomFigMemberInterface.FigMalen() {
      public void drawFig(Graphics2D g,
                        GeomFigMemberInterface komponente) {
        g.setColor(Color.pink);
        g.fill(komponente.shape);
        g.setColor(Color.black);
        g.setStroke(new BasicStroke(2.0f));
        g.draw(komponente.shape);
      }
    };
    setVisible(true);
  }
// Figuren zeichnen
  public void paint(Graphics g) {
    super.paint(g);
    for(int i=0; i<4; i++)
      interfaceGFM.drawFig((Graphics2D)g,
        new GeomFigMemberInterface(i));
  }
// Objekt der Klasse erzeugen
  public static void main(String[] args) {
    JFramefuerGeomFigMemberInterface frame = new
      JFramefuerGeomFigMemberInterface();
  }
}
```

Programmausgaben

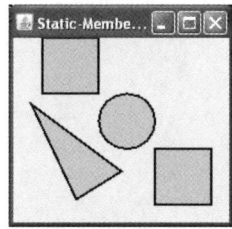

Lösung 7.10

Die Klasse JFramemitKreiseMalenMemberInterfaceundMemberKlasse

```
import java.awt.*;
import javax.swing.*;
public class JFramemitKreiseMalenMemberInterfaceundMemberKlasse
                                    extends JFrame {
  private KreiseMalen interfaceKM;
// Konstruktor der umgebenden Klasse
  public JFramemitKreiseMalenMemberInterfaceundMemberKlasse(){
```

```
      super("Member-Klasse und Member-Interface");
      setBounds(10,10,100,100);
      setDefaultCloseOperation(JFrame.EXIT_ON_CLOSE);
// Instanz der inneren Klasse erzeugen und zum Fenster hinzufügen
      getContentPane().add(new
        JFramemitKreiseMalenMemberInterfaceundMemberKlasse.
         KreiseMemberKlasse(55,35,30,20));
// Das innere Interface mittels einer anonymen Klasse
// implementieren
      interfaceKM = new
        JFramemitKreiseMalenMemberInterfaceundMemberKlasse.
         KreiseMalen() {
        public void drawKreise(Graphics g,
          JFramemitKreiseMalenMemberInterfaceundMemberKlasse.
           KreiseMemberKlasse km) {
          g.setColor(Color.gray);
// Auf die Felder der Member-Klasse kann nur über eine Instanz
// dieser Klasse zugegriffen werden
          g.fillOval(km.x-km.r1,km.y-km.r1,2*km.r1,2*km.r1);
          g.setColor(Color.pink);
          g.fillOval(km.x-km.r2,km.y-km.r2,2*km.r2,2*km.r2);
        }
      };
      setVisible(true);
    }
// Definition der Member-Klasse
    public class KreiseMemberKlasse extends JComponent {
      int x;
      int y;
      int r1;
      int r2;
// Konstruktor der Member-Klasse
      KreiseMemberKlasse(int x, int y, int r1, int r2) {
        this.x = x;
        this.y = y;
        this.r1 = r1;
        this.r2 = r2;
      }
// Methode der Member-Klasse (Kreise zeichnen)
      protected void paintComponent(Graphics g) {
        interfaceKM.drawKreise(g,this);
      }
    }
// Definition des Static-Member-Interface
    public static interface KreiseMalen {
      public void drawKreise(Graphics g, KreiseMemberKlasse km);
    }
// Objekt der äußeren Klasse erzeugen
```

```
public static void main(String[] args) {
    JFramemitKreiseMalenMemberInterfaceundMemberKlasse frame =
    new JFramemitKreiseMalenMemberInterfaceundMemberKlasse ();
    }
}
```

Programmausgaben

Lösung 7.11

Die Klasse FramemitWindowAdapterundMemberKlasse

```java
import java.awt.*;
import java.awt.event.*;
public class FramemitWindowAdapterundMemberKlasse extends Frame {
// Konstruktor der umgebenden Klasse
    public FramemitWindowAdapterundMemberKlasse() {
        super("Member-Klasse für WindowAdapter");
// Ein WindowAdapter-Objekt vom Typ der inneren Klasse
// für die umgebende Klasse registrieren
        this.addWindowListener(new UnterklassevonWindowAdapter());
        this.setBounds(10,10,100,100);
        this.setBackground(Color.cyan);
        this.setVisible(true);
    }
// Definition der inneren Klasse
    public class UnterklassevonWindowAdapter extends WindowAdapter{
        public void windowClosing(WindowEvent e) {
            System.exit(0);
        }
    }
// Objekt der umgebenden Klasse erzeugen
    public static void main(String[] args) {
        FramemitWindowAdapterundMemberKlasse frame = new
            FramemitWindowAdapterundMemberKlasse();
    }
}
```

Programmausgaben

Lösung 7.12

Die Klasse FramemitWindowAdapterundAnonymeKlasse

```java
import java.awt.*;
import java.awt.event.*;
public class FramemitWindowAdapterundAnonymeKlasse extends Frame{
// Konstruktor der umgebenden Klasse
  public FramemitWindowAdapterundAnonymeKlasse() {
    super("Anonyme Klasse für WindowAdapter");
    setBounds(10,10,100,100);
    setBackground(Color.cyan);
    setVisible(true);
// Den WindowListener als Instanz vom Typ WindowAdapter mittels
// einer anonymen Klasse für Objekte der umgebenden Klasse
// registrieren und implementieren
    addWindowListener(new WindowAdapter() {
      public void windowClosing(WindowEvent e) {
        System.exit(0);
      }
    });
  }
// Objekt der umgebenden Klasse erzeugen
  public static void main(String[] args) {
    FramemitWindowAdapterundAnonymeKlasse frame = new
      FramemitWindowAdapterundAnonymeKlasse();
  }
}
```

Programmausgaben

Lösung 7.13

Die Klasse JFramemitActionListenerundAnonymeKlasse

```java
import javax.swing.*;
import java.awt.*;
import java.awt.event.*;
public class JFramemitActionListenerundAnonymeKlasse
                                     extends JFrame {
  private JButton b;
// Konstruktor der umgebenden Klasse
  public JFramemitActionListenerundAnonymeKlasse() {
```

```
        super("Fenster schließen");
        b = new JButton("Fenster schließen");
        b.setBackground(Color.green);
        this.getContentPane().add(b, BorderLayout.SOUTH);
// ActionListener als anonyme Klasse für den Button registrieren
        this.b.addActionListener(new ActionListener() {
          public void actionPerformed(ActionEvent e) {
            System.exit(0);
          }
        });
        this.setBounds(20,20,200,100);
        this.getContentPane().setBackground(Color.cyan);
        this.setVisible(true);
    }
// Objekt der äußeren Klasse erzeugen
    public static void main(String[] args) {
        JFramemitActionListenerundAnonymeKlasse frame = new
          JFramemitActionListenerundAnonymeKlasse();
    }
}
```

Programmausgaben

Lösung 7.14

Die Klasse KomponentenmitZahlen

```
import java.awt.*;
import java.awt.event.*;
import javax.swing.*;
public class KomponentenmitZahlen extends JPanel {
// Globale Referenz vom Typ der Klasse KomponentenListener
    private KomponentenListener listener;
// Globale String-Referenzen
    private String[][] komponenten;
    private String komponentenName;
    private String komponentenTyp;
// Konstanten, welche den Typ der Standard-Komponenten definieren
    public static final String JBUTTON = "BUTTON";
    public static final String JTEXTFIELD = "TEXTFIELD";
// Konstruktordefinition
    public KomponentenmitZahlen(String komponentenTyp,
```

```
                              String[][] komponenten) {
    setLayout (new GridLayout(3,3,1,1));
    this.komponentenTyp = komponentenTyp;
    this.komponenten = komponenten;
// Initialisierung von Komponenten
    if(komponentenTyp == "BUTTON")
        defJButton();
    else if (komponentenTyp == "TEXTFIELD")
        defJTextField();
}
// Methode zum Erzeugen von JButton-Objekten
public void defJButton() {
    JButton [][] button = new JButton[3][3];
    for(int i=0; i<3; i++) {
        for(int j=0; j<3; j++) {
            button[i][j] = new JButton(komponenten[i][j]);
            add(button[i][j]);
// Interne Event-Listener für die JButton-Komponenten
// als anonyme Klassen definieren und registrieren
// und darin beim Empfangen eines internen Event mit der
// Methode erzeugeEvent(), am aktuellen Objekt dieser Klasse
// aufgerufen, eine benutzerdefinierte Event-Komponente erzeugen
            button[i][j].addActionListener(new ActionListener() {
                public void actionPerformed(ActionEvent e) {
                    KomponentenmitZahlen.this.
                        erzeugeEvent(e.getActionCommand());
                }
            });
        }
    }
}
// Methode zum Erzeugen von JTextField-Objekten
public void defJTextField() {
    JTextField [][] textField = new JTextField[3][3];
    for(int i=0; i<3; i++) {
        for(int j=0; j<3; j++) {
            textField[i][j] = new JTextField(komponenten[i][j]);
// Den Text zentrieren
            textField[i][j].setHorizontalAlignment(JTextField.
                CENTER);
            add(textField[i][j]);
// Interne Event-Listener für die JTextField-Komponenten
// als anonyme Klassen definieren und registrieren
            textField[i][j].addActionListener(new
                ActionListener(){
                    public void actionPerformed(ActionEvent e) {
```

```
                    KomponentenmitZahlen.this.erzeugeEvent(e.
                    getActionCommand());
               }
            });
         }
      }
   }
// Zugriffsmethoden für die Instanzfelder der umgebenden Klasse
   public String getkomponentenName() {
      return komponentenName;
   }
   public Object[][] getkomponenten() {
      return komponenten;
   }
   public String getkomponentenTyp() {
      return komponentenTyp;
   }
// Methode für das Registrieren des KomponentenListener
   public void addKomponentenListener(KomponentenmitZahlen.
     KomponentenListener l) {
      listener = l;
   }
// Die Methode, welche bei jeder Komponentenauswahl ein neues
// KomponentenEvent-Objekt erzeugt
   public void erzeugeEvent(String komponentenName) {
// Den Komponentenname für das aktuelle KomponentenmitZahlen-
// Objekt zuweisen
      this.komponentenName = komponentenName;
// Ein KomponentenEvent-Objekt, das diesem zugeordnet wird,
// erzeugen
      KomponentenmitZahlen.KomponentenEvent ke = new
        KomponentenmitZahlen.KomponentenEvent(this,
         komponentenName);
// Den Listener mit dem Aufruf der im KomponentenListener-
// Interface definierten Methode von der durchgeführten Auswahl
// über das zugeordnete KomponentenEvent-Objekt benachrichtigen
      listener.komponentenAuswahl(ke);
   }
// Definition von inneren Klassen und Interfaces
// Static-Member-Klasse, die für Objekte der Klasse
// KomponentenmitZahlen einen eigenen Eventtyp definiert
   public static class KomponentenEvent
                         extends java.util.EventObject {
// Name der ausgewählten Komponente
      String name;
// Konstruktordefinition der Static-Member-Klasse
```

```
    public KomponentenEvent(KomponentenmitZahlen kmz,
      String name) {
      super(kmz);
      this.name = name;
    }
// Zugriffsmethoden der Static-Member-Klasse
    public KomponentenmitZahlen getKomponentenmitZahlen () {
      return (KomponentenmitZahlen)getSource();
    }
    public String getName() {
      return name;
    }
  }
// Static-Member-Interface, das von jedem KomponentenmitZahlen-
// Objekt implemetiert werden muss, welches benachrichtigt werden
// soll, wenn eine beliebige Zahl ausgewählt wird
  public static interface KomponentenListener
                          extends java.util.EventListener {
    public void komponentenAuswahl(KomponentenmitZahlen.
    KomponentenEvent e);
  }
}
```

Die Klasse JFramefuerKomponentenmitZahlen

```
import java.awt.*;
import java.awt.event.*;
import javax.swing.*;
public class JFramefuerKomponentenmitZahlen extends JFrame {
// Konstante Optionen für die Beschriftung von Komponenten
  private final static String[][] zahlen =
    {{"1","2","3"},{"4","5","6"},{"7","8","9"}};
// Die Statusvariable als final deklarieren, weil sie innerhalb
// einer anonymen Klasse genutzt wird
  private final JLabel status = new JLabel(" ");
// Globale Referenzen vom Typ der Klasse KomponentenmitZahlen
  private KomponentenmitZahlen kml1, kml2;
// Ein Panel zur Aufnahme der Komponenten erzeugen
  private JPanel cPanel = new JPanel();
// Konstruktordefinition
  public JFramefuerKomponentenmitZahlen () {
    super("Event-Objekte und Event-Listener");
    setBounds(25,20,250,200);
    setDefaultCloseOperation(JFrame.EXIT_ON_CLOSE);
    cPanel.setLayout(new BorderLayout());
// Zwei KomponentenmitZahlen-Objekte erzeugen
```

```
        kml1 = new KomponentenmitZahlen(KomponentenmitZahlen.
          JBUTTON, zahlen);
        kml2 = new KomponentenmitZahlen(KomponentenmitZahlen.
          JTEXTFIELD, zahlen);
// Zur Definition der anonymen Klasse und anschließendem Erzeugen
// einer Instanz dieser Klasse wird das Schlüsselwort new benutzt
// Diese Klasse implementiert das Interface KomponentenListener
// und wird von der Klasse Object abgeleitet
        KomponentenmitZahlen.KomponentenListener l =
          new KomponentenmitZahlen.KomponentenListener() {
          public void komponentenAuswahl(KomponentenmitZahlen.
            KomponentenEvent e) {
              status.setText("Gewählte Zahl: "+e.
                getKomponentenmitZahlen().getkomponentenName()+
                  " aus der " +e.getKomponentenmitZahlen().
                    getkomponentenTyp()+" - Tabelle");
            }
        };
        kml1.addKomponentenListener(l);
        kml2.addKomponentenListener(l);
// Die KomponentenmitZahlen-Objekte zum Panel hinzufügen
        cPanel.add("Center",kml2);
        cPanel.add("West",kml1);
// Das Panel und die Statuszeile im Fenster anzeigen
        Container contentPane = getContentPane();
        contentPane.add(new Label("Auswahl einer Zahl"),
          BorderLayout.NORTH);
        contentPane.add(cPanel, BorderLayout.CENTER);
        contentPane.add(status, BorderLayout.SOUTH);
        setVisible(true);
    }
// Objekt der Klasse erzeugen
    public static void main(String[] args) {
        JFramefuerKomponentenmitZahlen frame =
          new JFramefuerKomponentenmitZahlen();
    }
}
```

Programmausgaben

Lösung 7.15

Die Klasse RadioButtonEventundListener

```java
import java.awt.*;
import java.awt.event.*;
import javax.swing.event.*;
import javax.swing.*;
import java.util.*;
public class RadioButtonEventundListener extends JRadioButton {
// Globale Referenz vom Typ RadioButtonListener
  private RadioButtonListener listener;
// Globale String-Referenz
  private String eventTyp;
// Konstantendefinitionen für Eventtypen
  private static final String ACTION_EVENT = "ACTION";
  private static final String CHANGE_EVENT = "CHANGE";
  private static final String ITEM_EVENT = "ITEM";
// Konstruktordefinition
  public RadioButtonEventundListener(String name) {
    super(name);
// Interne Event-Listener für das aktuelle Objekt der Klasse
// registrieren und mittels anonymer Klassen implementieren; beim
// Empfangen eines internen Event wird die Methode erzeugeEvent()
// am aktuellen Objekt der Klasse aufgerufen, um eine
// benutzerdefinierte RadioButtonEvent-Komponente zu erzeugen
    addChangeListener(new ChangeListener() {
      public void stateChanged(ChangeEvent e) {
        RadioButtonEventundListener.this.
          erzeugeEvent(CHANGE_EVENT);
      }
    });
    addActionListener(new ActionListener() {
      public void actionPerformed(ActionEvent e) {
        RadioButtonEventundListener.this.
          erzeugeEvent(ACTION_EVENT);
      }
     });
    addItemListener(new ItemListener() {
      public void itemStateChanged(ItemEvent e) {
        RadioButtonEventundListener.this.
          erzeugeEvent(ITEM_EVENT);
      }
    });
  }
// Zugriffsmethoden für die Instanzfelder der umgebenden Klasse
  public String geteventTyp() {
    return eventTyp;
```

```java
    }
    public void seteventTyp(String eventTyp) {
      this.eventTyp = eventTyp;
    }
// Methode für das Registrieren von RadioButtonListener
    public void addRadioButtonListener(
      RadioButtonEventundListener.RadioButtonListener l) {
      listener = l;
    }
// Ein RadioButtonEvent-Objekt erzeugen
    public void erzeugeEvent(String eventTyp) {
      this.eventTyp = eventTyp;
      RadioButtonEventundListener.RadioButtonEvent ke =
        new RadioButtonEventundListener.
          RadioButtonEvent(this, eventTyp);
// und den RadioButtonListener benachrichtigen
      listener.eventErzeugt(ke);
    }
// Definition von inneren Klassen und Interfaces
// Innere Klasse, die den RadioButtonEvent-Typ definiert.
// Erzeuger des Events ist hier die Klasse selbst, darum wird sie
// als Argument im Konstruktoraufruf übergeben
    public static class RadioButtonEvent extends EventObject {
// Standard Eventtyp, welcher umgesetzt werden soll
      String typ;
// Konstruktordefinition
      public RadioButtonEvent(RadioButtonEventundListener rbel,
        String typ) {
        super(rbel);
        this.typ = typ;
      }
// Zugriffsmethoden der inneren Klasse
      public RadioButtonEventundListener
        getRadioButtonEventundListener () {
        return (RadioButtonEventundListener)getSource();
      }
      public String getTyp() {
        return typ;
      }
    }
// Static-Member-Interface
    public static interface RadioButtonListener
                                extends EventListener {
      public void eventErzeugt(RadioButtonEventundListener.
        RadioButtonEvent e);
    }
}
```

Die Klasse JFramefuerRadioButtonEventundListener

```java
import java.awt.*;
import javax.swing.*;
public class JFramefuerRadioButtonEventundListener
                                     extends JFrame {
// Globale Referenz vom Typ RadioButtonEventundListener
   private RadioButtonEventundListener rbel;
// Statusmeldungen werden in einer Liste hinterlegt
   private final List status = new List();
// Konstruktordefinition
   public JFramefuerRadioButtonEventundListener() {
       super("Event-Objekte und Event-Listener");
       setBounds(30,30,300,150);
       setDefaultCloseOperation(JFrame.EXIT_ON_CLOSE);
       status.setBackground(Color.pink);
// RadioButtonEventundListener-Objekt erzeugen
       rbel = new RadioButtonEventundListener("RadioButton");
// Den RadioButtonEventListener als anonyme Klassse
// implementieren
       RadioButtonEventundListener.RadioButtonListener l =
         new RadioButtonEventundListener.RadioButtonListener() {
          public void eventErzeugt(RadioButtonEventundListener.
           RadioButtonEvent e) {
            status.add("Event vom Typ: "+ e.getTyp()
              +" umgesetzt");
          }
       };
// Den RadioButtonEventListener registrieren
       rbel.addRadioButtonListener(l);
// Die Komponenten zum Fenster hinzufügen
       Container contentPane = getContentPane();
       contentPane.add(new
         Label("Aktionen mit dem RadioButton durchfuehren"),
           BorderLayout.NORTH);
       contentPane.add(status, BorderLayout.CENTER);
       contentPane.add(rbel, BorderLayout.SOUTH);
       setVisible(true);
   }
// Objekt der Klasse erzeugen
   public static void main(String[] args) {
       JFramefuerRadioButtonEventundListener frame =
         new JFramefuerRadioButtonEventundListener();
   }
}
```

Programmausgaben

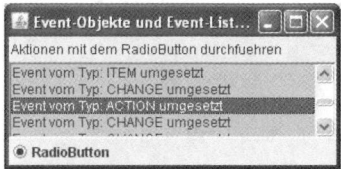

Lösung 7.16

Die Klasse UserKomponente

```java
import java.awt.*;
import java.awt.event.*;
import javax.swing.*;
public class UserKomponente extends JLabel {
// Globale Referenzen zur Identifikation der benutzerdefinierten
// Event-Listener
    private UserEventundListener.ListenerBlau listenerBlau;
    private UserEventundListener.ListenerRot listenerRot;
    private String name;
// Konstruktordefinition
    public UserKomponente(final String name) {
        super(name);
        this.name = name;
        setBounds(50,50,100,100);
        setBackground(Color.pink);
// Den MouseListener als anonyme Klasse implementieren
        addMouseListener(new MouseAdapter() {
            public void mousePressed(MouseEvent e) {
// Den Graphikkontext der aktuellen Instanz ermitteln
                Graphics g = getGraphics();
// Die Koordinaten des Mausklicks lesen
                int x = e.getX();
                int y = e.getY();
// Ist einer der Koordinatenwerte durch 2 teilbar,
                if((x%2==0) || (y%2==0)) {
// ein Ereignis vom Typ EventBlau erzeugen,
                    UserEventundListener.EventBlau eBlau = new
                        UserEventundListener.EventBlau(UserKomponente.
                          this,name);
// den EventListenerBlau informieren
                    listenerBlau.selectBlau(eBlau);
// und den Text in der Farbe blau und mit der Schrift "Lucida
// HandWriting" an den Pixel-Koordinaten (x,y) zeichnen
                    g.setColor(Color.blue);
                    g.setFont(new Font(
```

```
                    "Lucida HandWriting", Font.PLAIN, 16));
             g.drawString("Java 6.0",x,y);
          }
          else {
// ansonsten wird ein Ereignis vom Typ EventRot erzeugt,
             UserEventundListener.EventRot eRot = new
               UserEventundListener.EventRot(UserKomponente.
                this,name);
// der EventListenerRot informiert
             listenerRot.selectRot(eRot);
// und der Text in der Farbe rot und mit der Schrift "Arial"
// an den Pixel-Koordinaten (x,y) gezeichnet
             g.setFont(new Font(
               "Arial", Font.PLAIN, 16));
             g.setColor(Color.red);
             g.drawString("Java 6.0",x,y);
          }
       }
    });
  }
// Methoden für das Registrieren der beiden Listener
  public void addListenerBlau(UserEventundListener.
    ListenerBlau l) {
    listenerBlau = l;
  }
  public void addListenerRot(UserEventundListener.
    ListenerRot l) {
    listenerRot = l;
  }
}
```

Die Klasse UserEventundListener

```
import javax.swing.*;
import java.util.*;
public class UserEventundListener {
// Static-Member-Klasse für den ersten Event
  public static class EventRot extends EventObject {
    String name;
    JComponent component;
    static int zaehler;
// Konstruktordefinition
    public EventRot(JComponent komponente, String name) {
// Die Komponente, welche das Ereignis auslöst, wird im
// Konstruktor der Oberklasse angegeben
       super(komponente);
       this.name = name;
       component = komponente;
```

```
        zaehler++;
    }
// Zugriffsmethoden der inneren Klasse
    public JComponent getComponent() {
        return component;
    }
    public String getName() {
        return name;
    }
}
// Static-Member-Klasse für den zweiten Event
  public static class EventBlau extends EventObject {
    String name;
    JComponent component;
    static int zaehler;
// Konstruktordefinition
    public EventBlau(JComponent komponente, String name) {
// Die Komponente, welche das Ereignis auslöst, wird im
// Konstruktor der Oberklasse angegeben
        super(komponente);
        this.name = name;
        component = komponente;
        zaehler++;
    }
// Zugriffsmethoden der inneren Klasse
    public JComponent getComponent() {
        return component;
    }
    public String getName() {
        return name;
    }
}
// Static-Member-Interfacess für die beiden Listener
  public static interface ListenerRot
                        extends java.util.EventListener {
    public void selectRot(EventRot e);
  }
  public static interface ListenerBlau
                        extends java.util.EventListener {
    public void selectBlau(EventBlau e);
  }
}
```

Die Klasse JFramefuerUserKomponente

```
import java.awt.*;
import javax.swing.*;
public class JFramefuerUserKomponente extends JFrame
```

```java
                    implements UserEventundListener.ListenerBlau,
                            UserEventundListener.ListenerRot {
// Globale Referenz vomTyp der Klasse UserKomponente
    private UserKomponente c;
// Ein Panel zur Aufnahme von Kindkomponenten erzeugen
    private JPanel cPanel = new JPanel();
// Eine Status-Variable als Array vom Typ JLabel definieren
    private JLabel status[] = new JLabel[2];
// Konstruktordefinition
    public JFramefuerUserKomponente() {
        super("Event-Objekte und Event-Listener");
        setBounds(20,20,600,200);
        setDefaultCloseOperation(JFrame.EXIT_ON_CLOSE);
// Ein Objekt der Klasse UserKomponente erzeugen
        c = new UserKomponente("RotBlau");
// und die Listener für diese Komponente registrieren
        c.addListenerBlau(this);
        c.addListenerRot(this);
// Den Hintergrund der Komponente darstellen; dadurch dass die
// Komponenetenklasse keine paint()-Methode überschreibt,
// wird die update()-Methode des Standard UI-Delegates
// vom Typ der Klasse LabelUI automatisch aufgerufen
        c.setOpaque(true);
        cPanel.setLayout(new GridLayout(2,1));
        for(int i=0; i<2; i++) {
            status[i] = new JLabel("Status "+i);
            cPanel.add(status[i]);
        }
// Das Panel und die Komponente im Fenster anzeigen
        Container contentPane = getContentPane();
        contentPane.add(new Label("Komponente anklicken"),
            BorderLayout.NORTH);
        contentPane.add(c, BorderLayout.CENTER);
        contentPane.add(cPanel, BorderLayout.SOUTH);
        setVisible(true);
    }
// Die Methoden der Listener implementieren
    public void selectBlau(UserEventundListener.EventBlau e) {
        int index =e.getComponent().toString().indexOf('[');
        String name =e.getComponent().toString().
            substring(0, index);
        status[0].setText(e.zaehler+". Ereignis vom Typ: "+
            e.getClass().getName()+" von "+name+": "+e.getName()+
                " empfangen");
    }
    public void selectRot(UserEventundListener.EventRot e) {
        int index =e.getComponent().toString().indexOf('[');
```

```
      String name =e.getComponent().toString().
       substring(0, index);
       status[1].setText(e.zaehler+". Ereignis vom Typ: "+
         e.getClass().getName()+" von "+name+": "+e.getName()+
         " empfangen");
   }
// Objekt der Klasse erzeugen
   public static void main(String[] args) {
      JFramefuerUserKomponente frame =
        new JFramefuerUserKomponente();
   }
}
```

Programmausgaben

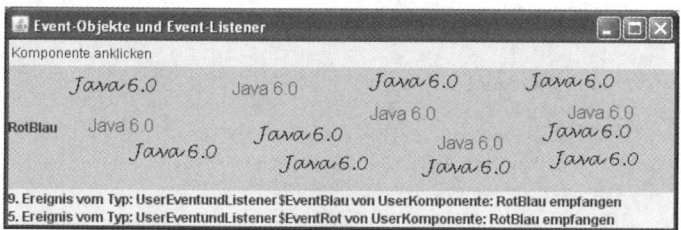

Lösung 7.17

Die Klasse JFramemitDialogFenster

```
import java.awt.*;
import java.awt.event.*;
import javax.swing.*;
public class JFramemitDialogFenster extends JFrame {
   private JButton[] b = new JButton [6];
// Konstruktordefinition
   public JFramemitDialogFenster() {
      super("Dialog Klassen");
      setBounds(20,20,200,100);
      setBackground(Color.pink);
      getContentPane().setLayout(new GridLayout(3,2));
      setDefaultCloseOperation(JFrame.EXIT_ON_CLOSE);
      for(int i=0; i<6; i++) {
         b[i] = new JButton("Dialog"+(i+1));
         b[i].setBackground(new Color(i*40,255,i));
         getContentPane().add(b[i]);
         final int c = i;
// Den ActionListener als anonyme Klasse implementieren
         b[i].addActionListener(new ActionListener() {
            public void actionPerformed(ActionEvent e) {
```

```java
switch (c) {
  case 0: {
    JOptionPane.showMessageDialog(
      JFramemitDialogFenster.this,
        "InformationMessage","MessageDialog",
          JOptionPane.INFORMATION_MESSAGE,null);
    break;
  }
  case 1: {
    JOptionPane.showConfirmDialog(
      JFramemitDialogFenster.this,"ErrorMessage"
        , "ConfirmDialog",
        JOptionPane.YES_NO_OPTION,
          JOptionPane.ERROR_MESSAGE);
    break;
  }
  case 2: {
    String[]warnung = {"Option1","Option2"};
    JOptionPane.showOptionDialog(
      JFramemitDialogFenster.this,
        "WarningMessage","OptionDialog",
          JOptionPane.DEFAULT_OPTION,
            JOptionPane.WARNING_MESSAGE,
              null, warnung, warnung[0]);
    break;
  }
  case 3: {
    String[]eingabe = {"Option1","Option2",
      "Option3"};
    JOptionPane.showInputDialog(
      JFramemitDialogFenster.this,"PlainMessage",
        "InputDialog", JOptionPane.
          PLAIN_MESSAGE,null,eingabe,eingabe[0]);
    break;
  }
  case 4: {
    String[]eingabe ={"Option1","Option2",
      "Option3"};
    JOptionPane.showInputDialog(
      JFramemitDialogFenster.this,
        "QuestionMessage","InputDialog",
          JOptionPane.QUESTION_MESSAGE);
    break;
  }
  case 5: {
    JDialog dialog = new JDialog();
    dialog.setBounds(10,10,100,100);
```

```
                    dialog.setVisible(true);
                    break;
                }
            }
        }
    });
    }
    setVisible(true);
  }
// Objekt der Klasse erzeugen
  public static void main(String[] args) {
    JFramemitDialogFenster frame = new JFramemitDialogFenster();
  }
}
```

Programmausgaben

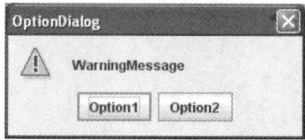

Lösung 7.18

Die Klasse InnereKlassemitmainMethode

```
import java.awt.*;
import java.awt.event.*;
import javax.swing.*;
public class InnereKlassemitmainMethode extends JFrame
                        implements MouseMotionListener {
  private JLabel status;
  private Canvas malflaeche;
  private Graphics g;
// Konstruktordefinition
  public InnereKlassemitmainMethode() {
    super("Programmaufruf über eine innere Klasse");
    setBounds(10,10,250,150);
    getContentPane().setLayout(new BorderLayout());
    malflaeche = new Canvas();
    malflaeche.setBackground(Color.pink);
    malflaeche.setSize(100,100);
```

```
        setDefaultCloseOperation(JFrame.EXIT_ON_CLOSE);
        malflaeche.addMouseMotionListener(this);
        status = new JLabel(" ");
        getContentPane().add(status, BorderLayout.SOUTH);
// Eine lokale Referenz vom Typ des Interface Action zeigt auf
// ein Objekt vom Typ der inneren Klasse SelectColorAction
        Action select = new SelectColorAction();
// Zu einer JToolBar-Komponente wird eine JButton-Komponente,
// welche die vorher definierte Aktion ausführt, hinzugefügt
        JToolBar toolbar = new JToolBar("Farbe wählen");
        JButton b = toolbar.add(select);
        getContentPane().add(toolbar, BorderLayout.WEST);
        getContentPane().add(malflaeche, BorderLayout.EAST);
        setVisible(true);
// Den Graphikkontext des Canvas ermitteln
        g = malflaeche.getGraphics();
    }
// Die Methoden des Interface MouseMotionListener implementieren
    public void mouseDragged(MouseEvent e) {
// Die Koordinaten des Mausklicks lesen
        int x = e.getX();
        int y = e.getY();
// und mit der Maus malen
        g.fillRect(x,y,3,3);
    }
    public void mouseMoved(MouseEvent e) {};
// Definition der inneren Klassen
    public class SelectColorAction extends AbstractAction {
        public SelectColorAction() {
            super("Farbe setzen");
        }
        public void actionPerformed(ActionEvent e) {
            Color color = JColorChooser.showDialog(
            InnereKlassemitmainMethode.this, "Eine Farbe wählen",
              Color.red);
            if(color != null) {
              g.setColor(color);
              status.setText("Farbe mit JColorChooser abgeändert");
            }
        }
    }
    }
// Eine Instanz der umgebenden Klasse in einer inneren Klasse
// mit dem Namen Test erzeugen
    public static class Test {
        public static void main(String[] args) {
            InnereKlassemitmainMethode frame =
                new InnereKlassemitmainMethode();
```

```
        }
      }
    }
```

Programmausgaben

Lösung 7.19

Die Klasse BuchalsLayeredPane

```java
import javax.swing.*;
import java.awt.*;
import java.awt.event.*;
public class BuchalsLayeredPane extends JPanel
                       implements MouseMotionListener {
// Globale Referenzen vom Typ der Klassen JLayeredPane und
// UserLabel
   private JLayeredPane layeredPane;
   private UserLabel label;
   private JMenuBar mbBuch = new JMenuBar();
   private JMenu menuSeiten;
   private JMenu menuLesezeichen;
   private static JMenuBar mbLesezeichen = new JMenuBar();
   private static JMenu m = new JMenu("Lesezeichen setzen");
// Der Wert 0 definiert die erste Position in einer Ebene
// und der Wert -1 entspricht der letzten Position
   private int position = 0;
// Ursprung und Distanz für das Anordnen von Komponenten
   private Point orig = new Point(10, 50);
   private int offset = 15;
// Konstruktordefinition
   public BuchalsLayeredPane(final JLayeredPane layeredPane) {
      super(new GridLayout(1,1));
      this.layeredPane = layeredPane;
      layeredPane.addMouseMotionListener(this);
      menuSeiten = new JMenu("Buchseiten");
      menuLesezeichen = new JMenu("Lesezeichen");
      mbBuch.add(menuSeiten);
      mbBuch.add(menuLesezeichen);
      JMenuItem[] itemSeiten = new JMenuItem[5];
      JMenuItem[] itemLesezeichen = new JMenuItem[2];
```

```
// Einträge für das Menü Buchseiten definieren und den
// ActionListener für diese als anonyme Klasse registrieren
    for(int i=0; i<5; i++) {
        itemSeiten[i] = new JMenuItem("Seite"+(i+1));
        final int layer = i;
        itemSeiten[i].addActionListener(new ActionListener() {
            public void actionPerformed(ActionEvent e) {
// Das Lesezeichen für eine ausgewählte Seite setzen
            layeredPane.setLayer(label, layer, position);
            }
        });
        menuSeiten.add(itemSeiten[i]);
// Eine lokale Referenz vom Typ der Klasse UserLabel trägt den
// gleichen Namen wie die globale Referenz vom Typ dieser Klasse
        UserLabel label = new UserLabel("Seite"+(i+1),
          Color.pink, orig, new Dimension(100,100));
// Buchseiten erzeugen und in unterschiedliche Ebenen hinterlegen
        layeredPane.add(label, new Integer(i));
        orig.x += offset;
        orig.y += offset;
    }
// Einträge für das Menü Lesezeichen definieren und den
// ActionListener für diese als anonyme Klasse registrieren
    itemLesezeichen[0] = new JMenuItem(
      "Lesezeichen vor die Seite setzen");
    itemLesezeichen[1] = new JMenuItem(
      "Lesezeichen hinter die Seite setzen");
    for(int i=0; i<2; i++) {
        final int layer = i;
        menuLesezeichen.add(itemLesezeichen[i]);
        itemLesezeichen[i].addActionListener(
          new ActionListener() {
// Das Lesezeichen vor oder hinter eine Seite setzen
            public void actionPerformed(ActionEvent e) {
                if(layer==0) {
                    layeredPane.moveToFront(label);
                    position = 0;
                }
                else {
                    layeredPane.moveToBack(label);
                    position = -1;
                }
            }
        });
    }
// Die MenuBar mbBuch zu der LayeredPane in der Ebene mit dem
// Index 0 hinzufügen
```

```
    mbBuch.setBounds(0,25,300,20);
    layeredPane.add(mbBuch, new Integer(0));
// Eine JLabel-Komponente als Lesezeichen zu der LayeredPane in
// der Ebene 0 hinzufügen
    label = new UserLabel("Lesen",Color.gray,
      new Point(15,15), new Dimension(40,150));
    layeredPane.add(label, new Integer(0),0);
  }
// Member-Klasse
  public class UserLabel extends JLabel {
// Konstruktordefinition
    public UserLabel(String string, Color color, Point point,
                  Dimension dimension) {
      super(string);
      setVerticalAlignment(JLabel.TOP);
      setHorizontalAlignment(JLabel.CENTER);
      setOpaque(true);
      setBackground(color);
      setForeground(Color.black);
      setBorder(BorderFactory.createLineBorder(Color.black));
      setBounds(point.x, point.y, dimension.width,
        dimension.height);
    }
  }
// Das Lesezeichen mit der Maus bewegen
  public void mouseDragged (MouseEvent e) {
    label.setLocation(e.getX()-offset, e.getY()-offset);
  }
  public void mouseMoved (MouseEvent e) {}
// Ein Fenster erzeugen und seine LayeredPane im Konstruktor der
// umgebenden Klasse übergeben
  private static void starteGUI() {
    JFrame frame = new JFrame("BuchalsLayeredPane");
    frame.setDefaultCloseOperation(JFrame.EXIT_ON_CLOSE);
// Objekt der umgebenden Klasse erzeugen und als ContentPane
// setzen
    BuchalsLayeredPane newContentPane = new
      BuchalsLayeredPane(frame.getLayeredPane());
    frame.setContentPane(newContentPane);
// Die MenuBar mbLesezeichen setzen
    mbLesezeichen.add(m);
    frame.setJMenuBar(mbLesezeichen);
// Das Fenster anzeigen
    frame.setSize(new Dimension(200,250));
    frame.setVisible(true);
  }
// Static-Member-Klasse
```

```
public static class Test{
    public static void main(String[] args) {
        starteGUI();
    }
}
}
```

Programmausgaben

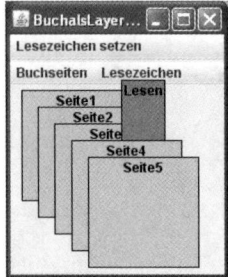

Hinweise zum Lösungsvorschlag

Der Referenzparameter vom Typ JLayeredPane im Konstruktor der umgebenden Klasse wird als final deklariert, damit dieser innerhalb der anonymen Klasse Gültigkeit hat.

Kapitel 8

Generics

8.1 Die Generizität

Die Generizität wurde für Java mit der Version 5.0 eingeführt, um die Prüfung der Typsicherheit von Daten zu erweitern und weitestgehend an den Compiler zu übergeben. Damit werden dem Anwender aufwendige Tests für das Prüfen von Fehlerquellen, die in diesem Zusammenhang in Programmen erforderlich waren, erspart.

Generische Datentypen benutzen in ihrer Deklaration Typparameter. Ein Typparameter besteht aus einer oder mehreren Typvariablen, die mit Typ-Schranken (»bounds«) versehen werden können. Werden in der Definition von generischen Klassen bzw. generischen Interfaces die Typvariablen durch aktuelle Typen ersetzt, entstehen die so genannten parametrisierten Typen. Das heißt, dass parametrisierte Typen mit Hilfe von Klassen und Interfaces realisiert werden, die als Parameter eine oder mehrere andere Klassen als Datentypen definieren. Solche Klassen werden in der Java-Literatur als »polymorphe Klassen« bezeichnet und liefern ein Beispiel für den in Kapitel 2 definierten »parametrisierten Polymorphismus«. Beim Erzeugen einer Instanz von einem parametrisierten Typ werden die gewünschten Typargumente im Aufruf einer generischen Klasse (analog zu einem Methodenaufruf) übergeben (»generic type invocation«) und mit Hilfe des new-Operators ein Objekt der Klasse von dem so spezifizierten Typ gebildet: `Generic-Typ<Integer> genericTyp = new GenericTyp<Integer>()`. In der gleichen Art wie Klassen können auch Interfaces parametrisiert werden.

Andere Arten von Polymorphismus konnte man schon mit den Sprachmitteln von Java 1.4 realisieren, so zum Beispiel den in Kapitel 1 definierten »impliziten Polymorphismus«. Da in Java alle Klassen Erweiterungen der Klasse `Object` sind, kann ein Platzhalter für einen beliebigen Datentyp (ausgenommen primitive Typen) als vom Typ `Object` deklariert werden und zu einem späteren Zeitpunkt durch einen von `Object` abgeleiteten Typ ersetzt werden. So ist es zum Beispiel möglich, in einem Array vom Typ `Object` Elemente von unterschiedlichen Typen wie `Integer`, `String`, `Punkt` etc. zu speichern. Diese Art der Realisierung von Polymorphismus kann jedoch zu Fehlern führen, wenn während der Laufzeit Operationen zwischen derartig unterschiedlichen Werten durchgeführt werden und diese nicht vom Programm aus vorher geprüft wurden. Für generische Datentypen werden derartige Prüfungen schon während der Übersetzung durchgeführt.

Die Typparameter werden der Klassen- bzw. Schnittstellendeklaration in spitzen Klammern hinzugefügt: `class GenKlasse<T extends Number,S extends Num-`

ber>. In diesem Beispiel deklariert die obige Programmzeile die Typvariablen T und S; T extends Number bzw. S extends Number sind die Typparameter der Klasse GenKlasse.

Typparameter können auch in Methodendeklarationen angewandt werden. Dazu braucht die Klasse oder Schnittstelle, die diese Methoden definiert, keine Typparameter zu besitzen. Sie werden vor dem Rückgabewert der Methode in spitzen Klammern angegeben und können sowohl in den Parametern der Methode wie auch als Rückgabetyp verwendet werden.

Nachdem die Typprüfung für generische Typen vom Compiler durchgeführt wurde, wird in Java eine einzige Klasse (bzw. ein einziges Interface) mit einem allgemeinen Typ erzeugt. Dies ist der Typ Object bzw. der Typ der oberen Schranke, falls die Typparameter Schranken besitzen. Danach stehen keine Informationen zu den verwendeten generischen Typen mehr zur Verfügung und während der Laufzeit wird ein einziges Klassenobjekt vom Typ der Java-Standard-Klasse Class<T> für alle zugehörigen parametrisierten Typen eines generischen Typs erzeugt. So braucht die JVM die Generics nicht zu unterstützen.

8.2   Generische Klassen und Interfaces

Generics unterstützen die Definition von abstrakten »Über-Typen« (Supertypen). Diese werden am häufigsten als Behälter (Container) für andere Datentypen eingesetzt, wie zum Beispiel die aus der Interface- und Klassen-Hierarchie für Collections.

Um die statische Typsicherheit (während der Compile-Zeit) von generischen Datentypen zu gewährleisten, gibt es Einschränkungen bei der Typumwandlung zwischen generischen Klassen (Konvertierung von Datentypen). Beispiel: Ein Behälter vom Typ Object ist kein Supertyp eines Behälters vom Typ String oder Integer, obwohl String und Integer Subtypen von Object sind. Generell gesagt, wenn KlasseA ein Supertyp von KlasseB und GenKlasse eine Deklaration für einen generischen Datentyp ist, so ist GenKlasse<KlasseA> kein Supertyp von GenKlasse<KlasseB> (Invarianz-Prinzip).

Um damit für generische Datentypen keine Einschränkungen einzuräumen, wurde das Wildcardzeichen »?« als Platzhalter für alle möglichen Datentypen eingeführt. Schon mit den früheren Java-Versionen konnten Instanzen von Klassen, die die Interfaces Collection, List oder Set implementieren, beliebige Objekttypen aufnehmen. Wäre diese Erweiterungsmöglichkeit für generische Typen nicht gegeben, würde die Verwendung von generischen Parametern für derartige Klassen und Interfaces nicht mehr die Möglichkeiten von vorher unterstützen.

Im Vergleich zu einem mit Namen gekennzeichneten Typ T, steht ? nicht für Object, sondern für jeden beliebigen Typ. Ist GenKlasse die zuvor ausgewählte Bezeichnung für die Deklaration eines generischen Datentyps, so wird der Supertyp für alle Subtypen von GenKlasse mit GenKlasse<?> definiert. Weil wir den Typ von GenKlasse<?> nicht kennen, können wir von diesem keine Objekte erzeugen. Einer Variablen vom Typ ? kann eine Instanz der Klasse von einem beliebigen Typ zugewiesen werden, nur kann auf diese im Nachhinein nicht schreibend zugegriffen werden. Ein lesender Zugriff ist jedoch erlaubt, und dabei wird der Typ Object zurückgegeben.

Aufgabe 8.1

Generischer Datentyp als Behälter für die Instanzen vom Typ des Klassenparameters

Eine generische Klasse GenericTyp1<T> definiert eine globale Referenz objekt vom Typ des Klassenparameters T. Die Klasse soll nur über den parameterlosen Standard-Konstruktor verfügen und zur Aufnahme und Bereitstellung von Objekten die Methoden setObjekt() und getObjekt() definieren.

Der Typparameter T wird durch einen konkreten Typ eingetauscht, sobald eine Instanz der Klasse erzeugt wird. Bilden Sie Instanzen der Klasse vom Typ Integer und String und zeigen Sie, dass eine Instanz der Klasse vom Typ Integer nur Objekte vom Typ Integer aufnehmen kann. Das Gleiche gilt für Instanzen vom Typ String.

Definieren Sie eine Methode getObjektTyp(), um den Datentyp der erzeugten Objekte zu ermitteln, und zeigen Sie diesen am Bildschirm an.

Hinweise für die Programmierung:

Der Begriff »Klassenparameter« wird in der Java-Literatur synonym zum Ausdruck »Typparameter der Klasse« verwendet. Beim Versuch, ein Objekt von einem Typ verschieden vom Typ des Klassenparameters der parametrisierten Klasse in deren Instanzen aufzunehmen, wird ein Compilerfehler gemeldet.

Java-Dateien: GenericTyp1.java
Programmaufruf: java GenericTyp1

Aufgabe 8.2

Generischer Datentyp als »Über-Typ« für die Instanzen vom Typ des Klassenparameters

Definieren Sie analog zur Aufgabe 8.1 eine generische Klasse GenericTyp2<T>, deren Konstruktor eine Referenz auf ein Objekt vom Typ des Klassenparameters T übergeben bekommt. Damit wird die Methode setObjekt() zur Aufnahme von Objekten nicht mehr benötigt. Diese Art der Definition rechtfertigt den Begriff »Über-Typ« für generische Datentypen, im Gegensatz zur Klasse GenericTyp1, die eher den Begriff »Behälter (Container) für andere Datentypen« als sinnvoller erscheinen lässt.

Java-Dateien: GenericTyp2.java
Programmaufruf: java GenericTyp2

Aufgabe 8.3 ☆ ☆ ☆

Generischer Stack

Ein Stack (Kellerspeicher) kann über eine verkettete Liste definiert werden, die über ein selbstreferenzierendes Feld einer Klasse erzeugt wird. Fügt man zur Klassendefinition eine Typvariable zur Parametrisierung der Klasse ein, kann diese innerhalb der Klasse als Platzhalter für einen bestimmten Datentyp verwendet werden und der so erzeugte Stack auch nur zum Kellern von Daten dieses speziellen Typs genutzt werden.

Erstellen Sie zu diesem Zweck die generische Klasse `GenericStack<T>`, die zwei Instanzfelder `objekt` vom Typ des Klassenparameters T und `aktuellElem` vom Typ einer Member-Klasse `Knoten` definiert. Im ersten Feld werden die Werte gespeichert, die im Stack abgelegt sind, und im zweiten ein Element der verketteten Liste, über die der Stack generiert wird.

Die Klasse `Knoten` definiert ein selbstreferenzierendes Feld vom Typ der eigenen Klasse `vorElem` und ebenfalls ein Instanzfeld `objekt` vom Typ T. Implementieren Sie in der Klasse `GenericStack<T>` die Methoden `push()` und `pop()` der generischen Schnittstelle `GenInterface<T>` zum Einfügen und Herausnehmen der im Stack gespeicherten Werte. `GenInterface` soll als Static-Member-Interface definiert werden.

Erzeugen Sie Instanzen der Klasse `GenericStack<T>` vom Typ `Integer` und `String` und fügen Sie diesen die ganzen Zahlen von 1 bis 26 bzw. die Buchstaben von A bis Z hinzu.

Für die Anzeige der in den Stacks gekellerten Daten am Bildschirm sollen `JCombo`-`Box`-Komponenten verwendet werden, die diese Daten aufnehmen, und zu einer `JFrame`-Komponente hinzugefügt werden.

Java-Dateien: `GenericStack.java`
Programmaufruf: `java GenericStack`

8.3 Wildcardtypen

Für Wildcardtypen können Schranken gesetzt werden. Der Ausdruck `? extends SuperTyp` wird als Wildcard mit oberer Schranke (»upper bound wildcard«) bezeichnet und der Ausdruck `? super SubTyp` als Wildcard mit unterer Schranke (»lower bound wildcard«). Im Gegensatz zu `extends` kann die Ergänzung `super` wie auch das `?` nicht in der Deklaration von Klassen genutzt werden.

Wildcardtypen sind keine eigentlichen Typen. Darum wird in der Java-Literatur recht häufig dafür der Begriff »Wildcard-Ausdruck« benutzt. Diese können nur in parametrisierten Typen als aktuelle Argumente eingesetzt werden, wie zum Beispiel: `Set<?>`, `Set<? extends Number>` oder `Set<? super Integer>`. Derartige Typen werden auch als Wildcard-parametrisierte Typen bezeichnet.

Aufgabe 8.4

Ungebundene Wildcardtypen

Erstellen Sie eine Klasse `GenericTypmitWildcard<T>`, die das gleiche Instanzfeld und die gleichen Methoden wie die Klasse `GenericTyp1` aus der Aufgabe 8.1 besitzt. Definieren Sie für diese Klasse eine zusätzliche Klassenmethode `anzeige()` und benutzen Sie in Ihrer Deklaration Wildcardtypen, um damit die von allen Instanzen der Klasse mit den unterschiedlichen Typen `Integer`, `Float` und `Double` aufgenommenen Objekte anzeigen zu können.

Hinweise für die Programmierung:

Dass bei der Verwendung eines parametrisierten Datentyps später nur Objekte des beim Erzeugen einer Instanz der Klasse verwendeten Datentyps genutzt werden können, wäre ohne Erweiterungsmöglichkeiten eine Einschränkung gegenüber früheren Versionen von Java. Wildcards können aber nicht in Klassendefinitionen verwendet werden, eine Klassendeklaration mit `class GenericTypmitWildcard<?>` führt zum Compilerfehler "Identifier expected". Sie können als Platzhalter in der Definition von Referenzen vom Typ der Klasse genutzt werden, die Referenzen von Instanzen der Klasse von einem bestimmten Typ zugewiesen bekommen, oder als Parameter bzw. Rückgabewert in Methodendefinitionen dienen.

Einer Referenzvariablen von einem ungebundenen Wildcardtyp `GenericTypmit-Wildcard<?>` kann die Referenz auf eine Instanz der Klasse von einem beliebigen konkreten Typ zugewiesen werden, nur kann auf diese im Nachhinein nicht schreibend zugegriffen werden. Weil der Compiler den Typ der Instanz, die man hinzufügen möchte, nicht kennt, führt dies zu einem Compilerfehler. Ein lesender Zugriff wird jedoch erlaubt und, wie bereits erwähnt wurde, die zurückgegebene Instanz hat den Typ `Object`.

Java-Dateien: `GenericTypmitWildcard.java`
Programmaufruf: java `GenericTypmitWildcard`

Aufgabe 8.5

Obere Schranke (»upper bound wildcard«) für Wildcardtypen

Definieren Sie analog zur Klasse `GenericTypmitWildcard` aus der Aufgabe 8.4 eine neue Klasse `GenericTypmitExtend<T extends Number>`. Diese soll in ihrer Methode `anzeige()` als Methoden- und Rückgabe-Parameter eine Referenz vom Typ der eigenen Klasse zulassen, die als Typparameter alle Typen von Klassen, die die Java-Standard-Klasse `Number` erweitern, definiert.

Definieren Sie eine zusätzliche Methode `add()` für diese Klasse, die zwei Referenzen vom gleichen Typ wie der Parameter der Methode `anzeige()` übergeben bekommt. Sie liest mit Hilfe der Methode `getObjekt()` der Klasse die Objekte, die in den Instanzen der Klasse von unterschiedlichen Typen hinterlegt wurden und für diese mit der Methode `getValue()` der abstrakten Klasse `Number` deren numerischen Wert. Die von der Klasse `Number` abgeleiteten Klassen `Integer`, `Float` und `Double` implementieren alle diese Methode. Die so ermittelten numerischen Werte sollen addiert und als `int`-Wert von der Methode zurückgegeben werden.

Erzeugen Sie in der `main()`-Methode der Klasse Instanzen von zugelassenen parametrisierten Typen, wie `GenericTypmitExtend<Integer>`, `GenericTypmitExtend<Float>` oder `GenericTypmitExtend<Double>` und rufen Sie für diese die Methoden der Klasse auf.

Java-Dateien: `GenericTypmitExtend.java`
Programmaufruf: `java GenericTypmitExtend`

Aufgabe 8.6

Untere Schranke (»lower bound wildcard«) für Wildcardtypen

Die Klasse `GenericTypmitSuper<T extends Container>` besitzt den Typparameter T, der vom Typ der Klasse `Container` oder deren Unterklassen sein kann. Sie definiert eine globale Referenz komponente vom Typ des Klassenparameters und Zugriffsmethoden für das Setzen und Lesen von Werten ihres Instanzfeldes. Die Methode `add()` der Klasse definiert zwei Parameter vom Wildcard-parametrisierten Typ `GenericTypmitSuper<? super MetalScrollButton>` und demselben Rückgabetyp. Beim Aufruf der Methode sind alle Oberklassen von `MetalScrollButton` erlaubt. Sie dient dazu, die im zweiten Parameter über ihre Referenz übergebene Komponente zu der im ersten Parameter übergebenen Komponente hinzuzufügen.

Erzeugen Sie eine Instanz der Klasse `GenericTypmitSuper` vom Typ `Container` und fügen Sie dieser ein `Container`-Objekt hinzu, das einen Layout-Manager vom Typ `GridLayout` definiert. Instanzen der Klasse vom Typ `JButton`, `MetalScrollButton` und `BasicArrowButton`, die je eine Komponente vom zugehörigen Typ beinhalten, sollen mit Hilfe der `add()`-Methode nacheinander dieser Komponente hinzugefügt werden und in einer anderen Komponente der Klasse vom Typ des Rückgabewertes der Methode abgelegt werden. Zeigen Sie die so erstellte Komponente in einem Fenster vom Typ der Klasse `JFrame` am Bildschirm an.

Hinweise für die Programmierung:

In der Klassendeklaration ist die Angabe von `Container` als obere Schranke für ihren Typparameter erforderlich, da ansonsten T beim Übersetzen durch den Typ `Object` eingetauscht wird und die Klasse `Object` keine `add()`-Methode definiert, die von der `add()`-Methode dieser Klasse aufgerufen werden kann.

Java-Dateien: `GenericTypmitSuper.java`
Programmaufruf: `java GenericTypmitSuper`

8.4 Legacy Code, Erasure und Raw-Typen

Eine der wichtigsten Voraussetzungen bei der Einführung von Generics war deren Kompatibilität zu früheren Java-Versionen, damit keine Änderungen in den grundlegenden Sprachelementen von Java und der JVM erforderlich sind.

Dies wurde durch die Nutzung der Typlöschung (»Type erasure«) erreicht: Beim Compilieren von Programmen werden die Typparameter durch ihre oberen Schranken ersetzt. Diese sind vom Typ `Object`, falls keine anderen definiert wurden. Um die Typkompatibilität mit dem durch die Typargumente spezifizierten Typ beizubehalten, wird ein Casting durchgeführt.

Generische Klassen müssen nicht zwangsläufig parametrisiert werden. Ein parametrisierter Typ ohne Typargument wird »Raw-Typ« genannt. Damit bisher erstellter Java-Code, auch »legacy code« genannt, kompatibel mit den generischen Typen bleibt, wurde in Java die Möglichkeit geschaffen, parametrisierte Klassen ohne Typargumente zu nutzen. Damit werden Instanzen erzeugt, deren parametrisierter Typ durch den Typ `Object` ersetzt wird.

Raw-Typen bringen allerdings auch einen Nachteil mit sich: Die von Generics gewährleistete Typsicherheit geht damit verloren. Um dem Benutzer dies mitzuteilen, erzeugt der Compiler beim Instanziieren von Raw-Typen eine Warnung: "unchecked call ...".

Die Warnung "unchecked conversion" wird ausgegeben, wenn einem parametrisierten Typ ein Raw-Typ zugewiesen wird. Einem Raw-Typ können jedoch alle parametrisierte Typen zugewiesen werden, ohne dass der Compiler darauf hinweist, weil diese keine zusätzlichen Verletzungen der Typsicherheit mit sich bringen als die, auf die schon beim Erstellen von Raw-Typen hingewiesen wurde.

Darum sollten Raw-Typen nur in Zusammenhang mit legacy code genutzt werden und nicht beim Erstellen von neuem Java-Code.

Der Begriff »reifiable type« (reifizierbarer Typ) wird in der Literatur benutzt, um Typen, die nach einer Typlöschung unverändert bleiben (also auch zur Laufzeit komplett verfügbar sind), zu beschreiben. Dies sind in Java alle nicht-generischen Referenztypen, primitive Typen, Raw-Typen, parametrisierte Typen, in denen alle Typargumente ungebundene Wildcardtypen sind, und Arraytypen, deren Komponententyp reifiable ist. Für reifizierbare Typen erfolgt ein Speichern von Typinformationen im Bytecode.

Um die Warnungen anzuzeigen, kann der Compiler mit dem Argument -Xlint aufgerufen werden.

Die Typlöschung durch den Compiler kann für bestimmte Methoden zu Problemen führen, wenn diese ihren Deklarationen in abstrakten Klassen oder Interfaces genügen müssen. Um dies zu verhindern, fügt der Compiler zur Klasse so genannte Brückenmethoden (»bridge methods«) hinzu. Dadurch wird eine Methode generiert, die der Methode der abstrakten Klasse bzw. des Interface entspricht, und diese ruft die Methode der Klasse auf, die einen speziellen Typ des Interface oder der abstrakten Klasse implementiert.

Wie schon im Kapitel 2 vermerkt, werden Brückenmethoden auch dann generiert, wenn der Typ des Rückgabewertes für eine in einer Unterklasse überschriebene Methode der Oberklasse nicht der gleiche ist wie der für die Methode der Oberklasse (kovariante Rückgabetypen).

Aufgabe 8.7   ☆ ☆

Raw-Typen am Beispiel einer generischen Klasse mit zwei Typparametern

Eine generische Klasse GenericPunkt<T,V> mit zwei Typparametern T und V soll die Vorlage für ein Punkt-Objekt definieren, das unterschiedliche Typen von Koordinaten besitzen kann. Sie definiert zwei globale Referenzen vom Typ der Klassenparameter, die sowohl über den Konstruktor der Klasse wie auch über deren Zugriffsmethoden setKoordinate1() und setKoordinate2() initialisiert werden können. Zwei weitere Zugriffsmethoden getKoordinate1() und getKoordinate2() können deren Werte zurückgeben. Definieren Sie für die Anzeige der Punktkoordinaten eine Methode ausgabe() mit einem Parameter vom Typ GenericPunkt<?,?>, damit es möglich ist, Objekte von beliebigen parametrisierten Typen der generischen Klasse anzuzeigen.

Erstellen Sie in der gleichen Java-Datei mit der Klasse GenericPunkt eine externe Klasse RawTyp, die auch den Namen des Java-Programms festlegt und die Definition und Arbeit mit Raw-Typen anhand von Instanzen der Klasse GenericPunkt demonstrieren soll. Erzeugen Sie in der main()-Methode der Klasse Instanzen von Typen wie GenericPunkt<Integer,Integer> und GenericPunkt<Double,Double>, aber auch von Mischtypen wie zum Beispiel GenericPunkt<Integer,Double> und Raw-Typen. Testen Sie, welche Zuweisungen zwischen parametrisierten Typen und Raw-Typen erlaubt sind und welche nicht.

Hinweise für die Programmierung:

Eine Raw-Typ-Referenz auf ein Objekt der generischen Klasse GenericPunkt kann mit: GenericPunkt punkt = new GenericPunkt(1.0F,1.0F); bzw. GenericPunkt punkt = new GenericPunkt(1,1); gesetzt werden. Aber auch mit: GenericPunkt punkt3=new GenericPunkt(-1.0F,1);. Damit werden GenericPunkt-Objekte erzeugt, deren Typparameter T und V durch den Typ Object ersetzt werden.

Die externe Klasse GenericPunkt darf in ihrer Deklaration den Modifikator public nicht enthalten, weil dieser in der gleichen Java-Datei mit der Klasse RawTyp abgespeichert wird.

Java-Dateien: RawTyp.java
Programmaufrufe: javac -Xlint RawTyp.java und java RawTyp

Aufgabe 8.8

Generische Interfaces

Definieren Sie ein generisches Interface `Equality<T>`, das eine Methode `equal()` vorgibt, um die Gleichheit von zwei Objekten, die über ihre Referenzen im Methodenaufruf übergeben werden, zu prüfen.

Die Klasse `PointEqual` soll das mit der Klasse `Point` parametrisierte Interface und dessen Methode für Instanzen vom Typ der Java-Standard-Klasse `Point` implementieren.

Die Methode `equal()` gibt den `boolean`-Wert `true` zurück, falls die Koordinaten der in ihrem Aufruf übergebenen Punkte, die über die Feldnamen x und y der Klasse `Point` angesprochen werden können, den gleichen Wert haben. Ansonsten gibt die Methode den `boolean`-Wert `false` zurück.

Definieren Sie ein Array von beliebigen `Point`-Instanzen und vergleichen Sie nacheinander deren Werte, indem Sie die Methode `equal()` an einer Instanz der Klasse `PointEqual` aufrufen.

Die generische Schnittstelle `Equality<T>` soll als externes Interface ebenfalls in der Java-Datei `PointEqual.java` definiert werden.

Rufen Sie den Decompiler `javap` für die Datei `PointEqual.class` auf, damit die Brückenmethode angezeigt wird, die vom Compiler generiert wurde, um der Methodensignatur des Interface zu genügen.

Java-Dateien: `PointEqual.java`
Programmaufruf: `java PointEqual` und `javap PointEqual`

Aufgabe 8.9

Brückenmethoden (»bridge methods«)

Um das Erstellen von Brückenmethoden in Zusammenhang mit generischen Datentypen zu verdeutlichen, wird eine generische Klasse `GenericTyp<T>` mit dem Typparameter T erstellt und von der mit der Klasse `Point` parametrisierten Klasse `GenericTyp<Point>` eine zweite Klasse `GenericSubTyp` abgeleitet.

Die Klasse `GenericSubTyp` erbt das Instanzfeld `objekt` der Oberklasse und ihre Methode `setObjekt()`, die eine Referenz vom Typ des Klassenparameters übergeben bekommt. Sie überschreibt deren Methode `getObjekt()`, indem sie einen kovarianten Rückgabetyp vom Typ der Klasse `Point` für den Rückgabetyp `Object` der gleichnamigen Methode ihrer Oberklasse definiert.

Definieren Sie eine weitere Klasse `BrueckenMethoden`, in der Sie `GenericTyp<Point>`- und `GenericSubTyp`-Objekte erzeugen und an diesen die Methode `getObject()` aufrufen.

Die Klassen GenericTyp und GenericSubTyp sollen als externe Klassen mit der Klasse BrueckenMethoden in der Java-Datei BrueckenMethoden.java definiert werden.

Rufen Sie für die Klassen GenericTyp und GenericSubTyp einen Decompiler auf, um die generierten Brückenmethoden anzuzeigen.

Java-Dateien: BrueckenMethoden.java
Programmaufrufe: java BrueckenMethoden, javap GenericTyp
und javap GenericSubTyp

8.5 Generische Arrays

Ein new T()-Ausdruck, in dem T eine Typvariable ist, wird in Java vom Compiler als Fehler zurückgewiesen. Dies liegt daran, dass intern der generische Typ mit Object als Platzhalter übersetzt wird und man damit genau das erreichen würde, was ohne die Nutzung von Generizität der Fall war. So kann der Elementtyp für ein Array-Objekt weder eine Typvariable noch ein parametrisierter Typ sein, es sei denn, dessen Typargument ist ein ungebundener Wildcardtyp. Man kann Arraytypen deklarieren, deren Elementtyp eine Typvariable oder ein parametrisierter Typ ist, aber keine Array-Objekte erzeugen, weil die Typparameter zur Laufzeit nicht mehr zur Verfügung stehen. Arrays kennen auch keine Typlöschung. Der Programmierer kann ein generisches Array erzeugen, indem er einer Arrayreferenz vom Typ eines Klassenparameters T eine Referenz auf ein existierendes Array zuweist oder die Methode newInstance() der Klasse java.lang.reflect.Array aufruft.

Aufgabe 8.10
Erzeugen von generischen Arrays

Definieren Sie eine generische Klasse GenericArray<T> mit einem Typparameter T und versuchen Sie, ein generisches Array vom Typ T zu erzeugen. Es können weder Arrays vom Typ eines Typparameters der Klasse erzeugt werden, wie mit: array = new T[10];, noch Arrays vom Typ einer parametrisierten Referenz der Klasse, wie mit: GenericArray<Integer> [] GenericArray = new GenericArray<Integer>[2];.

Es können jedoch Referenzen auf ein Array vom Typ des Klassenparameters definiert werden und diesem kann im Konstruktor der Klasse eine Referenz auf ein existierendes, im Typ kompatibles Array, zugewiesen werden.

Erstellen Sie in der main()-Methode der Klasse zwei Array-Objekte vom Typ Integer und Float mit den Elementwerten 1 und 2 bzw. 1.0 und 2.0 und übergeben Sie diese als Referenz im Konstruktor der Klasse. Somit können weitere Array-Objekte vom Typ Integer bzw. Float erstellt werden.

Erzeugen Sie des Weiteren Array-Objekte von parametrisierten Typen der Klasse GenericArray. Damit entstehen zweidimensionale Arrays, die mit Hilfe von ungebundenen Wildcardtypen definiert werden können.

Zeigen Sie sowohl die neu erzeugten eindimensionalen Arrays wie auch die zweidimensionalen Arrays am Bildschirm an.

Java-Dateien: GenericArray.java
Programmaufruf: java GenericArray

8.6 Generische Methoden

Eine Methode, die einen generischen Typ benutzt, muss diesen in der Signatur, ähnlich wie bei generischen Klassen, in spitzen Klammern angeben und wird generische Methode genannt. Somit können parametrisierte Datentypen in Methoden genutzt werden, ohne dass die Klasse Typparameter besitzt.

Aufgabe 8.11
Generische Methodendefinitionen

Definieren Sie eine Klasse GenericMethoden mit zwei generischen Methoden erzeugeArray(), die generische Arrays mit der Methode newInstance() der Klasse java.lang.reflect.Array erzeugt, und anzeigeArray(), die die Elemente eines Arrays über eine for-each-Schleife ausgibt.

Durch den Aufruf der Methode newInstance() erfolgt nur das Erzeugen eines Array-Objekts von einem im Methodenaufruf übergebenen Typ. Die Elemente des Arrays müssen nach wie vor einzeln initialisiert werden.

Hinweise für die Programmierung:

Würde ein new T[] in ein new Object[] umgesetzt werden, würde damit ein Array vom Typ Object erzeugt, was der Typsicherheit widerspricht und deshalb vom Compiler verboten wird. Der Benutzer kann einen passenden Datentyp erzeugen, indem er die Methode newInstance() der Klasse java.lang.reflect.Array aufruft. Dabei wird der aktuelle Typ von T explizit mittels der Methode getClass() von einem existierenden Array geholt und, aufbauend darauf, ein Array vom gleichen Typ erzeugt. Ohne das Cast (T[]) meldet der Compiler den Fehler "incompatible types" und mit dem Cast die Warnung "unchecked cast", das heißt, ein Laufzeitfehler wird auch damit nicht ausgeschlossen.

Java-Dateien: GenericMethoden.java
Programmaufrufe: javac -Xlint GenericMethoden.java
und java GenericMethoden

8.7 for-each-Schleifen für Collectionen

for-each-Schleifen wurden, wie schon in Kapitel 1 geschildert, mit Java 5.0 eingeführt. Die Aufgabe 1.20 liefert Beispiele für die Anwendung von for-each-Schleifen mit Arrays.

Zusätzlich zu der for-Schleifen-Variante mit einem Indexzähler, der initialisiert und inkrementiert wurde, konnte schon in den Vorgänger-Versionen ein Iterator erzeugt werden, um damit auf einzelne Elemente einer Menge zuzugreifen. Die erweiterte for-Schleife (for-each) für Collections basiert auf dem mit der Version 5.0 von Java eingeführten Interface java.lang.Iterable<T> und verfügt über eine abgekürzte Schreibweise: for(<Typ> <Variable>: <Collection>);, wobei die Typvariable dem Typ der Aufzählungselemente der Collection entspricht. Diese Elemente müssen in einem Objekt vom Typ einer Klasse, die das Interface java.lang.Iterable<E> implementiert, abgelegt werden (das heißt vom Typ einer Collection-Klasse sein).

Aufgabe 8.12
Generische Arrays in generischen Methodendefinitionen

Ein wichtiger Einsatz von generischen Arrays ist der als Parameter von Methoden.

Implementieren Sie in einer Klasse GenericArrayundGenericMethoden drei generische Methoden sucheElem(), sucheMenge() und tauscheMenge(), um Elemente von Mengen, die als Elemente von Array-Objekten dargestellt werden sollen, mit Referenzen von generischen Arrays zu manipulieren.

Die ersten beiden Methoden definieren in spitzen Klammern zwei Typparameter T und V. Da eine Abhängigkeit zwischen einer Menge und ihren dazugehörigen Elementen besteht, soll in der Methode sucheElem() der zweite Typparameter mit einer Schranke vom Typ des ersten definiert werden. Im Methodenaufruf werden Referenzen vom Typ T und V[] übergeben. Das vom Typ T übergebene Element einer Menge wird in einer for-Schleife mit allen Elementen der Menge, die als Referenz vom Typ Array im zweiten Methodenparameter übergeben wird, verglichen. Ist es in der Menge enthalten, wird der Index des so ermittelten Elementes an den Aufrufer der Methode zurückgegeben.

Die Parameter der Methode sucheMenge() sind vom Typ T[] und V[]. Diesen werden bei einem Methodenaufruf Referenzen von zwei Mengen zugewiesen. Definieren Sie mit zwei geschachtelten for-Schleifen einen Algorithmus, über den ermittelt werden kann, ob alle Elemente der ersten Menge in der zweiten enthalten sind. Die Methode soll den boolean-Wert false zurückgeben, sobald ein Element der ersten Menge nicht in der zweiten aufzufinden ist.

Die Methode tauscheMenge() definiert einen Typparameter T und als Rückgabewert ein generisches Array vom Typ des Typparameters. Sie bekommt zwei Mengen mit gleicher Anzahl von Elementen übergeben und tauscht die Elemente der ersten

Menge durch die gleich positionierten Elemente der zweiten Menge aus, falls diese ungleich sind.

Definieren Sie beliebige Mengen als Array-Objekte von beliebigen Typen, rufen Sie für diese die Methoden der Klasse auf und zeigen Sie Ihre Ergebnisse am Bildschirm an.

Java-Dateien: `GenericArrayundGenericMethoden.java`
Programmaufruf: `java GenericArrayundGenericMethoden`

8.8 Generische Standard-Klassen und -Interfaces

Das Java Collection Framework beinhaltet die Gesamtheit der im Paket `java.util` definierten Klassen und Interfaces, die für die Implementierung von komplexen Datenstrukturen zuständig sind. Sie können Objekte von unterschiedlichen Typen aufnehmen, wie Listen, Vektoren, Stacks und Queues. Alle `Collection`-Klassen und -Interfaces wurden in der Version 5.0 von Java generifiziert. Somit können nur noch Referenzen von einem vorgegebenen Typ zu einer bestimmten Collection hinzugefügt werden, was zur Typsicherheit von Daten beiträgt. Auch der Iterator einer Collection, über den auf deren Elemente zugegriffen wird, muss den Typ der Elemente haben.

Mit der Version 5.0 von Java wurde auch die generische Schnittstelle `Iterable<T>` eingeführt. Die `Collection`-Schnittstelle erweitert jetzt die Schnittstelle `Iterable`, um die Funktionalität einer `for-each`-Schleife zu ermöglichen. Von dieser werden weitere generische Schnittstellen, wie `List`, `Set` und `Queue` abgeleitet.

Iteratoren wurden durch das Hinzufügen eines generischen Typs sicherer gemacht; bei ihrem Einsatz ist keine Typumwandlung mehr nötig.

Das `Map<K,V>`-Interface besitzt zwei Typparameter K und V, wobei K für key (Schlüssel) und V für value (Wert) stehen. Die Menge der Schlüssel hat den Typ `Set<E>` und die der Werte den Typ `Collection<E>`.

Die abstrakte Klasse `AbstractMap<K,V>` beinhaltet eine Rahmenimplementierung für das Interface `Map<K,V>`. Instanzen von Klassen, die das Interface `Map` implementieren, werden auch Abbildungen genannt und ordnen verschiedenen Schlüsseln Werte zu. Eine Abbildung kann keine gleichen Schlüssel enthalten und einem Schlüssel kann immer nur ein Wert zugeordnet werden.

Die Klasse `EnumMap<K extends Enum<K>,V>` ist eine spezielle Implementierung von `AbstractMap`, die den Typ von Enumerationen `enum` als Typ für die Schlüssel nutzt. EnumMaps werden intern als Arrays repräsentiert. Hierfür sind `null`-Keys nicht zugelassen, jedoch `null`-Values.

`HashMap<K,V>` ist eine auf `Hashtable<K,V>` basierende Implementierung von `Map`, die `null`-Keys und `null`-Values zulässt.

Die Klasse `TreeMap<K,V>` ist eine spezielle Implementierung des Interface `SortedMap<K,V>`, die garantiert, dass die Schlüssel der Abbildungen in aufsteigender Reihenfolge vorhanden sind.

Aufgabe 8.13 ☆
Die Klasse ArrayList<E> und die Schnittstelle List<E>

Die in der Aufgabe 3.2 definierten Klassen Kugel und Kegel erweitern die abstrakte Klasse GeometrischeKoerper aus dem gleichen Kapitel. Definieren Sie eine Klasse mit dem Namen GeometrischeKoerpermitGenericStdKls, die Instanzen vom Typ Kugel und Kegel der generischen Klasse ArrayList<E> erzeugt.

Dann kann eine Variable mit dem Namen aList1 vom Typ ArrayList<Kugel> nur Referenzen auf Instanzen vom Typ der Klasse Kugel und eine Variable mit dem Namen aList2 vom Typ ArrayList<Kegel> nur Referenzen auf Instanzen vom Typ der Klasse Kegel aufnehmen.

Damit für die Ausgabe irrelevant ist, von welchem Typ die angezeigten Objekte sind, definiert die Methode ausgabe() der Klasse GeometrischeKoerpermit-GenericStdKls einen Platzhalter für einen unbekannten Typ mit Angabe der Untereigenschaft des Parametertyps, und dieser soll vom Typ der Klasse GeometrischeKoerper sein. Weil die Klasse ArrayList<E> die Schnittstelle List<T> implementiert, kann der Methodenparameter vom Typ List gewählt werden.

Java-Dateien: Kugel.java, Kegel.java, GeometrischeKoerper.java, GeometrischeKoerpermitGenericStdKls.java
Programmaufruf: java GeometrischeKoerpermitGenericStdKls

Aufgabe 8.14
Die Klasse Vector<E> und die Schnittstelle Collection<E>

Eine Klasse GenericStdKlsundInt definiert eine generische Methode mit folgender Signatur: public static <T> T addListe (Collection <T> collection, List<? super T > liste). Diese Methode extrahiert die Einträge einer Collection vom Typ T über eine for-each-Schleife und fügt diese nacheinander einer Liste von einem Wildcard-parametrisierten Typ mit einer oberen Schranke vom Typ T hinzu. Bei einem Aufruf der Methode soll das letzte Element der Collection zurückgegeben werden.

Da die generische Klasse Vector<E> die Schnittstellen Collection<E> und List<E> implementiert, können Referenzen von diesen als Parameterwerte im Methodenaufruf angegeben werden. Sowohl Variablen vom Typ Collection<T> wie auch vom Typ List<? super T> können Referenzen von Instanzen der Klassen Vector<Point>, Vector<Point2D.Float> oder Vector<Point2D.Double> aufnehmen.

Erzeugen Sie Instanzen der Klassen Vector<Point>, Vector<Point2D.Float> und Vector<Point2D.Double>, zeigen Sie deren Werte am Bildschirm an und fügen Sie diese zu einer Liste hinzu, die unterschiedliche Datentypen (als Unterklassen von `Point2D` definiert) aufnehmen kann. Die Elemente der so erzeugten Liste sollen nochmals am Bildschirm ausgegeben werden. Wandeln Sie die Liste in ein `Point2D`- bzw. `Object`-Array um, indem Sie die Methoden `toArray()` des Interface `Collection` nutzen, und zeigen Sie auch deren Elemente am Bildschirm an.

Hinweise für die Programmierung:

Die Methoden `toArray()` des Interface `Collection` definieren eine Brücke zwischen der Array-API und der Collection-API von Java. Sie geben ein Array zurück, das alle Elemente einer Collection (hier vom Typ der Klasse `Vector`) beinhaltet. Der Laufzeittyp des zurückgelieferten Arrays entspricht dem Typ des spezifizierten Arrays. Passt die Collection in das Array, so wird genau dieses zurückgegeben. Ansonsten wird zur Laufzeit Speicher für ein neues Array vom gleichen Typ, dessen Größe der Größe der Collection entspricht, alloziert.

Java-Dateien: `GenericStdKlsundInt.java`
Programmaufruf: `java GenericStdKlsundInt`

Aufgabe 8.15
Die Klasse TreeMap<K,V>

Die von der abstrakten Klasse `AbstractMap` abgeleitete Klasse `TreeMap` ist eine von mehreren generischen Standard-Klassen der Programmiersprache Java mit zwei Typparametern.

Definieren Sie eine Klasse `GenericMapObjekte`, die die Array-Objekte mit den Namen `schule`, `klasse` und `schueler` als Klassenfelder vom Typ `String[2]`, `String[2][2]` und `String[2][2][2]` definiert, und initialisieren Sie deren Elemente mit Namen von Klassen, Schulen und Schülern in der Form Schule1, Klasse11, Schueler111, ... Schule 2, Klasse 21 etc.

Erzeugen Sie Instanzen vom parametrisierten Typ `TreeMap<String,String>` und `TreeMap<String,Map<String,String>>` und definieren Sie mit der Methode `put()` Zuordnungen zwischen Schülern, Klassen und Schulen. Den einzelnen Schulen sollen je zwei Klassen zugeordnet werden, deren erster Index mit dem der Schule übereinstimmt. Den einzelnen Klassen sollen je zwei Schüler zugeordnet werden, deren erster und zweiter Index mit denen der Klasse übereinstimmt. Benutzen Sie die Methode `get()`, um die den Schlüsseln von Abbildungen zugeordneten Werte zu lesen, und zeigen Sie diese am Bildschirm in der Form: »Der Schueler111 ist in der Klasse11 der Schule1« an.

Java-Dateien: `GenericMapObjekte.java`
Programmaufruf: `java GenericMapObjekte`

Aufgabe 8.16

☆ ☆ ☆

Wiederholungsaufgabe

In der `main()`-Methode der Klasse `GenericMapObjektemitForEach` werden drei eindimensionale Arrays mit `String[] a = {"Schule1","Schule2"}`, `String[] c = {"Klasse11", "Klasse12"}` und `String[] d = {"Klasse21", "Klasse22"}` deklariert und initialisiert und zwei zweidimensionale Arrays mit: `String[][] m = {{"Schueler111", "Schueler112"}, {"Schueler121", "Schueler122"}}`, `String[][] n = {{"Schueler211", "Schueler212"}, {"Schueler221", "Schueler222"}}`.

Wie bekannt, sind mehrdimensionale Arrays in Java Arrays von Arrays. Definieren Sie ein zweidimensionales Array b als Array von c und d und ein dreidimensionales Array l als Array von m und n. Zeigen Sie deren Elemente mit Hilfe von for-each-Schleifen am Bildschirm an.

Erzeugen Sie Instanzen der parametrisierten Klassen `TreeMap<String,String[][]>` und `TreeMap<String,String[][][]>` und ordnen Sie wie in der Aufgabe 8.15 mit der Methode `put()` jeder Schule alle vier Klassen und jeder Klasse alle acht Schüler zu, indem Sie `for-each`-Schleifen für die Iteration von Arrayelementen nutzen. Ermitteln Sie mit den Methoden `keySet()` und `values()` der Klasse `TreeMap` die Menge der Schlüssel und aller zugeordneten Werte für beide Abbildungen und zeigen Sie die so erzeugten Instanzen vom Typ `Set<String>` und `Collection<String[][]>` bzw. `Collection<String[][][]>` am Bildschirm an.

Die den Schlüsseln der Abbildungen zugeordneten Werte sollen danach über die `get()`-Methode zurückgewonnen und erneut angezeigt werden.

Java-Dateien: `GenericMapObjektemitForEach.java`
Programmaufrufe: `javac –Xlint GenericMapObjektemitForEach.java`,
`java GenericMapObjektemitForEach`

8.9 Enumerationen und die generische Klasse Enum<E extends Enum<E>>

Aufzählungen von konstanten `int`-Werten werden ab Java Version 5.0 durch die Definition von Enumerationen ersetzt. Neben dem Schlüsselwort `class` wird nun mit dem Schlüsselwort `enum` eine spezielle Art von Klassen für Konstanten definiert. `enum`-Konstanten sind typsicher und jede einzelne stellt ein Objekt der Klasse dar, wie der decompilierte Code von `enum`-Klassenobjekten zeigt. Diese Konstanten können im Gegensatz zu `int`-Konstanten abgeändert werden, ohne dass die Klassen, die sie verwenden, neu kompiliert werden müssen.

`enum`-Klassen erweitern die abstrakte Klasse `Enum<E extends Enum<E>>` von Java und erben somit alle ihre Methoden wie `values()`, die ein Array von allen Aufzählungskonstanten liefert, und `ordinal()`, die die Zahl zurückgibt, die beim Aufbau von Aufzählungen einer bestimmten Konstanten zugeordnet wird. Die Methode `toString()` der Klasse `Enum` liefert eine String-Repräsentation für eine Aufzählungskonstante, die identisch mit ihrem Namen ist.

Beim Decompilieren kann festgestellt werden, dass `enum`-Klassen automatisch als `final` deklariert werden und dass sie nur private Konstruktoren besitzen, so dass von diesen keine anderen Klassen abgeleitet werden können und keine Objekte erzeugt werden können. Sie werden automatisch von der Klasse `Enum` abgeleitet und es ist nicht erlaubt, diese als Oberklasse anzugeben.

Aufgabe 8.17
Die Definition von Enumerationen

Die einfachste Variante der Definition von Enumerationen besteht darin, die Aufzählungskonstanten in geschweifte Klammern nach dem Namen der Klasse anzugeben.

Erstellen Sie eine Java-Datei, in der die Klasse `Enumerationen` den Namen der Datei vorgeben soll, die `enum`-Klasse `WTag` als externe Klasse und die `enum`-Klasse `Tag` als interne Klasse von einer externen Klasse `Tage` definiert werden. Im Konstruktor der Klasse `Enumerationen` werden die Aufzählungskonstanten vom Typ `WTag` und `Tag` mit einer erweiterten `for`-Schleife durchlaufen und angezeigt. Die Methode `values()` der Klasse `Enum` liefert ein Array der Aufzählungskonstanten in der Reihenfolge ihrer Deklaration.

Untersuchen Sie die beim Compilieren entstandenen `.class`-Dateien mit Hilfe des Decompilers `javap`.

Java-Dateien: `Enumerationen.java`
Programmaufruf: `java Enumerationen`, `javap WTag` und `javap Tage.Tag`

Aufgabe 8.18
Konstruktoren und Methoden von enum-Klassen

Ergänzen Sie die Definitionen der `enum`-Klassen aus der Aufgabe 8.17, indem Sie für die `enum`-Klasse `Tag` eine abstrakte Methode `ansage()` konstantenabhängig implementieren und damit den Namen jedes Wochentages am Bildschirm anzeigen. Definieren Sie für die `enum`-Klasse `WTag` einen Konstruktor, der die Aufzählungskonstanten der Enumeration `Tag` als Referenz vom Typ `Tage.Tag` übergeben bekommt, und Zugriffsmethoden für ein Instanzfeld `tag` der Klasse. Erzeugen Sie die Aufzählungskonstanten der Enumeration `WTag` über diesen Konstruktor.

Erstellen Sie eine Klasse `EnumerationenmitMethoden`, in der mit Hilfe von zwei erweiterten `for`-Schleifen die Methoden der `enum`-Klassen `WTag` und `Tag` an den Aufzählungskonstanten der beiden Enumerationen aufgerufen werden, und zeigen Sie deren Rückgabewerte am Bildschirm an.

Hinweise für die Programmierung:

enum-Klassen können sowohl Konstruktoren wie auch andere Methoden beinhalten. Die Konstruktoren müssen entweder private oder ohne Modifikator definiert werden. Enthält die Klasse mindestens eine abstrakte Methode, wird sie anstelle von final automatisch als abstract deklariert.

Java-Dateien: EnumerationenmitMethoden.java
Programmaufruf: java EnumerationenmitMethoden, javap WTag
und javap Tage.Tag und javap Tage.Tag$1

8.10 Die Interfaces Enumeration<E>, Iterable<T> und Iterator<E> sowie Map<K,V> und Set<E>

Collectionen, die das Interface Collection<E> oder eines seiner Unterinterfaces wie Set<E> oder List<E> implementieren, liefern über die Methode iterator() ein Iterator-Objekt zurück. Die Methode iterator() wird von der Schnittstelle Iterable<T> definiert, die mit der Java Version 5.0 als Oberinterface von Collection<E> eingeführt wurde. Objekte von Klassen, die dieses Interface implementieren, können mit der for-each-Schleife durchlaufen werden.

Iterator-Objekte nehmen seit dem JDK 1.2 den Platz von Enumeration-Objekten ein und unterscheiden sich von diesen dadurch, dass Iteratoren dem Aufrufer erlauben, Elemente aus einer darunter liegenden Collection zu entfernen. Die Namen ihrer Methoden wurden mit der neuen Version ebenfalls verbessert. Sie sollen laut Java-Dokumentation deutlicher den Unterschied zwischen einer Iteration und einer Aufzählung aufzeigen.

Die Methoden keys() und elements() der Klasse Hashtable<K,V> liefern ein Enumeration-Objekt zurück. Für das Durchlaufen von Containern vom Typ Enumeration<E> gibt es keine vereinfachte for-Schleife.

Die Methode hashMoreElements() des Interface Enumeration prüft, ob noch weitere Elemente vorhanden sind, und die Methode nextElement() liefert ein konkretes Element. Für die Iterator<E>-Schnittstelle werden diese Vorgänge von den Methoden hashNext() und next() übernommen.

Aufgabe 8.19
Weitere generische Schnittstellen

Die Klasse EnumerationIteratorIterable aus dem Lösungsvorschlag für diese Aufgabe liefert Beispiele für die Anwendung der Schnittstellen Map<K,V> und Set<E> sowie Enumeration<E>, Iterator<E> und Iterable<T>. Bauen Sie anhand der darin aufgeführten Beispiele von Klasseninstanziierungen und Methodenaufrufen Ihre eigenen Collectionen und Abbildungen (Maps) auf und manipulieren Sie deren Inhalte mit Methoden von Klassen, die diese Schnittstellen implementieren.

Die Klasse EnumerationIteratorIterable weist auch auf den Unterschied zwischen Enumerationen (Aufzählungstypen), die als Instanzen der Klasse Enum erzeugt werden, und Instanzen vom Typ der generischen Schnittstelle Enumeration hin, indem sie Instanzen vom parametrisierten Typ Enumeration(WTag) erzeugt.

Hinweise für die Programmierung:

Die Klasse EnumMap definiert eine spezielle Implementierung des Interface Map, die Schlüssel und Werte vom Typ Enum zulässt. Im Konstruktor der Klasse EnumMap kann ein Klassenobjekt als Class-Literal übergeben werden, das den Typ der Schlüssel hat.

Die Klasse Hashtable<K,V> implementiert ebenfalls das Interface Map<K,V> und definiert eine Tabelle über eine Zuordnung zwischen Schlüsseln und Werten.

Java-Dateien: EnumerationIteratorIterable.java
Programmaufruf: java EnumerationIteratorIterable

8.11 Die Einträge der UIDefaults-Tabelle als Instanz der Klasse Hashtable<Object, Object>

Aufgabe 8.20
Das Ändern der font-Eigenschaft von Swing-Komponenten

Mit den neuen Erkenntnissen über generische Klassen und Interfaces wenden wir uns wieder, wie im Kapitel 6 angekündigt, der darin beschriebenen Klasse UIDefaults zu. So sei an dieser Stelle darauf hingewiesen, dass die Klasse UIDefaults ab der Version 5.0 von Java von der Klasse Hashtable<Object,Object> abgeleitet ist und das Interface Map<Object,Object> implementiert.

Die Methode getDefaults() der UIManager-Klasse liefert alle Einträge der UIDefaults-Tabelle als Instanz vom Typ Hashtable<Object,Object> zurück, und die Methode keys() der Klasse Hashtable gibt die Menge aller Schlüssel als Instanz vom Typ des Interface Enumeration<Object> zurück, auf die mit der Methode nextElement() des Interface zugegriffen werden kann.

Die Klasse JFramemitUIDefaultsHashTable soll als Beispiel für das Ändern von Einträgen in der UIDefaults-Tabelle dienen, was auch die Beispiele aus den Aufgaben 6.15 und 6.16 tun, nur sollen hiermit im Unterschied zu jenen Aufgaben die Methoden der Klasse Hashtable und des Interface Enumeration genutzt werden. In einer while-Schleife soll mit Hilfe aller Schlüssel, die mit .font enden, die font-Eigenschaft von Swing-Komponenten abgeändert werden. Der Name für die neue Schrift soll im Programmaufruf als Argument übergeben werden.

Java-Dateien: JFramemitUIDefaultsHashTable.java
Programmaufruf: java JFramemitUIDefaultsHashTable Schriftname

8.12 Die generischen Klassen Class<T> und Constructor<T> und das »dynamische« Erzeugen von Objekten

Mit der Version Java 5.0 wurden auch die Klassen java.lang.Class<T> und java.lang.reflect.Constructor<T> als generische Klassen implementiert.

Die Nutzung dieser Klassen steht als Beispiel für die Nutzung der Generizität in einem anderen Zusammenhang als der von Container-Klassen. Die Instanzen der Klasse Class repräsentieren Klassen und Interfaces (Java-Typen) zur Laufzeit einer Java-Applikation.

Im Fall der Klasse Class<T> steht der Typparameter T für den Typ, den das Class-Objekt repräsentiert. So beschreibt zum Beispiel Class<String> den Typ von String.class oder allgemein Class<Name> den Typ von Name.class, wobei das Class-Literal das Klassenobjekt bezeichnet. Alle parametrisierten Typen eines generischen Typs werden durch das gleiche Class-Objekt repräsentiert. Dies ist das Klassenobjekt, das deren Raw-Typ repräsentiert. Das heißt, dass alle Instanziierungen eines generischen Typs, wie zum Beispiel Set<T> (darunter befinden sich Set<String>, Set<?>, Set<? extends Number>, der Raw-Typ Set etc.), ein gemeinsames Class-Objekt Set.class vom Typ Class<Set> besitzen.

Die Klasse Constructor stellt Informationen über den Konstruktor einer Klasse und den Zugriff auf diesen bereit.

Um Objekte von Klassen »dynamisch« zu erzeugen, kann am Klassenobjekt die newInstance()-Methode aufgerufen werden, oder man ermittelt mit der Methode getConstructor() ein Constructor-Objekt, das den gewünschten Konstruktor der Klasse beschreibt. Jedes Constructor-Objekt kennt ebenfalls eine newInstance()-Methode, die ein neues Objekt einer Klasse erzeugt, indem sie den zugrunde liegenden Konstruktor aufruft.

Eigentlich wird das Erzeugen von Objekten einer Klasse mit Hilfe des new-Operators in Java auch erst zur Laufzeit durchgeführt. Der Compiler muss dabei den Namen der Klasse kennen, um den passenden Konstruktoraufruf zu erzeugen. Wird der Name einer Klasse erst zur Laufzeit bekannt gegeben, kann der new-Operator nicht mehr verwendet werden und es muss auf die newInstance()-Methoden zurückgegriffen werden. So gesehen ist das Erzeugen eines Objekts in Java immer »dynamisch«, auch wenn von der Ausdrucksweise »Objekte dynamisch erzeugen« eher in Verbindung mit dem Erzeugen von Objekten mit Hilfe einer newInstance()-Methode während des Ladevorgangs von Klassen zur Laufzeit Gebrauch gemacht wird. In der Java-Literatur wird das in diesem Zusammenhang auch »Objekte via Reflection erzeugen« genannt.

8.13 Das Reflection-API

Das Reflection-API wird als integraler Bestandteil der Java-Klassenbibliothek über das Paket java.lang.reflect bereitgestellt. Damit können Informationen zu Klassen- und Objektstrukturen zur Laufzeit ermittelt werden.

Bis einschließlich zur Version 1.4 wird dies in der Java-Literatur ein »Klassen-basiertes« Reflection-API genannt. Die dazugehörigen Klassen Constructor, Method und Field sind von der Klasse AccessibleObject abgeleitet und implementieren das Interface Member, als Kennzeichen dafür, dass diese als Member der Klasse Class zu interpretieren sind.

Die Klasse Class ist nicht Bestandteil des Paketes java.lang.reflect. Das zu einer Klasse bzw. einem Interface zugehörige Klassenobjekt vom Typ der Klasse Class bildet jedoch die Basis des Reflection-API, weil viele der reflektiven Betrachtungen das Erzeugen einer Instanz vom Typ dieser Klasse voraussetzen.

Um ein einheitliches Konzept zur Darstellung von Typen in Java zu erlangen, wurden mit der Version 1.1 des Reflection-API auch Class-Objekte für primitive Datentypen eingeführt. Diese werden mit: int.class, char.class etc. bezeichnet. Auch für void steht ein entsprechendes Klassenobjekt: void.class zur Verfügung. Damit derartige Klassenobjekte als ein primitiver bzw. void-Typ identifiziert werden können, definieren die Wrapper-Klassen von primitiven Datentypen ein Klassenfeld mit dem Namen TYPE vom Typ der parametrisierten Klassen Class<Integer>, Class<Double>, Class<Void> etc., das wie üblich, über den Namen der Klasse angesprochen werden kann: Integer.TYPE, Double.TYPE, Void.TYPE etc. Dies bedeutet, dass das Class-Objekt für den Typ int (zum Beispiel) entweder mittels Class klsObjekt1 = int.class oder mittels Class klsObjekt2 = Integer.Type ermittelt werden kann.

Für jede geladene Klasse wird von der JVM genau ein Klassenobjekt erzeugt. Damit ist gewährleistet, dass dieses nur einmal vorhanden ist. Auch für alle inneren Klassen und Interfaces wird ein Klassenobjekt erzeugt. Das Klassenobjekt darf nicht mit der Klassendatei (klassenName.class), die beim Übersetzen erzeugt wird und den Bytecode der Klasse enthält, verwechselt werden, auch wenn die Möglichkeit besteht, das Klassenobjekt auch für Referenztypen auf »statische Art« mit Hilfe des Class-Literals zu ermitteln: Class<String> klsObjekt = String.class.

Das Klassenobjekt liefert mit Hilfe seiner Methodendefinitionen zusätzlich zu allgemeinen Informationen zu einer Klasse (wie den eigenen Namen, den Namen der Oberklasse und den Namen der implementierten Interfaces) auch alle Felder und Methoden (darunter auch die Konstruktoren) der Klasse.

Ein zu Referenztypen zugehöriges Klassenobjekt kann auf drei Arten ermittelt werden:

- Wenn die Klasse zur Compilezeit bekannt ist, kann durch das einfache Anfügen von .class an den Klassennamen eine Referenz auf das dazugehörige Class-Objekt mit einer Zuweisung wie Class<String> strClass = java.lang.String.class; geholt werden. Bei dieser Variante wird bereits beim Compilieren geprüft, ob der Bytecode der Klasse (in der Datei klassenname.class abgelegt) vorhanden ist.

- Mit der Methode forName() der Klasse Class (in der ein Klassenname als String übergeben wird), auch wenn der Klassenname zur Compilezeit noch unbekannt ist, aber zur Laufzeit zum Beispiel über eine Benutzereingabe bekannt gegeben wird: `Class<?> strClass = Class.forName(«java.util.Date»);`. Dazu wird die Klasse vorzeitig in die JVM geladen. Der Rückgabetyp der Methode `forName()` ist `Class<?>`. Weil im Aufruf der Methode der Name einer beliebigen Klasse als String angegeben wird, kann das zurückgelieferte `Class`-Objekt einen beliebigen Typ repräsentieren.

■ Über den Aufruf der Methode `getClass()` der Klasse `Object` (die Oberklasse aller Klassen in Java) an einem beliebigen Objekt der Klasse: `String string = new String(); Class<? extends String> strClass = string.get-Class();`. Diese Variante setzt voraus, dass eine Referenz auf ein Objekt der Klasse, für die ein `Class`-Objekt ermittelt werden soll, vorhanden ist. Die Methode `getClass()` gibt eine Referenz vom Typ `Class<? extends T>` zurück, in der `T` die Löschung des statischen (deklarativen) Typs, an dem die Methode aufgerufen wird, ist. Dies, weil der Typ eines Objekts, das durch eine Variable referenziert wird, ein Subtyp des Typs der Variablen sein kann.

Wie bekannt, kann eine Klasse von einer anderen Klasse abgeleitet werden und/oder mehrere Interfaces implementieren, so dass ihre Objekte auch darüber referenziert werden können. Die Methode `getClass()` liefert jedoch jedes Mal nur ein Klassenobjekt zurück, das zu der Klasse der referenzierten Instanz gehört. Die Methode kann nicht den Typ einer Referenz ermitteln, sondern nur die aktuelle Klasse der referenzierten Instanz. Im Fall einer Referenz vom Typ Array liefert `getClass()` die Klasse der Arrayelemente.

Eine `Class`-Instanz mittels `Class`-Literal zu ermitteln, wird in der Java-Literatur als »statische Art« bezeichnet, während die »dynamische Art« der Ermittlung sich auf die Methoden `getClass()` und `forName()` bezieht.

Eine `Class`-Instanz zu einem bestimmten Interface kann statisch mit `interface-Name.class` ermittelt werden oder dynamisch mittels der Methode `forName()`.

Ein Typ gefolgt von `.class` wird in der Java-Literatur seit der Generifizierung der Klasse `Class` auch als `Class`-Token bezeichnet oder man spricht in diesem Zusammenhang von `Class`-Literals, die als Laufzeittyp-Tokens benutzt werden.

Ist `T` ein Typ ohne Parameter, hat das `Class`-Token `T.class` den Typ `Class<T>`. Alle parametrisierte Typen, die Instanziierungen eines generischen Typs wie zum Beispiel `Set<T>` darstellen, werden, wie wir schon festgestellt haben, durch das gleiche `Class`-Token repräsentiert. So werden die `Set<Integer>`- und `Set<String>`-Typen aus den Zuweisungen `Set<Integer> set1 = new HashSet<Integer>()` und `Set<String> set2 = new HashSet<String>()` durch das `Class`-Token repräsentiert, für das das `Class`-Literal `HashSet.class` ist.

Wird an den Referenzen `set1` und `set2` die `getClass()`-Methode aufgerufen, zeigt in beiden Fällen eine `Class<? extends Set>`-Referenz auf den Rückgabewert der Methode, weil die Erasure von `Set<Integer>` und `Set<String>` der Raw-Typ Set ist: `Class<? extends Set> klsObjekt1 = set1.getClass()` und `Class<?`

extends Set> klsObjekt2 = set2.getClass(). Der aktuelle Wert ist sowohl für klsObjekt1 als auch für klsObjekt2 das Class-Token HashSet.class. Das Class-Token hat den Typ Class<HashSet>, der ein Subtyp von Class<? extends Set> ist, weil die Menge aller durch ? extends Set repräsentierten Typen ein Superset für die Menge, die den Typ HashSet beinhaltet, ist.

In der Benutzung von Class-Tokens gibt es jedoch Einschränkungen. Ein Class-Literal T.class kann entweder einen regulären Typ oder für parametrisierte Typen den korrespondierenden Raw-Typ beinhalten. Schreibweisen wie Set<String>.class bzw. Set<?>.class sind nicht zugelassen und werden schon beim Compilieren mit mehreren Fehlern zurückgewiesen.

Alle parametrisierte Typen eines generischen Typs besitzen den gleichen Laufzeittyp (aktuellen Typ).

Immer dann, wenn der aktuelle Typ, der für Typparameter wegen der Typlöschung verloren geht, während der Laufzeit gebraucht wird, kann dieser mit Hilfe der Class<T>-Instanz in Methoden- und Konstruktorenaufrufen übergeben werden und so in die Laufzeitumgebung »hineingerettet« werden. Die reflektive Nutzung von Generizität ist, wie bereits erwähnt wurde, ein interessantes Beispiel für deren Einsatz in einem anderen Kontext als dem von Container-Klassen.

Mit Java 5 wurde nicht nur die Generifizierung von Klassen wie Class und Constructor vorgenommen. Das Reflection-API wurde damit zu einem »Interface-basierten« API ausgebaut. Mit Hilfe des neuen Interface java.lang.reflection.Type können nun auch generische Informationen zu Klassen und ihren Membern zur Laufzeit abgefragt werden. Dazu definieren die Klassen Class, Constructor und Method neue Methoden und implementieren weitere Interfaces. So kann mit den Methoden getParameterTypes() der Klassen Constructor<T> und Method der Typ von Methodenparametern abgefragt werden und über den Aufruf der Methode getReturnType() an einem Method-Objekt kann der Rückgabetyp der damit repräsentierten Methode ermittelt werden. Die getTypeParameters()-Methoden der Klassen Class, Constructor und Method liefern alle Typvariablen mit ihren zugehörigen Schranken aus den Deklarationen derartiger Programmelemente.

Die Interface-basierte Programmierung, die die Deklaration von globalen und lokalen Referenzen mit Interfaces anstelle von Klassen unterstützt, ist eine in der Java-Literatur vielfach empfohlene objektorientierte Programmiertechnik. Wie bereits in den ersten Kapiteln dieses Buches gezeigt wurde und auch in diesem Kapitel schon mehrfach erwähnt wurde, können auf Instanzen von Klassen Referenzen vom Typ der Interfaces, die diese Klassen implementieren, verweisen. Dabei ist zu beachten, dass die verwendeten Interfaces ausschließlich die Methoden enthalten, die für die definierte Referenz auch benötigt werden.

Das Marker-Interface Type wurde als Oberinterface für die Repräsentation aller Referenztypen der Java-Programmiersprache dem Reflection-API hinzugefügt. Dieses wird von der generischen Klasse Class<T> implementiert und davon wurden die Unterinterfaces `ParameterizedType`, `WildcardType`, `GenericArray-Type` und `TypeVariable<D extends GenericDeclaration>` abgeleitet. Somit definiert das Interface `Type` einen Supertyp für die Typen `Class`, `Parameterized-Type`, `WildcardType`, `GenericArrayType` und `TypeVariable`. Weil `Type` ein leeres Interface ist, muss zum Ermitteln von Informationen zu Klassenstrukturen erstmals herausgefunden werden, welche Art dieser fünf Subtypen von einer `Type`-Variablen referenziert wird. Zur Abfrage des eigentlichen Typs kann der `instanceof`-Operator eingesetzt werden. Danach kann die `Type`-Variable zu dem entsprechenden Subtyp gecastet werden und es können dessen Methoden aufgerufen werden.

Ein weiteres mit Java 5 eingeführtes Interface `GenericDeclaration` liefert ein gemeinsames Interface für alle Objekte, die Typvariablen deklarieren (mit anderen Worten, Typparameter besitzen). Damit sind die Instanzen der Klassen `Constructor<T>`, `Method` und `Class<T>` gemeint, die dieses Interface implementieren. Jede generische Deklaration wird durch das Interface `GenericDeclaration` repräsentiert und diese ist entweder ein generischer Typ (Klasse oder Interface) oder eine generische Methode oder ein generischer Konstruktor.

Die einzige Methode dieses Interface, `getTypeParameters()`, gibt ein Array vom Wildcard-parametrisierten Typ `TypeVariable<?>` zurück, dessen Elemente die Typparameter von generischen Typen, Methoden und Konstruktoren repräsentieren.

Aufgabe 8.21
Die Klasse Class<T>

Die am häufigsten verwendete Methode, um Instanzen von Klassen zu erzeugen, ist in Java die mit Hilfe des `new`-Operators. Doch ein `new T()`-Ausdruck, in dem T eine Typvariable ist, wird, wie schon erwähnt, vom Compiler als Fehler zurückgewiesen ("cannot instantiate the type T" bzw. "cannot create a generic array of T"), weil zur Laufzeit die Typvariable durch den Raw-Typ ihrer oberen Schranke bzw. durch `Object`, falls sie keine Schranke besitzt, repräsentiert wird und der Compiler nicht wissen kann, ob diese Ausdrücke korrekt sind.

Ist eine Erzeugung von generischen Objekten trotzdem erforderlich, müssen wir auf Typinformationen, die bis zur Laufzeit vorhanden sind, zurückgreifen. Diese Typinformationen können am einfachsten mit Hilfe des `Class`-Objects beschafft werden. Mit der `newInstance()`-Methode der generischen Klasse `Class<T>` können Instanzen von einem generischen Typ, der erst zur Laufzeit bekannt gegeben wird, erzeugt werden.

Die Klasse `GenericClass<T>` soll ein Instanzfeld `tClass` vom Typ der generischen Klasse `Class<T>` definieren, das im Konstruktor der Klasse initialisiert wird. Aus einer Methode `neuesProdukt()` soll die Methode `newInstance()`, an dem im Konstruktor der Klasse übergebenen Klassenobjekt zum Bilden von Instanzen von Typen, die durch das Klassenobjekt repräsentiert werden, aufgerufen werden. Dazu müssen diese Klassen einen parameterlosen Konstruktor besitzen. In der Datei

`GenericClass.java` werden zwei derartige Klassen `SchreibProdukt` und `Lese-Produkt` als externe Klassen definiert. Jede dieser Klassen definiert ein Instanzfeld, das den Namen einer Instanz der Klasse aufnehmen kann, und ein Klassenfeld, das dazu dient, die gebildeten Instanzen der Klasse zu zählen.

Hinweise für die Programmierung:

Der Parameter T der generischen Klasse `Class<T>` steht, wie bereits erwähnt wurde, für den Typ, den das `Class`-Objekt repräsentiert. So repräsentiert `Class<Schreib-Produkt>` den Typ von `SchreibProdukt.class` und `Class<LeseProdukt>` den Typ von `LeseProdukt.class`.

Java-Dateien: `GenericClass.java`
Programmaufruf: `java GenericClass`

Aufgabe 8.22
Die Klasse Constructor<T>

Um neue Instanzen von Klassen, die einen Konstruktor mit Parameter definieren, »via Reflection« zu erzeugen, kann die `newInstance()`-Methode der generischen Klasse `Constructor<T>` aufgerufen werden, die ihrerseits den zugrunde liegenden Konstruktor (mit Angabe des Typs seiner Parameter) der Klasse aufruft.

Erstellen Sie eine generische Klasse `GenericClassmitGenericConstructor`, die zwei generische Methoden mit den Signaturen: `public static <T> Collection<T> selectObjects (Class<T> tClass, String string)` und `public static <T> void ausgabeObjects(Collection <T> collection)` definiert.

Mit der ersten Methode sollen Instanzen von Klassen vom gleichen Typ wie der des im Methodenaufruf als `Class`-Literal übergebenen Klassenobjekts dynamisch erzeugt werden. Für den Fall, dass das im Methodenaufruf übergebene zweite Argument vom Typ `String` mit einem Element von einem in der Klasse definierten Array-Objekt `name` übereinstimmt, soll dieses zu einer Collection vom Typ des Klassenparameters hinzugefügt werden.

Die zweite generische Methode soll für die Anzeige der Einträge der so erstellten Collectionen genutzt werden.

In beiden Methoden soll mit den Methoden `get()` der Klasse `Field` und `getDeclaredField()` der Klasse `Class` auf die Felder mit dem Namen s und `name`, die alle übergebenen Klassenobjekte besitzen, zugegriffen werden, um deren Werte mit dem Wert des Methodenparameters vom Typ `String` aus der ersten Methode zu vergleichen und/oder anzuzeigen.

Definieren Sie drei externe Klassen `Name`, `Strasse` und `Wohnort`, von denen Objekte mittels der Methode `newInstance()` erzeugt werden sollen. Alle drei Klassen definieren ein Instanzfeld s vom Typ `String`, das im Konstruktor der Klassen initialisiert wird. Ein als Konstante definiertes Array-Objekt `name` soll mit den dafür zugelassenen String-Werten initialisiert werden.

Erzeugen Sie in der main()-Methode der Klasse GenericClassmitGeneric-Constructor über den Aufruf der Methode selectObjects() Instanzen der Klassen Name, Strasse und Wohnort und fügen Sie diese zu Collectionen vom Typ der gleichen Klassen hinzu. Zeigen Sie die in den so erstellten Collectionen aufgenommenen Elemente mit der Methode ausgabeObjects() am Bildschirm an.

Hinweise für die Programmierung:

Mit der Methode Constructor\<T> getConstructor(Class parameterTypes), an einem Class-Objekt aufgerufen, wird ein Constructor-Objekt geholt, das den Konstruktor der Klasse beschreibt. An diesem Constructor-Objekt kann wiederum die Methode newInstance(Object... initargs) aufgerufen werden, die eine neue Instanz der Klasse erzeugt, indem sie den zugrunde liegenden Konstruktor aufruft. Der Parameter der Methode newInstance() definiert ein Array von Werten, die dem Konstruktor zugewiesen werden. Für parameterlose Konstruktoren kann die Methode newInstance() mit null aufgerufen werden.

Wegen der generischen Klassendefinition von Constructor\<T> entfällt das Casting mit (T) bei der Objektbildung mit newInstance() und somit die Warnung vom Compiler, dass die Typsicherheit nicht gewährleistet ist.

Auf die Felder und Methoden von so erzeugten Objekten kann während der Laufzeit zugegriffen werden. Dazu können die Methoden getField("feldname") oder getDeclaredField("feldname") am Klassenobjekt der entsprechenden Klasse aufgerufen werden. An dem so ermittelten Field-Objekt kann die Methode get(instanzKlasse) aufgerufen werden, die den im Feld gespeicherten Wert zurückgibt.

Die Klassen Constructor\<T> und Field befinden sich im Paket java.lang.reflect.

Java-Dateien: GenericClassmitGenericConstructor.java
Programmaufruf: java GenericClassmitGenericConstructor

Aufgabe 8.23
Erzeugen von generischen Arrays mit Hilfe eines Class-Objekts

Auch ein new T[]-Ausdruck, in dem T eine Typvariable ist, wird vom Compiler als Fehler zurückgewiesen. Ähnlich wie bei einer »generic object creation« (siehe dazu die Aufgabe 8.21) können wir auch beim Erzeugen von generischen Arrays (»generic array creation«) auf das Klassenobjekt zurückgreifen.

Zeigen Sie mit der Klassendefinition von GenericClassmitGenericArray\<T>, dass generische Arrays mit Hilfe eines Class-Objektes erzeugt werden können und dass das Casting beim Erzeugen von Instanzen sich in diesem Fall durch den Einsatz eines generischen Klassenparameters vom Typ Class\<T> nicht erübrigt. Der Compiler gibt weiter eine "unchecked cast"-Warnung aus, das heißt, die Möglichkeit eines Fehlers zur Laufzeit ist nicht ausgeschlossen.

Definieren Sie eine globale Referenz tClass vom generischen Typ Class<T> für diese Klasse und eine generische Methode returnArray(), die einen Rückgabeparameter vom Typ T[] definiert und im Aufruf der Methode newInstance() der Java-Standard-Klasse Array als Argument eine Referenz vom Typ des Instanzfeldes der Klasse übergibt.

Definieren Sie in der gleichen .java-Datei eine externe Klasse Produkt, die ein Klassenfeld name vom Typ String besitzt.

Erzeugen Sie in der main()-Methode der Klasse GenericClassmitGenericArray Instanzen der eigenen Klasse vom Typ Integer und Produkt und rufen Sie die Methode returnArray() auf, um Arrays vom Typ dieser Klassen zu generieren.

Greifen Sie mit der Methode getDeclaredField() der Klasse Class auf beliebige Felder der Klassenobjekte zu und geben Sie deren Werte am Bildschirm aus.

Java-Dateien: GenericClassmitGenericArray.java
Programmaufruf: java GenericClassmitGenericArray

Aufgabe 8.24

Mit Reflection Informationen zu Klassen, Oberklassen und Interfaces holen

Definieren Sie eine Klasse mit dem Namen KlassenInformationen und ermitteln Sie in deren main()-Methode mit den im theoretischen Teil erwähnten Möglichkeiten das Klassenobjekt von beliebigen Java-Klassen. Rufen Sie an diesem Methoden wie getName(), getSuperclass(), getGenericSuperclass(), getInterfaces(), getGenericInterfaces() und getPackage() auf, um Informationen über die Klassen zu holen. Packen Sie all diese Methodenaufrufe in eine Klassenmethode mit dem Namen anzeige(), die aus der main()-Methode aufgerufen wird und alle gewonnenen Informationen am Bildschirm ausgibt.

Hinweise zur Programmausführung:

Richten Sie sich bei der Auswahl von Java-Klassen nach dem Lösungsvorschlag zu dieser Aufgabe, um eine Vielfalt von Möglichkeiten an Klassendefinitionen zu berücksichtigen. Die zum Test eingesetzten Klassen wurden in einem Unterverzeichnis reflection abgelegt und mit der Anweisung package reflection zwecks Prüfung von Paketnamen ergänzt.

Die Methoden getGenericSuperclass() und getGenericInterfaces() liefern die Repräsentationen von Oberklassen und der Interfaces von Klassen als Type- und Type[]-Objekte. Sind die Interfaces oder die Oberklasse nicht-generisch, liefern diese Methoden dieselben Ergebnisse wie die Methoden getSuperclass() und getInterfaces().

Ist die Oberklasse von einem parametrisierten Typ, wird eine ParameterizedType-Instanz zurückgegeben, ansonsten eine Class-Instanz.

Über den Aufruf der Methode getRawType() kann für parametrisierte Typen deren Raw-Typ bestimmt werden und mittels getActualTypeArguments() die aktuellen Typargumente.

Java-Dateien: KlassenInformationen.java
Programmaufrufe: javac reflection\KlassenInformationen.java,
java reflection.KlassenInformationen

Aufgabe 8.25
Das Interface GenericDeclaration und die Unterinterfaces von Type

Um die Benutzung der Interfaces des Reflection-API in der Abfrage von Informationen zu Klassenstrukturen zu demonstrieren, soll eine generische Klasse GenericFields, die über zwei Typvariablen T und V mit den oberen Schranken List<Integer> bzw. Number verfügt, erstellt werden.

Die Klasse soll mehrere globale Referenzen von nicht-generischen, generischen und parametrisierten Typen definieren, wie zum Beispiel:

```
long zahl1;
Integer integer;
String[] string;
List rawListe;
Set[] rawSet;
S zahl2;
T liste;
Set<?> obstkorb;
Class<? extends Exception> exceptionClass =MyException.class;
GenericPunkt<T,S> genericPunkt;
GenericPunkt<Integer,Integer> genericPunkt1 =
    new GenericPunkt<Integer,Integer>(1, 1);
Class<?> klsObjekt = genericPunkt1.getClass();
Map<?,?> map;
T[][] genericArray;
ArrayList<String> arrayList1;
ArrayList<? extends Number> arrayList2;
List<Map<S,S>>[] listMap;
TreeMap<String,Map<String,String>> treeMap1;
TreeMap<String,String[]>[][] treeMap2;
List<? super T>[] liste1;
Set<Map.Entry<T,S>>[] set;
List<? extends Number>[][] liste2;
List<List<Map<? extends String,? super T>>>[][][] liste3; List<List<Map<?
    extends String,? super T>>> liste4; List<GenericPunkt<?,?>> liste5=new
    ArrayList<GenericPunkt<?,?>>();
```

wobei MyException den Namen einer Static-Member-Klasse (siehe Aufgabe 7.3) mit einer Methode name(), die als String den Namen der Klasse zurückgibt, bezeichnet.

Um Informationen zu den Strukturen der Klasse `GenericFields` zu ermitteln, soll eine weitere Klasse `ReflectionmitTypeInterface` erstellt werden.

Um das Klassenobjekt der generischen Klasse `GenericsFields <T extends List<Integer>,S extends Number>` zu bestimmen, kann eine Instanz von einem parametrisierten Typ erzeugt werden und daran die Methode `getClass()` aufgerufen werden: `GenericFields<List<Integer>, Double> genericFields = new GenericFields<List<Integer>, Double>(); Class<?> klsObjekt = genericFields.getClass();` oder es kann das `Class`-Literal (nur mit Angabe des Raw-Typs `GenericFields` möglich) benutzt werden: `Class<?> klsObjekt = GenericFields.class;`.

Die Methode `getTypeParameters()` soll am Klassenobjekt aufgerufen werden, um festzustellen, ob es sich um eine generische oder nicht-generische Klasse handelt. Die Präsenz von Typparametern sagt aus, dass es sich um eine generische Klasse handelt. Iterieren Sie mittels einer `for-each`-Schleife über die Elemente des zurückgelieferten `TypeVariable<?>[]`-Arrays, um mit Hilfe der Methoden `getName()` und `getGenericDeclaration()` den Namen der Typvariablen aus der Deklaration der Klasse und die Instanz der Klasse, die das `GenericDeclaration`-Interface implementiert (in diesem Fall ist es die Klasse `Class`), zu ermitteln. Rufen Sie die Methode `getBounds()` an den `TypeVariable`-Instanzen auf, um die Typ-Schranken der Typvariablen zu ermitteln. Da Wildcards in Deklarationen nicht zulässig sind, werden nur »upper bounds« geliefert.

Des Weiteren soll die Methode `getDeclaredFields()` am Klassenobjekt aufgerufen werden, um alle Felder der Klasse zu ermitteln.

Erfragen Sie den statischen (deklarativen) Typ der Felder mit Hilfe der Methode `getGenericType()` an `Field`-Instanzen und ermitteln Sie jedes Mal mit Hilfe des `instanceof`-Operators den dazugehörigen Subtyp: `Class`, `TypeVariable`, `ParameterizedType` und `GenericArrayTyp`. Den Subtyp `WildcardType` gibt es nur für die Typargumente von parametrisierten Typen, weil nur in parametrisierten Typen Wildcard-Ausdrücke verwendet werden können, wo diese anstelle eines aktuellen Typs eingesetzt werden.

Der Subtyp `Class` von `Type` repräsentiert reguläre Typen, das heißt konkrete Typen, Raw-Typen, Enumerations-Typen und Arraytypen mit regulären Komponententypen. Zeigen Sie in diesem Fall den Namen der Klasse (bzw. des Interface), die (das) den regulären Typ definiert, am Bildschirm an.

Ist der Subtyp `TypeVariable`, soll wie im Fall der Auswertung von Klassenparametern vorgegangen werden.

Der Subtyp `ParameterizedType` von `Type` referenziert Objekte vom Typ `ParameterizedType`, das heißt von allen Typen, die Instanziierungen von generischen Typen sind und durch das Ersetzen der Typparameter durch aktuelle Typargumente enstehen. Ist ein Feldtyp ein parametrisierter Typ, soll der Raw-Typ als `Class<?>`-Instanz mit der Methode `getRawType()` bestimmt werden. Zusätzlich dazu soll mittels der Methode `getOwnerType()` für parametrisierte Typen vom Typ einer inneren Klasse oder eines inneren Interface der Typ der umgebenden Klasse (bzw. des Interface) ermittelt werden.

Die Methode `getActualTypeArguments()` des `ParameterizedType`-Interface liefert die aktuellen Typargumente. Die Typargumente können ein regulärer Typ, eine Typvariable, ein Wildcardtyp oder wiederum ein parametrisierter Typ sein. Zeigen Sie im Fall von regulären Typen den Namen der Klasse (bzw. des Interface), die (das) den regulären Typ definiert, am Bildschirm an. Ist ein Typargument eine Typvariable, soll wiederum wie im Fall der Auswertung von Klassenparametern vorgegangen werden. Ist ein Typargument ein Wildcardtyp, sollen mit Hilfe der Methoden `getLowerBounds()` und `getUpperBounds()` dessen obere und untere Schranke ermittelt werden. Packen Sie diese Auswertungen in eine Klassenmethode mit dem Namen `anzeigeParameterizedType()`, in der ein parametrisierter Typ, mittels einer `Type`-Referenz, übergeben wird.

Ist der mit `instanceof` ermittelte Subtyp ein `GenericArrayType`, soll rekursiv die Dimension des generischen Arrays bestimmt werden. Danach soll das dabei für Arrayelemente rekursiv ermittelte Typargument abgefragt werden. Im Fall eines parametrisierten Typs soll die Methode `anzeigeParameterizedType()` aufgerufen werden, an die das vorher ermittelte Typargument übergeben wird.

Java-Dateien: `ReflectionmitTypeInterface.java`
Programmaufrufe: `javac reflection\ReflectionmitTypeInterface.java`,
`java reflection.ReflectionmitTypeInterface`

8.14 Lösungen

Lösung 8.1

Die Klasse GenericTyp1<T>

```
public class GenericTyp1 <T> {
    private T objekt;
// Zugriffsmethoden auf das Objekt
    public void setObjekt(T objekt) {
        this.objekt = objekt;
    }
    public T getObjekt() {
        return objekt;
    }
// Typ des Objekts
    public String getObjektTyp() {
        return objekt.getClass().getName();
    }
// Objekte der Klasse erzeugen
    public static void main(String[] args) {
// Es werden GenericTyp1<Integer>- und GenericTyp1<String>-
```

```
// Objekte erzeugt und ihre Referenzen Variablen vom gleichen
// Typ zugewiesen
    GenericTyp1<Integer> iObjekt = new GenericTyp1<Integer>();
    GenericTyp1<String> sObjekt = new GenericTyp1<String>();
// Korrekte Zuweisungen von Werten
    iObjekt.setObjekt(new Integer(10));
    sObjekt.setObjekt(new String("Java"));
// Fehlerhafte Zuweisungen, erzeugen Compilerfehler
  // sObjekt.setObjekt(new Integer(10));
  // iObjekt.setObjekt(new String("Java"));
// Die Werte (auch Objekte) der erzeugten Instanzen der Klasse
// ermitteln und anzeigen
    System.out.println("iObjektWert = "+ iObjekt.getObjekt()
      + " * sObjektWert = "+ sObjekt.getObjekt());
// Den Datentyp dieser Objekte anzeigen
    System.out.println("iObjektTyp = "+ iObjekt.getObjektTyp()
      + " * sObjektTyp = "+ sObjekt.getObjektTyp());
  }
}
```

Programmausgaben

```
iObjektWert = 10 * sObjektWert = Java
iObjektTyp = java.lang.Integer * sObjektWert = java.lang.String
```

Lösung 8.2
Die Klasse GenericTyp2<T>

```
public class GenericTyp2 <T> {
   private T objekt;
// Konstruktordefinition
   public GenericTyp2(T objekt) {
      this.objekt = objekt;
   }
// Zugriffsmethode auf das Objekt
   public T getObjekt() {
      return objekt;
   }
// Typ des Objekts
   public String getObjektTyp() {
      return objekt.getClass().getName();
   }
// Objekte der Klasse erzeugen
   public static void main(String[] args) {
// Es wird ein GenericTyp2<Integer>-Objekt der Klasse erzeugt
// und seine Referenz einer Variablen vom gleichen Typ
// zugewiesen
```

```
// Durch Autoboxing wird der int-Wert 10 in ein Integer-Objekt
// umgesetzt
    GenericTyp2<Integer> iObjekt =
      new GenericTyp2<Integer>(10);
// Es wird ein GenericTyp2<String>-Objekt der Klasse erzeugt und
// seine Referenz einer Variablen vom gleichen Typ zugewiesen
    GenericTyp2<String> sObjekt =
      new GenericTyp2<String>("Java");
// Die Werte (Objekte) der erzeugten Instanzen der Klasse
// ermitteln und anzeigen
    System.out.println("iObjektWert = "+ iObjekt.getObjekt()
      + " * sObjektWert = "+ sObjekt.getObjekt());
// Den Datentyp dieser Objekte anzeigen
    System.out.println("iObjektTyp = "+ iObjekt.getObjektTyp()
      + " * sObjektTyp = "+ sObjekt.getObjektTyp());
  }
}
```

Programmausgaben

```
iObjektWert = 10 * sObjektWert = Java
iObjektTyp = java.lang.Integer * sObjektWert = java.lang.String
```

Lösung 8.3
Die Klasse GenericStack<T>

```
import java.awt.*;
import javax.swing.*;
public class GenericStack <T> {
// Implementierung eines Stapels für eine einfach verkettete
// Struktur
  private Knoten aktuellElem;
  private T objekt;
// Konstruktordefinition
  GenericStack() {
    aktuellElem = new Knoten();
  }
// Methode zum Einfügen von Objekten
  public void push(T objekt) {
    Knoten  knoten = new Knoten();
    knoten.vorElem = aktuellElem;
    knoten.objekt = objekt;
    aktuellElem = knoten;
  }
// Methode zum Herausholen von Objekten
  public T pop() {
```

```
      T objekt = aktuellElem.objekt;
      aktuellElem = aktuellElem.vorElem;
      return objekt;
   }
   public static void main(String[] args) {
      JFrame frame = new JFrame();
   // JComboBox-Komponenten erzeugen
      JComboBox<Integer> list1 = new JComboBox<Integer>();
      JComboBox<String> list2 = new JComboBox<String>();
// Stacks vom Typ GenericStack<Integer> und GenericStack<String>
// erzeugen
      GenericStack<Integer> stack1=new GenericStack<Integer>();
      GenericStack<String> stack2 = new GenericStack<String>();
      for(int i=0; i<26; i++) {
         char [] c = new char[1];
// Dem ersten Stack Integer-Objekte hinzufügen
         stack1.push(new Integer(i));
         c[0] = (char)('A'+i);
// Dem zweiten Stack String-Objekte hinzufügen
         stack2.push(new String(c));
      }
// Die im Stack gespeicherten Objekte nacheinander herauslesen
// und zu den Listen hinzufügen
      for(int i=0; i<26; i++) {
         stack1.objekt = stack1.pop();
         list1.addItem(stack1.objekt);
      }
      for(int i=0; i<26; i++) {
         stack2.objekt = stack2.pop();
         list2.addItem(stack2.objekt);
      }
// Die beiden Listen zu einem Fenster hinzufügen
      frame.add(list1, BorderLayout.WEST);
      frame.add(list2, BorderLayout.EAST);
      frame.setDefaultCloseOperation(JFrame.EXIT_ON_CLOSE);
      frame.setSize(65,65);
      frame.setVisible(true);
   }
// Innere Klasse, die ein Element der verketteten Liste
// definiert
   public class Knoten {
      T objekt;
      Knoten vorElem;
// Konstruktordefinition
      Knoten() {}
   }
```

```
// Innere Schnittstelle, die die Methoden push() und pop()
// definiert
  public interface GenInterface <T> {
    public void push(T objekt);
    public T pop();
  }
}
```

Programmausgaben

Hinweise zum Lösungsvorschlag

Die Methoden push() und pop() sind keine generischen Methoden, auch wenn diese als Methoden- bzw. Rückgabeparameter eine Referenz vom parametrisierten Typ T definieren.

Lösung 8.4

Die Klasse GenericTypmitWildcard<T>

```
public class GenericTypmitWildcard <T> {
  T objekt;
// Zugriffsmethoden auf das Objekt
  public void setObjekt(T objekt) {
    this.objekt = objekt;
  }
  public  T getObjekt() {
    return this.objekt;
  }
// Typ des Objekts
  public String getObjektTyp() {
    return objekt.getClass().getName();
  }
// Methodendefinition mit Wildcard-parametrisierten Typen
  public static void anzeige(GenericTypmitWildcard <?>
                            tObjekt){
    System.out.println("ObjektWert = "+ tObjekt.getObjekt()
      + " * ObjektTyp = "+ tObjekt.getObjektTyp());
  }
// Objekte der Klasse von unterschiedlichen Typen erzeugen
// und deren Werte und Typen anzeigen
  public static void main(String[] args) {
    GenericTypmitWildcard <Integer> iObjekt =
```

```
      new GenericTypmitWildcard<Integer>();
   iObjekt.setObjekt(new Integer(10));
   anzeige(iObjekt);
   GenericTypmitWildcard<Float> sObjekt =
      new GenericTypmitWildcard<Float>();
   sObjekt.setObjekt(new Float(10.10));
   anzeige(sObjekt);
   GenericTypmitWildcard<Double> dObjekt =
      new GenericTypmitWildcard<Double>();
   dObjekt.setObjekt(new Double(10E+3));
   anzeige(dObjekt);
// Eine Referenz vom Typ <?> kann auf ein beliebiges Objekt der
// Klasse zeigen
   GenericTypmitWildcard <?> obj1 =
      new GenericTypmitWildcard<Integer>();
   GenericTypmitWildcard<?> obj2 =
      new GenericTypmitWildcard<Float>();
// Darauf kann nicht schreibend zugegriffen werden,
   // obj1.setObjekt(new Integer(10));
// Fehler
// ein lesender Zugriff ist erlaubt
   GenericTypmitWildcard <?> obj3 = sObjekt;
   anzeige(obj3);
   }
}
```

Programmausgaben

```
ObjektWert = 10 * ObjektTyp = java.lang.Integer
ObjektWert = 10.1 * ObjektTyp = java.lang.Float
ObjektWert = 10000.0 * ObjektTyp = java.lang.Double
ObjektWert = 10.1 * ObjektTyp = java.lang.Float
```

Lösung 8.5

Die Klasse GenericTypmitExtend<T extends Number>

```
public class GenericTypmitExtend <T extends Number> {
   T objekt;
// Zugriffsmethoden auf das Objekt
   public void setObjekt(T objekt) {
      this.objekt = objekt;
   }
   public T getObjekt() {
      return this.objekt;
   }
// Typ des Objekts
   public String getObjektTyp() {
```

```
      return objekt.getClass().getName();
   }
// Methodendefinitionen mit Wildcard-parametrisierten Typen
   public static GenericTypmitExtend <? extends Number>
    anzeige(GenericTypmitExtend <? extends Number> tObjekt) {
      System.out.println("Objektwert = "+ tObjekt.getObjekt()
        + " * Objekttyp = "+ tObjekt.getObjektTyp());
      return tObjekt;
   }
   public static int add(GenericTypmitExtend <? extends Number>
    iObjekt, GenericTypmitExtend <? extends Number> sObjekt) {
      Number zahl1 = iObjekt.getObjekt();
      Number zahl2 = sObjekt.getObjekt();
      return zahl1.intValue()+zahl2.intValue();
   }
// Objekte der Klasse erzeugen
   public static void main(String[] args) {
// Die Variable, die den Rückgabewert der Methode empfängt,
// muss den gleichen Typ wie der Rückgabewert aufweisen
      GenericTypmitExtend <? extends Number> obj;
      GenericTypmitExtend <Integer> iObjekt =
        new GenericTypmitExtend<Integer>();
      iObjekt.setObjekt(new Integer(10));
   // iObjekt = anzeige(iObjekt); // Fehler
      obj = anzeige(iObjekt);
      System.out.println("Typ des Rueckgabewertes: "
        + obj.getObjektTyp());
      GenericTypmitExtend<Float> sObjekt =
        new GenericTypmitExtend<Float>();
      sObjekt.setObjekt(new Float(10.10));
      obj = anzeige(sObjekt);
      System.out.println("Typ des Rueckgabewertes: "
        + obj.getObjektTyp());
      GenericTypmitExtend<Double> dObjekt =
        new GenericTypmitExtend<Double>();
      dObjekt.setObjekt(new Double(10E+3));
      obj = anzeige(dObjekt);
      System.out.println("Typ des Rueckgabewertes: "
        + obj.getObjektTyp());
// Die numerischen Werte, die von den Wrapper-Klassen
// eingehüllt wurden, addieren und das Ergebnis anzeigen
      int i1 = add(iObjekt,sObjekt);
      int i2 = add(sObjekt,dObjekt);
      System.out.println("Ergebnisse der Addition: "
        + i1 + " und "+i2);
   }
}
```

Programmausgaben

```
Objektwert = 10 * Objekttyp = java.lang.Integer
Typ des Rueckgabewertes: java.lang.Integer
Objektwert = 10.1 * Objekttyp = java.lang.Float
Typ des Rueckgabewertes: java.lang.Float
Objektwert = 10000.0 * Objekttyp = java.lang.Double
Typ des Rueckgabewertes: java.lang.Double
Ergebnisse der Addition: 20 und 10010
```

Lösung 8.6

Die Klasse GenericTypmitSuper<T extends Container>

```java
import java.awt.*;
import javax.swing.*;
import javax.swing.plaf.metal.MetalScrollButton;
import javax.swing.plaf.basic.BasicArrowButton;
public class GenericTypmitSuper <T extends Container> {
  T komponente;
// Zugriffsmethoden auf die Komponente
  public void setComponent(T komponente) {
    this.komponente = komponente;
  }
  public T getComponent() {
    return this.komponente;
  }
// Methode zum Hinzufügen von Komponenten
  public static GenericTypmitSuper <? super MetalScrollButton>
    add(GenericTypmitSuper<? super MetalScrollButton> komp1,
    GenericTypmitSuper<? super MetalScrollButton> komp2) {
    komp1.getComponent().add(komp2.getComponent());
    return komp1;
  }
  public static void main(String[] args) {
// Eine Instanz vom Typ Container der Klasse GenericTypmitSuper
// erzeugen und deren Instanzfeld über die Zugriffsmethode der
// Klasse mit einem Container-Objekt initialisieren
    GenericTypmitSuper<Container> c =
      new GenericTypmitSuper<Container> ();
      c.setComponent(new Container());
      c.getComponent().setLayout(new GridLayout(3,1));
// Instanzen vom Typ JButton, MetalScrollButton und
// BasicArrowButton der Klasse GenericTypmitSuper erzeugen und
// deren Instanzfeld über die Zugriffsmethode der Klasse
// mit Objekten vom gleichen Typ initialisieren
      GenericTypmitSuper <? super MetalScrollButton > komp;
      GenericTypmitSuper<JButton> komp1 =
```

```
        new GenericTypmitSuper<JButton>();
    komp1.setComponent(new JButton());
    komp = add(c,komp1);
    GenericTypmitSuper <MetalScrollButton> komp2 =
      new GenericTypmitSuper<MetalScrollButton>();
    komp2.setComponent(new MetalScrollButton(
      SwingConstants.EAST,50,true));
    komp = add(c,komp2);
    GenericTypmitSuper<BasicArrowButton> komp3 =
      new GenericTypmitSuper<BasicArrowButton>();
    komp3.setComponent(new BasicArrowButton(
      SwingConstants.WEST));
    komp = add(c,komp3);
// Die Komponente komp zu einem Fenster hinzufügen
    JFrame frame = new JFrame();
    frame.setContentPane(komp.getComponent());
    frame.setDefaultCloseOperation(JFrame.EXIT_ON_CLOSE);
    frame.setSize(100,100);
    frame.setVisible(true);
  }
}
```

Programmausgaben

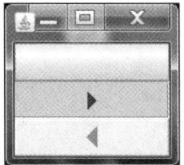

Lösung 8.7

Die Klasse RawTyp

```
public class RawTyp {
  public static void main(String args[]) {
// Objekte von parametrisierten Typen erzeugen und anzeigen
    GenericPunkt<Integer,Integer> intPunkt =
      new GenericPunkt<Integer,Integer>(-1,1);
    GenericPunkt.ausgabe(intPunkt);
    GenericPunkt<Double,Double> doublePunkt =
      new GenericPunkt<Double,Double>(1.0,-1.0);
    GenericPunkt.ausgabe(doublePunkt);
    GenericPunkt<Integer,Double> mischPunkt =
      new GenericPunkt<Integer,Double>(1,1.0);
    GenericPunkt.ausgabe(mischPunkt);
```

```
// Raw-Typ-Objekte erzeugen
    GenericPunkt punkt1 = new GenericPunkt(1.0,1.0);
    GenericPunkt punkt2 = new GenericPunkt(1,-1);
    GenericPunkt punkt3 = new GenericPunkt(-1.0F,1);
// und ausgeben
    GenericPunkt.ausgabe(punkt1);
    GenericPunkt.ausgabe(punkt2);
    GenericPunkt.ausgabe(punkt3);
// Der Runtime-Fehler: "ClassCastException: java.lang.Double"
// wird ausgegeben
  // Integer i1 = (Integer)punkt1.getKoordinate1();
  // Integer i2 = (Integer)punkt1.getKoordinate2();
// Der Compilerfehler: "incompatible Typs" zeigt an, dass ein
// Casting erforderlich ist, weil der Typ unbekannt ist
  // Double d1 = punkt1.getKoordinate1();
  // Double d2 = punkt1.getKoordinate2();
// Korrektes Casting
    Double d1 = (Double)punkt1.getKoordinate1();
    Double d2 = (Double)punkt1.getKoordinate2();
    GenericPunkt.ausgabe(punkt1);
// Initialisieren der Feldwerte über Zugriffsmethoden
    punkt2.setKoordinate1(2.0);
    punkt3.setKoordinate2(2.0);
    GenericPunkt.ausgabe(punkt2);
    GenericPunkt.ausgabe(punkt3);
// Raw-Typen gewährleisten keine Typsicherheit
// Eine Referenz vom Typ GenericPunkt<Double> kann ein Objekt
// von einem Raw-Typ referenzieren,
    doublePunkt = punkt2;
// doch führen die nachfolgenden Aufrufe zu dem Laufzeitfehler:
// "ClassCastException: java.lang.Integer"
  // d1 = doublePunkt.getKoordinate1();
  // d2 = doublePunkt.getKoordinate2();
// Einer Referenz von einem Raw-Typ kann eine Referenz vom Typ
// GenericPunkt<Integer> zugewiesen werden,
    punkt1 = intPunkt;
// doch führen die nachfolgenden Aufrufe zu dem Laufzeitfehler:
// "ClassCastException: java.lang.Integer"
    d1 = (Double)punkt1.getKoordinate1();
    d2 = (Double)punkt1.getKoordinate2();
  }
}
```

Die Klasse GenericPunkt<T, V>

```
public class GenericPunkt<T, V> {
  T koordinate1;
  V koordinate2;
```

```
// Konstruktordefinition
  GenericPunkt(T k1, V k2) {
     koordinate1 = k1;
     koordinate2 = k2;
  }
// Zugriffsmethoden auf die Koordinaten
  public void setKoordinate1(T k1) {
     koordinate1 = k1;
  }
  public void setKoordinate2(V k2) {
     koordinate2 = k2;
  }
  public T getKoordinate1() {
     return koordinate1;
  }
  public V getKoordinate2() {
     return koordinate2;
  }
// Anzeige von Punkten
  public static void ausgabe(GenericPunkt<?,?> punkt) {
     System.out.println("1. Koordinate vom Typ: "
       + punkt.koordinate1.getClass().getName()+" = "
         + punkt.getKoordinate1());
     System.out.println("2. Koordinate vom Typ: "
       + punkt.koordinate2.getClass().getName()
         + " = "+punkt.getKoordinate2());
  }
}
```

Programmausgaben

```
1.Koordinate vom Typ: java.lang.Integer = -1
2.Koordinate vom Typ: java.lang.Integer = 1
1.Koordinate vom Typ: java.lang.Double = 1.0
...
1.Koordinate vom Typ: java.lang.Integer = 1
2.Koordinate vom Typ: java.lang.Double = 1.0
...
Exception in Thread main "java.lang.ClassCastException: ..."
```

Hinweise zum Lösungsvorschlag

Der Compiler erzeugt beim Instanziieren von Raw-Typen eine Warnung: "unchecked call to GenericPunkt(T,V) as a Member of the raw type GenericPunkt" bzw. "unchecked call to setKoordinate2(V) as a Member of the raw type GenericPunkt" bei der Ausführung von punkt3.setKoordinate2(2.0);, die mit Java 7 etwas ausführlicher formuliert werden:

```
java7uebungsbuch1                                              _  □  X

C:\Users\Lissi\Documents\java7uebungsbuch1sourcecode\kapitel8>"C:\program files\
java\jdk1.7.0\bin\javac" -Xlint RawTyp.java
RawTyp.java:14: warning: [rawtypes] found raw type: GenericPunkt
      GenericPunkt punkt1 = new GenericPunkt(1.0,1.0);

  missing type arguments for generic class GenericPunkt<T,U>
  where T,U are type-variables:
    T extends Object declared in class GenericPunkt
    U extends Object declared in class GenericPunkt
RawTyp.java:14: warning: [rawtypes] found raw type: GenericPunkt
      GenericPunkt punkt1 = new GenericPunkt(1.0,1.0);
                                ^
  missing type arguments for generic class GenericPunkt<T,U>
  where T,U are type-variables:
    T extends Object declared in class GenericPunkt
    U extends Object declared in class GenericPunkt
RawTyp.java:14: warning: [unchecked] unchecked call to GenericPunkt(T,U) as a me
mber of the raw type GenericPunkt
      GenericPunkt punkt1 = new GenericPunkt(1.0,1.0);
                                ^
  where T,U are type-variables:
    T extends Object declared in class GenericPunkt
    U extends Object declared in class GenericPunkt
RawTyp.java:15: warning: [rawtypes] found raw type: GenericPunkt
      GenericPunkt punkt2 = new GenericPunkt(1,-1);
      ^
  missing type arguments for generic class GenericPunkt<T,U>
  where T,U are type-variables:
    T extends Object declared in class GenericPunkt
    U extends Object declared in class GenericPunkt
RawTyp.java:15: warning: [rawtypes] found raw type: GenericPunkt
      GenericPunkt punkt2 = new GenericPunkt(1,-1);
                                ^
  missing type arguments for generic class GenericPunkt<T,U>
  where T,U are type-variables:
    T extends Object declared in class GenericPunkt
    U extends Object declared in class GenericPunkt
RawTyp.java:15: warning: [unchecked] unchecked call to GenericPunkt(T,U) as a me
mber of the raw type GenericPunkt
      GenericPunkt punkt2 = new GenericPunkt(1,-1);
                                ^
  where T,U are type-variables:
    T extends Object declared in class GenericPunkt
    U extends Object declared in class GenericPunkt
RawTyp.java:16: warning: [rawtypes] found raw type: GenericPunkt
      GenericPunkt punkt3 = new GenericPunkt(-1.0F,1);
      ^
  missing type arguments for generic class GenericPunkt<T,U>
  where T,U are type-variables:
```

Die Warnung "unchecked conversion" wird ausgegeben, wenn einem parametrisierten Typ ein Raw-Typ zugewiesen wird: doublePunkt = punkt2;.

Einem Raw-Typ können jedoch alle parametrisierten Typen zugewiesen werden, wie zum Beispiel mit der Anweisung: punkt1 = intPunkt;.

Lösung 8.8

Die Klasse PointEqual

```java
import java.awt.Point;
public class PointEqual implements Equality<Point> {
// Die Methode mit dem generischen Typ implementieren
   public boolean equal(Point punkt1, Point punkt2) {
      if((punkt1.x == punkt2.x) && (punkt1.y == punkt2.y))
         return true;
      else
         return false;
   }
// Ein Array von Point-Objekten erstellen und ein Objekt der
// Klasse erzeugen, an dem die Methode equal() aufgerufen
// werden kann
   public static void main(String args[]) {
      Point[] punkt = {new Point(1,1), new Point(1,1),
        new Point(2,2)};
   PointEqual punktE = new PointEqual();
// Je zwei der Punkte vergleichen
      for(int i=0; i<2; i++) {
         if(punktE.equal(punkt[i], punkt[i+1]))
            System.out.println("Gleicher Punkt");
         else
            System.out.println("Verschiedene Punkte");
      }
   }
}
```

Das Interface Equality<T>

```java
interface Equality<T> {
   public boolean equal(T obj1, T obj2);
}
```

Programmausgaben

```
Gleicher Punkt
Verschiedene Punkte
```

Ausgabe von javap PointEqual

```java
public class PointEqual
            implements Equality<java.awt.Point> {
   public PointEqual();
   public boolean equal(java.awt.Point, java.awt.Point);
   public static void main(java.lang.String[]);
   public boolean equal(java.lang.Object, java.lang.Object);
}
```

Lösung 8.9

Die Klasse BrueckenMethoden

```java
import java.awt.Point;
public class BrueckenMethoden {
  public static void main(String[] args) {
// GenericTyp<Point>- und GenericSubTyp-Objekte erzeugen
    GenericTyp<Point> pObjekt = new GenericTyp<Point>();
    GenericSubTyp subpObjekt = new GenericSubTyp();
// und deren Instanzfeldern Werte zuweisen
    pObjekt.setObjekt(new Point(1,1));
    subpObjekt.setObjekt(new Point(2,2));
// Die Werte der erzeugten Objekte lesen

    System.out.println("Das Objekt der Oberklasse hat den"
      + " Wert = "+ pObjekt.getObjekt());
    System.out.println("Das Objekt der Unterklasse hat den"
      + " Wert = "+ subpObjekt.getObjekt());
  }
}
```

Die Klasse GenericTyp<T>

```java
class GenericTyp <T> {
  T objekt;
// Zugriffsmethoden auf das Objekt
  public void setObjekt(T obj) {
    objekt = obj;
  }
  public T getObjekt() {
    return objekt;
  }
}
```

Die Klasse GenericSubTyp

```java
class GenericSubTyp extends GenericTyp<Point> {
// Die Methode der Unterklasse definiert einen kovarianten
// Rückgabetyp, der Typ Point ist von Object abgeleitet
  public Point getObjekt() {
    return objekt;
  }
}
```

Programmausgaben

```
Das Objekt der Oberklasse hat den Wert = java.awt.Point [x=1,y=1]
Das Objekt der Unterklasse hat den Wert = java.awt.Point [x=2,y=2]
```

Ausgabe von javap GenericTyp

```
class GenericTyp<T> {
  T objekt;
  GenericTyp();
  public void setObjekt(T);
  public T getObjekt();
}
```

Ausgabe von javap GenericSubTyp

```
class GenericSubTyp extends GenericTyp<java.awt.Point> {
  GenericSubTyp();
  public java.awt.Point getObjekt();
  public java.lang.Object getObjekt();
}
```

Lösung 8.10

Die Klasse GenericArray<T>

```
public class GenericArray<T> {
  T [] array;
// Konstruktordefinition
  GenericArray(T[] zahlen) {
// Compilerfehler: "Generic array creation"
  // array = new T[10];
// Korrekt ist eine Zuweisung von Referenzen
    array = zahlen;
  }
  public static void main(String args[]) {
    Integer [] iNummer = {1, 2};
    Double [] dNummer = {1.0, 2.0};
// Objekte der GenericArray-Klasse von unterschiedlichen Typen
// erzeugen und die Elemente der Instanzfelder der Klasse
// (vom Typ Array) anzeigen
    GenericArray<Integer> iObjekt =
      new GenericArray<Integer>(iNummer);
    GenericArray<Double> dObjekt =
      new GenericArray<Double>(dNummer);
    for(int i=0; i<2; i++) {
      System.out.print(" I["+i+"] = "+iObjekt.array[i]);
      System.out.print(" D["+i+"] = "+dObjekt.array[i]);
    }
    System.out.println();
// Array-Objekte von unterschiedlichen parametrisierten Typen
// der GenericArray-Klasse erzeugen (zweidimensionale Arrays)
```

```
// Fehlerhafte Zuweisung: "Generic array creation"
  // GenericArray<Integer> []genArray =
  //   new GenericArray<Integer>[2];
// Korrekt ist:
    GenericArray <?>[] genArray = new GenericArray<?>[2];
    for(int i=0; i<2; i++) {
      genArray[i] = new GenericArray<Integer>(iNummer);
      for(int j=0; j<2; j++) {
        System.out.print(" I["+i+","+j+"] = "
          + genArray[i].array[j]);
      }
      System.out.println();
    }
    for(int i=0; i<2; i++) {
      genArray[i] = new GenericArray<Double>(dNummer);
      for(int j=0; j<2; j++) {
        System.out.print(" D["+i+","+j+"] = "
          + genArray[i].array[j]);
      }
      System.out.println();
    }
  }
}
```

Programmausgaben

```
I[0] = 1 D[0] = 1.0 I [1] = 2 D[1] = 2.0
I[0,0] = 1 I[0,1] = 2
I[1,0] = 1 I[1,1] = 2
D[0,0] = 1.0 D[0,1] = 2.0
D[1,0] = 1.0 D[1,1] = 2.0
```

Lösung 8.11

Die Klasse GenericMethoden

```java
import java.awt.Point;
import java.lang.reflect.Array;
public class GenericMethoden {
// Generische Methodendefinitionen
  public static <T> T[] erzeugeArray(T[] ein) {
    T[] aus = (T[])Array.newInstance(
      ein.getClass().getComponentType(), ein.length);
    for(int i=0; i<ein.length; i++) {
      aus[i] = ein[i];
    }
    return aus;
  }
```

```
   public static <T> void anzeigeArray(T[] ein) {
// Die Elemente eines Arrays werden über eine for-each-Schleife
// ausgegeben
    for(T eingabeArray: ein) {
       System.out.print(eingabeArray.toString());
    }
 }
 public static void main(String args[]) {
// Nicht generische Arrays deklarieren und initialisieren
    Integer []intArray1 = new Integer[5];
    String []stringArray1 = new String[5];
    Point []pointArray1 = new Point[5];
    for(int i=0; i<5; i++) {
       intArray1[i] = new Integer(i);
       stringArray1[i] = new String("Array"+i);
       pointArray1[i] = new Point(i, i+1);
    }
// Generische Arrays erzeugen und anzeigen
    Integer []intArray2 = erzeugeArray(intArray1);
    String []stringArray2 = erzeugeArray(stringArray1);
    Point []pointArray2 = erzeugeArray(pointArray1);
    System.out.println("Eingaben:");
    anzeigeArray(intArray1);
    System.out.println();
    anzeigeArray(stringArray1);
    System.out.println();
    anzeigeArray(pointArray1);
    System.out.println();
    System.out.println("Ausgaben:");
    anzeigeArray(intArray2);
    System.out.println();
    anzeigeArray(stringArray2);
    System.out.println();
    anzeigeArray(pointArray2);
 }
}
```

Programmausgaben

```
Eingaben:
01234
Array0Array1Array2Array3Array4
java.awt.Point[x=0,y=1]java.awt.Point[x=1,y=2]java.awt.Point[x=2, y=3]
  java.awt.Point[x=3,y=4]java.awt.Point[x=4,y=5]
Ausgaben:
01234
Array0Array1Array2Array3Array4
java.awt.Point[x=0,y=1]java.awt.Point[x=1,y=2]java.awt.Point[x=2, y=3]
  java.awt.Point[x=3,y=4]java.awt.Point[x=4,y=5]
```

Lösung 8.12

Die Klasse GenericArrayundGenericMethoden

```java
public class GenericArrayundGenericMethoden {
// Gehört das angegebene Element zur Menge?
  static <T, V extends T> int sucheElement(T elem, V[] array) {
     for(int i=0; i<array.length; i++)
       if(elem.equals(array[i]))
           return i;
       return -1;
  }
// Ist die erste Menge in der zweiten enthalten?
  static <T, V> boolean sucheMenge(T[] array1, V[] array2) {
     for(int i=0; i<array1.length; i++) {
       for(int j=0; j<array2.length; j++) {
         if(array1[i] != (array2[j])) {
            return false;
         }
       }
     }
     return true;
  }
// Bei ungleichen Mengenelementen diese gleichsetzen
  static <T> T[] tauscheMenge(T[] array1, T[] array2) {
     for(int i=0; i<array1.length; i++) {
       if(array1[i] != (array2[i])) {
         array1[i] = array2[i];
       }
     }
     return array1;
  }
// Mengen als Array-Objekte darstellen und die Methoden der
// Klasse aufrufen
  public static void main(String args[]) {
     Integer []zahlen = {1, 20, 3, 14, 5, 10, 34, 4, 8};
     String []buchstaben1 = {"A", "B", "C", "D"};
     String []buchstaben2 = {"F", "B", "C", "E"};
     String []buchstaben;
// Ein Element in einer Menge suchen
     for(int i=0; i<11; i++) {
       int index = sucheElement(i, zahlen);
       if(index != -1)
         System.out.println(i + " ist ein Element der Menge");
       else
         System.out.println(i + " ist kein Element der Menge");
```

```
// Teilmenge ermitteln
   if(sucheMenge(buchstaben2, buchstaben1))
      System.out.println("Menge ist Teilmenge");
   else
      System.out.println("Menge ist keine Teilmenge");
// Ungleiche Elemente austauschen
   buchstaben = tauscheMenge(buchstaben1,buchstaben2);
   System.out.print("Elemente einer Menge: ");
   for(int i=0; i<buchstaben.length; i++) {
      System.out.print(buchstaben[i]+" ");
   }
  }
}
```

Programmausgaben

```
0 ist kein Element der Menge
1 ist ein Element der Menge
...
Menge ist keine Teilmenge
...
Elemente einer Menge: F B C E
```

Hinweise zum Lösungsvorschlag

Die Klasse soll darauf hinweisen, dass Deklarationen von generischen Arrays durchaus hilfreich in generischen Methodendefinitionen eingesetzt werden können, sowohl als Parameter wie auch als Rückgabetypen.

Lösung 8.13

Die Klasse GeometrischeKoerpermitGenericStdKls

```java
import java.util.*;
public class GeometrischeKoerpermitGenericStdKls {
// Konstruktordefinition
   public GeometrischeKoerpermitGenericStdKls() {
// ArrayList-Instanzen vom Typ Kugel und Kegel erzeugen
      ArrayList<Kugel> aList1 = new ArrayList<Kugel>();
      ArrayList<Kegel> aList2 = new ArrayList<Kegel>();
// und diesen Instanzen der spezifizierten Klassen hinzufügen
      aList1.add(new Kugel(3));
      aList2.add(new Kegel(3,4));
      aList1.add(new Kugel(2));
      aList2.add(new Kegel(2,2));
      ausgabe(aList1);
      ausgabe(aList2);
   }
```

```
// Reguläre Methodendefinition mit generischen Wildcardtypen;
// dies ist keine generische Methode
  public static void ausgabe(
                List <? extends GeometrischeKoerper> l){
    for(GeometrischeKoerper geomKorp: l)
      System.out.println(geomKorp.oberflaeche()
        + "*" + geomKorp.volumen());
  }
// Objekt der Klasse erzeugen
  public static void main(String args[]) {
    GeometrischeKoerpermitGenericStdKls geomKorpList =
      new GeometrischeKoerpermitGenericStdKls();
  }
}
```

Programmausgaben

```
113.0*339.0
50.0*101.0
66.0*38.0
25.0*8.0
```

Lösung 8.14

Die Klasse GenericStdKlsundInt

```
import java.util.*;
import java.awt.geom.*;
import java.awt.Point;
public class GenericStdKlsundInt {
// Generische Methode mit generischen Wildcardtypen
  public static <T> T addListe(Collection <T> collection,
                          List<? super T > liste ) {
    T lastElem = null;
    for(T t: collection) {
      lastElem = t;
      liste.add(lastElem);
    }
    return lastElem;
  }
  public static void main(String args[]) {
// Vector-Objekte von einem parametrisierten Typ bilden
    Vector<Point> vector1 = new Vector<Point>();
    Vector<Point2D.Float> vector2 =
      new Vector<Point2D.Float>();
    Vector<Point2D.Double> vector3 =
      new Vector<Point2D.Double>();
// und Elemente vom spezifizierten Typ hinzufügen
```

```
    vector1.add(new Point(3,3));
    vector2.add(new Point2D.Float(3,3));
    vector3.add(new Point2D.Double(3E+0,3E+0));
// Eine Liste als Objekt vom parametrisierten Typ List<Point2D>
// erzeugen
    List<Point2D> liste = new Vector<Point2D>();
    Point punkt = addListe(vector1, liste);
    Point2D.Float punktFloat = addListe(vector2, liste);
    Point2D.Double punktDouble = addListe(vector3, liste);
    System.out.println("Anzeige von einzelnen Instanzen: ");
    System.out.println(punkt + " " + punktFloat + " " +
      punktDouble);
    System.out.println("Ausgabe aus der Liste: ");
    for(Point2D punktListe: liste) {
       System.out.print(punktListe.toString() + " ");
    }
    System.out.println();
// Die Liste in ein Point2D-Array umwandeln
    Point2D[] array = new Point2D[3];
    array = liste.toArray(new Point2D[0]);
    System.out.println("Ausgabe aus dem Point2D-Array: ");
    for(Point2D punktArray: array) {
       System.out.print(punktArray.toString()+ " ");
    }
    System.out.println();
// Die Liste in ein Object-Array umwandeln
    Object[] object = new Object[3];
    object = liste.toArray(object);
  // object = liste.toArray();
// ist hier auch korrekt
  // object = liste.toArray(new Object[0]);
// ist auch korrekt
    System.out.println("Ausgabe aus dem Object-Array: ");
    for(Object objectArray: object) {
       System.out.print(objectArray.toString()+ " ");
    }
  }
}
```

Programmausgaben

```
Anzeige von einzelnen Instanzen:
java.awt.Point [x=3,y=3] Point2D.Float [3.0, 3.0] Point2D.Double [3.0, 3.0]
Ausgabe aus der Liste:
java.awt.Point [x=3,y=3] Point2D.Float [3.0, 3.0] Point2D.Double [3.0, 3.0]
Ausgabe aus dem Point2D-Array:
java.awt.Point [x = 3, y = 3] Point2D.Float [3.0, 3.0] Point2D.Double [3.0, 3.0]
Ausgabe aus dem Object-Array:
java.awt.Point [x = 3, y = 3] Point2D.Float [3.0, 3.0] Point2D.Double [3.0, 3.0]
```

Lösung 8.15

Die Klasse GenericMapObjekte

```java
import java.util.*;
public class GenericMapObjekte {
  private static String [] schule = new String[3];
  private static String [][] klasse = new String[3][3];
  private static String [][][] schueler = new String[3][3][3];
// Instanzen der generischen Klasse TreeMap<K,V> erzeugen
  public static void main(String args[]) {
    TreeMap<String,String> map1=new TreeMap<String,String>();
    TreeMap<String,Map<String,String>> map2 =
      new TreeMap<String, Map<String,String>>();
    for(int i=1; i<3; i++) {
      schule[i] = new String("Schule"+i);
      for(int j=1; j<3; j++) {
        klasse[i][j] = new String("Klasse"+i+j);
        for(int k=1; k<3; k++) {
          schueler[i][j][k] = new String("Schueler"+i+j+k);
        }
      }
    }
    for(int i=1; i<3; i++) {
      for(int j=1; j<3; j++) {
// Den Schlüsseln der Abbildung map1 Werte zuordnen
        map1.put(klasse[i][j], schule[i]);
      }
    }
    for(int i=1; i<3; i++) {
      for(int j=1; j<3; j++) {
        for(int k=1; k<3; k++) {
// Den Schlüsseln der Abbildung map2 Werte zuordnen
          map2.put(schueler[i][j][k], map1);
        }
      }
    }
    for(int i=1; i<3; i++) {
      for(int j=1; j<3; j++) {
        for(int k=1; k<3; k++) {
// Die Werte, in die diese Maps ihre Schlüssel abgebildet
// haben, ermitteln
          System.out.println("Der " + schueler[i][j][k]
            + " ist in der " + klasse[i][j]+ " der " +
          (map2.get(schueler[i][j][k])).get(klasse[i][j]));
        }
      }
    }
  }
}
```

Programmausgaben

```
Der Schueler111 ist in der Klasse11 der Schule1
...
Der Schueler212 ist in der Klasse21 der Schule2
...
```

Lösung 8.16

Die Klasse GenericMapObjektemitForEach

```java
import java.util.*;
public class GenericMapObjektemitForEach {
  public static void main(String args[]) {
     String[] a = {"Schule1","Schule2"};
     String[][] b = new String [2][2];
     String[] c = {"Klasse11","Klasse12"};
     String[] d = {"Klasse21","Klasse22"};
     String[][][] l = new String[2][2][2];
     String[][] m = {{"Schueler111","Schueler112"},
       {"Schueler121","Schueler122"}};
     String[][] n = {{"Schueler211","Schueler212"},
       {"Schueler221","Schueler222"}};
     b = new String[][]{c, d};
     l = new String[][][]{m, n};
// Eine parametrisierte Instanz der Klasse TreeMap vom Typ
// <String,String[]> erzeugen
     TreeMap<String,String[][]> map1 =
       new TreeMap<String,String[][]>();
     TreeMap<String,String[][][]> map2 =
       new TreeMap<String,String[][][]>();
     System.out.println("Anzeige der Strings als "
       + "Arrayelemente");
// Ausgabe von einzelnen Arrayelementen mit Hilfe von for-each-
// Schleifen
     for(String str1: a)
        System.out.print(" "+str1);
// Die Varariable x wird als Referenz von einem eindimensionalen
// String-Array definiert; jede Iteration von dieser for-
// Schleife vereinbart das nächste Array aus b und beginnt mit
// b[0], wobei b[0] = new String [] {"Klasse11","Klasse12"};
     for(String x[] : b) {
        System.out.println();
// Die innere Schleife gibt alle Elemente dieser Arrays aus
        for(String str2: x)
           System.out.print(" "+str2);
     }
     System.out.println();
```

```java
    for(String y[][] : l) {
      for(String z[] : y) {
        for(String str3: z) {
           System.out.print(" "+str3);
        }
      }
      System.out.println();
    }
// Zuordnungen zwischen Schlüsseln und Werten für die Abbildung
// map1 definieren
    for(String x : a) {
      map1.put(x,b);
    }
// Die Menge aller Schlüssel und Werte für die Abbildung map1
// anzeigen
    System.out.println(map1.keySet());
    for(String[][] s: map1.values()) {
      for(String u[] : s) {
        System.out.println(Arrays.asList(Arrays.asList(u)));
      }
    }
// Zuordnungen zwischen Schlüsseln und Werten für die Abbildung
// map2 definieren
    for(String []x : b) {
      for(String y : x) {
        map2.put(y,l);
      }
    }
// Die Menge aller Schlüssel und Werte für die Abbildung map2
// anzeigen
    System.out.println(map2.keySet());
      for(String[][][] s: map2.values()) {
        for(String t[][] : s){
          for(String r[] : t){
          System.out.println(Arrays.asList(r));
        }
      }
    }
    System.out.println("Anzeige der Strings als Werte von "
      +"Abbildungen");
    for(String x : a) {
      System.out.print("Die "+x+" hat ");
      for(String[] s: map1.get(x)) {
        for(String u: s) {
           System.out.println("die "+ u +
             " mit den Schuelern: ");
           for(String[][] t: map2.get(u)) {
```

```
                    for(String r[] : t) {
                        System.out.println(Arrays.asList(r));
                    }
                }
            }
        }
    }
}
```

Programmausgaben

```
Schule1 Schule2
Klasse11 Klasse12
Klasse21 Klasse22
Schueler111 Schueler112 Schueler121 Schueler122
Schueler211 Schueler212 Schueler221 Schueler222
...
```

Lösung 8.17

Die Klasse Enumerationen

```java
public class Enumerationen {
// Konstruktordefinition
    public Enumerationen() {
// Die Anzeige der Aufzählungskonstanten aus beiden
// Enumerationen
        System.out.print("Enumeration WTag: ");
        for(WTag tag: WTag.values())
            System.out.print(tag+" ");
        System.out.println();
        System.out.print("Enumeration Tag: ");
        for(Tage.Tag tag: Tage.Tag.values())
            System.out.print(tag+" ");
    }
// Objekt der Klasse erzeugen
    public static void main(String args[]) {
        Enumerationen wochentage = new Enumerationen();
    }
}
```

Die Enumeration WTag

```java
enum WTag {
    Montag, Dienstag, Mittwoch, Donnerstag, Freitag, Samstag,
    Sonntag
}
```

Die Klasse Tage und die Enumeration Tag

```
class Tage {
// Definition der Enumeration Tag
   enum Tag {
      tag1, tag2, tag3, tag4, tag5, tag6, tag7
   }
}
```

Programmausgaben

```
Enumeration WTag: Montag Dienstag Mittwoch Donnerstag Freitag Samstag Sonntag
Enumeration Tag: tag1 tag2 tag3 tag4 tag5 tag6 tag7
```

Aufruf des Decompilers mit javap WTag

```
Compiled from "Enumerationen.java"
final class WTag extends java.lang.Enum<WTag> {
  public static final Wtag Montag;
  public static final Wtag Dienstag;
  ...
  public static Wtag[] values();
  public static Wtag valueOf(java.lang.String);
  static {};
}
```

Aufruf des Decompilers mit javap Tage.Tag

```
Compiled from "Enumerationen.java"
final class Tage$Tag extends java.lang.Enum<Tage$Tag> {
  public static final Tage$Tag tag1;
  public static final Tage$Tag tag2;
  ...
  public static Tage$Tag[] values();
  public static Tage$Tag valueOf(java.lang.String);
  static {};
}
```

Lösung 8.18

Die Klasse EnumerationenmitMethoden

```
public class EnumerationenmitMethoden {
// Konstruktordefinition
   public EnumerationenmitMethoden() {
// An den Aufzählungskonstanten der Enumerationen werden deren
// Methoden getTag() und ansage() aufgerufen
      for(WTag tag: WTag.values())
         System.out.print(tag.getTag()+" ");
```

```
      System.out.println();
      for(Tage.Tag tag: Tage.Tag.values())
        System.out.println(tag.ansage());
  }
// Objekt der Klasse erzeugen
  public static void main(String args[]) {
    EnumerationenmitMethoden wochentage =
      new EnumerationenmitMethoden();
  }
}
```

Die Enumeration WTag

```
enum WTag {
  Montag(Tage.Tag.tag1), Dienstag(Tage.Tag.tag2), Mittwoch(
    Tage.Tag.tag3), Donnerstag(Tage.Tag.tag4), Freitag(
      Tage.Tag.tag5), Samstag(Tage.Tag.tag6), Sonntag(
        Tage.Tag.tag7);
  private Tage.Tag tag;
// Konstruktordefinition
  WTag(Tage.Tag tag) {
    this.tag = tag;
  }
// Zugriffsmethoden
  public Tage.Tag getTag() {
    return tag;
  }
  public void setTag(Tage.Tag tag) {
    this.tag = tag;
  }
}
```

Die Klasse Tageund die Enumeration Tag

```
class Tage {
// Die abstrakte Methode ansage() der Enumeration Tag wird
// konstantenabhängig implementiert
  enum Tag {
    tag1 {
      String ansage() {
        return "Heute ist Montag";
      }
    },
    tag2 {
      String ansage() {
        return "Heute ist Dienstag";
      }
    },
```

```
    tag3 {
        String ansage() {
            return "Heute ist Mittwoch";
        }
    },
    tag4 {
        String ansage() {
            return "Heute ist Donnerstag";
        }
    },
    tag5 {
        String ansage() {
            return "Heute ist Freitag";
        }
    },
    tag6 {
        String ansage() {
            return "Heute ist Samstag";
        }
    },
    tag7 {
        String ansage() {
            return "Heute ist Sonntag";
        }
    };
// Deklaration der abstrakten Methode
    abstract String ansage();
    }
}
```

Programmausgaben

```
tag1 tag2 tag3 tag4 tag5 tag6 tag7
Heute ist Montag
Heute ist Dienstag
Heute ist Mittwoch
...
```

Aufruf des Decompilers mit javap WTag

```
Compiled from "EnumerationenmitMethoden.java"
final class WTag extends java.lang.Enum<WTag> {
    public static final Wtag Montag;
    public static final Wtag Dienstag;
    ...
    public static Wtag[] values();
    public static Wtag valueOf(java.lang.String);
    public Tage$Tag getTag();
```

```
   public void setTag(Tage$Tag);
   static {};
}
```

Aufruf des Decompilers mit javap Tage.Tag

```
Compiled from "EnumerationenmitMethoden.java"
final class Tage$Tag extends java.lang.Enum<Tage$Tag> {
   public static final Tage$Tag tag1;
   public static final Tage$Tag tag2;
   ...
   public static final Tage$Tag[] values();
   public static final Tage$Tag valueOf(java.lang.String);
   abstract java.lang.String ansage();
   Tage$Tag(java.lang.String, int, Tage$1);
   static {};
}
```

Aufruf des Decompilers mit javap Tage.Tag$1

```
Compiled from "EnumerationenmitMethoden.java"
final class Tage$Tag$1 extends Tage$Tag{
   Tage$Tag$1(java.lang.String, int);
   java.lang.String ansage();
}
```

Lösung 8.19

Die Klasse EnumerationIteratorIterable

```
import java.util.*;
public class EnumerationIteratorIterable {
// Parametrisierte Instanzen vom Typ der Klassen EnumMap und
// Hashtable erzeugen
   private EnumMap<Tage.Tag,WTag> map =
     new EnumMap<Tage.Tag,WTag>(Tage.Tag.class);
   private Hashtable<Tage.Tag,WTag> hashTable =
     new Hashtable<Tage.Tag,WTag>();
// Konstruktordefinition
   public EnumerationIteratorIterable() {
// Zum angelegten Container vom Typ der parametrisierten Klassen
// EnumMap<Tage.Tag,WTag> und Hashtable<Tage.Tag,WTag> werden
// Objekte vom Typ der Parameterklassen, mit der Methode put()
// der Schnittstelle Map<K,V>, hinzugefügt
     map.put(Tage.Tag.tag1, WTag.Montag);
     map.put(Tage.Tag.tag2, WTag.Dienstag);
     map.put(Tage.Tag.tag3, WTag.Mittwoch);
```

```
    hashTable.put(Tage.Tag.tag1, WTag.Montag);
    hashTable.put(Tage.Tag.tag2, WTag.Dienstag);
    hashTable.put(Tage.Tag.tag3, WTag.Mittwoch);
// Die Methode values() der Klasse Enum liefert ein Array der
// Aufzählungskonstanten in der Reihenfolge ihrer Deklaration
    for(WTag tag: WTag.values()) {
        System.out.println(tag);
// Die switch-Anweisung wurde mit Java 5.0 erweitert, so dass
// diese auch enum-Konstanten akzeptiert
        switch(tag) {
          case Montag:
            System.out.println((tag.ordinal() + 1)
              + ". Wochentag: " + tag);
            break;
          case Dienstag:
            System.out.println((tag.ordinal() + 1)
              + ". Wochentag: " + tag);
            break;
        }
    }
// Die Methode ordinal() der Klasse Enum gibt die Zahl, die
// einer Aufzählungskonstanten zugeordnet wurde, zurück und die
// Methode get() der Schnittstelle Map liefert die Werte,
// die in einer Abbildung den Schlüsseln zugeordnet wurden
    for(Tage.Tag tag: Tage.Tag.values()) {
        System.out.println(tag + ": " + map.get(tag));
        switch(tag.ordinal()) {
          case 0:
        System.out.println((tag.ordinal() + 1)
          + ". Wochentag: " + map.get(tag));
            break;
          case 1:
        System.out.println((tag.ordinal() + 1)
          + ". Wochentag: " + map.get(tag));
            break;
        }
    }
// Mit der Methode keySet() der Schnittstelle Map wird die Menge
// der Schlüssel einer Abbildung ermittelt und in einem Objekt
// vom Typ der parametrisierten Schnittstelle Set<E>,
// einem Unterinterface von Collection<E>, abgelegt
    Set<Tage.Tag> key = map.keySet();
    Object[] object = key.toArray();
// Die verschiedenen Formen der for-Schleife für die Ausgabe der
// Schlüssel einer Abbildung nutzen
    for(int i=0; i<object.length; i++)
        System.out.print(object[i].toString() + " ");
```

```
      System.out.println();
      for(Iterator<Tage.Tag> iterator=key.iterator();
        iterator.hasNext();)
          System.out.print(iterator.next() + " ");
      System.out.println();
      for(Object objekt: key)
          System.out.print(objekt + " ");
      System.out.println();
// Die Schlüssel und Werte der Hashtable anzeigen
      for(Enumeration<WTag> enumeration = hashTable.elements();
        enumeration.hasMoreElements();)
        System.out.print(enumeration.nextElement() + " ");
      System.out.println();
      for(Enumeration<WTag> enumeration = hashTable.elements();
        enumeration.hasMoreElements();)
        System.out.print(enumeration.nextElement() + " ");
    }
// Objekt der Klasse erzeugen
  public static void main(String args[]) {
    EnumerationIteratorIterable instanz =
      new EnumerationIteratorIterable();
  }
}
```

Die Enumerationen WTag

```
enum WTag {
  Montag, Dienstag, Mittwoch, Donnerstag, Freitag, Samstag,
    Sonntag
}
```

Die Klasse Tage und die Enumeration Tag

```
class Tage {
// Die Enumeration Tag
  enum Tag {
    tag1, tag2, tag3, tag4, tag5, tag6, tag7
  }
}
```

Programmausgaben

```
Montag
1. Wochentag: Montag
Dienstag
2. Wochentag: Dienstag
Mittwoch
...
Sonntag
```

```
tag1: Montag
1.Wochentag: Montag
tag2: Dienstag
2.Wochentag: Dienstag
tag3: Mittwoch
tag4: null
...
Tag1 tag2 tag3
...
Mittwoch Montag Dienstag
...
```

Hinweise zum Lösungsvorschlag

Die Klasse soll auch als Vertiefung der Übung mit Iterationen über multidimensionale Arrays und Collectionen mit Hilfe von for-each-Schleifen dienen. Wie schon in Kapitel 1 vermerkt wurde, kann man mit der for-each-Schleife Arrays und Collectionen nur sequenziell vom Anfang zum Ende durchgehen und nicht gezielt auf bestimmte Elemente zugreifen, so dass sich nicht alle Arten von Algorithmen dafür anbieten.

Lösung 8.20

Die Klasse JFramemitUIDefaultsHashTable

```java
import java.awt.*;
import javax.swing.*;
import java.util.*;
public class JFramemitUIDefaultsHashTable extends JFrame {
   private JButton [][]button  = new JButton[3][3];
   private JPanel panel = new JPanel();
// Konstruktordefinition
   public JFramemitUIDefaultsHashTable() {
      super("UIDefaults Setzen");
      setDefaultCloseOperation(JFrame.EXIT_ON_CLOSE);
      for(int i=0; i<3; i++) {
         for(int j=0; j<3; j++) {
            button[i][j] = new JButton("Button"+i+j);
            button[i][j].setForeground(new Color(100*j,255,i));
            button[i][j].setBackground(new Color(j,100*i,255));
            panel.add(button[i][j]);
         }
      }
      getContentPane().add (panel);
      pack();
      setVisible(true);
   }
   public static void main (String[] args) {
```

```
// Den Namen der Schrift aus dem im Programmaufruf übergebenen
// Argument lesen und damit eine 10-Point und PLAIN-Font-Instanz
// erzeugen
    Font font = new Font(args[0], Font.PLAIN, 10);
// Der Name der neuen Schrift wird für alle Swing-Komponenten
// in die UIDefaults-Tabelle eingetragen
    Hashtable<Object,Object> defaults =
      UIManager.getDefaults();
    Enumeration<Object> keys = defaults.keys();
    while(keys.hasMoreElements()) {
       Object object = keys.nextElement();
       if((object instanceof String) && (((String) object).
         endsWith(".font"))) {
          defaults.put(object, font);
       }
    }
// Objekt der Klasse erzeugen
    JFramemitUIDefaultsHashTable frame =
       new JFramemitUIDefaultsHashTable();
  }
}
```

Programmausgaben (bei einer Angabe der Schrift »Arial« im Programmaufruf):

Lösung 8.21

Die Klasse GenericClass<T>

```
public class GenericClass<T> {
// Instanzfeld vom generischen Typ Class<T>
  private Class<T> tClass;
// Konstruktordefinition
  public GenericClass(Class<T> tClass) {
    this.tClass = tClass;
  }
// Die von der Methode newInstance() ausgelösten Exceptions
// werden über die throws-Klausel an die aufrufende Methode
// weitergereicht
  public T neuesProdukt() throws Exception {
     return tClass.newInstance();
  }
// Die von der Methode neuesProdukt() ausgelösten Exceptions
// werden von der main()-Methode über die throws-Klausel
// an die JVM weitergereicht
```

```java
    public static void main(String[] args) throws Exception {
// Instanzen der Klasse GenericClass vom Typ der Klassen
// SchreibProdukt und LeseProdukt erzeugen
      GenericClass<SchreibProdukt> genClass1 =
        new GenericClass<SchreibProdukt>(SchreibProdukt.class);
      GenericClass<LeseProdukt> genClass2 =
        new GenericClass<LeseProdukt>(LeseProdukt.class);
// Instanzen der Klassen SchreibProdukt und LeseProdukt
// dynamisch erzeugen
      SchreibProdukt schreibProdukt1 = genClass1.neuesProdukt();
      System.out.println("Produkt: " + schreibProdukt1.getName()
        + SchreibProdukt.zaehler);
      SchreibProdukt schreibProdukt2 = genClass1.neuesProdukt();
      System.out.println("Produkt: " + schreibProdukt2.getName()
        + SchreibProdukt.zaehler);
      LeseProdukt leseProdukt1 = genClass2.neuesProdukt();
      System.out.println("Produkt: " + leseProdukt1.getName()
        + LeseProdukt.zaehler);
      LeseProdukt leseProdukt2 = genClass2.neuesProdukt();
      System.out.println("Produkt: " + leseProdukt2.getName()
        + LeseProdukt.zaehler);
  }
}
```

Die Klasse SchreibProdukt

```java
class SchreibProdukt {
  private String name = "Bleistift";
  public static int zaehler;
// Konstruktordefinition
  public SchreibProdukt() {
    zaehler++;
  }
// Zugriffsmethoden
  public String getName() {
    return name;
  }
  public void setName(String name) {
    this.name = name;
  }
}
```

Die Klasse LeseProdukt

```java
class LeseProdukt {
  private String name = "Buch";
  public static int zaehler;
// Konstruktordefinition
```

```
    public LeseProdukt() {
        zaehler++;
    }
// Zugriffsmethoden
    public String getName() {
        return name;
    }
    public void setName(String name) {
        this.name = name;
    }
}
```

Programmausgaben

```
Produkt: Bleistift1
Produkt: Bleistift2
Produkt: Buch1
Produkt: Buch2
```

Lösung 8.22

Die Klasse GenericClassmitGenericConstructor

```
import java.util.*;
import java.lang.reflect.*;
public class GenericClassmitGenericConstructor {
// Generische Methode für das Erzeugen einer Collection
// von ausgewählten Objekten
    public static <T> Collection<T> selectObjects(
                        Class<T> tClass, String string) {
        Collection<T> collection = new ArrayList<T>();
        try {
// Den Konstruktor der übergebenen Klasse, der als Parameter
// eine Referenz vom Typ String definiert, bestimmen
            Constructor<T> tConstructor =
                tClass.getConstructor(String.class);
// und damit dynamisch eine Instanz der Klasse erzeugen
            T instanz = tConstructor.newInstance(string);
// Auf Felder des Class-Objekts zugreifen
            Field f = tClass.getDeclaredField("s");
            Field feld = tClass.getDeclaredField("name");
// und deren Feldwerte anzeigen
            System.out.println(f.get(instanz));
// Für Felder vom Typ Array wird für die Anzeige ein Array-
// Objekt definiert
            Object[] array = (Object[])feld.get(instanz);
            for(int i =0; i<array.length; i++) {
                System.out.print(" "+array[i]);
```

```
// Ist der im Methodenaufruf angegebene String-Wert gleich mit
// einem der Arrayelemente, wird die vorher erzeugte Instanz
// zu einer Collection hinzugefügt
        if(array[i].equals(string)) {
            collection.add(instanz);
        }
    }
    System.out.println();
}
catch(Exception ex) {
    System.out.println(ex);
}
return collection;
}
// Generische Methode für die Anzeige der Objekte
// aus der Collection
public static <T> void ausgabeObjects(Collection <T>
                                collection) {
    try {
        for(T t : collection) {
            Field f = t.getClass().getDeclaredField("s");
            System.out.println(t.getClass().getName()
              + ":" + f.get(t));
        }
    }
    catch(Exception ex) {
        System.out.println(ex);
    }
}
// Instanzen der Klassen Name, Strasse und Wohnort dynamisch
// erzeugen und diese zu Collectionen vom Typ der Klassen
// hinzufügen
public static void main(String args[]) {
    Collection<Name> c1 = selectObjects(Name.class, "Jung");
    c1.addAll(selectObjects(Name.class, "Mueller"));
    c1.addAll(selectObjects(Name.class, "Hahn"));
    Collection<Strasse> c2 = selectObjects(Strasse.class,
      "Am Weissen Stein");
    c2.addAll(selectObjects(Strasse.class, "Goethestrasse"));
    Collection<Wohnort> c3 = selectObjects(Wohnort.class,
      "Frankfurt");
    c3.addAll(selectObjects(Wohnort.class, "Bonn"));
    c3.addAll(selectObjects(Wohnort.class, "Mainz"));
// Die Elemente der Collectionen anzeigen
    System.out.println("Die selektierten Namen sind:");
    ausgabeObjects(c1);
    System.out.println("Die selektierten Strassen sind:");
    ausgabeObjects(c2);
```

```
        System.out.println("Die selektierten Wohnorte sind:");
        ausgabeObjects(c3);
    }
}
```

Die Klasse Name

```
class Name {
    final String []name = {"Jung", "Mueller", "Mayer", "Schmidt",
      "Hahn"};
    String s;
// Konstruktordefinitionen
    public Name() {}
    public Name(String s) {
        this.s = s;
    }
}
```

Die Klasse Strasse

```
class Strasse {
    final String [] name = {"Goethestrasse", "Sandweg",
      "Am Weissen Stein", "Karl-Katsky-Weg"};
    String s;
// Konstruktordefinitionen
    public Strasse() {}
    public Strasse(String s) {
        this.s = s;
    }
}
```

Die Klasse Wohnort

```
class Wohnort {
    final String []name = {"Frankfurt", "Berlin", "Bonn",
      "Hamburg", "Koeln"};
    String s;
// Konstruktordefinitionen
    public Wohnort() {}
    public Wohnort(String s) {
        this.s = s;
    }
}
```

Programmausgaben

```
...
Die selektierten Namen sind:
Name:Jung
Name:Mueller
```

```
Name:Hahn
Die selektierten Strassen sind:
Strasse:Am Weissen Stein
Strasse:Goethestrasse
Die selektierten Wohnorte sind:
Wohnort:Frankfurt
Wohnort:Bonn
```

Hinweise zum Lösungsvorschlag

Die von der Methode newInstance() ausgelösten Exceptions werden in diesem Beispiel mit einem try/catch-Block abgefangen wie auch solche, die von den Methoden get() der Klasse Field und getDeclaredField() der Klasse Class ausgelöst werden.

Lösung 8.23

Die Klasse GenericClassmitGenericArray<T>

```java
import java.lang.reflect.*;
public class GenericClassmitGenericArray<T> {
// Instanzfeld vom generischen Typ Class<T>
   private Class<T> tClass;
// Die Methode erzeugt ein generisches Array
   public <T> T[] returnArray() {
    return (T[])java.lang.reflect.Array.newInstance(tClass,10);
   }
// Konstruktordefinition
   public GenericClassmitGenericArray(Class<T> tClass) {
      this.tClass = tClass;
   }
// Die von den Methoden der Klassen Class und Field
// ausgelösten Exceptions werden von der main()-Methode
// über die throws-Klausel an die JVM weitergereicht.
   public static void main(String[] args)throws Exception {
// Instanzen dieser Klasse vom Typ der Klassen Integer und
// Produkt erzeugen
      GenericClassmitGenericArray<Integer> iClass =
         new GenericClassmitGenericArray<Integer>(Integer.class);
      GenericClassmitGenericArray<Produkt> pClass =
         new GenericClassmitGenericArray<Produkt>(Produkt.class);
// Arrays vom Typ dieser Klassen generieren
      Integer[] integer = iClass.returnArray();
      Produkt[] produkt = pClass.returnArray();
// Auf Felder der Klassen zugreifen und deren Werte ausgeben
      for(int i=0; i<2; i++) {
         produkt[i] = new Produkt();
         integer[i] = new Integer(i);
```

```
        Field f1 = produkt[i].getClass().getDeclaredField(
          "name");
        Field f2 = integer[i].getClass().getDeclaredField(
          "MAX_VALUE");
        Field f3 = integer[i].getClass().getDeclaredField(
          "MIN_VALUE");
        System.out.println(produkt[i].getClass().getName()
          + ":" + f1.get(produkt[i]) + i);
        System.out.println(integer[i].getClass().getName()
          + ":" + " MAX_VALUE = " + f2.get(integer[i])
            + " MIN_VALUE = " + f3.get(integer[i]));
      }
    }
  }
```

Die Klasse Produkt

```
class Produkt {
  public String name = "Buch";
}
```

Programmausgaben

```
Produkt:Buch0
java.lang.Integer: MAX_VALUE = 2147483647 MIN_VALUE = -2147483648
Produkt:Buch1
java.lang.Integer: MAX_VALUE = 2147483647 MIN_VALUE = -2147483648
```

Lösung 8.24

Die Klasse KlassenInformationen

```
package reflection;

import java.lang.reflect.*;
import java.util.*;
public class KlassenInformationen {
  public static void main(String[] args) throws Exception {
// Die Klasse Class besitzt keinen öffentlichen (public)
// Konstruktor; stattdessen werden Class-Objekte von der JVM
// automatisch erzeugt, während Klassen mit der Methode
// defineClass() in den ClassLoader geladen werden; sie
// repräsentieren die Java-Typen (Klassen und Interfaces) in
// einer laufenden Java-Applikation
// Klassenobjekte können sowohl "auf statische Art" mittels
// des Klassen-Literals klassenname.class, als auch auf
// "dynamische Art" mit Hilfe der Klassenmethode forName() von
// Class<T> und der Instanzmethode getClass() der Klasse
```

```
// Object ermittelt werden; die Methode getClass() liefert im
// Fall von Referenzen vom Typ einer Klasse oder eines
// Interface die Klasse des referenzierten Objekts und nicht
// den Typ der Referenz; im Fall einer Referenz vom Typ Array
// liefert getClass() die Klasse der Arrayelemente
   String string = new String("Reflection");
// Die Methode getClass() gibt eine Referenz vom Typ
// Class<? extends T> zurück, in der T die Löschung des
// statischen Typs, an dem die Methode aufgerufen wird, ist
   Class<? extends String> klsObjekt1 = string.getClass();
// Ein Klassenobjekt, das auf "statische Art" ermittelt wird,
// ist eine Instanziierung der Klasse Class vom gleichen Typ mit
// dem, den das Class-Objekt repräsentiert
   Class<String> klsObjekt2 = java.lang.String.class;
// Die Methode forName() gibt eine Referenz vom Typ Class<?>
// zurück, weil im Aufruf der Methode der Name einer beliebigen
// Klasse als String angegeben werden kann und somit das
// zurückgegebene Class-Objekt einen beliebigen Typ
// repräsentieren kann
   Class<?> klsObjekt3 = Class.forName("java.util.Date");
   Class<Integer> klsObjekt4 = Integer.class;
   ArrayList<String> liste1 = new ArrayList<String>();
   Class<? extends ArrayList> klsObjekt5 = liste1.getClass();
   List<Integer> liste2 = new Vector<Integer>();
   Class<? extends List> klsObjekt6 = liste2.getClass();
// Die Class-Instanzen von abstrakten Klassen und Interfaces
// können auch auf statische und dynamische Art ermittelt werden
   Class<InKugelRadius> klsObjekt7 = InKugelRadius.class;
   Class<RegelmaessigeGeometrischeKoerper> klsObjekt8 =
      RegelmaessigeGeometrischeKoerper.class;
   Class<?> klsObjekt9 = Class.forName(
      "reflection.InKugelRadius");
   Class<?> klsObjekt10 = Class.forName(
      "reflection.UmKugelRadius");
   Class<?> klsObjekt11 = Class.forName(
      "reflection.RegelmaessigeGeometrischeKoerper");
   RegelmaessigeGeometrischeKoerper rgk = new Tetraeder(3);
   Class<? extends reflection.
      RegelmaessigeGeometrischeKoerper> klsObjekt12 =
      rgk.getClass();
   InKugelRadius ikr = new Tetraeder(3);
   Class<? extends reflection.InKugelRadius> klsObjekt13 =
      ikr.getClass();
// Klassenobjekte von primitiven Typen und Arrays
   Class<double[]> klsObjekt14 = double[].class;
   double[] array1 = new double[]{1,2,3};
   Class<? extends double[]> klsObjekt15 = array1.getClass();
```

```
    Double zahl = new Double(3);
    Class<? extends Double> klsObjekt16 = zahl.getClass();
    Class<Double> klsObjekt17 = Double.class;
// Primitive Typen können nicht als Typparameter eingesetzt
// werden
    Class<Double> klsObjekt18 = double.class;
    Double[] array2 = new Double[]{1.,2.,3.};
    Class<? extends Double[]> klsObjekt19 = array2.getClass();
// Die Namen von nicht-generischen Oberklassen und
// Schnittstellen ermitteln und am Bildschirm anzeigen; die
// Methode getSuperclass() von Class gibt eine Instanz vom
// Wildcard-parametrisierten Typ Class<? super T>, wobei T einen
// beliebigen, aber festen Typ bezeichnet, zurück
    Class<? super String> oberklasse1 = klsObjekt2.
      getSuperclass();
    System.out.println("\nDie Oberklasse der Klasse String: "
      + oberklasse1.getName());
// und die Methode getInterfaces() liefert eine Instanz vom
// Wildcard-parametrisierten Typ Class<?>[]; dieses Array hat
// als Elemente entweder alle Interfaces, die die Klasse
// implementiert, oder die Oberinterfaces des Interface, das
// durch das Klassenobjekt, an dem die Methode aufgerufen wurde,
// repräsentiert wird
    Class<?>[] interfaces1 = klsObjekt3.getInterfaces();
    System.out.println("\nDie Schnittstellen der Klasse "
      + "Date: ");
    for(Class<?> inter: interfaces1) {
      System.out.println(inter.getName());
    }
// Die Methoden getGenericSuperClass() und
// getGenericInterfaces()
// liefern Type- und Type[]-Instanzen für die Oberklasse und
// Interfaces; sind die Interfaces oder die Oberklasse nicht
// generisch, liefern diese dieselben Ergebnisse wie die
// Methoden getSuperclass() und getInterfaces(); ist die
// Oberklasse von einem parametrisierten Typ, wird eine
// ParameterizedType-Instanz zurückgegeben; ansonsten ist die
// zurückgelieferte Class-Instanz vom Typ Object, vom Typ eines
// Interface, von einem primitiven Typ oder vom Typ void
    anzeige(klsObjekt1);
    anzeige(klsObjekt2);
    anzeige(klsObjekt3);
    anzeige(klsObjekt4);
    anzeige(klsObjekt5);
    anzeige(klsObjekt6);
    anzeige(klsObjekt7);
    anzeige(klsObjekt8);
```

```
      anzeige(klsObjekt9);
      anzeige(klsObjekt10);
      anzeige(klsObjekt11);
      anzeige(klsObjekt12);
      anzeige(klsObjekt13);
      anzeige(klsObjekt14);
      anzeige(klsObjekt15);
      anzeige(klsObjekt16);
      anzeige(klsObjekt17);
      anzeige(klsObjekt18);
      anzeige(klsObjekt19);
   }
// Methode zum Anzeigen von Klasseninformationen
   public static void anzeige(Class<?> klsObjekt) {
// Die String-Repräsentation des Klassenobjekts am Bildschirm
// anzeigen
      System.out.print("\nDas Klassenobjekt mit der String-"
         + "Darstellung " + klsObjekt);
// Den Namen der zugehörigen Klasse ermitteln und anzeigen
      System.out.print(" repraesentiert die Klasse bzw. das "
         + "Interface " + klsObjekt.getName());
// Paketname ermitteln und anzeigen
      System.out.println(" aus dem " + klsObjekt.getPackage());
// Die Oberklasse bestimmen
      Type oberKlasse = klsObjekt.getGenericSuperclass();
      if(oberKlasse != null) {
         System.out.println("\nDie Oberklasse der Klasse: "
            + oberKlasse.toString());
// Ist die Oberklasse von einem parametrisierten Typ, wird eine
// ParameterizedType-Instanz zurückgegeben
         if(oberKlasse instanceof ParameterizedType) {
            ParameterizedType parameterizedType =
            (ParameterizedType)oberKlasse;
// Den Raw-Typ als Class<?>-Instanz bestimmen
            System.out.print("Die Oberklasse besitzt den "
               + "Raw-Typ: " + parameterizedType.getRawType());
// Die aktuellen Typargumente bestimmen und anzeigen
            for(Type type:parameterizedType.
               getActualTypeArguments()) {
               System.out.println("\nDie Typargumente der "
                 +"Oberklasse: " + type);
            }
         }
      }
// Die Interfaces ermitteln
      Type[] interfaces = klsObjekt.getGenericInterfaces();
      System.out.println("\nDie Schnittstellen der Klasse:");
```

```
    for(Type inter: interfaces) {
        System.out.println(inter.toString());
    }
  }
}
```

Programmausgaben

```
C:\Users\Lissi\Documents\java7uebungsbuch1sourcecode\kapitel8>"C:\program files\
java\jdk1.7.0\bin\javac" -Xlint reflection\KlassenInformationen.java
reflection\KlassenInformationen.java:39: warning: [rawtypes] found raw type: Arr
ayList
        Class<? extends ArrayList> klsObjekt5 =
                       ^
  missing type arguments for generic class ArrayList<E>
  where E is a type-variable:
    E extends Object declared in class ArrayList
reflection\KlassenInformationen.java:42: warning: [rawtypes] found raw type: Lis
t
        Class<? extends List> klsObjekt6 =
                       ^
  missing type arguments for generic class List<E>
  where E is a type-variable:
    E extends Object declared in interface List
2 warnings

C:\Users\Lissi\Documents\java7uebungsbuch1sourcecode\kapitel8>"C:\program files\
java\jdk1.7.0\bin\java" reflection.KlassenInformationen

Die Oberklasse der Klasse String: java.lang.Object

Die Schnittstellen der Klasse Date:
java.io.Serializable
java.lang.Cloneable
java.lang.Comparable

Das Klassenobjekt mit der String-Darstellung class java.lang.String repraesentie
rt die Klasse bzw. das Interface java.lang.String aus dem package java.lang, Jav
a Platform API Specification, version 1.7

Die Oberklasse der Klasse: class java.lang.Object

Die Schnittstellen der Klasse:
interface java.io.Serializable
java.lang.Comparable<java.lang.String>
interface java.lang.CharSequence

Das Klassenobjekt mit der String-Darstellung class java.lang.String repraesentie
rt die Klasse bzw. das Interface java.lang.String aus dem package java.lang, Jav
a Platform API Specification, version 1.7

Die Oberklasse der Klasse: class java.lang.Object

Die Schnittstellen der Klasse:
interface java.io.Serializable
java.lang.Comparable<java.lang.String>
interface java.lang.CharSequence
```

```
java7uebungsbuch1                                                    _ □ X

Das Klassenobjekt mit der String-Darstellung class java.util.Date repraesentiert
 die Klasse bzw. das Interface java.util.Date aus dem package java.util, Java Pl
atform API Specification, version 1.7

Die Oberklasse der Klasse: class java.lang.Object

Die Schnittstellen der Klasse:
interface java.io.Serializable
interface java.lang.Cloneable
java.lang.Comparable<java.util.Date>

Das Klassenobjekt mit der String-Darstellung class java.lang.Integer repraesenti
ert die Klasse bzw. das Interface java.lang.Integer aus dem package java.lang, J
ava Platform API Specification, version 1.7

Die Oberklasse der Klasse: class java.lang.Number

Die Schnittstellen der Klasse:
java.lang.Comparable<java.lang.Integer>

Das Klassenobjekt mit der String-Darstellung class java.util.ArrayList repraesen
tiert die Klasse bzw. das Interface java.util.ArrayList aus dem package java.uti
l, Java Platform API Specification, version 1.7

Die Oberklasse der Klasse: java.util.AbstractList<E>
Die Oberklasse besitzt den Raw-Typ: class java.util.AbstractList
Die Typargumente der Oberklasse: E

Die Schnittstellen der Klasse:
java.util.List<E>
interface java.util.RandomAccess
interface java.lang.Cloneable
interface java.io.Serializable

Das Klassenobjekt mit der String-Darstellung class java.util.Vector repraesentie
rt die Klasse bzw. das Interface java.util.Vector aus dem package java.util, Jav
a Platform API Specification, version 1.7

Die Oberklasse der Klasse: java.util.AbstractList<E>
Die Oberklasse besitzt den Raw-Typ: class java.util.AbstractList
Die Typargumente der Oberklasse: E

Die Schnittstellen der Klasse:
java.util.List<E>
interface java.util.RandomAccess
interface java.lang.Cloneable
interface java.io.Serializable
```

Lösung 8.25

Die Klasse GenericFields

```java
import java.lang.reflect.*;
import java.util.*;
class GenericFields<T extends List<Integer>, S extends Number> {
// Innere static-Klasse
  static class MyException extends Exception {
```

```
// Konstruktordefinition
    private MyException() {
    }
    private String name() {
        return "MyException";
    }
}
// Globale Referenzen von regulären, generischen und
// parametrisierten Typen
// Konkrete Typen
    long zahl1;
    Integer integer;
    String[] string;
// Raw-Typen
    List rawListe;
    Set[] rawSet;
// Generische und parametrisierte Typen
    S zahl2;
    T liste;
    Set<?> obstkorb;
    Class<? extends Exception> exceptionClass =
      MyException.class;
    GenericPunkt<T,S> genericPunkt;
    GenericPunkt<Integer,Integer> genericPunkt1 =
      new GenericPunkt<Integer, Integer>(1, 1);
    Class<?> klsObjekt = genericPunkt1.getClass();
    Map<?,?> map;
    T[][] genericArray;
    ArrayList<String> arrayList1;
    ArrayList<? extends Number> arrayList2;
    List<Map<S,S>>[] listMap;
    TreeMap<String,Map<String,String>> treeMap1;
    TreeMap<String,String[][][]> treeMap2;
    List<? super T>[] liste1;
    // List<S extends Number> listea; //Fehler
    // List<S super Integer> listea; //Fehler
    Set<Map.Entry<T,S>>[] set;
    List<? extends Number>[][] liste2;
    List<List<Map<? extends String,? super T>>>[][][] liste3;
    List<List<Map<? extends String,? super T>>> liste4;
    List<GenericPunkt<?,?>> liste5 =
                        new ArrayList<GenericPunkt<?,?>>();
}
```

Die Klasse ReflectionmitTypeInterface

```
import java.lang.reflect.*;
public class ReflectionmitTypeInterface {
  public static void main(String[] args) throws Exception {
    Type type;
// Um das Klassenobjekt der generischen Klasse GenericsFields zu
// bestimmen, kann eine Instanz von einem parametrisierten Typ
// erzeugt werden und daran die Methode getClass() aufgerufen
// werden
  /* GenericFields<List<Integer>, Double> genericFields =
       new GenericFields<List<Integer>, Double>();
// Das Klassenobjekt ermitteln
    Class<?> klsObjekt = genericFields.getClass();*/
// oder das Class-Literal (Achtung, nur mit Angabe des Raw-Typs
// GenericFields möglich) benutzen
    Class<?> klsObjekt = GenericFields.class;
    System.out.println("\nName der generischen Klasse: " +
    klsObjekt.getName() + "\n");
// Die Methode getTypeParameters() am Klassenobjekt aufrufen,
// um festzustellen, ob es sich um eine generische oder nicht
// generische Klasse handelt; die Präsenz von Typparameter
// sagt aus, dass es sich um eine generische Klasse handelt
    for(TypeVariable<?> typeVariable: klsObjekt.
                                getTypeParameters()) {
// getName() liefert den Namen der Typvariablen aus der
// Deklaration der Klasse, und nicht den eines aktuellen
// Typargumentes für einen parametrisierten Typ
      System.out.println("Name der Typvariable : "
        + typeVariable.getName());
// Das korrespondierende Klassenobjekt ermitteln
        System.out.println("Das korrespondierende "
          + "Klassenobjekt fuer die Typvariable: "
          + ((TypeVariable<?>)typeVariable).getClass());
// Die Methode getGenericDeclaration() liefert eine Instanz von
// einer der drei Klassen, die das GenericDeclaration-Interface
// implementieren, hier die Klasse Class (mit anderen Worten,
// das Objekt, das diese Typvariable deklariert)
        System.out.println("Das Objekt, das diese Typvariable "
          +"deklariert: " + typeVariable.getGenericDeclaration());
// Die Typ-Schranken der Typvariable ermitteln; da Wildcards in
// Deklarationen nicht zulässig sind, werden nur "upper Bounds"
// geliefert
        for(Type t:typeVariable.getBounds()) {
          System.out.println("Obere Schranke der Typvariablen: "
            + t);
        }
      }
```

```
// Alle Felder der Klasse ermitteln
    for(Field feld: klsObjekt.getDeclaredFields()) {
// Den Namen des Feldes anzeigen
        System.out.println("\nFeldname: " + feld.getName());
// String-Repräsentation der generischen Deklaration
        System.out.println("String-Repraesentation der Feld-"
            + "Deklaration: " + feld.toGenericString());
// Den deklarativen Typ von Feldern erfragen und dessen Subtypen
// ermitteln: Class, TypeVariable, ParameterizedType,
// GenericArrayTyp; den Subtyp WildcardType gibt es nur für die
// Typargumente von parametrisierten Typen, weil nur in
// parametrisierten Typen Wildcard-Ausdrücke verwendet werden
// können, wo sie anstelle eines aktuellen Typs eingesetzt
// werden
        type = feld.getGenericType();
// Der Subtyp Class von Type repräsentiert reguläre Typen, das
// heißt konkrete Typen, Raw-Typen, Enumerations-Typen und
// Arraytypen mit regulären Komponententypen
        if(type instanceof Class<?>) {
        System.out.println("Name der Klasse (des Interface) "
            + "die (das) den regulaeren Typ definiert : "
            + ((Class<?>)type).getName());
        }
// Der Subtyp TypeVariable referenziert Objekte vom Typ
// TypeVariable, das heißt, die Typparameter von generischen
// Typen und Methoden
        if(type instanceof TypeVariable<?>) {
// getName() liefert den Namen der Typvariablen aus der
// Deklaration der Klasse, und nicht den eines aktuellen
// Typargumentes für einen parametrisierten Typ
        System.out.println("Name der Typvariable : "
            + ((TypeVariable<?>)type).getName());
// Das korrespondierende Klassenobjekt für die Typvariable
// ermitteln
        System.out.println("Das korrespondierende "
            + "Klassenobjekt fuer die Typvariable: "
            + ((TypeVariable<?>)type).getClass());
// Die Methode getGenericDeclaration() liefert das Objekt,
// das diese Typvariable deklariert
        System.out.println("Das Objekt, das diese "
            + "Typvariable deklariert: " +
                ((TypeVariable<?>)type).getGenericDeclaration());
// Die Typ-Schranken der Typvariablen ermitteln; da Wildcards in
// Deklarationen nicht zulässig sind, werden nur "upper Bounds"
// geliefert
        for(Type t:((TypeVariable<?>)type).getBounds()) {
```

```
                System.out.println("Obere Schranke der "
                + "Typvariablen: " + t);
            }
        }
// Der Subtyp ParameterizedType von Type referenziert Objekte
// vom Typ ParameterizedType, das heißt von allen Typen, die
// Instanziierungen von generischen sind und durch das Ersetzen
// der Typparameter durch aktuelle Typargumente entstehen
        if(type instanceof ParameterizedType) {
            anzeigeParameterizedType(type);
        }
// Der Subtyp GenericArrayType von Type repräsentiert alle
// Arraytypen mit nicht regulären Komponententypen
        if(type instanceof GenericArrayType) {
            System.out.println("GenericArrayType: " + type);
            int dimension = 1;
// Rekursiv die Dimension des generischen Arrays bestimmen
            while((type=((GenericArrayType)type).
              getGenericComponentType()) instanceof
              GenericArrayType) {
                System.out.println("GenericArrayType Stufe " +
                dimension + ": " + type);
                dimension++;
            }
// Das dabei rekursiv ermittelte Typargument abfragen
            if(type instanceof ParameterizedType) {
                anzeigeParameterizedType(type);
            }
        }
      }
    }
// Methode zur geschachtelten Auswertung der Komponenten eines
// parametrisierten Typs
    public static void anzeigeParameterizedType(Type type) {
        int i = 1;
        while(type instanceof ParameterizedType) {
            ParameterizedType parameterizedType1 =
            (ParameterizedType)type;
// Den Raw-Typ und einen eventuellen umgebenden Typ für
// den parametrisierten Typ bestimmen
        System.out.println("ParameterizedType Stufe " + i + ": "
            + parameterizedType1.getRawType()+ "*" +
              parameterizedType1.getOwnerType());
// Die Typargumente des parametrisierten Typs bestimmen
        for(Type type1:parameterizedType1.
                              getActualTypeArguments()) {
            System.out.println("Typargument: " + type1);
```

```
// Die Typargumente können ein regulärer Typ, eine Typvariable,
// ein Wildcardtyp oder wiederum ein parametrisierter Typ sein
// Das Typargument ist ein regulärer Typ
        if(type1 instanceof Class<?>) {
            System.out.println("Name der Klasse (des "
            + "Interface), die (das) den regulaeren Typ des "
                + "Typargumentes definiert : "
                + ((Class<?>)type1).getName());
        }
// Das Typargument ist eine Typvariable
        if(type1 instanceof TypeVariable<?>) {
// getName() liefert den Namen der Typvariablen aus der
// Deklaration der Klasse, und nicht den eines aktuellen
// Typargumentes für einen parametrisierten Typ
            System.out.println("Name der Typvariablen : "
                + ((TypeVariable<?>)type1).getName());
// Das korrespondierende Klassenobjekt für die Typvariable
// ermitteln
            System.out.println("Das korrespondierende "
            + "Klassenobjekt fuer die Typvariable: "
                + ((TypeVariable<?>)type1).getClass());
// getGenericDeclaration() liefert das Objekt, das diese
// Typvariable deklariert
            System.out.println("Das Objekt, das diese "
                + "Typvariable deklariert: " +
            ((TypeVariable<?>)type1).getGenericDeclaration());
// Die Typ-Schranken der Typvariablen ermitteln; da Wildcards in
// Deklarationen nicht zulässig sind, werden nur "upper Bounds"
// geliefert
            for(Type t:((TypeVariable<?>)type1).getBounds()) {
                System.out.println("Obere Schranke der "
                + "Typvariablen: " + t);
            }
        }
// Das Typargument ist ein Wildcardtyp
        if(type1 instanceof WildcardType) {
            WildcardType wildcardType = (WildcardType)type1;
            for(Type t: wildcardType.getLowerBounds())
            System.out.println("WildcardType "
                + "untere Schranke: " + t);
            for(Type t: wildcardType.getUpperBounds())
            System.out.println("WildcardType "
                + "obere Schranke: " + t);
        }
        type = type1;
// Das Typargument ist ein weiterer parametrisierter Typ
        if(type1 instanceof ParameterizedType) {
```

```
            i = i+1;
            break;
          }
        }
      }
    }
  }
}
```

Programmausgaben

```
java7uebungsbuch1                                                    _ □ X

Das korrespondierende Klassenobjekt fuer die Typvariable: class sun.reflect.gene
rics.reflectiveObjects.TypeVariableImpl
Das Objekt, das diese Typvariable deklariert: class reflection.GenericFields
Obere Schranke der Typvariablen: class java.lang.Number

Feldname: liste
String-Repraesentation der Feld-Deklaration: T reflection.GenericFields.liste
Name der Typvariablen : T
Das korrespondierende Klassenobjekt fuer die Typvariable: class sun.reflect.gene
rics.reflectiveObjects.TypeVariableImpl
Das Objekt, das diese Typvariable deklariert: class reflection.GenericFields
Obere Schranke der Typvariablen: java.util.List<java.lang.Integer>

Feldname: exceptionClass
String-Repraesentation der Feld-Deklaration: java.lang.Class<? extends java.lang
.Exception> reflection.GenericFields.exceptionClass
ParameterizedType Stufe 1: class java.lang.Class×null
Typargument: ? extends java.lang.Exception
WildcardType obere Schranke: class java.lang.Exception

Feldname: genericPunkt
String-Repraesentation der Feld-Deklaration: reflection.GenericPunkt<T, S> refle
ction.GenericFields.genericPunkt
ParameterizedType Stufe 1: class reflection.GenericPunkt×null
Typargument: T
Name der Typvariablen : T
Das korrespondierende Klassenobjekt fuer die Typvariable: class sun.reflect.gene
rics.reflectiveObjects.TypeVariableImpl
Das Objekt, das diese Typvariable deklariert: class reflection.GenericFields
Obere Schranke der Typvariablen: java.util.List<java.lang.Integer>
Typargument: S
Name der Typvariablen : S
Das korrespondierende Klassenobjekt fuer die Typvariable: class sun.reflect.gene
rics.reflectiveObjects.TypeVariableImpl
Das Objekt, das diese Typvariable deklariert: class reflection.GenericFields
Obere Schranke der Typvariablen: class java.lang.Number

Feldname: genericPunkt1
String-Repraesentation der Feld-Deklaration: reflection.GenericPunkt<java.lang.I
nteger, java.lang.Integer> reflection.GenericFields.genericPunkt1
ParameterizedType Stufe 1: class reflection.GenericPunkt×null
Typargument: class java.lang.Integer
Name der Klasse (des Interface), die (das) den regulaeren Typ des Typargumentes
definiert : java.lang.Integer
Typargument: class java.lang.Integer
Name der Klasse (des Interface), die (das) den regulaeren Typ des Typargumentes
definiert : java.lang.Integer

Feldname: klsObjekt
```

Kapitel 9

Exceptions und Errors

9.1 Ausnahmen auslösen

Wie schon im 1. Kapitel vermerkt wurde, treten Exceptions und Errors zur Laufzeit eines Programms auf und unterbrechen dessen Ablauf.

Im Gegensatz zu Errors, welche als schwerwiegende Fehler gegen eine weitere Programmausführung sprechen, sollten Exceptions behandelt werden, sodass der Programmablauf nicht abgebrochen wird.

Für das Auffangen von Ausnahmen werden Anweisungen, die diese auslösen können, zu einem try-Block zusammengefasst. Auf diesen folgen ein oder mehrere catch-Blöcke, in denen die Reaktionen auf die jeweiligen Ausnahmen programmiert werden. catch-Blöcke erhalten eine Referenz auf ein Objekt vom Typ der Klasse Exception oder deren Unterklassen. Dabei gelten folgende Regeln:

- Einem try-Block muss mindestens ein catch-Block folgen.

- Es wird jeweils der erste zu einer aufgetretenen Exception pasende catch-Block ausgeführt. Daher müssen catch-Blöcke für Spezialfälle (Unterklassen) in der Reihenfolge vor catch-Blöcken für die allgemeinen Fälle (Oberklassen) stehen.

- Ein finally-Block schließt einen try/catch-Block ab und beinhaltet Anweisungen, die jedenfalls durchgeführt werden sollen, unabhängig vom Auftreten der Ausnahmen.

Exception und Error sind Unterklassen von java.lang.Throwable und über ihre Erweiterungen werden mehrere Typen von Exceptions und Errors definiert.

Beim Auslösen einer Ausnahme wird eine Instanz der entsprechenden Exception-Klasse erzeugt. Die Felder dieser Exception-Instanz sind von ihrem Auslöser mit Fehlermeldungen und eventuell zusätzlichen Informationen gefüllt worden und der Programmierer kann auf Methoden zurückgreifen, die von der Klasse zum Auslesen dieser Werte zur Verfügung gestellt werden.

Jede Unterklasse von java.lang.Throwable definiert die Methode getMessage(), die eine Fehlermeldung zurückgibt, welche vom Auslöser der Ausnahme gefüllt werden kann.

Die printStackTrace()-Methode von java.lang.Throwable übernimmt die Ausgabe des StackTrace an den über eine Instanz der Klasse System als System.err definierten Fehler-Kanal. Neben der eigenen Fehlermeldung ist daraus ersichtlich, in welcher Klasse, welcher Methode und bei welcher Zeilennummer die Ausnahme ausgelöst wurde.

Ausnahmen können auch für die Anzeige von Programmfehlern genutzt werden und bieten zusätzlich die Möglichkeit für sinnvolle Strukturierungen.

Generische Klassen können nicht von der Klasse `java.lang.Throwable` abgeleitet werden, d.h., dass keine generischen `Exception`-Klassen gebildet werden können.

9.2 Ausnahmen abfangen oder weitergeben

Java zwingt den Programmierer zum Abfangen und Behandeln von allen Ausnahmen, die nicht vom Typ der Klasse `RuntimeException` oder einer ihrer Unterklassen sind. Selbstverständlich können auch diese abgefangen oder mit einem eigenen Meldungstext ausgelöst werden. Sie werden auch als ungeprüfte Ausnahmen bezeichnet, weil der Compiler nicht überprüft, ob eine Methode sie behandelt oder auslöst.

Geprüfte (markierte) Ausnahmen sind Ausnahmen, die in der Definitionszeile einer Methode, welche sie auslöst und nicht behandelt, deklariert werden müssen. Hinter dem Schlüsselwort `throws` werden durch Komma getrennt alle Exceptions aufgelistet und damit zur Behandlung weitergegeben.

Wird eine markierte Exception auch von der `main()`-Methode einer Klasse mit `throws` geworfen, so wird diese nicht mehr von der Applikation behandelt und die Applikation wird beim Auftreten dieser Exception beendet.

Aufgabe 9.1

Unbehandelte RuntimeExceptions

Definieren Sie eine Klasse `UngepruefteExceptionsohneBehandlung` zum Testen eines Programmablaufs beim Auftreten von RuntimeExceptions. Die Klasse erzeugt Instanzen über die verschiedenen Konstruktoren der Klasse `String` und ruft an diesen die Methoden `concat()` und `substring()` auf. Versuchen Sie einen Teilstring, der über die Anzahl von einzelnen Zeichen eines Strings hinausgeht, zu bilden, ohne dass Sie eine Ausnahmebehandlung dafür vorsehen.

Erzeugen Sie `String`-Instanzen mit Hilfe eines `int`-Arrays und setzen Sie deren Werte in den `int`-Typ um. Rufen Sie dafür die Methode `parseInt()` der Klasse `Integer` auf.

Java-Dateien: `UngepruefteExceptionsohneBehandlung.java`
Programmaufruf: `java UngepruefteExceptionsohneBehandlung`

Aufgabe 9. 2

Behandelte RuntimeExceptions

Definieren Sie analog zur Klasse UngepruefteExceptionsohneBehandlung eine Klasse UngepruefteExceptionsmitBehandlung, welche die in der Aufgabe 9.1 aufgetretenen Ausnahmen mit einem try/catch-Block abfängt und behandelt.

Hinweise für die Programmierung:

Treten keine Exceptions in einem try-Block auf, werden alle seine Anweisungen ausgeführt und das Programm nach dem letzten dazugehörigen catch-Block weitergeführt. Wurde eine Exception durch keinen catch-Block verarbeitet, wird nach einem umgebenden try/catch-Block gesucht.

Es kann nicht an die Stelle im Programm zurückgesprungen werden, an welcher eine Exception aufgetreten ist. Es werden immer die Anweisungen, die einem abgearbeiteten catch-Block folgen, ausgeführt.

Java-Dateien: UngepruefteExceptionsmitBehandlung.java
Programmaufruf: java UngepruefteExceptionsmitBehandlung

Aufgabe 9.3

Die Weitergabe von Ausnahmen

Wie mit Hilfe der Aufgabe 8.22 festgestellt wurde, kann die Instanziierung von Objekten einer Klasse mit der Methode newInstance() von java.lang.reflect.Constructor<T> vorgenommen werden. Diese Methode wirft mehrere Exceptions vom Typ: InstantiationException, IllegalAccessException, IllegalArgumentException und InvocationTargetException, die abgefangen oder weitergegeben werden müssen. Erstellen Sie eine generische Klasse NewInstanceException<T>, die im Konstruktor eine Referenz vom Typ Class<T> zum Initialisieren ihres Instanzfeldes tClass übergeben bekommt.

Definieren Sie eine Methode neueInstanz() mit einem Stringparameter, welche die Methode newInstance() der Klasse Constructor aufruft, um Objekte von Klassen, die einen Konstruktor mit einer Referenz vom Typ String definieren, zu erzeugen. Geben Sie die von dieser Methode ausgelösten Exceptions über das im Methodendefinitionskopf angegebene Schlüsselwort throws an eine aufrufende Methode weiter.

Die Methode neueInstanz() wird in der main()-Methode der Klasse an Instanzen vom parametrisierten Typ String, Integer und Name aufgerufen, wobei Name eine in dieser Java-Datei definierte externe Klasse bezeichnet. Die von der Methode neueInstanz() weitergegebene Exceptions werden auch von der aufrufenden main()-Methode in gleicher Art und Weise weitergereicht und somit nicht verarbeitet. Beim Auftreten einer dieser Ausnahmen wird das Programm beendet.

Die Klasse `Name` definiert ein Instanzfeld vom Typ `String`, einen Konstruktor mit einer Parameterreferenz vom Typ des Instanzfeldes und überschreibt die Methode `toString()` der Klasse `Object`, um den Wert ihres Instanzfeldes zurückzugeben.

Java-Dateien: `NewInstanceException.java`
Programmaufruf: `java NewInstanceException`

9.3 Das Verwenden von finally in der Ausnahmebehandlung

Nach dem Auftreten einer Exception muss die Möglichkeit geschaffen werden, Aufräumungsaufgaben durchzuführen und eventuell weiter belegte Programmressourcen freizugeben. Soll ein bestimmter Codeblock nach dem Verlassen eines `try/catch`-Blocks jedenfalls ausgeführt werden, so muss dieser Codeblock in einen `finally`-Block am Ende des `try/catch`-Konstruktes gesetzt werden.

Aufgabe 9.4
Der finally-Block

Die Anweisungen aus einem `finally`-Block werden unabhängig davon ausgeführt, ob eine Exception aufgetreten ist oder nicht bzw. ob diese behandelt wurde oder nicht. Sie werden auch dann ausgeführt, wenn der `try`-Block mit `break`, `continue` oder `return` verlassen wird, aber nicht bei `System.exit(0)`.

Die Klasse `ExceptionsundFinally` definiert eine Methode `ausfuehrenFinally()`, deren `int`-Argument in einer `switch`-Anweisung abgefragt wird. Die als lokale Referenzen definierten Arrayvariablen `buchstaben` und `codePoint` vom Typ `char` und `int` werden im Konstruktor der `String`-Klasse übergeben, um Instanzen dieser Klasse zu erzeugen.

Rufen Sie an diesen Instanzen in den von Ihnen definierten `case`-Blöcken der `switch`-Anweisung wie auch in den Aufgaben 9.1 und 9.2 die Methode `substring()` der Klasse `String` und die Methoden `parseInt()` und `valueOf()` der Klasse `Integer` mit Argumenten, die Fehler auslösen, auf. Fangen Sie in mehreren nacheinander folgenden `catch`-Blöcken die von den aufgerufenen Methoden ausgelösten Ausnahmen ab und geben Sie in einem anschließenden `finally`-Block die Meldung "finally wird immer ausgefuehrt" am Bildschirm aus.

Java-Dateien: `ExceptionsundFinally.java`
Programmaufruf: `java ExceptionsundFinally`

Aufgabe 9.5

Geschachtelte try/catch-Blöcke

In der Klasse AbstractMapObjekteundExceptions sollen an Instanzen von parametrisierten Unterklassen der abstrakten Klasse AbstractMap<K,V> verschiedene Methoden der implemtierten Interfaces aufgerufen werden. Bilden Sie Instanzen vom Typ HashMap<Integer,String>, TreeMap<Integer,String> und EnumMap<Tage.Tag,WTag>, wobei mit Tag und WTag die Enumerationen aus der Aufgabe 8.17 gemeint sind. Weil alle Klassen von AbstractMap abgeleitet sind, können ihre Instanzen einer Variablen vom Typ der Oberklasse zugewiesen werden.

Erzeugen Sie mit Hilfe der Methode put() des Interface Map<K,V> beliebige Einträge für diese Instanzen und zeigen Sie diese über den Aufruf der Methode get() des gleichen Interface am Bildschirm an.

Übergeben Sie im Konstruktor der Klasse EnumMap<K extends Enum<K>,V> die Referenz, welche auf die vorher erzeugte Instanz vom Typ dieser Klasse zeigt, und erzeugen Sie damit ein zweites EnumMap <Tage.Tag,WTag>-Objekt mit den gleichen Werten.

Kopieren Sie mit der Methode putAll() des Interface Map alle Einträge (als Paare betrachtet) aus einer Abbildung in eine andere.

Erzeugen Sie über den Aufruf der Methoden subMap(), tailMap() und headMap() des Interface SortedMap<K,V> an einer Instanz vom Typ TreeMap<Integer,String> eine Sicht auf Map-Einträge ihrer Wahl und zeigen Sie die so erzeugten Untermengen von Abbildungen am Bildschirm an.

Definieren Sie mit Hilfe der Methode values() des Interface Map eine Collection-Sicht auf die Werte der Abbildung vom Typ HashMap<Integer,String> und rufen Sie an der so erzeugten Collection die Methoden containsAll(), removeAll(), retainAll() und addAll() des Interface Collection<E> mit von Ihnen beliebig gewählten Untermengen von Abbildungen als Argument auf.

Zeigen Sie die in der Collection verbliebenen Abbildungen nach dem Aufruf der Methode retainAll() in einem finally-Block, der dem äußeren catch-Block folgt, am Bildschirm an.

Die von den Methoden geworfenen Ausnahmen sollen über die catch-Blöcke von zwei geschachtelten try-Blöcken abgefangen werden.

Hinweise für die Programmierung:

Die generische Klasse AbstractMap<K,V> implementiert das generische Interface Map<K,V>, welches Zuordnungen zwischen einem Schlüssel und einem Wert definiert. Das Interface SortedMap<K,V> ist von dem Interface Map<K,V> abgeleitet und stellt eine Ordnungsrelation für die Menge der Schlüssel zur Verfügung. Die von diesem Interface definierten zusätzlichen Methoden, wie subMap(), headMap() und tailMap(), demonstrieren den Vorteil einer geordneten Reihenfolge der Schlüssel.

Java-Dateien: `AbstractMapObjekteundExceptions.java`
Programmaufruf: `java AbstractMapObjekteundExceptions`

9.4 Ausnahmen manuell auslösen

In den vorgegangenen Beispielen wurde nur auf das Auftreten von Exceptions, die von der JVM automatisch ausgelöst werden, reagiert. Der Programmierer kann aber auch selbst Ausnahmen auslösen, indem er ein neues `Exception`-Objekt erzeugt oder ein bereits existierendes benutzt.

Aufgabe 9.6

Standard-Ausnahmen manuell auslösen

Erstellen Sie eine Klasse `ProgrammArgumentTest`, in welcher die Java-Standard-Klasse `IllegalArgumentException`, eine Unterklasse von `RuntimeException`, zur Ausgabe von Meldungen genutzt wird. Erzeugen Sie zu diesem Zweck über den Konstruktor der Klasse `IllegalArgumentException`, der einen Meldungstext entgegennimmt, ein `IllegalArgumentException`-Objekt.

Rufen Sie das Java-Programm, in welchem diese Klasse definiert wird, mit unterschiedlichen Kommandozeilenparametern auf. Wird ein Datei- bzw. Verzeichnis-Name als Parameter im Programmaufruf übergeben, soll dieser angezeigt werden. Stellen Sie dies fest, indem Sie versuchen, mit dem übergebenen Argument eine `File`-Instanz zu erzeugen und an dieser die Methoden isFile() bzw. isDirectory() der Klasse `File` aufzurufen.

Ist eine im Programmaufruf angegebene Zeichenkette weder der Name einer Datei noch eines Dateiverzeichnisses, soll versucht werden, diese Zeichenkette in eine `int`-Zahl zu konvertieren.

Fügen Sie alle Anweisungen zu einem `try`-Block zusammen und ergänzen Sie diesen durch zwei `catch`-Blöcke, in welchen `NumberFormatException`- und `Illegal-ArgumentException`-Instanzen übergeben werden.

Eine darauf folgende Ausgabe des Literals: "Es erfolgt kein Programmabbruch: Hier kann es weiter gehen" soll zeigen, dass beim Auftreten der Ausnahmen keine Programmunterbrechung erfolgt, sondern an genau dieser Stelle im Programm weitergemacht wird.

Hinweise für die Programmierung:

Einem `try`-Block können mehrere `catch`-Blöcke folgen, wobei jeder Block eine bestimmte Art von Exceptions behandelt. Durch die Angabe eines `Exception`-Types werden auch alle davon abgeleiteten behandelt, darum spielt die Reihenfolge der Angaben eine wichtige Rolle.

Java-Dateien: `ProgrammArgumentTest.java`
Programmaufruf: `java ProgrammArgumentTest "C:\Program files\Java\jdk1.7.0\` `bin"`

9.5 Exception-Unterklassen erzeugen

Eine eigene `Exception`-Klasse muss von einer Standard-`Exception`-Klasse abgeleitet werden. Beim Auftreten von vermeidbaren Fehlern in einem Programm sollten eigene Ausnahmen vom Typ der Klasse `RuntimeException` oder deren Unterklassen erzeugt werden. Für andere Fehlerquellen oder Ausnahmezustände können die Klasse `Exception` selbst oder andere ihrer Unterklassen verwendet werden. Wichtig ist, dass eine eigene `Exception`-Klasse mindestens zwei Konstruktoren definiert, den parameterlosen Konstruktor und einen zweiten, der eine Meldung entgegennimmt. Diese sollten ihrerseits die auf gleiche Weise definierten Konstruktoren der Oberklasse über `super()` aufrufen.

Aufgabe 9.7

Benutzerdefinierte Ausnahmen manuell auslösen

Leiten Sie die neue `Exception`-Klasse mit dem Namen `MyException` von der Java-Standard-Klasse `Exception` ab. Sie soll ein Instanzfeld `meldungsNr` vom Typ `int` definieren und zusätzlich zu dem parameterlosen Konstruktor zwei andere Konstruktoren, die jeweils eine `String`-Referenz zum Ablegen eines Meldungstextes übergeben bekommen. Der letzte Konstruktor definiert einen zweiten Parameter vom Typ `int`, über welchen das Instanzfeld der Klasse initialisiert wird. Die Klasse definiert die Zugriffsmethode `getMeldungsNr()` und kann von Ihnen durch beliebig viele Konstruktoren und Methoden ergänzt werden.

Definieren Sie analog zur Klasse `ProgrammArgumentTest` aus der Aufgabe 9.6 eine Klasse `ProgrammArgumentTestmitMyException`, in welcher an Stelle von `IllegalArgumentException` der neue Exceptiontyp `MyException` für die Anzeige von Fehlermeldungen genutzt wird.

Java-Dateien: `ProgrammArgumentTestmitMyException.java`, `MyException.java`
Programmaufruf: `java ProgrammArgumentTestmitMyException`

Aufgabe 9.8

Wiederholungsaufgabe

Erstellen Sie am Beispiel eines Stacks eine generische Klasse `GenericStackfuer-` `InversWort<T>` als Definition von parametrisierten Datentypen. Die Klasse `Gene-` `ricStackfuerInversWort` definiert eine innere Klasse `LinkObject`, die selbst einen parametrisierten Datentyp definiert und ein generisches Interface `LinkIn-` `terface<T>` implementiert, und das generische Interface `StackInterface<T>`, das als externe Klasse in der gleichen Java-Datei `GenericStackfuerInvers-Wort.java` definiert wird.

Der Stack wird, wie auch in der Klasse `GenericStack` aus der Aufgabe 8.3, über eine verkettete Liste mit Elementen vom Datentyp der inneren Klasse definiert. Im Gegensatz zur Aufgabe 8.3 soll in dieser Klassendefinition eine obere Schranke für die Anzahl der Elemente, die im Stack aufgenommen werden können, gesetzt werden.

Die innere Klasse `LinkObject` definiert zwei Instanzfelder. In einem werden die Werte, die im Stack abgelegt sind, und in einem zweiten der Verweis auf den Nachfolger der verketteten Liste gespeichert. D.h., sie definiert ein Feld vom Typ der eigenen Klasse als selbstreferenzierendes Instanzfeld, das nicht direkt in der Deklaration instanziiert werden kann.

Das Interface `StackInterface` gibt die Methoden vor, welche von der Klasse `GenericStackfuerInversWort` implementiert werden sollen. Es definiert zusätzlich zu den Methoden `push()` und `pop()`, die für das Hineinstellen und Herausnehmen von Objekten im Stack zuständig sind, die Methoden `size()`, `isEmpty()` und `isFull()`, um die Anzahl der gespeicherten Objekten zu berechnen und zu prüfen, ob der Stack leer bzw. voll ist.

Das `LinkInterface` wird als inneres Static-Member-Interface definiert und gibt Methoden zum Lesen und Setzen von Werten für die Instanzfelder der inneren Klasse vor: `getT()`, `setT()`, `getNext()` und `setNext()`.

Wird eine Instanz der Klasse `GenericStackfuerInversWort` vom Typ `String` erzeugt, so werden auch Instanzen der Klasse `LinkObject` vom gleichen Typ erzeugt und somit können auch nur Objekte vom Typ `String` dem so erzeugten Stack hinzugefügt werden.

Beim Hineinlegen und Herausnehmen von Werten wird die Anzahl der im Stack schon aufgenommenen Elemente ermittelt. Ist diese größer als 5, wirft die Methode `push()` eine benutzerdefinierte Ausnahme vom Typ `FullStackException`. Ist der Stack leer, wirft die Methode `pop()` eine Standard-Ausnahme vom Typ `EmptyStackException`.

Eine weitere Klasse `JFramemitGenericStackfuerInversWort` fügt zu einem Fenster mehrere `JButton`-Objekte mit einem Buchstaben als Beschriftung hinzu, durch deren Betätigung ihre Namen in einem Stack vom Typ der Klasse `GenericStackfuerInversWort<String>` hinterlegt werden. Wird ein Button mit der Beschriftung »Inverses Wort« gedrückt, werden die im Stack gespeicherten Werte herausgelesen und in einer Statuszeile, die als `JLabel`-Komponente erzeugt wird, ausgegeben. Beim Drücken eines Buttons mit der Beschriftung »Wort löschen« werden die in der Statuszeile angezeigten Buchstaben gelöscht. Implementieren Sie entsprechend diesen Anforderungen den ActionListener für die Buttons.

Die Klasse `FullStackException` dient als Vorlage für die benutzerdefinierte Ausnahme, welche von der Methode `push()` der Klasse `GenericStackfuerInvers-`

Wort geworfen wird. Sie definiert einen Konstruktor mit einer Referenzvariablen vom Typ String, die einen Meldungstext in Empfang nehmen kann.

Java-Dateien: JFramemitGenericStackfuerInversWort.java, GenericStack-fuerInversWort.java, FullStackException.java

Programmaufruf: java JFramemitGenericStackfuerInversWort

9.6 Ketten von Ausnahmen

Gekettete Exceptions werden seit JDK 1.4 unterstützt und kommen zustande, wenn innerhalb eines catch-Blocks eine weitere Exception ausgelöst wird. Die ursprüngliche Exception wird an die neu erzeugte weitergegeben, damit keine Informationen verlorengehen. Dafür wurde die Throwable-Klasse um zwei weitere Konstruktoren erweitert, denen die zu behandelnde Exception als Referenz auf ein Throwable-Objekt übergeben wird. Stellt ein Ausnahmetyp diese Konstruktoren nicht zur Verfügung, so kann die Methode initCause() der Klasse Throwable aufgerufen werden, um einer Exception die verkettete Exception zuzuweisen. Mit der Methode getException() kann das mit einer Exception gekettete Exception-Objekt ermittelt werden.

Aufgabe 9.9
Exception-Ketten

Definieren Sie eine Klasse ExceptionKetten, welche die Anzahl der im Programmaufruf übergebenen Argumente prüft und eine Ausnahme vom Typ der Klasse MyException aus der Aufgabe 9.7 auslöst. Damit soll die Meldung: "Korrekte Anzahl Argumente" ausgegeben werden, falls ein Argument im Programmaufruf übergeben wurde, und ansonsten die Meldung: "Falsche Anzahl Argumente". In beiden Fällen soll versucht werden, ein File-Objekt mit der im ersten Programmargument übergebenen String-Referenz zu erzeugen.

Wurde kein Argument angegeben, wird eine Ausnahme vom Typ IndexOutOf-BoundException vom Konstruktor der Klasse File geworfen.

Ansonsten soll in dem catch-Block, der diese Ausnahme abfängt, eine weitere Exception vom Typ einer Klasse MyException1 geworfen werden, mit welcher am Bildschirm bekannt gegeben wird, ob eine Datei bzw. ein Dateiverzeichnis angegeben wurden oder das Gegenteil eingetreten ist. Diese Ausnahme wird über die im Konstruktor der Klasse angegebene Referenz auf das MyException-Objekt mit der vorher geworfenen gekettet.

Im catch-Block, welcher die MyException1-Ausnahme empfängt, wird eine weitere Ausnahme vom Typ MyException ausgelöst und diese beiden sollen über die initCause()-Methode verkettet werden.

Die Klasse MyException1 wird analog zur Klasse MyException aufgebaut und besitzt zusätzlich zu dem parameterlosen Konstruktor zwei weitere Konstruktoren.

Einem wird der Rückgabewert von `getMessage()` übergeben und einem zweiten ein `Throwable`-Objekt, das den Rückgabewert von `getCause()` festlegt.

Java-Dateien: `MyException.java`, `MyException1.java`, `ExceptionKetten.java`
Programmaufruf: `java ExceptionKetten`

9.7 Die Ausnahmen bei einem Wechsel von LookAndFeel-Komponenten

Die »look and feel«-spezifischen Voreinstellungen für Komponenteneigenschaften werden, wie schon im Kapitel 6 festgestellt, in der UIDefaults-Tabelle hinterlegt. Sie können sowohl von LookAndFeel- wie auch Delegations-Klassen mit Hilfe der Methoden des UIManagers gesetzt und abgeändert werden.

Die nachfolgenden Beispielklassen gewähren noch einmal einen Blick auf die Eigenschaften der angezeigten Komponenten bei einem LookAndFeel-Wechsel.

Die `setLookAndFeel()`-Methoden werfen Ausnahmen vom Typ der Java-Standard-Klassen: `ClassNotFoundException`, `InstantiationException`, `Illegal-AccessException` und `UnsupportedLookAndFeelException`, welche von diesen Beispielklassen bearbeitet werden.

Aufgabe 9.10
Die LookAndFeel-spezifischen Einträge der UIDefaults-Tabelle

Wie in der Aufgabe 6.21 gezeigt wurde, ist das Setzen einer benutzerdefinierten User-Interface-Komponente (Objekt vom Typ der Delegtionsklasse) mit `setUI()` für einzelne Komponenten nicht erforderlich, wenn ein benutzerdefiniertes LookAndFeel definiert wurde. Der Eintrag in der UIDefaults-Tabelle ersetzt den Aufruf der Methode und ist äquivalent mit: "setzt das `LookAndFeel`-Objekt, das diese Komponente wiedergibt".

In dieser Aufgabe soll, parallel zur Klasse `MyLookAndFeel` aus der Aufgabe 6.21, eine zweite benutzerdefinierte LookAndFeel-Komponente mit Hilfe der Klasse `CustomLookAndFeel` definiert werden, die sowohl zu Standard- wie auch zu benutzerdefinierten `JButton`-Komponenten vom Typ der Klasse `CustomButton` und `CustomButton1` ein UI-Delegtionsobjekt vom Typ der Klasse `CustomBasicButton-UI` zuordnet.

Analog zur Klasse `IconButton` aus der Aufgabe 6.5 definiert die Klasse `CustomButton` einen durchsichtigen, runden Button. Dieser soll bei einer Betätigung die Farbe seiner Oberfläche wechseln.

Die Klasse `CustomButton1` definiert einen undurchsichtigen, viereckigen Button mit der gleichen Funktionalität.

Definieren Sie in der Klasse `CustomLookAndFeel` eigene Methoden zum Setzen von Schrift und Farbe, die Objekte der Klassen `ColorUIResource` und `FontUIResource` zurückgeben.

Die Klasse `CustomBasicButtonUI` überschreibt die `paint()`-Methode der Klasse `BasicButtonUI` so, dass bei einer Komponentenwiedergabe die Beschriftung der Buttons ihre Farbe nach dem Status der Komponente ändert. Der Komponentenstatus kann mit Hilfe der von den Klassen `ButtonModel` und `AbstractButton` geerbten Methoden: `isPressed()` und `hasFocus()` hinterfragt werden.

Definieren Sie eine Klasse `JFramemitLookAndFeelundJTree`, die über eine RadioButtonGroup eine Auswahl von LookAndFeel-Namen für das Setzen aller verfügbaren LookAndFeels ermöglicht. Sie soll mit Hilfe einer `JTree`-Komponente, die über ein Modell vom Typ der in der Aufgabe 8.25 definierten Klasse `UIDefaultsTreeModelmitTreeModelListener` erzeugt wird, die Anzeige von »look and feel«-spezifischen Einträgen für Komponenten bei einem Wechsel der `LookAndFeel`-Komponente ermöglichen. Als Kindkomponenten für eine Instanz dieser Klasse soll ein Array von Standard-`JButton`-Komponenten erzeugt werden und zwei weitere benutzerdefinierte `JButton`-Komponenten vom Typ der Klassen `CustomButton` und `CustomButton1`.

Die von den Methoden `setLookAndFeel()` geworfenen Ausnahmen sollen über try/catch-Blöcke abgefangen werden. Übergeben Sie im Methodenaufruf zum Setzen der `CustomLookAndFeel`-Komponente den Namen der Klasse und zum Setzen der `MyLookAndFeel`-Komponente eine Instanz der Klasse.

Java-Dateien: `UIDefaultsTreeModelmitTreeModelListener.java`, `CustomButton.java`, `CustomButton1.java`, `CustomBasicButtonUI.java`, `MyStdButtonUI.java`, `CustomBorder.java`, `CustomLookAndFeel.java`, `MyLookAndFeel.java`, `JFramemitLookAndFeelundJTree.java`
Programmaufrufe: `javac CustomBasicButtonUI.java`, `javac MyStdButtonUI.java`, `javac CustomLookAndFeel.java`, `javac JFramemitLookAndFeelundJTree.java`, `java JFramemitLookAndFeelundJTree`

9.8   Lösungen

Lösung 9.1

Die Klasse UngepruefteExceptionsohneBehandlung

```
public class UngepruefteExceptionsohneBehandlung {
    public static void main(String args[]) {
// Über verschiedene Konstruktoren der String-Klasse Objekte
// erzeugen
        char[] buchstaben = {'J','A','V','A'};
        int[] codePoint1 = {1,2,3};
        int[] codePoint2 = {100,101,102};
        String s1 = new String(buchstaben);
        String s2 = new String("Java");
        String s5 = new String(codePoint1,0,3);
        String s6 = new String(codePoint2,0,3);
```

```
// String anfügen
    s1 = s2.concat(" lernen");
// Teilstring kann gebildet werden
    String s3 = s1.substring(2,8);
// Teilstring kann nicht gebildet werden und führt zu einem
// Laufzeit-Fehler; das Programm wird hier abgebrochen,
// weil keine Ausnahmebehandlung vorgesehen ist.
// Die ArrayIndexOutOfBoundsException wird geworfen.
    String s4 = s2.substring(2,8);
// Die Zahl kann nicht gebildet werden, führt ebenfalls zu
// einem Laufzeit-Fehler: NumberFormatException
    // int zahl = Integer.parseInt(s6);
    }
}
```

Programmausgaben

```
Exception in thread "main" java.lang.StringIndexOutOfBoundsException:
String index out of range: 8 ...
```

Hinweise zum Lösungsvorschlag

In Java müssen nur Exceptions, die nicht vom Typ `RuntimeException` oder `Error` sind, behandelt werden. Die hier aufgerufenen Methoden werfen nur diese Art von Exceptions, sodass es nicht zwingend notwendig ist, diese abzufangen. Umbehandelte Exceptions führen jedoch zu einem sofortigen Verlassen der Methode.

Eine Meldung, die auf eine Exception vom Typ der Klasse `java.lang.String-IndexOutOfBoundsException` hinweist, wird am Bildschirm ausgegeben. Wenn Sie die fehlerhafte Zeile im Programm auskommentieren, erfolgt bei einem Neustart eine weitere Programmunterbrechung, diesmal von einer Ausnahme vom Typ `NumberFormatException` verursacht, weil versucht wird, einen nicht numerischen String in den primitiven `int`-Typ umzusetzen.

Lösung 9.2

Die Klasse UngepruefteExceptionsmitBehandlung

```
public class UngepruefteExceptionsmitBehandlung {
  public static void main(String args[]) {
    char[] buchstaben = {'J','A','V','A'};
    int[] codePoint1 = {1,2,3};
    int[] codePoint2 = {100,101,102};
    try {
      String s1 = new String(buchstaben);
      String s2 = new String("Java");
      try {
// Strings anfügen
        s1 = s2.concat(" lernen");
// Teilstrings bilden
```

```
            String s3 = s2.substring(2,8);
            String s4 = s1.substring(2,8);
        }
    catch(IndexOutOfBoundsException e) {
        System.out.println(
          "Teilstringbildung nicht moeglich");
        e.printStackTrace();
    }
// Nach Ausgabe der Fehlermeldung wird das Programm an dieser
// Stelle weitergeführt
        String s5 = new String(codePoint1,0,3);
        String s6 = new String(codePoint2,0,3);
        int zahl = Integer.parseInt(s6);
// Zu dieser Anweisung kehrt das Programm nicht mehr zurück,
// ein weiterer try/catch-Block wäre erforderlich
        int zahl2 = Integer.valueOf(s1);
        }
    catch(NumberFormatException e) {
        System.out.println("Konvertierung nicht moeglich");
        e.printStackTrace();
    }
  }
}
```

Programmausgaben

```
Teilstringbildung nicht moeglich
java.lang.StringIndexOutOfBoundsException: String index out of range: 8 …
…
Konvertierung nicht moeglich
java.lang.NumberFormatException: For input String: "def"
…
```

Hinweise zum Lösungsvorschlag

Ein catch-Block mit einem Parameter vom Typ der Oberklasse Exception ist generell nicht zu empfehlen, weil dadurch jeder beliebige Fehler abgefangen wird. Damit würde z.B. eine null-Referenz, die durch eine nicht initialisierte Referenzvariable entsteht, fälschlicherweise auch behandelt werden.

Lösung 9.3

Die Klasse NewInstanceException<T>

```
import java.lang.reflect.*;
public class NewInstanceException <T> {
// Instanzfeld vom generischen Typ Class<T>
   private Class<T> tClass;
// Konstruktordefinition
```

```java
  public NewInstanceException(Class<T> tClass) {
    this.tClass = tClass;
  }
// Objekte von Klassen, die einen Konstruktor mit einer Referenz
// vom Typ String definieren, dynamisch erzeugen
  public T neueInstanz(String string) throws Exception {
    Constructor<T> tConstructor = tClass.getConstructor(
      String.class);
    T instanz = tConstructor.newInstance(string);
    return instanz;
  }
  public static void main(String[] args) throws Exception {
// Eine Instanz der Klasse NewInstanceException vom Typ String
// erzeugen
    NewInstanceException<String> sInstanz =
      new NewInstanceException<String>(String.class);
// Instanzen der Klasse String dynamisch erzeugen
    System.out.println("String: "
      + sInstanz.neueInstanz("ABCD"));
    System.out.println("String: "
      + sInstanz.neueInstanz("1234"));
// Eine Instanz der Klasse NewInstanceException vom Typ Name
// erzeugen
    NewInstanceException<Name> nInstanz =
      new NewInstanceException<Name>(Name.class);
// Instanzen der Klasse Name dynamisch erzeugen
    System.out.println("Name: "
      + nInstanz.neueInstanz("Daniel").toString());
    System.out.println("Name: "
      + nInstanz.neueInstanz("Diana").toString());
// Eine Instanz der Klasse NewInstanceException vom Typ Integer
// erzeugen
    NewInstanceException<Integer> iInstanz =
      new NewInstanceException<Integer>(Integer.class);
// Instanzen der Klasse Integer dynamisch erzeugen
    System.out.println("Integer: "
      + iInstanz.neueInstanz("1234"));
// Dadurch, das "ABCD" kein konvertierbarer String für den
// Konstruktor der Klasse Integer ist, werden Ausnahmen vom Typ
// NumberFormatException und InvocationTargetException erzeugt
    System.out.println("Integer: "
      + iInstanz.neueInstanz("ABCD"));
  }
}
// Definition der externen Klasse
class Name {
  String s;
```

```
// Konstruktordefinition
  public Name(String s) {
    this.s = s;
  }
// toString-Methode überschreiben
  public String toString() {
    return s;
  }
}
```

Programmausgaben

```
String: ABCD
String: 1234
Name: Daniel
Name: Diana
Integer:1234
... java.lang.reflect.InvocationTargetException" ...
Caused by java.lang.NumberFormatException: For input string: "ABCD"
```

Lösung 9.4

Die Klasse ExceptionsundFinally

```
public class ExceptionsundFinally {
// Ausnahmen generieren
  public static void ausfuehrenFinally(int i) {
    char[] buchstaben = {'J','A','V','A'};
    int[] codePoint1 = {-1,2,3,4};
    String s1 = new String(buchstaben);
    try {
      switch(i) {
        case 0:
          String s2 = s1.substring(2,8);
          break;
        case 1:
          int zahl1 = Integer.parseInt("a234");
          break;
        case 2:
          String s3 = new String(codePoint1,0,3);
          System.out.println(s3);
          break;
        case 3:
          int zahl2 =Integer.valueOf(s1);
          break;
        case 4:
          System.out.println("Rueckkehr aus dem try-Block");
          return;
```

```
        default:
            System.out.println("Keine Exception ausgeloest");
      }
    }
    catch(IndexOutOfBoundsException e) {
      System.out.println("Teilstringbildung nicht moeglich,"
        + " Rueckkehr aus dem catch-Block");
      return;
    }
    catch(NumberFormatException e) {
      System.out.println("Konvertierung nicht moeglich");
    }
    catch(IllegalArgumentException e) {
      System.out.println("Stringbildung nicht moeglich");
    }
    finally {
      System.out.println("finally wird immer ausgefuehrt");
    }
  }
  public static void main(String args[]) {
    for(int i=0; i<=5; i++)
      ausfuehrenFinally(i);
  }
}
```

Programmausgaben

```
Teilstringbildung nicht moeglich, Rueckkehr aus dem catch-Block
finally wird immer ausgefuehrt
Kovertierung nicht moeglich
finally wird immer ausgefuehrt
...
Rückkehr aus dem try-Block
finally wird immer ausgefuehrt
...
```

Lösung 9.5

Die Klasse AbstractMapObjekteundExceptions

```
import java.util.*;
public class AbstractMapObjekteundExceptions {
  private final static String []tage = {"Montag","Sonntag",
    "Mittwoch","Donnerstag","Dienstag","Freitag","Samstag"};
  private static Collection<String> collection, coll;
  private static Collection<WTag> collection1;
  public static void main(String args[]) {
    try {
```

```
        AbstractMap<Integer,String> map1 =
          new HashMap<Integer,String>();
        AbstractMap<Integer,String> map5 =
          new HashMap<Integer,String>();
        TreeMap<Integer,String> map3 =
          new TreeMap<Integer,String>();
// Im Konstruktor der Klasse EnumMap kann ein .class-Objekt
// übergeben werden, welches vom gleichem Typ wie der
// Schlüssel ist
        AbstractMap<Tage.Tag,WTag> map2 =
          new EnumMap<Tage.Tag,WTag>(Tage.Tag.class);
        try {
// Den Schlüsseln der Abbildungen map1 und map5 Werte zuordnen
// und diese anzeigen
          System.out.print("Map1: ");
          for(int i=0; i<7; i++) {
            map1.put(i,tage[i]);
            System.out.print(map1.get(i)+" ");
          }
          System.out.println();
          System.out.print("Map5: ");
          for(int i=3; i<7; i++) {
            map5.put(i,tage[i]);
            System.out.print(map5.get(i)+" ");
          }
          System.out.println();
// Die Einträge für map2 als Zuordnungen zwischen Schlüsseln
// vom Typ der Enumeration Tage.Tag und Werten vom Typ der
// Enumeration Wtag definieren
          Tage.Tag wtg;
          wtg = Tage.Tag.tag3;
          map2.put(Tage.Tag.tag1, WTag.Montag);
          map2.put(Tage.Tag.tag2, WTag.Dienstag);
          map2.put(wtg, WTag.Mittwoch);
// Mit der Methode keySet() der Schnittstelle Map die Menge aller
// Schlüssel von map2 ermitteln und anzeigen
          Set<Tage.Tag> key = map2.keySet();
          Object[] object = key.toArray();
          System.out.print("Map2Keys: ");
          for(int i=0; i<object.length; i++)
            System.out.print(object[i].toString()+" ");
          System.out.println();
// Einen Iterator vom Typ der Schlüssel für map2 über deren Menge
// legen und damit die Werte der Abbildung ausgeben
          Iterator<Tage.Tag> iterator = key.iterator();
          System.out.print("Map2Values: ");
```

```
            while(iterator.hasNext()) {
                System.out.print(map2.get(iterator.next())+" ");
            }
        System.out.println();
// Im Konstruktor der Klasse EnumMap eine Referenz vom Typ der
// gleichen Klasse übergeben und so ein zweites
// EnumMap<Tage.Tag,WTag>-Objekt erzeugen
        EnumMap<Tage.Tag,WTag> map4 =
            new EnumMap<Tage.Tag,WTag>(map2);
        System.out.print("Map4: ");
// Mit der Methode get() des Interface Map einzelne Werte von
// map4 über ihren Schlüssel lesen und anzeigen
        System.out.print(map4.get(Tage.Tag.tag1)+" ");
        System.out.print(map4.get(Tage.Tag.tag2)+" ");
        System.out.print(map4.get(wtg)+" ");
        System.out.println();
// Mit der Methode putAll() des Interface Map alle Map-Einträge
//(als Paare betrachtet) von map1 nach map3 kopieren
        map3.putAll(map1);
// Die Methode subMap() gibt eine Sicht auf alle Map-Einträge
// zurück, deren Schlüssel sich zwischen den angegebenen
// Werten befinden, inklusiv des ersten und exklusiv des zweiten
        SortedMap<Integer,String> submap = map3.subMap(2,5);
// Die Methode tailMap() gibt eine Sicht auf alle Map-Einträge
// zurück, deren Schlüssel kleiner (oder gleich) als der
// angegebene Schlüssel sind
        SortedMap<Integer,String> tailmap = map3.tailMap(3);
// Die Methode headMap() gibt eine Sicht auf alle Map-Einträge
// zurück, deren Schlüssel kleiner als der angegebene Wert sind
        SortedMap<Integer,String> headmap = map3.headMap(4);
// Die Einträge von map3 und den so erzeugten Submaps anzeigen
        System.out.print("Map3: ");
        System.out.println(map3);
        System.out.print("Das SubMap: ");
        System.out.println(submap);
        System.out.print("Das HeadMap: ");
        System.out.println(headmap);
        System.out.print("Das TailMap: ");
        System.out.println(tailmap);
// Eine Collecction-Sicht auf die Werte der Abbildung map1
// definieren; die Abbildungswerte sind nicht in aufsteigender
// Reihenfolge der Schlüsselwerte sortiert
        collection = map1.values();
// Die Einträge der so erzeugten Collection mit einer for-each-
// Schleife anzeigen
        System.out.print("1. Collection: ");
        for(String mapCollection: collection) {
```

```
                System.out.print(mapCollection+" ");
            }
            System.out.println();
// Beinhaltet die so erzeugte Collection alle Werte der
// Abbildung map4?
    System.out.println(collection.containsAll(map4.values()));
// Alle Werte der Abbildung map4, die auch in map5 enthalten
// sind, in der Collection löschen und die gebliebenen Werte
// anzeigen
            collection.removeAll(map5.values());
            System.out.print("2. Collection: ");
            for(String mapCollection: collection) {
                System.out.print(mapCollection+" ");
            }
            System.out.println();
// Nur die Abbildungswerte aus dem Submap weiter in der
// Collection beibehalten und im finally-Block anzeigen
            collection.retainAll(submap.values());
// Der Compiler gibt bei der nachfolgenden Anweisung eine Warnung
// aus; wird diese ignoriert, wird zur Laufzeit eine
// IllegalArgumentException: "Der Schlüssel = 0 liegt ausserhalb
// des zugelassenen Bereiches" ausgelöst
            submap.put(0, "Montag");
        }
        catch(IllegalArgumentException e) {
            e.printStackTrace();
        }
        catch(UnsupportedOperationException e) {
            e.printStackTrace();
        }
        catch(ClassCastException e) {
            e.printStackTrace();
        }
// Können in der Collection collection1 die Werte der Abbildung
// map2 gespeichert werden?
        collection1.addAll(map2.values());
// Kann die Collection collection eine null-Collection
// beinhalten?
        System.out.println(collection.containsAll(coll));
    }
    catch(NullPointerException e) {
        System.out.println(
          "addAll() auf collection1 nicht moeglich!");
        e.printStackTrace();
    }
// Der finally-Block wir immer ausgeführt
    finally {
```

```
        System.out.print("3. Collection: ");
        for(String mapCollection : collection) {
          System.out.print(mapCollection+" ");
        }
      }
    }
  }
}
```

Die Enumeration WTag

```
enum WTag {
  Montag, Dienstag, Mittwoch, Donnerstag, Freitag, Samstag,
    Sonntag
}
```

Die Klasse Tage und die Enumeration Tag

```
class Tage {
  enum Tag {
    tag1, tag2, tag3, tag4, tag5, tag6, tag7
  }
}
```

Programmausgaben

```
Map1: Montag Sonntag Mittwoch Donnerstag Dienstag Freitag Samstag
Map5: Donnerstag Dienstag Freitag Samstag
…
Map2Keys: tag1 tag2 tag3
Map2Values: Montag Dienstag Mittwoch
Map3 {0=Montag, 1=Sonntag, 2=Mittwoch, 3=Donnerstag, 4=Dienstag, 5=Frei-
tag, 6=Samstag}
…
java.lang.IllegalArgumentException: key out of range
…
java.lang.NullPointerException…
…
3. Collection: Mittwoch
```

Lösung 9.6

Die Klasse ProgrammArgumentTest

```
import java.io.*;
public class ProgrammArgumentTest {
  public static void main(String argFile[]) {
    try {
      if(argFile.length != 1)
// Ein IllegalArgumentException-Objek, über den Konstruktor der
```

```
// Klasse, welcher einen Meldungstext entgegennimmt, erzeugen
        throw new IllegalArgumentException(
        "Falsche Anzahl Argumente");
// File-Objekt erzeugen; im Konstruktor der Klasse File kann ein
// Datei- oder Verzeichnis-Name übergeben werden
      File f = new File(argFile[0]);
// Die Klasse File stellt Methoden zur Verfügung mit denen
// Informationen über eine Datei oder ein Dateiverzeichnis geholt
// werden können
      if(f.exists() && f.isFile()) {
        throw new IllegalArgumentException(argFile[0]
         + " ist eine Datei");
      }
      else {
      if(f.exists() && f.isDirectory()) {
        throw new IllegalArgumentException(argFile[0]
         + " ist ein Dateiverzeichnis");
      }
      else {
// Ist der im Programmaufruf angegebene String weder eine Datei
// noch ein Dateiverzeichnis, soll dieser in ein int-Zahl
// konvertiert werden
          int zahl = Integer.parseInt(argFile[0]);
          System.out.println(zahl);
      }
    }
  }
  catch (NumberFormatException e) {
    System.out.println("Konvertierung nicht moeglich: "
     + e.getMessage());
  }
  catch (IllegalArgumentException e) {
    System.out.println(e.getMessage());
  }
  System.out.println("Es erfolgt kein Programmabbruch: "
   + "Hier kann es weiter gehen");
 }
}
```

Programmausgaben

■ Programmaufruf: java ProgrammArgumentTest "C:\Program files\Java\
jdk1.7.0\bin"

```
C:\Program files\Java\jdk1.7\bin ist ein Dateiverzeichnis
Es erfolgt kein Programmabbruch: Hier kann es weitergehen
```

■ Programmaufruf: java ProgrammArgumentTest "edf"

```
Konvertierung nicht moeglich: For input String "edf"
Es erfolgt kein Programmabbruch: Hier kann es weitergehen
…
```

Hinweise zum Lösungsvorschlag

Die Methode parseInt() der Klasse Integer wirft eine NumberFormatException, falls die Konvertierung nicht möglich ist. Diese wird vom Programm in einem separaten catch-Block abgefangen, was aber nicht nötig ist, weil diese Exception-Klasse die Klasse IllegalArgumentException erweitert. Soll beim Eintreten dieser Ausnahme jedoch eine andere Meldung ausgegeben werden, muss der catch-Block, in welcher sie abgearbeitet wird, vor den catch-Block gestellt werden, der die IllegalArgumentException fängt.

Lösung 9.7

Die Klasse MyException

```
public class MyException extends Exception {
   private String meldungsNr;
// Konstruktordefinitionen
   public MyException() {
      super();
   }
   public MyException(String message) {
      super(message);
   }
   public MyException(String message, String meldungsNr) {
      super(message);
      this.meldungsNr = meldungsNr;
   }
// Zugriffsmethode
   public String getMeldungsNr() {
      return meldungsNr;
   }
}
```

Die Klasse ProgrammArgumentTestmitMyException

```
import java.io.*;
public class ProgrammArgumentTestmitMyException {
   public static void main(String argFile[]) {
// File-Objekt erzeugen; im Konstruktor der Klasse File kann
// ein Datei- oder Verzeichnis-Name übergeben werden
      try {
         if(argFile.length != 1)
```

```
// MyException-Objekt über den Konstruktor der Klasse, welcher
// einen Meldungstext entgegennimmt, erzeugen
        throw new MyException("Falsche Anzahl Argumente",
          "1. ");
      File f = new File (argFile[0]);
      if(f.exists() && f.isFile()) {
        throw new MyException(argFile[0]
          + " ist eine Datei", "2. ");
      }
      else {
        if(f.exists() && f.isDirectory()) {
          throw new MyException(argFile[0]
            + " ist ein Dateiverzeichnis", "3. ");
        }
        else{
          int zahl = Integer.parseInt(argFile[0]);
          System.out.println(zahl);
        }
      }
    }
    catch (NumberFormatException e) {
      System.out.println("Konvertierung nicht moeglich: "
        + e.getMessage());
    }
    catch (MyException e) {
      System.out.println(e.getMeldungsNr()
        + e.getMessage());
    }
    System.out.println("Es erfolgt kein Programmabbruch: "
      + "Hier kann es weitergehen");
  }
}
```

Programmausgaben

- Programmaufruf: java ProgrammArgumentTestmitMyException

```
1. Falsche Anzahl Argumente
Es erfolgt kein Programmabbruch: Hier kann es weitergehen
```

- Programmaufruf: java ProgrammArgumentTestmitMyException MyException.java

```
2. MyException.java ist eine Datei
Es erfolgt kein Programmabbruch: Hier kann es weitergehen
...
```

Lösung 9.8

Die Klasse GenericStackfuerInversWort<T>

```java
import java.util.*;
public class GenericStackfuerInversWort <T>
                          implements StackInterface <T> {
// Implementierung eines Stapels für eine einfach verkettete
// Struktur; ein Element des Stapels vom Typ der Klasse
// LinkObjekt<T> definieren
   private LinkObjekt<T> kopf;
   private int anzahl;
// Konstruktordefinition
   GenericStackfuerInversWort() {
      kopf = null;
      anzahl = 0;
   }
// Methoden des externen Interface implementieren
   public int size() {
      return anzahl;
   }
   public boolean isEmpty() {
      if(kopf == null)
         return true;
      else
         return false;
   }
   public boolean isFull() {
      if(size() == 5)
         return true;
      else
         return false;
   }
   public void push(T objekt) {
      if(isFull()) throw new FullStackException(
        "Der Stapel ist voll");
      LinkObjekt<T> knoten = new LinkObjekt<T>();
      knoten.setNext(kopf);
      knoten.setT(objekt);
      kopf = knoten;
      anzahl++;
   }
   public T pop() {
      if(isEmpty()) throw new EmptyStackException ();
      T objekt = kopf.getT();
      kopf = kopf.getNext();
      anzahl--;
```

```
      return objekt;
   }
// Static-Member-Klasse, welche ein Element der verketteten
// Liste definiert
   public static class LinkObjekt <T>
                             implements LinkInterface <T> {
      LinkObjekt<T> next;
      T objekt;
// Die Methoden der inneren Schnittstelle implementieren
      public T getT() {
         return objekt;
      }
      public void setT(T objekt) {
         this.objekt = objekt;
      }
      public void setNext(LinkObjekt<T> linkObjekt) {
         next = linkObjekt;
      }
      public LinkObjekt<T> getNext() {
         return next;
      }
   }
// Definition der inneren Schnittstelle, die von der inneren
// Klasse implementiert wird
   public interface LinkInterface <T> {
// Zugriffsmethoden zum Lesen und Setzen von Werten für die
// Instanzfelder der Klasse
      public T getT();
      public void setT(T objekt);
      public void setNext(LinkObjekt<T> linkObjekt);
      public LinkObjekt<T> getNext();
   }
}
```

Das Interface StackInterface<T>

```
interface StackInterface <T> {
// Der Stack ist leer
   public boolean isEmpty();
// Der Stack ist voll
   public boolean isFull();
// Ein Element einfügen
   public void push(T objekt);
// Ein Element herauslesen
   public T pop();
}
```

Die Klasse FullStackException

```java
public class FullStackException extends RuntimeException {
  public FullStackException(String message) {
    super(message);
  }
}
```

Die Klasse JFramemitGenericStackfuerInversWort

```java
import java.awt.*;
import java.awt.event.*;
import javax.swing.*;
import java.util.*;
public class JFramemitGenericStackfuerInversWort
                  extends JFrame implements ActionListener {
// Globale Referenz vom Typ der parametrisierten Klasse
// GenericStackfuerInversWort<String>
  private GenericStackfuerInversWort<String> ws =
    new GenericStackfuerInversWort<String>();
  private JLabel status = new JLabel(" ");
  private JButton[] komponenten = new JButton[26];
  private JButton wort = new JButton("Inverses Wort");
  private JButton loeschen = new JButton("Wort loeschen");
// Konstruktordefinition
  public JFramemitGenericStackfuerInversWort() {
    Container contentPane = getContentPane();
    JPanel panelMitte = new JPanel();
    JPanel panelSued = new JPanel();
    panelMitte.setLayout(new GridLayout(9,3,5,5));
    for(int i=0; i<26; i++) {
      char cBuchstabe = (char)('A'+i);
      komponenten[i] = new JButton(""+cBuchstabe);
      komponenten[i].addActionListener(this);
      panelMitte.add(komponenten[i]);
    }
    wort.addActionListener(this);
    loeschen.addActionListener(this);
    contentPane.add(new Label("Woerter bilden und drehen"),
      BorderLayout.NORTH);
    contentPane.add(panelMitte, BorderLayout.CENTER);
    panelSued.add(wort);
    panelSued.add(status);
    panelSued.add(loeschen);
    contentPane.add(panelSued, BorderLayout.SOUTH);
    setDefaultCloseOperation(JFrame.EXIT_ON_CLOSE);
```

```java
        setSize(300,250);
                setVisible(true);
  }
// Die Methode des ActionListener implementieren
  public void actionPerformed(ActionEvent ae) {
// Welcher Button wurde gedrueckt?
    try {
        String sBefehl = ae.getActionCommand();
        if(sBefehl.equals("Wort loeschen")) {
            status.setText("");
        }
        else if(sBefehl.equals("Inverses Wort")) {
            String sWort ="";
// Solange der Stack nicht leer ist,
            while(!ws.isEmpty()) {
// die im Stack gespeicherten Werte lesen
                sWort = sWort + ws.pop();
            }
// Inverses Wort anzeigen
            status.setText(sWort);
// Ist der Stack leer?
            ws.pop();
        }
// Die Namen der ausgewählten Buttons im Stack speichern
        else {
            ws.push(sBefehl);
        }
    }
// Ausnahmen behandeln
    catch(FullStackException fse) {
// Den Messagetext der Ausnahme anzeigen
        System.out.println(fse.getMessage());
    }
    catch(EmptyStackException ese) {
// Diese Ausnahme definiert einen leeren Meldungstext
        System.out.println(ese.toString()
          + ": Der Stapel ist jetzt leer");
    }
  }
// Objekt der Klasse erzeugen
  public static void main(String[] args) {
    JFrame frame = new JFramemitGenericStackfuerInversWort();
  }
}
```

Programmausgaben

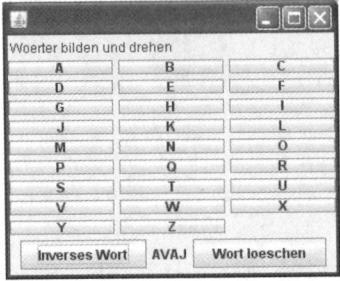

```
java.util.EmptyStackException: Der Stapel ist jetzt leer
Der Stapel ist voll
...
```

Lösung 9.9

Die Klasse MyException1

```java
public class MyException1 extends Exception {
// Konstruktordefinitionen
  public MyException1() {
    super();
  }
  public MyException1(String message) {
    super(message);
  }
  public MyException1(String message, Throwable cause) {
    super(message,cause);
  }
}
```

Die Klasse ExceptionKetten

```java
import java.io.*;
public class ExceptionKetten {
// Globale Referenzen
  private String [] argFile;
  private File f;
  private MyException nofileEx, fileEx, directoryEx;
  private MyException1 myEx;
// Konstruktordefinition
public ExceptionKetten(String [] argFile) throws MyException1,
                    MyException {
    try {
```

```
        this.argFile = argFile;
// Ein MyException-Objekt über den Konstruktor der Klasse,
// welcher einen Meldungstext entgegennimmt, erzeugen
        if(argFile.length == 1) {
            throw new MyException("Korekte Anzahl Argumente");
        }
        else {
            throw new MyException("Falsche Anzahl Argumente");
        }
    }
    catch (MyException e) {
        try {
// Ein File-Objekt erzeugen und mit den Methoden der Klasse
// Informationen über die Datei oder das Verzeichnis holen
            f = new File(argFile[0]);
// Eine mit der Exception e gekettete Ausnahme erzeugen und
// werfen
            if(f.exists())
                myEx =  new MyException1(argFile[0]
                  + " ist eine Datei oder ein Dateiverzeichnis",e);
            else
                myEx =  new MyException1(argFile[0]
                  +" ist keine Datei und kein Dateiverzeichnis",e);
            throw myEx;
        }
// Wurde kein Argument im Programmaufruf angegeben,
// wird eine IndexOutOfBoundsException erzeugt,
// weil argFile[0] nicht vorhanden ist
        catch (IndexOutOfBoundsException npe) {
            System.out.println(e.getMessage());
            npe.printStackTrace();
        }
// Weitere Ausnahmen vom Typ MyException erzeugen und diesen,
// da sie nicht über einen entsprechenden Konstruktor verfügen,
// über die Methode initCause() die zu verkettende Ausnahme mye
// zuweisen
        catch (MyException1 mye) {
            if(f.isFile()) {
                fileEx = new MyException(argFile[0]
                  + " ist eine Datei");
                fileEx.initCause(mye);
                throw fileEx;
            }
            else if(f.isDirectory()) {
                directoryEx = new MyException(argFile[0]
                  + " ist ein Dateiverzeichnis");
```

543

```
              directoryEx.initCause(mye);
              throw directoryEx;
          }
          else {
              nofileEx = new MyException(argFile[0]
                + " wurde im Programmaufruf angegeben");
              nofileEx.initCause(mye);
              throw nofileEx;
          }
      }
    }
  }
}
// Objekt der Klasse erzeugen
  public static void main(String argFile[]) {
    try {
        ExceptionKetten exKette = new ExceptionKetten(argFile);
    }
// Alle Exceptions, die vom Konstruktor der Klasse ausgelöst und
// nicht abgefangen wurden, hier abarbeiten
    catch(Exception e) {
        while(e != null) {
// Die Meldungstexte der Ausnahmen in der Reihenfolge ihrer
// Kettung ausgeben
            System.out.println(e.getMessage());
            e =(Exception)e.getCause();
        }
    }
    System.out.println("Die gesamte Kette wurde abgearbeitet");
  }
}
```

Programmausgaben

■ Programmaufruf: ExceptionKetten

```
Falsche Anzahl Argumente
java.lang.ArrayIndexOutOfBoundsException: 0 …
Die gesamte Kette wurde abgearbeitet
…
```

■ Programmaufruf: ExceptionKetten MyException.java

```
MyException.java ist eine Datei
MyException.java ist eine Datei oder ein Dateiverzeichnis
Korrekte Anzahl Argumente
Die gesamte Kette wurde abgearbeitet
```

Hinweise zum Lösungsvorschlag

Ausgelöste Ausnahmen, die nicht behandelt werden, sind in der throws-Klausel des Konstruktors deklariert und werden so zur Behandlung weitergeben. Es sind die Exceptions, welche innerhalb von catch-Blöcken ausgelöst werden. Diese werden in der main()-Methode der Klasse abgearbeitet und ihre Meldungstexte in der Reihenfolge der Kettung der Ausnahmen ausgeben.

Lösung 9.10

Die Klasse CustomButton

```java
import java.awt.*;
import javax.swing.*;
public class CustomButton extends JButton {
   private String string;
   public CustomButton(String string) {
      super(string);
      this.string = string;
      setPreferredSize(new Dimension(100,100));
        setContentAreaFilled(false);
   }
   protected void paintComponent(Graphics g) {
// Die Methode isArmed() wird von der Klasse ButtonModel
// definiert; darum wird ein Objekt der Klasse erzeugt, an
// welchem die Methode aufgerufen werden kann
      if(getModel().isArmed())
         g.setColor(Color.green);
      else
         g.setColor(getBackground());
      g.fillOval(0, 0, getSize().width-1, getSize().height-1);
      super.paintComponent(g);
   }
   protected void paintBorder(Graphics g) {
      g.setColor(getForeground());
      g.drawOval(0, 0, getSize().width-1, getSize().height-1);
   }
}
```

Die Klasse CustomButton1

```java
import java.awt.*;
import javax.swing.*;
public class CustomButton1 extends JButton {
   private String string;
   public CustomButton1(String string) {
      super(string);
      this.string = string;
```

```
   setPreferredSize(new Dimension(100,100));
}
protected void paintComponent(Graphics g) {
   if(getModel().isArmed())
     g.setColor(Color.green);
   else
     g.setColor(getBackground());
   g.fillRect(0, 0, getSize().width-1, getSize().height-1);
   super.paintComponent(g);
}
}
```

Die Klasse CustomBasicButtonUI

```
import java.awt.*;
import javax.swing.*;
import javax.swing.plaf.ComponentUI;
import javax.swing.plaf.basic.*;
public class CustomBasicButtonUI extends BasicButtonUI {
// Ein selbstreferenzierendes Klassenfeld kann in seiner
// Deklaration initialisiert werden
  private final static CustomBasicButtonUI buttonUI =
    new CustomBasicButtonUI();
  private static Color defaultLowColor = UIManager.getColor(
    "Button.LowBackground");
  private static Color defaultHighColor = UIManager.getColor(
    "Button.HighBackground");
// Die Methoden der Klasse BasicButtonUI überschreiben
  public static ComponentUI createUI(JComponent c) {
    return buttonUI;
  }
  public void installUI(JComponent c) {
    super.installUI(c);
// Für die Standard-Buttons ist die opaque-Eigenschaft auf
// true gesetzt und für den CustomButton wird sie über
// setContentAreaFilled(false) gesetzt; damit dies nicht dazu
// führt, dass für das CustomLookAndFeel Bildschirmmmüll im
// Standard-Buttons angezeigt wird, werden auch diese
// durchsichtig gemacht
    c.setOpaque(false);
  }
  public void uninstallUI(JComponent c) {
    super.uninstallUI(c);
  }
  public void paint(Graphics g, JComponent c) {
// Die Schrift auf den Buttons soll ihre Farbe nach dem Status
// der Komponente ändern
    AbstractButton b =(AbstractButton)c;
```

```
      ButtonModel bm = b.getModel();
      Dimension d = b.getSize();
      FontMetrics fm = g.getFontMetrics();
      String label = b.getText();
      int x = (d.width-fm.stringWidth(label))/2;
      int y = (d.height+fm.getAscent())/2;
      if(bm.isPressed()) {
         g.setColor(defaultLowColor);
      }
      else if(b.hasFocus()) {
         g.setColor(defaultHighColor);
      }
      else {
         g.setColor(Color.blue);
      }
      g.drawString(label,x,y);
      g.drawOval(0, 0, d.width-3, d.height-3);
   }
}
```

Die Klasse CustomLookAndFeel

```
import java.awt.*;
import javax.swing.*;
import javax.swing.plaf.*;
import javax.swing.plaf.basic.*;
import javax.swing.plaf.TextUI;
public class CustomLookAndFeel extends BasicLookAndFeel {
// Schrift und Farben definieren
   private FontUIResource lucidaHand = new FontUIResource(
     "Lucida HandWriting",Font.PLAIN,12);
   private ColorUIResource white = new ColorUIResource(
     Color.white);
   private ColorUIResource gray = new ColorUIResource(Color.gray);
   private ColorUIResource red = new ColorUIResource(Color.red);
   private ColorUIResource orange = new ColorUIResource(
     Color.orange);
   private ColorUIResource blue = new ColorUIResource(Color.blue);
   private ColorUIResource pink = new ColorUIResource(Color.pink);
// Die User-Interfaces-Klassen (UI-Delegationsklassen) setzen;
// die für JButton und die davon abgeleiteten Klassen wird
// ausgetauscht und die anderen werden über den Aufruf der
// Methode der Oberklasse initialisiert
   protected void initClassDefaults(UIDefaults defaults ) {
      super.initClassDefaults(defaults);
      Object[] uiDefaults = {"ButtonUI", "CustomBasicButtonUI"};
      defaults.putDefaults(uiDefaults);
   }
```

```java
// Die nachfolgenden Methoden aus der Klasse LookAndFeel
// müssen überschrieben werden damit die Klasse nicht als
// abstract deklariert werden muss
// Gibt eine Klassen-Id zurück
  public String getID() {
     return "Custom";
  }
// Gibt den Namen für das LookAndFeel zurück
  public String getName() {
     return "Custom LookandFeel";
  }
// Gibt eine Beschreibung für das LookandFeel zurück
  public String getDescription() {
     return "Ein benutzerdefiniertes LookAndFeel";
  }
// Dieses LookAndFeel ist nicht das native-LookAndFeel
  public boolean isNativeLookAndFeel() {
     return false;
  }
// Dieses LookAndFeel wird generell unterstützt
  public boolean isSupportedLookAndFeel() {
     return true;
  }
// Externe Defaultwerte für Farben und Schrift von Komponenten
// der UIDefaults-Tabelle hinzufügen
  protected void initComponentDefaults(UIDefaults table) {
     super.initComponentDefaults(table);
     Object[] defaults = {"Button.HighBackground",
       getHighBackground(), "Button.LowBackground",
       getLowBackground(), "Button.font", getFont()};
     table.putDefaults(defaults);
     UIManager.getDefaults().put("Button.foreground", blue);
  }
// Eigene Methoden zum Setzen von Schrift und Farbe als Objekte
// der Klassen FontUIResource und ColorUIResource definieren
  public FontUIResource getFont() {
     return lucidaHand;
  }
  public ColorUIResource getHighBackground() {
     return orange;
  }
  public ColorUIResource getLowBackground() {
     return red;
  }
}
```

Die Klasse JFramemitLookAndFeelundJTree

```java
import javax.swing.tree.*;
import java.awt.*;
import javax.swing.*;
import java.awt.event.*;
import javax.swing.event.*;
public class JFramemitLookAndFeelundJTree extends JFrame
               implements ActionListener, TreeModelListener {
// JRadioButton-Komponenten für die Auswahl der LookAndFeels
// einrichten; ButtonGroup für das Ausschließen von RadioButtons
// erzeugen
   private ButtonGroup rbg = new ButtonGroup();
   private JRadioButton[] rb = new JRadioButton[6];
   private CustomButton button1 = new CustomButton(
     "CustomButton1");
   private CustomButton1 button2 = new CustomButton1(
     "CustomButton2");
   private JButton button = new JButton("StdButton");
   private JButton []b = new JButton[3];
   private JTree tree = new JTree();
   private UIDefaultsTreeModelmitTreeModelListener model;
//Konstruktordefinition
   public JFramemitLookAndFeelundJTree() {
      super("Standard und benutzerdefiniertes LookAndFeel");
      JPanel p1 = new JPanel();
      JPanel p2 = new JPanel();
      JPanel p = new JPanel();
      button1.setBackground(Color.pink);
      button2.setBackground(Color.lightGray);
      Container cPanel = getContentPane();
      cPanel.setBackground(Color.lightGray);
      p2.setLayout(new FlowLayout());
      p1.setLayout(new FlowLayout());
      p.setLayout(new FlowLayout());
      cPanel.add(button, BorderLayout.WEST);
      cPanel.add(p2, BorderLayout.EAST);
      p2.add(button1);
      p2.add(button2);
      cPanel.add(p, BorderLayout.SOUTH);
// Die im System verfügbaren LookAndFeels lesen
      UIManager.LookAndFeelInfo[] plafs =
        UIManager.getInstalledLookAndFeels();
// RadioButton-Einträge mit dem Namen der PLAFs einrichten
      for(int i=0; i<plafs.length; i++) {
         String plafName = plafs[i].getName();
         rb[i] = new JRadioButton(plafName);
         rbg.add(rb[i]);
```

```
            rb[i].addActionListener(this);
            p1.add(rb[i]);
        }
// RadioButton-Einträge mit den benutzerdefinierten LookAndFeels
// einrichten
        rb[4] = new JRadioButton("CustomLookAndFeel");
        rbg.add(rb[4]);
        rb[4].addActionListener(this);
        p.add(rb[4]);
        rb[5] = new JRadioButton("MyLookAndFeel");
        rbg.add(rb[5]);
        rb[5].addActionListener(this);
        p.add(rb[5]);
// Buttons und RadioButtons zu dem Fenster hinzufügen
        cPanel.add(p1, BorderLayout.NORTH);
// Modell für eine Baumstruktur erzeugen und diese zu einer
// ScrollPane hinzufügen
        model = new UIDefaultsTreeModelmitTreeModelListener();
        model.uiDefaultsDefTreeModel(UIManager.getDefaults());
// Den TreeModelListener für das Modell registrieren
        model.addTreeModelListener(this);
        tree.setModel(model);
        JScrollPane jsPane = new JScrollPane(tree);
        add(jsPane,BorderLayout.CENTER);
        setDefaultCloseOperation(JFrame.EXIT_ON_CLOSE);
        setSize(650, 250);
        setVisible(true);
    }
// Beim Drücken der RadioButtons das entsprechende LookAndFeel
// setzen
    public void actionPerformed(ActionEvent e) {
        try {
            String sBefehl = e.getActionCommand();
            if(sBefehl.equals("Metal")) {
              UIManager.setLookAndFeel(
                "javax.swing.plaf.metal.MetalLookAndFeel");
            }
            else if(sBefehl.equals("CDE/Motif")) {
              UIManager.setLookAndFeel(
                "com.sun.java.swing.plaf.motif.MotifLookAndFeel");
            }
            else if(sBefehl.equals("Windows")) {
              UIManager.setLookAndFeel("com.sun.java.swing."
                + "plaf.windows.WindowsLookAndFeel");
            }
            else if(sBefehl.equals("Windows Classic")) {
              UIManager.setLookAndFeel("javax.swing."
```

```
             + "plaf.synth.SynthLookAndFeel");
        }
        else if(sBefehl.equals("CustomLookAndFeel")) {
// Benutzerdefiniertes LookAndFeel über den Namen der
// LookAndFeel-Klasse setzen
            UIManager.setLookAndFeel("CustomLookAndFeel");
        }
        else if(sBefehl.equals("MyLookAndFeel")) {
// Benutzerdefiniertes LookAndFeel über ein LookAndFeel-Objekt
// setzen
            UIManager.setLookAndFeel(new MyLookAndFeel());
        }
// Jede Kindkomponente der JFrame-Komponente soll ihr
// LookAndFeel ändern
        model.uiDefaultsDefTreeModel(UIManager.getDefaults());
        SwingUtilities.updateComponentTreeUI(this);
        tree.scrollPathToVisible(new TreePath(model.getRoot()));
    }
    catch(ClassNotFoundException e1) {
        System.out.println("Die LookAndFeel-Klasse konnte nicht"
          + " gefunden werden: " + e1);
    }
    catch(InstantiationException e2) {
        System.out.println("Es kann keine neue Instanz der "
          + "LookAndFeel-Klasse gebildet werden: " + e2);
    }
    catch(IllegalAccessException e3) {
        System.out.println("Der Zugriff auf die "
          + "LookAndFeel-Klasse ist nicht erlaubt: " + e3);
    }
    catch(UnsupportedLookAndFeelException e4) {
        System.out.println("Die darunterliegende Systemplatform"
          + ", unterstützt das LookAndFeel nicht: " + e4);
    }
  }
// Methoden von TreeModelListener implementieren
  public void treeNodesInserted(TreeModelEvent e) {
    System.out.println("Im Modell wurde ein Knoten eingefuegt");
  }
  public void treeNodesChanged(TreeModelEvent e) {
    System.out.println("Im Modell wurde ein Knoten veraendert");
  }
  public void treeNodesRemoved(TreeModelEvent e) {
    System.out.println("Im Model wurde ein Knoten geloescht");
  }
  public void treeStructureChanged(TreeModelEvent e) {
    System.out.println("Das Modell wurde abgeaendert");
```

```
    }
// Objekt der Klasse erzeugen
    public static void main(String[] args) {
        JFramemitLookAndFeelundJTree frame =
            new JFramemitLookAndFeelundJTree();
    }
}
```

Programmausgaben

- Mit CustomLookAndFeel:

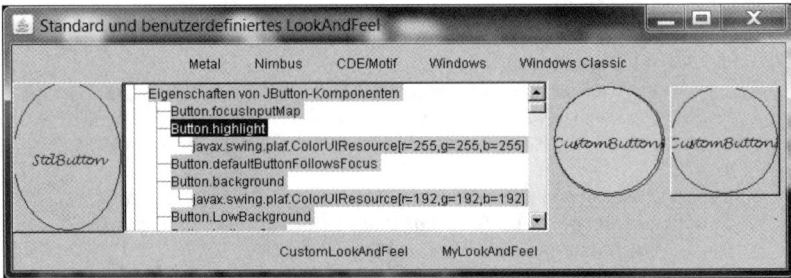

- Mit MyLookAndFeel:

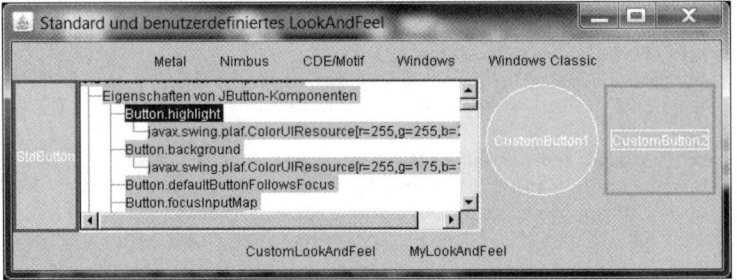

```
Im Modell wurde ein Knoten eingefügt
...
```

Kapitel 10

Java-Typen

10.1 Typen in Java

Um die Verbesserungen, die Java 7 in der Nutzung von generischen Typen und varargs-Methoden mit nicht-reifizierbaren formalen Parametern mit sich bringt, besser zu verstehen, wollen wir mit einigen Wiederholungen zu Java-Typen allgemein und insbesondere zu generischen Typen beginnen.

Wie bereits im Unterkapitel 1.1 erwähnt wurde, manipuliert ein Java-Programm Werte, die durch Typ und Name gekennzeichnet werden. Über die Festlegung von Name und Wert wird eine Variable definiert. Man spricht von Variablen im Zusammenhang mit einem Programm und von Feldern im Zusammenhang mit einer Klassendefinition (siehe dazu das Unterkapitel 1.1).

In Java hat jede Variable einen Typ, der zur Compilezeit ermittelt werden kann, und deswegen auch als »statischer (deklarativer) Typ« der Variable bezeichnet wird.

Der Typ einer Variablen kann ein primitiver Typ oder ein Referenztyp sein. Die primitiven Typen von Java sind `byte`, `short`, `int`, `long`, `char`, `float` und `double`. Generell sprechen wir von konkreten Referenztypen, wenn es sich um Typen von nicht-generischen Klassen und Interfaces handelt und von parametrisierten Referenztypen, wenn die von generischen Klassen und Interfaces definierten Typen gemeint sind.

In der Java-Literatur wird des Öfteren auch von einem so genannten `null`-Typ gesprochen, der als Typ für den Ausdruck `null` eingeführt wurde. Weil dieser über keinen Namen verfügt, können weder Variablen von diesem Typ deklariert werden noch zum `null`-Typ gecastet werden. Aus diesem Grund kann dieser Typ laut Java-Spezifikation in der Programmierung ignoriert werden und es kann angenommen werden, dass `null` ein spezielles Literal ist, das jeder Referenztyp aufnehmen kann.

Der Typ von Variablen limitiert die möglichen Werte, die eine Variable zur Laufzeit aufnehmen kann oder die mit einem bestimmten Ausdruck, in dem verschiedene Variablen auftreten können, berechnet werden. Der Typ einer Variablen gibt außerdem die Operationen vor, die von diesen Werten unterstützt werden.

Die Regeln zur Prüfung der Typkorrektheit von Variablen bei Zuweisungen werden über ein so genanntes Typsystem, das als fester Bestandteil in einer Programmiersprache integriert ist, definiert. Das Typsystem bestimmt, welche Typen ineinander konvertierbar sind, und stellt sicher, dass auf Inhalten von Variablen keine Operationen ausgeführt werden, die syntaktisch oder semantisch fehlerhaft sind. Gleichzeitig stellt es sicher, dass bei Methodenaufrufen in den Zuweisungen von Werten für Parameter und Rückgabetypen die erforderlichen Konvertierungen korrekt durchgeführt werden.

Die von einem Typsystem vorgegebenen Konvertierungsregeln basieren auf den Beziehungen, die zwischen Typen definiert sind. Dabei spielen Cast- und instanceof-Operatoren eine wichtige Rolle. Die Konvertierungsregeln legen fest, welche Casts durchgeführt werden können, welche durch Compiler-Warnungen als kritisch eingestuft werden oder welche durch Fehlermeldungen abgewiesen werden. Ähnliche Regeln gelten auch beim Einsatz des instanceof-Operators.

Typen, die eine Super/Subtyp-Beziehung haben, können ineinander konvertiert werden.

Folgende Regeln definieren die direkte Super/Subtyp-Beziehung für primitive Typen: double ist der Supertyp von float, float der Supertyp von long und long der Supertyp von int. int ist seinerseits der Supertyp für die primitiven Typen char, short und byte.

Für nicht-generische Referenztypen bezieht sich diese Beziehung auf die durch Vererbung definierte Beziehung zwischen einer Oberklasse und den davon abgeleiteten Klassen bzw. zwischen einem Oberinterface und seinen Unterinterfaces. Gleichzeitig besteht eine Super/Subtyp-Beziehung zwischen einem Interface und denjenigen Klassen, die dieses Interface implementieren. Auf diesen Aussagen beruht auch die Formulierung, der man des Öfteren in der Java-Literatur begegnet, dass »ein Typ ein Subtyp von einem anderen Typ (der als Supertyp bezeichnet wird) ist, wenn diese durch eine extends- bzw. implements-Klausel verbunden sind«.

Parametrisierte Typen, die durch das Ersetzen der Typparameter im Aufruf einer generischen Klasse durch aktuelle Typargumente (analog zu einem Methodenaufruf) entstehen (»generic typ invocation«), haben eine zweidimensionale Super/Subtyp-Beziehung untereinander. Diese basiert einerseits auf Vererbung und anderseits auf der Super/Subset-Beziehung von Typargumenten. Gleichzeitig definieren diese eine zusätzliche Typ-Beziehung zu ihren Raw-Typen. Durch die Erweiterung der Bedeutung des Schlüsselworts extends in diesem Zusammenhang (siehe Unterkapitel 10.4) kann die obige Aussage auch auf generische Typen übertragen werden. Auf diese Art von Beziehungen werden wir im Nachhinein, nach einer näheren Erläuterung dieser Begriffe, wieder zurückkommen.

Die unterschiedlichen Vererbungsarten (Einfachvererbung für Klassen und Mehrfachvererbung für Interfaces) sowie die komplexe Beziehungsstruktur für parametrisierte Typen machen das Erlernen und das Anwenden von Super/Subtyp-Beziehungen in der Programmierung mit Java nicht gerade einfach.

Die Konvertierung eines Subtyps in einen Supertyp wird auch als »implizite Konvertierung« bezeichnet, weil sie keinen Cast erfordert und vom Compiler automatisch durchgeführt wird. So wird zum Beispiel bei einer Operation mit den primitiven Datentypen int und double eine Konvertierung des int-Wertes in einen double-Wert vorgenommen. Ein Beispiel für Referenztypen wäre die Zuweisung einer Referenz auf ein Objekt eines Subtyps einer Variablen von einem Supertyp oder der Aufruf einer Methode, die als Parameter eine Referenz vom Typ einer

Oberklasse bzw. eines Oberinterface definiert, mit einem Argument vom Typ einer Unterklasse oder eines Unterinterface. Diese Art von Konvertierung wird auch vergrößernde Referenz-Konvertierung (»widening reference conversion«) genannt.

Die direkte Zuweisung eines Supertyp-Objekts einer Subtyp-Variablen ist nicht zugelassen und erfordert einen expliziten Cast. Man spricht in diesem Fall von einer verkleinernden Referenz-Konvertierung (»narrowing reference conversion«). Dabei wird erst während der Laufzeit geprüft, ob der neu referenzierte Wert ein korrekter Wert für den zugewiesenen Typ ist. Ist dies nicht der Fall, wird eine Ausnahme vom Typ `ClassCastException` ausgelöst. Für Methoden bezieht sich diese Konvertierungsart auf das dynamische Binden von Instanzmethoden (siehe Unterkapitel 2.9 und 2.10).

Eine genaue Beschreibung für alle Konvertierungsarten (»identity conversion«, »widening primitive conversion«, »narrowing primitive conversion«, »widening reference conversion«, »narrowing reference conversion«, »boxing conversion«, »unboxing conversion«, »unchecked conversion«, »capture conversion«, »String conversion« und »value set conversion«) finden Sie in der Java Language Specification Third Edition. Wir werden im Nachfolgenden bei einer Nutzung von Konvertierungsarten, die in den ersten Kapiteln des Buches noch nicht erwähnt wurden, auf ihre Bedeutung eingehen.

Der Vorgang, durch den die Verwendung von Datentypen innerhalb eines Typsystems geprüft wird, um Typverletzungen festzustellen, wird als Typprüfung bezeichnet. Typprüfungen können zur Übersetzungszeit oder zur Laufzeit vorgenommen werden.

In Java besitzen Referenzvariablen zusätzlich zu ihrem »statischen Typ« auch einen »dynamischen Typ«. Der dynamische Typ bezeichnet den aktuellen Typ des Objekts, auf den die Referenzvariable zeigt. Verweist eine Referenzvariable von einem Supertyp auf ein Objekt eines Subtyps, sind der statische und dynamische Typ der Variablen verschieden. So ist in der Zuweisung `Object objekt = new String();`, `Object` der statische Typ der Variablen `objekt` und `String` der dynamische Typ.

Für parametrisierte Typen sind der statische und dynamische Typ immer verschieden, weil dabei, wie im Unterkapitel 8.4 beschrieben wird, die Typlöschung zum Einsatz kommt. Zusätzlich bleibt auch für parametrisierte Typen der Unterschied zwischen den beiden Typarten in Zuweisungen von Subtyp-Objekten an Supertyp-Referenzen, wie im Fall von konkreten Typen, erhalten. So ist der statische Typ der Variablen `set` aus den Zuweisungen `Set<String> set = new HashSet<String>();` und `Object set = new HashSet<String>();` `Set<String>` bzw. `Object` und deren dynamischer Typ ist in beiden Fällen der Raw-Typ `HashSet`.

Der statische Typ einer Variablen wird vom Compiler beim Übersetzen für Typprüfungen bezüglich Typgleichheit und Typkompatibilität eingesetzt: in Zuweisungen, bei Casts, bei der Übergabe von Argumenten in Methodenaufrufen oder beim Prüfen der Übereinstimmung von Argumenten und Parametern für überladene Methoden. Klassenmethoden, die bekannterweise auch an Instanzen von Klassen aufgerufen werden können (siehe dazu die Aufgabe 1.4), werden vom Compiler anhand des statischen Typs der Referenzen von diesen Instanzen ermittelt (und darum vom Java-7-Compiler als Warnung gemeldet). Im Gegensatz dazu kommt der dynamische Typ bei Typprüfungen zum Einsatz, die zur Laufzeit stattfinden. Dies betrifft beispielsweise die Auswertung von instanceof-Operanden, Casts, die in der Übersetzung nicht zurückgewiesen wurden bzw. vom Compiler neu eingefügt wurden (was nach der Typlöschung für parametrisierte Typen der Fall sein kann), oder das dynamische Binden von Instanzmethoden, die erst zur Laufzeit von der JVM aufgrund des dynamischen Typs der aktuellen Instanz ermittelt werden.

In Java werden alle Zuweisungen von Variablen schon während der Compilezeit auf Kompatibilität geprüft; nur für Arrays erfolgt eine Prüfung erst während der Laufzeit.

Programmiersprachen, die über ein Typsystem verfügen, nennt man »typisiert«. Die Java-Programmiersprache ist eine stark typisierte (»strongly typed«) Sprache.

Man spricht von »statisch« und »dynamisch« typisierten Programmiersprachen. Bei statischer Typisierung wird jedem Programmelement eindeutig ein Typ zugeordnet, der zur Laufzeit konstant bleibt. Im Gegensatz dazu haben Programmelemente in dynamisch typisierten Sprachen keinen klar definierten Typ, so dass jede Programmvariable zur Laufzeit verschiedene Werte zugewiesen bekommen kann bzw. verschiedene Typen referenzieren darf. Nach dieser Definition ist die Programmiersprache Java statisch typisiert, im Gegensatz zu Programmiersprachen wie zum Beispiel JavaScript, Ruby und LISP, die dynamisch typisiert sind.

Unter Typinferenz versteht man generell die automatische Bestimmung von Typinformationen für Programmelemente. Obwohl der Typ nicht explizit angegeben wurde, kann der Compiler unter Zuhilfenahme eines Algorithmus den richtigen Typ bestimmen (inferieren). Weil man sich dabei derselben Regeln bedient, die auch bei der Typprüfung eingesetzt werden, kann die Typinferenz als eine Fortentwicklung der Typprüfung gesehen werden.

Mit Typsicherheit von Programmiersprachen wird der Zustand von Programmausführungen bezeichnet, bei denen die Datentypen gemäß ihren Definitionen benutzt werden und keine Typverletzungen verursachen. Aufgrund von Typ-Einschränkungen (»constraints«), die über Schranken (»bounds«) festgelegt werden, kann der Compiler eine strikte Prüfung von allen verwendeten Typen durchführen.

10.2 Typprüfung und Typsicherheit mittels Generics

In diesem Unterkapitel wollen wir einen kleinen Rückblick auf das Kapitel 8 *Generics* werfen und auf weitere Details aus der Definition von Typvariablen, parametrisierten Typen, Wildcardtypen und generischen Arraytypen eingehen. Das soll dazu beitragen, den Unterschied der Typinferenz-Arten, die beim Erzeugen von Instanzen eines parametrisierten Typs mit Hilfe des Diamond-Operators bzw. im Aufruf von generischen Methoden zum Einsatz kommen, aufzuzeigen. Auch die Notwendigkeit der Einführung von neuen Compiler-Warnungen und Fehlermeldungen, wenn nicht-reifizierbare Typen als formale Parameter für varargs-Methoden (siehe dazu die Aufgabe 1.22) benutzt werden, wird untermauert.

Der Begriff »generischer Typ« wird für Klassen und Interfaces benutzt, die in ihrer Deklaration Typparameter verwenden (siehe dazu Unterkapitel 8.1). Ein Typparameter besteht aus einer oder mehreren Typvariablen, die mit Typ-Schranken (»bounds«) versehen werden können.

Als Wiederholung sei erwähnt, dass Programmzeilen wie: class GenericTyp3<T extends Number> und class GenericArrayTyp<T extends Comparable<T>> die Typvariable T deklarieren und T extends Number bzw. T extends Comparable<T> der Typparameter der Klasse GenericTyp3 bzw. GenericArrayTyp ist. Eine generische Methode public static <U extends Number,V extends Number> void ausgabe(GenericPunktmitBounds<U,V> punkt) deklariert die Typvariablen U und V und besitzt die Typparameter U extends Number und V extends Number.

Wie bereits im Unterkapitel 8.4 vermerkt wurde, wird der Begriff »reifable type« (reifizierbarer Typ) in der Literatur benutzt, um Typen, die nach einer Typlöschung unverändert bleiben, zu beschreiben. In Java unterliegen dieser Regel alle nicht-generischen Referenztypen, primitive Typen, Raw-Typen, parametrisierte Typen, in denen alle Typargumente ungebundene Wildcardtypen sind, und Arraytypen, deren Komponententyp reifizierbar ist.

Die Typ-Schranken Number und Comparable<T> aus den vorangegangenen Beispielen definieren den Supertyp für alle in der Deklaration der Klassen GenericTyp3 und GenericArrayTyp zugelassenen Typen. Bei der Festlegung von Schranken können sowohl Klassen als auch Interfaces zum Einsatz kommen. Bei der Verwendung von Interfaces ist stets darauf zu achten, dass die Bound-Klausel nicht verschiedene Parametrisierungen des gleichen generischen Interface beinhalten darf.

Generell kann die Schranke einer Typvariablen eine andere Typvariable sein oder ein Klassen- bzw. Interface-Typ, der durch mehrere Interface-Typen, durch das Zeichen »&« getrennt, ergänzt werden kann: S&I1&I2&...&In. Damit wird gekennzeichnet, dass die Typvariable alle Typen umfasst, die eine angegebene Klasse erweitern und alle angegebenen Schnittstellen implementieren. Ein solcher Typ wird in der Literatur auch als Intersection-Typ bezeichnet.

Ein Intersection-Typ T1&t2&...&Tn ist laut Java-Spezifikation kein eigenständiger Typ und entsteht durch den Einsatz von Typinferenz und Wildcard-Capture (siehe dazu die Unterkapitel 10.5, 10.6 und 10.8). Die Werte eines Intersection-Typs sind diejenigen Objekte, die Werte für alle in seiner Definition aufgezeichneten Typen sind. Alle T1-...Tn-Typen sind Supertypen des Intersection-Typs, so dass für die Supertypen einer Typvariablen alle Typen, die in ihrer Schranke aufgelistet sind, stehen. Wenn keine Schranke für eine Typvariable angegeben wurde, wird Object dafür angenommen.

Eine Typvariable T mit der Schranke S&I1&I2&...In besitzt die gleichen Member wie der Intersection-Typ S&I1&I2&...In. Dies bedeutet, dass alle Member, die in diesem Intersection-Typ als public deklariert sind, durch Bounds für die Typparameter von Klassen zugänglich gemacht werden. Das betrifft Felder, Methoden (mit Ausnahme von Konstruktoren, weil diese nicht geerbt werden), innere Member-Klassen und Member-Interfaces. So können die Methoden aller im Intersection-Typ angegebenen Typen an Instanzen vom Typ der Typvariablen T ohne Casting aufgerufen werden und die Prüfung des Typs kann schon zur Compilezeit erfolgen. Verwendet man ungebundene Typvariablen, dürfen von Instanzen, die für einen aktuellen Typ von T gebildet werden, nur die Methoden der Klasse Object verwendet werden. Sollten an diesen Instanzen auch andere Methoden aufgerufen werden, müssen diese zu dem Typ gecastet werden, der diese Methoden anbietet. Fehlerhafte Casts können zu Laufzeitfehlern führen und die mit Generics angestrebte Typsicherheit ist damit nicht mehr gewährleistet.

Instanzen vom Typ der in Bounds angegebenen Klassen und Interfaces können auch als Argumente an Konstruktoren und Methoden, die Referenzen vom Typ der Typvariablen als Parameter definieren, übergeben werden (siehe dazu die Aufgaben aus Kapitel 8 und diesem Kapitel).

Werden in der Definition von generischen Klassen bzw. von generischen Interfaces die Typparameter durch aktuelle Typen ersetzt, entstehen die so genannten parametrisierten Typen. So ist `GenericPunktmitBounds<T extends Number, S extends Number>` ein generischer Typ, wobei die Typvariablen T und S für die gesamte Klasse definiert sind, während `GenericPunktmitBounds<Integer,Double>` und `GenericPunktmitBounds<? extends Number,? extends Number>` einen parametrisierten Typ bezeichnen.

Anstatt von parametrisierten Typen wie zum Beispiel `HashSet<String>` oder `HashSet<Integer>` zu sprechen, wird in der Java-Literatur auch die Formulierung: »`HashSet<String>` und `HashSet<Integer>` sind Instanziierungen der generischen Klasse `HashSet` mit den konkreten Typen `String` und `Integer`« benutzt.

Wird von Instanziierungen eines generischen Typs gesprochen, ist die Menge aller parametrisierten Typen, die durch das Ersetzen von Typparametern durch Typargumente entstehen, gemeint. Weil wir beim Erzeugen von Objekten auch von Instanziierungen von Klassen sprechen (siehe Kapitel 1), finden wir es wichtig, darauf hinzuweisen (damit die ähnlichen Formulierungen nicht zu Verwechselungen führen), dass damit nicht die Objekte (Instanzen) von derartigen Typen gemeint sind, sondern die Typen selbst.

Beim Ersetzen eines Typparameters T durch einen konkreten Typ wie `Integer` oder `String` wird anstelle von parametrisierten Typen auch von einer »generic typ invocation« gesprochen, weil dabei analog zu einem Methodenaufruf, in dem Argumente übergeben werden, im »Aufruf einer generischen Klasse« Typargumente übergeben werden.

Analog zu generischen Klassen- und generischen Interface-Deklarationen können Typvariablen auch in der Deklaration von Methoden vorkommen. Sie werden dann zusammen mit ihren Schranken in spitzen Klammern vor dem Rückgabetyp der jeweiligen Methode angegeben: `public static <T> void ausgabe(Collection <T> collection) {...}`. Die damit deklarierten Typvariablen gelten nur für den

Programmcode der Methode, die somit als generisch bezeichnet wird (siehe dazu das Unterkapitel 8.6). Weil Klassenmethoden, wie auch Klassenfelder, keinen Zugriff auf die Typvariablen von Klassen und Interfaces haben, wird diese Art von Methoden vorzugsweise als generisch definiert. Sie können mit einem `static` `import`-Statement zusammen mit allen anderen statischen Membern in andere Klassen zur mehrfachen Benutzung verlagert werden.

Auch im Fall von Methoden wird der Begriff Typparameter für die Bezeichnung von Typvariablen mit ihren zugehörigen Schranken benutzt. Achten Sie in den nachfolgenden Ausführungen und Übungen stets darauf, dass Sie diesen nicht mit dem Typ von Methodenparametern (die in einer Methodensignatur hinter dem Methodennamen angegeben werden) verwechseln.

Beim Aufruf von generischen Methoden kann der Compiler mit Hilfe von Typinferenz den aktuellen Typ für Typparameter ermitteln. Dies geschieht anhand des Typs der Argumente, die im Aufruf der Methode übergeben werden, oder anhand des Kontextes, in dem der Methodenaufruf erfolgt. Darum brauchen diese nicht mit aktuellen Typen für ihre Typparameter (wie das bei Typen von parametrisierten Klassen der Fall ist) aufgerufen zu werden (siehe dazu die Aufgaben 8.11 und 8.12). Soll die Typangabe jedoch explizit erfolgen, müssen die aktuellen Typargumente in spitzen Klammern angegeben werden. Im Fall von Klassenmethoden erfolgt dies nach dem Namen der Klasse, die die gewünschte Methode definiert: `Typvariablenund-ParametrisierteTypen.<Collection>typInferenz2(new ArrayList(), new HashSet(), new Vector(), new LinkedList())`. Bei Verwendung von `this`, `super` oder einer klassischen Referenzvariablen folgt die Angabe der Typargumente in spitzen Klammern diesen unmittelbar. Beispiele sind in der Klasse `TypvariablenundParametrisierteTypen` aus Aufgabe 10.3 zu sehen.

Werden generische Methoden in generischen Klassen oder generischen Interfaces definiert, müssen die Namen von deren Typvariablen unterschiedlich gewählt werden, wenn die Typen von Klassen und Interfaces in den Methoden erreicht werden sollen. Ist dies nicht der Fall, kann die gleiche Bezeichnung verwendet werden.

Eine der wichtigsten Voraussetzungen bei der Einführung der Generizität in Java war deren Kompatibilität zu früheren Java-Versionen, was durch die Nutzung von »Type Erasure« (Typlöschung, siehe auch Unterkapitel 8.4) erreicht wurde: Beim Compilieren von Programmen werden die Typparameter durch den Raw-Typ ihrer oberen Schranken ersetzt. Diese sind vom Typ `Object`, falls keine anderen für die Typvariablen vergeben wurden. Somit wird aus einem generischen Typ, wie zum Beispiel `Set<T>`, ein nicht-generischer Typ `Set`. Zusätzlich werden, falls nötig, Casts und Brückenmethoden in den Java-Code eingefügt.

Bei der Durchführung von Typlöschung wird der Typ der Typvariablen vom ersten in der Schranke angegebenen Typ bestimmt. Dies bedeutet, dass bei mehrfachen Bounds der erste Typ bei der Typlöschung eingesetzt wird. Ein Beispiel findet sich in der Definition der Methode `max()` aus der Java-Standard-Klasse `java.util.Collections`: `static <T extends Object&Comparable<? super T>> T max(Collection<? extends T> coll)`. Die in diesem Fall auf den ersten

Blick unnötige Angabe von `Object` ist wichtig, weil sonst `Comparable` der Erasure-Typ wäre.

Der Typ, der durch die Typlöschung eines parametrisierten Typs entsteht, indem die Typargumente entfernt werden, wird als Raw-Typ bezeichnet. Die Aufgabe 8.7 bringt eine Reihe von Beispielen an Zuweisungen von Raw-Typen und parametrisierten Typen. Von einer Verwendung von Raw-Typen in neu geschriebenen Java-Programmen ist jedoch dringend abzuraten. Die Typprüfung durch den Compiler (der wesentliche Grund, warum generische Typen überhaupt eingeführt wurden) geht damit verloren.

Dadurch, dass aufgrund von Typlöschung die vollständige Typinformation für parametrisierte Typen zur Laufzeit verloren geht, resultieren Einschränkungen in der Benutzung von generischen und parametrisierten Typen.

Wie schon angemerkt wurde, bleibt für nicht-generische Typen der statische Typ einer Variablen (der vom Compiler in der Prüfung bei Zuweisungen von Werten für Variablen, Methodenparametern und deren Rückgabentypen benutzt wird) mit dem dynamischen Typ der Objekte aus diesen Zuweisungen (der zu Laufzeitprüfungen eingesetzt wird) gleich. (Es sei denn, eine Variable von einem Supertyp verweist auf ein Objekt eines Subtyps.) Im Gegensatz dazu sind für parametrisierte Typen der statische Typ von Variablen und der dynamische Typ der Instanzen, auf die diese verweisen, so gut wie nie gleich und der exakte Typ eines Objekts kann zur Laufzeit nicht immer genau ermittelt werden. Im Fall von Unsicherheiten erzeugt der Compiler bei der Durchführung von Typlöschung »unchecked-Warnungen«, womit er den Programmierer darauf hinweist, dass das Fehlschlagen eines Casts allein in seiner Verantwortung liegt. Weil viele derartige Warnungen unberechtigt sind, aber der Compiler gleichzeitig mit Casts »leicht überlistet« werden kann, müssen stets für jede einzelne Situation genaue Überlegungen und Überprüfungen erfolgen.

Andere Einschränkungen, die aufgrund von Typlöschung entstehen können, sind:

- Auf der rechten Seite des `instanceof`-Operators darf nur ein Raw-Typ stehen und kein parametriserter Typ (`Set<String> set; set instanceof LinkedHashSet`).

- Für parametrisierte Typen kann man kein `Class`-Literal bilden, sondern nur für Raw-Typen (`Class<? extends LinkedHashSet> klsObjekt = LinkedHashSet.class`). Auch der Aufruf der Methode `Class.forName("GenericPunktmitBounds<String,String>")` für das vorzeitige Laden von Klassen in die JVM wird mit einer Ausnahme vom Typ `ClassNotFoundException` abgewiesen und erfordert die Angabe des Raw-Typs.

- Für alle parametrisierten Typen eines generischen Typs sowie für deren Raw-Typ selbst existiert genau ein Klassenobjekt (das von der JVM nach dem Laden von Klassen erzeugt wird).

- Alle Klassenfelder und -methoden (mit `static` definiert) existieren genau einmal für alle Instanziierungen eines generischen Typs und dessen Raw-Typs (daraus folgt die Regel, dass die Typparameter von generischen Typen nicht in der Deklaration von static-Member benutzt werden dürfen).

- Es sind keine parametrisierten Exception-Typen erlaubt, weil das Exception-Handling ein Laufzeit-Mechanismus ist und die JVM die Generizität nicht kennt.

Wie bereits in Unterkapitel 8.2 erwähnt wurde, ist in Verbindung mit generischen Typen das Invarianz-Prinzip von großer Wichtigkeit: Bezeichnet SuperTyp eine Oberklasse bzw. ein Oberinterface von SubTyp, so kann einem parametrisierten Typ des generischen Typs SuperTyp<T> nur dann ein parametrisierter Typ des generischen Typs SubTyp<T> zugewiesen werden, wenn das aktuelle Typargument übereinstimmt.

Um für generische Typen keine Einschränkungen einzuräumen (die Invarianz von Datentypen kann viele Freiheiten in der Programmierung unterdrücken) und die Programmierer nicht dazu zu verleiten, Raw-Typen einzusetzen, wurde im Rahmen der Generizität das Wildcardzeichen »?« als Platzhalter für alle möglichen Datentypen eingesetzt. Damit wurde der Wildcardtyp eingeführt, der anstatt eines aktuellen konkreten Referenztyps in parametrisierten Typen verwendet werden kann (siehe Unterkapitel 8.3).

Laut Java-Spezifikation können Wildcardtypen vor allem in solchen Situationen von Nutzen sein, in denen nur ein partielles Wissen über Typparameter vorhanden ist. Damit kann ein aktueller Typ in einem parametrisierten Typ entweder durch ? ersetzt werden (und so einen ungebundenen Wildcardtyp definieren) oder mit Hilfe der Schlüsselwörter extends und super erweitert werden, wodurch »upper bound« (? extends T) und »lower bound« Wildcardtypen (? super T) entstehen.

Wildcards können nicht die Typvariablen in generischen Deklarationen von Klassen und Interfaces ersetzen, aber eine Deklaration, wie zum Beispiel: public class GenKlasse<T extends Collection<?>>, ist zulässig. Gleichzeitig dürfen diese nicht beim Erzeugen von Instanzen in parametrisierten Konstruktoren auf der ersten Ebene eingesetzt werden. Der Ausdruck List<?> liste = new Array-List<?>() ist falsch, der Ausdruck List<Map<?>> liste = new Array-List<HashMap<?>>() ist jedoch richtig.

Anders als im Fall von ordinären Typvariablen, die in einer Methodensignatur benutzt werden, ist beim Nutzen von Wildcards keine Typinferenz erforderlich. Darum können für Wildcards, im Gegensatz zu Typvariablen, auch untere Schranken deklariert werden, indem auf die Syntax ? super T zurückgegriffen wird. So kann zum Beispiel mit dem Konstruktor public SoftReference(T referent,ReferenceQueue<? super T> q) der Java-Standard-Klasse SoftReference ein beliebiger Referent in eine Queue, deren Elementtyp ein Supertyp des Typs T vom Referenten ist, eingefügt werden. Oder es kann in den sort- und min/max-Methoden der Klasse java.util.Collections, die wir uns in den nachfolgenden Aufgaben noch näher ansehen werden, auf ein in Oberklassen implementiertes Comparable-Interface für das Sortieren von deren Subtypen zurückgegriffen werden: static <T extends Comparable <? super T>> T sort(List<T> list) und static <T extends Object&Comparable<? super T>> T max(Collection<? extends T> coll).

Wird als Typargument für Typparameter ein Wildcardtyp eingesetzt, entstehen so genannte Wildcard-parametrisierte Typen, die in der Java-Literatur auch als Wildcard-Instanziierungen eines generischen Typs bezeichnet werden.

Auch wenn wir von Wildcardtypen sprechen, ist es wichtig zu verstehen, dass Wildcards keine eigentlichen Typen sind (Darum wird des Öfteren dafür der Begriff »Wildcard-Ausdruck« benutzt.). Sie können nur als aktuelle Argumente in parametrisierten Typen eingesetzt werden. In dieser Kombination sind Wildcardtypen auch in der Definition von generischen Arrays zugelassen (siehe dazu die Klasse `GenericArrayTypen` aus der Aufgabe 10.5).

In der Definition von generischen Klassen und Interfaces wird stets nach optimalen Typ-Schranken für ihre Typvariablen gesucht. Für das Erschaffen von optimalen parametrisierten Typen werden Wildcardtypen benutzt.

10.3 Subtyping für parametrisierte Typen

Sowohl hinter einem ungebundenen Wildcardtyp ? als auch hinter den gebundenen Wildcardtypen ? `extends SuperTyp` und ? `super SubTyp` verbergen sich ganze Mengen von konkreten Typen, zwischen denen eine Super/Subset-Beziehung besteht. Bezeichnen `SubTyp` und `SuperTyp` zwei konkrete Typen, die durch eine Beziehung durch Vererbung verbunden sind, so ist die Menge aller Typen in Java, die durch den ungebundenen Wildcardtyp ? bezeichnet wird, in der »upper bound wildcard«-Hierarchie eine Obermenge für alle Typen, die durch ? `extends SuperTyp` bezeichnet werden. Diese beinhaltet ihrerseits die Menge aller Typen, die durch ? `extends SubTyp` dargestellt werden. Zu der Menge ? `extends SubTyp` gehören der konkrete Typ `SubTyp` und jeder Subtyp (im Sinne der Vererbung) von diesem. Das heißt zum Beispiel, dass `Integer` ein Element der Menge von Typen ist, die durch ? `extends Number` bezeichnet wird, diese wiederum eine Untermenge von allen Typen, die durch ? `extends Serializable` repräsentiert werden, darstellt und selbst eine Untermenge aller Java-Typen, die mit ? bezeichnet wird, ist.

Analog dazu besteht in der »lower bound wildcard«-Hierarchie eine entgegengesetzte Super/Subset-Beziehung. Die Menge aller Java-Typen, die durch den ungebundenen Wildcardtyp ? bezeichnet wird, inkludiert die Menge aller Typen, die sich hinter der Bezeichnung ? `super SubTyp` verbergen. Diese beinhaltet wiederum die Menge der Typen, die durch ? `super SuperTyp` dargestellt werden. Zu dieser Menge gehören der konkrete Typ `SuperTyp` und all seine Supertypen (im Sinne der Vererbung). So ist, analog zu dem obigen Beispiel, die Menge aller Java-Typen, die sich hinter dem Wildcardtyp ? verbirgt, eine Obermenge der Menge, die durch ? `super Integer` bezeichnet wird, und diese wiederum inkludiert die Menge der mit ? `super Number` dargestellten Typen, zu der das Element `Serializable` gehört.

Wie schon erwähnt, führt die Super/Subset-Beziehung zwischen Typargumenten dazu, dass zwischen parametrisierten Typen zweidimensionale Super/Subtyp-Beziehungen entstehen.

Einerseits führt die von nicht-generischen Typen bekannte Beziehung durch Vererbung für generische Typen zu einer Super/Subtyp-Beziehung zwischen den zugehörigen parametrisierten Typen, solange das Typargument gleich bleibt (Invarianz-Prinzip). Das heißt zum Beispiel, dass `Collection<Integer>` ein Supertyp von `Set<Integer>` ist, dieser ist ein Supertyp von `HashSet<Integer>`, der wiederum der Supertyp von `LinkedHashSet<Integer>` ist. Diese Beziehung hat auch Gültigkeit, wenn anstelle eines konkreten Typs der gleiche Wildcardtyp für einen Typparameter eingesetzt wird. So ist zum Beispiel `Collection<? extends Number>` ein Supertyp von `Set<? extends Number>`, dieser ist ein Supertyp von `HashSet<? extends Number>`, der wiederum der Supertyp von `LinkedHashSet<? extends Number>` ist.

Andererseits existiert zwischen den entsprechenden Instanziierungen des gleichen parametrisierten Typs eine Beziehung, die auf der Super/Subset-Beziehung von Typargumenten basiert und voraussetzt, dass mindestens eines der Typargumente ein Wildcardtyp ist. Richten wir uns nach den vorangegangenen Beispielen zu den Super/Subset-Beziehungen, ist der Typ `Set<?>` ein Supertyp von `Set<? extends Serializable>` und dieser ein Supertyp von `Set<? extends Number>`, der seinerseits ein Supertyp von `Set<Integer>` ist. Gleichzeitig ist der Typ `Set<?>` ein Supertyp von `Set<? super Integer>` und dieser ist wiederum ein Supertyp von `Set<? super Number>`, der seinerseits ein Supertyp von `Set<Object>` ist.

Aus der Definition von Wilcardtypen ergibt sich, dass eine Instanz, die durch einen ungebundenen Wildcardtyp referenziert wird, nur als Typ `Object` gelesen und mit `null` geschrieben werden kann. Eine Referenz vom Typ `? super SubTyp` kann jeden Wert vom Typ `SubTyp` zugewiesen bekommen, jedoch nur als Typ `Object` gelesen werden. Weil der genaue Supertyp nicht bekannt ist, ist in diesem Fall nur das Lesen als `Object` typsicher. Eine Instanz, die durch den Wildcardtyp `? extends SuperTyp` referenziert wird, kann nur als `SuperTyp`-Typ gelesen werden und mit `null` geschrieben werden (siehe dazu die Aufgaben 8.4 bis 8.6 und 11.5).

Die Super/Subtyp-Beziehungen für parametrisierte Typen mit einem Typargument können durch Rekursion auf parametrisierte Typen mit zwei oder mehreren Typargumenten sowie auf »multi-level-wildcards« (für deren Bounds anstelle von konkreten Typen weitere Wildcardtypen eingesetzt werden) übertragen werden.

Mit der Einführung von Raw-Typen für parametrisierte Typen wurde dem Java-Typsystem noch eine weitere Super/Subtyp-Beziehung hinzugefügt: Jeder parametrisierte Typ ist ein Subtyp für seinen Raw-Typ (der durch das Streichen der Typargumente entsteht).

10.4 Die extends-Klausel

Weil in der Java-Literatur von einem »Überladen« des `extends`-Schlüsselwortes Gebrauch gemacht wird, wollen wir als Abschluss auf die Mehrdeutigkeit dieses Begriffs hinweisen, um damit verbundene Missverständnisse aus dem Weg zu räumen.

Die Bedeutung von `extends` ist dem Kontext zu entnehmen, in dem dieses Schlüsselwort gebraucht wird:

- Wie bereits erwähnt, hat `extends` die Bedeutung von Vererbung, wenn es beim Ableiten von Klassen und Interfaces eingesetzt wird.

- In der Vergabe von Schranken (Bounds) für Typparameter und Wildcardtypen wird dem Schlüsselwort `extends` zusätzlich zur Vererbung (`class Generic-Class<T extends Number>`) die Bedeutung von `implements` hinzugefügt. Es kann also eine weitere Super/Subtyp-Beziehung, nämlich die zwischen Klassen und den Interfaces, die diese Klassen implementieren, bezeichnen (`class GenericClass<T extends Comparable<T>>`). Ist die Schranke ein parametrisierter Typ, der als Argument einen Wildcardtyp besitzt, bezeichnet `extends` die Super/Subtyp-Beziehung zwischen Wildcard-parametrisierten Typen und konkreten parametrisierten Typen, die auf die Super/Subset-Beziehung ihrer Typargumente basiert. So sind in der Klassendeklaration `class GenericClass<T extends Set<?>>` die Typargumente `Set<String>`, `Set<Integer>`, `Set<Number>`, aber auch `Set<? extends Number>` bzw. `Set<? super Integer>` zugelassen. Des Weiteren kann sich `extends` auch auf Klassen beziehen, die als `final` deklariert sind (`class GenericClass<T extends String>`). Der Modifikator `final` wird in Klassendefinitionen benutzt, um zu signalisieren, dass eine bestimmte Klasse nicht erweiterbar ist. In der Super/Subtyp-Beziehung für parametrisierte Typen verliert er diese Bedeutung.

Werden all diese Bedeutungen des `extends`-Schlüsselwortes berücksichtigt, kann die Aussage »ein Typ ist ein Subtyp von einem anderen Typ, wenn diese oder ihre Typargumente im Fall von parametrisierten Typen, durch eine `extends`- bzw. `implements`-Klausel verbunden sind« auch auf generische Typen übertragen werden.

10.5 Typinferenz für Methoden

Die automatische Bestimmung von Typargumenten für generische Typen und generische Methoden während der Compilezeit wird als Typinferenz bezeichnet.

Wie bereits erwähnt, kann eine generische Methode in Java auf zwei Arten aufgerufen werden: sowohl durch die explizite Angabe von Typargumenten, die die Typparameter ersetzen, als auch ohne diese, wenn der Compiler aus dem Kontext, in dem die Methode aufgerufen wird, schlussfolgern kann, welche Typargumente einzusetzen sind.

Wie in der Java Language Specification im Detail beschrieben wird, kann der von Typinferenz zugrunde liegende Algorithmus sehr komplex sein.

Generell müssen die statischen Typen von aktuellen Methodenargumenten zulässig für die durch Constraints eingeschränkten Werte von Typparametern sein. Wir beschränken uns nur auf die Fälle, denen man am häufigsten begegnet:

- Falls der Typparameter in der Parameterliste von Methoden auftritt, sucht der eingesetzte Algorithmus den am tiefsten liegenden Typ in der Typhierarchie, der kompatibel zu allen Typen von Argumenten ist.

- Ist der Typparameter nicht in der Parameterliste, jedoch im Rückgabetyp der Methode enthalten, versucht der Compiler, die Typargumente aus dem Kontext, in dem die Methode aufgerufen wird, zu bestimmen (der Methodenaufruf kann in Zuweisungen oder im Aufruf einer anderen Methode erfolgen).

Da Typinferenz sehr stark von dem jeweiligen Typsystem der Programmiersprache abhängig ist, kann ein passender Algorithmus zum Teil auch nur schwer oder gar nicht gefunden werden. So kann zum Beispiel bei einer inkonsistenten Vergabe von Typen in Parameterlisten von generischen Methoden die vom Compiler eingesetzte Typinferenz zu Laufzeitfehlern führen.

10.6 Typinferenz beim Erzeugen von Instanzen eines generischen Typs

Mit der Version 7 von Java wird die Typinferenz auch für new-Ausdrücke beim Erzeugen eines Objekts von einem parametrisierten Typ angewandt.

Egal für welche der im Vorhinein vorgestellten Ausdrucksweisen (»generic typ invocation«, Instanziierungen von generischen Typen oder einfach parametrisierte Typen) Sie sich entscheiden, um Typen, die durch das Ersetzen von Typparameter durch aktuelle Typargumente entstehen, zu benennen, wird mit Deklarationen wie GenericTyp1<Integer> genericTyp1; oder GenericTyp2<Integer> generic-Typ2; auf eine generische Klasse verwiesen. Mit anderen Worten: Die Variablen genericTyp1 und genericTyp2 nehmen eine Referenz auf einen GenericTyp1 bzw. GenericTyp2 von Integer auf (GenericTyp1 und GenericTyp2 bezeichnen die Klassen aus den Aufgaben 1.1 und 1.2). Um eine Instanz vom Typ dieser Klassen zu erzeugen, kann der new-Operator benutzt werden: GenericTyp1<Integer> genericTyp1 = new GenericTyp1<Integer>() bzw. GenericTyp2<Integer> genericTyp2 = new GenericTyp2<Integer>(new Integer(1)) (oder eine der newInstance()-Methoden der generischen Klassen Class<T> oder Construc-tor<T>, die zur Laufzeit aufgerufen werden; siehe dazu die Aufgaben 10.7 und 10.8).

Ohne einen Cast durchzuführen, kann einem derartigen »Behälter« (bzw. »Über-Typ«) eine Integer-Instanz mit Hilfe der set-Methode der Klasse GenericTyp1 bzw. des Konstruktors der Klasse GenericTyp2 zugeordnet werden. Sollte versucht werden, dem Behälter (bzw. Über-Typ) einen mit dem Typ der parametrisierten Klasse inkompatiblen Typ zuzuordnen (wie zum Beispiel String), wird beim Compilieren eine Fehlermeldung angezeigt. Mit der Einführung von Generics wurde ein wesentlicher Beitrag zur Typsicherheit von Java geleistet: Fehlerhafte Zuweisungen von Typen können schon zur Compilezeit, anstatt erst zur Laufzeit, ausfindig gemacht werden, so dass damit verursachte Programmabstürze verhindert werden können.

Ein Ausdruck der Form new T() bzw. new T[] ist in Java aus den im Unterkapitel 8.5 beschriebenen Gründen verboten. Derartige Objekte und Arrays, in deren Typ eine Typvariable vorkommt, können nur »dynamisch« erzeugt werden. Dazu kann einer Objekt- bzw. Arrayreferenz vom Typ eines Klassenparameters T eine Referenz auf ein existierendes Objekt bzw. Array zugewiesen werden oder die Typinformation kann explizit als Class<T>-Referenz im Aufruf von Konstruktoren und Methoden, die derartige Operationen beinhalten, übergeben werden und von den newInstance()-Methoden der Klassen Class<T> und Constructor<T> benutzt werden (siehe dazu die Aufgaben 8.10, 8.12, 8.21 und 8.22).

In vielen Büchern und Skripten aus der Java-Literatur wird in diesem Zusammenhang auch von »generic object and generic array creation« gesprochen. In anderen wiederum, wie zum Beispiel in der Java-7-SE-Dokumentation, wird generell beim Erzeugen von Objekten von parametrisierten Typen von einer »generic instance creation« gesprochen.

Mit Java 7 können die Typargumente im Aufruf des Konstruktors einer generischen Klasse mit der leeren Menge »<>« ersetzt werden, sofern diese vom Compiler aus dem Kontext des Konstruktoraufrufs bestimmt (inferiert) werden können. Das heißt, dass das Instanziieren der generischen Typen GenericTyp1 und GenericTyp2 so erfolgen kann: GenericTyp1<Integer> genericTyp1 = new GenericTyp1<>() bzw. GenericTyp2<Integer> genericTyp2 = new GenericTyp2<> (new Integer(1)).

Dabei werden die aktuellen Typargumente der Klasse im Konstruktoraufruf, wenn dieser keine Parameter besitzt, anhand des Typs der aktuellen Typargumente des parametrisierten Typs aus der linken Seite der Zuweisung bestimmt. Wird beim Erzeugen von Objekten ein Konstruktor mit Parameter benutzt, wertet der Compiler während des Inferenz-Prozesses erstmals den statischen Typ der Konstruktorargumente aus und benutzt diesen als Typinformation für das Festlegen der Typargumente der Klasse. Der Typ der Deklarationsvariablen aus der linken Seite der Zuweisung wird dabei ignoriert. So wird mit den Zuweisungen: GenericTyp2<Integer> genericTyp0 = new GenericTyp2<>(1); und GenericTyp2<String> genericTyp1 = new GenericTyp2<>(""); der Typ Integer bzw. String als Typargument ermittelt. Wird die erste dieser Zuweisungen in GenericTyp2<Number> genericTyp2 = new GenericTyp2<>(1); abgeändert, führt dies zu einem Compilerfehler: "incompatible types: required GenericTyp2<Number> found GenericTyp2<Integer>".

Die Zuweisung GenericTyp2<? extends Number> genericTyp3 = new GenericTyp2<>(1) wird vom Compiler akzeptiert, weil GenericTyp2<? extends Number> einen Supertyp von GenericTyp2<Integer> repräsentiert.

Der damit in Java neu eingeführte <>-Operator wird als Diamond-Operator bezeichnet.

Wir wollen darauf hinweisen, dass beim Erzeugen von Instanzen einer generischen Klasse, wie zum Beispiel GenericTyp1<Integer> genericTyp1 = new GenericTyp1<>(), nicht auf den Diamond-Operator verzichtet werden kann. Diese Maßnahme soll der Abwärtskompatibilität zu den Vorgänger-Versionen von

Java 7 dienen. In der Schreibweise `GenericTyp1<Integer> genericTyp1 = new GenericTyp1()` bezeichnet `GenericTyp1` den Raw-Typ und der Compiler generiert eine »unchecked conversion warning«, weil der Konstruktor `GenericTyp1()` auf den Raw-Typ `GenericTyp1` verweist und nicht auf den parametrisierten Typ `GenericTyp1<Integer>`.

Generische oder auch nicht-generische Klassen können aber auch einen generischen Konstruktor besitzen, wie die Klasse `GenericTyp3` aus der Aufgabe 10.1. Der new-Ausdruck `new GenericTyp3<Integer>("A")` erzeugt eine Instanz vom parametrisierten Typ `GenericTyp3<Integer>`. Für den Typparameter U des Konstruktors dieser Klasse wird, analog zu generischen Methoden, der Typ `String` inferiert, weil im Methodenaufruf eine `String`-Instanz übergeben wird. Somit kann die Angabe des aktuellen Typargumentes für den generischen Konstruktor in seinem Aufruf entfallen, der ansonsten wie folgt aussehen würde: `new <String>.GenericTyp2<Integer>("A")`.

Mit der Zuweisung `GenericTyp3<Integer> genericTyp3 = new GenericTyp3<>("A")` kann in Java 7 mit Hilfe des Diamond-Operators zusätzlich der aktuelle Typ des Typparameters T der Klasse inferiert werden. Und der wird in diesem Fall anhand des Referenztyps der Variablen aus der linken Seite der Zuweisung gleich `Integer` ermittelt. Das heißt, mit Java 7 kann der Compiler einerseits analog zu generischen Methoden den Typparameter des generischen Konstruktors ermitteln und zusätzlich das Typargument einer generische Klasse aus dem Kontext inferieren, wenn der Diamond-Operator angegeben wurde. Die obige Zuweisung ist gleichbedeutend mit `GenericTyp3<Integer> genericTyp3 = new <String>.GenericTyp3<Integer>("A")`.

Der Diamond-Operator kann auch für parametrisierte multi-level-Typen eingesetzt werden. So können Zuweisungen wie: `Set<Set<String>> set1 = new HashSet<Set<String>>()` und `Set<Set<Set<String>>> set2 = new HashSet<Set<Set<String>>>()` durch `Set<Set<String>> set1 = new HashSet<>()` und `Set<Set<Set<String>>> set2 = new HashSet<>()` ersetzt werden.

Der Diamond-Operator wird auch in Argumenten von Methodenaufrufen akzeptiert. Liefert der Kontext, in dem der Aufruf erfolgt, jedoch nicht genügend Informationen für die Bestimmung der Typargumente von Klassen, wird eine entsprechende Fehlermeldung vom Compiler ausgegeben.

Als Verdeutlichung der Beschreibungen zur Ausführung des Diamond-Operators kann zusätzlich zur Klasse `GenericTyp3` aus der Aufgabe 10.1 die Klasse `DiamondOperator` aus der Aufgabe 10.2 eingesehen werden.

10.7 Heap Pollution

Wird ein Objekt eines Raw-Typs einer Variablen oder einem Methodenparameter von einem zugehörigen parametrisierten Typ zugewiesen, meldet der Compiler eine »unchecked conversion«-Warnung, weil es zur Laufzeit zu einer Ausnahme vom Typ ClassCastException kommen kann, wenn das Raw-Typ-Objekt Member eines Typs besitzt, der nicht erwartet wird. Diese Ausnahme wird von dem vom Compiler automatisch eingefügten impliziten Cast verursacht. Der Vorgang, durch den eine Referenz von einem parametrisierten Typ auf eine Instanz, die nicht von diesem parametrisierten Typ ist, verweist, wird in der Java-Literatur auch als »heap pollution« bezeichnet. So eine Situation kann auftreten, wenn ein Programm während der Laufzeit Operationen ausführt, die während der Compilierung zu einer unchecked-Warnung geführt haben.

Das klassische Beispiel, das in der Java-Literatur mit geringfügigen Abweichungen immer wieder zu diesem Thema gebracht wird, bezieht sich auf das Zuweisen einer Raw-Liste (in die bekannterweise Instanzen von beliebigen Typen eingefügt werden können) an eine parametrisierte Liste, deren Elemente beim Auslesen einer Variablen vom Typ des Typargumentes der parametrisierten Liste zugewiesen werden:

```
List rawList = new ArrayList<Blumen>();
List<String> stringList = rawList; // unchecked-Warnung
rawList.add(new Blumen(0,"rot")); // unchecked-Warnung
rawList.add(new Rose()); // unchecked-Warnung
rawList.add(new String("Rose")); // unchecked-Warnung
String s = stringList.get(2);
String s = stringList.get(1); // ClassCastException
String s = stringList.get(0); // ClassCastException
```

Im zweiten Statement wird die List-Instanz rawList, deren statischer Typ List<Blume> ist, an eine Variable von einem anderen statischen Typ List<String> zugewiesen. Dies führt zu einer unchecked-Warnung von Seiten des Compilers, die auf einen möglichen Fall von »heap pollution« hinweist. Um die Kompatibilität zu den Vorgänger-Java-Versionen zu gewährleisten, akzeptiert der Compiler derartige Zuweisungen: Bei der Durchführung von Typlöschung werden beide parametrisierte Typen in den Raw-Typ List umgesetzt, so dass die List-Instanz rawList der List-Instanz stringList zugewiesen werden kann.

Weitere Fälle von »heap pollution« treten beim Aufruf der add()-Methode an der rawList-Referenz, die auf eine ArrayList<Blumen>-Instanz verweist, auf. Der formale Parameter dieser Methode hat den statischen Typ Blumen und die Methode wird mit aktuellen Argumenten vom Typ Blumen, Rose, String und Integer aufgerufen. Blumen und Rose bezeichnen hier Typen, die mit den gleichnamigen Klassen aus der Aufgabe 2.10 eingeführt wurden. Der Typ E des formalen Parameters e der Methode add(E e) der Schnittstelle List<E> wird im Zuge der Typlöschung durch Object ersetzt. Der Compiler weist die add()-Methoden nicht mit einer Fehlermeldung ab, weil nach der Durchführung von Type-Erasure die add()-Methode alle Instanzen von einem Subtyp von Object, darunter auch String und Integer, der Liste hinzufügen kann. Er weist aber gleichzeitig mit einer unchecked-Warnung darauf hin, dass ein fehlerfreies Verhalten des Programms während der Laufzeit allein in der Verantwortung des Programmierers liegt. Die obigen

Statements wurden zur Demonstration dieser Aussagen der Klasse GenericTyp3 hinzugefügt (siehe dazu die Aufgabe 10.1).

Als Hinweis auf das mögliche Auftreten derartiger Situationen wurden mit Java 7 zusätzliche Compiler-Warnungen eingeführt. Abgesehen von dieser Ausnahme sind zur Laufzeit Raw-Typen und parametrisierte Typen weitgehend kompatibel, so dass eine Mischung von Legacy Code und neuem Programmcode, in dem generische und parametrisierte Typen benutzt werden, keine Probleme mit sich bringt. Generell wurden Compiler-Warnungen und Fehlermeldungen insbesondere im Zusammenhang mit generischen Typen in dieser Version erweitert (so zum Beispiel führt jede Benutzung von Raw-Typen zu einer »rawtypes warning«).

Weil nicht-reifizierbare Typen zur Compilezeit der Typlöschung unterliegen, hat die Typlöschung auch Konsequenzen bezogen auf varargs-Methoden, wenn deren formaler varargs-Parameter ein nicht-reifizierbarer Typ ist. Wenn eine derartige Methode in einem Programm auftritt, übersetzt der Compiler den varargs-Parameter in ein Array. Ist dieser vom Typ des Typparameters einer Klasse T..., wird er in den Typ T[] umgesetzt. Java erlaubt nicht das Erzeugen von generischen Arrays. Bei der Durchführung von Typlöschung wird der varargs-Parameter daher in den Typ Object[] umgesetzt, so dass der Programmierer auch in solch einem Fall mit einer »heap pollution«-Situation konfrontiert werden kann.

Der Java-7-Compiler generiert sowohl bei der Deklaration als auch beim Aufruf von varargs-Methoden Warnungen, die darauf hinweisen, dass ein Fall von »heap-pollution« auftreten kann (siehe dazu die Aufgaben 10.3 und 10.5).

10.8 Wildcard-Capture

Einer der typischen Einsätze von Wildcard-parametrisierten Typen ist der als Typ für Methodenparameter und Rückgabewerte in Methoden. Damit wird erreicht, dass in deren Aufruf anstelle eines bestimmten Typs eine ganze Menge von Typen als Argumente zugelassen sind, nämlich alle Typen, die durch die angegebenen Wildcardtypen bezeichnet werden.

Der Begriff »wildcard capture« bezeichnet die Fähigkeit des Compilers in generischen Methoden, ein Argument, dessen Typ eine Wildcard-Instanziierung von einem Typ ist (mit anderen Worten, ein parametrisierter Typ, der als aktuelles Typargument einen Wildcardtyp besitzt), so zu behandeln, als wäre dieser Typ bekannt. Das heißt, wenn eine generische Methode aufgerufen wird, können die Typparameter so gewählt werden, dass sie zu einem unbekannten Typ, der durch einen Wildcardtyp repräsentiert wird, passen. Der Typ, der sich hinter einem Wildcard-Ausdruck verbirgt, wird dann wie eine normale Typvariable behandelt. Das führt zu der Aussage, dass die Typvariable der generischen Methode den Wildcardtyp »fängt«. Das Capture von einem Wildcard-Ausdruck repräsentiert den jeweiligen festen, wenn auch unbekannten Typ, eines Argumentes, das jedes Mal aktuell im Aufruf der Methode übergeben wird. Dieser bestimmte unbekannte Typ ist ein Element der Menge, die durch den Wildcard-Ausdruck bezeichnet wird. Darum kann man sich den Typ eines Wildcard-Capture als eine anonyme Typvariable vorstellen, die von einem Compiler intern generiert wird und als statischer Typ für den Methodenparameter eingesetzt wird.

Analog zur Argumentübergabe in Methodenaufrufen benutzt der Compiler das »Fangen von Typen« auch intern für die Evaluierung von Wildcard-Ausdrücken in Zuweisungen von Variablen. Wir begegnen des Öfteren in Fehlermeldungen dem Begriff "capture of ?", falls irgendwelche angestrebten Konvertierungen in Zuweisungen von Werten für Variablen bzw. von Argumenten für Methodenparameter nicht durchführbar sind.

Die Konvertierung des Typs eines Methodenparameters von einer Instanziierung, die einen Wildcardtyp benutzt, in eine Instanziierung, die einen Capture-Typ benutzt, wird in der Java-Spezifikation auch als »capture conversion« bezeichnet. Für konkrete Typen bezieht sich diese Art der Konvertierung auf die »identity conversion« (die Umwandlung eines Typs in sich selbst). Für mehrfache Wildcardtypen bzw. multi-level-Wildcardtypen mit oberen und unteren Schranken führt diese zu nicht gerade trivialen Umwandlungen, die vom Compiler bewältigt werden müssen. Wir begrenzen uns, darauf hinzuweisen, dass das Capture von einem Wildcardtyp nur zu einem zugehörigen Wildcardtyp kompatibel ist. So ist das Capture von einem ungebundenen Wildcardtyp nur zu sich selbst kompatibel. Mit anderen Worten: Er ist in keinen konkreten Typ und keinen anderen Wildcardtyp konvertierbar. Das Capture von einem gebundenen Wildcardtyp ist ausschließlich mit anderen Wildcardtypen kompatibel und kann nicht einmal in den Typ seiner Schranken, auch wenn diese vom Typ einer nicht erweiterbaren (`final`) Klasse sind, umgewandelt werden (siehe dazu die Beispiele aus der Aufgabe 10.4).

Aufgabe 10.1

Typinferenz beim Instanziieren von generischen Klassen

Definieren Sie in Analogie zu den Klassen `GenericTyp1` und `GenericTyp2` aus den Aufgaben 1.1 und 1.2 eine generische Klasse `GenericTyp3<T extends Number>`, die einen generischen Konstruktor `public <U> GenericTyp3(U objekt)` besitzt und zum Bestimmen des aktuellen Typs eines Objekts eine generische Klassenmethode `public static <U> String getObjektTyp(U objekt)` definiert.

Im Konstruktor soll die Methode `getObjektTyp()` aufgerufen werden, um den aktuellen Typ des im Kostruktoraufruf übergebenen Objekts am Bildschirm auszugeben.

Die neue Klasse soll analog zur Klasse `GenericTyp2` Zugriffsmethoden auf das Instanzfeld `objekt` vom Typ des Typparameters `T` der Klasse definieren und in ihrer `main()`-Methode Objekte vom parametrisierten Typ `GenericTyp3<Integer>` und `GenericTyp3<Double>` erzeugen.

Beim Erzeugen von Instanzen der Klasse soll der Diamond-Operator zum Einsatz kommen und im Aufruf des Konstruktors der Klasse sollen sowohl Objekte vom gleichen Typ, wie dem des Typarguments der Klasse, übergeben werden als auch von einem anderen Typ (was durch die Generifizierung des Konstruktors ermöglicht wird): `GenericTyp3<Integer> iObjekt1 = new GenericTyp3<>(1)` bzw. `GenericTyp3<Integer> iObjekt2 = new GenericTyp3<>("1")`.

Zeigen Sie die Werte (auch Objekte) der erzeugten Instanzen und deren aktuellen Typ am Bildschirm an. Weil das Typargument der generischen Methode im Methodenaufruf bestimmt wird, kann dieses nicht explizit angegeben werden, aber vom Compiler inferiert werden: `getObjektTyp(iObjekt1.getObjekt())`.

Hinweise für die Programmierung:

In beiden Fällen führt der Compiler beim Instanziieren von Klassen zwei unterschiedliche Arten von Typinferenz durch: Einerseits anhand des Diamond-Operators, um das aktuelle Typargument der generischen Klasse, die instanziiert wird, zu ermitteln und anderseits, um den aktuellen Wert des Typparameters U des generischen Konstruktors zu bestimmen. (Diese Art von Typinferenz erfolgt, wie bereits in der theoretischen Einführung erwähnt, analog zu generischen Methoden und erwartet keinen Diamond-Operator.)

Durch eine explizite Typangabe lässt sich jegliche Art von Typinferenz unterdrücken: `GenericTyp3<Integer> iObjekt2 = new <String> GenericTyp3<Integer>("1")`.

Java-Dateien: `GenericTyp3.java`
Programmaufrufe: `javac GenericTyp3.java`, `java GenericTyp3`

Aufgabe 10.2
Der Diamond-Operator

Wie mit der Aufgabe 10.1 gezeigt wurde, kann der Compiler in Java 7 beim Erzeugen einer Instanz von einem parametrisierten Typ mittels eines new-Ausdrucks die Typargumente des parametrisierten Typs inferieren. Um solch einen Vorgang auszulösen, wird der Diamond-Operator: »<>« eingesetzt: Die Typargumente im new-Ausdruck bleiben weg und der Compiler versucht, die benötigte Typinformation über den Kontext, in dem die Zuweisung stattfindet, zu bestimmen.

In der Klasse `DiamondOperator` sollen Variablen vom Typ `Set<String>`, `Set<Set<String>>`, `Set<Set<Set<String>>>` und `Set<Set<Set<Set<String>>>>` Referenzen auf `HashSet`-Instanzen, die unter Zuhilfenahme des neuen Operators erzeugt wurden, zugewiesen werden. Überzeugen Sie sich von der Korrektheit der Arbeitsweise des Diamond-Operators, indem Sie an diesen Instanzen die `add()`-Methode aufrufen, um sie ineinander zu verschachteln.

Bilden Sie nach dem Beispiel der Klasse `GenericTyp3` Instanzen der Klassen `GenericTyp1`, `GenericTyp2` und `GenericTyp3`, um die Unterschiede beim Inferieren von Typargumenten im Fall von parameterlosen Konstruktoren und generischen bzw. nicht-generischen Konstruktoren mit Parametern näher betrachten zu können. Benutzen Sie in den Statements als Typargumente auch Wildcard-parametrisierte Typen, wie zum Beispiel `GenericTyp2<? extends Number>`, `GenericTyp2<Set<?>>` und `GenericTyp2<? extends Comparable<?>>` und achten Sie auf eventuelle Fehlermeldungen, die bei der Ausführung des Diamond-Operators auftreten können.

Wird der Diamond-Operator in einem anderen Kontext als dem von Zuweisungen benutzt (zum Beispiel in Methodenaufrufen), kann es häufiger zu Compilerfehlern kommen, wenn die für die Inferenz benötigte Information nicht ausreichend ist. Erzeugen Sie Instanzen von einem parametrisierten `HashMap`-Typ in Variablendeklarationen wie `Map<String,String> map = new HashMap<>()` und in Methodenaufrufen wie `map.putAll(new HashMap<>());` bzw. `map1.putAll(new HashMap<>(map2))`, wobei `map1` und `map2` weitere Variablen vom Typ `Map<String,String>` bezeichnen.

Hinweise für die Programmierung:

Richten Sie sich bei der Suche nach Beispielen nach dem Lösungsvorschlag zu dieser Aufgabe. Auch wenn der Diamond-Operator in manchen Methodenaufrufen korrekt arbeitet, wird in der Java-Dokumentation empfohlen, diesen primär in Variablendeklarationen einzusetzen.

Java-Dateien: `DiamondOperator.java`
Programmaufrufe: `javac DiamondOperator.java`, `java DiamondOperator`

Aufgabe 10.3
Schranken für Typvariablen und Typinferenz für Methoden

Die generische Klasse `GenericPunktmitBounds` setzt die Typ-Schranke `Number` für ihre beiden Typvariablen T und S und definiert zusätzlich zu den Zugriffsmethoden auf ihre Instanzfelder `koordinate1` und `koordinate2` zwei weitere Instanzmethoden: `boolean compareKoordinate1(T zahl)` und `boolean compareKoordinate2(S zahl)`. Diese Methoden sollen das Ergebnis eines Vergleichs der Werte von Punktkoordinaten und einer im Methodenaufruf übergebenen Zahl zurückgeben. Um den numerischen Wert eines solchen Parameters mit Methoden wie `byteValue()` oder `intValue()` ermitteln zu können, ist eine Einschränkung der Typvariablen auf die Java-Standard-Klasse `Number` notwendig, wenn ein Casting, zwecks Typsicherheit, vermieden werden soll (siehe auch die Aufgaben 8.5 bis 8.7).

Definieren Sie eine generische Instanzmethode: `<U extends Number,V extends Number> void zerlegen(List<GenericPunktmitBounds<U,V>> liste)`, die eine Liste mit Elementen vom Typ der eigenen Klasse in zwei Listen mit Elementen vom Typ U und V aufteilt. Stimmt der `int`-Wert der ersten Koordinate eines Punktes aus der im Methodenaufruf übergebenen Liste mit dem Wert der ersten Koordinate des aktuellen Objekts der Klasse überein, soll dessen zweite Koordinate in der zweiten der beiden neuen Listen hinterlegt werden. Stimmt der `int`-Wert der zweiten

Koordinate eines Punktes aus der im Methodenaufruf übergebenen Liste mit dem Wert der zweiten Koordinate des aktuellen Objekts der Klasse überein, wird dessen erste Koordinate in der ersten der beiden neuen Listen hinterlegt. Weil die Variablen T und S auch vom Typ `Number` sein können und diese Klasse nicht das Interface `Comparable` implementiert, muss ein Vergleich auf der Ebene von primitiven Typen erfolgen.

Mit Hilfe einer generischen Klassenmethode `static <U extends Number,V extends Number> void ausgabePunkt(GenericPunktmitBounds<U,V> punkt)` soll der Typ von Punktkoordinaten und deren `Byte`-Wert am Bildschirm angezeigt werden. Die Typeinschränkungen aus der Methodendeklaration machen möglich (wie auch im Fall der generischen Instanzmethode), dass die Methode `byteValue()` der Klasse `Number` aufgerufen werden kann. Die Methode `getClass()` von `Object`, die wir aufrufen, um den aktuellen Typ der Koordinaten zu ermitteln, hat diese Einschränkung nicht nötig.

Des Weiteren soll die Klasse (im Hinblick auf das Testen von Typinferenz) zwei generische Klassenmethoden zum Erzeugen einer leeren Liste `public static <U extends Number,V extends Number> List<GenericPunktmitBounds<U,V>> erstellen(int anzahl)` und zum Hinzufügen von Elementen in eine Liste `public static <U extends Number,V extends Number> void einfuegen(List<GenericPunktmitBounds<U,V>> liste, GenericPunktmitBounds<U,V> genericPunkt)` definieren.

Für eine Anzeige von Listen, die Elemente eines konkreten Typs beinhalten, soll die nicht-generische Klassenmethode, die einen Parameter von einem parametrisierten Typ definiert, benutzt werden, um die Typinferenz bei einem geschachtelten Aufruf von Methoden zu beobachten: `public static void ausgabeListe(List<GenericPunktmitBounds<Integer,Double>> liste)`.

Zum Testen von Methoden der Klasse `GenericPunktmitBounds` soll die Klasse `TypvariablenundParametrisierteTypen` erstellt werden. Erzeugen Sie in dieser Klasse Instanzen von einem parametrisierten Typ der Klasse `GenericPunktmitBounds` und eine Liste vom Typ `List<GenericPunktmitBounds<Double,Integer>>` (zum Beispiel), um daran die Instanzmethoden der Klasse aufzurufen. Die generischen Klassenmethoden können (und sollten) über den Klassennamen angesprochen werden.

Zum Testen des Inferenz-Prinzips und zur Beobachtung der Verbesserungen für Compiler-Warnungen bei einer Benutzung von nicht-reifizierbaren Typen als formale Parameter in varargs-Methoden mit Java 7 soll diese Klasse zwei generische Methoden mit einer variablen Argumentenliste `static <T extends Number> void typInferenz1(T... typArray)` und `static <T> void typInferenz2(T... typArray)` definieren (siehe dazu die Aufgabe 1.22). Darin soll sowohl der mittels Inferenz ermittelte Typ für den Typparameter der Methode als auch der Typ jedes aktuellen Arguments, das im Methodenaufruf übergeben wird, am Bildschirm angezeigt werden.

Rufen Sie diese Methoden mit und ohne die Angabe eines aktuellen Typs für ihre Typparameter auf. Im Aufruf der Methoden sollen mehrere Instanzen von unterschiedlichen Typen (von Java-Standard-Klassen und Interfaces sowie von eigenen Klassen und Interfaces) übergeben werden.

Decompilieren Sie mit Hilfe von `javap TypvariablenundParametrisierte-Typen` die beim Übersetzen erzeugte Bytecode-Datei, um das Ergebnis der Typlöschung zu beobachten.

Hinweise für die Programmierung:

Das Schlüsselwort `super` kann in der Deklaration von Typvariablen für Klassen und Methoden nicht angewandt werden. Typvariablen besitzen nur obere Typ-Schranken.

Bei der Definition von generischen Methoden ist zu beachten, dass die Namen der Typvariablen für Methoden verschieden von den Namen der Typvariablen von Klassen gewählt werden, um zu vermeiden, dass innerhalb der Methoden nicht mehr auf die Typvariablen der Klasse zugegriffen werden kann.

Der Ausdruck `<T super SubTyp>` ist nicht zugelassen, weil T immer für einen unbekannten, aber festen Typ steht, und die Supertypen eines Subtyps bis hin zum Typ `Object` reichen. Das Schlüsselwort `super` kommt nur für Wildcardtypen in Frage, wobei `? super T` für alle Supertypen von T steht.

Ein Ausdruck der Form `<T extends Number>` ist nicht in Feld- und Variablendeklarationen bzw. für Methodenparameter zugelassen und gehört nur in die Definition der Typparameter von Methoden und Klassen. Für parametrisierte Typen kann in Feld- und Variablendeklarationen bzw. für Methodenparameter der Wildcardtyp `? extends Number` als aktuelles Argument anstelle eines konkreten Referenztyps benutzt werden. Wird ein solcher Ausdruck als Typ für Methodenparameter benutzt, entfällt die Angabe von Typparametern in der Methodendeklaration.

Wie bereits erwähnt, wird mit Typinferenz für generische Methoden die Fähigkeit des Compilers bezeichnet, anhand der aktuellen Typargumente den aktuellen Typ eines Typparameters zu bestimmen. Ist das Ergebnis von Typinferenz nicht das gewünschte, muss das aktuelle Typargument hinter dem Klassennamen für Klassenmethoden bzw. hinter `this`, `super` oder der Referenz auf eine Instanz für Instanzmethoden angegeben werden.

In beiden Klassen aus dem Lösungsvorschlag zu dieser Aufgabe wurde für Ausgaben am Bildschirm eine Instanz der Java-Standard-Klasse `Console` erzeugt und daran die `printf()`-Methode aufgerufen, um eine korrekte Darstellung von Umlauten zu erreichen.

Java-Dateien: `GenericPunktmitBounds.java`,
`TypvariablenundParametrisierteTypen.java`
Programmaufrufe: `javac TypvariablenundParametrisierteTypen.java`,
`javap TypvariablenundParametrisierteTypen`,
`java TypvariablenundParametrisierteTypen`

Aufgabe 10.4

Parametrisierte Typen und Wildcardtypen

Definieren Sie eine Klasse `Obst` und zwei davon abgeleitete Klassen `Apfel` und `Birne`. Diese sollen als Typargumente beim Definieren von parametrisierten Typen eingesetzt werden und der Erläuterung einer Vielfalt von Eigenschaften von Wildcardtypen dienen. Mit ihrer Verwendung soll die über Wildcards erreichte Flexibilität in der Arbeit mit Generics weiter vertieft werden.

Alle drei Klassen sollen so einfach wie möglich aufgebaut werden. Die Klasse `Obst` definiert ein Instanzfeld `art` vom primitiven Typ `int`, in dem eine Zahl, die der Identifikation von Obstarten dienen soll, hinterlegt werden kann. Einem Zugriff auf das Instanzfeld verhelfen die Methoden `setArt()` und `getArt()` und der String-Repräsentation von Instanzen der Klasse eine Methode `toString()`, die die gleichnamige Methode der Klasse `Object` überschreibt. Analog dazu definieren die von `Obst` abgeleiteten Klassen `Apfel` und `Birne` zwei zusätzliche Instanzfelder `sorte` und `farbe` mit den entsprechenden set- und get-Methoden.

Basierend auf der wichtigen Bemerkung, dass die drei Wildcardtypen `?`, `? extends SuperTyp` und `? super SubTyp` nicht eigenständig, sondern nur in parametrisierten Typen auftreten können, soll in einer weiteren Klasse `WildcardTypen` anhand einer Vielzahl von Feld- und Methodendefinitionen die wichtige Rolle, die Wildcards in der Typdefinition und Typprüfung einnehmen, näher erläutert werden.

Die Klassenmethode `static void anzahlElemente2(Set<?>... sets)`, die eine variable Anzahl von Argumenten zulässt, soll dazu dienen, ungebundene Wildcardtypen zum Berechnen der Anzahl von Elementen aus verschieden parametrisierten `Set`-Instanzen einzusetzen. Definieren Sie eine entsprechende generische Klassenmethode `static <T> void anzahlElemente1(Set<T>... sets)` und versuchen Sie, auch damit dieselbe Aufgabe zu lösen.

Der Wildcardtyp `? extends Obst` bezeichnet die Menge aller Typen von irgendeinem Subtyp von `Obst`, wie `Birne` oder `Apfel`, und somit ist `Set<? extends Obst>` der Supertyp für `Set<Birne>` und `Set<Apfel>`, was der Typ `Set<Obst>` wegen der Typinvarianz nicht sein kann. Erzeugen Sie mehrere `Set`-Instanzen, die Obstkörbe als Mengen von Früchten, wie Apfel und Birne, repräsentieren und zeigen Sie mit Hilfe einer Methode `static void anzeige(Set<? extends Obst> korb)` deren Inhalte am Bildschirm an.

Eine generische Methode `static <T> void reinlegen(Set<? super T> korb, T frucht)` soll zeigen, dass eine Referenz vom Typ `? super T` in die damit parametrisierte `Set`-Instanz eingefügt werden kann, aber nur als Typ `Object` wieder gelesen werden kann, da der genaue Supertyp in solch einem Ausdruck unbekannt bleibt.

Demonstrieren Sie mittels der generischen Methode `static <T> void addandremove(Set<? extends T> set1, Set<? super T> set2)` die entgegengesetzten Eigenschaften von Wildcards in Verbindung mit `extends` und `super`. Zeigen Sie, dass für den Wildcardtyp ? extends T das Lesen erlaubt ist und das Schreiben bis auf null verboten ist. Im Gegensatz dazu ist für den Wildcardtyp ? super T das Schreiben erlaubt und das Lesen bis auf Object verboten. Lesen Sie dazu alle Elemente aus der Menge set1 und fügen Sie diese der Menge set2 hinzu. Danach sollen alle Elemente aus der Menge set2 gelesen werden und diese, sofern sie auch in der ersten Menge enthalten sind, in set1 gelöscht werden.

Benutzen Sie in der Definition von lokalen Variablen weitere parametrisierte Typen mit ungebundenen und gebundenen Wildcardtypen, wie Set<?>, Set<? extends Obst> und Set<? extends Birne>, um zugelassene Zuweisungen für diese zu prüfen.

Wie mit der Aufgabe 10.3 gezeigt wurde, können generische Methoden ihre Argumente inferieren. Anhand von zwei weiteren Methodendefinitionen wollen wir zeigen, dass generische Methoden ihre Argumente auch »fangen« können und damit eine Erweiterung der Bereichsdefinition von Typen, über das hinaus, was mit Wildcard-Instanziierungen erreicht werden kann, ermöglichen.

Für die Transformation einer List-Instanz in eine Set-Instanz kann die generische Methode listToSet1() benutzt werden:

```
static <T> Set<T> listToSet1(List<T> list) {
    Set<T> set = new HashSet<T>();
    set.addAll(list);
    return set;
}
```

Weil T einen unbekannten, aber festen Typ bezeichnet, kann für die Variable T immer nur ein bestimmter Typ benutzt werden und die Methode wie folgt aufgerufen werden:

```
List<Integer> lista = Arrays.asList(new Integer(4),
  new Integer(3), new Integer(2));
Set<Integer> seta = listToSet1(lista);
List<String> listb = Arrays.asList("2", "4", "3");
Set<String> setb = listToSet1(listb);
List<Apfel> listc = Arrays.asList(new Apfel(2, "Golden Delicious",
  "gelb"), new Apfel(2, "Red Delicious", "rot"), new Apfel(2, "Granny
    Smith", "gruen"));
Set<Apfel> setc = listToSet1(listc);
```

Generische Methoden können aber auch mit Argumenten arbeiten, deren Typ eine Wildcard-Instanziierung eines Typs ist (mit anderen Worten ein parametrisierter Typ mit einem Wildcardtyp als aktuelles Argument bzw. eine »generic type invocation« mit einem Wildcardtyp). Der Typ hinter der Wildcard wird dann wie eine normale Typvariable behandelt. Wie bereits erwähnt, bezeichnet der Begriff »wildcard capture« die Fähigkeit des Compilers, jeden beliebigen Typ, der sich hinter dem Platzhalter ? verbirgt, zu fangen. Zur Demonstration benutzen wir eine weitere Methode:

```
static Set<?> listToSet2(List<?> list) {
// Wird eine Set<?>-Instanz definiert,
   // Set<?> set = new HashSet<Object>();
// führt der Aufruf
   // set.addAll(list);
// zu einem Fehler, weil in Instanzen von ungebundenen
// Wildcardtypen nicht geschrieben werden kann; dem Elemententyp
// der im Methodenaufruf übergebenen Liste, muss ein fester Name T
// zugeordnet werden, der mit dem Elemententyp der zugeordneten
// Menge übereinstimmt; dafür wird die List<?>-Instanz an die
// Methode listToSet1() zur Verarbeitung weitergegeben
   return listToSet1(list);
}
```

Eine Liste von einem ungebundenen Wildcardtyp List<?> liste kann Listen mit Elementen von beliebigen Typen aufnehmen, wie zum Beispiel: Arrays.asList(new Integer(1), new Integer(3), new Integer(2)), Arrays.asList("1", "3", "2") oder Arrays.asList(apfela, apfelb, apfelc) und diese kann im Aufruf der Methode listToSet2() übergeben werden, um eine Set-Instanz vom gleichen Typ zu erzeugen.

Das Einschränken der aktuellen Typen von parametrisierten Typen mit Hilfe von Wildcard-Bounds wird in vielen Standard-Klassen von Java benutzt, wie zum Beispiel in den Methoden der Utility-Klasse Collections (dort dienen diese dazu, auf Elementen von Collection-Instanzen zu operieren). Unterziehen Sie die sort-Methoden dieser Klasse einer näheren Betrachtung und definieren Sie gleichwertige Methoden für das Sortieren der Elemente von Set<T>- anstatt von List<T>-Instanzen. Eine sort()-Methode setzt voraus, dass Instanzen von Klassen sortiert werden können. Eine Klasse kann über eine »natürliche Sortierung« verfügen, indem sie das Interface Comparable implementiert (siehe Unterkapitel 3.7). Soll für ihre Instanzen auch eine spezielle Sortierung in Frage kommen, kann diese mit Hilfe einer Comparator<E>-Instanz festgelegt werden.

Zur Demonstration der Vorgänge implementieren die Klassen Apfel und Birne die Interfaces Comparable<Apfel> und Comparable<Birne>. Außerdem wird eine neue Klasse NashiBirne, die die Klasse Birne erweitert und ein zusätzliches Instanzfeld form definiert, erstellt.

Die generischen sort()-Methoden für Set<T>-Typen static <T extends Comparable<? super T>> Set<?> sort(Set<T> set) und static <T> Set<?> sort(Set<T> set, Comparator<? super T> comparator) erzeugen ein Array-List<T>-Objekt, das alle Elemente aus der Set<T>-Instanz aufnehmen kann, und rufen die gleichnamigen überladenen sort()-Methoden der Utility-Klasse für das so erzeugte List<T>-Objekt auf.

Mit der Methode listToSet2() kann das Ergebnis für die Rückgabe wiederum einer Set<T>-Referenz zugewiesen werden. Bei dieser Zuweisung geht jedoch die Sortierung verloren, darum wird das Ergebnis im Lösungsvorschlag zu dieser Aufgabe in einer List<T>-Referenz zurückgegeben.

Erzeugen Sie weitere Instanzen von parametrisierten Set<Obst>-, Set<Apfel>-, Set<Birne>- und Set<NashiBirne>-Typen und rufen Sie für diese die beiden sort()-Methoden auf. Selbstverständlich können Sie zum Testen der Methoden auch vorher erzeugte Instanzen benutzen.

Rufen Sie nach dem Übersetzen der Klasse den Decompiler für die erzeugte .class-Datei auf, um auch diesmal das Ergebnis der Typlöschung zu beobachten.

Hinweise für die Programmierung:

Generell ist Typ<?>, wie zum Beispiel List<?> oder Set<?>, eine Liste bzw. eine Menge von einem unbekannten Typ und kein Subtyp von Typ<T>, wobei T einen beliebigen, aber festen Typ bezeichnet. Wenn der durch ? bezeichnete unbekannte Typ in einer Typvariablen X gefangen werden kann, kann X zu T inferiert werden und das ist laut Java-Spezifikation »die Essenz der so genannten capture conversion«.

Die Inkompatibilität des Capture von ungebundenen und gebundenen Wildcarttypen zu anderen Typen hat als Konsequenz Fehlermeldungen, in denen der Ausdruck "capture of ?" benutzt wird. Das Capture von einem ungebundenen Wildcardtyp ist zu keinem konkreten Typ kompatibel, nur zu sich selbst. Das Capture von einem gebundenen Wildcardtyp kann zu anderen Wildcardtypen kompatibel sein, aber nicht zum Typ ihrer Schranken.

Die Wildcard-Schranke aus dem Ausdruck T extends Comparable<? super T> für die Typvariable der ersten sort()-Methode ist eine Wildcard-Instanziierung des Comparable-Interface. Im Unterkapitel 10.4 wurde darauf hingewiesen, dass im Fall von Typparametern die Angaben von »extends« von T auch die Bedeutung von »implements« haben können. Der parametrisierte Typ Comparable<? super T> repräsentiert die Menge aller Instanziierungen von Comparable für den Typ T und die Typen aller Oberklassen von T (Supertypen von T). Somit müssen die Elemente, die verglichen werden, nicht unbedingt vergleichbar mit Elementen vom gleichen Typ sein, sie können auch mit Supertypen ihres eigenen Typs vergleichbar sein. Damit wird gewährleistet, dass Elemente untereinander verglichen werden können, auch ohne dass diese selbst die compareTo()-Methode implementieren. Dazu müssen diese Elemente das Comparable-Interface von einer Oberklasse erben. Beobachten Sie dazu das Verhalten von Instanzen der Klasse Birne und ihrer Unterklasse NashiBirne.

Das Comparator-Interface wird für die zweite sort()-Methode als anonyme Klasse implementiert. Auch der Comparator<? super T>-Typ erlaubt analog zu Comparable<? super T> Vergleiche, die in einer Oberklasse von vergleichbaren Elementen definiert sind (siehe dazu die Klassen Birne und Apfel mit ihrer Oberklasse Obst).

Beachten Sie in der Definition von anonymen Comparator-Klassen die Hinweise aus dem Lösungsvorschlag zu dieser Aufgabe. Sie nutzen die Tatsache, dass das Interface Comparable standardmäßig von vielen Java-Klassen, wie Integer und

String, implementiert wird, so dass dessen Methode compareTo() an deren Instanzen aufgerufen werden kann.

Die Klasse Obst kann das Comparable<Obst>-Interface nicht implementieren, weil die Unterklassen dieses erben würden und nicht gleichzeitig ein zweites Comparable<Birne> bzw. Comparable<Apfel> implementieren könnten. Wie schon angemerkt wurde, kann eine Klasse nicht zwei Interfaces mit der gleichen Erasure implementieren.

Definieren Sie als zusätzliche Übung im Umgang mit Wildcardtypen auch min()- und max()-Methoden für Set-Instanzen:

```
public static <T extends Object & Comparable<? super T>> T
                        min(Set<? extends T> set) {
    return Collections.min(set);
}
public static <T> T min(Set<? extends T> set,
                        Comparator<? super T> comp) {
    return Collections.min(set, comp);
}
```

Dies nur, um auf die nicht gerade einfache Syntax in der Signatur dieser Methoden aus der Collections-Klasse hinzuweisen. Weil Set ein Unterinterface von Collection ist, können die Methoden der Utility-Klasse selbstverständlich direkt, ohne überladen zu werden, aufgerufen werden.

Java-Dateien: Obst.java, Birne.java, NashiBirne.java, Apfel.java, WildcardTypen.java
Programmaufrufe: javac WildcardTypen.java, javap WildcardTypen, java WildcardTypen

Aufgabe 10.5
Generische Arraytypen

Anhand dieser Aufgabe soll gezeigt werden, wie mit generischen Arraytypen typsichere Zuweisungen erfolgen können und dass generische Arrays als Parameter in Methoden von großem Nutzen sein können (einer Arrayreferenz vom Typ einer Typvariablen kann eine Referenz auf ein existierendes Array zugewiesen werden) (siehe dazu auch die Aufgaben 8.10 und 8.12).

Mit einer generischen Klasse GenericArrayTypen<T extends Comparable<T>> soll auf Zuweisungen von nicht-generischen und generischen Arraytypen hingewiesen werden, die zu Übersetzungs- und Laufzeitfehlern führen. Außerdem soll erläutert werden, derartige Fehler mit Hilfe von Raw- und Wildcardtypen zu umgehen.

Definieren Sie in dieser Klasse die globale Arrayreferenz T[] array. In einem Konstruktor mit variabler Argumentenliste GenericArrayTypen(T... array) {} soll ein beliebiges Array zum Initialisieren des Instanzfeldes übergeben werden.

Zum Sortieren von generischen Arrays soll eine Instanzmethode `sortieren()` definiert werden. Rufen Sie darin die Methode `sort()` der Klasse `java.utils.Arrays` auf und zeigen Sie mit Hilfe derer Methode `toString()` das Ergebnis der Sortierung am Bildschirm an.

Um zu demonstrieren, dass die Typinferenz auch zu unerwarteten Ergebnissen führen kann, die Laufzeitfehler nicht ausschließen (wenn zum Beispiel eine Typvariable in mehreren Argumenten einer Methode gleichzeitig vorkommt), sollen die Klassenmethoden `static <U> void einfuegenElement1(U element,U... array)` und `static <U> int sucheElement1(U element, U... array)` definiert werden, um ein im Methodenaufruf übergebenes Element in ein ebenfalls im Aufruf übergebenes Array einzufügen bzw. darin zu suchen.

In der `main()`-Methode der Klasse `GenericArrayTypen` sollen Arrays wie `Integer [] zahlen = new Integer[3];` und `Object [] objekte = zahlen;` angelegt werden. Für die Elemente dieser Arrays kann eine Referenz vom Typ der Oberklasse `Object` auf jede beliebige Instanz der Unterklasse zeigen, ohne dass ein Fehler beim Übersetzen angemerkt wird: `objekte[0] = new Integer(1)`. Beim Testen werden Sie feststellen, dass derartige Zuweisungen während der Laufzeit eine Ausnahme vom Typ `ArrayStoreException` auslösen.

Weil generische Typen der Typlöschung unterliegen, haben diese keine reale Repräsentation zur Laufzeit (es ist nur der Raw-Typ bekannt). Java hat nicht die Möglichkeit, zwischen `Set<Birne>`- und `Set<Apfel>`-Elementen in Arrays zu unterscheiden, sobald ein Arrayelement als `Set<Object>` referenziert wird. Aus diesem Grund wurden Java-Deklarationen in der Art: `Set<T>[] arrayOfSetsa = new HashSet<T>[2];` und `Set<Obst>[] arrayOfSetsb = new HashSet<Obst>[2];` unterbunden. Vergewissern Sie sich, dass diese zu einem Compilerfehler "generic array creation" führen.

Beim Erzeugen eines Arrays von einem parametrisierten Typ kann der Raw-Typ benutzt werden: `Set<Obst>[] arrayOfSets1 = new HashSet[2]`. Der Compiler gibt dazu eine Warnung aus, um dem Programmierer mitzuteilen, dass es während der Laufzeit zu Fehlern kommen kann ("unchecked conversion") und überlässt ihm damit die gesamte Verantwortung für das Verhalten der Zuweisung zur Laufzeit.

Einen Ausweg, der einen Beitrag zur Typsicherheit leistet, gibt es aber auch im Fall von generischen Arrays: Als Basis-Typ für Arrayelemente können Wildcard-Instanzziierungen benutzt werden. Deklarieren Sie ein Array von ungebundenen Wildcardtypen für `Set`-Instanzen `Set<?>[] arrayOfSets2 = new Set<?>[4]` und weisen Sie dessen Elementen unterschiedliche parametrisierte Typen zu: `arrayOfSets2[0] = new HashSet<Apfel>()`, `arrayOfSets2[1] = new HashSet<Birne>()`, `arrayOfSets2[2] = new HashSet<String>()` und `arrayOfSets2[3] = new HashSet<Integer>()`. Sie werden feststellen, dass damit sowohl beim Übersetzen als auch während der Laufzeit keine Fehler auftreten. Rufen Sie die statische Methode `listToSet2()` der Klasse `WildcardTypen` auf, um das zweite und dritte Arrayelement zu initialisieren: `arrayOfSets2[2]` = `listTo-Set2(Arrays.asList(new Integer(4), new Integer(3)))`, `arrayOfSets2[3]` = `WildcardTypen.listToSet2(Arrays.asList(newString("4"), new String("3")))`.

Erzeugen Sie Instanzen der eigenen Klasse von verschiedenen parametrisierten Typen, wie zum Beispiel `GenericArrayTypen<String>`, `GenericArrayTypen<Birne>` und `GenericArrayTypen<Blume>` und rufen Sie an diesen die Methode `sortieren()` auf. Achten Sie dabei auf eventuelle Fehlermeldungen und Warnungen des Compilers.

Rufen Sie die Methoden zum Einfügen und Suchen von Arrayelementen vom Typ `Integer` und `String` für ein `String`-Array auf und untersuchen Sie die dabei gemeldeten Compiler- und Laufzeitfehler:

- Wird der Typ für das erste Argument der Methoden gleich dem Typ von Arrayelementen gewählt, wird beim Übersetzen kein Fehler gemeldet, weil der Compiler einen Supertyp von `String` und `Integer` als Typ für das Typargument der Methode inferiert und dies ist der Typ `Serializable`. Das führt aber zu einem Laufzeitfehler (`java.lang.ArrayStoreException`), wenn versucht wird, eine `Integer`-Instanz in ein `String`-Array einzufügen.

- Wird für die Typvariable `U` die Schranke `Comparable<U>` angegeben, wird ein Fehler beim Übersetzen eingeräumt, weil der Typ `Serializable` nicht kompatibel zu der Schranke der Typvariablen ist.

- Wird eine zweite Typvariable benutzt `<U, V extends U>`, werden die zwei Typargumente separat als `String` und `Integer` inferiert. Weil `Integer` kein Supertyp von `String` ist, wird beim Prüfen der Schranke für die zweite Typvariable eine Fehlermeldung ausgegeben.

Decompilieren Sie die beim Übersetzen erzeugten Bytecode-Dateien, um die durch Typlöschung gewählten Schranken für Typvariablen zu beobachten.

Hinweise zur Programmausführung:

Arrays sind in Java Objekte, die, wie alle Objekte in Java, »dynamisch« (während der Laufzeit) erzeugt werden. Arraytypen sind eigenständige Typen, die während der Laufzeit, wie alle von Klassen und Interfaces definierten Typen, durch einen eindeutigen `Class`-Typ repräsentiert werden, der für alle Arrays mit demselben Komponententyp gleich ist. Dadurch, dass mehrdimensionale Arrays als Arrays von Arrays definiert werden, kann der Komponententyp eines Arrays wiederum ein Arraytyp sein und das bis hin zur letzten Komponente, deren Typ auch als Elementtyp bezeichnet wird.

Die String-Repräsentation eines Arrays besteht aus einer bestimmten Anzahl von offenen [-Klammern, die die Dimension des Arrays spezifizieren, gefolgt vom Elementtyp. Für jeden beliebigen Arraytyp ist die direkte Oberklasse die Klasse `Object`, so dass dieser die Interfaces `java.lang.Cloneable` und `java.io.Serializable` implementiert und alle Methoden von `Object` erbt.

Dies bedeutet aber auch, dass in Java Integer[] bzw. String[] Subtypen von Object[] sind und somit ein Array von Integers bzw. Strings einem Array von Objects zugewiesen werden kann oder ein Birne-Array einem Apfel-Array, ohne dass ein Fehler vom Compiler gemeldet wird. Mit anderen Worten, eine Arrayvariable von einem Typ Typ1[], wobei Typ1 einen Referenztyp bezeichnet, kann eine Referenz von jedem beliebigen anderen Arraytyp Typ2[] aufnehmen, was dazu führt, dass letztendlich ein Objekt vom Typ Typ2 einem Objekt vom Typ Typ1 zugewiesen werden kann. Erst zur Laufzeit löst die JVM eine Ausnahme vom Typ java.lang.ArrayStoreException aus, weil zu diesem Zeitpunkt festgestellt wird, dass die Methoden der Unterklassen an Objekten der Oberklasse nicht aufgerufen werden können.

Gleichzeitig ist es möglich, dass in einem Object-Array Elemente von unterschiedlichen Typen gespeichert werden können. Auch dies führt erst zu Fehlern während der Laufzeit, wenn versucht wird, Operationen zwischen derartigen Werten durchzuführen.

All diese Gegebenheiten führen dazu, dass Arrays in Java generell unsicher sind.

Das Erzeugen von Arrays, deren Elemente einen generischen Typ T aufweisen, ist in Java nicht zugelassen, es sei denn, man bedient sich Raw-Typen oder ungebundenen Wildcardtypen.

Werden in einer generischen Array-Deklaration ungebundene Wildcardtypen eingesetzt, kann jedes Arrayelement unterschiedliche Instanzen vom angegebenen Typ (in unserem Beispiel Set) aufnehmen. Das heißt, dass die Benutzung von Wildcardtypen eine Ausnahme zu der formulierten Regel, dass in Java das Erzeugen von generischen Arrays nicht erlaubt ist, bildet.

Das Allozieren von Speicher für Arrays, das mit einer derartigen Deklaration während der Laufzeit erfolgt, ist möglich, weil durch die Wildcard-Instanziierung jedes Arrayelement einen beliebigen Typ aufnehmen kann und während der Laufzeit keine Prüfung des generischen Typs erforderlich ist. In unserem Fall kann jede beliebige Set-Instanz einem Set<?>-Typ zugewiesen werden, so dass nur der Raw-Typ Set dabei geprüft werden muss.

Um einen Laufzeitfehler beim Sortieren von generischen Arrays zu vermeiden, muss für die Typvariable T der Klasse GenericArrayTypen eine Schranke vom Typ des Interface Comparable<T> gesetzt werden. Fehlt diese Einschränkung, werden im Konstruktoraufruf der Klasse auch Typen akzeptiert, die dieses Interface nicht implementieren, und erst während der Laufzeit Fehler eingeräumt. Implementiert der Elementtyp von einem im Konstruktor der Klasse übergebenen Array das Comparable-Interface nicht, kann beim Aufruf der sort()-Methode für das entsprechende Array der Elementtyp während der Laufzeit nicht zum Typ Comparable gecastet werden und es wird eine Ausnahme vom Typ ClassCastException geworfen.

Der Java-7-Compiler erzeugt unchecked-Warnungen: "Possible heap pollution from parameterized vararg type ..." bei der Deklaration des Konstruktors und der Methoden `suchElementx` und `einfuegenElementx`, weil diese Methoden nicht-reifizierbare varargs-Parameter definieren.

Java-Dateien: `Obst.java`, `Birne.java`, `NashiBirne.java`, `Apfel.java`, `Blumen.java`, `GenericArrayTypen.java`
Programmaufrufe: `javac GenericArrayTypen.java`,
`javap GenericArrayTypen`, `java GenericArrayTypen`

Aufgabe 10.6

Subtyping von Referenztypen

Mit dieser Aufgabe wollen wir den in der Java Language Specification vorgegebenen Subtyping-Konventionen, die als Basis von Zuweisungen für alle Referenztypen gelten, eine genauere Beachtung schenken. Parallel zu einer Wiederholung der wichtigsten darin vorgegebenen Regeln sollen die Beispiele aus der neuen Klasse `SubTypingfuerReferenzTypen` dazu dienen, diese zu veranschaulichen. Die Klasse kann dem Lösungsvorschlag zu dieser Aufgabe entnommen werden. Nutzen Sie diese als Übung und definieren Sie eigene Beispiele, die Ihres Erachtens darin nicht vorkommen, aber auch von Interesse sein könnten.

Hinweise für die Programmierung:

Wird die nicht-generische Klasse C von einer anderen nicht-generischen Klasse D abgeleitet oder implementiert diese ein nicht-generisches Interface von einem Typ D, so definiert D einen Supertyp für den Subtyp C.

Das Subtyping von einfachen Referenztypen kann nicht auf generische Typen übertragen werden. Es gilt das Invarianz-Prinzip, das besagt, dass einem parametrisierten Typ von `SuperTyp(T)` nur dann ein parametrisierter Typ von einem `SubTyp(T)` zugewiesen werden kann, wenn das aktuelle Typargument übereinstimmt und beide Typen nach der vorher definierten Regel zueinander in Beziehung stehen.

Für Arraytypen gelten folgende Regeln: Wenn S und T zwei einfache Referenztypen bezeichnen, wobei S ein Supertyp von T ist, dann ist S[] ein Supertyp von T[]. Außerdem sind `Object`, `Cloneable` und `Serializable` Supertypen von `Object[]` und p[], wobei p einen beliebigen primitiven Typ bezeichnet.

Für parametrisierte Typen gilt eine zweidimensionale Super/Subtyp-Beziehung, die im Detail im Unterkapitel 10.3 beschrieben wurde. Daraus folgen die Regeln:

- Die Supertypen von einem parametrisierten Typ, der keine Wildcardtypen beinhaltet, sind dessen direkte Oberklasse bzw. das direkte Oberinterface, der Typ `Object`, wenn es sich um einen Interface-Typ handelt, der kein direktes Oberinterface besitzt, und sein Raw-Typ.

- Eine ungebundene Wildcard-Instanziierung eines Typs `Typ<?>` ist der Supertyp für alle generischen Typen `Typ<T>`, wobei T für einen beliebigen, aber festen Typ steht.

- Der direkte Supertyp von einem Wildcard-parametrisierten Typ, wie zum Beispiel der Typ<?>, ist der direkte Supertyp von Typ<X>, wobei Typ<X> das Ergebnis des Wildcard-Capture auf Typ <?> ist.

Die direkten Supertypen für einen Intersection-Typ T1&T2&...&Tn sind alle Ti-Typen für i = 1...n.

Die direkten Supertypen für eine Typvariable sind alle Typen, die in ihrer Schranke aufgelistet sind.

Die Supertypen für den null-Typ sind alle Referenztypen außer dem null-Typ selbst.

Ein Subtyp kann immer einem Supertyp zugewiesen werden. Dies bedeutet, dass eine Referenz der Oberklasse jede beliebige Instanz einer ihrer Unterklassen referenzieren kann. Das aktuelle Argument für einen Methodenparameter kann ein Subtyp vom Typ des Parameters sein. Der Compiler setzt dann automatisch die Referenz der Unterklasse in eine Referenz der Oberklasse um (siehe Unterkapitel 2.10, der implizite Polymorphismus).

Ab Java 5 erlaubt der Compiler auch kovariante Rückgabetypen in Methoden. Das heißt, dass eine in einer Unterklasse überschriebene Methode einer Oberklasse bei identischer Parameterliste einen anderen Rückgabetyp besitzen kann, der ein Subtyp des Rückgabetyps der Methode der Oberklasse ist (Kovarianz-Prinzip). Im Gegensatz dazu gilt beim Überschreiben von nicht-generischen Methoden für deren Parameter-Typen das Invarianz-Prinzip. Das heißt, der Typ der Parameter muss übereinstimmen, ansonsten resultieren daraus überladene Methoden.

Java-Dateien: SubTypingfuerReferenzTypen.java
Programmaufrufe: javac SubTypingfuerReferenzTypen.java,
java SubTypingfuerReferenzTypen

10.9 Multi-catch-Klausel und verbesserte Typprüfung beim Rethrowing von Exceptions

In Java 7 besteht die Möglichkeit, mehrere Ausnahme-Typen in einem einzigen catch-Block zu behandeln. Dafür müssen diese durch das Zeichen »|« getrennt als Parametertyp für die catch-Anweisung angegeben werden. Der Typ des Parameters wird implizit als final deklariert, das heißt, sein Wert kann innerhalb des catch-Blocks nicht mehr abgeändert werden. Der neu eingeführte Typ wird in Java als Disjunction-Typ bezeichnet.

Ebenfalls mit Java 7 wurde die Ausnahme ReflectiveOperationException eingeführt. Die von der Klasse Exception abgeleitete Klasse ReflectiveOperation-Exception definiert eine Oberklasse für alle Ausnahmen, die bei einer Durchführung von reflektiven Operationen geworfen werden: ClassNotFound-Exception, InstantiationException, IllegalAccessException, NoSuchField-

Exception, NoSuchMethodException und InvocationTargetException (Aufgabe 10.7).

Mit Java 6 wurde ermöglicht, Ausnahmen in einem catch-Block weiterzuwerfen. In der Java-Literatur spricht man in diesem Zusammenhang von einem Rethrowing von Exceptions. Soll eine von einem catch-Block abgefangene Exception e mittels throw e weitergeworfen werden, ist es sinnvoll, im catch-Block den Parameter Exception e anzugeben, um alle Ausnahmen, die im dazugehörigen try-Block geworfen werden, zu erreichen. Dabei nimmt der Compiler jedoch an, dass die Methode, die diesen try-catch-Block definiert, beliebige Ausnahmen von Typ Exception wirft und bringt die Fehlermeldung "unreported exception Exception, must be caught or declared to be thrown" für alle Ausnahmen, die darin nicht vorkommen. Um dies zu verhindern, muss der Methoden-Signatur die Klausel throws Exception hinzugefügt werden.

Dieses Handling wurde mit Java 7 verbessert. Es erfolgt eine etwas exaktere Typprüfung von Ausnahmen, die in einem catch-Block weitergeleitet werden sollen. Der Java-7-Compiler geht davon aus, dass nur die Exception-Typen weitergeleitet werden sollen, die im zugehörigen try-Block explizit ausgelöst werden können. In der throws-Klausel der Methode müssen auch nur diese Ausnahmen eingetragen werden (Aufgabe 10.8).

Aufgabe 10.7

Disjunction-Typ für Exceptions

Über den ersten Parameter args[0] der main()-Methode der Klasse MultipleExceptionTypen soll der Name einer beliebigen Klasse übergeben und dann an die Methode forName() von Class<T> weitergereicht werden, um so eine Referenz auf das Klassenobjekt dieser Klasse zu erhalten. Am Klassenobjekt soll die Methode newInstance()aufgerufen werden, um ein Objekt der Klasse »via Reflection« zu erzeugen (siehe Unterkapitel 8.12 und die Aufgabe 8.21). Casten Sie dieses Objekt, von dem nur bekannt ist, dass die dazugehörige Klasse von der abstrakten Klasse Person (Aufgabe 3.3) abgeleitet ist, in den Typ der abstrakten Klasse und rufen Sie daran deren Methode arbeiten() auf.

Jede der von den Methoden forName() und newInstance() geworfenen Exceptions ClassNotFoundException, ClassCastException, InstantiationException und IllegalAccessException kann mit Hilfe eines catch-Blocks abgefangen werden.

Nutzen Sie die Erweiterung aus Java 7, indem Sie all diese Ausnahmetypen zusammen mit den Ausnahmen ArrayIndexOutOfBoundsException (die geworfen wird, falls das Programm ohne Argumente aufgerufen wird) und ClassCastException (die geworfen wird, falls im Programmaufruf eine Klasse, die nicht in Person gecastet werden kann, angegeben wird) in einem einzigen catch-Block zusammenfassen:

```
catch(ArrayIndexOutOfBoundsException |
    ClassNotFoundException |
    ClassCastException |
    InstantiationException |
    IllegalAccessException e) {
  System.out.println(e.toString());
}
```

Testen Sie Ihr Programm mit Hilfe der Klassen Lehrer und Schueler, die beide von der abstrakten Klasse Person abgeleitet sind und deren Methode implementieren. Kopieren Sie diese Klassen in das Verzeichnis kapitel11 von java7-uebungsbuch1sourcecode und definieren Sie eine weitere Klasse Student, die ebenfalls eine Methode arbeiten() implementiert, aber nicht von Person abgeleitet ist.

Hinweise zur Programmausführung:

Bei einem Test werden Sie feststellen, dass die Klassen Lehrer und Schueler korrekt instanziiert werden und deren Methode arbeiten() aufgerufen wird, obwohl nur die abstrakte Klasse Person zur Übersetzungszeit bekannt ist. Die JVM löst den Methodenaufruf nach den üblichen Regeln für die dynamische Bindung von Instanzmethoden auf.

Wird die Klasse Student im Programmaufruf angegeben, wird eine Ausnahme vom Typ ClassCastException ausgelöst, weil diese Klasse nicht von der abstrakten Klasse abgeleitet ist, somit ist dieser Cast nicht typsicher. Wird ein anderer Name im Programmaufruf übergeben, wird eine Ausnahme vom Typ ClassNot-FoundException ausgelöst.

Die Methode newInstance() der generischen Klasse Class<T> ruft den Standard-Konstruktor einer Klasse auf. Sollten Instanzen von Klassen mit Hilfe eines Konstruktors mit Parametern erzeugt werden, kann die gleichnamige Methode der Klasse Constructor<T> aus dem Paket java.lang.reflect verwendet werden, wie dies mit den Aufgaben 8.22, 9.3 und 11.9 demonstriert wird.

Ersetzen Sie die bei einer Ausführung der Methode newInstance() geworfenen Ausnahmen ClassNotFoundException, InstantiationException und IllegalAccessException mit der Ausnahme ReflectiveOperationException und testen Sie auch damit den Programmablauf.

```
catch(ReflectiveOperationException |
    ArrayIndexOutOfBoundsException |
    ClassCastException e) {
  System.out.println(e.toString());
}
```

Java-Dateien: MultipleExceptionTypen.java
Programmaufrufe: java MultipleExceptionTypen Lehrer,
java MultipleExceptionTypen Schueler

Aufgabe 10.8

Typprüfung beim Rethrowing von Exceptions

Analog zu der Klassendefinition aus der Aufgabe 10.7 soll eine Klasse `Rethrow-ingExceptionsmitJava7` erstellt werden, in der von Klassen, deren Namen im Programmaufruf angegeben werden und die zur Übersetzungszeit noch nicht bekannt sind, Instanzen mit Hilfe der Methode `newInstance()` der Klasse `Constructor<T>` erzeugt werden.

Dazu sollen diesmal die Klassen `GleichseitigesDreieck` und `Gleichschenk-ligesDreieck` eingesetzt werden, die beide von der abstrakten Klasse `DreieckArten`, die das Interface `FlaechenInhalt` implementiert, abgeleitet sind (Aufgabe 3.6). Beide Klassen definieren einen Konstruktor mit Parametern, so dass für das Bilden von Instanzen die Methode `newInstance()` der Klasse `Class` nicht verwendet werden kann.

Die abgeleiteten Klassen besitzen einen Konstruktor mit einem bzw. zwei Parametern vom Typ `double`. Eine Referenz auf das `Class`-Objekt, das diesen Typ repräsentiert, kann mit Hilfe der Konstanten `TYPE` der Klasse `Double` ermittelt werden und im Aufruf der Methode `getConstructor()` übergeben werden (der Referenztyp `Double` wird automatisch durch Auto(Un)Boxing in den primitiven Typ `double` konvertiert).

Im Aufruf der `newInstance()`-Methode müssen die für das Bilden von Instanzen erforderlichen Argumente passend zur Signatur des Konstruktors angegeben werden. Diese Argumente sollen in Form von ganzen Zahlen oder Gleitkommazahlen im Programmaufruf nach dem Namen der Klasse angegeben werden. Sie werden als Strings im `args`-Parameter der `main()`-Methode übergeben und können in den Typ `Double` umgesetzt werden. Fehlen derartige Argumente im Programmaufruf, soll die `null`-Referenz im Aufruf von beiden Methoden übergeben werden.

Wie bereits erwähnt, erfolgt mit Java 7 eine etwas exaktere Typprüfung von Ausnahmen, die in einem `catch`-Block weitergeleitet werden sollen. Zur Demonstration sollen die von den Methoden `forName()`, `getConstructor()` und `newInstance()` geworfenen Exceptions in einem einzigen `catch`-Block abgefangen und weitergeworfen werden. Folgende Schreibweise hat Gültigkeit für Java 6 und Java 7:

```
catch(Exception e) {
    System.out.println(e.toString());
    throw e;
}
```

Nachfolgende Angabe kann nur mit Java 7 benutzt werden:

```
catch(ClassNotFoundException |
      ClassCastException |
      InstantiationException |
      IllegalAccessException |
```

```
    NoSuchMethodException |
    InvocationTargetException e) { // Java 7
  System.out.println(e.toString());
  throw e;
}
```

Testen Sie die möglichen Angaben von Ausnahmen in der throws-Klausel der main()-Methode (in der diese Ausnahmen geworfen werden) mit Java 6 und Java 7:

```
public static void main(String[] args) throws Exception {
```

hat Gültigkeit für Java 6 und Java 7.

```
public static void main(String[] args) throws
  ReflectiveOperationException
  ArrayIndexOutOfBoundsException,
  ClassCastException {
```

kann nur mit Java 7 benutzt werden.

Hinweise für die Programmierung:

Achten Sie auf die Syntax der im Aufruf der Methoden getConstructor() und new-Instance() übergebenen Argumente aus dem Lösungsvorschlag zu dieser Aufgabe.

In der Methode Constructor<T> getConstructor(Class<?>... parameter-Types) der Klasse Class<T> werden die Parametertypen als varargs deklariert. Somit können diese entfallen, wenn der Konstruktor keine Parameter besitzt. Ansonsten müssen die Class-Instanzen exakt nach der Reihenfolge der Parameter im Aufruf der Methode übergeben werden.

Ähnliches gilt für die Methode T newInstance(Object... args) der Klasse Constructor<T>. Für parameterlose Konstruktoren kann die Methode ohne die Angabe von Argumenten bzw. mit der null-Referenz aufgerufen werden.

Dies lässt sich in Zusammenhang mit generischen Konstruktoren, die Typvariablen als Parametertyp definieren und ggf. selbst einen varargs-Parameter besitzen, recht schwierig gestalten, weil Typparameter durch Object oder den Typ ihrer oberen Schranke ersetzt werden und varargs-Argumente, wie schon erwähnt, als genau ein Argument vom Typ Array interpretiert werden.

Die zum Typ der abstrakten Oberklasse und implementierten Interfaces vorgenommenen Casts von erzeugten Instanzen sind allerdings nicht typsicher.

Achten Sie darauf, dass die Methoden getConstructor() und newInstance() einen formalen varargs-Parameter aufweisen, dieser aber von einem reifiable Typ (Class<?>... bzw. Objekt ...) ist, so dass diese keinen Fall von »heap pollution« darstellen.

Java-Dateien: RethrowingExceptionsmitJava7.java
Programmaufrufe: java RethrowingExceptionsmitJava7 GleichseitigesDreieck 3, java RethrowingExceptionsmitJava7 GleichschenkligesDreieck 3 3

10.10 Lösungen

Lösung 10.1

Die Klasse GenericTyp3

```java
public class GenericTyp3 <T extends Number> {
    private T objekt;
// Generische Konstruktordefinition; im Konstruktor wird der
// aktuelle Typ eines im Aufruf übergebenen Objekts ermittelt
    public <U> GenericTyp3(U objekt) {
        System.out.println("Der aktuelle Typ des im "
          + " Kostruktoaufruf uebergebenen Objekts: "
            + getObjektTyp(objekt));
    }
// Zugriffsmethoden auf das Objekt vom Typ des Typparameters der
// Klasse
    public void setObjekt(T objekt) {
        this.objekt = objekt;
    }
    public T getObjekt() {
        return objekt;
    }
// Den aktuellen Typ eines Objekts bestimmen
    public static <U> String getObjektTyp(U objekt) {
        return objekt.getClass().getName();
    }
// Objekte der Klasse erzeugen
    public static void main(String[] args) {
// Es werden Objekte vom parametrisierten Typ
// GenericTyp3<Integer> und GenericTyp3<Double> der Klasse
// erzeugt, mit anderen Worten, es wird eine "generic type
// invocation" ausgeführt, in der der Typparameter T der Klasse
// den Wert Integer bzw. Double zugewiesen bekommt und es
// erfolgt gleichzeitig eine "generic object creation" mit Hilfe
// des new-Operators, in der das im Aufruf des Konstruktors
// erwartete Typargument für die generische Klasse mit dem
```

```
// Diamond-Operator ersetzt wurde; dabei wird im Aufruf des
// generischen Konstruktors der Klasse ein Objekt vom gleichen
// Typ wie der des Typarguments der Klasse übergeben
    GenericTyp3<Integer> iObjekt1 =
      new GenericTyp3<>(1);
    iObjekt1.setObjekt(new Integer(2));
    GenericTyp3<Double> dObjekt1 =
      new GenericTyp3<>(1.0);
    dObjekt1.setObjekt(new Double(2.0));
// Nun wird im Aufruf des Konstruktors der Klasse ein Objekt von
// einem anderen Typ als der des Typarguments der Klasse
// übergeben, was durch die Generifizierung des Konstruktors
// ermöglicht wird; in beiden Fällen führt der Compiler zwei
// unterschiedliche Arten von Typinferenz durch: einerseits
// anhand des Diamond-Operators, um das aktuelle Typargument der
// generischen Klasse, die instanziiert wird, zu ermitteln, und
// anderseits, um den aktuellen Wert des Typparameters U des
// generischen Konstruktors zu ermitteln, die wie im Fall von
// generischen Methoden erfolgt und keinen Diamond-Operator
// erwartet
    GenericTyp3<Integer> iObjekt2 =
      new GenericTyp3<>("1");
    iObjekt2.setObjekt(new Integer(3));
    GenericTyp3<Double> dObjekt2 =
      new GenericTyp3<>("1.0");
    dObjekt2.setObjekt(new Double(3.0));
// Explizit können die Typangaben in diesen Statements
// wie im Nachinein erfolgen und unterdrücken damit jegliche Art
// von Typinferenz
    /* GenericTyp3<Integer> iObjekt2 =
      new <String> GenericTyp3<Integer>("1");
    iObjekt2.setObjekt(new Integer(3));
    GenericTyp3<Double> dObjekt2 =
      new <String>GenericTyp3<Double>("1.0");
    dObjekt2.setObjekt(new Double(3.0)); */
// Warnung: "found raw type List"
    List rawList = new ArrayList<Blumen>();
// Heap-Pollution-Fälle
// Warnung: "unchecked call to add(E) as a member of the raw
// type List"
    rawList.add(new Blumen(0,"rot"));
```

```
// Warnung: "unchecked call to add(E) as a member of the raw
// type List"
    rawList.add(new Rose());
// Warnung: "unchecked call to add(E) as a member of the raw
// type List"
    rawList.add(new Integer(1));
// Warnung: "unchecked call to add(E) as a member of the raw
// type List"
    rawList.add(new String("Rose"));
// Warnung: "unchecked conversion"
    List<String> stringList = rawList;
    String s1 = stringList.get(3);
    // String s2 = stringList.get(2); // ClassCastException
    // String s3 = stringList.get(1); // ClassCastException
    // String s4 = stringList.get(0); // ClassCastException
// Die Werte (Objekte) der erzeugten Instanzen der Klasse
// ermitteln und anzeigen
    System.out.println("iObjekt1Wert = " + iObjekt1.getObjekt()
        + " * dObjekt1Wert = "+ dObjekt1.getObjekt());
    System.out.println("iObjekt2Wert = " + iObjekt2.getObjekt()
        + " * dObjekt2Wert = "+ dObjekt2.getObjekt());
// Den Datentyp dieser Objekte anzeigen; weil das Typargument
// der generischen Methode im Methodenaufruf bestimmt wird, kann
// dieses nicht explizit angegeben werden, aber vom Compiler
// inferiert werden
    System.out.println("iObjekt1Typ = "+ getObjektTyp(iObjekt1.
        getObjekt()) + " * dObjekt1Typ = "
        + getObjektTyp(dObjekt1.getObjekt()));
    System.out.println("iObjekt2Typ = "+ getObjektTyp(iObjekt2.
        getObjekt()) + " * dObjekt2Typ = "
        + getObjektTyp(dObjekt2.getObjekt()));
  }
}
```

Programmausgaben

```
java7uebungsbuch1                                               _ □ X

C:\Users\Lissi\Documents\java7uebungsbuch1sourcecode\kapitel11>"C:\program files
\java\jdk1.7.0\bin\javac" -Xlint GenericTyp3.java
GenericTyp3.java:69: warning: [rawtypes] found raw type: List
      List rawList = new ArrayList<Blumen>();
           ^
  missing type arguments for generic class List<E>
  where E is a type-variable:
    E extends Object declared in interface List
GenericTyp3.java:73: warning: [unchecked] unchecked call to add(E) as a member o
f the raw type List
      rawList.add(new Blumen(0,"rot"));
             ^
  where E is a type-variable:
    E extends Object declared in interface List
GenericTyp3.java:76: warning: [unchecked] unchecked call to add(E) as a member o
f the raw type List
      rawList.add(new Rose());
             ^
  where E is a type-variable:
    E extends Object declared in interface List
GenericTyp3.java:79: warning: [unchecked] unchecked call to add(E) as a member o
f the raw type List
      rawList.add(new Integer(1));
             ^
  where E is a type-variable:
    E extends Object declared in interface List
GenericTyp3.java:82: warning: [unchecked] unchecked call to add(E) as a member o
f the raw type List
      rawList.add(new String("Rose"));
             ^
  where E is a type-variable:
    E extends Object declared in interface List
GenericTyp3.java:84: warning: [unchecked] unchecked conversion
      List<String> stringList = rawList;
                                ^
  required: List<String>
  found:    List
6 warnings

C:\Users\Lissi\Documents\java7uebungsbuch1sourcecode\kapitel11>"C:\program files
\java\jdk1.7.0\bin\java" GenericTyp3
Der aktuelle Typ des im  Kostruktoraufruf uebergebenen Objekts:java.lang.Integer

Der aktuelle Typ des im  Kostruktoraufruf uebergebenen Objekts:java.lang.Double
Der aktuelle Typ des im  Kostruktoraufruf uebergebenen Objekts:java.lang.String
Der aktuelle Typ des im  Kostruktoraufruf uebergebenen Objekts:java.lang.String
Exception in thread "main" java.lang.ClassCastException: java.lang.Integer canno
t be cast to java.lang.String
        at GenericTyp3.main(GenericTyp3.java:86)
```

Lösung 10.2

Die Klasse DiamondOperator

```java
import java.util.*;
public class DiamondOperator {
  public static void main(String args[]) {
// In Java 7 kann der Compiler beim Erzeugen einer Instanz von
// einem parametrisierten Typ mittels eines new-Ausdrucks
// die Typargumente des parametrisierten Typs inferieren; um
// solch einen Vorgang auszulösen, wird der Diamond-Operator:
// "<>" eingesetzt; die Typargumente im new-Ausdruck bleiben weg
// und die benötigte Typinformation wird über den Kontext, in
// dem die Zuweisung stattfindet, bestimmt
    Set<String> set01 = new HashSet<String>();
    Set<String> set02 = new HashSet<>();
    set01.add("A");
    set02.add("B");
// Dies gelt auch für multi-level-Typen
    Set<Set<String>> set11 = new HashSet<Set<String>>();
    Set<Set<String>> set12 = new HashSet<>();
    set11.add(set01);
    set12.add(set02);
    Set<Set<Set<String>>> set3 =
      new HashSet<Set<Set<String>>>();
    set3.add(set11);
    set3.add(set12);
    Set<Set<Set<String>>> set4 = new HashSet<>();
    set4.add(set11);
    set4.add(set12);
    Set<Set<Set<Set<String>>>> set5 =
      new HashSet<Set<Set<Set<String>>>>();
    set5.add(set4);
    Set<Set<Set<Set<String>>>> set6 = new HashSet<>();
    set6.add(set4);
// Anzeige der Ergebnisse
    System.out.println("Diamond-Operator: " + " " + set01
      + " " + set02 + " " + set11 + " " + set12 + " " + set3
      + " " + set4+ " " + set5+ " " + set6);
// Besitzt der Konstruktor Parameter vom Typ des Typparameters
// der generischen Klasse, wird in der Bestimmung von
// Typargumenten für die generische Klasse der Typ von
// Konstruktorargumenten berücksichtigt und der Typ der
// Deklarationsvariablen aus der linken Seite der Zuweisung
// ignoriert
    GenericTyp2<Integer> genericTyp0 = new GenericTyp2<>(1);
    GenericTyp2<String> genericTyp1 = new GenericTyp2<>("");
```

```
// Dies kann zu einem Compilerfehler führen: "incompatible
// types required: GenericTyp2<Number> found:
// GenericTyp2<Integer>"
    // GenericTyp2<Number> genericTyp2 = new GenericTyp2<>(1);
// Wird das Typargument der Klasse explizit angegeben, wird die
// Fehlermeldung "cannot infer type arguments for GenericTyp2;
// reason: cannot use '<>' with explicit type parameters for
// constructor" angezeigt
    // GenericTyp2<Number> genericTyp2 =
        // new <Number>GenericTyp2<>(1);
// Der Typ der Deklarationsvariablen kann durch einen Supertyp
// des Typs des Konstruktorargumentes ersetzt werden
    GenericTyp2<? extends Number> genericTyp3 =
        new GenericTyp2<>(1);
// Weitere gültige und ungültige Zuweisungen
    Set<?> set = set01;
    GenericTyp2<Set<?>> genericTyp4 =
        new GenericTyp2<Set<?>>(set);
// In der nachfolgenden Zuweisung können die Typargumente
// nicht inferiert werden: "cannot infer type arguments for
// GenericTyp2<> reason: type argument Set<CAP#1> inferred for
// GenericTyp2<> is not allowed in this context, where CAP#1
// is a fresh type variable:CAP#1 extends Object from capture
// of ?"; dies führt zu dem Folgefehler "incompatible types
// required: GenericTyp2<Set<?>> found: GenericTyp2<Set<CAP#1>>
    // GenericTyp2<Set<?>> genericTyp6 =
    //    new GenericTyp2<>(set);
// In der nachfolgenden Zuweisung wird das Typargument für die
// generische Klasse wiederum über den Typ des
// Methodenargumentes ermittelt und dies führt zu dem Fehler
// "incompatible types"
    // GenericTyp2<Comparable<?>> genericTyp7 =
    //    new GenericTyp2<>(1);
// Korrekte Zuweisungen
    GenericTyp2<Comparable<?>> genericTyp7 =
        new GenericTyp2<Comparable<?>>(1);
    GenericTyp2<? extends Comparable<?>> genericTyp8 =
        new GenericTyp2<>(1);
// Die gleiche Vorgehensweise bleibt auch im Fall von mehreren
// Typargumenten erhalten
    GenericPunkt<Double,Double> genericPunkt1 = new
        GenericPunkt<>(0.2, 0.3);
// Im Fall der nachfolgenden Zuweisung wird die Compiler-
// Fehlermeldung: "incompatible Types required:
// GenericPunktmitBounds<Number,Number> found:
// GenericPunktmitBounds<Double,Double>" angezeigt
    // GenericPunkt<Number,Number> genericPunkt2 = new
    //    GenericPunkt<>(0.1, 0.1);
```

```
// Korrekt ist
    GenericPunkt<? extends Number,? extends Number>
       genericPunkt3 = new GenericPunkt<>(0.1, 0.1);
// Anzeige der Ergebnisse
    GenericPunkt.ausgabe(genericPunkt1);
    GenericPunkt.ausgabe(genericPunkt3);
    System.out.println(genericTyp1.getObjekt());
    System.out.println("\nZwei verschiedene Arten von "
       + "Typinferenz");
// Werden Objekte vom parametrisierten Typ GenericTyp3<Integer>
// und GenericTyp3<Double> der Klasse GenericTyp3 erzeugt,
// kann auch von der Ausdrucksweise: Es wird eine "generic type
// invocation" ausgeführt, in der der Typparameter T der Klasse
// den Wert Integer bzw. Double zugewiesen bekommt, Gebrauch
// gemacht werden; für eine "generic object creation" mit Hilfe
// des new-Operators wird das im Aufruf des Konstruktors
// erwartete Typargument der generischen Klasse mit dem Diamond-
// Operator ersetzt; im Aufruf des generischen Konstruktors der
// Klasse wird zunächst ein Objekt gleichen Typs wie der des
// Typarguments der Klasse übergeben
    GenericTyp3<Integer> iObjekt1 =
       new GenericTyp3<>(1);
    iObjekt1.setObjekt(new Integer(2));
    GenericTyp3<Double> dObjekt1 =
       new GenericTyp3<>(1.0);
    dObjekt1.setObjekt(new Double(2.0));
// Der generische Konstruktor der Klasse GenericTyp3 erlaubt
// auch, ein Objekt von einem anderen Typ als der des
// Typarguments der Klasse zu übergeben; in den nachfolgenden
// Zuweisungen führt der Compiler zwei unterschiedliche Arten
// von Typinferenz durch: einerseits, anhand des Diamond-
// Operators, um das aktuelle Typargument der generischen
// Klasse, die instanziiert wird, zu ermitteln; andererseits, um
// den aktuellen Wert des Typparameters U des generischen
// Konstruktors zu ermitteln; diese Art der Typinferenz erfolgt
// wie im Fall von generischen Methoden und erwartet keinen
// Diamond-Operator
    GenericTyp3<Integer> iObjekt2 =
       new GenericTyp3<>("1");
    iObjekt2.setObjekt(new Integer(3));
    GenericTyp3<Double> dObjekt2 =
       new GenericTyp3<>("1.0");
    dObjekt2.setObjekt(new Double(3.0));
// Explizit können die Typangaben in diesen Statements
// wie im Nachinein gemacht werden und unterdrücken damit
// jegliche Art von Typinferenz
    GenericTyp3<Integer> iObjekt3 =
```

```
       new <String> GenericTyp3<Integer>("1");
    iObjekt3.setObjekt(new Integer(3));
    GenericTyp3<Double> dObjekt3 =
       new <String>GenericTyp3<Double>("1.0");
    dObjekt3.setObjekt(new Double(3.0));
// Wird der Diamond-Operator in einem anderen Kontext als dem
// von Zuweisungen benutzt, kann es zu einem Compilerfehler
// kommen, wenn die für die Inferenz benötigte Information nicht
// ausreichend ist; auch wenn der Operator in manchen
// Methodenaufrufen korrekt arbeitet, ist zu empfehlen, diesen
// primär in Variablendeklarationen einzusetzen
    System.out.println("\nDiamond-Operator in "
       + "Methodenaufrufen" );
// In den ersten beiden Zuweisungen werden die Typargumente
// <String,String> der Klasse HashMap aus dem Kontext ermittelt
    Map<String,String> map1 = new HashMap<>();
    map1.put("1","A");
    Map<String,String> map2 = new HashMap<>();
    map2.put("2","B");
// Weil die Methode putAll() ein Argument von einem anderen Typ
// als der, der durch Typinferenz ermittelt wird, erwartet, wird
// ein Compilerfehler angezeigt: "required:
// Map<? extends String,? extends String> found:
// HashMap<Object,Object> reason: actual argument
// HashMap<Object,Object> cannot be converted to
// Map<? extends String, ? extends String> by method
// invocation conversion"
      // map1.putAll(new HashMap<>());
// Wird der Diamond-Operator im Vorhinein in einer Zuweisung
// ausgewertet, kann der Methodenaufruf korrekt ausgeführt
// werden
    map1.putAll(map2);
// Auch die nachfolgenden Anweisungen bleiben fehlerfrei, weil
// die Typargumente der Klasse HashMap korrekt anhand des
// Typs der Deklarationsvariablen bzw. anhand des
// Konstruktorargumentes ermittelt werden können; auch
// dies ist ein Beispiel dafür, dass für den Diamond-Operator
// der Typ der Konstruktorargumente ausgewertet wird
    map1.putAll(new HashMap<>(map2));
    Map<? extends String, ? extends String> map3 =
       new HashMap<>();
    Map<? extends String, ? extends String> map4 =
       new HashMap<>(map1);
    map2.putAll(new HashMap<>(map1));
    map1.putAll(map3);
    map2.putAll(map4);
// Anzeige der Schlüssel-Wert-Paare von Abbildungen
```

```
        Iterator<String> iterator1 = map1.keySet().iterator();
        while(iterator1.hasNext()) {
           String key = iterator1.next();
           String value = map1.get(key);
           System.out.println(key + "*" + value);
        }
        iterator1 = map2.keySet().iterator();
        while(iterator1.hasNext()) {
           String key = iterator1.next();
           String value = map2.get(key);
           System.out.println(key + "*" + value);
        }
        Iterator<? extends String> iterator2 = map4.keySet().
           iterator();
        while(iterator2.hasNext()) {
           String key = iterator2.next();
           String value = map4.get(key);
           System.out.println(key + "*" + value);
        }
     }
}
```

Programmausgaben

```
java7uebungsbuch1                                              _ □ X
C:\Users\Lissi\Documents\java7uebungsbuch1sourcecode\kapitel11>"C:\program files
\java\jdk1.7.0\bin\javac" -Xlint DiamondOperator.java

C:\Users\Lissi\Documents\java7uebungsbuch1sourcecode\kapitel11>"C:\program files
\java\jdk1.7.0\bin\java" DiamondOperator
Diamond-Operator:  [A] [B] [[A]] [[B]] [[[A]], [[B]]] [[[A]], [[B]]] [[[[A]], [[
B]]]] [[[[A]], [[B]]]]
1. Koordinate vom Typ: java.lang.Double = 0.2
2. Koordinate vom Typ: java.lang.Double = 0.3
1. Koordinate vom Typ: java.lang.Double = 0.1
2. Koordinate vom Typ: java.lang.Double = 0.1


Zwei verschiedene Arten von Typinferenz
Der aktuelle Typ des im  Kostruktoraufruf uebergebenen Objkts:java.lang.Integer

Der aktuelle Typ des im  Kostruktoraufruf uebergebenen Objekts:java.lang.Double
Der aktuelle Typ des im  Kostruktoraufruf uebergebenen Objekts:java.lang.String
Der aktuelle Typ des im  Kostruktoraufruf uebergebenen Objekts:java.lang.String
Der aktuelle Typ des im  Kostruktoraufruf uebergebenen Objekts:java.lang.String
Der aktuelle Typ des im  Kostruktoraufruf uebergebenen Objekts:java.lang.String

Diamond-Operator in Methodenaufrufen
2×B
1×A
2×B
1×A
2×B
1×A

C:\Users\Lissi\Documents\java7uebungsbuch1sourcecode\kapitel11>
```

Lösung 10.3

Die Klasse GenericPunktmitBounds

```java
import java.io.*;
import java.util.*;
// Mit der Angabe von Bounds für die Typvariablen T und S in der
// Deklaration der generischen Klasse stehen für diese,
// zusätzlich zu den Methoden der Klasse Object, auch typsicher
// alle Methoden ihrer Typ-Schranken zur Verfügung
public class GenericPunktmitBounds<T extends Number,
                                   S extends Number> {
    T koordinate1;
    S koordinate2;
// Für Ausgaben am Bildschirm eine Console-Instanz erzeugen
    static Console console = System.console();
// Konstruktordefinition
    GenericPunktmitBounds(T k1, S k2) {
        koordinate1 = k1;
        koordinate2 = k2;
    }
// Die Zugriffsmethoden auf die Koordinaten beinhalten die
// Typvariablen aus der Klassendeklaration, sind aber keine
// generische Methoden;
    public void setKoordinate1(T k1) {
        koordinate1 = k1;
    }
    public void setKoordinate2(S k2) {
        koordinate2 = k2;
    }
    public T getKoordinate1() {
        return koordinate1;
    }
    public S getKoordinate2() {
        return koordinate2;
    }
// so auch die beiden nachfolgenden Instanzmethoden; der Aufruf
// der byteValue()-Methode an Instanzen vom Typ T und S
// erfordert eine Einschränkung der Typvariablen der Klasse auf
// die Klasse Number; ohne diese Einschränkung erzeugt der
// Compiler beim Übersetzen den Fehler: "cannot find symbol
// method byteValue()"
    public boolean compareKoordinate1(T zahl) {
        return koordinate1.byteValue() == zahl.byteValue();
    }
    public boolean compareKoordinate2(S zahl) {
        return koordinate2.byteValue() == zahl.byteValue();
    }
// Eine generische Instanzmethode zerlegt eine Liste mit
// Elementen vom Typ GenericPunktmitBounds<U,V> in zwei Listen
```

```
// mit Elementen vom Typ U und V
  public <U extends Number,V extends Number> void
    zerlegen(List<GenericPunktmitBounds<U,V>> liste) {
// Weil die Namen der Typvariablen für die generische Methode
// unterschiedlich zu den Namen der Typvariablen für die
// generische Klasse gewählt wurden, können Letztere in der
// Methode weiter erreicht werden
    T zahl1 = this.getKoordinate1();
    S zahl2 = this.getKoordinate2();
    List<U> liste1 = new ArrayList<U>();
    List<V> liste2 = new ArrayList<V>();
// Weil die Variablen T und S auch vom Typ Number sein können,
// und diese Klasse nicht das Interface Comparable
// implementiert, muss der Vergleich auf der Ebene von
// primitiven Typen erfolgen
    for(GenericPunktmitBounds<U, V> punkt: liste) {
      if((punkt.getKoordinate1().intValue())==
                          (zahl1.intValue()))
        liste2.add(punkt.getKoordinate2());
      if((punkt.getKoordinate2().intValue())==
                          (zahl2.intValue()))
        liste1.add(punkt.getKoordinate1());
    }
    console.printf("%s%n", "1. Liste: " + liste1.toString());
    console.printf("%s%n", "2. Liste: " + liste2.toString());
  }
// Weil statische Methoden keinen Zugriff auf die Typvariablen
// von Klassen haben, werden diese des Öfteren als generische
// Methoden definiert
  // public static void anzeigePunkt(GenericPunktmitBounds<T,S>
  //    punkt) { // Compilerfehler: "non-static class T and S
// cannot be referenced from a static context"
// Da die Typvariablen aus der Methodendefinition nicht weiter
// in der Methode verwendet werden, ist ein Einsatz von
// ungebundenen oder gebundenen Wildcardtypen nicht nur
// möglich, sondern auch empfehlenswert; dieser macht den
// Einsatz von Typvariablen überflüssig (siehe dazu die
// gleichnamige Methode der Klasse GenericPunkt)
  // public static void anzeigePunkt(GenericPunktmitBounds
  //    <? extends Number,? extends Number> punkt) { // korrekt
// Wir benutzen diesmal Typvariablen, was ebenfalls korrekt ist,
// weil wir uns erst in der nachfolgenden Aufgabe mit
// Wildcardtypen näher beschäftigen werden
  public static <U extends Number,V extends Number> void
            anzeigePunkt(GenericPunktmitBounds<U,V> punkt) {
// Die Typeinschränkungen machen möglich, dass die Methode
// byteValue() der Klasse Number aufgerufen werden kann;
// die Methode getClass() von Object hat diese Einschränkung
// nicht nötig
```

```
        console.printf("1. Koordinate vom Typ %s = %d%n",
          punkt.koordinate1.getClass().getName(),
            punkt.getKoordinate1().byteValue());
        console.printf("2. Koordinate vom Typ %s = %d%n",
          punkt.koordinate2.getClass().getName(),
            punkt.getKoordinate2().byteValue());
    }
    // Generische Klassenmethoden zum Erzeugen einer leeren Liste
    public static <U extends Number,V extends Number>
      List<GenericPunktmitBounds<U,V>> erstellen(int anzahl){
      return new ArrayList<GenericPunktmitBounds<U,V>>(anzahl);
    }
    // und zum Hinzufügen von Elementen in eine Liste
    public static <U extends Number,V extends Number> void
      einfuegen(List<GenericPunktmitBounds<U,V>> liste,
                    GenericPunktmitBounds<U,V> genericPunkt) {
      liste.add(genericPunkt);
    }
    // Nicht-generische Klassenmethode, die einen Parameter von
    // einem parametrisierten Typ definiert
    public static void anzeigeListe(List<GenericPunktmitBounds
                             <Integer,Double>> liste){
      for(GenericPunktmitBounds<Integer,Double> genericPunkt:
        liste)
        anzeigePunkt(genericPunkt);
    }
}
```

Die Klasse TypvariablenundParametrisierteTypen

```
import java.util.*;
import javax.swing.*;
import java.io.*;
public class TypvariablenundParametrisierteTypen {
// Für Ausgaben am Bildschirm eine Console-Instanz erzeugen
  static Console console = System.console();
// Generische Methodendefinitionen mit und ohne Bounds für ihre
// Typparameter; unchecked-Warnung: "Possible heap pollution
// from parameterized vararg type T, where T is a type variable:
// T extends Number..." bei der Deklaration der Methode
  public static <T extends Number> void typInferenz1(
                                      T... typArray) {
    console.printf("%s%n", "Der mittels Inferenz ermittelte Typ"
        + " für den Typparameter der Methode: "
          + typArray.getClass());
      for(T typ:typArray)
      console.printf("%s%n", "Typ eines aktuellen Arguments: "
        + typ.getClass());
  }
```

```
// unchecked-Warnung: "Possible heap pollution from
// parameterized vararg type T, where T is a type variable: T
// extends Object..." bei der Deklaration der Methode
  public static <T> void typInferenz2(T... typArray) {
    console.printf("%s%n", "Der mittels Inferenz ermittelte Typ"
      + " für den Typparameter der Methode: "
        + typArray.getClass());
    for(T typ:typArray)
      console.printf("%s%n", "Typ eines aktuellen Arguments: "
        + typ.getClass());
  }
  public static void main(String args[]) {
// Parametrisierte Instanzen vom Typ der Klasse
// GenericPunktmitBounds erzeugen und deren Methoden aufrufen;
// Compilerfehler:"typ parameter String is not within its
// bound"
  // GenericPunktmitBounds<String, String> genericPunkt =
  //   new GenericPunktmitBounds<String, String>("1","2");
  GenericPunktmitBounds<Number, Number> genericPunkt1 =
    new GenericPunktmitBounds<Number, Number>(1,2.0);
  GenericPunktmitBounds<Double, Integer> genericPunkt2 =
    new GenericPunktmitBounds<Double, Integer>(1.0,2);
  List<GenericPunktmitBounds<Double,Integer>> liste =
    new ArrayList<GenericPunktmitBounds<Double,Integer>>();
  console.printf("%s%n", "Die Methoden der Klasse "
    + "GenericPunktmitBounds aufrufen");
  liste.add(new GenericPunktmitBounds<Double,Integer>(
    new Double(1.0), new Integer(3)));
  liste.add(new GenericPunktmitBounds<Double,Integer>(
    new Double(3.0), new Integer(2)));
  liste.add(new GenericPunktmitBounds<Double,Integer>(
    new Double(1.0), new Integer(2)));
  liste.add(new GenericPunktmitBounds<Double,Integer>(
    new Double(2.0), new Integer(1)));
  console.printf("%b%n", genericPunkt1.compareKoordinate1(3));
  console.printf("%b%n", genericPunkt1.compareKoordinate2(2));
  genericPunkt2.zerlegen(liste);
  GenericPunktmitBounds.anzeigePunkt(genericPunkt1);
  GenericPunktmitBounds.anzeigePunkt(genericPunkt2);
// Typinferenz für Methoden
    console.printf("%s", "Typinferenz für Methoden\n");
// unchecked-Warnung: "unchecked array creation for varargs
// parameter of type INT#1[] ... where INT#1, INT#2 are
// intersection types: INT#1 extends Number, Comparable<?
// extends INT#2> INT#2 extends Number,Comparable<?>"
// beim Aufruf der Methode; wenn der Typparameter in der
// Parameterliste von Methoden auftritt, sucht der für Inferenz
// eingesetzte Algorithmus den am tiefsten liegenden Typ in der
// Typhierarchie, der kompatibel zu allen Typen von Argumenten
// ist
```

```
    typInferenz1((new Integer(1)).byteValue(), 1, 1., 1f);
// unchecked-Warnung: "unchecked array creation for varargs
// parameter of type INT#1[] ... where INT#1 is a intersection
// type: INT#1 extends Object, Cloneable, Serializable" beim
// Aufruf der Methode
    typInferenz2(new ArrayList<String>(),new HashSet<String>(),
        new HashMap<String,String>(),new Vector<String>());
// unchecked-Warnung: "unchecked array creation for varargs
// parameter of type Collection<String>[]" beim
// Aufruf der Methode
    TypvariablenundParametrisierteTypen.<Collection<String>>
        typInferenz2(new ArrayList<String>(),new HashSet<String>(),
            new Vector<String>(),new LinkedList<String>());
        typInferenz2(new Rose(),new Nelke(),new Tulpe());
// unchecked-Warnung: "unchecked array creation for varargs
// parameter of type INT#1[] ... where INT#1 is a intersection
// type: INT#1 extends AbstractButton, Accessible" beim
// Aufruf der Methode
    typInferenz2(new JButton(),new JMenuItem(),
        new JToggleButton());
    typInferenz2(new String("Typinferenz"),
        new StringBuffer("Typinferenz"));
// unchecked-Warnung: "unchecked array creation for varargs
// parameter of type INT#1[] ... where INT#1 is a intersection
// type: INT#1 extends Object, Serializable, CharSequence" beim
// Aufruf der Methode
    TypvariablenundParametrisierteTypen.<CharSequence>
        typInferenz2(new String("Typinferenz"),
            new StringBuffer("Typinferenz"));
// Sind die Typparameter nicht in der Parameterliste, jedoch im
// Rückgabetyp der Methode enthalten, versucht der Compiler,
// die Typargumente aus dem Kontext, in dem die Methode
// aufgerufen wird, zu bestimmen; erfolgt der Methodenaufruf
// in einer Zuweisung, ist der Typ der Variablen, der das
// Ergebnis der Methode zugewiesen wird, ausschlaggebend
    List<GenericPunktmitBounds<Integer,Double>> listeNeu =
        GenericPunktmitBounds.erstellen(2);
    GenericPunktmitBounds.einfuegen(listeNeu,
      new GenericPunktmitBounds<Integer,Double>(new Integer(3),
        new Double(1.0)));
    GenericPunktmitBounds.einfuegen(listeNeu,
      new GenericPunktmitBounds<Integer,Double>(new Integer(2),
        new Double(3.0)));
    console.printf("%s%n", "Der mittels Inferenz ermittelte Typ"
        + " für die Typparameter der Methode: "
        + listeNeu.get(0).getKoordinate1().getClass() + "*"
          + listeNeu.get(0).getKoordinate2().getClass());
    // GenericPunktmitBounds.ausgabeListe(liste);
    GenericPunktmitBounds.anzeigeListe(listeNeu);
```

```
// Falls der Aufruf der generischen Methode im Aufruf einer
// anderen Methode erfolgt, müssen die Typargumente explizit
// angegeben werden, wenn diese durch Inferenz nicht eindeutig
// bestimmt werden können
   // GenericPunktmitBounds.anzeigeListe(GenericPunktmitBounds.
       // erstellen(2));
    GenericPunktmitBounds.anzeigeListe(GenericPunktmitBounds.
       <Integer,Double>erstellen(2));
 }
}
```

Programmausgaben

```
java7uebungsbuch1                                                      _ □ X
C:\Users\Lissi\Documents\java7uebungsbuch1sourcecode\kapitel11>"C:\program files
\java\jdk1.7.0\bin\javac" -Xlint TypvariablenundParametrisierteTypen.java
TypvariablenundParametrisierteTypen.java:12: warning: [unchecked] Possible heap
pollution from parameterized vararg type T
                                                    T... typArray) {

  where T is a type-variable:
    T extends Number declared in method <T>typInferenz1(T...)
TypvariablenundParametrisierteTypen.java:23: warning: [unchecked] Possible heap
pollution from parameterized vararg type T
  public static <T> void typInferenz2(T... typArray) {

  where T is a type-variable:
    T extends Object declared in method <T>typInferenz2(T...)
TypvariablenundParametrisierteTypen.java:69: warning: [unchecked] unchecked gene
ric array creation for varargs parameter of type INT#1[]
    typInferenz1((new Integer(1)).byteValue(), 1, 1., 1f);

  where INT#1,INT#2 are intersection types:
    INT#1 extends Number,Comparable<? extends INT#2>
    INT#2 extends Number,Comparable<?>
TypvariablenundParametrisierteTypen.java:74: warning: [unchecked] unchecked gene
ric array creation for varargs parameter of type INT#1[]
    typInferenz2(new ArrayList<String>(),new HashSet<String>(),

  where INT#1 is an intersection type:
    INT#1 extends Object,Cloneable,Serializable
TypvariablenundParametrisierteTypen.java:80: warning: [unchecked] unchecked gene
ric array creation for varargs parameter of type Collection<String>[]
    typInferenz2(new ArrayList<String>(),new HashSet<String>(),

TypvariablenundParametrisierteTypen.java:87: warning: [unchecked] unchecked gene
ric array creation for varargs parameter of type INT#1[]
    typInferenz2(new JButton(),new JMenuItem(),

  where INT#1 is an intersection type:
    INT#1 extends AbstractButton,Accessible
TypvariablenundParametrisierteTypen.java:89: warning: [unchecked] unchecked gene
ric array creation for varargs parameter of type INT#1[]
    typInferenz2(new String("Typinferenz"),

  where INT#1 is an intersection type:
    INT#1 extends Object,Serializable,CharSequence
7 warnings
```

Lösung 10.4

Die Klasse Obst

```java
public class Obst {
  protected int art;
// Konstruktordefinition
  public Obst(int art) {
    this.art = art;
  }
// Zugriffsmethoden
  public int getArt() {
    return art;
  }
  public void setArt(int art) {
    this.art = art;
  }
  public String toString() {
    return(art + "-Obstart");
  }
}
```

Die Klasse Apfel

```java
public class Apfel extends Obst implements Comparable<Apfel> {
  String sorte;
  String farbe;
// Konstruktordefinition
  public Apfel(int art, String sorte, String farbe) {
    super(art);
    this.sorte = sorte;
    this.farbe = farbe;
  }
// Zugriffsmethoden
  public String getSorte() {
    return sorte;
  }
  public void setSorte(String sorte) {
    this.sorte = sorte;
  }
  public String getFarbe() {
    return farbe;
  }
  public void setFarbe(String farbe) {
    this.farbe = farbe;
  }
  public String toString() {
    return(sorte + "-Apfel" + ":" + farbe);
```

```
   }
// Die Methode des Interface implementieren
   public int compareTo(Apfel apfel) {
      return sorte.compareTo(apfel.getSorte());
   }
}
```

Die Klasse Birne

```
public class Birne extends Obst implements Comparable<Birne> {
   String sorte;
   String farbe;
// Konstruktordefinition
   public Birne(int art, String sorte, String farbe) {
      super(art);
      this.sorte = sorte;
      this.farbe = farbe;
   }
// Zugriffsmethoden
   public String getSorte() {
      return sorte;
   }
   public void setSorte(String sorte) {
      this.sorte = sorte;
   }
   public String getFarbe() {
      return farbe;
   }
   public void setFarbe(String farbe) {
      this.farbe = farbe;
   }
   public String toString() {
      return(sorte + "-Birne" + ":" + farbe);
   }
// Die Methode des Interface implementieren
   public int compareTo(Birne birne) {
      return sorte.compareTo(birne.getSorte());
   }
}
```

Die Klasse NashiBirne

```
public class NashiBirne extends Birne {
   String form;
// Konstruktordefinition
   public NashiBirne(int art, String sorte, String farbe,
                                             String form) {
      super(art, sorte, farbe);
```

```
      this.form = form;
  }
// Zugriffsmethoden
  public String getForm() {
    return form;
  }
  public void setForm(String form) {
    this.form = form;
  }
  public String toString() {
    return(sorte + "-NashiBirne" + ":" + farbe + "*" + form);
  }
}
```

Die Klasse WildcardTypen

```
import java.util.*;
public class WildcardTypen {
// unchecked-Warnung: "Possible heap pollution from parametrized
// vararg type Set<T>"
  public static <T> void anzahlElemente1(Set<T>... sets) {
    if(sets != null)
      for(Set<T> set:sets)
        System.out.println("Der Korb " + set + " beinhaltet "
          + set.size() + " Fruechte");
  }
// Wildcardtypen ohne Typ-Schranken ("ungebundene
// Wildcardtypen") in einer Methode zum Berechnen der Anzahl von
// Elementen aus verschiedenen parametrisierten Set-Instanzen
// benutzen
  public static void anzahlElemente2(Set<?>... sets) {
    if(sets != null)
      for(Set<?> set:sets)
        System.out.println("Der Korb " + set + " beinhaltet "
          + set.size() + " Fruechte");
  }
// Zu der mit ? extends Obst bezeichneten Menge von Java-Typen
// gehört der konkrete Typ Obst und jeder Subtyp (im Sinne der
// Vererbung) von diesem, wie Birne oder Apfel, und somit ist
// Set<? extends Obst> der Supertyp für Set<Birne> und
// Set<Apfel>; eine Instanz, die durch den Wildcardtyp ? extends
// Obst referenziert wird, kann nur als Obst-Typ gelesen werden
// und mit null geschrieben werden
  public static void anzeige(Set<? extends Obst> korb) {
    for(Obst obst:korb)
      System.out.println("**" + obst.toString());
  }
// Zu der Menge von Typen, die durch ? super NashiBirne
```

```
// dargestellt wird, gehört der konkrete Typ NashiBirne und all
// seine Supertypen (im Sinne der Vererbung): Birne, Obst und
// Object; einer Referenz vom Typ ? super T kann immer eine
// Referenz vom Typ T zugewiesen werden;somit ist Set<? super T>
// der Supertyp für alle generischen Typen der Form
// Set<SuperTyp>, wobei SuperTyp irgendein Supertyp des Subtyps
// T ist (Set<? super NashiBirne> ist der Supertyp von
// Set<Birne>, Set<Obst> und Set<Object>); eine Referenz vom Typ
// ? super SubTyp kann jeden Wert vom Typ SubTyp zugewiesen
// bekommen, jedoch nur als Typ Object gelesen werden
   public static <T> void reinlegen(Set<? super T> korb,
                                      T frucht) {
      korb.add(frucht);
      for(Object obst:korb)
        System.out.println("***" + obst.toString());
   }
// Wildcardtypen mit extends und super, auf Elementen von Mengen
// operieren
   public static <T> void addandremove(Set<? extends T> set1,
                              Set<? super T> set2) {
// Für den Wildcardtyp ? extends T ist das Lesen erlaubt und
// das Schreiben bis auf null verboten
      if(set1 != null) {
        for(T element:set1) {
// Die Elemente der ersten Menge der zweiten Menge hinzufügen
           set2.add(element);
           // set1.remove(element); // Fehler
        }
        System.out.println(set1 + " & " + set2);
      }
// Für den Wildcardtyp ? super T ist das Schreiben erlaubt und
// das Lesen bis auf Object verboten
      if(set2 != null) {
        // for(T element:set2) {// Fehler
        for(Object element:set2) {
           // set1.add(element); // Fehler
// Alle Elemente der ersten Menge löschen
           if(set1.contains(element))
             set1.remove(element);
           System.out.println("Das Element " + element
             + " aus der 2. Menge ist in der 1. Menge nicht "
             + "vorhanden");
        }
        System.out.println(set1 + " & " + set2);
      }
   }
// Generische Methodendefinition für die Transformation einer
```

```java
// List-Instanz in eine Set-Instanz
public static <T> Set<T> listToSet1(List<T> list) {
    Set<T> set = new HashSet<T>();
    for(T element:list) {
        System.out.println(element.getClass().getName());
        set.add(element);
    }
    return set;
}
// Wie mit den vorangegangenen Methoden gezeigt wurde, können
// generische Methoden mit Argumenten, deren Typ eine Wildcard-
// Instanziierung eines Typs ist, arbeiten; der Typ, der sich
// hinter dem Wildcard-Zeichen verbirgt, wird dann wie eine
// normale Typvariable behandelt; "wildcard capture" bezeichnet
// die Fähigkeit des Compilers, jeden beliebigen Typ, der sich
// hinter einem Wildcardtyp verbirgt, zu fangen; kann dieser
// unbekannte Typ in einer anonymen Typvariablen X gefangen
// werden, so kann der Typ T der generischen Methode in X
// inferiert werden und darauf basiert die so genannte
// "capture conversion"
public static Set<?> listToSet2(List<?> list) {
    System.out.println("Der Typ, der sich hinter dem Wildcard "
        + "verbirgt und von T gefangen wird: ");
    // Set<?> set = new HashSet<Object>(); // korrekt, aber
// in Instanzen von ungebundenen Wildcardtypen kann nicht
// geschrieben werden
    // set.addAll(list);
// Im Gegensatz dazu, weil generische Methoden ihre Argumente
// inferieren oder fangen können, erlauben diese eine
// Erweiterung der Berichsdefinition von Typen über das hinaus,
// was mit Wildcard-Instanziierungen erreicht werden kann
    return listToSet1(list);
}
// Das Einschränken der aktuellen Typen von parametrisierten
// Typen mit Wildcard-Bounds kann in Analogie zum Einschränken
// von Typvariablen mit Bounds in Klassen- und
// Methodendeklarationen betrachtet werden; zur Illustration
// definieren wir sort()-Methoden für Set-Instanzen; diese rufen
// die gleichnamigen überladenen sort()-Methoden der Utility-
// Klasse Collections auf
public static <T extends Comparable<? super T>> List<?>
                            sort(Set<T> set) {
    List<T> list = new ArrayList<T>(set.size());
    for(T element:set)
        list.add(element);
    Collections.sort(list);
    System.out.println("??" + list);
```

```
// Mit der Zuweisung set = list wird die Reihenfolge von
// Elementen abgeändert; darum wurde in beiden sort()-Methoden
// der ursprünglich angedachte Rückgabetyp Set<T> durch List<T>
// ausgetauscht
    //return listToSet2(list);
    return list;
  }
// Das Comparator-Interface wird als anonyme Klasse
// implementiert; der Comparator<? super T>-Typ erlaubt (analog
// zum Typ Comparable<? super T) Vergleiche, die in einer
// Oberklasse der vergleichbaren Elemente definiert sind (siehe
// dazu die Klassen Birne und Apfel mit ihrer Oberklasse Obst
// bzw. die Klasse NashiBirne mit ihrer Oberklasse Birne)
  public static <T> List<?> sort(Set<T> set,
                      Comparator<? super T> comparator) {
    List<T> list = new ArrayList<T>(set.size());
    for(T element:set)
      list.add(element);
    Collections.sort(list, comparator);
    System.out.println("??" + list);
 //  return listToSet2(list);
    return list;
  }
// min()- und max()-Methoden für Set-Instanzen definieren; dies
// nur, um auf die nicht gerade einfache Syntax in der
// Methodensignatur hinzuweisen; weil Set ein Unterinterface von
// Collection ist, können die Methoden der Utility-Klasse
// Collections selbstverständlich direkt aufgerufen werden
  public static <T extends Object & Comparable<? super T>> T
                      min(Set<? extends T> set) {
    return Collections.min(set);
  }
  public static <T> T min(Set<? extends T> set,
                      Comparator<? super T> comp) {
    return Collections.min(set, comp);
  }
  public static void main(String args[]) {
// Mit Hilfe von parametrisierten Typen Obstkörbe als Mengen von
// Früchten erzeugen; die Klassen Apfel und Birne erweitern die
// Klasse Obst
    Set<Obst> obstKorb = new HashSet<Obst>();
    Set<Birne> birnenKorb = new HashSet<Birne>();
    Set<Apfel> apfelKorb = new HashSet<Apfel>();
    Birne birnea = new Birne(1, "Gute Louise", "gelb");
    Birne birneb = new Birne(1, "Alexander Lucas", "rot");
    Apfel apfela = new Apfel(2, "Golden Delicious", "gelb");
    Apfel apfelb = new Apfel(2, "Red Delicious", "rot");
    Apfel apfelc = new Apfel(2, "Granny Smith", "gruen");
```

```
        birnenKorb.add(birnea);
        birnenKorb.add(birneb);
        apfelKorb.add(apfela);
        apfelKorb.add(apfelb);
        apfelKorb.add(apfelc);
        obstKorb.add(birnea);
        obstKorb.add(birneb);
        obstKorb.add(apfela);
        obstKorb.add(apfelb);
        obstKorb.add(apfelc);
        System.out.println("\nUngebundene Wildcardtypen "
           + "(ohne Schranken)");
// Wildcardtypen ohne Typ-Schranken ("ungebundene
// Wildcardtypen");
// der nachfolgende Aufruf führt zu einem Compilerfehler, weil
// T immer für einen bestimmten Typ steht und nicht für mehrere
// Typen gleichzeitig
        // anzahlElemente1(birnenKorb, apfelKorb, obstKorb);
// Korrekt ist zu diesem Zweck auf Wildcardtypen
// zurückzugreifen
        anzahlElemente2(birnenKorb, apfelKorb, obstKorb);
// Folgende Zuweisungen führen ebenfalls zu einem Compiler-
// Fehler wegen der Einschränkungen bei der Typumwandlung von
// generischen Klassen; auch wenn Birne und Apfel Subtypen vom
// Typ Obst sind, so sind Set<Birne> und Set<Apfel> keine
// Subtypen von Set<Obst> (Invarianz-Prinzip)
        // obstKorb = apfelKorb;
        // obstKorb = birnenKorb;
// Set<?> ist jedoch der Supertyp für alle Instanziierungen des
// generischen Typs Set<T> (das heißt, für alle Instanziierungen
// von konkreten Typen)
        Set<?> obstKorba = new HashSet<Obst>();
        Set<?> obstKorbb = new HashSet<Birne>();
        Set<?> obstKorbc = new HashSet<Apfel>();
// darum kein Fehler beim Übersetzen, die nachfolgenden
// Zuweisungen sind zugelassen, weil Set<?> ein Supertyp von
// Set<Apfel> und Set<Birne> ist
        obstKorba = birnenKorb;
        obstKorba = apfelKorb;
// Fehler beim Übersetzen: Eine Instanz, die durch einen
// Wildcardtyp ohne Bounds repräsentiert wird, kann nur als Typ
// Object gelesen werden und mit null geschrieben werden
        // obstKorbc.add(new Apfel(2, "Golden Delicious", "gelb"));
        // obstKorbc.add(null); // ist korrekt
// Die contains()-Methode des Interface Set definiert eine
// Object-Referenz als Parameter
        System.out.println(obstKorbb.contains(birnea));
        System.out.println(obstKorbc.contains(apfela));
```

```
// Mit Hilfe einer Iterator<?>-Instanz können Elemente aus
// Set<?>-Instanzen mit ihren eigenen Typen gelesen werden, weil
// der Typ Iterator<?> ein Supertyp von Iterator<Birne> und
// Iterator<Apfel> ist
    Iterator<?> iterator = obstKorba.iterator();
    while(iterator.hasNext())
// Den Namen der Klasse ermitteln, um zu zeigen, dass dies nicht
// die Klasse Object ist
    System.out.println(iterator.next().getClass().getName());
    iterator = obstKorbb.iterator();
    while(iterator.hasNext())
      System.out.println(iterator.next());
    iterator = obstKorbc.iterator();
    while(iterator.hasNext())
      System.out.println(iterator.next());
    System.out.println("\nWildcardtypen mit extends");
// Der Wildcardtyp ? extends Obst steht für die Menge
// aller Subtypen von Obst, inklusive für den Typ Obst selbst
    Set<? extends Obst> obstKorbx = new HashSet<Obst>();
    Set<? extends Obst> obstKorby = new HashSet<Birne>();
    Set<? extends Obst> obstKorbz = new HashSet<Apfel>();
// Eine Instanz, die durch ? extends Obst repräsentiert wird,
// kann nur als Typ Obst gelesen werden, wie dies mit Hilfe der
// Methode anzeige() gezeigt wird
    anzeige(obstKorb);
    anzeige(birnenKorb);
    anzeige(apfelKorb);
    System.out.println("\nWildcardtypen mit super");
// Der Wildcardtyp ? super Birne bzw. ? super Apfel steht für
// die Menge aller Supertypen von Birne bzw. Apfel (Obst und
// Object)
    Set<? super Birne> obstKorb1 = new HashSet<Birne>();
    Set<? super Birne> obstKorb2 = new HashSet<Obst>();
    Set<? super Apfel> obstKorb6 = new HashSet<Apfel>();
    Set<? super Apfel> obstKorb7 = new HashSet<Obst>();
    Set<? super Apfel> obstKorb8 = new HashSet<Object>();
// Eine Instanz, die durch ? super SubTyp repräsentiert wird,
// kann nur als Typ Object gelesen werden, wie dies mit Hilfe
// der Methode reinlegen() gezeigt wird
    reinlegen(obstKorb1, birnea);
    reinlegen(obstKorb2, birneb);
    reinlegen(obstKorb6, apfela);
    reinlegen(obstKorb7, apfelb);
    reinlegen(obstKorb8, apfelc);
// Einer Referenz vom Typ ? super SubTyp kann immer ein Objekt
// vom Typ eines Supertyps von SubTyp zugewiesen werden
```

```
    obstKorb2 = obstKorb1;
    System.out.println("****" + obstKorb2);
    obstKorb1 = obstKorb2;
    System.out.println("****" + obstKorb1);
    Set<Obst> obstKorb3 = new HashSet<Obst>();
    obstKorb3.add(birnea);
    obstKorb3.add(birneb);
    obstKorb3.add(apfela);
    System.out.println("*****" + obstKorb3);
    obstKorb1 = obstKorb3;
    System.out.println("*****" + obstKorb1);
    Set<Object> obstKorb4 = new HashSet<Object>();
    obstKorb4.add(apfelb);
    obstKorb4.add(apfelc);
    obstKorb4.add(birneb);
    System.out.println("*****" + obstKorb4);
    obstKorb1 = obstKorb4;
    System.out.println("*****" + obstKorb1);
    Set<Apfel> obstKorb5 = new HashSet<Apfel>();
    obstKorb5.add(apfela);
    obstKorb5.add(apfelc);
    System.out.println("*****" + obstKorb5);
// Compilerfehler: "incompatible types; der Typ Apfel ist kein
// Element der Menge von Typen, die durch ? super Birne
// dargestellt wird"
    // obstKorb2 = obstKorb5;
// Einer Referenz vom Typ ? extends SuperTyp kann immer ein
// Objekt vom Typ eines Subtyps von SuperTyp zugewiesen werden
    obstKorbx = obstKorby;
    obstKorbx = obstKorbz;
    obstKorbx = obstKorb3;
// Compilerfehler: incompatible types; der Typ Object ist kein
// Element der Menge von Typen, die durch ? extends Obst
// dargestellt wird
    // obstKorbx = obstKorb4;
    obstKorbx = obstKorb5;
// Zuweisungen von ungebundenen und gebundenen Wildcardtypen
    Set<?> korb;
    korb = obstKorb4;
    obstKorba = obstKorbx;
    obstKorbb = obstKorby;
    obstKorbc = obstKorbz;
// Die durch ? extends Obst bezeichnete Menge von Typen ist
// keine Untermenge der Menge, die durch ? super Birne
// dargestellt wird; somit besteht zwischen Set<? extends Obst>
// und Set<? super Birne> keine Super/Subtyp-Beziehung und diese
// Typen sind nicht ineinander konvertierbar
```

```
        // obstKorb1 = obstKorby;
        // obstKorb2 = obstKorbx;
        obstKorba = obstKorb2;
        obstKorbb = obstKorb1;
// Wildcard-Capture
        System.out.println("\nWildcard-Capture");
// In der Methode static <T> Set<T> listToSet1(List<T> list)
// kann für die Typvariable T immer nur ein bestimmter Typ
// benutzt werden
        List<Integer> lista = Arrays.asList(new Integer(4),
            new Integer(3), new Integer(2));
        System.out.println("1. Liste: " + lista);
        Set<Integer> seta = listToSet1(lista);
// Berechnen des Minimums und Maximums für Elemente von
// Mengen, für die entweder eine natürliche Reihenfolge beim
// Sortieren mit Hilfe einer Comparable-Instanz definiert wurde
// oder im Nachhinein, mittels einer Comparator-Instanz, eine
// spezielle Sortierung definiert wird
        System.out.println("Minimum1: " + Collections.min(seta));
        System.out.println("Minimum2: "+
            Collections.min(seta, new Comparator<Integer>() {
                public int compare(Integer zahl1, Integer zahl2) {
                    return zahl1.compareTo(zahl2);
                }
            }
        )
        );
        System.out.println("1. Menge: " + seta);
        List<String> listb = Arrays.asList("2", "4", "3");
        System.out.println("2. Liste: " + listb);
        Set<String> setb = listToSet1(listb);
        System.out.println("2. Menge: " + setb);
        System.out.println("Minimum1: " + Collections.min(setb));
        System.out.println("Minimum2: "+
            Collections.min(setb, new Comparator<String>() {
                public int compare(String string1, String string2){
                    return string1.compareTo(string2);
                }
            }
        )
        );
        List<Apfel> listc = Arrays.asList(apfela, apfelb, apfelc);
        System.out.println("3. Liste: " + listc);
        Set<Apfel> setc = listToSet1(listc);
        System.out.println("3. Menge: " + setc);
        System.out.println("Minimum1: " + Collections.min(setc));
        System.out.println("Minimum2: "+
```

```
            Collections.min(setc, new Comparator<Apfel>() {
                public int compare(Apfel apfel1, Apfel apfel2) {
                    return apfel1.compareTo(apfel2);
                }
            }
        )
    );
// Mit der Methode static Set<?> listToSet2(List<?> list)
// wird eine unbekannte Instanziierung von List in eine
// unbekannte Instanziierung von Set konvertiert, indem der im
// Methodenaufruf angegebene Wildcardtyp an die generische
// Methode listToSet1() delegiert wird und dabei so getan wird,
// als wäre der Typ inferiert, obwohl dieser weiter offen ist
    List<?> list = Arrays.asList(new Integer(1),
        new Integer(3), new Integer(2));
    System.out.println("1. Liste: " + list);
    Set<?> set = listToSet2(list);
    System.out.println("1. Menge: " + set);
    list = Arrays.asList("1", "3", "2");
    System.out.println("2. Liste: " + list);
    set = listToSet2(list);
    System.out.println("2. Menge: " + set);
    list = Arrays.asList(apfela, apfelb, apfelc);
    System.out.println("3. Liste: " + list);
    set = listToSet2(list);
    System.out.println("3. Menge: " + set);
// Die Kompatibilität des Capture von ungebundenen und
// gebundenen Wildcardtypen zu anderen Typen und daraus folgende
// Fehlermeldungen, in denen der Ausdruck "? capure of" benutzt
// wird
// Compilerfehler, es können keine Set<?>-Instanzen in den
// min-Methoden übergeben werden (no suitable method found for
// min(Set<CAP#1>) ...; das Capture von einem ungebundenen
// Wildcardtyp ist zu keinem konkreten Typ kompatibel, nur zu
// sich selbst
    // System.out.println("Minimum: " + Collections.min(set));
// Compilerfehler: "incompatible types: required List<Apfel>
// found List<CAP#1> where CAP#1 is a fresh type-variable:
// CAP#1 extends Object from capture of ?"
    // listc = list;
    List<? extends Obst> newList1 = new ArrayList<Obst>();
    List<? super Apfel> newList2 = new ArrayList<Obst>();
    List<?> newList;
// Compilerfehler: "incompatible types: required
// List<? extends Obst> found List<CAP#1> where CAP#1 is a fresh
// type-variable: CAP#1 extends Object from capture of ?"
    // newList1 = list;
```

```
// Compilerfehler: incompatibel types: required
// List<? super Apfel> found List<CAP#1> where CAP#1 is a fresh
// type-variable: CAP#1 extends Object from capture of ?"
    // newList2 = list;
    newList = list; // korrekt
    System.out.println("Das Capture von einem ungebundenen "
      + "Wildcardtyp ist nur zu sich selbst kompatibel "
        + newList);
// Das Capture von einem gebundenen Wildcardtyp ist zu anderen
// Wildcardtypen kompatibel, aber nicht zum Typ ihrer Schranken
// Compilerfehler: "incompatible types: required Set<Obst>
// found Set<CAP#1> where CAP#1 is a fresh type-variable: CAP#1
// extends Obst from capture of ? extends Obst"
    // obstKorb = obstKorbx;
// Compilerfehler: "incompatible types: required Set<Obst>
// found Set<CAP#1> where CAP#1 is a fresh type-variable: CAP#1
// extends Object super: Birne from capture of ? super Birne"
    // obstKorb3 = obstKorb1;
// Compilerfehler: "incompatible types: required Set<Object>
// found Set<CAP#1> where CAP#1 is a fresh type-variable: CAP#1
// extends Object super: Birne from capture of ? super Birne"
    // obstKorb4 = obstKorb1;
// Compilerfehler: required List<? extends Obst> found
// List<CAP#1> where CAP#1 is a fresh type-variable: CAP#1
// extends Object super: Apfel from capture of ? super Apfel"
    // newList1 = newList2;
// Compilerfehler: "incompatible types: required
// List<? super Apfel> found Set<CAP#1> where CAP#1 is a fresh
// type-variable: CAP#1 extends Obst from capture of ? extends
// Obst"
    // newList2 = newList1;
    System.out.println("Das Capture von einem gebundenen "
      + "Wildcardtyp ist nur zu anderen Wildcardtypen "
        + "kompatibel");
// Eine Instanz, die durch den Wildcardtyp ? extends SuperTyp
// referenziert wird, kann nur mit null geschrieben werden
    newList1.add(null);
// Das Capture von einem gebundenen Wildcardtyp kann einem
// anderen Wildcardtyp zugewiesen werden
    list = newList1;
    System.out.println(list);
// Eine Referenz vom Typ ? super SubTyp kann jeden Wert vom Typ
// SubTyp zugewiesen bekommen
    newList2.add(apfela);
    newList2.add(apfelb);
// Das Capture von einem gebundenen Wildcardtyp kann einem
// anderen Wildcardtyp zugewiesen werden
```

```
        list = newList2;
        System.out.println(list);
// Neue Obstkörbe erzeugen; die Klasse NashiBirne erweitert die
// Klasse Birne
        Set<Apfel> apfelKorbNeu = new HashSet<Apfel>();
        Set<Birne> birnenKorbNeu = new HashSet<Birne>();
        Set<Obst> obstKorbNeu = new HashSet<Obst>();
        Set<NashiBirne> nashibirnenKorb =
          new HashSet<NashiBirne>();
        apfelKorbNeu.add(apfela);
        apfelKorbNeu.add(apfelb);
        apfelKorbNeu.add(apfelc);
        obstKorbNeu.add(birnea);
        obstKorbNeu.add(birneb);
        birnenKorbNeu.add(birnea);
        birnenKorbNeu.add(birneb);
        NashiBirne  nashiBirnea = new NashiBirne(3, "Nijusseiki",
          "blaurot", "pflaume");
        NashiBirne nashiBirneb = new NashiBirne(3, "Niitaka",
          "hellgruen", "apfel");
        birnenKorbNeu.add(nashiBirnea);
        birnenKorbNeu.add(nashiBirneb);
        nashibirnenKorb.add(nashiBirnea);
        nashibirnenKorb.add(nashiBirneb);
        System.out.println("$" + apfelKorbNeu);
        System.out.println("$" + obstKorbNeu);
        System.out.println("$" + nashibirnenKorb);
        System.out.println("\nSortieren von Wildcardtypen nach "
          + "deren natuerlichen Reihenfolge (mit Hilfe der "
            + "Implementation des Interface Comparable "
              + "in den Klassen fetgelegt");
// Den aktuellen Typ von parametrisierten Typen mit Wildcard-
// Bounds einschränken; die Set-Instanzen mit der ersten sort()-
// Methode sortieren; dazu implementieren die Klassen Apfel und
// Birne die Interfaces Comparable<Apfel> und Comparable<Birne>
        System.out.println("%" + sort(apfelKorbNeu));
        System.out.println("%" + sort(birnenKorbNeu));
// Compilerfehler, die Klasse Obst implementiert nicht das
// Comparable-Interface
        // System.out.println("%" + sort(obstKorbNeu));
        System.out.println("%" + sort(nashibirnenKorb));
// Das Comparable- bzw. Comparator-Interface wird für die Klasse
// NashiBirne von der Oberklasse Birne geerbt
        List<NashiBirne> listd = Arrays.asList(nashiBirnea,
          nashiBirneb);
        System.out.println("4. Liste: " + listd);
        Set<NashiBirne> setd = listToSet1(listd);
```

```
        System.out.println("4. Menge: " + setd);
        System.out.println("Minimum1: " + Collections.min(setd));
        System.out.println("Minimum2: "+
            Collections.min(setd, new Comparator<Birne>() {
                public int compare(Birne birne1, Birne birne2) {
                    return birne1.compareTo(birne2);
                }
            }
        )
    );
// Typinferenz für Programmvariablen; die für die Klasse Birne
// definierte "natürliche Sortierung" wird durch die
// Implementierung des Interface Comparable<Birne>
// gewährleistet; eine Referenz von diesem Typ reicht aus für
// den Aufruf der compareTo()-Methode an Instanzen der Klasse
        Comparable<Birne> comparablea =
            new Birne(1, "Gute Louise", "gelb");
        Comparable<Birne> comparableb =
            new Birne(1, "Alexander Lucas", "rot");
        System.out.println(birnea.getSorte());
// Compilerfehler, die Methode getSorte() ist für die so
// referenzierte Instanz nicht zugelassen
        // System.out.println(comparablea.getSorte());
        System.out.println(birnea.compareTo(birneb));
        System.out.println(comparablea.compareTo(birneb));
        System.out.println("\nDie entgegengesetzten Eigenschaften "
            + "der Wildcardtypen ? extends Typ und ? super Typ");
// Die entgegengesetzten Eigenschaften der Wildcardtypen
//? extends T und ? super T, wobei T einen festen Typ
// bezeichnet, demonstrieren
        addandremove(apfelKorbNeu,obstKorbNeu);
        System.out.println("!" + apfelKorbNeu);
        System.out.println("!" + obstKorbNeu);
// Soll der nashibirnenKorb später sortiert werden, das Löschen
// seiner Zutaten durch Kommentarzeichen unterbinden
    /* addandremove(nashibirnenKorb,birnenKorbNeu);
        System.out.println("!!" + nashibirnenKorb);
        System.out.println("!!" + birnenKorbNeu); */
        System.out.println("\nSortieren von Wildcardtypen nach "
            + "der Reihenfolge, die von einer angegebenen Comparator-"
                + "Instanz fetgelegt wird");
// Den aktuellen Typ von parametrisierten Typen mit Wildcard-
// Bounds einschränken; Set-Instanzen mit der zweiten sort()-
// Methode sortieren
        System.out.println("Birnenkorb sortiert nach der Sorte: "+
            sort(birnenKorb,
// Das Interface Comparator mittels einer anonymen Klasse
// implementieren
```

```
              new Comparator<Birne>() {
                public int compare(Birne birne1, Birne birne2) {
                  return (birne1.getSorte()).
// Das Interface Comparable wird standardmäßig von vielen
// Java-Klassen, wie Integer und String, implementiert, so dass
// seine Methode compareTo() an deren Instanzen aufgerufen
// werden kann
                      compareTo(birne2.getSorte());
                }
              }
            )
        );
    System.out.println("Birnenkorb sortiert nach der Obstart: "+
        sort(birnenKorb,
            new Comparator<Obst>() {
                public int compare(Obst birne1, Obst birne2) {
                  return new Integer(birne1.getArt()).
                    compareTo(new Integer(birne2.getArt()));
                }
              }
            )
        );
    System.out.println("Apfelkorb sortiert nach der Farbe: "+
        sort(apfelKorb,
            new Comparator<Apfel>() {
                public int compare(Apfel apfel1, Apfel apfel2) {
                  return apfel1.getFarbe().
                    compareTo(apfel2.getFarbe());
                }
              }
            )
        );
    System.out.println("Apfelkorb sortiert nach der Obstart: "+
        sort(apfelKorb,
            new Comparator<Obst>() {
                public int compare(Obst apfel1, Obst apfel2) {
                  return new Integer(apfel1.getArt()).
                    compareTo(new Integer(apfel2.getArt()));
                }
              }
            )
        );
    System.out.println("Obstkorb sortiert nach der Obstart: "+
        sort(obstKorb,
            new Comparator<Obst>() {
                public int compare(Obst obst1, Obst obst2) {
                  return new Integer(obst1.getArt()).
```

```
                    compareTo(new Integer(obst2.getArt())));
              }
           }
        )
     );
  System.out.println("Nashibirnenkorb sortiert nach der Form:"
     + sort(nashibirnenKorb,
         new Comparator<NashiBirne>() {
            public int compare(NashiBirne nashiBirne1,
                               NashiBirne nashiBirne2) {
               return nashiBirne1.getForm().
               compareTo(nashiBirne2.getForm());
            }
         }
      )
  );
  System.out.println("Nashibirnenkorb sortiert nach der "
     + "Sorte: "+
     sort(nashibirnenKorb,
        new Comparator<Birne>() {
           public int compare(Birne nashiBirne1,
                              Birne nashiBirne2) {
              return nashiBirne1.getSorte().
              compareTo(nashiBirne2.getSorte());
           }
        }
     )
  );
  System.out.println("Nashibirnenkorb sortiert nach der "
     + "Obstart: "+
     sort(nashibirnenKorb,
        new Comparator<Obst>() {
           public int compare(Obst nashiBirne1,
                              Obst nashiBirne2) {
              return new Integer(nashiBirne1.getArt()).
              compareTo(new Integer(nashiBirne2.getArt()));
           }
        }
     );
  }
}
```

Programmausgaben

```
java7uebungsbuch1                                                    _ □ X

C:\Users\Lissi\Documents\java7uebungsbuch1sourcecode\kapitel11>"C:\program files
\java\jdk1.7.0\bin\javac" -Xlint WildcardTypen.java
WildcardTypen.java:5: warning: [unchecked] Possible heap pollution from paramete
rized vararg type Set<T>
   public static <T> void anzahlElemente1(Set<T>... sets) {
                                                    ^
  where T is a type-variable:
    T extends Object declared in method <T>anzahlElemente1(Set<T>...)
1 warning

C:\Users\Lissi\Documents\java7uebungsbuch1sourcecode\kapitel11>"C:\program files
\java\jdk1.7.0\bin\java" WildcardTypen

Ungebundene Wildcardtypen (ohne Schranken)
Der Korb [Alexander Lucas-Birne:rot, Gute Louise-Birne:gelb] beinhaltet 2 Fruech
te
Der Korb [Golden Delicious-Apfel:gelb, Red Delicious-Apfel:rot, Granny Smith-Apf
el:gruen] beinhaltet 3 Fruechte
Der Korb [Golden Delicious-Apfel:gelb, Alexander Lucas-Birne:rot, Red Delicious-
Apfel:rot, Granny Smith-Apfel:gruen, Gute Louise-Birne:gelb] beinhaltet 5 Fruech
te
false
false
Apfel
Apfel
Apfel

Wildcardtypen mit extends
××Golden Delicious-Apfel:gelb
××Alexander Lucas-Birne:rot
××Red Delicious-Apfel:rot
××Granny Smith-Apfel:gruen
××Gute Louise-Birne:gelb
××Alexander Lucas-Birne:rot
××Gute Louise-Birne:gelb
××Golden Delicious-Apfel:gelb
××Red Delicious-Apfel:rot
××Granny Smith-Apfel:gruen

Wildcardtypen mit super
×××Gute Louise-Birne:gelb
×××Alexander Lucas-Birne:rot
×××Golden Delicious-Apfel:gelb
×××Red Delicious-Apfel:rot
×××Granny Smith-Apfel:gruen
××××[Gute Louise-Birne:gelb]
××××[Gute Louise-Birne:gelb]
×××××[Golden Delicious-Apfel:gelb, Alexander Lucas-Birne:rot, Gute Louise-Birne:
gelb]
```

```
java7uebungsbuch1                                            _ □ X
*****[Golden Delicious-Apfel:gelb, Alexander Lucas-Birne:rot, Gute Louise-Birne:
gelb]
*****[Alexander Lucas-Birne:rot, Red Delicious-Apfel:rot, Granny Smith-Apfel:gru
en]
*****[Alexander Lucas-Birne:rot, Red Delicious-Apfel:rot, Granny Smith-Apfel:gru
en]
*****[Golden Delicious-Apfel:gelb, Granny Smith-Apfel:gruen]

Wildcard-Capture
1. Liste: [4, 3, 2]
java.lang.Integer
java.lang.Integer
java.lang.Integer
Minimum1: 2
Minimum2: 2
1. Menge: [2, 3, 4]
2. Liste: [2, 4, 3]
java.lang.String
java.lang.String
java.lang.String
2. Menge: [3, 2, 4]
Minimum1: 2
Minimum2: 2
3. Liste: [Golden Delicious-Apfel:gelb, Red Delicious-Apfel:rot, Granny Smith-Ap
fel:gruen]
Apfel
Apfel
Apfel
3. Menge: [Golden Delicious-Apfel:gelb, Red Delicious-Apfel:rot, Granny Smith-Ap
fel:gruen]
Minimum1: Golden Delicious-Apfel:gelb
Minimum2: Golden Delicious-Apfel:gelb
1. Liste: [1, 3, 2]
Der Typ, der sich hinter dem Wildcard verbirgt und von T gefangen wird:
java.lang.Integer
java.lang.Integer
java.lang.Integer
1. Menge: [1, 2, 3]
2. Liste: [1, 3, 2]
Der Typ, der sich hinter dem Wildcard verbirgt und von T gefangen wird:
java.lang.String
java.lang.String
java.lang.String
2. Menge: [3, 2, 1]
3. Liste: [Golden Delicious-Apfel:gelb, Red Delicious-Apfel:rot, Granny Smith-Ap
fel:gruen]
Der Typ, der sich hinter dem Wildcard verbirgt und von T gefangen wird:
Apfel
Apfel
```

Lösung 10.5

Die Klasse GenericArrayTypen

```
import java.util.*;
public class GenericArrayTypen<T extends Comparable<T>> {
// Generische Arrayreferenz
  T[] array;
```

```java
// Ein wichtiger Einsatz von generischen Arrays ist in Methoden
// mit variabler Argumentenliste (dies kann auch ein Konstruktor
// sein); unchecked-Warnung: "Possible heap pollution from
// parameterized vararg type T, where T is a type variable: T
// extends Comparable<T>..." bei der Deklaration des
// Konstruktors
  public GenericArrayTypen(T... array) {
    this.array = array;
  }
// Methode zum Sortieren und Anzeigen von Arrays
  public void sortieren() {
// Die Methode toString() der Klasse Arrays aufrufen
    System.out.println("\nIm Konstruktoraufruf uebergebenes "
      + "Array: "
        + Arrays.toString(array));
// Die Methode sort() der Klasse Arrays aufrufen
    Arrays.sort(array);
    System.out.println("\nSortiertes Array: "
      + Arrays.toString(array));
  }
// Ein im Methodenaufruf übergebenes Element in einem ebenfalls
// im Aufruf übergebenen Array suchen; unchecked-Warnung:
// "Possible heap pollution from
// parameterized vararg type U, where U,V are type variables: U
// extends Comparable<U>... V extends U ..." bei der Deklaration
// der Methode
  static <U extends Comparable<U>> int sucheElement1(
                          U element, U... array) {
  // static <U> int sucheElement1(U element, U... array) {
    System.out.println(element.getClass().getName() + "*"
      + array.getClass());
    for(int i=0; i<array.length; i++)
      if(element.equals(array[i]))
        return i;
      return -1;
  }
// unchecked-Warnung: "Possible heap pollution from
// parameterized vararg type U, where U,V are type variables: U
// extends Comparable<U>... V extends U ..." bei der Deklaration
// der Methode
  static <U extends Comparable<U>, V extends U> int
                  sucheElement2(V element, U... array) {
  // static <U, V extends U> int sucheElement2(
  //                        V element, U... array) {
    System.out.println(element.getClass().getName() + "*"
      + array.getClass());
    for(int i=0; i<array.length; i++)
```

```
        if(element.equals(array[i]))
            return i;
        return -1;
    }
// Ein im Methodenaufruf übergebenes Element in einem ebenfalls
// im Aufruf übergebenen Array einfügen
    // static <U> void einfuegenElement1(U element,U... array) {
    static <U extends Comparable<U>> void einfuegenElement1(
                                U element,U... array) {
       System.out.println(element.getClass().getName() + "*"
           + array.getClass().getName());
       for(int i=0; i<array.length; i++)
          array[i] = element;
    }
    // static <U, V extends U> void einfuegenElement2(
    //                                V element,U... array) {
    static <U extends Comparable<U>, V extends U> void
                   einfuegenElement2(V element,U... array) {
       System.out.println(element.getClass().getName() + "*"
           + array.getClass());
       for(int i=0; i<array.length; i++)
          array[i] = element;
    }
    public static void main(String args[]) {
// Auch generische Arrays sind in Java Objekte und
// mehrdimensionale Arrays sind Subtypen von anderen
// Arrays
       Integer [] zahlen = new Integer[3];
       Object [] objekte = zahlen;
// Eine Referenz vom Typ der Oberklasse Object kann auf jede
// beliebige Instanz der Unterklasse zeigen, ohne dass ein
// Fehler beim Übersetzen angemerkt wird; Arrays sind in Java
// nicht typsicher
       objekte[0] = new Integer(1);
       // objekte[1] = new Object(); // Laufzeitfehler: Exception
// in thread "main" java.lang.ArrayStoreException.
       // objekte[2] = new String(); // Laufzeitfehler
       System.out.println(objekte[0].getClass().getName());
       Obst[] obst = new Apfel[3];
// Eine Referenz vom Typ der Oberklasse kann auf eine Instanz
// der Unterklasse zeigen
       obst[0] = new Apfel(2, "Golden Delicious", "gelb");
       obst[1] = new Apfel(2, "Red Delicious", "rot");
       // obst[2] = new Obst(2); // Laufzeitfehler
       System.out.println(obst[0].getClass().getName() + "*"
          + obst[1].getClass().getName());
```

```java
// Weil generische Typen, wie bekannt, der Typlöschung
// unterliegen, haben diese keine reale Repräsentation
// zur Laufzeit (es ist nur der Raw-Typ bekannt) und Java hat
// nicht die Möglichkeit, zwischen Set<Birne>- und Set<Apfel>-
// Elementen in Arrays zu unterscheiden, sobald ein Array als
// Object[] referenziert wird; aus diesem Grund ist in Java das
// Erzeugen von generischen Arrays nicht erlaubt
    // Set<T>[] arrayOfSetsa = new HashSet<T>[2];
    // Fehler: generic array creation
    // Set<Obst>[] arrayOfSetsb = new HashSet<Obst>[2];
    // Fehler: generic array creation
// Beim Erzeugen eines Arrays von einem parametrisierten Typ:
// "unchecked conversion"
    Set<Obst>[] arrayOfSets1 = new HashSet[2]; // korrekt
// kann der Raw-Typ benutzt werden und der Compiler gibt dazu
// eine Warnung aus: "unchecked conversion"
    Set<Obst> obstKorb1 = new HashSet<Obst>();
    Set<Apfel> obstKorb2 = new HashSet<Apfel>();
    arrayOfSets1[0] = obstKorb1;
// Fehler: "incompatible types: required Set<Obst> found
// Set<Apfel>"
    // arrayOfSets1[1] = obstKorb2;
// Einen Ausweg gibt es aber auch in diesem Fall:
// Wildcard-Instanziierungen können als Basis-Typ für
// Arrayelemente benutzt werden und damit können Arrays mit
// Elementen von unterschiedlichen parametrisierten
// Typen erzeugt werden
    Set<?>[] arrayOfSets2 = new Set<?>[4];
    arrayOfSets2[0] = new HashSet<Apfel>();
    arrayOfSets2[1] = new HashSet<Birne>();
    arrayOfSets2[2] = new HashSet<String>();
    arrayOfSets2[3] = new HashSet<Integer>();
    Set<Birne> birnenKorb = new HashSet<Birne>();
    Set<Apfel> apfelKorb = new HashSet<Apfel>();
    Birne birnea = new Birne(1, "Gute Louise", "gelb");
    Birne birneb = new Birne(1, "Alexander Lucas", "rot");
    Apfel apfela = new Apfel(2, "Golden Delicious", "gelb");
    Apfel apfelb = new Apfel(2, "Red Delicious", "rot");
    Apfel apfelc = new Apfel(2, "Granny Smith", "gruen");
    birnenKorb.add(birnea);
    birnenKorb.add(birneb);
    apfelKorb.add(apfela);
    apfelKorb.add(apfelb);
    apfelKorb.add(apfelc);
    arrayOfSets2[0] = birnenKorb;
    arrayOfSets2[1] = apfelKorb;
```

```
// Die statische Methode listToSet2() der Klasse Wildcardtypen
// aufrufen
    arrayOfSets2[2] = WildcardTypen.listToSet2(Arrays.asList(
        new Integer(4), new Integer(3)));
    arrayOfSets2[3] = WildcardTypen.listToSet2(Arrays.asList(
        new String("4"), new String("3")));
    System.out.println("\nSet-Array mit Elementen von "
        + "unterschiedlichen parametrisierten Typen:");
    System.out.println(Arrays.asList(arrayOfSets2));
// In Instanzen von ungebundenen Wildcardtypen kann nicht
// geschrieben werden
    // arrayOfSets2[0].add(new Apfel(2, "Golden Delicious",
    // "gelb")); // Fehler
// Arrays von einem parametrisierten Typ sortieren
    String[] stringArray = {"B", "C", "A"};
    GenericArrayTypen<String> genericStringArray =
                new GenericArrayTypen<String>(stringArray);
    genericStringArray.sortieren();
    Birne[] birneArray = new Birne[4];
    birneArray[0] = new Birne(1, "Gute Louise", "gelb");
    birneArray[1] = new Birne(1, "Alexander Lucas", "rot");
    birneArray[2] = new NashiBirne(3, "Nijusseiki",
        "blaurot", "pflaume");
    birneArray[3]= new NashiBirne(3, "Niitaka",
        "hellgruen", "apfel");
    GenericArrayTypen<Birne> genericBirneArray =
                new GenericArrayTypen<Birne>(birneArray);
    genericBirneArray.sortieren();
// Mit dem Setzen der Typ-Schranke Comparable<T> für die
// Typvariable T der Klasse wird beim Übersetzen der Fehler:
// "type argument Blumen is not within its bound of type-
// variable T where T is a type-variable: T extends
// Comparable<T> declared in class GenericArrayTypen", weil die
// Klasse Blumen dieses Interface nicht implementiert; fehlt
// diese Schranke, wird kein Fehler beim Compilieren angezeigt,
// und das Programm endet mit einem Laufzeitfehler:
// ClassCastException: Rose cannot be cast to
// java.lang.Comparable
    /* Blumen[] blumenArray = new Blumen[3];
    blumenArray[0] = new Rose();
    blumenArray[1] = new Nelke();
    blumenArray[2] = new Tulpe();
    GenericArrayTypen<Blumen> genericBlumenArray =
        new GenericArrayTypen<Blumen>(blumenArray);
    genericBlumenArray.sortieren(); */
// Typinferenz kann auch zu einem Laufzeitfehler führen, wenn
// z.B. eine Typvariable in mehreren Argumenten einer Methode
```

```
// gleichzeitig vorkommt; wird in den nachfolgenden Aufrufen von
// Methoden der Typ für das erste Argument gleich dem Typ
// von Arraykomponenten gewählt, wird beim Übersetzen kein
// Fehler gemeldet, weil der Compiler einen Supertyp von String
// und Integer als Typ für das Typargument der Methode inferiert
// und dies ist der Typ Serializable;
// dies führt zu einem Laufzeit-Fehler (java.lang.
// ArrayStoreException), wenn versucht wird, einen Integer in
// ein String-Array einzufügen; wird für die Typvariable U die
// Schranke Comparable<U> angegeben, wird ein Fehler beim
// Übersetzen eingeräumt, weil der Typ Serializable nicht
// kompatibel zu der Schranke der Typvariablen ist;
// wird eine zweite Typvariable benutzt, werden die zwei
// Typargumente separat als String und Integer inferiert und
// weil Integer kein Supertyp von String ist, wird beim Prüfen
// der Schranke für die zweite Typvariable eine Fehlermeldung
// ausgegeben
    System.out.println("Typinferenz");
// Fehlermeldung: " method sucheElement1 ... cannot be applied
// to given Typ: required U, U[], found Integer, String[]
// reason: inferred type does not conform to declared bound(s)
// inferred: Serializable bound(s): Comparable<Serializable> ...
    // System.out.println(sucheElement1(new Integer(1),
      // stringArray));
    System.out.println(sucheElement1(new String("A"),
      stringArray));
    System.out.println(sucheElement2(new String("B"),
      stringArray));
// Fehlermeldung: " method sucheElement2 ... cannot be applied
// to given Typ: required V, U[], found Integer, String[]
// reason: inferred type does not conform to declared bound(s)
// inferred: String[] bound(s): Comparable<String[]> ...
    // System.out.println(sucheElement2(new Integer(2),
      // stringArray));
    einfuegenElement1(new String("A"),stringArray);
    for(int i=0; i<stringArray.length; i++)
      System.out.print(stringArray[i] + " ");
    System.out.println();
    // einfuegenElement1(new Integer(1),stringArray);
    einfuegenElement2(new String("B"),stringArray);
    for(int i=0; i<stringArray.length; i++)
      System.out.print(stringArray[i] + " ");
    System.out.println();
    // einfuegenElement2(new Integer(2),stringArray);
  }
}
```

Programmausgaben

```
java7uebungsbuch1                                            _  □  X

C:\Users\Lissi\Documents\java7uebungsbuch1sourcecode\kapitel11>"C:\program files
\java\jdk1.7.0\bin\javac" -Xlint GenericArrayTypen.java
GenericArrayTypen.java:10: warning: [unchecked] Possible heap pollution from par
ameterized vararg type T
   public GenericArrayTypen(T... array) {

  where T is a type-variable:
    T extends Comparable<T> declared in class GenericArrayTypen
GenericArrayTypen.java:31: warning: [unchecked] Possible heap pollution from par
ameterized vararg type U
                           U element, U... array) {
                                      ^
  where U is a type-variable:
    U extends Comparable<U> declared in method <U>sucheElement1(U,U...)
GenericArrayTypen.java:45: warning: [unchecked] Possible heap pollution from par
ameterized vararg type U
                     sucheElement2(U element, U... array) {
                                              ^
  where U,U are type-variables:
    U extends Comparable<U> declared in method <U,U>sucheElement2(U,U...)
    U extends U declared in method <U,U>sucheElement2(U,U...)
GenericArrayTypen.java:59: warning: [unchecked] Possible heap pollution from par
ameterized vararg type U
                          U element,U... array) {
                                    ^
  where U is a type-variable:
    U extends Comparable<U> declared in method <U>einfuegenElement1(U,U...)
GenericArrayTypen.java:68: warning: [unchecked] Possible heap pollution from par
ameterized vararg type U
                     einfuegenElement2(U element,U... array) {
                                                ^
  where U,U are type-variables:
    U extends Comparable<U> declared in method <U,U>einfuegenElement2(U,U...)
    U extends U declared in method <U,U>einfuegenElement2(U,U...)
GenericArrayTypen.java:110: warning: [rawtypes] found raw type: HashSet
    Set<Obst>[] arrayOfSets1 = new HashSet[2]; // korrekt
                                   ^
  missing type arguments for generic class HashSet<E>
  where E is a type-variable:
    E extends Object declared in class HashSet
GenericArrayTypen.java:110: warning: [unchecked] unchecked conversion
    Set<Obst>[] arrayOfSets1 = new HashSet[2]; // korrekt
                                   ^
  required: Set<Obst>[]
  found:    HashSet[]
7 warnings
```

Lösung 10.6

Die Klasse SubTypingfuerReferenzTypen

```java
import java.util.*;
import java.io.*;
public class SubTypingfuerReferenzTypen {
  public static void main(String args[]) {
```

```
// In Java ist ein Referenztyp "ein Subtyp von einem anderen
// Typ, wenn diese durch eine extends- bzw. implements-Klausel
// in Beziehung stehen"
    System.out.println("\nSubtyping fuer konkrete "
      + "Referenztypen ");
    Birne birne = new Birne(1, "Gute Louise", "gelb");
    Apfel apfel = new Apfel(2, "Golden Delicious", "gelb");
    Obst obst1 = new Obst(1);
    Obst obst2 = new Obst(2);
// Fehler: "incompatible types"; Ein Supertyp kann nicht einem
// Subtyp zugewiesen werden
    // apfel = obst1;
    // birne = obst2;
// Die Klassen Apfel und Birne erweitern die Klasse Obst,
// das heißt, dass Obst ein Sypertyp für Birne und Apfel ist
    obst1 = apfel;
    obst2 = birne;
// Fehler: Inkompatible Typen
    // birne = apfel;
    System.out.println("*" + birne);
    System.out.println("*" + apfel);
    System.out.println("*" + obst1);
    System.out.println("*" + obst2);
    System.out.println("\nSubtyping fuer parametrisierte "
      + "Typen");
// Der Supertyp von einem parametriserten Typ, der keine
// Wildcardtypen beinhaltet, ist dessen direkte Oberklasse bzw.
// das Oberinterface, der Typ Object, wenn es sich um einen
// Interface-Typ handelt, der kein direktes Oberinterface
// besitzt, und sein Raw-Typ
    Comparable<Birne> comparableBirne =
      new Birne(1, "Alexander Lucas", "rot");
    Comparable<Apfel> comparableApfel =
      new Apfel(2, "Red Delicious", "rot");
    Comparable comparable;
// Die Klassen Apfel und Birne implementieren die Interfaces
// Comparable<Apfel> bzw. Comparable<Apfel>, das heißt, dass
// Comparable<Apfel> ein Supertyp von Apfel bzw.
// Comparable<Birne> ein Supertyp von Birne ist
    comparableBirne = birne;
    comparableApfel = apfel;
    System.out.println("**" + birne);
    System.out.println("**" + apfel);
    System.out.println("**" + comparableBirne);
    System.out.println("**" + comparableApfel);
// Der Raw-Typ Comparable ist ein Supertyp für alle
// parametrisierten Comparable-Typen und alle Typen, die ein
// parametrisiertes Interface von diesem Typ implementieren
```

```
        System.out.println("\nDer Raw-Typ als Supertyp von "
            + "parametrisierten Typen");
        comparable = birne;
        System.out.println("**" + comparable);
        comparable = apfel;
        System.out.println("**" + comparable);
        comparable = comparableApfel;
        System.out.println("**" + comparable);
        comparable = comparableBirne;
        System.out.println("**" + comparable);
// Nicht nur die Zuweisung von Comparable<Birne> an Comparable,
// sondern auch die Zuweisung Comparable an Comparable<Birne>
// ist zugelassen; Letztere ist jedoch nicht typsicher und endet
// mit der Compiler-Warnung "unchecked conversion"
        comparableApfel = comparable;
        System.out.println("Bin ich noch ein Apfel: "
            + comparableApfel);
// Das generische Interface Collection<E> ist das Oberinterface
// von List<E> und Set<E>; parametrisierte Typen dieser
// Interfaces können Referenzen auf Instanzen von Klassen, die
// diese Interfaces implementieren, aufnehmen
        Collection<Obst> obstCollection = new HashSet<Obst>();
        Collection<Birne> birnenCollection =
            new ArrayList<Birne>();
        Collection<Apfel> apfelCollection = new Vector<Apfel>();
        Set<Obst> obstKorb = new HashSet<Obst>();
        Set<Birne> birnenKorb = new HashSet<Birne>();
        Set<Apfel> apfelKorb = new HashSet<Apfel>();
        List<Obst> obstListe = new ArrayList<Obst>();
        List<Birne> birnenListe = new ArrayList<Birne>();
        List<Apfel> apfelListe = new ArrayList<Apfel>();
// Die Klasse NashiBirne erweitert die Klasse Birne und
// definiert somit einen Subtyp von Birne; eine Referenz der
// Oberklasse kann eine Instanz der Unterklasse referenzieren
        NashiBirne  nashiBirne1 = new NashiBirne(3, "Nijusseiki",
            "blaurot", "pflaume");
        Birne nashiBirne2 = new NashiBirne(3, "Niitaka",
            "hellgruen", "apfel");
// Mit den Methoden add(E element) von parametrisierten List-
// und Set-Interfaces können Instanzen von Klassen, die diese
// Interfaces implementieren, Elemente vom Typ des aktuellen
// Arguments hinzugefügt werden
        birnenKorb.add(birne);
// Das aktuelle Argument für den Methodenparameter kann ein
// Subtyp, aber kein Supertyp von E sein
```

```
        birnenKorb.add(nashiBirne1);
        birnenKorb.add(nashiBirne2);
// Fehler: "cannot find method add(java.lang.Comparable<Birne>)"
        // birnenKorb.add(comparableBirne);
        apfelKorb.add(apfel);
        obstKorb.add(birne);
        obstKorb.add(apfel);
        birnenListe.add(birne);
        // birnenListe.add(comparableBirne);
        apfelListe.add(apfel);
        birnenListe.add(birne);
        obstListe.add(birne);
        obstListe.add(apfel);
        birnenCollection.add(birne);
        // birnenCollection.add(comparableBirne);
        apfelCollection.add(apfel);
        obstCollection.add(birne);
        obstCollection.add(apfel);
        System.out.println("\nMengen, Listen und Kollektionen");
        System.out.println("Obstkorb: " + obstKorb);
        System.out.println("Apfelkorb: " + apfelKorb);
        System.out.println("Birnenkorb: " + birnenKorb);
        System.out.println("Obstliste: " + obstListe);
        System.out.println("Apfelliste: " + apfelListe);
        System.out.println("Birnenliste: " + birnenListe);
        System.out.println("Obstkollektion: " + obstCollection);
        System.out.println("Apfelkollektion: " + apfelCollection);
        System.out.println("Birnenkollektion: "
          + birnenCollection);
// Fehler: "incompatible types"; das Subtyping von einfachen
// Referenztypen kann nicht auf generische Typen übertragen
// werden: Invarianz-Prinzip
        // obstKorb = birnenKorb;
        // obstKorb = apfelKorb;
        // birnenKorb = obstKorb;
        // apfelKorb = obstKorb;
        Set<Comparable<Apfel>> comparableApfelKorb =
          new HashSet<Comparable<Apfel>>();
        List<Comparable<Birne>> comparableBirnenListe =
          new ArrayList<Comparable<Birne>>();
        comparableApfelKorb.add(comparableApfel);
        comparableBirnenListe.add(comparableBirne);
// Das aktuelle Argument für den Methodenparameter kann ein
// Subtyp vom Typ des Parameters sein
        comparableApfelKorb.add(apfel);
        comparableBirnenListe.add(birne);
```

```
    System.out.println("ComparableApfelkorb: "
      + comparableApfelKorb);
    System.out.println("ComparableBirnenliste: "
      + comparableBirnenListe);
    // comparableApfelKorb = apfelKorb; // Invarianz-Prinzip
// Raw-Typen sind Supertypen von parametrisierten Typen, so dass
// eine Set<Birne>-Instanz einer Set-Instanz zugewiesen werden
// kann
    Set set1;
    System.out.println("\nDer Raw-Typ als Supertyp von "
      + "parametrisierten Typen");
    Set set2 = new HashSet<Apfel>();
    set1 = birnenKorb;
    System.out.println("*Birnenkorb: " + set1);
    set1 = apfelKorb;
    System.out.println("*Apfelkorb: " + set1);
// Auch die umgekehrten Zuweisungen sind zugelassen; diese sind
// jedoch nicht typsicher und eine "unchecked-warning" wird vom
// Compiler ausgegeben
    Birne birne1 = new Birne(1, "Alexander Lucas", "rot");
    set1.add(birne);
    set1.add(birne1);
    Apfel apfel1 = new Apfel(2, "Red Delicious", "rot");
    Apfel apfel2 = new Apfel(2, "Granny Smith", "gruen");
    apfelKorb = set1;
    System.out.println("**Apfelkorb: " + apfelKorb);
    birnenKorb = set1;
    System.out.println("**Birnenkorb: " + birnenKorb);
// Es wird eine "unchecked warning" ausgegeben, weil weder zur
// Compilezeit noch zur Laufzeit festgestellt werden kann, ob
// die Variable set2 eine Set<Apfel>- oder Set<Birne>-Instanz
// referenziert
    set2.add(apfel);
    set2.add(apfel1);
    set2.add(apfel2);
    System.out.println("!Apfelkorb: " + set2);
    apfelKorb = set2;
    System.out.println("!Apfelkorb: " + apfelKorb);
    birnenKorb = set2;
    System.out.println("!Birnenkorb: " + birnenKorb);
    List liste;
    liste = apfelListe;
    System.out.println("?Apfelliste: " + liste);
    birnenListe = liste;
    System.out.println("?Birnenliste: " + liste);
    Collection collection;
```

```
// Alle direkten Oberklassen und Oberinterfaces eines Typs sind
// Supertypen des Typs; das heißt, Collection<Birne> ist ein
// Oberinterface von Set<Birne> und List<Birne>
    birnenCollection = birnenKorb;
    birnenCollection = birnenListe;
   System.out.println("?Apfelkollektion: " + apfelCollection);
   System.out.println("?Birnenkollektion: "
      + birnenCollection);
// Der Raw-Typ Collection ist ein Supertyp für die Raw-Typen
// List und Set; das heißt, die Oberinterfaces (bzw. die
// Oberklassen) eines Raw-Typs sind die Typlöschung eines
// beliebigen parametrisierten Typs von Oberinterfaces (bzw.
// Oberklassen)
    System.out.println("\nDas Invarianz-Prinzip von "
      + "pametrisierten Typen");
    collection = set1;
    System.out.println("??Birnenkollektion: " + collection);
    collection = liste;
    System.out.println("??Apfelkollektion: " + collection);
    System.out.println("\nSubtyping fuer wildcard-"
      + "parametrisierte Typen");
// Set<?> ist der Supertyp für alle generischen Typen
// Set<T>, wobei T für einen beliebigen, aber festen Typ steht
    Set<?> obstKorba = new HashSet<Obst>();
    Set<?> obstKorbb = new HashSet<Birne>();
    Set<?> obstKorbc = new HashSet<Apfel>();
// darum kein Fehler beim Übersetzen, die Zuweisungen sind
// zugelassen, weil Set<?> ein Supertyp von Set<Apfel> und
// Set<Birne> ist
    obstKorba = birnenKorb;
    obstKorbc = apfelKorb;
    System.out.println("&Birnenkorb: " + obstKorba);
    System.out.println("&Apfelkorb: " + obstKorbb);
// Der Capture-Typ von einem ungebundenen Wildcardtyp ist zu
// keinem konkreten Typ kompatibel, nur zu sich selbst
    Apfel apfela = new Apfel(2, "Golden Delicious", "gelb");
    Apfel apfelb = new Apfel(2, "Red Delicious", "rot");
    Apfel apfelc = new Apfel(2, "Granny Smith", "gruen");
    List<?> list = Arrays.asList(apfela, apfelb, apfelc);
    List<? extends Obst> newList1 = new ArrayList<Obst>();
    List<? super Apfel> newList2 = new ArrayList<Obst>();
    List<Apfel> newList3 = new ArrayList<Apfel>();
    List<?> newList;
// Compilerfehler: "incompatible types: required List
// <? extends Obst> found List<CAP#1> where CAP#1 is a fresh
```

```
// type -variable: CAP#1 extends Object from capture of ?"
    // newList1 = list;
// Compilerfehler: "incompatibel types: required List
// <? super Apfel> found List<CAP#1> where CAP#1 is a fresh
// type-variable: CAP#1 extends Object from capture of ?"
    // newList2 = list;
    newList = list; // korrekt
// Das Capture von einem gebundenen Wildcardtyp ist zu anderen
// Wildcardtypen kompatibel, aber nicht zum Typ ihrer Schranken
    newList1 = newList3; // korrekt
    newList2 = newList3; // korrekt
// Compilerfehler: "incompatibel types: required List
// <? extends Obst> found List<CAP#1> where CAP#1 is a
// fresh type-variable: CAP#1 extends Object super: Apfel from
// capture of ? super Apfel"
    // newList1 = newList2;
// Compilerfehler: incompatibel types: required List
// <? super Apfel> found List<CAP#1> where CAP#1 is a
// fresh type-variable: CAP#1 extends Obst from capture of ?
// extends Obst"
    // newList2 = newList1;
// Compilerfehler: "incompatibel types: required List<Apfel>
// found List<CAP#1> where CAP#1 is a fresh type-variable:
// CAP#1 extends Obst from capture of ? extends Obst"
    // newList3 = newList1;
// Compilerfehler: incompatibel types: required List<Apfel>
// found List<CAP#1> where CAP#1 is a fresh type-variable: CAP#1
// extends Object super: Apfel from capture of ? super Apfel"
    // newList3 = newList2;
    System.out.println("\nSubtyping fuer Arraytypen ");
    Object[] objectArray = new Object[2];
    String[] stringArray = {"1", "2"};
// Object[] ist ein Supertyp von String[]
    objectArray = stringArray;
// Cloneable ist ein Supertyp von Object[]
    Cloneable cloneableArray = new Object[]
      {new Integer(1), new Integer(2), new Integer(3)};
// Serializable ist ein Supertyp von Object[]
    Serializable serializableArray = new Object[]
      {comparableBirne, comparableApfel};
    System.out.println(Arrays.asList(objectArray));
    System.out.println(cloneableArray);
    System.out.println(serializableArray);
  }
}
```

Programmausgaben

```
java7uebungsbuch1
\java\jdk1.7.0\bin\javac" -Xlint SubTypingfuerReferenzTypen.java
SubTypingfuerReferenzTypen.java:39: warning: [rawtypes] found raw type: Comparab
le
      Comparable comparable;
      ^
  missing type arguments for generic class Comparable<T>
  where T is a type-variable:
    T extends Object declared in interface Comparable
SubTypingfuerReferenzTypen.java:67: warning: [unchecked] unchecked conversion
      comparableApfel = comparable;
                        ^
  required: Comparable<Apfel>
  found:    Comparable
SubTypingfuerReferenzTypen.java:152: warning: [rawtypes] found raw type: Set
      Set set1;
      ^
  missing type arguments for generic class Set<E>
  where E is a type-variable:
    E extends Object declared in interface Set
SubTypingfuerReferenzTypen.java:155: warning: [rawtypes] found raw type: Set
      Set set2 = new HashSet<Apfel>();
      ^
  missing type arguments for generic class Set<E>
  where E is a type-variable:
    E extends Object declared in interface Set
SubTypingfuerReferenzTypen.java:164: warning: [unchecked] unchecked call to add(
E) as a member of the raw type Set
      set1.add(birne);
      ^
  where E is a type-variable:
    E extends Object declared in interface Set
SubTypingfuerReferenzTypen.java:165: warning: [unchecked] unchecked call to add(
E) as a member of the raw type Set
      set1.add(birne1);
      ^
  where E is a type-variable:
    E extends Object declared in interface Set
SubTypingfuerReferenzTypen.java:168: warning: [unchecked] unchecked conversion
      apfelKorb = set1;
                  ^
  required: Set<Apfel>
  found:    Set
SubTypingfuerReferenzTypen.java:170: warning: [unchecked] unchecked conversion
      birnenKorb = set1;
                   ^
  required: Set<Birne>
  found:    Set
SubTypingfuerReferenzTypen.java:176: warning: [unchecked] unchecked call to add(
E) as a member of the raw type Set
```

Lösung 10.7

Die Klasse MultipleExceptionTypen

```java
public class MultipleExceptionTypen {
  public static void main(String[] args) {
    Object objekt;
    try {
```

```
// Das Klassenobjekt der im Programmaufruf angegebenen Klasse
// auf "dynamische Art" ermitteln
        Class<?> klsObjekt = Class.forName(args[0]);
// Die Methode newInstance() der Klasse Class aufrufen, um
// Instanzen vom Typ der im Programmaufruf angegegebenen Klassen
// "dynamisch" zu erzeugen; das Programm selbst muss die
// Klassennamen nicht explizit kennen, es reicht aus,
        objekt = klsObjekt.newInstance();
// die Instanzen in den Typ der abstrakten Oberklasse zu casten,
// um deren Methode aufrufen zu können; dieser Cast ist aber
// nicht typsicher
        ((Person)objekt).arbeiten();
    }
// Die von den Methoden forName() und newInstance() geworfenen
// Exceptions abfangen
    /* catch(ClassNotFoundException e) {
        System.out.println(e.toString());
    }
    catch(ClassCastException e) {
        System.out.println(e.toString());
    }
    catch(InstantiationException e) {
        System.out.println(e.toString());
    }
    catch(IllegalAccessException e) {
        System.out.println(e.toString());
    } */
// In Java 7 besteht die Möglichkeit, mehrere Ausnahme-Typen in
// einem einzigen catch-Block zu behandeln; diese werden durch
// "|" getrennt als Parametertyp angegeben; dabei wird der Typ
// des Parameters implizit als final deklariert: das heißt, sein
// Wert kann innerhalb des catch-Blocks nicht mehr abgeändert
// werden; der neu eingeführte Typ wird als Disjunction-Typ
// bezeichnet
    /* catch(ArrayIndexOutOfBoundsException |
            ClassNotFoundException |
            ClassCastException |
            InstantiationException |
            IllegalAccessException e) {
        System.out.println(e.toString());
    } */
// Die von der Klasse Exception abgeleitete Klasse
// ReflectiveOperationException definiert eine Oberklasse für
// alle Ausnahmen, die bei einer Durchführung von reflektiven
// Operationen geworfen werden: ClassNotFoundException,
// InstantiationException, IllegalAccessException,
// NoSuchFieldException, NoSuchMethodException und
// InvocationTargetException
    catch(ReflectiveOperationException |
        ArrayIndexOutOfBoundsException |
```

```
            ClassCastException e) {
                System.out.println(e.toString());
        }
    }
}
```

Programmausgaben

Lösung 10.8

Die Klasse RethrowingExceptionsmitJava7

```java
import java.lang.reflect.*;
public class RethrowingExceptionsmitJava7 {
    // Mit Java 7 erfolgt eine etwas exaktere Typprüfung von
    // Ausnahmen, die in einem catch-Block weitergeleitet werden
    // sollen: Der Compiler geht nun davon aus, dass nur die
    // Exception-Typen weitergeleitet werden können, die
    // im zugehörigen try-Block geworfen wurden, und erlaubt,
    // dass genau diese in der throws-Klausel der Methode, die
    // diesen try-catch-Block definiert, angegeben werden
    // public static void main(String[] args) throws Exception {
        //Java6 und Java 7
      public static void main(String[] args) throws
            ReflectiveOperationException,
            ArrayIndexOutOfBoundsException,
            ClassCastException {    // Java 7
        Object objekt = null;
```

```
      if(args.length == 0)
          System.out.println("Es wurden keine gueltigen "
          + "Argumente im Programmaufruf angegeben");
      else {
        try {
// Das Klassenobjekt einer im Programmaufruf angegebenen Klasse,
// von der bekannt ist, dass sie die Klasse DreieckArten
// erweitert und einen Konstruktor mit einem oder
// zwei Parametern vom Typ double besitzt, mit Hilfe der Methode
// forName() der generischen Klasse Class<T> ermitteln
          Class<?> klsObjekt = Class.forName(args[0]);
// Den Konstruktor der Klasse ermitteln; ein Objekt vom Typ
// Constructor<double> gibt es nicht, weil primitive Typen nicht
// als Typargumente eingesetzt werden können; eine Referenz auf
// das Class-Objekt, das diesen Typ repräsentiert, kann mit Hilfe
// der Konstanten TYPE der Klasse Double ermittelt werden und im
// Aufruf der Methode getConstructor() übergeben werden; im
// Aufruf der newInstance()-Methode müssen die für das Bilden von
// Instanzen erforderlichen Argumente passend zur Signatur des
// Konstruktors angegeben werden; diese Argumente sollen im
// Programmaufruf nach dem Namen der Klasse angegeben werden;
// fehlen derartige Argumente oder wird diese Reihenfolge nicht
// eingehalten, soll die null-Referenz im Aufruf von beiden
// Methoden übergeben werden
          Class<?>[] classArray = null;
          Object[] objectArray = null;
          if(args.length > 1) {
// Ein Array vom parametrisierten Typ Class<Double> wird in einem
// new-Ausdruck mit der Fehlermeldung "generic array creation"
// vom Compiler zurückgewiesen; eine ungebundene Wildcard-
// Instanziierung (mit anderen Worten, ein Wildcard-
// parametrisierter Typ mit dem aktuellen Typargument ?) der
// generischen Klasse Class<T> ist jedoch zugelassen
            classArray = new Class<?>[args.length-1];
            objectArray = new Object[args.length-1];
            for(int i=0; i<args.length-1; i++) {
              objectArray[i] = new Double(args[i+1]);
              classArray[i] = Double.TYPE;
            }
          }
// Weil die Methoden getConstructor() der Klasse Class und
// newInstance() der Klasse Constructor einen varargs-Parameter
// definieren, können diese auch ohne Argumente oder mit der
// null-Referenz aufgerufen werden
          Constructor<?> constructorObject = klsObjekt.
            getConstructor(classArray);
          objekt = constructorObject.newInstance(objectArray);
// Die vorher erzeugten Instanzen in den Typ des implementierten
// Interface und den der abstrakten Oberklasse casten und
// deren Methoden aufrufen
```

```
        double h = ((FlaechenInhalt)objekt).hoehe();
        System.out.println("Hoehe= " + h);
        System.out.println("Flaecheninhalt= " +
          ((FlaechenInhalt)objekt).flaeche(h));
        double[] array = ((DreieckArten)objekt).
          berechneWinkel();
        for(Double element: array)
          System.out.println("Winkel= " + element);
        System.out.println("Umfang= " +
          ((DreieckArten)objekt).umfang());
        System.out.println("Flaecheninhalt= " +
          ((DreieckArten)objekt).flaeche(h));
      }
// Die von den Methoden forName(), getConstructor() und
// newInstance() geworfenen Exceptions abfangen
      /*catch(ClassNotFoundException e) {
        System.out.println(e.toString());
      }
      catch(ClassCastException e) {
        System.out.println(e.toString());
      }
      catch(InstantiationException e) {
        System.out.println(e.toString());
      }
      catch(IllegalAccessException e) {
        System.out.println(e.toString());
      }
      catch(NoSuchMethodException e) {
        System.out.println(e.toString());
      }
      catch(InvocationTargetException e) {
        System.out.println(e.toString());
      }*/
      catch(Exception e) { // Java 6 und Java 7
        System.out.println(e.toString());
        throw e;
      }
// dazu kann mit Java 7 ein Disjunction-Typ benutzt werden
      /* catch(ClassNotFoundException |
          ClassCastException |
          InstantiationException |
          IllegalAccessException |
          NoSuchMethodException |
          InvocationTargetException e) { // Java 7
        System.out.println(e.toString());
        throw e;
      }
// Im Disjunction-Typ den Typ ReflectiveOperationException
// benutzen
```

```
        catch(ReflectiveOperationException |
            ArrayIndexOutOfBoundsException |
            ClassCastException e) {
          System.out.println(e.toString());
          throw e;
        } */
    }
  }
}
```

Programmausgaben

```
java7uebungsbuch1
C:\Users\Lissi\Documents\java7uebungsbuch1sourcecode\kapitel11>"C:\program files
\java\jdk1.7.0\bin\javac" -Xlint RethrowingExceptionsmitJava7.java

C:\Users\Lissi\Documents\java7uebungsbuch1sourcecode\kapitel11>"C:\program files
\java\jdk1.7.0\bin\java" RethrowingExceptionsmitJava7
Es wurden keine gueltigen Argumente im Programmaufruf angegeben

C:\Users\Lissi\Documents\java7uebungsbuch1sourcecode\kapitel11>"C:\program files
\java\jdk1.7.0\bin\java" RethrowingExceptionsmitJava7 GleichseitigesDreieck 3
Hoehe= 3.0
Flaecheninhalt= 5.0
Winkel= 60.0
Winkel= 60.0
Winkel= 60.0
Umfang= 9.0
Flaecheninhalt= 5.0

C:\Users\Lissi\Documents\java7uebungsbuch1sourcecode\kapitel11>"C:\program files
\java\jdk1.7.0\bin\java" RethrowingExceptionsmitJava7 GleichschenkligesDreieck 3
 4
Hoehe= 2.0
Flaecheninhalt= 3.0
Winkel= 44.0
Winkel= 68.0
Winkel= 68.0
Umfang= 10.0
Flaecheninhalt= 3.0

C:\Users\Lissi\Documents\java7uebungsbuch1sourcecode\kapitel11>"C:\program files
\java\jdk1.7.0\bin\java" RethrowingExceptionsmitJava7 RechteckigesDreieck
java.lang.ClassNotFoundException: RechteckigesDreieck
Exception in thread "main" java.lang.ClassNotFoundException: RechteckigesDreieck

        at java.net.URLClassLoader$1.run(URLClassLoader.java:366)
        at java.net.URLClassLoader$1.run(URLClassLoader.java:355)
        at java.security.AccessController.doPrivileged(Native Method)
        at java.net.URLClassLoader.findClass(URLClassLoader.java:354)
        at java.lang.ClassLoader.loadClass(ClassLoader.java:423)
        at sun.misc.Launcher$AppClassLoader.loadClass(Launcher.java:308)
        at java.lang.ClassLoader.loadClass(ClassLoader.java:356)
        at java.lang.Class.forName0(Native Method)
        at java.lang.Class.forName(Class.java:186)
        at RethrowingExceptionsmitJava7.main(RethrowingExceptionsmitJava7.java:2
7)
C:\Users\Lissi\Documents\java7uebungsbuch1sourcecode\kapitel11>
```

Kapitel 11

Java 8 Lambdas und Streams

11.1 Mittels anonymer Klassen Code an Methoden übergeben

Wir erinnern an die Beschreibungen von lokalen und anonymen Klassen aus Kapitel 7 und kommen erstmals auf diese zurück. Eine anonyme Klasse wird in einem Java-Code-Block definiert, innerhalb des Konstruktors einer Klasse oder von anderen Methoden. Diese kann aber auch innerhalb von Klassen- oder Instanz-Feld-Initialisierern definiert werden. Anonyme Klassen sind lokale Klassen ohne Namen. Damit können innere Klassen an genau der Stelle im Programm definiert werden, an der man sie braucht. Wie mit mehreren Aufgaben aus Kapitel 7 gezeigt wurde, werden sie häufig bei der Implementierung von Interfaces eingesetzt.

Eine lokale Klasse ist wie eine lokale Variable nur innerhalb des umgebenden Blocks gültig, in dem sie definiert ist. Lokale Klassen gehören wie auch Member-Klassen zu einer umgebenden Instanz und können alle Member dieser Klasse erreichen, auch solche, die als `private` definiert sind. Zusätzlich zu den Feldern, die in der umgebenden Klasse definiert sind, können sie auf lokale Variablen und Methodenparameter zugreifen, die in der umgebenden Methodendefinition liegen und `final` oder »effectively final« sind. Das Gleiche gilt für Methodenparameter, die in einer lokalen Klasse angesprochen werden. Eine Variable oder ein Parameter gelten als »effectively final«, wenn ihr Wert nach der Initialisierung nicht mehr geändert werden kann, das heißt, diese sind implizit `final`, ohne dass die Angabe des Schlüsselworts erforderlich ist. Ein Versuch, eine Variable, die in der umgebenden Methodendefinition liegt und nicht als `final` deklariert ist, zu ändern, wird in Java 8 mit der Fehlermeldung »local variables referenced from inner class must be final or effectively final« quittiert.

Typdeklarationen in lokalen Klassen überdecken Deklarationen mit gleichem Namen aus ihrem umgebenden Bereich.

Die Syntax zum Definieren einer anonymen Klasse und zum direkt darauf folgenden Erzeugen einer Instanz von dieser Klasse benutzt auch das Schlüsselwort new. Wenn auf das Schlüsselwort new der Name einer Klasse folgt, dann ist die anonyme Klasse von dieser abgeleitet. Wird danach der Name eines Interface angegeben, so implementiert die anonyme Klasse das Interface und ist von `Object` abgeleitet. Da diese Klassen keinen Namen haben, können sie keinen Konstruktor definieren. Es können jedoch Argumente, die implizit an die Oberklasse weitergereicht werden, nach dem Namen von Klassen in den runden Klammern angegeben werden. Wir erinnern an die Beispiele aus Kapitel 7, wo die Definition und Abgrenzung von Begriffen bezüglich aller Arten von inneren Klassen vorgenommen wurde, und an viele andere Einsätze von anonymen Klassen und Interfaces in den Übungen, wie zum Beispiel:

- In der add()-Methode der Klasse ContentPane wird eine Referenz auf eine Instanz von JComponent übergeben, die mittels einer anonymen Klasse erzeugt wurde:

```
getContentPane().add(new JComponent() {
    Color farbe = Color.gray;
    protected void paintComponent(Graphics g) {
        g.setColor(farbe);
            g.fillOval(x-r1,y-r1,2*r1,2*r1);
        g.setColor(Color.pink);
            g.fillOval(x-r2,y-r2,2*r2,2*r2);
    }
});.
```

- In der min()-Methode der Utility-Klasse Collections wird im zweiten Parameter eine Referenz auf eine Instanz vom Typ des parametrisierten Interface Comparator<Apfel> übergeben:

```
Collections.min(setc, new Comparator<Apfel>() {
    public int compare(Apfel apfel1, Apfel apfel2) {
        return apfel1.compareTo(apfel2);
    }
});.
```

- Der ActionListener kann mittels einer anonymen Klasse für einen Button b folgendermaßen registriert werden:

```
b.addActionListener(new ActionListener() {
    public void actionPerformed(ActionEvent e) {
        System.exit(0);
    }
});.
```

- Runnables und Callables werden sehr häufig in Konstruktoren und Methoden mit Hilfe von anonymen Klassen zur Ausführung von Tasks übergeben (siehe dazu das Kapitel 2 aus dem Java 7 Übungsbuch Band II):

```
Future<ByteBuffer> future = executor.submit(
    new Callable<ByteBuffer>() {
        public ByteBuffer call() {...}
    }
);
```

oder

```
new Thread(new Runnable() {
    public void run() {
        int x = 1,y = 0, z;
        z = x/y;
    }
});.
```

Die Übergabe von Programmcode in Methoden wurde in Java 8 mit Hilfe von so genannten Lambda-Ausdrücken (Lambda-Expressions) vereinfacht. In der konventionellen Java-Sprache werden Lambda-Ausdrücke angelehnt an anonyme Java-Klassen als eine Art von »anonymen Methoden« beschrieben. Diese besitzen jedoch eine viel kompaktere Syntax, die daraus resultiert, dass auf Namen, Modifikatoren, Rückgabetyp, throws-Klausel und in vielen Fällen auch auf Parameter verzichtet werden kann. Zwischen Lambdas und anonymen Klassen gibt es viele Parallelitäten, aber auch Unterschiede, die wir anhand von Beispielen im Nachfolgenden illustrieren werden.

11.2 Funktionale Interfaces

Interfaces, die genau eine abstrakte Methode definieren, werden funktionale Interfaces genannt. Sie werden aus diesem Grund in der Literatur auch als Single Abstract Method Interfaces (SAM) bezeichnet. Wie bekannt, konnte eine Interface-Definition vor Java 8 nur abstrakte Methoden (und konstante Felddefinitionen) beinhalten.

Beispiele von funktionalen Interfaces wurden im vorigen Unterkapitel bereits erwähnt:

```
public interface Runnable { void run(); }
public interface Callable<V> { V call() throws Exception; }
public interface ActionListener { void actionPerformed(ActionEvent e); }
public interface Comparator<T> {int compare(T o1, T o2);}
```

Wir werden nicht nur auf diese Interfaces des Öfteren zurückkommen, sondern auch eigene funktionale Interfaces definieren. Weil diese Art Interfaces in Java die meisten funktionalen Eigenschaften aufweisen, hat man sich entschieden, diese als Zieltypen (»target types«) für Lambda-Ausdrücke zu benutzen. Die Typen von funktionalen Interfaces werden stellvertretend für die aus funktionalen Sprachen bekannten »function types« eingesetzt. Auf Letztere wurde in Java verzichtet, um grundlegende Änderungen der Sprache zu vermeiden.

11.3 Syntax und Deklaration von Lambda-Ausdrücken

Konzeptionell gesehen sind Lambda-Ausdrücke wie auch anonyme Klassen Funktionen, die den Methoden aus prozeduralen und objektorientierten Sprachen ähnlich »ein Stück Funktionalität definieren«. Funktionen, ein Prinzip von funktionalen Programmiersprachen, machen aus Java eine objektorientierte Sprache mit funktionalen Elementen.

Sowohl Methoden als auch Funktionen besitzen Parameter, einen Rumpf, der ausführbaren Code enthält und die eigentliche Funktionalität repräsentiert, und sie können ein Ergebnis liefern.

Im Gegensatz zu Methoden, die ihre Argumente (in diesem Fall Felder von Klassen) ändern können, Ausnahmen auslösen und andere Seiteneffekte produzieren, können Funktionen die übergebenen Daten nicht abändern und erzeugen ein Ergebnis in Form von neuen Daten. Alternativ betrachtet:

- Methoden beschreiben, wie bestimmte Dinge zu tun sind, und Funktionen, was erledigt werden muss.

- Die Reihenfolge der Aufrufe von Funktionen ist nicht relevant (deklarativ) im Gegensatz zur Reihenfolge der Aufrufe von Methoden (imperativ).

- Methoden bestehen aus »Code«, der aufgerufen und ausgeführt wird, während Funktionen in der Literatur auch als »Code as data« bezeichnet werden, weil sie nicht nur ausführbar sind, sondern auch wie Daten übergeben werden.

In Programmen werden Lambda-Ausdrücke mittels eines Java-Code-Blocks repräsentiert und mittels Typinferenz in funktionale Interfaces konvertiert. Streng genommen sind Lambda-Ausdrücke Instanzen vom Typ eines funktionalen Interface. Sowohl die Typdefinition als auch die Instanziierung erfolgen implizit während der Laufzeit.

Laut Literatur bereitet der Compiler nur die Definition eines synthetischen Typs vor, sowohl seine Erzeugung als auch die des Objekts, das den Lambda-Ausdruck während der Laufzeit repräsentiert, wird dynamisch vom Laufzeitsystem mittels eines `invokedynamic`-Befehls durchgeführt (siehe dazu die Dekompilierung der Beispielklassen aus den ersten Aufgaben). Zu näheren Informationen, die den Rahmen dieses Buchs sprengen würden, kann dazu direkt die Webseite `http://cr.openjdk.java.net/~briangoetz/lambda/lambda-translation.html` eingesehen werden oder viele der Artikel und Präsentationen, die sich weitergehend mit diesem Thema beschäftigen.

Wenn anonyme Klassen zum Einsatz kommen, wird, wie bereits erwähnt wurde, explizit ein Objekt (vom Typ der Klasse, die dem Schlüsselwort `new` folgt, bzw. vom Typ `Object`, wenn der Name eines Interface angegeben wird) in einer Methode übergeben. Wie alle Objekte in Java werden auch diese während der Laufzeit erzeugt. Diese Aktion beinhaltet das Laden einer Klasse, das Allozieren von Speicher für ein Objekt und dessen Initialisierung sowie den Aufruf seiner Methode.

Für Lambda-Audrücke ist das explizite Erzeugen von Objekten nicht mehr erforderlich, es wird einfach der Ausdruck selbst, mit anderen Worten der »Code als Daten« übergeben. Dies ist dahin gehend eine Optimierung, dass bei einer Definition eines Lambda-Ausdrucks, der nicht in einem Methodenaufruf benutzt wird, weder der synthetische Typ noch das Lambda-Objekt vom Laufzeitsystem erzeugt werden müssen.

Die Typinferenz, durch die die Konvertierung in ein funktionales Interface erfolgt, ist auch diesmal eine reine Angelegenheit des Compilers. Der so ermittelte Typ wird als Target-Typ (Zieltyp) bezeichnet. Der vorher erwähnte synthetische Typ (der vom Laufzeitsystem erzeugt wird) ist ein Subtyp dieses Typs.

Aus Übersichtsgründen und um zu verdeutlichen, was dahintersteckt, werden wir in den nachfolgenden Aufgaben den Target-Typ von Lambda-Ausdrücken des Öfteren vor deren Übergabe als Methodenargumente in Zuweisungen spezifizieren. Dies geht nicht auf Kosten des Laufzeitsystems und beeinflusst somit nicht die Performance von Programmen.

Lambda-Expressions können nur dann in Programmen verwendet werden, wenn der Target-Typ aus dem umgebenden Kontext ermittelt werden kann. Man kann sie an folgenden Stellen einsetzen: Feld- und Variablen-Deklarationen, Zuweisungen, bedingte Ausdrücke mit ?, Konstruktor- und Methodenargumente, Rückgabe-Statements, der Rumpf von Lambda-Ausdrücken selbst und Cast-Ausdrücke.

Die Syntax von Lambda-Ausdrücken '('Parameter')' -> '{' Statements; '}' wurde aus C# übernommen (mit einem => in -> abgeänderten Zeichen) und ist der Syntax von Scala-Closures ähnlich, wie die nachfolgenden Beispiele zeigen:

```
() -> System.out.println();
() -> 10;
(String s)-> System.out.println(s);
Runnable r = () -> System.out.println("Anzeige aus einer "
  + "Runnable-Task");
(x, y)-> x+y;
int x -> {return x+1;};
array -> {int laenge = array.size();
        return laenge;};
Comparator<Apfel> = (Apfel apfel1, Apfel apfel2) -> {
  return apfel1.compareTo(apfel2);};
Comparator<Apfel> = (apfel1, apfel2) -> {
  return apfel1.compareTo(apfel2);};
(Obst nashiBirne1, Obst nashiBirne2) ->
    {return new Integer(nashiBirne1.getArt()).
      compareTo(new Integer(nashiBirne2.getArt()));}
boolean result3 = vergleich((a) -> a == 2, 2);
anzeige((Integer i ->
  System.out.println("Das Ergebnis des Tests "
    + i + " == 2" + " mit Predicate ist " + result3),2);
HalloJava gruss = () -> System.out.println(
  "Hallo Java 8!");
RechenOperation<Integer, Integer> summe = (x1,x2) -> x1+x2;
RechenOperation<Float, Float> differenz = (x1,x2) -> x1-x2;
```

Der Rumpf einer Lambda-Expression kann einen Ausdruck oder einen Block von Statements beinhalten und einen Wert zurückgeben (»value compatible«) oder auch nicht (»void compatible«). Eine Mischung aus void- und Wert-kompatibel ist nicht erlaubt.

Die Parameterliste kann deklarierte Typen oder Inferred-Typen enthalten, wobei eine Mischung von beiden ebenfalls nicht erlaubt ist. Besteht die Parameterliste aus einem einzelnen Parameter, dessen Typ inferiert werden kann, können die runden Klammern wegfallen.

Wenn der Typ von Parameter vom Compiler nicht inferiert werden kann, muss dieser explizit spezifiziert werden.

`HalloJava` und `RechenOperation` bezeichnen in diesen Beispielen Namen von benutzerdefinierten funktionalen Interfaces:

```
interface HalloJava {
    void hallo();
}
```

bzw.

```
interface RechenOperation<X,Y> {
    Y operation(X x1, X x2);
}
```

In allen oben aufgeführten Methodenaufrufen, in denen Lambdas übergeben werden, wird deren Target-Typ vom Compiler inferiert.

Referenzen vom Typ eines funktionalen Interface, wie `HalloJava` und `Rechen-Operation` oder die mit Java 8 eingeführten `Consumer`- und `Predicate`-Interfaces:

```
interface Consumer<T> {
    public void accept(T t);
}
interface Predicate<T> {
    public Boolean test(T t);
}
```

können in Zuweisungen auf Lambda-Ausdrücke verweisen wie zum Beispiel in den drei letzten obigen Beispielen oder nachfolgend:

```
Predicate<KindleEdition> predicate = (KindleEdition buch)
    -> buch.getSeitenanzahl() >= 750;
Consumer<KindleEdition> consumer = (KindleEdition buch) ->
    buch.setPreis(buch.getPreis() - buch.getPreis()*9/100.);
```

Die `test()`-Methode des obigen Predicates gibt `true` zurück, wenn in ihr ein Buch mit einer Seitenanzahl >= 750 übergeben wird, und mit der `accept()`-Methode des Consumers wird der Buchpreis um 9% herabgesetzt.

Wenn der Target- oder Rückgabetyp nicht inferiert werden kann, kann ein Cast dabei helfen:

```
() -> {return (long)10;};
```

Weitere wichtige Hinweise aus der Dokumentation:

Lambda-Ausdrücke können je nach Kontext unterschiedliche Zieltypen aufweisen, je nachdem welche funktionale Schnittstelle der Ausdruck realisiert. Diese Zieltypen können nicht einander zugewiesen werden. So ist zum Beispiel die nachfolgende Lambda-Expression in zwei unterschiedliche Interface-Typen konvertierbar:

```
FileFilter fileFilter = (File f) -> {return f.isFile();}
```

```
Predicate<File> predicate = (File f) -> {return f.isFile();}
```

Anbei deren Definition:

```
interface FileFilter{
    boolean accept(File pathname);
}
```

aus Java 1.2 und mit Java 8

```
interface Predicate<T> {
    boolean test(T t);
}
```

Die Zuweisung `fileFilter = predicate` führt jedoch zum Compiler-Fehler »incompatible types«. Obwohl es sich um denselben Lambda-Ausdruck handelt, ist dieser in der ersten Zuweisung vom Typ `FileFilter` und in der zweiten vom Typ `Predicate<File>`.

Für Methodenargumente ermittelt der Compiler den Zieltyp mit Hilfe von Überladenstechniken und Typinferenz. So entscheidet er sich zum Beispiel im Fall der überladenen Methoden

```
void invoke(Runnable r) {
    r.run();
}
```

und

```
<T> T invoke(Callable<T> c) {
    return c.call();
}
```

beim Übersetzen der Lambda-Expression `String s = invoke(() ->"Hallo Java 8");` für den Aufruf von `invoke(Callable<T>)`, weil diese Methode einen Wert zurückgibt (wie in ihrem Aufruf erwartet), und der Typ des Lambda-Ausdrucks ist in diesem Fall `Callable<String>`.

Das funktionale Interface, das einem Lambda-Ausdruck zugeordnet wird, kann einen generischen Typ haben. In solch einem Fall wird der Target-Typ von den Typargumenten bestimmt, die angegeben werden, wenn eine Referenz vom Typ des funktionalen Interface für den Ausdruck deklariert wird. Der Typ des Lambda-Ausdrucks ist dann eine Parametrisierung des generischen Typs des funktionalen Interface.

So ist in der Zuweisung: `String s = invoke(() ->"Hallo Java8");` der Typ der Lambda-Expression `Callable<String>` und in: `Integer i = invoke(() ->123);` wiederum `Callable<Integer>`.

Wird vom »function descriptor« eines funktionalen Interface gesprochen, ist damit in den meisten Fällen die einzige abstrakte Methode dieses Interface gemeint. Methoden, die die gleiche Erasure haben, so wie zum Beispiel in den Definitionen: `interface interface1 {void methode(List liste);}` und `interface interface2 {void methode(List<String> liste);}`, werden als »override equivalent« bezeichnet. Wenn ein funktionales Oberinterface von beiden Interfaces abgeleitet wird (für Interfaces gilt bekannterweise die Mehrfachvererbung): `interface interface3 extends interface1, interface2 {}`, erbt es beide Methoden. Der »function descriptor« für `interface3` wird in diesem Fall als diejenige Methode definiert, die alle geerbten abstrakten Methoden überschreiben kann, und ist: `void methode(List liste)`.

Ein Lambda-Ausdruck muss den gleichen Parametertyp wie der »function descriptor« eines funktionalen Interface haben, sein Rückgabetyp muss kompatibel mit dessen Rückgabetyp sein und kann nur Exceptions auslösen, die vom »function descriptor« zugelassen sind.

Wir erinnern uns, dass Interfaces nur als Static-Member in einer Klasse definiert werden können und nicht als Nicht-static-Member, wobei der `static`-Modifikator nicht explizit angegeben wird. Die ersten Beispiele aus diesem Unterkapitel sollen als Wiederholung zur Implementation von Interfaces mittels anonymer Klassen und deren Gegenüberstellung zu Lambda-Ausdrücken dienen.

Aufgabe 11.1

Lambda-Ausdruck ohne Parameter versus anonymer Klasse

Fügen Sie einer einfachen Klassendefinition `public class HalloJavamitAnonymerKlasse1 { }` das Interface:

```
interface HalloJava {
    void hallo();
}
```

hinzu und implementieren Sie dieses in der Konstruktordefinition mittels einer anonymen Klasse. Rufen Sie an der so erzeugten Instanz vom Typ des Interface deren `hallo()`-Methode auf zum Anzeigen des Textes: »Hallo Java 8 aus einer anonymen Klasse!« am Bildschirm.

Alternativ kann die anonyme Klasse in einer Methode erzeugt werden, die eine Referenz auf die Instanz vom Typ des Interface zurückgibt:

```
public HalloJava createAnonymous() {
  return new HalloJava() {
    @Override
    public void hallo() {
      System.out.println(
        "Hallo Java 8 aus einer anonymen Klasse!");
    }
  };
}
```

An einem Objekt der Klasse HalloJavamitAnonymerKlasse2, die diese Methode und das Interface HalloJava als Member definiert, können dann die Methoden der umgebenden und anonymen Klasse aufgerufen werden:

```
(new HalloJavamitAnonymerKlasse2()).createAnonymous().hallo();
```

Vergewissern Sie sich mit einer weiteren Klassendefinition HalloJavamitLambda, dass eine Lambda-Expression ohne Argumente vom Typ des funktionalen Interface HalloJava mit einer viel kompakteren Schreibweise zum gleichen Ergebnis führen kann:

```
{
HalloJava gruss = () -> System.out.println(
  "Hallo Java 8 mit einer Lambda-Expression!");
gruss.hallo();
}
```

Hinweise für die Programmierung:

Diese Beispiele sollen (wie des Öfteren in den Übungsbüchern) auf eine möglichst einfache Art und Weise zum Verständnis von neu eingeführten Begriffen und zur Anwendung der neuen Standard-Klassen und -Interfaces mit ihren Methoden dienen.

Nach dem Kompilieren sind zwei .class-Dateien vorhanden: HalloJavamitLambda.class und HalloJavamitLambda$HalloJava.class.

Rufen Sie den Decompiler javap mit den Optionen –p (-private) bzw. –v (-verbose) auf, um die Klassen und ihre Member anzuzeigen bzw. den erzeugten Bytecode in den .class-Dateien zu betrachten.

In der dekompilierten Klasse HalloJavamitLambda ist zusätzlich zum Konstruktor und der main()-Methode eine weitere statische Methode lambda$0() zu sehen:

```
public class HalloJavamitLambda {
  public HalloJavamitLambda();
  public static main(java.lang.String...);
  private static void lambda$0();
}
```

Wie bereits angemerkt, sind nicht nur die verkürzte Schreibweise eines Lambda-Ausdrucks vom Vorteil gegenüber inneren anonymen Klassen, sondern auch deren Bytecode und ihre Runtime-Implementation.

Anstatt Bytecode für das Erzeugen eines Objekts zu generieren, gibt der Compiler ein »Rezept« für die Konstruktion eines Lambda-Ausdrucks vor und delegiert dieses zur Ausführung an die VM. Das Rezept wird in statische und dynamische Argumentenlisten für eine Invokedynamic-Instruktion dekodiert:

```
{
  public class HalloJavamitLambda {
...
    1: invokespecial #1 //Method java.lang.Object."<init>":)V
    4: invokedynamic #2, 0 // InvokeDynamic #0:lambda:()
LHalloJavamitLambda$HalloJava;
...
    11: invokeinterface #3, 1 InterfaceMethod HalloJavamitLambda$HalloJava.
hallo()V
...
```

Mit Java 7 wurde diese fünfte Form für die Ausführung des Bytecodes von Methodenaufrufen zusätzlich zu:

- invokestatic (für statische Methoden)
- invokevirtual (für Instanzmethoden)
- invokeinterface (für Interface-Methoden)
- invokespecial (für Konstruktoren, private Methoden und super-Aufrufe)

für die Ausführung von dynamischen Sprachen eingeführt. Ab Java 8 dient dieser Aufruf auch der Konstruktion von Lambda-Ausdrücken.

Wie den Programmausgaben von javap zu entnehmen ist, erzeugt der Compiler für jede Lambda-Expression eine Methode mit Namen wie lambda$0, lambda$1 etc., deren Argumentenliste und Rückgabetyp zur Lambda-Expression passen und die eventuell zusätzliche Argumente für gekapselte Werte aus der Umgebung des Ausdrucks definieren. Zusätzlich generiert der Compiler einen so genannten Invokedynamic-CallSite, der aufgerufen eine Instanz vom Typ des korrespondierenden funktionalen Interface der Lambda-Expression zurückgibt. Das java.lang.invoke.CallSite-Objekt hält eine Variable vom Typ java.lang.invoke.MethodeHandle, die eine direkt ausführbare Referenz repräsentiert (eine Zieladresse angibt).

Java-Dateien: HalloJavamitAnonymerKlasse1.java, HalloJavamitAnonymerKlasse2.java, HalloJavamitLambda.java
Programmaufrufe: java (bzw. javap) HalloJavamitAnonymerKlasse1, java HalloJavamitAnonymerKlasse2, java HalloJavamitLambda

Aufgabe 11.2

Lambda-Ausdruck mit Parameter versus anonymer Klasse

Definieren Sie das generische funktionale Interface:

```java
interface RechenOperation<X,Y> {
  Y operation(X x1, X x2);
}
```

als Member einer Klasse RechenOperationenmitLambda.

Erzeugen Sie nach dem Beispiel der vorangegangenen Aufgabe in der main()-Methode dieser Klasse mehrere Lambda-Expressions vom Typ des Interface, um verschiedene Rechenoperationen durchzuführen. Zeigen Sie jedes Mal sowohl die in der Methode operation() übergebenen Werte als auch das Ergebnis von Berechnungen am Bildschirm an:

```java
RechenOperation<Integer, Integer> summe = (x1,x2) -> x1+x2;
System.out.println(summe.operation(3, 1));
RechenOperation<Float, Float> differenz = (x1,x2) -> x1-x2;
System.out.println(differenz.operation(3.2F, 1.4F));
```

Testen Sie verschiedene Schreibweisen der Lambda-Ausdrücke (mit deklarierten und inferierten (inferred) Typen in der Parameterliste, mit und ohne return-Statements im Rumpf) und deren Übergabe in Zuweisungen oder Methodenaufrufen.

Definieren Sie eine weitere Klasse RechenOperationenmitAnonymerKlasse und erzeugen Sie auch diesmal mittels anonymer Klassen Instanzen vom parametrisierten Typ des Interface zum Durchführen der gleichen Rechenoperationen. Vergleichen Sie den Aufwand und die Ergebnisse.

Java-Dateien: RechenOperationenmitAnonymerKlasse.java,
RechenOperationenmitLambda.java
Programmaufrufe: java RechenOperationenmitAnonymerKlasse,
java RechenOperationenmitLambda

Aufgabe 11.3

Weitere Beispiele mit anonymen Klassen und Lambda-Ausdrücken

In den Aufgaben 7.8 und 7.13 werden die funktionalen Interfaces FigurenMalen und ActionListener mittels anonymer Klassen implementiert. Definieren Sie zwei neue Klassen JFramemitRectangle2DMemberInterfaceundLambda bzw. JFramemitActionListenerundLambda und ersetzen Sie die Definition der anonymen Klassen mit einem Lambda-Ausdruck, um den Umgang mit deren Syntax zu üben.

Java-Dateien: `JFramemitRectangle2DMemberInterfaceundLambda.java`
`JFramemitActionListenerundLambda.java`
Programmaufrufe: `java JFramemitRectangle2DMemberInterfaceundLambda`,
`java JFramemitActionListenerundLambda`

11.4 Scoping und Variable Capture

Wie innere anonyme Klassen haben Lambda-Ausdrücke vollen Zugriff auf die Member von umgebenden Klassen, auch wenn diese als `private` definiert sind.

Lambda-Ausdrücke unterscheiden sich aber von anonymen Klassen:

- Während in einer anonymen Klasse die `this`-Referenz auf das Objekt der Klasse selbst verweist, zeigt `this` in einem Lambda-Ausdruck auf das Objekt der umgebenden Klasse.

- Das Schlüsselwort `super` referenziert in einer anonymen Klasse deren Oberklasse und in einer Lambda-Expression die Oberklasse der umgebenden Klasse.

- Sowohl anonyme Klassen als auch Lambda-Expressions unterstützen das Binden von Variablen aus dem umgebenden Bereich, die nicht in der Funktion selbst definiert sind. In den Vorgängerversionen von Java 8 hatte eine anonyme Klasse Zugriff auf alle mit `final` deklarierten lokalen Variablen aus ihrem umgebenden Bereich. Die innerhalb von Lambda-Ausdrücken benutzten lokalen Variablen aus dem Kontext sind implizit `final`. Neu mit Java 8 ist, dass auch in anonymen Klassen auf das Schlüsselwort verzichtet werden kann. Diese Art von »variable binding« wird in beiden Fällen auch als »variable capture« bezeichnet, weil die Variablen der umgebenden Methode eingefangen werden. Wichtig dabei ist, dass derartige Variablen in den entsprechenden Funktionen nicht abgeändert werden können.

- Deklariert eine anonyme Klasse Variablen mit gleichem Namen wie die lokalen Variablen aus der Methode, die sie umgibt, so werden diese überdeckt. Dies, weil eine anonyme Klasse wie alle Klassen in Java einen eigenen Geltungsbereich für die Namen einführt, die innerhalb dieser Klasse definiert sind. In einem Lambda-Ausdruck ist eine derartige Deklaration nicht möglich und wird mit der Fehlermeldung: »variable ... is already defined ...« vom Compiler zurückgewiesen. Der Lambda-Ausdruck kapselt die Referenz von lokalen Variablen in seinen Deklarationen, was in der Literatur als »lexically scoped« bezeichnet wird und bedeutet, dass ein Lambda-Ausdruck keinen eigenen Bereich definiert, sondern immer als Teil des umgebenden Bereichs (Konstruktor oder Methodendefinition) zu sehen ist. Während eine in einer anonymen Klasse definierte lokale Variable eine neue Referenz zugewiesen bekommt, behält der Lambda-Ausdruck noch weiter die alte Referenz aus der umgebenden Klasse, so als wäre diese Variable mit `final` deklariert worden. Dies umschreibt mit anderen Worten die bereits erwähnte Bedeutung von »effectively final«, die in der Literatur auch mit »implicitly final« bezeichnet wird.

Die Klassendefinitionen aus der Aufgabe 11.4 gewähren einen detaillierten Blick auf diese Eigenschaften.

Aufgabe 11.4
Die Umgebung von Lambda-Ausdrücken

Mit dieser Aufgabe soll der Umgebungsbereich von Lambda-Ausdrücken erforscht werden. Definieren Sie dazu zwei neue Java-Klassen mit den Namen Scopingofthis und ScopingundVariableCapture.

Anhand von Objekten einer Klasse mit dem Namen MutableBuchstabe, die ein Instanzfeld name vom Typ String definiert, soll die Zuweisung von Referenzen für Objekte dieser Klasse in Feld- und lokalen Variablen-Deklarationen bei einem Zugriff mit und ohne die this-Referenz beobachtet werden. Wie der Name dieser Klasse bereits zum Ausdruck bringt, sollen ihre Instanzen änderbar sein, das heißt, sie erlaubt einen Zugriff auf ihre Felder mittels einer Setter-Methode setName().

Beide Klassen Scopingofthis und ScopingundVariableCapture sollen ein funktionales Interface RetrieveBuchstabe als Static-Member-Interface definieren, das eine Methode retrieve() zum Abholen einer MutableBuchstabe-Instanz vorgibt:

```
interface RetrieveBuchstabe {
    MutableBuchstabe retrieve();
}
```

In der ersten Klasse sollen ein Lambda-Ausdruck und eine anonyme Klasse in Feldinitialisierungen definiert werden. Verweisen Sie sowohl in der umgebenden Klasse als auch im Lambda-Ausdruck und in der anonymen Klasse mit einer gleichnamigen globalen Referenz auf unterschiedliche MutableBuchstabe-Instanzen, ändern Sie die Zustände der Objekte über den Aufruf der setName()-Methode und beobachten Sie die Werte und Adressen der Felder bei einem Zugriff mit und ohne die this-Referenz.

In der Klasse ScopingundVariableCapture sollen die Instanzen des funktionalen Interface RetrieveBuchstabe als Lambda-Ausdruck und mittels einer anonymen Klasse in zwei Methodendefinitionen createLambdaExpression() und createAnonymousClass() erzeugt werden. Diesmal soll sowohl die Lambda-Expression als auch die anonyme Klasse lokale Referenzen auf ein MutableBuchstabe-Objekt mit dem gleichen Namen wie eine lokale Variable der umgebenden Methode definieren (zu einem Vergleich von lokalen und globalen Referenzen kann die Aufgabe 1.9 aus dem 1. Kapitel dieses Buchs eingesehen werden).

Richten Sie sich nach den Vorgaben aus dem theoretischen Teil und dem Lösungsvorschlag zu dieser Aufgabe, um die unterschiedlichen Auswirkungen beim Zugriff auf die lokalen Variablen aus der umgebenden Methode in den Funktionen (Lambda-Ausdruck und anonyme Klasse) zu beobachten.

Java-Dateien: ScopingundVariableCapture.java, Scopingofthis.java
Programmaufrufe: java ScopingundVariableCapture, java Scopingofthis

Aufgabe 11.5

Die neuen funktionalen Interfaces Consumer<T> und Predicate<T> und die Übergabe von Lambda-Ausdrücken in Methoden

Mit Java 8 wurden mehrere neue funktionale Interfaces, darunter Consumer<T> und Predicate<T>, die die Arbeit mit Collections und Maps vereinfachen sollen, eingeführt. Das Interface Consumer definiert die Methode void accept(T t), in der Operationen auf das im Aufruf übergebene Objekt oder auf externe Objekte durchgeführt werden. Die Methode boolean test(T t) des Predicate-Interface gibt true zurück, wenn das im Aufruf übergebene Objekt bestimmte Kriterien erfüllt. Beide Methoden definieren einen Parameter vom generischen Typ des Typparameters der Interfaces.

Eine Klasse BuchVerkauf soll dazu dienen, neue Preise für die Kindle Editions von Büchern in Abhängigkeit von deren Seitenanzahl zu bestimmen. Hat ein Buch mehr als 750 Seiten, soll der ursprüngliche Preis um 12% herabgesetzt werden, und ansonsten um 9%.

Definieren Sie eine weitere Klasse KindleEdition (deren Instanzen Bücher repräsentieren) mit den Instanzfeldern String titel, double preis und int seitenanzahl und den zugehörigen Getter- und Setter-Methoden für den Zugriff darauf. Eine Instanzmethode void anzeigeBuch() soll den Titel und den Preis für ein bestimmtes Buch am Bildschirm ausgeben. Mittels der generischen Methode static <T> void anzeigeEigenschaft(T eigenschaft) soll ermöglicht werden, eine Bucheigenschaft von einem beliebigen Typ anzuzeigen.

Erzeugen Sie in der Klasse BuchVerkauf String-, Double- und Integer-Arrays mit den Titeln, Preisen und der Seitenanzahl von Büchern, deren Elemente mit Hilfe von Zugriffsmethoden für ein Array KindleEdition buecher[] = new KindleEdition[4] gesetzt werden, wie zum Beispiel mit:

```
String[] titelArray = {"Java 7 Übungsbuch Band I",
  "Java 7 Übungsbuch Band II", "Android 4 Übungsbuch",
    "Servlets und JavaServer Pages"};
Double[] preisArray = {29.95, 29.95, 24.95, 16.95};
Integer[] seitenArray = {806, 796, 454, 748};
for(int i=0; i < buecher.length; i++) {
  buecher[i] = new KindleEdition();
  buecher[i].setTitel(titelArray[i]);
  buecher[i].setPreis(preisArray[i]);
  buecher[i].setSeitenanzahl(seitenArray[i]);
}
```

Definieren Sie zwei Methoden static void berechnePreisKindleEdition
(KindleEdition buch, Predicate<KindleEdition> predicate, Consumer
<KindleEdition> consumer) und static void anzeigeAttributemit-Consu-
mer(List<KindleEdition> liste, Consumer<String> consumer1, Consumer
<Double> consumer2) für die Kalkulation von neuen Preisen und die Anzeige der
Bucheigenschaften titel und preis.

Die erste der Methoden benutzt einen Predicate, um zu entscheiden, wie der Preis
abzuändern ist, und einen Consumer, um die Änderung durchzuführen. Rufen Sie
daran ihre Methoden test() und accept() auf, in denen eine Instanz vom Typ
des Schnittstellenparameters KindleEdition übergeben wird.

Die zweite Methode soll an den übergebenen Consumer-Objekten deren accept()-
Methode aufrufen, in der die Bucheigenschaften für eine Anzeige übergeben werden. Benutzen Sie für die Anzeige von Titeln und Preisen vor und nach Änderungen alternativ die Methoden System.out.println() bzw. anzeigeBuch() als
auszuführende Operation für die accept()-Methode.

Erzeugen Sie in Deklarationen mit der Angabe ihres parametrisierten Target-Typs
Lambda-Ausdrücke wie zum Beispiel mit:

```
Consumer<String> consumer1 = titel ->
  System.out.println("Titel: " + titel);
Predicate<KindleEdition> predicate2 = (KindleEdition buch)
  -> buch.getSeitenanzahl() >= 750;
Consumer<KindleEdition> consumer3 = (KindleEdition buch) ->
  buch.setPreis(buch.getPreis() - buch.getPreis()*9/100.)
```

um diese in den Methodenaufrufen per Referenz zu übergeben, oder weisen Sie
diese direkt den Methodenparameter zu. Wie bereits mit den Aufgaben 1.7 und 1.8
gezeigt wird, werden in Java Objekte per Referenz und Referenzen per Wert übergeben.

Hinweise für die Programmierung:

Die generischen Interfaces Predicate<T> und Consumer<T> befinden sich im
Paket java.util.function. Weil es funktionale Interfaces sind, können diese als
Target-Typen für Lambda-Expressions benutzt werden.

Beachten Sie, dass der im Aufruf der Methode berechnePreisKindleEdition()
in einer Consumer-Referenz übergebene Lambda-Ausdruck zustandsbehaftet
("stateful") ist. Bei Nebenläufigkeit können unerwünschte Seiteneffekte auftreten,
wenn im Aufruf von Methoden übergebene Aktionen gemeinsame Zustände abändern. Dann sind die Aktionen selbst für die Synchronisation verantwortlich. Wir
kommen im Unterkapitel 11.11 mit ausführlichen Beispielen darauf zurück.

Java-Dateien: KindleEdition.java, BuchVerkauf.java
Programmaufrufe: java BuchVerkauf

Aufgabe 11.6 ☆ ☆

Wiederholungsaufgabe

Um die Art und Weise, wie Instanzen von anonymen Klassen und Lambda-Ausdrücke vom Typ der Interfaces Predicate<T> und Consumer<T> erzeugt werden können, noch besser zu verstehen, sollen erstmals nach dem Beispiel der vorangegangenen Aufgaben zwei eigene generische Interfaces BuchPredicate<T> und BuchConsumer<T> in einer Klasse BuchKatalog definiert werden , die die Ausführung der im Nachfolgenden formulierten Funktionalitäten übernimmt. In Anlehnung an die Standard-Interfaces definieren diese die Methoden boolean testBuch(T t) und void acceptBuch(T t).

Eine Klasse Buch, deren Instanzen Bücher repräsentieren, soll ähnlich der Klasse KindleEdition folgende Instanzfelder mit zugehörigen Getter- und Setter-Methoden für den Zugriff definieren: String titel, String autor, String thema, Calendar erscheinungsdatum, int ISBN, double preis, int seitenanzahl und String website. Die Instanzmethoden void anzeigeBuch() und int anzeigeJahre() aus dieser Klasse sollen titel und autor bzw. die Anzahl von Jahren, die seit der Veröffentlichung eines Buchs abgelaufen sind, am Bildschirm ausgeben. Mittels der generischen Methode static <T> void anzeigeEigenschaft(T eigenschaft) soll wie auch in der Aufgabe 11.5 ermöglicht werden, eine Bucheigenschaft von einem beliebigen Typ anzuzeigen.

Definieren Sie in der Klasse BuchKatalog zur Auswahl von Büchern nach einem im Nachhinein (beim Erzeugen von Lambda-Expressions und Instanzen von anonymen Klassen) festgelegten Kriterium zwei Methoden mit den Signaturen: public static void auswahlmitBuchPredicate(List<Buch> liste, BuchPredicate<Buch> eigenschaft) und public static void auswahlmitPredicate(List<Buch> liste, Predicate<Buch> eigenschaft). In diesen Methoden sollen in einer for-each-Schleife an jedem Element aus einer im Methodenaufruf übergebenen Liste die Methoden testBuch() bzw. test() der parametrisierten Interfaces BuchPredicate<Buch> und Predicate<Buch> aufgerufen werden, um den Titel und Autor der ausgewählten Bücher mit der Methode anzeigeBuch() der Klasse Buch am Bildschirm anzuzeigen.

Zur Ausführung einer Operation auf Eigenschaften der Buch-Objekte aus einer Liste, um zum Beispiel Titel, Autor und Preis am Bildschirm anzuzeigen, sollen die Methoden: public static void anzeigeAttributemitBuchConsumer(List<Buch> liste, BuchConsumer<String> consumer1, BuchConsumer<String> consumer2) und public static void anzeigeAttributemitConsumer(List<Buch> liste, Consumer<String> consumer1, Consumer<String> consumer2, Consumer<Double> consumer3) definiert werden. Ermitteln Sie darin die anzuzeigenden Eigenschaften mittels deren Getter-Methoden und übergeben Sie diese in den Methoden acceptBuch() bzw. accept(), die an Instanzen vom Typ BuchConsumer und Consumer aufgerufen werden.

Definieren Sie drei weitere Methoden auswahlmitPredicateundConsumer
(List<Buch> liste, Predicate<Buch> eigenschaft, Consumer<Buch> consumer), auswahlBuechermitIterablePredicateundConsumer(Iterable<Buch>
iterable, BuchPredicate<Buch> eigenschaft, Consumer<String> consumer)
und auswahlmitCollectionPredicateund-Consumer(Collection<Buch> collection, Predicate<Buch> eigenschaft, Consumer<String> consumer1,
Consumer<Double> consumer2, Consumer<Integer> consumer3), mit denen
sowohl eine von Ihnen formulierte Buchauswahl als auch eine Anzeige von
beliebigen Attributwerten nach dem Beispiel der vorangegangenen Methodendefinitionen für Buch-Objekte ermöglicht wird, indem Sie die Buchliste in List,
Iterable bzw. Collection-Referenzen zuweisen.

In der main()-Methode sollen all diese Methoden für die Anzeige von Listen mit
ausgewählten Büchern und deren Eigenschaften aufgerufen werden.

Erzeugen Sie dazu einen Buchkatalog als ArrayList-Instanz, indem Sie das Array
aus einem von der Klasse BuchKatalog implementierten Interface Buchliste,
das Bücher mit den von der Klasse Buch vorgegebenen Eigenschaften aufnimmt, in
eine Liste umsetzen. Sie können aber auch andere Bücher Ihrer Wahl benutzen:
List<Buch> liste = new ArrayList<>(Arrays.asList(buchArray)).

Treffen Sie zum Beispiel eine Auswahl von Büchern über Preisangaben, Thematik
und ISBN-Nummern und zeigen Sie deren Titel, Autor, Preis, Anzahl der Jahre seit
der Erscheinung eines Buchs oder die zugehörige Webseite am Bildschirm an,
indem Sie in den funktionalen Interface-Referenzen sowohl Instanzen von anonymen Klassen als auch Lambda-Ausdrücke übergeben.

Rufen Sie nach dem Durcharbeiten von Unterkapitel 11.5 an verschiedenen Predi-
cate-Objekten deren Default-Methoden negate(), and() und or() auf, um die
Ergebnisse von Berechnungen zu kontrollieren.

Hinweise für die Programmierung:

Weil das generische List<E>-Interface von den Interfaces Iterable<E> und Col-
lection<E> abgeleitet ist, können List-Instanzen auch mittels Iterable- und
Collection-Referenzen im Aufruf von Methoden übergeben werden.

Definition und Aufruf von Methoden der Klasse BuchKatalog kann nach dem folgenden Beispiel erfolgen:

```
public static void auswahlmitPredicateundConsumer(
  List<Buch> liste, Predicate<Buch> eigenschaft, Consumer<Buch>
                                    consumer) {
  for(Buch buch:liste) {
    if(eigenschaft.test(buch)) {
      consumer.accept(buch);
    }
  }
}
```

Im Methodenaufruf können sowohl Instanzen von anonymen Klassen als auch Lambda-Ausdrücke übergeben werden:

```
System.out.println(
  "Ausgewählte Bücher mittels anonymer Klassen");
auswahlmitPredicateundConsumer(liste,
  new Predicate<Buch>() {
    public boolean test(Buch buch) {
      return buch.getThema() == "Android" &&
        buch.getPreis() >= 16. && buch.getPreis() <= 30.;
    }
  },
  new Consumer<Buch>() {
    public void accept(Buch buch) {
      buch.anzeigeBuch();
    }
  }
);
```

bzw.

```
System.out.println(
  "Ausgewählte Bücher mittels Lambda-Expressions vom " +
    "Typ Predicate<Buch> und Consumer<Buch>:");
auswahlmitPredicateundConsumer(liste,
  buch -> buch.getThema() == "Android" &&
    buch.getPreis() >= 16. && buch.getPreis() <= 30.,
  buch -> buch.anzeigeBuch()
);
```

Für die Anzeige von Attributwerten mit den Methoden `anzeigeAttributemit-BuchConsumer()` und `anzeigeAttributemitConsumer()` kann zum Beispiel `System.out.print()` als auszuführende Operation für die `accept()`-Methode einer `Consumer<String>`- bzw. `Consumer<Double>`-Instanz im Rumpf des Lambda-Ausdrucks angegeben werden:

```
titel -> System.out.print("\n" + titel), autor ->
System.out.print(" " + autor), preis ->
System.out.print(" " + preis));
```

oder alternativ die Methode `anzeigeEigenschaft()` der Klasse `Buch`:

```
titel -> Buch.anzeigeEigenschaft("Titel: " + titel),
autor -> Buch.anzeigeEigenschaft("Autor: " + autor),
preis -> Buch.anzeigeEigenschaft("Preis: " + preis));
```

Vergleichen Sie auch diesmal die Syntax von Methodenaufrufen.

Java-Dateien: `Buch.java`, `Buchliste.java`, `BuchKatalog.java`
Programmaufrufe: `java BuchKatalog`

11.5 Methoden- und Konstruktor-Referenzen

Wie wir nun bereits des Öfteren feststellen konnten, werden Lambda-Ausdrücke als eine Art anonyme Methode definiert und diese repräsentieren Instanzen von funktionalen Interfaces. Wenn Lambda-Ausdrücke nichts anderes tun, als eine existierende Methode aufzurufen, kann es übersichtlicher sein, diese Methode durch ihren Namen direkt zu referenzieren.

Methoden-Referenzen sind laut Java-Spezifikation ähnlich wie Lambda-Ausdrücke zu behandeln: Sie benötigen einen Target-Typ und verschlüsseln ein funktionales Interface. Anstatt einen Methodenrumpf zu liefern, referenzieren diese jedoch Methoden von existierenden Klassen und Objekten.

So bezeichnen zum Beispiel `Integer::compare` oder `BuchUtils::compareBuch-Titel`, wenn diese Ausdrücke im Aufruf der `public static <T> void sort(T[] a, Comparator<? super T> c)`-Methode der Klasse `Arrays` übergeben werden, Abkürzungen für Lambda-Expressions, deren formale Parameterliste von den `compare()`-Methoden eines `Comparator<Integer>`- bzw. eines `Comparator<Buch>`-Objekts übernommen werden und deren Rumpf die Methode `compare()` der `Integer`-Klasse bzw. `compareBuchTitel()` einer Klasse `BuchUtils` aufruft:

```
public class BuchUtils {
  public static int compareBuchTitel(Buch buch1, Buch buch2) {
    return new String(buch1.getTitel()).
      compareTo(new String(buch2.getTitel()));
  }
  public int compareBuchPreis(Buch buch1, Buch buch2) {
    return new Double(buch1.getPreis()).
      compareTo(new Double(buch2.getPreis()));
  }
}
```

In den Ausführungen bezeichnet `Buch` die Beispielklasse aus der vorangegangenen Aufgabe. Wichtig dabei ist, dass die so referenzierten Methoden die gleiche Parameterliste und einen mit dem Rückgabetyp der `compare()`-Methode eines Comparators kompatiblen Rückgabetyp aufweisen, wenn sie im zweiten Parameter der `sort()`-Methode, die eine `Comparator`-Referenz erwartet, angegeben werden.

Es können sowohl Klassen- als auch Instanzmethoden referenziert werden. Mit `BuchUtils::compareBuchTitel;` wird die Klassenmethode von `BuchUtils` referenziert und mit `BuchUtils objekt = new BuchUtils();` `objekt::compareBuchPreis;` die Instanzmethode eines bestimmten Objekts dieser Klasse.

Eine dritte Möglichkeit besteht darin, die Instanzmethoden eines beliebigen Objekts von einem bestimmten Typ mittels des Klassennamens zu referenzieren, wenn die Methoden-Referenz im Aufruf einer anderen Methode übergeben wird. In diesem Fall ruft der Compiler die Instanzmethode genau an dem Objekt auf, das als erstes Argument in der Methode übergeben wird, so dass dieses Objekt erst zu einem späteren Zeitpunkt ersetzt wird (siehe dazu dazu auch die Klasse `Methoden-`

ReferenzenfürInstanzmethoden aus der Aufgabe 11.9 und das Referenzieren von Getter-Methoden der Klasse Buch aus den Aufgaben 11.16 bis 11.18):

```
String[] titelArray = {"Java 7 Übungsbuch",
    "Android 4 Übungsbuch", "Servlets und JavaServer Pages"};
Double[] preisArray = {29.95, 16.95, 24.95};
Arrays.sort(preisArray, Double::compareTo);
Arrays.sort(titelArray, String::compareToIgnoreCase);
```

Der ::-Operator trennt den Methodennamen von einem Objekt- bzw. einem Klassennamen in den besagten drei Varianten:

- Klasse:: Klassenmethode
- Klasse:: Instanzmethode
- Objekt:: Instanzmethode

All diese Ausdrücke kapseln wie auch Lambda-Ausdrücke die lokalen Variablen aus ihrer Umgebung und der Kontext, in dem sie aufgerufen werden, bestimmt, von welchem Typ der Ausdruck selbst ist.

Konstruktoren können in gleicher Art und Weise wie statische Methoden referenziert werden unter der Benutzung des Schlüsselworts new: Supplier<KonstruktorReferenz> constructor = KonstruktorReferenz::new;. Die Methode des korrespondierenden funktionalen Interface muss die gleiche Signatur haben wie der Konstruktor, der zum Erzeugen eines Objekts eingesetzt werden soll. Wenn eine Klasse über mehrere Konstruktoren verfügt, wird die Methodensignatur des funktionalen Typs mit der besten Übereinstimmung zu einem Konstruktor gesucht, genauso wie in der Auflösung von Konstruktorenaufrufen vorgegangen wird.

Um den Compiler bei der Typinferenz (in der Literatur wird in diesem Fall auch von Typ-Deduktion gesprochen) zu unterstützen (wenn zum Beispiel der Typ von Parameter vom Compiler nicht inferiert werden kann), muss in der Spezifikation der Konstruktor-Referenz hinter den Doppelpunkten »::« in spitzen Klammern zusätzlich eine Typangabe gemacht werden, wie zum Beispiel mit: Function<String[],KonstruktorReferenz> constructor = KonstruktorReferenz::<String>new; (das funktionale Interface auf der linken Seite der Zuweisung gibt den Target-Typ der Konstruktor-Referenz vor).

Die in den Beispielen benutzten funktionalen Interfaces Supplier<T> und Function<T,R> wurden mit Java 8 eingeführt und können in der Referenzierung von Konstruktoren eingesetzt werden, wenn diese parameterlos sind oder genau einen Parameter besitzen.

Supplier definiert eine Methode T get(), die einen Rückgabetyp ungleich void besitzt, und eine leere Parameterliste, so dass diese mit einem parameterlosen Konstruktor verbunden werden kann. Passend zu einem Konstruktor mit einem Parameter definiert Function die Methode R apply(T t), die ebenfalls ein Argument annehmen kann und einen Wert zurückgibt.

Mit den nachfolgenden Aufgaben wird demonstriert, wie Methoden und Konstruktoren über Referenzen identifiziert werden können, und es wird nochmals auf die Parallelitäten zu anonymen Klassen und Lambda-Ausdrücken hingewiesen.

Aufgabe 11.7

Methoden-Referenzen in Zuweisungen

Mit einem ganz einfachen Beispiel soll gezeigt werden, wie der Lambda-Ausdruck aus der Klasse `HalloJavamitLambda` (Aufgabe 11.1) durch eine Methoden-Referenz ersetzt werden kann.

Den Hinweisen aus dem theoretischen Teil folgend, muss der vom Lambda-Ausdruck gelieferte Methodenrumpf in die Methode einer Klasse verlagert werden und diese Methode über deren Namen (falls es sich um eine Static-Methode handelt) bzw. ein Objekt dieser Klasse (im Fall von Nicht-static-Methoden) referenziert werden.

Definieren Sie dazu in einer Klasse `HalloJavaUtils` zwei Methoden `staticHalloJava()` und `nonstaticHalloJava()` mit dem gleichen Rumpf wie der der Lambda-Expression aus der Aufgabe 11.1.

In der neuen Klasse `HalloJavamitMethodenReferenz`, die das gleiche Interface `HalloJava` wie die Klasse `HalloJavamitLambda` als `static`-Member definiert, können diese Methoden wie folgt referenziert werden:

```java
// Identifizierung der Instanzmethode
HalloJavaUtils instanz = new HalloJavaUtils();
HalloJava gruss = instanz::nonstaticHalloJava;
// Alternativ die Klassenmethode referenzieren
HalloJava gruss = HalloJavaUtils::staticHalloJava;
// Aufruf der Methode der HalloJava-Instanz
gruss.hallo();
```

Noch einfacher: Definieren Sie die Methode des Interface mit einem `String`-Parameter, damit diese im Parameter- und Rückgabetyp mit der Methode `void println(String s)` der Klasse `PrintStream` übereinstimmt. Dann kann diese Methode über den Standard-Output-Stream referenziert werden:

```java
HalloJava gruss = System.out::println;
gruss.hallo("Hallo Java 8 mit Methoden-Referenzen!");
```

Hinweise für die Programmierung:

Auch wenn in diesem Fall ein größerer Programmieraufwand als nötig entsteht, soll damit auf die konkrete Vorgehensweise beim Referenzieren von Methoden hingewiesen werden. Mit den Klassen aus dem nachfolgenden Beispiel wird gezeigt, dass mit dieser Technik die Schreibweisen beim Implementieren von Interface-Methoden erheblich reduziert werden können.

Derartige Methoden können auch in der Klasse, in der sie referenziert werden, definiert werden. Aus Übersichtsgründen ist es jedoch üblich, diese in eine eigene Klasse zu verlagern. Sie müssen die gleiche Parameterliste und einen kompatiblen Rückgabetyp wie die Methode des Interface HalloJava, das in diesem Fall den Target-Typ des Ausdrucks vorgibt, besitzen.

Java-Dateien: HalloJavamitMethodenReferenz.java, HalloJavaUtils.java
Programmaufrufe: java HalloJavamitMethodenReferenz

Aufgabe 11.8 ☆☆
Methoden-Referenzen als Argumente in Methodenaufrufen übergeben

Eine Klasse kann über eine »natürliche Sortierung« verfügen, indem sie das Interface Comparable implementiert. Soll für ihre Instanzen eine spezielle Sortierung in Frage kommen, kann diese mit Hilfe einer Comparator-Instanz (eine Vergleichsfunktion, die eine gewünschte Ordnungsrelation definiert) festgelegt werden.

Definieren Sie eine Klasse BuchComparator, mit der gezeigt werden soll, wie Arrays von Büchern nach beliebigen Eigenschaften sortiert werden können und dabei Methoden-Referenzen von großem Nutzen sind.

Erzeugen Sie in der main()-Methode dieser Klasse ein Array vom Typ der Klasse Buch aus der Aufgabe 11.6. Der Einfachheit halber sollen nur Werte für die titel- und preis-Felder von Buch-Instanzen gesetzt werden, um zu zeigen, wie eine Anordnung von Büchern nach diesen Kriterien erreicht werden kann.

Die erforderlichen Comparator<Buch>-Instanzen sollen erstmals mittels anonymer Klassen erzeugt werden und im zweiten Parameter der Arrays.sort()-Methode (zur Definition einer Sortierreihenfolge für die im ersten Parameter als Array übergebenen Bücher) zugewiesen werden.

Benutzen Sie im Nachhinein anstelle der anonymen Klasse einen Lambda-Ausdruck vom Typ des Comparator<Buch>-Interface.

Erstellen Sie des Weiteren eine Klasse BuchUtils mit zwei Methodendefinitionen (eine statische und eine nicht-statische) compareBuchTitel() und compareBuchPreis(), die sowohl vom Typ der Parameter als auch des Rückgabetyps auf die compare()-Methode des Comparator<Buch>-Interface abgestimmt sind, um zu zeigen, dass die gleiche Anordnung von Büchern über das einfache Referenzieren derartiger Methoden erreicht werden kann (benutzen Sie dazu die Vorgaben aus dem theoretischen Teil).

Zeigen Sie Titel und Preis für die sortierten Bücher am Bildschirm an.

Als Beispiel für das Referenzieren von Instanzmethoden eines beliebigen Objekts von einem bestimmten Typ sollen die Methoden compareTo() und compareToIgnoreCase() der Klassen Double bzw. String für das Sortieren von Arrays, die alle Preise bzw. alle Titel der Bücher beinhalten, aufgerufen werden.

Richten Sie sich nach den Hinweisen aus der Programmierung und dem Lösungs-vorschlag zu dieser Aufgabe, um als zusätzliche Übung die vielen anonymen Klassen, die in der Aufgabe 10.4 in der Klasse WildcardTypen im Aufruf von sort() und min/max()-Methoden der Utility-Klasse Collections übergeben werden, mit Lambda-Ausdrücken und Methoden-Referenzen zu ersetzen.

Hinweise für die Programmierung:

Sowohl Comparable<T> als auch Comparator<T> sind funktionale Interfaces und können somit als Target-Typ für Lambda-Ausdrücke und Methoden-Referenzen benutzt werden.

Wie wir bereits im Kapitel 10 festgestellt haben, können Listen und Arrays von Objekten, die das Interface Comparable<T> implementieren, automatisch mit Hilfe der Methoden Collections.sort() und Arrays.sort() sortiert werden. Objekte, die dieses Interface implementieren, können auch als Schlüssel in einer sortierten Map oder als Elemente in einem sortierten Set benutzt werden, ohne dass ein Comparator dafür spezifiziert werden muss.

Für beliebige Ansammlungen von Objekten, die das Comparable-Interface nicht implementieren (das heißt, die über keine »natürliche« Sortierung verfügen), kann das Interface Comparator<T> als Vergleichsfunktion eingesetzt werden, um eine Anordnung für diese Objekte zu erreichen. Comparator-Instanzen können in Methoden wie Collections.sort() und Arrays.sort() übergeben werden und ebenfalls benutzt werden, um die Reihenfolge in sortierten Datenstrukturen wie sortierte Maps oder Sets zu kontrollieren.

Klassen wie Integer und String implementieren die parametrisierten Interfaces Comparable<Integer> und Comparable<String> und verfügen somit über eine eigene Sortierreihenfolge. Die Klasse Integer implementiert zusätzlich eine Methode compare(), die die int-Werte von Integer-Objekten vergleicht, das heißt, sie gibt den gleichen Wert wie die Methode Integer.valueOf(x).compareTo(Integer.valueOf(y)) zurück.

Anstelle einer anonymen Klasse vom Typ des funktionalen Interface:

```
new Comparator<Buch>() {
    public int compare(Buch buch1, Buch buch2){
        return new Double(buch1.getPreis()).
            compareTo(new Double(buch2.getPreis()));
    }
}
```

kann ein Lambda-Ausdruck vom gleichen Typ eingesetzt werden:

```
(Buch buch1, Buch buch2) ->
    {return new Double(buch1.getPreis()).
        compareTo(new Double(buch2.getPreis()));
    }
```

Noch einfacher ist das Referenzieren von Methoden aus der Klasse BuchUtils, die eine ähnliche Syntax wie die compare()-Methode des Comparator<Buch>-Interface aufweisen (gleiche Parameterliste und kompatiblen Rückgabetyp):

```
BuchUtils objekt = new BuchUtils();
objekt::compareBuchPreis;
BuchUtils::compareBuchPreis;
```

Mit der Version 8 von Java wurden parallel zu den schon vorhandenen sort()-Methoden in der Utility-Klasse Arrays mehrere überladene parallelSort()-Methoden definiert, wie zum Beispiel (passend zu der von uns verwendeten Methode) die Methode: public static <T> void parallelSort(T[] a, Comparator<? super T> c).

Damit werden die Elemente von Arrays in Gruppen aufgeteilt und diese mittels Sort-merge-Mechanismen in parallelen Tasks sortiert und neu aufgemischt. Wenn die Verfeinerung in kleinere Mengen eine angegebene Grenze erreicht hat, werden beim Sortieren die herkömmlichen Sort-Methoden eingesetzt. Zur Ausführung von parallelen Tasks wird der Fork/Join-Mechanismus benutzt. Beispiele mit parallelSort() und anderen parallelen Methodenausführungen auf Arrays finden Sie auch in der Aufgabe 11.17.

Für das Sortieren von Arrays mit einer großen Anzahl von Elementen sind mit Sicherheit diese Methoden zu bevorzugen, da der parallele Sortierungsmechanismus meistens schneller als ein sequenzieller ist.

Java-Dateien: Buch.java, BuchComparator.java, Obst.java, Apfel.java, Birne.java, NashiBirne.java, WildcardTypen.java
Programmaufrufe: java BuchComparator, java WildcardTypen

Aufgabe 11.9

Konstruktor-Referenzen und die neuen funktionalen Interfaces Supplier<T> und Function<T,R>

Die Klasse KonstruktorReferenz soll vier Konstruktoren definieren, den parameterlosen Konstruktor und andere drei, die ein Argument vom Typ String, String[] bzw. List<String> erwarten. Definieren Sie des Weiteren drei Instanzfelder vom Typ der Konstruktorparameter und Zugriffsmethoden auf diese, um damit die Zustände aller Objekte nach ihrer Konstruktion anzeigen zu können.

Benutzen Sie die mit Java 8 eingeführten generischen funktionalen Standard-Interfaces Supplier<T> und Function<T,R> sowie vier eigene mit der Definition:

```
interface Function1<T> {
  T apply1();
}
interface Function2<T,R> {
  T apply2(R string);
```

```
}
interface Function3<T,R> {
  T apply3(R[] array);
}
interface Function4<T,R> {
  T apply4(List<R> liste);
}
```

um Objekte der Klasse mittels Konstruktor-Referenzen zu erzeugen.

Wie bereits erwähnt, sind Konstruktor-Referenzen Methoden-Referenzen von statischen Methoden ähnlich und benutzen das Schlüsselwort new für die Identifizierung der Konstruktoren, wie zum Beispiel mit: KonstruktorReferenz::new (wobei KonstruktorReferenz den Namen der Klasse bezeichnet). Wenn eine Klasse über mehrere Konstruktoren verfügt, wird die Methodensignatur des am besten zu einem Konstruktor passenden funktionalen Typs gesucht. So wird mit der Zuweisung: Function1<KonstruktorReferenz> = KonstruktorReferenz::new auf den parameterlosen Konstruktor der Klasse hingewiesen.

Zum Erzeugen eines Objekts mit dem damit ausgewählten Konstruktor wird die Methode des Interface aufgerufen: System.out.println("String = " + constructor11. apply1().getString());.

Richten Sie sich nach diesem Beispiel, um Objekte mit allen Konstruktoren in gleicher Art und Weise zu erzeugen.

Benutzen Sie jedes Mal zur Identifizierung von Konstruktoren in Zuweisungen als Target-Typ sowohl ein eigenes als auch eins der Standard-Interfaces, wie zum Beispiel mit:

```
Function3<KonstruktorReferenz,String> constructor31
                  = KonstruktorReferenz::<String>new;
System.out.println("Konstruktor-Referenz vom Typ " +
  "Function3<KonstruktorReferenz,String>:");
System.out.println("Array = " + Arrays.asList(
  constructor31. apply3(array).getArray()));
Function<String[],KonstruktorReferenz> constructor32
                  = KonstruktorReferenz::<String>new;
System.out.println("Konstruktor-Referenz vom Typ " +
  "Function<String[],KonstruktorReferenz>:");
System.out.println("Array = " + Arrays.asList(
  constructor32.apply(array).getArray()));
```

Hinweise für die Programmierung:

Im Lösungsvorschlag zu dieser Aufgabe finden Sie auch die Klasse MethodenReferenzenfuerInstanzMethoden, in der auf dieArten von Methoden- und Konstruktor-Referenzen nochmals eingegangen wird.

Java-Dateien: `KonstruktorReferenz.java`,
`MethodenReferenzenfuerInstanzMethden.java`
Programmaufruf: `java KonstruktorReferenz`,
`java MethodenReferenzenfuerInstanzMethoden`

11.6 Default-Methoden und statische Methoden in Interfaces

Wie bekannt, musste in den Vorgängerversionen von Java 8 eine Klasse, die ein Interface implementiert, alle Methoden dieses Interface (die implizit als `abstract` definiert sind) implementieren. Um die Kompatibilität zu diesen Versionen zu gewährleisten, aber auch neue Methoden im Zuge der Weiterentwicklung den bereits in der Sprache definierten Interfaces hinzufügen zu können, wurden mit Java 8 so genannte Default-Methoden eingeführt. Diese werden in der Literatur auch als »virtual extension«- bzw. »defender«-Methoden bezeichnet und Schnittstellen, die über derartige Methoden verfügen, nennt man erweiterte Schnittstellen.

Damit können Interfaces zusätzlich zu abstrakten Methoden konkrete Methoden in Form von Standard-Implementierungen definieren. Klassen, die diese Interfaces implementieren, müssen aber nicht diese Methoden überschreiben, so dass keine Anpassungen in bereits existierenden Klassen erforderlich sind.

Nicht erlaubt bleibt weiterhin, um die Mehrfachvererbung derartiger Interfaces nicht zu gefährden, die Definition von nicht-statischen, nicht-final Feldern in Interfaces. Weil für Default-Methoden keine weiteren Felder definiert werden können, kann auf die anderen Methoden eines Interface zugegriffen werden, um umfangreichere Funktionalitäten zu implementieren.

Dies bedeutet einerseits, dass Default-Methoden nicht zustandslos (»stateless«) sein müssen: Über die abstrakten Methoden des Interface können sie in einer Klasse, von der sie geerbt oder neu implementiert werden, die Felder dieser Klasse und somit den Zustand von Objekten abändern.

Dies bedeutet aber auch, dass mit Java 8 eine Mehrfachvererbung von Funktionalität ermöglicht wird: Eine Klasse kann die Funktionalität von ihrer Oberklasse und beliebig vielen Oberinterfaces (die die gleiche Default-Methode bereitstellen) erben.

Um keine Konflikte zu verursachen, wurden mehrere Regeln eingeführt, die der Compiler beim Übersetzen zu berücksichtigen hat:

- `extends` hat Vorrang gegenüber `implements`. Dies bedeutet: Wenn eine Oberklasse einer Klasse die gleiche Methode wie ein implementiertes Interface besitzt, wird die Methode der Oberklasse vererbt.

- Unterinterfaces überdecken ihre Oberinterfaces.

- Bei gleicher Default-Methode wird die Methode des spezifischeren Interface (das am weitesten unten in der Interfacehierarchie steht) gewählt.

- Wenn eine Methode als `abstract` definiert ist, muss im Fall von widersprüchlichen Defaults die konkrete Klasse eine Implementation liefern.

- Sind Interfaces, die die gleiche Default-Methode definieren, nicht verwandt (voneinander abgeleitet), resultiert ein Compiler-Fehler.

- Default-Methoden von verschiedenen Interfaces mit gleichem Namen und gleicher Parameterliste, aber unterschiedlichen Rückgabetypen werden ebenfalls abgewiesen.

- Mit einer neuen Syntax, in der der Name eines Interface vor das Schlüsselwort `super` gestellt wird, kann die Ambiguität beim Implementieren von Interface-Methoden, um das gewünschte Oberinterface zu qualifizieren, ausgeräumt werden: `A.super.m()`.

Durch das Einhalten dieser Regeln bereitet auch die Benutzung des mit Java 7 eingeführten Diamond-Operators (wie mit den nachfolgenden Aufgaben gezeigt wird) keine Probleme für die Entwicklung.

Mit Java 8 nähern sich die Definitionen von abstrakten Klassen und Interfaces mehr als bisher einander. Nach wie vor ist in der Überlegung, ob für die Lösung eines Problems eine abstrakte Klasse oder eine erweiterte Schnittstelle eingesetzt werden soll, der Unterschied zwischen deren Definitionen relevant (siehe dazu auch das 3. Kapitel dieses Übungsbuchs). Im Gegensatz zu einer erweiterten Schnittstelle, die nur `public`-Methoden definiert, deren Implementierung immer überschrieben werden kann, kann eine abstrakte Klasse Methoden von allen Sichtbarkeitsarten definieren und diese auch als `final` setzen, um damit das Überschreiben zu verhindern.

Sowohl von Schnittstellen als auch von abstrakten Klassen können keine Instanzen gebildet werden. Instanzen von konkreten Klassen können jedoch über Referenzen vom Typ der Schnittstellen, die sie implementieren, bzw. der abstrakten Klasse, die sie erweitern, referenziert werden, so dass in der Literatur des Öfteren von Instanzen vom Typ einer Schnittstelle bzw. einer abstrakten Klasse gesprochen wird.

Wie auch abstrakte Klassen können erweiterte Schnittstellen über Default-Methoden Implementierungen vorgeben, auf die Klassen, die die Schnittstelle implementieren (ähnlich wie Klassen, die abstrakte Klassen erweitern), aufsetzen können:

```java
import java.util.function.Predicate;
public class HalloJavamitPredicate implements Predicate<String> {
// Die abstrakte Methode des Interface implementieren
    public boolean test(String gruss) {
        if(gruss != null) {
            System.out.println(gruss);
            return true;
        }
        return false;
    }
}
```

```
public static void main(String... args) {
    new HalloJavamitPredicate().test("Hallo Java 8");
// Dabei müssen nicht, können aber, die Default-Methoden des
// Interface überschrieben werden
    (new HalloJavamitPredicate().negate()).test("Hallo Java 8");
}
}
```

Abstrakte Klassen können jedoch über die Definition von Instanzfeldern auch neue Zustände für ihre Instanzen einführen, was mit erweiterten Schnittstellen nicht möglich ist. (Sie können höchstens vorhandene abändern. Dies allerdings auch nur indirekt, über den Aufruf bereits vorhandener Methoden.)

Mit der Einführung von Default-Methoden wird auch erwartet, wie der Literatur zu diesem Thema zu entnehmen ist, dass sich das Design und die Implementierung von Klassen- und Interfacehierarchien ab Java 8 ändern werden. Funktionalität, die bisher nur in Klassen implementiert werden konnte, kann nun »weiter nach oben« in die von diesen implementierten Interfaces ausgelagert werden.

Neben Default-Methoden können Interfaces in Java 8 auch statische Methoden enthalten. Anders als die statischen Methoden von Klassen (auch Klassenmethoden genannt) werden diese nicht von abgeleiteten Typen geerbt. Das heißt, dass für den Fall, dass ein derartiges Interface von einer Klasse implementiert wird, ein Aufruf dieser Methoden mit `klassenname.methodenname` nicht erlaubt ist.

Diese Einschränkung resultiert aus der Gegebenheit, dass sich durch das nachträgliche Einfügen von statischen Methoden in Interfaces bisherige Programmabläufe ändern könnten. Auch wenn nicht vollkommen geklärt, scheint der eigentliche Grund, derartige Methoden einzuführen, die Implementierung zusätzlicher Funktionalität im Kontext des Interface zu sein.

Beispiele von statischen Methoden in Interfaces werden im Unterkapitel 11.10 näher erläutert.

11.7 Das neue Interface Stream

Wir konnten bis jetzt feststellen, dass in der funktionalen Programmierung das Verhalten als eine Art »Wert« behandelt wird. Anstatt Werte an Methoden zu liefern, können diese in der neuen Java-Version mittels Lambdas mit Verhaltensweisen versorgt werden.

Aber nicht nur die Einführung von Lambda-Ausdrücken lädt ein zu einem neuen Programmierungsstil. Auch die Umgebung, in der Java-Programme ablaufen, hat sich im Laufe der letzten Jahre durch die Einführung von Multicore-Rechnern wesentlich verändert. Um die Fähigkeiten von Prozessoren mit mehreren Kernen auszunutzen und somit einen wichtigen Beitrag zur Performance-Verbesserung zu leisten, ist es sinnvoll, die Funktionalitäten der Applikationen an mehrere Threads zu verteilen, die »in echt« parallel auf den verschiedenen Kernen ablaufen können.

Eine der aufwendigsten Aufgaben in diesem Zusammenhang ist die Durchführung von so genannten Bulk-Operationen auf Arrays, Collections und Maps. Damit sind Operationen gemeint, die auf jedes Element oder große Untermengen dieser Datenstrukturen ausgeführt werden. Für deren Vereinfachung hat man sich in Java 8 für einen Mechanismus entschieden, der dem aus Unix bekannten Pipeline-Mechanismus ähnelt. Das mit »Pipes and Filters« benannte Modell benutzt laut Java-Literatur die Daten einer als Stream bezeichneten Ressource und wendet auf diese Operationen wie Filtern und Mapping an, um intermediäre Sequenzen von Elementen zu erschaffen, die Verweise auf die zugrundeliegenden Datenstrukturen und Listen mit durchzuführenden Operationen (»pending Operations«) beinhalten, für den Programmierer nicht ersichtlich sind und weitergereicht werden, ohne dass sie jedes Mal explizit gespeichert werden müssen. Dieses Prinzip vereinfacht die parallele Ausführung von Operationen durch deren Aufteilung an mehrere Prozessoren bzw. Prozessorenkerne.

Mit Java 7 wurden dazu Fork/Join-Mechanismen eingeführt, die aber einen nicht unwesentlichen Aufwand an Nebenläufigkeits- und Programmierkenntnissen erfordern.

Die Möglichkeit, die von einer Source übernommenen Daten in eine Pipeline zu übertragen und eine Verbindung zwischen darauf nacheinander ausgeführten Operationen zu bewerkstelligen, wurde in Java 8 anhand eines neuen Interface Stream realisiert. Dieses Interface befindet sich im Paket java.util.stream. Viele der Methoden von Interfaces und Klassen aus diesem Paket basieren auf dem Fork/Join-Mechanismus, wie auch die neuen parallelSort()-Methoden der Klasse java.util.Arrays.

Ein Stream besteht aus einer Folge von Werten (in der Literatur wird auch von Sequenzen von Elementen gesprochen), die nur teilweise von mehreren in der Pipeline dazwischenliegenden Operationen ausgewertet und durch eine abschließende Operation bereitgestellt werden. Diese Operationen werden in Java als Methodenaufrufe formuliert, die Funktionalität in Form von Lambdas und Methoden-Referenzen entgegennehmen können und diese auf alle Elemente der Folge anwenden.

Die Teilergebnisse müssen zu keinem bestimmten Zeitpunkt bekannt sein und können dies auch nicht, weil sie noch nicht generiert wurden. Erst die so genannte »terminale« Operation zieht alle oder einige Daten der Input-Source in die Pipeline. Obwohl der Source-Code in den meisten Fällen eine horizontale Durchführung von Operationen vermuten lässt, werden diese tatsächlich vertikal abgearbeitet: Die Stream-Elemente werden nacheinander durchgegangen und für jedes wird entschieden, ob auf dieses alle oder nur ein Teil von dazwischenliegenden Operationen (je nach Ergebnis einer vorangegangenen Operation) angewandt wird, bevor es an die terminale Operation übergeben wird. Dies vereinfacht ein paralleles Ausführen von Operationen: Threads können die gleiche Operation auf Teilmengen der Datenstruktur ausführen und nur für abschließende Operationen berechnete Teilergebnisse zusammentragen (worauf wir im Unterkapitel 11.11 nochmals zurückkommen).

Beispiele von derartigen Verknüpfungen können zum Beispiel verschiedene Auswertungen für die Elemente einer Liste List<Bleistift> liste = new ArrayList<Bleistift>() liefern, die in unserem Fall mehrere Bleistift-Objekte von gleichen und unterschiedlichen Farben hinzugefügt bekommt: liste.add(new Bleistift("grün")); liste.add(new Bleistift("rot")); etc. Die Klasse Bleistift definiert dabei ein Instanzfeld farbe vom Typ String.

Es sollen unterschiedliche Listen erstellt und/oder am Bildschirm angezeigt werden:

■ Die Liste aller Bleistifte anzeigen:

```
liste.forEach((Bleistift b) -> System.out.print(b.getFarbe() + " "));
```

■ Die nach Farbe gefilterten Elemente aus einer Liste in ein Object-Array ausgeben:

```
liste.stream().filter(s -> s.getFarbe() == "grün").toArray();
```

■ Nur den ersten Bleistift mit der Farbe Grün ermitteln:

```
liste.stream().filter((Bleistift b) -> b.getFarbe() == "grün").
findFirst().get());
```

■ Für alle Bleistifte mit der Farbe Blau die Farbe Gelb setzen:

```
liste.stream().filter((Bleistift b) -> b.getFarbe() == "blau").
forEach((Bleistift b) -> b.setFarbe("gelb"));
```

■ Die Liste der roten und grünen Bleistifte ermitteln, sortieren und ausgeben:

```
liste.stream()
.filter((Bleistift b) -> b.getFarbe()=="rot" || b.getFarbe() =="grün")
.map((Bleistift b) -> b.getFarbe())
.sorted()
.forEach((String s) -> System.out.print(s + " "));
```

Um die vertikale Abarbeitung zu verfolgen, sehen wir uns das letzte Beispiel etwas näher an. Sollte ein Bleistift weder die Farbe »Rot« noch »Grün« haben, wird das entsprechende Stream-Element verworfen. Nur ein Element, das einer dieser Farben entspricht, wird von der map-Operation auf die Farbe abgebildet und diese als Element eines neuen Streams den nachfolgenden Operationen übergeben, bis der gesamte Stream abgearbeitet wurde.

Mit der stream()-Methode des Collection-Interface werden Collections in Streams umgesetzt.

Methoden, die Streams zurückgeben, werden in der Literatur auch mit »intermediate« bzw. »lazy evaluation« beschrieben. Diese Aussage bezieht sich auf das vorher erwähnte Prinzip, dass Operationen nicht gleich ausgeführt, sondern verzögert werden, bis eine terminale Operation sofort (deswegen auch als »eager« benannt) auf die

Daten der Folge angewendet wird. Es werden immer nur genau so viele Operationen ausgeführt, wie gebraucht werden, damit die abschließende Operation (wie in unseren Beispielen findFirst() oder forEach()) ein Ergebnis liefern kann.

Die Methode filter() des Stream-Interface erwartet ein Argument vom Typ des funktionalen Interface Predicate und erzeugt einen neuen Stream, der dessen Bedingung erfüllt, mit anderen Worten die Elemente beinhaltet, für die die Methode des Predicates true zurückliefert.

Mit Hilfe der toArray()-Methode können alle Elemente oder vorher gefilterte Elemente eines Streams in ein Object-Array gespeichert werden. Dies, weil keine generischen Arrays während der Laufzeit erzeugt werden können. Um ein Array von einem bestimmten Typ zu erzeugen, kann der zugehörige Konstruktor als Referenz übergeben werden:

```
Stream<String> stringStream = Stream.of("grün", "rot", "blau");
String[] stringArray = stringStream.toArray(String[]::new);
```

Die generische Methode <R> Stream<R> map(Function<? super T,? extends R> mapper) setzt einen Stream in einen neuen um, der alle Ergebnisse enthält, die durch das Anwenden der im mapper-Parameter übergebenen Funktion auf die Stream-Elemente resultieren. Die abgebildeten Elemente aus dem neuen Stream müssen nichts mit den Elementen aus dem Source-Stream zu tun haben. Die im Aufruf der Methode übergebene Funktion liefert die Abbildungsvorschrift.

Die Methode peek() liefert die Elemente des Streams an einen im Aufruf übergebenen Consumer, um einen neuen Stream zu erstellen, und führt die übergebene Aktion auf jedem Element des alten Streams durch, während diese vom neuen Stream konsumiert werden. Wenn die vom Consumer transportierte Aktion gemeinsame Zustände abändert, ist sie im Fall von parallelen Pipelines auch verantwortlich für die Durchführung der erforderlichen Synchronisation. Das Gleiche gilt für die forEach()-Methode, an die ebenfalls eine Consumer-Referenz übergeben wird. Als abschließende Operation einer Pipeline gibt diese keinen Stream zurück.

Die terminalen Operationen findFirst() bzw. findAny() liefern eine parametrisierte Optional-Instanz mit dem ersten oder irgendeinem Element der Collection.

Die neue generische final-Klasse Optional<T> wurde ebenfalls mit Java 8 implementiert. Ihre Instanzen repräsentieren einen Container, der entweder einen Wert vom Typ T umhüllt oder auf ein nicht existierendes Ergebnis (in den früheren Versionen wurde in solch einem Fall null zurückgegeben) hinweist. Ist ein Wert verschieden von null im Container enthalten, gibt die isPresent()-Methode der Klasse true zurück und die get()-Methode diesen Wert. Die Klasse definiert noch zusätzliche Methoden, die Abhängigkeiten von der An- und Abwesenheit eines Wertes geltend machen. So zum Beispiel liefert die Methode orElse() einen im Aufruf übergebenen Standard-Wert, wenn kein anderer im Container vorhanden ist (als Alternative für null), und of() eine Referenz auf einen Optional-Container, der den im Aufruf übergebenen Wert enthält. Die Methode ifPresent() führt einen Code-Block aus, falls ein Wert im Container vorhanden ist.

Wie den obigen Beispielen zu entnehmen ist, kann ein Stream eine neue Sicht auf eine Collection liefern (Collection-basierte Streams).

Mit der `Arrays.stream()`-Methode werden Streams aus Arrays erzeugt. Diese werden in der Literatur auch als Array-basierte Streams bezeichnet.

Wie mit der Aufgabe 11.15gezeigt wird, können Streams auch mit Hilfe der Factory-Methoden (als `static`-Methoden definiert) des `Stream`-Interface (Generator-basierte Streams) erzeugt werden.

Auf eine ähnliche Art und Weise können die Factory-Methoden von `IntStream`, `LongStream` und `DoubleStream` zum Generieren von Streams aufgerufen werden. Diese Interfaces erweitern die parametrisierten Typen `BaseStream<Integer,IntStream>`, `BaseStream<Long,LongStream>` und `BaseStream<Double,DoubleStream>` des generischen `BaseStream<T,S extends BaseStream<T,S>>`-Interface, von dem auch `Stream<T>` abgeleitet ist. Damit entstehen primitive und Character-orientierte Streams.

Standardmäßig werden Operationen in einer Pipeline sequenziell durchgeführt. Um eine parallele Ausführung einzuschalten, braucht nur ein so genannter »paralleler Stream« generiert zu werden. Um die gewünschte Arbeitsweise einzuleiten, können an einem Stream seine Methoden `parallel()` bzw. `sequential()` aufgerufen werden.

Streams liefern Bulk-Operationen, die der Abarbeitung und Auswertung von Arrays, Collections und Maps dienen und auf internen Iterationen basieren. Wie nachfolgend verdeutlicht wird, kontrolliert im Fall von internen Iterationen die Datenstruktur, auf der diese abgewickelt werden, alle Details der Iteration.

11.8 Die forEach-Methoden von Iterator, Iterable und Stream

Externe Iterationen sind uns bereits aus den Vorgänger-Versionen von Java 8 bekannt (siehe auch Unterkapitel 8.10).

Seit dem JDK 1.2 nehmen `Iterator`-Objekte im Java-Collection-Framework den Platz von Enumerationen ein und unterscheiden sich von diesen dadurch, dass Iteratoren dem Aufrufer erlauben, Elemente aus einer darunterliegenden Collection zu entfernen. Eine `Iterator`-Instanz kann Daten aus einer Datenstruktur liefern, indem diese durchlaufen wird. Mit Hilfe von zwei Methoden `hasNext()` und `next()` wird festgestellt, ob überhaupt ein nächstes Element in der Datenstruktur vorhanden ist, und wenn ja, kann es mit `next()` ermittelt werden. Wir sprechen in diesem Fall von einer externen Iteration: Der Iterator unterstützt das Durchlaufen von Elementen einer Folge von Daten und alle Details der Iteration werden vom Benutzer dieser Folge (vom ausführenden Programm) kontrolliert.

Ein Iterator wird von der Methode iterator() des Interface Iterable geliefert. Das Interface Iterable wurde mit der Version 5 als Oberinterface von Collection eingeführt. Klassen, die dieses Interface oder eins seiner Unterinterfaces implementieren, verfügen über einen Iterator, der zum Durchlaufen ihrer Elemente dienen kann. Wie wir bereits im Unterkapitel 8.7 festgestellt haben, kann dies mit der erweiterten for-each-Schleife erfolgen.

Vom Iterator-Interface werden keine weiteren Interfaces abgeleitet. Es wird von wenigen Standard-Klassen (darunter Scanner) implementiert und macht die Instanzen dieser Klassen zu Iteratoren.

Mit Java 8 wurden dem Interface Iterator zusätzlich eine forEachRemaining()- und dem Iterable-Interface eine forEach()-Default-Methode zum Durchlaufen von Elementen hinzugefügt. Diese verfügen über ähnliche Signaturen: default void forEachRemaining(Consumer<? super E> action) bzw. default void forEach(Consumer<? super E> action). Beide Methoden führen ein beliebiges Stück Code, das von einem Consumer transportiert wird, auf jedem Element des Iterators aus. So gibt zum Beispiel (new Scanner(System.in)).forEachRemaining(System.out::print) jedes Zeichen, das an der Konsole eingegeben wird, am Bildschirm wieder aus.

Durch die Anwendung dieser forEach-Methoden braucht das Programm selbst nicht mehr wie gewohnt die Iteration zu kontrollieren, sondern überlässt dies der Datenstruktur, die die Methode implementiert. Die Methode bekommt nur Code-Teile übergeben, um diese an verschiedenen Punkten einer Berechnung auszuführen. So ist die Datenstruktur selbst dafür verantwortlich, wie ihre Elemente zu durchlaufen sind, und der Benutzer der Folge braucht nur zu spezifizieren, was auf jedem Element der Folge ausgeführt wird, ohne sich weiter im Detail darum zu kümmern. Diese Vorgehensweise beschreibt eine interne Iteration, die im Gegensatz zur externen Iteration die Logik des Durchlaufens einer Datenstruktur von der Funktionalität trennt, die auf jedem ihrer Elemente durchgeführt wird.

Wie der Java-Literatur zu entnehmen ist, erlauben interne Iterationen einen abstrakten Kontrollfluss über Operationen und ermöglichen zusätzlich zu den bereits erwähnten Eigenschaften wie »laziness« und »parallelism« auch eine »out-of-order execution« (Ausführung von Befehlen in einer anderen Reihenfolge als im Programmcode vorgegeben). Dadurch können die Stufen einer Pipeline besser ausgelastet werden, was zu einer deutlichen Performanceverbesserung von Programmen führen kann.

Im Aufruf von allen bisher beschriebenen forEach()-Methoden wird eine Instanz von einem parametrisierten Wildcardtyp Consumer<? super T> übergeben. In unseren Beispielen sind dies Consumer<Bleistift> consumer = (Bleistift b) -> b.setFarbe("gelb") bzw. Consumer<String> consumer1 = (String s) -> System.out.print(s + " ").

Die Default-Implementation für die `forEach()`-Methode des `Iterable`-Interface kann der API-Dokumentation entnommen werden:

```
default void forEach(Consumer<? super T> action) {
  for(T t : this)
    action.accept(t);
}
```

Sie zeigt, dass die Aktionen auf den Elementen des Iterables, an dem die Methode aufgerufen wurde, angewandt werden. Der Vorgang wird in der gleichen Reihenfolge, in der diese Elemente von einem Iterator zurückgegeben werden, ausgeführt, bis alle Elemente verarbeitet wurden oder eine Exception auftritt.

Wie aus den obigen Beispielen hervorgeht, definiert das `Stream`-Interface ebenfalls eine `forEach()`-Methode: `void forEach(Consumer<? super T> consumer)`, die eine Operation auf jedem Element eines Streams ausführt.

11.9 Die Default-Methoden des Map-Interface

Eine weitere `forEach()`-Methode wird vom `Map<K,V>`-Interface als Default-Methode implementiert und somit von dessen Unterinterfaces geerbt: `default void forEach(BiConsumer<? super K,? super V> action)`.

Hier werden die Aktionen auf den Einträgen der Maps, an denen die Methode aufgerufen wird, ausgeführt. Ähnlich wie im Fall von Iterables wird der Vorgang in der Reihenfolge, in der diese Einträge diesmal von einem EntrySet-Iterator zurückgegeben werden, ausgeführt, bis alle Einträge verarbeitet wurden oder eine Exception auftritt. Die auftretenden Ausnahmen werden an den Aufrufer weitergereicht.

Die Default-Implementation für diese Methode lautet:

```
default void forEach(BiConsumer<? super K,? super V> action) {
  for(Map.Entry<K, V> entry : map.entrySet())
    action.accept(entry.getKey(), entry.getValue());
}
```

In ihrem Aufruf wird eine Instanz von einem parametrisierten Wildcardtyp `BiConsumer<? super T,? super U>` übergeben. Mit der `void accept(T t, U u)`-Methode dieses funktionalen Interface werden Operationen durchgeführt, die zwei Argumente erwarten und keinen Rückgabewert ergeben.

Die Einträge von Map-Instanzen können mit `forEach()` durchlaufen und ggf. angezeigt oder abgeändert werden:

```
TreeMap<String,String> map = new TreeMap<String,String>();
BiConsumer<String,String> biConsumer = (String s1, String s2) ->
  System.out.println("In der " + s2 + " befindet sich die " + s1);
map.forEach(biConsumer);
```

Alternativ kann auch hier der Lambda-Ausdruck direkt im Methodenaufruf angegeben werden:

```
map.forEach((String s1, String s2) ->
  System.out.println("In der " + s2 + " befindet sich die " + s1));
```

Die Methode entrySet() des Map-Interface liefert eine Set-View auf alle Einträge einer Abbildung, die als Instanzen von einem parametrisierten Typ der generischen Klasse Map.Entry<K,V> repräsentiert werden:

```
Set<Map.Entry<String,String>> mapEntrys = map.entrySet();
```

Zu deren Anzeige kann ein Iterator für die Set<Map.Entry<String,String>>-Instanz erzeugt werden. Das ebenfalls von Collection abgeleitete Set-Interface überschreibt die iterator()-Methode des Oberinterfaces, an dem die Methoden hasNext() und next() aufgerufen werden können:

```
Iterator<Map.Entry<String,String>> iterator =
  mapEntrys.iterator();
while(iterator.hasNext()) {
  Map.Entry<String,String> mapEin = iterator.next();
  String s1 = mapEin.getKey();
  String s2 = mapEin.getValue();
  System.out.println("Die " + s1 + " ist in der " + s2);
}
```

Mit Java 8 kann nun alternativ die forEach()-Methode dieses Iterators aufgerufen werden:

```
iterator.forEach((Map.Entry<String,String> map) ->
  System.out.print(map + " "));
```

Zum Durchführen von Änderungen auf Abbildungen wurden mit Java 8 dem Map-Interface replace()- und replaceAll()-Default-Methoden hinzugefügt. Die Methode replaceAll() erwartet ein Argument vom Typ des neuen funktionalen Interface BiFunction<T,U,R>, das eine Funktion auf zwei übergebene Argumente anwendet und das berechnete Ergebnis zurückgibt. Es definiert dazu die Methode R apply(T t, U u).

Die Default-Implementation für die replaceAll()-Methode ist laut Dokumentation äquivalent mit:

```
for (Map.Entry<K, V> entry : map.entrySet())
  entry.setValue(function.apply(entry.getKey(), entry.getValue()));
```

Die replace()-Methoden default boolean replace(K key,V value, V new-Value) und default V replace(K key, V oldValue) ändern den Eintrag für den spezifizierten Schlüssel nur, wenn diesem ein Wert zugeordnet ist. Ihre Default-Implementationen unterscheiden sich nur geringfügig:

```
if (map.containsKey(key) && map.get(key).equals(oldValue)) {
  map.put(key, newValue);
```

```
   return true;
}
else
   return false;
bzw.
if (map.containsKey(key)) {
   return map.put(key, value);
}
else
   return null;
```

Mittels mehrerer `compute()`-Methoden wie: `default V compute(K key, BiFunc-tion<? super K,? super V,? extends V> remappingFunction)` kann eine Berechnung für den spezifizierten Schlüssel und dessen Wert durchgeführt werden, wodurch eine neue Zuordnung geschaffen wird. So kann zum Beispiel mit:

```
String s = "Java8";
map.compute(key, (k, v) -> (v == null) ? s : v.concat(s));
```

dem Wert des angegebenen Schlüssels ein String »s« hinzugefügt werden.

Mit zwei weiteren Methoden `default V computeIfAbsent(K key, BiFunction <? super K,? super V,? extends V> remappingFunction)` bzw. `default V computeIfPresent(K key, BiFunction<? super K,? super V,? extends V> remappingFunction)` wird der Versuch gestartet, eine neue Zuordnung zwischen dem angegebenen Schlüssel und seinem aktuellen Wert in Abhängigkeit von dem Vorhandensein eines Werts verschieden von `null` für diesen Schlüssel durchzuführen. So wird zum Beispiel mit `map.computeIfAbsent(key, k -> new Value(f(k)));` einem Schlüssel ein neuer Wert hinzugefügt, falls dieser bereits einen `null`-Wert aufweist oder es keinen Eintrag zu dem Schlüssel gibt.

Wenn die darin übergebene Funktion eine Exception auslöst, wird diese weitergereicht, ohne dass die Zuordnung abgeändert wird.

Anstelle von `compute()` kann die Methode `merge(K, V, BiFunction<? super V, ? super V, ? extends V>)` mit einem ähnlichen Ausgang angewandt werden.

In den nachfolgenden Aufgaben werden wir uns auf all diese Methoden mit konkreten Beispielen beziehen.

Aufgabe 11.10

Die forEach()-Methode von Iterable

Erzeugen Sie in einer einfachen Klassendefinition `HalloJavamitForEach` eine Liste vom parametrisierten Typ `List<String>` und zeigen Sie diese wie bisher gewohnt in einer `for-each`-Schleife am Bildschirm an.

Rufen Sie danach die forEach()-Methode des Interface List auf, um die gleiche Anzeige zu erreichen.

Hinweise für die Programmierung:

Eine List-Instanz kann mit der Methode asList() der Utility-Klasse Arrays konstruiert werden: List<String> liste = Arrays.asList("Hallo ", "Java 8!");.

Auch wenn nicht explizit spezifiziert, verbirgt sich hinter dem Lambda-Ausdruck liste.forEach((String s) -> System.out.println(s)); eine Instanz vom Typ des Consumer-Interface: Consumer<String> consumer = (String s) -> System.out.println(s);.

Wie in der Aufgabe 11.7 kann anstelle der Lambda-Expression eine Methoden-Referenz im Aufruf von forEach() benutzt werden, weil die Methode void print(String s) der Klasse PrintStream die gleiche Parameterliste und den gleichen Rückgabetyp wie die Methode void accept(String s) des Consumer<String>-Interface aufweist: liste.forEach(System.out::print).

Java-Dateien: HalloJavamitForEach.java
Programmaufrufe: java HalloJavamitForEach

Aufgabe 11.11

Die forEach()-Methode des Iterator-Interface

In einer Klasse GescannteTastaturEingaben wird der Benutzer aufgefordert, Eingaben über die Tastatur zu machen, damit diese mit Hilfe der Klasse Scanner eingelesen werden können.

Dazu wird die System.in-Instanz im Konstruktor der Scanner-Klasse per Referenz übergeben und die Methode nextLine() an der damit erzeugten Instanz aufgerufen.

Der Benutzer wird über die Bildschirmausgabe: »Zeichenfolgen ueber die Tastatur eingeben und die Enter-Taste druecken« aufgefordert, Eingaben zu machen. Die so eingelesenen Daten werden mit der Methode System.out.println() am Bildschirm angezeigt. Sie finden die Statements dazu als Kommentar im Lösungsvorschlag zu dieser Aufgabe.

Zeigen Sie, dass die darin benutzte externe Iteration mit einer internen ausgewechselt werden kann, indem die forEachRemaining()-Methode von Iterator aufgerufen wird.

Hinweise für die Programmierung:

Durch das Implementieren des Iterator-Interface von der Klasse Scanner wird eine Scanner-Instanz zu einem Iterator.

Mit Hilfe der Methode hasNextLine() der Klasse Scanner kann überprüft werden, ob eine weitere Zeile beim Einlesen zur Verfügung steht. Diese Methode blockiert jedoch die Eingabe. Um dies zu verhindern, wurde eine while-Schleife definiert, die bei der Eingabe der Zeichenkette »Ende« verlassen wird.

Achten Sie darauf, dass in einem Lambda-Ausdruck die break()-Anweisung, um eine Schleife zu verlassen, nicht aufgerufen werden kann und das Programm in diesem Fall mit [Strg]+[C] beendet werden muss.

Java-Dateien: GescannteTastaturEingaben.java
Programmaufrufe: java GescannteTastaturEingaben

Aufgabe 11.12

Die funktionalen Interfaces BiConsumer<T,U>, BiPredicate<T,U> und BiFunction<T,U,R>

Die Interfaces BiConsumer<T,U>, BiPredicate<T,U> und BiFunction<T,U,R> definieren Zwei-Argumente-Varianten für die Interfaces Consumer<T>, Predicate<T> und Function<T,R>. Was dies zu bedeuten hat, soll mit der Klasse BiConsumerBiPredicateundBiFunction demonstriert werden. Mit ganz einfachen Beispielen soll diese Klasse die Definition von Lambda-Ausdrücken mit diesen Target-Typen erläutern.

Wir definieren dazu die statischen Methoden boolean vergleich(Predicate<Integer> predicate, Integer i), void anzeige(Consumer<Integer> consumer, Integer i), boolean biVergleich(BiPredicate<Integer, Integer> biPredicate, Integer i1, Integer i2), void biAnzeige(BiConsumer<Integer, Integer> biConsumer, Integer i1, Integer i2), Integer berechnung(Function<Integer,Integer> function, Integer i) und Integer biBerechnung(BiFunction<Integer, Integer, Integer> biFunction, Integer i1, Integer i2), die an den übergebenen Instanzen vom Typ der funktionalen Interfaces deren Methoden test(), accept() und apply() aufrufen, um die im Aufruf übergebenen Integer-Argumente an diese weiterzureichen.

Diese Methoden sollen in der main()-Methode der Klasse BiConsumerBiPredicateundBiFunction aufgerufen werden, indem wie bereits mit den vorangegangenen Aufgaben für Consumers, Predicates und Functions gezeigt wurde, in den Methodenaufrufen Lambda-Expressions von den erwarteten Target-Typen übergeben werden.

Geben Sie im Rumpf der Lambda-Ausdrücke konkrete Tests, Anzeigen und Kalkulationen an, wie zum Beispiel mit:

```
boolean result1 = biVergleich((a, b) -> a == b * 2, 10, 5);
biAnzeige((Integer i1, Integer i2) ->
   System.out.println("Das Ergebnis des Testes " + i2 + " * 2 == "
   + i1 + " mit BiPredicate ist " + result1), 10, 5);
Integer result6 = biBerechnung((Integer i1, Integer i2) -> i1 +
   i2, 5, 10);
biAnzeige((Integer i1, Integer i2) ->
   System.out.println("Der Wert der BiFunction mit den Argumenten "
   + i1 + " und " + i2 + " ist " + result6), 5, 10);
```

Das von BiFunction<T,T,T> abgeleitete Interface BinaryOperator<T> definiert eine Operation, in der beide Operanden und das Ergebnis den gleichen Typ haben. Übergeben Sie im Aufruf einer weiteren Methode:

```
public static Integer berechnungmitBinaryOperator(
    BinaryOperator<Integer> binaryOperator, Integer i1,
      Integer i2) {
    return binaryOperator.apply(i1, i2);
}
```

BinaryOperatoren, die mittels einer Lambda-Expression bzw. den statischen Methoden des Interface BinaryOperator erzeugt wurden:

```
BinaryOperator<Integer> maxByOperator =
    BinaryOperator.<Integer> maxBy(Integer::compareTo);
BinaryOperator<Integer> minByOperator =
    BinaryOperator.<Integer> minBy((v1,v2) ->
      Integer.compare(v1,v2));
```

Weil BinaryOperator ein Unterinterface von BiFunction ist, kann selbstverständlich eine Referenz von diesem Typ in der Methode biBerechnung() übergeben werden:

```
Integer result9 = biBerechnung(maxByOperator, 5, 10);
biAnzeige((Integer i1, Integer i2) ->
  System.out.println("Der Wert des BinaryOperators maxBy "
    +"mit den Argumenten " + i1 + " und " + i2 + " ist "
    + result9), 5, 10);
```

was eigentlich die Methode berechnungmitBinaryOperator() überflüssig macht.

Erzeugen Sie einen UnaryOperator mit der statischen Methode identity() des Interface UnaryOperator. Weil UnaryOperator<T> ein Unterinterface von Function<T,T> ist, kann eine Referenz von diesem Typ in der Methode berechnung() übergeben werden.

Rufen Sie die Default-Methode andThen() des Interface Function auf, um Beispiele von zusammengesetzten (verketteten) Funktionen zu konstruieren.

Hinweise für die Programmierung:

Wie anfangs in diesem Kapitel zum Ausdruck gebracht wurde, ersetzt der Rumpf von Lambda-Ausdrücken den Rumpf von Methoden und damit wird die Übergabe von Programmcode in Methoden in Java 8 (was bis dahin mittels anonymer Klassen möglich war) vereinfacht. Ebenfalls als Wiederholung sei erwähnt, dass ein Lambda-Ausdruck den gleichen Parametertyp wie der »function descriptor« (Unterkapitel 11.3) eines funktionalen Interface haben muss und dass sein Rückgabetyp kompatibel mit dessen Rückgabetyp sein muss. Sie können nur dann benutzt werden, wenn ihr Target-Typ aus dem umgebenden Kontext inferiert werden kann, es sei denn, der Target-Typ wird explizit in vorangestellten Zuweisungen spezifiziert.

Ein UnaryOperator definiert eine Operation mit einem einzigen Operanden, die ein Ergebnis vom gleichen Typ wie der des Operanden liefert. Der identity-Operator gibt das übergebene Argument unverändert zurück:

```
UnaryOperator<Integer> identityOperator =
  UnaryOperator.<Integer>identity();
Integer result11 = berechnung(identityOperator, 5);
anzeige((i) -> System.out.println("Der Wert des " +
  "UnaryOperators mit dem Argument " + i + " ist "
    + result11), 5);
```

Die Default-Methode `<V> Function<T,V> andThen(Function<? super R,?` `extends V> after)` des `Function`-Interface gibt eine zusammengesetzte Funktion zurück, die zuerst die Funktion, an der die Methode aufgerufen wird, auf die Input-Daten anwendet und danach die im Aufruf übergebene Funktion.

Java-Dateien: `BiConsumerBiPredicateundBiFunction.java`
Programmaufrufe: `java BiConsumerBiPredicateundBiFunction`

Aufgabe 11.13 ☆☆

Die Methoden des Interface Stream und die Behandlung von Exceptions in Lambda-Ausdrücken

Definieren Sie die Klasse `Bleistift` mit einem Instanzfeld `farbe` vom Typ `String`, das über den Konstruktor der Klasse und deren Zugriffsmethoden initialisiert bzw. gelesen werden kann.

In ihrer `main()`-Methode soll eine Liste vom parametrisierten Typ `List<Bleistift>` erzeugt werden und dieser sollen mittels der `add()`-Methode mehrere Instanzen vom Typ der eigenen Klasse hinzugefügt werden.

Erzeugen Sie basierend auf die Beschreibung der Methoden der Klasse `Stream` und den Beispielen aus den theoretischen Vorgaben Streams, die verschiedene Listen von Bleistiften beinhalten, die nach ihrer Farbe ausgewählt und parallel oder sequenziell sortiert werden. Ändern Sie die ursprünglichen Farben in neue ab und zeigen Sie die Ergebnisse von durchgeführten Operationen am Bildschirm an. Achten Sie auch diesmal darauf, dass die `forEach()`-Methode eine auszuführende Operation automatisch an die `accept()`-Methode des im Aufruf der Methode übergebenen Consumers übergibt.

Vergleichen Sie die von Ihnen benutzten Lambda-Ausdrücke mit denen aus dem Lösungsvorschlag zu dieser Aufgabe.

Richten Sie sich ebenfalls nach dem Lösungsvorschlag zu dieser Aufgabe, um als zusätzliche Übung für alle `Rectangle2D.Float`-Instanzen mit einer Höhe gleich 20 Pixel der Klasse `JFramemitVektor2D` aus der Aufgabe 5.13 neue Rectangle2D.Float-Instanzen mit einer Höhe gleich 10 mittels Lambda-Expressions zu setzen. Zeichnen Sie wie gehabt die Rechtecke mit der Höhe 20, aber auch die mit einer Höhe von 10 in das Fenster der Klasse.

In der neuen JFramemitVektor2D-Klasse sollen die Koordinaten der Punkte, an die die Rechtecke gezeichnet wurden, und deren Höhe alternativ mit einer for-each-Schleife bzw. einer forEach()-Methode angezeigt werden:

```
for(Object rectangle : array1) {
   System.out.println(((Rectangle2D.Float)rectangle).
    getHeight()+" "+((Rectangle2D.Float)rectangle).getX()+
     " "+((Rectangle2D.Float)rectangle).getY());
}
```

Die forEach()-Methode einer Instanz vom Typ List<Object> erwartet eine Referenz vom Typ Consumer<Object>. Die Object-Instanz muss in den Typ Rectangle2D.Float gecastet werden, um die Koordinaten des Punktes, an denen ein Rechteck gezeichnet wurde, und die Höhe des Rechtecks zu ermitteln:

```
(Arrays.asList(array1)).forEach((Object r) ->
   System.out.println(((Rectangle2D.Float)r).getHeight()
    + " " + ((Rectangle2D.Float)r).getX() +
     " " + ((Rectangle2D.Float)r).getY()));
```

Benutzen Sie die gleiche Vorgehensweise, um in beiden Klassen Bleistift und JFramemitVektor2D auch für alle Anzeigen eine Lambda-Expression einzusetzen. Spätestens danach gibt es keine Hemmungen mehr, Lambdas zu nutzen.

Um die zugegeben etwas umständliche Art zu illustrieren, Exceptions in Lambda-Ausdrücken abzufangen, soll als Beispiel die get()-Methode der Klasse Bleistift mit Hilfe von Reflection ermittelt und mit der invoke()-Methode, die mehrere Exceptions wirft, innerhalb eines Lambda-Ausdrucks gestartet werden. Es soll nur die Getter-Methode der Klasse ausgeführt und die von dieser gelieferte Eigenschaft für alle Bleistifte der Liste am Bildschirm angezeigt werden.

Rufen Sie zum Durchlaufen der anfangs erstellten Liste mit Bleistiften eine for-Each()-Methode auf und setzen Sie das von getMethods() (am Klassenobjekt aufgerufen) zurückgelieferte Array in einen Stream um, an dem eine zweite forEach()-Methode das Abfragen der Methoden ermöglicht:

```
liste.forEach((Bleistift bleistift) ->
   Method[] methoden = bleistift.getClass().getMethods();
   Arrays.stream(methoden).forEach((Method methode) ->
      {
// Es soll nur die Getter-Methode aufgerufen werden, um auf die
// einzelnen Komponenten von Listenelementen lesend zuzugreifen;
// die Methode getClass() ausschließen und den Code, der von einem
// Predicate getestet und von einem Consumer transportiert werden
// soll, bereitstellen
        Predicate<Method> predicate =
```

```
                  methode1 -> (methode1.getName()).substring(0,3).
                  equals("get") && !(methode1.getName()).
                      equals("getClass");
              Consumer<Method> consumer2 =
    // Die von der invoke()-Methode geworfenen Exceptions müssen
    // abgefangen werden, bevor der Lambda-Ausdruck verlassen wird
              methode2 -> { try {System.out.println(methode2.
                                    invoke(bleistift));}
                  catch(Exception e) {
                      throw new RuntimeException(e);
                  };
              };
    // Die Methoden des Predicate und des Consumer zur Abarbeitung
    // von Code aufrufen
        if(predicate.test(methode)) {
          consumer2.accept(methode);
        }
      });
    });
```

Hinweise für die Programmierung:

Wie anfangs erwähnt, tritt bei der Definition eines Lambda-Ausdrucks, der erst später (oder gar nicht) in einem Methodenaufruf benutzt wird, eine Optimierung ein: Weder der synthetische Typ noch das Lambda-Objekt müssen bereits an dieser Stelle vom Laufzeitsystem erzeugt werden.

Beim Programmieren haben wir festgestellt, dass die von Methoden geworfenen Exceptions abgefangen werden müssen, bevor ein Lambda-Ausdruck verlassen wird. Dieses Problem entsteht genau dadurch, dass der Ausdruck nicht an der Stelle, an der er auftritt, evaluiert wird. Wie bekannt, müssen geprüfte Exceptions geworfen werden, und an dieser Stelle sind sie nicht deklariert. Darum müssen sie in eine RuntimeException konvertiert und wieder zurückgeholt werden.

Als Alternative können Methoden, die Exceptions auslösen, mit einer Methode ohne Exceptions umhüllt werden:

```
// Die invoke()-Methode der Klasse Method in einer neuen Methode
// wrappen
  public static Object invoke(Method methode, Object obj) {
    try {
      return methode.invoke(obj);
    }
    catch(IllegalAccessException | IllegalArgumentException |
            InvocationTargetException e) {
      throw new RuntimeException(e);
    }
  }
```

Die Deklaration des Consumers kann dann wie folgt aussehen:

```
Consumer<Method> consumer2 =
    methode2 -> { System.out.println(invoke(methode2,
                          bleistift));
           };
```

Somit bereitet das Abfangen von Exceptions ein kleines Übel für den ansonsten so aufgeräumten Code von Lambda-Expressions, das den Programmablauf verschlechtern kann.

Java-Dateien: Bleistift.java, JFramemitVektor2D.java
Programmaufrufe: java Bleistift, java JFramemitVektor2D

Aufgabe 11.14

Die forEach- und replace-Methoden des Map-Interface

Um die neuen Methoden des Map-Interface zu testen, soll die Klasse GenericMap-Objekte aus der Aufgabe 8.15 abgeändert werden.

Die Schlüssel und Werte der Abbildungen map1 und map2 aus dieser Klasse sollen zusätzlich zu den bisher benutzten einfachen for-Schleifen mit Hilfe von Lambda-Ausdrücken angezeigt werden.

Die Methode entrySet() liefert, wie bereits im theoretischen Teil erwähnt wurde, eine Set-View auf alle Einträge einer Abbildung, die als Instanzen von einem parametrisierten Typ des generischen Interface Map.Entry<K,V> repräsentiert werden: Set<Map.Entry<String,String>> mapEntrys = map1.entrySet(). Ein Iterator auf diese Collection-Sicht bietet die einzige Möglichkeit, eine Referenz auf einen Map-Eintrag zu ermitteln.

Legen Sie für die Anzeige der Einträge einen Iterator über die Set<Map.Entry <String,String>>-Instanz: Iterator<Map.Entry<String,String>> iterator = mapEntrys.iterator() und rufen Sie als Übung im Umgang mit Lambdas die forEach()-Methode dieses Iterators auf: iterator.forEach((Map.Entry <String,String> map) -> System.out.print(map + " "));. Zeigen Sie, dass alternativ dazu die hasNext()- und next()-Methoden des Iterators aufgerufen werden können, um auf die Parallelität zu externen Iterationen hinzuweisen.

Erzeugen Sie in dieser Klasse eine weitere Map mit dem Namen map3 vom parametrisierten Typ TreeMap<String,List<String>>, in der Sie zum Beispiel den Schulen die Listen ihrer Klassen zuordnen, und zeigen Sie auch deren Einträge am Bildschirm an.

Durchlaufen Sie die Einträge der Abbildungen map1, map2 und map3 mit forEach() und rufen Sie alternativ die Methoden replace() und replaceAll() auf, um diese einzeln oder zusammen nach folgendem Beispiel abzuändern:

```
map2.forEach((String s, Map<String,String> schulklassen) ->
    { schulklassen.replace("Klasse11", "Schule1", "Schule1Neu");
```

```
    schulklassen.replace("Klasse21", "Schule2", "Schule2Neu");
// Alternativ alle Einträge abändern
    schulklassen.replaceAll((String k, String v)->v + "Neu");
  }
);
```

Rufen Sie anstelle von `replace()` auch Methoden wie `put()` und `get()` auf, um die einem beliebigen Schlüssel zugeordneten Werte zu lesen oder zu schreiben. Testen Sie auch weitere Default-Methoden des Interface `Map`, wie zum Beispiel `putIfAbsent()`.

Zeigen Sie die Ergebnisse von durchgeführten Operationen ebenfalls am Bildschirm an.

Hinweise für die Programmierung:

Erzeugen Sie die für die Übergabe in der `forEach()`-Methode erforderlichen Lambda-Ausdrücke anhand folgender Beispiele, indem Sie deren Typ explizit oder implizit angeben:

```
BiConsumer<String,String> biConsumer = (String s1, String s2) ->
    System.out.println("In der " + s2 + " befindet sich die " + s1);
map1.forEach(biConsumer);
```

bzw.

```
map1.forEach((String s1, String s2) ->
    System.out.println("In der " + s2 + " befindet sich die "
    + s1));
```

Java-Dateien: `GenericMapObjekte.java`
Programmaufrufe: `java GenericMapObjekte`

11.10 Das Interface Collector und die Klasse Collectors. Reduktion mittels Methoden von Streams und Kollektoren

Das `Stream`-Interface verfügt zusätzlich zu Instanzmethoden über mehrere statische Factory-Methoden, die dem Erzeugen von Streams dienen, darunter `static <T> Stream<T> generate(Supplier<T> s)`, `static <T> Stream<T> of(T...values)`, `static <T> Stream.Builder<T> builder()` und `static <T> Stream<T> iterate(T seed, UnaryOperator<T> f)`.

Die Instanzmethoden `map()` und `limit()` von `Stream` definieren, wie bereits mit den vorangegangenen Aufgaben gezeigt wurde, Abbildungen (Transformationen) von n auf m Elemente. Im Gegensatz dazu ermöglichen die `reduce()`-Methoden eine Abbildung von n Elementen auf 1 Element (Reduktion). Die Methode `Optional<T> reduce(BinaryOperator<T> accumulator)` liefert ein `Optional`-Objekt mit diesem Element, das mit `get()` gelesen werden kann. Im Fall eines leeren Streams zeigt dieses Objekt an, dass kein Ergebnis vorhanden ist, was mit der

Methode `Optional.ofNullable()` bestätigt werden kann. Die Methode `T reduce(T identity, BinaryOperator<T> accumulator)` reduziert n Elemente eines Streams auf 1 Element, indem sie den übergebenen Identity-Wert und einen Accumulator (assoziative Sammelfunktion) vom Typ `BinaryOperator` nutzt. Der Accumulator muss eine assoziative Operation definieren, damit die Reihenfolge, in der die Stream-Elemente kombiniert werden, keine Bedeutung für das Ergebnis hat. Das heißt, dass $(x \cdot y) \cdot z = x \cdot (y \cdot z)$ für alle x, y, z sein muss, wobei »$\cdot$« die auszuführende Operation bezeichnet. Diese Eigenschaft unterstützt das Parallelisieren von derartigen Operationen.

Beispiele von Reduktion-Operationen sind Summen und Produkte, das Berechnen der Anzahl Elemente aus einer Menge, das Berechnen von maximalen und minimalen Werten, String-Zusammensetzungen oder auch die Vereinigung (Union) und der Durchschnitt (Intersection) von Mengenelementen.

So wird die Berechnung von Summen schrittweise basierend auf den aus der Programmierung bereits bekannten Algorithmus: $(...(((0 + a1) + a2) + a3 + ...) + an)$ durchgeführt und während `.sum()` äquivalent ist mit `.reduce(0, (summe, element) -> summe + element)`, ist `.count()` äquivalent mit `.map(element -> 1).sum()`. Vielleicht an dieser Stelle auch die nicht unwesentliche Bemerkung, dass die Methode `sum()` nicht auf Streams vom parametrisierten Typ `Stream<Integer>` oder `Stream<Double>` ausgeführt werden kann, sondern nur auf den numerischen Erweiterungen des Interface `BaseStream` wie `IntStream` bzw. `DoubleStream`. Für das Abbilden der Werte von derartigen Typen können die Methoden `mapToInt()` und `mapToDouble()` aufgerufen werden. Wird die `reduce()`-Methode direkt angewendet, kann man sich die Umwandlung ersparen.

Der in der zweiten `reduce()`-Methode übergebene Identity-Wert muss die Identität für den Accumulator repräsentieren. Damit ist gemeint, dass für alle t, `accumulator.apply(identity, t)` = t ist (`apply` bezeichnet die Methode von `Binary Operator<T>`, die er von seinem Oberinterface `BiFunction<T,T,T>` erbt). Der BinaryOperator ist eine Sonderform von BiFunction, für den Fall, dass beide Operanden und das Ergebnis vom gleichen Typ sind (siehe dazu die Aufgabe 11.12).

Die dritte Methode `<U> U reduce(U identity, BiFunction<U,? super T,U> accumulator, BinaryOperator<U> combiner)` führt eine Reduktion auf Stream-Elementen durch unter der Benutzung eines Identity-Werts, einer Accumulator- und einer Combiner-Funktion. Der Identitätswert muss in diesem Fall eine Identität für den Combiner definieren, was bedeutet, dass für alle u `combiner(identity, u)` = u sein muss. Zusätzlich muss diese Funktion kompatibel zum Accumulator sein, was äquivalent ist mit: `combiner.apply(u, accumulator.apply(identity, t))` = `accumulator.apply(u, t)` für alle u und t.

Die `reduce()`-Methoden sind terminale Operationen. Alle `reduce()`-Methoden können sowohl sequenziell als auch parallel ausgeführt werden. Der in der dritten überladenen Form übergebene Combiner kommt nur im Fall eines parallelen Streams zum Einsatz, was mit den Ausgaben aus den nachfolgenden Aufgaben bestätigt wird.

Die `collect()`-Methoden des `Stream`-Interface führen im Gegensatz zu seinen `reduce()`-Methoden veränderliche (»mutable reductions«) Reduktionen auf Streams durch. Sie sammeln die Elemente von Streams mittels Kollektoren in Collections (Collection-basierte Kollektoren) und Maps (Map-basierte Kollektoren) an oder fügen diese zu einem einzigen String zusammen (String-basierte Kollektoren). Kollektoren können aber auch die Elemente von Streams in Maps mittels eines Classifiers (Klassifikationsfunktion) gruppieren oder entsprechend einer von einem Predicate formulierten Bedingung aufteilen, indem sie deren Keys ganze Listen von Werten zuordnen (gruppierende Kollektoren) bzw. eine Reduktion auf den Input-Elementen des Streams unter der Benutzung der als Argumente übergebenen Abbildungsfunktionen und eines BinaryOperators ausführen (Value-basierte Kollektoren).

Die Spezifikation für das Verhalten von Kollektoren wird vom Interface `Collector<T,A,R>` vorgegeben. Mit zwei statischen und fünf Instanzmethoden definiert dieses Interface »mutable reduction«-Operationen, die Input-Elemente in einen veränderbaren Container ansammeln und optional die angesammelten Ergebnisse in eine finale Repräsentation umwandeln, nachdem alle Input-Elemente bereits abgearbeitet wurden. Dies ist eine Reduktion, in der der Wert, auf den die Stream-Elemente reduziert werden, einen änderbaren Container als Ergebnis darstellt, wie zum Beispiel eine Liste, ein TreeSet oder eine Map bzw. einen StringBuilder oder einen StringJoiner.

Einfacher ausgedrückt: Eine »veränderliche Reduktion« findet immer dann statt, wenn deren Ziel nicht ein einfacher Skalar ist. Dazu gehören auch tabellenförmige Abfragen wie in Aufgabe 11.16mit: »Finden Sie das Buch mit der größten Seitenanzahl oder dem längsten Titel zu einem Thema«.

Die statischen Methoden des `Collector`-Interface liefern als so genannte Factory-Methoden `Collector`-Instanzen.

Vordefinierte Kollektoren sind in der Klasse `Collectors` zu finden. Diese Klasse implementiert eine Reihe von Reduktions-Methoden als statische Methoden, die Elemente in Collections zusammenführen, nach verschiedenen Kriterien aufeinanderaddieren, mittels eines Classifiers gruppieren oder entsprechend einer von einem Predicate formulierten Bedingung aufteilen.

Die erste Form der `Stream.collect()`-Methode `<R> R collect(Supplier<R> supplier, BiConsumer<R,? super T> accumulator, BiConsumer<R,R> combiner)` ist auf den ersten Blick etwas schwieriger einzusetzen, aber, wie auch in der API-Dokumentation vermerkt, gibt es mehrere Klassen in der JDK, deren Methodensignaturen dazu geeignet sind, als Methoden-Referenzen im Aufruf von `collect()` übergeben zu werden. So zum Beispiel können mit

```
List<String> stringListe1 = stringStream1.collect(
  ArrayList::new, ArrayList::add, ArrayList::addAll);
Set<String> stringSet = stringStream0.collect(
  TreeSet::new, TreeSet::add, TreeSet::addAll);
```

Stream-Elemente in eine ArrayList bzw. in ein TreeSet angesammelt werden.

Supplier ist ein funktionales Interface, das als Target-Typ (»assignment target«) für einen Lambda-Ausdruck oder eine Methoden(Konstruktor)-Referenz (siehe dazu auch Aufgabe 11.9) benutzt werden kann. Laut API-Dokumentation ist nicht zu erwarten, dass jedes Mal, wenn ein Supplier aufgerufen wird, ein neues bzw. eindeutiges Ergebnis zurückgegeben wird.

Die zweite Methode <R,A> R collect(Collector<? super T,A,R> collector) von Stream führt eine »mutable reduction« auf Stream-Elementen durch, indem sie einen Kollektor benutzt. Dieser Kollektor kapselt alle in der ersten collect()-Methode übergebenen Argumente.

So können zum Beispiel mit den nachfolgenden Operationen Stream-Elemente in Listen, HashSets und Maps angesammelt werden:

```
liste.stream().limit(3).collect(Collectors.toList());
javaListe.stream().collect(Collectors.toCollection(HashSet::new)));
Map<GenericPunkt<Double,Double>, Double> punktToKoordinate1
  = punktListe.stream().collect(Collectors.
  toMap(Function.identity(),
    punkt -> punkt.getKoordinate1())));
```

oder mit:

```
String concatenatedString = stringStream.collect(
  StringBuilder::new, StringBuilder::append,
  StringBuilder::append).toString();
```

bzw.

```
System.out.println("Collect mit StringJoiner" +
  javaListe.stream().collect(() -> new StringJoiner(", "),
  (sj, s) -> sj.add(s),
    (sj1, sj2) -> sj1.add(sj2.toString())));
```

die Elemente eines String-Streams zu einem einzigen String zusammengefügt werden.

Mit der statischen Methode identity() des Function-Interface wird das Identität-Element in der Menge von Funktionen erzeugt, das ein Input-Element unverändert weiterreicht (f(x) = x für alle x).

Die drei überladenen generischen reducing()-Methoden der Klasse Collectors besitzen ähnliche Parameterlisten wie die reduce()-Methoden von Stream: (BinaryOperator<T> op), (T identity, BinaryOperator<T> op) und (U identity, Function<? super T, ? extends U> mapper, BinaryOperator<U> op) und liefern Kollektoren vom Typ Collector<T,?,Optional<T>>, Collector<T,?,T> und Collector<T,?,U>.

Die Methode static <T,U> Collector<T,?,U> reducing(U identity, Function<? super T, ? extends U>mapper, BinaryOperator<U> op) gibt einen Kollektor zurück, der eine Reduktion auf seinen Input-Elementen ausführt unter der Benutzung der als Argumente übergebenen Abbildungsfunktion und eines BinaryOperators. Sie ist eine Verallgemeinerung von static <T> Collector<T,?,T> reducing(T identity, BinaryOperator<T> op), die nur eine Transformation auf Elemente vor der Reduktion erlaubt.

Wie bereits in der API-Dokumentation spezifiziert wird, ist die reducing()-Methode eher im Fall einer »Multi-Level«-Reduction sinnvoll, damit ist eine geschachtelte Reduktion gemeint, die auf Operationen wie groupingBy oder partitioningBy folgt. Um eine einfache Reduktion auf einem Stream durchzuführen, sollten die Methoden Stream.map(Function) und Stream.reduce(Object, BinaryOperator) an deren Stelle benutzt werden.

Die Methode static<T,K> Collector<T,?,Map<K,List<T>>> groupingBy(Function<? super T,? extends K> classifier) gibt einen Kollektor zurück, der eine »group by«-Operation auf die Input-Elemente vom Typ T implementiert. Dieser gruppiert die Elemente entsprechend einer Klassifikationsfunktion und liefert eine Map als Ergebnis. Damit wird, konkret ausgedrückt, eine Map vom Typ Map<K,D> aus einem Stream mit Elementen vom Typ E erzeugt, indem:

- Ein Stream-Element vom Typ E auf einen Schlüssel vom Typ K abgebildet wird

- Alle Elemente vom Typ E, die auf den gleichen Schlüssel vom Typ K abgebildet wurden, auf einen Wert vom Typ D reduziert werden, der letztendlich diesem Schlüssel zugeordnet wird

Dabei erweist sich die Möglichkeit als sehr hilfreich, dass mit der map-Operation ein abgebildetes Element einen ganz anderen Typ aufweisen kann als das ursprüngliche Stream-Element.

Der von den beiden anderen Methoden static <T,K,A,D> Collector<T,?,Map<K,D>> groupingBy(Function<? super T,? extends K> classifier, Collector<? super T,A,D> downstream) und static <T,K,D,A,M extends Map<K,D>> Collector<T,?,M> groupingBy(Function<? super T,? extends K> classifier, Supplier<M> mapFactory, Collector<? super T,A,D> downstream) gelieferte Kollektor implementiert eine kaskadierende »group by«-Operation auf die Input-Elemente vom Typ T. Er gruppiert erst mal die Elemente entsprechend einer Klassifikationsfunktion und führt danach mittels des übergebenen downstream-Kollektors eine Reduktion-Operation auf Werte durch, die einem bestimmten Schlüssel zugeordnet sind.

Die zweite dieser Methoden benutzt einen Supplier als Factory-Funktion für die Erzeugung der Ergebnis-Map. Die nachfolgenden Beispiele zu den reducing()- und groupingBy()-Methoden werden in der Klasse CollectorsMethoden aus der Aufgabe 11.16 näher erläutert:

```
Map<String, Double> gesamtpreisproThema2 = buchListe.stream()
 .collect(Collectors.groupingBy(Buch::getThema,
   Collectors.reducing(0., Buch::getPreis, Double::sum)));
Map<String, Optional<Buch>> maxSeitenByThema
 = buchListe.stream().collect(Collectors.
   groupingBy(Buch::getThema, Collectors.
     reducing(BinaryOperator.maxBy(bySeitenanzahl))));
Comparator<String> byLength =
 Comparator.comparing(String::length);
Map<String, String> maxTitelByThema = buchListe.stream().
 collect(Collectors.groupingBy(Buch::getThema,
   Collectors.reducing(" ", Buch::getTitel,
     BinaryOperator.maxBy(byLength))));
```

Die Methode static <T> Collector<T,?,Map<Boolean,List<T>>> partitioningBy(Predicate<? super T> predicate) hinterlegt die Ergebnisse in einer Map vom Typ Map<Boolean, List<T>>, deren Schlüssel einen Boolean-Wert speichern, der das Ergebnis der test()-Methode des im Aufruf übergebenen Predicate darstellt, und die als Werte die dazugehörigen Listen von Elementen beinhaltet, die die Bedingung des Predicates erfüllen:

```
Map<Boolean, List<Buch>> seitenanzahlMap = buchListe.stream().col-
lect(Collectors.partitioningBy(buch -> buch.getSeitenanzahl() >= 700));
```

Mit static <T,D,A> Collector<T,?,Map<Boolean,D>> partitioningBy(Predicate<? super T> predicate, Collector<? super T,A,D> downstream) erfolgt ebenfalls eine Aufteilung der Input-Elemente entsprechend einer von einem Predicate formulierten Bedingung. Zusätzlich werden die Werte in den Partitionen entsprechend einem weiteren Kollektor downstream reduziert. Die Ergebnisse dieser Reduktion werden in einer Map vom Typ Map<Boolean, D> abgelegt.

Laut API-Dokumentation gibt es keine Sicherheit in Bezug auf den Typ, die Veränderbarkeit, Serialisierbarkeit und die Threadsicherheit der zurückgelieferten Map.

Aufgabe 11.15

Weitere Methoden des Interface Stream: limit(), count(), max(), min(), skip(), reduce() und collect()

Basierend auf den bisher erworbenen Kenntnissen zu Lambda-Ausdrücken, Methoden- (bzw. Konstruktor-) Referenzen und Default-Methoden soll mit dieser Aufgabe der Umgang mit den Methoden des Stream-Interface weiter vertieft werden.

Benutzen Sie im Nachfolgenden in einer neuen Klasse StreamMethoden sowohl die statischen Methoden des Stream-Interface als auch wie bisher die stream()-Default-Methode des Collection-Interface, um Streams zu erzeugen.

Rufen Sie für diese Streams bereits bekannte als auch weitere Instanzmethoden wie limit(), count(), max(), min(), skip(), reduce() und collect() auf.

Benutzen Sie für deren Test erstmals zwei Listen: `List<Integer > liste = Arrays.asList( 1, 2, 3, 4, 5, 6, 7, 8)` und `List<String> javaListe = Arrays.asList("Java 5", "Java 6","Java 7", "Java 8")`.

Richten Sie sich nach dem Lösungsvorschlag zu dieser Aufgabe, um parallel zu den darin aufgeführten Beispielen eigene aufzustellen, indem Sie gleichzeitig auf die Beschreibung der Methoden aus der API-Dokumentation achten.

Die Methoden `max()` und `min()` geben das größte bzw. kleinste Element eines Streams zurück, das von einem im Aufruf übergebenen Comparator geliefert wird, eingebettet in eine `Optional`-Instanz. Deren Element kann mit der Methode `get()` ermittelt werden.

Die Methode `count()` liefert die Anzahl von Stream-Elementen. Ermitteln Sie mit der Methode `filter((v)->v%2 == 0)` die geraden und ungeraden Zahlen aus dem `Integer`-Stream und berechnen Sie deren Anzahl.

Benutzen Sie die Methode `limit()`, um einen Stream auf die im Aufruf übergebene Anzahl Elemente zu reduzieren, und die Methode `skip()`, um anzugeben, wie viele Elemente übersprungen werden sollen, um mit den verbliebenen einen neuen Stream zu erstellen.

Berechnen Sie den Durchschnittswert aller im `Integer`-Stream gespeicherten Zahlen, indem Sie diesen mit `map()` auf einen DoubleStream abbilden und dessen `average()`-Methode aufrufen. Diese gibt eine `OptionalDouble`-Instanz zurück, die den arithmetischen Mittelwert aller Zahlen aus der `Integer`-Liste enthält (der zum Beispiel mittels `getAsDouble()` ermittelt werden kann).

Üben Sie des Weiteren das Umwandeln, das Summieren und Multiplizieren von Elementen eines Streams und das Berechnen von Max- und Min-Werten mittels der `reduce()`-Methoden wie folgt:

```
String string1 = javaListe.stream().reduce("", (s1, s2) -> s1.toUpper-
Case() + s2.toUpperCase());
String string2 = javaListe.stream().reduce((s1, s2) -> s1 + ","
  + s2).get();
int summe1 = liste.stream().reduce((a, b) -> a+b).get();
int summe2 = liste.stream().reduce(0, (a, b) -> a+b);
int produkt = liste.stream().reduce(1, (a, b) -> a*b);
System.out.println("Max = " + liste.stream().reduce(1,
  Integer::max));
// Alternativ die BinaryOperatoren mit den statischen Methoden der
// Klasse BinaryOperator erzeugen
BinaryOperator<Integer> maxByOperator =
  BinaryOperator.<Integer> maxBy(Integer::compareTo);
BinaryOperator<Integer> minByOperator = BinaryOperator.<Integer>
  minBy((v1,v2) -> Integer.compare(v1,v2));
// und diese in der reduce()-Methode übergeben
System.out.println("Max = " + liste.stream().reduce(1,
  maxByOperator));
System.out.println("Min = " + liste.stream().reduce(1,
  minByOperator));
```

Die Methode `<U> U reduce(U identity, BiFunction<U,? super T,U> accumu-lator, BinaryOperator<U> combiner)` führt, wie bereits spezifiziert wurde, eine Reduktion auf Stream-Elementen durch unter der Benutzung eines Identity-Werts, einer Accumulator- und einer Combiner-Funktion:

```
BiFunction<Integer,Integer,Integer> biFunc=(Integer i1,Integer i2)
-> { Integer i3 = i1 + i2;
     System.out.println("Summe Bi-Function: " + i3
       + " von " + i1 + " und " +i2);
     return i3;
  };
BinaryOperator<Integer> biOp = (Integer i1, Integer i2) ->
  {Integer i3 = i1 + i2;
   System.out.println("Summe-Bi-Operator: " + i3
     + " von " + i1 + " und " +i2);
   return i3;
  };
System.out.println("\nReduce 1 sequenziell: " + liste
  .stream().reduce(0, biFunc, biOp));
```

Erzeugen Sie mittels der Methoden `Stream.of()` mehrere Streams, wie zum Beispiel mit:

```
Stream<String> stringStream1 = Stream.of("Java 5", "Java 6", "Java 7",
"Java 8");
```

und speichern Sie deren Elemente, wie mit den Beispielen aus dem theoretischen Teil gezeigt, in verschiedene Arten von Collections. Achten Sie darauf, dass jeder Stream nur einmal benutzt werden kann.

Benutzen Sie die Methode `static <T> Stream.Builder<T> builder()` zum Erzeugen von zwei `String`-Streams, die Sie dann mit `concat()` in einen Stream vereinen, und fügen Sie all seine Elemente mit `collect()` zu einem String zusammen.

Die Methode `<R> R collect(Supplier<R> supplier, BiConsumer<R,? super T> accumulator, BiConsumer<R,R> combiner)` des `Stream`-Interface führt eine veränderliche Reduktion (»mutable Reduction«) auf Stream-Elementen durch. Dies ist, wie bereits erwähnt, eine Reduktion, in der der reduzierte Wert einen veränderlichen Container als Ergebnis darstellt, wie zum Beispiel als ArrayList oder StringBuilder. Sammeln Sie die Elemente eines Streams mit dieser `collect()`-Methode in einer Liste, einem TreeSet und unter Berücksichtigung des nachfolgenden Beispiels in einem StringJoiner an, indem Sie auf die »Hinweise für die Programmierung« zu dieser Aufgabe achten:

```
Supplier<StringJoiner> supplierer = () ->
  {
    return new StringJoiner(", ");
  };
```

```
BiConsumer<StringJoiner, String> accumulator1 = (sj, s) ->
  {
    sj.add(s);
  };
BiConsumer<StringJoiner, StringJoiner> combiner1 = (sj1, sj2) ->
  {
    sj1.add(sj2.toString());
  };
System.out.println("Collect 1 mit StringJoiner"
  + javaListe.stream().collect(supplierer,
    accumulator1, combiner1));
```

Die zweite `collect()`-Methode von Stream `<R,A> R collect(Collector<?`
`super T,A,R> collector)` führt ebenfalls eine »mutable Reduction« durch,
indem sie einen Kollektor einsetzt, der alle Funktionen kapselt, die in der ersten
`collect()`-Methode benutzt werden. Reduzieren Sie die Elemente einer Liste mittels eines Streams auf drei und speichern Sie diese in einer neuen Liste ab:

```
System.out.println("\nElemente in einer Liste ansammeln: "
  + liste.stream().limit(3).collect(Collectors.toList()));
```

Unendliche Streams mit den Potenzen und Faktorialen von ganzen Zahlen sollen
durch Iteration generiert werden. Zeigen Sie deren erste zehn Elemente am Bildschirm an: `Stream<Integer> zahlStream = Stream.iterate(1, i -> i*3);`.

Die Methode `Stream.generate()` eignet sich für das Generieren von konstanten
Streams und Streams mit Zufallszahlen. Erzeugen Sie damit unendliche Streams
von einem parametrisierten Typ der Klasse `GenericPunkt<T,V>`, die Sie aus der
Aufgabe 8.7 kennen, wie zum Beispiel mit:

```
Stream<GenericPunkt<Double,Double>> punktStream = Stream.generate(()->
  { GenericPunkt<Double,Double> punkt = new GenericPunkt<Double,Double>();
    punkt.setKoordinate1((new Random()).nextDouble());
    punkt.setKoordinate2((new Random()).nextDouble());
    return punkt;
  });
```

Begrenzen Sie deren Anzahl Elemente mit der `limit()`-Methode und sammeln
Sie Punkte und deren Koordinaten in verschiedene Listen an wie zum Beispiel mit:

```
List<GenericPunkt<Double,Double>> punktListe =
punktStream.limit(2).collect(Collectors.toList());
List<Integer> koordinate1Liste = punktStream1.limit(3)
  .map(GenericPunkt::getKoordinate1).collect(Collectors.toList());
```

wobei `punktStream1` einen Stream vom Typ `GenericPunkt<Integer, Integer>`
bezeichnet.

Die Methode `public static <T,K,U> Collector<T,?,Map<K,U>> toMap(Function<? super T,? extends K> keyMapper, Function<? super T,?` extends U> `valueMapper)` gibt einen Kollektor zurück, der Elemente in einer Map speichert, deren Schlüssel und Werte das Ergebnis der Applikation der im Aufruf übergebenen Funktionen auf ein Input-Element sind. Sollten die abgebildeten Schlüssel Duplikate enthalten (entsprechend der Gleichstellung `Object.equals(Object)`) wird beim Ausführen der Operation eine IllegalStateException geworfen und darum soll in diesem Fall laut Dokumentation die Methode `toMap(Function, Function, BinaryOperator)` eingesetzt werden. Versuchen Sie, mit diesen Methoden Punkte auf ihre Koordinaten und umgekehrt Koordinaten auf ihre Punkte abzubilden (das heißt, als Schlüssel-Wert-Paare in einer Map zu speichern), wie mit:

```
Map<GenericPunkt<Double,Double>, Double> punktToKoordinate1 =
punktListe.stream().collect(Collectors.toMap(Function.identity(),
  punkt -> punkt.getKoordinate1()));
```

bzw.

```
Map<Double, GenericPunkt<Double,Double>> koordinate1ToPunkt =
punktListe.stream().collect(Collectors.toMap(
  GenericPunkt::getKoordinate1, Function.identity()));
```

Bilden Sie den Stream vom Typ `GenericPunkt<Integer, Integer>` auf einen neuen Stream ab, indem für alle Punkte die erste Koordinate gleich 1 gesetzt wird. Ein zweiter Stream soll analog erzeugt werden, aber mit Punkten, deren erste Koordinate gleich 2 ist. Die Streams sollen mit der `concat()`-Methode zu einem neuen Stream verbunden werden und dessen Elemente mit der dritten überladenen Form von `toMap()` in einer Map hinterlegt werden.

Definieren Sie dazu einen BinaryOperator, der einem bereits begegneten Schlüssel einen neuen Wert zuordnet, indem sein neuer Wert auf den alten addiert wird, oder zum Beispiel alle Werte, die einem bestimmten Schlüssel zugeordnet sind, in einer HashSet speichert:

```
Map<Integer, Integer> koordinate1Tokoordinate2
  = stream3.collect(Collectors.toMap(GenericPunkt::getKoordinate1,
    GenericPunkt::getKoordinate2, (alterWert, neuerWert) ->
      alterWert + neuerWert));
Map<Integer, Set<Integer>> koordinate1Tokoordinate2Set =
  stream6.collect(Collectors.toMap(GenericPunkt::getKoordinate1,
    koordinate2 -> Collections.singleton(koordinate2
      .getKoordinate2()), (s, a) -> {
        Set<Integer> set = new HashSet<>(s);
        set.addAll(a);
        return set;
}));
```

Die Methode `Collections.singleton()` gibt ein immutable Set zurück, das nur das im Aufruf übergebene Objekt enthält. Der zurückgelieferte Kollektor ist nicht threadsicher.

Für die Anzeige von Ergebnissen kann wie in der Aufgabe 11.14 die Methode `entrySet()` angewandt werden. Diese gibt im nachfolgenden Beispiel eine Set-View vom Typ `Set<Map.Entry<Double, GenericPunkt<Double,Double>>>` auf die Map zurück, die im Konstruktor der Klasse `ArrayList` zwecks Umsetzung in eine Liste übergeben werden kann:

```
List<Map.Entry<Double, GenericPunkt<Double,Double>>>
  anzeigeListe1 = new ArrayList<>(koordinate1ToPunkt.entrySet());
```

Setzen Sie diese Liste in einen Stream um, um mit dessen `forEach()`-Methode die Schlüssel und Werte der darin enthaltenen Elemente anzuzeigen:

```
anzeigeListe1.stream().forEach(mapEintrag ->
  { System.out.println("\nKoordinate1="
     + mapEintrag.getKey() + " Punkt=(" +
        mapEintrag.getValue().getKoordinate1() +","
         + mapEintrag.getValue().getKoordinate2() + ")");
  });
```

Ermitteln Sie als weitere Übung im Umgang mit `reduce()`-Methoden zum Beispiel den Punkt mit der größten bzw. kleinsten 1. Koordinate aus einer Liste:

```
Comparator<GenericPunkt<Integer, Integer>> byKoordinate1 =
  Comparator.comparing(GenericPunkt::getKoordinate1);
System.out.println("Reduce 7 = " +
punktListeNeu.stream().reduce(BinaryOperator.maxBy(byKoordinate1))
  .get().getKoordinate1());
```

Setzen Sie die zweiten Koordinaten von Punkten aus einem limitierten Stream vom Typ `GenericPunkt<Integer,Integer>` in Strings um, addieren Sie diese aufeinander und ermitteln Sie den String mit der größten Länge mittels eines Comparators, der in der `BinaryOperator.maxBy()`-Methode zum Erzeugen eines Combiners übergeben wird, und einem als BiFunction vorgegebenen Accumulators für die `reduce()`-Methode:

```
Comparator<String> byLength =
  Comparator.comparing(String::length);
BiFunction<String,GenericPunkt<Integer,Integer>,String>
  biSummeKoordinate2String = (s, punkt) ->
    { return s + punkt.getKoordinate2().toString();
    };
```

Versuchen Sie, noch viele weitere `reduce`- und `collect`-Operationen durchzuführen, die denen aus dieser Aufgabe und der darauf folgenden ähnlich sind.

Ordnen Sie die Koordinaten von GenericPunkt-Listen mittels der sorted()-Methoden von Stream nach ihrer natürlichen Reihenfolge bzw. nach einer, die von einem im Aufruf der Methode übergebenen Comparator definiert wird, aufsteigend und absteigend. Zeigen Sie alle Ergebnisse am Bildschirm an.

Hinweise für die Programmierung:

Achten Sie in den Beispielen darauf, dass das »identity element« für eine Menge S, auf der eine binäre Operation wie +, * etc. definiert ist, ein Element e ist, das in Kombination mit einem beliebigen Element x von S das gleiche Element x liefert (das heißt $e \cdot x = x \cdot e = x$ für alle x aus S). Somit ist dieses 0 für die Addition und 1 für die Multiplikation von Integer-Zahlen.

Wie bereits erwähnt, sind die reduce()-Methoden nicht auf eine sequenzielle Benutzung beschränkt. Der in der dritten überladenen Form übergebene Combiner kommt nur für parallele Streams zum Einsatz. In diesem Fall werden alle Stream-Elemente mittels der Accumulator-BiFunction mit der Identität verknüpft und danach die so berechneten Ergebnisse mittels des Combiner-BinaryOperators in mehreren Schritten nacheinander kombiniert, bis aus den zwei am Ende verbliebenen das finale Ergebnis gebildet wird.

Bei veränderlichen Reduktionen (mit collect()-Methoden) werden die Elemente von Streams durch das Abändern des Zustands eines Ergebnisses in Container eingetragen, anstatt dass das Ergebnis ersetzt wird. In diesem Fall kann nicht reduce() eingesetzt werden, weil bei einer parallelen Ausführung, dadurch, dass Collections (wie zum Beispiel ArrayList und HashSet) nicht threadsicher sind, nicht nur ein Ergebnis-Container benutzt werden kann.

Die erste collect()-Methode benutzt drei Argumente:

- einen Supplier, um ein Objekt von Zieltyp zu erzeugen (zum Beispiel einen Konstruktor)

- einen Accumulator, um diesem ein Element hinzuzufügen (zum Beispiel eine add()-Methode von Collections)

- einen Combiner, um zwei Objekte zu einem zusammenzufügen (zum Beispiel die Methode addAll() von Collections).

Darum ist die Benutzung der zweiten collect()-Methode, die all diese Argumente kapselt, zu empfehlen.

In der Java-Klasse aus diesem Beispiel wird auch gezeigt, wie ein Array von einem bestimmten Typ mit der Methode toArray() erzeugt werden kann, indem der zugehörige Konstruktor als Referenz übergeben wird:

```
Stream<String> farbenStream = Stream.of("grün", "rot", "blau");
String[] stringArray = farbenStream.toArray(String[]::new);
```

Wie in der Klasse `Bleistift.java` aus der Aufgabe 11.13 gezeigt wurde, gibt ein argumentenloser Aufruf von `toArray()` ein `Object`-Array zurück, dessen Elemente ggf. gecastet werden müssen:

```
Object [] objectArray = farbenStream.toArray();
for(Object bleistift : objectArray)
    System.out.print(((Bleistift)bleistift).getFarbe()+" ");
```

Java-Dateien: `StreamMethoden.java`
Programmaufrufe: `java StreamMethoden`

Aufgabe 11.16
Das Interface Collector und die Klasse Collectors

Definieren Sie eine Klasse `CollectorsMethoden`, die analog zur Klasse `BuchKatalog` aus der Aufgabe 11.6 das Interface `Buchliste` implementiert und einen Buchkatalog als `ArrayList`-Instanz für Testzwecke erzeugt: `List<Buch> buchListe = new ArrayList<>(Arrays.asList(buchArray))`.

Wie bereits mehrmals erwähnt, bildet die `map()`-Methode des `Stream`-Interface den Stream, an dem sie aufgerufen wird, auf einen neuen Stream ab. Dieser ist das Ergebnis von allen angewandten Transformationen auf die Elemente des Source-Streams, ohne dass die Elemente des Source- und Ergebnis-Streams unbedingt etwas miteinander zu tun haben müssen. Setzen Sie, um dies zu beweisen, die Buchliste in einen Stream um und bilden Sie all seine Elemente auf den für ein Buch gesetzten Autor ab, so dass ein neuer Stream vom Typ `String` entsteht. So kann man aus einem Stream vom Typ `Buch` einen Stream vom Typ `String` und daraus wiederum einen Stream aus Integer (die Länge des Namens des Autors zum Beispiel) erzeugen. All diese Elemente (wie auch die obigen von Streams) sind nirgendwo für den Programmierer sichtbar gespeichert. Zeigen Sie alle Streams mit deren `forEach()`-Methode am Bildschirm an:

```
Stream<String> buchStream1 = buchListe.stream().map((buch) ->
  {
    String value = buch.getAutor();
    System.out.println(value);
    return value;
  });
Stream<Integer> integerStream = buchStream1.map((autor) ->
  autor.length());
// Alternativ zum Lambda-Ausdruck kann eine Methoden-Referenz
// benutzt werden: .map(String::length);
integerStream.forEach(i -> System.out.println(i));
```

Benutzen Sie analog zu den Beispielen aus der Aufgabe 11.15 die Methode `Collectors.toList()`, um das Thema der Bücher in einer Liste und deren Preise in einem TreeSet anzusammeln:

```
List<String> themaListe = buchListe.stream()
    .map(Buch::getThema).collect(Collectors.toList());
```

Die joining()-Methode von Collectors gibt einen Kollektor zurück, der alle Elemente der Input-Source mit einem spezifizierten Delimiter zusammenfügt. Verbinden Sie das Thema von Büchern mit einem Bindestrich ("-") und geben Sie den resultierenden String am Bildschirm aus.

Summieren Sie die Preise der Bücher aus der Buchliste mittels der Methode Collectors.summingDouble(Buch::getPreis).

Ermitteln Sie den Gesamtpreis von Büchern, die Summe aller Preise sowie das Buch mit der größten Anzahl von Seiten ebenfalls in Anlehnng an die vorangegangene Aufgabe mit der reduce()-Methode von Stream und zeigen Sie auch diese Ergebnisse am Bildschirm an.

Wie im theoretischen Teil beschrieben wurde, implementiert die groupingBy()-Methode einen Kollektor, der eine »group-by«-Operation durchführt. Dieser kann im Aufruf einer collect()-Methode übergeben werden, die wiederum eine Map erzeugt, deren Schlüssel (keys) den Werten (values) entsprechen, die durch die Anwendung der ihr als Argument übergebenen Funktion (die in diesem Fall auch als Classifier bezeichnet wird) resultieren. Damit sollen alle Bücher der Buchliste nach ihrem Thema gruppiert und in einer Map gespeichert werden, die als Schlüssel das Thema und als Wert die Liste der dazugehörigen Bücher enthält:

```
Map<String, List<Buch>> themaMap = buchListe.stream()
    .collect(Collectors.groupingBy(Buch::getThema));
```

Rufen Sie an dieser Instanz die Methode entrySet() auf, um eine Set-View auf die Map (vom Typ Set<Map.Entry<String, List<Buch>>>) zu gewinnen, die der Anzeige ihrer Einträge dienen soll (siehe auch dazu die Aufgabe 11.15).

Richten Sie sich ebenfalls nach den Beispielen aus dem vorangegangenen theoretischen Unterkapitel und der Aufgabe 11.15, um anstelle von Stream.reduce() die Collectors.reducing()-Methode im Vergleich einzusetzen, indem Sie diesmal das Buch mit der größten Anzahl von Seiten und dem längsten Titel zu jedem Thema ausfindig machen.

Berechnen Sie auch den Gesamtpreis von Büchern pro Thema, indem Sie alternativ in der groupingBy()-Methode das Ergebnis von Collectors.summingDouble(Buch::getPreis) bzw. Collectors.reducing(0., Buch::getPreis, Double::sum) übergeben.

Java-Dateien: CollectorsMethoden.java, Buchliste.java
Programmaufrufe: java CollectorsMethoden

11.11 Parallele Streams

Wenn ein Stream erzeugt wird, ist dies ein sequenzieller Stream. Um einen parallelen Stream zu erzeugen, können die Methoden `Stream.parallel()` bzw. `Collection.parallelStream()` aufgerufen werden. Wir haben die Methode `parallelStream()` in der Aufgabe 11.15 bereits benutzt, um die unterschiedlichen Verhaltensweisen des Accumulators und Combiners beim Aufruf einer `reduce()`-Methode zu illustrieren.

Wenn ein Stream parallel ausgeführt wird, wird dieser von der JVM in mehrere Substreams aufgeteilt. Bulk-Operationen iterieren über diesen Stream, bearbeiten die Substreams parallel und führen die dabei berechneten Ergebnisse zusammen, wie dies vom Fork/Join-Mechanismus bekannt ist. In der Literatur wird in diesem Fall auch von Daten-Parallelismus gesprochen, weil die gleiche Operation auf einer großen Datenmenge von mehreren Threads ausgeführt wird. Im Gegensatz dazu kann im Fall von Task-Parallelismus jeder dafür eingesetzte Thread ganz unterschiedliche Aufgaben ausführen.

Das Wichtigste dabei ist, dass Bulk-Operationen Parallelismus für nicht-threadsichere Collections ermöglichen. Dies aber nur unter der Voraussetzung, dass die Collection vom Programmierer nicht abgeändert wird, während diese Operationen aufgerufen werden.

Dadurch, dass mit internen Iterationen die Logik des Durchlaufens einer Datenstruktur von der Funktionalität, die auf jedem ihrer Elemente ausgeführt wird, getrennt ist, bleiben alle Einzeilheiten, auf die parallele Bulk-Operationen basieren, für Collections selbst verborgen. Sie brauchen nur in Streams umgesetzt zu werden, um mit deren Methoden den Parallelismus, falls gewünscht, einzuschalten.

Das parallele Pendant der Reduction-Operation ist die so genannte »Concurrent-Reduction«. Laut API-Dokumentation wird diese von der JVM durchgeführt, wenn:

- der darunterliegende Stream ein paralleler Stream ist,

- der `Collector`-Parameter der `collect()`-Methode die Eigenschaft `Collector.Characteristics.CONCURRENT` besitzt

- und entweder der Stream nicht geordnet ist oder der Kollektor die Eingenschaft `Collector.Characteristics.UNORDERED` hat.

Um diese Eigenschaften zu prüfen, kann die Methode `Set<Collector.Characteristics> characteristics()` des `Collector<T,A,R>`-Interface aufgerufen werden, die ein Set von `Collector.Characteristics` zurückgibt.

Die Eigenschaft `Collector.Characteristics.CONCURRENT` gibt an, dass der Kollektor »concurrent« ist, was bedeutet, dass die Accumulator-Funktion von mehreren Threads parallel aufgerufen werden kann, indem diese den gleichen Ergebnis-Container benutzen.

Mit der Eigenschaft Collector.Characteristics.UNORDERED wird festgelegt, dass die Collection-Operation sich nicht verpflichtet, in ihrer Ausführung die im Source-Stream aufgefundene Reihenfolge beizubehalten.

Die Methode Stream.unordered(), die das Stream<T>-Interface von seinem Oberinterface BaseStream<T,S extends BaseStream<T,S>> erbt, gibt einen ungeordneten Stream zurück bzw. den Stream selbst, wenn dieser bereits ungeordnet war.

Die Methoden Stream<T> sorted() und Stream<T> sorted(Comparator<? super T> comparator) sortieren die Elemente eines Streams nach der natürlichen Sortierreihenfolge bzw. entsprechend dem im Aufruf übergebenen Comparator. Beide sind zustandsbehaftete (»stateful«) Operationen. Derartige Operationen benötigen zusätzlich zu den Stream-Elementen und der betreffenden Funktionalität weitere Kontextinformationen, wie hier zum Beispiel die Anordnung von Elementen. Weitere Stateful-Operationen sind limit(), skip() und distinct(), die mitzählen müssen, wie viele Elemente sie bereits durchgegangen sind, um die Anzahl von Elementen zu berechnen, die übersprungen oder weggelassen werden müssen.

Im Gegensatz dazu werden mit zustandslosen (»stateless«) Operationen diejenigen bezeichnet, die in ihrer Ausführung nur das jeweilige Stream-Element und die betreffende Funktionalität benötigen. Beispiele dafür sind die filter-, map-, peek-, forEach-, reduce-, collect-, min-, max-, sum-, parallel- und sequentiell-Operationen.

Wichtig dabei ist zu beachten, dass im Fall von zustandsbehafteten Operationen parallele Berechnungen zusätzlichen Aufwand erfordern, der sich in deren Performance niederschlagen kann.

Die Klasse Arrays implementiert mit Java 8 mehrere statische Methoden, die parallele Operationen durchführen, wenn mehrere Prozessoren bzw. Prozessorkerne auf einem Rechner vorhanden sind.

Mit der Methode parallelPrefix() wird jedes Arrayelement durch ein neues ersetzt, das das Ergebnis der Anwendung der an die Methode übergebenen Operation auf dieses Element in Kombination mit allen vorherigen Arrayelementen ist. Diese Operation muss assoziativ sein, damit die Reihenfolge in ihrer Anwendung nicht das Ergebnis beeinflusst. Zu dieser Methode existieren wie auch zur parallelSort()-Methode in der Klasse Arrays mehrere überladene Formen für alle primitiven Arraytypen und Object-Arrays.

Mit der Methode parallelSetAll() können Arrayelemente mittels einer im Aufruf übergebenen Funktion generiert werden.

Die parallelSort()-Methoden können (in der Aufgabe 11.8 wurde bereits darauf hingewiesen) zu einem parallelen Sortieren von Arrayelementen mit und ohne einem im Aufruf übergebenen Comparator eingesetzt werden.

Zur Benutzung all dieser Methoden sind Beispiele in der Aufgabe 11.18 zu finden.

Mit Java 8 wurde ein Interface `Spliterator<T>` implementiert. Spliteratoren können als Abstraktionen für zerlegbare Daten-Sourcen gesehen werden. Sie sind wie Iteratoren zuständig für das Durchlaufen der Elemente einer Source und, wie der Dokumentation zu entnehmen ist, dafür gedacht, zusätzlich zu einem sequenziellen Durchlaufen von Elementen ein paralleles zu ermöglichen. Spliteratoren können Arrays, Collections, IO-Channels oder eine Generator-Funktion überdecken.

Ein Spliterator kann Elemente sequenziell mit der Bulk-Operation `forEachRemaining()` oder einzeln mit `tryAdvance()` durchlaufen. Die von einem Spliterator gehaltenen Elemente können mit `trySplit()` weiter zerlegt werden.

Wenn die Source des Spliterators mittels eines Comparators sortiert wurde, sollte die `getComparator()`-Methode diesen zurückgeben. Im Falle einer Sortierung in natürlicher Reihenfolge wird `null` zurückgegeben und ansonsten eine IllegalState-Exception geworfen.

Zum Erzeugen von Streams können zusätzlich zu den bisher erwähnten Möglichkeiten Spliteratoren und Iteratoren benutzt werden. Mit `true` wird angegeben, dass ein paralleler Stream erzeugt werden soll:

```
Stream<Double> streamausSpliterator = StreamSupport.
  stream(spliterator2, true);
Stream<Double> streamausIterator = StreamSupport.
  stream(Spliterators.spliteratorUnknownSize(preisListe.iterator(),
    Spliterator.SORTED), true);
```

Eine Lambda-Expression wird als »stateful« bezeichnet, wenn deren Ergebnis von irgendeinem Zustand abhängig ist, der während der Abarbeitung einer Pipeline verändert werden kann. Die Zustandsänderung von Lambda-Ausdrücken sollte sowohl im Fall eines seriellen als auch eines parallelen Streams vermieden werden (»fine print«). Dies ermöglicht Pipelines, korrekt zu arbeiten ohne zusätzliche Synchronisation, und das Erzeugen von fehleranfälligem Code wird vermieden.

Das Auftreten von unerwünschten Seiteneffekten sollte generell vermieden werden. Sollten die Argumente von `forEach()`- und `peek()`-Methoden zustandsbehaftete Lambda-Ausdrücke beinhalten, wird empfohlen, diese durch `reduce()` und `collect()` zu ersetzen. So zum Beispiel kann:

```
List<Buch> autoren = new ArrayList<>();
buchliste.stream().map(Buch::getAutor).forEach(a ->
  autoren.add(a));
```

durch:

```
List<Buch> autoren = buchliste.stream().map(Buch::getAutor)
  .collect(Collectors.toList());
```

ersetzt werden.

Weil ein verhaltensgesteuerter Parameter wie Lambdas immer gleichzeitig (parallel) von mehreren Threads aufgerufen werden kann, darf dieser nicht auf irgendeinen Zustand zugreifen, der während der Durchführung der Operation abgeändert wird.

Man spricht von Thread-Interferenz, wenn Threads bei der Durchführung von Operationen ineinander verzahnt ablaufen. Dies bedeutet, dass dazu benutzte Anweisungen in mehreren Schritten ablaufen, die bei der Ausführung unterbrochen werden können (siehe dazu das Unterkapitel 2.8 aus dem zweiten Band des Übungsbuchs).

Auch wenn kein Fehler in einem Single-Thread auftritt, können unterschiedliche Ergebnisse die Konsequenz von Thread-Interferenz im Fall von parallelen Abläufen sein und es bleibt in der Verantwortung des Programmierers, threadsichere Lambda-Ausdrücke in den Methoden von parallelen Streams zu übergeben.

Eines der klassischen Beispiele von Thread-Interferenz sind Inkrement- und Dekrement-Operationen, die von mehreren Threads parallel auf Elementen eines Integer-Arrays ausgeführt werden. Diese können durch die Benutzung der getAndIncrement()- und getAndDecrement()-Methoden der Klasse AtomicInteger oder im Fall von Inkrement mittels der Methoden groupingBy() und counting() der Klasse Collectors umgangen werden. Leider ist die Differenz nicht assoziativ, so dass dafür keine threadsichere Funktion zur Verfügung steht.

Selbst wenn eine Änderung threadsicher ist, sollte vermieden werden, dass eine Collection oder Map während der Abwicklung von Operationen auf einem dafür erzeugten Stream abgeändert wird. Streams arbeiten ja nicht direkt auf den Daten von Collections und Maps, sondern hinterlegen ihre Daten in eigenen Datenstrukturen, so dass diese mit Änderungen auf den ursprünglichen Datenstrukturen interferieren können. Aus diesem Grund können derartige Änderungen zu nicht kontrollierbaren Ausgängen für Stream-Operationen führen. Dies wird in der Literatur als »noninterference« bezeichnet und bezieht sich sowohl auf parallele als auch auf sequenzielle Streams. Weil es durchaus möglich ist, eine Collection, die bereits auf einen Stream abgebildet wurde, ab dem Zeitpunkt abzuändern, ab dem eine terminale Operation ausgeführt wird (weil die intermediären Operationen verzögert (»lazy«) ausgewertet werden), wird, um dies zu signalisieren, in solch einem Fall eine ConcurrentModificationException geworfen:

```
List<String> stringListe = new
  ArrayList<>(Arrays.asList(titelArray));
try {
  stringListe.parallelStream().forEach(s ->
    stringListe.add("Java 8 Übungsbuch"));
  System.out.println("Anzahl Titel:" + stringListe.size());
}
catch(Exception e) {
  System.out.println("\nException1: " + e.toString());
}
```

Korrekt wäre:

```
stringListe.add("Java 8 Übungsbuch");
long zaehler = stringListe.parallelStream().count();
```

Ein weiterer wichtiger Punkt ist, dass Operationen im Fall von parallelen Streams in beliebiger Reihenfolge durchgeführt werden können. Um dies zu ermöglichen, wird die Methode `Stream.unordered()` aufgerufen, die darauf hinweist, dass auf eine vorhandene Reihenfolge von Elementen verzichtet werden kann.

Die parallele Ausführung von Streams ist meistens mit mehr Arbeit verbunden, braucht dafür aber weniger Zeit. Wie auch im Tutorial von Java 8 unterstrichen wird, sollte nicht angenommen werden, dass »parallel« immer schneller ist als »sequenziell«. Für die Ausführung von einfachen Berechnungen auf geringen Datenmengen ist eine sequenzielle Durchführung gewöhnlich schneller. Performance-Messungen sind dabei immer wichtig. Streams von primitiven Typen wurden eingeführt, weil das Umhüllen (Wrappen) von derartigen Daten sehr auf die Performance von Berechnungen Einfluss nimmt.

11.12 Die Bulk-Operationen der Klasse ConcurrentHashMap

Die Implementation der Klasse `HashMap<K,V>`, die von der Klasse `AbstractHashMap` abgeleitet ist und das Interface `Map<K,V>` implementiert, ist nicht threadsicher und muss in Multithread-Umgebungen vom Programm aus synchronisiert werden (das Gleiche gilt für die Klassen `TreeMap` und `EnumMap`).

Anders als eine HashMap unterstützt eine Hashtable die Nebenläufigkeit von Abfragen und Änderungen. Die mit Java 5 neu eingeführte Klasse `java.util.concurrent.ConcurrentHashMap<K,V>` (direkt von `Object` abgeleitet) ist nach der gleichen Spezifikation aufgebaut worden wie die Klasse `Hashtable<K,V>` (die ebenfalls das `Map<K,V>`-Interface implementiert, jedoch die Klasse `java.util.Dictionary<K,V>` erweitert) und definiert für jede von deren Methoden ein entsprechendes Pendant.

Die Klasse `ConcurrentHashMap<K,V>` implementiert zusätzlich zum `Map<K,V>`-Interface das ebenfalls mit Java 5 eingeführte `ConcurrentMap<K,V>`-Interface. Als Unterinterface von `Map<K,V>` definiert dieses nützliche atomare (nicht unterbrechbare) Operationen, die ein Schlüssel-Wert-Paar einer Map hinzufügen können, nur wenn der Schlüssel noch nicht vorhanden ist (mit `putIfAbsent()`), oder dieses löschen bzw. ersetzen können, nur wenn der Schlüssel bereits vorhanden ist (mit `remove()` und `replace()`). Wie aus der Threadprogrammierung bekannt, bietet die Benutzung von atomaren Operationen eine Hilfe in der Umgehung von Synchronisation.

Programme, die eine `ConcurrentHashMap` benutzen, können sich laut Dokumentation auf ihre Threadsicherheit verlassen. Dies bedeutet, dass mehrere Threads parallel Daten einfügen und löschen können, ohne deren interne Struktur zu zerstören. Trotzdem können darauf ausgeführte Operationen, die nicht threadsicher sind, in Multithread-Umgebungen nicht-vorhersehbare Ergebnisse liefern, falls diese nicht synchronisiert werden.

Abfrageoperationen wie get() blockieren generell nicht, können aber mit Änderungen überlagert werden. Dann reflektieren sie das Ergebnis der zuletzt komplett durchgeführten Update-Operation.

Das Verhalten eines Java-Programms wird von so genannten »happens-before«-Regeln definiert, die festlegen, in welcher Reihenfolge bestimmte Aktionen durchgeführt werden. Eine derartige Verhaltensweise wird für ConcurrentHashMaps von einer Update-Operation, die den Wert eines bestimmten Schlüssels abändert, in Zusammenhang mit jeder Retrieval-Operation für diesen Schlüssel, die den geänderten Wert zurückgibt, ausgeübt.

Eine ConcurrentHashMap kann dynamisch erweitert werden. Laut Vorgaben aus der Dokumentation ist für ein Resizing die Übergabe eines initialCapacity-Arguments im Konstruktor sinnvoll, der die Anzahl der Elemente beim Erzeugen der Map festlegt. Ein zusätzlicher optionaler loadFactor liefert einen Grenzwert, der benutzt wird, um das Resizing zu kontrollieren.

Aus Kompatibilitätsgründen zu den Vorgänger-Versionen von Java 8 kann im Konstruktor optional ein geschätzter concurrencyLevel übergeben werden. Dieser Wert repräsentiert die geschätzte Zahl von parallel laufenden Update-Threads und kann als zusätzlicher Hinweis für die interne Größenbestimmung der Map dienen.

Auf eine ConcurrentHashMap kann mit den neuen newKeySet-Methoden eine Set-Sicht erzeugt werden, wenn zum Beispiel bestimmte Schlüssel ohne ihre Werte gebraucht werden oder all diesen Schlüsseln derselbe Wert zugeordnet ist. Sie liefern Referenzen vom generischen Typ ConcurrentHashMap.KeySet-View<K,V>.

Die innere Klasse ConcurrentHashMap.KeySetView ist als static-Klasse definiert und kann somit nicht instanziiert werden. Sie definiert eine Set-Sicht auf eine ConcurrentHashMap.

Zum Erzeugen einer Collection-Sicht auf eine ConcurrentHashMap kann die Methode values() der Klasse aufgerufen werden.

Als weitere innere Klassen werden AbstractMap.SimpleEntry<K,V> und AbstractMap.SimpleImmutableEntry<K,V> von der Klasse java.util.AbstractMap geerbt und das Interface Map.Entry<K,V> vom Map<K,V>-Interface. Einfache Entry-Argumente können durch new AbstractMap.SimpleEntry(k,v) ersetzt werden.

Wie von Hashtables bekannt und anders als für HashMaps sind für Concurrent-HashMaps keine null-Keys und -Values zugelassen.

Neu mit Java 8 ist für die ConcurrentHashMap-Klasse auch die Unterstützung von sequenziellen und parallelen Bulk-Operationen. Anders als die meisten Stream-Methoden sollten diese laut API-Dokumentation threadsicher sein.

Die neuen Methoden, die derartige Operationen definieren, können in drei Arten aufgeteilt werden. Alle besitzen vier verschiedene Formen, je nachdem, ob sie als

Argumente bzw. Rückgabewerte Funktionen annehmen, die Keys, Values, Entries oder ein Key-Value-Paar als Typparameter definieren:

- Die `forEach`-Methoden führen die im Aufruf in einer `Consumer<? super U>`-Referenz übergebene Aktion auf jedem Element der Map aus. Varianten der Methode ermöglichen, eine in einem `Function<? super K,? extends U>`- bzw. `BiFunction<? super K,? super V,? extends U>`-Parameter übergebene Transformation auf jedes Element anzuwenden, bevor diese Aktion ausgeführt wird.

- `search`-Methoden geben das zuerst verfügbare Nicht-`null`-Ergebnis zurück, das aus der Anwendung einer im Aufruf übergebenen Funktion auf jedes Element der Map resultiert, und überspringen den weiteren Suchvorgang. Sie definieren Parameter von einem Wildcard-parametrisierten Typ der Interfaces `Function` und `BiFunction`.

- Die `reduce`-Methoden führen auf alle Schlüssel und/oder Werte einer Map Transformationen aus und kombinieren deren Ergebnisse mit Hilfe einer Reducer-Funktion, ähnlich wie dies von den `reduce()`-Methoden des `Stream`-Interface bekannt ist. Weil die im Aufruf übergebene Reducer-Funktion nicht auf die Reihenfolge von Einträgen achten kann, sollte diese gleichzeitig assoziativ und kommutativ sein. Die Methode besitzt fünf Varianten, die einfache, auf eine Abbildung basierende bzw. auf skalare Werte wie `double`, `long` und `int` basierende Reduzierungen vornehmen können. Die als Argumente im Aufruf übergebene Transformation- und Reducer-Funktionen müssen einen konkreten Typ aus der Menge der gebundenen Wildcardtypen der Interfaces `Function` und `BiFunction` selbst bzw. ihrer Spezialisierungen wie zum Beispiel `ToLongFunction`, `ToDoubleBiFunction` bzw. `IntBinaryOperator` oder `DoubleBinaryOperator` aufweisen.

Diese Bulk-Operationen besitzen ein `parallelismThreshold`-Argument. Methoden werden sequenziell ausgeführt, wenn die aktuelle Anzahl von Map-Elementen so berechnet wird, dass sie kleiner als der im Argument angegebene Grenzwert ist. Mit einem Wert gleich `Long.MAX_VALUE` wird der Parallelismus abgeschaltet und mit einem Wert gleich 1 der maximale Parallelismus durch Aufteilung in genügend Subtasks für die volle Benutzung des Pools, der von `ForkJoinPool.commonPool()` zurückgegeben wird, für parallele Berechnungen eingeschaltet. Im Normalfall sollte einer dieser extremen Werte gewählt werden und dann Performance-Messungen mit dazwischenliegenden Werten zum Ermitteln eines Durchschnittswerts durchgeführt werden. Mit Java 8 wurde die mit Java 7 eingeführte Klasse `java.concurrent.ForkJoinPool` um die statische Methode `commonPool()` erweitert, die eine statische Instanz der Klasse liefert. Diese kann von allen Subtasks gemeinsam benutzt werden.

Die Nebenläufigkeits-Eigenschaften von Bulk-Operationen werden, wie auch im Fall von einfachen Operationen, durch das Ausüben von »happens-before«-Relationen in Programmen gesichert.

Aufgabe 11.17

Parallele Streams

Definieren Sie eine Klasse ParalleleStreams, in der Berechnungen, die in den vorangegangenen Aufgaben mittels serieller Streams durchgeführt wurden, mit parallelen Streams wiederholt werden.

Benutzen Sie dieselbe Vorgehensweise wie in der Aufgabe 11.16, um einen Buchkatalog als ArrayList-Instanz zu erzeugen.

Zeigen Sie Titel, Autor und die Anzahl Jahre seit Erscheinung der Bücher aus diesem Buchkatalog mit der forEach()-Methode, die an einem parallelen Stream aufgerufen wird, am Bildschirm an.

Berechnen Sie den Durchschnittspreis und den Gesamtpreis der Bücher mit einem parallelen Stream und ermitteln Sie das Buch mit der maximalen Seitenanzahl zu einem Thema mittels der reduce()-Methode von Stream:

```
Comparator<Buch> bySeitenanzahl = Comparator.
  comparing(Buch::getSeitenanzahl);
System.out.println("\nDas Buch mit der größten Anzahl von Seiten:"
  + buchListe.parallelStream().reduce(BinaryOperator.
  maxBy(bySeitenanzahl)).get().getTitel());
```

Das parallele Pendant der Reduction-Operation aus der vorangegangenen Aufgabe ist, wie bereits erwähnt wurde, die so genannte Concurrent-Reduction.

Rufen Sie für die Durchführung dieser Operation mit parallelen Streams anstelle der groupingBy()-Methode der Klasse Collectors deren groupingByConcurrent()-Methode auf, deren Rückgabewert als Argument in der collect()-Methode eines parallelen Streams übergeben werden kann, um die Bücher der Liste nach ihrem Thema zu gruppieren. Diese Methode gibt eine Instanz vom parametrisierten Typ des ConcurrentMap-Interface zurück:

```
ConcurrentMap<String, List<Buch>> themenConcurrentMap =
  liste.parallelStream()
    .collect(Collectors.groupingByConcurrent(Buch::getThema));
```

Die Anzeige der Bücher nach ihrem Thema gruppiert kann wie bei seriellen Streams erfolgen.

Auch bei der Gruppierung einer beliebigen Eigenschaft von Buch-Objekten (wie zum Beispiel der Webseiten von Büchern) zum Thema mittels der Concurrent-Reduction erfolgen keine sonstigen Änderungen.

Setzen Sie die Methode reducing() der Klasse Collectors im Vergleich zur Methode reduce() des Interface Stream ein, um das Buch mit der maximalen Seitenanzahl und dem maximalen Preis zu einem Thema zu ermitteln.

Erzeugen Sie mit der Methode Stream.generate() einen GenericPunkt<Integer,Double>-Stream und bilden Sie analog zur Aufgabe 11.15 Punkte auf ihre

Koordinaten und umgekehrt Koordinaten auf ihre Punkte diesmal mittels der toConcurrentMap()-Methode ab. In der Klasse Collectors existiert parallel zu jeder toMap()-Methode eine toConcurrentMap()-Methode, die einen thread-sicheren Kollektor liefert.

Erzeugen Sie des Weiteren String- und Double-Arrays mit den Titeln und Preisen von Büchern, wie zum Beispiel mit:

```java
String[] titelArray = {"Java 7 Übungsbuch Band I",
    "Java 8 Übungsbuch Band I", "Java 7 Übungsbuch Band II",
    "Java 8 Übungsbuch Band II", "Android 4 Übungsbuch",
    "Servlets und JavaServer Pages"};
Double[] preisArray = {16.95, 29.95, 24.95, 30.00, 35.99, 29.95};
```

um auf diesen Operationen, die parallelisiert werden können (wie parallel-Sort() und parallelPrefix()), anzuwenden. So werden zum Beispiel mit: Arrays.parallelPrefix(preisArray, Double::sum) folgende Summen berechnet: a_2+a_1, $a_3+a_2+a_1$, $a_4+a_3+a_2+a_1$ etc. (wobei a_i ein Arrayelement bezeichnet) und die ursprünglichen Arrayelemente durch diese ersetzt. Sortieren Sie die Arrayelemente aufsteigend und absteigend.

Legen Sie ein Integer-Array an: Integer[] laengenArray = new Integer[6] und generieren Sie mit der Methode parallelSetAll() die Arrayelemente mittels einer im Aufruf übergebenen Funktion, wie zum Beispiel mit: Arrays.parallelSetAll(laengenArray, i -> titelArray[i].length());.

Zerlegen und durchlaufen Sie die Elemente von Arrays mittels Spliteratoren und deren Methoden:

```java
Spliterator<String> spliterator1 = Arrays.spliterator(titelArray);
spliterator1.forEachRemaining(System.out::println);
Spliterator<String> s1 = spliterator1.trySplit();
Spliterator<String> s2 = spliterator1.trySplit();
Spliterator<String> s3 = s1.trySplit();
spliterator1.tryAdvance(System.out::println);
s1.tryAdvance(System.out::println);
```

etc.

Rufen Sie die getComparator()-Methode auf, um die Art der auf einer Source angewandten Sortierung zu bestimmen.

Die Klasse Arrays verfügt über die statische Methode asList(), die Arrays in eine Liste umsetzt. Zeigen Sie, dass auch Collections über einen Spliterator verfügen, indem Sie die spliterator()-Methode für eine ArrayList aufrufen:

```java
List<Double> preisListe = new ArrayList<>(Arrays.asList(preisArray));
Spliterator<Double> spliterator2 = preisListe.spliterator();
```

Zum Erzeugen von Streams können zusätzlich zu den bereits erwähnten Möglichkeiten Spliteratoren und Iteratoren benutzt werden. Rufen Sie dazu die stream()-Methoden der Klasse StreamSupport auf.

Hinweise für die Programmierung:

Die final-Klasse Spliterators definiert innere static-Klassen und Methoden, mit denen Spliterator-Instanzen und Instanzen von dessen primitiven Typen Spliterator.OfInt, Spliterator.OfLong und Spliterator.OfDouble erzeugt werden können.

Die Reihenfolge, in der die von einem Consumer transportierten Aktionen von forEach() durchgeführt werden, ist nicht sichergestellt, wenn es um einen parallelen Stream geht. Ist diese von Bedeutung, muss die Methode forEachOrdered() benutzt werden, in der bei der Abarbeitung von Elementen die natürliche Reihenfolge eingehalten wird, die in einer Source vordefiniert ist (siehe dazu auch die Sortierungen aus den Programmaufgaben zur Aufgabe 11.13):

```
preisListe.parallelStream().forEachOrdered(preis ->
  System.out.print(preis + " "));
```

Sehen Sie sich die Beispiele aus dem Lösungsvorschlag zu dieser Aufgabe an, die zu unerwünschten Seiteneffekten bei der Benutzung von parallelen Streams führen können, um diese ggf. zu vermeiden.

Java-Dateien: ParalleleStreams.java, Buchliste.java
Programmaufrufe: java ParalleleStreams

Aufgabe 11.18
Die neuen Methoden von ConcurrentHashMap

Definieren Sie eine Klasse ConcurrentHashMapmitJava8, die analog zu den vorangegangenen Aufgaben einen Buchkatalog als ArrayList-Instanz erzeugt und dazu das im implementierten Interface Buchliste definierte Array benutzt.

Fügen Sie der Klasse Buch eine weitere Methode hinzu, die dem Berechnen von Preiskürzungen für Bücher dienen soll:

```
public double rabattPreis(int prozent) {
  return getPreis()-getPreis()*(prozent/100.);
}
```

Rufen Sie die Methoden toMap() und toConcurrentMap() der Klasse Collectors auf, um Zuordnungen zwischen Buch-Eigenschaften untereinander bzw. zwischen Buch-Eigenschaften und Buch-Objekten zu definieren, wie zum Beispiel von Titel-Thema, Preis-Preis, Titel-Buch und Preis-Buch.

Wenn die abgebildeten Schlüssel nicht eindeutig sind, werfen die Methoden mit dem Parameter (Function<? super T,? extends K> keyMapper, Function<? super T,? extends U> valueMapper) eine Ausnahme vom Typ IllegalState-Exception. Um dies zu umgehen, können, wie mit der Aufgabe 11.15 bereits gezeigt wurde, deren überladene Methoden mit einem zusätzlichen BinaryOperator-Argument aufgerufen werden, das anzeigt, wie die Werte bei der Zuordnung zu den Schlüsseln aufbereitet werden sollen:

```
ConcurrentMap<Double, Double> preisToPreis =
  buchListe.parallelStream().collect(Collectors.
    toConcurrentMap(Buch::getPreis, Buch::getPreis,
    (s, a)->Double.sum(s,a)));
ConcurrentMap<String, String> titelToThema =
  buchListe.parallelStream().collect(Collectors.
    toConcurrentMap(Buch::getThema, Buch::getTitel,
    (s, a) -> s + ", " + a));
```

Speichern Sie alle Titel zu einem Thema in einem Set, indem Sie alternativ die Methoden toConcurrentMap() bzw. groupingBy() und toSet() der Klasse Collectors benutzen:

```
ConcurrentMap<String, Set<String>> titelToThema1 =
  buchListe.parallelStream().collect(Collectors.toConcurrentMap(
    Buch::getThema, buch -> Collections.singleton(buch.getTitel()),
    (s, a) -> {
            Set<String> set = new HashSet<>(s);
            set.addAll(a);
            return set;
          }));
Map<String, Set<Buch>> titelToThema2 = buchListe.stream()
  .collect(Collectors.groupingBy(Buch::getThema,
    Collectors.toSet()));
```

Erzeugen Sie eine ConcurrentMap-Instanz, deren Einträge als Schlüssel die Preise aller Bücher beinhalten und als Werte zugeordnete Rabatt-Preise, die mittels der neuen Methode rabattPreis() der Klasse Buch mit einem Rabatt von 10% berechnet wurden:

```
ConcurrentMap<Double, Double> rabattMap
  = buchListe.parallelStream()
    .collect(Collectors.toConcurrentMap(Buch::getPreis,
      (Buch buch) -> {return buch.rabattPreis(10);}));
```

Die Einträge von allen zurückgelieferten Maps und ConcurrentMaps sollen wie gewohnt am Bildschirm angezeigt werden.

Rufen Sie an der Rabatt-Map nach den Beispielen aus dem Lösungsvorschlag zu dieser Aufgabe neue Methoden von Java 8 wie forEach(), forEachKey(), compute(), reduceEntries(), searchValues(), search() und viele andere in ihrer eigenen Klasse auf.

Hinweise für die Programmierung:

Um die Methodenaufrufe übersichtlicher zu gestalten, können Lambda-Ausdrücke mit den Target-Typen Consumer<Integer>, BiConsumer<Integer,Integer>,

Function<Integer,Integer> und BiFunction<Integer,Integer,Integer>, explizit erzeugt werden, um diese anstelle der Lambdas selbst im Aufruf zu übergeben. Zeigen Sie, dass anstelle von Lambda-Ausdrücken immer wieder Methoden-Referenzen benutzt werden können.

Wie in der theoretischen Einführung zum Ausdruck gebracht wurde, kann in allen Bulk-Operationen mit einem im parallelismThreshold-Parameter übergebenen Wert deren parallele Ausführung ein- bzw. ausgeschaltet werden, je nachdem, ob diese in Single- oder Multithread-Umgebungen eingesetzt werden und somit einem konkurrierenden Zugriff ausgeliefert sind oder nicht. Sollen die Bulk-Operationen in einem Single-Thread ablaufen, muss der Grenzwert gleich Long.MAX_VALUE gesetzt werden. Soll jedoch die maximale Anzahl von Threads für die Ausführung einer Bulk-Operation zur Verfügung stehen, muss ein Grenzwert gleich 1 gewählt werden. Generell werden derartige Optionen parallelisiert, wenn die Anzahl von Map-Elementen größer als der angegebene Grenzwert ist.

Java-Dateien: ConcurrentHashMapmitJava8.java
Programmaufrufe: java ConcurrentHashMapmitJava8

11.13 Lösungen

Lösung 11.1

Die Klasse HalloJavamitAnonymerKlasse1

```java
public class HalloJavamitAnonymerKlasse1 {
// Definition eines static-Member-Interface
    interface HalloJava {
        void hallo();
    }
// Konstruktordefinition
    public HalloJavamitAnonymerKlasse1() {
// Das Interface mittels einer anonymen Klasse im Konstruktor
// der umgebenden Klasse implementieren und gleichzeitig ein
// Objekt der anonymen Klasse erzeugen; an diesem seine hallo()-
// Methode aufrufen
        new HalloJava() {
            @Override
            public void hallo() {
                System.out.println(
                    "Hallo Java 8 aus einer anonymen Klasse!");
            }
        }.hallo();
    }
    public static void main(String... args) {
        new HalloJavamitAnonymerKlasse1();
    }
}
```

Die Klasse HalloJavamitAnonymerKlasse2

```java
public class HalloJavamitAnonymerKlasse2 {
// Definition eines static-Member-Interface
  interface HalloJava {
    void hallo();
  }
// Konstruktordefinition
  public HalloJavamitAnonymerKlasse2() { }
// Die anonyme Klasse in einer Methode erzeugen und eine Referenz
// auf die damit erzeugte Instanz vom Typ des Interface
// zurückgeben
  public HalloJava createAnonymous() {
    return new HalloJava() {
      @Override
        public void hallo() {
          System.out.println(
            "Hallo Java 8 aus einer anonymen Klasse!");
      }
    };
  }
  public static void main(String... args) {
    HalloJavamitAnonymerKlasse2 objekt =
      new HalloJavamitAnonymerKlasse2();
// Die Methoden der umgebenden und anonymen Klasse aufrufen
    objekt.createAnonymous().hallo();
  }
}
```

Die Klasse HalloJavamitLambda

```java
public class HalloJavamitLambda {
// Definition eines funktionalen Interface als static-Member-
// Interface
  interface HalloJava {
    void hallo();
  }
// Eine Lambda-Expression ohne Argumente vom Typ des funktionalen
// Interface HalloJava erzeugen; diese ist eine Instanz vom Typ
// des Interface
  {
    HalloJava gruss = () -> System.out.println(
      "Hallo Java 8 aus einer Lambda-Expression!");
// Die Methode dieser Instanz aufrufen
    gruss.hallo();
  }
  public static void main(String... args) {
    new HalloJavamitLambda();
  }
}
```

Programmausgaben

```
java8uebungsbuch                                                          _  □  X

C:\Users\Lissi\Documents\java8uebungsbuch1sourcecode>java HalloJavamitAnonymerKl
asse1
Hallo Java 8 aus einer anonymen Klasse!

C:\Users\Lissi\Documents\java8uebungsbuch1sourcecode>java HalloJavamitAnonymerKl
asse2
Hallo Java 8 aus einer anonymen Klasse!

C:\Users\Lissi\Documents\java8uebungsbuch1sourcecode>java HalloJavamitLambda
Hallo Java 8 aus einer Lambda-Expression!

C:\Users\Lissi\Documents\java8uebungsbuch1sourcecode>javap -p -v HalloJavamitLam
bda
Classfile /C:/Users/Lissi/Documents/java8uebungsbuchsourcecode/HalloJavamitLambd
a.class
  Last modified 10.11.2013; size 1131 bytes
  MD5 checksum baa87d1c9cf6dab036590cf3de317214
  Compiled from "HalloJavamitLambda.java"
public class HalloJavamitLambda
  SourceFile: "HalloJavamitLambda.java"
  InnerClasses:
       static #11= #10 of #4; //HalloJava=class HalloJavamitLambda$HalloJava of
class HalloJavamitLambda
       public static final #53= #52 of #55; //Lookup=class java/lang/invoke/Meth
odHandles$Lookup of class java/lang/invoke/MethodHandles
  BootstrapMethods:
    0: #24 invokestatic java/lang/invoke/LambdaMetafactory.metafactory:(Ljava/la
ng/invoke/MethodHandles$Lookup;Ljava/lang/String;Ljava/lang/invoke/MethodType;Lj
ava/lang/invoke/MethodType;Ljava/lang/invoke/MethodHandle;Ljava/lang/invoke/Meth
odType;)Ljava/lang/invoke/CallSite;
      Method arguments:
        #25 ()V
        #26 invokestatic HalloJavamitLambda.lambda$0:()V
        #25 ()V
  minor version: 0
  major version: 52
  flags: ACC_PUBLIC, ACC_SUPER
Constant pool:
   #1 = Methodref          #9.#22         //  java/lang/Object."<init>":()V
   #2 = InvokeDynamic      #0:#27         //  #0:hallo:()LHalloJavamitLambda$Hal
loJava;
   #3 = InterfaceMethodref #10.#28        //  HalloJavamitLambda$HalloJava.hallo
:()V
   #4 = Class              #29            //  HalloJavamitLambda
   #5 = Methodref          #4.#22         //  HalloJavamitLambda."<init>":()V
   #6 = Fieldref           #30.#31        //  java/lang/System.out:Ljava/io/Prin
tStream;
   #7 = String             #32            //  Hallo Java 8 aus einer Lambda-Expr
ession!
```

```
/lang/invoke/CallSite;
  #49 = NameAndType        #19:#14        // lambda$0:()V
  #50 = Utf8               java/lang/invoke/LambdaMetafactory
  #51 = Utf8               metafactory
  #52 = Class              #56            // java/lang/invoke/MethodHandles$Loo
kup
  #53 = Utf8               Lookup
  #54 = Utf8               (Ljava/lang/invoke/MethodHandles$Lookup;Ljava/lang/St
ring;Ljava/lang/invoke/MethodType;Ljava/lang/invoke/MethodType;Ljava/lang/invoke
/MethodHandle;Ljava/lang/invoke/MethodType;)Ljava/lang/invoke/CallSite;
  #55 = Class              #57            // java/lang/invoke/MethodHandles
  #56 = Utf8               java/lang/invoke/MethodHandles$Lookup
  #57 = Utf8               java/lang/invoke/MethodHandles
{
  public HalloJavamitLambda();
    descriptor: ()V
    flags: ACC_PUBLIC
    Code:
      stack=1, locals=2, args_size=1
         0: aload_0
         1: invokespecial #1                // Method java/lang/Object."<init>
":()V
         4: invokedynamic #2,  0            // InvokeDynamic #0:hallo:()LHallo
JavamitLambda$HalloJava;
         9: astore_1
        10: aload_1
        11: invokeinterface #3,  1          // InterfaceMethod HalloJavamitLam
bda$HalloJava.hallo:()V
        16: return
      LineNumberTable:
        line 1: 0
        line 11: 9
        line 14: 10
        line 15: 16

  public static void main(java.lang.String...);
    descriptor: ([Ljava/lang/String;)V
    flags: ACC_PUBLIC, ACC_STATIC, ACC_VARARGS
    Code:
      stack=2, locals=1, args_size=1
         0: new           #4              // class HalloJavamitLambda
         3: dup
         4: invokespecial #5              // Method "<init>":()V
         7: pop
         8: return
      LineNumberTable:
        line 17: 0
        line 18: 8
```

```
java8uebungsbuch                                                    ___  □   X

C:\Users\Lissi\Documents\java8uebungsbuch1sourcecode>javap -v HalloJavamitLambda
$HalloJava
Classfile /C:/Users/Lissi/Documents/java8uebungsbuchsourcecode/HalloJavamitLambd
a$HalloJava.class
  Last modified 10.11.2013; size 216 bytes
  MD5 checksum 81d0fb5af57fd67bffc6a40095afe03a
  Compiled from "HalloJavamitLambda.java"
interface HalloJavamitLambda$HalloJava
  SourceFile: "HalloJavamitLambda.java"
  InnerClasses:
       static #9= #1 of #7; //HalloJava=class HalloJavamitLambda$HalloJava of cl
ass HalloJavamitLambda
  minor version: 0
  major version: 52
  flags: ACC_INTERFACE, ACC_ABSTRACT
Constant pool:
   #1 = Class              #8             // HalloJavamitLambda$HalloJava
   #2 = Class              #11            // java/lang/Object
   #3 = Utf8               hallo
   #4 = Utf8               ()V
   #5 = Utf8               SourceFile
   #6 = Utf8               HalloJavamitLambda.java
   #7 = Class              #12            // HalloJavamitLambda
   #8 = Utf8               HalloJavamitLambda$HalloJava
   #9 = Utf8               HalloJava
  #10 = Utf8               InnerClasses
  #11 = Utf8               java/lang/Object
  #12 = Utf8               HalloJavamitLambda
{
  public abstract void hallo();
    descriptor: ()V
    flags: ACC_PUBLIC, ACC_ABSTRACT
}

C:\Users\Lissi\Documents\java8uebungsbuch1sourcecode>
```

```
ox. java8uebungsbuch                                               _ □ X

Classfile /C:/Users/Lissi/Documents/java8uebungsbuchsourcecode/HalloJavamitAnony
merKlasse1.class
  Last modified 10.11.2013; size 531 bytes
  MD5 checksum 6814e317f12dbb35c61b8afe52b75b50
  Compiled from "HalloJavamitAnonymerKlasse1.java"
public class HalloJavamitAnonymerKlasse1
  SourceFile: "HalloJavamitAnonymerKlasse1.java"
  InnerClasses:
       static #9= #8 of #5; //HalloJava=class HalloJavamitAnonymerKlasse1$HalloJ
ava of class HalloJavamitAnonymerKlasse1
       #2; //class HalloJavamitAnonymerKlasse1$1
  minor version: 0
  major version: 52
  flags: ACC_PUBLIC, ACC_SUPER
Constant pool:
   #1 = Methodref          #7.#19         // java/lang/Object."<init>":()V
   #2 = Class               #20           // HalloJavamitAnonymerKlasse1$1
   #3 = Methodref           #2.#21        // HalloJavamitAnonymerKlasse1$1."<in
it>":(LHalloJavamitAnonymerKlasse1;)V
   #4 = Methodref           #2.#22        // HalloJavamitAnonymerKlasse1$1.hall
o:()V
   #5 = Class               #23           // HalloJavamitAnonymerKlasse1
   #6 = Methodref           #5.#19        // HalloJavamitAnonymerKlasse1."<init
>":()V
   #7 = Class               #24           // java/lang/Object
   #8 = Class               #25           // HalloJavamitAnonymerKlasse1$HalloJ
ava
   #9 = Utf8                HalloJava
  #10 = Utf8                InnerClasses
  #11 = Utf8                <init>
  #12 = Utf8                ()V
  #13 = Utf8                Code
  #14 = Utf8                LineNumberTable
  #15 = Utf8                main
  #16 = Utf8                ([Ljava/lang/String;)V
  #17 = Utf8                SourceFile
  #18 = Utf8                HalloJavamitAnonymerKlasse1.java
  #19 = NameAndType         #11:#12        // "<init>":()V
  #20 = Utf8                HalloJavamitAnonymerKlasse1$1
  #21 = NameAndType         #11:#26        // "<init>":(LHalloJavamitAnonymerKla
sse1;)V
  #22 = NameAndType         #27:#12        // hallo:()V
  #23 = Utf8                HalloJavamitAnonymerKlasse1
  #24 = Utf8                java/lang/Object
  #25 = Utf8                HalloJavamitAnonymerKlasse1$HalloJava
  #26 = Utf8                (LHalloJavamitAnonymerKlasse1;)V
  #27 = Utf8                hallo
{
  public HalloJavamitAnonymerKlasse1();
```

```
java8uebungsbuch                                              — ☐ X

{
  public HalloJavamitAnonymerKlasse1();
    descriptor: ()U
    flags: ACC_PUBLIC
    Code:
      stack=3, locals=1, args_size=1
         0: aload_0
         1: invokespecial #1            // Method java/lang/Object."<init>
":()U
         4: new           #2            // class HalloJavamitAnonymerKlass
e1$1
         7: dup
         8: aload_0
         9: invokespecial #3            // Method HalloJavamitAnonymerKlas
se1$1."<init>":(LHalloJavamitAnonymerKlasse1;)U
        12: invokevirtual #4            // Method HalloJavamitAnonymerKlas
se1$1.hallo:()U
        15: return
      LineNumberTable:
        line 7: 0
        line 12: 4
        line 18: 12
        line 19: 15

  public static void main(java.lang.String...);
    descriptor: ([Ljava/lang/String;)U
    flags: ACC_PUBLIC, ACC_STATIC, ACC_VARARGS
    Code:
      stack=2, locals=1, args_size=1
         0: new           #5            // class HalloJavamitAnonymerKlass
e1
         3: dup
         4: invokespecial #6            // Method "<init>":()U
         7: pop
         8: return
      LineNumberTable:
        line 21: 0
        line 22: 8
}

C:\Users\Lissi\Documents\java8uebungsbuch1sourcecode>
```

```
java8uebungsbuch
C:\Users\Lissi\Documents\java8uebungsbuch1sourcecode>javap -v HalloJavamitAnonym
erKlasse1$HalloJava
Classfile /C:/Users/Lissi/Documents/java8uebungsbuchsourcecode/HalloJavamitAnony
merKlasse1$HalloJava.class
  Last modified 10.11.2013; size 243 bytes
  MD5 checksum fb7e7cc62b05cd5e52bce9d9ad5bde47
  Compiled from "HalloJavamitAnonymerKlasse1.java"
interface HalloJavamitAnonymerKlasse1$HalloJava
  SourceFile: "HalloJavamitAnonymerKlasse1.java"
  InnerClasses:
       static #9= #1 of #7; //HalloJava=class HalloJavamitAnonymerKlasse1$HalloJ
ava of class HalloJavamitAnonymerKlasse1
  minor version: 0
  major version: 52
  flags: ACC_INTERFACE, ACC_ABSTRACT
Constant pool:
   #1 = Class              #8             // HalloJavamitAnonymerKlasse1$HalloJ
ava
   #2 = Class              #11            // java/lang/Object
   #3 = Utf8               hallo
   #4 = Utf8               ()V
   #5 = Utf8               SourceFile
   #6 = Utf8               HalloJavamitAnonymerKlasse1.java
   #7 = Class              #12            // HalloJavamitAnonymerKlasse1
   #8 = Utf8               HalloJavamitAnonymerKlasse1$HalloJava
   #9 = Utf8               HalloJava
  #10 = Utf8               InnerClasses
  #11 = Utf8               java/lang/Object
  #12 = Utf8               HalloJavamitAnonymerKlasse1
{
  public abstract void hallo();
    descriptor: ()V
    flags: ACC_PUBLIC, ACC_ABSTRACT
}
C:\Users\Lissi\Documents\java8uebungsbuch1sourcecode>
```

Lösung 11.2

Die Klasse RechenOperationenmitAnonymerKlasse

```java
public class RechenOperationenmitAnonymerKlasse {
// Definition eines generischen funktionalen Interface als static-
// Member der Klasse
  interface RechenOperation<X,Y> {
    Y operation(X x1, X x2);
  }
// Konstruktordefinition
  public RechenOperationenmitAnonymerKlasse() { }
// Instanzen von anonymen Klassen vom parametrisierten Typ des
// Interface in Methoden wie summe() und quotient() beispielhaft
// erzeugen und eine Referenz darauf zurückgeben
  public RechenOperation<Integer,Integer> summe() {
// Das parametrisierte Interface RechenOperation<Integer,Integer>
// mittels einer anonymen Klasse implementieren und ein Objekt
// dieser Klasse erzeugen
```

```
    return new RechenOperation<Integer,Integer>() {
      @Override
      public Integer operation(Integer x1, Integer x2) {
        Integer summe = x1+x2;
        System.out.println("x1=" + x1 + " x2=" + x1 +
          " Summe=" + summe);
        return summe;
      }
    };
  }
  public RechenOperation<Double,Double> quotient() {
// Das parametrisierte Interface RechenOperation<Double,Double>
// mittels einer anonymen Klasse implementieren und ein Objekt
// dieser Klasse erzeugen
    return new RechenOperation<Double,Double>() {
      @Override
      public Double operation(Double x1, Double x2) {
        Double quotient = x1/x2;
        System.out.println("x1=" + x1 + " x2=" + x1 +
          " Quotient=" + quotient);
        return quotient;
      }
    };
  }
  public static void main(String... args) {
// Objekt der Klasse erzeugen und die Methoden der Klasse und
// des Interface aufrufen
    RechenOperationenmitAnonymerKlasse objekt =
      new RechenOperationenmitAnonymerKlasse ();
    objekt.summe().operation(3, 1);
    objekt.quotient().operation(3.2, 1.4);
  }
}
```

Die Klasse RechenOperationenmitLambda

```
public class RechenOperationenmitLambda {
// Definition eines generischen funktionalen Interface
  interface RechenOperation<X,Y> {
    Y operation(X x1, X x2);
  }
// Mehrere Lambda-Expressions vom Typ des funktionalen Interface
// RechenOperation erzeugen
  public static void main(String... args) {
// Mehrere Schreibweisen für einen Lambda-Ausdruck testen
    RechenOperation<Integer, Integer> summe = (x1,x2) ->
    x1+x2;
    System.out.println(summe.operation(3, 1));
```

```
    summe = (x1,x2) -> {return x1 + x2;};
    System.out.println(summe.operation(3, 1));
    System.out.println((summe = (Integer x1, Integer x2)->
      {return x1+x2;}).operation(3,1));
    RechenOperation<Float, Float> differenz = (x1,x2)->
      x1-x2;
    System.out.println(differenz.operation(3.2F, 1.4F));
    RechenOperation<Integer, Integer> produkt = (x1,x2) ->
      x1*x2;
    System.out.println(produkt.operation(3, 1));
    RechenOperation<Double, Double> quotient = (x1,x2) ->
      x1/x2;
    System.out.println(quotient.operation(3.2, 1.4));
  }
}
```

Programmausgaben

Lösung 11.3

Die Klasse JFramemitActionListenerundLambda

```
import javax.swing.*;
import java.awt.*;
import java.awt.event.*;
public class JFramemitActionListenerundLambda extends JFrame {
  private JButton b;
// Konstruktor der umgebenden Klasse
  public JFramemitActionListenerundLambda() {
    super("Fenster schließen");
    b = new JButton("Fenster schließen");
    b.setBackground(Color.green);
    this.getContentPane().add(b, BorderLayout.SOUTH);
// ActionListener mittels einer anonymen Klasse für den Button
```

```
// registrieren
    /* this.b.addActionListener(new ActionListener() {
        public void actionPerformed(ActionEvent e) {
            System.exit(0);
        }
    }); */
// Alternativ einen Lambda-Ausdruck vom Typ des funktionalen
// Standard-Java-Interface ActionListener erzeugen
        ActionListener a = (ActionEvent e) -> System.exit(0);
        this.b.addActionListener(a);
        this.setBounds(20,20,200,100);
        this.getContentPane().setBackground(Color.cyan);
        this.setVisible(true);
    }
// Objekt der umgebenden Klasse erzeugen
    public static void main(String[] args) {
        JFramemitActionListenerundLambda frame = new
            JFramemitActionListenerundLambda();
    }
}
```

Die Klasse JFramemitRectangle2DMemberInterfaceundLambda

```
import java.awt.*;
import java.awt.geom.*;
import javax.swing.*;
public class JFramemitRectangle2DMemberInterfaceundLambda
                                        extends JFrame {
    private Shape shapes;
    private FigurenMalen interfaceShape;
// Konstruktordefinition
    JFramemitRectangle2DMemberInterfaceundLambda() {
        super("Static-Member-Interface");
        setBounds(10,10,100,100);
        setDefaultCloseOperation(JFrame.EXIT_ON_CLOSE);
        shapes = new Rectangle2D.Float(40,40,50,50);
        setVisible(true);
    }
// Das Static-Member-Interface mittels einer anonymen Klasse
// implementieren
 /* JFramemitRectangle2DMemberInterfaceundAnonymeKlasse.
      FigurenMalen interfaceShape =
    new JFramemitRectangle2DMemberInterfaceundAnonymeKlasse.
        FigurenMalen() {
        public void drawShape(Graphics2D g, Shape figur) {
            g.setColor(Color.green);
            g.fill(figur);
            g.setColor(Color.black);
```

```
          g.setStroke(new BasicStroke(2.0f));
          g.draw(figur);
      }
    }; */
  // Alternativ einen Lambda-Ausdruck als Instanz des funktionalen
  // Static-Member-Interface erzeugen
    {
       interfaceShape = (Graphics2D g, Shape figur) ->
        { g.setColor(Color.green);
          g.fill(figur);
          g.setColor(Color.black);
          g.setStroke(new BasicStroke(2.0f));
          g.draw(figur); };
    }
  // Rechteck malen
    public void paint(Graphics g) {
       super.paint(g);
       interfaceShape.drawShape((Graphics2D)g,shapes);
    }
  // Das funktionale Interface definieren
    public static interface FigurenMalen {
       public void drawShape(Graphics2D g, Shape figur);
    }
  // Objekt der umgebenden Klasse erzeugen
    public static void main(String ... args) {
       JFramemitRectangle2DMemberInterfaceundLambda frame = new
         JFramemitRectangle2DMemberInterfaceundLambda();
    }
}
```

Programmausgaben

 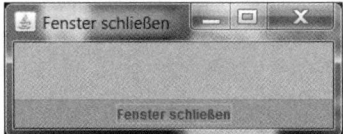

Lösung 11.4

Die Klasse MutableBuchstabe

```
public class MutableBuchstabe {
  private String name;
// Konstruktordefinitionen
  public MutableBuchstabe(String name) {
     this.name = name;
  }
```

```
   public MutableBuchstabe() {}
// Zugriffsmethode zum Setzen der Werte des Instanzfeldes
   public void setName(String name) {
      this.name = name;
   }
// Zugriffsmethode zum Lesen der Werte des Instanzfeldes
   public String getName() {
      return name;
   }
}
```

Die Klasse Scopingofthis

```
public class Scopingofthis {
// Definition eines funktionalen Interface als Static-Member-
// Interface
   interface RetrieveBuchstabe {
      MutableBuchstabe retrieve();
   }
// Felddefinitionen für die umgebende Klasse
   private RetrieveBuchstabe retrieveLambdaBuchstabe;
   private MutableBuchstabe buchstabe = new MutableBuchstabe("A");
// Lambda-Ausdruck und anonyme Klasse in Feldinitialisierungen
// definieren; in beiden Fällen in einem gleichnamigen Feld
// buchstabe eine Referenz auf ein neues MutableBuchstabe-Objekt
// setzen und den Zustand dieses Objekts abändern
   {
   retrieveLambdaBuchstabe = () ->
      { MutableBuchstabe buchstabe = new MutableBuchstabe();
         buchstabe.setName("Lambda-A");
// In Lambda-Expressions bezieht sich die this-Referenz auf
// die umgebende Klasse; deren Namen und sowohl die Referenz
// als auch den Inhalt des Feldes buchstabe innerhalb des
// Lambda-Ausdrucks ausgeben
         System.out.println("Die this-Referenz im Lambda-" +
            "Ausdruck zeigt auf die umgebende Klasse: "
            + this.getClass().getName());
         System.out.println("Anzeige aus dem Lambda-Ausdruck "
            + "ohne die this-Referenz: " + buchstabe + " "
            + buchstabe.getName());
// Sowohl mit this als auch mit Scopingofthis.this wird die
// umgebende Klasse referenziert
         System.out.println("Anzeige aus dem Lambda-Ausdruck "
            + "mit der this-Referenz: " + this.buchstabe + " "
            + this.buchstabe.getName());
      System.out.println("Anzeige aus der umgebenden Klasse "
         + Scopingofthis.this.buchstabe + " " + Scopingofthis.
         this.buchstabe.getName());
         System.out.println();
```

```
          return buchstabe; };
          // return this.buchstabe; };
   }
   RetrieveBuchstabe retrieveAnonymousBuchstabe =
                          new RetrieveBuchstabe() {
      MutableBuchstabe buchstabe = new MutableBuchstabe();
      public MutableBuchstabe retrieve() {
         buchstabe.setName("Anonymous-A");
// In anonymen Klassen bezieht sich die this-Referenz auf das
// aktuelle Objekt dieser Klasse; deren Namen und sowohl die
// Referenz als auch Inhalt des Feldes buchstabe innerhalb der
// anonymen Klasse ausgeben
         System.out.println("Die this-Referenz in der anonymen "
            + "Klasse zeigt auf diese: " + this.getClass().
            getName());
         System.out.println("Anzeige aus der anonymen Klasse "
            + "ohne die this-Referenz: " + buchstabe + " "
            + buchstabe.getName());
         System.out.println("Anzeige aus der anonymen Klasse "
            + "mit der this-Referenz: " + this.buchstabe + " "
            + this.buchstabe.getName());
// Mit Scopingofthis.this wird die umgebende Klasse referenziert
         System.out.println("Anzeige aus der umgebenden Klasse: "
            + Scopingofthis.this.buchstabe + " " + Scopingofthis.
            this.buchstabe.getName());
         System.out.println();
         return buchstabe;
         // return this.buchstabe;
      }
   };
// Ein Objekt der Klasse erzeugen und an den Instanzen vom Typ des
// Interface die retrieve()-Methode aufrufen; erneut Adresse
// und die Zustände von Feldern anzeigen
   public static void main(String ... args) {
      Scopingofthis objekt = new Scopingofthis();
      MutableBuchstabe mutableBuchstabe = objekt.
        retrieveLambdaBuchstabe.retrieve();
      System.out.println("Anzeige aus dem Lambda-Ausdruck in der "
         + "main()-Methode: " + mutableBuchstabe + " "
         + mutableBuchstabe.getName());
      System.out.println();
      mutableBuchstabe = objekt.retrieveAnonymousBuchstabe.
        retrieve();
      System.out.println("Anzeige aus der anonymen Klasse in der "
         + "main()-Methode: " + mutableBuchstabe + " "
         + mutableBuchstabe.getName());
   }
}
```

Die Klasse ScopingundVariableCapture

```java
public class ScopingundVariableCapture {
// Definition eines funktionalen Interface als Static-Member-
// Interface
  interface RetrieveBuchstabe {
    MutableBuchstabe retrieve();
  }
// Sowohl die Lambda-Expression als auch die anonyme Klasse in
// Methoden definieren: Eine Referenz auf ein MutableBuchstabe-
// Objekt wird in einer lokalen Variablen der Methoden hinterlegt
  public RetrieveBuchstabe createLambdaExpression() {
    MutableBuchstabe buchstabe =
      new MutableBuchstabe("Local-L");
    RetrieveBuchstabe retrieveLambdaBuchstabe = () ->
// Weil der Lambda-Ausdruck ein Teil des von der Methode
// definierten Namensbereichs belegt und keinen eigenen definiert,
// lehnt der Compiler die nachfolgende Definition ab ("variable
// buchstabe is already defined in method
// createLambdaExpression()"); ein Lambda-Ausdruck ist sozusagen
// "lexically scoped"
      { // MutableBuchstabe buchstabe = new MutableBuchstabe();
// Zugriff auf die lokale Variable der Methode (als "variable
// capture" bzw. "variable binding" bezeichnet); der Zustand des
// Objekts, auf das die Referenz zeigt, kann in der Methode
// abgeändert werden, nur die Referenz selbst ist nicht änderbar,
// so als wäre sie mit final deklariert worden (sie ist
// "effectively final")
        System.out.println(
          "Anzeige aus dem Lambda-Ausdruck vor der Änderung in "
          + "der createLambdaExpression()-Methode: "
          + buchstabe + " " + buchstabe.getName());
        buchstabe.setName("Lambda-A");
// Fehler: "local variables referenced from a Lambda expression
// must be final or effectively final"
        // buchstabe = new MutableBuchstabe("Neue Referenz");
        System.out.println(
          "Anzeige aus dem Lambda-Ausdruck nach der Änderung "
          + "in der createLambdaExpression()-Methode: "
          + buchstabe + " " + buchstabe.getName());
        System.out.println();
        return buchstabe; } ;
// Eine Referenz auf die Lambda-Expression (eine Instanz vom Typ
// des funktionalen Interface) zurückgeben
        return retrieveLambdaBuchstabe;
  }
  public RetrieveBuchstabe createAnonymousClass() {
```

```java
        MutableBuchstabe buchstabe =
          new MutableBuchstabe("Lokal-A");
// In der anonymen Klasse kann eine Variable mit gleichem Namen
// wie der der lokalen Variablen aus der Methode definiert werden,
// weil diese wie alle Klassen einen eigenen Namensbereich für
// ihre Variablen anlegt
        return new RetrieveBuchstabe() {
          // MutableBuchstabe buchstabe = new MutableBuchstabe();
// ist korrekt, dann bezieht sich die nachfolgende Änderung aber
// auf diese Instanz ("variable binding"); für einen Zugriff auf
// die lokale Variable der Methode aus der anonymen Klasse
// braucht diese mit Java 8 nicht mehr als final deklariert zu
// werden; sie ist implizit effectively final, falls ihr Wert
// nicht abgeändert wird
          public MutableBuchstabe retrieve() {
            System.out.println(
              "Anzeige aus der anonymen Klasse vor der Änderung "
                + "in der createAnonymousClass()-Methode: "
                  + buchstabe + " " + buchstabe.getName());
            buchstabe.setName("Anonymous-A");
            System.out.println(
              "Anzeige aus der anonymen Klasse nach der Änderung "
                + "in der createAnonymousClass()-Methode: "
                  + buchstabe + " " + buchstabe.getName());
            System.out.println();
            return buchstabe;
          }
        };
      }
      public static void main(String ... args) {
        ScopingundVariableCapture objekt =
          new ScopingundVariableCapture();
// Die Methoden der Klasse und des Interface aufrufen; erneut
// Adresse und Inhalt von Variablen anzeigen
        MutableBuchstabe mutableBuchstabe = objekt.
          createLambdaExpression().retrieve();
        System.out.println("Anzeige aus dem Lambda-Ausdruck "
          + "in der main()-Methode: " + mutableBuchstabe + " "
            + mutableBuchstabe.getName());
        System.out.println();
        mutableBuchstabe = objekt.createAnonymousClass().retrieve();
        System.out.println("Anzeige aus der anonymen Klasse "
          + "in der main()-Methode: " + mutableBuchstabe + " "
            + mutableBuchstabe.getName());
      }
    }
```

Programmausgaben

```
java8uebungsbuch1                                              _ □ X

C:\Users\Lissi\Documents\java8uebungsbuch1sourcecode>java Scopingofthis
Die this-Referenz im Lambda-Ausdruck zeigt auf die umgebende Klasse: Scopingofth
is
Anzeige aus dem Lambda-Ausdruck ohne die this-Referenz: MutableBuchstabe@4617c26
4 Lambda-A
Anzeige aus dem Lambda-Ausdruck mit der this-Referenz: MutableBuchstabe@36baf30c
 A
Anzeige aus der umgebenden Klasse MutableBuchstabe@36baf30c A

Anzeige aus dem Lambda-Ausdruck in der main()-Methode: MutableBuchstabe@4617c264
 Lambda-A

Die this-Referenz in der anonymen Klasse zeigt auf diese: Scopingofthis$1
Anzeige aus der anonymen Klasse ohne die this-Referenz: MutableBuchstabe@7a81197
d Anonymous-A
Anzeige aus der anonymen Klasse mit der this-Referenz: MutableBuchstabe@7a81197d
 Anonymous-A
Anzeige aus der umgebenden Klasse: MutableBuchstabe@36baf30c A

Anzeige aus der anonymen Klasse in der main()-Methode: MutableBuchstabe@7a81197d
 Anonymous-A

C:\Users\Lissi\Documents\java8uebungsbuch1sourcecode>java ScopingundVariableCapt
ure
Anzeige aus dem Lambda-Ausdruck vor der Änderung in der createLambdaExpression()
-Methode: MutableBuchstabe@5acf9800 Local-L
Anzeige aus dem Lambda-Ausdruck nach der Änderung in der createLambdaExpression(
)-Methode: MutableBuchstabe@5acf9800 Lambda-A

Anzeige aus dem Lambda-Ausdruck in der main()-Methode: MutableBuchstabe@5acf9800
 Lambda-A

Anzeige aus der anonymen Klasse vor der Änderung in der createAnonymousClass()-M
ethode: MutableBuchstabe@4617c264 Lokal-A
Anzeige aus der anonymen Klasse nach der Änderung in der createAnonymousClass()-
Methode: MutableBuchstabe@4617c264 Anonymous-A

Anzeige aus der anonymen Klasse in der main()-Methode: MutableBuchstabe@4617c264
 Anonymous-A
```

Lösung 11.5

Die Klasse KindleEdition

```java
public class KindleEdition {
    private String titel;
    private double preis;
    private int seitenanzahl;
// Konstruktordefinitionen
    KindleEdition(String titel,double preis,int seitenanzahl) {
        this.titel = titel;
        this.preis = preis;
        this.seitenanzahl = seitenanzahl;
```

```
    }
    public KindleEdition() {}
// Zugriffsmethoden
    public String getTitel() {
        return titel;
    }
    public void setTitel(String titel) {
        this.titel=titel;
    }
    public double getPreis() {
        return preis;
    }
    public void setPreis(double preis) {
        this.preis=preis;
    }
    public int getSeitenanzahl() {
        return seitenanzahl;
    }
    public void setSeitenanzahl(int seitenanzahl) {
        this.seitenanzahl=seitenanzahl;
    }
    public void anzeigeBuch() {
        System.out.println(titel + ", " + preis);
    }
    public static <T> void anzeigeEigenschaft(T eigenschaft) {
        System.out.println(eigenschaft);
    }
}
```

Die Klasse BuchVerkauf

```
import java.util.*;
import java.util.function.*;
public class BuchVerkauf {
    public static void main(String args[]) {
// String-, Double- und Integer-Arrays mit den Titeln, Preisen
// und der Seitenanzahl von Büchern definieren
        String[] titelArray = {"Java 7 Übungsbuch Band I",
            "Java 7 Übungsbuch Band II", "Android 4 Übungsbuch",
            "Servlets und JavaServer Pages"};
        Double[] preisArray = {29.95, 29.95, 24.95, 16.95};
        Integer[] seitenArray = {806, 796, 454, 748};
// Ein Array vom Typ KindleEdition erzeugen
        KindleEdition buecher[] = new KindleEdition[4];
        for(int i=0; i < buecher.length; i++) {
            buecher[i] = new KindleEdition();
            buecher[i].setTitel(titelArray[i]);
```

```
        buecher[i].setPreis(preisArray[i]);
        buecher[i].setSeitenanzahl(seitenArray[i]);
    }
// Das Array in eine Liste umsetzen
    List<KindleEdition> liste = Arrays.asList(buecher);
    System.out.println("Die Preise der Bücher:");
// Die Methode System.out.println() als auszuführende Operation
// für die accept()-Methode der Consumer<String>- bzw.
// Consumer<Double>-Instanz im Rumpf eines Lambda-Ausdrucks mit
// dem entsprechenden Target-Typ angeben
    Consumer<String> consumer1 = titel ->
        System.out.println("Titel: " + titel);
    Consumer<Double> consumer2 = preis ->
        System.out.println("Preis " + preis);
// Die Methode zum Anzeigen von Buchattributen aufrufen
    // anzeigeAttributemitConsumer(liste, consumer1, consumer2);
// Alternativ die Lambda-Ausdrücke direkt übergeben, dabei wird
// ihr Target-Typ inferiert
    anzeigeAttributemitConsumer(liste,
        titel -> System.out.println("Titel" + titel),
        preis -> System.out.println("Preis " + preis));
// Der Anschaulichkeit halber die Predicate<KindleEdition>- und
// Consumer<KindleEdition>-Instanzen, die im Aufruf der Methode
// zur Kalkulation von neuen Preisen übergeben werden sollen,
// explizit erzeugen
  /* Predicate<KindleEdition> predicate1 = (KindleEdition buch)
        -> buch.getSeitenanzahl() < 750;
    Predicate<KindleEdition> predicate2 = (KindleEdition buch)
        -> buch.getSeitenanzahl() >= 750;
    Consumer<KindleEdition> consumer3 = (KindleEdition buch) ->
        buch.setPreis(buch.getPreis() - buch.getPreis()*9/100.);
    Consumer<KindleEdition> consumer4 = (KindleEdition buch) ->
        buch.setPreis(buch.getPreis() - buch.getPreis()*12/100.);
    for(KindleEdition buch : liste) {
        buch = berechnePreisKindleEdition(buch, predicate1,
            consumer3);
        buch = berechnePreisKindleEdition(buch, predicate2,
            consumer4); */
// oder alternativ direkt als Argumente im Methodenaufruf
// übergeben
    for(KindleEdition buch : liste) {
        buch = berechnePreisKindleEdition(buch, buch1 ->
            buch1.getSeitenanzahl() < 750, buch1 -> buch1.
            setPreis(buch1.getPreis() - buch1.getPreis()*9/100.));
        buch = berechnePreisKindleEdition(buch, buch1 -> buch1.
        getSeitenanzahl() >= 750, buch1 -> buch1.
```

```
            setPreis(buch1.getPreis() - buch1.getPreis()*12/100.));
    }
// Um die für die Kindle-Edition berechneten Preise anzuzeigen,
// die Methode anzeigeEigenschaft() der Klasse KindleEdition als
// auszuführende Operation für die accept()-Methode der
// Consumer<String>- bzw. Consumer<Double>-Instanz im Body des
// Lambda-Ausdrucks angeben
    System.out.println("\nDie Preise der Kindle-Edition:");
    /* Consumer<String> consumer5 = titel ->
    Buch.anzeigeEigenschaft("Titel: " + titel);
    Consumer<Double> consumer6 = preis ->
      Buch.anzeigeEigenschaft("Preis: " + preis);
    anzeigeAttributemitConsumer(liste, consumer5, consumer6); */
// oder alternativ
      anzeigeAttributemitConsumer(liste,
        titel -> KindleEdition.anzeigeEigenschaft("Titel: "
            + titel), preis -> KindleEdition.
                anzeigeEigenschaft("Preis: " + preis));
    }
// Zur Kalkulation von neuen Preisen werden die test()- und
// accept()-Methoden an Instanzen vom parametrisierten Typ
// Predicate<KindleEdition> bzw. Consumer<KindleEdition>
// aufgerufen
  public static KindleEdition berechnePreisKindleEdition(
    KindleEdition buch, Predicate<KindleEdition> predicate,
                    Consumer<KindleEdition> consumer) {
    if(predicate.test(buch)) {
      consumer.accept(buch);
    }
    return buch;
  }
// Zur Ausführung einer Operation auf die ermittelten
// Bucheigenschaften titel und preis für alle Bücher der Liste
// die Methode accept() des Standard-Interface Consumer anwenden
  public static void anzeigeAttributemitConsumer(
    List<KindleEdition> liste, Consumer<String> consumer1,
                    Consumer<Double> consumer2) {
    for(KindleEdition buch : liste) {
      String titel = buch.getTitel();
      consumer1.accept(titel);
      double preis = buch.getPreis();
      consumer2.accept(preis);
    }
  }
}
```

Programmausgaben

```
java8uebungsbuch1                                                    ─ □ X

C:\Users\Lissi\Documents\java8uebungsbuch1sourcecode>java BuchVerkauf
Die Preise der Bücher:
TitelJava 7 Übungsbuch Band I
Preis 29.95
TitelJava 7 Übungsbuch Band II
Preis 29.95
TitelAndroid 4 Übungsbuch
Preis 24.95
TitelServlets und JavaServer Pages
Preis 16.95

Die Preise der Kindle-Edition:
Titel: Java 7 Übungsbuch Band I
Preis: 26.355999999999998
Titel: Java 7 Übungsbuch Band II
Preis: 26.355999999999998
Titel: Android 4 Übungsbuch
Preis: 22.7045
Titel: Servlets und JavaServer Pages
Preis: 15.4245
```

Lösung 11.6

Die Klasse Buch

```java
import java.util.Date;
import java.util.Calendar;
import java.util.GregorianCalendar;
public class Buch {
    private String titel;
    private String autor;
    private String thema;
    private Calendar erscheinungsdatum;
    private int ISBN;
    private double preis;
    private int seitenanzahl;
    private String website;
// Konstruktordefinitionen
    Buch(String titel, String autor, String thema,
        Calendar erscheinungsdatum, int ISBN, double preis,
                        int seitenanzahl, String website) {
        this.titel = titel;
        this.autor = autor;
        this.thema = thema;
        this.erscheinungsdatum = erscheinungsdatum;
        this.ISBN = ISBN;
        this.preis = preis;
        this.seitenanzahl = seitenanzahl;
```

```java
        this.website = website;
    }
    public Buch() {}
// Zugriffsmethoden
    public String getTitel() {
        return titel;
    }
    public void setTitel(String titel) {
        this.titel=titel;
    }
    public String getAutor() {
        return this.autor;
    }
    public void setAutor(String autor) {
        this.autor=autor;
    }
    public String getThema() {
        return thema;
    }
    public void setThema(String thema) {
        this.thema=thema;
    }
    public Calendar getErscheinungsdatum() {
        return erscheinungsdatum;
    }
    public void setErscheinungsdatum(Calendar
      erscheinungsdatum) {
        this.erscheinungsdatum = erscheinungsdatum;
    }
    public int getISBN() {
        return ISBN;
    }
    public void setISBN(int ISBN) {
        this.ISBN=ISBN;
    }
    public double getPreis() {
        return preis;
    }
    public void setPreis(double preis) {
        this.preis=preis;
    }
    public int getSeitenanzahl() {
        return seitenanzahl;
    }
    public void setSeitenanzahl(int seitenanzahl) {
        this.seitenanzahl=seitenanzahl;
    }
    public String getWebsite() {
```

```
    return website;
  }
  public void setWebsite(String website) {
    this.website=website;
  }
  public void anzeigeBuch() {
    System.out.println(titel + ", " + autor);
  }
  public static <T> void anzeigeEigenschaft(
  T eigenschaft) {
    System.out.println(eigenschaft);
  }
  public void anzeigeJahre() {
    Calendar today = GregorianCalendar.getInstance();
    int jahre = today.get(Calendar.YEAR) - erscheinungsdatum.
      get(Calendar.YEAR);
    if(jahre == 0)
      System.out.println("Das Buch " + titel
        + " ist in diesem Jahr erschienen");
    else
      System.out.println("Das Buch " + titel + " ist vor "
      + jahre + " Jahren erschienen");
  }
}
```

Das Interface Buchliste

```
import java.util.*;
public interface Buchliste {
// Einen Buchkatalog als ArrayList-Instanz erzeugen und diesem
// mehrere Buch-Objekte hinzufügen
  Buch[] buchArray = {new Buch("Java 7 Das Übungsbuch Band I",
  "Elisabeth Jung", "Java", new GregorianCalendar(2011, 10, 25),
    978-3-8266-9203-7, 28.95, 807, "http://www.it-
      fachportal.de/9203"),
    new Buch("Java 7 Das Übungsbuch Band II",
      "Elisabeth Jung", "Java",
        new GregorianCalendar(2012, 7, 27),978-3-8266-9240-6,
          29.95, 790, "http://www.it-fachportal.de/9240"),
    new Buch("Java 7 Servlets und JavaServer Pages",
      "Elisabeth Jung", "Java",
        new GregorianCalendar(2010, 6, 24), 978-3-8266-5603-3,
          16.95, 740, "http://www.it-fachportal.de/5603"),
    new Buch("Android 4 Übungsbuch",
      "Elisabeth Jung", "Android",
        new GregorianCalendar(2013, 5, 30),978-3-8266-9501-8 ,
          24.95, 430, "http://www.it-fachportal.de/9501");
}
```

Die Klasse BuchKatalog

```java
import java.util.List;
import java.util.Collection;
import java.util.ArrayList;
import java.util.function.Predicate;
import java.util.function.Consumer;
import java.util.GregorianCalendar;
public class BuchKatalog implements Buchliste{
// Definition von zwei generischen funktionalen Interfaces
   interface BuchPredicate <T> {
      boolean testBuch(T t);
   }
   interface BuchConsumer<T> {
      void acceptBuch(T t);
   }
// Zur Buchauswahl die Methode testBuch() an der übergebenen
// BuchPredicate-Instanz aufrufen und für die Anzeige von Titel
// und Autor die Methode anzeigeBuch() der Klasse Buch
   public static void auswahlmitBuchPredicate (
      List<Buch> liste, BuchPredicate<Buch> eigenschaft) {
      for(Buch buch:liste) {
         if(eigenschaft.testBuch(buch)) {
            buch.anzeigeBuch();
         }
      }
   }
// Zur Buchauswahl die Methode test() an der übergebenen
// Predicate-Instanz aufrufen und für die Anzeige von Titel und
// Autor die Methode anzeigeBuch() der Klasse Buch
   public static void auswahlmitPredicate(List<Buch>
                  liste, Predicate<Buch> eigenschaft) {
      for(Buch buch:liste) {
         if(eigenschaft.test(buch)) {
            buch.anzeigeBuch();
         }
      }
   }
// Zur Ausführung einer Operation auf die als String-Objekte
// ermittelten Bucheigenschaften titel und autor für alle
// Bücher der Liste die Methode acceptBuch() des Interface
// BuchConsumer anwenden
   public static void anzeigeAttributemitBuchConsumer(
     List<Buch> liste, BuchConsumer<String> consumer1,
     BuchConsumer<String> consumer2){
      for(Buch buch : liste) {
         String titel = buch.getTitel();
         consumer1.acceptBuch(titel);
         String autor = buch.getAutor();
```

```
            consumer2.acceptBuch(autor);
         }
      }
// Zur Ausführung einer Operation auf die als String-Objekte
// ermittelten Bucheigenschaften titel und autor für alle
// Bücher der Liste die Methode accept() des Standard-Interface
// Consumer anwenden
   public static void anzeigeAttributemitConsumer(List<Buch>
      liste, Consumer<String> consumer1, Consumer<String>
      consumer2, Consumer<Double> consumer3) {
      for(Buch buch : liste) {
         String titel = buch.getTitel();
         consumer1.accept(titel);
         String autor = buch.getAutor();
         consumer2.accept(autor);
         double preis = buch.getPreis();
         consumer3.accept(preis);
      }
   }
// Zur Buchauswahl die Methode test() an der übergebenen
// Predicate-Instanz aufrufen und die Methode accept() des
// Interface Consumer zur Ausführung einer Operation auf das
// übergebene Objekt anwenden
   public static void auswahlmitPredicateundConsumer(
      List<Buch> liste, Predicate<Buch> eigenschaft,
                        Consumer<Buch> consumer) {
      for(Buch buch:liste) {
         if(eigenschaft.test(buch)) {
            consumer.accept(buch);
         }
      }
   }
// Das List-Interface ist von den Interfaces Iterable und
// Collection abgeleitet; so können List-Instanzen in Iterable-
   public static void
      auswahlmitIterablePredicateundConsumer(
      Iterable<Buch> iterable, BuchEigenschaft<Buch>
                  eigenschaft, Consumer<String> consumer) {
      for(Buch buch:iterable) {
         if(eigenschaft.testBuch(buch)) {
            String website = buch.getWebsite();
            consumer.accept(website);
         }
      }
   }
// bzw. Collection-Referenzen übergeben werden
   public static void
      auswahlmitCollectionPredicateundConsumer(
      Collection<Buch> collection, Predicate<Buch>
```

```
        eigenschaft, Consumer<String> consumer1,
          Consumer<Double> consumer2,
          Consumer<Integer> consumer3) {
      for(Buch buch : collection) {
        if(eigenschaft.test(buch)) {
          String thema = buch.getThema();
          consumer1.accept(thema);
          Double preis = buch.getPreis();
          consumer2.accept(preis);
          Integer seitenanzahl = buch.getSeitenanzahl();
          consumer3.accept(seitenanzahl);
        }
      }
    }
  public static void main(String... args) {
// Einen Buchkatalog als ArrayList-Instanz erzeugen und dazu das
// im implementierten Interface definierte Array benutzen
    List<Buch> liste =
      new ArrayList<>(Arrays.asList(buchArray));
// Bücher als Buch-Objekte aus dem Buchkatalog anhand
// verschiedener Kriterien, die in den Methoden der Interfaces
// BuchPredicate und Predicate vorgegeben werden, alternativ
// mittels einer anonymen Klasse bzw. eines Lambda-Ausdrucks
// auswählen
    System.out.println(
    "Ausgewählte Bücher mittels einer anonymen Klasse);
    auswahlmitBuchEigenschaft(liste,
      new BuchPredicate<Buch>() {
      public boolean testBuch(Buch buch) {
        return buch.getThema() == "Java" &&
        buch.getPreis() >= 16. && buch.getPreis() <= 30.;
      }
    });
    System.out.println();
    System.out.println(
  "Ausgewählte Bücher mittels einer Lambda-Expression vom Typ"
  + " des parametrisierten BuchPredicate<Buch>-Interface:");
    auswahlmitBuchEigenschaft(liste,
      (Buch buch) -> buch.getThema() == "Java" &&
    buch.getPreis() >= 16. && buch.getPreis() <= 30.);
    System.out.println();
    System.out.println(
    "Ausgewählte Bücher mittels einer Lambda-Expression vom "
    + "Typ des Predicate<Buch>-Interface:");
    auswahlBuechermitPredicate(liste,
      buch -> buch.getThema() == "Java" &&
      buch.getPreis() >= 16 && buch.getPreis() <= 30 &&
      buch.getISBN() == 978-3-8266-9203-7);
    System.out.println();
```

```
// Auf alle oder ausgewählte Buch-Objekte aus einer im
// Methodenaufruf übergebenen Liste Operationen mittels der
// accept()-Methode des Consumer-Interface ausführen; der Aufruf
// dieser Methode erfolgt ebenfalls mit Hilfe eines
// Lambda-Ausdrucks
    System.out.println(
     "Anzeige von Buch-Attributen mittels einer Lambda-"
    + "Expression vom Typ des BuchConsumer<String>-Interface:");
    anzeigeAttributemitBuchConsumer(liste,
     titel -> System.out.print("\n" + titel), autor ->
      System.out.print(" " + autor));
    System.out.println();
    System.out.println();
    System.out.println(
       "Anzeige von Buch-Attributen mittels einer Lambda-"
        + "Expression vom Typ des Consumer<String>-Interface:");
        anzeigeAttributemitConsumer(liste,
// Die Methode System.out.print() als auszuführende Operation
// für die accept()-Methode der Consumer<String>- bzw.
// Consumer<Double>-Instanz im Body des Lambda-Ausdrucks angeben
       /* titel -> System.out.print("\n" + titel), autor ->
           System.out.print(" " + autor), preis ->
              System.out.print(" " + preis));*/
// Alternativ die Methode anzeigeEigenschaft() der Klasse Buch
// als auszuführende Operation für die apply()-Methode der
// Consumer<String>- bzw. Consumer<Double>-Instanz im Body des
// Lambda-Ausdrucks angeben
       titel -> Buch.anzeigeEigenschaft("Titel: " + titel),
       autor -> Buch.anzeigeEigenschaft("Autor: " + autor),
      preis -> Buch.anzeigeEigenschaft("Preis: " + preis));
    System.out.println();
    System.out.println();
    System.out.println(
     "Ausgewählte Bücher mittels anonymer Klassen");
    auswahlmitPredicateundConsumer(liste,
      new Predicate<Buch>() {
        public boolean test(Buch buch) {
          return buch.getThema() == "Android" &&
       buch.getPreis() >= 16. && buch.getPreis() <= 30.;
        }
      },
      new Consumer<Buch>() {
        public void accept(Buch buch) {
          buch.anzeigeBuch();
        }
      }
    );
    System.out.println();
    System.out.println(
```

```
            "Ausgewählte Bücher mittels Lambda-Expressions vom " +
            "Typ Predicate<Buch> und Consumer<Buch>:");
        auswahlmitPredicateundConsumer(liste,
          buch -> buch.getThema() == "Android" &&
            buch.getPreis() >= 16. && buch.getPreis() <= 30.,
              buch -> buch.anzeigeBuch());
        System.out.println();
        System.out.println(
          "Das Erscheinungsjahr von ausgewählten Büchern:");
        auswahlmitPredicateundConsumer(liste,
      buch -> (buch.getThema() == "Java" || buch.getThema() ==
          "Android") && buch.getPreis() >= 16. &&
            buch.getPreis() <= 30., buch -> buch.anzeigeJahre());
        System.out.println();
// Die Buchliste in einer Iterable-
        System.out.println(
          "Die Webseiten von ausgewählten Büchern: ");
        auswahlmitIterablePredicateundConsumer(liste,
          buch -> buch.getThema() == "Java" &&
            buch.getPreis() >= 16. && buch.getPreis() <= 30.,
              website -> System.out.println(website));
        System.out.println();
// bzw. Collection-Referenz übergeben
        System.out.println(
        "Thema, Preis und Seitenanzahl von ausgewählten Büchern: ");
        auswahlmitCollectionPredicateundConsumer(liste,
        buch -> buch.getThema() == "Java" || buch.getThema() ==
          "Android", thema -> System.out.print("\n" + thema),
            preis -> System.out.print(" " + preis),
          seitenanzahl -> System.out.print(" " + seitenanzahl));
        System.out.println();
        System.out.println();
        System.out.println(
          "Die Default-Methoden von Predicate: ");
        Predicate<Buch> predicate1 = buch -> buch.getThema()
          == "Java" && buch.getPreis() >= 16. &&
            buch.getPreis() <= 30.;
        Predicate<Buch> predicate2 = buch -> buch.getThema()
          == "Java" && buch.getPreis() == 29.95;
        Predicate<Buch> predicate3 = predicate2.negate();
          Predicate<Buch> predicate4 = predicate1.and(predicate2);
        Predicate<Buch> predicate5 = predicate1.or(predicate2);
        boolean b1 = predicate1.equals(predicate2);
        boolean b2 = predicate1.equals(predicate1);
        System.out.println("Predicate1:");
        auswahlmitPredicate(liste,predicate1);
        System.out.println("Predicate2:");
        auswahlmitPredicate(liste,predicate2);
```

```
    System.out.println("nonPredicate1:");
    auswahlmitPredicate(liste,predicate3);
    System.out.println("Predicate1andPredicate2:");
    auswahlmitPredicate(liste,predicate4);
    System.out.println("Predicate1orPredicate2:");
    auswahlmitPredicate(liste,predicate5);
    System.out.println("Predicate1equalsPredicate2:" + b1);
    System.out.println("Predicate1equalsPredicate1:" + b2);
  }
}
```

Programmausgaben

```
java8uebungsbuch1                                                   _ □ X

C:\Users\Lissi\Documents\java8uebungsbuch1sourcecode>java BuchKatalog
Ausgewählte Bücher mittels einer anonymen Klasse:
Java 7 Das Übungsbuch Band I, Elisabeth Jung
Java 7 Das Übungsbuch Band II, Elisabeth Jung
Java 7 Servlets und JavaServer Pages, Elisabeth Jung

Ausgewählte Bücher mittels einer Lambda-Expression vom Typ des parametrisierten
BuchPredicate<Buch>-Interface:
Java 7 Das Übungsbuch Band I, Elisabeth Jung
Java 7 Das Übungsbuch Band II, Elisabeth Jung
Java 7 Servlets und JavaServer Pages, Elisabeth Jung

Ausgewählte Bücher mittels einer Lambda-Expression vom Typ des Predicate<Buch>-I
nterface:
Java 7 Das Übungsbuch Band I, Elisabeth Jung

Anzeige von Buch-Attributen mittels einer Lambda-Expression vom Typ des BuchCons
umer<String>-Interface:

Java 7 Das Übungsbuch Band I Elisabeth Jung
Java 7 Das Übungsbuch Band II Elisabeth Jung
Java 7 Servlets und JavaServer Pages Elisabeth Jung
Android 4 Übungsbuch Elisabeth Jung

Anzeige von Buch-Attributen mittels einer Lambda-Expression vom Typ des Consumer
<String>-Interface:
Titel: Java 7 Das Übungsbuch Band I
Autor: Elisabeth Jung
Preis: 28.95
Titel: Java 7 Das Übungsbuch Band II
Autor: Elisabeth Jung
Preis: 29.95
Titel: Java 7 Servlets und JavaServer Pages
Autor: Elisabeth Jung
Preis: 16.95
Titel: Android 4 Übungsbuch
Autor: Elisabeth Jung
Preis: 24.95

Ausgewählte Bücher mittels anonymer Klassen:
Android 4 Übungsbuch, Elisabeth Jung

Ausgewählte Bücher mittels Lambda-Expressions vom Typ Predicate<Buch> und Consum
er<Buch>:
Android 4 Übungsbuch, Elisabeth Jung
```

```
java8uebungsbuch1                                                    _ □ X

Das Erscheinungsjahr der ausgewählten Büchern:
Das Buch Java 7 Das Übungsbuch Band I ist vor 3 Jahren erschienen
Das Buch Java 7 Das Übungsbuch Band II ist vor 2 Jahren erschienen
Das Buch Java 7 Servlets und JavaServer Pages ist vor 4 Jahren erschienen
Das Buch Android 4 Übungsbuch ist vor 1 Jahren erschienen

Die Webseiten der ausgewählten Büchern:
http://www.it-fachportal.de/9203
http://www.it-fachportal.de/9240
http://www.it-fachportal.de/5603

Thema, Preis und Seitenanzahl der ausgewählten Büchern:

Java 28.95 807
Java 29.95 790
Java 16.95 740
Android 24.95 430

Die Default-Methoden von Predicate:
Predicate1:
Java 7 Das Übungsbuch Band I, Elisabeth Jung
Java 7 Das Übungsbuch Band II, Elisabeth Jung
Java 7 Servlets und JavaServer Pages, Elisabeth Jung
Predicate2:
Java 7 Das Übungsbuch Band II, Elisabeth Jung
nonPredicate1:
Java 7 Das Übungsbuch Band I, Elisabeth Jung
Java 7 Servlets und JavaServer Pages, Elisabeth Jung
Android 4 Übungsbuch, Elisabeth Jung
Predicate1andPredicate2:
Java 7 Das Übungsbuch Band II, Elisabeth Jung
Predicate1orPredicate2:
Java 7 Das Übungsbuch Band I, Elisabeth Jung
Java 7 Das Übungsbuch Band II, Elisabeth Jung
Java 7 Servlets und JavaServer Pages, Elisabeth Jung
Predicate1equalsPredicate2:false
Predicate1equalsPredicate1:true
```

Lösung 11.7

Die Klasse HalloJavamitMethodenReferenz

```
public class HalloJavamitMethodenReferenz {
// Definition eines funktionalen Interface als Static-Member-
// Interface
   interface HalloJava {
     void hallo();
   }
   public static void main(String... args) {
// Methoden-Referenzen identifizieren Methoden ohne diese
// aufzurufen; dies können sowohl Instanz- als auch
// Klassenmethoden sein
     // HalloJavaUtils instanz = new HalloJavaUtils();
     // HalloJava gruss = instanz::nocnstaticHalloJava;
     // HalloJava gruss = HalloJavaUtils::staticHalloJava;
```

```
    // gruss.hallo();
// Noch einfacher: Wir definieren die Methode des Interface mit
// einem String-Parameter, damit diese im Parameter- und
// Rückgabetyp mit der Methode void println(String s) der Klasse
// PrintStream übereinstimmt; dann können wir in der Zuweisung
// diese Methode über den Standard-Output-Stream referenzieren
    HalloJava gruss = System.out::println;
    gruss.hallo("Hallo Java 8 mittels Methoden-Referenzen!");
  }
}
```

Die Klasse

```
public class HalloJavaUtils {
  public static void staticHalloJava() {
    System.out.println("Hallo Java 8 mittels Methoden-"
      "Referenzen!");
  }
  public void nonstaticHalloJava() {
    System.out.println("Hallo Java 8 mittels Methoden-"
      "Referenzen!");
  }
}
```

Programmausgaben

Lösung 11.8

Die Klasse BuchComparator

```
import java.util.*;
public class BuchComparator {
  public static void main(String args[]) {
// String- und Double-Arrays mit den Titeln und Preisen von
// Büchern definieren
    String[] titelArray = {"Java 7 Übungsbuch",
      "Android 4 Übungsbuch", "Servlets und JavaServer Pages"};
    Double[] preisArray = {29.95, 24.95, 16.95};
// Eine lokale Referenz auf eine Instanz der Klasse BuchUtils
```

```
// definieren, um deren Instanzmethode zu referenzieren
    BuchUtils objekt = new BuchUtils();
// Ein Array vom Typ Buch erzeugen; der Einfachheit halber nur
// Werte für Titel und Preis setzen
    Buch buecher[] = new Buch[3];
    for(int i=0; i < buecher.length; i++) {
      buecher[i] = new Buch();
      buecher[i].setTitel(titelArray[i]);
      buecher[i].setPreis(preisArray[i]);
    }
// Comparator-Instanzen mittels anonymer Klassen erzeugen und im
// zweiten Parameter der Arrays.sort()-Methode zur Definition
// einer Sortierreihenfolge für die im ersten Parameter als Buch-
// Array übergebenen Bücher zuweisen
    Arrays.sort(buecher,
    /* new Comparator<Buch>() {
// Die Bücher nach dem Preis sortieren
        public int compare(Buch buch1, Buch buch2){
          return new Double(buch1.getPreis()).
            compareTo(new Double(buch2.getPreis()));
        }
      }*/
// Anstelle der anonymen Klasse einen Lambda-Ausdruck benutzen
    /* (Buch buch1, Buch buch2) ->
        {return new Double(buch1.getPreis()).
          compareTo(new Double(buch2.getPreis()));} */
// Anstelle des Lambda-Ausdrucks eine Referenz auf eine
// Instanzmethode benutzen
        objekt::compareBuchPreis
    );
    System.out.println("Bücher nach Preis sortiert:");
    for(int i=0; i < buecher.length; i++) {
      System.out.println((i+1) + ". Buch " + " Titel: " +
        buecher[i].getTitel() + ", Preis: " + buecher[i].
        getPreis());
    }
    Arrays.sort(buecher,
      new Comparator<Buch>() {
// Die Bücher nach dem Titel sortieren
        public int compare(Buch buch1, Buch buch2){
          return new String(buch1.getTitel()).
            compareTo(new String(buch2.getTitel()));
        }
      }
// Anstelle der anonymen Klasse einen Lambda-Ausdruck benutzen
    /* (Buch buch1, Buch buch2) ->
        {return new String(buch1.getTitel()).
```

```
                compareTo(new String(buch2.getTitel()));} */
// Anstelle des Lambda-Ausdrucks eine Referenz auf eine
// Klassenmethode benutzen
    // BuchUtils::compareBuchTitel
    );
    System.out.println("Bücher nach Titel sortiert:");
    for(int i=0; i < buecher.length; i++){
        System.out.println((i+1) + ". Buch " + " Titel: " +
        buecher[i].getTitel() + ", Preis: " + buecher[i].
          getPreis());
    }
// Als Beispiel für das Referenzieren von Instanzmethoden eines
// beliebigen Objekts von einem bestimmten Typ werden die Methoden
// compareTo() und compareToIgnoreCase() der Klassen Double bzw.
// String aufgerufen
    System.out.println();
    System.out.print("Preise unsortiert: ");
    for(Double preis:preisArray)
      System.out.print(preis + " ");
    System.out.println();
    System.out.print("Preise sortiert: ");
    Arrays.sort(preisArray, Double::compareTo);
    for(Double preis:preisArray)
      System.out.print(preis + " ");
    System.out.println();
    System.out.print("Titel unsortiert: ");
    for(String titel:titelArray)
      System.out.print(titel + " ");
    System.out.println();
    System.out.print("Titel sortiert: ");
    Arrays.sort(titelArray, String::compareToIgnoreCase);
    for(String titel:titelArray)
      System.out.print(titel + " ");
  }
}
```

Die Klasse BuchUtils

```
public class BuchUtils {
// Klassen- und Instanzmethode, die in der Klasse BuchComparator
// über Methoden-Referenzen angesprochen werden
  public static int compareBuchTitel(Buch buch1,
  Buch buch2) {
    return new String(buch1.getTitel()).
      compareTo(new String(buch2.getTitel()));
  }
  public int compareBuchPreis(Buch buch1, Buch buch2) {
```

```
    return new Double(buch1.getPreis()).
      compareTo(new Double(buch2.getPreis())));
  }
}
```

Die Klasse ObstUtils

```java
public class ObstUtils {
  public static int compareBirneSorte(Birne nashiBirne1,
                                      Birne nashiBirne2) {
    return (nashiBirne1.getSorte()).
      compareTo(nashiBirne2.getSorte());
  }
  public static int compareNashiBirneForm(NashiBirne
                nashiBirne1, NashiBirne nashiBirne2) {
    return (nashiBirne1.getForm()).
      compareTo(nashiBirne2.getForm());
  }
  public static int compareObstArt(Obst obst1,
                                      Obst obst2) {
    return new Integer(obst1.getArt()).
      compareTo(new Integer(obst2.getArt()));
  }
  public static int compareApfelFarbe(Apfel apfel1,
                                      Apfel apfel2) {
    return (apfel1.getFarbe()).compareTo(apfel2.getFarbe());
  }
  public static int compareBirne(Birne birne1,
                                      Birne birne2) {
    return birne1.compareTo(birne2);
  }
  public static int compareApfel(Apfel apfel1,
                                      Apfel apfel2) {
    return apfel1.compareTo(apfel2);
  }
  public static int compareString(String string1,
                                      String string2) {
    return string1.compareTo(string2);
  }
}
```

Auszüge aus der Klasse WildcardTypen

```java
// Berechnen des Minimums und Maximums für Elemente von
// Mengen, für die entweder eine natürliche Reihenfolge beim
// Sortieren mit Hilfe einer Comparable-Instanz definiert wurde
// oder im Nachhinein, mittels einer Comparator-Instanz, eine
```

```
// spezielle Sortierung definiert wird
    System.out.println("Minimum1: " + Collections.min(seta));
    System.out.println("Minimum2: "+
      Collections.min(seta,
    /*  new Comparator<Integer>() {
        public int compare(Integer zahl1, Integer zahl2){
            return zahl1.compareTo(zahl2);
          }
        }*/
// Anstelle der anonymen Klasse einen Lambda-Ausdruck benutzen
        /*(Integer zahl1, Integer zahl2) ->
            zahl1.compareTo(zahl2) */
// Anstelle des Lambda-Ausdrucks eine Methoden-Referenz benutzen
        Integer::compare
      )
    );
    System.out.println("1. Menge: " + seta);
    List<String> listb = Arrays.asList("2", "4", "3");
    System.out.println("2. Liste: " + listb);
    Set<String> setb = listToSet1(listb);
    System.out.println("2. Menge: " + setb);
    System.out.println("Minimum1: " + Collections.min(setb));
    System.out.println("Minimum2: "+
      Collections.min(setb,
        /* new Comparator<String>() {
        public int compare(String string1, String string2){
            return string1.compareTo(string2);
          }
        }*/
// Anstelle der anonymen Klasse einen Lambda-Ausdruck benutzen
        /*(String string1, String string2)
            -> string1.compareTo(string2)*/
// Anstelle des Lambda-Ausdrucks eine Methoden-Referenz benutzen
        ObstUtils::compareString
      )
    );
    List<Apfel> listc = Arrays.asList(apfela, apfelb, apfelc);
    System.out.println("3. Liste: " + listc);
    Set<Apfel> setc = listToSet1(listc);
    System.out.println("3. Menge: " + setc);
    System.out.println("Minimum1: " + Collections.min(setc));
    System.out.println("Minimum2: "+
      Collections.min(setc,
        /*  new Comparator<Apfel>() {
          public int compare(Apfel apfel1, Apfel apfel2) {
```

```
                        return apfel1.compareTo(apfel2);
                }
        }*/
// Anstelle der anonymen Klasse einen Lambda-Ausdruck benutzen
        /*(Apfel apfel1, Apfel apfel2)
            -> apfel1.compareTo(apfel2)*/
// Anstelle des Lambda-Ausdrucks eine Methoden-Referenz benutzen
        ObstUtils::compareApfel
      )
    );


...


    System.out.println("Minimum2: "+
        Collections.min(setd,
// Anstelle der anonymen Klasse einen Lambda-Ausdruck benutzen
        /* new Comparator<Birne>() {
        public int compare(Birne birne1, Birne birne2) {
            return birne1.compareTo(birne2);
        }
        }*/
        /* (Birne birne1, Birne birne2)
            -> birne1.compareTo(birne2) */
// Anstelle des Lambda-Ausdrucks eine Methoden-Referenz benutzen
        ObstUtils::compareBirne
      )
    );
// Typinferenz für Programmvariablen; die für die Klasse Birne
// definierte "natürliche Sortierung" wird durch die
// Implementierung des Interface Comparable<Birne> gewährleistet;
// eine Referenz von diesem Typ reicht aus für den Aufruf der
// compareTo()-Methode an Instanzen der Klasse
    Comparable<Birne> comparablea =
      new Birne(1, "Gute Louise", "gelb");
    Comparable<Birne> comparableb =
      new Birne(1, "Alexander Lucas", "rot");
    System.out.println(birnea.getSorte());
// Compiler-Fehler, die Methode getSorte() ist für die so
// referenzierte Instanz nicht zugelassen
    // System.out.println(comparablea.getSorte());
    System.out.println(birnea.compareTo(birneb));
    System.out.println(comparablea.compareTo(birneb));
    System.out.println("\nDie entgegengesetzten Eigenschaften "
      + "der Wildcardtypen ? extends Typ und ? super Typ");
// Die entgegengesetzten Eigenschaften der Wildcardtypen
```

```
//? extends T und ? super T, wobei T einen festen Typ bezeichnet,
// demonstrieren
    addandremove(apfelKorbNeu,obstKorbNeu);
    System.out.println("!" + apfelKorbNeu);
    System.out.println("!" + obstKorbNeu);
// Soll der nashibirnenKorb später sortiert werden, das Löschen
// seiner Zutaten durch Kommentarzeichen unterbinden
  /* addandremove(nashibirnenKorb,birnenKorbNeu);
    System.out.println("!!" + nashibirnenKorb);
    System.out.println("!!" + birnenKorbNeu); */
    System.out.println("\nSortieren von Wildcardtypen nach "
      + "der Reihenfolge, die von einer angegebenen Comparator-"
        + "Instanz festgelegt wird");
// Den aktuellen Typ von parametrisierten Typen mit Wildcard-
// Bounds einschränken; Set-Instanzen mit der zweiten sort()-
// Methode sortieren
    System.out.println("Birnenkorb sortiert nach der Sorte: "+
      sort(birnenKorb,
// Das Interface Comparator mittels einer anonymen Klasse
// implementieren
        /* new Comparator<Birne>() {
        public int compare(Birne birne1, Birne birne2) {
            return (birne1.getSorte()).
// Das Interface Comparable wird standardmäßig von vielen
// Java-Klassen, wie Integer und String, implementiert, so dass
// seine Methode compareTo() an deren Instanzen aufgerufen werden
// kann
            compareTo(birne2.getSorte());
          }
        }*/
// Anstelle der anonymen Klasse einen Lambda-Ausdruck benutzen
        /*(Birne birne1, Birne birne2) ->
        (birne1.getSorte()).compareTo(birne2.getSorte())*/
// Anstelle des Lambda-Ausdrucks eine Methoden-Referenz benutzen
        ObstUtils::compareBirneSorte
      )
    );
    System.out.println("Birnenkorb sortiert nach der Obstart: "+
      sort(birnenKorb,
      /* new Comparator<Obst>() {
        public int compare(Obst birne1, Obst birne2) {
            return new Integer(birne1.getArt()).
              compareTo(new Integer(birne2.getArt()));
          }
        }*/
```

```
// Anstelle der anonymen Klasse einen Lambda-Ausdruck benutzen
        /*(Obst birne1, Obst birne2) ->
            new Integer(birne1.getArt()).
            compareTo(new Integer(birne2.getArt())))*/
// Anstelle des Lambda-Ausdrucks eine Methoden-Referenz benutzen
        ObstUtils::compareObstArt
        )
    );
    System.out.println("Apfelkorb sortiert nach der Farbe: "+
        sort(apfelKorb,
        /* new Comparator<Apfel>() {
            public int compare(Apfel apfel1, Apfel apfel2) {
                return apfel1.getFarbe().
                    compareTo(apfel2.getFarbe());
            }
        }*/
// Anstelle der anonymen Klasse einen Lambda-Ausdruck benutzen
        /* (apfel1, apfel2) -> apfel1.getFarbe().
                compareTo(apfel2.getFarbe())*/
// Anstelle des Lambda-Ausdrucks eine Methoden-Referenz benutzen
        ObstUtils::compareApfelFarbe
        )
    );
    System.out.println("Apfelkorb sortiert nach der Obstart: "+
        sort(apfelKorb,
        /* new Comparator<Obst>() {
            public int compare(Obst apfel1, Obst apfel2) {
                return new Integer(apfel1.getArt()).
                    compareTo(new Integer(apfel2.getArt()));
            }
        }*/
// Anstelle der anonymen Klasse einen Lambda-Ausdruck benutzen
        /*(Obst apfel1, Obst apfel2) ->
            new Integer(apfel1.getArt()).
            compareTo(new Integer(apfel2.getArt())))*/
// Anstelle des Lambda-Ausdrucks eine Methoden-Referenz benutzen
        ObstUtils::compareObstArt
        )
    );
    System.out.println("Obstkorb sortiert nach der Obstart: "+
        sort(obstKorb,
        /* new Comparator<Obst>() {
            public int compare(Obst obst1, Obst obst2) {
                return new Integer(obst1.getArt()).
                    compareTo(new Integer(obst2.getArt()));
```

```
                    }
                }*/
// Anstelle der anonymen Klasse einen Lambda-Ausdruck benutzen
            /*(Obst obst1, Obst obst2) ->
                    new Integer(obst1.getArt()).
                    compareTo(new Integer(obst2.getArt())))*/
// Anstelle des Lambda-Ausdrucks eine Methoden-Referenz benutzen
            ObstUtils::compareObstArt
            )
        );
    System.out.println("Nashibirnenkorb sortiert nach der Form:"
        + sort(nashibirnenKorb,
            /* new Comparator<NashiBirne>() {
                public int compare(NashiBirne nashiBirne1,
                                    NashiBirne nashiBirne2) {
                    return nashiBirne1.getForm().
                        compareTo(nashiBirne2.getForm());
                }
            } */
// Anstelle der anonymen Klasse einen Lambda-Ausdruck benutzen
            /* (nashiBirne1, nashiBirne2) ->
                    nashiBirne1.getForm().
                    compareTo(nashiBirne2.getForm())*/
// Anstelle des Lambda-Ausdrucks eine Methoden-Referenz benutzen
            ObstUtils::compareNashiBirneForm
            )
        );
    System.out.println("Nashibirnenkorb sortiert nach der "
        + "Sorte: "+
        sort(nashibirnenKorb,
        /* new Comparator<Birne>() {
                public int compare(Birne nashiBirne1,
                                    Birne nashiBirne2) {
                    return nashiBirne1.getSorte().
                        compareTo(nashiBirne2.getSorte());
                }
            }*/
// Anstelle der anonymen Klasse einen Lambda-Ausdruck benutzen
            /* (nashiBirne1, nashiBirne2) ->
                    {return nashiBirne1.getSorte().
                    compareTo(nashiBirne2.getSorte());}*/
// Anstelle des Lambda-Ausdrucks eine Methoden-Referenz benutzen
            ObstUtils::compareBirneSorte
            )
        );
```

```
            System.out.println("Nashibirnenkorb sortiert nach der "
              + "Obstart: "+
              sort(nashibirnenKorb,
                /* new Comparator<Obst>() {
                    public int compare(Obst nashiBirne1,
                                       Obst nashiBirne2) {
                        return new Integer(nashiBirne1.getArt()).
                        compareTo(new Integer(nashiBirne2.
                          getArt())));
                    }
                }*/
// Anstelle der anonymen Klasse einen Lambda-Ausdruck benutzen
                /* (Obst nashiBirne1, Obst nashiBirne2) ->
                   {return new Integer(nashiBirne1.getArt()).
                    compareTo(new Integer(nashiBirne2.
                      getArt())));}*/
                /*(Obst nashiBirne1, Obst nashiBirne2)
                  -> ObstUtils.compareObstArt(nashiBirne1,
                      nashiBirne2)*/
// Anstelle des Lambda-Ausdrucks eine Methoden-Referenz benutzen
                ObstUtils::compareObstArt
              )
            );
    }
}
```

Programmausgaben

```
java8uebungsbuch1                                                    _ □ X

C:\Users\Lissi\Documents\java8uebungsbuch1sourcecode>java BuchComparator
Bücher nach Preis sortiert:
1. Buch  Titel: Servlets und JavaServer Pages, Preis: 16.95
2. Buch  Titel: Android 4 Übungsbuch, Preis: 24.95
3. Buch  Titel: Java 7 Übungsbuch, Preis: 29.95
Bücher nach Titel sortiert:
1. Buch  Titel: Android 4 Übungsbuch, Preis: 24.95
2. Buch  Titel: Java 7 Übungsbuch, Preis: 29.95
3. Buch  Titel: Servlets und JavaServer Pages, Preis: 16.95

Preise unsortiert: 29.95 24.95 16.95
Preise sortiert: 16.95 24.95 29.95
Titel unsortiert: Java 7 Übungsbuch Android 4 Übungsbuch Servlets und JavaServer
 Pages
Titel sortiert: Android 4 Übungsbuch Java 7 Übungsbuch Servlets und JavaServer P
ages
```

```
java8uebungsbuch1                                          _  □  X

Sortieren von Wildcardtypen nach deren natuerlichen Reihenfolge (mit Hilfe der I
mplementation des Interface Comparable in den Klassen fetgelegt
??[Golden Delicious-Apfel:gelb, Granny Smith-Apfel:gruen, Red Delicious-Apfel:ro
t]
%[Golden Delicious-Apfel:gelb, Granny Smith-Apfel:gruen, Red Delicious-Apfel:rot
]
??[Alexander Lucas-Birne:rot, Gute Louise-Birne:gelb, Niitaka-NashiBirne:hellgru
en×apfel, Nijusseiki-NashiBirne:blaurot×pflaume]
%[Alexander Lucas-Birne:rot, Gute Louise-Birne:gelb, Niitaka-NashiBirne:hellgrue
n×apfel, Nijusseiki-NashiBirne:blaurot×pflaume]
??[Niitaka-NashiBirne:hellgruen×apfel, Nijusseiki-NashiBirne:blaurot×pflaume]
%[Niitaka-NashiBirne:hellgruen×apfel, Nijusseiki-NashiBirne:blaurot×pflaume]
4. Liste: [Nijusseiki-NashiBirne:blaurot×pflaume, Niitaka-NashiBirne:hellgruen×a
pfel]
NashiBirne
NashiBirne
4. Menge: [Niitaka-NashiBirne:hellgruen×apfel, Nijusseiki-NashiBirne:blaurot×pfl
aume]
Minimum1: Niitaka-NashiBirne:hellgruen×apfel
Minimum2: Niitaka-NashiBirne:hellgruen×apfel
Gute Louise
6
6

Die entgegengesetzten Eigenschaften der Wildcardtypen ? extends Typ und ? super
Typ
[Granny Smith-Apfel:gruen, Red Delicious-Apfel:rot, Golden Delicious-Apfel:gelb]
 & [Alexander Lucas-Birne:rot, Granny Smith-Apfel:gruen, Red Delicious-Apfel:rot
, Gute Louise-Birne:gelb, Golden Delicious-Apfel:gelb]
Das Element Alexander Lucas-Birne:rot aus der 2. Menge ist in der 1. Menge nicht
 vorhanden
Das Element Granny Smith-Apfel:gruen aus der 2. Menge ist in der 1. Menge nicht
vorhanden
Das Element Red Delicious-Apfel:rot aus der 2. Menge ist in der 1. Menge nicht v
orhanden
Das Element Gute Louise-Birne:gelb aus der 2. Menge ist in der 1. Menge nicht vo
rhanden
Das Element Golden Delicious-Apfel:gelb aus der 2. Menge ist in der 1. Menge nic
ht vorhanden
[] & [Alexander Lucas-Birne:rot, Granny Smith-Apfel:gruen, Red Delicious-Apfel:r
ot, Gute Louise-Birne:gelb, Golden Delicious-Apfel:gelb]
![]
![Alexander Lucas-Birne:rot, Granny Smith-Apfel:gruen, Red Delicious-Apfel:rot,
Gute Louise-Birne:gelb, Golden Delicious-Apfel:gelb]

Sortieren von Wildcardtypen nach der Reihenfolge, die von einer angegebenen Comp
arator-Instanz fetgelegt wird
??[Alexander Lucas-Birne:rot, Gute Louise-Birne:gelb]
```

Lösung 11.9

Die Klasse KonstruktorReferenz

```java
import java.util.*;
import java.util.function.*;
// Definition von funktionalen Interfaces
interface Function1<T> {
  T apply1();
```

```java
}
interface Function2<T,R> {
  T apply2(R string);
}
interface Function3<T,R> {
  T apply3(R[] array);
}
interface Function4<T,R> {
  T apply4(List<R> liste);
}
public class KonstruktorReferenz {
// Globale Referenzen vom Typ String, String[] und List<String>
  private String string;
  private String[] array;
  private List<String> liste;
// Konstruktordefinitionen
  public KonstruktorReferenz() {
    this.string = "A";
  }
  public KonstruktorReferenz(String string) {
    this.string = string;
  }
  public KonstruktorReferenz(String[] array) {
    this.array = array;
  }
  public KonstruktorReferenz(List<String> liste) {
    this.liste = liste;
  }
// Zugriffsmethoden
  public String getString() {
    return string;
  }
  public String[] getArray() {
    return array;
  }
  public List<String> getListe() {
    return liste;
  }
  public static void main(String... args) {
// Lokale Referenzen vom Typ String[] und List<String>
    List<String> liste = new ArrayList<String>();
    liste.add("A");
    liste.add("B");
    liste.add("C");
    String[] array = new String[]{"A","B"};
// Objekte mit Hilfe von Konstruktor-Referenzen erzeugen;
// die erste Konstruktor-Referenz ist vom Typ des funktionalen
```

```
// Interface Function1; zum Erzeugen eines Objekts mit dem
// parameterlosen Konstruktor dieser Klasse wird die apply1()-
// Methode aufgerufen und zum Anzeigen des mit dem Konstruktor
// gesetzten Feldwerts die Methode getString()
    Function1<KonstruktorReferenz> constructor11
                        = KonstruktorReferenz::new;
    System.out.println("Konstruktor-Referenz vom Typ " +
        "Function1<KonstruktorReferenz>:");
    System.out.println("String = " + constructor11.apply1().
        getString());
// Die zweite Konstruktor-Referenz ist vom Typ des funktionalen
// Standard-Interface Supplier und zum Erzeugen eines Objekts mit
// dem parameterlosen Konstruktor dieser Klasse wird die get()-
// Methode der Instanz vom Typ des Interface aufgerufen, die
// mittels dieser Konstruktor-Referenz erzeugt wird
    Supplier<KonstruktorReferenz> constructor12
                        = KonstruktorReferenz::new;
    System.out.println("Konstruktor-Referenz vom Typ " +
        "Supplier<KonstruktorReferenz>:");
    System.out.println("String = " + constructor12.get().
        getString());
// Analog wird vorgegangen beim Aufruf der Konstruktoren, die
// Parameter definieren; es werden parametrisierte Instanzen vom
// Typ des eigenen funktionalen Interface Functional2 und des
// Standard-Interface Function erzeugt; die Reihenfolge in der
// Zuweisung von Werten für Typparameter muss eingehalten werden
    Function2<KonstruktorReferenz,String> constructor21
                        = KonstruktorReferenz::new;
    System.out.println("Konstruktor-Referenz vom Typ " +
        "Function2<KonstruktorReferenz,String>:");
    System.out.println("String = " + constructor21.
        apply2("B").getString());
    Function<String,KonstruktorReferenz> constructor22
                        = KonstruktorReferenz::new;
    System.out.println("Konstruktor-Referenz vom Typ " +
        "Function<String,KonstruktorReferenz>:");
    System.out.println("String = " + constructor22.
        apply("B").getString());
// Die applyx()-Methoden der Interfaces Functional3<S,T> und
// Functional4<S,T> definieren Parameter vom generischen
// Typ T[] und List<T>, so dass diese im Aufruf Argumente von
// einem korrespondierenden parametrisierten Typ wie String[] bzw.
// List<String> erwarten; für das Interface Function werden
// diese als Typargumente eingesetzt, weil seine apply()-Methode
// den gleichen Parametertyp wie das Interface definiert;
// beim Erzeugen von Objekten über Konstruktoren, die
// einen Parameter vom Typ Array bzw. List besitzen, wird in der
```

```
// Spezifikation der Konstruktor-Referenz hinter den Doppelpunkten
// :: in spitzen Klammern eine Typangabe gemacht, um den Compiler
// bei der Typinferenz zu unterstützen; das spezifizierte
// funktionale Interface gibt den Target-Typ der Konstruktor-
// Referenz vor; eine Lambda-Expression muss den gleichen
// Parametertyp wie der des "function descriptor" des Interface
// haben, sein Rückgabetyp muss kompatibel mit dessen Rückgabetyp
// sein und diese kann nur Exceptions auslösen, die vom
// "function descriptor" zugelassen sind
   Function3<KonstruktorReferenz,String> constructor31
                  = KonstruktorReferenz::<String>new;
   System.out.println("Konstruktor-Referenz vom Typ " +
     "Function3<KonstruktorReferenz,String>:");
   System.out.println("Array = " + Arrays.asList(
     constructor31.apply3(array).getArray()));
   Function<String[],KonstruktorReferenz> constructor32
                  = KonstruktorReferenz::<String>new;
   System.out.println("Konstruktor-Referenz vom Typ " +
     "Function<String[],KonstruktorReferenz>:");
   System.out.println("Array = " + Arrays.asList(
     constructor32.apply(array).getArray()));
   Function4<KonstruktorReferenz,String> constructor41
                  = KonstruktorReferenz::<String>new;
   System.out.println("Konstruktor-Referenz vom Typ " +
     "Function4<KonstruktorReferenz,String>:");
   System.out.println("Liste =" + constructor41.
     apply4(liste).getListe());
   Function<List<String>, KonstruktorReferenz>
    constructor42 = KonstruktorReferenz::<String>new;
   System.out.println("Konstruktor-Referenz vom Typ " +
     "Function<List<String>,KonstruktorReferenz>:");
   System.out.println("Liste =" + constructor42.
     apply(liste).getListe());
  }
}
```

Die Klasse MethodenReferenzenfuerInstanzMethoden

```
import java.util.function.Function;
import java.util.function.Supplier;
public class MethodenReferenzenfuerInstanzMethoden {
// Definition eines funktionalen Interface als Static-Member-
// Interface
  interface HalloJava {
    void hallo(String s);
  }
  public static void main(String... args) {
```

```
// Methoden-Referenzen identifizieren Methoden ohne diese
// aufzurufen; dies können sowohl Instanz- als auch
// Klassenmethoden sein, gleichzeitig können Konstruktoren über
// Referenzen angesprochen werden; für Instanzmethoden gibt es
// zwei Arten von Methoden-Referenzen: Für ein bestimmtes Objekt
// bzw. für ein beliebiges Objekt von einem bestimmten Typ,
// das zu einem späteren Zeitpunkt ersetzt wird
    String halloJava = "Hallo Java 8 mittels Methoden-"
      + "Referenzen!";
// Anstelle der Übergabe eines Lambda-Ausdrucks in den
// Methodenaufrufen kann das
    System.out.println(hallo1(() -> halloJava.toString()));
    System.out.println(hallo2(halloJava, x-> x.toString()));
// Referenzieren der Instanzmethode des konkreten Objekts vom
// Typ String, hier das vorher erzeugte Objekt halloJava
    System.out.println(hallo1(halloJava::toString));
// bzw. das Referenzieren der Instanzmethode eines beliebigen
// Objekts vom Typ String, das im Nachhinein mit dem konkretem
// Objekt halloJava ersetzt wird, erfolgen; der Compiler ruft
// im 2. Fall die Instanzmethode genau an dem Objekt auf,
// das im Aufruf der Methode hallo2() im ersten Parameter
// übergeben wird
    System.out.println(hallo2(halloJava, String::toString));
// In beiden Fällen kommen wir zusätzlich auf die Klasse
// HalloJavamitMethodenReferenz aus der Aufgabe 11.7 zurück und
// benutzen für die Anzeige ebenfalls eine Methoden-Referenz; in
// dieser wird eine println()-Instanzmethode des Standard-Output-
// Streams (eine Instanz der Klasse PrintStream, die als final,
// static Feld in der Klasse System deklariert ist) referenziert
    HalloJava gruss = System.out::println;
    gruss.hallo(hallo1(halloJava::toString));
    gruss.hallo(hallo2(halloJava, String::toString));
  }
// Die Methode hallo1() ruft die get()-Methode des übergebenen
// Supplier auf, um einen String zurückzugeben
  public static String hallo1(Supplier<String> supplier) {
    return supplier.get();
  }
// Die Methode hallo2() ruft die apply()-Methode der übergebenen
// Function auf, in der ein String übergeben und ein weiterer
// zurückgegeben wird
  public static String hallo2(String string,
                    Function<String, String> function) {
    return function.apply(string);
  }
}
```

Programmausgaben

```
java8uebungsbuch1                                                    _ □ X

C:\Users\Lissi\Documents\java8uebungsbuch1sourcecode>java KonstruktorReferenz
Konstruktor-Referenz vom Typ Function1<KonstruktorReferenz>:
String = A
Konstruktor-Referenz vom Typ Supplier<KonstruktorReferenz>:
String = A
Konstruktor-Referenz vom Typ Function2<KonstruktorReferenz,String>:
String = B
Konstruktor-Referenz vom Typ Function<String,KonstruktorReferenz>:
String = B
Konstruktor-Referenz vom Typ Function3<KonstruktorReferenz,String>:
Array = [A, B]
Konstruktor-Referenz vom Typ Function<String[],KonstruktorReferenz>:
Array = [A, B]
Konstruktor-Referenz vom Typ Function4<KonstruktorReferenz,String>:
Liste =[A, B, C]
Konstruktor-Referenz vom Typ Function<List<String>,KonstruktorReferenz>:
Liste =[A, B, C]

C:\Users\Lissi\Documents\java8uebungsbuch1sourcecode>
```

```
java8uebungsbuch1                                                    _ □ X

C:\Users\Lissi\Documents\java8uebungsbuch1sourcecode>java MethodenReferenzenfuer
InstanzMethoden
Hallo Java 8 mittels Methoden-Referenzen!
Hallo Java 8 mittels Methoden-Referenzen!
Hallo Java 8 mittels Methoden-Referenzen!
Hallo Java 8 mittels Methoden-Referenzen!
Hallo Java 8 mittels Methoden-Referenzen!
Hallo Java 8 mittels Methoden-Referenzen!

C:\Users\Lissi\Documents\java8uebungsbuch1sourcecode>
```

Lösung 11.10

Die Klasse HalloJavamitForEach

```java
import java.util.List;
import java.util.Arrays;
public class HalloJavamitForEach {
  public static void main(String ... args) {
    List<String> liste = Arrays.asList("\nHallo ", "Java 8!");
// Die Liste der Strings in einer for-each-Schleife anzeigen
    for(String string : liste)
      System.out.print(string);
// Alternativ eine Lambda-Expression benutzen; in der forEach()-
// Methode der Klasse List<String> wird eine
// Consumer<String>-Instanz übergeben
    liste.forEach((String s) -> System.out.print(s
    + " "));
```

```
// Alternativ eine Methoden-Referenz benutzen;
    liste.forEach(System.out::print);
  }
}
```

Programmausgaben

Lösung 11.11

Die Klasse GescannteTastaturEingaben

```
import java.util.*;
public class GescannteTastaturEingaben {
  public static void main(String args[]) {
// Einlesen von Tastatureingaben mit Hilfe der Klasse Scanner
    // String s;
    Scanner tastaturIn =
      new Scanner(System.in);
    System.out.println("Zeichenfolgen ueber die " +
      "Tastatur eingeben und Enter druecken: ");
// Die Methode nextline() der Klasse Scanner aufrufen
    /*  while(tastaturIn.hasNextLine()) {
        s = tastaturIn.nextLine();
        if(s.equals("Ende"))
          break;
        System.out.println("Von der Tastatur eingelesene "
          + "Zeichen: " + s);
      }  */
// Alternativ einen Lambda-Ausdruck mit forEachRemaining()
// benutzen
      tastaturIn.forEachRemaining((String s) ->
      { if(!(s.equals("Ende")))
        System.out.println("Von der Tastatur eingelesene "
          + "Zeichen: " + s);
        // System.exit(0);
      }
    );
// Die forEachRemaining()-Methode führt ein Stück Code, hier die
// Methode System.out.println() (die über einen Consumer
// transportiert wird) auf jedem Element des Iterators aus; das
// heißt, dass jedes eingegebene Zeichen an der Konsole sofort am
```

```
// Bildschirm angezeigt wird
  // tastaturIn.forEachRemaining(System.out::println);
  }
}
```

Programmausgaben

Lösung 11.12

Die Klasse BiConsumerBiPredicateundBiFunction

```java
import java.util.function.*;
public class BiConsumerBiPredicateundBiFunction {
// Das funktionale Interface Predicate entscheidet, ob das im
// Aufruf der test()-Methode übergebene Objekt die angegebenen
// Kriterien erfüllt
  public static boolean vergleich(Predicate<Integer>
                         predicate, Integer i) {
    return predicate.test(i);
  }
// Das funktionale Interface Consumer definiert eine Methode
// accept(), die ein Argument übergeben bekommt und kein Ergebnis
// liefert; sie führt die in einem Lambda-Ausdruck mit dem Target-
// Typ Consumer angegebene Operation aus
  public static void anzeige(Consumer<Integer>
              consumer, Integer i) {
    consumer.accept(i);
  }
// Das funktionale Interface BiPredicate definiert eine Zwei-
// Argumente-Version von Predicate und entscheidet, ob die im
// Aufruf der test()-Methode übergebenen Objekte die angegebenen
// Kriterien erfüllen
  public static boolean biVergleich(BiPredicate<Integer,
          Integer> biPredicate, Integer i1, Integer i2) {
    return biPredicate.test(i1, i2);
  }
// Das funktionale Interface BiConsumer definiert eine Zwei-
// Argumente-Version von Consumer; seine Methode accept(), die
```

```
// zwei Argumente übergeben bekommt und ebenfalls kein Ergebnis
// liefert, führt die angegebene Operation aus
   public static void biAnzeige(BiConsumer<Integer, Integer>
               biConsumer, Integer i1, Integer i2) {
      biConsumer.accept(i1, i2);
   }
// Das funktionale Interface Function wendet eine Funktion auf das
// im Aufruf seiner Methode apply() übergebene Argument an, die
// als Ergebnis den Wert der Funktion liefert
   public static Integer berechnung(Function<Integer,
                     Integer> function, Integer i) {
      return function.apply(i);
   }
// Das funktionale Interface BiFunction wendet eine Funktion mit
// zwei Variablen auf die im Aufruf seiner Methode apply()
// übergebenen Objekte an und liefert zusammen mit dem
// errechneten Funktionswert die Zwei-Argumente-Version von
// Function
   public static Integer biBerechnung(BiFunction<Integer,
     Integer, Integer> biFunction, Integer i1, Integer i2) {
      return biFunction.apply(i1, i2);
   }
// Das funktionale Interface BiFunction kann Argumente von
// unterschiedlichen Typen übergeben bekommen
   public static Double berechnungmitFunction(
     BiFunction<Integer, Double, Double> biFunction1,
     Integer i1, Double d2) {
      return biFunction1.apply(i1, d2);
   }
// Das von BiFunction<T,T,T> abgeleitete Interface
// BinaryOperator<T> definiert eine Operation, in der beide
// Operanden und das Ergebnis den gleichen Typ haben
   public static Integer berechnungmitBinaryOperator(
     BinaryOperator<Integer> binaryOperator, Integer i1,
     Integer i2) {
      return binaryOperator.apply(i1, i2);
   }
   public static void biAnzeige1(
    BiConsumer<Integer, Integer> biConsumer, Integer i1,
     Integer i2) {
      biConsumer.accept(i1, i2);
   }
   public static void biAnzeige2(BiConsumer<Integer, Double>
               biConsumer, Integer i1, Double d2) {
      biConsumer.accept(i1, d2);
   }
   public static void main(String[] args) {
```

```java
// In den oben definierten Methoden werden Lambda-Ausdrücke mit
// dem erwarteten Target-Typ übergeben; die in den Variablen
// resultx zugewiesenen Werte werden im Nachhinein nicht mehr
// abgeändert, so dass diese effectivaly final sind
    boolean result1 = biVergleich((a, b) -> a == b * 2, 10, 5);
    biAnzeige((Integer i1, Integer i2) ->
      System.out.println("Das Ergebnis des Tests "
        + i2 + " * 2 == " + i1 + " mit BiPredicate ist "
          + result1), 10, 5);
    boolean result2 = biVergleich((a, b) -> a / 2 == b, 20, 5);
    biAnzeige((Integer i1, Integer i2) ->
    System.out.println("Das Ergebnis des Tests "
      + i1 + " / 2 == " + i2 + " mit BiPredicate ist "
        + result2), 20, 5);
    boolean result3 = vergleich((a) -> a == 2, 2);
    anzeige((Integer i) ->
      System.out.println("Das Ergebnis des Tests "
        + i + " == 2" + " mit Predicate ist " + result3),
        2);
    boolean result4 = vergleich((a) -> a + a == 4, 2);
    anzeige((Integer i) ->
      System.out.println("Das Ergebnis des Tests "
        + i + " + " + i + " == 4" + " mit Predicate ist "
          + result4), 2);
    Integer result5 = berechnung((Integer i) ->
      { if(i >= 10)
          return i;
        return i+10;}, 5);
    anzeige((Integer i) ->
    System.out.println("Der Wert der Function mit dem Argument "
      + i + " ist " + result5), 5);
    Integer result6 = biBerechnung((Integer i1, Integer i2) ->
    i1 + i2, 5, 10);
    biAnzeige((Integer i1, Integer i2) ->
      System.out.println("Der Wert der BiFunction mit den "
        + "Argumenten " + i1 + " und " + i2 + " ist " +
          result6), 5, 10);
    Double result7 = berechnungmitFunction(
      (Integer i1, Double d2) -> i1 + d2, 5, 10.);
    biAnzeige2((Integer i1, Double d2) ->
      System.out.println("Der Wert der BiFunction mit den "
        + "Argumenten " + i1 + " und " + d2 + " ist " +
          result7), 5, 10.);
    Integer result8 = berechnungmitBinaryOperator(
      (Integer i1, Integer i2) -> i1 * i2, 5, 10);
    biAnzeige1((Integer i1, Integer i2) ->
      System.out.println("Der Wert des BinaryOperators mit den "
```

```
              + "Argumenten " + i1 + " und " + i2 + " ist "  +
              result8), 5, 10);
// BinaryOperatoren mit den statischen Methoden des Interface
// BinaryOperator erzeugen; weil BinaryOperator ein Unterinterface
// von BiFunction ist, können Instanzen vom Typ BinaryOperator
// auch mittles Referenzen vom Typ des Oberinterface in der
// Methode biBerechnung() übergeben werden
    BinaryOperator<Integer> maxByOperator =
    BinaryOperator.<Integer> maxBy(Integer::compareTo);
    BinaryOperator<Integer> minByOperator =
    BinaryOperator.<Integer> minBy(
      (v1,v2) -> Integer.compare(v1,v2));
    Integer result9 = biBerechnung(maxByOperator, 5, 10);
    biAnzeige((Integer i1, Integer i2) ->
      System.out.println("Der Wert des BinaryOperators maxBy "
        + "mit den Argumenten " + i1 + " und " + i2 + " ist "
        + result9), 5, 10);
    Integer result10 = biBerechnung(minByOperator, 5, 10);
    biAnzeige((Integer i1, Integer i2) ->
      System.out.println("Der Wert des BinaryOperators minBy "
        +"mit den Argumenten " + i1 + " und " + i2 + " ist "
        + result10), 5, 10);
// Einen UnaryOperator mit der statischen Methode des Interface
// UnaryOperator erzeugen; weil UnaryOperator<T> ein
// Unterinterface von Function<T,T> ist, kann auch eine Referenz
// von diesem Typ in der Methode berechnung() zugewiesen werden;
// ein UnaryOperator definiert eine Operation mit einem einzigen
// Operanden, die ein Ergebnis vom gleichen Typ wie der des
// Operanden liefert; der Identity-Operator gibt das übergebene
// Argument unverändert zurück
    UnaryOperator<Integer> identityOperator =
    UnaryOperator.<Integer>identity();
    Integer result11 = berechnung(identityOperator, 5);
      anzeige((i) -> System.out.println("Der Wert des " +
        "UnaryOperators mit dem Argument " + i + " ist "
        + result11), 5);
// Die Default-Methode <V> Function<T,V> andThen(
// Function<? super R,? extends V> after) des Function-Interface
// gibt eine zusammengesetzte Funktion zurück, die zuerst die
// Funktion, an der die Methode aufgerufen wird, auf die
// Input-Daten anwendet und danach die im Aufruf übergebene
// Funktion
    Function<Integer, Integer> function1 = (i) ->
      { if(i >= 10)
            return i;
        return i+10;};
    Function<Integer, Integer> function2 = (i) -> i*2;
```

```
    Integer result12 = berechnung(function1.andThen(function2),
      5);
    Integer result13 = berechnung(function2.andThen(function1),
      5);
  anzeige((i) -> System.out.println("Der Wert der " +
    "zusammengesetzten Funktion function2(function1(x)) mit "
    + "dem Argument" + i + " ist " + result12), 5);
    anzeige((i) -> System.out.println("Der Wert der " +
      "zusammengesetzten Funktion function1(function2(x)) mit "
        + "dem Argument" + i + " ist " + result13), 5);
  }
}
```

Programmausgaben

```
java8uebungsbuch1
C:\Users\Lissi\Documents\java8uebungsbuch1sourcecode>java BiConsumerBiPredicateu
ndBiFunction
Das Ergebnis des Tests 5 × 2 == 10 mit BiPredicate ist true
Das Ergebnis des Tests 20 / 2 == 5 mit BiPredicate ist false
Das Ergebnis des Tests 2 == 2 mit Predicate ist true
Das Ergebnis des Tests 2 + 2 == 4 mit Predicate ist true
Der Wert der Function mit dem Argument 5 ist 15
Der Wert der BiFunction mit den Argumenten 5 und 10 ist 15
Der Wert der BiFunction mit den Argumenten 5 und 10.0 ist 15.0
Der Wert des BinaryOperators mit den Argumenten 5 und 10 ist 50
Der Wert des BinaryOperators maxBy mit den Argumenten 5 und 10 ist 10
Der Wert des BinaryOperators minBy mit den Argumenten 5 und 10 ist 5
Der Wert des UnaryOperators mit dem Argument 5 ist 5
Der Wert der zusammengesetzten Funktion function2(function1(x)) mit dem Argument
5 ist 30
Der Wert der zusammengesetzten Funktion function1(function2(x)) mit dem Argument
5 ist 10
```

Lösung 11.13

Die Klasse Bleistift

```java
import java.util.List;
import java.util.ArrayList;
import java.util.Arrays;
import java.util.function.Consumer;
public class Bleistift {
  private String farbe;
// Konstruktordefinition
  public Bleistift(String farbe) {
    this.farbe = farbe;
  }
// Zugriffsmethoden
  public void setFarbe(String farbe) {
    this.farbe = farbe;
  }
```

```
   public String getFarbe() {
      return farbe;
   }
// Die Methoden des Stream-Interface
   public static void main(String[] args) {
      String[] array = {"grün", "rot", "blau","grün", "rot",
         "grün", "rot","blau"};
      List<String> liste1 = Arrays.asList(array);
      Object[] gruenArray = new Object[5];
      List<Object> grueneListe, roteListe, gelbeListe;
      List<Bleistift> liste = new ArrayList<Bleistift>();
      liste.add(new Bleistift("grün"));
      liste.add(new Bleistift("rot"));
      liste.add(new Bleistift("grün"));
      liste.add(new Bleistift("rot"));
      liste.add(new Bleistift("grün"));
      liste.add(new Bleistift("rot"));
      liste.add(new Bleistift("blau"));
      liste.add(new Bleistift("blau"));
      liste.add(new Bleistift("grün"));
// Die Liste aller Bleistifte in einer for-each-Schleife anzeigen
      System.out.println("Die Liste aller Bleistifte:");
      for(Bleistift bleistift : liste)
         System.out.print(bleistift.getFarbe() + " ");
// Alternativ eine Lambda-Expression benutzen; in der forEach()-
// Methode der Klasse List<Bleistift> wird eine
// Consumer<Bleistift>-Instanz übergeben
      liste.forEach((Bleistift b) ->
         System.out.print(b.getFarbe() + " "));
// Eine Lambda-Expression für die Anzeige von Farben benutzen;
// in der forEach()-Methode der Klasse List<String> wird eine
// Consumer<String>-Instanz übergeben
      System.out.println("\nDie Liste aller Farben:");
 // liste1.forEach((String s) -> System.out.print(s + " "));
// oder alternativ eine Methoden-Referenz benutzen
      liste1.forEach(System.out::print);
// Die Methode filter() des Stream-Interface erwartet ein
// Argument vom Typ des funktionalen Interface Predicate und
// erzeugt einen neuen Stream, dessen Elemente der von Predicate
// gestellten Bedingung genügen; die nach Farbe gefilterten
// Elemente in ein Object-Array mit toArray() speichern
      gruenArray = liste.stream().filter(
      s -> s.getFarbe() == "grün").toArray();
      System.out.println("\nEin Array mit den grünen "
         + "Bleistiften:");
      for(Object bleistift : gruenArray)
         System.out.print(((Bleistift)bleistift).getFarbe()+" ");
// und dieses in eine Liste umsetzen
      grueneListe = Arrays.asList(liste.stream().filter(s ->
```

```
          s.getFarbe() == "grün").toArray());
    System.out.println("\nDie Liste der grünen Bleistifte:");
    // for(Object bleistift : grueneListe)
    // System.out.print(((Bleistift)bleistift).getFarbe()+" ");
// Alternativ eine Lambda-Expression benutzen; weil deren Typ
// Consumer<Object> ist, muss b für die Anzeige zu einem Bleistift
// gecastet werden
    grueneListe.forEach((Object b) -> System.out.print(
      ((Bleistift)b).getFarbe() + " "));
    roteListe = Arrays.asList(liste.stream().filter(s ->
      s.getFarbe() == "rot").toArray());
    System.out.println("\nDie Liste der roten Bleistifte:");
    //  for(Object bleistift : roteListe)
    //  System.out.print(((Bleistift)bleistift).getFarbe()+" ");
// Alternativ eine Lambda-Expression benutzen; weil deren Typ
// Consumer<Object> ist, muss b für die Anzeige zu einem Bleistift
// gecastet werden
    roteListe.forEach((Object b) ->
      System.out.print(((Bleistift)b).getFarbe() + " "));
// Die abschließende Operation findFirst() eines Streams aufrufen;
// diese liefert eine Optional<Bleistift>-Instanz mit dem ersten
// Element des Streams; an dieser ihre Methoden get() und
// toString() aufrufen, um das Ergebnis anzuzeigen
    System.out.println("\nDas erste Element aus der Liste der "
      + "grünen Bleistifte:");
  System.out.println(liste.stream().filter((Bleistift b) ->
    b.getFarbe() == "grün").findFirst().toString());
  System.out.println(liste.stream().filter((Bleistift b) ->
    b.getFarbe() == "grün").findFirst().get());
  System.out.println(liste.stream().filter((Bleistift b) ->
    b.getFarbe() == "grün").findFirst().get().getFarbe());
// In der forEach()-Methode der Klasse Stream<Bleistift> muss eine
// Consumer<Bleistift>-Instanz übergeben werden; wird der
// Anschaulichkeit halber explizit definiert
    Consumer<Bleistift> consumer =
      (Bleistift b) -> b.setFarbe("gelb");
// In der forEach()- bzw. peek()-Methode der Klasse Stream<String>
// wird ein Consumer<String>-Argument erwartet
    // Consumer<String> consumer1 = (String s) ->
    // System.out.print(s + " ");
// oder alternativ eine Methoden-Referenz benutzen
    Consumer<String> consumer1 = System.out::print;
// Die abschließende Operation findAny() nach peek() aufrufen;
// diese liefert eine Optional<Bleistift>-Instanz; an dieser ihre
// Methoden get() und toString() aufrufen, um das Ergebnis
// anzuzeigen
    System.out.println("Das Element aus der Liste der blauen "
      + "Bleistifte:");
```

```
    System.out.println(liste.stream().filter((Bleistift b) ->
    b.getFarbe() == "blau").map((Bleistift b) ->
    b.getFarbe()).
    peek(consumer1).findAny().toString());
    System.out.println(liste.stream().filter((Bleistift b) ->
    b.getFarbe() == "blau").map((Bleistift b) ->
    b.getFarbe()).peek(consumer1).findAny().get());
// Einen Stream mit allen blauen Bleistiften ermitteln und mit der
// forEach()-Methode, in der eine auszuführende Operation
// übergeben wird, deren Farbe auf Gelb setzen; dieser Lambda-
// Ausdruck ist "stateful" (zustandsbehaftet) und sollte vermieden
// werden, weil bei Nebenläufigkeit unerwünschte Seiteneffekte
// auftreten können
    liste.stream().filter((Bleistift b) -> b.getFarbe() ==
    "blau").forEach(consumer);
    gelbeListe = Arrays.asList(liste.stream().filter(s ->
    s.getFarbe() == "gelb").toArray());
    System.out.println("Die Liste der gelben Bleistifte:");
    // for(Object bleistift : gelbeListe)
    //   System.out.print(((Bleistift)bleistift).getFarbe()+" ");
// Alternativ eine Lambda-Expression benutzen; weil deren Typ
// Consumer<Object> ist, muss b für die Anzeige zu einem Bleistift
// gecastet werden
    gelbeListe.forEach((Object b) -> System.out.print(
    ((Bleistift)b).getFarbe() + " "));
// Mit der Methode map() den Stream<Bleistift> auf einen
// Stream<String>, der die Farben von Bleistiften beinhaltet,
// abbilden und die forEach()-Methode für die Anzeige der Farben
// aufrufen
    System.out.println("\nDie Liste der roten und grünen "
    + "Bleistifte:");
    liste.stream().filter((Bleistift b) ->
    b.getFarbe() == "rot" || b.getFarbe() ==
    "grün").map((Bleistift b) -> b.getFarbe())
        .forEach(consumer1);
// Die sorted()-Methode dazwischenschalten
    System.out.println("\nDie Liste der sortierten roten und "
    + "grünen Bleistifte:");
    liste.stream().filter((Bleistift b) ->
    b.getFarbe() == "rot" || b.getFarbe() ==
    "grün").map((Bleistift b) ->
        b.getFarbe()).sorted().forEach(consumer1);
// Die Sortierung soll parallel erfolgen
    System.out.println("\nDie Liste der sortierten roten und "
    + "grünen Bleistifte:");
    liste.stream().filter((Bleistift b) ->
    b.getFarbe() == "rot" || b.getFarbe() ==
    "grün").map((Bleistift b) ->
```

```
        b.getFarbe()).parallel().sorted()
          .forEach(consumer1);
// Die Sortierung soll sequenziell erfolgen
    System.out.println("\nDie Liste der sortierten roten und "
      + "grünen Bleistifte:");
    liste.stream().filter((Bleistift b) ->
      b.getFarbe() == "rot" || b.getFarbe() ==
      "grün").map((Bleistift b) ->
        b.getFarbe()).sequential().sorted()
          .forEach(consumer1);
// Von Methoden geworfene Exceptions in Lambda-Ausdrücken abfangen
    System.out.println("\nDie Eigenschaft aller Bleistifte aus"
      + " der Liste mittels Reflection ermitteln:");
    liste.forEach((Bleistift bleistift) ->
// Beginn der Lambda-Expression aus der ersten forEach()-Methode
      {
// Um die zugegeben etwas umständliche Art, Exceptions in Lambda-
// Ausdrücken abzufangen, zu illustrieren, ermitteln wir als
// Beispiel die Methoden der Klasse Bleistift mit Hilfe von
// Reflection; das von getMethods() (an einem Klassenobjekt
// aufgerufen) zurückgelieferte Array wird in einen Stream
// umgesetzt, an dem eine zweite forEach()-Methode aufgerufen wird
        Method[] methoden = bleistift.getClass().getMethods();
    Arrays.stream(methoden).forEach((Method methode) ->
// Beginn der Lambda-Expression aus der zweiten forEach()-Methode
        {
// Nur die Getter-Methode aufrufen, um auf die einzelnen
// Komponenten von Listenelementen lesend zuzugreifen; die Methode
// getClass() ausschließen
        Predicate<Method> predicate =
          methode1 -> (methode1.getName()).substring(0,3).
            equals("get") && !(methode1.getName()).
              equals("getClass");
        Consumer<Method> consumer2 =
// Die von der invoke()-Methode geworfenen Exceptions müssen
// abgefangen werden, bevor der Lambda-Ausdruck verlassen wird
        methode2 -> {/* try
                        {System.out.println(methode2.
                            invoke(bleistift));
                        }
                        catch(Exception e) {
                        throw new RuntimeException(e);
                        };*/
// oder alternativ eine Methode aufrufen, die die invoke()-Methode
// der Klasse Method in einer neuen Methode umhüllt
        System.out.println(invoke(methode2,
                      bleistift));
                      };
```

```
// Die Methoden des Predicate und des Consumer zur Abarbeitung
// von Code aufrufen
            if(predicate.test(methode)) {
                consumer2.accept(methode);
            }
        });
    });
  }
// Die invoke()-Methode der Klasse Method in einer neuen Methode
// wrappen
  public static Object invoke(Method methode, Object obj) {
    try {
      return methode.invoke(obj);
    }
    catch(IllegalAccessException |
                    IllegalArgumentException |
                    InvocationTargetException e) {
      throw new RuntimeException(e);
    }
  }
}
```

Die Klasse JFramemitVektor2D

```
import java.awt.*;
import javax.swing.*;
import java.awt.geom.*;
import java.util.List;
import java.util.ArrayList;
import java.util.Arrays;
import java.util.function.Predicate;
import java.util.function.Consumer;
import static java.awt.GraphicsDevice.WindowTranslucency.*;
public class JFramemitVektor2D extends JFrame {
  private Shape[] shapes = new Shape[10];
  private Rectangle2D.Float[] rectangle2D = new
    Rectangle2D.Float[10];
  private float x = 10;
  private float y = 50;
  private Rectangle r1[] = new Rectangle[10];
  private Rectangle r2[] = new Rectangle[10];
  private Rectangle r;
  private List<Rectangle2D.Float> liste1;
  private Object[] array1;
  private Object[] array2;
// Konstruktordefinition
  public JFramemitVektor2D() {
    super("2D-Graphiken");
```

```
        setBounds(20,20,420,300);
        setDefaultCloseOperation(JFrame.EXIT_ON_CLOSE);
        for(int i=0; i<10; i++) {
// Rectangle2D.Float-Instanzen einer Referenz vom Typ des
// Interface Shape zuweisen
            shapes[i] = new Rectangle2D.Float(x,y,20,20);
// Rectangle2D.Float-Instanzen einer Referenz vom gleichen Typ
// zuweisen
            rectangle2D[i] = new Rectangle2D.Float(x,y+40,20,20);
// Rectangle-Instanzen mit der Methode getBounds() erzeugen
            r1[i] = shapes[i].getBounds();
// Die Rectangle-Instanzen mit der Methode translate()
// verschieben
            r1[i].translate((int)x, (int)y+40);
            r2[i] = rectangle2D[i].getBounds();
            r2[i].translate((int)x, (int)y+40);
            x = x+20;
        }
// Für alle Rectangle2D.Float-Instanzen mit einer Höhe gleich 20
// sollen neue Rectangle2D.Float-Instanzen mit einer Höhe gleich
// 10 gesetzt werden
// Um die forEach()-Methode nutzen zu können, setzen wir das
// Array rectangle2D in eine Liste um
        liste1 = Arrays.asList(rectangle2D);
// Um den Typ der erzeugten Lambda-Ausdrücke zu illustrieren,
// benutzen wir die nachfolgenden Zuweisungen
        Predicate<Rectangle2D.Float> predicate =
        (Rectangle2D.Float s) -> s.getHeight() == 20.;
        Consumer<Rectangle2D.Float> consumer =
        (Rectangle2D.Float s) ->
          s.setRect(new Rectangle2D.Float((float)s.getX(),
          (float)s.getY() + 20,10F,10F));
// Erstmals alle Rechtecke mit einer Höhe von 20 Pixel ermitteln
// und diese einem Object-Array zuweisen
        array1 =
        liste1.stream().filter(predicate).toArray();
        System.out.println("\nDie Liste der Rechtecke mit einer "
          + "Hoehe von 20 Pixeln:");
// Die Koordinaten der Punkte, an die die Rechtecke gezeichnet
// wurden und deren Höhe anzeigen
        /* for(Object rectangle : array1) {
        System.out.println(((Rectangle2D.Float)rectangle).
        getHeight()+" "+((Rectangle2D.Float)rectangle).getX()+
        " "+((Rectangle2D.Float)rectangle).getY());
        }*/
// Alternativ eine Lambda-Expression für die Anzeige benutzen;
// in der forEach()-Methode der Klasse List<Object> wird eine
```

```
// Referenz vom Typ Consumer<Object> übergeben, die in den Typ
// Rectangle2D.Float gecastet werden muss, um die Koordinaten des
// Punktes, an den ein Rechteck gezeichnet wurde, und seine Höhe
// zu ermitteln
  (Arrays.asList(array1)).forEach((Object r) ->
    System.out.println(((Rectangle2D.Float)r).getHeight()
    + " " + ((Rectangle2D.Float)r).getX() +
     " " + ((Rectangle2D.Float)r).getY()));
// Alle Rechtecke mit einer Höhe von 20 Pixeln ermitteln, an
// ihre Stelle Rechtecke mit einer Höhe von 10 Pixeln setzen
// und diese einem Object-Array zuweisen
     /* liste1.stream().filter((Rectangle2D.Float s) ->
     s.getHeight() == 20.).forEach((Rectangle2D.Float s) ->
       s.setRect(new Rectangle2D.Float((float)s.getX(),
        (float)s.getY() + 20,10F,10F))); */
// Alternativ die weiter oben definierten Referenzen nutzen
     liste1.stream().filter(predicate).forEach(consumer);
// Nun alle Rechtecke mit einer Höhe von 10 Pixeln ermitteln
// und diese einem Object-Array zuweisen
    array2 = liste1.stream().filter((Rectangle2D.Float s) ->
     s.getHeight() == 10.).toArray();
    System.out.println("\nDie Liste der Rechtecke mit einer "
     + "Hoehe von 10 Pixeln:");
    for(Object rectangle : array2){
      System.out.println(((Rectangle2D.Float)rectangle).
       getHeight()+" "+((Rectangle2D.Float)rectangle).getX()+
        " "+((Rectangle2D.Float)rectangle).getY());
    }
  }
// Rechtecke zeichnen
  public void paint(Graphics g1) {
    super.paint(g1);
    float x1 = 20;
    float y1 = 50;
    Font f = new Font("TimesRoman", Font.BOLD, 16);
    g1.setFont(f);
    Graphics2D g = (Graphics2D)g1;
// Die ursprünglichen Rechtecke aneinanderreihen
    for(int i=0; i<10; i++) {
      g.setColor(Color.yellow);
      g.fill(shapes[i]);
      g.setColor(Color.black);
// Den Rand der Rechtecke mit einer 2-Pixel-Breite zeichnen
      g.setStroke(new BasicStroke(2.0f));
      g.draw(shapes[i]);
      g.setColor(Color.green);
      g.fill(rectangle2D[i]);
```

```
            g.setColor(Color.black);
            g.draw(rectangle2D[i]);
            g.setColor(Color.yellow);
            g.fill(r1[i]);
            g.setColor(Color.black);
            g.draw(r1[i]);
            g.setColor(Color.green);
            g.fill(r2[i]);
            g.setColor(Color.black);
            g.draw(r2[i]);
    }
// Die neuen Rechtecke zeichnen
        for(Object rectangle : array1) {
// Den Rand der kleinen Rechtecke mit einer 3-Pixel-Breite
// zeichnen
            g.setStroke(new BasicStroke(3.0f));
// Rectangle-Instanzen mit der Methode getBounds() erzeugenund
// mit Farbe füllen
            r = ((Rectangle2D.Float)rectangle).getBounds();
            // System.out.print("\n" + r.getX() + "!" + r.getY());
// Die Rectangle-Instanzen mit der Methode translate()
// für ihre Anzeige verschieben; in der Ausgabe ist zu erkennen,
// dass nach dem Setzen der kleineren Rechtecke, die großen
// durch diese ersetzt wurden
            r.translate((int)r.getX() + 10, (int)r.getY() + 20);
            g.setColor(Color.red);
            g.fill(r);
            g.setColor(Color.black);
            g.draw(r);
        }
        for(Object rectangle : array2) {
            g.setStroke(new BasicStroke(3.0f));
            r = ((Rectangle2D.Float)rectangle).getBounds();
            g.setColor(Color.blue);
            g.fill(r);
            g.setColor(Color.gray);
            g.draw(r);
        }
    }
// Objekt der Klasse erzeugen
    public static void main(String[] args) {
        JFramemitVektor2D frame = new JFramemitVektor2D();
        frame.setVisible(true);
    }
}
```

Programmausgaben

```
java8uebungsbuch1                                              — □ X

C:\Users\Lissi\Documents\java8uebungsbuch1sourcecode>java Bleistift
Die Liste aller Bleistifte:
grün rot grün rot grün rot blau blau grün grün rot grün rot grün rot blau blau g
rün
Die Liste aller Farben:
grün rot blau grün rot grün rot blau grünrotblaugrünrotgrünrotblau
Ein Array mit grünen Bleistiften:
grün grün grün grün
Die Liste der grünen Bleistifte:
grün grün grün grün
Die Liste der roten Bleistifte:
rot rot rot
Das erste Element aus der Liste der grünen Bleistifte:
Optional[Bleistift@19469ea2]
Bleistift@19469ea2
grün
Ein Element aus der Liste der blauen Bleistifte:
blauOptional[blau]
blaublau
Die Liste der gelben Bleistifte:
gelb gelb
Die Liste der roten und grünen Bleistifte:
grünrotgrünrotgrünrotgrün
Die Liste der sortierten roten und grünen Bleistifte:
grüngrüngrüngrünrotrotrot
Die Liste der sortierten roten und grünen Bleistifte:
rotgrüngrüngrünrotgrünrot
Die Liste der sortierten roten und grünen Bleistifte:
grüngrüngrüngrünrotrotrot
Die Eigenschaft aller Bleistifte aus der Liste mittels Reflection ermitteln:
grün
rot
grün
rot
grün
rot
gelb
gelb
grün
```

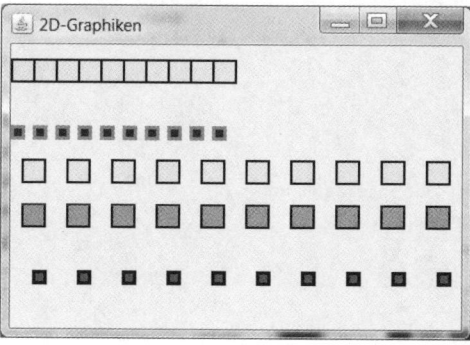

2D-Graphiken

Lösung 11.14

Die Klasse GenericMapObjekte

```java
import java.util.*;
import java.util.*;
import java.util.function.BiConsumer;
public class GenericMapObjekte {
  private static String [] schule = new String[3];
  private static String [][] klasse = new String[3][3];
  private static String [][][] schueler = new String[3][3][3];
  private static List<String> schule1 = Arrays.asList(
    "Klasse11", "Klasse12", "Klasse13" );
  private static List<String> schule2 = Arrays.asList(
    "Klasse21", "Klasse22", "Klasse23" );
  private static List<String> schule3 = Arrays.asList(
    "Klasse31", "Klasse32", "Klasse33" );
// Instanzen der generischen Klasse TreeMap<K,V> erzeugen
  public static void main(String args[]) {
    TreeMap<String,String> map1 = new TreeMap<String,String>();
    TreeMap<String,Map<String,String>> map2 =
      new TreeMap<String, Map<String,String>>();
    TreeMap<String,List<String>> map3 = new TreeMap<String,
    List<String>>();
    Map mapEintrag[][] = new Map[3][3];
    for(int i=1; i<3; i++) {
      for(int j=1; j<3; j++) {
        mapEintrag[i][j] = new TreeMap<String,String>();
      }
    }
// Die Elemente von Arrays initialisieren
    for(int i=1; i<3; i++) {
      schule[i] = new String("Schule"+i);
      for(int j=1; j<3; j++) {
        klasse[i][j] = new String("Klasse"+i+j);
        for(int k=1; k<3; k++) {
          schueler[i][j][k] = new String("Schueler"+i+j+k);
        }
      }
    }
    for(int i=1; i<3; i++) {
      for(int j=1; j<3; j++) {
// Den Schlüsseln der Abbildung map1 Werte zuordnen
        map1.put(klasse[i][j], schule[i]);
      }
    }
    for(int i=1; i<3; i++) {
      for(int j=1; j<3; j++) {
        mapEintrag[i][j].put(klasse[i][j],
        map1.get(klasse[i][j]));
```

```
                for(int k=1; k<3; k++) {
// Den Schlüsseln der Abbildung map2 Werte zuordnen
                map2.put(schueler[i][j][k], mapEintrag[i][j]);
            }
        }
    }
    System.out.println("\nEinfache for-Schleifen:");
// Die zu den Schlüsseln von Maps korrespondierende Werte
// ermitteln
    System.out.println();
    for(int i=1; i<3; i++) {
        for(int j=1; j<3; j++) {
            for(int k=1; k<3; k++) {
                System.out.println("Der " + schueler[i][j][k]
                    + " ist in der " + klasse[i][j]+ " der " +
                    (map2.get(schueler[i][j][k])).get(klasse[i][j]));
            }
        }
    }
    System.out.println("\nDie forEach()-Methoden der "
        + "Interfaces Iterator und Map:\n");
// Die Methode entrySet() liefert eine Set-View auf alle Einträge
// einer Abbildung, die als Instanzen von einem parametrisierten
// Typ der generischen Klasse Map.Entry<K,V> repräsentiert werden
    Set<Map.Entry<String,String>> mapEntrys = map1.entrySet();
// Zu deren Anzeigen einen Iterator über die
// Set<Map.Entry<String,String>>-Instanz legen
    Iterator<Map.Entry<String,String>> iterator =
        mapEntrys.iterator();
// und als Übung im Umgang mit Lambdas die forEach()-Methode
// des Iterator-Interface aufrufen
  /* iterator.forEach((Map.Entry<String,String> map) ->
        System.out.print(map + " "));*/
// Alternativ dazu die hasNext()- und next()-Methoden des
// Iterators aufrufen
    while(iterator.hasNext()) {
        Map.Entry<String,String> mapEin = iterator.next();
        String s1 = mapEin.getKey();
        String s2 = mapEin.getValue();
        System.out.println("Die " + s1 + " ist in der " + s2);
    }
    System.out.println();
// Die Schlüssel und Werte der Abbildung map1 mittels eines
// Lambda-Ausdrucks anzeigen
    BiConsumer<String,String> biConsumer =
        (String s1, String s2) -> System.out.println("In der "
        + s2 + " befindet sich die " + s1);
    map1.forEach(biConsumer);
// Alternativ den Lambda-Ausdruck direkt im Methodenaufruf angeben
```

```
    /* map1.forEach((String s1, String s2) ->
       System.out.println("In der " + s2 + " befindet sich die "
       + s1)); */
    System.out.println();
// Die Schlüssel und Werte der Abbildung map2 mittels eines
// Lambda-Ausdrucks anzeigen
    map2.forEach((s, map) ->
    { System.out.print("\nDer " + s);
      map.forEach((String s1, String s2) ->
      System.out.print(" ist in der " + s1 + " der " + s2));
   });
    System.out.println();
    System.out.println();
// Den Schlüsseln der Abbildung map3 Werte zuordnen
    map3.put("Schule1", schule1);
    map3.put("Schule2", schule2);
    map3.put("Schule3", schule3);
// und diese mittels eines Lambda-Ausdrucks anzeigen
    map3.forEach((String s, List<String> schule) ->
       System.out.println(s + " " + schule));
// Die Einträge von Maps können mit foreach() durchlaufen und mit
// replace() bzw. replaceAll() einzeln oder alle abgeändert werden
    map2.forEach((String s, Map<String,String> schulklassen) ->
    { schulklassen.replace("Klasse11", "Schule1", "Schule1Neu");
      schulklassen.replace("Klasse21", "Schule2", "Schule2Neu");
      // schulklassen.replaceAll((String k, String v)->v + "Neu");
      }
  );
// Die durchgeführten Änderungen anzeigen
    System.out.println();
    map2.forEach((s, map) ->
    { System.out.println("\nDer " + s);
      map.forEach((String s1, String s2) ->
      System.out.print(" ist in der " + s1 + " der " + s2));
   });
    System.out.println();
    System.out.println();
    map2.forEach((String s, Map<String,String> schulklassen) ->
      { schulklassen.put("KlasseNeu", "SchuleNeu");
        schulklassen.putIfAbsent("KlasseAlt", "SchuleAlt");
        String wert = schulklassen.get("Klasse11");
        if(wert != null)
          System.out.println("Der " + s +
            " ist in der Klasse11 der " + wert);
        wert = schulklassen.get("KlasseNeu");
        if(wert != null)
          System.out.println("Der " + s +
            " ist in der KlasseNeu der " + wert);
```

```
        wert = schulklassen.get("KlasseAlt");
        if(wert != null)
          System.out.println("Der " + s +
            " ist in der KlasseNeu der " + wert);
    });
  }
}
```

Programmausgaben

```
java8uebungsbuch1                                              _ □ X
C:\Users\Lissi\Documents\java8uebungsbuch1sourcecode>java GenericMapObjekte

Einfache for-Schleifen:

Der Schueler111 ist in der Klasse11 der Schule1
Der Schueler112 ist in der Klasse11 der Schule1
Der Schueler121 ist in der Klasse12 der Schule1
Der Schueler122 ist in der Klasse12 der Schule1
Der Schueler211 ist in der Klasse21 der Schule2
Der Schueler212 ist in der Klasse21 der Schule2
Der Schueler221 ist in der Klasse22 der Schule2
Der Schueler222 ist in der Klasse22 der Schule2

Die forEach()-Methoden der Interfaces Iterator und Map:

Die Klasse11 ist in der Schule1
Die Klasse12 ist in der Schule1
Die Klasse21 ist in der Schule2
Die Klasse22 ist in der Schule2

In der Schule1 befindet sich die Klasse11
In der Schule1 befindet sich die Klasse12
In der Schule2 befindet sich die Klasse21
In der Schule2 befindet sich die Klasse22


Der Schueler111 ist in der Klasse11 der Schule1
Der Schueler112 ist in der Klasse11 der Schule1
Der Schueler121 ist in der Klasse12 der Schule1
Der Schueler122 ist in der Klasse12 der Schule1
Der Schueler211 ist in der Klasse21 der Schule2
Der Schueler212 ist in der Klasse21 der Schule2
Der Schueler221 ist in der Klasse22 der Schule2
Der Schueler222 ist in der Klasse22 der Schule2

Schule1 [Klasse11, Klasse12, Klasse13]
Schule2 [Klasse21, Klasse22, Klasse23]
Schule3 [Klasse31, Klasse32, Klasse33]


Der Schueler111
 ist in der Klasse11 der Schule1Neu
Der Schueler112
 ist in der Klasse11 der Schule1Neu
Der Schueler121
 ist in der Klasse12 der Schule1
Der Schueler122
 ist in der Klasse12 der Schule1
Der Schueler211
```

```
java8uebungsbuch1
Der Schueler211
 ist in der Klasse21 der Schule2Neu
Der Schueler212
 ist in der Klasse21 der Schule2Neu
Der Schueler221
 ist in der Klasse22 der Schule2
Der Schueler222
 ist in der Klasse22 der Schule2

Der Schueler111 ist in der Klasse11 der Schule1Neu
Der Schueler111 ist in der KlasseNeu der SchuleNeu
Der Schueler111 ist in der KlasseNeu der SchuleAlt
Der Schueler112 ist in der Klasse11 der Schule1Neu
Der Schueler112 ist in der KlasseNeu der SchuleNeu
Der Schueler112 ist in der KlasseNeu der SchuleAlt
Der Schueler121 ist in der KlasseNeu der SchuleNeu
Der Schueler121 ist in der KlasseNeu der SchuleAlt
Der Schueler122 ist in der KlasseNeu der SchuleNeu
Der Schueler122 ist in der KlasseNeu der SchuleAlt
Der Schueler211 ist in der KlasseNeu der SchuleNeu
Der Schueler211 ist in der KlasseNeu der SchuleAlt
Der Schueler212 ist in der KlasseNeu der SchuleNeu
Der Schueler212 ist in der KlasseNeu der SchuleAlt
Der Schueler221 ist in der KlasseNeu der SchuleNeu
Der Schueler221 ist in der KlasseNeu der SchuleAlt
Der Schueler222 ist in der KlasseNeu der SchuleNeu
Der Schueler222 ist in der KlasseNeu der SchuleAlt
```

Lösung 11.15

Die Klasse StreamMethoden

```java
import java.util.concurrent.ConcurrentMap;
import java.util.*;
import java.util.stream.Collector;
import java.util.stream.Collectors;
import java.util.stream.Stream;
import java.util.function.Predicate;
import java.util.function.Consumer;
import java.util.function.BiConsumer;
import java.util.function.BinaryOperator;
import java.util.function.UnaryOperator;
import java.util.function.Function;
import java.util.function.Supplier;
import java.util.function.BiFunction;
public class StreamMethoden {
  public static void main(String... args) {
// Die in Lambdas benutzte lokale Variablen aus der umgebenden
// Methode müssen effectively final sein; die Arrayelemente sind
// aber wiederum änderbar
    int[] factorial = new int[1];
    factorial[0] = 1;
```

```
    Integer[] intArray = {1, 2, 3, 4, 5, 6, 7, 8 };
    List<Integer> liste = new ArrayList<>(
                        Arrays.asList(intArray));
    System.out.println("\nInteger-Liste:");
    liste.stream().forEach(e -> System.out.print(e + " "));
    System.out.println();
    List<String> javaListe = Arrays.asList("Java 5", "Java 6",
      "Java 7", "Java 8");
    System.out.println("\nString-Liste:");
    javaListe.stream().forEach(e -> System.out.print(e + " "));
    System.out.println("\nMax und Min als Optional-Instanzen:");
// Die Methoden max() und min() geben das größte bzw. kleinste
// Element eines Streams zurück, das vom angegebenen Comparator
// geliefert wird, eingebettet in eine Optional-Instanz
    System.out.println("Max = " + liste.stream()
      .max(Integer::compareTo));
    System.out.println("Min = " + liste.stream()
      .min((v1,v2) -> Integer.compare(v1,v2)));
// Die Methode <R> Stream<R> map(Function<? super T,? extends R>
// mapper) wendet auf jedem Stream-Element die angegebene Funktion
// an und gibt einen neuen Stream mit den erzielten Ergebnissen
// zurück; im Nachfolgenden bleiben diese unverändert
    liste.stream().map((e) -> {
        System.out.print(e);
        return e;
      }
    );
// Die Methode count() liefert die Anzahl von Stream-Elementen
    System.out.println("\nDie Anzahl von geraden Zahlen = " +
        liste.stream()
          .filter((v)->v%2 == 0)
          .count());
    System.out.println("\nDie Anzahl von ungeraden Zahlen = "
        + liste.stream()
          .filter((v)->v%2 != 0)
          .count());
    System.out.println();
// Die Methode limit() reduziert einen Stream auf die im Aufruf
// übergebene Anzahl Elemente und die Methode skip() gibt an,
// wie viele Elemente übersprungen werden sollen
    liste.stream().limit(4)
        .forEach(e -> System.out.print(e + " "));
    liste.stream().skip(3)
        .forEach(e -> System.out.print(e + " "));
    System.out.println();
// Den Durchschnittswert aller im Integer-Stream gespeicherten
```

```java
// Zahlen berechnen; dazu wird dieser auf einen DoubleStream
// abgebildet und dessen average()-Methode aufgerufen; diese gibt
// eine OptionalDouble-Instanz zurück, die den arithmetischen
// Mittelwert aller Zahlen aus der Integer-Liste enthält; dieser
// kann z.B. mittels getAsDouble() ermittelt werden
    double durchschnitt = liste.stream()
      .mapToDouble(Integer::doubleValue)
      .average()
      .getAsDouble();
// Den Durchschnittswert anzeigen
    System.out.println("\nDer Durchschnittswert der Zahlen aus "
        + "der Integer-Liste: " + durchschnitt);
// Die Methode Optional<T> reduce(BinaryOperator<T> accumulator)
// reduziert n Elemente eines Streams auf 1 Element und liefert
// ein Optional-Objekt mit diesem Element, das mit get()
// gelesen werden kann; die Methode T reduce(T identity,
// BinaryOperator<T> accumulator) reduziert n Elemente eines
// Streams auf 1 Element, indem sie den übergebenen Identity-Wert
// und einen Accumulator vom Typ BinaryOperator nutzt; diese
// gibt den reduzierten Wert zurück, der in diesem Fall immer
// existiert, weil er für einen leeren Stream gleich dem Identity-
// Wert bleibt; das Summieren aller Elemente eines Streams kann
// mit diesen Methoden wie folgt durchgeführt werden
    String string1 = javaListe.stream()
    .reduce("", (s1, s2) -> s1.toUpperCase()
      + s2.toUpperCase()));
    System.out.printf("\nString mit Großbuchstaben: %s %n",
      string1);
    String string2 = javaListe.stream()
     .map(String::toLowerCase).reduce("", String::concat);
    System.out.printf("\nString mit Kleinbuchstaben: %s %n",
      string2);
    String string3 = javaListe.stream()
      .reduce((s1, s2) -> s1 + "," + s2).get();
    System.out.printf("\nZusammengefügter String: %s %n",
      string3);
    String string4 = javaListe.stream()
      .reduce((s1, s2) -> s1 + "," + s2).get();
    System.out.printf("\nZusammengefügter String: %s %n",
      string4);
// Beispiele mit der Integer-Liste
    int summe0 = liste.stream()
     .reduce((a, b) -> a+b).get();
    int summe1 = liste.stream()
     .reduce(0, (a, b) -> a+b);
// Alternativ eine Methodenreferenz benutzen
```

```
      int summe2 = liste.stream()
        .reduce(0, Integer::sum);
// Die Summen anzeigen
      System.out.println("\nDie Summe der Zahlen aus der Integer"
        + "-Liste: " + summe0 + " ** " + summe1 + " ** " +summe2);
// Das Produkt berechnen und anzeigen; achten Sie darauf, dass das
// "identity element" für eine Menge S, die eine binäre Operation
// wie +, *, etc. definiert, ein Element e ist, das in Kombination
// mit einem beliebigen Element x von S das gleiche Element x
// liefert (das heißt, e·x = x·e = x für alle x aus S); so ist
// dieses 0 für die Addition und 1 für die Multiplikation
      int produkt = liste.stream()
        .reduce(1, (a, b) -> a*b);
      System.out.println("\nDas Produkt der Zahlen aus der Integer"
        + "-Liste: " + produkt);
// Maximum und Minimum von Stream-Elementen mit reduce() berechnen
      System.out.println("\nMaximum und Minimum von Stream-"
        +"Elementen mit reduce() berechnen:");
// Die max()- und min()-Methoden von Integer als BinaryOperator
// über Methoden-Referenzen identifizieren
      System.out.println("Max = " + liste.stream()
        .reduce(1, Integer::max));
      System.out.println("Min = " + liste.stream()
        .reduce(1, (a, b) -> Integer.min(a,b)));
// Die BinaryOperatoren mit den statischen Methoden der Klasse
// BinaryOperator erzeugen
      BinaryOperator<Integer> maxByOperator =
        BinaryOperator.<Integer> maxBy(Integer::compareTo);
      BinaryOperator<Integer> minByOperator =
        BinaryOperator.<Integer> minBy(
          (v1,v2) -> Integer.compare(v1,v2));
// und diese in der reduce()-Methode übergeben
      System.out.println("Max = " + liste.stream()
        .reduce(1, maxByOperator));
      System.out.println("Min = " + liste.stream()
        .reduce(1, minByOperator));
      System.out.println();
// Die Methode <U> U reduce(U identity, BiFunction<U,? super T,U>
// accumulator, BinaryOperator<U> combiner) führt eine Reduction
// auf den Stream-Elementen durch unter der Benutzung eines
// Identity-Werts, einer Accumulator- und einer Combiner-
// Funktion; der in dieser dritten überladenen Form übergebene
// Combiner kommt nur im Fall eines parallelen Streams zum
// Einsatz, was mit den nachfolgenden Ausgaben bestätigt wird;
// dann werden alle Stream-Elemente mittels der Accumulator-
// BiFunction mit der Identität verknüpft und danach die so
```

```java
// berechneten Ergebnisse mittels des Combiner-BinaryOperators in
// mehreren Schritten nacheinander kombiniert, bis aus den zwei
// am Ende verbliebenen das finale Ergebnis gebildet wird
    BiFunction<Integer,Integer,Integer> biFunc =
      (Integer i1, Integer i2) ->
        { Integer i3 = i1 + i2;
          System.out.println("Summe Bi-Function: " + i3
            + " von " + i1 + " und " +i2);
          return i3;
        };
    BinaryOperator<Integer> biOp = (Integer i1, Integer i2) ->
        { Integer i3 = i1 + i2;
          System.out.println("Summe-Bi-Operator: " + i3
            + " von " + i1 + " und " +i2);
          return i3;
        };
    BiFunction<Integer,Integer,Integer> biFunc1 =
      (Integer i1, Integer i2) ->
        { Integer i3 = i1 * i2;
          System.out.println("Produkt Bi-Function: " + i3
            + " von " + i1 + " und " +i2);
          return i3;
        };
    BinaryOperator<Integer> biOp1 = (Integer i1, Integer i2) ->
        { Integer i3 = i1 * i2;
          System.out.println("Produkt-Bi-Operator: " + i3
            + " von " + i1 + " und " +i2);
          return i3;
        };
    System.out.println("\nReduce 1 sequenziell: " + liste
      .stream().reduce(0, biFunc, biOp));
    System.out.println();
    System.out.println("\nReduce 1 parallel: " + liste
      .parallelStream().reduce(0, biFunc, biOp));
    System.out.println();
    System.out.println("\nReduce 2 sequenziell: " + liste
      .stream().reduce(1, biFunc1, biOp1));
    System.out.println();
    System.out.println("\nReduce 2 parallel: " + liste
      .parallelStream().reduce(1, biFunc1, biOp1));
    System.out.println();
    System.out.println("\nReduce 3 sequenziell: " + liste
      .stream().reduce(0, biFunc, biOp1));
    System.out.println();
    System.out.println("\nReduce 3 parallel: " + liste
      .parallelStream().reduce(1, biFunc, biOp1));
```

```
       System.out.println();
// Beispiele mit der String-Liste; wie oben Accumulator und
// Combiner explizit deklarieren; in der reduce()-Methode sind
// diese vom Typ BiFunction<U,? super T,U> und  BinaryOperator<U>
       BiFunction<Integer, String, Integer> accumulator = (i,s) ->
          { Integer j =  i + s.length();
            System.out.println("i = " + i + " s = " + s + " j = "
             + j);
            return j;
          };
       BinaryOperator<Integer> combiner = (i,j) ->
          { Integer k = i + j;
            System.out.println("i = " + i + " j = " + j + " k = "
            + k);
            return k;
          };
       BiFunction<String, String, String> accumulator2 =
          (s1,s2) ->
// Die final Klasse StringJoiner wird benutzt, um eine Character-
// Folge zu erzeugen, die durch einen Delimiter getrennt wird
// und optional mit einem Präfix beginnt und einem Suffix endet
          { StringJoiner sj = new StringJoiner("!", "[", "]");
            sj.add(s1).add(s2);
            String s3 = sj.toString();
            System.out.println("s1 = " + s1 + " s2 = " + s2
             + " s3 = " + s3);
            return s3;
          };
       BinaryOperator<String> combiner2 = (s1,s2) ->
          { String s3 = s1 + s2;
            System.out.println("str1 = " + s1 + " str2 = " + s2
            + " str3 = " + s3);
            return s3;
          };
// und die Referenzen in der reduce()-Methode übergeben
       System.out.println("\nReduce 4 sequenziell: " + javaListe
        .stream().reduce(0, accumulator, combiner));
       System.out.println();
       System.out.println("\nReduce 4 parallel: " + javaListe
        .parallelStream().reduce(0, accumulator, combiner));
       System.out.println();
       System.out.println("\nReduce 5 sequenziell: " + javaListe
        .stream().reduce("", accumulator2, combiner2));
       System.out.println();
       System.out.println("\nReduce 5 parallel: " + javaListe
        .parallelStream().reduce("", accumulator2, combiner2));
```

```
// Die direkte Übergabe von Lambda-Ausdrücken macht keinen
// Unterschied; Objekte vom Typ des Target-Typs werden erst nach
// der Übergabe in Methoden während der Laufzeit erzeugt
    System.out.println("\nReduce 6: " + javaListe.stream()
        .reduce(0,(i, s) -> i + s.length(), (i, j) -> i + j));
// Mit den Methoden static <T> Stream<T> of(T t) und static <T>
// Stream<T> of(T... values) kann ein Stream mit den Elementen,
// die im Aufruf übergeben werden, erzeugt werden
    Stream<String> stringStream1 = Stream.of("Java 5", "Java 6",
        "Java 7", "Java 8");
    Stream<String> stringStream = Stream.of("Java 5", "Java 6",
        "Java 7", "Java 8");
    Stream<String> stringStream0 = Stream.of("Java 5", "Java 6",
        "Java 7", "Java 8");
// Um ein Array von einem bestimmten Typ mit der Methode toArray()
// zu erzeugen, kann der zugehörige Konstruktor als Referenz
// übergeben werden
    Stream<String> farbenStream = Stream.of("grün", "rot",
        "blau");
    String[] stringArray = farbenStream.toArray(String[]::new);
    System.out.println("\nString-Array mit toArray() erzeugen: "
        + Arrays.asList(stringArray));
// Die Methode von Stream <R> R collect(Supplier<R> supplier,
// BiConsumer<R,? super T> accumulator, BiConsumer<R,R> combiner)
// führt eine veränderliche Reduction ("mutable Reduction") auf
// Stream-Elementen durch; dies ist eine Reduction, in der der
// reduzierte Wert einen veränderlichen Container als Ergebnis
// darstellt, wie z.B. als ArrayList oder StringBuilder.
// Die Elemente eines Streams mit der collect()-Methode in einer
// Liste ansammeln (bzw. löschen) und die Ergebnis-Liste anzeigen
    List<String> stringListe1 = stringStream1.collect(
        ArrayList::new, ArrayList::add, ArrayList::addAll);
    System.out.println("\nCollect 1 mit ArrayList: ");
    stringListe1.stream()
        .forEach(e -> System.out.print(e + " "));
    List<String> stringListe = stringStream.collect(
        ArrayList::new, ArrayList::remove, ArrayList::removeAll);
        stringListe.add("Die ursprünglichen Elemente wurden alle "
            + "gelöscht");
    System.out.println("\nCollect 2 mit ArrayList: ");
    stringListe.stream()
        .forEach(e -> System.out.print(e + " "));
// Die Elemente des Streams mit der collect()-Methode in einem
// TreeSet ansammeln und dieses anzeigen
    Set<String> stringSet = stringStream0.collect(
        TreeSet::new, TreeSet::add, TreeSet::addAll);
    System.out.println("\nCollect 1 mit TreeSet: ");
```

```
        stringSet.stream()
            .forEach(e -> System.out.print(e + " "));
// Andere Möglichkeiten, Streams zu erzeugen: mit der statischen
// generischen Methode static <T> Stream.Builder<T> builder(), die
// einen Builder für einen Stream erzeugt
        Stream<String> stringStream2 = Stream.<String>builder().
            add(new String("Java ")).build();
        Stream<String> stringStream3 = Stream.<String>builder().
            add(new String("Android")).build();
// Mit der Methode static <T> Stream<T> concat(Stream<? extends T>
// a, Stream<? extends T> b) kann ein "lazily concatenated"-Stream
// erzeugt werden, der alle Elemente des ersten Streams gefolgt
// von denen aus dem zweiten Stream beinhaltet; ein Stream kann
// nicht zweimal benutzt werden
        Stream<String> stringStream4 = Stream.concat(stringStream2,
            stringStream3);
// Die Elemente des String-Streams zu einem einzigen String
// zusammenfügen
        String concatenatedString = stringStream4.collect(
        StringBuilder::new, StringBuilder::append,
        StringBuilder::append).toString();
// Den zusammengesetzten String anzeigen
        System.out.println();
        System.out.println("\nConcatenated-String: "
            + concatenatedString);
// Supplier, Accumulator und Combiner explizit deklarieren; in
// der collect()-Methode sind diese vom Typ Supplier<R>,
// BiConsumer<R,? super T> und BiConsumer<R,R>
        Supplier<StringJoiner> supplierer = () ->
            { return new StringJoiner(", ");
            };
        BiConsumer<StringJoiner, String> accumulator1 =
        (sj, s) -> {
            sj.add(s);
                };
        BiConsumer<StringJoiner, StringJoiner> combiner1 =
        (sj1, sj2) -> {
            sj1.add(sj2.toString());
                    };
// und die Referenzen in der collect()-Methode übergeben
        System.out.println("Collect 1 mit StringJoiner"
            + javaListe.stream().collect(supplierer,
            accumulator1, combiner1));
// Die direkte Übergabe von Lambda-Ausdrücken macht keinen
// Unterschied; Objekte vom Typ des Target-Typs werden erst nach
// der Übergabe in Methoden während der Laufzeit erzeugt
        System.out.println("Collect 2 mit StringJoiner" +
```

```
        javaListe.stream().collect((() -> new StringJoiner(", "),
          (sj, s) -> sj.add(s),
            (sj1, sj2) -> sj1.add(sj2.toString()))));
// Die zweite collect-Methode von Stream
// <R,A> R collect(Collector<? super T,A,R> collector) führt
// ebenfalls eine "mutable Reduction" durch, indem sie einen
// Kollektor nutzt; dieser kapselt alle Funktionen, die in der
// ersten collect()-Methode benutzt werden.
// Die Elemente einer Liste mittels eines Streams auf 3 reduzieren
// und in einer neuen Liste speichern
    System.out.println("\nElemente in einer Liste ansammeln: "
      + liste.stream().limit(3).collect(Collectors.toList()));
    System.out.println("\nCollect1 mit List: " +liste.stream().
      skip(3).collect(Collectors.toList()));
// Die Elemente einer Liste in einem HashSet ablegen; die Methode
// toCollection() bekommt einen Supplier übergeben, der als
// Konstruktor-Referenz definiert wird
    System.out.println("\nCollect 2 mit HashSet: " + javaListe
      .stream().collect(Collectors.toCollection(HashSet::new)));
// Einen Kollektor für das Ansammeln von Stream-Elementen in ein
// TreeSet vorab deklarieren und in der collect()-Methode von
// Stream übergeben
    Collector<String, ?, TreeSet<String>> stringCollector =
      Collector.of(TreeSet::new, TreeSet::add, (s1, s2) ->
        { s1.addAll(s2);
          return s1;
        });
    System.out.println("\nCollect 3 mit TreeSet: "
      + javaListe.stream().collect(stringCollector));
// Einen unendlichen Stream mit den Potenzen der Zahl 2
// durch Iteration generieren; seine ersten zehn Elemente anzeigen
    System.out.println("\nDie Potenzen der Zahl 2");
    Stream<Integer> zahlStream = Stream.iterate(1, i -> i*2);
    zahlStream.limit(10).forEach(zahl ->
      System.out.print(zahl + " "));
    System.out.println();
// Einen unendlichen Stream mit Faktorialen von ganzen Zahlen
// durch Iteration generieren
    Stream<Integer> factStream = Stream.
      iterate(1, (n) ->
        { System.out.println("n= " +n);
          n = n*factorial[0];
          factorial[0]++;
          return n;
        });
    factStream.limit(5).forEach(f ->
```

```
        System.out.println("n! " + f));
// Vierte Möglichkeit, einen Stream zu erzeugen: mit der
// statischen Methode static <T> Stream<T> generate(Supplier<T>
// s); diese gibt einen sequenziellen Stream zurück, der vom
// übergebenen Supplier geliefert wird, und kann für das
// Generieren von konstanten Streams und Streams mit
// Zufallselementen eingesetzt werden
    Stream<GenericPunkt<Double,Double>> punktStream
    = Stream.generate(()->
      { GenericPunkt<Double,Double> punkt =
        new GenericPunkt<Double,Double>();
// Einen unendlichen Stream mit Punktkoordinaten vom Typ
// GenericPunkt<Double,Double> generieren
        punkt.setKoordinate1((new Random()).nextDouble());
        punkt.setKoordinate2((new Random()).nextDouble());
        return punkt;
      });
    Stream<GenericPunkt<Integer,Integer>> punktStream1
    = Stream.generate(()->
      { GenericPunkt<Integer,Integer> punkt =
        new GenericPunkt<Integer,Integer>();
// Einen unendlichen Stream mit Punktkoordinaten vom Typ
// GenericPunkt<Integer,Integer> generieren
        punkt.setKoordinate1((new Random()).nextInt());
        punkt.setKoordinate2((new Random()).nextInt());
        return punkt;
      });
// Den Stream vom Typ GenericPunkt<Double,Double> auf 3 Elemente
// begrenzen, diese in einer Liste ansammeln und anzeigen
    System.out.println("\nPunkt-Stream vom Typ "
      + "GenericPunkt<Double,Double> : ");
    List<GenericPunkt<Double,Double>> punktListe =
    punktStream.limit(3).collect(Collectors.toList());
    punktListe.forEach(e ->
      System.out.print("(" + e.getKoordinate1()
        + "," + e.getKoordinate2() + ")"));
    System.out.println();
// Den Stream vom Typ GenericPunkt<Integer,Integer> auf 3 Elemente
// begrenzen und deren 1. Koordinate in Listen ansammeln und
// anzeigen
    System.out.println("\nPunkt-Stream vom Typ "
      + "GenericPunkt<Integer,Integer> 1. Koordinate: ");
    List<Integer> koordinate1Liste = punktStream1.limit(3)
      .map(GenericPunkt::getKoordinate1)
        .collect(Collectors.toList());
    koordinate1Liste.forEach(koordinate ->
```

```
        System.out.print(koordinate + " "));
      System.out.println();
// Alternativen für die Anzeige; achten Sie dabei darauf, dass
// der gleiche Stream nur einmal benutzt werden kann
   /* punktStream1.limit(2).map(GenericPunkt::getKoordinate1)
     .forEach(koordinate ->
       System.out.println("Koordinate1: " + koordinate));*/
   /* Stream<Integer> koordinate1Stream = punktStream1.limit(2)
     .map(GenericPunkt::getKoordinate2);
    List<Integer> koordinate2Liste = koordinate2Stream
     .collect(Collectors.toList());
    koordinate1Liste.forEach(koordinate ->
     System.out.print(koordinate + " ")); */
// Die Methode public static <T,K,U> Collector<T,?,Map<K,U>>
// toMap(Function<? super T,? extends K> keyMapper,
// Function<? super T,? extends U> valueMapper) gibt einen
// Kollektor zurück, der Elemente in einer Map speichert, deren
// Schlüssel und Werte das Ergebnis der Applikation der im Aufruf
// übergebenen Funktionen auf das Input-Element sind;
// Punkte auf Koordinaten und Koordinate auf Punkt abbilden; die
// Methode Function.identity() liefert die identische Abbildung,
// die das Input-Element unverändert zurückgibt
    Map<GenericPunkt<Double,Double>, Double> punktToKoordinate1
      = punktListe.stream().collect(Collectors.
        toMap(Function.identity(),
          punkt -> punkt.getKoordinate1()));
    Map<Double, GenericPunkt<Double,Double>> koordinate1ToPunkt
      = punktListe.stream().collect(Collectors.
        toMap(GenericPunkt::getKoordinate1,
          Function.identity()));
    System.out.print("\nPunktToKoordinate1: ");
// Die Methode entrySet() gibt eine Set-View auf die Map vom Typ
// Set<Map.Entry<Double, GenericPunkt<Double,Double>>> zurück,
// die im Konstruktor der Klasse ArrayList zwecks Umsetzung in
// eine Liste übergeben wird; eine Map.Entry<Double,
// GenericPunkt<Double,Double>>-Instanz repräsentiert einen Map-
// Eintrag (Schlüssel-Wert-Paar)
    List<Map.Entry<Double, GenericPunkt<Double,Double>>>
    anzeigeListe1 = new ArrayList<>(koordinate1ToPunkt.
      entrySet());
// Diese Liste wird in einen Stream umgesetzt, um mit dessen
// forEach()-Methode die Schlüssel und Werte der darin
// enthaltenen Elemente anzuzeigen; die Schlüssel vom Typ Double
// beinhalten die erste Koordinate von Punkten und ihre Werte die
// Punkte selbst
    anzeigeListe1.stream()
      .forEach(mapEintrag -> {
```

```
        System.out.print("\nKoordinate1="
          + mapEintrag.getKey() + " Punkt=(" + mapEintrag.
          getValue().getKoordinate1() +","
            + mapEintrag.getValue().getKoordinate2() + ")");
      });
    System.out.println();
// Ähnliche Vorgehensweise für die Anzeige der zweiten Map
    System.out.println("\nKoordinate1ToPunkt: ");
    List<Map.Entry<GenericPunkt<Double,Double>, Double>>
      anzeigeListe2 = new ArrayList<>(punktToKoordinate1.
        entrySet());
// Die Schlüssel vom Typ GenericPunkt<Double,Double> beinhalten
// die Punkte selbst und ihre Werte die erste Koordinate von
// Punkten
    anzeigeListe2.stream()
      .forEach(mapEintrag -> {
        System.out.println("Punkt=(" + mapEintrag.getKey().
          getKoordinate1() + "," + mapEintrag.getKey().
            getKoordinate2() + ")" + " Koordinate1="
              + mapEintrag.getValue());
      });
    System.out.println();
// Den Punkt mit der größten zweiten Koordinate ermitteln
    Stream<GenericPunkt<Integer,Integer>> punktStream3
      = Stream.generate(()->
        { GenericPunkt<Integer,Integer> punkt =
        new GenericPunkt<Integer,Integer>();
// Einen unendlichen Stream mit Punktkoordinaten vom Typ
// GenericPunkt<Integer,Integer> generieren; nur Werte <= 10
// zulassen
        punkt.setKoordinate1((new Random()).nextInt(10));
        punkt.setKoordinate2((new Random()).nextInt(10));
        return punkt;
      });
// Den Stream vom Typ GenericPunkt<Integer,Integer> auf 5 Elemente
// begrenzen, diese in einer Liste ansammeln und anzeigen
    System.out.println("\nPunkt-Stream vom Typ "
      + "GenericPunkt<Integer,Integer> : ");
    List<GenericPunkt<Integer,Integer>> punktListeNeu =
      punktStream3.limit(5).collect(Collectors.toList());
    punktListeNeu.forEach(e ->
      System.out.print("(" + e.getKoordinate1()
      + "," + e.getKoordinate2() + ")"));
    System.out.println();
// Den Punkt mit der größten 1. Koordinate ermitteln
    Comparator<GenericPunkt<Integer, Integer>> byKoordinate1 =
      Comparator.comparing(GenericPunkt::getKoordinate1);
```

```java
        System.out.println("\nReduce 7: " + punktListeNeu.stream()
          .reduce(BinaryOperator.maxBy(byKoordinate1)).get().
           getKoordinate1());
        System.out.println();
// Die zweiten Koordinaten in Strings umsetzen
        Comparator<String> byLength = Comparator.
          comparing(String::length);
        BiFunction<String,GenericPunkt<Integer,Integer>,String>
          biSummeKoordinate2String = (s, punkt) ->
          { String s1 = s + punkt.getKoordinate2().toString();
            System.out.println(s1);
            return s1;
          };
// und den längsten String ermitteln
        System.out.println("\nReduce 8: "
          + punktListeNeu.stream()
           .reduce(" ", biSummeKoordinate2String,
             BinaryOperator.maxBy(byLength)));
        System.out.println();
// Die zweiten Koordinaten aufeinanderaddieren
        BiFunction<Integer,GenericPunkt<Integer,Integer>,Integer>
          biSummeKoordinate2 = (s1, s2) ->
          { Integer s = s1 + s2.getKoordinate2();
            System.out.println("s1 = " + s1 + " s2 = " +
            s2.getKoordinate2() + " Summe = " + s);
            return s;
          };
        System.out.println("\nReduce 9 sequenziell: "
          + punktListeNeu.stream()
           .reduce(0, biSummeKoordinate2, biOp));
        System.out.println();
// Die zweiten Koordinaten multiplizieren
        BiFunction<Integer,GenericPunkt<Integer,Integer>,Integer>
          biProduktKoordinate2 = (s1, s2) ->
          { Integer p = s1 * s2.getKoordinate2();
            System.out.println("s1 = " + s1 + " s2 = "
              + s2.getKoordinate2() + " Produkt = " + p);
            return p;
          };
        System.out.println("\nReduce 10 sequenziell: "
          + punktListeNeu.stream()
           .reduce(1, biProduktKoordinate2, biOp1));
        System.out.println();
// Dieselben Reduzierungen mit parallelen Streams ausführen
        System.out.println("\nReduce 9 parallel: " + punktListeNeu
          .parallelStream().reduce(0, biSummeKoordinate2,
           biOp));
```

```
        System.out.println();
        System.out.println("\nReduce 10 parallel: " + punktListeNeu
          .parallelStream().reduce(1, biProduktKoordinate2,
            biOp1));
        System.out.println();
// Wir kommen auf die toMap()-Methode zurück und bilden den
// Stream vom Typ GenericPunkt<Integer, Integer> auf einen neuen
// Stream ab, indem für alle Punkte die erste Koordinate gleich 1
// gesetzt wird; ein zweiter Stream soll analog erzeugt werden,
// aber mit Punkten, deren erste Koordinate gleich 2 ist; die
// Streams werden mit der concat()-Methode zu einem Stream
// verbunden und dessen Elemente in einer Map hinterlegt; haben
// mehrere Elemente denselben Schlüssel, wirft der mit
// static <T,K,U> Collector<T,?,Map<K,U>> toMap(
// Function<? super T,? extends K> keyMapper, Function<? super T,
// ? extends U> valueMapper) erzeugte Kollektor eine
// IllegalStateException und es muss die dritte überladene Form
// static <T,K,U> Collector<T,?,Map<K,U>> toMap(
// Function<? super T,? extends K> keyMapper, Function<? super T,
// ? extends U> valueMapper,BinaryOperator<U> mergeFunction>
// benutzt werden, die einem bereits begegneten Wert für einen
// Schlüssel einen neuen zuordnet, indem der alte Wert mit einem
// neuen Wert in einer gewünschten Form von einem BinaryOperator
// zusammengesetzt wird
        Stream<GenericPunkt<Integer, Integer>> stream1 =
          punktListeNeu.stream().limit(3)
            .map((punkt) ->
              { punkt.setKoordinate1(1);
                punkt.setKoordinate2((new Random()).nextInt(5));
                System.out.println("Koordinate1 = " + punkt.
                  getKoordinate1() + " Koordinate2 = "
                    + punkt.getKoordinate2() + " ");
                return punkt;
              });
        Stream<GenericPunkt<Integer, Integer>> stream2 =
          punktListeNeu.stream().limit(3)
            .map((punkt) ->
              { punkt.setKoordinate1(2);
                punkt.setKoordinate2((new Random()).nextInt(5));
                System.out.println("Koordinate1 = " + punkt.
                  getKoordinate1() + " Koordinate2 = "
                    + punkt.getKoordinate2() + " ");
                return punkt;
              });
        System.out.println();
        Stream<GenericPunkt<Integer, Integer>> stream3 =
          Stream.concat(stream1, stream2);
```

```
    Stream<GenericPunkt<Integer, Integer>> stream4 =
    punktListeNeu.stream().limit(3)
      .map((punkt) ->
        { punkt.setKoordinate1(1);
          punkt.setKoordinate2((new Random()).nextInt(5));
          System.out.println("Koordinate1 = " + punkt.
            getKoordinate1() + " Koordinate2 = "
            + punkt.getKoordinate2() + " ");
          return punkt;
        });
    Stream<GenericPunkt<Integer, Integer>> stream5 =
      punktListeNeu.stream().limit(3)
      .map((punkt) ->
        { punkt.setKoordinate1(2);
          punkt.setKoordinate2((new Random()).nextInt(5));
          System.out.println("Koordinate1 = " + punkt.
            getKoordinate1() + " Koordinate2 = "
            + punkt.getKoordinate2() + " ");
          return punkt;
        });
    System.out.println();
    Stream<GenericPunkt<Integer, Integer>> stream6 =
    Stream.concat(stream4, stream5);
    System.out.println();
    Map<Integer, Integer> koordinate1Tokoordinate2
      = stream3.collect(Collectors.
        toMap(GenericPunkt::getKoordinate1,
          GenericPunkt::getKoordinate2,
          (alterWert, neuerWert) -> alterWert + neuerWert));
// Die Map anzeigen
    System.out.print("\nKoordinate1ToKoordinate2: " +
      koordinate1Tokoordinate2);
    System.out.println();
// Die zweiten Koordinaten, die in Punkten der gleichen ersten
// Koordinate entsprechen, in einem Set speichern
    Map<Integer, Set<Integer>> koordinate1Tokoordinate2Set =
      stream6.collect(Collectors.
        toMap(GenericPunkt::getKoordinate1, koordinate2 ->
          Collections.singleton(koordinate2.getKoordinate2()),
          (s, a) -> { Set<Integer> set = new HashSet<>(s);
                      set.addAll(a);
                      return set;
                    }));
    System.out.print("\nKoordinate1ToKoordinate2: " +
      koordinate1Tokoordinate2Set);
// Anordnungen von Stream-Elementen; die sorted()-Methoden von
// Stream ordnen seine Elemente nach ihrer natürlichen Reihenfolge
```

```
// bzw. nach der vom übergebenen Comparator definierten
// Reihenfolge; beides sind zustandsbehaftete intermediäre
// Operationen
    System.out.println("\nVorwärts- und Rückwärtssortierungen "
      + "von Koordinatenlisten: ");
    List<Integer> integerListe1 = punktListeNeu.stream()
      .map(GenericPunkt::getKoordinate1).sorted()
       .collect(Collectors.toList());
    integerListe1.forEach(koordinate ->
      System.out.print(koordinate + " "));
    System.out.println();
    List<Integer> integerListe2 = punktListeNeu.stream()
      .map(GenericPunkt::getKoordinate2).sorted()
       .collect(Collectors.toList());
    integerListe2.forEach(koordinate ->
      System.out.print(koordinate + " "));
    System.out.println();
    Comparator<Double> vorwaerts = Double::compare;
    Comparator<Double> rueckwerts = vorwaerts.reversed();
    List<Double> doubleListe1 = punktListe.stream()
      .map(GenericPunkt::getKoordinate1).sorted(vorwaerts)
       .collect(Collectors.toList());
    doubleListe1.forEach(koordinate ->
    System.out.print(koordinate + " "));
    System.out.println();
    List<Double> doubleListe2 = punktListe.stream()
      .map(GenericPunkt::getKoordinate2).sorted(rueckwerts)
       .collect(Collectors.toList());
    doubleListe2.forEach(koordinate ->
      System.out.print(koordinate + " "));
    System.out.println();
// Die Methode unordered() wird vom Oberinterface BaseStream
// geerbt; sie gibt einen nicht geordneten Stream zurück
    System.out.println("\nUngeordnete Streams:");
    integerListe1.stream().unordered().forEach(koordinate ->
      System.out.print(koordinate + " "));
    System.out.println();
    integerListe2.stream().unordered().forEach(koordinate ->
      System.out.print(koordinate + " "));
    System.out.println();
    integerListe1.parallelStream().unordered().forEach(
      koordinate -> System.out.print(koordinate + " "));
    System.out.println();
    integerListe2.parallelStream().unordered().forEach(
      koordinate -> System.out.print(koordinate + " "));
  }
}
```

Programmausgaben

```
java8uebungsbuch1                                                    _ □ X

C:\Users\Lissi\Documents\java8uebungsbuch1sourcecode>java StreamMethoden

Integer-Liste:
1 2 3 4 5 6 7 8

String-Liste:
Java 5 Java 6 Java 7 Java 8
Max und Min als Optional-Instanzen:
Max = Optional[8]
Min = Optional[1]

Die Anzahl von geraden Zahlen =  4

Die Anzahl von ungeraden Zahlen = 4

1 2 3 4 4 5 6 7 8

Der Durchschnittswert der Zahlen aus der Integer-Liste: 4.5

String mit Großbuchstaben: JAVA 5JAVA 6JAVA 7JAVA 8

String mit Kleinbuchstaben: java 5java 6java 7java 8

Zusammengefügter String: Java 5,Java 6,Java 7,Java 8

Zusammengefügter String: Java 5,Java 6,Java 7,Java 8

Die Summe der Zahlen aus der Integer-Liste: 36 ×× 36 ×× 36

Das Produkt der Zahlen aus der Integer-Liste: 40320

Maximum und Minimum von Stream-Elementen mit reduce() berechnen:
Max = 8
Min = 1
Max = 8
Min = 1

Summe Bi-Function: 1 von 0 und 1
Summe Bi-Function: 3 von 1 und 2
Summe Bi-Function: 6 von 3 und 3
Summe Bi-Function: 10 von 6 und 4
Summe Bi-Function: 15 von 10 und 5
Summe Bi-Function: 21 von 15 und 6
Summe Bi-Function: 28 von 21 und 7
Summe Bi-Function: 36 von 28 und 8

Reduce 1 sequenziell: 36
```

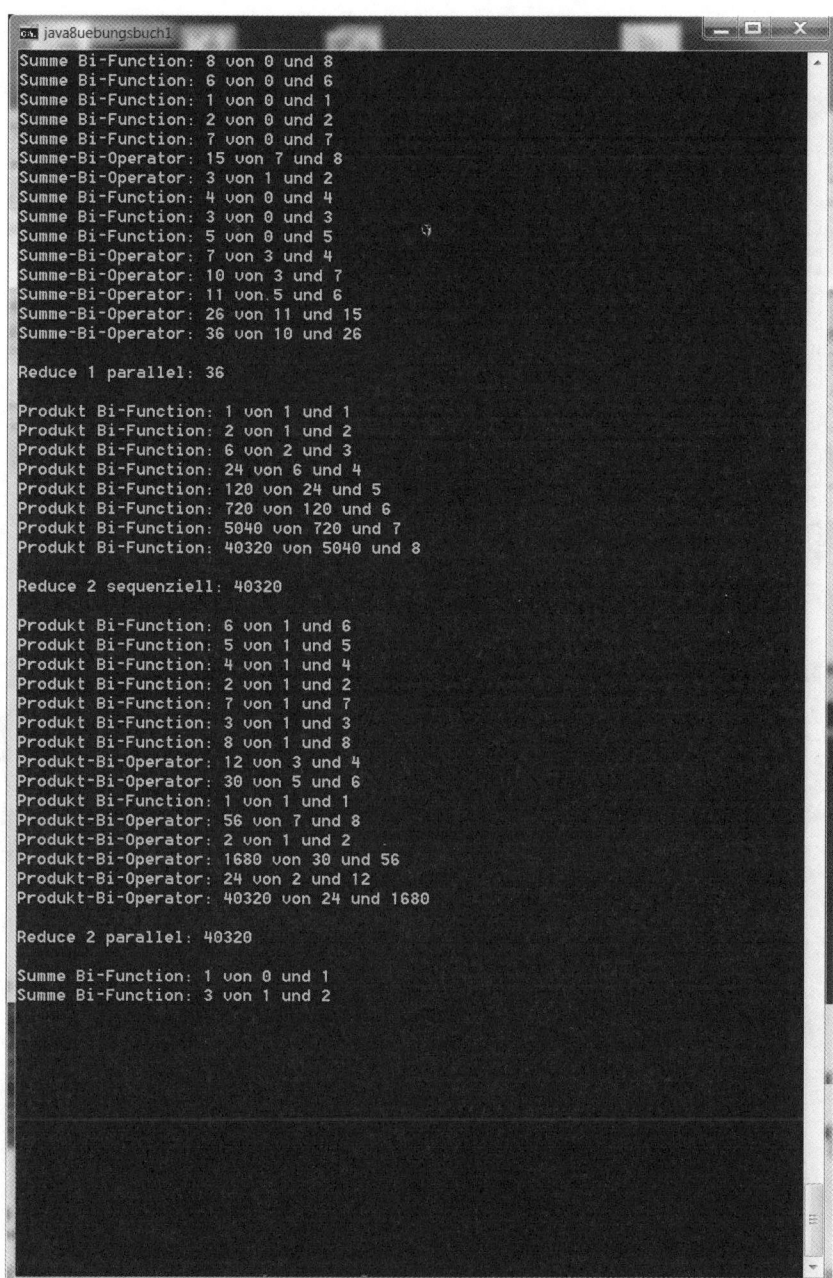

```
java8uebungsbuch1

Summe Bi-Function: 8 von 0 und 8
Summe Bi-Function: 6 von 0 und 6
Summe Bi-Function: 1 von 0 und 1
Summe Bi-Function: 2 von 0 und 2
Summe Bi-Function: 7 von 0 und 7
Summe-Bi-Operator: 15 von 7 und 8
Summe-Bi-Operator: 3 von 1 und 2
Summe Bi-Function: 4 von 0 und 4
Summe Bi-Function: 3 von 0 und 3
Summe Bi-Function: 5 von 0 und 5
Summe-Bi-Operator: 7 von 3 und 4
Summe-Bi-Operator: 10 von 3 und 7
Summe-Bi-Operator: 11 von 5 und 6
Summe-Bi-Operator: 26 von 11 und 15
Summe-Bi-Operator: 36 von 10 und 26

Reduce 1 parallel: 36

Produkt Bi-Function: 1 von 1 und 1
Produkt Bi-Function: 2 von 1 und 2
Produkt Bi-Function: 6 von 2 und 3
Produkt Bi-Function: 24 von 6 und 4
Produkt Bi-Function: 120 von 24 und 5
Produkt Bi-Function: 720 von 120 und 6
Produkt Bi-Function: 5040 von 720 und 7
Produkt Bi-Function: 40320 von 5040 und 8

Reduce 2 sequenziell: 40320

Produkt Bi-Function: 6 von 1 und 6
Produkt Bi-Function: 5 von 1 und 5
Produkt Bi-Function: 4 von 1 und 4
Produkt Bi-Function: 2 von 1 und 2
Produkt Bi-Function: 7 von 1 und 7
Produkt Bi-Function: 3 von 1 und 3
Produkt Bi-Function: 8 von 1 und 8
Produkt-Bi-Operator: 12 von 3 und 4
Produkt-Bi-Operator: 30 von 5 und 6
Produkt Bi-Function: 1 von 1 und 1
Produkt-Bi-Operator: 56 von 7 und 8
Produkt-Bi-Operator: 2 von 1 und 2
Produkt-Bi-Operator: 1680 von 30 und 56
Produkt-Bi-Operator: 24 von 2 und 12
Produkt-Bi-Operator: 40320 von 24 und 1680

Reduce 2 parallel: 40320

Summe Bi-Function: 1 von 0 und 1
Summe Bi-Function: 3 von 1 und 2
```

```
java8uebungsbuch1                                              _ □ X

Summe Bi-Function: 6 von 3 und 3
Summe Bi-Function: 10 von 6 und 4
Summe Bi-Function: 15 von 10 und 5
Summe Bi-Function: 21 von 15 und 6
Summe Bi-Function: 28 von 21 und 7
Summe Bi-Function: 36 von 28 und 8

Reduce 3 sequenziell: 36

Summe Bi-Function: 7 von 1 und 6
Summe Bi-Function: 2 von 1 und 1
Summe Bi-Function: 6 von 1 und 5
Summe Bi-Function: 8 von 1 und 7
Summe Bi-Function: 9 von 1 und 8
Summe Bi-Function: 5 von 1 und 4
Summe Bi-Function: 3 von 1 und 2
Summe Bi-Function: 4 von 1 und 3
Produkt-Bi-Operator: 6 von 2 und 3
Produkt-Bi-Operator: 72 von 8 und 9
Produkt-Bi-Operator: 42 von 6 und 7
Produkt-Bi-Operator: 20 von 4 und 5
Produkt-Bi-Operator: 120 von 6 und 20
Produkt-Bi-Operator: 3024 von 42 und 72
Produkt-Bi-Operator: 362880 von 120 und 3024

Reduce 3 parallel: 362880

i = 0 s = Java 5 j = 6
i = 6 s = Java 6 j = 12
i = 12 s = Java 7 j = 18
i = 18 s = Java 8 j = 24

Reduce 4 seqentiell: 24

i = 0 s = Java 7 j = 6
i = 0 s = Java 8 j = 6
i = 0 s = Java 6 j = 6
i = 0 s = Java 5 j = 6
i = 6 j = 6 k = 12
i = 6 j = 6 k = 12
i = 12 j = 12 k = 24

Reduce 4 parallel: 24

s1 =  s2 = Java 5 s3 = [!Java 5]
s1 = [!Java 5] s2 = Java 6 s3 = [[!Java 5]!Java 6]
s1 = [[!Java 5]!Java 6] s2 = Java 7 s3 = [[[!Java 5]!Java 6]!Java 7]
s1 = [[[!Java 5]!Java 6]!Java 7] s2 = Java 8 s3 = [[[[!Java 5]!Java 6]!Java 7]!J
ava 8]
```

```
java8uebungsbuch1                                                  — □ X

Reduce 5 sequenziell: [[[[!Java 5]!Java 6]!Java 7]!Java 8]

s1 =   s2 = Java 7 s3 = [!Java 7]
s1 =   s2 = Java 5 s3 = [!Java 5]
s1 =   s2 = Java 6 s3 = [!Java 6]
s1 =   s2 = Java 8 s3 = [!Java 8]
str1 = [!Java 7] str2 = [!Java 8] str3 = [!Java 7][!Java 8]
str1 = [!Java 5] str2 = [!Java 6] str3 = [!Java 5][!Java 6]
str1 = [!Java 5][!Java 6] str2 = [!Java 7][!Java 8] str3 = [!Java 5][!Java 6][!J
ava 7][!Java 8]

Reduce 5 parallel: [!Java 5][!Java 6][!Java 7][!Java 8]

Reduce 6: 24

String-Array mit toArray() erzeugen: [grün, rot, blau]

Collect 1 mit ArrayList:
Java 5 Java 6 Java 7 Java 8
Collect 2 mit ArrayList:
Die ursprünglichen Elemente wurden alle gelöscht
Collect 1 mit TreeSet:
Java 5 Java 6 Java 7 Java 8

Concatenated-String: Java Android
Collect 1 mit StringJoinerJava 5, Java 6, Java 7, Java 8
Collect 2 mit StringJoinerJava 5, Java 6, Java 7, Java 8

Elemente in einer Liste ansammeln: [1, 2, 3]

Collect1 mit List: [4, 5, 6, 7, 8]

Collect 2 mit HashSet: [Java 5, Java 6, Java 7, Java 8]

Collect 3 mit TreeSet: [Java 5, Java 6, Java 7, Java 8]

Die Potenzen der Zahl 2
1 2 4 8 16 32 64 128 256 512
n! 1
n= 1
n! 1
n= 1
n! 2
n= 2
n! 6
n= 6
n! 24
```

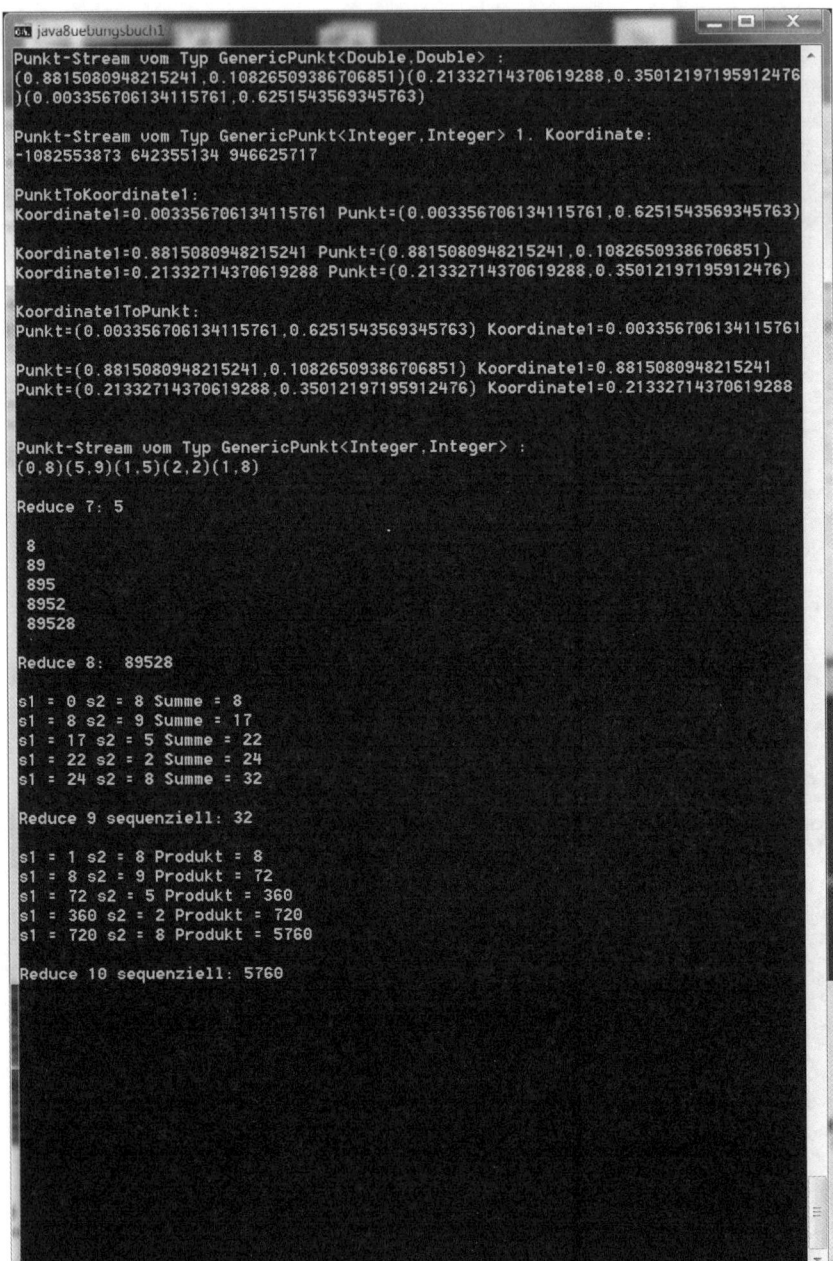

```
java8uebungsbuch1                                                    _ □ X

Punkt-Stream vom Typ GenericPunkt<Double,Double> :
(0.8815080948215241,0.10826509386706851)(0.21332714370619288,0.35012197195912476
)(0.003356706134115761,0.6251543569345763)

Punkt-Stream vom Typ GenericPunkt<Integer,Integer> 1. Koordinate:
-1082553873 642355134 946625717

PunktToKoordinate1:
Koordinate1=0.003356706134115761 Punkt=(0.003356706134115761,0.6251543569345763)

Koordinate1=0.8815080948215241 Punkt=(0.8815080948215241,0.10826509386706851)
Koordinate1=0.21332714370619288 Punkt=(0.21332714370619288,0.35012197195912476)

Koordinate1ToPunkt:
Punkt=(0.003356706134115761,0.6251543569345763) Koordinate1=0.003356706134115761

Punkt=(0.8815080948215241,0.10826509386706851) Koordinate1=0.8815080948215241
Punkt=(0.21332714370619288,0.35012197195912476) Koordinate1=0.21332714370619288


Punkt-Stream vom Typ GenericPunkt<Integer,Integer> :
(0,8)(5,9)(1,5)(2,2)(1,8)

Reduce 7: 5

 8
 89
 895
 8952
 89528

Reduce 8:  89528

s1 = 0 s2 = 8 Summe = 8
s1 = 8 s2 = 9 Summe = 17
s1 = 17 s2 = 5 Summe = 22
s1 = 22 s2 = 2 Summe = 24
s1 = 24 s2 = 8 Summe = 32

Reduce 9 sequenziell: 32

s1 = 1 s2 = 8 Produkt = 8
s1 = 8 s2 = 9 Produkt = 72
s1 = 72 s2 = 5 Produkt = 360
s1 = 360 s2 = 2 Produkt = 720
s1 = 720 s2 = 8 Produkt = 5760

Reduce 10 sequenziell: 5760
```

```
s1 = 0 s2 = 5 Summe = 5
s1 = 0 s2 = 8 Summe = 8
s1 = 0 s2 = 2 Summe = 2
s1 = 0 s2 = 9 Summe = 9
s1 = 0 s2 = 8 Summe = 8
Summe-Bi-Operator: 17 von 8 und 9
Summe-Bi-Operator: 10 von 2 und 8
Summe-Bi-Operator: 15 von 5 und 10
Summe-Bi-Operator: 32 von 17 und 15

Reduce 9 parallel: 32

s1 = 1 s2 = 5 Produkt = 5
s1 = 1 s2 = 2 Produkt = 2
s1 = 1 s2 = 8 Produkt = 8
s1 = 1 s2 = 8 Produkt = 8
Produkt-Bi-Operator: 16 von 2 und 8
Produkt-Bi-Operator: 80 von 5 und 16
s1 = 1 s2 = 9 Produkt = 9
Produkt-Bi-Operator: 72 von 8 und 9
Produkt-Bi-Operator: 5760 von 72 und 80

Reduce 10 parallel: 5760


Koordinate1 = 1 Koordinate2 = 1
Koordinate1 = 1 Koordinate2 = 0
Koordinate1 = 1 Koordinate2 = 1
Koordinate1 = 2 Koordinate2 = 3
Koordinate1 = 2 Koordinate2 = 0
Koordinate1 = 2 Koordinate2 = 4

Koordinate1ToKoordinate2: {1=2, 2=7}
Koordinate1 = 1 Koordinate2 = 4
Koordinate1 = 1 Koordinate2 = 3
Koordinate1 = 1 Koordinate2 = 0
Koordinate1 = 2 Koordinate2 = 2
Koordinate1 = 2 Koordinate2 = 3
Koordinate1 = 2 Koordinate2 = 0

Koordinate1ToKoordinate2: {1=[0, 3, 4], 2=[0, 2, 3]}

Vorwärts- und Rückwärtssortierungen von Koordinatenlisten:
1 2 2 2 2
0 2 2 3 8
0.003356706134115761 0.21332714370619288 0.8815080948215241
0.6251543569345763 0.35012197195912476 0.10826509386706851
```

Lösung 11.16

Die Klasse CollectorsMethoden

```java
import java.util.concurrent.ConcurrentMap;
import java.util.*;
import java.util.stream.Collectors;
import java.util.stream.Stream;
import java.util.function.Predicate;
```

```
import java.util.function.Consumer;
import java.util.function.BinaryOperator;
import java.util.function.BiFunction;
public class CollectorsMethoden implements Buchliste {
  public static void main(String... args) {
// Einen Buchkatalog als ArrayList-Instanz erzeugen und dazu das
// im implementierten Interface definierte Array benutzen
    List<Buch> buchListe =
      new ArrayList<>(Arrays.asList(buchArray));
// Alle Bücher der Liste mit der forEach()-Methode, in der ein
// Argument vom Typ Consumer<Buch> übergeben wird, anzeigen; der
// Stream ist eine Folge von Elementen aus der Collection vom Typ
// List<Buch> (in diesem Fall von Büchern)
    System.out.println("\nDie Bücher der Liste:");
    buchListe.stream()
      .forEach(buch -> System.out.println(buch.getTitel()));
    System.out.println();
// Die map()-Methode erzeugt einen neuen Stream, dessen Elemente
// das Ergebnis von allen angewandten Transformationen auf die
// Elemente des Source-Streams (ohne dass sie damit unbedingt
// etwas zu tun haben muss) sind; hiermit wird für alle Bücher
// der Liste der gesetzte Autor gelesen und damit ein neuer Stream
// erzeugt; dieser ist vom Typ String
    System.out.println("\nDie Werte, auf die die Bücher der "
      +"Liste nach einer ersten bzw. zweiten Transformationen "
       + "abgebildet wurden:");
    Stream<String> buchStream1 = buchListe.stream()
      .map((buch) -> {
        String value = buch.getAutor();
        System.out.println(value);
        return value;
      });
// Durch die Abbildung der Elemente dieses Streams auf die Länge
// des Autorennamens entsteht ein zweiter Stream mit der gleichen
// Anzahl von Elementen, jetzt vom Typ Integer; all diese Elemente
//  (wie auch die obigen von Streams) sind nirgendwo für den Programmierer
//  ersichtlich gespeichert; diese Elemente anzeigen
    Stream<Integer> integerStream = buchStream1
      // .map((autor) -> autor.length());
// Alternativ zum Lambda-Ausdruck kann eine Methoden-Referenz
// benutzt werden
        .map(String::length);
// forEach() ist die abschließende Operation; auch die
// intermediären Operationen aus einer Pipeline werden erst zu
// diesem Zeitpunkt durchgeführt
    integerStream.forEach(i -> System.out.println(i));
```

```
        System.out.println();
// Die ursprüngliche Buchliste bleibt davon unberührt
        System.out.println("\nDie Bücher der Liste:");
        buchListe.stream()
          .forEach(buch -> System.out.println(buch.getTitel()));
        System.out.println();
// Das Thema der Bücher in einer Liste ansammeln und anzeigen
        List<String> themaListe = buchListe.stream()
          .map(Buch::getThema).collect(Collectors.toList());
        System.out.println("Die Thematik der Bücher:");
        themaListe.forEach(thema -> System.out.print(thema + " "));
        System.out.println();
// Die joining()-Methode gibt einen Kollektor zurück, der alle
// Elemente der Input-Source mit dem spezifizierten Delimiter
// zusammenfügt
        System.out.println("\nZusammengefügter String: "
          + buchListe.stream().map(Buch::getThema)
            .collect(Collectors.joining("-")));
// Den Preis der Bücher in einem TreeSet ansammeln und anzeigen;
// zum Erzeugen eines TreeSets wird eine Konstruktorreferenz,
// die als Supplier übergeben wird, benutzt; die Methode
// static <T,C extends Collection<T>> Collector<T,?,C>
// toCollection(Supplier<C> collectionFactory) sammelt alle
// Elemente des Streams in einer Collection-Instanz in
// zufälliger Reihenfolge; diese Collection wird mittels
// des übergebenen Suppliers erzeugt
        Set<Double> preisSet = buchListe.stream()
          .map(Buch::getPreis)
            .collect(Collectors.toCollection(TreeSet::new));
        System.out.println("\nDie Preise der Bücher:");
        preisSet.forEach(preis -> System.out.print(preis + " "));
        System.out.println();
// Die Preise der Bücher aus der Buchliste summieren
        double gesamtPreis = buchListe.stream()
          .collect(Collectors.summingDouble(Buch::getPreis));
// und den Gesamtpreis anzeigen
        System.out.println("\nGesamtPreis aller Bücher: "
          + gesamtPreis );
// Das Buch mit der größten Seitenanzahl mittels der reduce()-
// Methode von Stream ermitteln; dazu einen Comparator für den
// Vergleich der Seitenanzahl erzeugen
        Comparator<Buch> bySeitenanzahl = Comparator.
          comparing(Buch::getSeitenanzahl);
        System.out.println("\nDas Buch mit der größten Anzahl von "
          + "Seiten: " + buchListe.stream()
            .reduce(BinaryOperator.maxBy(bySeitenanzahl)).get().
```

```
        getTitel());
// Die Summe aller Preise von Büchern mit reduce() von Stream
// berechnen
    System.out.println("\nDie Summe aller Preise von Büchern:");
  BiFunction<Double,Buch,Double> biSummePreisFunc =
    (s1, s2) ->
      { Double d = s1 + s2.getPreis();
        System.out.println(d);
        return d;
      };
  System.out.println("Summe: " + buchListe.stream().reduce(0.,
    biSummePreisFunc, Double::sum));
// Die Bücher der Buchliste nach ihrem Thema gruppieren; diese
// werden von der Stream.collect()-Methode in einer Map
// gespeichert, die als Schlüssel das Thema und als Wert die
// Liste der dazugehörigen Bücher enthält; die groupingBy()-
// Methode gibt einen Kollektor zurück, der eine
// Group-By-Operation durchführt; dieser kann im Aufruf einer
// collect()-Methode übergeben werden, die wiederum eine Map
// zurückgibt, deren Schlüssel (keys) den Werten (values)
// entsprechen, die durch die Anwendung der ihr als Argument
// übergebenen Lambda-Expression (die in diesem Fall auch als
// Klassifikations-Funktion bezeichnet wird) resultieren (hier
// eine List<Buch>-Instanz); sie gruppiert alle Bücher nach ihrer
// Thematik
    Map<String, List<Buch>> themaMap = buchListe.stream()
     .collect(Collectors.groupingBy(Buch::getThema));
// Die Methode entrySet() gibt eine Set-View auf die Map vom Typ
// Set<Map.Entry<String, List<Buch>>> zurück, die im Konstruktor
// der Klasse ArrayList zwecks Umsetzung in eine Liste übergeben
// wird; eine Map.Entry<String, List<Buch>>-Instanz repräsentiert
// einen Map-Eintrag (Schlüssel-Wert-Paar)
    List<Map.Entry<String, List<Buch>>> themenListe =
      new ArrayList<>(themaMap.entrySet());
// Diese Liste wird in einen Stream umgesetzt, um mit dessen
// forEach()-Methode die Schlüssel und Werte der darin
// enthaltenen Elemente anzuzeigen; die Schlüssel vom Typ String
// beinhalten das Thema der Bücher und ihre Werte die Listen der
// dazugehörigen Buchtitel; um diese Liste anzuzeigen, wird sie
// ebenfalls in einen Stream umgesetzt und die in ihr
// gespeicherten Titel werden auf einen weiteren Stream
// abgebildet, dessen Elemente mit einer weiteren forEach()-
// Methode angezeigt werden
    themenListe.stream()
      .forEach(thema -> {
        System.out.println("\nTHEMA: " + thema.getKey());
```

```
                thema.getValue().stream()
                  .map(Buch::getTitel)
                    .forEach(titel -> System.out.println(titel));
        });
// Das dickste Buch zu einem Thema ermitteln; die Methode
// reducing() von Collectors im Vergleich zur Methode reduce()
// von Stream benutzen
        Map<String, Optional<Buch>> maxSeitenByThema
          = buchListe.stream().collect(Collectors.
          groupingBy(Buch::getThema, Collectors.
            reducing(BinaryOperator.maxBy(bySeitenanzahl))));
// Die gleiche Vorgehensweise wie im obigen Beispiel für die
// Anzeige benutzen
        List<Map.Entry<String, Optional<Buch>>>
          anzeigeListe = new ArrayList<>(maxSeitenByThema.
          entrySet());
        System.out.println("\nDas Buch mit der größten Anzahl von "
          + "Seiten zu einem Thema:");
        anzeigeListe.stream()
          .forEach(mapEintrag -> {
            System.out.println("Thema: "
            + mapEintrag.getKey() + " Titel: " + mapEintrag.
              getValue().get().getTitel());
          });
// Das Buch mit dem längsten Titel zu einem Thema ermitteln
        Comparator<String> byLength = Comparator.
          comparing(String::length);
        Map<String, String> maxTitelByThema = buchListe.stream().
          collect(Collectors.groupingBy(Buch::getThema,
            Collectors.reducing(" ", Buch::getTitel,
              BinaryOperator.maxBy(byLength))));
        System.out.println("\nDer längste Titel zu einem Thema: "
          + maxTitelByThema);
// Die Preise der Bücher mit einer anderen Version der Methode
// groupingBy() nach dem Thema gruppieren und gleichzeitig mit der
// Methode summingDouble() den Gesamtpreis pro Thema berechnen;
// das heißt in diesem Fall den Preis aller Java- bzw. Android-
// Bücher aufeinanderaddieren
        Map<String, Double> gesamtpreisproThema1 =
          buchListe.stream()
            .collect(Collectors.groupingBy(Buch::getThema,
                    Collectors.summingDouble(Buch::getPreis)));
        System.out.println("\nGesamtpreisproThema: "
          + gesamtpreisproThema1 );
// Die Summe der Preise von Büchern pro Thema mit einer weiteren
// Version der Stream.collect()-Methode berechnen, die hier
```

```
// eingesetzte reducing()-Methode der Klasse Collectors besitzt
// drei Parameter; der Identity-Parameter repräsentiert wie auch
// in der Stream.reduce()-Methode den Identity-Wert für
// die Reduktion bzw. das Default-Ergebnis, wenn keine Elemente
// im Stream vorhanden sind; im mapper-Parameter vom Typ
// Function<? super T,? extends U> wird eine Funktion übergeben,
// die von der reducing()-Methode auf alle Elemente des Streams
// angewandt wird; in diesem Beispiel fragt der Mapper den Preis
// der Bücher ab; im dritten Parameter wird eine so genannte
// Operation-Funktion vom Typ des funktionalen Interface
// BinaryOperator<U> übergeben, die benutzt wird, um die auf einen
// neuen Stream abgebildeten Werte zu reduzieren; hier ist es die
// sum()-Methode, die alle Double-Werte der Preise
// aufeinanderaddiert
    Map<String, Double> gesamtpreisproThema2 =
      buchListe.stream()
        .collect(Collectors.groupingBy(Buch::getThema,
          Collectors.reducing(0., Buch::getPreis, Double::sum)));
    System.out.println("\nGesamtpreisproThema: "
      + gesamtpreisproThema2 );
// Die Bücher nach der Anzahl von Seiten aufteilen und analog zu
// einem vorangegangenen Beispiel in einer Map hinterlegen, deren
// Schlüssel diesmal einen Boolean-Wert beinhalten, der das
// Ergebnis der test()-Methode des im Aufruf übergebenen Predicate
// speichert und als Werte die dazugehörige Buchliste
    Map<Boolean, List<Buch>> seitenanzahlMap =
      buchListe.stream()
       .collect(Collectors
        .partitioningBy(buch -> buch.getSeitenanzahl() >= 700));
// Für die Anzeige der Map-Einträge wird ebenfalls wie in den
// vorangegangen Beispielen vorgegangen
    List<Map.Entry<Boolean, List<Buch>>> seitenanzahlListe =
      new ArrayList<>(seitenanzahlMap.entrySet());
    seitenanzahlListe.stream()
     .forEach(mapEintrag -> {
       System.out.println("\nBoolean: " + mapEintrag.getKey());
       mapEintrag.getValue()
         .stream().map(Buch::getSeitenanzahl)
          .forEach(listEintrag ->
             System.out.println("Anzahl Seiten: " +
               listEintrag));
    });
  }
}
```

Das Interface Buchliste

```
import java.util.*;
public interface Buchliste {
// Einen Buchkatalog als ArrayList-Instanz erzeugen und diesem
// mehrere Buch-Objekte hinzufügen
  Buch[] buchArray = {
    new Buch("Java 7 Das Übungsbuch Band I", "Elisabeth Jung",
      "Java", new GregorianCalendar(2011, 10, 25),
      978-3-8266-9203-7, 28.95, 807,
        "http://www.it-fachportal.de/9203"),
    new Buch("Java 7 Das Übungsbuch Band II", "Elisabeth Jung",
      "Java", new GregorianCalendar(2012, 7, 27),
      978-3-8266-9240-6, 29.95, 790,
        "http://www.it-fachportal.de/9240"),
    new Buch("Java 7 Servlets und JavaServer Pages",
      "Elisabeth Jung", "Java",
      new GregorianCalendar(2010, 6, 24), 978-3-8266-5603-3,
      16.95, 740, "http://www.it-fachportal.de/5603"),
    new Buch("Android 4 Übungsbuch", "Elisabeth Jung", "Android",
      new GregorianCalendar(2013, 5, 30),978-3-8266-9501-8 ,
      24.95, 430, "http://www.it-fachportal.de/9501"),
    new Buch("Java 8 Das Übungsbuch Band I", "Elisabeth Jung",
      "Java", new GregorianCalendar(2011, 10, 25),
      978-3-8266-9203-7, 30.00, 807,
        "http://www.it-fachportal.de/9203"),
    new Buch("Java 8 Das Übungsbuch Band II", "Elisabeth Jung",
      "Java", new GregorianCalendar(2012, 7, 27),
      978-3-8266-9240-6, 31.00, 790,
        "http://www.it-fachportal.de/9240"),
    new Buch("Java 8 Lambdas und Annotationen", "Elisabeth Jung",
      "Java", new GregorianCalendar(2010, 6, 24),
      978-3-8266-5603-3, 15.95, 740,
        "http://www.it-fachportal.de/5603"),
    new Buch("Android 5 Übungsbuch", "Elisabeth Jung", "Android",
      new GregorianCalendar(2013, 5, 30),978-3-8266-9501-8 ,
      20.95, 430, "http://www.it-fachportal.de/9501")
  };
}
```

Programmausgaben

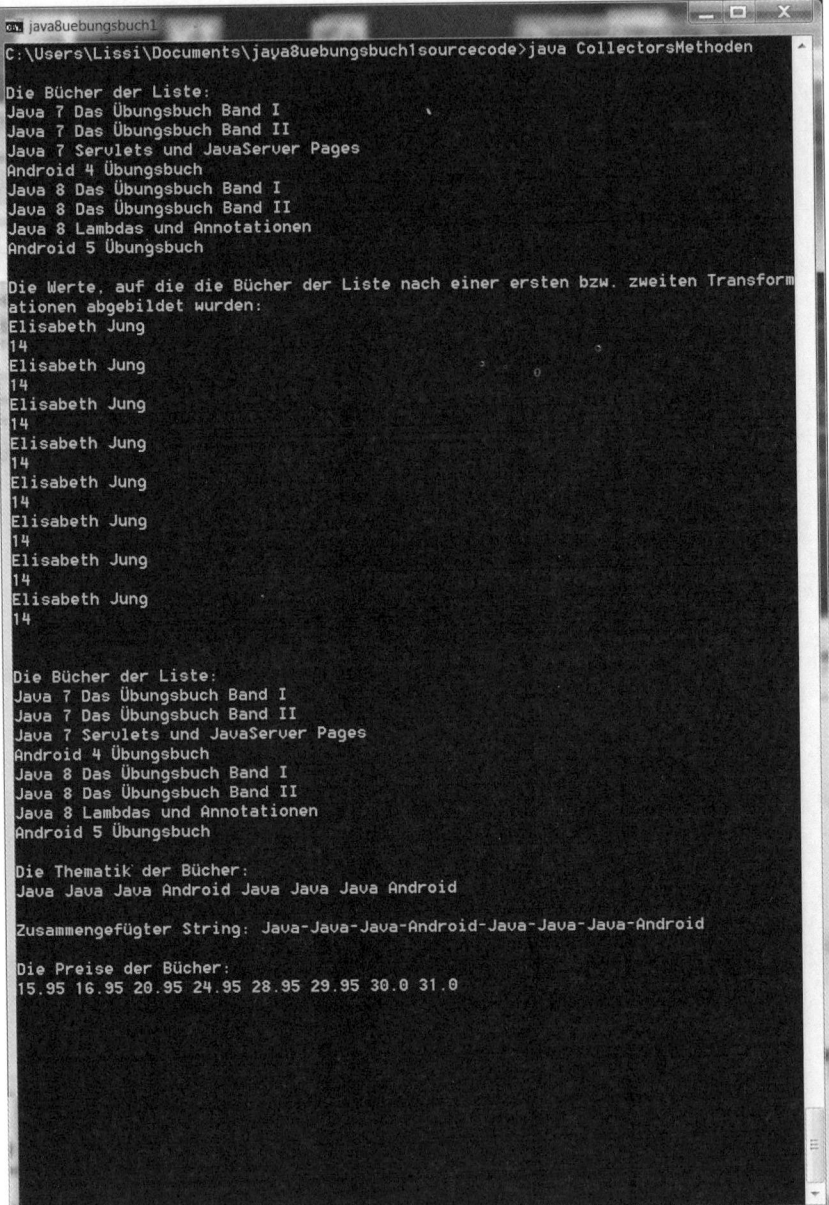

```
C:\Users\Lissi\Documents\java8uebungsbuch1sourcecode>java CollectorsMethoden

Die Bücher der Liste:
Java 7 Das Übungsbuch Band I
Java 7 Das Übungsbuch Band II
Java 7 Servlets und JavaServer Pages
Android 4 Übungsbuch
Java 8 Das Übungsbuch Band I
Java 8 Das Übungsbuch Band II
Java 8 Lambdas und Annotationen
Android 5 Übungsbuch

Die Werte, auf die die Bücher der Liste nach einer ersten bzw. zweiten Transform
ationen abgebildet wurden:
Elisabeth Jung
14
Elisabeth Jung
14
Elisabeth Jung
14
Elisabeth Jung
14
Elisabeth Jung
14
Elisabeth Jung
14
Elisabeth Jung
14


Die Bücher der Liste:
Java 7 Das Übungsbuch Band I
Java 7 Das Übungsbuch Band II
Java 7 Servlets und JavaServer Pages
Android 4 Übungsbuch
Java 8 Das Übungsbuch Band I
Java 8 Das Übungsbuch Band II
Java 8 Lambdas und Annotationen
Android 5 Übungsbuch

Die Thematik der Bücher:
Java Java Java Android Java Java Java Android

Zusammengefügter String: Java-Java-Java-Android-Java-Java-Java-Android

Die Preise der Bücher:
15.95 16.95 20.95 24.95 28.95 29.95 30.0 31.0
```

```
java8uebungsbuch1                                                    _ □ X
GesamtPreis aller Bücher: 198.7

Das Buch mit der größten Anzahl von Seiten: Java 7 Das Übungsbuch Band I

Die Summe aller Preise von Büchern:
28.95
58.9
75.85
100.8
130.8
161.8
177.75
198.7
Summe: 198.7

THEMA: Java
Java 7 Das Übungsbuch Band I
Java 7 Das Übungsbuch Band II
Java 7 Servlets und JavaServer Pages
Java 8 Das Übungsbuch Band I
Java 8 Das Übungsbuch Band II
Java 8 Lambdas und Annotationen

THEMA: Android
Android 4 Übungsbuch
Android 5 Übungsbuch

Das Buch mit der größten Anzahl von Seiten zu einem Thema:
Thema: Java Titel: Java 7 Das Übungsbuch Band I
Thema: Android Titel: Android 4 Übungsbuch

Der längste Titel zu einem Thema: {Java=Java 7 Servlets und JavaServer Pages, An
droid=Android 4 Übungsbuch}

GesamtpreisproThema: {Java=152.8, Android=45.9}

GesamtpreisproThema: {Java=152.79999999999998, Android=45.9}

Boolean: false
Anzahl Seiten: 430
Anzahl Seiten: 430

Boolean: true
Anzahl Seiten: 807
Anzahl Seiten: 790
Anzahl Seiten: 740
Anzahl Seiten: 807
Anzahl Seiten: 790
Anzahl Seiten: 740
```

Lösung 11.17

Die Klasse ParalleleStreams

```java
import java.util.concurrent.ConcurrentMap;
import java.util.*;
import java.util.stream.Collectors;
import java.util.stream.Stream;
import java.util.stream.StreamSupport;
```

```java
import java.util.function.Predicate;
import java.util.function.Consumer;
import java.util.function.Function;
import java.util.function.BinaryOperator;
import java.util.concurrent.atomic.*;
public class ParalleleStreams implements Buchliste {
  public static void main(String... args) {
// Einen Buchkatalog als ArrayList-Instanz erzeugen und dazu das
// im implementierten Interface definierte Array benutzen
    List<Buch> liste =
      new ArrayList<>(Arrays.asList(buchArray));
// Titel, Autor und die Anzahl Jahre seit Erscheinen der Bücher
// mit der forEach()-Methode der List-Instanz anzeigen
    System.out.println("\nBuchkatalog:");
    liste.parallelStream().forEach(buch -> buch.anzeigeBuch());
    System.out.println();
    System.out.println("\nDie Webseiten der Bücher:");
    liste.parallelStream().forEach(buch -> buch.anzeigeJahre());
    System.out.println();
// Den Durchschnittspreis der Bücher mit einem parallelen Stream
// berechnen; wenn ein Stream erzeugt wird, ist dies ein
// sequenzieller Stream; um einen parallelen Stream zu erzeugen,
// können die Methoden Stream.parallel() bzw.
// Collection.parallelStream() aufgerufen werden
    double durchschnittsPreis = liste.parallelStream()
      .filter(buch-> buch.getPreis() <= 29.95)
      .mapToDouble(Buch::getPreis)
      .average()
      .getAsDouble();
    System.out.println(
      "\nDurchschnittspreis von Büchern mittels eines "
      + "parallelen Streams: " + durchschnittsPreis);
    System.out.println();
// Das parallele Pendant der Reduction-Operation aus der
// vorangegangenen Aufgabe ist die so genannte
// Concurrent-Reduction; anstelle der groupingBy()-Methode der
// Klasse Collectors wird deren groupingByConcurrent()-Methode
// aufgerufen, deren Rückgabewert als Argument in der collect()-
// Methode des parallelen Streams übergeben wird; sie gibt
// eine Instanz vom parametrisierten Typ des ConcurrentMap-
// Interface zurück
    ConcurrentMap<String, List<Buch>> themenConcurrentMap =
      liste.parallelStream()
      .collect(Collectors.groupingByConcurrent(Buch::getThema));
// Die Anzeige der Bücher nach ihrem Thema gruppiert erfolgt
// wie auch im Fall von seriellen Streams
    List<Map.Entry<String, List<Buch>>> themenListe =
```

```
      new ArrayList<>(themenConcurrentMap.entrySet());
    System.out.println("\nGruppieren der Bücher nach Thema "
      + "mittels eines parallelen Streams");
    themenListe.stream()
      .forEach(thema -> {
        System.out.println("THEMA: " + thema.getKey());
        thema.getValue().stream()
          .map(Buch::getTitel)
            .forEach(titel -> System.out.println(titel));
      });
    System.out.println();
// Auch in der Gruppierung einer beliebigen Eigenschaft von Buch-
// Objekten (wie z.B. der Webseiten von Büchern) nach der
// Eigenschaft Thema mittels der Concurrent-Reduction erfolgen
// keine sonstigen Änderungen
    System.out.println("\nDie Webseiten von Büchern mittels "
      + "eines parallelen Streams nach Thema gruppieren:");
    ConcurrentMap<String, List<String>> websitenachThema =
      liste.parallelStream()
      .collect(
        Collectors.groupingByConcurrent(Buch::getThema,
                   Collectors.mapping(Buch::getWebsite,
                              Collectors.toList())));
// Eine Set-View auf die Map legen und die darin enthaltenen Map-
// Einträge in einer Liste zwecks Anzeige speichern
    List<Map.Entry<String, List<String>>>
      websitenachThemaListe =
        new ArrayList<>(websitenachThema.entrySet());
// Die Liste in einen Stream umsetzen und ihre Elemente
// (Schlüssel-Wert-Paare) anzeigen
    websitenachThemaListe.stream()
      .forEach(mapEintrag -> {
        System.out.println("Thema: " + mapEintrag.getKey());
        mapEintrag.getValue().stream()
          .forEach(website -> System.out.println(website));
      });
// Die Preise der Bücher aus der Buchliste summieren
    double gesamtPreis = liste.parallelStream()
      .collect(Collectors.summingDouble(Buch::getPreis));
// und den Gesamtpreis anzeigen
    System.out.println("\nGesamtPreis aller Bücher: "
      + gesamtPreis );
// Das dickste Buch mit der reduce()-Methode von Stream ermitteln;
// dazu einen Comparator für den Vergleich der Seitenanzahl
// erzeugen
    Comparator<Buch> bySeitenanzahl = Comparator.
      comparing(Buch::getSeitenanzahl);
```

```java
        System.out.println("\nDas Buch mit der größten Anzahl von "
        + "Seiten: " + liste.parallelStream()
          .reduce(BinaryOperator.maxBy(bySeitenanzahl)).get().
            getTitel());
// Das dickste Buch zu einem Thema ermitteln; die Methode
// reducing() von Collectors im Vergleich zur Methode reduce()
// von Stream benutzen
    ConcurrentMap<String, Optional<Buch>> maxSeitenByThema
        = liste.parallelStream().collect(Collectors.
          groupingByConcurrent(Buch::getThema, Collectors.
            reducing(BinaryOperator.maxBy(bySeitenanzahl))));
// Die gleiche Vorgehensweise wie im obigen Beispiel für die
// Anzeige benutzen
    List<Map.Entry<String, Optional<Buch>>>
      anzeigeListe = new ArrayList<>(maxSeitenByThema.
        entrySet());
    System.out.println("\nDas Buch mit der größten Anzahl von "
      + "Seiten zu einem Thema:");
    anzeigeListe.stream()
      .forEach(mapEintrag -> {
        System.out.println("Thema: "
        + mapEintrag.getKey() + " Titel: " + mapEintrag.
          getValue().get().getTitel());
      });
// Den maximalen Preis zu einem Thema ermitteln
    Comparator<Double> byPreis = Comparator.
      comparing(Double::doubleValue);
    ConcurrentMap<String, Double> maxPreisByThema = liste.
      parallelStream().collect(Collectors.groupingByConcurrent(
        Buch::getThema, Collectors.reducing(0., Buch::getPreis,
        BinaryOperator.maxBy(byPreis))));
    System.out.println("\nDer maximale Preis zu einem Thema: "
      + maxPreisByThema);
// Einen GenericPunkt<Integer,Double>-Stream erzeugen
    Stream<GenericPunkt<Integer, Double>> punktStream3
      = Stream.generate(()->
        { GenericPunkt<Integer,Double> punkt =
          new GenericPunkt<Integer,Double>();
// Einen unendlichen Stream mit Punktkoordinaten vom Typ
// GenericPunkt<Integer,Double> generieren
        punkt.setKoordinate1((new Random()).nextInt());
        punkt.setKoordinate2((new Random()).nextDouble());
        return punkt;
      });
// Den Stream vom Typ GenericPunkt<Integer,Double> auf 3 Elemente
// begrenzen, diese in einer Liste ansammeln und anzeigen
    System.out.println("\nPunkt-Stream vom Typ "
```

```
            + "GenericPunkt<Integer,Double> : ");
        List<GenericPunkt<Integer,Double>> punktListe1 =
      punktStream3.limit(3).collect(Collectors.toList());
      punktListe1.forEach(e ->
        System.out.print("(" + e.getKoordinate1()
          + "," + e.getKoordinate2() + ")"));
        System.out.println();
// Punkte auf ihre Koordinaten und umgekehrt Koordinaten auf ihre
// Punkte mittels der toConcurrentMap()-Methode abbilden
      ConcurrentMap<GenericPunkt<Integer,Double>, Integer>
      punktToKoordinate1 = punktListe1.parallelStream()
        .collect(Collectors.
          toConcurrentMap(Function.identity(),
            punkt -> punkt.getKoordinate1()));
      ConcurrentMap<Integer, GenericPunkt<Integer,Double>>
        koordinate1ToPunkt = punktListe1.parallelStream()
        .collect(Collectors.
        toConcurrentMap(GenericPunkt::getKoordinate1,
            Function.identity()));
      System.out.println("\nPunktToKoordinate1: ");
      List<Map.Entry<Integer, GenericPunkt<Integer,Double>>>
        anzeigeListe1 = new ArrayList<>(koordinate1ToPunkt.
          entrySet());
      anzeigeListe1.stream()
        .forEach(mapEintrag -> {
          System.out.println("\nKoordinate1="
          + mapEintrag.getKey() + " Punkt=(" + mapEintrag.
            getValue().getKoordinate1() +","
              + mapEintrag.getValue().getKoordinate2() + ")");
        });
// Ähnliche Vorgehensweise für die Anzeige der zweiten Map
      System.out.println("\nKoordinate1ToPunkt: ");
      List<Map.Entry<GenericPunkt<Integer,Double>, Integer>>
        anzeigeListe2 = new ArrayList<>(punktToKoordinate1.
          entrySet());
// Die Schlüssel vom Typ GenericPunkt<Integer,Double> beinhalten
// Punkte selbst und ihre Werte die erste Koordinate von Punkten
      anzeigeListe2.stream()
        .forEach(mapEintrag -> {
          System.out.println("Punkt=(" + mapEintrag.getKey().
            getKoordinate1() + "," + mapEintrag.getKey().
              getKoordinate2() + ")" + " Koordinate1="
                + mapEintrag.getValue());
        });
// Operationen mit Arrays, die parallelisiert werden können;
// String- und Double-Arrays mit den Titeln und Preisen von
// Büchern erzeugen
```

```
            String[] titelArray = {"Java 7 Übungsbuch Band I",
                "Java 8 Übungsbuch Band I", "Java 7 Übungsbuch Band II",
                  "Java 8 Übungsbuch Band II", "Android 4 Übungsbuch",
                    "Servlets und JavaServer Pages"};
            Double[] preisArray = {16.95, 29.95, 24.95, 30.00,
                35.99, 29.95};
    // und ein Integer-Array anlegen
            Integer[] laengenArray = new Integer[6];
            System.out.println("\nDie Elemente des String-Arrays "
                + "vor der Sortierung mit parallelSort():");
                  Arrays.stream(titelArray).forEach(titel ->
            System.out.print(titel + " "));
            System.out.println();
            System.out.println("\nDie Elemente des String-Arrays "
                + "nach der Sortierung mit parallelSort():");
            Arrays.parallelSort(titelArray);
            Arrays.stream(titelArray).forEach(titel ->
            System.out.print(titel + " "));
            System.out.println();
    // Mit der Methode parallelPrefix() wird jedes Arrayelement durch
    // ein neues ersetzt, das das Ergebnis der Anwendung der in der
    // Methode übergebenen Operation auf dieses Element in Kombination
    // mit allen im vorangestellten Arrayelementen ist
            System.out.println("\nDie Elemente des Double-Arrays "
                + "vor der Anwendung von parallelPrefix():");
            Arrays.stream(preisArray).forEach(preis ->
              System.out.print(preis + " "));
            System.out.println();
    // In diesem Beispiel werden folgende Summen berechnet: a2+a1,
    // a3+a2+a1, a4+a3+a2+a1, ... wobei ai ein Arrayelement bezeichnet
            Arrays.parallelPrefix(preisArray, Double::sum);
            System.out.println("\nDie Elemente des Double-Arrays "
                + "nach der Anwendung von parallelPrefix():");
            Arrays.stream(preisArray).forEach(preis ->
            System.out.print(preis + " "));
            System.out.println();
    // Mit der Methode parallelSetAll() können Arrayelemente mittels
    // einer im Aufruf übergebenen Funktion generiert werden
            System.out.println("\nDie Elemente des Integer-Arrays "
                + "nach der Anwendung von parallelSetAll():");
            Arrays.parallelSetAll(laengenArray, i -> titelArray[i].
              length());
            Arrays.stream(laengenArray).forEach(anzahl ->
            System.out.print(anzahl + " "));
            System.out.println();
    // Die Reihenfolge, in der eine Pipeline die Elemente eines
```

```
// Streams bearbeitet, ist abhängig von mehreren Faktoren: ob der
// Stream seriell oder parallel bearbeitet wird, der Stream-Source
// und den dazwischenliegenden Operationen
    System.out.println("\nSortierungen von Preisen mittels "
      + "eines Comparators:");
// Comparator<Double>-Instanzen erzeugen
    Comparator<Double> aufsteigend = Double::compare;
    Arrays.parallelSort(preisArray, aufsteigend);
    Arrays.stream(preisArray).
      forEach(preis -> System.out.print(preis + " "));
    System.out.println();
    Comparator<Double> absteigend = aufsteigend.reversed();
    Arrays.parallelSort(preisArray, absteigend);
    Arrays.stream(preisArray).
      forEach(preis -> System.out.print(preis + " "));
    System.out.println();
// Spliteratoren sind laut Dokumentation dafür gedacht, zusätzlich
// zu einem sequenziellen Durchlaufen von Elementen ein paralleles
// zu ermöglichen, indem sie gleichzeitig eine Aufteilung der
// Source unterstützen
    System.out.println("\nSpliterator für das String-Array:");
    Spliterator<String> spliterator =
    Arrays.spliterator(titelArray, 3, 5);
// Die vom Spliterator überdeckten Elemente anzeigen
    spliterator.forEachRemaining(System.out::println);
    // System.out.println(spliterator.characteristics());
    // System.out.println(spliterator.estimateSize());
// Die Elemente des String-Arrays nach ihrer Länge sortieren
    Comparator<String> byLength = Comparator.
      comparing(String::length);
    Arrays.parallelSort(titelArray, byLength);
    System.out.println();
// Wenn die Source des Spliterators mittels eines Comparators
// sortiert wurde, müsste die getComparator()-Methode diesen
// zurückgeben; im Falle einer Sortierung in natürlicher
// Reihenfolge sollte null zurückgegeben werden und ansonsten
// eine IllegalStateException geworfen werden
  /* Comparator<? super String> comparator = spliterator.
    getComparator();
    System.out.println("\nComparator" + comparator.compare(
      "Java 7 Übungsbuch Band I","Java 8 Übungsbuch Band I"));*/
    System.out.println("\nDie Elemente des String-Arrays "
      + "nach der Sortierung nach ihrer Länge:");
    // Arrays.parallelSort(titelArray);
    Arrays.stream(titelArray).forEach(titel ->
    System.out.print(titel + " "));
    System.out.println();
```

```java
// Einen zweiten Spliterator über alle Arrayelemente legen
    Spliterator<String> spliterator1 = Arrays.
     spliterator(titelArray);
    System.out.println("\nCharacteristics:" + spliterator1.
     characteristics());
    System.out.println("\nZweiter Spliterator für das String-"
     + "Array:");
// Ein Spliterator kann Elemente sequenziell mit der Bulk-
// Operation forEachRemaining() oder alternativ einzeln mit
// tryAdvance() durchlaufen
     // spliterator1.forEachRemaining(System.out::println);
// Die Elemente mit trySplit() weiter aufteilen und zum
// Durchlaufen die tryAdvance()-Methode aufrufen
    Spliterator<String> s1 = spliterator1.trySplit();
    Spliterator<String> s2 = spliterator1.trySplit();
    Spliterator<String> s3 = s1.trySplit();
    System.out.println("\nElemente mit tryAdvance()"
     + "durchlaufen");
    spliterator1.tryAdvance(System.out::println);
    System.out.println();
    s1.tryAdvance(System.out::println);
    System.out.println();
    s2.tryAdvance(System.out::println);
    System.out.println();
    s3.tryAdvance(System.out::println);
    System.out.println();
    s1.tryAdvance(System.out::println);
    System.out.println();
  // System.out.println("\nElemente mit forEachRemaining() "
    // + "durchlaufen");
  // s2.forEachRemaining(System.out::println);
  //  s3.forEachRemaining(System.out::println);
// Die Klasse Arrays verfügt über die statische Methode asList(),
// die Arrays in eine Liste umsetzt; auch Collections verfügen
// über einen Spliterator
    Comparator<Double> byValue = Comparator.
     comparing(Double::doubleValue);
    Arrays.parallelSort(preisArray, byValue);
    List<Double> preisListe =
     new ArrayList<>(Arrays.asList(preisArray));
    System.out.println("\nSpliterator für eine Double-"
     "ArrayList:");
    Spliterator<Double> spliterator2 =
     preisListe.spliterator();
  // spliterator2.forEachRemaining(System.out::println);
    System.out.println("\nCharacteristics:" + spliterator2.
```

```
        characteristics());
      System.out.println("Size:" + spliterator2.estimateSize());
    /* Comparator<? super Double> comparator = spliterator2.
      getComparator();
      System.out.println("\nComparator" + comparator.
      compare(24.95, 30.));*/
      System.out.println("\nBesitzt der Spliterator die SORTED-"
      + "Eigenschaft: " + spliterator2.
      hasCharacteristics(Spliterator.SORTED));
// Zum Erzeugen von Streams können zusätzlich zu den bereits
// erwähnten Möglichkeiten Spliteratoren und Iteratoren benutzt
// werden; mit true wird angegeben, dass ein paralleler Stream
// erzeugt werden soll
      System.out.println("\nStream mittels Spliterator erzeugen");
      Stream<Double> streamausSpliterator = StreamSupport.
      stream(spliterator2, true);
      streamausSpliterator.forEach(e ->System.out.print(e + " "));
      System.out.println();
      System.out.println("\nStream mittels Iterator erzeugen");
      Stream<Double> streamausIterator = StreamSupport.
      stream(Spliterators.spliteratorUnknownSize(preisListe.
      iterator(), Spliterator.SORTED), true);
      streamausIterator.forEach(e -> System.out.print(e + " "));
      System.out.println();
// Eine Stateful-Lambda-Expression ist eine, deren Ergebnis von
// irgendeinem Zustand, der während der Abarbeitung einer
// Pipeline verändert werden kann, abhängig ist:
      List<String> autorenListe1 = new ArrayList<>();
      liste.stream().map(Buch::getAutor)
      .forEach(a -> autorenListe1.add(a));
      System.out.println("\nAutorenliste:" + autorenListe1);
// Deratige Aktionen sollten vermieden werden, weil sie gerade
// im Fall von parallelen Streams zu unerwünschten Seiteneffekten
// führen können; darum ersetzen durch:
      List<String> autorenListe2 = liste.stream()
      .map(Buch::getAutor).collect(Collectors.toList());
      System.out.println("\nAutorenliste:" + autorenListe1);
// Beispiele von "noninterference" zwischen Operationen die auf
// Collections und auf den bereits dafür erzeugten Streams
// durchgeführt werden; die in Stream-Operationen übergebenen
// Lambda-Ausdrücke dürfen nicht interferieren; ist dies der Fall,
// wird eine Exception vom Typ ConcurrentModificationException
// ausgelöst
      List<String> stringListe =
                  new ArrayList<>(Arrays.asList(titelArray));
      stringListe.add("Java 8 Übungsbuch");
```

```
        long zaehler = stringListe.parallelStream().count();
        System.out.println("\nAnzahl Titel:" + zaehler);
        try {
            stringListe.parallelStream().forEach(s ->
            stringListe.add("Java 8 Übungsbuch"));
            System.out.println("Anzahl Titel:" + stringListe.size());
        }
        catch(Exception e) {
            System.out.println("\nException: " + e.toString());
        }
// Im Vergleich die peek()-Methode aufrufen, um einer Liste,
// die dazu in einen Stream umgesetzt wird, ein Element
// hinzuzufügen, nachdem die abschließende Operation
// eingeleitet wurde
        try {
            String concatenatedString = stringListe.stream()
// Die peek()-Methode ist im Gegensatz zu forEach() eine
// intermediäre Operation; diese liefert die Elemente des Streams
// an einen im Aufruf übergebenen Consumer, um einen neuen Stream
// zu erstellen, und führt die übergebene Aktion auf allen
// Elementen des alten Streams durch, während diese vom neuen
// Stream konsumiert werden
                .peek(s -> stringListe.add("Java 8 Übungsbuch"))
// Die reduce()-Methode addiert die String-Elemente der Reihe nach
// aufeinander und gibt ein Optional<String>-Objekt zurück, dessen
// Inhalt mit get() ermittelt wird
                .reduce((a, b) -> a + " " + b)
                .get();
            System.out.println("\nStrings mit einem seriellen "
                + "Stream zusammensetzen: " + concatenatedString);
        }
        catch(Exception e) {
            System.out.println("\nException: " + e.toString());
        }
        System.out.println();
// Die peek()-Methode wurde laut Dokumentation für Debugging-
// Zwecke erstellt, um die Elemente, die während eines Ablaufs
// in einer Pipeline zu einem bestimmten Zeitpunkt erzeugt werden,
// prüfen zu können; sie wendet die im Aufruf übergebene Action
// auf alle Stream-Elemente an und gibt im Unterschied zu
// forEach() einen Stream mit diesen zurück
        Stream.of("parallel", "sequenziell")
            .filter(e -> e.length() > 8)
            .peek(e -> System.out.println("Element aus Stream1: " + e))
            .map(String::toUpperCase)
            .peek(e -> System.out.println("Element aus Stream2: " + e))
            .collect(Collectors.toList());
```

```
// Ein weiteres Beispiel von einer zustandsbehafteten Operation,
// die in der forEach()-Methode übergeben wird; auch wenn kein
// Fehler in einem Single-Thread auftritt, können unterschiedliche
// Ergebnisse die Konsequenz von Thread-Interferenz im Fall von
// parallelen Abläufen sein, wenn die Elemente des Arrays
// abgeändert werden; ein weiterer wichtiger Punkt ist,
// dass Operationen im Fall von parallelen Streams in
// beliebiger Reihenfolge durchgeführt werden können; dazu wird
// die Methode Stream.unordered() aufgerufen, die darauf hinweist,
// dass auf eine vorhandene Reihenfolge von Elementen verzichtet
// werden kann
    System.out.println("\nBerechnungen mit Integer:");
    System.out.println(Arrays.toString(laengenArray));
    Arrays.stream(titelArray).unordered()
    .map(s -> s.length()).distinct().forEach(laenge ->
    { if(laenge < 25) {
          for(int i=0; i<6; i++) {
              if(laengenArray[i] == laenge ) {
                laengenArray[i]++;
              }
          }
      }
      if(laenge > 25) {
          for(int i=0; i<6; i++) {
              if(laengenArray[i] == laenge ) {
                laengenArray[i]--;
              }
          }
      }
    });
    System.out.println("\nInteger-Array: "
      + Arrays.toString(laengenArray));
// Es bleibt in der Verantwortung des Programmierers, einen
// threadsicheren Lambda-Ausdruck in der forEach()-Methode zu
// übergeben; z.B. auf die Klasse AtomicInteger zurückzugreifen
// und deren threadsichere getAndIncrement()- und
// getAndDecrement()-Methoden aufzurufen
    AtomicInteger[] laengenArray1 = new AtomicInteger[6];
    Arrays.parallelSetAll(laengenArray1, i ->
      new AtomicInteger(titelArray[i].length()));
    System.out.println("\nBerechnungen mit AtomicInteger:");
    System.out.println(Arrays.toString(laengenArray1));
    Arrays.stream(titelArray).unordered().parallel()
    .map(s -> s.length()).distinct().forEach(laenge ->
    { if(laenge < 25) {
          for(int i=0; i<6; i++) {
              if(laengenArray1[i].get() == laenge ) {
```

```
                        laengenArray1[i].getAndIncrement();
                }
            }
        }
        if(laenge > 25) {
            for(int i=0; i<6; i++) {
                if(laengenArray1[i].get() == laenge ) {
                    laengenArray1[i].getAndDecrement();
                    }
                }
            }
        });
    System.out.println("\nAtomicInteger-Array: "
        + Arrays.toString(laengenArray1));
// Die Reihenfolge, in der die von einem Consumer transportierten
// Aktionen von forEach() durchgeführt werden, ist nicht
// sichergestellt, wenn es um einen parallelen Stream geht; ist
// diese von Bedeutung, muss die Methode forEachOrdered() benutzt
// werden, in der bei der Abarbeitung die natürliche Reihenfolge,
// die in einer Source vordefiniert ist, eingehalten wird; damit
// werden jedoch viele der Vorteile einer parallelen Ausführung
// abgegeben
    System.out.println("\nDie Liste der Preise mittels eines "
        + "seriellen Streams anzeigen:");
    preisListe.stream()
        .forEach(preis -> System.out.print(preis + " "));
    System.out.println();
    System.out.println("\nDie Liste der Preise mittels eines "
        + "parallelen Streams anzeigen:");
    preisListe.parallelStream()
        .forEachOrdered(preis -> System.out.print(preis + " "));
    System.out.println();
    }
}
```

Programmausgaben

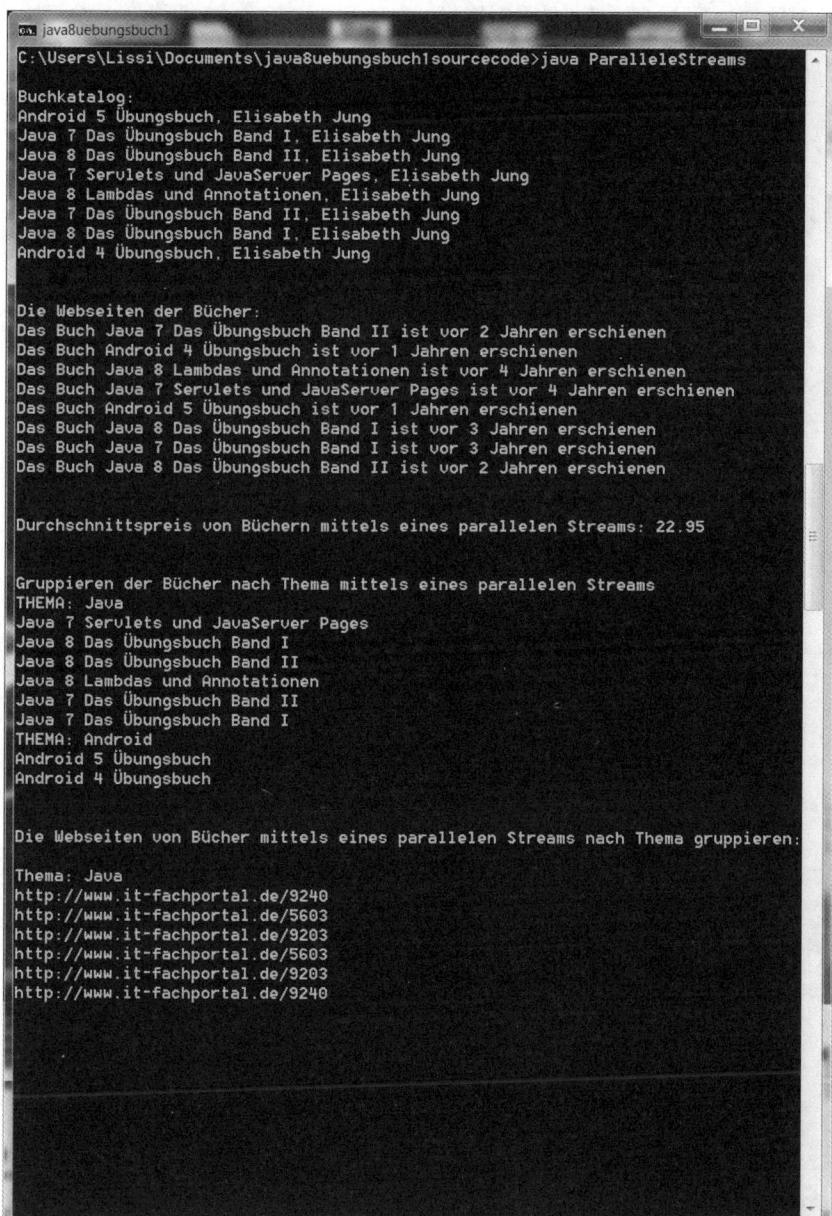

```
java8uebungsbuch1                                    ⬚ ▢ X

C:\Users\Lissi\Documents\java8uebungsbuch1sourcecode>java ParalleleStreams

Buchkatalog:
Android 5 Übungsbuch, Elisabeth Jung
Java 7 Das Übungsbuch Band I, Elisabeth Jung
Java 8 Das Übungsbuch Band II, Elisabeth Jung
Java 7 Servlets und JavaServer Pages, Elisabeth Jung
Java 8 Lambdas und Annotationen, Elisabeth Jung
Java 7 Das Übungsbuch Band II, Elisabeth Jung
Java 8 Das Übungsbuch Band I, Elisabeth Jung
Android 4 Übungsbuch, Elisabeth Jung


Die Webseiten der Bücher:
Das Buch Java 7 Das Übungsbuch Band II ist vor 2 Jahren erschienen
Das Buch Android 4 Übungsbuch ist vor 1 Jahren erschienen
Das Buch Java 8 Lambdas und Annotationen ist vor 4 Jahren erschienen
Das Buch Java 7 Servlets und JavaServer Pages ist vor 4 Jahren erschienen
Das Buch Android 5 Übungsbuch ist vor 1 Jahren erschienen
Das Buch Java 8 Das Übungsbuch Band I ist vor 3 Jahren erschienen
Das Buch Java 7 Das Übungsbuch Band I ist vor 3 Jahren erschienen
Das Buch Java 8 Das Übungsbuch Band II ist vor 2 Jahren erschienen


Durchschnittspreis von Büchern mittels eines parallelen Streams: 22.95


Gruppieren der Bücher nach Thema mittels eines parallelen Streams
THEMA: Java
Java 7 Servlets und JavaServer Pages
Java 8 Das Übungsbuch Band I
Java 8 Das Übungsbuch Band II
Java 8 Lambdas und Annotationen
Java 7 Das Übungsbuch Band II
Java 7 Das Übungsbuch Band I
THEMA: Android
Android 5 Übungsbuch
Android 4 Übungsbuch


Die Webseiten von Bücher mittels eines parallelen Streams nach Thema gruppieren:

Thema: Java
http://www.it-fachportal.de/9240
http://www.it-fachportal.de/5603
http://www.it-fachportal.de/9203
http://www.it-fachportal.de/5603
http://www.it-fachportal.de/9203
http://www.it-fachportal.de/9240
```

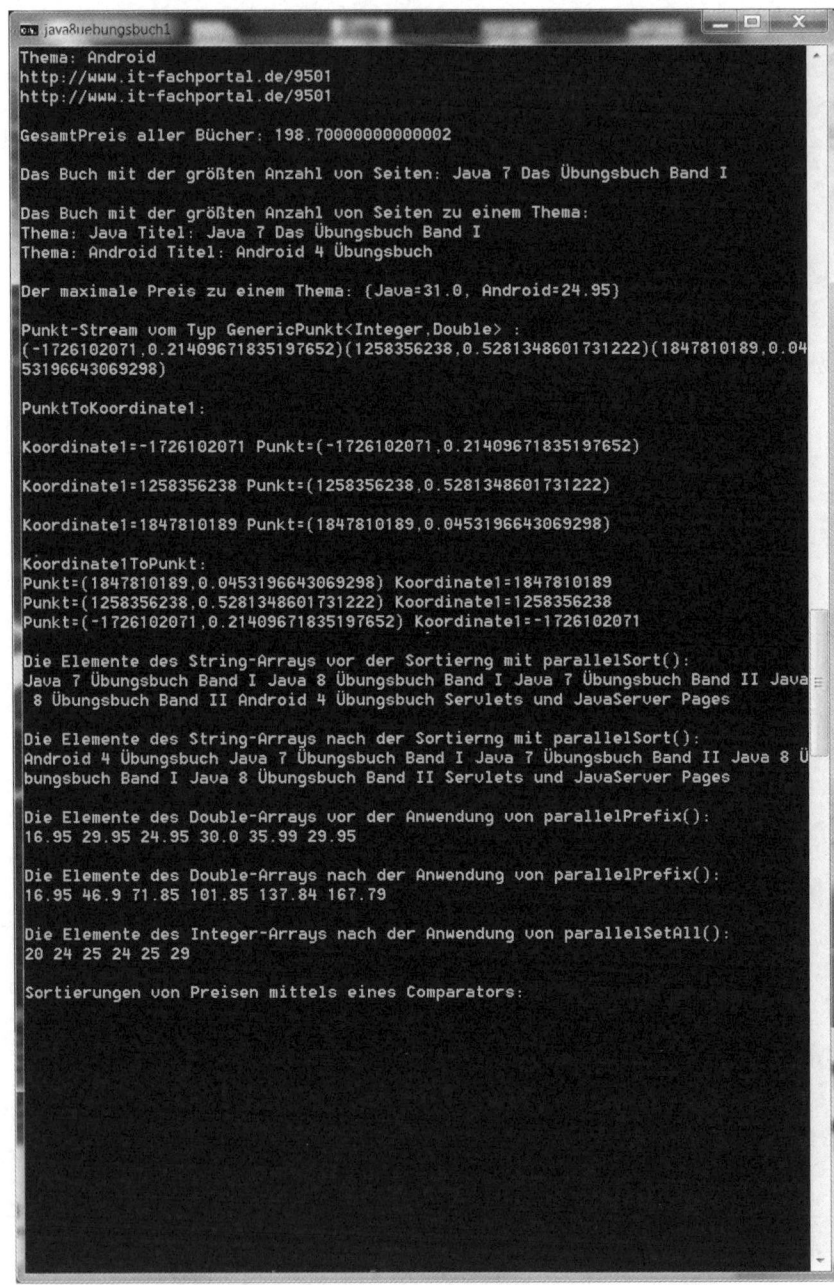

```
java8uebungsbuch1                                                    _ □ X
Thema: Android
http://www.it-fachportal.de/9501
http://www.it-fachportal.de/9501

GesamtPreis aller Bücher: 198.70000000000002

Das Buch mit der größten Anzahl von Seiten: Java 7 Das Übungsbuch Band I

Das Buch mit der größten Anzahl von Seiten zu einem Thema:
Thema: Java Titel: Java 7 Das Übungsbuch Band I
Thema: Android Titel: Android 4 Übungsbuch

Der maximale Preis zu einem Thema: {Java=31.0, Android=24.95}

Punkt-Stream vom Typ GenericPunkt<Integer,Double> :
(-1726102071,0.21409671835197652)(1258356238,0.5281348601731222)(1847810189,0.04
53196643069298)

PunktToKoordinate1:

Koordinate1=-1726102071 Punkt=(-1726102071,0.21409671835197652)

Koordinate1=1258356238 Punkt=(1258356238,0.5281348601731222)

Koordinate1=1847810189 Punkt=(1847810189,0.0453196643069298)

Koordinate1ToPunkt:
Punkt=(1847810189,0.0453196643069298) Koordinate1=1847810189
Punkt=(1258356238,0.5281348601731222) Koordinate1=1258356238
Punkt=(-1726102071,0.21409671835197652) Koordinate1=-1726102071

Die Elemente des String-Arrays vor der Sortierng mit parallelSort():
Java 7 Übungsbuch Band I Java 8 Übungsbuch Band I Java 7 Übungsbuch Band II Java
 8 Übungsbuch Band II Android 4 Übungsbuch Servlets und JavaServer Pages

Die Elemente des String-Arrays nach der Sortierng mit parallelSort():
Android 4 Übungsbuch Java 7 Übungsbuch Band I Java 7 Übungsbuch Band II Java 8 Ü
bungsbuch Band I Java 8 Übungsbuch Band II Servlets und JavaServer Pages

Die Elemente des Double-Arrays vor der Anwendung von parallelPrefix():
16.95 29.95 24.95 30.0 35.99 29.95

Die Elemente des Double-Arrays nach der Anwendung von parallelPrefix():
16.95 46.9 71.85 101.85 137.84 167.79

Die Elemente des Integer-Arrays nach der Anwendung von parallelSetAll():
20 24 25 24 25 29

Sortierungen von Preisen mittels eines Comparators:
```

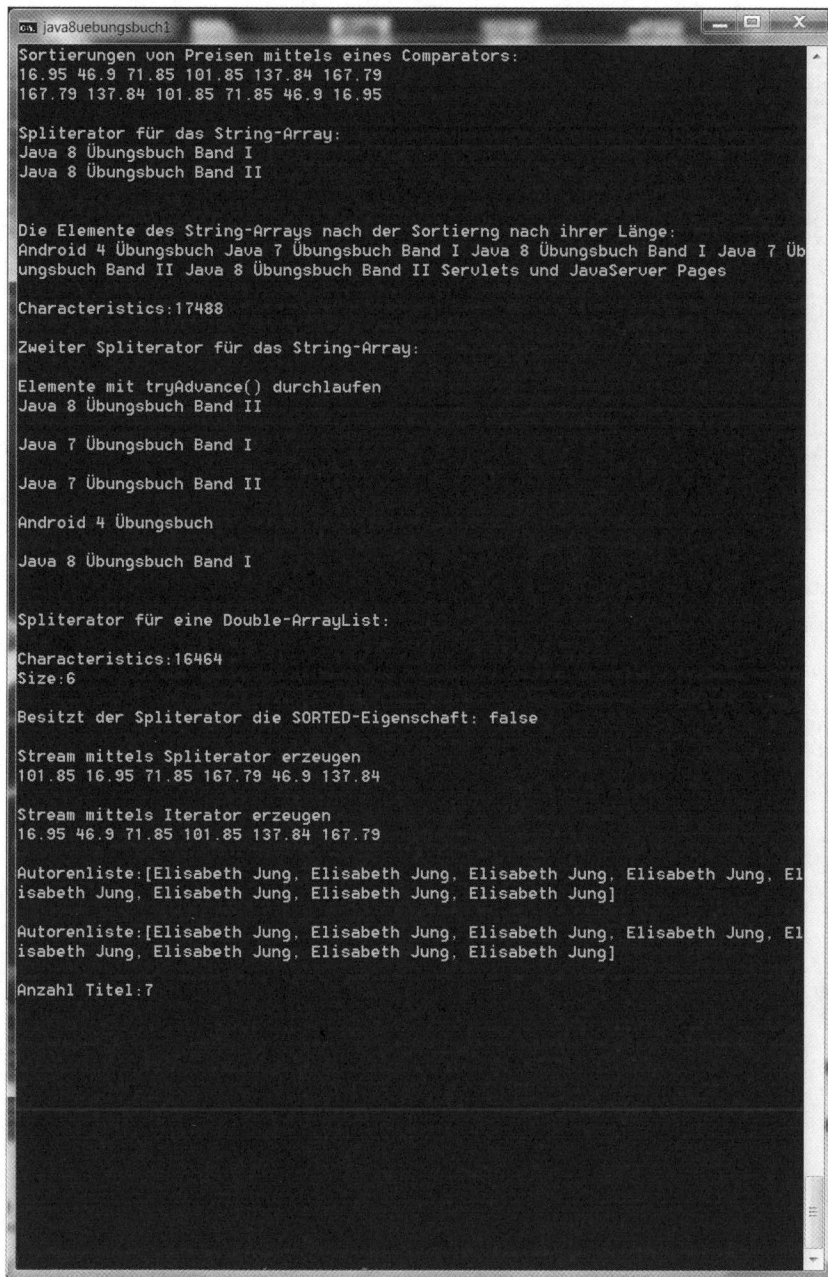

```
java8uebungsbuch1                                                    _ □ X

Sortierungen von Preisen mittels eines Comparators:
16.95 46.9 71.85 101.85 137.84 167.79
167.79 137.84 101.85 71.85 46.9 16.95

Spliterator für das String-Array:
Java 8 Übungsbuch Band I
Java 8 Übungsbuch Band II


Die Elemente des String-Arrays nach der Sortierng nach ihrer Länge:
Android 4 Übungsbuch Java 7 Übungsbuch Band I Java 8 Übungsbuch Band I Java 7 Üb
ungsbuch Band II Java 8 Übungsbuch Band II Servlets und JavaServer Pages

Characteristics:17488

Zweiter Spliterator für das String-Array:

Elemente mit tryAdvance() durchlaufen
Java 8 Übungsbuch Band II

Java 7 Übungsbuch Band I

Java 7 Übungsbuch Band II

Android 4 Übungsbuch

Java 8 Übungsbuch Band I


Spliterator für eine Double-ArrayList:

Characteristics:16464
Size:6

Besitzt der Spliterator die SORTED-Eigenschaft: false

Stream mittels Spliterator erzeugen
101.85 16.95 71.85 167.79 46.9 137.84

Stream mittels Iterator erzeugen
16.95 46.9 71.85 101.85 137.84 167.79

Autorenliste:[Elisabeth Jung, Elisabeth Jung, Elisabeth Jung, Elisabeth Jung, El
isabeth Jung, Elisabeth Jung, Elisabeth Jung, Elisabeth Jung]

Autorenliste:[Elisabeth Jung, Elisabeth Jung, Elisabeth Jung, Elisabeth Jung, El
isabeth Jung, Elisabeth Jung, Elisabeth Jung, Elisabeth Jung]

Anzahl Titel:7
```

```
java8uebungsbuch1                                              _  □  X

Anzahl Titel:7

Exception: java.util.ConcurrentModificationException

Exception: java.util.ConcurrentModificationException

Element aus Stream1: sequenziell
Element aus Stream2: SEQUENZIELL

Berechnungen mit Integer:
[20, 24, 25, 24, 25, 29]

Integer-Array: [21, 25, 25, 25, 25, 28]

Berechnungen mit AtomicInteger:
[20, 24, 24, 25, 25, 29]

AtomicInteger-Array: [21, 25, 25, 25, 25, 28]

Die Liste der Preise mittels eines seriellen Streams anzeigen:
16.95 46.9 71.85 101.85 137.84 167.79

Die Liste der Preise mittels eines parallelen Streams anzeigen:
16.95 46.9 71.85 101.85 137.84 167.79
```

Lösung 11.18

Die Klasse ConcurrentHashMapmitJava8

```java
import java.util.*;
import java.util.concurrent.*;
import java.util.function.*;
import java.util.stream.*;
public class ConcurrentHashMapmitJava8 implements Buchliste{
  public static void main(String args[]) {
// Einen Buchkatalog als ArrayList-Instanz erzeugen und dazu das
// im implementierten Interface definierte Array benutzen
    List<Buch> buchListe =
      new ArrayList<>(Arrays.asList(buchArray));
// Alle Bücher der Liste mit der forEach()-Methode, in der ein
// Argument vom Typ Consumer<Buch> übergeben wird, anzeigen; der
// Stream ist eine Folge von Elementen aus der Collection vom Typ
// List<Buch> (in diesem Fall von Büchern)
    System.out.println("\nDie Bücher der Liste:");
    buchListe.stream()
      .forEach(buch -> System.out.println(buch.getTitel()));
    System.out.println();
// Die Methoden toMap() und toConcurrentMap() der Klasse
// Collectors liefern Map-Instanzen, die in diesem Beispiel
// Eigenschaften und Objekte der Klasse Buch aufeinander abbilden;
// beide Methoden liefern einen Collector, der Elemente in einer
// Map ansammelt, deren Schlüssel und Werte das Ergebnis der
```

```java
// Anwendung der im Methodenaufruf übergebenen Mapping-Funktionen
// auf die im Aufruf übergebenen Input-Elemente sind; in den
// ersten beiden Beispielen sind die Werte Bücher und die
// Schlüssel ihre Titel bzw. Preise
    Map<String, Buch> titelToBuch =
      buchListe.stream()
        .collect(Collectors.toMap(Buch::getTitel, buch->buch));
    ConcurrentMap<Double, Buch> preisToBuch =
      buchListe.parallelStream()
        .collect(Collectors.toConcurrentMap(Buch::getPreis,
                                       buch->buch));
// Wenn die abgebildeten Schlüssel nicht eindeutig sind, werfen
// die Methoden eine Ausnahme vom Typ IllegalStateException; um
// dies zu umgehen, können deren überladene Methoden, die als
// dritten Parameter eine BinaryOperator-Referenz übergeben
// bekommen, aufgerufen werden; dieser Operator zeigt an, wie
// die Werte bei der Zuordnung zu den Schlüsseln aufbereitet
// werden sollen
    ConcurrentMap<Double, Double> preisToPreis =
      buchListe.parallelStream()
        .collect(Collectors.toConcurrentMap(Buch::getPreis,
          Buch::getPreis, (s, a)->Double.sum(s,a)));
    ConcurrentMap<String, String> titelToThema =
      buchListe.parallelStream()
        .collect(Collectors.toConcurrentMap(Buch::getThema,
          Buch::getTitel, (s, a) -> s + ", " + a));
// Alle Titel zu einem Thema in einem Set speichern
    ConcurrentMap<String, Set<String>> titelToThema1 =
      buchListe.parallelStream()
        .collect(Collectors.toConcurrentMap(Buch::getThema,
          buch -> Collections.singleton(buch.getTitel()),
          (s, a) -> {
              Set<String> set = new HashSet<>(s);
              set.addAll(a);
              return set;}));
// Alternativ die groupingBy()- und toSet()-Methoden benutzen
    Map<String, Set<Buch>> titelToThema2 =
      buchListe.stream()
        .collect(Collectors.groupingBy(Buch::getThema,
          Collectors.toSet()));
    System.out.println("\nZuordnungen Titel-Buch:  "
      + titelToBuch);
    System.out.println("\nZuordnungen Preis-Buch:  "
      + preisToBuch);
    System.out.println("\nZuordnungen Preis-Preis:  "
```

```
        + preisToPreis);
    System.out.println("\nZuordnungen Titel-Thema:  "
        + titelToThema);
    System.out.println("\nZuordnungen Titel-Thema:  "
        + titelToThema1.keySet());
    System.out.println(titelToThema1.values());
// Die Schlüssel vom Typ String der Map vom Typ
// Map<String, Set<Buch>> anzeigen
    System.out.println("\nZuordnungen Titel-Thema:  "
        + titelToThema2.keySet());
// Die Werte vom Typ Set<Buch> der Map vom Typ
// Map<String, Set<Buch>> anzeigen; die Methode values() liefert
// eine Collection von Set<Buch>-Elementen; mit toArray() werden
// diese in ein Object-Array, das die Set<Buch>-Elemente
// speichert, umgesetzt; dieses wird mit Arrays.stream() in einen
// Stream umgewandelt und dessen Elemente werden in einem neuen
// Stream auf die Titel der Bücher, die gleichzeitig angezeigt
// werden, abgebildet
    Arrays.stream(titelToThema2.values().toArray())
        .forEach(hs -> {((HashSet)hs).stream()
        .map(buch->((Buch)buch).getTitel())
          .forEach(titel -> System.out.println(titel));
        });
    System.out.println();
// Eine ConcurrentMap-Instanz erzeugen, deren Einträge als
// Schlüssel die Preise aller Bücher beinhalten und als Werte
// diesen zugeordnete Rabatt-Preise, die mittels der neuen Methode
// rabattPreis() der Klasse Buch berechnet werden
    ConcurrentMap<Double, Double> rabattMap =
        buchListe.parallelStream()
          .collect(Collectors.toConcurrentMap(Buch::getPreis,
            (Buch buch) -> {return buch.rabattPreis(10);}));
      System.out.println("Zuordnung von Preisen und "
        + "Preiskürzungen " + rabattMap);
// Lambda-Ausdrücke mit den Target-Typen Consumer<Double>,
// BiConsumer<Double,Double>, Function<Double,Double> und
// BiFunction<Double,Double,Double> explizit erzeugen, um auch
// andere mit Java 8 eingeführte neue Methoden der Klasse
// ConcurrentHashMap zu testen; in allen Methoden kann mit einem
// im parallelismThreshold-Parameter übergebenen Wert deren
// parallele Ausführung ein- bzw. ausgeschaltet werden, je
// nachdem, ob diese in Single- oder Multithread-Umgebungen
// eingesetzt werden und somit einem konkurrierenden Zugriff
// ausgeliefert sind oder nicht; sollen die Bulk-Operationen in
```

```
// einem Single-Thread ablaufen, muss der Grenzwert gleich
// Long.MAX_VALUE gesetzt werden; soll jedoch die maximale Anzahl
// von Threads für die Ausführung von Bulk-Operationen zur
// Verfügung stehen, muss ein Grenzwert gleich 1 gewählt werden;
// generell werden diese Optionen parallelisiert, wenn die Anzahl
// von Map-Elemente größer als der angegebene Grenzwert ist
    BiConsumer<Double,Double> biConsumer =
        (Double i1, Double i2) -> System.out.println(
          "Der Rabatt-Preis von " + i1 + " ist " + i2);
    Function<Double,Double> function1 =
        (Double i) ->
          { if(i >= 10)
              return i;
            return i+10;};
    Function<Double,Double> function2 =
        (Double i) -> {return i;};
    BiFunction<Double,Double,Double> biFunction1 =
      //  (Double i1, Double i2) -> i1 + i2;
// Die mit Java 8 definierte statische Methode sum() der Klasse
// Double aufrufen
      //  (Double i1, Double i2) -> Double.sum(i1, i2);
// alternativ zur Identifizierung dieser Methode eine Referenz
// benutzen
        Double::sum;
    BiFunction<Double, Double, Double> biFunction2 =
        (Double i1, Double i2) ->
          { if(!i1.equals(i2))
            return i1 + i2;
            return i1*i2;};
// Die mit Java 7 definierte statische Methode compare() der
// Klasse Double aufrufen
      //  Double.compare(i1, i2);
// alternativ zur Identifizierung dieser Methode eine Referenz
// benutzen
      //  Double::compare;
    BiFunction<Double, Double, Double> biFunction3 =
        (Double i1, Double i2) -> i2*2;
// Anstelle der Lambda-Expression
    Consumer<Double> consumer = (Double i) ->
        System.out.print(i + " ");
// alternativ eine Methoden-Referenz benutzen
    // Consumer<Double> consumer = System.out::print;
// Die Methode void forEachKey(long parallelismThreshold,
// Consumer<? super K> action)) führt die angegebene Aktion
```

```
// für jeden Schlüssel der ConcurrentHashMap aus und die Methode
// void forEachValue(long parallelismThreshold,Consumer<? super V>
// action) für jeden Wert
    System.out.printf("\n\nDie Schlüssel der Rabatt-Map\n");
    ((ConcurrentHashMap<Double, Double>)rabattMap).
      forEachKey(1,consumer);
    System.out.printf("\n\nDie Werte der Rabatt-Map\n");
    ((ConcurrentHashMap<Double, Double>)rabattMap).
      forEachValue(1,consumer);
// Die Methode void forEach(long parallelismThreshold,
// BiConsumer<? super K, ? super V> action) führt die angegebene
// Aktion auf jedem Schlüssel-Wert-Paar aus und die Methode
// <U> void forEach(long parallelismThreshold,
// BiFunction<? super K,? super V, ? extends U> transformer,
// Consumer<? super U> action) für jede durchgeführte Nicht-null-
// Transformation auf jedem Schlüssel-Wert-Paar
    System.out.printf("\n\nDie Zuordnungen in der "
      + "ConcurrentHashMap\n");
    ((ConcurrentHashMap<Double, Double>)rabattMap).
      forEach(biConsumer);
    System.out.printf("\nDie Summen von Buchpreisen und "
      + "deren Rabatte\n");
    ((ConcurrentHashMap<Double, Double>)rabattMap).
      forEach(1, biFunction1, consumer);
    System.out.printf("\nDie berechneten Rabatte von "
      + "Buchpreisen\n");
    ((ConcurrentHashMap<Double, Double>)rabattMap).
      forEach(1, biFunction1, consumer);
// Die Methode V compute(K key,BiFunction<? super K,? super V,
// ? extends V> remappingFunction) versucht, eine neue Zuordnung
// für den spezifizierten Schlüssel und dessen aktuell
// zugeordneten Wert (oder null, falls keiner vorhanden ist) zu
// berechnen
    System.out.printf("\n\nDie neuen Zuordnungen in der "
      + "ConcurrentHashMap\n");
    ((ConcurrentHashMap<Double, Double>)rabattMap).
      compute(16.95, biFunction1);
    ((ConcurrentHashMap<Double, Double>)rabattMap).
      compute(15.95, biFunction3);
    ((ConcurrentHashMap<Double, Double>)rabattMap).
      compute(30., biFunction2);
// Die neuen Zuordnungen in der Map anzeigen
    ((ConcurrentHashMap<Double, Double>)rabattMap).
      forEach(1,biConsumer);
// Die Methode Map.Entry<K,V> reduceEntries(long
```

```
// parallelismThreshold,BiFunction<Map.Entry<K,V>, Map.Entry<K,V>,
// ? extends Map.Entry<K,V>> reducer) gibt das Ergebnis der
// Reduktion von allen Einträgen der ConcurrentHashMap als
// Map.Entry zurück, indem für das Kombinieren von Werten der
// angegebene Reducer benutzt wird, oder null, falls keiner
// übergeben wurde; es sollen die Werte von allen aufeinander-
// folgenden Map-Einträgen auf einen reduziert werden und ein
// neuer Wert für den ersten Eintrag gesetzt werden
    BiFunction<Map.Entry<Double,Double>, Map.Entry<Double,
        Double>, Map.Entry<Double,Double>> biFunction4 =
        (Map.Entry<Double,Double> entry1,
        Map.Entry<Double,Double> entry2) ->
            { System.out.printf("\nMap-Eintrag:   "
                + entry1.getValue() + " * " + entry2.getValue());
// Die optionale Operation setValue() von Map.Entry löst eine
// UnsupportedOperationException während der Programmausführung
// aus, weil Bulk-Operationen auf Map.Entry-Objekte diese Methode
// nicht unterstützen
            // entry1.setValue(1.);
            return entry1;
        };
// Der durch Reduktion ermittelte neuer Map-Eintrag
    Map.Entry<Double,Double> entry =
        ((ConcurrentHashMap<Double, Double>)rabattMap).
        reduceEntries(0, biFunction4);
    System.out.printf("\n\nEin neu berechneter Map-Eintrag "
        + "durch Reduction: %s", entry);
// Die Methode <U> U reduce(long parallelismThreshold,
// BiFunction<? super K, super V,? extends U> transformer,
// BiFunction<? super U, ? super U,? extends U> reducer) gibt
// das Ergebnis der Ansammlung von ausgeübten Transformationen auf
// alle Schlüssel-Wert-Paare unter der Benutzung des übergebenen
// Reducers zurück, der angibt, wie die Werte zu kombinieren sind,
// oder null, falls keiner übergeben wurde
    System.out.printf("\nEin neu berechneter Wert durch "
        + "Reduction:");
    System.out.printf("\n%s",
        ((ConcurrentHashMap<Double, Double>)rabattMap).
        reduce(1, biFunction3, biFunction2));
// Den maximalen Schlüssel (Preis von Büchern) aus all denjenigen,
// die >=30 sind, und den minimalen Wert (Rabatt-Preis) aus all
// denjenigen, die <=20 sind, ermitteln
    System.out.printf("\nDer größte Wert aus der Menge "
        + "aller Preise, die >= 30 sind:");
    System.out.printf("\n%s",
```

```
              ((ConcurrentHashMap<Double, Double>)rabattMap).
                reduceKeys(1, k -> k >=30.? k : null, Double::max));
          System.out.printf("\nDer kleinste Wert aus der Menge "
            + "aller Rabatt-Preise, die <= 20 sind:");
          System.out.printf("\n%s",
          ((ConcurrentHashMap<Double, Double>)rabattMap).
            reduceValues(1, v -> v <=20. ? v : null, Double::min));
    // Die Methode <U> U searchValues(long parallelismThreshold,
    // Function<? super V, ? extends U> searchFunction) gibt ein
    // Ergebnis verschieden von 0, das durch die Anwendung der
    // angegebenen Suchfunktion auf alle Werte der Map entsteht,
    // zurück, oder 0, wenn keins resultiert; war die Suche
    // erfolgreich,
    // wird jedes weitere ausgewertete Element unterdrückt und das
    // Ergebnis von jedem beliebigen anderen parallelen Aufruf der
    // Suchfunktion ignoriert
          System.out.printf("\nDas Ergebnis der Applikation einer "
            + "Suchfunktion auf die Werte der Map");
          System.out.printf("\n%s",
            ((ConcurrentHashMap<Double, Double>)rabattMap).
              searchValues(2,function1));
    // Die Methode <U> U search(long parallelismThreshold,
    // BiFunction<? super K, ? super V,? extends U> searchFunction)
    // gibt das errechnete Nicht-Null-Ergebnis bei der Ausführung der
    // übergebenen Suchfunktion auf alle Schlüssel-Wert-Paare zurück,
    // ansonsten 0; auch damit werden weitere ausgewertete Elemente
    // ausgeblendet und das Ergebnis von einem beliebigen anderen
    // parallelen Aufruf der Suchfunktion ignoriert
          BiFunction<Double, Double, Double> biFunction5 =
            (Double i1, Double i2) ->
              { if((i1 <= 9) || (i2 >= 81))
                  return i1 + i2;
                return i1*i2;};
          System.out.printf("\nDas Ergebnis der Applikation einer "
            + "Suchfunktion auf Schlüssel-Wert-Paare der Map");
          System.out.printf("\n%s",
            ((ConcurrentHashMap<Double, Double>)rabattMap).
              search(1,biFunction5));
          System.out.printf("\n%s",
            ((ConcurrentHashMap<Double, Double>)rabattMap).
              search(1,biFunction5));
      }
  }
```

Programmausgaben

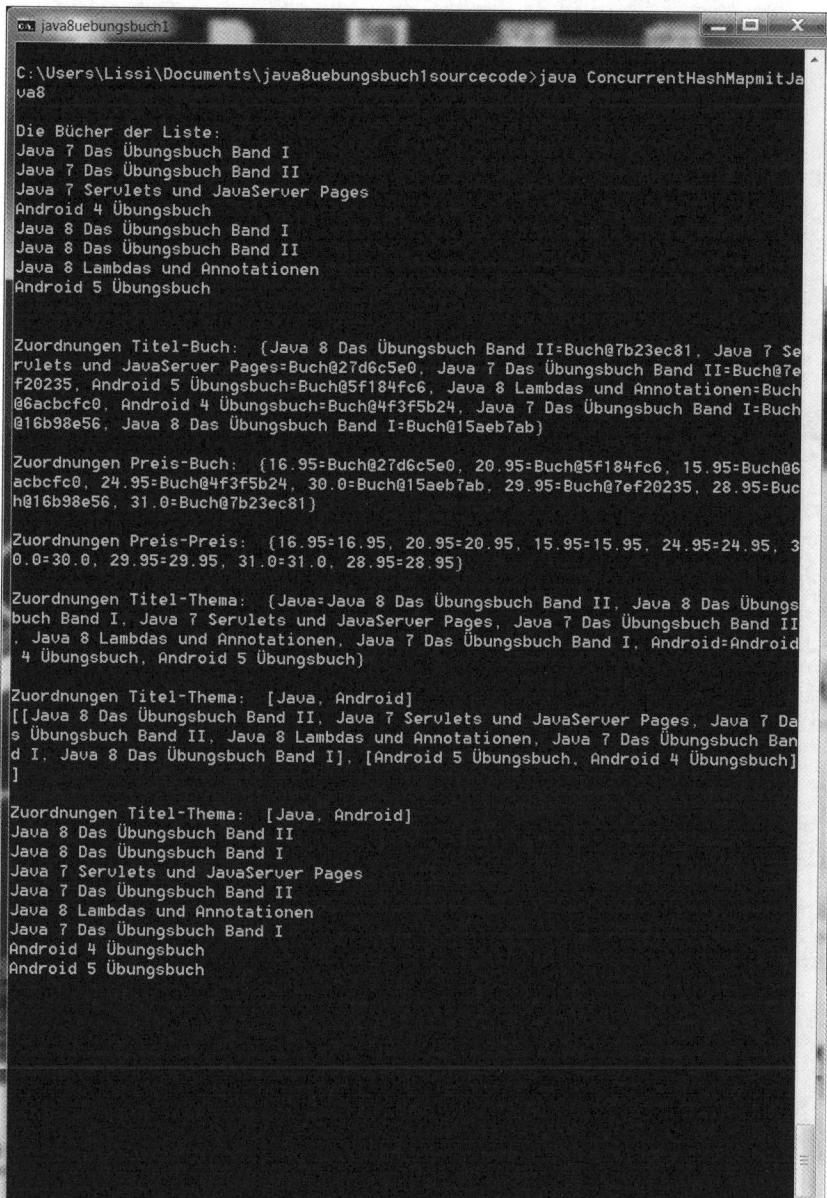

```
C:\Users\Lissi\Documents\java8uebungsbuch1sourcecode>java ConcurrentHashMapmitJa
va8

Die Bücher der Liste:
Java 7 Das Übungsbuch Band I
Java 7 Das Übungsbuch Band II
Java 7 Servlets und JavaServer Pages
Android 4 Übungsbuch
Java 8 Das Übungsbuch Band I
Java 8 Das Übungsbuch Band II
Java 8 Lambdas und Annotationen
Android 5 Übungsbuch


Zuordnungen Titel-Buch: {Java 8 Das Übungsbuch Band II=Buch@7b23ec81, Java 7 Se
rvlets und JavaServer Pages=Buch@27d6c5e0, Java 7 Das Übungsbuch Band II=Buch@7e
f20235, Android 5 Übungsbuch=Buch@5f184fc6, Java 8 Lambdas und Annotationen=Buch
@6acbcfc0, Android 4 Übungsbuch=Buch@4f3f5b24, Java 7 Das Übungsbuch Band I=Buch
@16b98e56, Java 8 Das Übungsbuch Band I=Buch@15aeb7ab}

Zuordnungen Preis-Buch: {16.95=Buch@27d6c5e0, 20.95=Buch@5f184fc6, 15.95=Buch@6
acbcfc0, 24.95=Buch@4f3f5b24, 30.0=Buch@15aeb7ab, 29.95=Buch@7ef20235, 28.95=Buc
h@16b98e56, 31.0=Buch@7b23ec81}

Zuordnungen Preis-Preis: {16.95=16.95, 20.95=20.95, 15.95=15.95, 24.95=24.95, 3
0.0=30.0, 29.95=29.95, 31.0=31.0, 28.95=28.95}

Zuordnungen Titel-Thema: {Java=Java 8 Das Übungsbuch Band II, Java 8 Das Übungs
buch Band I, Java 7 Servlets und JavaServer Pages, Java 7 Das Übungsbuch Band II
, Java 8 Lambdas und Annotationen, Java 7 Das Übungsbuch Band I, Android=Android
 4 Übungsbuch, Android 5 Übungsbuch}

Zuordnungen Titel-Thema: [Java, Android]
[[Java 8 Das Übungsbuch Band II, Java 7 Servlets und JavaServer Pages, Java 7 Da
s Übungsbuch Band II, Java 8 Lambdas und Annotationen, Java 7 Das Übungsbuch Ban
d I, Java 8 Das Übungsbuch Band I], [Android 5 Übungsbuch, Android 4 Übungsbuch]
]

Zuordnungen Titel-Thema: [Java, Android]
Java 8 Das Übungsbuch Band II
Java 8 Das Übungsbuch Band I
Java 7 Servlets und JavaServer Pages
Java 7 Das Übungsbuch Band II
Java 8 Lambdas und Annotationen
Java 7 Das Übungsbuch Band I
Android 4 Übungsbuch
Android 5 Übungsbuch
```

```
javaßuebungsbuch1                                                    _ □ X

Zuordnung von Preisen und Preiskürzungen  (16.95=15.254999999999999, 20.95=18.85
5, 15.95=14.354999999999999, 24.95=22.455, 30.0=27.0, 29.95=26.955, 31.0=27.9, 2
8.95=26.055)


Die Schlüssel der Rabatt-Map
16.95 15.95 31.0 24.95 30.0 29.95 20.95 28.95

Die Werte der Rabatt-Map
18.855 22.455 27.9 27.0 26.955 15.254999999999999 14.354999999999999 26.055

Die Zuordnungen in der ConcurrentHashMap
Der Rabatt-Preis von 16.95 ist 15.254999999999999
Der Rabatt-Preis von 20.95 ist 18.855
Der Rabatt-Preis von 15.95 ist 14.354999999999999
Der Rabatt-Preis von 24.95 ist 22.455
Der Rabatt-Preis von 30.0 ist 27.0
Der Rabatt-Preis von 29.95 ist 26.955
Der Rabatt-Preis von 31.0 ist 27.9
Der Rabatt-Preis von 28.95 ist 26.055

Die Summen von Buchpreisen und deren Rabatte
32.205 47.405 58.9 57.0 30.305 39.805 56.905 55.004999999999995
Die berechneten Rabatte von Buchpreisen
30.305 47.405 58.9 57.0 39.805 32.205 56.905 55.004999999999995

Die neuen Zuordnungen in der ConcurrentHashMap
Der Rabatt-Preis von 16.95 ist 32.205
Der Rabatt-Preis von 20.95 ist 18.855
Der Rabatt-Preis von 31.0 ist 27.9
Der Rabatt-Preis von 24.95 ist 22.455
Der Rabatt-Preis von 15.95 ist 28.709999999999997
Der Rabatt-Preis von 30.0 ist 57.0
Der Rabatt-Preis von 28.95 ist 26.055
Der Rabatt-Preis von 29.95 ist 26.955

Map-Eintrag:   57.0 × 26.955
Map-Eintrag:   27.9 × 26.055
Map-Eintrag:   57.0 × 27.9
Map-Eintrag:   28.709999999999997 × 22.455
Map-Eintrag:   28.709999999999997 × 57.0
Map-Eintrag:   32.205 × 18.855
Map-Eintrag:   32.205 × 28.709999999999997

Ein neu berechneter Map-Eintrag durch Reduction: 16.95=32.205
Ein neu berechneter Wert durch Reduction:
480.27
Der größte Wert aus der Menge aller Preise die >= 30 sind:
31.0
```

```
javaßuebungsbuch1                                                    _ □ X

Der kleinste Wert aus der Menge aller Rabatt-Preise die <= 20 sind:
18.855
Das Ergebnis der Applikation einer Suchfunktion auf die Werte der Map
32.205
Das Ergebnis der Applikation einer Suchfunktion auf Schlüssel-Wert-Paare der Map

457.9244999999999
545.87475
```

Kapitel 12

Die neuen Features von Java 9

12.1 Einführung

Die Weiterentwicklung von Java wird durch JDK Enhancements Proposals (JEPs), die die Features für neue Versionen und deren Implementierung im JDK im Detail beschreiben, im Voraus festgelegt. Diese werden auch als »Arbeitspakete für die Erweiterung von Java« in der Literatur bezeichnet.

Wie bereits bestätigt, wurden aus der großen Anzahl von JEPs, die in die neue Version einfließen sollten, einige nicht realisiert und auf Java 10 verschoben.

Eine Liste der neuen Features, die in Java 9 übernommen wurden, finden Sie (mit dem zugehörigen JEP gekennzeichnet und über einen Link erreichbar) unter `http://openjdk.java.net/projects/jdk9/`.

Von diesen wollen wir uns einige wichtige Bereiche, die die Themen aus diesem Buch ergänzen, und erste Schritte in der Modularisierung näher anschauen und wie immer anhand von Aufgaben erklären und einüben.

12.2 Factory-Methoden in Collections

Die bereits seit längerer Zeit erwarteten kompakten Literals für Listen und Maps (wie für Felder in Java üblich) hat auch die neue Version nicht mit sich gebracht. An deren Stelle wurden statische Factory-Methoden in den List-, Set- und Map-Interfaces vordefiniert (JEP 269: Convenience Factory Methods for Collections), die einen Varargs-Konstruktor nutzen, um Collection-Literals zuzuweisen wie z. B. mit:

```
List<String> list = List.of("Hello ","World ","from ","Java 9");
Set<String> set = Set.of("Hello ","World ","from ","Java 9");
```

Diese Methoden akzeptieren auch ein Array als Argument und erzeugen nach der Übergabe eine Liste, die denselben Typ wie die Arrayelemente hat und deren Anzahl von Elementen mit der Größe des Arrays übereinstimmt. Soll jedoch eine Liste vom Typ eines Arrays erzeugt werden, so geschieht dies durch die Zuweisung:

```
String[] array = {"Hello ","World ","from ","Java 9"};
List<String[]> list = List.<String[]>of(array);
```

Die mit of() bezeichneten Methoden der List- und Set-Interfaces erzeugen bei ihrer Implementierung immutable List- und Set-Instanzen. Die Reihenfolge der

Elemente in Listen und Sets entspricht der Reihenfolge von Argumenten bzw. der Reihenfolge aus dem übergebenen Array.

Für die Methode `Map.of()` gibt es typsichere Überladungen für bis zu 10 Schlüsseln und Werten. Sollten mehrere Elemente in eine Map eingefügt werden, muss man auf die Methode `Map.ofEntries()` zurückgreifen, der mehrere Argumente vom Typ `Map.Entry<K,V>` übergeben werden können. Dazu wurde eine neue Factory-Methode `Map.entry()` definiert, die statisch importiert, konkrete `MapEntry`-Objekte erzeugen kann:

```
import static java.util.Map.entry;
...
Map<Integer,String> immutableMap1 = Map.of(7,"java 7",
  8,"java 8", 9,"java 9");
Map<Integer,String> immutableMap2 = Map.ofEntries(
  entry(7,"java 7"), entry(8,"java 8"), entry(9,"java 9"));
```

Beim Einfügen der Elemente wird keine Reihenfolge garantiert. Doppelte Schlüssel werden zurückgewiesen, deren Übergabe in einer static-Factory-Methode führt zu einer `IllegalArgumentException`.

Alle mit den `of()`-Methoden erzeugten Instanzen sind, wie bereits erwähnt wurde, unveränderlich. Darin können keine Elemente gelöscht, hinzugefügt oder geändert werden. Wird dies versucht, wird eine Exception vom Typ `UnsupportedOperationException` ausgelöst.

`null` ist weder bei Collections als Wert erlaubt noch bei Maps als Schlüssel oder Wert, mit dem Zweck, Fehler im Programmieren zu umgehen. Ein derartiger Versuch wird mit einer `NullPointerException` quittiert.

Ähnliche Verhaltensweisen, was die Immutabilität betrifft, haben die von den Methoden `Collections.unmodifiableList()`, `Collections.unmodifiableSet()` und `Collections.unmodifiableMap()` gelieferten Collections und Maps. Diese liefern eine nicht-änderbare Sicht auf die existierenden Collections und Maps. Wird die darunter liegende Struktur abgeändert, sind diese Änderungen für diejenigen, die die nicht modifizierbare Sicht lesen, sichtbar. Indes können immutable Collections und Maps überhaupt nicht abgeändert werden.

Diese Datenstrukturen sind serialisierbar, wenn all ihre Elemente serialisierbar sind (»Serialization ist der Prozess, durch den Datenstrukturen oder Objekt-Zustände in ein Format umgesetzt werden, das gespeichert werden kann und aus dem diese wieder zurückgeholt werden können«).

Aufgabe 12.1

Factory-Methoden für List, Set und Map

Definieren Sie die Klasse `ListSetMapFactoryMethoden`, in der mehrere immutable Listen, Sets und Maps, die eventuell auch leer sein können, mit den neuen of()-Factory-Methoden von Java 9 nach dem Beispiel aus der theoretischen Einführung erzeugt werden.

Benutzen Sie sowohl Literale als auch Arrays in der Zuweisung von Daten und zeigen Sie die Inhalte von Collections und Maps am Bildschirm an.

Java-Dateien: ListSetMapFactoryMethoden.java
Programmaufrufe: java ListSetMapFactoryMethoden

12.3 Stream-Erweiterungen

Wie seit Java 8 bereits bekannt, verfügt auch das Stream-Interface über mehrere überladene of()-Factory-Methoden, die einen einzigen Wert oder ein Varargs-Argument erwarten. Diese sind immer dann von Nutzen, wenn nicht allzu viele Elemente einem Stream zugewiesen werden sollen, was für Tests häufig der Fall ist. Mit Java 9 kommt eine neue Methode ofNullable() hinzu.

Vorausgesetzt, wir wollen ein Element in einen Stream schreiben, nur wenn es verschieden von null ist. Dies konnte bis Java 8 entweder mit einer if-else-Bedingung oder, weil dabei nur zwischen zwei Ausgabewerten unterschieden wird, mit dem »Ternary-Operator« (<boolescher Ausdruck>) ? AusgabewertTrue : AusgabewertFalse;) erledigt werden:

```
final String configurationDirectory1 =
  Stream.of("app.config", "app.home", "user.home")
      .flatMap(key -> {
         final String property = System.getProperty(key);
         if(property == null) {
            return Stream.empty();
         }
         else {
            return Stream.of(property);
         }
      })
      .findFirst()
      .orElseThrow(IllegalStateException::new);
```

Die im Listing enthaltene flatMap()-Methode bildet ein Stream-Element aus dem Stream, an dem sie aufgerufen wird, auf einen Stream von 0 Elementen mit Stream.empty() oder mit einem Element mit Stream.of(property) ab. Die so erzeugten Streams werden in einem zweiten Schritt auf einen einzigen Stream abgeflacht. Danach wird mit findFirst() das erste Element im Stream ermittelt (weitere Details zur flatMap()-Methode können dem nachfolgenden Unterkapitel entnommen werden).

Diese Anweisungsfolge kann mit der neuen ofNullable()-Methode von Stream, die alle null-Elemente überspringt und nur den Nicht-null-Elementen einen Stream mit dem entsprechenden Element zuordnet, verkürzt werden:

```
final String configurationDirectory3 =
  Stream.of("app.config", "java.home", "java.version",
    "user.home", "user.dir", "user.name")
      .flatMap(key -> Stream.ofNullable(
                    System.getProperty(key)))
      .findFirst()
      .orElseThrow(IllegalStateException::new);
```

Die Methode dient hauptsächlich der Eliminierung von null-Elementen in Streams.

Die iterate()-Methode aus Java 8 dient dazu, unendliche Streams zu erzeugen, die falls gewünscht mit der limit()-Methode (z. B.) auf eine endliche Anzahl von Elementen reduziert werden können. Java 9 stellt dem Programmierer eine weitere überladene iterate()-Methode zur Verfügung, mit der direkt endliche Streams erzeugt werden.

Weitere neue Methoden sind dropWhile() und takeWhile(), in denen das übergebene Prädikat festlegt, wie die Elemente des Streams zu durchlaufen sind (siehe dazu die nachfolgende Aufgabe).

Aufgabe 12.2
Die neuen Stream-Methoden

Testen Sie alle neuen Stream-Methoden in einer Klasse StreamMethodenJava9, indem Sie die Beispiele aus der theoretischen Einführung übernehmen und erweitern.

Mittels der Methode ofNullable() können z. B. alle Elemente verschieden von null aus einer Collection in einer neuen hinterlegt werden, indem Sie Methoden wie toList(), toSet() oder einfach toCollection() aufrufen:

```
List<String> liste = Stream.of("app.config", "java.home",
  "java.version", "user.home", "user.dir", "user.name")
      .flatMap(key -> Stream.ofNullable(
                System.getProperty(key)))
      .collect(Collectors.toList());
```

Erzeugen Sie weitere einfache Beispiele mit Streams, die leere Strings oder auch null-Elemente enthalten und zu deren Eliminierung die ofNullable()-Methode benutzt wird, wie z. B. mit:

```
List<String> listeC = Stream.of("a",null,"b","c","d",null,"f")
      .flatMap(s -> Stream.ofNullable(s))
      .collect(Collectors.toList());
```

Vergewissern Sie sich, dass im Aufruf der Methode ofNullable() immer nur ein Wert übergeben werden kann:

```
long eins = Stream.ofNullable("22").count();
long zero = Stream.ofNullable(null).count();
```

Rufen Sie die Methoden iterate(), dropWhile() und takeWhile() auf, um deren Rückgaben zu testen.

Zeigen Sie, dass mit der Methode dropWhile() die Elemente eines Streams so lange verworfen werden, bis das übergebene Predicate false zurückgibt:

```
Stream.iterate(0, i-> i < 5, i -> i+1)
    .dropWhile(i -> i >= 3)
    .forEach(System.out::println);
```

und mit takeWhile() die Elemente eines Streams so lange durchlaufen werden, bis das übergebene Predicate true zurückgibt:

```
Stream.iterate(0, i -> i)
    .takeWhile(i -> i >= 4)
    .forEach(System.out::println);
```

Java-Dateien: StreamMethodenJava9.java
Programmaufrufe: java StreamMethodenJava9

12.4 Die map() und flatMap()-Methoden von Stream und Optional

In diesem ergänzenden Nachtrag zum Kapitel 11 dieses Buches wollen wir nochmals kurz auf die Klasse Optional<T> eingehen und dabei auf die ähnliche Verhaltensweise von Optionals und Streams hinweisen.

Wie in der Java-Literatur vermerkt, kann man sich ein Optional wie einen Stream vorstellen, weil es wie ein Stream leer sein kann oder ein Element enthalten kann. Aber anders als ein Stream kann ein Optional niemals mehrere Elemente enthalten.

Wie bereits in Kapitel 11 erwähnt wurde, ist die Klasse Optional<T> final und kann aus diesem Grund nicht erweitert werden. Weil sie nur private-Konstruktoren besitzt, müssen zum Erzeugen von Objekten der Klasse ihre Factory-Methoden aufgerufen werden: empty(), die das Feld der Klasse mit null initialisiert und ein leeres Optional zurückgibt, und of(T value), die diesem Feld den im Aufruf der Methode übergebenen Wert zuweist.

Eine dritte Factory-Methode ofNullable(T value) ist als:

```
return value == null ? empty():of(value);
```

implementiert und kann auch benutzt werden, um einen null-Wert in ein Optional zu konvertieren.

Die Klasse definiert weitere Methoden wie get(), ifPresent() und isPre-sent(), mit denen auf den enthaltenen Wert zugegriffen werden oder festgestellt werden kann, ob ein Optional leer ist oder nicht. Die get()-Methode wirft eine Exception vom Typ NoSuchElementException, wenn das Optional keinen Wert enthält, und die ifPresent()-Methode führt den im Aufruf übergebenen Consumer auf einem vorhandenen Wert aus (ist kein Wert vorhanden, passiert nichts).

Mit den Methoden T orElse(T other), T orElseGet(Supplier<? extends T> suplier), <X extends Throwable> T orElseThrow(Supplier<? extends X> exceptionSupplier) throws X extends Throwable kann auf ein leeres Optional reagiert werden, indem ein Objekt erzeugt wird, das das nicht vorhandene ersetzt. Mit dem Aufruf orElse(null) kann ein nicht leeres Optional nach null konvertiert werden.

Wir werden zeigen, dass wie für Streams auch an einem Optional Methoden wie filter(), map() und flatMap() aufgerufen werden können. Die in diesen Methoden übergebene Funktionalität wird dann einmal oder gar nicht ausgeführt, je nachdem, ob das Optional ein oder kein Element enthält.

Eine besondere Aufmerksamkeit soll in diesem Unterkapitel den map()-Methoden von Streams und Optionals im Vergleich zu deren flatMap()-Methoden gewidmet werden.

Wir beginnen mit Streams: Im Gegensatz zur map()-Methode, die einfach einen Stream auf einen anderen elementweise abbildet (ohne dass diese in irgendeinem Zusammenhang zueinander stehen müssen), führt die flatMap()-Methode zwei Operationen nacheinander durch: Damit wird der ursprüngliche Stream auf einen Stream von Streams abgebildet und diese werden in einem zweiten, nicht sichtbaren Schritt auf einen einzigen Stream reduziert. Die Vereinigung aller im ersten Schritt erzeugten Streams zu einem einzigen wird auch als »Verflachung« bzw. »Abklopfung« bezeichnet.

flatMap() erwartet eine Funktion, die einen Stream von Objects zurückgibt. Diese Funktion kann z. B. wie folgt definiert werden:

```
Function<List<Integer>, Stream<Integer>> mapper1 =
  (List<Integer> zahlenListe) -> zahlenListe.stream();
```

und ordnet in diesem Fall jeder Liste von Zahlen einen Stream mit diesen Zahlen zu. Wird sie im Aufruf der Methode übergeben:

```
Stream<List<Integer>> listStream1 =
  Stream.of(Arrays.asList(1,2,1), Arrays.asList(3,4,3),
    Arrays.asList(5,6,5));
Stream<Integer> listStream2 = listStream1.flatMap(mapper1);
```

so werden die einzelnen Streams auf einen einzigen Stream mit allen Zahlen abgeflacht.

Die Klasse `Optional` definiert auch eine `flatMap()`-Methode: `<U> Optional<U>`
`flatMap(Function<? super T, Optional<U>> mapper)`. Sie wendet die Mapper-Funktion, die hier einen `Optional`-Rückgabewert definiert, falls ein Wert in der `Optional`-Instanz, an der sie aufgerufen wird, vorhanden ist, auf diesen an und gibt das Ergebnis der Berechnung in einem weiteren Optional zurück. Ansonsten wird ein leeres Optional geliefert.

Mit dieser `flatMap()`-Methode können Funktionen mit `Optional`-Werten gekettet werden, ähnlich wie Funktionen mit einfachen Werten. Funktionen ordnen bekannterweise einem Wert aus ihrem Definitionsbereich immer nur einen Wert aus dem Wertebereich zu. Dies gilt auch für Funktionen mit `Optional`-Werten. Nur kann das Optional selbst unterschiedliche Zustände aufweisen: leer sein (`null` enthalten) oder einen Nicht-`null`-Wert umhüllen (»einen Wrapper für einen Nicht-`null`-Wert darstellen«).

Als Beispiel definieren wir mittels eines bedingten Ausdrucks zwei Funktionen mit `Optional`-Werten, in denen der Definitionsbereich der mathematischen Funktionen $\log(x)$ und $\exp(1/x)$ berücksichtigt wird. Zum Erzeugen von Instanzen der Klasse `Optional` rufen wir ihre statischen Methoden `of()` und `empty()` auf:

```
public static Optional<Double> logOptional(Double x) {
  return x <= 0 ? Optional.empty() : Optional.of(Math.log(x));
}
public static Optional<Double> expOptional(Double x) {
  return x == 0 ? Optional.of(1.) : Optional.of(Math.exp(1/x));
}
```

Verketten wir diese mit `flatMap()`, so ist das Ergebnis der Kettung `Optional.empty()`, wenn eine der Methoden `Optional.empty()` zurückgibt, und ansonsten eine nicht-leere `Optional`-Instanz vom Typ `Optional<Double>`:

```
Function<Double,Optional<Double>> function1 =
  MapvsFlatMap::expOptional;
Function<Double,Optional<Double>> function2 =
  MapvsFlatMap::logOptional;
System.out.println(Optional.of(Math.E).flatMap(function2)
  .flatMap(function1));
```

Im Vergleich dazu gibt die Default-Methode `<V> Function<T,V> andThen(Function<? super R,? extends V> after)` des `Function`-Interface eine zusammengesetzte Funktion zurück, die zuerst die Funktion, an der die Methode aufgerufen wird, auf die Input-Daten anwendet und danach die im Aufruf übergebene Funktion. Damit kann man aber nicht mehrere Möglichkeiten für ein berechnetes Ergebnis berücksichtigen, indem die nicht im Definitionsbereich enthaltenen Werte anders behandelt (oder ausgeschlossen) werden:

```
Function<Double, Double> function3 = (x) -> Math.exp(1/x);
Function<Double, Double> function4 = (x) -> Math.log(x);
```

```
Double result1 = function3.apply(MATH.E);
Double result2 = function4.apply(0.);
Double result3 = (function3.andThen(function4)).apply(MATH.E);
```

Aufgabe 12.3

map() versus flatMap()

Definieren Sie die Klasse `StreamFlatMapMethode`, um damit die Arbeitsweise der `flatMap()`-Methode von `Stream` einzuüben.

Zerlegen Sie die von der Methode `Files.lines()` gelieferten Zeilen einer Datei `Buecher.txt` mit `split()` in einzelne Wörter und bilden Sie diese mit `map()` und `flatmap()` auf die Elemente des ursprünglich erzeugten Streams ab:

```
Path path = Paths.get("Buecher.txt");
Stream<String> zeilen = Files.lines(path, StandardCharsets.UTF_8);
Stream<Stream<String>> worte = zeilen.map(zeile ->
  Stream.of(zeile.split("\\W+")));
```

und alternativ:

```
Stream<String> worte = zeilen.flatMap(zeile ->
  Stream.of(zeile.split("\\W+")));
System.out.println("\nAnzahl der Worte: " + worte.count());
```

Wie den Anzeigen der Ergebnisse mittels der Methoden `anzeigeStream()` und `anzeigeStreams()` (siehe dazu den Lösungsvorschlag zu dieser Aufgabe) zu entnehmen ist, wird der ursprüngliche Stream mit `map()` auf einen Stream von Streams, die die jeweiligen Wörter aus einer Zeile beinhalten, abgebildet. Mit `flatMap()` jedoch werden die so erstellten Streams in einem zweiten Schritt auf einen einzigen Stream abgeflacht, der die Wörter aus allen Zeilen beinhaltet, was z.B. das Zählen aller Wörter aus der Textdatei ermöglicht.

Die `flatMap()`-Methode der Klasse `Optional` gibt ein `Optional`-Objekt von einem anderen Typ als der, an dem die Methode aufgerufen wird, zurück. Darum kann diese benutzt werden, um geschachtelte `null`-Prüfungen auf Referenzen durchzuführen.

Definieren Sie eine Klasse `OptionalFlatMapMethode`, um dies zu demonstrieren. Dazu sollen auch die Klassen `Person`, `Tier` und `TierArzt` eingesetzt werden, die mittels Optionals folgenden Zustand beschreiben: Eine Person kann oder auch nicht ein Tier besitzen, ein Tier kann oder auch nicht einen Tierarzt haben, aber ein Tierarzt hat immer einen Namen (richten Sie sich ggf. nach den Klassendefinitionen aus dem Lösungsvorschlag zu dieser Aufgabe oder definieren Sie eigene Klassen mit ähnlichen Zuständen).

Zeigen Sie, dass die herkömmliche Prüfung aller Referenzen vom Typ dieser Klassen auf `null`:

```
if((person != null) && (person.getTier() != null) &&
  (person.getTier().getTierArzt() != null))
System.out.println(person.getTier().getTierArzt());
System.out.println("Unbekannter Wert");
```

mit:

```
Optional.of(person).flatMap(Person::getTierasOptional)
              .flatMap(Tier::getTierArztasOptional)
              .map(TierArzt::getName)
              .orElse("Unbekannter Wert");
```

ersetzt werden kann. Versuchen Sie, den im Aufruf von flatMap() übergebenen Methoden-Referenzen ihren Target-Typ korrekt zuzuordnen, indem Sie an deren Stelle wie im Lösungsvorschlag zu dieser Aufgabe Lambda-Ausdrücke benutzen.

Testen Sie mit dieser Klasse auch andere Methoden der Klasse Optional wie ifPresent(), orElseGet() und orElseThrow().

Mit der Klasse MapvsFlatMap aus dieser Aufgabe soll, wie ihr Name bereits zum Ausdruck bringt, eine Gegenüberstellung der Methoden map() und flatMap() der Klassen Stream und Optional realisiert werden.

Erzeugen Sie mit:

```
Stream<File> fileStream1 = Stream.of(newFile("C:/EJ_Uebungsbuch4")
  .listFiles());
```

einen Stream vom Typ Stream<File> und bilden Sie diesen mit map() und flat-Map() auf einen Stream von Streams vom Typ Stream<Stream<File>> ab. Wählen Sie anstelle von C:/EJ_Uebungsbuch4 ein beliebiges Verzeichnis auf Ihrem Rechner.

Ein Dateiverzeichnis kann Dateien und andere Unterverzeichnisse enthalten, aber auch leer sein. Dies kann mittels einer Funktion folgendermaßen ausgedrückt werden:

```
Function<File, Stream<File>> function = file ->
  file.listFiles() == null ? Stream.of(file) :
    Stream.of(file.listFiles());
```

Sie gibt für den Fall, dass ein File eine bestimmte Datei ist, einen Stream mit dieser zurück und im Fall eines Unterverzeichnisses einen Stream mit allen darin enthaltenen Files (Dateien und weiteren Unterverzeichnissen). Wenn kein File in einem Directory vorhanden ist, wird ein leerer Stream (über eine null-Referenz adressiert) zurückgegeben.

Zeigen Sie, dass mit der flatMap()-Methode die Stream-Elemente des Streams vom Typ Stream<Stream<File>> zu einer Stream<File>-Instanz »abgeflacht« werden können, in der alle Dateien und Verzeichnisse aus dem von Ihnen ausgewählten Directory aufgeführt werden.

Sammeln Sie in einem weiteren Schritt die von `flatMap()` erzeugten Streams mit `Collectors.collect(toList())` in einer Liste an und geben Sie auch diese am Bildschirm aus.

Erzeugen Sie erneut einen Stream mit allen Dateien und Unterverzeichnissen aus einem von Ihnen gewählten Verzeichnis wie hier `C:/EJ_Uebungsbuch4` und bilden Sie diese mit `map()` auf einen Stream von `Optional`-Instanzen, die diese Files beinhalten, ab. An diesen soll die `flatMap()`-Methode der Klasse `Optional` getestet werden. Die Klasse `Optional` soll uns diesmal helfen, zwischen Dateien und Dateiverzeichnissen zu unterscheiden:

```
Stream<Optional<File>> optionalFileStream = Stream.of(new
  File("C:/EJ_Uebungsbuch4").listFiles()).map(filea ->
    (Optional.of(filea)));
optionalFileStream.forEach(optionalFile ->
  { System.out.println("\n" + optionalFile.flatMap(optional ->
    fileListe(optional)));}
```

Definieren Sie die Methode `fileListe()` so, dass, wenn ein abgebildetes File eine Datei ist, ein `Optional.empty` zurückgegeben wird und ansonsten ein Optional, das alle Dateien des Unterverzeichnisses als Array beinhaltet. Ist das Unterverzeichnis leer, soll ebenfalls ein `Optional.empty` zurückgegeben werden. Für das Ermitteln (zwecks Anzeige) von Arrayelementen, falls das Optional einen Wert besitzt, kann die `get()`-Methode aufgerufen werden:

```
Optional<File[]> optionalFileArray =
  optionalFile.flatMap(optional -> fileListe(optional));
if(!optionalFileArray.isPresent())
  System.out.print(" ist eine Datei" );
else {
  System.out.print(" ist eine Directory" );
// optionalFileArray.get() ist ein File[]-Array, das alle Dateien
// aus einem Unterverzeichnis enthält
  for(File fileNeu : optionalFileArray.get())
    System.out.println("Datei im Directory: " + fileNeu);
  }
});
```

Hinweise für die Programmierung:

Weil `Optional`-Klassen nicht gedacht sind, als Feldtyp benutzt zu werden, implementieren sie nicht das `Serializable`-Interface. Dies führt dazu, dass Tools, die auf ein derartiges Modell aufsetzen, abstürzen können. Darum sind die entsprechenden Felddefinitionen aus den Klassen `Person` und `Tier` auskommentiert und nur zum Testen gedacht.

`fileListe()` gibt ein leeres Optional zurück, falls eine Datei übergeben wird, und im Falle eines Directorys alle Files (auf Ebene 1), die dieses beinhaltet:

```
public static Optional<File[]> fileListe(File file) {
    System.out.println("\n" + file);
    return (file.isFile() == true) ? Optional.empty() :
      Optional.of(file.listFiles());
}
```

Java-Dateien: Person.java, Tier.java, TierArzt.java, StreamFlatMapMe-
thode.java, OptionalFlatMapMethode.java, MapvsFlatMap.java
Programmaufrufe: java StreamFlatMapMethode, java OptionalFlatMapMe-
thode, java MapvsFlatMap

12.5 Optional-Erweiterungen

Die Erweiterungen der Klasse Optional mit Java 9 sollen die Anwendung von
Methoden wie map() und flatMap() etwas eleganter erscheinen lassen. Gleichzeitig bringen sie auch den Vorteil mit sich, diese verzögert ausführen zu können, was
beim Einsparen von Ressourcen hilfreich sein kann.

Die neue stream()-Methode kann benutzt werden, um ein Optional auf einen
Stream abzubilden, der entweder leer ist oder ein Element enthält. Die or()-
Methode kann benutzt werden, um ein leeres Optional mit dem Ergebnis eines
Aufrufs, der ein anderes Optional zurückgibt, zu ersetzen, und mit Optio-
nal::ifPresentOrElse können beide Zweige von einem isPresent-if ausge-
führt werden.

Aufgabe 12.4
Die neuen Methoden der Optional-Klasse

Die Vorteile der neuen Methoden von Optional sollen in einer Klasse Optional-
MethodenJava9 mit alternativen Beispielen zu Java 8 dargestellt werden. Definie-
ren Sie für den Test von or() in der main()-Methode dieser Klasse zwei Optional-
Instanzen:

```
Optional<String> optional1 = Optional.of("Java 8");
Optional<String> optional2 = Optional.of("Java 9");
```

und vergewissern Sie sich, dass anstelle des ternären Operators:

```
Optional<String> result = optional1.
  isPresent() ? optional1 : optional2;
  System.out.println(result.get());
```

mit Java 9 die neue or()-Methode mit demselben Ausgang aufgerufen werden
kann:

```
Optional<String> optional3 = optional1.or(() -> optional2);
Optional<String> optional4 = optional2.or(() -> optional1);
```

Ist `optional1` verschieden von `Optional.empty()`, wird der damit repräsentierte Wert dem Ergebnis zugewiesen, anderseits `optional2`.

Nun wollen wir uns der `stream()`-Methode widmen und gehen davon aus, dass eine neue Klasse `Leser` zwei Eigenschaften definiert, den Namen des Lesers und eine ID, über die ihm Bestellungen von Büchern (als Objekte vom Typ der Klasse `Buch` aus der Aufgabe 11.6 repräsentiert) zugeordnet werden können. Definieren Sie in der Klasse `OptionalMethodenJava9` mit der neuen `of()`-Factory-Methode von `Collection` eine Liste vom parametrisierten Typ dieser Klasse:

```
List<Leser> leser = List.of(new Leser(10, "Jung"),
  new Leser(11, "Schmidt"), new Leser(12, "Müller"));
```

und eine Methode `getBuecher()`, die jedem Leser aus dieser Liste eine Buchliste zuordnet, die dieser als Bestellung aufgegeben hat:

```
List<Buch> getBuecher(Leser leser) {
    List<Buch> liste = null;
    if(leser.getId() == 10)
        liste = new ArrayList<>(Arrays.asList(buchArray2));
    else if(leser.getId() == 11)
        liste = new ArrayList<>(Arrays.asList(buchArray3));
    else if(leser.getId() == 12)
        liste = new ArrayList<>(Arrays.asList(buchArray4));
    return liste;
}
```

Die in der Methode `asList()` übergebenen Arrays sind im Lösungsvorschlag zu dieser Aufgabe als Konstantendefinitionen in drei Interfaces, `Buchliste2`, `Buchliste3` und `Buchliste4`, enthalten und nach dem Beispiel des Interface `Buchliste` aus der Aufgabe 11.6 definiert. Selbstverständlich können Sie auch die neuen `List.of()`-Methoden für die Zuweisung von eigenen Buchlisten wählen.

In einem ersten Schritt sollen zwei Lösungsansätze (mit Java 8 und Java 9) gefunden werden, um aus einer vorgegebenen Liste von Leser-IDs diejenigen Leser zu ermitteln, deren ID in der weiter oben beschriebenen Liste `leser` auffindbar ist. Legen Sie diese dazu in einem Stream vom Typ `Stream<Leser>` ab und benutzen Sie, um nicht vorhandene Leser zu identifizieren, die Möglichkeiten der Klasse `Optional`: Eine Methode `findLeser()` soll einem über seine ID identifizierten Leser einen `Optional<Leser>` zuordnen und im Falle, dass kein Leser mit der übergebenen ID vorhanden ist, einen `Optional.empty()`:

```
public Optional<Leser> findLeser(Integer LeserId) {
    for(Leser Leser: leser) {
        if(Leser.getId() == LeserId) {
            return Optional.of(Leser);
        }
    }
}
```

```
    return Optional.empty();
}
```

Diese Methode soll für beide Lösungsansätze aus einer weiteren Methode findLe-
ser1() (für Java 8) bzw. findLeser3() (für Java 9) aufgerufen werden, in der die
verschiedenen Leser-IDs als Collection übergeben werden:

```
public Stream<Leser> findLeser1(Collection<Integer>
                                            LeserIds) {
    return LeserIds.stream()
               .map(this::findLeser)
               .filter(Optional::isPresent)
               .map(Optional::get);
}
```

bzw.

```
public Stream<Leser> findLeser3(Collection<Integer>
                                            LeserIds) {
    return LeserIds.stream()
               .map(this::findLeser)
               .flatMap(Optional::stream);
}
```

Als weiteres Beispiel sollen in einem zweiten Schritt die oben definierten Methoden findLeser() und getBuecher() benutzt werden, um für jeden identifizierten Leser seine Bestellungen zu ermitteln.

Definieren Sie dazu zwei weitere Methoden findBuecher1() und findBuecher2(),
die mit den Möglichkeiten aus Java 8 bzw. Java 9 diese Anforderungen realisieren:

```
public List<Buch> findBuecher1(Integer LeserId) {
    return findLeser(LeserId)
        .map(this::getBuecher)
        .orElse(new ArrayList<>());
}
```

bzw.

```
public Stream<Buch> findBuecher2(Integer LeserId) {
    return findLeser(LeserId)
        .stream()
        .map(this::getBuecher)
        .flatMap(List::stream);
}
```

Für den Test der Methoden sowie der neuen ifPresentOrElse()-Methode kann
eine Instanz der Klasse, an der die Methoden aufgerufen werden, erzeugt werden:

```
OptionalMethodenJava9 opt = new OptionalMethodenJava9();
```

Zeigen Sie des Weiteren, dass anstelle der Abfragen:

```
Optional<Leser> leser11 = opt.findLeser(10);
if(leser11.isPresent()) {
  System.out.println(leser11.get().getName());
}
else {
  System.out.println("Der Leser[" + leser11.get().getId() + "]" +
    " wurde nicht gefunden");
}
Optional<Leser> leser12 = opt.findLeser(13);
if(leser12.isPresent()) {
  System.out.println(leser12.get().getName());
}
else {
  System.out.println("Der Leser[13]" +
    " wurde nicht gefunden");
}
```

aus Java 8 mit Java 9 die Methode ifPresentorElse() eingesetzt werden kann:

```
opt.findLeser(12).ifPresentOrElse(
  (leser) -> System.out.println(leser.getName()),
    () -> System.out.println("Der Leser[12]" +
            " wurde nicht gefunden"));
```

Hinweise für die Programmierung:

Mit den Möglichkeiten von Java 8 können in der Methode findLeser1() die filter()-Methode von Stream zusammen mit der isPresent()-Methode von Optional benutzt werden, um leere Optionals zu eliminieren und danach die verbliebenen Optionals vom Typ Optional<Leser> auf ihre Werte (die identifizierten Leser) abzubilden.

Dies wird mit der neuen stream()-Methode von Optional aus Java 9 in der Methode findLeser3() vereinfacht: Sie gibt einen Stream mit einem Element zurück, falls das Optional einen Wert besitzt, und ansonsten einen leeren Stream.

Im Lösungsvorschlag zu dieser Aufgabe finden Sie zwei weitere Methoden findLeser2() und findLeser4(), die für die Abbildung von Werten, um leere Optionals zu eliminieren, mit demselben Ergebnis anstelle von map() die flatMap()-Methode benutzen.

Auch mit den Methoden findBuecher1() und findBuecher2() lassen sich im Vergleich die Vorteile von Java 9 darstellen: Die Methode List<Buch> getBuecher(Leser) aus dem ersten Beispiel ist eine lang andauernde Operation. Von einer Methode Optional::map, die sofort ausgeführt wird, kann mit Java 9 auf eine Methode Stream::map, die verzögert ausgeführt wird, umgeschaltet werden. Dies kann Ressourcen einsparen, weil nur auf die von der terminalen Operation benötigten Daten auch in den dieser vorgeschalteten intermediären Operationen zugegriffen wird.

Java-Dateien: `OptionalMethodenJava9.java`
Programmaufrufe: `java OptionalMethodenJava9`

12.6 Kollektoren in Java 9

Kollektoren wurden in Java 8 eingeführt. Durch diese können die Elemente eines Streams in Containern wie List, Set und Map oder in selbst definierten Zielcontainertypen angesammelt werden. Sie können aber auch dazu benutzt werden, allen Stream-Elementen das Ergebnis einer Berechnung zuzuordnen, indem deren Summe, das Produkt, das Maximum, das Minimum oder der Durchschnitt davon ermittelt wird.

Vordefinierte Kollektoren sind als statische Factory-Methoden in der Klasse `Collectors` hinterlegt. Dieser Klasse wurden mit Java 9 zwei weitere hinzugefügt: `filtering()` und `flatMapping()`:

```
static <T,A,R> Collector<T,?,R> filtering(Predicate<? super T>
   predicate, Collector<? super T,A,R> downstream)
```

bzw.

```
static <T,U,A,R> Collector<T,?,R> flatMapping(Function<? super T,?
   extends Stream<? extends U>> mapper,
   Collector<? super U,A,R> downstream)
```

`filtering()`-Methoden richten Kollektoren ein, die alle Input-Elemente vom Typ T, auf die das übergebene Prädikat angewandt `true` zurückgibt, ansammelt. Diese werden meistens in Multi-Level-Reduktionen mit einem weiteren Downstream-Kollektor eingesetzt, wie z. B. mit `groupingBy()` oder `partitioningBy()`.

Der `flatMapping()`-Kollektor bekommt zwei Argumente übergeben: eine Funktion, die einem Element vom Typ U einen Stream von Elementen vom Typ T zuordnet, und einen Downstream-Kollektor, der die Elemente des abgeflachten Streams in einem Container ansammelt.

Wie dies genau aussieht, soll mit der nachfolgenden Aufgabe gezeigt werden.

Aufgabe 12.5
Die filtering() und mapping()-Kollektoren

Für die nachfolgenden Tests soll die Klasse Buch um ein Feld bewertung vom Typ List<BuchBewertung> erweitert werden. Aktualisieren Sie dementsprechend die Konstruktordefinitionen und die Zugriffsmethoden der Klasse.

Die neue Klasse BuchBewertung definiert die final Strings name und text und stellt dem Programmierer einen Konstruktor und Zugriffsmethoden zur Verfügung.

Fügen Sie im Interface Buchliste aus der Aufgabe 2.16 die Definition einer Liste vom parametrisierten Typ BuchBewertung hinzu:

```
final static List<BuchBewertung> bewertungen = List.of(
  new BuchBewertung("Spiegel Bestseller"),
   new BuchBewertung("Stern Bestseller"),
    new BuchBewertung("Zeit Bestseller"));
```

und passen Sie in dem Buchkatalog, der darin als ArrayList-Instanz erzeugt wird, die Buch-Objekte der neuen Konstruktordefinition an.

Die Arbeitsweise der neuen Kollektoren filtering() und flatMapping() soll in einer Klasse KollektorenJava9 im Vergleich zu den bereits aus Java 8 bekannten filter()- und mapping()-Kollektoren dargestellt werden.

Sollte mit Java 8 eine Map erzeugt werden, die eine Abbildung von Jahren auf eine Liste aller in einem Jahr getätigten Ausgaben für Bücher erstellt, die <= 16.95 € waren, konnte man diese Ausgaben mit der filter()-Methode aus der Gesamtmenge herausfiltern und mit dem groupingBy()-Kollektor einem Jahr zuordnen:

```
Map<Calendar, List<Buch>> preisProJahr1 = liste.stream()
 .filter(buch-> buch.getPreis() <= 16.95)
 .collect(Collectors.groupingBy(Buch::getErscheinungsdatum));
```

Dies hatte als Konsequenz, dass für den Fall, dass alle Preise für Ausgaben in einem bestimmten Jahr <= 16.95€ waren, die resultierende Map keinen Eintrag für dieses Jahr (kein Schlüssel-Wert-Paar) beinhaltet.

Java 9 bietet uns den filtering()-Kollektor an, der mit dem Downstream-Kollektor von groupingBy() eingesetzt dazu beiträgt, dass das entsprechende Jahr in der Map erhalten bleibt und eine leere Liste zugeordnet bekommt:

```
Map<Calendar, List<Buch>> preisProJahr2 = liste.stream()
 .collect(Collectors.groupingBy(Buch::getErscheinungsdatum,
      Collectors.filtering(buch -> buch.getPreis()
        <= 16.95, Collectors.toList())));
```

Angenommen, es soll eine Map erstellt werden, die ein Jahr auf ein Set von Bewertungen zu allen Ausgaben von Büchern aus diesem Jahr abbildet (mit anderen Worten, das Ergebnis soll eine Map<Integer, Set<BuchBewertung>> sein), dann kann anstelle von mapping():

```
Map<Calendar, Set<List<BuchBewertung>>> map1 = liste.stream()
 .collect(Collectors.groupingBy(Buch::getErscheinungsdatum,
     Collectors.mapping(Buch::getBewertungen,
       Collectors.toSet())));
```

die intermediäre Liste mit flatMapping() direkt auf den gewünschten Container abgebildet werden:

```
Map<Calendar, Set<BuchBewertung>> map2 = liste.stream()
    .collect(Collectors.groupingBy(Buch::getErscheinungsdatum,
        Collectors.flatMapping(buch -> buch.getBewertungen()
            .stream(), Collectors.toSet())));
```

Zeigen Sie mit ähnlichen Beispielen, dass auch in der Gruppierung einer beliebigen Eigenschaft von Buch-Objekten (wie z.B. der »Bewertungen« von Büchern) nach der Eigenschaft »Thema« mittels der Concurrent-Reduction diesbezüglich keine Änderungen gegenüber einer einfachen Reduktion erfolgen.

Java-Dateien: Buch.java, BuchBewertung.java, KollektorenJava9.java
Programmaufrufe: java KollektorenJava9

12.7 Process-API-Erweiterungen

Java 9 bringt mehrere Updates in der Process-API (JEP 102) mit sich, die dazu dienen sollen, auf einfachere Art und Weise wie bisher Informationen über laufende Prozesse zu ermitteln, vor allem für den JVM-Prozess und selbst gestartete Prozesse.

Zwei davon sind die Interfaces java.lang.ProcessHandle und java.lang.ProcessHandle.Info.

Von Comparable<ProcessHandle> abgeleitet, können mit den Methoden des Interface ProcessHandle laufende Prozesse identifiziert, überwacht und eventuell beendet werden. Damit wird ein Zugriff auf die Input-, Output- und Error-Streams dieser Prozesse gewährleistet.

Das Interface ProcessHandle.Info ist als inneres Interface von ProcessHandle definiert und liefert eine Momentaufnahme der Prozessattribute, die von Betriebssystem zu Betriebssystem verschieden sein können und nicht in allen Implementierungen zugänglich sind.

Ein Prozess kann mit der Methode onExit() gestoppt werden. Diese gibt für das Beenden des Prozesses ein CompletableFuture<ProcessHandle> zurück, das die Möglichkeit bietet, Aktionen und Funktionen auszulösen, die synchron oder asynchron nach dem Beenden des Prozesses ausgeführt werden sollen. Wenn ein Prozess beendet ist, wird das CompletableFuture ergänzt, egal welchen Ausgangsstatus der Prozess hat.

An dieser Stelle wollen wir darauf hinweisen, dass sowohl die Einführung als auch der ergänzende Nachtrag zu CompletableFuture als Erweiterung des Future-Patterns sowie die Java-Concurrency-Thematik im Allgemeinen nicht in diesem Buch behandelt werden, und verweisen auf weitere Java-Literatur zu diesem Thema.

Mit den Methoden destroy() und destroyForcibly() können Prozesse, abgesehen vom eigenen (der JVM), beendet werden.

Aufgabe 12.6

Die neuen Interfaces ProcessHandler und ProcessHandler.Info

In der Klasse `ProcessApiJava9` soll mit `ProcessHandle.current().info()` eine Instanz vom Typ `ProcessHandle.Info` ermittelt werden und an dieser Methoden wie `command()`, `user()`, `totalCpuDuration()` etc. aufgerufen werden, um auf die Eigenschaften aller laufenden Prozesse zuzugreifen. Zeigen Sie diese am Bildschirm an.

Die Methode `allProcesses()` von `ProcessHandle` liefert einen Stream vom Typ `Stream<ProcessHandle>`, der mit den gängigen Stream-Operationen durchlaufen werden kann. Bilden Sie die Elemente dieses Streams auf die ID aller laufenden Prozesse ab und speichern Sie diese in einer Liste:

```
List<Long> idListe = ProcessHandle.allProcesses()
    .map(ProcessHandle::pid)
    .collect(Collectors.toList());
```

Nicht alle damit gefundene Prozesse sind auch erreichbar. Filtern Sie diese aus der Gesamtmenge heraus, um mit den Möglichkeiten von Java 9 ihre Eigenschaften vereinfacht anzuzeigen:

```
ProcessHandle.allProcesses()
    .filter(p -> p.isAlive())
    .map(p -> p.info())
    .forEach(System.out::println);
```

Um eigene Prozesse zu starten, konnte bereits mit den Vorgängerversionen von Java 9 eine `ProcessBuilder`-Instanz benutzt werden. Jede `ProcessBuilder`-Instanz verwaltet eine Collection von Prozessattributen. Das Starten eines Prozesses, der das aktuelle Directory und die aktuelle Entwicklungsumgebung nutzt, ist damit nicht schwierig: `Process p = new ProcessBuilder("myCommand", "myArg").start();`

Erzeugen und starten Sie die nachfolgenden zwei Prozesse nach dieser Anweisung:

```
ProcessBuilder processBuilder1 = new ProcessBuilder(
  "java", "-version");
ProcessBuilder processBuilder2 = new ProcessBuilder(
  "java", "-?");
Process process1 = processBuilder1.inheritIO().start();
Process process2 = processBuilder2.inheritIO().start();
```

Liefern Sie für diese Prozesse (und auch für den aktuellen Prozess) mit den Möglichkeiten von Java 9 eine Momentaufnahme für die aktiven Kind-Komponenten und Deszendenten:

```
Stream<ProcessHandle> children1 = process1.children();
children1.filter(ProcessHandle::isAlive)
```

```
        .forEach(ph -> System.out.println("Children: PID: " +
            ph.pid() + " Cmd: " + ph.info().command()));
Stream<ProcessHandle> descendants2 = process1.descendants();
descendants2.filter(ProcessHandle::isAlive)
        .forEach(ph -> System.out.println("Descendants: PID: "
            + ph.pid() + " Cmd: "  + ph.info().command()));
```

Erzeugen Sie einen neuen Stream für das Ermitteln des Vater-Prozesses nach dem Beispiel:

```
Stream<ProcessHandle> descendants3
 = process1.descendants();
descendants3.filter(ProcessHandle::isAlive)
      .forEach(ph -> System.out.println("PID Parent: "
          + ph.parent().get().pid() + " Cmd: " +
          ph.parent().get().info().command()));
```

Die onExit()-Methode kann mehrmals aufgerufen werden, um voneinander unabhängige Aktionen auszulösen, wenn der Prozess sich beendet. Vergewissern Sie sich, dass der Aufruf onExit().get() wartet, bis ein Prozess beendet wurde, und zeigen Sie den damit ermittelten Wert am Bildschirm an:

```
ProcessHandle processHandle = process2.toHandle();
CompletableFuture<ProcessHandle> onProcessExit
 = processHandle.onExit();
System.out.println("\nonExit().get() wartet auf das "
 + "Beenden von " + onProcessExit.get());
```

Knüpfen Sie an das Beenden des Prozesses andere asynchrone Aktionen, wie z. B. mit:

```
onProcessExit
    .supplyAsync(() -> {// CompletionUtils.delay(3000);
                    return "10";})
    .thenAccept(s -> {
        System.out.println("Ein asynchrones Event gibt "
          + s + " zurück");
    });
```

Zeigen Sie, dass auch mehrere Prozesse in einer Liste hinterlegt und nacheinander gestoppt werden können. Erzeugen Sie dazu zwei neue ProcessBuilder mit dem Standard-Konstruktor der Klasse. Für den ersten soll mit command() ein Betriebssystemkommando abgesetzt und mit directory() sein Arbeitsverzeichnis gesetzt werden:

```
ProcessBuilder process3 = new ProcessBuilder()
    .command("java", "-X")
    .directory(Paths.get("C:/Users/Lissi/Documents/java9")
    .toFile());
```

Für den zweiten sollen nach dem Absetzen eines Betriebssystemkommandos mit `redirectOutput(Redirect.INHERIT)` die Source und das Ziel für Standard-I/O-Subprozesse gleich mit denen für den aktuellen Java-Prozess gesetzt werden (dies ist laut Dokumentation die normale Umgebung für die meisten Interpreter eines Betriebssystems):

```
ProcessBuilder process4 = new ProcessBuilder()
    //.command("javac", "DiamondOperatorJava9.java")
     .command("java", "-version")
     .redirectOutput(Redirect.INHERIT);
processBuilder1.directory(Paths.get(
        "C:/temp").toFile());
processBuilder2.redirectOutput(Redirect.INHERIT);
```

Mit `startPipeline()` kann ein Prozess für jeden im Aufruf der Methode übergebenen ProcessBuilder gestartet werden:

```
List<Process> prozessListe = ProcessBuilder.
    startPipeline(Arrays.asList(process3, process4));
```

Stoppen Sie beide so erzeugten Prozesse mit der Methode `onExit()` und lösen Sie mittels jeder der gelieferten `CompletableFuture<ProcessHandle>`-Instanzen eine asynchrone Aktion aus (z. B. mit `thenAccept()` die Anzeige der Prozess-ID), die nach dem Beenden der Prozesse ausgeführt werden soll:

```
CompletableFuture[] arrayCF = prozessListe.stream()
    .map(Process::onExit)
    .map(processFuture -> processFuture.thenAccept(
        process -> System.out.println("Der Prozess mit der"
        +" ID = " + process.pid() + " ist beendet")))
    .toArray(CompletableFuture[]::new);
```

Warten Sie diesmal mit `join()`, bis alle Prozesse sich beendet haben:

```
CompletableFuture
    .allOf(arrayCF)
    .join();
```

Versuchen Sie, den aktuellen Prozess (die JVM) zu beenden, und fangen Sie die dabei ausgelöste IllegalStateException ab:

```
ProcessHandle.current().destroy();
```

Hinweise für die Programmierung:

Die mit Java 7 implementierte Methode `inheritIO()` setzt Source und Ziel für Standard-I/O-Subprozesse gleich mit denen für den aktuellen Java-Prozess.

Java-Dateien: `ProcessApiJava9.java`
Programmaufrufe: `java ProcessApiJava9`

12.8 Reactive Programming

Wie der Java-API-Dokumentation zu entnehmen ist, versteht man unter Reactive Programming die Verarbeitung eines asynchronen Streams von Datenelementen, indem Applikationen auf diese, während sie zustande kommen, reagieren.

Ein Stream von Daten ist bekanntlich eine Folge von Datenelementen, die in einem bestimmten Zeitintervall generiert werden. Die Werte dieser Folge (in der Literatur wird auch von Sequenzen von Elementen gesprochen) werden von mehreren in einer Pipeline liegenden Operationen ausgewertet und durch eine abschließende Operation bereitgestellt. Diese Operationen werden in Java als Methodenaufrufe formuliert, die Funktionalität in Form von Lambdas und Methoden-Referenzen entgegennehmen können und auf alle Elemente der Folge anwenden.

Im Reactive-Programming-Modell existiert ein Publisher (Verleger, Herausgeber) und ein Subscriber (Bezieher, Abonnent). Der Publisher veröffentlicht einen Stream von Daten, an den der Subscriber asynchron angeschlossen ist. Die Verbindung, die zwischen einem Publisher und einem Subscriber aufgebaut wird, wird mit einer Subscription beschrieben.

Im Vergleich zu einer Iteration über Daten im Speicher ist das Reactive-Programming-Modell speichereffizienter, weil die Daten als Stream verarbeitet werden und somit nicht alle immer gleichzeitig vorhanden sein müssen.

Zusätzlich liefert dieses Modell die Möglichkeit, mit höhergradigen Funktionen auf die Streams mittels Prozessoren zu operieren, während die Übertragung von Datenbenachrichtigungen stattfindet.

Ein Prozessor repräsentiert eine Komponente, die als Subscriber oder als Publisher wirken kann, um den Stream von Datenelementen in einen anderen umzusetzen, sodass der Publisher und der Subscriber unabhängig von der Umsetzung sind, die auf dem Stream stattfindet.

Die Flow-API aus dem Java 9 JDK basiert auf der Reactive Streams Specification, die den Standard für Reactive Programming beschreibt.

Sie definiert im Paket `java.util.concurrent` die funktionalen Interfaces `Flow.Publisher`, `Flow.Subscriber`, `Flow.Processor` und `Flow.Subscription`.

Der Publisher produziert Datenelemente, damit diese vom Subscriber konsumiert werden. Seine einzige Methode ist `subscribe(Subscriber subscriber)`, die dazu dient, dem Publisher einen Subscriber zuzuordnen und eine Subscription zum Verbindungsaufbau zu erzeugen.

Subscriber nutzen normalerweise einen einzigen Publisher, um mit den Methoden `onNext(T)` die gesendeten Daten, mit `onError(Throwable)` die eventuell ausgelösten Fehlermeldungen oder mit `onComplete()` das Signal, dass keine Datenelemente mehr vorhanden sind, abzuholen. Bevor eine dieser Situationen auftritt, ruft der Publisher die `onSubscription(Subscription subscription)`-Methode des Subscribers auf, in der eine `Subscription`-Instanz übergeben wird.

Der Subscriber benutzt diese Subscription, um mehrere Elemente mit `request(long)` anzufordern oder die Verbindung mit `cancel()` abzubauen.

Aus diesen Beschreibungen ergibt sich folgender Datenfluss (Flow) für die Programmierung:

- Anfangs werden ein Publisher und ein Subscriber erzeugt.

- Der Subscriber wird mit der Methode `void subscribe(Flow.Subscriber<? super T> subscriber)` beim Publisher angemeldet.

- Der Publisher erzeugt eine Subscription und ruft die Methode `void onSubscribe(Flow.Subscription subscription)` des Subscribers auf, sodass dieser die Subscription speichern kann.

- Ab diesem Zeitpunkt kann der Subscriber die Methode `void request(long n)` des `Flow.Subscription<T>`-Interface aufrufen, um eine Anzahl von Elementen anzufordern.

- Der Publisher startet das Aushändigen der Elemente an den Subscriber mit dem Aufruf von dessen Methode `void onNext(T item)`. Er wird nicht mehr als die angeforderte Anzahl von Elementen veröffentlichen.

- Ab diesem Zeitpunkt kann der Publisher die `void onComplete()`-Methode des Subscribers aufrufen, wenn bekannt ist, dass keine zusätzlichen Aufrufe von Subscriber-Methoden für eine Subscription bevorstehen, oder falls ein Problem auftritt, mit `void onError(Throwable throwable)` eine Exception auslösen.

- Der Subscriber kann nun weitere Elemente mit `request()` anfordern oder mit `cancel()` die Verbindung abbauen.

Mit der Ausnahme von `request()` erfolgen all diese Abläufe in einer fest definierten Reihenfolge: Es werden keine Datenbenachrichtigungen (Events) durch einen Publisher gesendet, bis eine Anfrage mittels der Methode `request()` des Interface `Flow.Subscription<T>` durch den Subscriber formuliert wird, und diese kann beliebig oft aufgerufen werden. Der im Aufruf übergebene `long`-Wert darf nicht den `Long.MAX_VALUE`-Wert überschreiten.

Ein Publisher ist sozusagen ein Lieferant für eine möglichst ungebundene Anzahl von Elementenfolgen, die er auf Anfrage eines ihm zugeordneten Subscribers veröffentlicht. Er kann mehrere Subscriber bedienen, die sich bei ihm dynamisch zu unterschiedlichen Zeitpunkten registrieren.

Es können aber egal, wie viele Anfragen gesendet werden, laut Literatur nur einzelne signalisierte Forderungen auf etwas sicher behandelt werden. Ein Publisher kann Anfragen senden, bis der Stream endet. Danach muss er entweder `Subscriber.onError(Throwable)` oder `Subscriber.onComplete()` senden.

Mit dem Aufruf der `cancel()`-Methode von Subscription durch den Subscriber wird der Publisher aufgefordert, das Senden von Daten zu stoppen und die benutzten Ressourcen zu bereinigen. Eine gecancelte Subscription muss nicht immer ein `onComplete`- bzw. `onError`-Signal empfangen.

Ein SubmissionPublisher wird als Instanz der Klasse java.util.concur-rent.SubmissionPublisher<T> erzeugt. Wie der API-Dokumentation entnom-men werden kann, ist dieser ein Flow.Publisher, der zusätzlich das AutoCloseable-Interface implementiert und die von den gerade laufenden Subscribers asynchron beantragten (Nicht-null-)Anforderungen veröffentlicht, bis die Subscribers geschlos-sen werden. Jeder aktuelle Subscriber empfängt die neu beantragten Datenelemente in gleicher Reihenfolge, in der sie gesendet wurden, es sei denn, diese wurden fallen-gelassen oder eine Exception tritt auf.

Ein SubmissionPublisher benutzt einen Executor, der in seinem Konstruktor über-geben wird, oder als Standard den ForkJoinPool.commonPool(), um die Auslie-ferungen an die Subscribers zu bewerkstelligen.

Ein Rückstau (»back pressure«) tritt auf, wenn die Publisher mit einer viel höheren Rate als die Rate, mit der diese von den Subscribers konsumiert werden, Datenele-mente produzieren. Über den dazwischen geschalteten Vermittler soll gesteuert werden, dass die Subscriber Daten anfordern und die Publisher soviele Daten sen-den, wieviele von den Subscriber nicht-blockierend verarbeitet werden können.

Die Flow-API liefert jedoch keine APIs, mit denen ein Rückstau signalisiert wird oder um derartige Situationen konkret zu meistern. Es sind aber mehrere Strate-gien in der Literatur beschrieben, wonach man sich bei einer eigenen Implemen-tierung richten kann.

Aufgabe 12.7
Die Interfaces der Flow-API implementieren

Die Java-Datei ReactiveProgrammingJava9.java beinhaltet zusätzlich zur pub-lic Klasse ReactiveProgrammingJava9 zwei generische Klassen ItemSub-scriber<T>, die das Interface Flow.Subscriber<T> implementiert, und Trans-formProcessor<T,R>, die die Klasse SubmissionPublisher<R> erweitert und das von Flow.Publisher<R> und Flow.Subscriber<T> abgeleitete Interface Proces-sor<T,R> implementiert.

Dementsprechend müssen diese Klassen alle Methoden der implementierten Interfaces überschreiben. Richten Sie sich dazu als Einstieg zu diesem neuen Thema nach der Klassendefinition von ItemSubscriber aus dem Lösungsvor-schlag zu dieser Aufgabe:

```
class ItemSubscriber<T> implements Subscriber<T> {
   private Subscription subscription;
   @Override
   public void onSubscribe(Subscription subscription) {
      this.subscription = subscription;
      subscription.request(6);
   }
...
```

in der mittels Kommentaren die Aufrufe und Aktionen von Methoden beschrieben werden, und implementieren Sie in ähnlicher Art und Weise auch die Methoden der Klasse:

```
class TransformProcessor<T,R> extends SubmissionPublisher<R>
                            implements Processor<T, R> {
  private Function<? super T, ? extends R> function;
  private Subscription subscription;
  public TransformProcessor(Function<? super T, ? extends R>
                            function) {
    super();
    this.function = function;
  }
  ...
```

In der `main()`-Methode der Klasse `ReactiveProgrammingJava9` sollen mehrere Publisher vom Typ `SubmissionPublisher<String>` erzeugt werden und für diese Subscriber vom Typ `ItemSubscriber<String>` registriert werden:

```
SubmissionPublisher<String> publisher = new
  SubmissionPublisher<>();
ItemSubscriber<String> subscriber = new ItemSubscriber<>();
publisher.subscribe(subscriber);
```

Die Streams, deren Datenelemente auf die Anforderungen eines Subscribers hin mit einem SubmissionPublisher veröffentlicht werden, sollen aus Listen und Sets, die mit den neuen `of()`-Factory-Methoden oder der neuen `iterate()`-Methode von Java 9 generiert werden, erzeugt werden, wie z. B. mit:

```
List.of("1", "a", "2", "b", "3", "c").stream()
  .forEach(i -> publisher.submit(i));
```

bzw.

```
Stream.iterate(1, x -> x < 20, x-> x + 3)
  .forEach(x -> publisher.submit(x.toString()));
```

Lassen Sie ggf. den aktuellen Thread nach dem Aufruf der `submit()`-Methode warten, damit in der abgelaufenen Zeit die Daten vom Subscriber abgeholt und angezeigt werden können.

Erzeugen Sie Prozessoren als Instanzen der Klasse `TransformProcessor` und übergeben Sie in deren Konstruktoraufruf Funktionen für eine Datentransformation auf dem Weg vom Publisher zum Subscriber nach dem Beispiel:

```
TransformProcessor<String, String> processor1 =
  new TransformProcessor<>(s -> {if(s == "a" || s == "b")
                            return s + "?";
```

```
                    return s + "!";});
TransformProcessor<String, Integer> processor2 =
  new TransformProcessor<>(s -> Integer.decode(s));
```

Verbinden Sie diese entsprechend mit ausgewählten Publishern und Subscribern, um Datenbenachrichtigungen zu veröffentlichen und in einer veränderten Form zu empfangen.

Hinweise für die Programmierung:

Die Vorlagen für die Klassendefinitionen ItemSubscriber und TransformProcessor finden Sie auch in der Flow-API-Dokumentation von Java 9.

Java-Dateien: ItemSubscriber.java, TransformProcessor.java,
ReactiveProgrammingJava9.java
Programmaufrufe: java ReactiveProgrammingJava9

Aufgabe 12.8
Ein Publisher, der zwei Subscriber beliefert

Eine public Klasse WortPublisherundSubscriber soll für den Test eines Publishers, der eine Verbindung zu zwei Subscribern aufbaut, um an diese Datenbenachrichtigungen zu liefern, dienen.

Zwei weitere Klassen WortPublisher und WortSubscriber, die in derselben .java-Datei hinterlegt werden und die Interfaces Publisher<String> und Subscriber<String> implementieren, sollen die Vorlagen für Publisher- und Subscriber-Instanzen definieren.

Die Klasse WortPublisher überschreibt dementsprechend die subscribe()-Methode des implementierten Interface, die eine Instanz vom Typ Subscriber<? super String> entgegennimmt, und definiert die innere Klasse WortSubscription, die für die Festlegung der Charakteristiken des Verbindungsaufbaus zu einem Subscriber zuständig ist:

```
public void subscribe(Subscriber<? super String> subscriber) {
  WortSubscription subscription =
    new WortSubscription(subscriber, executor);
  subscriptions.add(subscription);
  subscriber.onSubscribe(subscription);
}
```

Damit werden alle erzeugten Subscriptions, die die Verbindung zwischen dem Publisher und den Subscribern überwachen, in der nachfolgenden synchronizedList angesammelt: List<WortSubscription> subscriptions = Collections.synchronizedList(new ArrayList<WortSubscription>());

Für das Abwickeln der Nachrichtenkommunikation kann ein Thread-Pool mit einer festen Anzahl Threads eingerichtet werden:

```
final ExecutorService executor = Executors.newFixedThreadPool(2);
```

Des Weiteren soll die Klasse `WortPublisher` eine eigene Methode `waitFinish-Publisher()` zur Verfügung stellen, in der gewartet wird, bis der Publisher sich beendet hat. Zum Signalisieren des Endes der Übertragung von Datenbenachrichtigungen kann ein CompletableFuture eingesetzt werden, das nach dem Beenden des Executors ergänzt wird und an dem in dieser Methode mit `join()` gewartet wird:

```
private final CompletableFuture<String> finishPublisher =
  new CompletableFuture<>();
...
public void waitFinishPublisher() throws InterruptedException {
  finishPublisher.join());
}
```

Mit demselben Ergebnis kann aber auch eine `AtomicBoolean`-Variable zum Einsatz kommen:

```
private AtomicBoolean finishPublisher = new AtomicBoolean(false);
...
```

und in der Methode so lange gewartet werden, bis der Wert der `AtomicBoolean`-Variablen gleich `true` gesetzt wurde:

```
while(!finishPublisher.get()) {}
  logger.log(Level.INFO," " + finishPublisher);
```

Vom `Flow.Subscription`-Interface abgeleitet, legt die Klasse `WortSubscription` in ihrer Konstruktordefinition fest, welche Art von Nachrichten an den im Aufruf übergebenen Subscriber geliefert werden sollen: Der Subscriber mit dem Namen `"2"` soll alle Datenbenachrichtigungen, die das Wort `"class"` beinhalten, empfangen, und der Subscriber mit dem Namen `"1"` Datenbenachrichtigungen mit dem Wort `"import"`.

Diese Datenelemente sollen in einer Methode `wortSuche(String wort)` der Klasse aus den Zeilen von allen `.java`-Dateien aus einem angegebenen Pfad gebildet und in einer Liste abgelegt werden, indem ein Muster für die Wortsuche benutzt wird, wie z.B. mit:

```
Path pfad = Paths.get("..\\java9\\kapitel 6");
try(Stream<Path> streams = Files.walk(pfad)) {
  Set<Path> set = streams
    .filter(p -> p.toString().endsWith(".java"))
    .collect(Collectors.toSet());
  Pattern searchPattern = Pattern
```

```
    .compile(".*\\b" + wort + "\\b.*");
  for(Path path : set) {
    List<String> lines = Files.readAllLines(path,
      StandardCharsets.UTF_8);
    AtomicInteger count = new AtomicInteger(0);
      for(String line : lines) {
        if(searchPattern.matcher(line).matches()) {
          count.incrementAndGet();
          executor.execute(() -> {
            subscriber.onNext(count + " " + path + " : "
              + line);
          });
        }
      }
    }
...
```

Die Zeilen, die das gesuchte Wort beinhalten, werden durchgezählt und mit der onNext()-Methode des Publishers veröffentlicht.

Das Ende von Lieferungen kann mit einer Nachricht abgeschlossen werden:

```
executor.execute(() -> {
  subscriber.onNext("Complete!");
});
```

Dies ist aber nicht erforderlich, da an den Subscribern die onComplete()-Methode aufgerufen werden kann, die diesen signalisiert, dass keine weiteren Datenübertragungen folgen sollen:

```
subscriber.onComplete();
```

Ansonsten überschreibt die Klasse WortSubscription die Methoden request(long n) und cancel() des implementierten Interface und definiert eine eigene Methode zum Beenden des Executors:

```
public void shutdown() {
  newSingleThreadExecutor().submit(() -> {
    finishPublisher.complete("Ende der Uebertragung");
  });
  executor.shutdown();
}
```

in der auch das CompletableFuture zur Benachrichtigung von Publishern ergänzt bzw. die AtomicBoolean-Variable auf true gesetzt wird:

```
finishPublisher = new AtomicBoolean(true);.
```

Damit die Wortsuche nicht wieder von Anfang an gestartet wird, für den Fall, dass nach dem Aufruf der request()-Methode noch verbliebene Benachrichtigungen abzuholen sind, soll in einer `repeate()`-Methode ein Flag gesetzt werden, das in der `request()`-Methode abgefragt werden kann:

```
public void repeate() {
  isFirstCall.set(false);
}
```

Die externe Klasse WortSubscriber definiert das Instanzfeld `name` vom Typ `String` mit der Zugriffsmethode `getName()` und implementiert die Methoden des `Subscriber<String>`-Interface.

Die Methode `onSubscribe(Subscription subscription)` ruft ihrerseits die `request(long n)`-Methode von Subscription zum Anfordern von Datenbenachrichtigungen auf, um die erstmals größtmögliche Anzahl von erwarteten Nachrichten festzulegen.

In der überschriebenen `onNext(String item)`-Methode soll das Zählen von empfangenen Nicht-`null`-Nachrichten erfolgen, indem das Dekrementieren des Nachrichtenzählers und das Protokollieren von Datenbenachrichtigungen am aktuellen Objekt der Klasse (`this`-Referenz) synchronisiert werden:

```
if(item != null) {
  synchronized (this) {
    count--;
    if(item.toString() == "Complete!") {
      subscription.cancel();
    }
    if(isComplete.get()) {
      subscription.cancel();
    }
    else {
      if(count < 0)
        count = REQUEST;
        subscription.request(count);
    }
  }
  ...
```

Die Methode `onComplete()` soll ein Flag setzen, über das das Ende der Nachrichtenübertragung an einen Subscriber gemeldet wird, und zeigt, wie auch `onError(Throwable t)`, eine Warnung am Bildschirm an.

Erzeugen Sie für den Test in der Klasse WortPublisherundSubscriber eine WortPublisher- und zwei WortSubscriber-Instanzen mit den Namen »1« und »2« und rufen Sie die Methoden des Publishers auf:

```
publisher.subscribe(subscriber1);
publisher.subscribe(subscriber2);
publisher.waitFinishPublisher();
```

Hinweise für die Programmierung:

Die Methode `request(long n)` kann beliebig oft für das Abholen von verbliebenen Nachrichten oder für das Anfordern von neuen Daten aufgerufen werden.

Auch wenn mit Reactive Programming ein möglichst ungebundener Stream von Daten übertragen werden sollte, wird in dieser Aufgabe auch gezeigt, wie das Ende von Übertragungen, um einen Neustart der Wortsuche zu vermeiden, mit einer bestimmten Meldung signalisiert werden kann.

Für das Protokollieren von Meldungen, Fehlernachrichten und Ereignissen soll auf die Logging-API von Java zurückgegriffen werden. Dies auch, um den Übergang zu den nachfolgenden Unterkapiteln mit den Neuerungen, die Java 9 diesbezüglich mit sich bringt, damit einzuleiten. Dazu soll ein Logger mit einem globalen Namen eingerichtet werden:

```
private final static Logger logger = Logger.getLogger(
    Logger.GLOBAL_LOGGER_NAME);
```

Definieren Sie ein einfaches Format für die Nachrichtenanzeige, wie z.B. mit:

```
private static final String LOG_MESSAGE_FORMAT =
"\nPublisher >> [%s] %s%n";
```

und übergeben Sie für die Ausgaben am Bildschirm einen Level vom Typ der Klasse `Logger.Level` und die gewünschten Nachrichten mit diesem Format in der `log()`-Methode Ihres Loggers wie auch im Lösungsvorschlag zu dieser Aufgabe.

Anstelle der `log()`-Methode des Loggers mit dem `Level.WARNING` kann die Methode `logger.warning()` aufgerufen werden, die die Übergabe eines Levels überflüssig macht:

```
logger.warning("Shutdown Executor...");
```

Die Programmausgaben zeigen einen Programmdurchlauf für zwei unterschiedliche Aufrufe der `request(long n)`-Methode mit n = 10 (größer als die Anzahl von Dateizeilen, die das Wort `"class"` bzw. `"import"` enthalten, aus unserem Testverzeichnis) und mit n = 3 (kleiner als die Anzahl von Dateizeilen, die das Wort `"class"` bzw. `"import"` enthalten). Testen Sie auch beide Möglichkeiten.

Java-Dateien: `WortPublisherundSubscriber.java`
Programmaufrufe: `java WortPublisherundSubscriber`

12.9　Das Java-Modulsystem

Mit der Version 9 wurde auch ein weiteres Feature von Java – die Modularisierung – als Spracherweiterung eingeführt. Gleichzeitig wurden Aktivitäten rund um die Modularisierung der Java-Plattform selbst gestartet. Die Arbeitspakete dazu wurden mit den JEPs 200 (The Modular JDK), 201 (Modular Source Code), 220 (Modular Runtime Images), 260 (Encapsulate Most internal APIs), 261 (Modul System), 275 (Modular Java Application Packaging) und 282 (jlink: The Java Linker) definiert.

Der Source-Code von Applikationen wird mittels Java-Typen, die durch Klassen, Interfaces, Enums und Annotationen repräsentiert werden (siehe dazu das Kapitel 10), erstellt. Diese wiederum wurden vor Java 9 in Packages hinterlegt, die einen Namespace für alle enthaltenen Typen liefern und bei der Kapselung von Daten helfen können. Jeder Teil eines mehrstufigen Paketnamens bezeichnet ein Unterverzeichnis des Gesamtverzeichnisses in dem diese Typen liegen. Den Java-Typen können innerhalb eines Pakets mittels der Modifikatoren `public`, `private` und `protected` mehrere Sichtbarkeitsebenen zugeordnet werden (siehe dazu die ausführliche Tabelle aus dem Unterkapitel 2.3).

Wird der Source-Code einer Applikation kompiliert, entstehen `.class`-Dateien, die in JAR-Files hinterlegt werden können. Eine Applikation kann selbst geschriebene oder Standard-Bibliotheken, die ebenfalls in JAR-Files zur Verfügung gestellt werden, nutzen.

All diese JAR-Files mussten vor Java 9 über einen sogenannten CLASSPATH bekannt gegeben werden, um so erzeugte Applikationen zum Laufen zu bringen.

Mit Java 9 wurde das Modul als eine neue Programmkomponente eingeführt. Ein Modul ist laut Definition »eine selbstbeschreibende Programmkomponente, die über einen Namen verfügt und aus einem oder mehreren Paketen plus Ressourcen (Code und Daten) besteht«.

Mit dem neuen Modulsystem wurde Java selbst modular gemacht und es können eigene Applikationen und Bibliotheken modularisiert werden. Damit sollen in der Entwicklung von Applikationen mehrere Meilensteine erreicht werden:

- eine strengere Datenkapselung (»strong encapslation«) – jedes Modul definiert seine Komponenten, auf die andere Module zugreifen können,

- eine zuverlässige Konfiguration (»reliable configuration«) – durch die Ablösung des Classpath, der bekannterweise fehleranfällig ist (wenn z.B. eine Klasse mehrfach auf ihm in unterschiedlichen JAR-Files abgelegt wurde), durch einen Modul-Path,

- eine skalierbare Plattform (»scalable platform«) – die ermöglicht, Runtime-Images für Anwendungen zu bauen, die nur bestimmte Teile des JDK und JRE beinhalten.

Das Erzeugen von Modulen und deren Abhängigkeiten

Module werden mit der `module`-Anweisung in sogenannten Moduldeskriptor-dateien mit dem Namen `module-info.java` definiert, in denen angegeben werden kann, welche **Module**, die außerhalb eines Moduls existieren, von diesem benötigt werden (mit dem `requires`-Schlüsselwort), und welche seiner **Pakete** für andere Module sichtbar und zugreifbar sind (mit dem `exports`-Schlüsselwort), wie z.B. mit:

```
module com.java.testmodul.app {
// Module importieren
   requires com.java.testmodul.datumunduhrzeit;
}
```

bzw.

```
module com.java.testmodul.datumunduhrzeit {
// Pakete exportieren
   exports com.java.testmodul.datumunduhrzeit;
}
```

Mit dem `requires`-Schlüsselwort werden die sogenannten »Reads«-Abhängigkeiten definiert, die in diesem Beispiel festlegen, dass das Modul `com.java.testmodul.app` die verschiedenen Java-Typen aus dem Modul `com.java.testmodul.datumunduhrzeit` benutzen kann. Die Pakete eines Moduls, die nicht ausdrücklich für andere Module mit dem `exports`-Schlüsselwort freigegeben werden, sind für andere Module auch nicht sichtbar.

Diese neuen Abhängigkeitsdefinitionen beeinflussen die Gültigkeit der oben erwähnten alten Sichtbarkeitsmodifikatoren (`public`, `private`, `protected`, `package-sichtbar`). Sie bleiben unverändert gültig innerhalb eines Moduls, jedoch über seine Grenzen hinweg werden sie erst angewandt, nachdem die dafür definierten »Reads« und »Exports« geprüft wurden. Derartige Prüfungen werden sowohl zur Compilezeit als auch zur Laufzeit durchgeführt.

Angenommen, ein Typ A aus einem Modul mit dem Namen `java.modul1` möchte auf ein Typ B aus einem Modul mit dem Namen `java.modul2` zugreifen, so muss das erste Modul das zweite mit `requires` anfordern, das zweite Modul das Paket exportieren, das das erste benötigt (in dem sich der Typ befindet), und der Typ in dem exportierten Paket muss als `public` definiert sein.

Dies bedeutet, dass der Zugriffsschutz in Java 9 restriktiv ist. So ist ein `public` Typ nicht mehr für jeden zugreifbar, sondern ohne `exports` nur noch innerhalb des eigenen Moduls, mit anderen Worten, was nicht exportiert wird, ist von außerhalb nicht sichtbar. Wichtig ist ebenfalls, dass ein »Export« durch das Hinzufügen des Schlüsselworts `to` auf ein oder mehrere Module beschränkt werden kann.

Zusätzlich kann eine Moduldefinition eine Liste von Packages enthalten, die dieses für reflektive Zugriffe öffnen (mit dem `opens`-Schlüsselwort), eine Liste von Diensten (Services), die dieses benutzen kann (mit dem `uses`-Schlüsselwort), und eine Liste mit Implementierungen von Services, die es für andere Module bereitstellen kann (mit dem `provides`-Schlüsselwort).

Die mit `uses`/`provides` definierten Abhängigkeiten werden nicht statisch zur Compile-Zeit, sondern erst zur Laufzeit dynamisch aufgelöst.

Außerdem müssen Module disjunkte Packages beinhalten. Ein »Split Package« auf zwei oder mehrere Module ist nicht zulässig.

In der module-Anweisung der module-info-Datei wird der Name des Moduls bekannt gegeben. Dieser ist frei wählbar und muss eindeutig sein. Daher wird wie auch bei Java-Packages das »reverse-domain-name Pattern« empfohlen. Beginnend mit der umgekehrten Webdomainadresse sollen nur in Kleinschreibung und durch Punkte separierte »java qualified identifier« benutzt werden: com.company-name.modulname...

In Abwesenheit eines Firmennamens wählen wir in den nachfolgenden Beispielen die Bezeichnung java, auf die weitere Angaben zum Inhalt und der Verwendung der Module folgen. Der ursprünglich angedachte Komponentenname java9 wird ab Build 174 mit der Warnung:

```
src\com.java9.testmodul.app\module-info.java:1: warning: [module] module
name component java9 should avoid terminal digits
module com.java9.testmodul.app {
       ^
1 warning
```

abgelehnt.

Es sind aber auch ganz einfache Namen ohne eine weitgehende Untergliederung einsetzbar, von denen gerade für Testzwecke Gebrauch gemacht werden kann. Achten Sie darauf, dass Modulnamen keine Zahlen in der Form module.1.0 enthalten dürfen, weil dies keine zugelassenen Identifier sind. Punkt und Underscore sind erlaubt, Bindestriche wiederum nicht.

Wie wir bereits festgestellt haben, beschreiben die module-info.java-Dateien nicht nur Module selbst, sondern auch die Abhängigkeiten zwischen Modulen. Das Java-Modulsystem kennt laut Dokumentation nur ein Modul mit dem Namen java.base. Dieses hat selbst keine Abhängigkeiten zu anderen Modulen, aber alle sind von ihm abhängig. In der Literatur werden zur Visualisierung von Abhängigkeiten zwischen Modulen sogenannte »module graphs« benutzt, in denen jedes Modul als ein Node dargestellt wird und die Beziehungen zwischen diesen über Pfeile angezeigt werden.

Ebenfalls erwähnt in unserer Einführung wurde, dass in den Programmaufrufen für das Kompilieren und Ausführen von Applikationen zusätzlich zu dem aus den bisherigen Java-Versionen bekannten Classpath (mit der Option -cp in Programmaufrufen angegeben), in dem der Namespace für alle Klassen und .jar-Bibliotheken bekannt gegeben wird, mit Java 9 ein Modul-Path (per module-path oder -p) verwendet werden kann. Für den Java-Compiler gibt es zusätzlich einen Modul-Source-Path (per modul-source-path spezifiziert), über den angegeben werden kann, wo sich die Sourcen zu bestimmten Modulen befinden.

Als Verzeichnisstruktur für eine einfache Applikation, die aus einem Hauptmodul und einem Hilfsmodul mit den in den obigen module-info-Dateien benutzten Namen besteht und über ein gemeinsames src-Verzeichnis verfügt, wird folgende Strukturierung empfohlen:

```
src/
----com.java.testmodul.app/
     module-info.java
     com/
        java/
           testmodul/
              app/
                 DatumundUhrzeitApp.java
----com.java.testmodul.datumunduhrzeit/
     module-info.java
        com/
           java/
              testmodul/
                 datumunduhrzeit/
                    DatumundUhrzeit.java
```

Nach der Kompilierung wird ein Verzeichnis mit einem frei wählbaren Namen (die gängigen sind `classes` oder `mods`), mit ähnlicher Struktur, mit den korrespondierenden .`class`-Dateien angelegt:

```
classes/
----com.java.testmodul.app/
     module-info.class
     com/
        java/
           testmodul/
              app/
                 DatumundUhrzeitApp.class
----com.java.testmodul.datumunduhrzeit/
     module-info.class
     com/
        java/
           testmodul/
              datumunduhrzeit/
                 DatumundUhrzeit.class
```

Wie zu erkennen ist, werden die `module-info`-Dateien an die Wurzel der Verzeichnisstrukturen gelegt.

Für die Kompilierung und Ausführung der Applikationsprogramme, deren Modulstruktur wie oben definiert wurde und deren Inhalt mit den nächsten Aufgaben näher beschrieben wird, können die Programme `javac` und `java` in einem Projektverzeichnis (wir wählen hierfür den Namen `java9calendarmodultest`), das im Arbeitsverzeichnis dafür angelegt wurde und die `src`-Verzeichnisstruktur beinhaltet, in einem Kommandozeilenfenster aufgerufen werden:

```
C:\Users\Lissi\Documents\java9\java9calendarmodultest >
javac -d mods --module-source-path src src\com.java.testmodul.app\*.java
src\com.java.testmodul.app\com\java\testmodul\app\*.java
```

```
javac -d mods --module-source-path src src\com.java.testmodul.datumunduhr-
zeit\*.java src\com.java.testmodul.datumunduhrzeit\com\java\testmodul\
datumunduhrzeit\*.java

java -p mods -m com.java.testmodul.app/com.java.testmodul.app.Datumund-
cUhrzeitApp
```

Achten Sie darauf, dass beim Ablegen in einer Kommandodatei (mit der Endung
.cmd) für diese Befehle kein Umbruch akzeptiert wird.

Das Packaging von Modul-Code

*.jar-Dateien sind ausführbare »Java ARchiv-Dateien«, die verwendet werden,
um .class-Dateien, Quellcode und Ressourcen von Java-Applikationen zu packen.
Sie entsprechen *.zip-Archiven, denen Metadaten in Form einer sogenannten
»Manifest-Datei«, die verschiedene Informationen über den Inhalt des Archivs
bereitstellt, beigefügt sein können.

Diese können mit jar cf[m] jar-file input-file(s) auf Kommandozeilenebene erstellt werden, wobei die Option cf für das Erstellen eines JAR-Archivs mit
dem angegebenen Namen jar-file steht und unter input-file(s) eine Liste
mit allen Dateien, die zu einem Archiv zusammengefügt werden sollen, hinzugefügt werden kann. Mit m kann optional die zusätzliche Angabe einer Manifest-Datei
gemacht werden.

Zum Starten einer .jar-Datei kann der Befehl java -jar dienen und die Anzeige
ihres Inhalts kann mit jar tvf name.jar erfolgen, wobei t für Inhaltsverzeichnis
anzeigen (»table of contents«) steht, v für ausführliche Ausgabe (»verbose«) und f
besagt, dass aus einer Datei (»file«) gelesen werden soll, deren Name folgt
(name.jar).

Mit Java 9 können Modul-bezogene JAR-Archive mit dem im Verzeichnis
JDK_HOME\bin vorhandenen jar-Tool erstellt werden. Diese beinhalten in ihrem
Root-Verzeichnis die module-info.class-Datei eines Java-Moduls und werden als
»Modular Jar«-Dateien bezeichnet.

Die zugehörigen Befehle für die obige Applikation lauten dann:

```
javac -d mods --module-source-path src src/com.java.testmodul.app/module-
info.java src/com.java.testmodul.app/com/java/testmodul/app/DatumundUhr-
zeitApp.java
javac -d mods --module-source-path src src/com.java.testmodul.datumunduhr-
zeit/module-info.java src/com.java.testmodul.datumunduhrzeit/com/java/
testmodul/datumunduhrzeit/DatumundUhrzeit.java
jar --create --file mlib/com.java.testmodul.app.jar --main-class=com.
java.testmodul.app.DatumundUhrzeitApp -C mods/com.java.testmodul.app .
jar --create --file mlib/com.java.testmodul.datumunduhrzeit.jar -C mods/
com.java.testmodul.datumunduhrzeit .
java --module-path mlib -m com.java.testmodul.app
```

wobei mods der gewählte Verzeichnisname für die .class-Dateien und mlib für die .jar-Dateien in diesem Fall sind. Diese können vor dem Starten der Programme mit dem mkdir-Befehl im Arbeitsverzeichnis auf derselben Ebene wie das src-Verzeichnis angelegt werden.

Der Punkt . am Ende der jar-Befehle steht stellvertretend für das aktuelle Directory.

Die Implementierung von Services

Wie bekannt, bezeichnet der Begriff »Service« eine spezifische Funktionalität, die von einer Applikation oder Bibliothek geliefert wird. Applikationen, die einen Service implementieren, werden auch als Service Providers bezeichnet und Applikationen, die einen Service benutzen, als Service Consumers oder Clients.

In Java wird ein Service mittels eines »Interface« und mehreren Klassen, die dieses implementieren, definiert. Die Bezeichnung als Interface ist nicht mit dem Interface-Konstrukt aus Java gleichzustellen, weil die Funktionalität eines Service auch von einer abstrakten Klasse geliefert werden kann, mehr noch, wie ebenfalls in der Literatur angemerkt, auch von konkreten Klassen (was jedoch nicht empfohlen wird). Dieses »Interface« wird als Service-Provider-Interface oder einfach als Service-Interface bezeichnet.

Es können mehrere Service-Provider für ein bestimmtes Service-Interface durch dessen Implementierung erzeugt werden. Ein Service benutzt die Klasse Service-Loader, um alle ihm zugeordneten Provider zu laden und diese einem oder mehreren Clients (Consumers) zur Verfügung zu stellen. Die generische Klasse java.util.ServiceLoader<S> ist seit der Version 6.0 im JDK enthalten und für das Auffinden aller Provider zuständig, die einen bestimmten Service vom Typ S implementieren, um diese zur Laufzeit zu laden.

Eine einfache Applikation, die einen Service nutzen möchte, besteht in der modulbasierten Programmierung in der Regel aus einem Modul, dessen Deskriptordatei das Service-Interface deklariert, ein zweites, das dieses mit dem requires-Statement importiert und mittels provides ...with alle Provider-Klassen, die das Interface implementieren, bekannt gibt, und ein drittes, das es einem Consumer durch ein uses-Statement zur Verfügung stellt. Ein Modul kann gleichzeitig mehrere Service-Interfaces auffinden und laden, indem diese in seiner Deskriptordatei mit einem uses-Statement angegeben werden.

Der ServiceLoader bietet all seine beim Start vorhandenen Implementierungen über einen Iterator an, mit dessen Hilfe eine Anwendung die gewünschte Auswahl treffen kann.

Auch das JDK und JRE wurden in der Java SE 9 (Standard Edition) modularisiert, was erhebliche Änderungen in deren Struktur mit sich bringt. Andere Änderungen wiederum wurden zur Verbesserung von Performance, Sicherheit und Wartbarkeit durchgeführt. Wie der Java-Literatur zu entnehmen ist, betreffen die meisten Änderungen diesbezüglich die Entwickler von Bibliotheken und IDEs und weniger die Entwickler von Applikationen.

Für die wegweisenden Änderungen im JDK 9, die in drei größere Kategorien aufgeteilt werden können: API-Änderungen, Layout-Änderungen und Änderungen der Entwicklungsumgebung, verweisen wir auf die mehrseitige Literatur in den Java-Lehrbüchern zu diesem Thema. Darin wird auch versichert, dass vorhandener Source-Code, der nur offizielle Java-SE-Platform-APIs mit den unterstützenden JDK-spezifischen APIs benutzt, auch weiterhin ohne Anpassungen ablauffähig ist, sodass die Abwärtskompatibilität weiter gesichert ist.

Einen Überblick über den Inhalt der vollständigen Spezifikation, nach Verwendungszwecken gruppiert, finden Sie in der Java™ Platform Standard Edition Development Kit (JDK™) 9 Specification (kann von `http://download.java.net/java/jdk9/docs/api/overview-summary.html` heruntergeladen werden). Darin kann gelesen werden:

- Die Java Platform Standard Edition (»Java SE«)-APIs bilden das Core der Java-Plattform für die Lösung von allgemeinen Computeraufgaben. Diese APIs befinden sich in Modulen, deren Namen mit `java.` beginnt.

- Die Java Development Kit (»JDK«)-APIs definieren eine Implementation der Java SE Platform, die Plattform-spezifische Details enthält. Diese APIs befinden sich in Modulen, deren Namen mit `jdk.` beginnt.

- Die JavaFX-APIs (»JaveFX«) definieren ein Set von UI-Packages (Control, Graphic, Media und Web) für die Entwicklung von größeren Client-Applikationen. Diese APIs befinden sich in Modulen, deren Namen mit `javafx.` beginnt.

Dieser Aufteilung folgt in der Dokumentation eine Auflistung aller Module mit einer kurzen Beschreibung. Davon erwähnen wir diejenigen, die wir im Nachfolgenden explizit oder implizit benutzen werden:

- `java.base` – definiert die grundlegenden APIs der Java SE Platform.

- `java.compiler` – definiert das Java Language Model, Annotation Processing und die Java-Compiler-APIs.

- `java.desktop` – definiert die AWT and Swing User Interface Toolkits plus die APIs für Accessibility, Audio, Imaging, Printing und JavaBeans.

- `java.logging` – definiert die Java-Logging-API.

- `java.se` – definiert die Core-Java-SE-API.

- `jdk.compiler` – definiert die Implementation des System Java Compiler und seines Pendants auf Kommandozeilenebene sowohl für `javac` als auch `javah` (generiert Java Native Interface Headers (JNI) für Java-Klassen).

- `jdk.jartools` – definiert die Tools für die Manipulation von Java Archive (JAR) Files, darunter `jar` und `jarsigner`.

- jdk.javadoc – definiert die Implementation des System Documentation Tool und dessen Pendant auf Kommandozeilenebene, javadoc.

- jdk.jshell – liefert den Support für die Java™ Programming Language Snippet Evaluating Tools, wie z. B. Read-Eval-Print Loops (REPLs).

Der Umgang mit dem neuen JDK 9 erfordert die nötigen Kenntnisse darüber, was die Erstellung, Kompilierung und Ausführung von Modulen betrifft, und dies soll mit den nachfolgenden Aufgaben eingeübt werden.

Wir benutzen wie immer keine Entwicklungsumgebungen für das Erstellen und Ausführen von Programmen, damit kein Overhead mit der Verwaltung von Projekten entsteht, der vom eigentlichen Thema ablenken kann und für unterschiedliche Umgebungen immer bestimmte Voraussetzungen mit sich bringt. Falls gewünscht, können die Beispielprogramme ja für die präferierte Umgebung in deren Kontext übernommen werden.

Aufgabe 12.9

Eine einfache Modul-Definition

Als einleitendes Beispiel soll eine Applikation mit einem einzigen Modul erstellt werden, dessen module-info.java-Datei keine Abhängigkeiten definiert:

```
module com.java.testmodul.app {
// Eine module-info-Datei muss keine Anweisungen enthalten
}
```

und die eine einfache Verzeichnisstruktur für ihre Source-Dateien aufweist:

```
src/
----com.java.testmodul.app/
        module-info.java
        com/
            java/
                testmodul/
                    app/
                        JavaTestKlasse.java
```

In der Klasse mit dem Namen JavaTestKlasse, die hiermit in das Modul mit dem Namen com.java.testmodul.app integriert wird (per Konvention wird der Source-Code für das Modul in einem Directory hinterlegt, das den Namen für das Modul vorgibt), soll der Klassen- und Modulname zwecks Anzeige am Bildschirm über die Methodenaufrufe:

```
String klsName = JavaTestKlasse.class.getSimpleName();
String modName = JavaTestKlasse.class.getModule().getName();
```

ermittelt werden.

Wird die Klasse in die obige Verzeichnisstruktur eingefügt, muss sie folgende package-Anweisung beinhalten:

```
package com.java.testmodul.app;
```

Die Kompilierung und Ausführung der Applikation kann wie in der theoretischen Einführung beschrieben erfolgen. Erstellen Sie dazu mit den nachfolgenden Java-Kommandos die Datei mit den Namen Java9Modul.cmd:

```
javac -d mods --module-source-path src src/com.java.testmodul.app/module-
info.java src/com.java.testmodul.app/com/java/testmodul/app/JavaTest-
Klasse.java

java --module-path mods -m com.java.testmodul.app/com.java.testmodul.
app.JavaTestKlasse
```

und führen Sie diese in Ihrem Projektverzeichnis aus. In unserem Fall lautet dieses C:\Users\Lissi\Documents\java9\java9modultest.

Die ebenfalls in der Literatur zu findende Variante:

```
javac -d mods/com.java.testmodul.app src/com.java.testmodul.app/module-
info.java src/com.java.testmodul.app/com/java/testmodul/app/JavaTest-
Klasse.java
```

legt das übersetzte Modul direkt im angegebenen Verzeichnis mods/ com.java.testmodul.app ab und wurde bereits vor Java 9 benutzt. Sie führt in unserem Fall zum gleichen Ergebnis, kann aber nicht benutzt werden, wenn der Source-Code von mehreren Modulen mit einem Kommando kompiliert und in Modul-spezifische Verzeichnisse abgelegt werden soll.

Als weitere Option für den Compiler kann mit --module-version 1.0 eine Versionsangabe für das übersetzte Modul gemacht werden, die in der module-info.class-Datei hinterlegt wird.

Benutzen Sie für das gleichzeitige Ablegen der .class-Dateien in ein Modular-Jar (das Packaging des Moduls) alternativ die Datei Java9ModularJar.cmd mit dem Inhalt:

```
javac -d mods --module-source-path src src/com.java.testmodul.app/module-
info.java src/com.java.testmodul.app/com/java/testmodul/app/JavaTest-
Klasse.java
jar --create --file mlib/com.java.testmodul.app.jar --main-class=com.
java.testmodul.app.JavaTestKlasse -C mods/com.java.testmodul.app .
java --module-path mlib -m com.java.testmodul.app/com.java.testmodul.
app.JavaTestKlasse
```

und prüfen Sie auch diesmal die damit entstandenen Strukturen. Achten Sie darauf, dass das Verzeichnis mlib im Voraus mit mkdir mlib im Verzeichnis java9calendarmodultest angelegt werden muss.

Java-Dateien: `JavaTestKlasse.java`
Programmaufrufe: `Java9Modul` bzw. `Java9ModularJar`

Aufgabe 12.10

Eine Applikation mit mehreren Modulen

Nach dem Beispiel der ersten Aufgabe und in Ergänzung zu dem beschreibenden Teil aus der theoretischen Einführung sollen mit dieser Aufgabe die in den einzelnen Modulen enthaltenen Java-Klassen `DatumundUhrzeit` und `DatumundUhrzeitApp` erstellt werden. Beide Klassen definieren eine `package`-Anweisung, die die Pakete, in denen die Klassen zu finden sind, festlegt (und deren Namen auch diesmal mit den Modulnamen übereinstimmen, was keine Voraussetzung ist): `package com.java.testmodul.datumunduhrzeit;` bzw. `package com.java.testmodul.app;`

Definieren Sie in der Klasse `DatumundUhrzeit` die Methode `getDatumundUhrzeit()`, die den String `"Heute ist der " + datum + " und es ist " + uhrzeit + " Uhr"` mit dem aktuellen Datum und der gerade aktuellen Uhrzeit zurückgibt (und dazu die Klassen `Calendar` und `GregorianCalendar` aus dem Paket `java.util` importiert und deren Methoden aufruft).

Die Klasse `DatumundUhrzeitApp` soll analog zur vorangegangenen Aufgabe die Klassen- und Modulnamen für beide Klassen anzeigen und muss dazu folgende `import`-Anweisung beinhalten: `import com.java.testmodul.datumunduhrzeit.DatumundUhrzeit;`

Rufen Sie aus der `main()`-Methode dieser Klasse die Methode `DatumundUhrzeit.getDatumundUhrzeit()` auf, um den damit ermittelten String am Bildschirm anzuzeigen.

Definieren Sie diesmal in den module-info-Dateien Abhängigkeiten zwischen den Modulen mit:

```
module com.java.testmodul.app {
// Modul importieren
   requires com.java.testmodul.datumunduhrzeit;
}
```

und

```
module com.java.testmodul.datumunduhrzeit {
// Package exportieren
   exports com.java.testmodul.datumunduhrzeit;
}
```

die erlauben, die Daten aus einem Modul in dem anderen zu nutzen.

In einem zweiten Schritt sollen anstelle der Klasse `DatumundUhrzeit` zwei Klassen `Datum` und `Uhrzeit` definiert werden, die in ihren jeweiligen Methoden getDatum() und getUhrzeit() einen String mit dem aktuellen Datum bzw. der gerade aktuellen Uhrzeit zurückgeben. Legen Sie diese Klassen in zwei unterschiedliche Module mit den Namen com.java.testmodul.datum; und com.java.testmodul.uhrzeit; und bauen Sie in Ergänzung dazu mit dem dritten Modul com.java.testmodul.app; eine neue Applikation in einem neuen Projektverzeichnis java9datumunduhrzeittestmodul auf, die eine ähnliche src-Verzeichnisstruktur besitzt und in ihrer Applikationsklasse DatumUhrzeit beide Methoden nacheinander aufruft, um denselben String für eine Anzeige bereitzustellen.

Übersetzen Sie beide Applikationen mit der zugehörigen Java9Modul.cmd-Datei und betrachten Sie bei deren Ausführung die Abhängigkeiten zwischen den Modulen.

Hinweise für die Programmierung:

Wird in der module-info-Datei des Moduls com.java.testmodul.datumunduhrzeit das requires-Statement oder in der module-info-Datei des Moduls com.java.testmodul.app das exports-Statement auskommentiert, wird beim Übersetzen das Paket com.java.testmodul.datumunduhrzeit nicht gefunden: src\com.java.testmodul.app\com\java\testmodul\app\DatumundUhrzeit-App.java:2: error: package com.java.testmodul.datumunduhrzeit does not exist

und beim Starten der VM eine ResolutionException geworfen. Beide Einträge sind erforderlich, um die Abhängigkeiten zwischen den Modulen korrekt auszudrücken. Dieselben Voraussetzungen gelten für die zweite Applikation.

Erstellen Sie auch diesmal eine Kommandodatei Java9ModularJar.cmd, in der ein zusätzliches Packaging der Module in .jar-Dateien, aus denen die Applikation auch gestartet werden soll, erfolgt. Richten Sie sich ggf. nach dem Lösungsvorschlag zu dieser Aufgabe.

Führen Sie im Verzeichnis java9modultest das Kommando:

```
jar --file mlib/com.java.testmodul.app.jar -d --describe-module
```

und im Verzeichnis java9calendarmodultest die Kommandos:

```
jar --file mlib/com.java.testmodul.app.jar -d --describe-module
jar --file mlib/com.java.testmodul.datumunduhrzeit.jar -d --describe-module
```

aus, um den Inhalt der Deskriptordateien aus den modularen JAR-Dateien anzuzeigen. Sie werden feststellen, dass zusätzlich zu den mit requires importierten Modulen auch das Modul java.base mit dem Vermerk »mandated« (angeordnet) angezeigt wird (siehe dazu die Programmausgaben).

Java-Dateien: DatumundUhrzeit.java, DatumundUhrzeitApp.java, Datum.java, Uhrzeit.java, DatumUhrzeit.java
Programmaufrufe: Java9Cmd, Java9ModularJar

Aufgabe 12.11

Implizites Lesen von Modulen

Nach dem zweiten Beispiel aus der vorangegangenen Aufgabe sollen in einer neuen Applikation (mit dem Projektverzeichnis java9buchrezensionmodultest) drei Klassen Buch, BuchBewertung und BuchBewertungApp in drei unterschiedliche Module abgelegt werden: com.java.testmodul.buch, com.java.testmodul.bewertung und com.java.testmodul.app.

Die Klassen Buch und BuchBewertung entnehmen wir der Aufgabe 12.5 und wie bereits darin festgestellt, besteht eine Beziehung zwischen den Objekten dieser Klassen: Die Klasse Buch besitzt ein Instanzfeld vom Typ List<BuchBewertung>, das eine Liste von Rezensionen speichert:

```
List<BuchBewertung> bewertungen = List.of(new BuchBewertung("Spiegel",
"Rezension1"), new BuchBewertung("Stern", "Rezension2"), new BuchBewer-
tung("Zeit", "Rezension3"));
```

Weil diese Klassen in unterschiedliche Module abgelegt werden sollen, muss aus dem oben genannten Grund in der module-info-Datei des ersten Moduls das zweite mit requires com.java.testmodul.bewertung; importiert werden.

Ermitteln Sie wie gehabt in der Klasse BuchBewertungApp alle Klassen- und Modulnamen aus dieser Applikation und fügen Sie der Klasse die nötigen import-Anweisungen hinzu, um den Zugang zu diesen zu ermöglichen.

Erzeugen Sie des Weiteren ein Buch-Objekt in dieser Klasse und ermitteln Sie mittels der Methode getBewertungen() seine Rezensionen, die in einer Liste vom Typ List<BuchBewertung> geliefert werden, um diese zusammen mit Titel und Preis am Bildschirm anzuzeigen:

```
System.out.println("\nBuchrezensionen:");
for(BuchBewertung bewertung:buch.getBewertungen())
   System.out.println(buch.toString() + " "
   + bewertung.getName() + " von " + bewertung.getText());
```

Fügen Sie den drei module-info-Dateien die weiteren nötigen exports- und requires-Statements hinzu, die diese Verbindungen zwischen den Klassen ermöglichen.

Übersetzen Sie die Applikation mit der zugehörigen Java9Modul.cmd-Datei und betrachten Sie bei deren Ausführung die Abhängigkeiten zwischen den Modulen im Vergleich zu denen aus der vorangegangenen Aufgabe.

Hinweise für die Programmierung:

Wenn ein Modul ein anderes Modul lesen kann, ohne dass das erste Modul in seiner Deklaration ein requires-Statement zum Lesen des zweiten angibt, wird von einem »impliziten Lesen« gesprochen.

Das `java.base`-Modul wird von jedem anderen Java-Modul implizit gelesen und ein derartiges Lesen kann auch für Nicht-Standard-Module eingerichtet werden. Dazu wird auf den `transitive`-Modifier zurückgegriffen. Ändern wir in der ersten module-info-Datei das `requires`-Statement in ein `requires transitive`-Statement für das Modul `com.java.testmodul.bewertung` ab:

```
module com.java.testmodul.buch {
// Modul importieren
   // requires com.java.testmodul.bewertung;
   requires transitive com.java.testmodul.bewertung;
// Package exportieren
   exports com.java.testmodul.buch;
}
```

so kann in der Deklaration des dritten Moduls auf das korrespondierende `requires`-Statement verzichtet werden:

```
module com.java.testmodul.app {
// Module importieren
   requires com.java.testmodul.buch;
   // requires com.java.testmodul.bewertung;
}
```

Testen Sie auch diese Möglichkeit.

Wie bereits in der theoretischen Einführung zu diesem Unterkapitel erwähnt wurde, sind Fehler, die beim Übersetzen und Ausführen auftreten, meistens den falschen bzw. unvollständigen Angaben aus dem `module-path` und `module-source-path` zuzuordnen.

Java-Dateien: `Buch.java`, `BuchBewertung.java`, `BuchBewertungApp.java`
Programmaufrufe: `Java9Modul` im Projektverzeichnis `java9buchrezensionmodul-test`

Aufgabe 12.12
Eine modulbasierte Service-Implementierung

Mit dieser Aufgabe soll ein Service, der eine Funktionalität zum Zählen von unterschiedlichen Zeichen aus einem Text für eine Applikation bereitstellt, implementiert werden.

Definieren Sie dazu das Service-Interface `TextAnalyzerService` mit konstanten Listendefinitionen, die die zum Zählen ausgewählten Zeichen mit den neuen Collection-Factory-Methoden zugewiesen bekommen. Es soll gleichzeitig die abstrakte Methode `public String getAnzahl(String text)` spezifizieren.

Die Applikation soll aus drei Modulen bestehen, die zusätzlich zum Service-Interface ausgewählte Service-Provider und Service-Consumer bereitstellen.

Realisieren Sie die Provider mittels dreier Klassen `TextAnalyzer1`, `TextAnalyzer2`, und `TextAnalyzer3`, die das Service-Interface implementieren und seine Methode `getAnzahl()` entsprechend überschreiben.

Laden Sie die Provider-Klassen in der `main()`-Methode einer Consumer-Klasse `TextAnalyzerApp` und rufen Sie für alle auffindbaren Provider deren `getAnzahl()`-Methode auf:

```
Iterator<TextAnalyzerService> iterator = ServiceLoader.
  load(TextAnalyzerService.class).iterator();
while(iterator.hasNext()) {
    String testWort = "1. TextAnalyzer mit ServiceProvider!";
    System.out.println("\nAnzahl berechneter " +
      iterator.next().getAnzahl(testWort));
}
```

Definieren Sie die entsprechenden Deskriptordateien für Module wie im Lösungsvorschlag zu dieser Aufgabe und passen Sie die erforderliche Verzeichnisstruktur in einem neuen Projektverzeichnis `java9serviceprovider` dieser Beschreibung an, bevor Sie die Programmaufrufe zum Übersetzen und Ausführen wie immer mit einer Kommandodatei starten.

Hinweise für die Programmierung:

Für die Anzeige der Klassen- und Modulnamen der drei Provider-Klassen in der Klasse `TextAnalyzerApp` sind die zusätzlichen Statements: `exports com.java.testmodul.textanalyzerprovider;` und `requires com.java.testmodul.textanalyzerprovider;` in den module-info-Dateien `com.java.testmodul.textanalyzerprovider` bzw. `com.java.testmodul.app` erforderlich.

Java-Dateien: `TextAnalyzerInterface.java`, `TextAnalyzerApp.java`, `TextAnalyzer1.java`, `TextAnalyzer2.java`, `TextAnalyzer3.java`
Programmaufrufe: `Java9Modul` im Projektverzeichnis `java9serviceprovider`

12.10 Platform-Logging

Wie bereits erwähnt, kann ein Logger vom Typ `java.util.logging.Logger` zum Protokollieren von Nachrichten für System- und Applikationskomponenten benutzt werden. Derartige Logger besitzen einen Namen, der als String im Konstruktor zusätzlich zu einem weiteren String, der einen ResourceBundle (eine Art Java-Properties-Datei, die locale-spezifische Daten beinhaltet) bezeichnet, übergeben und in einem mit Punkt als Trennzeichen konstruiertem hierarchischen Namensraum hinterlegt wird. Zusätzlich kann der Programmierer sogenannte »anonymous Loggers« erzeugen, die nicht in diesem Namensraum abgelegt werden.

In der Version 6.0 von Java wird mit dem `static`-Feld `GLOBAL_LOGGER_NAME` der Klasse `Logger` ein globaler Logger-Name definiert, der ein kontrolliertes Logging für Entwickler und Anwender vereinfacht.

Logger können mit den getLogger-Factory-Methoden der Klasse Logger erzeugt werden.

Ein ResourceBundle (vom Typ der Klasse java.lang.ResourceBundle) beinhaltet lokal-spezifische Daten, die für das Bilden von log-Messages benutzt werden können. Es besteht aus einer Menge von Textdaten, die als Schüssel-Wert-Paare in verschiedenen Sprachen angegeben werden und der aktuellen Locale-Instanz eines Users zugeordnet sind. Ein Locale-Objekt repräsentiert eine spezifische geografische, politische oder kulturelle Region.

Im Aufruf der log-Methoden, die dem Protokollieren von Nachrichten dienen, wird ein Log-Level (als Klassenfeld in der Klasse java.util.logging.Level hinterlegt) und die Nachricht selbst übergeben.

Bis vor Java 9 konnten Ausgaben nicht gezielt über einen benutzerdefinierten Logger geschrieben werden. Mit der Umsetzung des JEP 264 (Platform Logging API and Service) von Java 9 wurde ermöglicht, mit den Methoden System.getLogger() einen System.Logger zu ermitteln, bei dem sich konfigurieren lässt, wohin er Informationen mit einem bestimmten Level schreiben soll. Dies geschieht über die java.util.ServiceLoader-API, die eine von java.lang.System.LoggerFinder abgeleitete Klasse lädt und deren abstrakte Methode public Logger getLogger(String name, Module module) so überschreibt, dass eine Implementierung von java.lang.System.Logger zurückgegeben wird.

Die abstrakte System.LoggerFinder-Klasse ist ein Service-Interface (siehe dazu das vorangehende Unterkapitel). Sie erzeugt, verwaltet und konfiguriert Loggers für das zugrunde liegende Framework, in dem sie zum Einsatz kommt.

Eine Applikation muss eine Implementierung für dieses Interface liefern, die eine Instanz vom Typ des Interface System.Logger zurückgibt. Um diese zu ermitteln, kann die Methode getLogger() der Klasse java.lang.System aufgerufen werden. Ein Modul der Applikation muss ein provides-Statement in seiner moduleinfo-Datei enthalten, das die Implementierung des System.LogFinder-Service-Interface bestätigt. Ansonsten wird ein Default-Logger benutzt.

Die Default-Implementation der Klasse benutzt das java.util.logging-Modul als Framework, falls dieses zur Verfügung steht, und gibt eine System.Logger-Instanz zum Weiterleiten von Nachrichten an den java.util.logging.Logger zurück. Ist java.logging nicht vorhanden, wird eine einfache Default-Implementation zurückgegeben, die log-Messages mit dem Level INFO weiterleitet und an den Bildschirm (System.err) sendet.

Wie die nachfolgenden Aufgaben zeigen werden, wird in der modulbasierten Programmierung die abstrakte System.LoggerFinder-Klasse erweitert, um für eine Applikation einen eigenen Logging-Rahmen zu erzeugen, ohne das Paket java.util.logging zu nutzen. Die Instanzen der Klasse werden, wie bereits erwähnt wurde, mittels der java.util.SystemLoader-API geladen. Somit können Java-Klassen bzw. festgelegte Module über eigene Logger verfügen.

Eine System.Logger.Level-Konstante verfügt über einen Namen und einen Schwierigkeitsgrad. Seine Werte sind ALL, TRACE, DEBUG, INFO, WARNING, ERROR und OFF, wobei ALL und OFF einfache Marker sind, deren Schwierigkeitsgrade auf die Werte Integer.MIN_VALUE und Integer.MAX_VALUE abgebildet werden.

Die mit der Enumeration java.lang.System.Logger.Level vordefinierten Level sind auf die java.util.logging-Level mit vergleichbarem Schwierigkeitsgrad abgebildet.

Zusätzlich ermöglicht das JDK 9 die Protokollierung von JVM-Messages für alle Komponenten mit der Option –Xlog. Über diese Option können der Typ von Messages, deren Schwierigkeitsgrad, eine Dekoration für den Text, die Angabe, wohin sie geschrieben werden sollen (auf stdout, stderr oder in eine Datei) und die Eigenschaften von Log-Files bestimmt werden. Dies wird über sogenannte Message-Tags festgelegt.

Die Syntax für die Xlog-Option lautet:

```
-Xlog[:<contents>][:[output]][:[<decorators>][:< output-options>]]]
```

Die einfachste Nutzung für diese Option ist:

```
java -Xlog --module-path mods -m com.java.testmodul.app/com.java.test-
modul.app.JavaTestKlasse
```

womit alle JVM-Messages auf den Standard-Output (stdout) protokolliert werden. Testen Sie diesen Aufruf mit der Applikation aus der Aufgabe 12.9.

Aufgabe 12.13
Eine Default-Implementation von System.LoggerFinder

Definieren Sie zwei Klassen Logger1 und Logger2, die das Interface System.Logger implementieren und seine Methoden überschreiben.

Die getName()-Methoden liefern einen Namen für die jeweilige Klasse, der in unserem Fall mit dem Klassennamen übereinstimmen soll.

In der Methode isLoggable(Level level) sollen die System.Logger.Levels mittels einer switch-Anweisung ein- bzw. ausgeschaltet werden:

```
@Override
public boolean isLoggable(Level level) {
   switch (level) {
      case OFF: return true;
      case TRACE: return false;
      case DEBUG: return true;
      case INFO: return true;
      case WARNING: return true;
      case ERROR: return true;
```

```
        case ALL:
        default:
          return true;
      }
}
```

Von den `log()`-Methoden der Klasse `System.Logger`, die für die Nachrichtenanzeige benutzt werden, müssen nur zwei überschrieben werden, da die restlichen als `default`-Methoden definiert sind, die bekannterweise über eine eigene Implementation verfügen und direkt aufgerufen werden können:

```
@Override
public void log(System.Logger.Level level,
  ResourceBundle bundle, String msg, Throwable thrown) {
  System.out.printf("[%s]: %s - %s%n", level, msg);
}
@Override
public void log(System.Logger.Level level,
  ResourceBundle bundle, String format, Object... params) {
  System.out.printf("[%s]: %s%n", level, format(format,params));
}
```

Instanzen vom Typ dieser Klasse werden von der Klasse `System` über den Aufruf `System.getLogger(loggerName)` oder `System.getLogger(loggerName, resourceBundle)` erzeugt.

Erweitern Sie die abstrakte `System.LoggerFinder`-Klasse, um für Ihre Applikation einen eigenen Logging-Rahmen zu erzeugen, ohne das Paket `java.util.logging` zu nutzen:

```
class DefaultLoggerFinder extends System.LoggerFinder {
  @Override
  public System.Logger getLogger(String name, Module module) {
    if(name.equals("Logger1"))
      return new Logger1();
    else
      return new Logger2();
  }
}
```

Ist `java.logging` nicht miteingebunden, wird, wie bereits erwähnt wurde, eine einfache Default-Implementation des Loggers zurückgegeben, die `log`-Messages mit dem Level `INFO` weiterleitet und an den Bildschirm sendet. Vergewissern Sie sich davon mit der Testklasse `DefaultSystemLoggerJava9`, die zwei `System.Logger`-Instanzen vom Typ `Logger1` bzw. `Logger2` erzeugt und in ihrer `main()`-Methode die verschiedenen `log`-Methoden an diesen Instanzen aufruft:

```
logger1.log(Level.ERROR, "Logger1 mit Level ERROR");
logger2.log(Level.WARNING, "Test der definierten Levels "
  + "fuer Logger2");
logger2.log(Level.INFO, "Logger2 mit Level INFO");
logger2.log(Level.TRACE, "Logger2 mit Level TRACE");
logger2.log(Level.OFF, myResources,
  "Logger2 mit Level OFF:{0}, {1}", new Object[] {"Logger1",
    "Logger2"} );
logger1.log(Level.INFO, myResources, "Key1");
logger2.log(Level.INFO, myResources, "Key2");
```

Rufen Sie auch die default-log-Methoden mit dem Supplier-Argument auf. Der Supplier wird im Lösungsvorschlag zu dieser Aufgabe mittels eines Lambda-Ausdrucks erzeugt, in dem eine ebenfalls in der Testklasse definierte Methode showLocalDateTime() aufgerufen wird:

```
private static Supplier<String> logMessage =
  ()-> "Heute ist der " + showLocalDateTime();
...
private static String showLocalDateTime() {
  System.out.println("Der Supplier erzeugt eine Instanz...");
  System.out.println(LocalDateTime.now().toString());
  return LocalDateTime.now().toString();
}
```

Mit einem Supplier kann der Aufruf von log-Methoden wie folgt erfolgen:

```
logger1.log(System.Logger.Level.DEBUG, ()-> "Heute ist der "
  + showLocalDateTime());
logger2.log(System.Logger.Level.TRACE, ()-> "Heute ist der "
  + showLocalDateTime());
logger2.log(System.Logger.Level.WARNING, logMessage);
logger2.log(System.Logger.Level.INFO, logMessage);
```

Für den Test wird in dieser Aufgabe ein ResourcesBundle vom Typ einer Klasse MyResources nach dem Beispiel aus der API-Dokumentation zu Java erzeugt, die in einer eigenen .java-Datei hinterlegt wurde, aber mit dem gleichen Ergebnis auch als innere static-Klasse definiert werden kann:

```
public class MyResources extends ListResourceBundle {
  protected Object[][] getContents() {
    return new Object[][] {
      {"Key1", "Meldung1"},
      {"Key2", "Meldung2"},
    };
  }
}
```

Damit kann wie folgt ein ResourceBundle erzeugt werden:

```
MyResources MyResources = new MyResources();
Locale currentLocale = Locale.getDefault();
ResourceBundle myResources =
ResourceBundle.getBundle("MyResources", currentLocale);
```

Hinweise zu den Programmausgaben:

Achten Sie darauf, dass zur Protokollierung von Nachrichten nicht die überschriebenen log()-Methoden der Klassen Logger1 und Logger2 aufgerufen wurden.

Java-Dateien: DefaultSystemLoggerJava9.java
Programmaufrufe: java DefaultSystemLoggerJava9

Aufgabe 12.14

Ein benutzerdefinierter System.Logger

Eine plattformabhängige Implementation von System.LoggerFinder soll mit den Klassen UserLoggerFinder und PlatformLoggerJava9 wie in der vorangegangenen Aufgabe diesmal mittels Modularisierung realisiert werden.

Legen Sie dazu ein Verzeichnis java9loggermodultest mit folgender Hierarchie- und Dateistruktur an:

```
src/
----com.java.testmodul.app/
      module-info.java
      com/
          java/
              testmodul/
                  app/
                      PlatformLoggerJava9.java
----com.java.testmodul.logger /
      module-info.java
          com/
              java/
                  testmodul/
                      logger/
                          UserLoggerFinder.java
                          Logger1.java
                          Logger2.java
```

Die Datei com.java.testmodul.app/module-info.java soll den Code:

```
module com.java.testmodul.app {
// Module importieren
  //requires java.logging;
  requires com.java.testmodul.logger;
```

```
// und Packages exportieren
   exports com.java.testmodul.app;
}
```

beinhalten und die Datei com.java.testmodul.logger/module-info.java den
Code:

```
module com.java.testmodul.logger {
// Package exportieren
   exports com.java.testmodul.logger;
}
```

Nach der Kompilierung mit den javac-Befehlen aus Java9Cmd.cmd wird ein Verzeichnis mit ähnlicher Struktur mit den korrespondierenden .class-Dateien
angelegt:

```
classes/
----com.java.testmodul.app/
      module-info.class
      com/
         java/
            testmodul/
               app/
                  PlatformLoggerJava9.class
----com.java.testmodul.logger/
      module-info.class
      com/
         java/
            testmodul/
               logger/
                  UserLoggerFinder.class
                  Logger1.class
                  Logger2.class
```

Mit den nachfolgenden Aufrufen der Systemprogramme javac und java:

```
javac -d classes --module-source-path src src\com.java.testmodul.app\
*.java src\com.java.testmodul.app\com\java9\testmodul\app\*.java

javac -d classes --module-source-path src src\com.java.testmodul.logger\
*.java src\com.java.testmodul.logger\com\java\testmodul\logger\*.java

java -p classes -m com.java.testmodul.app/com.java.testmodul.app.Plat-
formLoggerJava9
```

erzeugt die so erstellte Applikation Programmausgaben, die sich in der Anzeige der
log-Nachrichten nicht von der vorangegangenen Aufgabe unterscheiden: Ein Zeichen dafür, dass die überschriebenen log-Methoden aus den Klassen Logger1 und
Logger2 nicht aufgerufen werden.

Ändern Sie nun den Inhalt der `module-info.java`-Datei aus dem Verzeichnis `com.java.testmodul.logger` ab in:

```
module com.java.testmodul.logger {
    provides java.lang.System.LoggerFinder
        with com.java.testmodul.logger.UserLoggerFinder;
    exports com.java.testmodul.logger;
}
```

und starten Sie erneut die `Java9Cmd.cmd`-Datei. Damit wird ein Platform-Logger anstelle eines Default-Loggers benutzt.

Hinweise für die Programmierung:

Der Fehler »Modul Not Found Error« bezieht sich auf ein nicht auffindbares Modul beim Übersetzen, das mit `requires` in einer `module-info`-Datei angegeben wurde. Der Fehler kann behoben werden, indem im `--module-source-path` die src-Dateien nochmals spezifiziert werden.

Der Fehler »Modul Resolution Exception« bezieht sich auf ein nicht auffindbares Modul beim Ausführen der VM. Er kann behoben werden, indem das vermisste Modul zusätzlich im `--module-path` wie z.B. mit `--module-path mods/ com.java.testmodul.app` eingetragen wird.

Der Fehler »Package Does Not Exist Error« bezieht sich auf ein nicht auffindbares Paket in einer `import`-Anweisung in der `main`-Klasse, die sich auf eine Klasse aus einem dazugehörigen Modul bezieht. Dazu muss dieses Modul mit `requires` in dessen `module-info`-Datei zum Importieren eingetragen und gleichzeitig im `--module-source-path` beim Übersetzen angegeben werden.

Wie in der theoretischen Einführung unterstrichen wurde, muss ein Modul der Applikation mit dem `provides`-Statement die Implementation des Service-Interface (hier in Form der abstrakten Klasse `System.LoggerFinder`) besiegeln, damit ein Platform-Logger anstelle eines Default-Loggers benutzt wird.

Java-Dateien: `PlatformLoggerJava9.java`, `Logger1.java`, `Logger2.java`, `UserLoggerFinder.java`
Programmaufrufe: `Java9Cmd` im Verzeichnis `java9loggermodultest`

12.11 Multi-Resolution Images

Auf den aktuellen hochauflösenden Bildschirmen werden Pixel zur Größenberechnung verwendet, unabhängig davon, wie groß ein Pixel tatsächlich ist. Der JEP 263 (HiDPI Graphics on Windows and Linux) erweitert das JDK so, dass auch unter Windows und Linux die Größe von Pixeln berücksichtigt wird und mit HiDPI Fenster, Grafiken und Text automatisch skaliert werden. HiDPIs (High Dots Per Inch) sind Bildschirme mit einer hohen Auflösung in einem relativ kleinen Format.

Der JEP 251 (Multi-Resolution Images) schafft außerdem die Möglichkeit, sogenannte Multi-Resolution Images zu verarbeiten, das heißt, Images zu erstellen, die
dasselbe Bild in unterschiedlichen Auflösungen enthalten. Abhängig von der DPI-
Metrik des aktuellen Bildschirms wird dann das Bild in der jeweils passenden Auflösung verwendet.

Die neue API von Java 9 gibt vor, wie eine Menge von Images mit verschiedenen
Auflösungen in ein einziges Image gekapselt werden können. Sie wurde in das
Package `java.awt.image` integriert und laut API-Dokumentation sollte das Interface `java.awt.image.MultiResolutionImage` von Unterklassen der Klasse
`java.awt.Image` implementiert werden, deren Instanzen vorgesehen sind, Varianten von Image-Auflösungen gemäß einer für ein Image angegebenen Höhe und
Breite zu liefern.

Das Interface besitzt zwei wichtige Methoden:

- `getResolutionVariant(double destImageWidth, double destImage-
  Height)`, die ein Image zurückgibt, das die beste Variante dafür ist, das Image
  mit der angegebenen Höhe und Breite (DPI-Metric) wiederzugeben (und die
  erforderlichen Transformationen dazu).

- `getResolutionVariants()`, die eine Liste von allen sinnvollen Image-Vari-
  anten zurückgibt.

Abgesehen von diesen Operationen verhält sich ein Multi-Resolution Image wie
auch ein ganz normales Image. Die `Graphic`-Klasse ermittelt das zur aktuellen
DPI-Metric am besten passende Image und die dazu notwendigen Transformationen für seine Anzeige am Bildschirm.

Die abstrakte Klasse `java.awt.image.AbstractMultiResolutionImage` sowie
die Klasse `java.awt.image.BaseMultiResolutionImage` aus demselben Paket
liefern eine einfache Möglichkeit für die Konstruktion von benutzerdefinierten
Multi-Resolution Images aus einer Liste von zugeordneten Images. So können
Images mit mehreren Auflösungsvarianten einfacher durch Entwickler manipuliert und angezeigt werden.

Die Klasse `BaseMultiResolutionImage`, die das `MultiResolutionImage`-Inter-
face implementiert, ist eine Array-basierte Implementation der abstrakten Klasse
`AbstractMultiResolutionImage`. Sie implementiert die `getResolutionVari-
ant(double destImageWidth, double destImageHeight)`-Methode, indem
sie einen einfachen Algorithmus nutzt, der die erste Image-Variante aus dem Array
zurückgibt, die groß genug ist, um die Darstellungsanfrage zu erfüllen. Wenn kein
geeignetes Image gefunden wird, das so groß ist wie von der Grafikdarstellungsan-
frage gefordert, wird das letzte Image des Arrays zurückgegeben.

Mit der aktuellen Java-2D-API gibt es keinen direkten Weg, um eine hohe Auflösung für Darstellungen von Images zu finden. Entwickler müssen einen Skalier-
faktor liefern, um Images mit der nötigen Auflösung zu zeichnen, was sich als
äußerst mühsam erweisen kann.

Aufgabe 12.15

Das Interface MultiResolutionImage und die Klasse BaseMultiResolutionImage

Erstellen Sie eine Klasse `MultiResolutionImagesJava9ohnePlatformLogging`, die in einer Liste vom Typ `List<String>` mehrere Bilddateien über ihre URLs referenziert (anstelle von URLs, die Image-Dateien aus dem Web referenzieren, kann für den Test eine Liste von Image-Files vom eigenen Rechner gelesen und auf eine Liste von Images abgebildet werden):

```
List<String> imgFiles = List.of(
  "C:/EJ_Uebungsbuch/Hydrangeas.jpg",
  "C:/EJ_Uebungsbuch/smile.png",
  "C:/EJ_Uebungsbuch/Hydrangeas1.jpg",
  "C:/EJ_Uebungsbuch/bild1.jpg",
  "C:/EJ_Uebungsbuch/bild2.jpg");
```

Die Methode `loadImages()` der Klasse soll diese Bilddateien als Multi-Resolution Image zurückgeben.

Bilden Sie dazu die URLs der Liste auf einen Stream vom Typ `Stream<Image>` ab, indem ihr Inhalt mit `ImageIO.read(new File(file))` gelesen wird. Die so ermittelten Stream-Elemente sollen mit der `collect()`-Methode in einer weiteren Liste vom Typ `List<Image>` angesammelt werden:

```
List<Image> images = imgFiles.stream().map(file -> {
  try {
    return ImageIO.read(new File(file));
  }
  catch(IOException e) {
    log.log(Level.ERROR, "Fehler beim Lesen der "
      + "Bilddateien");
  }
}).collect(Collectors.toList());
```

Übergeben Sie das mit `toArray()` daraus ermittelte Array im Konstruktoraufruf der Klasse `BaseMultiResolutionImage`, um es als Instanz dieser Klasse an den Aufrufer der Methode zurückzugeben:

```
return new BaseMultiResolutionImage(images.toArray(new Image[0]));
```

An der mit `loadImages()` in der `main()`-Methode der Klasse abgeholten `Multi-ResolutionImage`-Instanz sollen ihre Methoden aufgerufen werden, um alle vorgeschlagenen Auflösungsvarianten für die übergebenen Images ermitteln zu können.

Die gewünschte Größe für das von der ersten Methode des Interface `MultiReso-lutionImage` gelieferte Image, das alle vorgegebenen Images kapselt, soll zugewiesen oder durch Zufall generiert werden:

```
int desiredImageWidth = 200; // new Random().nextInt(500);
int desiredImageHeight = 200; //new Random().nextInt(500);
Image variant = multiResImage.getResolutionVariant(
  desiredImageWidth, desiredImageHeight);
```

Die zu der angegebenen Größe ermittelten Werte für Breite und Höhe sollen am Bildschirm sowohl mit der `System.out.printf`-Anweisung als auch der `log()`-Methode eines Loggers angezeigt werden:

```
System.out.printf("Image-Width für %d: %d%n",
  desiredImageWidth, variant.getWidth(null));
System.out.printf("Image-Height für %d: %d%n",
  desiredImageHeight, variant.getHeight(null));
```

Des Weiteren sollen alle empfohlenen Varianten an Auflösungen für die einzelnen Images mit der zweiten Methode des Interface ermittelt werden:

```
List<Image> variants = multiResImage.getResolutionVariants();
```

und zusätzlich soll für jede angegebene Größe eine auflösungsspezifische Variante nach dem Beispiel:

```
Image variant1 = multiResImage.getResolutionVariant(1024, 768);
log.log(Level.INFO,"\nImage-Variante fuer die Groessenangabe "
  + 1024 + " " + 768 + " " + variant1.getWidth(null)+" " +
  variant1.getHeight(null));
```

berechnet werden.

Zeigen Sie Elemente dieser Liste in einem JFrame, für das ein BorderLayout gesetzt wurde, an.

In Anlehnung an die vorangegangenen Aufgaben soll mit der Methode `getLog-ger()` ein Logger für das Protokollieren von Nachrichten am Bildschirm ermittelt werden:

```
log.log(Level.WARNING,"Mit getResolutionVariant() ermittelt"
  +" bei einer Uebergabe von {0} {1} wurden die Werte {2} {3}",
  desiredImageWidth, desiredImageHeight, variant.
    getWidth(null),variant.getHeight(null));
```

bzw.

```
log.log(Level.INFO,"Anzahl der Images: " + variants.size());
```

Mit der Klasse `MultiResolutionImagesJava9` soll das Platform-Logging nochmals eingeübt werden. Darin soll die Vorgehensweise aus der Klasse `MultiResolutionImagesJava9ohnePlatformLogging` übernommen werden, nur dass anstelle der Default-Implementierung für den System.LoggerFinder ein benutzerdefinierter Platform-Logger für das Protokollieren von Nachrichten konfiguriert werden soll. Wählen Sie diesen vom Typ der Klassen `Logger1` (bzw. `Logger2`) aus der vorangegangenen Aufgabe.

Übernehmen Sie dazu die Klasse `MultiResolutionImagesJava9` in das Modul `com.java.testmodul.app` der Applikation `PlatformLoggerJava9` aus der Aufgabe 12.14 und fügen Sie der zugehörigen module-info-Datei das Statement `requires java.desktop;` hinzu (ansonsten wird beim Übersetzen dieses Modul angefordert).

Übersetzen Sie nun diese Applikation wie gehabt und starten Sie sie im Verzeichnis `java9loggermodultest` mit:

```
java -p mods -m com.java.testmodul.app/com.java.testmodul.app.MultiReso-
lutionImagesJava9
```

Im Lösungsvorschlag zu dieser Aufgabe finden Sie dazu auch die Kommandodatei `Java9MultiResolutionModul`.

Sie werden feststellen, dass damit die Anzeige von `log`-Nachrichten sich von der Klasse `MultiResolutionImagesJava9ohnePlatformLogging` unterscheidet und den Beweis liefert, dass die `log`-Methoden aus der Klasse `Logger1` aufgerufen wurden.

Mittels der in den Klassen `MultiResolutionImagesJava9ohnePlatformLogging` bzw. `MultiResolutionImagesJava9` getätigten Anzeige:

```
System.out.println("\nEs wurde ein Logger vom Typ " + log.getClass().get-
Name() + " geliefert");
```

kann dies bestätigt werden:

```
Es wurde ein Logger vom Typ sun.util.logging.internal.LoggingProvider-
Impl$JULWrapper geliefert
```

bzw.

```
Es wurde ein Logger vom Typ com.java.testmodul.logger.Logger1 geliefert
```

Hinweise für die Programmierung:

Selbstverständlich können Sie auch nach dem Beispiel aus der Aufgabe 12.14 eine neue Applikation für den Test von `MultiResolutionImagesJava9` mit einem Plattform-Logger erstellen, indem Sie zwei neue Klassen, die die Interfaces `System.Logger` und `System.LoggerFinder` implementieren, in ein Modul und die Klasse `MultiResolutionImagesJava9` in ein zweites Modul integrieren.

Erstellen Sie auch zu diesem Beispiel eine Kommandodatei `Java9Modular-Jar.cmd`, in der ein zusätzliches Packaging der Module in `.jar`-Dateien erfolgt, aus denen die Applikation auch gestartet werden soll. Richten Sie sich ggf. nach dem Lösungsvorschlag zu dieser Aufgabe.

Führen Sie im Verzeichnis `java9loggermodultest` die Kommandos:

```
jar --file mlib/com.java.testmodul.app.jar -d --describe-module
jar --file mlib/com.java.testmodul.logger.jar -d --describe-module
```

aus, um den Inhalt der Deskriptordatei der modularen JAR-Dateien anzuzeigen. Sie finden diesen wie immer in den Programmausgaben.

Java-Dateien: `MultiResolutionImagesJava9ohnePlatformLogging.java`, `MultiResolutionImagesJava9.java`, `Logger1.java`, `UserLoggerFinder.java` Programmaufrufe: `java MultiResolutionImagesJava9ohnePlatformLogging` im Arbeitsverzeichnis bzw. `Java9MultiResolutionModul` im Verzeichnis `java9loggermodultest`

12.12 Die Java-Shell (JShell)

Im JDK 9 ist mit dieser Version auch ein neuer Kommandointerpreter, die Java-Shell (JShell) zu finden. Sie ist ein einfaches Tool, mit dem kleine Java-Programme und einzelne Anweisungen, sogenannte Snippets, interaktiv getestet werden können.

Die JShell arbeitet nach dem Read-Evaluate-Print-Loop-Prinzip, auf dem die Abkürzung REPL basiert:

- Read: Eingabe eines Programms bzw. eines Befehls von der Kommandozeile

- Eval: Kompilieren und Ausführen der Programme und Snippets

- Print: Anzeigen werden in der gewählten Umgebung getätigt

- Loop: Ein Rücksprung auf den Zustand Lesen, was zu einer Wiederholung von Anweisungen führt

Die Java-Shell wird durch die Eingabe von `jshell` in einer Kommandodatei `cmd.exe` bzw. in einem Kommandozeilenfenster gestartet. Anschließend können einzelne Java-Kommandos eingegeben werden, die dann sofort auch ausgeführt werden. Wie auch `java` und `javac` ist das Programm `jshell` im `bin`-Verzeichnis des JDK 9 zu finden.

So kann mit:

```
C:\Users\Lissi\Documents\java9>jshell
|  Welcome to JShell -- Version 9-ea
|  For an introduction type: /help intro
jshell> System.out.println("Der Kommandointerpreter von Java 9")
Der Kommandointerpreter von Java 9
```

die JShell gestartet werden.

Die JShell besitzt eingebaute Kommandos, die mit / beginnen, um zum Beispiel alle deklarierten Variablen auszugeben (/vars) oder alle eingegebenen Snippets anzuzeigen (/list -all). /help gibt eine Hilfe über alle Kommandos und /exit beendet die JShell.

Wie dabei beobachtet werden kann, wartet die JShell nach dem Start auf die Eingabe von Snippets. Gültig sind Import-, Typ- und Methoden-Deklarationen, Ausdrücke und Java-Anweisungen. Package-Deklarationen sind nicht zugelassen. Dabei kann jeder Code eingegeben werden, der im Rumpf einer Methode gültig ist. Es wird kein Semikolon am Ende von Anweisungen erwartet.

Nach dem Drücken der Enter-Taste wird ein eingegebenes Snippet ausgeführt, falls es komplett ist, oder die JShell stellt uns eine neue Eingabezeile zur Verfügung und wartet auf die Vervollständigung des Snippets. Compilerfehler werden sofort angezeigt:

```
jshell> System.ot.println("Der Kommandointerpreter von Java 9")
|  Error:
|  cannot find symbol
|    symbol:   variable ot
|  System.ot.println("Der Kommandointerpreter von Java 9")

jshell> help
|  Error:
|  cannot find symbol
|    symbol:   variable help
|  help

jshell> /help
|  Type a Java language expression, statement, or declaration.
|  Or type one of the following commands:
|  /list [<name or id>|-all|-start]
|      list the source you have typed
|  /edit <name or id>
|      edit a source entry referenced by name or id
|  /drop <name or id>
|      delete a source entry referenced by name or id
...
```

Die Behandlung von Ausnahmen (»checked Exceptions« müssen in Java-Programmen mit einem try-catch-Block abgefangen werden) ist nicht erforderlich. Diese werden analog zur Vorgehensweise bei Fehleranzeigen direkt gemeldet:

```
jshell> Files.exists(Paths.get("C:/EJ_Uebungsbuch4"))
$4 ==> true
jshell> new FileReader("Datei")
$5 java.io.FileReader@66480dd7
jshell> new FileReader("DateiNeu")
```

```
| java.io.FilenotFoundException thrown: DateiNeu (Das System kann die
angegebene Datei nicht finden)
...
```

Mit:

```
| at (#6:1)
```

wird die Zeilennummer, in der die Ausnahme aufgetreten ist, angegeben.

Variablen-Deklarationen

Variablen können deklariert und danach jederzeit verwendet werden:

```
jshell> String version = "Java 9"
version ==> Java 9
jshell> int a = 5
a ==> 5
jshell> int b = a + 3
b ==> 8
```

Die JShell zeigt die Variable mit dem gespeicherten Wert an. Wie bereits angemerkt, können zu jedem Zeitpunkt alle deklarierten Variablen ermittelt werden:

```
jshell> /vars
|    boolean $1 = true
|    boolean $2 = false
|    boolean $3 = true
|    boolean $4 = true
|    FileReader $5 = java.io.FileReader@66480dd7
|    FileReader $6 = null
|    String version = "Java 9"
|    int a = 5
|    int b = 8
```

Variablen lassen sich mit einem ganz neuen Typ redefinieren:

```
jshell> StringBuilder version = new StringBuilder("Java 9")
version ==> Java 9
```

Import-Statements

Standardmäßig werden in Java-Programmmen alle Typen aus dem Paket java.lang direkt importiert. Für alle anderen braucht man eine import-Anweisung. Die JShell erweitert diese Fähigkeit um eine ganze Reihe weiterer Typen, um ihre Benutzung einfacher zu gestalten. Wir können sie mit dem Kommando /imports erfragen:

```
jshell> /imports
|    import java.io.*
|    import java.math.*
...
```

Methoden- und Typ-Deklarationen

Methoden können als Top-Level-Methoden oder innerhalb von Klassen deklariert werden. Diese können redefiniert werden, wenn eine neue Version der Methode eine alte ersetzen soll. Die JShell vermerkt dies mit »modified« bzw. »replaced«.

In einer neuen Session Methoden deklarieren, starten und redefinieren:

```
C:\Users\Lissi\Documents\java9>jshell
|  Welcome to JShell -- Version 9-ea
|  For an introduction type: /help intro
jshell> int berechne(int x) {
   ...>     return x*x + 2; }
|  created method berechne(int)
jshell> berechne(100)
$2 ==> 10002
jshell> int berechne(double x, double y) {
   ...>    return x + y;
   ...> }
|  Error:
|  incompatible types: possible lossy conversion from double to int
|    return x + y;
|          ^---^

jshell> int berechne(int y) {
   ...>     return x +2;
   ...> }
|  modified method berechne(int), however, it cannot be invoked until
variable x
 is declared
jshell> int berechne(int y) {
   ...>     return y + 2;
   ...> }
|  modified method berechne(int)
```

Den Anzeigen kann entnommen werden, dass innerhalb eines Methodenrumpfes von der Vorwärts-Referenzierung Gebrauch gemacht wird. Variablen, die in einer Methode benutzt werden, müssen in dieser oder vor ihrem Aufruf deklariert werden:

```
jshell> int z
z ==> 0
jshell> int berechne(int x) {
   ...>     return z*z +2;
   ...> }
|  modified method berechne(int)
```

Eine Klasse definieren:

```
jshell> public class MyString {
   ...>     byte[] value;
```

```
...>      String s;
...>      public MyString(byte[] value,String s) {
...>        this.value = value;
...>        this.s = s;
...>      }
...>      public byte[] getValue() {
...>        return value;
...>      }
...>      public String getS() {
...>        return s;
...>      }
...>   }
|  created class MyString
```

Eine Instanz erzeugen und daran die Methoden der Klasse aufrufen:

```
jshell> byte[] value = {1,2,3}
value ==> byte[3] { 1, 2, 3 }
jshell> MyString objekt = new MyString(value,"Java 9")
objekt ==> MyString@31dc339b
jshell> objekt.getValue()
$12 ==> byte[3] { 1, 2, 3 }
jshell> objekt.getS()
$13 ==> "Java 9"
jshell>
```

Welche Methoden und Typen in einer Session deklariert sind, listet /methods und
/types auf:

```
jshell> /methods
|    berechne(int)int
jshell> /types
|    class MyString
```

Die JShell führt eine History von allen eingegebenen Kommandos und Snippets,
die mit /history angezeigt werden kann.

Laden, Speichern und Ausführen von Skripts

Snippets können in der JShell mit /save datei gespeichert, mit /open datei
geöffnet und mit /edit in einem Standard-Editor bearbeitet werden.

Auf Kommandozeilenebene können vorhandene JShell-Skripts mit: $ jshell
datei ausgeführt werden.

Die JShell-API

Die JShell kann im Gegensatz zu JavaScript nicht als Skript-Sprache in Java integriert werden. Stattdessen verfügt diese über eine eigene API, die im Modul

jdk.jshell im jdk.jshell-Paket implementiert ist. Diese ermöglicht einen programmtechnischen Zugriff auf die sogenannte »snippet evaluation engine«. Für Programmierer ungeeignet, wurde sie entwickelt, um IDE-Tools über einen internen Zugriff die Evaluierung von Snippets, ähnlich wie dies auf Kommandozeilenebene erfolgt, zu ermöglichen.

Die JShell-API besteht aus drei abstrakten Klassen JShell, Snippet und Source-CodeAnalysis und einem Interface SnippetEvent.

Um Instanzen der abstrakten Klasse JShell zu erzeugen, kann deren create()-Methode aufgerufen werden. Mit ihrer eval()-Methode können Snippets evaluiert und ausgeführt werden. Diese gibt eine Liste vom Typ List<SnippetEvent> zurück, deren Elemenente nach ihrem Status, Wert, Source etc. abgefragt werden können:

```
try (JShell shell = JShell.create()) {
    String snippet= "double x = x/2;"
    List<SnippetEvent> events = shell.eval(snippet);
    for(SnippetEvent snippetEvent : events) {
        System.out.println(snippetEvent.status());
        System.out.println(snippetEvent.value());
        System.out.println(snippetEvent.snippet().source());
    }
}
```

Um die JShell-API zu nutzen, muss ein eigenes Modul erzeugt werden, das das jdk.shell-Modul in seiner module-info-Datei einbindet:

```
module com.java.jshell.api {
    requires jdk.shell;
}
```

Aufgabe 12.16

Die JShell-API

Erstellen Sie eine Testklasse JShellApiTestKlasse, die ein Array von Snippets zur Evaluierung und Ausführung bereitstellt und diese nacheinander in der eval()-Methode einer dazu nach dem obigen Beispiel erzeugten JShell-Instanz übergibt.

Definieren Sie in Ihrem Arbeitsverzeichnis ein weiteres Projektverzeichnis (mit mkdir java9jshellapi). Nach dem Beispiel der Aufgabe 12.9 soll in gewohnter Manier darin die src-Verzeichnisstruktur:

```
src/
----com.java.jshell.api/
        module-info.java
        com/
            java/
```

```
jshell /
  api/
    JShellApiTestKlasse.java
```

mit der oben definierten module-info-Datei hinterlegt werden.

Kompilieren und starten Sie diese Applikation mit der angepassten Java9Modul-Kommandodatei im Verzeichnis java9jshellapi:

```
javac -d mods --module-source-path src src/com.java.jshell.api/module-
info.java src/com.java.jshell.api/com/java/jshell/api/JShellApiTest-
Klasse.java

java --module-path mods -m com.java.jshell.api/com.java.jshell.api.JShell-
ApiTestKlasse
```

Weitere Informationen zur Java Shell generell und deren API speziell können Sie dem JEP 222 (jshell: The Java Shell (Read-Eval-Print Loop)) und der weiteren Literatur zu diesem Thema entnehmen.

12.13 Andere Änderungen aus dem JDK 9

Unter JEP 213 (Milling Project Coin) wurden mehrere sprachspezifische Erweiterungen zusammengefasst. Davon beschreiben wir die nachfolgenden.

Der Diamond-Operator für innere anonyme Klassen

Der Diamond-Operator wurde mit Java 7 eingeführt, um in Programmen redundanten Code zu vermeiden und ihre Lesbarkeit zu verbessern. Danach hat sich herausgestellt, dass es Restriktionen bei seiner Benutzung in inneren anonymen Klassen gibt.

Angenommen, es sollen Instanzen vom Typ einer generischen Klasse:

```
static class GenericBox<T> {
  T content;
  public GenericBox(T content) {
    this.content = content;
  }
  public T getContent() {
    return content;
  }
}
```

als Rückgabewert in den nachfolgenden Methoden mittels anonymer Klassen erzeugt werden:

```
public static <T> GenericBox<T> createBox1(T content) {
// In Java 8 muss der Parameter T angegeben werden
  return new GenericBox<T>(content) { };
```

```
// In Java 9 kann T wegbleiben, weil der Rückgabetyp denotable
// ist
    return new GenericBox<>(content) { };
  }
public static GenericBox<?> createBox2(Object content) {
  List<?> innerList = Arrays.asList(content);
// Ist der zu inferierende Typ nicht-denotable, führt die
// Benutzung des Diamond-Operators mit Java 9 zu einem Fehler
  // return new GenericBox<>(innerList) { };
// darum List<?> spezifizieren
    return new GenericBox<List<?>>(innerList) { };
}
```

So müssen mit Java 8 bzw. Java 9 folgende Regeln beachtet werden:

- Für den Rückgabetyp der Methode createBox1() muss mit Java 8 der Parameter T angegeben werden, ansonsten wird der Fehler »cannot use <> with anonymous inner classes« ausgegeben.

- Mit Java 9 kann T inferiert werden, wenn er einen denotable-Typ repräsentiert.

- Mit Java 9 kann T aber nicht inferiert werden, wenn er einen Nicht-denotable-Typ repräsentiert.

Korrekt ist auch:

```
public static <T> GenericBox<?> createBox3(T[] content) {
  List<T> innerList = Arrays.asList(content);
  return new GenericBox<>(innerList) { };
// oder alternativ
  return new GenericBox<List<T>>(innerList) { };
}
```

Aufgabe 12.17
Der Diamond-Operator in Java 9

Erstellen Sie nach den Beispielen aus der theoretischen Einführung die Klasse DiamondOperatorJava9, die die Klasse GenericBox als innere static Member-Klasse definiert, und eine weitere static Member-Klasse BoxGenerator mit den Methoden createBox1(), createBox2() und createBox3().

Zum Testen dieser Methoden, mit denen das Verhalten des Diamond-Operators mit Java 9 verifiziert werden soll, soll eine Klasse DiamondOperatorJava9Test mit den private final Feldern:

```
String[] array = {"Java 8", "Java 9"};
Buch[] buchArray = {new Buch("Das Java Übungsbuch 8", 29.99),
  new Buch("Das Java Übungsbuch 9", 29.99)};
```

implementiert werden.

Erzeugen Sie eine Instanz der Klasse BoxGenerator und achten Sie dabei auf das Referenzieren der Variablen vom Typ der inneren Klassen (dazu kann z. B. der Name der umgebenden Klasse angegeben werden – siehe dazu die Aufgaben 7.3 und 7.4):

```
DiamondOperatorJava9.BoxGenerator bg =
  new DiamondOperatorJava9.BoxGenerator();
DiamondOperatorJava9.GenericBox<String> sBox1 =
  bg.createBox1("Java 9");
```

An der so erzeugten Instanz können die Methoden der Klasse für verschiedene Typen aufgerufen werden:

```
DiamondOperatorJava9.GenericBox<Integer> iBox1 =
  bg.createBox1(10);
DiamondOperatorJava9.GenericBox<Buch> bBox1 =
  bg.createBox1(new Buch("Das Java Übungsbuch 9", 29.99));
System.out.println(sBox1.getContent() + " * " + iBox1.
  getContent() + " * " + bBox1.getContent().getTitel());
DiamondOperatorJava9.GenericBox<?> sBox2 =
  bg.createBox2(array);
for(Object o : (List)(sBox2.getContent())) {
  String[] o1 = (String[])o;
  for(int i=0; i<o1.length; i++)
    System.out.print(o1[i] + " ");
}
```

Testen Sie auf ähnliche Art und Weise auch andere Feldtypen für die Methoden createBox1() und createBox2() sowie für die Methode createBox3().

Java-Dateien: DiamondOperatorJava9.java, DiamondOperatorJava9Test.java
Programmaufrufe: java DiamondOperatorJava9Test

Private Methoden in Interfaces

Bis Java 7 konnten Interfaces nur public abstract-Methoden definieren. Mit Java 8 wurde dies abgeändert: Es wurden sowohl public static-Methoden als auch public default-Methoden in Interfaces zugelassen. Diese Methoden dürfen Implementierungen liefern.

Um redundanten Code zu vermeiden und die Benutzung von Interfaces zu verbessern, wurden mit Java 9 zusätzlich private-Methoden zugelassen, die ebenfalls Implementierungen beinhalten können.

Das bedeutet, dass Interface-Methoden mittlerweile sowohl public als auch private sein können (wobei der Default-Modifier public nicht angegeben werden muss).

Zugelassene Kombinationen für Modifier in Interfaces mit Java 9 sind somit: `public static`, `public abstract`, `public default`, `private` und `private static`. Nicht zugelassen sind `private abstract` und `private default`.

Private Methoden können `static` oder Instanzmethoden sein. Diese Methoden sind nur innerhalb des Interface, das sie definiert, aufrufbar. In beiden Fällen werden diese nicht von Subinterfaces oder Implementationen geerbt. Mit anderen Worten, auf diese kann weder von außerhalb zugegriffen werden noch können sie von einem Interface an ein anderes oder an eine Klasse vererbt werden.

Aufgabe 12.18

Private Interface-Methoden

In einem Interface mit dem Namen `PotporivonInterfaceMethoden` sollen all die erwähnten Methoden definiert und getestet werden.

Definieren Sie dazu die privaten Methoden:

```java
private boolean validateDate(LocalDate date) {
  if(date.equals(LocalDate.of(2017, 3, 1)))
    return true;
  return false;
}
```

und

```java
private void anzeige(LocalDate date) {
  if(validateDate(date))
    System.out.println(date.toString() +
      " ist mein Geburtstag!");
  else
    System.out.println(date.toString() +
      " ist nicht mein Geburtstag!");
}
```

Zeigen Sie, dass die mit Java 8 implementierten `default`-Methoden aus Interfaces die mit Java 9 implementierten `private`-Methoden aufrufen können, mit der Restriktion, dass diese im gleichen Interface definiert sind, wie z. B. mit:

```java
default void methode3(LocalDate date) {
// Eine anonyme Klasse, die eine Methode definiert, erzeugen und
// an einem Objekt dieser Klasse diese Methode aufrufen
  new Object() {
    void methode() {
      anzeige(date);
    }
  }.methode();
}
```

Vergewissern Sie sich, dass selbst die main()-Methode in einem Interface enthalten sein kann. Somit kann eine Instanz davon erzeugt und ausgeführt werden:

```
static void main(String[] args) {
   PotporivonInterfaceMethoden interfaceMethoden =
              new PotporivonInterfaceMethoden() {
// Die abstrakte Methode des Interface in einer lokalen Klasse
// überschreiben
     @Override
     public void methode1(LocalDate date) {
        System.out.println("Heute ist der " + date.toString());
     }
   };
// static-Methoden werden über den Namen des Interface aufgerufen
   System.out.println(PotporivonInterfaceMethoden.
     methode2(LocalDate.of(2017, 3, 16)));
// und Instanzmethoden an einem Objekt
   interfaceMethoden.methode3(LocalDate.of(2017, 3, 1));
   interfaceMethoden.methode3(LocalDate.of(2017, 2, 28));
}
```

Isolieren Sie in einem zweiten Schritt in gewohnter Manier die main()-Methode in einer Klasse InterfaceMethodenTest, die das Interface InterfaceDefinition mit den verbliebenen Methoden implementiert, und führen Sie dieselben Tests nochmals durch.

Hinweise für die Programmierung:

Die von der main()-Methode aufgerufenen Methoden methode1() und methode2() sind als abstract- bzw. static-Methode in den Interfaces definiert (siehe dazu den Lösungsvorschlag zu dieser Aufgabe):

```
// abstract-Methode (bereits in Java 1.0 zugelassen)
void methode1(LocalDate date);
// static-Methode mit Java 8
static String methode2(LocalDate date) {
   return "Heute ist der " + date.toString();
}
```

Java-Dateien: PotporivonInterfaceMethoden.java, InterfaceDefinition.java, InterfaceMethodenTest.java
Programmaufrufe: java PotporivonInterfaceMethoden,
java InterfaceMethodenTest

try-with-resources

Wie im Java-Tutorial beschrieben, ist das try-with-resources-Statement ein try-Statement, das eine oder mehrere Ressourcen deklariert. Mit Ressource wird ein Objekt benannt, das geschlossen werden muss, nachdem es in einem Programm nicht mehr benötigt wird. Ein try-with-resources-Statement stellt sicher, dass jede darin angegebene Ressource am Ende des Blocks geschlossen wird.

Als Ressourcen können alle Objekte dienen, die das java.lang.AutoCloseable-Interface implementieren, darunter auch all diejenigen, die das davon abgeleitete java.io.Closeable-Interface implementieren.

Vor Java 7 konnte ein finally-Block benutzt werden, um zu gewährleisten, dass eine benutzte Ressource geschlossen wird, egal ob der dazugehörige try-Block sich korrekt beendet hat oder abgebrochen wurde:

```
static String readFirstLineFromFileWithFinallyBlock(String path)
                                    throws IOException {
  BufferedReader br = new BufferedReader(new FileReader(path));
  try {
     return br.readLine();
  }
  finally {
     if(br != null) br.close();
  }
}
```

Ab Java 7 implementiert die Klasse BufferedReader das java.lang.AutoCloseable-Interface, sodass diese in einem try-with-resources-Statement als Ressource deklariert werden kann. Dies führt auch dazu, dass sie geschlossen wird, wenn sie nicht mehr weiter im Programm gebraucht wird:

```
static String readFirstLineFromFile(String path) throws
                                    IOException {
  try (BufferedReader br =
    new BufferedReader(new FileReader(path))) {
     return br.readLine();
  }
}
```

In Java 7 und 8 können try-with-resources-Statements nur Ressourcen verwalten, die dafür auch deklariert wurden. Die in Java 9 zugelassene Deklarationsweise:

```
BufferedReader reader = new BufferedReader(new
  FileReader("Buecher.txt"));
try(reader) {
  System.out.println(reader.readLine());
  }
}
```

würde einen Compilerfehler generieren. Korrekt ist in Java 8:

```
BufferedReader reader1 = new BufferedReader(
  new FileReader("Buecher.txt"));
try(BufferedReader reader2 = reader1) {
  String line = null;
  while((line = reader2.readLine()) != null) {
    System.out.println(line);
  }
}
```

Anbei die Regeln für die Nutzung von `try-with-resources`-Statements für das sogenannte Automatic Resource Management (ARM) in Java-SE-7- und Java-SE-8-Versionen:

- Alle Ressourcen müssen das Interface `AutoCloseable` implementieren.

- Referenzen auf Ressourcen müssen `final` oder `effectively final` sein.

- Ist eine Ressource außerhalb des `try-with-resources`-Statements deklariert, muss diese über eine lokale Variable neu referenziert werden, um damit innerhalb des Blocks angesprochen werden zu können.

In Java 9 brauchen wir keine zusätzliche lokale Variable, sondern können auch die außerhalb eines `try-with-resource`-Blocks deklarierten Variablen nutzen. Alle `final`- und `effectively final`-Variablen sind zugelassen.

Das `try-with-resources`-Statement kann im Nachfolgenden nicht angewandt werden, weil die Klasse `Process` das `AutoClosable`-Interface nicht implementiert:

```
try(Process process = Runtime.getRuntime().exec(
    System.getenv("windir") + "\\system32\\tasklist.exe");
  BufferedReader inputStream = new BufferedReader(
    new InputStreamReader(process.getInputStream()))) {
    String line = null;
    while((line = inputStream.readLine()) != null) {
      System.out.println(line);
    }
  }
```

Die laufenden Prozesse, die in der Taskliste angezeigt werden, können wie folgt ermittelt werden:

```
try {
  Process process = Runtime.getRuntime().exec(
    System.getenv("windir") + "\\system32\\tasklist.exe");
  BufferedReader inputStream = new BufferedReader(
    new InputStreamReader(process.getInputStream()));
  String line = null;
  while((line = inputStream.readLine()) != null) {
    System.out.println(line);
  }
```

```
    inputStream.close();
  }
catch(IOException e) {
    e.printStackTrace();
  }
```

Anders sieht es mit Streams aus, diese erben die Methode `BaseStream.close()` von ihrem Oberinterface `BaseStream<T,S extends BaseStream<T,S>>` extends `AutoCloseable`, das das `AutoCloseable`-Interface erweitert. Trotzdem brauchen nahezu alle `Stream`-Instanzen nicht nach ihrer Benutzung geschlossen zu werden. Laut Java-Literatur erwarten nur die Streams, deren Source ein IO-Channel ist (wie z. B. die von `Files.lines(Path p, Charset cs)` gelieferten Ressourcen), dass sie geschlossen werden.

Wie ebenfalls der Java-Literatur zu entnehmen ist, haben Tools, die in diesem Fall falsche Warnings generieren, wie z. B. Eclipse, damit ein Problem, nicht aber die Java-API.

Dem Lösungsvorschlag zur nachfolgenden Aufgabe können mehrere Beispiele von `try-with-resources`-Statements, die sich dieser Problematik widmen, entnommen werden.

Aufgabe 12.19

Die try-with-resources-Anweisung

Die Klasse `TryWithResourcesJava9` definiert sechs Methoden mit der Bezeichnung `testTryWithResourcesx`, die auf den Unterschied in der Definition von `try-with-resources`-Statements zwischen den Versionen 8 und 9 von Java hinweisen. Verfolgen Sie im Lösungsvorschlag zu dieser Aufgabe die damit erörterten Zusammenhänge zwischen Ressourcen und Anweisungsblöcken.

So z. B. können mehrere Ressourcen gleichzeitig in einem `try-with-resources`-Statement angegeben werden:

```
public static void testTryWithResources3() throws IOException{
// In Java 8 die Zeilen aus einer Datei lesen und in eine neue
// Datei schreiben
  try(Scanner scanner = new Scanner(new File("Buecher.txt"));
     PrintWriter writer=new PrintWriter(new File("Write.txt"))){
    while(scanner.hasNext()) {
       writer.print(scanner.nextLine());
    }
  }
// Mit Java 9 die neue Datei lesen
  BufferedReader reader = new BufferedReader(
                          new FileReader("Write.txt"));
  try(reader) {
    System.out.println(reader.readLine());
```

```
    }
  }
```

Java-Dateien: TryWithResourcesJava9.java
Programmaufrufe: java TryWithResourcesJava9

12.14 Java 9 Internals

Compact Strings

Ein wichtiger Beitrag zur Einsparung von Hauptspeicher gibt der JEP 254 (Compact Strings) vor. Obwohl die meisten Strings kein UTF-16-Format benötigen und nur aus Zeichen aus dem Latin1- (8bit) oder ASCII- (7bit) Zeichentabellen bestehen, wurde bis einschließlich Java 8 jeder String als char-Array abgespeichert, sodass meistens die Hälfte des vorgesehenen Speicherplatzes ungenutzt blieb.

Der JEP 254 ändert die interne Repräsentation von Strings, indem ein Flag für das Encoding (ISO-Latin1 oder UTF-16) und ein byte-Array, in dem der String dann entweder mit einem oder zwei Byte pro Zeichen gespeichert wird, vorgesehen wurden.

ResourceFileEncoding unterstützt Unicode

Ein eigener JEP 226 (UTF-8-Property Files) schafft die Möglichkeit, Property-Dateien im UTF-8-Format zu speichern. Bisher wurde nur ISO 8859-1 als Encoding unterstützt. Dazu wurde das ResourceBundle-API von Java erweitert.

Übersichtlichere Versionierung

Mit dem JEP 223 (New Version-String Scheme) wird in Java 9 auch die Änderung von Versionsnamen spezifiziert.

In einer Folge von drei Elementen, die durch Punkt getrennt sind, soll die erste Zahl künftig das Major Release angeben.

Das zweite Element wird auch als Minor-Teil bezeichnet und immer dann erhöht, wenn kleinere kompatible Änderungen oder Updates von APIs vorgenommen werden.

Durch das dritte Element wird das Security-Level angezeigt. Dieser Teil wird mit jedem Sicherheits-Update erhöht und wird nicht auf 0 gesetzt, wenn es eine neue Minor-Version gibt.

Somit wird Java 9 das erste Release sein, dessen Versionen für Komponenten nicht mehr mit 1.x beginnen, sondern in der Form 9.0.1, 9.1.2 etc. stattfinden.

Neben der Versionsnummer wird noch ein sogenannter Versionsstring definiert. Dieser besteht aus der Versionsnummer, dem Pre-Release, der Build-Nummer und kann ggf. noch weitere Informationen beinhalten. So ergibt die Ausgabe für das Early Access Release, mit dem die Beipiele aus diesem Buch ursprünglich erstellt, übersetzt und ausgeführt wurden: 9-ea+176.

12.15 Lösungen

Lösung 12.1

Die Klasse ListSetMapFactoryMethoden

```java
import java.util.List;
import java.util.ArrayList;
import java.util.Arrays;
import java.util.Map;
import java.util.HashMap;
import java.util.Set;
import java.util.HashSet;
import java.util.Collections;
import java.util.Spliterator;
import static java.util.Map.entry;
public class ListSetMapFactoryMethoden {
   public static void main(String[] args) {
// Listen erzeugen vor Java 9
     List<String> liste1 = new ArrayList<>();
     liste1.add("java 5");
     liste1.add("java 6");
     liste1.add("java 7");
     liste1.add("java 8");
     List<String> liste2 = Arrays.asList("java 5", "java 6",
       "java 7", "java 8");
     System.out.println(liste1);
     System.out.println(liste2);
// Immutable-Listen vor Java 9
     List<String> emptyList1 = new ArrayList<>();
     List<String> immutableList1 = Collections.
       unmodifiableList(emptyList1);
     System.out.println("Leere Liste: " + emptyList1);
// Immutable-Listen mit Java 9
     List<String> immutableList2 = List.of();
     List immutableList3 = List.of("java 7","java 8","java 9");
     System.out.println("Immutable-Liste mit Java 9: "
       + immutableList3);
     int[] array = {1,2,3,4,5,6,7,8,9};
     List<int[]> immutableList4 = List.<int[]>of(array);
     System.out.println("Immutable-Liste mit Java 9: "
       + immutableList3);
     System.out.println("Immutable-Liste mit Java 9: ");
     for(int[] array1 : immutableList4) {
       for(int i = 0; i< array1.length; i++)
         System.out.print(array1[i] +" " );
     }
```

```
// Immutable-Sets vor Java 9
    Set<String> emptySet = new HashSet<>();
    Set<String> immutableSet = Collections.
      unmodifiableSet(emptySet);
// Immutable-Sets mit Java 9
    String[] javaArray = {"java 7","java 8","java 9"};
    Set<String[]> set = Set.<String[]>of(javaArray);
    Spliterator<String[]> spliterator = set.spliterator();
    spliterator.forEachRemaining(e->
    System.out.println("Immutable-Set mit Java 9: "
    + Arrays.asList(e)));
 // System.out.println("Immutable-Set mit Java 9: "
 //   + Arrays.asList(set));
// Immutable-Maps vor Java 9
    Map<Integer,String> emptyMap = new HashMap<>();
    Map<Integer,String> immutableEmptyMap = Collections.
      unmodifiableMap(emptyMap);
    Map<Integer,String> nonemptyMap = new HashMap<>();
    nonemptyMap.put(7,"java 7");
    nonemptyMap.put(8,"java 8");
    nonemptyMap.put(9,"java 9");
    Map<Integer,String> immutableNonEmptyMap = Collections.
      unmodifiableMap(nonemptyMap);
// Immutable-Maps mit Java 9
    Map<Integer,String> nonemptyImmutableMap1 = Map.of(
      7,"java 7", 8,"java 8", 9,"java 9");
    System.out.println("Immutable-Map mit Java 9 und Map.of(): "
      + nonemptyImmutableMap1);
    Map<Integer,String> nonemptyImmutableMap2 = Map.ofEntries(
      entry(7,"java 7"), entry(8,"java 8"),
        entry(9,"java 9"));
    System.out.println("Immutable-Map mit Java 9 und "
      + "Map.ofEntries(): " + nonemptyImmutableMap2);
// Oder
    Map.Entry<Integer,String> immutableMapEntry1 =
      Map.entry(7,"java 7");
    Map.Entry<Integer,String> immutableMapEntry2 =
      Map.entry(8,"java 8");
    Map.Entry<Integer,String> immutableMapEntry3 =
      Map.entry(9,"java 9");
    Map<Integer,String> immutableMap = Map.ofEntries(
      immutableMapEntry1, immutableMapEntry2,
    immutableMapEntry3);
    System.out.println("Immutable-Map mit Java 9 und "
      + "Map.ofEntries(): " + immutableMap);
  }
}
```

Programmausgaben

```
java9                                                          — ☐ X

C:\Users\Lissi\Documents\java9>javac ListSetMapFactoryMethoden.java

C:\Users\Lissi\Documents\java9>java ListSetMapFactoryMethoden
[java 5, java 6, java 7, java 8]
[java 5, java 6, java 7, java 8]
Leere Liste: []
Immutable-Liste mit Java 9: [java 7, java 8, java 9]
Immutable-Liste mit Java 9:
1 2 3 4 5 6 7 8 9
Immutable-Set mit Java 9: [java 7, java 8, java 9]
Immutable-Map mit Java 9 und Map.of(): {9=java 9, 8=java 8, 7=java 7}
Immutable-Map mit Java 9 und Map.ofEntries(): {9=java 9, 8=java 8, 7=java 7}
Immutable-Map mit Java 9 und Map.ofEntries(): {9=java 9, 8=java 8, 7=java 7}

C:\Users\Lissi\Documents\java9>
```

Lösung 12.2

Die Klasse StreamMethodenJava9

```java
import java.util.stream.Collectors;
import java.util.List;
import java.util.Enumeration;
import java.util.stream.Stream;
public class StreamMethodenJava9 {
  public static void main(String[] args) {
// Vorausgesetzt, wir wollen ein Element in einen Stream schreiben,
// nur wenn es verschieden von null ist; dies konnte bis Java 8
// entweder mit einer if-else-Bedingung, oder, weil nur zwischen
// zwei Ausgabewerten unterschieden wird, mit dem
// "Ternary-Operator" (?:) erledigt werden:
// (<boolescher Ausdruck>) ? AusgabewertTrue : AusgabewertFalse;
    final String configurationDirectory1 =
      Stream.of("app.config", "app.home", "user.home")
// Die nachfolgende flatMap()-Methode bildet ein Stream-Element
// aus dem Stream, an dem sie aufgerufen wird, auf einen Stream
// von 0 Elementen mit Stream.empty() oder einem Element mit
// Stream.of(property) ab
        .flatMap(key -> {
          final String property = System.getProperty(key);
          if(property == null) {
            return Stream.empty();
          }
          else {
            return Stream.of(property);
          }
        })
// Das erste Element im Stream wird ermittelt und angezeigt
        .findFirst()
```

```
          .orElseThrow(IllegalStateException::new);
      System.out.println("Configuration Directories mit Java 8 "
        + configurationDirectory1);
      final String configurationDirectory2 =
        Stream.of("app.config", "java.home", "java.version",
          "user.home", "user.dir", "user.name")
          .flatMap(key -> {
            final String property = System.getProperty(key);
            return property ==
              null ? Stream.empty() : Stream.of(property);
          })
// Ein beliebiges Element im Stream wird ermittelt und angezeigt
          .findAny()
          .orElseThrow(IllegalStateException::new);
      System.out.println("Configuration Directories mit Java 9 "
        + configurationDirectory2);
// Mit Java 9 kann die ofNullable()-Methode von Stream aufgerufen
// werden, die alle null-Elemente überspringt und nur den Nicht-
// null-Elementen einen Stream mit dem entsprechenden Element
// zuordnet; diese Streams werden in einem zweiten Schritt auf
// einen einzigen Stream abgeflacht
      final String configurationDirectory3 =
        Stream.of("app.config", "java.home", "java.version",
          "user.home", "user.dir", "user.name")
          .flatMap(key -> Stream.ofNullable(
            System.getProperty(key)))
// Das erste Element im Stream wird ermittelt und angezeigt
          .findFirst()
          .orElseThrow(IllegalStateException::new);
      System.out.println("Configuration Directories mit Java 9 "
        + configurationDirectory3);
      System.out.println();
// Alle Elemente verschieden von null werden in einer Liste
// hinterlegt
      List<String> liste = Stream.of("app.config", "java.home",
        "java.version", "user.home", "user.dir", "user.name")
          .flatMap(key -> Stream.ofNullable(
            System.getProperty(key)))
          .collect(Collectors.toList());
      System.out.println("Configuration Directories mit Java 9 "
        + liste);
      System.out.println();
// Beispiele mit ofNullable() für Streams, die leere Strings oder
// auch null-Elemente enthalten
      List<Integer> listeA = Stream.of("a", "", "b", "c", "d",
        "", "f")
          .flatMap(s -> Stream.ofNullable(s.length()))
          .collect(Collectors.toList());
```

```
        System.out.println("ofNullable() von Java 9: "
          + listeA);
        System.out.println();
        List<Boolean> listeB = Stream.of("a", "", "b", "c", "d",
          "", "f")
            .flatMap(s -> Stream.ofNullable(!s.isEmpty()))
            .collect(Collectors.toList());
        System.out.println("ofNullable() von Java 9: "
          + listeB);
        System.out.println();
        List<String> listeC = Stream.of("a", null, "b", "c", "d",
          null, "f")
            .flatMap(s -> Stream.ofNullable(s))
            .collect(Collectors.toList());
        System.out.println("ofNullable() von Java 9: "
          + listeC);
        System.out.println();
// Einfaches Beispiel mit ofNullable(), es kann immer nur ein
// Wert im Aufruf der Methode übergeben werden
        long eins = Stream.ofNullable("22").count();
        long zero = Stream.ofNullable(null).count();
        System.out.println("Ein Stream.ofNullable() beinhaltet "
          + eins + " oder " + zero + " Elemente");
// Mit der in Java 9 hinzugekommenen überladenen iterate()-Methode
// können endliche Streams erzeugt werden
        System.out.println("\nDie Methode iterate():");
        Stream.iterate(1,x -> x < 10, x-> x + 3)
          .forEach(System.out::print);
        System.out.println();
        System.out.println("\nSystem Properties mit iterate(): ");
// Praktisches Beispiel für iterate(): über alle System
// Properties iterieren und diese anzeigen
        final Enumeration<Object> properties = System.
          getProperties().elements();
        if(properties.hasMoreElements()) {
          Stream.iterate(properties.nextElement(),
                    p -> properties.hasMoreElements(),
                    p -> properties.nextElement())
              .forEach(System.out::println);
        }
        System.out.println("\nDie Methoden dropWhile() und " +
          "takeWhile():");
// Mit dropWhile() die Elemente eines Streams so lange
// überspringen, bis das übergebene Predicate false zurückgibt
        Stream.iterate(0, i-> i < 5, i -> i+1)
          .dropWhile(i -> i >= 3)
          .forEach(System.out::print);
        System.out.println();
```

```
// Mit takeWhile() die Elemente eines Streams so lange bearbeiten,
// bis das übergebene Predicate true zurückgibt
    Stream.iterate(10, i-> i > 5, i -> i-1)
        .takeWhile(i -> i >= 7)
        .forEach(System.out::print);
    }
}
```

Programmausgaben

```
java9                                                    _ □ X
C:\Users\Lissi\Documents\java9>javac StreamMethodenJava9.java

C:\Users\Lissi\Documents\java9>java StreamMethodenJava9
Configuration Directories mit Java 8 C:\Users\Lissi
Configuration Directories mit Java 9 C:\Program Files\Java\jdk-9
Configuration Directories mit Java 9 C:\Program Files\Java\jdk-9

Configuration Directories mit Java 9 [C:\Program Files\Java\jdk-9, 9-ea, C:\User
s\Lissi, C:\Users\Lissi\Documents\java9, Lissi]

ofNullable() von Java 9: [1, 0, 1, 1, 1, 0, 1]

ofNullable() von Java 9: [true, false, true, true, true, false, true]

ofNullable() von Java 9: [a, b, c, d, f]

Ein Stream.ofNullable() beinhaltet 1 oder 0 Elemente

Die Methode iterate():
147

System Properties mit iterate():
windows
sun.awt.windows.WToolkit
9
sun.io
amd64
Cp1252
C:\Program Files\Java\jdk-9\lib\tools.jar;C:\Users\Lissi\Documents\java9;C:\User
s\Lissi\Documents\java8uebungsbuch2sourcecode\kapitel4;C:\Users\Lissi\Documents\
java8fxsourcecode;C:\Users\Lissi\Documents\java8uebungsbuch2sourcecode;C:\Users\
Lissi\Documents\java8uebungsbuch2sourcecode\kapitel2;C:\Users\Lissi\Documents\ja
va8uebungsbuch2sourcecode\annotationen
Oracle Corporation
64

http://java.oracle.com/

Windows 7
9
SUN_STANDARD
DE
C:\Program Files\Java\jdk-9\bin
StreamMethodenJava9
release
little
C:\Users\Lissi
de
cp850
```

```
cp850
Java Platform API Specification
Oracle Corporation
sun.awt.Win32GraphicsEnvironment

HotSpot 64-Bit Tiered Compilers
9-ea+156
Lissi
;
6.1
Java(TM) SE Runtime Environment
Cp1252
Java HotSpot(TM) 64-Bit Server VM
http://bugreport.java.com/bugreport/
C:\Users\Lissi\AppData\Local\Temp\
9-ea
C:\Users\Lissi\Documents\java9
amd64
Java Virtual Machine Specification
sun.awt.windows.WPrinterJob
Service Pack 1
C:\Program Files\Java\jdk-9\bin;C:\Windows\Sun\Java\bin;C:\Windows\system32;C:\W
indows;C:\Program Files\Java\jdk-9\bin;C:\ProgramData\Oracle\Java\javapath;C:\Pr
ogram Files\Java\jdk1.8.0_65\bin;C:\Progrswow64;;.
mixed mode
Oracle Corporation
9-ea+156
UnicodeLittle

Die Methoden dropWhile() und takeWhile():
01234
10987
C:\Users\Lissi\Documents\java9>
```

Lösung 12.3

Die Datei Buecher.txt

```
Java 7 Das Uebungsbuch Band I, Elisabeth Jung
Java 7 Das Uebungsbuch Band II, Elisabeth Jung
Java 8 Das Uebungsbuch, Elisabeth Jung
```

Die Klasse StreamFlatMapMethode

```java
import java.util.ArrayList;
import java.util.List;
import java.util.Optional;
import java.util.stream.Stream;
import java.util.stream.IntStream;
import static java.util.stream.Collectors.*;
import java.io.IOException;
import java.nio.file.Files;
import java.nio.file.Paths;
import java.nio.file.Path;
import java.nio.charset.StandardCharsets;
public class StreamFlatMapMethode {
   public static void main(String[] args) throws IOException {
```

```
        Path path = Paths.get("Buecher.txt");
// Die Methode lines() der Klasse Files liefert einen Stream vom
// Typ Stream<String> mit den Zeilen der Datei als Elemente
        System.out.println("\nmap() versus flatMap()");
        Stream<String> zeilen1 = Files.lines(path,
          StandardCharsets.UTF_8);
        anzeigeStream(zeilen1);
        System.out.println();
        Stream<String> zeilen2 = Files.lines(path,
          StandardCharsets.UTF_8);
// Dieser wird mit map() auf einen Stream von Streams abgebildet,
// wenn jede Zeile der Datei in Worte zerlegt wird
        Stream<Stream<String>> worte1 = zeilen2.map(zeile ->
          Stream.of(zeile.split("\\W+")));
        anzeigeStreams(worte1);
        System.out.println();
        Stream<String> zeilen3 = Files.lines(path,
          StandardCharsets.UTF_8);
// und mit flatMap() auf einen einzigen Stream abgeflacht,
// was z.B. das Zählen aller Wörter ermöglicht
        Stream<String> worte2 = zeilen3.flatMap(zeile ->
          Stream.of(zeile.split("\\W+")));
        anzeigeStream(worte2);
        Stream<String> zeilen4 = Files.lines(path,
          StandardCharsets.UTF_8);
        Stream<String> worte3 = zeilen4.flatMap(zeile ->
          Stream.of(zeile.split("\\W+")));
        System.out.println("\nAnzahl der Worte: " + worte3.count());
    }
}
```

Programmausgaben

Die Klasse Person

```java
import java.util.Optional;
class Person {
// Weil Optional-Klassen nicht gedacht sind, als Feldtyp benutzt
// zu werden, implementieren diese nicht das Serializable-
// Interface; dies führt dazu, dass Tools, die auf ein derartiges
// Modell aufsetzen, abstürzen können
  /* private Optional<Tier> tier;
  public Optional<Tier> getTier() {
     return tier;
  } */
  private Tier tier;
  public Tier getTier() {
     return tier;
  }
  public Optional<Tier> getTierasOptional() {
     return Optional.ofNullable(tier);
  }
}
```

Die Klasse Tier

```java
class Tier {
 /* private Optional<TierArzt> tier;
  public Optional<TierArzt> getTierArzt() {
     return tierArzt;
  } */
  private TierArzt tierArzt;
  public TierArzt getTierArzt() {
     return tierArzt;
  }
  public Optional<TierArzt> getTierArztasOptional() {
     return Optional.ofNullable(tierArzt);
  }
}
```

Die Klasse TierArzt

```java
class TierArzt {
  private String name;
  public String getName() {
     return name;
  }
}
```

Die Klasse OptionalFlatMapMethode

```java
public class OptionalFlatMapMethode {
  public static void main(String[] args) {
    System.out.println("Null-Tests:");
    Person person = new Person();
// Alle Referenzen vom Typ der Klassen auf null prüfen
    if((person != null) && (person.getTier() != null) &&
      (person.getTier().getTierArzt() != null))
    System.out.println(person.getTier().getTierArzt());
  System.out.println("Unbekannter Wert");
// Alternativ die Tests nacheinander ausführen
    System.out.println(getTierArztName(person));
    System.out.println("\nOptional-Tests:");
// Den Zugriff auf einen Wert, der nicht vorhanden sein muss,
// als Optional liefern
    System.out.println(getTierArztNameasOptional1(
    Optional.of(person)));
    System.out.println(getTierArztNameasOptional2(
    Optional.of(person)));
    System.out.println(getTierArztNameasOptional3(
      Optional.of(person)));
  }
  public static String getTierArztName(Person person) {
    if(person != null) {
      Tier tier = person.getTier();
      if(tier != null) {
        TierArzt tierArzt = tier.getTierArzt();
        if(tierArzt != null) {
          return tierArzt.getName();
        }
      }
    }
    return "Unbekannter Wert";
  }
  public static String getTierArztNameasOptional1(
                        Optional<Person> person) {
    return person.flatMap( p -> {
              Optional<Tier> tierOptional =
                Optional.ofNullable(p.getTier());
              return tierOptional;
            })
            .flatMap(tier -> {
              Optional<TierArzt> tierArztOptional =
                Optional.ofNullable(tier.getTierArzt());
```

```
                          return tierArztOptional;
                 })
                 .flatMap(tierArzt -> {
                   Optional<String> stringOptional =
                     Optional.ofNullable(tierArzt.getName());
                   return stringOptional;
                 })
             // .ifPresent(System.out::println);
                 .orElse("Unbekannter Wert");
  }
// Vereinfacht ausgedrückt
  public static String getTierArztNameasOptional2(
                           Optional<Person> person) {
     return person.flatMap(p -> p.getTierasOptional())
                 .flatMap(tier -> tier.getTierArztasOptional())
// Weil der Tierarzt einen Namen haben muss, map() anstelle von
// flatMap() aufrufen
                 .map(tierArzt -> tierArzt.getName())
             // .ifPresent(System.out::println);
                 .orElse("Unbekannter Wert");
  }
// Methoden-Referenzen anstelle von Lambda-Ausdrücken benutzen
  public static String getTierArztNameasOptional3(
                           Optional<Person> person) {
     return person.flatMap(Person::getTierasOptional)
                 .flatMap(Tier::getTierArztasOptional)
                 .map(TierArzt::getName)
                 .orElse("Unbekannter Wert");
  }
}
```

Programmausgaben

```
java9
C:\Users\Lissi\Documents\java9>java OptionalFlatMapMethode
Null-Tests:
Unbekannter Wert
Unbekannter Wert

Optional-Tests:
Unbekannter Wert
Unbekannter Wert
Unbekannter Wert

C:\Users\Lissi\Documents\java9>
```

Die Klasse MapvsFlatMap

```java
import java.util.Optional;
import java.util.List;
import java.util.stream.Stream;
import java.util.function.Fnction;
import java.io.IOException;
import java.io.File;
import java.nio.charset.StandardCharsets;
import java.util.regex.Pattern;
import java.util.SplittableRandom;
import static java.util.stream.Collectors.*;
public class MapvsFlatMap {
  public static void main(String... args) throws IOException {
// Mit listFiles() einen Stream mit allen Files aus dem
// Verzeichnis "C:/EJ_Uebungsbuch4" bilden und anzeigen
    Stream<File> fileStream0 = Stream
      .of(new File("C:/EJ_Uebungsbuch4").listFiles());
    System.out.println("Die Files aus dem Directory "
      + "C:/EJ_Uebungsbuch4 mit listFiles() in einem Stream"
        + "vom Typ Stream<File> ansammeln und anzeigen: ");
    anzeigeStream(fileStream0);
    System.out.println("\n");
// Einen derartigen Stream mit map() auf einen Stream von Streams
// abbilden, indem aus jedem einzelnen File ein Stream davon
// erzeugt wird (die Funktion, die von der map-Operation auf jedes
// Stream-Element angewandt wird, gibt anstelle eines Wertes einen
// Stream zurück), und anzeigen; weil Streams nur einmal benutzt
// werden können, erzeugen wir sie für weitere Beispiele immer
// wieder neu
    Stream<File> fileStream1 =
      Stream.of(new File("C:/EJ_Uebungsbuch4").listFiles());
// Das als Lambda-Ausdruck übergebene Argument in den Methoden
// map() bzw. flatMap() gibt für den Fall, dass ein File eine
// bestimmte Datei ist, einen Stream mit dieser zurück und im
// Fall eines Unterverzeichnisses einen Stream mit allen Files
// (Dateien und weiteren Unterverzeichnissen); wenn kein
// File vorhanden ist, wird ein leerer Stream (über eine
// null-Referenz adressiert) zurückgegeben
    Function<File, Stream<File>> function = file1 ->
      file1.listFiles() == null ?
        Stream.of(file1) : Stream.of(file1.listFiles());
    Stream<Stream<File>> fileStream2 = fileStream1
      .map(function);
    System.out.println("Die Files aus dem Directory "
      + "C:/EJ_Uebungsbuch4 mit map() auf Streams vom Typ"
```

```
            + " <Stream<File>> abbilden: ");
      anzeigeStreams(fileStream2);
      System.out.println("\n");
// Mit der Methode Stream.of(listFiles()) einen Stream der Files
// (Dateien und Verzeichnisse auf Ebene 1) aus dem angegebenen
// Directory erzeugen, diesen mit der flatMap()-Methode auf einen
// Stream von Streams vom Typ Stream<Stream<File>> abbilden und
// analog zum vorangegangenen Beispiel zu einer Stream<File>-
// Instanz abflachen; anstelle der Listen von Integer werden
// hier Streams von Dateien benutzt
      Stream<File> fileStream = Stream
        .of(new File("C:/EJ_Uebungsbuch4").listFiles())
        .flatMap(file2 -> file2.listFiles() == null ?
      Stream.of(file2) : Stream.of(file2.listFiles()));
      System.out.println("Die Files aus dem Directory "
        +"C:/EJ_Uebungsbuch4 mit flatMap() auf Streams vom Typ"
          + " <Stream<File>> abbilden und diese auf einen Stream"
            + " reduzieren (flatten): ");
      anzeigeStream(fileStream);
      System.out.println("\n");
// Die von flatMap() erzeugten Streams in einer Liste ansammeln
// und anzeigen
      List<File> files = Stream.of(new File("C:/EJ_Uebungsbuch4")
        .listFiles())
        .flatMap(file -> file.listFiles() == null ?
      Stream.of(file) : Stream.of(file.listFiles()))
        .collect(toList());
      System.out.println("Die Dateien und Dateiverzeichnisse aus "
        + "dem Directory C:/EJ_Uebungsbuch4 als Liste: " + files);
// Die flatMap()-Methode der Klasse Optional; erneut einen Stream
// mit allen Dateien und Unterverzeichnissen aus dem Verzeichnis
// "C:/EJ_Uebungsbuch4" erzeugen
      Stream<Optional<File>> optionalFileStream =
        Stream.of(new File("C:/EJ_Uebungsbuch4").listFiles())
// und mit map() auf einen Stream von Optional-Instanzen, die
// diese Files beinhalten, abbilden, um daran die flatMap()-
// Methode aufzurufen
          .map(filea -> (Optional.of(filea)));
      optionalFileStream.forEach(optionalFile ->
        {
// Die flatMap()-Methode wendet die übergebene mapping-Funktion
// (mit einem Optional-Rückgabewert, hier vom Lambda-Ausdruck
// optional -> fileListe(optional) geliefert), falls ein Wert in
// dem Optional, an dem sie aufgerufen wird, vorhanden ist,
// auf diesen an und gibt das Ergebnis als Optional zurück;
// ansonsten wird ein leeres Optional geliefert
```

```
        Function<File,Optional<File[]>> mapper2
          = optional -> fileListe(optional);
        Optional<File[]> optionalFileArray =
          optionalFile.flatMap(mapper2);
        if(!optionalFileArray.isPresent())
          System.out.print(" ist eine Datei" );
        else {
          System.out.print(" ist eine Directory" );
// optionalFileArray.get() ist ein File[]-Array, das alle Dateien
// aus einem Unterverzeichnis enthält
          for(File fileNeu : optionalFileArray.get())
            System.out.println("Datei im Directory: "
              + fileNeu);
        }
      }); // Ende des Lambda-Ausdrucks aus forEach()
    System.out.println("\n");
  }
// Generische Methoden für die Anzeige von Stream-Elementen
  public static <T> void anzeigeStream(Stream<T> stream) {
    List<T> liste = stream.collect(toList());
    liste.forEach(element ->
    System.out.print(element + " "));
  }
  public static <T> void anzeigeStreams(
                          Stream<Stream<T>> stream) {
// Liste von Streams, die die Files mit eventuellen
// Unterverzeichnissen beinhalten
    List<Stream<T>> liste = stream.collect(toList());
    liste.forEach(stream1 ->
      { System.out.println();
        System.out.print("< ");
        stream1.forEach(element ->
          System.out.print(element + " "));
        System.out.print("> ");
      }); // Ende des Lambda-Ausdrucks aus forEach()
  }
// Die Methode fileListe() gibt ein leeres Optional zurück, falls
// eine Datei übergeben wird, und im Falle eines Directorys alle
// Files (auf Ebene 1), die dieses beinhaltet
  public static Optional<File[]> fileListe(File file) {
    System.out.println("\n" + file);
    return (file.isFile() == true) ?
      Optional.empty() : Optional.of(file.listFiles());
  }
}
```

Programmausgaben

```
C:\Users\Lissi\Documents\java9>java MapvsFlatMap
Die Files aus dem Directory C:/EJ_Uebungsbuch4 mit listFiles() in einem Streamvo
m Typ Stream<File> ansammeln und anzeigen:
C:\EJ_Uebungsbuch4\android3.jpg C:\EJ_Uebungsbuch4\Datei3 C:\EJ_Uebungsbuch4\EJ_
Uebungsbuch C:\EJ_Uebungsbuch4\javalogo.gif C:\EJ_Uebungsbuch4\NIO2

Die Files aus dem Directory C:/EJ_Uebungsbuch4 mit map() auf Streams vom Typ <St
ream<File>> abbilden:
< C:\EJ_Uebungsbuch4\android3.jpg >
< C:\EJ_Uebungsbuch4\Datei3 >
< C:\EJ_Uebungsbuch4\EJ_Uebungsbuch\Datei5 C:\EJ_Uebungsbuch4\EJ_Uebungsbuch\Dat
eien C:\EJ_Uebungsbuch4\EJ_Uebungsbuch\DateiNeu >
< C:\EJ_Uebungsbuch4\javalogo.gif >
< C:\EJ_Uebungsbuch4\NIO2\Datei4 >

Die Files aus dem Directory C:/EJ_Uebungsbuch4 mit flatMap() auf Streams vom Typ
 <Stream<File>> abbilden und diese auf einen Stream reduzieren (flatten):
C:\EJ_Uebungsbuch4\android3.jpg C:\EJ_Uebungsbuch4\Datei3 C:\EJ_Uebungsbuch4\EJ_
Uebungsbuch\Datei5 C:\EJ_Uebungsbuch4\EJ_Uebungsbuch\Dateien C:\EJ_Uebungsbuch4\
EJ_Uebungsbuch\DateiNeu C:\EJ_Uebungsbuch4\javalogo.gif C:\EJ_Uebungsbuch4\NIO2\
Datei4

Die Dateien und Dateiverzeichnisse aus dem Directory C:/EJ_Uebungsbuch4 als List
e: [C:\EJ_Uebungsbuch4\android3.jpg, C:\EJ_Uebungsbuch4\Datei3, C:\EJ_Uebungsbuc
h4\EJ_Uebungsbuch\Datei5, C:\EJ_Uebungsbuch4\EJ_Uebungsbuch\Dateien, C:\EJ_Uebun
gsbuch4\EJ_Uebungsbuch\DateiNeu, C:\EJ_Uebungsbuch4\javalogo.gif, C:\EJ_Uebungsb
uch4\NIO2\Datei4]

C:\EJ_Uebungsbuch4\android3.jpg
 ist eine Datei
C:\EJ_Uebungsbuch4\Datei3
 ist eine Datei
C:\EJ_Uebungsbuch4\EJ_Uebungsbuch
 ist eine Directory
Datei im Directory: C:\EJ_Uebungsbuch4\EJ_Uebungsbuch\Datei5

Datei im Directory: C:\EJ_Uebungsbuch4\EJ_Uebungsbuch\Dateien

Datei im Directory: C:\EJ_Uebungsbuch4\EJ_Uebungsbuch\DateiNeu

C:\EJ_Uebungsbuch4\javalogo.gif
 ist eine Datei
C:\EJ_Uebungsbuch4\NIO2
 ist eine Directory
Datei im Directory: C:\EJ_Uebungsbuch4\NIO2\Datei4
```

Lösung 12.4

Die Klasse Leser

```java
public class Leser {
    final Integer id;
    final String name;
```

```
// Konstruktordefinition
  public Leser(Integer id, String name) {
    this.id = id;
    this.name = name;
  }
  public Integer getId() {
    return id;
  }
  public String getName() {
    return name;
  }
  @Override
  public String toString() {
    return "Leser[id=" + id + " name=" + name +"]";
  }
}
```

Das Interface Buchliste2

```
import java.util.*;
public interface Buchliste2 {
// Einen Buchkatalog als ArrayList-Instanz erzeugen und diesem
// mehrere Buch-Objekte hinzufügen
  Buch[] buchArray2 = {new Buch("Java 7 Das Übungsbuch Band I",
    "Elisabeth Jung", "Java", new GregorianCalendar(2011,10,25),
    978-3-8266-9203-7,28.95, 807,
      "http://www.it-fachportal.de/9203"),
    new Buch("Java 7 Das Übungsbuch Band II", "Elisabeth Jung",
    "Java", new GregorianCalendar(2012,7,27),978-3-8266-9240-6,
    29.95, 790, "http://www.it-fachportal.de/9240"),
    new Buch("Java 7 Servlets und JavaServer Pages", "Elisabeth
    Jung", "Java", new GregorianCalendar(2010,6,24),
      978-3-8266-5603-3, 16.95, 740, "http://www.it-
        fachportal.de/5603"),
    new Buch("Android 4 Übungsbuch", "Elisabeth Jung", Android",
    new GregorianCalendar(2013, 5, 30),978-3-8266-9501-8 ,
      24.95, 430,  "http://www.it-fachportal.de/9501")
  };
}
```

Das Interface Buchliste3

```
import java.util.*;
public interface Buchliste3 {
// Einen Buchkatalog als ArrayList-Instanz erzeugen und diesem
// mehrere Buch-Objekte hinzufügen
  Buch[] buchArray3 = {new Buch("Java 7 Das Übungsbuch Band I",
    "Elisabeth Jung", "Java", new GregorianCalendar(2011,10,25),
```

```
        978-3-8266-9203-7, 28.95, 807, "http://www.it-
            fachportal.de/9203"),
    new Buch("Java 7 Das Übungsbuch Band II", "Elisabeth Jung",
        "Java", new GregorianCalendar(2012, 7, 27),978-3-8266-
        9240-6,29.95, 790, "http://www.it-fachportal.de/9240"),
    new Buch("Java 7 Servlets und JavaServer Pages",
        "Elisabeth Jung", "Java", new GregorianCalendar(2010,6,24),
        978-3-8266-5603-3, 16.95, 740, "http://www.it-
            fachportal.de/5603"), new Buch("Android 4 Übungsbuch",
            "Elisabeth Jung", "Android",
        new GregorianCalendar(2013, 5, 30),978-3-8266-9501-8 ,
        24.95, 430, "http://www.it-fachportal.de/9501")
    };
}
```

Das Interface Buchliste4

```
import java.util.*;
public interface Buchliste4 {
// Einen Buchkatalog als ArrayList-Instanz erzeugen und diesem
// mehrere Buch-Objekte hinzufügen
    Buch[] buchArray4 = {new Buch("Java 8 Das Übungsbuch Band I",
        "Elisabeth Jung", "Java", new GregorianCalendar(2011,10,25),
        978-3-8266-9203-7, 28.95, 807, "http://www.it-
            fachportal.de/9203"),
    new Buch("Java 8 Das Übungsbuch Band II", "Elisabeth Jung",
        "Java", new GregorianCalendar(2012,7,27),978-3-8266-9240-6,
        29.95, 790, "http://www.it-fachportal.de/9240"),
    new Buch("Java 8 Servlets und JavaServer Pages",
        "Elisabeth Jung", "Java", new GregorianCalendar(2010,6,24),
        978-3-8266-5603-3, 16.95, 740, "http://www.it-
            fachportal.de/5603"),
    new Buch("Android 5 Übungsbuch", "Elisabeth Jung",
        "Android", new GregorianCalendar(2013, 5, 30),978-3-8266-
        9501-8 ,24.95, 430, "http://www.it-fachportal.de/9501")
    };
}
```

Die Klasse OptionalMethodenJava9

```
import java.util.Collection;
import java.util.List;
import java.util.Arrays;
import java.util.ArrayList;
import java.util.Optional;
import java.util.stream.Stream;
public class OptionalMethodenJava9 implements Buchliste2,
                                Buchliste3, Buchliste4 {
```

```
// Die stream()-Methode der Optional-Klasse kann benutzt werden,
// um ein Optional auf einen Stream abzubilden
// Die or()-Methode kann benutzt werden, um ein leeres Optional
// mit dem Ergebnis eines Aufrufes, der ein anderes Optional
// zurückgibt, zu ersetzen
// Mit Optional::ifPresentOrElse können beide Zweige von einem
// isPresent-if ausgeführt werden
// Ein Leser, der als Instanz einer Klasse mit dem gleichen Namen
// repräsentiert wird, besitzt einen Namen und eine ID, über die
// ihm Bestellungen von Büchern zugeordnet werden können
   List<Leser> leser = List.of(new Leser(10, "Jung"),
     new Leser(11, "Schmidt"), new Leser(12, "Müller"));
// Über seine ID wird jedem Leser eine Liste von Büchern
// zugeordnet, die wir als Bestellung ansehen
   List<Buch> getBuecher(Leser leser) {
     List<Buch> liste = null;
     if(leser.getId() == 10)
       liste = new ArrayList<>(Arrays.asList(buchArray2));
     else if(leser.getId() == 11)
       liste = new ArrayList<>(Arrays.asList(buchArray3));
     else if(leser.getId() == 12)
       liste = new ArrayList<>(Arrays.asList(buchArray4));
     return liste;
   }
// Eine Methode definieren, die einen Leser über eine
// vorgegebene ID identifiziert und als Optional<Leser>
// zurückliefert; ist kein Kunde mit der ID
// auffindbar, wird Optional.empty() zurückgegeben
   public Optional<Leser> findLeser(Integer LeserId) {
     for(Leser Leser: leser) {
       if(Leser.getId() == LeserId) {
         return Optional.of(Leser);
       }
     }
     return Optional.empty();
   }
// Diese Methode wird von den nachfolgenden Methoden aufgerufen,
// die Leser aus einer Liste über vorgegebene IDs identifizieren;
// ein Stream von Optionals wird mit den Werten, die darin
// verschieden von null sind, ersetzt - dazu die LeserIds mit
// map() auf einen Stream mit Elementen vom Typ Optional<Leser>
// bzw. Optional.empty() (von findLeser() zur Verfügung gestellt)
// abbilden; daraus mit der isPresent()-Methode von Optional die
// Einträge verschieden von null ermitteln und auf einen neuen
// Stream abbilden
   public Stream<Leser> findLeser1(Collection<Integer>
                                         LeserIds) {
```

```
        return LeserIds.stream()
            .map(this::findLeser)
// Die filter()-Methode von Stream zusammen mit isPresent()
// von Optional werden benutzt, leere Optionals zu eliminieren
            .filter(Optional::isPresent)
            .map(Optional::get);
    }
// bzw. mit flatMap() auf Streams von Werten, die verschieden von
// null sind, bzw. auf leere Streams abbilden; die so erzeugten
// Streams werden in einem zweiten Schritt auf einen einzigen
// Stream, mit den Werten von Optionals, die verschieden von null
// sind, abgeflacht
    public Stream<Leser> findLeser2(Collection<Integer>
                                        LeserIds) {
        return LeserIds.stream()
            .map(this::findLeser)
            .flatMap(leser -> leser.isPresent()
                ? Stream.of(leser.get()) : Stream.empty());
    }
// Die vorangegangenen funktionalen Ansätze, die mit Java 8
// durchgeführt wurden, können mit der neuen stream()-Methode
// von Optional mit Java 9 vereinfacht werden; diese gibt einen
// Stream mit einem Element zurück, falls das Optional eines
// besitzt, und ansonsten einen leeren Stream; mit einer Methoden-
// Referenz
    public Stream<Leser> findLeser3(Collection<Integer>
                                        LeserIds) {
        return LeserIds.stream()
            .map(this::findLeser)
            .flatMap(Optional::stream);
    }
// bzw. einer Lambda-Expression ausgedrückt
    public Stream<Leser> findLeser4(Collection<Integer>
                                        LeserIds) {
        return LeserIds.stream()
            .flatMap(id -> findLeser(id).stream());
    }
// In einem zweiten Schritt sollen die Bestellungen eines Lesers
// in ähnlicher Art und Weise ermittelt werden
    public List<Buch> findBuecher1(Integer LeserId) {
        return findLeser(LeserId)
// "List<Buch> getBuecher(Leser)" ist eine lang andauernde
// Operation; von einer "Optional::map", die sofort ausgeführt
// wird,
            .map(this::getBuecher)
            .orElse(new ArrayList<>());
    }
```

```
// kann mit Java 9 auf eine "Stream::map", die verzögert
// ausgeführt wird, umgeschaltet werden
   public Stream<Buch> findBuecher2(Integer LeserId) {
      return findLeser(LeserId)
         .stream()
// Die Operation Stream::map wird verzögert ausgeführt
         .map(this::getBuecher)
         .flatMap(List::stream);
   }
// Alle Methoden an einem Objekt der Klasse testen
   public static void main(String[] args) {
// Die or()-Methode
      System.out.println("\nDie or()-Methode von Optional:");
      Optional<String> optional1 = Optional.of("Java 8");
      Optional<String> optional2 = Optional.of("Java 9");
// Anstelle des ternären Operators
      Optional<String> result = optional1.
         isPresent() ? optional1 : optional2;
      System.out.println(result.get());
// kann mit Java 9 die neue or()-Methode aufgerufen werden; ist
// optional1 verschieden von Optional.empty(), wird der damit
// repräsentierte Wert dem Ergebnis zugewiesen, andererseits
// optional2
      Optional<String> optional3 = optional1.or(() -> optional2);
      Optional<String> optional4 = optional2.or(() -> optional1);
      System.out.println(optional1.get() + " " + optional2.get() +
         " " + optional3.get() + " " + optional4.get());
      Optional<Object> optional5 = Optional.of("Java 8");
      Optional<Object> optional6 = Optional.of("Java 9");
      Optional<Object> optional7 = Optional.empty().
         or(() -> optional1);
      Optional<Object> optional8 = Optional.empty().
         or(() -> optional2);
      System.out.println(Optional.empty().or(() ->
         Optional.empty()));
      System.out.println(optional7.get() + " " + optional8.get());
      Collection<Integer> LeserIds = List.of(10,11,12,13);
// Instanz der Klasse erzeugen
      OptionalMethodenJava9 opt = new OptionalMethodenJava9();
      System.out.println("\nDie ifPresentorElse()-Methode von "
         + "Optional:");
// Die ifPresentorElse()-Methode: Anstelle der Abfragen
      Optional<Leser> leser11 = opt.findLeser(10);
      if(leser11.isPresent()) {
         System.out.println(leser11.get().getName());
      }
      else {
```

```
          System.out.println("Der Leser[" + leser11.get().getId()
            + "]" + " wurde nicht gefunden");
      }
    Optional<Leser> leser12 = opt.findLeser(13);
    if(leser12.isPresent()) {
        System.out.println(leser12.get().getName());
    }
    else {
        System.out.println("Der Leser[13]" +
          " wurde nicht gefunden");
    }
// kann mit Java 9 die Methode ifPresentorElse() eingesetzt werden
    opt.findLeser(12).ifPresentOrElse(
      (leser) -> System.out.println(leser.getName()),
        () -> System.out.println("Der Leser[12]" +
          " wurde nicht gefunden"));
    System.out.println("\nDie stream()-Methode von Optional:");
// Die stream()-Methode von Optional testen; mit den vier
// unterschiedlichen Methoden findLeserx werden alle Leser, die
// Bücher bestellt haben, ermittelt
    Stream<Leser> leser1 = opt.findLeser1(LeserIds);
    Stream<Leser> leser2 = opt.findLeser2(LeserIds);
    Stream<Leser> leser3 = opt.findLeser3(LeserIds);
    Stream<Leser> leser4 = opt.findLeser4(LeserIds);
    System.out.println("\nLeser die Bücher bestellt haben:");
    leser1.forEach(s-> System.out.println(s.toString()));
    leser2.forEach(s-> System.out.println(s.toString()));
    leser3.forEach(s-> System.out.println(s.toString()));
    leser4.forEach(s-> System.out.println(s.toString()));
    List<Buch> bestellungen1 = opt.findBuecher1(11);
    Stream<Buch> bestellungen2 = opt.findBuecher2(10);
    Stream<Buch> bestellungen3 = opt.findBuecher2(12);
    System.out.println("\nDer Leser mit der ID = 11 bestellte "
      + "die Bücher: ");
    bestellungen1.stream().forEach(s-> System.out.println(
      s.getTitel() + " " + s.getAutor()));
    System.out.println("\nDer Leser mit der ID = 10 bestellte "
      + "die Bücher: ");
    bestellungen2.forEach(s-> System.out.println(
      s.getTitel() + " " + s.getAutor()));  //toString()));
    System.out.println("\nDer Leser mit der ID = 12 bestellte "
      + "die Bücher: ");
    bestellungen3.forEach(s-> System.out.println(
      s.getTitel() + " " + s.getAutor()));  //toString()));
  }
}
```

Programmausgaben

```
C:\Users\Lissi\Documents\java9>java OptionalMethodenJava9

Die or()-Methode von Optional:
Java 8
Java 8 Java 9 Java 8 Java 9
Optional.empty
Java 8 Java 9

Die ifPresentorElse()-Methode von Optional:
Jung
Der Leser[13] wurde nicht gefunden
Müller

Die stream()-Methode von Optional:

Leser die Bücher bestellt haben:
Leser[id=10 name=Jung]
Leser[id=11 name=Schmidt]
Leser[id=12 name=Müller]
Leser[id=10 name=Jung]
Leser[id=11 name=Schmidt]
Leser[id=12 name=Müller]
Leser[id=10 name=Jung]
Leser[id=11 name=Schmidt]
Leser[id=12 name=Müller]
Leser[id=10 name=Jung]
Leser[id=11 name=Schmidt]
Leser[id=12 name=Müller]

Der Leser mit der ID = 11 bestellte die Bücher:
Java 7 Das Übungsbuch Band I Elisabeth Jung
Java 7 Das Übungsbuch Band II Elisabeth Jung
Java 7 Servlets und JavaServer Pages Elisabeth Jung
Android 4 Übungsbuch Elisabeth Jung

Der Leser mit der ID = 10 bestellte die Bücher:
Java 7 Das Übungsbuch Band I Elisabeth Jung
Java 7 Das Übungsbuch Band II Elisabeth Jung
Java 7 Servlets und JavaServer Pages Elisabeth Jung
Android 4 Übungsbuch Elisabeth Jung

Der Leser mit der ID = 12 bestellte die Bücher:
Java 8 Das Übungsbuch Band I Elisabeth Jung
Java 8 Das Übungsbuch Band II Elisabeth Jung
Java 8 Servlets und JavaServer Pages Elisabeth Jung
Android 5 Übungsbuch Elisabeth Jung

C:\Users\Lissi\Documents\java9>
```

Lösung 12.5

Die Klasse BuchBewertung

```java
public class BuchBewertung {
   private final String name;
   private final Stringtext;
   public BuchBewertung(String name, String text) {
      this.name = name;
      this.text =text;
```

```
  }
  public String getName() {
    return name;
  }
  public String getText() {
    return text;
  }
  public String toString() {
    return text + " von " + name;
  }
}
```

Das Interface Buchliste

```
import java.util.*;
public interface Buchliste {
// Einen Buchkatalog als ArrayList-Instanz erzeugen und diesem
// mehrere Buch-Objekte hinzufügen
  final static List<BuchBewertung> bewertungen = List.of(
    new BuchBewertung("Rezension1", "Spiegel"),
      new BuchBewertung("Rezension2","Stern"),
        new BuchBewertung("Rezension3","Zeit"));
  final static Buch[] buchArray = {new Buch(
    "Java 7 Das Übungsbuch Band I", "Elisabeth Jung", "Java",
      new GregorianCalendar(2011, 10, 25), 978-3-8266-9203-7,
      28.95, 807, "http://www.it-fachportal.de/9203",
        bewertungen),
    new Buch("Java 7 Das Übungsbuch Band II", "Elisabeth Jung",
      "Java", new GregorianCalendar(2012,7,27),978-3-8266-9240-6,
      29.95, 790,"http://www.it-fachportal.de/9240",bewertungen),
    new Buch("Java 7 Servlets und JavaServer Pages", "Elisabeth
      Jung", "Java", new GregorianCalendar(2010,6,24), 978-3-
      8266-5603-3,16.95, 740,"http://www.it-fachportal.de/5603",
        bewertungen),
    new Buch("Android 4 Übungsbuch","Elisabeth Jung", "Android",
      new GregorianCalendar(2013,5,30),978-3-8266-9501-8 ,
        24.95, 430, "http://www.it-fachportal.de/9501",
          bewertungen),
    new Buch("Java 8 Das Übungsbuch Band I", "Elisabeth Jung",
      "Java", new GregorianCalendar(2011,10,25),
        978-3-8266-9203-7, 30.00, 807, "http://www.it-
        fachportal.de/9203", bewertungen),
    new Buch("Java 8 Das Übungsbuch Band II", "Elisabeth Jung",
      "Java", new GregorianCalendar(2012,7,27),978-3-8266-9240-6,
        31.00, 790, "http://www.it-fachportal.de/9240",
          bewertungen),
    new Buch("Java 8 Lambdas und Annotationen","Elisabeth Jung",
      "Java", new GregorianCalendar(2010,6,24),978-3-8266-5603-3,
```

```
          15.95, 740, "http://www.it-fachportal.de/5603",
              bewertungen),
        new Buch("Android 5 Übungsbuch", "Elisabeth Jung","Android",
          new GregorianCalendar(2013,5,30),978-3-8266-9501-8 ,
            20.95, 430, "http://www.it-fachportal.de/9501",
              bewertungen)
    };
}
```

Die Klasse KollektorenJava9

```java
import java.util.concurrent.ConcurrentMap;
import java.util.List;
import java.util.Set;
import java.util.Calendar;
import java.util.Map;
import java.util.Arrays;
import java.util.ArrayList;
import java.util.stream.Collectors;
public class KollektorenJava9 implements Buchliste {
  public static void main(String... args) {
// Einen Buchkatalog als ArrayList-Instanz erzeugen und dazu das
// im implementierten Interface definierte Array benutzen
    List<Buch> liste =
      new ArrayList<>(Arrays.asList(buchArray));
    System.out.println("\nJava 8 filter() vs. Java 9 "
    + "filtering();");
// Kollektoren sind in Java 8 Anfragen, die auf großen Datenmengen
// durchgeführt werden, durch die die Elemente eines Streams in
// Container wie List, Set und Map hinterlegt werden; so kann man
// z.B. eine Map erzeugen, die eine Abbildung von Jahren auf eine
// Liste aller in dem Jahr getätigten Ausgaben für Bücher
// definiert, oder (z.B.) nur mit allen Ausgaben <= 16.95, indem
// diese aus der Gesamtmenge herausgefiltert werden
    Map<Calendar, List<Buch>> preisProJahr1 = liste.stream()
      .filter(buch-> buch.getPreis() <= 16.95)
      .collect(Collectors.groupingBy(
                     Buch::getErscheinungsdatum));
// Dies bedeutet, wenn alle Preise für Ausgaben in einem
// bestimmten Jahr <= 16.95 waren, beinhaltet die resultierende
// Map keinen Eintrag für dieses Jahr (kein Schlüssel-Wert-Paar)
// Mit Java 9 kann in diesem Fall der filtering()-Kollektor
// benutzt werden, mit dem das entsprechende Jahr in der Map
// erhalten bleibt und eine leere Liste zugeordnet bekommt
    Map<Calendar, List<Buch>> preisProJahr2 = liste.stream()
      .collect(Collectors.groupingBy(Buch::getErscheinungsdatum,
            Collectors.filtering(buch -> buch.
              getPreis() <= 16.95, Collectors.toList())));
// Anzeige der Map-Einträge
```

```
      System.out.println();
      for(Calendar key : preisProJahr1.keySet()) {
        System.out.print("\nJahr: " + key.get(Calendar.YEAR)
          + " - ");
        for(Buch buch : preisProJahr1.get(key)) {
          System.out.print("\nAusgaben - Preis : " +
            buch.getPreis() + " für das Buch: " +
              buch.getTitel());
        }
      }
      System.out.println();
      System.out.println();
      for(Calendar key : preisProJahr2.keySet()) {
        System.out.print("\nJahr: " + key.get(Calendar.YEAR)
          + " - ");
        for(Buch buch : preisProJahr2.get(key)) {
          System.out.print("\nAusgaben - Preis : " + buch.
            getPreis() + " für das Buch: " + buch.getTitel());
        }
      }
      System.out.println();
      System.out.println("\nJava 8 mapping() vs. Java 9 "
        + "flatMapping():");
// flatMapping() ist laut Java-Literatur der größere Bruder von
// mapping(); angenommen, es soll eine Map erstellt werden, die
// ein Jahr auf ein Set von Bewertungen aus allen Ausgaben aus
// einem Jahr abbildet, mit anderen Worten, das Ergebnis soll
// eine Map<Integer, Set<BuchBewertung>> sein, dann kann anstelle
// von mapping()
      Map<Calendar, Set<List<BuchBewertung>>> map1 = liste.stream()
        .collect(Collectors.groupingBy(Buch::getErscheinungsdatum,
          Collectors.mapping(Buch::getBewertungen,
            Collectors.toSet())));
// mit flatMapping() die intermediäre Liste auf einen einfachen
// Container abgebildet werden; der flatMapping()-Kollektor erhält
// zwei Argumente: eine Funktion, die einem Element einen Stream
// von Elementen zuordnet und einen Downstream-Kollektor, der die
// Elemente des abgeflachten Streams in einem Container ansammelt
      Map<Calendar, Set<BuchBewertung>> map2 = liste.stream()
        .collect(Collectors.groupingBy(Buch::getErscheinungsdatum,
          Collectors.flatMapping(buch -> buch.getBewertungen()
            .stream(), Collectors.toSet())));
      System.out.println();
      System.out.println();
// Anzeige der Map-Einträge
      for(Calendar key : map1.keySet()) {
        System.out.print("Jahr: " + key.get(Calendar.YEAR)
          + " -");
```

```
        for(List<BuchBewertung> liste1 : map1.get(key)) {
            System.out.print("Bewertungen: " + liste1 + "\n");
        }
    }
    System.out.println();
    for(Calendar key : map2.keySet()) {
        System.out.print("\nJahr: " + key.get(Calendar.YEAR)
        + " -");
        System.out.print("Bewertungen: " + map2.get(key));
    }
    System.out.println();
// Ein weiteres Beispiel mit mapping()
    System.out.println("\nDie Bewertungen von Büchern mittels "
        + " Concurrent-Reduction nach dem Thema gruppieren:");
// In der Gruppierung einer beliebigen Eigenschaft von Buch-
// Objekten (wie z.B. der Bewertungen von Büchern) nach der
// Eigenschaft Thema mittels der Concurrent-Reduction erfolgen
// keine Änderungen gegenüber einer einfachen Reduktion
    ConcurrentMap<String,List<List<BuchBewertung>>>
        bewertungnachThema1 = liste.parallelStream()
    .collect(
        Collectors.groupingByConcurrent(Buch::getThema,
            Collectors.mapping(Buch::getBewertungen,
                Collectors.toList())));
    ConcurrentMap<String, List<BuchBewertung>>
        bewertungnachThema2 = liste.parallelStream()
    .collect(
        Collectors.groupingByConcurrent(Buch::getThema,
            Collectors.flatMapping(buch ->
                buch.getBewertungen().stream(),
                    Collectors.toList())));
// Eine etwas andere Anzeige für Map-Einträge: Eine Set-View
// auf die Map legen und die darin enthaltenen Map-Einträge in
// einer Liste zwecks Anzeige speichern
    List<Map.Entry<String, List<List<BuchBewertung>>>>
        bewertungnachThemaListe1 =
        new ArrayList<>(bewertungnachThema1.entrySet());
// Die Liste in einen Stream umsetzen und ihre Elemente
// (Schlüssel-Wert-Paare) anzeigen
    bewertungnachThemaListe1.stream()
        .forEach(mapEintrag -> {
            System.out.println("Thema: " + mapEintrag.getKey());
            mapEintrag.getValue().stream()
                .forEach(bewertung -> System.out.println(bewertung));
        });
    List<Map.Entry<String, List<BuchBewertung>>>
        bewertungnachThemaListe2 =
        new ArrayList<>(bewertungnachThema2.entrySet());
```

```
    bewertungnachThemaListe2.stream()
    .forEach(mapEintrag -> {
        System.out.println("\nThema: " + mapEintrag.getKey());
        mapEintrag.getValue().stream()
        .forEach(bewertung -> System.out.print(bewertung+" "));
        System.out.println();
    });
  }
}
```

Programmausgaben

```
Thema: Android
[Rezension1 von Spiegel, Rezension2 von Stern, Rezension3 von Zeit]
[Rezension1 von Spiegel, Rezension2 von Stern, Rezension3 von Zeit]

Thema: Java
Rezension1 von Spiegel Rezension2 von Stern Rezension3 von Zeit Rezension1 von S
piegel Rezension2 von Stern Rezension3 von Zeit Rezension1 von Spiegel Rezension
2 von Stern Rezension3 von Zeit Rezension1 von Spiegel Rezension2 von Stern Reze
nsion3 von Zeit Rezension1 von Spiegel Rezension2 von Stern Rezension3 von Zeit
Rezension1 von Spiegel Rezension2 von Stern Rezension3 von Zeit

Thema: Android
Rezension1 von Spiegel Rezension2 von Stern Rezension3 von Zeit Rezension1 von S
piegel Rezension2 von Stern Rezension3 von Zeit

C:\Users\Lissi\Documents\java9>
```

Lösung 12.6

Die Klasse ProcessApiJava9

```java
import java.io.*;
import java.time.Duration;
import java.time.Instant;
import java.util.stream.Stream;
import java.util.concurrent.CompletableFuture;
import java.util.List;
import java.util.Arrays;
import java.util.stream.Collectors;
import java.lang.ProcessBuilder.Redirect;
import java.nio.file.Paths;
public class ProcessApiJava9 {
  public static void main(String[] args) {
// Java 9 bringt mehrere Neuerungen in der Process-API, zwei davon
// sind die Interfaces ProcessHandle und ProcessHandle.Info
// Die ID aller laufenden Prozesse ermitteln
    List<Long> idListe = ProcessHandle.allProcesses()
      .map(ProcessHandle::pid)
      .collect(Collectors.toList());
    System.out.println("Process-IDs der laufenden Prozesse: "
      + idListe);
// Die Process-ID, unter der die JVM läuft, ermitteln
    System.out.println("Process-ID der JVM: " + ProcessHandle.
      current().pid());
    System.out.println("\nProzesseigenschaften mit Java 9 fuer "
      + "den aktuellen Prozess ermitteln");
    ProcessHandle.Info processInfo = ProcessHandle.current()
      .info();
    System.out.println("Kommando: " + processInfo.command()
      .orElse("-"));
```

```
        System.out.println("Startzeit: " + processInfo.
          startInstant().orElse(Instant.now()).toString());
        System.out.println("Laufzeit: " + processInfo.
          totalCpuDuration().orElse(Duration.ofMillis(0)).
            toMillis());
        System.out.println("User: " + processInfo.user());
        System.out.println("\nDie Eigenschaften für alle Prozesse "
          + "anzeigen");
// Die Eigenschaften für alle Prozesse anzeigen
        System.out.println("\nProzesseigenschaften mit Java 8 "
          + "ermitteln: ");
        try {
// Die laufende Prozesse, die in der Taskliste angezeigt werden,
// ermitteln
            Process process = Runtime.getRuntime().exec(
              System.getenv("windir") + "\\system32\\tasklist.exe");
            BufferedReader inputStream = new BufferedReader(
              new InputStreamReader(process.getInputStream()));
            String line = null;
            while((line = inputStream.readLine()) != null) {
                System.out.println(line);
            }
            inputStream.close();
        }
        catch (IOException e) {
            e.printStackTrace();
        }
        System.out.println("\nProzesseigenschaften mit Java 9 " +
          "ermitteln: ");
        ProcessHandle.allProcesses()
// Alle Prozesse, die erreichbar sind, herausfiltern und anzeigen
          .filter(p -> p.isAlive())
          .map(p -> p.info())
          .forEach(System.out::println);
// Eigene Prozesse starten und beenden
        try {
// Jede ProcessBuilder-Instanz verwaltet eine Collection von
// Prozessattributen; das Starten eines Prozesses, der das
// aktuelle Directory und die aktuelle Entwicklungsumgebung nutzt,
// ist nicht schwierig:Process p = new ProcessBuilder("myCommand",
// "myArg").start();
            ProcessBuilder processBuilder1 = new ProcessBuilder(
              "java", "-version");
            ProcessBuilder processBuilder2 = new ProcessBuilder(
              "java", "-?");
```

```
// Die mit Java 7 implementierte Methode inheritIO() setzt Source
// und Ziel für Standard-I/O-Subprozesse gleich mit denen für den
// aktuellen Java-Prozess
        Process process1 = processBuilder1.inheritIO().start();
        Process process2 = processBuilder2.inheritIO().start();
// Eine Momentaufnahme für die aktiven Kind-Komponenten,
// Deszendenten und Vater-Prozesse vom aktuellen Prozess liefern
        Stream<ProcessHandle> children = ProcessHandle.current()
          .children();
        children.filter(ProcessHandle::isAlive)
          .forEach(ph -> System.out.println("Children: PID: " +
            ph.pid() + " Cmd: " + ph.info().command()));
        System.out.println();
        Stream<ProcessHandle> descendants = ProcessHandle
          .current()
          .descendants();
        descendants.filter(ProcessHandle::isAlive)
          .forEach(ph ->  System.out.println("Descendants: PID: "
            + ph.pid() + " Cmd: "  + ph.info().command()));
// Neuen Stream für das Ermitteln des Vater-Prozesses erzeugen
        Stream<ProcessHandle> descendants1
          = ProcessHandle.current().descendants();
        descendants1.filter(ProcessHandle::isAlive)
          .forEach(ph -> System.out.println("PID Parent: "
            + ph.parent().get().pid() + " Cmd: " +
            ph.parent().get().info().command()));
        System.out.println();
// Eine Momentaufnahme für die aktiven Kind-Komponenten,
// Deszendenten und Vater-Prozesse von prozess1 liefern
        Stream<ProcessHandle> children1 = process1.children();
          children1.filter(ProcessHandle::isAlive)
          .forEach(ph -> System.out.println("Children: PID: " +
            ph.pid() + " Cmd: " + ph.info().command()));
        System.out.println();
        Stream<ProcessHandle> descendants2 = process1.
          descendants();
        descendants2.filter(ProcessHandle::isAlive)
          .forEach(ph ->  System.out.println("Descendants: PID: "
            + ph.pid() + " Cmd: "  + ph.info().command()));
        System.out.println();
// Neuen Stream für das Ermitteln des Vater-Prozesses erzeugen
        Stream<ProcessHandle> descendants3
          = process1.descendants();
        descendants3.filter(ProcessHandle::isAlive)
          .forEach(ph -> System.out.println("PID Parent: "
```

```
                    + ph.parent().get().pid() + " Cmd: " +
            ph.parent().get().info().command()));
// Einen Prozess mit der Methode onExit() stoppen; diese gibt für
// das Beenden des Prozesses einen
// CompletableFuture<ProcessHandle> zurück; der Aufruf
// onExit().get() wartet, bis der Prozess
// beendet wurde, und liefert einen ProcessHandle
            ProcessHandle processHandle = process2.toHandle();
            CompletableFuture<ProcessHandle> onProcessExit
              = processHandle.onExit();
            System.out.println("\nonExit().get() wartet auf das "
              + "Beenden von " + onProcessExit.get());
            System.out.println();
              onProcessExit.
            supplyAsync(() -> {// CompletionUtils.delay(3000);
                       return "10";})
                .thenAccept(s -> {
                  System.out.println("Ein asynchrones Event gibt "
                    + s + " zurück");
            });
            System.out.println();
            onProcessExit.thenAccept(ph -> {
              System.out.println("Der Prozess mit der Id = "
                + ph.pid() + " wurde gestoppt");
            });
            System.out.println();
        }
        catch(Exception ex) {
            ex.printStackTrace();
        }
        System.out.println();
// Mit den Methoden destroy() und destroyForcibly() können
// Prozesse, abgesehen vom eigenen (der JVM), beendet werden; wird
// versucht, den aktuellen Prozess zu beenden, wird eine
// IllegalStateException geworfen
        ProcessHandle.current().destroy();
    }
}
```

Programmausgaben

```
java9                                                          _  □  X

Process-ID's der laufenden Prozesse: [0, 4, 580, 720, 808, 832, 868, 876, 884, 9
12, 1020, 628, 624, 1084, 1116, 1144, 1168, 1368, 1468, 1524, 1560, 1648, 1728,
1836, 1948, 2012, 1064, 1272, 2100, 2140, 2164, 2196, 2216, 2248, 2276, 2296, 23
48, 2368, 2432, 2484, 2496, 2580, 2588, 2600, 2612, 2736, 2760, 2944, 2984, 3032
, 1856, 1848, 3328, 3464, 3488, 4000, 4012, 4020, 4068, 4088, 3088, 3160, 3596,
3556, 4100, 4372, 4508, 5008, 5032, 3912, 5940, 5952, 6140, 5332, 1628, 4548, 44
20, 3648, 4816, 3808, 6160, 5912, 5000, 1872, 8128, 1028, 3084, 3620, 7448, 6368
, 6752, 7100, 6472, 4536, 6456]
Process-ID der JVM: 6456

Prozesseigenschaften mit Java 9 fuer den aktuellen Prozess ermitteln
Kommando: C:\Program Files\Java\jdk-9\bin\java.exe
Startzeit: 2017-06-17T13:03:51.558Z
Laufzeit: 514
User: Optional[Lissi-PC\Lissi]

Die Eigenschaften f"r alle Prozesse anzeigen                              ≡

Prozesseigenschaften mit Java 8 ermitteln:

Abbildname                      PID Sitzungsname   Sitz.-Nr. Speichernutzung
========================== ======== ============== ========= ===============
System Idle Process               0 Services               0            24 K
System                            4 Services               0         6.880 K
smss.exe                        580 Services               0           960 K
csrss.exe                       720 Services               0         5.780 K
wininit.exe                     808 Services               0         3.824 K
csrss.exe                       832 Console                1        12.944 K
services.exe                    868 Services               0         8.672 K
lsass.exe                       876 Services               0        13.960 K
lsm.exe                         884 Services               0         4.120 K
winlogon.exe                    912 Console                1         5.492 K
svchost.exe                    1020 Services               0         9.188 K
nvvsvc.exe                      628 Services               0         5.168 K
svchost.exe                     624 Services               0         9.184 K
svchost.exe                    1084 Services               0        20.112 K
svchost.exe                    1116 Services               0       149.908 K
svchost.exe                    1144 Services               0        12.624 K
svchost.exe                    1168 Services               0        47.044 K
svchost.exe                    1368 Services               0        16.928 K
FBAgent.exe                    1468 Services               0         7.972 K
AsLdrSrv.exe                   1524 Services               0         4.628 K
nvvsvc.exe                     1560 Console                1         6.944 K
smartlogon.exe                 1648 Console                1         6.760 K
GFNEXSrv.exe                   1728 Services               0         4.060 K
spoolsv.exe                    1836 Services               0         9.844 K
svchost.exe                    1948 Services               0        13.420 K
dwm.exe                        2012 Console                1        41.844 K
explorer.exe                   1064 Console                1        42.260 K  ▾
```

```
java9                                                                    _  □  X

PresentationFontCache.exe    6160  Services           0      23.596 K
taskeng.exe                  5912  Console       1        7.912 K
AdobeARM.exe                 5000  Console       1          652 K
OUTLOOK.EXE                  1872  Console       1       86.360 K
cmd.exe                      8128  Console       1        4.136 K
conhost.exe                  1028  Console       1        7.384 K
notepad++.exe                3084  Console       1       67.876 K
WINWORD.EXE                  3620  Console       1      167.440 K
splwow64.exe                 7448  Console       1        9.808 K
mspaint.exe                  6368  Console       1       88.604 K
InstallWorkspace.exe         6752  Services           0      34.104 K
audiodg.exe                  6308  Services           0      18.396 K
java.exe                     3672  Console       1       40.208 K
tasklist.exe                 7804  Console       1        8.588 K
conhost.exe                  6352  Console       1        4.536 K

Prozesseigenschaften mit Java 9 ermitteln:
[user: Optional[Lissi-PC\Lissi], cmd: C:\Windows\System32\dwm.exe, startTime: Op
tional[2017-06-17T07:46:52.080Z], totalTime: Optional[PT1M21.2609209S]]
[user: Optional[Lissi-PC\Lissi], cmd: C:\Windows\explorer.exe, startTime: Option
al[2017-06-17T07:46:52.423Z], totalTime: Optional[PT19.7341265S]]
[user: Optional[Lissi-PC\Lissi], cmd: C:\Windows\System32\taskhost.exe, startTim
e: Optional[2017-06-17T07:46:52.642Z], totalTime: Optional[PT3.4632222S]]
[user: Optional[Lissi-PC\Lissi], cmd: C:\Windows\AsScrPro.exe, startTime: Option
al[2017-06-17T07:46:57.899Z], totalTime: Optional[PT0.0624004S]]
[user: Optional[Lissi-PC\Lissi], cmd: C:\Program Files\Trend Micro\UniClient\UiF
rmwrk\uiSeAgnt.exe, startTime: Optional[2017-06-17T07:46:59.786Z], totalTime: Op
tional[PT4.1652267S]]
[user: Optional[Lissi-PC\Lissi], cmd: C:\Program Files (x86)\CyberLink\Power2Go\
CLMLSvc.exe, startTime: Optional[2017-06-17T07:47:00.145Z], totalTime: Optional[
PT0.156001S]]
[user: Optional[Lissi-PC\Lissi], cmd: C:\Program Files\Realtek\Audio\HDA\RAVCpl6
4.exe, startTime: Optional[2017-06-17T07:47:02.345Z], totalTime: Optional[PT0.15
6001S]]
[user: Optional[Lissi-PC\Lissi], cmd: C:\Program Files\Trend Micro\Titanium\plug
in\Pt\PtSessionAgent.exe, startTime: Optional[2017-06-17T07:47:16.026Z], totalTi
me: Optional[PT3.4476221S]]
[user: Optional[Lissi-PC\Lissi], cmd: C:\Program Files\Windows Sidebar\sidebar.e
xe, startTime: Optional[2017-06-17T07:47:16.494Z], totalTime: Optional[PT0.37440
24S]]
[user: Optional[Lissi-PC\Lissi], cmd: C:\Program Files (x86)\Boingo\Boingo Wi-Fi
\Boingo Wi-Fi.exe, startTime: Optional[2017-06-17T07:47:26.946Z], totalTime: Opt
ional[PT0.2184014S]]
[user: Optional[Lissi-PC\Lissi], cmd: C:\Program Files (x86)\ASUS\ATK Package\AT
KOSD2\ATKOSD2.exe, startTime: Optional[2017-06-17T07:47:27.040Z], totalTime: Opt
ional[PT0.0468003S]]
[user: Optional[Lissi-PC\Lissi], cmd: C:\Program Files (x86)\ASUS\ATK Package\AT
K Media\DMedia.exe, startTime: Optional[2017-06-17T07:47:27.071Z], totalTime: Op
tional[PT0.0468003S]]
```

```
java9                                                              _  □  X

tional[PT2M21.7581087S]]
[user: Optional[Lissi-PC\Lissi], cmd: C:\Windows\splwow64.exe, startTime: Option
al[2017-06-17T08:23:57.248Z], totalTime: Optional[PT0.2652017S]]
[user: Optional[Lissi-PC\Lissi], cmd: C:\Windows\System32\mspaint.exe, startTime
: Optional[2017-06-17T09:23:00.935Z], totalTime: Optional[PT14.8044949S]]
[user: Optional[Lissi-PC\Lissi], cmd: C:\Program Files\Java\jdk-9\bin\java.exe,
startTime: Optional[2017-06-17T13:10:39.881Z], totalTime: Optional[PT0.6864044S]
]
Children: PID: 8124 Cmd: Optional[C:\Program Files\Java\jdk-9\bin\java.exe]
Children: PID: 7080 Cmd: Optional[C:\Program Files\Java\jdk-9\bin\java.exe]

Descendants: PID: 8124 Cmd: Optional[C:\Program Files\Java\jdk-9\bin\java.exe]
Descendants: PID: 7080 Cmd: Optional[C:\Program Files\Java\jdk-9\bin\java.exe]
PID Parent: 3672 Cmd: Optional[C:\Program Files\Java\jdk-9\bin\java.exe]
PID Parent: 3672 Cmd: Optional[C:\Program Files\Java\jdk-9\bin\java.exe]


java version "9-ea"
Java(TM) SE Runtime Environment (build 9-ea+156)
Java HotSpot(TM) 64-Bit Server VM (build 9-ea+156, mixed mode)
Verwendung: java [Optionen] Klasse [Argumente...]
          (zur Ausführung einer Klasse)
   oder   java [Optionen] -jar JAR-Datei [Argumente...]
          (zur Ausführung einer JAR-Datei)
   oder   java [Optionen] -p <Modulpfad> -m <Modulname>[/<Hauptklasse>] [Argument
e...]
          (zur Ausführung der Hauptklasse in einem Modul)
wobei "Optionen" Folgendes umfasst:
   -d32              Veraltet, wird in einem zukünftigen Release entfernt
   -d64              Veraltet, wird in einem zukünftigen Release entfernt
   -cp <Klassensuchpfad von Verzeichnissen und ZIP-/JAR-Dateien>
   -classpath <Klassensuchpfad von Verzeichnissen und ZIP-/JAR-Dateien>
   --class-path <Klassensuchpfad von Verzeichnissen und ZIP-/JAR-Dateien>
                    Eine durch ; getrennte Liste mit Verzeichnissen, JAR-Archiven
                    und ZIP-Archiven zur Suche nach Klassendateien.
   -p <Modulpfad>
   --module-path <Modulpfad>...
                    Eine durch ; getrennte Liste mit Verzeichnissen, wobei jedes V
erzeichnis
                    ein Modulverzeichnis ist.
   --upgrade-module-path <Modulpfad>...
                    Eine durch ; getrennte Liste mit Verzeichnissen, wobei jedes V
erzeichnis
                    ein Verzeichnis mit Modulen ist, die upgradefähige
                    Module im Laufzeitimage ersetzen
   -m <Modul>[/<Hauptklasse>]
   --module <Modulname>[/<Hauptklasse>]
                    Das anfängliche aufzulösende Modul und der Name der auszuführe
```

```
                     Aktiviert System-Assertions
   -dsa | -disablesystemassertions
                     Deaktiviert System-Assertions
   -agentlib:<libname>[=<options>]
                     Lädt die native Agent Library <libname>. Beispiel: -agentlib:j
dwp
                     siehe auch -agentlib:jdwp=help
   -agentpath:<pathname>[=<options>]
                     Lädt die native Agent Library mit dem vollständigen Pfadnamen
   -javaagent:<jarpath>[=<options>]
                     Lädt den Java-Programmiersprachen-Agent, siehe java.lang.instr
ument
   -splash:<imagepath>
                     Zeigt den Startbildschirm mit einem angegebenen Bild an
                     Skalierte HiDPI-Bilder werden automatisch unterstützt und verw
endet,
                     falls verfügbar. Der nicht skalierte Bilddateiname (Beispiel:
image.ext)
                     muss immer als Argument an die Option "-splash" übergeben werd
en.
                     Das am besten geeignete angegebene skalierte Bild wird
                     automatisch ausgewählt.
                     Weitere Informationen finden Sie in der Dokumentation zur Spla
shScreen-API
   @argument files
                     Eine oder mehrere Argumentdateien mit Optionen
   -disable-@files
                     Verhindert die weitere Erweiterung von Argumentdateien
Um ein Argument für eine lange Option anzugeben, können Sie --<Name>=<Wert> oder

--<Name> <Wert> verwenden.


onExit().get() wartet auf das Beenden von 7840

Ein asynchrones Event gibt 10 zurück

Der Prozess mit der Id = 7840 wurde gestoppt


Exception in thread "main" java.lang.IllegalStateException: destroy of current p
rocess not allowed
        at java.base/java.lang.ProcessHandleImpl.destroyProcess(ProcessHandleImp
l.java:334)
        at java.base/java.lang.ProcessHandleImpl.destroy(ProcessHandleImpl.java:
352)
        at ProcessApiJava9.main(ProcessApiJava9.java:167)

C:\Users\Lissi\Documents\java9>
```

Lösung 12.7

Die Klasse ItemSubscriber

```java
import java.util.concurrent.Flow.*;
import java.util.concurrent.SubmissionPublisher;
import java.util.List;
import java.util.Set;
import java.util.function.Function;
import java.util.stream.Stream;
```

```java
// Ein Subscriber wird aktiviert nach dem Aufruf der Methode
// Publisher.subscribe(Subscriber subscriber); eine Subscriber-
// Klasse implementiert das Interface Subscriber<T> und muss all
// seine Methoden überschreiben
   class ItemSubscriber<T> implements Subscriber<T> {
      private Subscription subscription;
// Es liegt in der Verantwortung der Subscriber-Instanz,
// Subscription.request(long Long.MAX_VALUE) aufzurufen, wann
// immer Datenbenachrichtigungen vom Publisher gewünscht sind;
// der Publisher sendet Benachrichtigungen nur als Antwort auf
// diese Aufforderung
   @Override
   public void onSubscribe(Subscription subscription) {
      this.subscription = subscription;
      subscription.request(6);
   }
// Die vom Publisher gesendete Datenbenachrichtigungen als Antwort
// auf die Anfrage Subscription.request(long) werden abgeholt; es
// folgen ein oder mehrere Aufrufe von onNext(Object) bis zur
// maximalen Anzahl, die mit Subscription.request(long) definiert
// wurde
   @Override
   public void onNext(T item) {
      subscription.request(6);
      System.out.println("\nDatenbenachrichtigung: "
        + item + " (vom Thread " + Thread.currentThread().
        getName() + " ausgeführt)");
   }
// Wird bei einem fehlenden terminalen Status aufgerufen; es
// werden keine weiteren Events gesendet, auch wenn
// Subscription.request(long) erneut aufgerufen wird
   @Override
   public void onError(Throwable t) {
      t.printStackTrace();
   }
// Wird bei einem erfolgreichen terminalen Status aufgerufen; es
// werden keine weiteren Events gesendet, auch wenn
// Subscription.request(long) erneut aufgerufen wird
   @Override
   public void onComplete() {
      System.out.println("Done");
   }
}
```

Die Klasse TransformProcessor

```java
// Ein Processor repräsentiert eine Komponente, die als
// Subscriber oder als Publisher wirken kann und dem mit einer
```

```java
// Subscription festgelegtem Kontrakt zwischen den beiden folgt
class TransformProcessor<T,R> extends SubmissionPublisher<R>
                              implements Processor<T, R> {
  private Function<? super T, ? extends R> function;
  private Subscription subscription;
  public TransformProcessor(Function<? super T, ? extends R>
                                              function) {
    super();
    this.function = function;
  }
// Die Methoden des Processor-Interface implementieren
  @Override
  public void onSubscribe(Subscription subscription) {
    this.subscription = subscription;
    subscription.request(1);
  }
  @Override
  public void onNext(T item) {
    subscription.request(1);
    submit((R) function.apply(item));
  }
  @Override
  public void onError(Throwable t) {
    t.printStackTrace();
  }
  @Override
  public void onComplete() {
    close();
  }
}
```

Die Klasse ReactiveProgrammingJava9

```java
public class ReactiveProgrammingJava9 {
  public static void main(String[] args) throws Exception {
// Einen Publisher vom Typ SubmissionPublisher<String> erzeugen
    SubmissionPublisher<String> publisher =
      new SubmissionPublisher<>();
// Den Subscriber registrieren
    ItemSubscriber<String> subscriber = new ItemSubscriber<>();
    publisher.subscribe(subscriber);
// Datenbenachrichtigungen mit dem Publisher veröffentlichen
    System.out.println("\nDatenbenachrichtigungen...");
// Mit der neuen of()-Factory-Methode von Java 9 eine Liste
// erzeugen, diese in einen Stream umsetzen und dessen
// Datenelemente auf die Anforderungen eines Subscribers hin mit
// einem SubmissionPublisher veröffentlichen; die submit()-
// Methode ruft asynchron die onNext()-Methode des Subscribers auf
```

```
// und blockiert unterbrechungsfrei, solange die Ressourcen des
// Subscribers nicht erreichbar sind
    List.of("1", "a", "2", "b", "3", "c").stream()
        .forEach(i -> publisher.submit(i));
// Den aktuellen Thread warten lassen, damit in der abgelaufenen
// Zeit die Daten vom Subscriber abgeholt und angezeigt werden
// können
    Thread.sleep(1000);
    publisher.close();
// Zwei weitere Publisher und Subscriber erzeugen
    SubmissionPublisher<String> publisher1 =
        new SubmissionPublisher<>();
    SubmissionPublisher<String> publisher2 =
        new SubmissionPublisher<>();
    ItemSubscriber<Integer> subscriber1 =
        new ItemSubscriber<>();
    ItemSubscriber<String> subscriber2 =
        new ItemSubscriber<>();
// Prozessoren erzeugen und denen Funktionen für eine
// Datentransformation auf dem Weg vom Publisher zum Subscriber
// übergeben
    TransformProcessor<String, String> processor1 =
        new TransformProcessor<>(s -> {if(s == "a" || s == "b")
                                    return s + "?";
                                return s + "!";});
    TransformProcessor<String, Integer> processor2 =
        new TransformProcessor<>(s -> Integer.decode(s));
// Prozessoren und Subscriber verbinden und die
// Datenbenachrichtigungen über die Publisher veröffentlichen
    processor2.subscribe(subscriber1);
    processor1.subscribe(subscriber2);
    publisher1.subscribe(processor2);
    publisher2.subscribe(processor1);
    System.out.println("\nDatenbenachrichtigungen...");
// Für die erste Übertragung einen Stream von Integer mit der
// neuen iterate()-Methode von Java 9 generieren und diese als
// Strings in der submit()-Methode übergeben
    Stream.iterate(1, x -> x < 20, x-> x + 3)
        .forEach(x -> publisher1.submit(x.toString()));
    Thread.sleep(1000);
    publisher1.close();
// Ähnlich wie im ersten Beispiel mit der neuen of()-Factory-
// Methode ein Set erzeugen, dieses in einen Stream umsetzen und
// dessen Datenelemente auf die Anforderungen des Subscribers hin
// mit einem SubmissionPublisher veröffentlichen
    System.out.println("\nDatenbenachrichtigungen...");
    Set.of("a", "b", "c", "d", "e", "f").stream()
```

```
    .forEach(i -> publisher2.submit(i));
  System.out.println("Aktueller Thread: " + Thread.
   currentThread().getName());
  Thread.sleep(3000);
  publisher2.close();
}
}
```

Programmausgaben

```
java9                                                    _ □ X
C:\Users\Lissi\Documents\java9>java ReactiveProgrammingJava9

Datenbenachrichtigungen...

Datenbenachrichtigung: 1

Datenbenachrichtigung: a

Datenbenachrichtigung: 2

Datenbenachrichtigung: b

Datenbenachrichtigung: 3

Datenbenachrichtigung: c
Done

Datenbenachrichtigungen...

Datenbenachrichtigung: 1

Datenbenachrichtigung: 4

Datenbenachrichtigung: 7

Datenbenachrichtigung: 10

Datenbenachrichtigung: 13

Datenbenachrichtigung: 16

Datenbenachrichtigung: 19

Datenbenachrichtigungen...
Done

Datenbenachrichtigung: f!

Datenbenachrichtigung: d!

Datenbenachrichtigung: e!

Datenbenachrichtigung: b?

Datenbenachrichtigung: c!

Datenbenachrichtigung: a?
Done
```

Lösung 12.8

Die Klasse WortPublisher

```
import static java.util.concurrent.
  Executors.newSingleThreadExecutor;
import java.util.regex.Pattern;
import java.io.IOException;
import java.nio.charset.StandardCharsets;
import java.nio.file.Files;
import java.nio.file.Path;
import java.nio.file.Paths;
import java.util.ArrayList;
import java.util.Collections;
import java.util.List;
import java.util.Set;
import java.util.stream.Collectors;
import java.util.stream.Stream;
import java.util.concurrent.CompletableFuture;
import java.util.concurrent.ExecutionException;
import java.util.concurrent.ExecutorService;
import java.util.concurrent.Executors;
import java.util.concurrent.Flow.Publisher;
import java.util.concurrent.Flow.Subscriber;
import java.util.concurrent.Flow.Subscription;
import java.util.concurrent.atomic.AtomicBoolean;
import java.util.concurrent.atomic.AtomicInteger;
import java.util.concurrent.Flow.Subscriber;
import java.util.concurrent.Flow.Subscription;
import java.util.logging.*;
class WortPublisher implements Publisher<String> {
// Die globale Referenz vom Typ der Klasse Logger zeigt auf eine
// Logger-Instanz, die über einen globalen Logger-Namen verfügt
// (Version 6.0 von Java)
  private final static Logger logger =
    Logger.getLogger(Logger.GLOBAL_LOGGER_NAME);
// Format für die Nachrichtenanzeige definieren
  private static final String LOG_MESSAGE_FORMAT =
  "\nPublisher >> [%s] %s%n";
// Einen Thread-Pool mit einer festen Anzahl Threads einrichten
  final ExecutorService executor =
    Executors.newFixedThreadPool(2);
// Alle erzeugten Subscriptions, die die Verbindung zwischen
// Publisher und Subscriber definieren, sollen in einer
// synchronizedList angesammelt werden
  private List<WortSubscription> subscriptions = Collections.
    synchronizedList(new ArrayList<WortSubscription>());
// Ein CompletableFuture für das Warten auf das Ende des
// Publishers nutzen
```

```
// private final CompletableFuture<String> finishPublisher =
// new CompletableFuture<>();
// oder eine AtomicBoolean-Variable dafür einsetzen
  private AtomicBoolean finishPublisher =
    new AtomicBoolean(false);
// Die Methode des Publisher-Interface implementieren
  @Override
  public void subscribe(Subscriber<? super String> subscriber) {
    WortSubscription subscription =
      new WortSubscription(subscriber, executor);
    subscriptions.add(subscription);
    subscriber.onSubscribe(subscription);
  }
// Eigene Methode zum Warten, bis der Publisher sich beendet hat
  public void waitFinishPublisher() throws InterruptedException {
    // logger.log(Level.INFO, "FinishPublisher");
    Thread.currentThread().sleep(3000);
// Warten, bis das CompletableFuture zum Signalisieren des Endes
// der Übertragung ergänzt wurde
    // logger.log(Level.INFO,finishPublisher.join());
// oder so lange warten, bis der Wert der AtomicBoolean-Variablen
// gleich true gesetzt wurde
    while(!finishPublisher.get()) {}
    logger.log(Level.INFO," " + finishPublisher);
  }
```

Die Klasse WortSubscription

```
// Die Klasse WortSubscription als innere Member-Klasse für die
// Klasse WortPublisher definieren
  private class WortSubscription implements Subscription {
    private final ExecutorService executor;
    private Subscriber<? super String> subscriber;
    private String wort = "";
    private AtomicBoolean isFirstCall = new AtomicBoolean(true);
    private AtomicBoolean isCanceled;
    public WortSubscription(Subscriber<? super String>
                   subscriber, ExecutorService executor) {
      this.subscriber = subscriber;
      this.executor = executor;
// Der Subscriber mit dem Namen "2" soll Datenbenachrichtigungen,
// die das Wort "class" beinhalten, empfangen und der Subscriber
// mit dem Namen "1" Datenbenachrichtigungen mit dem Wort "import"
      if((((WortSubscriber)subscriber).getName()).equals("2"))
        wort = "class";
      else
        wort = "import";
      isCanceled = new AtomicBoolean(false);
```

```
        }
// Die Methoden des Subscription-Interface implementieren
    @Override
    public void request(long n) {
// Wurde die Verbindung gecancelt, zum Aufrufer der Methode
// zurückkehren
        if(isCanceled.get())
            return;
// Wird ein negativer Wert als mögliche Anzahl für das Liefern
// von Nachrichten übergeben, die onError()-Methode des
// Subscribers aufrufen
        if(n < 0)
            executor.execute(() -> subscriber.
            onError(new IllegalArgumentException()));
        else {
// Ansonsten die Wortsuche mit der gleichnamigen Methode beginnen
// oder noch nicht abgeholte Nachrichten anfordern
            if(isFirstCall.get()) {
                try {
                    wortSuche(wort);
                    repeate();
                }
                catch(IOException ex) {
                    ex.printStackTrace();
                }
            }
        }
    }
    @Override
    public void cancel() {
        isCanceled.set(true);
        synchronized(subscriptions) {
            subscriptions.remove(this);
// Wurden alle Subscriptions aus der Liste (hier zwei)
// gecancelt, den Executor beenden
            if(subscriptions.size() == 0)
                shutdown();
        }
    }
// Methode für die Wortsuche innerhalb einer Datei
    private void wortSuche(String wort) throws IOException {
        Path pfad = Paths.get("..\\java9\\kapitel 6");
// Mit der Methode Files.walk() wird ein Stream zurückgegeben, der
// auf verzögerte ("lazily") Weise mit den Pfaden aus dem
// angegebenen Dateiverzeichnis erstellt wird; seine Elemente in
// einem Set kumulieren; mit try-with-resources eventuelle
// Ausnahmen und Fehler abfangen
```

```java
    try(Stream<Path> streams = Files.walk(pfad)) {
        Set<Path> set = streams
        .filter(p -> p.toString().endsWith(".java"))
//      .peek(i -> System.out.println(i))
        .collect(Collectors.toSet());
// Ein Muster für die Wortsuche erzeugen
        Pattern searchPattern = Pattern
        .compile(".*\\b" + wort + "\\b.*");
// Für jede Datei die Zeilen ermitteln, und in einer Liste ablegen
        for(Path path : set) {
            List<String> lines = Files.readAllLines(path,
            StandardCharsets.UTF_8);
// Die Zeilen, die das gesuchte Wort beinhalten, zählen und mit
// der onNext()-Methode an einen Subscriber liefern
            AtomicInteger count = new AtomicInteger(0);
            for(String line : lines) {
                if(searchPattern.matcher(line).matches()) {
                count.incrementAndGet();
                executor.execute(() -> {
                String message = "\npublish item: [ " + count
                + path + " : " + line +"] ...";
// Die zu sendende Message formatieren
                String formatMessage = String.format(
                LOG_MESSAGE_FORMAT, currentThread().
                    getName(), message);
// und mit dem INFO-Level kennzeichnen, dass diese der Information
// dient
                logger.log(Level.INFO, formatMessage);
                subscriber.onNext(count + " " + path
                + " : " + line);
                });
            }
        }
    }
// Das Ende von Lieferungen mit der Methode onComplete() dem
// Subscriber mitteilen
        subscriber.onComplete();
    }
    }
// Eigene Methode der Klasse Subscription zum Beenden des
// Executors definieren
    public void shutdown() {
        newSingleThreadExecutor().submit(() -> {
// Mithilfe des CompletableFutures
        // finishPublisher.complete("Ende der Uebertragung");
// oder mit der AtomicBoolean-Variablen das Ende signalisieren
        finishPublisher = new AtomicBoolean(true);
```

```
        });
// Anstelle der log()-Methode des Loggers mit dem Level.WARNING,
// kann logger.warning() aufgerufen werden
        logger.warning("Shutdown Executor..");
        executor.shutdown();
    }
// Damit die Wortsuche nicht wieder von Anfang an gestartet wird,
// für den Fall, dass noch verbliebene Benachrichtigungen
// abzuholen sind, mit repeate() ein Flag für die Abfrage setzen
        public void repeate() {
            isFirstCall.set(false);
    }
  }
}
```

Die Klasse WortSubscriber

```
class WortSubscriber implements Subscriber<String> {
  private final static Logger logger =
    Logger.getLogger(Logger.GLOBAL_LOGGER_NAME);
  private static final String LOG_MESSAGE_FORMAT =
    "Subscriber %s >> [%s] %s%n";
// Die Anzahl der angeforderten Nachrichten festlegen
  private static final int REQUEST = 3;
  private String name;
  private Subscription subscription;
  private int count;
  private AtomicBoolean isComplete = new AtomicBoolean(false);
  public WortSubscriber(String name) {
      this.name = name;
  }
  public String getName() {
    return this.name;
  }
// Die Methoden des Subscriber<String>-Interface implementieren
  @Override
  public void onSubscribe(Subscription subscription) {
    this.subscription = subscription;
    count = REQUEST;
// Die request(long n)-Methode von Subscription zum Anfordern von
// Datenbenachrichtigungen aufrufen
    subscription.request(REQUEST);
  }
  @Override
  public void onNext(String item) {
    if(item != null) {
      logger.log(Level.INFO,"\nItems-Count: " + count +
        " Subscriber-Name: " + this.getName());
```

```
// Das Dekrementieren des Nachrichtenzählers und Protokollieren
// von Datenbenachrichtigungen synchronisieren
        synchronized (this) {
            logger.log(Level.INFO,"\nsubscribe item: ["
            + item.toString() + "] ...");
            count--;
// Alle Nachrichten übertragen
        (isComplete.get()) {
            logger.warning("Cancelling subscription...");
            subscription.cancel();
        }
        else {
// Anfordern von weiteren Datenbenachrichtigungen für den Fall,
// dass nicht alle abgeholt wurden
            if(count < 0) {
                count = REQUEST;
// Die Methode request(long n) kann beliebig oft aufgerufen werden
                subscription.request(count);
            }
        }
    }
  }
  else {
      logger.warning("null-Item gesendet!");
  }
}
@Override
public void onComplete() {
    isComplete = new AtomicBoolean(true);
 // logger.warning("Complete!");
}
@Override
public void onError(Throwable t) {
    logger.log(Level.SEVERE,"Subscriber Error >> %s", t);
}
}
```

Die Klasse WortPublisherundSubscriber

```
// Test der Kommunikation
public class WortPublisherundSubscriber {
  public static void main(String[] args)
                          throws InterruptedException {
    WortPublisher publisher = new WortPublisher();
    WortSubscriber subscriber1 = new WortSubscriber("1");
    WortSubscriber subscriber2 = new WortSubscriber("2");
```

```
    publisher.subscribe(subscriber1);
    publisher.subscribe(subscriber2);
    publisher.waitFinishPublisher();
  }
}
```

Programmausgaben

```
java9

C:\Users\Lissi\Documents\java9>java WortPublisherundSubscriber
Juni 17, 2017 3:25:49 NACHM. WortPublisher$WortSubscription lambda$wortSuche$2
INFORMATION:
Publisher >> [pool-1-thread-1]
publish item: [ 1..\java9\kapitel 6\Bestellung.java : import java.util.List; ]
...

Juni 17, 2017 3:25:49 NACHM. WortPublisher$WortSubscription lambda$wortSuche$2
INFORMATION:
Publisher >> [pool-1-thread-2]
publish item: [ 2..\java9\kapitel 6\BuchTitel.java : import java.util.List; ]
...

Juni 17, 2017 3:25:49 NACHM. WortSubscriber onNext
INFORMATION:
Items-Count: 3 Subscriber-Name: 1
Juni 17, 2017 3:25:49 NACHM. WortSubscriber onNext
INFORMATION:
Items-Count: 3 Subscriber-Name: 1
Juni 17, 2017 3:25:49 NACHM. WortSubscriber onNext
INFORMATION:
subscribe item: [2 ..\java9\kapitel 6\BuchTitel.java : import java.util.List; ]
...
Juni 17, 2017 3:25:49 NACHM. WortSubscriber onNext
WARNUNG: Cancelling subscription...
Juni 17, 2017 3:25:49 NACHM. WortSubscriber onNext
INFORMATION:
subscribe item: [1 ..\java9\kapitel 6\Bestellung.java : import java.util.List; ]
...
Juni 17, 2017 3:25:49 NACHM. WortPublisher$WortSubscription lambda$wortSuche$2
INFORMATION:
Publisher >> [pool-1-thread-2]
publish item: [ 2..\java9\kapitel 6\BuchTitel.java : import java.util.stream.Col
lectors; ] ...

Juni 17, 2017 3:25:49 NACHM. WortSubscriber onNext
WARNUNG: Cancelling subscription...
Juni 17, 2017 3:25:49 NACHM. WortSubscriber onNext
INFORMATION:
Items-Count: 1 Subscriber-Name: 1
Juni 17, 2017 3:25:49 NACHM. WortPublisher$WortSubscription lambda$wortSuche$2
INFORMATION:
Publisher >> [pool-1-thread-1]
publish item: [ 4..\java9\kapitel 6\Buch.java : import java.util.Calendar;] ...

Juni 17, 2017 3:25:49 NACHM. WortSubscriber onNext
INFORMATION:
subscribe item: [2 ..\java9\kapitel 6\BuchTitel.java : import java.util.stream.C
ollectors; ] ...
```

```
java9                                                              _  □  X

Publisher >> [pool-1-thread-1]
publish item: [ 1..\java9\kapitel 6\Tag.java : public class Tag {] ...

Juni 17, 2017 3:25:49 NACHM. WortPublisher$WortSubscription shutdown
WARNUNG: Shutdown Executor..
Juni 17, 2017 3:25:49 NACHM. WortSubscriber onNext
INFORMATION:
Items-Count: 1 Subscriber-Name: 2
Juni 17, 2017 3:25:49 NACHM. WortPublisher$WortSubscription lambda$wortSuche$2
INFORMATION:
Publisher >> [pool-1-thread-2]
publish item: [ 1..\java9\kapitel 6\Buch.java : public class Buch {] ...

Juni 17, 2017 3:25:49 NACHM. WortSubscriber onNext
INFORMATION:
subscribe item: [1 ..\java9\kapitel 6\Tag.java : public class Tag {] ...
Juni 17, 2017 3:25:49 NACHM. WortSubscriber onNext
INFORMATION:
Items-Count: 1 Subscriber-Name: 2
Juni 17, 2017 3:25:49 NACHM. WortSubscriber onNext
WARNUNG: Cancelling subscription...
Juni 17, 2017 3:25:49 NACHM. WortPublisher$WortSubscription shutdown
WARNUNG: Shutdown Executor..
Juni 17, 2017 3:25:49 NACHM. WortSubscriber onNext
INFORMATION:
subscribe item: [1 ..\java9\kapitel 6\Buch.java : public class Buch {] ...
Juni 17, 2017 3:25:49 NACHM. WortPublisher$WortSubscription lambda$wortSuche$2
INFORMATION:
Publisher >> [pool-1-thread-1]
publish item: [ 1..\java9\kapitel 6\Leser.java : public class Leser {] ...

Juni 17, 2017 3:25:49 NACHM. WortSubscriber onNext
WARNUNG: Cancelling subscription...
Juni 17, 2017 3:25:49 NACHM. WortSubscriber onNext
INFORMATION:
Items-Count: -1 Subscriber-Name: 2
Juni 17, 2017 3:25:49 NACHM. WortPublisher$WortSubscription shutdown
WARNUNG: Shutdown Executor..
Juni 17, 2017 3:25:49 NACHM. WortSubscriber onNext
INFORMATION:
subscribe item: [1 ..\java9\kapitel 6\Leser.java : public class Leser {] ...
Juni 17, 2017 3:25:49 NACHM. WortSubscriber onNext
WARNUNG: Cancelling subscription...
Juni 17, 2017 3:25:49 NACHM. WortPublisher$WortSubscription shutdown
WARNUNG: Shutdown Executor..
Juni 17, 2017 3:25:51 NACHM. WortPublisher waitFinishPublisher
INFORMATION: Ende der Uebertragung

C:\Users\Lissi\Documents\java9>_
```

Lösung 12.9

Die Applikation JavaTestKlasse

Die module-info-Datei für das Modul com.java.testmodul.app

```
module com.java.testmodul.app {
// Ein Modul muss keine Anweisungen enthalten
}
```

Die Klasse JavaTestKlasse

```
package com.java.testmodul.app;
public class JavaTestKlasse {
   public static void main(String[] args) {
// Klassenname ermitteln und anzeigen
      System.out.println("\nDie Klasse " + JavaTestKlasse.
      class.getSimpleName() + " befindet sich im " +
      JavaTestKlasse.class.getModule());
// Modulname ermitteln und anzeigen
      System.out.println("\nErstes Java 9 Modul mit dem Namen "
      + JavaTestKlasse.class.getModule().getName());
   }
}
```

Die Kommandodatei Java9Modul.cmd

```
javac -d mods --module-source-path src src/com.java.testmodul.app/module-
info.java src/com.java.testmodul.app/com/java/testmodul/app/JavaTest-
Klasse.java

java --module-path mods -m com.java.testmodul.app/com.java.testmodul.
app.JavaTestKlasse
```

Die Kommandodatei Java9ModularJar.cmd

```
javac -d mods --module-source-path src src/com.java.testmodul.app/module-
info.java src/com.java.testmodul.app/com/java9/testmodul/app/JavaTest-
Klasse.java
jar --create --file mlib/com.java.testmodul.app.jar --main-class=com.
java.testmodul.app.JavaTestKlasse -C mods/com.java.testmodul.app .
java --module-path mlib -m com.java.testmodul.app/com.java.testmodul.
app.JavaTestKlasse
```

Programmausgaben

Lösung 12.10

Die Applikation DatumundUhrzeitApp

Die module-info-Datei für das Modul com.java.testmodul.app

```
module com.java.testmodul.app {
// Module importieren
    requires com.java.testmodul.datumunduhrzeit;
}
```

Die Klasse DatumundUhrzeitApp

```
package com.java.testmodul.app;
import com.java.testmodul.datumunduhrzeit.DatumundUhrzeit;
public class DatumundUhrzeitApp {
  public static void main(String[] args) {
    System.out.println("\nKlassen und Module: ");
    System.out.println("\nDie Klasse " + DatumundUhrzeit.
      class.getSimpleName() + " befindet sich im " +
    DatumundUhrzeit.class.getModule());
    System.out.println("\nDie Klasse " + DatumundUhrzeitApp.
```

```
        class.getSimpleName() + " befindet sich im " +
      DatumundUhrzeitApp.class.getModule());
      System.out.println("\n" +
        DatumundUhrzeit.getDatumundUhrzeit());
  }
}
```

Die module-info-Datei für das Modul com.java.testmodul.datumunduhrzeit

```
module com.java.testmodul.datumunduhrzeit {
// Package exportieren
  exports com.java.testmodul.datumunduhrzeit;
}
```

Die Klasse DatumundUhrzeit

```
package com.java.testmodul.datumunduhrzeit;
import java.util.Calendar;
import java.util.GregorianCalendar;
public class DatumundUhrzeit {
  public static String getDatumundUhrzeit() {
    GregorianCalendar calendar = new GregorianCalendar();
    String datum = calendar.get(
      Calendar.DAY_OF_MONTH) + "." + (calendar.get(
      Calendar.MONTH) + 1) + "." + calendar.get(
        Calendar.YEAR);
    String uhrzeit = calendar.get(Calendar.HOUR_OF_DAY) + ":"
      + calendar.get(Calendar.MINUTE) + ":"
      + calendar.get(Calendar.SECOND);
    return "Heute ist der " + datum + " und es ist " + uhrzeit
      + " Uhr";
  }
}
```

Die Kommandodatei Java9Modul.cmd

```
javac -d mods --module-source-path src src\com.java.testmodul.app\*.java
src\com.java.testmodul.app\com\java\testmodul\app\*.java

javac -d mods --module-source-path src src\com.java.testmodul.datumunduhr-
zeit\*.java src\com.java.testmodul.datumunduhrzeit\com\java\testmodul\
datumunduhrzeit\*.java

java -p mods -m com.java.testmodul.app/com.java.testmodul.app.
```

Die Kommandodatei Java9ModularJar.cmd

```
javac -d mods --module-source-path src src/com.java.testmodul.app/module-
info.java src/com.java.testmodul.app/com/java/testmodul/app/DatumundUhr-
zeitApp.java
```

```
javac -d mods --module-source-path src src/com.java.testmodul.datumunduhr-
zeit/module-info.java src/com.java.testmodul.datumunduhrzeit/com/java/
testmodul/datumunduhrzeit/DatumundUhrzeit.java
jar --create --file mlib/com.java.testmodul.app.jar --main-class=com.
java.testmodul.app.DatumundUhrzeitApp -C mods/com.java.testmodul.app .
jar --create --file mlib/com.java.testmodul.datumunduhrzeit.jar -C mods/
com.java.testmodul.datumunduhrzeit .
java --module-path mlib -m com.java.testmodul.app
```

Die Applikation DatumUhrzeitApp

Die module-info-Datei für das Modul com.java.testmodul.app

```
module com.java.testmodul.app {
// Module importieren
   requires com.java.testmodul.datum;
   requires com.java.testmodul.uhrzeit;
}
```

Die Klasse DatumUhrzeit

```java
package com.java.testmodul.app;
import com.java.testmodul.datum.Datum;
import com.java.testmodul.uhrzeit.Uhrzeit;
public class DatumUhrzeit {
   public static void main(String[] args) {
      System.out.println("\nKlassen und Module: ");
      System.out.println("\nDie Klasse " + DatumUhrzeit.
        class.getSimpleName() + " befindet sich im " +
      DatumUhrzeit.class.getModule());
      System.out.println("\nDie Klasse " + Datum.
        class.getSimpleName() + " befindet sich im " +
         Datum.class.getModule());
      System.out.println("\nDie Klasse " + Uhrzeit.
        class.getSimpleName() + " befindet sich im " +
         Uhrzeit.class.getModule());
      System.out.println("\nHeute ist der " + Datum.getDatum() +
        " und es ist " + Uhrzeit.getUhrzeit() + " Uhr");
   }
}
```

Die module-info-Datei für das Modul com.java.testmodul.datum

```
module com.java.testmodul.datum {
// Package exportieren
   exports com.java.testmodul.datum;
}
```

Die Klasse Datum

```java
package com.java.testmodul.datum;
import java.util.Calendar;
```

```
import java.util.GregorianCalendar;
public class Datum {
  public static String getDatum() {
    GregorianCalendar calendar = new GregorianCalendar();
    String datum = calendar.get(
      Calendar.DAY_OF_MONTH) + "." + (calendar.get(
        Calendar.MONTH) + 1) + "." + calendar.get(
          Calendar.YEAR);
    return datum;
  }
}
```

Die module-info-Datei für das Modul com.java.testmodul.uhrzeit

```
module com.java.testmodul.uhrzeit {
// Package exportieren
  exports com.java.testmodul.uhrzeit;
}
```

Die Klasse Uhrzeit

```
package com.java.testmodul.uhrzeit;
import java.util.Calendar;
import java.util.GregorianCalendar;
public class Uhrzeit {
  public static String getUhrzeit() {
    GregorianCalendar calendar = new GregorianCalendar();
    String uhrzeit = calendar.get(Calendar.HOUR_OF_DAY) + ":"
      + calendar.get(Calendar.MINUTE) + ":"
        + calendar.get(Calendar.SECOND);
    return uhrzeit;
  }
}
```

Die Kommandodatei Java9Modul.cmd

```
javac -d mods --module-source-path src src/com.java.testmodul.datum/
module-info.java src/com.java.testmodul.datum/com/java/testmodul/datum/
*.java
javac -d mods --module-source-path src src/com.java.testmodul.uhrzeit/
module-info.java src/com.java.testmodul.uhrzeit/com/java/testmodul/
uhrzeit/*.java

javac -d mods --module-source-path src src/com.java.testmodul.app/module-
info.java src/com.java.testmodul.app/com/java/testmodul/app/DatumUhr-
zeit.java

java --module-path mods -m com.java.testmodul.app/com.java.testmodul.
app.DatumUhrzeit
```

Programmausgaben

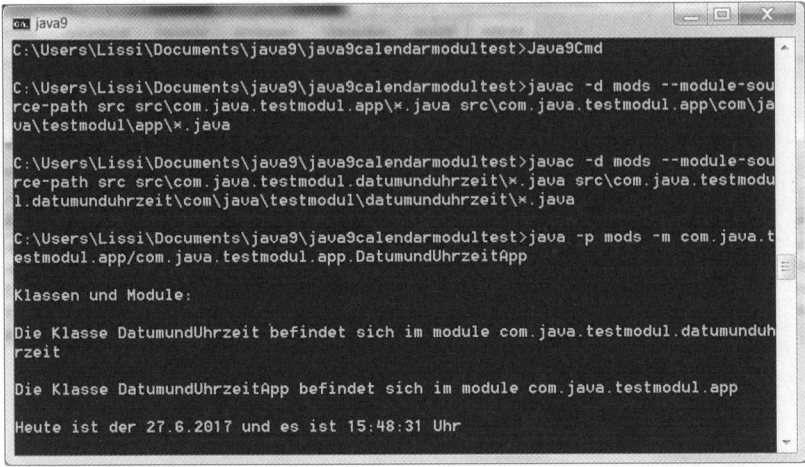

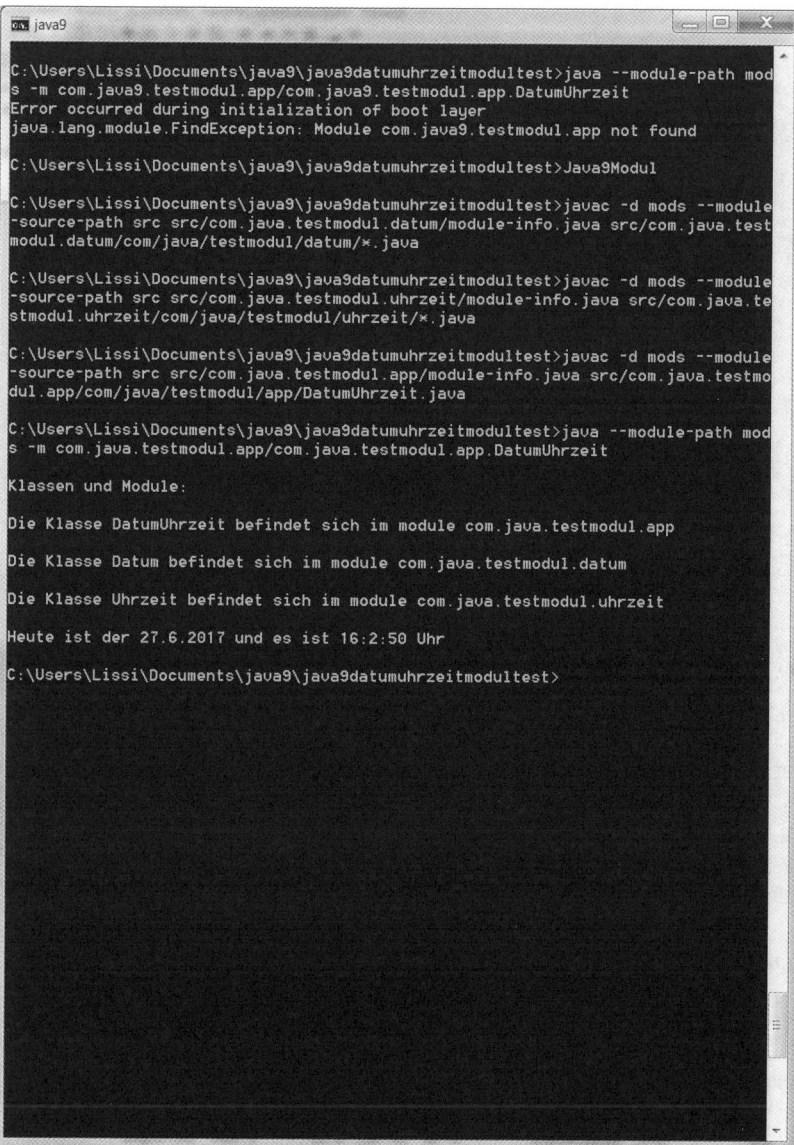

```
C:\Users\Lissi\Documents\java9\java9datumuhrzeitmodultest>java --module-path mod
s -m com.java9.testmodul.app/com.java9.testmodul.app.DatumUhrzeit
Error occurred during initialization of boot layer
java.lang.module.FindException: Module com.java9.testmodul.app not found

C:\Users\Lissi\Documents\java9\java9datumuhrzeitmodultest>Java9Modul

C:\Users\Lissi\Documents\java9\java9datumuhrzeitmodultest>javac -d mods --module
-source-path src src/com.java.testmodul.datum/module-info.java src/com.java.test
modul.datum/com/java/testmodul/datum/*.java

C:\Users\Lissi\Documents\java9\java9datumuhrzeitmodultest>javac -d mods --module
-source-path src src/com.java.testmodul.uhrzeit/module-info.java src/com.java.te
stmodul.uhrzeit/com/java/testmodul/uhrzeit/*.java

C:\Users\Lissi\Documents\java9\java9datumuhrzeitmodultest>javac -d mods --module
-source-path src src/com.java.testmodul.app/module-info.java src/com.java.testmo
dul.app/com/java/testmodul/app/DatumUhrzeit.java

C:\Users\Lissi\Documents\java9\java9datumuhrzeitmodultest>java --module-path mod
s -m com.java.testmodul.app/com.java.testmodul.app.DatumUhrzeit

Klassen und Module:

Die Klasse DatumUhrzeit befindet sich im module com.java.testmodul.app

Die Klasse Datum befindet sich im module com.java.testmodul.datum

Die Klasse Uhrzeit befindet sich im module com.java.testmodul.uhrzeit

Heute ist der 27.6.2017 und es ist 16:2:50 Uhr

C:\Users\Lissi\Documents\java9\java9datumuhrzeitmodultest>
```

```
java9                                                                    _ □ X

C:\Users\Lissi\Documents\java9\java9modultest>jar --file mlib/com.java.testmodul
.app.jar -t --list
META-INF/
META-INF/MANIFEST.MF
module-info.class
com/
com/java/
com/java/testmodul/
com/java/testmodul/app/
com/java/testmodul/app/JavaTestKlasse.class

C:\Users\Lissi\Documents\java9\java9modultest>jar --file mlib/com.java.testmodul
.app.jar -d --describe-module
com.java.testmodul.app jar:file:///C:/Users/Lissi/Documents/java9/java9modultest
/mlib/com.java.testmodul.app.jar/!module-info.class
requires java.base mandated
contains com.java.testmodul.app
main-class com.java.testmodul.app.JavaTestKlasse

C:\Users\Lissi\Documents\java9\java9modultest>cd ..\java9calendarmodultest

C:\Users\Lissi\Documents\java9\java9calendarmodultest>jar --file mlib/com.java.t
estmodul.app.jar -d --describe-module
com.java.testmodul.app jar:file:///C:/Users/Lissi/Documents/java9/java9calendarm
odultest/mlib/com.java.testmodul.app.jar/!module-info.class
requires com.java.testmodul.datumunduhrzeit
requires java.base mandated
contains com.java.testmodul.app
main-class com.java.testmodul.app.DatumundUhrzeitApp

C:\Users\Lissi\Documents\java9\java9calendarmodultest>jar --file mlib/com.java.t
estmodul.datumunduhrzeit.jar -d --describe-module
com.java.testmodul.datumunduhrzeit jar:file:///C:/Users/Lissi/Documents/java9/ja
va9calendarmodultest/mlib/com.java.testmodul.datumunduhrzeit.jar/!module-info.cl
ass
exports com.java.testmodul.datumunduhrzeit
requires java.base mandated

C:\Users\Lissi\Documents\java9\java9calendarmodultest>
```

Lösung 12.11

Die Applikation BuchBewertungApp

Die module-info-Datei für das Modul com.java.testmodul.app

```
module com.java.testmodul.app {
// Module importieren
  requires com.java.testmodul.buch;
  // requires com.java.testmodul.bewertung;
}
```

Die Klasse BuchBewertungApp

```
package com.java.testmodul.app;
import com.java.testmodul.buch.Buch;
import com.java.testmodul.bewertung.BuchBewertung;
import java.util.Calendar;
import java.util.GregorianCalendar;
public class BuchBewertungApp {
  public static void main(String[] args) {
    System.out.println("\nKlassen und Module: ");
    System.out.println("\nDie Klasse " + BuchBewertungApp.
      class.getSimpleName() + " befindet sich im " +
        BuchBewertungApp.class.getModule());
    System.out.println("\nDie Klasse " + Buch.
      class.getSimpleName() + " befindet sich im " +
        Buch.class.getModule());
    System.out.println("\nDie Klasse " + BuchBewertung.
      class.getSimpleName() + " befindet sich im " +
        BuchBewertung.class.getModule());
// Ein Buch-Objekt erzeugen
    Buch buch = new Buch("Java 9 Das Übungsbuch Band I",
      "Elisabeth Jung", "Java",
        new GregorianCalendar(2011,10,25), 978-3-8266-9203-7,
          28.95, 807, "http://www.it-fachportal.de/9203");
// Mit der Methode getBewertungen() seine Rezensionen, die in
// einer Liste vom Typ List<BuchBewertung> geliefert werden, lesen
// und zusammen mit dem Buchtitel und Autor anzeigen
    System.out.println("\nBuchrezensionen:");
    for(BuchBewertung bewertung:buch.getBewertungen())
      System.out.println(buch.toString() + "  "
        + bewertung.getName() + " von " + bewertung.getText());
  }
}
```

Die module-info-Datei für das Modul com.java.testmodul.buch

```
module com.java.testmodul.buch {
// Modul importieren
  // requires com.java.testmodul.bewertung;
  requires transitive com.java.testmodul.bewertung;
// Package exportieren
  exports com.java.testmodul.buch;
}
```

Die Klasse Buch

```
package com.java.testmodul.buch;
import com.java.testmodul.bewertung.BuchBewertung;
```

```
import java.util.Calendar;
import java.util.List;
import java.util.GregorianCalendar;
import java.util.function.Function;
public class Buch {
  private String titel;
  private String autor;
  private String thema;
  private Calendar erscheinungsdatum;
  private int ISBN;
  private double preis;
  private int seitenanzahl;
  private String website;
// Eine Liste von Rezensionen mit den neuen Collection-Factory-
// Methoden von Java 9 erzeugen
  private List<BuchBewertung> bewertungen = List.of(
    new BuchBewertung("Spiegel", "Rezension1"),
      new BuchBewertung("Stern", "Rezension2"),
        new BuchBewertung("Zeit", "Rezension3"));
// Konstruktordefinitionen
  public Buch(String titel, double preis) {
    this.titel = titel;
    this.preis = preis
  }
  public Buch(String titel, String autor, String thema,
    Calendar erscheinungsdatum, int ISBN, double preis,
      int seitenanzahl, String website,
                      List<BuchBewertung> bewertungen ) {
    this.titel = titel;
    this.autor = autor;
    this.thema = thema;
    this.erscheinungsdatum = erscheinungsdatum;
    this.ISBN = ISBN;
    this.preis = preis;
    this.seitenanzahl = seitenanzahl;
    this.website = website;
    this.bewertungen = bewertungen;
  }
  public Buch(String titel, String autor, String thema,
    Calendar erscheinungsdatum, int ISBN, double preis,
                      int seitenanzahl, String website) {
    this.titel = titel;
    this.autor = autor;
    this.thema = thema;
    this.erscheinungsdatum = erscheinungsdatum;
```

```
      this.ISBN = ISBN;
      this.preis = preis;
      this.seitenanzahl = seitenanzahl;
      this.website = website;
   }
   public Buch() {}
// Zugriffsmethoden
   public String getTitel() {
      return titel;
   }
   public void setTitel(String titel) {
      this.titel=titel;
   }
   public String getAutor() {
      return this.autor;
   }
   public void setAutor(String autor) {
      this.autor=autor;
   }
   public String getThema() {
      return thema;
   }
   public void setThema(String thema) {
      this.thema=thema;
   }
   public Calendar getErscheinungsdatum() {
      return erscheinungsdatum;
   }
   public void setErscheinungsdatum(Calendar erscheinungsdatum) {
      this.erscheinungsdatum = erscheinungsdatum;
   }
   public int getISBN() {
      return ISBN;
   }
   public void setISBN(int ISBN) {
      this.ISBN=ISBN;
   }
   public double getPreis() {
      return preis;
   }
   public void setPreis(double preis) {
      this.preis=preis;
   }
   public int getSeitenanzahl() {
      return seitenanzahl;
   }
```

```java
public void setSeitenanzahl(int seitenanzahl) {
   this.seitenanzahl=seitenanzahl;
}
public String getWebsite() {
   return website;
}
public void setWebsite(String website) {
   this.website=website;
}
public List<BuchBewertung> getBewertungen() {
   return bewertungen;
}
public void setBewertungen(List<BuchBewertung> bewertungen) {
   this.bewertungen=bewertungen;
}
public void anzeigeBuch() {
   System.out.println(titel + ", " + autor);
}
public static <T> void anzeigeEigenschaft(T eigenschaft) {
   System.out.println(eigenschaft);
}
public void anzeigeJahre() {
   Calendar today = GregorianCalendar.getInstance();
   int jahre = today.get(Calendar.YEAR) - erscheinungsdatum.
     get(Calendar.YEAR);
   if(jahre == 0)
      System.out.println("Das Buch " + titel
        + " ist in diesem Jahr erschienen");
   else
      System.out.println("Das Buch " + titel + " ist vor "
        + jahre + " Jahren erschienen");
}
@Override
public String toString() {
   return "[Titel = " + getTitel() + " Preis = "
     + getPreis() +"]";
}
}
```

Die module-info-Datei für das Modul com.java.testmodul.bewertung

```java
module com.java.testmodul.bewertung {
// Package exportieren
   exports com.java.testmodul.bewertung;
}
```

Die Klasse BuchBewertung

```java
package com.java.testmodul.bewertung;
public class BuchBewertung {
    private String text;
    private String name;
    public BuchBewertung(String text, String name) {
        this.text = text;
        this.name = name;
    }
    public String getText() {
        return text;
    }
    public void setText() {
        this.text = text;
    }
    public String getName() {
        return name;
    }
    public void setName() {
        this.name = name;
    }
    public String toString() {
        return "Rezension " + text + " von " + name;
    }
}
```

Die Kommandodatei Java9Modul.cmd

```
javac -d mods --module-source-path src src/com.java.testmodul.buch/
module-info.java src/com.java.testmodul.buch/com/java/testmodul/buch/
Buch.java
javac -d mods --module-source-path src src/com.java.testmodul.bewertung/
module-info.java src/com.java.testmodul.bewertung/com/java/testmodul/
bewertung/*.java

javac -d mods --module-source-path src src/com.java.testmodul.app/module-
info.java src/com.java.testmodul.app/com/java/testmodul/app/BuchBewer-
tungApp.java

java --module-path com.java.testmodul.bewertung\mods, com.java.testmo-
dul.buch\mods --module com.java.testmodul.app/com.java.testmodul.
app.BuchBewertungApp
```

Programmausgaben

```
java9                                                          _ ☐ X

C:\Users\Lissi\Documents\java9\java9datumuhrzeitmodultest>cd ..\java9buchrezensi
onmodultest

C:\Users\Lissi\Documents\java9\java9buchrezensionmodultest>Java9Modul

C:\Users\Lissi\Documents\java9\java9buchrezensionmodultest>javac -d mods --modul
e-source-path src src/com.java.testmodul.buch/module-info.java src/com.java.test
modul.buch/com/java/testmodul/buch/Buch.java

C:\Users\Lissi\Documents\java9\java9buchrezensionmodultest>javac -d mods --modul
e-source-path src src/com.java.testmodul.bewertung/module-info.java src/com.java
.testmodul.bewertung/com/java/testmodul/bewertung/*.java

C:\Users\Lissi\Documents\java9\java9buchrezensionmodultest>javac -d mods --modul
e-source-path src src/com.java.testmodul.app/module-info.java src/com.java.testm
odul.app/com/java/testmodul/app/BuchBewertungApp.java

C:\Users\Lissi\Documents\java9\java9buchrezensionmodultest>java --module-path mo
ds --module com.java.testmodul.app/com.java.testmodul.app.BuchBewertungApp

Klassen und Module:

Die Klasse BuchBewertungApp befindet sich im module com.java.testmodul.app

Die Klasse Buch befindet sich im module com.java.testmodul.buch

Die Klasse BuchBewertung befindet sich im module com.java.testmodul.bewertung

Buchrezensionen:
[Titel = Java 9 Das Übungsbuch Band I Preis = 28.95]   Rezension1 von Spiegel
[Titel = Java 9 Das Übungsbuch Band I Preis = 28.95]   Rezension2 von Stern
[Titel = Java 9 Das Übungsbuch Band I Preis = 28.95]   Rezension3 von Zeit

C:\Users\Lissi\Documents\java9\java9buchrezensionmodultest>
```

Lösung 12.12

Die Applikation TextAnalyzerApp

Die module-info-Datei für das Modul com.java.testmodul.app

```java
module com.java.testmodul.app {
// Modul importieren
    requires com.java.testmodul.textanalyzerinterface;
    requires com.java.testmodul.textanalyzerprovider;
    uses com.java.testmodul.textanalyzerinterface.
      TextAnalyzerService;
}
```

Die Klasse TextAnalyzerApp

```java
package com.java.testmodul.app;
import com.java.testmodul.textanalyzerprovider.TextAnalyzer1;
import com.java.testmodul.textanalyzerprovider.TextAnalyzer2;
import com.java.testmodul.textanalyzerprovider.TextAnalyzer3;
```

```
import com.java.testmodul.textanalyzerinterface.
 TextAnalyzerService;
import java.util.Iterator;
import java.util.ServiceLoader;
public class TextAnalyzerApp {
  public static void main(String[] args) {
    System.out.println("\nKlassen und Module: ");
    System.out.println("\nDie Klasse " + TextAnalyzerApp.
      class.getSimpleName() + " befindet sich im " +
        TextAnalyzerApp.class.getModule());
    System.out.println("\nDie Klasse " + TextAnalyzer1.
      class.getSimpleName() + " befindet sich im " +
        TextAnalyzer1.class.getModule());
    System.out.println("\nDie Klasse " + TextAnalyzer2.
      class.getSimpleName() + " befindet sich im " +
        TextAnalyzer2.class.getModule());
    System.out.println("\nDie Klasse " + TextAnalyzer3.
      class.getSimpleName() + " befindet sich im " +
        TextAnalyzer3.class.getModule());
    Iterator<TextAnalyzerService> iterator = ServiceLoader.
      load(TextAnalyzerService.class).iterator();
    while(iterator.hasNext()) {
      String testWort = "1. TextAnalyzer mit ServiceProvider!";
      System.out.println("\nAnzahl berechneter " +
      iterator.next().getAnzahl(testWort));
    }
  }
}
```

Die module-info-Datei für das Modul com.java.testmodul.textanalyzerinterface

```
module com.java.testmodul.textanalyzerinterface {
// Package exportieren
  exports com.java.testmodul.textanalyzerinterface;
}
```

Das Interface TextAnalyzerService

```
package com.java.testmodul.textanalyzerinterface;
import java.util.List;
public interface TextAnalyzerService {
  static final List<Character> buchstabenListe = List.of('a', 'e', 'i',
'o', 'u', 'A', 'E', 'I', 'O', 'U', 'b', 'c', 'd', 'f', 'g', 'h', 'j', 'k',
'l', 'm', 'n', 'p', 'q', 'r', 's', 't', 'v', 'w', 'x', 'y', 'z', 'B',
'C','D', 'F', 'G', 'H', 'J', 'K', 'L','M', 'N', 'P', 'Q', 'R', 'S', 'T',
'V', 'W','X', 'Y', 'Z','ä', 'ö', 'ü', 'Ä', 'Ö', 'Ü');
  static final List<Character> zahlenListe = List.of('0', '1', '2', '3',
'4', '5', '6', '7', '8', '9');
```

```
   static final List<Character> sonderZeichenListe = List.of('-', '.',
',', ';', ':', ' ', '!', '?', '§', '$', '<', '>', '*', '#', '+', '(', ')',
'[', ']','{', '}', '"', '„');
// Methode des Interface
   public String getAnzahl(String wort);
}
```

Die module-info-Datei für das Modul com.java.testmodul.textanalyzerprovider

```
module com.java.testmodul.textanalyzerprovider {
// Service-Modul importieren
   requires transitive com.java.testmodul.textanalyzerinterface;
   provides
    com.java.testmodul.textanalyzerinterface.TextAnalyzerService
     with
    com.java.testmodul.textanalyzerprovider.TextAnalyzer1,
    com.java.testmodul.textanalyzerprovider.TextAnalyzer2,
    com.java.testmodul.textanalyzerprovider.TextAnalyzer3;
   exports com.java.testmodul.textanalyzerprovider;
}
```

Die Klasse TextAnalyzer1

```
package com.java.testmodul.textanalyzerprovider;
import com.java.testmodul.textanalyzerinterface.
  TextAnalyzerService;
public class TextAnalyzer1 implements TextAnalyzerService {
  @Override
  public String getAnzahl(String wort) {
    char[] charArray = wort.toCharArray();
    int anzahl = 0;
    for(char zeichen : charArray) {
      for(char buchstabe: buchstabenListe) {
        if(zeichen == buchstabe) {
          anzahl++;
        }
      }
    }
    return "Buchstaben: " + anzahl;
  }
}
```

Die Klasse TextAnalyzer2

```
package com.java.testmodul.textanalyzerprovider;
import com.java.testmodul.textanalyzerinterface.
  TextAnalyzerService;
public class TextAnalyzer2 implements TextAnalyzerService {
  @Override
```

```
public String getAnzahl(String wort) {
  char[] charArray = wort.toCharArray();
  int anzahl = 0;
  for(char zeichen : charArray) {
    for(char zahl: zahlenListe) {
      if(zeichen == zahl) {
        anzahl++;
      }
    }
  }
  return "Zahlen: " + anzahl;
}
}
```

Die Klasse TextAnalyzer3

```
package com.java.testmodul.textanalyzerprovider;
import com.java.testmodul.textanalyzerinterface.
  TextAnalyzerService;
public class TextAnalyzer3 implements TextAnalyzerService {
  @Override
  public String getAnzahl(String wort) {
    char[] charArray = wort.toCharArray();
    int anzahl = 0;
    for(char zeichen : charArray) {
      for(char sonderzeichen : sonderZeichenListe) {
        if(zeichen == sonderzeichen) {
          anzahl++;
        }
      }
    }
    return "Sonderzeichen: " + anzahl;
  }
}
```

Die Kommandodatei Java9Modul.cmd

```
javac -d mods --module-source-path src src/com.java.testmodul.textanaly-
zerinterface/module-info.java src/com.java.testmodul.textanalyzerinter-
face/com/java/testmodul/textanalyzerinterface/*.java
javac -d mods --module-source-path src src/com.java.testmodul.textanaly-
zerprovider/module-info.java src/com.java.testmodul.textanalyzerprovi-
der/com/java/testmodul/textanalyzerprovider/*.java
javac -d mods --module-source-path src src/com.java.testmodul.app/module-
info.java src/com.java.testmodul.app/com/java/testmodul/app/TextAnaly-
zerApp.java
java --module-path mods --module com.java.testmodul.app/com.java.test-
modul.app.TextAnalyzerApp
```

Programmausgaben

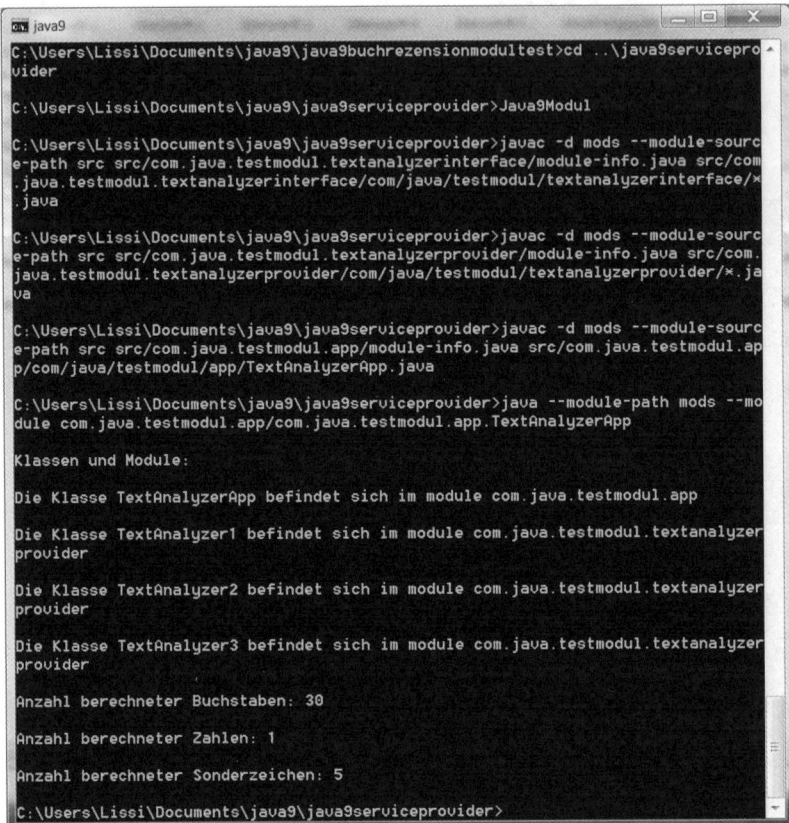

```
C:\Users\Lissi\Documents\java9\java9buchrezensionmodultest>cd ..\java9servicepro
vider

C:\Users\Lissi\Documents\java9\java9serviceprovider>Java9Modul

C:\Users\Lissi\Documents\java9\java9serviceprovider>javac -d mods --module-sourc
e-path src src/com.java.testmodul.textanalyzerinterface/module-info.java src/com
.java.testmodul.textanalyzerinterface/com/java/testmodul/textanalyzerinterface/*
.java

C:\Users\Lissi\Documents\java9\java9serviceprovider>javac -d mods --module-sourc
e-path src src/com.java.testmodul.textanalyzerprovider/module-info.java src/com.
java.testmodul.textanalyzerprovider/com/java/testmodul/textanalyzerprovider/*.ja
va

C:\Users\Lissi\Documents\java9\java9serviceprovider>javac -d mods --module-sourc
e-path src src/com.java.testmodul.app/module-info.java src/com.java.testmodul.ap
p/com/java/testmodul/app/TextAnalyzerApp.java

C:\Users\Lissi\Documents\java9\java9serviceprovider>java --module-path mods --mo
dule com.java.testmodul.app/com.java.testmodul.app.TextAnalyzerApp

Klassen und Module:

Die Klasse TextAnalyzerApp befindet sich im module com.java.testmodul.app

Die Klasse TextAnalyzer1 befindet sich im module com.java.testmodul.textanalyzer
provider

Die Klasse TextAnalyzer2 befindet sich im module com.java.testmodul.textanalyzer
provider

Die Klasse TextAnalyzer3 befindet sich im module com.java.testmodul.textanalyzer
provider

Anzahl berechneter Buchstaben: 30

Anzahl berechneter Zahlen: 1

Anzahl berechneter Sonderzeichen: 5

C:\Users\Lissi\Documents\java9\java9serviceprovider>
```

Lösung 12.13

Die Klassen DefaultLoggerFinder, Logger1, Logger2 und DefaultSystemLoggerJava9

```java
import java.lang.System.Logger;
import java.lang.System.LoggerFinder;
import java.lang.System.Logger.Level;
import java.util.ResourceBundle;
import java.util.ListResourceBundle;
import java.util.Locale;
import java.util.function.Supplier;
import java.time.LocalDateTime;
import java.lang.reflect.Module;
class DefaultLoggerFinder extends System.LoggerFinder {
    @Override
```

```
  public System.Logger getLogger(String name, Module module) {
    if(name.equals("Logger1"))
        return new Logger1();
    else
        return new Logger2();
  }
}
// System.Logger-Instanzen werden von der Klasse System über den
// Aufruf System.getLogger(loggerName) oder
// System.getLogger(loggerName, resourceBundle) erzeugt
class Logger1 implements System.Logger {
  @Override
  public String getName() {
    return "Logger1";
  }
// Die System.Logger.Levels sind auf die java.util.logging-Levels
// mit vergleichbarem Schwierigkeitsgrad abgebildet
  @Override
  public boolean isLoggable(Level level) {
    switch (level) {
      case OFF:
      case TRACE:
      case DEBUG:
      case INFO:
      case WARNING:
      case ERROR:
      case ALL:
      default:
          return true;
    }
  }
// Die log()-Methoden für die Nachrichtenanzeige überschreiben
  @Override
  public void log(System.Logger.Level level,
      ResourceBundle bundle, String msg, Throwable thrown) {
    System.out.printf("[%s]: %s - %s%n", level, msg);
  }
  @Override
  public void log(System.Logger.Level level,
    ResourceBundle bundle, String format, Object... params) {
      System.out.printf("[%s]: %s%n", level, format(format,
      params));
  }
}
class Logger2 implements System.Logger {
  @Override
  public String getName() {
    return "Logger2";
```

```
    }
    @Override
    public boolean isLoggable(Level level) {
        switch (level) {
            case OFF:
            case TRACE:
            case DEBUG:
            case INFO:
            case WARNING:
            case ERROR:
            case ALL:
            default:
                return true;
        }
    }
// Die nicht-default log()-Methoden von SystemLogger überschreiben
    @Override
    public void log(System.Logger.Level level,
            ResourceBundle bundle, String msg, Throwable thrown) {
        System.out.printf("[%s]: %s - %s%n", level, msg);
    }
    @Override
    public void log(System.Logger.Level level,
        ResourceBundle bundle, String message, Object... params) {
        System.out.printf("[%s]: %s%n", level, format(format,
            params));
    }
}
// Testklasse für die Logger; die Ausgaben zeigen, dass mit einer
// Default-Implementation für die SystemLoggers gearbeitet wird
public class DefaultSystemLoggerJava9 {
    private static System.Logger logger1 =
        System.getLogger("Logger1");
    private static System.Logger logger2 =
        System.getLogger("Logger2");
    private static String message =
        "Heute ist der " + showLocalDateTime();
// Einen Supplier erzeugen
    private static Supplier<String> logMessage =
        ()-> "Heute ist der " + showLocalDateTime();
// Methode für die Anzeige von Datum und Uhrzeit
    private static String showLocalDateTime() {
        System.out.println("Der Supplier erzeugt eine Instanz...");
        System.out.println(LocalDateTime.now().toString());
        return LocalDateTime.now().toString();
    }
    public static void main(String[] args) {
// Ein ResourcesBundle vom Typ der Klasse MyResources erzeugen
```

```
// und die verschiedenen log()- bzw. default-log()-Methoden
// aufrufen
    MyResources MyResources = new MyResources();
    Locale currentLocale = Locale.getDefault();
    ResourceBundle myResources =
      ResourceBundle.getBundle("MyResources", currentLocale);
    logger1.log(Level.WARNING, "Test der definierten Levels "
      + "fuer Logger1");
    logger1.log(Level.INFO, "Logger1 mit Level INFO");
    logger1.log(Level.DEBUG, "Logger1 mit Level DEBUG");
    logger1.log(Level.ERROR, "Logger1 mit Level ERROR");
    logger2.log(Level.WARNING, "Test der definierten Levels "
      + "fuer Logger2");
    logger2.log(Level.INFO, "Logger2 mit Level INFO");
    logger2.log(Level.TRACE, "Logger2 mit Level TRACE");
    logger2.log(Level.OFF, myResources,
      "Logger2 mit Level OFF:{0}, {1}",
        new Object[] {"Logger1", "Logger2"} );
    logger1.log(Level.INFO, myResources, "Key1");
    logger2.log(Level.INFO, myResources, "Key2");
// Die beiden Logger arbeiten nicht mit den nachfolgenden Leveln
    if(logger1.isLoggable(System.Logger.Level.DEBUG))
       logger1.log(System.Logger.Level.DEBUG, "Heute ist der "
         + showLocalDateTime());
    if(logger2.isLoggable(System.Logger.Level.TRACE))
       logger2.log(System.Logger.Level.TRACE, "Heute ist der "
         + showLocalDateTime());
// Die default-Methode mit dem Supplier-Argument aufrufen
    logger1.log(System.Logger.Level.DEBUG, ()-> "Heute ist der "
      + showLocalDateTime());
    logger2.log(System.Logger.Level.TRACE, ()-> "Heute ist der "
      + showLocalDateTime());
    logger2.log(System.Logger.Level.WARNING, logMessage);
    logger2.log(System.Logger.Level.INFO, logMessage);
  }
}
```

Die Klasse MyResources

```
import java.util.ResourceBundle;
import java.util.ListResourceBundle;
public class MyResources extends ListResourceBundle {
  protected Object[][] getContents() {
    return new Object[][] {
      {"Key1", "Meldung1"},
      {"Key2", "Meldung2"},
    };
  }
}
```

Programmausgaben

```
java9                                                              _ □ X

C:\Users\Lissi\Documents\java9>javac DefaultSystemLoggerJava9.java

C:\Users\Lissi\Documents\java9>java DefaultSystemLoggerJava9
Der Supplier erzeugt eine Instanz...
2017-06-13T17:23:18.336611900

Es wurde ein Logger vom Typ sun.util.logging.internal.LoggingProviderImpl$JULWra
pper geliefert

Es wurde ein Logger vom Typ sun.util.logging.internal.LoggingProviderImpl$JULWra
pper geliefert

Juni 13, 2017 5:23:18 NACHM. DefaultSystemLoggerJava9 main
WARNUNG: Test der definierten Levels fuer Logger1
Juni 13, 2017 5:23:18 NACHM. DefaultSystemLoggerJava9 main
INFORMATION: Logger1 mit Level INFO
Juni 13, 2017 5:23:18 NACHM. DefaultSystemLoggerJava9 main
SCHWERWIEGEND: Logger1 mit Level ERROR
Juni 13, 2017 5:23:18 NACHM. DefaultSystemLoggerJava9 main
WARNUNG: Test der definierten Levels fuer Logger2
Juni 13, 2017 5:23:18 NACHM. DefaultSystemLoggerJava9 main
INFORMATION: Logger2 mit Level INFO
Juni 13, 2017 5:23:18 NACHM. DefaultSystemLoggerJava9 main
DEAKTIVIERT: Logger2 mit Level OFF:Logger1, Logger2
Juni 13, 2017 5:23:18 NACHM. DefaultSystemLoggerJava9 main
INFORMATION: Meldung1
Juni 13, 2017 5:23:18 NACHM. DefaultSystemLoggerJava9 main
INFORMATION: Meldung2
Der Supplier erzeugt eine Instanz...
2017-06-13T17:23:18.477012100
Juni 13, 2017 5:23:18 NACHM. DefaultSystemLoggerJava9 main
WARNUNG: Heute ist der 2017-06-13T17:23:18.477012100
Der Supplier erzeugt eine Instanz...
2017-06-13T17:23:18.477012100
Juni 13, 2017 5:23:18 NACHM. DefaultSystemLoggerJava9 main
INFORMATION: Heute ist der 2017-06-13T17:23:18.477012100

C:\Users\Lissi\Documents\java9>
```

Lösung 12.14

Die Applikation PlatformLoggerJava9

Die Klasse Logger1

```java
package com.java.testmodul.logger;
import java.lang.System.Logger;
import java.lang.System.LoggerFinder;
import java.util.ResourceBundle;
import static java.text.MessageFormat.format;
public class Logger1 implements System.Logger {
    @Override
    public String getName() {
        return "Logger1";
    }
```

```
@Override
public boolean isLoggable(System.Logger.Level level) {
   switch(level) {
      case OFF:
         return false;
      case TRACE:
         return true;
      case DEBUG:
         return true;
      case INFO:
         return true;
      case WARNING:
         return true;
      case ERROR:
         return true;
      case ALL:
         return false;
      default:
         return true;
   }
}
@Override
public void log(System.Logger.Level level, ResourceBundle
                  bundle, String msg, Throwable thrown) {
   System.out.printf("Log von Logger1 [%s]: %s - %s%n", level,
      msg, thrown);
}
@Override
public void log(System.Logger.Level level, ResourceBundle
               bundle, String format, Object... params) {
   System.out.printf("Log von Logger1 [%s]: %s%n", level,
      format(format, params));
}
}
```

Die Klasse Logger2

```
package com.java.testmodul.logger;
import java.lang.System.Logger;
import java.lang.System.LoggerFinder;
import java.util.ResourceBundle;
import static java.text.MessageFormat.format;
public class Logger2 implements System.Logger {
   @Override
   public String getName() {
      return "Logger2";
   }
   @Override
```

```java
public boolean isLoggable(System.Logger.Level level) {
  switch(level) {
    case OFF:
      return false;
    case TRACE:
      return false;
    case DEBUG:
      return true;
    case INFO:
      return true;
    case WARNING:
      return true;
    case ERROR:
      return true;
    case ALL:
      return false;
    default:
      return true;
  }
}
@Override
public void log(System.Logger.Level level, ResourceBundle
                bundle, String msg, Throwable thrown) {
  System.out.printf("Log von Logger2 [%s]: %s - %s%n",
    level, msg, thrown);
}
@Override
public void log(System.Logger.Level level, ResourceBundle
                bundle, String format, Object... params) {
  System.out.printf("Log von Logger2 [%s]: %s%n", level,
    format(format, params));
}
}
```

Die Klasse UserLoggerFinder

```java
package com.java.testmodul.logger;
import java.util.ResourceBundle;
import java.lang.Module;
public class UserLoggerFinder extends System.LoggerFinder {
  @Override
  public System.Logger getLogger(String name, Module module) {
    if(name.equals("Logger1"))
      return new Logger1();
    else
      return new Logger2();
  }
}
```

Die Klasse PlatformLoggerJava9

```java
package com.java.testmodul.app;
import java.lang.System.Logger;
import java.lang.System.Logger.Level;
import java.util.ResourceBundle;
import java.util.ListResourceBundle;
import java.util.Locale;
import java.util.function.Supplier;
import java.time.LocalDateTime;
import java.lang.reflect.Module;
public class PlatformLoggerJava9 {
    static class MyResources extends ListResourceBundle {
        protected Object[][] getContents() {
            return new Object[][] {
                {"Key1", "Meldung1"},
                {"Key2", "Meldung2"},
            };
        }
    }
    private static System.Logger logger1 =
        System.getLogger("Logger1");
    private static System.Logger logger2 =
        System.getLogger("Logger2");
    private static String message =
        "Heute ist der " + showLocalDateTime();
// Einen Supplier erzeugen
    private static Supplier<String> logMessage =
        ()-> "Heute ist der " + showLocalDateTime();
// Methode für die Anzeige von Datum und Uhrzeit
    private static String showLocalDateTime() {
        System.out.println("Der Supplier erzeugt eine Instanz...");
        System.out.println(LocalDateTime.now().toString());
        return LocalDateTime.now().toString();
    }
    public static void main(String[] args) {
// Ein ResourcesBundle vom Typ der Klasse MyResources erzeugen
// und die verschiedenen log()- bzw. default-log()-Methoden
// aufrufen
        PlatformLoggerJava9.MyResources MyResources =
                new PlatformLoggerJava9.MyResources();
        Locale currentLocale = Locale.getDefault();
        ResourceBundle myResources =
            ResourceBundle.getBundle("MyResources", currentLocale);
            logger1.log(Level.WARNING, "Test der definierten Levels "
                + "fuer Logger1");
            logger1.log(Level.INFO, "Logger1 mit Level INFO");
            logger1.log(Level.DEBUG, "Logger1 mit Level DEBUG");
```

```
        logger1.log(Level.ERROR, "Logger1 mit Level ERROR");
        logger2.log(Level.WARNING, "Test der definierten Levels "
          + "fuer Logger2");
        logger2.log(Level.INFO, "Logger2 mit Level INFO");
        logger2.log(Level.TRACE, "Logger2 mit Level TRACE");
        logger2.log(Level.OFF, myResources,
          "Logger2 mit Level OFF:{0}, {1}",
            new Object[] {"Logger1", "Logger2"} );
        logger2.log(Level.OFF, "Logger2 mit Level OFF:{0}, {1}",
          new Object[] {"Logger1", "Logger2"} );
        logger1.log(Level.TRACE,  myResources, "Key1");
        logger2.log(Level.INFO,  myResources, "Key2");
// Das Setzen der Rückgabewerte von switch(level) in den Logger-
// Klassen prüfen
        if(logger1.isLoggable(System.Logger.Level.DEBUG))
          logger1.log(System.Logger.Level.DEBUG, "?Heute ist der "
            + showLocalDateTime());
        if(logger2.isLoggable(System.Logger.Level.TRACE))
          logger2.log(System.Logger.Level.TRACE, "!Heute ist der "
            + showLocalDateTime());
        if(logger1.isLoggable(System.Logger.Level.TRACE))
          logger1.log(System.Logger.Level.TRACE, "???Heute ist der "
            + showLocalDateTime());
        if(logger2.isLoggable(System.Logger.Level.DEBUG))
          logger2.log(System.Logger.Level.DEBUG, "!!!Heute ist der "
            + showLocalDateTime());
// Die default-Methode mit dem Supplier-Argument aufrufen
        logger1.log(System.Logger.Level.DEBUG, ()-> "Heute ist der "
          + showLocalDateTime());
        logger2.log(System.Logger.Level.TRACE, ()-> "Heute ist der "
          + showLocalDateTime());
        logger2.log(System.Logger.Level.WARNING, logMessage);
        logger2.log(System.Logger.Level.INFO, logMessage);
    }
}
```

Die module-info.java-Datei aus dem Modul com.java.testmodul.logger

```
module com.java.testmodul.logger {
  provides java.lang.System.LoggerFinder
    with com.java.testmodul.logger.MyLoggerFinder;
  exports com.java.testmodul.logger;
}
```

Die module-info.java-Datei aus dem Modul com.java.testmodul.app

```
module com.java.testmodul.app {
// Module importieren
```

```
  // requires java.logging;
  requires com.java.testmodul.logger;
  // uses com.java.testmodul.logger.MyLoggerFinder;
  exports com.java.testmodul.app;
}
```

Programmausgaben

```
java9                                                        _  □  X

C:\Users\Lissi\Documents\java9\java9loggermodultest>Java9ModulLogging

C:\Users\Lissi\Documents\java9\java9loggermodultest>javac -d mods/com.java.testm
odul.logger --module-source-path src src/com.java.testmodul.logger/module-info.j
ava src/com.java.testmodul.logger/com/java/testmodul/logger/*.java

C:\Users\Lissi\Documents\java9\java9loggermodultest>javac -d mods/com.java.testm
odul.app --module-source-path src src/com.java.testmodul.app/module-info.java sr
c/com.java.testmodul.app/com/java/testmodul/app/PlatformLoggerJava9.java

C:\Users\Lissi\Documents\java9\java9loggermodultest>java --module-path mods/com.
java.testmodul.app -m com.java.testmodul.app/com.java.testmodul.app.PlatformLogg
erJava9
Der Supplier erzeugt eine Instanz...
2017-06-29T16:08:58.868459700

Es wurde ein Logger vom Typ com.java.testmodul.logger.Logger1 geliefert

Es wurde ein Logger vom Typ com.java.testmodul.logger.Logger2 geliefert

Klassen und Module:

Die Klasse PlatformLoggerJava9 befindet sich im module com.java.testmodul.app

Klassen und Module:

Die Klasse UserLoggerFinder befindet sich im module com.java.testmodul.logger

Die Klasse Logger1 befindet sich im module com.java.testmodul.logger

Die Klasse Logger2 befindet sich im module com.java.testmodul.logger
Log von Logger1 [WARNING]: Test der definierten Levels fuer Logger1
Log von Logger1 [INFO]: Logger1 mit Level INFO
Log von Logger1 [DEBUG]: Logger1 mit Level DEBUG
Log von Logger1 [ERROR]: Logger1 mit Level ERROR
Log von Logger2 [WARNING]: Test der definierten Levels fuer Logger2
Log von Logger2 [INFO]: Logger2 mit Level INFO
Log von Logger2 [TRACE]: Logger2 mit Level TRACE
Log von Logger2 [OFF]: Logger2 mit Level OFF:Logger1, Logger2
Log von Logger2 [OFF]: Logger2 mit Level OFF:Logger1, Logger2
Log von Logger1 [TRACE]: Key1
Log von Logger2 [INFO]: Key2
Der Supplier erzeugt eine Instanz...
2017-06-29T16:08:59.008860
Log von Logger1 [DEBUG]: ?Heute ist der 2017-06-29T16:08:59.008860
Der Supplier erzeugt eine Instanz...
2017-06-29T16:08:59.008860
Log von Logger1 [TRACE]: ???Heute ist der 2017-06-29T16:08:59.008860
Der Supplier erzeugt eine Instanz...
```

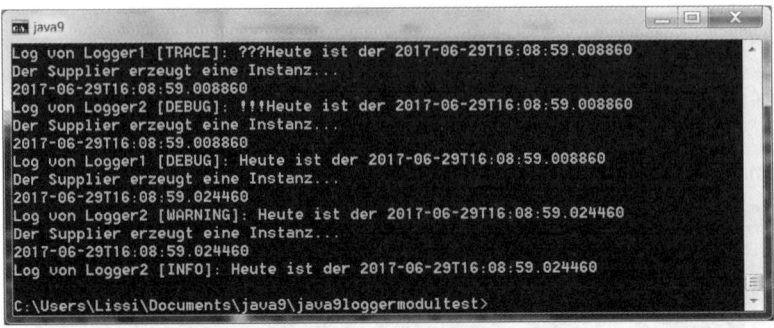

```
java9                                                              _ □ X
Log von Logger1 [TRACE]: ???Heute ist der 2017-06-29T16:08:59.008860
Der Supplier erzeugt eine Instanz...
2017-06-29T16:08:59.008860
Log von Logger2 [DEBUG]: !!!Heute ist der 2017-06-29T16:08:59.008860
Der Supplier erzeugt eine Instanz...
2017-06-29T16:08:59.008860
Log von Logger1 [DEBUG]: Heute ist der 2017-06-29T16:08:59.008860
Der Supplier erzeugt eine Instanz...
2017-06-29T16:08:59.024460
Log von Logger2 [WARNING]: Heute ist der 2017-06-29T16:08:59.024460
Der Supplier erzeugt eine Instanz...
2017-06-29T16:08:59.024460
Log von Logger2 [INFO]: Heute ist der 2017-06-29T16:08:59.024460

C:\Users\Lissi\Documents\java9\java9loggermodultest>
```

```
java9                                                              _ □ X
C:\Users\Lissi\Documents\java9\java9loggermodultest>Java9ModulLogging

C:\Users\Lissi\Documents\java9\java9loggermodultest>javac -d mods/com.java.testm
odul.logger --module-source-path src src/com.java.testmodul.logger/module-info.j
ava src/com.java.testmodul.logger/com/java/testmodul/logger/*.java

C:\Users\Lissi\Documents\java9\java9loggermodultest>javac -d mods/com.java.testm
odul.app --module-source-path src src/com.java.testmodul.app/module-info.java sr
c/com.java.testmodul.app/com/java/testmodul/app/PlatformLoggerJava9.java

C:\Users\Lissi\Documents\java9\java9loggermodultest>java --module-path mods/com.
java.testmodul.app -m com.java.testmodul.app/com.java.testmodul.app.PlatformLogg
erJava9
Der Supplier erzeugt eine Instanz...
2017-06-29T16:14:14.475614300

Es wurde ein Logger vom Typ sun.util.logging.internal.LoggingProviderImpl$JULWra
pper geliefert

Es wurde ein Logger vom Typ sun.util.logging.internal.LoggingProviderImpl$JULWra
pper geliefert

Klassen und Module:

Die Klasse PlatformLoggerJava9 befindet sich im module com.java.testmodul.app

Klassen und Module:

Die Klasse UserLoggerFinder befindet sich im module com.java.testmodul.logger

Die Klasse Logger1 befindet sich im module com.java.testmodul.logger

Die Klasse Logger2 befindet sich im module com.java.testmodul.logger
Juni 29, 2017 4:14:14 NACHM. com.java.testmodul.app.PlatformLoggerJava9 main
WARNUNG: Test der definierten Levels fuer Logger1
Juni 29, 2017 4:14:14 NACHM. com.java.testmodul.app.PlatformLoggerJava9 main
INFORMATION: Logger1 mit Level INFO
Juni 29, 2017 4:14:14 NACHM. com.java.testmodul.app.PlatformLoggerJava9 main
SCHWERWIEGEND: Logger1 mit Level ERROR
Juni 29, 2017 4:14:14 NACHM. com.java.testmodul.app.PlatformLoggerJava9 main
WARNUNG: Test der definierten Levels fuer Logger2
Juni 29, 2017 4:14:14 NACHM. com.java.testmodul.app.PlatformLoggerJava9 main
INFORMATION: Logger2 mit Level INFO
Juni 29, 2017 4:14:14 NACHM. com.java.testmodul.app.PlatformLoggerJava9 main
DEAKTIVIERT: Logger2 mit Level OFF:Logger1, Logger2
Juni 29, 2017 4:14:14 NACHM. com.java.testmodul.app.PlatformLoggerJava9 main
DEAKTIVIERT: Logger2 mit Level OFF:Logger1, Logger2
Juni 29, 2017 4:14:14 NACHM. com.java.testmodul.app.PlatformLoggerJava9 main
INFORMATION: Meldung2
```

Lösung 12.15

Die Klasse MultiResolutionImagesJava9ohnePlatformLogging

```java
import java.lang.System.Logger;
import static java.lang.System.Logger.Level;
import javax.imageio.ImageIO;
import java.awt.Image;
import java.awt.image.BaseMultiResolutionImage;
import java.awt.image.MultiResolutionImage;
import java.io.IOException;
import java.util.ArrayList;
import java.util.List;
import java.io.File;
import java.util.Random;
import java.util.stream.Collectors;
import javax.swing.*;
import java.awt.BorderLayout;
class MultiResolutionImagesJava9ohnePlatformLogging {
    public static final Logger log = System.
      getLogger("SystemoutLogger");
    public static void main(String[] args) throws IOException {
// Die Images als MultiResolutionImage
// mit der Methode loadImages() dieser Klasse laden
        MultiResolutionImage multiResImage = loadImages();
// Die gewünschte Größe für das von der ersten Methode gelieferte
// MultiResolutionImage, das alle Images einkapselt, zuweisen
// oder durch Zufall generieren
        int desiredImageWidth = 500; //new Random().nextInt(1000);
        int desiredImageHeight = 500; //new Random().nextInt(1000);
        Image variant = multiResImage.getResolutionVariant(
          desiredImageWidth, desiredImageHeight);
        log.log(Level.WARNING,"Mit getResolutionVariant() ermittelt"
      +" bei einer Uebergabe von {0} {1} wurden die Werte {2} {3}",
        desiredImageWidth, desiredImageHeight, variant.
          getWidth(null),variant.getHeight(null));
// Die zu der gewünschten Größe ermittelten Werte für Breite und
// Höhe anzeigen
        log.log(Level.INFO,"Image-Width für das MultiResolutionImage"
```

```
          + " fuer die gewünschte Breite von {0} : {1}",
            desiredImageWidth, variant.getWidth(null));
      log.log(Level.INFO,"Image-Height für das MultiResolutionImage"
        + " fuer die gewünschte Hoehe von {0} : {1}",
            desiredImageHeight, variant.getHeight(null));
      System.out.println();
  // Alle empfohlenen Varianten an Auflösungen für die Images der
  // Liste mit der zweiten Methode ermitteln und anzeigen
      List<Image> variants = multiResImage.
        getResolutionVariants();
      variants.stream().forEach(System.out::println);
  // Für jede angegebene Größe eine Auflösungs-spezifische Image-
  // Variante ermitteln
      Image variant1 = multiResImage.getResolutionVariant(1024,
        768);
      log.log(Level.INFO,"\nImage-Variante fuer die Groessenangabe "
        + 1024 + " " + 768 + " " + variant1.getWidth(null)+" " +
          variant1.getHeight(null));
      Image variant2 = multiResImage.getResolutionVariant(16, 16);
      log.log(Level.INFO,"\nImage-Variante fuer die Groessenangabe "
          + 16 + " " + 16 + " " + variant1.getWidth(null)+" " +
            variant2.getHeight(null));
      Image variant3 = multiResImage.getResolutionVariant(600,
        450);
      log.log(Level.INFO,"\nImage-Variante fuer die Groessenangabe "
        + 600 + " " + 450 + " " + variant1.getWidth(null)+" " +
          variant3.getHeight(null));
      Image variant4 = multiResImage.getResolutionVariant(274,
        184);
      log.log(Level.INFO,"\nImage-Variante fuer die Groessenangabe "
        + 274 + " " + 184 + " " + variant1.getWidth(null)+" " +
          variant4.getHeight(null));
      Image variant5 = multiResImage.getResolutionVariant(300,
        196);
      log.log(Level.INFO,"\nImage-Variante fuer die Groessenangabe "
        + 300 + " " + 196 + " " + variant1.getWidth(null)+" " +
          variant5.getHeight(null));
  // Alle empfohlenen Varianten an Auflösungen für die Images in
  // einem Fenster anzeigen
      JFrame f = new JFrame("MultiResolutionImage");
      f.setSize(2000,1000);
      f.getContentPane().setLayout(new BorderLayout());
      JLabel[] l = new JLabel[6];
      int i = 0;
      for(Image image:variants) {
        ImageIcon icon = new ImageIcon(image);
        l[i] = new JLabel(icon);
        i = i+1;
```

```
    }
// Labels dem Fenster hinzufügen
    f.getContentPane().add(l[0], BorderLayout.CENTER);
    f.getContentPane().add(l[1], BorderLayout.NORTH);
    f.getContentPane().add(l[2], BorderLayout.EAST);
    f.getContentPane().add(l[4], BorderLayout.WEST);
    f.getContentPane().add(l[3], BorderLayout.SOUTH);
    f.setVisible(true);
  }
// Mehrere Images als MultiResolutionImage laden
  private static MultiResolutionImage loadImages()
                                        throws IOException {
    List<Image> imageListe1 = new ArrayList<>();
// Anstelle von URLs eine Liste von Image-Files vom eigenen
// Rechner lesen und auf eine Liste von Images abbilden
    List<String> imgFiles = List.of(
      "C:/EJ_Uebungsbuch/Hydrangeas.jpg",
      "C:/EJ_Uebungsbuch/smile.png",
      "C:/EJ_Uebungsbuch/Hydrangeas1.jpg",
      "C:/EJ_Uebungsbuch/bild1.jpg",
      "C:/EJ_Uebungsbuch/bild2.jpg");
    List<Image> images = imgFiles.stream().map(file -> {
      try {
        return ImageIO.read(new File(file));
      }
      catch (IOException e) {
        return null;
      }
    }).collect(Collectors.toList());
// Die Liste in eine Instanz der Klasse BaseMultiResolutionImage,
// die das MultiResolutionImage-Interface implementiert, umsetzen
    log.log(Level.INFO, "Anzahl Images = {0}", images.size());
    return new BaseMultiResolutionImage(images.
      toArray(new Image[0]));
  }
}
```

Die Applikation MultiResolutionImagesJava9

Die Klasse MultiResolutionImagesJava9

```
package com.java.testmodul.app;
import java.lang.System.Logger;
import static java.lang.System.Logger.Level;
import javax.imageio.ImageIO;
import java.awt.Image;
import java.awt.image.BaseMultiResolutionImage;
import java.awt.image.MultiResolutionImage;
import java.io.IOException;
```

```java
import java.util.ArrayList;
import java.util.List;
import java.io.File;
import java.util.Random;
import java.util.stream.Collectors;
class MultiResolutionImagesJava9 {
  public static final Logger log =
    System.getLogger("Logger1");
  public static void main(String[] args) throws IOException {
// Die Images als MultiResolutionImage mit der Methode
// loadImages() dieser Klasse laden und daran die Methoden des
// Interface aufrufen
    MultiResolutionImage multiResImage = loadImages();
// Die gewünschte Größe für das von der ersten Methode gelieferte
// MultiResolutionImage, das alle Images kapselt, zuweisen oder
// durch Zufall generieren
    int desiredImageWidth = new Random().nextInt(1000); // 700;
    int desiredImageHeight = new Random().nextInt(1000); // 200;
    Image variant = multiResImage.getResolutionVariant(
    desiredImageWidth, desiredImageHeight);
    log.log(Level.WARNING,"Mit getResolutionVariant() ermittelt"
  +" bei einer Übergabe von {0} {1} wurden die Werte {2} {3}",
    desiredImageWidth, desiredImageHeight, variant.
      getWidth(null),variant.getHeight(null));
// Die zu der gewünschten Größe ermittelten Werte für Breite und
// Höhe anzeigen
    log.log(Level.INFO,"Image-Width für das MultiResolutionImage"
    + " für die gewünschte Breite von {0} : {1}",
      desiredImageWidth, variant.getWidth(null));
    log.log(Level.INFO,"Image-Height für das MultiResolutionImage"
    + " für die gewünschte Höhe von {0} : {1}",
      desiredImageHeight, variant.getHeight(null));
  System.out.println();
// Alle empfohlenen Varianten an Auflösungen für die Images der
// Liste mit der zweiten Methode ermitteln und anzeigen
    List<Image> variants = multiResImage.
      getResolutionVariants();
    variants.stream().forEach(System.out::println);
// Für jede angegebene Größe eine Auflösungs-spezifische Image-
// Variante ermitteln
    Image variant1 = multiResImage.getResolutionVariant(1024,
      768);
    log.log(Level.INFO,"\nImage-Variante für die Größenangabe "
    + 1024 + " " + 768 + " " + variant1.getWidth(null)+" " +
      variant1.getHeight(null));
    Image variant2 = multiResImage.getResolutionVariant(16, 16);
    log.log(Level.INFO,"\nImage-Variante für die Größenangabe "
    + 16 + " " + 16 + " " + variant1.getWidth(null)+" " +
```

```
              variant2.getHeight(null));
        Image variant3 = multiResImage.getResolutionVariant(600,
           450);
        log.log(Level.INFO,"\nImage-Variante für die Größenangabe "
        + 600 + " " + 450 + " " + variant1.getWidth(null)+" " +
           variant3.getHeight(null));
        Image variant4 = multiResImage.getResolutionVariant(274,
         184);
        log.log(Level.INFO,"\nImage-Variante für die Größenangabe "
         + 274 + " " + 184 + " " + variant1.getWidth(null)+" " +
           variant4.getHeight(null));
        Image variant5 = multiResImage.getResolutionVariant(300,
         196);
        log.log(Level.INFO,"\nImage-Variante für die Größenangabe "
         + 300 + " " + 196 + " " + variant1.getWidth(null)+" " +
           variant5.getHeight(null));
   }
// Mehrere Images als MultiResolutionImage laden
   private static MultiResolutionImage loadImages()
                                    throws IOException {
     List<Image> imageListe1 = new ArrayList<>();
// Weil die URLs für dieses Modul nicht mit dem HTTP-1-
// Protokoll gelesen werden können, eine Liste von Bilddateien
// vom eigenen Rechner lesen und auf eine Liste von Images
// abbilden
     List<String> imgFiles = List.of(
       "C:/EJ_Uebungsbuch/Hydrangeas.jpg",
       "C:/EJ_Uebungsbuch/smile.png",
       "C:/EJ_Uebungsbuch/Hydrangeas1.jpg",
       "C:/EJ_Uebungsbuch/bild1.jpg",
       "C:/EJ_Uebungsbuch/bild2.jpg");
     List<Image> images = imgFiles.stream().map(file -> {
       try {
          return ImageIO.read(new File(file));
       }
       catch (IOException e) {
          return null;
       }
     }).collect(Collectors.toList());
// Die Liste in eine Instanz der Klasse BaseMultiResolutionImage,
// die das MultiResolutionImage-Interface implementiert, umsetzen
     log.log(Level.INFO,"Anzahl der Images: "
       + images.size());
     return new BaseMultiResolutionImage(images.
       toArray(new Image[0]));
   }
}
```

Die Kommandodatei Java9MultiResolutionModul.cmd

```
javac -d mods --module-source-path src src\com.java.testmodul.app\*.java
src\com.java.testmodul.app\com\java\testmodul\app\*.java

javac -d mods --module-source-path src src\com.java.testmodul.logger\
*.java src\com.java.testmodul.logger\com\java\testmodul\logger\*.java

java -p mods -m com.java.testmodul.app/com.java.testmodul.app.MultiReso-
lutionImagesJava9
```

Die Kommandodatei Java9ModularJar.cmd

```
javac -d mods --module-source-path src src\com.java.testmodul.app\*.java
src\com.java.testmodul.app\com\java\testmodul\app\*.java

javac -d mods --module-source-path src src\com.java.testmodul.logger\
*.java src\com.java.testmodul.logger\com\java\testmodul\logger\*.java

jar --create --file mlib/com.java.testmodul.app.jar --main-class=com.
java.testmodul.app.MultiResolutionImagesJava9 -C mods/com.java.test-
modul.app .
jar --create --file mlib/com.java.testmodul.logger.jar -C mods/
com.java.testmodul.logger .

java -p mods -m com.java.testmodul.app/com.java.testmodul.app.MultiReso-
lutionImagesJava9
```

Programmausgaben

```
ava9                                                              _ □ X
C:\Users\Lissi\Documents\java9>java MultiResolutionImagesJava9ohnePlatformLoggin
9

Es wurde ein Logger vom Typ sun.util.logging.internal.LoggingProviderImpl$JULWra
pper geliefert
Juni 17, 2017 4:42:34 NACHM. MultiResolutionImagesJava9ohnePlatformLogging loadI
mages
INFORMATION: Anzahl Images = 5
Juni 17, 2017 4:42:34 NACHM. MultiResolutionImagesJava9ohnePlatformLogging main
WARNUNG: Mit getResolutionVariant() ermittelt bei einer Uebergabe von 966 430 wu
rden die Werte 1.024 768
Juni 17, 2017 4:42:34 NACHM. MultiResolutionImagesJava9ohnePlatformLogging main
INFORMATION: Image-Width fuer das MultiResolutionImage fuer die gewuenschte Brei
te von 966 : 1.024
Juni 17, 2017 4:42:34 NACHM. MultiResolutionImagesJava9ohnePlatformLogging main
INFORMATION: Image-Height fuer das MultiResolutionImage fuer die gewuenschte Hoe
he von 430 : 768

BufferedImage@1d371b2d: type = 5 ColorModel: #pixelBits = 24 numComponents = 3 c
olor space = java.awt.color.ICC_ColorSpace@1e4a7dd4 transparency = 1 has alpha =
 false isAlphaPre = false ByteInterleavedRaster: width = 1024 height = 768 #numD
ataElements 3 dataOff[0] = 2
BufferedImage@4f51b3e0: type = 13 IndexColorModel: #pixelBits = 8 numComponents
= 4 color space = java.awt.color.ICC_ColorSpace@1e4a7dd4 transparency = 3 transI
ndex   = 0 has alpha = true isAlphaPre = false ByteInterleavedRaster: width = 16
 height = 16 #numDataElements 1 dataOff[0] = 0
BufferedImage@69a10787: type = 5 ColorModel: #pixelBits = 24 numComponents = 3 c
olor space = java.awt.color.ICC_ColorSpace@1e4a7dd4 transparency = 1 has alpha =
 false isAlphaPre = false ByteInterleavedRaster: width = 600 height = 450 #numDa
taElements 3 dataOff[0] = 2
BufferedImage@2d127a61: type = 5 ColorModel: #pixelBits = 24 numComponents = 3 c
olor space = java.awt.color.ICC_ColorSpace@1e4a7dd4 transparency = 1 has alpha =
 false isAlphaPre = false ByteInterleavedRaster: width = 300 height = 196 #numDa
taElements 3 dataOff[0] = 2
BufferedImage@2bbaf4f0: type = 5 ColorModel: #pixelBits = 24 numComponents = 3 c
olor space = java.awt.color.ICC_ColorSpace@1e4a7dd4 transparency = 1 has alpha =
 false isAlphaPre = false ByteInterleavedRaster: width = 274 height = 184 #numDa
taElements 3 dataOff[0] = 2
Juni 17, 2017 4:42:34 NACHM. MultiResolutionImagesJava9ohnePlatformLogging main
INFORMATION:
Image-Variante fuer die Groessenangabe 1024 768 1024 768
Juni 17, 2017 4:42:34 NACHM. MultiResolutionImagesJava9ohnePlatformLogging main
INFORMATION:
Image-Variante fuer die Groessenangabe 16 16 1024 768
Juni 17, 2017 4:42:34 NACHM. MultiResolutionImagesJava9ohnePlatformLogging main
INFORMATION:
Image-Variante fuer die Groessenangabe 600 450 1024 768
Juni 17, 2017 4:42:34 NACHM. MultiResolutionImagesJava9ohnePlatformLogging main
INFORMATION:
```

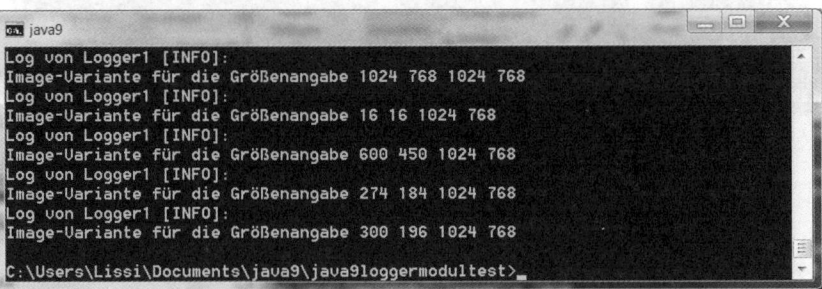

```
java9                                                    — □   X

C:\Users\Lissi\Documents\java9\java9calendarmodultest>cd..\java9loggermodultest

C:\Users\Lissi\Documents\java9\java9loggermodultest>mkdir mlib

C:\Users\Lissi\Documents\java9\java9loggermodultest>Java9ModularJar

C:\Users\Lissi\Documents\java9\java9loggermodultest>javac -d mods --module-sourc
e-path src src\com.java.testmodul.app\*.java src\com.java.testmodul.app\com\java
\testmodul\app\*.java

C:\Users\Lissi\Documents\java9\java9loggermodultest>javac -d mods --module-sourc
e-path src src\com.java.testmodul.logger\*.java src\com.java.testmodul.logger\co
m\java\testmodul\logger\*.java

C:\Users\Lissi\Documents\java9\java9loggermodultest>jar --create --file mlib/com
.java.testmodul.app.jar --main-class=com.java.testmodul.app.MultiResolutionImage
sJava9 -C mods/com.java.testmodul.app .

C:\Users\Lissi\Documents\java9\java9loggermodultest>jar --create --file mlib/com
.java.testmodul.logger.jar -C mods/com.java.testmodul.logger .

C:\Users\Lissi\Documents\java9\java9loggermodultest>java -p mods -m com.java.tes
tmodul.app/com.java.testmodul.app.MultiResolutionImagesJava9

Es wurde ein Logger vom Typ com.java.testmodul.logger.Logger1 geliefert
Log von Logger1 [INFO]: Anzahl der Images: 5
Log von Logger1 [WARNING]: Mit getResolutionVariant() ermittelt bei einer Überga
be von 850 937 wurden die Werte 274 184
Log von Logger1 [INFO]: Image-Width für das MultiResolutionImage für die gewünsc
hte Breite von 850 : 274
Log von Logger1 [INFO]: Image-Height für das MultiResolutionImage für die gewüns
chte Höhe von 937 : 184

BufferedImage@3d921e20: type = 5 ColorModel: #pixelBits = 24 numComponents = 3 c
olor space = java.awt.color.ICC_ColorSpace@1786f9d5 transparency = 1 has alpha =
 false isAlphaPre = false ByteInterleavedRaster: width = 1024 height = 768 #numD
ataElements 3 dataOff[0] = 2
BufferedImage@704d6e83: type = 13 IndexColorModel: #pixelBits = 8 numComponents
= 4 color space = java.awt.color.ICC_ColorSpace@1786f9d5 transparency = 3 transI
ndex   = 0 has alpha = true isAlphaPre = false ByteInterleavedRaster: width = 16
 height = 16 #numDataElements 1 dataOff[0] = 0
BufferedImage@4ae82894: type = 5 ColorModel: #pixelBits = 24 numComponents = 3 c
olor space = java.awt.color.ICC_ColorSpace@1786f9d5 transparency = 1 has alpha =
 false isAlphaPre = false ByteInterleavedRaster: width = 600 height = 450 #numDa
taElements 3 dataOff[0] = 2
BufferedImage@543788f3: type = 5 ColorModel: #pixelBits = 24 numComponents = 3 c
olor space = java.awt.color.ICC_ColorSpace@1786f9d5 transparency = 1 has alpha =
 false isAlphaPre = false ByteInterleavedRaster: width = 300 height = 196 #numDa
taElements 3 dataOff[0] = 2
```

```
java9                                                          _ □ X
olor space = java.awt.color.ICC_ColorSpace@1786f9d5 transparency = 1 has alpha =
 false isAlphaPre = false ByteInterleavedRaster: width = 274 height = 184 #numDa
taElements 3 dataOff[0] = 2
Log von Logger1 [INFO]:
Image-Variante für die Größenangabe 1024 768 1024 768
Log von Logger1 [INFO]:
Image-Variante für die Größenangabe 16 16 1024 768
Log von Logger1 [INFO]:
Image-Variante für die Größenangabe 600 450 1024 768
Log von Logger1 [INFO]:
Image-Variante für die Größenangabe 274 184 1024 768
Log von Logger1 [INFO]:
Image-Variante für die Größenangabe 300 196 1024 768

C:\Users\Lissi\Documents\java9\java9loggermodultest>jar --file mlib/com.java.tes
tmodul.app.jar -d --describe-module
com.java.testmodul.app jar:file:///C:/Users/Lissi/Documents/java9/java9loggermod
ultest/mlib/com.java.testmodul.app.jar/!module-info.class
exports com.java.testmodul.app
requires com.java.testmodul.logger
requires java.base mandated
requires java.desktop
contains com.java9.testmodul.app
main-class com.java.testmodul.app.MultiResolutionImagesJava9

C:\Users\Lissi\Documents\java9\java9loggermodultest>jar --file mlib/com.java.tes
tmodul.logger.jar -d --describe-module
com.java.testmodul.logger jar:file:///C:/Users/Lissi/Documents/java9/java9logger
modultest/mlib/com.java.testmodul.logger.jar/!module-info.class
exports com.java.testmodul.logger
requires java.base mandated
provides java.lang.System$LoggerFinder with com.java.testmodul.logger.userlogger
finder

C:\Users\Lissi\Documents\java9\java9loggermodultest>
```

Lösung 12.16

Die Applikation JShellApiTestKlasse

Die Klasse JShellApiTestKlasse

```java
package com.java.jshell.api;
import jdk.jshell.*;
import java.util.List;
public class JShellApiTestKlasse {
   public static void main(String[] args) {
// String-Array mit Snippets erzeugen
    String[] snippets = {
```

```
// Zuweisungen und Ausdrücke
                "int x = 10;",
                "double y = 100;",
                "double summe = x + y;",
                "int z = 0;",
// Methodendefinition
                "int berechne(int x) {return z*z +2;}",
// Methodenaufruf
                "berechne(5);"
                };
// Klassen- und Modulname ermitteln und anzeigen
    System.out.println("\nDie Klasse " + JShellApiTestKlasse.
      class.getSimpleName() + " befindet sich im Modul " +
    JShellApiTestKlasse.class.getModule().getName());
    System.out.println();
// JShell-Instanz erzeugen und damit das Array von Snippets testen
    try(JShell shell = JShell.create()) {
        for(String snippet : snippets) {
            List<SnippetEvent> events = shell.eval(snippet);
            for(SnippetEvent snippetEvent : events) {
                System.out.println(snippetEvent.status());
                System.out.println(snippetEvent.value());
                System.out.println(snippetEvent.snippet().source());
            }
        }
    }
  }
}
```

Die module-info.java-Datei aus dem Modul com.java.jshell.api

```
module com.java.jshell.api {
   requires jdk.jshell;
}
```

Die Kommandodatei Java9Modul.cmd

```
javac -d mods --module-source-path src src/com.java.jshell.api/module-
info.java src/com.java.jshell.api/com/java/jshell/api/JShellApiTest-
Klasse.java

java --module-path mods -m com.java.jshell.api/com.java.jshell.api.JShell-
ApiTestKlasse
```

Programmausgaben

```
java9                                                          — □ X

C:\Users\Lissi\Documents\java9\java9jshellapi>Java9Modul

C:\Users\Lissi\Documents\java9\java9jshellapi>javac -d mods --module-source-path
 src src/com.java.jshell.api/module-info.java src/com.java.jshell.api/com/java/j
shell/api/JShellApiTestKlasse.java

C:\Users\Lissi\Documents\java9\java9jshellapi>java --module-path mods -m com.jav
a.jshell.api/com.java.jshell.api.JShellApiTestKlasse

Die Klasse JShellApiTestKlasse befindet sich im Modul com.java.jshell.api

VALID
10
int x = 10;
VALID
100.0
double y = 100;
VALID
110.0
double summe = x + y;
VALID
0
int z = 0;
VALID
null
int berechne(int x) {return z*z +2;}
VALID
2
berechne(5);

C:\Users\Lissi\Documents\java9\java9jshellapi>_
```

Lösung 12.17

Die Klasse DiamondOperatorJava9

```java
import java.util.Arrays;
import java.util.List;
public class DiamondOperatorJava9 {
  static class BoxGenerator {
    public static <T> GenericBox<T> createBox1(T content) {
// Mit Java 8 muss T angegeben werden, ansonsten der Fehler:
// cannot use <> with anonymous inner classes
    //   return new GenericBox<T>(content) {
// Mit Java 9 kann T inferiert werden, wenn er einen denotable-Typ
// repräsentiert
        return new GenericBox<>(content) { };
    }
    public static GenericBox<?> createBox2(Object content) {
        List<?> innerList = Arrays.asList(content);
// Nachfolgend kann <> nicht genutzt werden, weil der zu
// inferierende Typ nicht-denotable ist
    //   return new GenericBox<>(innerList) { };
```

```
// darum List<?> spezifizieren
        return new GenericBox<List<?>>(innerList) { };
    }
// Korrekt ist wiederum
    public static <T> GenericBox<?> createBox3(T[] content) {
        List<T> innerList = Arrays.asList(content);
        return new GenericBox<>(innerList) { };
// oder auch
    // return new GenericBox<List<T>>(innerList) { };
    }
  }
  static class GenericBox<T> {
    T content;
    public GenericBox(T content) {
      this.content = content;
    }
    public T getContent() {
      return content;
    }
  }
}
```

Die Klasse DiamondOperatorJava9Test

```
import java.util.List;
public class DiamondOperatorJava9Test {
  private final String[] array = {"Java 8", "Java 9"};
  private final Buch[] buchArray = {
    new Buch("Das Java Übungsbuch 8", 29.99),
    new Buch("Das Java Übungsbuch 9", 29.99)};
  public DiamondOperatorJava9Test() {
// Für das Referenzieren von Variablen vom Typ der inneren static-
// Klassen kann der Name der umgebenden Klasse angegeben werden
    DiamondOperatorJava9.BoxGenerator bg =
      new DiamondOperatorJava9.BoxGenerator();
    DiamondOperatorJava9.GenericBox<String> sBox1 =
      bg.createBox1("Java 9");
// An der so erzeugten Instanz können die Methoden dieser Klasse
// für verschieden Typen aufgerufen werden
    DiamondOperatorJava9.GenericBox<Integer> iBox1 =
      bg.createBox1(10);
    DiamondOperatorJava9.GenericBox<Buch> bBox1 =
      bg.createBox1(new Buch("Das Java Übungsbuch 9", 29.99));
    System.out.println(sBox1.getContent() + " * " + iBox1.
      getContent() +  " * " + bBox1.getContent().getTitel());
    DiamondOperatorJava9.GenericBox<?> sBox2 =
      bg.createBox2(array);
    for(Object o : (List)(sBox2.getContent())) {
```

```
            String[] o1 = (String[])o;
            for(int i=0; i<o1.length; i++)
               System.out.print(o1[i] + " ");
         }
         System.out.println();
         DiamondOperatorJava9.GenericBox<?> bBox2 =
            bg.createBox2(buchArray);
         for(Object o : (List)(bBox2.getContent())) {
            Buch[] o1 = (Buch[])o;
            for(int i=0; i<o1.length; i++)
               System.out.print(o1[i] + " ");
         }
         System.out.println();
         DiamondOperatorJava9.GenericBox<?> sBox3 =
            bg.createBox3(array);
         for(Object o : (List)(sBox3.getContent())) {
            String o1 = (String)o;
            System.out.print(o + " ");
         }
         System.out.println();
         DiamondOperatorJava9.GenericBox<?> bBox3 =
            bg.createBox3(buchArray);
         for(Object o : (List)(bBox3.getContent())) {
            Buch o1 = (Buch)o;
            System.out.print(o1.getTitel() + " ");
         }
      }
      public static void main(String[] args) {
         new DiamondOperatorJava9Test();
      }
}
```

Programmausgaben

```
java9                                                    _ □ X

C:\Users\Lissi\Documents\java9>java DiamondOperatorJava9Test
Java 9 × 10 × Das Java Übungsbuch 9
Java 8 Java 9
[Titel = Das Java Übungsbuch 8 Preis = 29.99] [Titel = Das Java Übungsbuch 9 Pre
is = 29.99]
Java 8 Java 9
Das Java Übungsbuch 8 Das Java Übungsbuch 9
C:\Users\Lissi\Documents\java9>
```

Lösung 12.18

Das Interface PotporivonInterfaceMethoden

```java
import java.time.LocalDate;
public interface PotporivonInterfaceMethoden {
// abstract-Methode (bereits in Java 1.0 zugelassen)
  void methode1(LocalDate date);
// static-Methode mit Java 8
  static String methode2(LocalDate date) {
    return "Heute ist der " + date.toString();
  }
// Die mit Java 8 implementierten default-Methoden aus einem
// Interface können die mit Java 9 implementierten private
// Methoden aufrufen
  default void methode3(LocalDate date) {
// Eine anonyme Klasse, die eine Methode definiert, erzeugen und
// an einem Objekt dieser Klasse diese Methode aufrufen
    new Object() {
      void methode() {
        anzeige(date);
      }
    }.methode();
  }
// Private Methoden, können nur von den Methoden des gleichen
// Interface aufgerufen werden
  private boolean validateDate(LocalDate date) {
    if(date.equals(LocalDate.of(2017, 3, 1)))
      return true;
    return false;
  }
  private void anzeige(LocalDate date) {
    if(validateDate(date))
      System.out.println(date.toString() +
        " ist mein Geburtstag!");
    else
      System.out.println(date.toString() +
        " ist nicht mein Geburtstag!");
  }
// Selbst die main()-Methode kann in einem Interface enthalten
// sein und somit kann eine Instanz davon erzeugt und gestartet
// werden
  static void main(String[] args) {
    PotporivonInterfaceMethoden interfaceMethoden =
                  new PotporivonInterfaceMethoden() {
// Die abstrakte Methode des Interface in einer lokalen Klasse
// überschreiben
      @Override
```

```java
        public void methode1(LocalDate date) {
            System.out.println("Heute ist der "
              + date.toString());
        }
    };
// Die static-Methode wird über den Namen des Interface aufgerufen
    System.out.println(PotporivonInterfaceMethoden.
        methode2(LocalDate.of(2017, 3, 16
// und die Instanzmethoden an einem Objekt der Klasse
        interfaceMethoden.methode3(LocalDate.of(2017, 3, 1));
        interfaceMethoden.methode3(LocalDate.of(2017, 2, 28));
    }
}
```

Das Interface InterfaceDefinition

```java
import java.time.LocalDate;
public interface InterfaceDefinition {
// abstract-Methode bereits in Java 1.0
  void methode1(LocalDate date);
// static-Methode mit Java 8
  static String methode2(LocalDate date) {
    return "Heute ist der " + date.toString();
  }
// Die mit Java 8 implementierten default-Methoden können die mit
// Java 9 implementierten private Methoden aufrufen
  default void methode3(LocalDate date) {
// Eine anonyme Klasse, die eine Methode definiert, erzeugen und
// an einem Objekt dieser Klasse diese Methode aufrufen
    new Object() {
      void methode() {
        anzeige(date);
    }.methode();
  }
// Private Methoden, können nur von den Methoden des gleichen
// Interface aufgerufen werden
  private boolean validateDate(LocalDate date) {
    if(date.equals(LocalDate.of(2017, 3, 1)))
      return true;
    return false;
  }
  private void anzeige(LocalDate date) {
    if(validateDate(date))
      System.out.println(date.toString() +
        " ist mein Geburtstag!");
    else
```

```
        System.out.println(date.toString() +
          " ist nicht mein Geburtstag!");
    }
}
```

Die Klasse InterfaceMethodenTest

```
import java.time.LocalDate;
public class InterfaceMethodenTest implements InterfaceDefinition{
// Die abstrakte Methode des implementierten Interface
// überschreiben
  @Override
  public void methode1(LocalDate date) {
     System.out.println("Heute ist der " + date.toString());
  }
// In der main()-Methode alle im Interface definierten Methoden
// aufrufen
  public static void main(String[] args) {
// Die static-Methode wird über den Namen des Interface aufgerufen
     System.out.println(InterfaceDefinition.
       methode2(LocalDate.of(2017, 3, 16)));
// Für den Aufruf von Instanzmethoden eine Instanz der Klasse
// bilden
     InterfaceMethodenTest interfaceMethodenTest =
       new InterfaceMethodenTest();
     interfaceMethodenTest.methode3(LocalDate.of(2017, 3, 1));
     interfaceMethodenTest.methode3(LocalDate.of(2017, 2, 28));
  }
}
```

Programmausgaben

```
java9                                                    _ □ X
C:\Users\Lissi\Documents\java9>java PotporivonInterfaceMethoden
Heute ist der 2017-03-16
2017-03-01 ist mein Geburtstag!
2017-02-28 ist nicht mein Geburtstag!

C:\Users\Lissi\Documents\java9>
```

```
java9                                                    _ □ X
C:\Users\Lissi\Documents\java9>java InterfaceMethodenTest
Heute ist der 2017-03-16
2017-03-01 ist mein Geburtstag!
2017-02-28 ist nicht mein Geburtstag!

C:\Users\Lissi\Documents\java9>
```

Lösung 12.19

Die Klasse TryWithResourcesJava9

```java
import java.io.*;
import java.nio.file.Files;
import java.nio.file.Path;
import java.nio.file.Paths;
import java.nio.charset.StandardCharsets;
import java.util.Scanner;
import java.util.stream.Collectors;
import java.util.stream.Stream;
public class TryWithResourcesJava9 {
  public static void main(String[] args) throws Exception {
    testTryWithResources1();
    testTryWithResources2();
    testTryWithResources3();
    testTryWithResources4();
    testTryWithResources5();
    testTryWithResources6();
  }
// In Java 8 muss eine Kopie von reader1 erzeugt werden, damit
// try-with-resources korrekt übersetzt werden kann; es können
// keine Ressourcen, die außerhalb des Blocks definiert sind,
// benutzt werden
  public static void testTryWithResources1() throws IOException{
    BufferedReader reader1 = new BufferedReader(
      new FileReader("Buecher.txt"));
    try(BufferedReader reader2 = reader1) {
      String line = null;
      while((line = reader2.readLine()) != null) {
        System.out.println(line);
      }
    }
  }
// In Java 9 reicht aus
  public static void testTryWithResources2() throws IOException{
    BufferedReader reader1 = new BufferedReader(
      new FileReader("Buecher.txt"));
    try(reader1) {
      System.out.println(reader1.readLine());
    }
  }
// Es können mehrere Ressourcen gleichzeitig in einem
// try-with-resources-Statement angegeben werden
  public static void testTryWithResources3() throws IOException{
// In Java 8 eine Datei lesen und ihre Zeilen in eine neue Datei
// schreiben
```

```
    try(Scanner scanner = new Scanner(new File("Buecher.txt"));
      PrintWriter writer = new PrintWriter(new
        File("Write.txt"))) {
      while(scanner.hasNext()) {
        writer.print(scanner.nextLine());
      }
    }
// Mit Java 9 die neue Datei lesen
    BufferedReader reader = new BufferedReader(
      new FileReader("Write.txt"));
    try(reader) {
      System.out.println(reader.readLine());
    }
  }
// Streams und try-with-resources: Weil Streams das AutoClosable-
// Interface implementieren, können diese mit try-with-resources
// geschlossen werden; das ist, wie der Java-Literatur zu
// entnehmen ist, für das Resource-Management ausreichend (aber
// nicht erforderlich)
  public static void testTryWithResources4() throws IOException {
    final Path p = Paths.get(System.getProperty("java.home"),
      "COPYRIGHT");
    try(Stream<String> stream=Files.lines(p,
      StandardCharsets.ISO_8859_1)) {
      System.out.println(stream.filter(
        s -> s.contains("Oracle")).count());
    }
  }
// Es kann auch ein zweiter Stream für das Resource-Management
// hinzugefügt werden, ohne dass ein zusätzliches try
// erforderlich ist
  public static void testTryWithResources5() throws IOException{
    final Path p = Paths.get(System.getProperty("java.home"),
      "COPYRIGHT");
    try(Stream<String> stream=Files.lines(p,
                          StandardCharsets.ISO_8859_1);
      Stream<String> filtered=stream.filter(
        s -> s.contains("Oracle"))) {
      System.out.println(filtered.count());
    }
  }
// Selbst der nachfolgende Code führt nicht zu einem Compiler-
// Fehler; für Tools wie Eclipse kann eine
// @SuppressWarnings("resource")-Annotation, falls gewünscht,
// hinzugefügt werden, wenn diese erwarten, dass Streams aufgrund
// dessen, dass sie AutoClosable implementieren, explizit
// geschlossen werden
```

```java
public static void testTryWithResources6() throws IOException{
    final Path p= Paths.get(System.getProperty("java.home"),
      "COPYRIGHT");
    @SuppressWarnings("resource")
    Stream<String> stream=Files.lines(p,
      StandardCharsets.ISO_8859_1);
    System.out.println(stream.filter(
      s -> s.contains("Oracle")).count());
  }
}
```

Programmausgaben

```
java9

C:\Users\Lissi\Documents\java9>java TryWithResourcesJava9
Java 7 Das Uebungsbuch Band I, Elisabeth Jung
Java 7 Das Uebungsbuch Band II, Elisabeth Jung
Java 8 Das Uebungsbuch, Elisabeth Jung
Java 7 Das Uebungsbuch Band I, Elisabeth Jung
Java 7 Das Uebungsbuch Band I, Elisabeth JungJava 7 Das Uebungsbuch Band II, Eli
sabeth JungJava 8 Das Uebungsbuch, Elisabeth Jung
6
6
6
```

Stichwortverzeichnis

Sujeevan Vijayakumaran

Versionsverwaltung mit **Git**

Praxiseinstieg

Von grundlegenden Befehlen über Branches und Remote-Repositories bis zur Verwendung von Git-Hooks

Auswahl sinnvoller Workflows und Einsatz von Git für Software-Entwicklungsteams

Git-Repositories hosten mit GitHub und GitLab

Viele Software-Entwickler oder Systemadministratoren haben Git bereits im Einsatz – sowohl im Firmenumfeld als auch in Open-Source-Projekten. Zum Einstieg lernen Anfänger häufig nur die wichtigsten Befehle, die schnell nicht mehr ausreichen, vor allem wenn die ersten Fehler auftreten.

Dieses Buch behandelt einerseits die gängigen Befehle, die Sie beim täglichen Arbeiten mit Git brauchen. Andererseits geht es dem Autor auch darum, dass Sie Git als Ganzes verstehen, um es effektiv im Entwicklungsprozess einsetzen zu können.

Der Fokus des Buches liegt auf dem praktischen Arbeiten mit Git. Sie lernen anhand eines kleinen Beispielprojektes, welche Befehle es gibt, wie diese arbeiten und wie Sie auftretende Probleme lösen können. Neben den Funktionen, die Sie täglich brauchen, finden Sie auch eher seltener gebrauchte Kommandos, die aber ebenfalls wichtig sind. Dabei legt der Autor auch großen Wert auf die Einbindung und Anpassung des Entwicklungsprozesses.

Im zweiten Teil des Buches werden fortgeschrittene Themen behandelt. Dabei liegt der Schwerpunkt auf dem Einsatz von Git in Software-Entwicklungsteams. Hier geht es um das Hosten verteilter Repositories mit GitHub und GitLab. Ein weiteres Kapitel behandelt die verschiedenen Workflows je nach Anzahl der beteiligten Personen, Branches und Repositories eines Projektes. Außerdem werden Git-Hooks behandelt und deren Programmierung sowie das automatisierte Prüfen simpler Fehler.

Darüber hinaus gibt der Autor Tipps und Hinweise für den Umstieg von Subversion sowie einen Überblick über verschiedene grafische Git-Programme.

Das Buch richtet sich nicht nur an Einsteiger, die sich noch nie mit Git beschäftigt haben, auch Umsteiger und Leser mit vorhandenen Kenntnissen erhalten viele weiterführende Informationen.

ISBN 978-3-95845-226-8

Probekapitel und Infos erhalten Sie unter:
www.mitp.de/226

Ulla Kirch, Peter Prinz

Das Übungsbuch
Testfragen und Aufgaben mit Lösungen

■ **Trainieren Sie Ihre C++-Kenntnisse**
■ **Mit kommentierten Lösungen**
■ **Fürs Studium und Selbststudium**

4. Auflage

Das Buch wendet sich an Leser, die ihre C++-Kenntnisse durch »Learning by Doing« erwerben und vertiefen möchten. Es ist ideal, um sich im Stil eines Workshops auf Prüfungen oder auf die Mitarbeit in einem C++-Projekt vorzubereiten.

Der Aufbau dieses Übungsbuches lehnt sich an das Lehrbuch »C++ – Lernen und professionell anwenden« derselben Autoren an, das den neuesten ISO-Standard von 2011 (kurz C++11) berücksichtigt und ebenfalls im mitp-Verlag erschienen ist.

Alle Kapitel beginnen mit einer Zusammenfassung des Stoffes, zu dem anschließend Fragen und Aufgaben gestellt werden. Jedes Kapitel besteht neben der einführenden Beschreibung des Themas aus drei weiteren Teilen: Verständnisfragen, Programmieraufgaben und Musterlösungen zu allen Fragen und Aufgaben.

Mit jeweils 20 Verständnisfragen können Sie testen, wie gut Sie sich in dem jeweiligen Themenbereich auskennen. Dabei finden Sie Ja-Nein- und Multiple-Choice-Fragen sowie Aussagen, die vervollständigt werden müssen.

Im Aufgabenteil können Sie dann Ihr Wissen praktisch umsetzen. In jedem Kapitel gibt es mindestens zehn Aufgaben mit steigendem Schwierigkeitsgrad.

Bei der Auswahl der Problemstellungen für Aufgaben wurde stets darauf geachtet, dass diese typisch und praxisnah sind.

Umfangreich kommentierte Musterlösungen am Ende eines Kapitels geben Ihnen ein direktes und ausführliches Feedback zu Ihren Lösungsansätzen.

Nach dem Durcharbeiten des Buches verfügen Sie über fundierte Programmierkenntnisse und einen umfangreichen Fundus an Beispiel-Code.

Aus dem Inhalt:
· Datentypen und Kontrollstrukturen
· Verwendung von Standardklassen
· Operatoren, Makros, Funktionen
· Vektoren und Strings
· Zeiger und Referenzen
· Speicherreservierung zur Laufzeit
· Klassen, Teilobjekte
· Dynamische Elemente
· Vererbung
· Polymorphe Klassen, abstrakte Klassen
· Überladen von Funktionen und Operatoren
· Namensbereiche
· Ausnahmebehandlung
· Dateiverarbeitung mit Streams

Zum Download:
Musterlösungen zu den Aufgaben

Probekapitel und Infos erhalten Sie unter:
www.mitp.de/9455

ISBN 978-3-8266-9455-4

Erich Gamma, Richard Helm,
Ralph Johnson, John Vlissides

Design Patterns
Entwurfsmuster als Elemente wiederverwendbarer objektorientierter Software

- Der Bestseller von Gamma und Co. in komplett neuer Übersetzung
- Das Standardwerk für die objektorientierte Softwareentwicklung
- Zeitlose und effektive Lösungen für wiederkehrende Aufgaben im Softwaredesign

Mit Design Patterns lassen sich wiederkehrende Aufgaben in der objektorientierten Softwareentwicklung effektiv lösen. Die Autoren stellen einen Katalog einfacher und prägnanter Lösungen für häufig auftretende Aufgabenstellungen vor. Mit diesen 23 Patterns können Softwareentwickler flexiblere, elegantere und vor allem auch wiederverwendbare Designs erstellen, ohne die Lösungen jedes Mal aufs Neue selbst entwickeln zu müssen.

Die Autoren beschreiben zunächst, was Patterns eigentlich sind und wie sie sich beim Design objektorientierter Software einsetzen lassen. Danach werden die stets wiederkehrenden Designs systematisch benannt, erläutert, beurteilt und katalogisiert. Mit diesem Leitfaden lernen Sie, wie sich diese wichtigen Patterns in den Softwareentwicklungsprozess einfügen und wie sie zur Lösung Ihrer eigenen Designprobleme am besten eingesetzt werden.

Bei jedem Pattern ist angegeben, in welchem Kontext es besonders geeignet ist und welche Konsequenzen und Kompromisse sich aus der Verwendung des Patterns im Rahmen des Gesamtdesigns ergeben. Sämtliche Patterns entstammen echten Anwendungen und beruhen auf tatsächlich existierenden Vorbildern. Außerdem ist jedes Pattern mit Codebeispielen versehen, die demonstrieren, wie es in objektorientierten Programmiersprachen wie C++ oder Smalltalk implementiert werden kann.

Das Buch eignet sich nicht nur als Lehrbuch, sondern auch hervorragend als Nachschlagewerk und Referenz und erleichtert so auch besonders die Zusammenarbeit im Team.

Probekapitel und Infos erhalten Sie unter:
www.mitp.de/9700

ISBN 978-3-8266-9700-5